KB194230

한국정치사상사(상)

A History of Korean Political Thoughts
Volume I

지은이 신복룡申福龍

충청북도 괴산 출신/ 건국대학교 정치외교학과·동대학원 수료(정치학 박사)/ 건국대학교 교수(1979~2007)/ 미국 조지타운대학교 객원교수(1985~86)/ 한국정치외교사학회 회장(1999~2000)/ 건국대학교 중앙도서관장·대학원장/ 대한민국학술원 우수도서상·학술원상 심사위원(1990, 2002)/ 한국정치학회 학술상 수상(2001)/ 한국·동양정치사상사학회 회장(2007)/ 국가보훈처 독립유공자서훈심사위원(장)(2009~23)/ 한국정치학회 인재 윤천주 학술상 수상(2011)/ 건국대학교 정치외교학과 석좌교수(2007~12)

▌저 서

『한말 개화사상 연구』(평민사, 1987)/ 『한국의 정치사상가』(집문당, 1999)/ 『大同團實記』(선인, 2003)/ 『한국정치사』(박영사, 2003)/ 『동학사상과 갑오농민혁명』(선인, 2006)/ *The Politics of Separation of the Korean Peninsula*(Edison, NJ : Jimoondang International & Seoul : Jimmondang, 2008)/ 『한국사에서의 전쟁과 평화』(선인, 2021)/ 『이방인이 본 조선의 풍경』(집문당, 2022)/ 『잘못 배운 한국사』(집문당, 2022)/ 『전봉준평전』(글을 읽다, 2024)/ 『해방정국의 풍경』(중앙Books, 2024)/ 『한국분단사연구 : 1943~1953』(한울, 2025 : 개정증보판)

▌번역서

『민족자결주의』(*National Self-Determination*, 광명출판사, 1968, 공역)/ 『칼 마르크스』(*Karl Marx*, 평민사, 1982)/ 『현대정치사상』(*Political Ideologies*, 평민사, 1984, 공역)/ 『묵시록의 4기사』(*Four Horsemen*, 평민사, 1988)/ 『외교론』(*Diplomacy*, 평민사, 1998)/ 『한말외국인기록』(집문당, 1999~2000, 전10책, 23권, 일부 공역)/ 『모택동자전』(*Red Star over China*, 평민사, 2001)/ 『갑신정변회고록』(건대출판부, 2006, 공역)/ 『군주론』(*The Prince*, 을유문화사, 2006)/ 『정치권력론』(*Political Power*, 선인, 2006)/ 『林董秘密回顧錄』(건국대학교출판부, 2007, 공역)/ 『入唐求法巡禮行記』(선인, 2007)/ 『삼국지』(집문당, 2021, 5책)/ 『플루타르코스영웅전』(을유문화사, 2021, 5책)/ 『한국분단보고서』(선인, 2023, 3책, 공역)/ 『신·구약성경』(Naver/Blog)

한국정치사상사(상)

초판 1쇄 발행 2025년 3월 14일

지은이 | 신복룡
펴낸이 | 윤관백
펴낸곳 | 선인

등 록 | 제5-77호(1998.11.4)
주 소 | 서울시 양천구 남부순환로 48길 1, 1층
전 화 | 02) 718-6252 / 6257
팩 스 | 02) 718-6253
E-mail | suninbook@naver.com

정가 72,000원

ISBN 979-11-6068-954-9 94910
ISBN 979-11-6068-953-2 (세트)

한국정치사상사
(상)

신복룡 지음

A History
of
Korean Political Thoughts
Volume Ⅰ

by

Shin Bok-ryong, Ph. D.
Former Chair Professor
Department of Political Science
Konkuk University

Sunin Publishing Co., Seoul
2025

개정증보판 서문

거듭 찍기(再刷)를 몇 번 했지만, 초판이 나온 지 13년 만에 증보 개정판을 내는 심정이 착잡하다. 개정판이 늦다는 것은 초판에 대한 자부심일 수 있지만, 달리 생각하면 학문의 게으름을 보여주는 것이기 때문이다. 그러나 이번의 개정증보판에 남다른 감회를 느끼는 것은 어쩌면 이 개정판이 내 생애에서 마지막 손질이 될지도 모른다는 서글픔 때문이다. 그래서 이나마 기억이 초롱초롱할 때 일을 마치는 것이 순리이다 여겨 개정판을 서둘렀다.

초판 이후 10여 년 동안 이 글을 이용한 교수나 학생들의 공통된 요망은 시대가 많이 바뀐 지금에도 옛 문투의 한자 표현을 여전히 써야 할 필요가 있겠는가? 하는 점이었다. 그런 지적이 아니더라도 나는 글 쓸 때마다 문장은 쉬워야 하며, 문단은 짧아야 하며, 부사를 적게 써야 한다는 생각을 다짐했음에도, 오랜 세월 몸에 밴 습관을 버리지 못한 것 같아 독자들에게 미안하다. 동서남북東西南北을 획순에 맞춰 쓸 수 있는 대학생이 전체의 25%라는 현실 앞에 내가 그들에게 다가갈 수밖에 없다.

자료의 보완을 소홀히 한 것은 아니지만 나는 “글을 다시 쓴다”는 생각을 바탕에 깔고 개정판을 썼다. 내 글쓰기의 눈높이는 고등학교 수업을 마친 수준의 학력자가 이해할 수 있어야 한다는 점이다. 이번 개정판에서는 물론 증보한 부분이 많지만, 특히 위와 같은 점을 유념했다. 나는 학술 서적을 쓰면서도, “우리말로 글쓰기”에 관하여 늘 고민하며 동학同學들을 일깨워준 김영명金永明 교수(한림대학교)의 글을 유념했다.

그리고 이 글은, 나로서는 과분한 소망이지만, 일본어판 발간을 유념하면서 썼다. 영문판을 생각하지 않은 것은 아니지만, 제천 의식祭天儀式 가운데 기우제祈雨祭를 설명하면서, 서울 북촌 사람들이 아직도 “비가 오신다”고 말하는 것을 영어로 옮길 수 없을 때 나는 낙심했다. 그뿐만 아니라 풍우란馮友蘭의 『중국철학사』(*History of Chinese Philosophy*, 1966)를 영어로 번역하면서 보드Derk Bodde가 이기론理氣論의 뜻을 전달하지 못했다는 것을 알았을 때 영문판의 발간하려던 꿈을 접었다. 그 숱한 관직의 명칭도 문제였다. 그래서 스스로 위로한 것이, “필요한 사람은 한국어로 읽겠지....”라는 생각이었다.

이 증보판에서는 제11장 「고려에서의 향정鄕政」, 제20장 유교 문화에서 「선비의 부침浮沈」 그리고 제21장 「중화주의의 빛과 그늘」을 첨가했다. 새삼 쓴 것이기는 하지만 기존의 틀에 중복되는 부분이 없는가를 유념했다. 나는 평소에 이 세 편의 논문이 별쇄본 논문으로 남아 있는 것을 늘 아쉬워하던 터였다.

카아E. H. Carr의 말을 빌리면, “역사가는 주제를 놓고 늘 선택적”(*What is History*, 1961, p. 6)이라고는 하지만, 나는 주제의 선택에 편협하지 않았나를 많이 고민했다. 이를테면 내가 호남 문화를 공부하면서 특별히 관심을 가졌던 제24장 「정여립」鄭汝立 편과 제29장 「서학의 전래」 편은 내 학문의 주제나 내가 몸담은 천주교를 의식한 기호嗜好라는 지적을 받을 수도 있겠구나, 하는 생각을 한 적이 있다. 왜냐하면 이제까지 한국정치사상사를 다루면서 이 두 편을 한 장章으로 쓴 선례가 없기 때문이다.

그러나 나는 밀즈Wright Mills가 말한 이른바, “객관성의 서글픔”(pathos of objectivity, Dennis Wrong(ed.), *Max Weber*, 1970, p. 4)을 나름에 고민한 바가 있기에 이 책에 그 두 편을 수록한 데 관하여 독자들이 양지하기 바란다. 아울러 이 책은 단행본을 염두에 두고 썼다고는 하지만, 동학同學들의 질정을 받고자 틈틈이 각 연구지에 발표한 바 있는데, 여기에서는 그 게재지[出典]를 일일이 밝히지 않은 데 대하여 독자들이 양해하여 주기 바란다.

나는 이 글을 쓰면서 억눌린 무리와 잊힌 무리에 대한 연민의 끈을 놓지 않았다. 무어Barrington Moore의 주장처럼, 나는 “역사의 패배자에 대한 연민”을 강렬하게 가지고 있다. 역사가를 배출하지 못한 계급은 그 공적에 관계 없이 역사의 주제가 되지 못하는 안타까운 현실을 나는 견딜 수 없었다. 그가 묘청妙淸이든, 신숙주申叔舟든, 김성일金誠一이든, 원균元均이든, 아니면 힘없는 소작농이든 간에, 역사의 패배자를 위해 변론해주는 것이 배운 값을 하는 것이라고 나는 믿고 있다.

나는 어린 시절에 국사 시간에 원균의 얘기가 나올 때면 원元 씨 성을 가진 친구들이 어린 마음에 수치심으로 상처를 입는 것을 보면서 연민을 느꼈다. 나는 저들을 옹변擁辯해 주고 싶은 충동을 느낄 때가 많았다. 이러한 입장은 많은 저항을 불러일으켰고, 그것은 나에게 힘든 싸움이었다. 나의 외우畏友 김도현金道鉉 전 문화공보부 차관이 어느 글에서 말하기를, "내 친구 신복룡은 우리 나라의 역사에서 원통하게 살다 간 원혼冤魂을 위로하는 진혼제의 제관祭官이다."라는 글을 읽으면서 정신이 번쩍 든 적이 있다. 나의 진심을 알아주는 지음知音을 만난 반가움과 내가 헛살지는 않았구나, 하는 기쁨에 마냥 행복했던 추억을 오래 간직하고 있다.

나는 과분하게도 이 책으로 2011년도에 한국정치학회에서 주는 인재仁齋 윤천주尹天柱 학술상을 받았다. 나는 겸손한 사람이 아니지만 교만에 빠지지 않으려고 노력했다. 내가 공부하면서 늘 마음속에 새기는 경귀警句는 로마의 사상가 키케로Marcus Cicero의 가르침, 곧 "인간들 가운데에는 자기가 사회적으로 평가받아 마땅하다고 여겨지는 수준만큼의 덕망을 실제로 갖추고 사는 사람이 드물다."[*Esse quam videri*, 『우정론』(*De Amnicitia*)]는 가르침이다. 이 말을 나의 글에 적용한다면, 나는 "내가 사회적으로 평가받기를 바라는 만큼의 글"을 쓰지 못한 셈이다.

따라서 이 글은 나의 시대에 그리 저명해진다거나 널리 읽히지 않을 것이다. 아마도 이 글은 내가 소망한 만큼 독자들에게 다가가지는 못하리라는 점을 나는 잘 알고 있다. 그럼에도 불구하고 나는 내가 교감校勘한 『신구약 성경』과 함께 내가 이 세상에 살다 간 흔적으로 이 책을 남기고 싶다.

김시습金時習은 자신의 글에 대하여, "천 년이 지난 다음에야 내 글을 알아줄 사람이 나올 것"이라고 말했지만, 나는 이 글이 백 년 뒤에 누구인가 찾아오기를 기다린다. 이 비교가 송구하고 오만에 찬 말이어서 동학들의 실소를 자아내리라는 것을 모를 만큼 내가 아둔한 사람은 아니다.

그럼에도 내가 감히 이런 서문을 쓰는 것은 이 책에 대한 나의 애정과 아쉬움 때문이다. 교보문고 서평(Book-review, 검색 2019. 01. 19.)에, "중국에 풍우란의 『중국철학사』가 있고, 일본에는 마루야마 마사오丸山眞男의 『일본정치사상사』日本政治思想史가 있다면 한국에도 신복룡申福龍의 『한국정치사상사』가 있다는 게 자랑스럽다."는 대목을 읽으며 부끄러워하면서도 행복했다.

나는 본디 이 글을 동료 교수들에게 읽어 보기(peer review)를 부탁하면서 서문에 이렇게 썼었다.

> “나는 이 글이 정치사상사의 연구사에서 중국 소공권(蕭公權, Kung-chuan Hsiao)의 『중국정치사상사』中國政治思想史(臺灣 : 燕京出版事業公司, 1982; *A History of Chinese Political Thought*, Princeton : Princeton University Press, 1979) 이래 단일 필자가 쓴 단일 국가의 정치사상사 통사로 두 번째 책이라는 데 자부심을 느끼고 있다. 나의 글이 그 깊이의 면에서 선학의 수준에 많이 미치지 못한다는 것을 알고 있지만, 적어도 한국에서는 첫 번째로 단일 필자가 쓴 통사일 것이다. 앞서가는 길이 어지럽고, 정도도 아니고, 첩경도 아닐 수 있으나, 고생한 보람에 대한 뿌듯함이 있다. 나는 강호의 고수와 독자들이 나의 이 대목에 비치고 있는 오연傲然함을 너그럽게 용서해 주기를 바란다.”

나는 윗글에서 “나의 글이 위 선학의 글에 미치지 못한다”는 귀절로 말미암아 후배·동료들로부터 질책을 받았다. 그들의 말에 따르면, “그렇게 겸손할 필요도 없고, 그런 표현에 후배들이 얼마나 굴욕을 느끼고 기죽는가를 생각해본 적이 있는가?”라고 따져 물었다. 나는 아직도 이 글이 부족한 것임을 잘 알고 있다. 그러나 누군가 나를 딛고 이보다 훌륭한 글을 쓰기 바란다.

출판계의 불황에도 불구하고 막대한 제작비를 들여 이 책을 출판한 도서 출판 선인先人의 윤관백尹寬伯 사장님과 편집부 여러분께 깊이 감사한다.

2024년 성탄절에

신복룡 씀

서 문

[1]

2001년 8월 여름,

나는 "휴—" 하며 긴 숨을 토해냈다. 1985~86년도에 미국 연방문서보관소(NARA, National Archives and Records Administration)에서 모은 자료를 기초로 하여 쓴 『한국분단사연구 : 1943~1953』(서울 : 한울, 2001)을 출판한 직후였다. 재주가 없던 탓이었지만 자료 수집에서 출판까지 15년이 걸린 이 작업을 마쳤을 때 나는 무척 허허로웠다. 그리고 문득 무서움이 찾아왔다.

이제 뭘 하지? 나는 아무 생각 없이 멍했다. 뭔가 다시 시작하지 않고서는 견딜 수 없을 것 같았다. 그래서 나는 『한국정치사상사』를 써야겠다고 마음먹었다. 그러나 엄두가 나지 않았다. 그때 안외순安外順 교수가 "이미 써놓으신 것만으로도 상당 부분이 채워지지 않나요?"라고 한 말이 큰 힘이 되었다. 이 책을 쓰는 것이 내 생애의 마지막 작업이라고 생각했다. 이미 같은 이름으로 내 책이 나오기는 했지만, 그것은 통사가 아니어 늘 마음에 걸리던 터였다. 그런데 돌아보니 내 나이 벌써 환갑을 지나고 있었다.

비교하기 송구스럽지만, 일연一然 스님이 『삼국유사』를 집필하기 시작한 것이 70대 후반이었으며 최태영崔泰永 박사가 고구려사 연구를 탈고한 것이 102세였으니 그에 견주면 나는 아직 늦지 않은 셈이지만, 시간이 없다는 초조함이 문득 나를 엄습했다. 이 책을 완성하려면 다시 15년의 세월이 필요할 터인데 그때는 연구실도 없고 조교도 없을 것이다.

기억력은 점점 떨어지는데 건강이 버텨줄 수 있을는지도 자신이 없다. 유택화劉澤華가 『중국정치사상사 : 선진편先秦篇』을 쓰며 그 서문에 "하느님이 나에게 시간 여유를 주신다면 제4권과 제5권에서 남은 논의를 이어가고 싶다."는 간절한 소망을 내비친 바 있는데, 내 심정도 그러했다.

그래서 내 생애에 이 책을 마칠 수 있도록 시간과 열정과 능력을 달라고 나는 수없이 기도했다. "하느님께서 허락하시면 이런 일, 저런 일을 하고 싶었다."(『신약성경』「야고보서」 4 : 15) 이 책은 내가 말년을 살아야 할 이유(*raison d'être*)였다. 보조국사普照國師 지눌知訥 스님은 제자들을 모아놓고 법좌法座에 앉아 설법을 마치고 앉은 채로 입적하였으며, 주희朱熹는 세상을 떠나기 전까지 『사서』四書의 집주에 몰두했다. 맑스Karl Marx는 책을 읽다가 흔들의자에 걸터앉은 채 세상을 떠났다. 나도 그런 삶을 살고 싶다. 교수로 한세상 살며 고뇌한 흔적을 이 책에 담고 싶었다.

이런저런 이유로 집필 작업을 시작하였지만 갈 길이 막막하기 짝이 없었다. 때로는 내가 좌판을 너무 크게 늘어놓은 것이 아닌가 하는 생각이 들었다. 『원효전서』元曉全書를 읽으며 내가 『한국정치사상사』를 쓰기에는 40년을 쌓아온 내공內功이 너무 약한 것이 아닌가 생각도 했다.

특히 불교에 관한 공부는 끝이 없었고, 날이 갈수록 더 어려움으로만 다가왔다. 컴퓨터의 파일이 날아가 절망한 적도 여러 번이었다. 그리고 이 글을 마치지 못하면 어쩌나 하는 두려움이 나를 짓눌렀다. 그럴 때면, 나는 서재에 걸린 당송팔대가唐宋八大家 한유韓愈의 시를 보며 마음을 추슬렀다.

> 책은 산더미처럼 쌓여 있는데
> 그것을 넘어가는 길은 부지런함뿐이고
> 학문의 바다는 가없어
> 배를 젓는 아픔이 있네.
> 書山有路勤爲徑 學海無涯苦作舟
>
> —『增廣賢文』 古今賢文 勸學編

[2]

이 글을 쓰며 몇 가지 의도한 바가 있다.

첫째로, 나의 글에 사상가들의 종교적 복음주의evangelicalism를 담고 싶었다. 정의를 내리자면, "정치사상이란 그 시대를 살던 사상가·정치가·종교지도자들이 국가 구성원들의 행복과 슬픔을 고민하며 산출한 복음주의적 언어·저술·행동의 정치학적 해석이다."(Political thought refers to political interpretations of the evangelical discourses, remarks, writings and behaviors that philosophers, statesmen and religious leaders of the age have expressed with a view to the people's happiness and grievances.) 그것이 원효元曉나 세종世宗의 가르침이었든, 율곡栗谷이나 퇴계退溪의 교훈이었든, 최제우崔濟愚나 강일순姜一淳이나 박중빈朴重彬의 뜻이었든, 그들의 생각이 이 땅을 유지하는 중요한 힘이 되었다고 나는 생각한다.

그런데 그 작업은 대체로 종교적 성격을 띠고 있어 그리 쉬운 일이 아니었다. 종교는 편견에 빠질 위험이 크고 그래서 밖으로부터의 시비[外挿]의 부작용도 그만큼 크고 어렵다. 그뿐만 아니라 베버Max Weber의 고백처럼, 종교에 관한 논의는 그 종교를 믿지 않는 사람에게 지루함을 줄 수 있다.

어느 나라나 다 마찬가지이겠지만, 한국사상사의 50%는 종교사상사이고, 정치사상사의 30%는 종교적 담론이다. 종교의 정치화와 정치의 종교화가 이런 결과를 가져왔으리라고 생각된다. 내 글이 종교적 성향을 띠고 있다는 동료들의 지적을 나는 깊이 유념하고 있다.

둘째로, 애착을 느끼는 것은 퇴계·율곡의 이기론과 같은 거대 담론보다는 민중의 숨결이 담긴 기층 문화였다. 민초의 자식이기 때문인지, 나는 억눌린 무리에 대한 연민의 끈을 놓지 않았다. 그래서 젊은 날을 동학東學 공부로 보냈는지도 모른다. 언제인가 사석私席에서 학계의 선배이신 박충석朴忠錫 교수께서 "당신의 학문에는 기층 문화에 관한 애정이 담겨 있어요."라고 하신 말씀을 나는 자랑스럽고도 분에 넘치는 긍지로 생각하고 있다.

나는 "정치학계에서 우리는 이런저런 사람을 잊고 있었다."는 말을 하고 싶었다. 어떤 인물이 역사에서 잊혀 있었다면 그것은 그 인물에 관한 학문적 입장의 차이 때문일 것이다. 정치학에서 보는 역사적 인물의 평가는 어차피 철학이나 종교나 국사학계의 그것과 다르다. 나는 국사학계나 철학계에서 흔히 말이 오고 가는 그 언술言述의 진원지를 확인해 보고 싶었다.

셋째로, 나는 한국사에서 수없이 정형화된 틀들을 깨고 싶었다. 이를테면 김부식金富軾은 사대주의자였고, 신돈辛旽은 요승妖僧이었고, 퇴계는 주리론자였고, 율곡은 주기론자였다는 식의 몽환적夢幻的 고정 관념에서 벗어나고 싶었다.

그러나 그것은 참으로 어려운 일이었다. 어느 인물은, 김석근金錫根 교수의 푸념처럼, 너무 신화화했거나 심하게는 달리 해석하는 것이 금기禁忌가 되어 있었다. 지금까지 한국의 전기학傳記學은 주인공의 성인화聖人化 과정이었다. 이제 그들이 우리 곁으로 내려오는 신화 벗기기의 작업이 필요하다.

사상사를 쓸 경우 누구를 넣을 것이냐의 문제가 이미 천편일률적으로 획일화되어 있다는 점도 부담이 되었다. 나는 기성의 고정 관념에 도전해 보고 싶었다. 내가 한국사를 공부하며 끝없이 자문했던 것이 "잘못 배운 한국사"의 정체 파악이었음에도 그 벽을 깨기가 힘들었다. 선학들의 노고를 과소평가할 뜻은 없지만, 제로 베이스 예산zero-base budget을 작성하는 심정에서 이 글을 출발했다.

[3]

서문에서 방법론을 얘기할 처지는 아니지만, 이 글을 쓰며 고수한 몇 가지 원칙을 세웠다.

첫째로, 정치사상사 연구에서 가장 유념해야 할 사실 가운데 하나는 정치사와 사상사의 뒤섞임을 벗어나는 일이다. 이것은 아마도 사상사 연구에서 업적achievement과 사상idea을 혼동하여 벌어지는 일일 것이다. 이 점을 늘 마음에 두었으며 이 책이 그러한 금기로부터 얼마나 자유로운가에는 그리 자신이 없다.

정치사상사를 집필하는 데 어려움은 일차적으로 그 많은 갈래의 사상을 이해해야 한다는 점이고, 그 다음에는 거기에 정치학적 의미를 부여해야 한다는 점, 그리고 그들 사이의 이음새[結節點]를 찾아야 한다는 어려움이 따른다. 그러는 과정에서 어디까지가 사상이고 어디까지가 사실인지에 관한 혼란을 겪게 된다. 박정희朴正熙의 경우가 특히 그러했다. 아무리 정신을 다잡아 가며 조심을 하려고 해도 이 일은 그리 쉬운 일이 아니었다.

둘째로, 나는 젊은 날에 메리엄Charles E. Merriam이 쓴 『정치권력론』*Political Power*(1987)을 번역한 적이 있다. 이 인연으로 나는 전공인 정치사상사와 거리가 먼 행태주의behavioralism를 여러 해 동안 강의한 바 있는데, 이때 나에게 스며든 행태주의적 접근법이 알게 모르게 이 책의 행간에 깔려 있으리라는 점을 고백하지 않을 수 없다. 이러한 학습은 내가 인간의 비도덕적 측면에 더 많은 눈길을 돌리고, 인간사에서 선의에 관한 의혹과 악의에 관한 노려봄을 크게 만들었다. 그래서 여러 성인聖人에게서도 결점이 많이 보였다. 이 점은 결국 한국사상사의 그 많은 인물에 관하여 너그럽지 않은 시각을 갖게 만들었을 수도 있다.

셋째로, 자필 문헌이 남아 있지 않는 고대사를 이해하기 위한 도구로 문화인류학을 주목했다. 사상사의 집필에는 그 사상가의 기록물(저작)이 기본이라고는 하지만 그 기록이 없는데 어쩌랴. 가까운 동학同學 이창훈李昌訓 교수는 내 학문에 문화인류학이 첨가된다면 훌륭한 학문이 될 것이라고 말해 주었다. 꼭 그의 권고 때문만은 아니지만, 나는 문화인류학의 공부를 시작했다. 만약 나의 이와 같은 연구 방법이 의미 있는 결과를 끌어낼 수만 있다면 그것은 보크Philip K. Bock가 이른바 정치인류학political anthropology의 영역에 관한 조심스러운 접근이 될 수도 있을 것이다.

넷째로, 나는 이 책을 쓰며 서양의 고전을 토대로 삼고 싶었다. 『한국정치사상사』를 쓰며 플라톤Platon과 몽테스키외Baron de Montesquieu를 다시 읽어야 한다는 것이 쉬운 일은 아니었지만, 서양의 고전은 과연 우리의 사상사에 어떤 적실성을 갖는가를 찾으려는 지적知的 시험을 하고 싶었다. 그렇다고 하여 공맹孔孟을 소홀히 한 것은 아니다. 이러한 지적 여행에는 두 가지 동기가 있었는데, 하나는, 『삼국사기』와 『조선왕조실록』만 읽고 한국사를 쓰는 시대는 이미 지났다는 생각 때문이었고, 다른 하나는 사람 사는 모습이 서양과 동양 사이에, 그리고 옛날과 지금이 크게 다르겠는가 하는 생각 때문이었다.

다섯째로, 이 글을 쓰는 동안 선조들의 숨결을 피부로 느끼고 싶었다. 헤로도토스Herodotus가 그랬듯이, 나는 사상사를 발로도 써야 한다는 것을 보여주고 싶었다. 역사가에게는 현장감이 무엇보다도 중요하다는 것을 깨달은 것은 오래전 『전봉준평전』을 쓸 때부터였다. 나는 고려 불교의 숨결을 느끼고자 해인사海印寺 장경각藏經閣을 찾았고, 강화도의 마니산摩尼山 참성단塹星壇과 정제두鄭齊斗의 묘를 참배했고, 강진康津의 다산茶山 유배지를 돌아보았으며, 북경北京에서 마테오 리치Matteo Ricci의 유적을 찾아보았으며, 김옥균金玉均의 체취를 느끼고자 그의 옷과 머리가 묻혀 있는 일본 도쿄東京의 진조지眞淨寺를 참배했다. 나는 그곳들을 찾아볼 때마다 그분들의 도움[陰佑]을 빌었다.

끝으로, 이 책이 보편적 독자층을 갖는 책이 되기를 바란다. 그래서 세상 사람들이 다 아는 상식이라 할지라도 정리의 차원에서 이를 새삼 다루지 않을 수 없는 부분이 있었다. 이를테면 우리 사회에서 중요한 덕목이었던 삼강오륜三綱五倫을 설명할 수밖에 없었던 것이 그러한 사례이다. 그러는 과정에서 나는 이 글을 쉽게 쓰도록 많이 노력했다. 한국사상사는 너무 어렵다는 것이 독자들의 일반적인 불평임을 잘 알고 있기 때문이다.

어디에서인가 읽은 소동파蘇東坡의 말을 빌리면, "물 긷는 아낙에게 들려주어 무슨 뜻인지 모른다면 글이 아니라"지만, 그럴 정도는 못 되더라도 보통의 지식인이 읽어 무슨 뜻인지 모른다면 그것은 필자에게 책임이 있다는 것이 평소의 생각이며, 이런 점에서 나는 칸트I. Kant와 다르다. 그러므로 한자를 줄여야 한다. 컴퓨터의 발명과 더불어 필기가 없어지고 한자의 이용도가 낮아진 지금, 기성 세대는 후학들에게 "그 한자漢子도 모르느냐?"고 윽박지르기보다는 우리가 달리 생각해 봐야 한다. 우리가 그들의 곁으로 다가가야 한다.

이 글을 쓰며 또 한 가지 밝혀 둘 것이 있다. 그것은 다름이 아니라, 이 책의 목차가 한국·동양정치사상사학회에서 공동 집필한 『한국정치사상사』(서울 : 백산서당, 2003)의 목차와 비슷하다는 점이다. 왜냐하면, 실은 그 집필위원장을 내가 맡아 주관하며 그 책의 목차를 내가 작성했기 때문이라는 점을 미리 밝혀 두는 것이 어떤 의혹에서 벗어나는 길이 될 것이다.

그러나 집필 과정에서 목차를 정하고 43명의 필자를 선정하며 내 본래의 뜻이 많이 바뀌었고 따라서 벅차기는 하겠지만 내 나름의 한국정치사상사를 홀로 집필하고 싶었다. 그 결과로 나온 것이 이 책이다. 따라서 두 책 사이에는 목차의 비슷함이 있는데 이에 대하여 독자들의 오해가 없기를 바란다.

이 책은 논문의 모음이 아니다. 당초부터 출간을 목적으로 써오며 틈틈이 학회에 발표하여 검증을 받은 뒤 단행본으로 완성한 것이다. 일부 학회지나 모임에서 발표한 것들도 있지만, 여기에서는 그 게재지揭載紙를 일일히 밝히지 않음에 대하여 독자들의 양해를 빈다. 발표 과정에서 질정質正해 주신 동학同學들에게 감사하며, 여기에 옮겨 실을 수 있도록 허락해 준 학회에도 감사한다.

[4]

한 편의 글을 쓰기 위해 서생은 늘 남들에게 수없이 많은 폐를 끼치고 신세를 진다. 나는 이 책을 쓰며 동화同和출판공사의 임인규林仁圭 사장님께서 베풀어 주신 후의를 잊을 수 없다. 임 사장님은 늘 나의 학문을 격려해 주었고 그분이 출판하여 나에게 기증한 『한국의 사상대전집』 24권은 이 책을 쓰는 데 큰 도움이 되었다. 아마도 내가 이 책이 세상에 나올 즈음이면 그분은 책을 읽을 수 없을 만큼 시력을 잃었을지도 모른다. 그러나 내 책의 출간을 가장 축하해 줄 분 가운데 하나임에 틀림이 없다.

나에게 5년 동안 석좌교수의 자리를 허락함으로써 이 글을 마감할 수 있도록 해준 건국대학교와, 그 기금을 마련해 준 박태원朴泰遠 사장에게 깊은 감사를 드린다. 나를 위해 늘 기도해준 이영준李寧俊 장로와 홍순철洪順喆 장로에 대한 고마움을 잊을 수 없다. 건국대학교 임동석林東錫 교수에게는 귀찮을 정도로 많이 물었다. 그가 보내준 제자백가諸子百家의 CD 자료는 큰 도움이 되었다. 김석근 교수도 내 오랜 담론의 도반道伴이었다. 그는 어느 고서점을 지나다가 이미 절판된 『국역 원효성사전서』國譯元曉聖師全書를 보자 내가 생각나서 샀다며 한 질을 보내주었다.

중국 고전의 해석이 막힐 때면 유미림柳美林 박사에게 많은 도움을 받았다. 그 바쁜 가운데도 그는 싫은 내색 한번 보이지 않았다. 그 밖에도 염치없는 엽서 한 장과 전화 한 통에 자료를 보내주신 강호의 여러 학자에게 깊이 감사한다. 불교 분야를 쓰며 마지막까지 찾을 수 없었던 자료를 찾는 데 도움을 주신 동국대학교 불교대학의 박경준朴京俊 교수님과 그 대학 도서관의 불교학자료실을 이용하는 동안 자료를 찾는 데 많은 도움을 주신 신해철申海澈 선생님의 호의를 잊을 수 없다. 나를 위해 늘 기도해주신 전교가르멜수녀회의 이 히야친따(옥희) 수녀님과 강 세실리아(은희) 수녀님께 깊은 감사를 드린다. 원고 전문을 읽고 퇴고해 준 건국대학교 김택호金澤鎬 실장에게도 많은 빚을 졌다. 나는 건국대학교에서 30년 봉직하며 그에게 많이 의지하고 살았다.

15년에 걸쳐 이 글을 쓰는 동안 내 방을 거쳐 간 조교들에게 고맙고 미안하다. 특히 나의 충실한 조교 박성진朴城進 군(지금은 한국학중앙연구원 선임연구원)에 대한 고마움을 잊을 수가 없다. 그는 6년 동안 연구실에 있으며 지각이나 결석을 한 적이 없으며, 마음이 넉넉하지도 못하고 까탈스러운 나의 성벽性癖에 싫은 내색 한번 하지 않았고 충심으로 도와주었다. 내가 그를 만난 것은 더할 수 없는 인복人福이었다. 나는 그에게 박사학위 가운을 물려주는 것으로 노고를 위로했다. 30년 동안에 내 방을 거쳐 간 박근영朴根永·이경아李京兒·이연우李蓮雨·변영욱·邊泳旭·권기헌權奇憲·김金착히·모근영牟根英·김金보람·김재미金在米·김민선金旻宣·양지은梁智恩·김혜림金慧林·유혜정劉蕙精도 고생 많이 했다.

나는 이 책이 출판되리라는 기약도 없이 이 글을 썼다. 맑스도 출판을 기약하고 『자본론』을 쓴 것은 아니었다. 원고를 다 쓰고 난 뒤, 지식산업사 김경희金京熙 사장님으로부터 출판을 맡겠다는 동의를 받고 한없이 기뻤다. 박수용朴洙龍 선생님을 비롯한 훌륭한 편집자를 만난 것도 나의 행운이었다. 나는 내 인생을 마치는 날, 사도 바울처럼, "나는 정의롭게 싸웠고, 달려야 할 길을 마쳤으며, 믿음을 지켰노라."(『신약성경』「티모데오에게 보낸 편지」(2) 4 : 7)고 말할 수 있기를 바란다.

2011년 6월 20일
서문을 쓰다.
2024년 7월에 조금 손질함

차 례(상)

제2편 중세 : 교정敎政의 갈등과 공존

차례(하)

제4편 근세 후기 : 이기론理氣論과 당의黨議

제5편 근대 : 서구와의 만남

제6편 현대 : 이데올로기의 시대

제1장 한국정치사상사 연구의 방법과 범위

두 비구니가 부처님께 불평하기를,
여러 곳에서 온 수행자들이
그들의 방언方言으로
부처님의 말씀을 왜곡한다고 말하며
부처님께서 범어梵語로 말씀해주십사 부탁드렸다.
그럼에도 부처님께서는 그 제안을 거절하시고
이렇게 말씀하셨다.
"형제들이여,
나는 깨달은 이들이
각기 그 자신의 방언으로 배우도록 허락한다."[1)]

주께서 가파르나움에서 가르치실 때, ……
주의 제자들 가운데 많은 사람이
그의 말씀을 듣고, 수군거렸다.
"이 말씀은 어렵다.
누가 그것을 이해할 수 있겠는가?"
예수께서 제자들이 이 일에 관하여
수군거리는 줄을 속으로 아시고
그들에게 말씀하셨다.
"이것이 그대들에게 거침이 되오? ……"
그때부터 제자들 가운데 많은 무리가 물러가고
더 이상 주님과 함께 다니지 않았다.[2)]

"성인은 남을 가르치는 경우
상대방이 까다롭게 해석하는 것을
좋아하지 않았다.
성인께서 한 말씀은
모두가 간단하고 이해하기 쉽다."[3)]
—왕수인王守仁

1) 全在星(편저), 『빠알리어사전』(1)(서울 : 한국불교대학출판부, 1994), p. 19; 「彌沙塞部和醯

1. 서론

역사를 쓰며 가장 중요하게 다루어야 할 부분은 무엇일까? 문화일까, 경제일까, 사상이나 철학일까, 아니면 정치일까? 그 각 분야가 주장하고자 하는 바가 있을 것이다. 그런데 통상적으로 역사학이라 할 때 그것은 문화사를 가리키는 것이라고 역사학자들은 생각해 왔고, 그 밖의 것은 분류사이거나 특수사로 다루어 왔다. 그리고 각자의 학문적 자존심과 위상이 있겠지만, 위와 같은 분류는 큰 저항 없이 역사학을 지배해 오고 있다.

그런데 한국사의 경우에는 위와 같은 통상적인 개념이 거부된 채, 역사는 주로 왕조변천사였다. "역사는 정치사이다."[4]라는 주장이 한국사학사에 등장한 이후, 왕조의 흥망성쇠興亡盛衰는 시대 구분의 분기점이 되었고, 마치 왕조가 바뀌면 역사와 문화가 모두 바뀌는 것이라고 여겼다. 이것은 분명히 잘못된 역사학이었고, 어떤 면에서는 정치학의 횡포였다. 이 부분에서 정치학은 겸손했어야 했다.

한국의 역사학이 이와 같이 왕조 중심의 정치사에 주목했던 중요한 이유를 살펴보면,

(1) 서구적 개념의 시민 사회, 이를테면 독일이나 영국의 향신鄕紳, Junker(또는 gentry)이 발달하지 않은 채 중앙집권적 전통에 익숙한 국가의 흥망성쇠가 백성의 삶에 미치는 영향력이 매우 컸다는 점.

(2) 적어도 실학實學에 의한 민족사의 발굴이 이뤄지기 이전까지, 『사기』史記나 『실록』實錄이라는 이름으로 주로 왕실이 역사학을 편찬했다는 점.

(3) "이기면 군왕이 되고 지면 역적"[成則君王 敗則逆賊]이라는 중국 사학의 전통을 이어받아 왕조중심사의 외연外延으로서 역사학이 지배 계급의 이해利害를 대변하는 승자 중심winner-takes-all의 논리적 도구가 되었다는 점.

(4) 역사적으로 왕조 멸망, 특히 대한제국大韓帝國의 멸망의 한恨이 너무 처절했다는 점.

五分律」(26), 『大正新修大藏經』(22)(東京 : 大藏出版株式會社, 1936), p. 174 : "佛言 聽隨國音讀誦 但不得違失佛意"

2) 『신약성경』 「요한복음」 6 : 59~61, 66.

3) 『傳習錄』(하) 黃省曾의 기록 : "但聖人教人 只怕人不簡易 他說的皆是簡易之規"

4) 姜志元, 『근대조선정치사』(서울 : 大學生活社, 1950), p. 1 : 序; p. 12.

(5) 일제 시대를 거치며 한국의 역사학이 일본을 통해 들어온 독일의 국가학國家學(Staatslehre)의 전통에 영향을 받았다는 점.

등을 들 수 있을 것이다.

이와 같은 이유로, 옳든 그르든, 역사학의 주종主宗을 이루게 된 정치사 가운데서도 정치사상사는 정치학의 물줄기를 이루고 있다. 철학사 또는 사상사의 분류사인 정치사상사는 인간의 집단적 삶이 어떤 규범 아래 어떻게 이어졌으며 끝내 어디를 지향해야 하는가를 고민하는 종주 학문으로서, 정치학의 핵심을 이루고 있다.

그뿐만 아니라 정치사상사는 정치학과 역사학의 마주치는 지점에 존재하는 학문 체계로서, "정치학을 모르는 역사학은 열매가 없고, 역사학을 모르는 정치학은 뿌리가 없다."[5]는 실리J. R. Seeley의 경구警句를 충족시키는 것이다.

그럼에도 현대에 들어와 정치사상사의 연구는 위축되며 설 자리가 좁아지고 있다. 그 이유는 사상사라고 하는 학문 자체가 안고 있는 내재적 요인 때문일 수도 있고, 학자들의 게으름 탓일 수도 있으며, 시대적 상황 때문일 수도 있지만, 그 어느 쪽이든 사상사의 연구가 이토록 뒤처진 사실을 더 이상 외면할 수 없는 단계에 이르렀다. 정치학이라는 학문이 기능주의나 구조주의만으로 풀 수 없는 것이요, 때로는 형이상학적인 담론이 필요하다는 점을 생각할 때 정치사상사의 부활을 위한 공론의 마당이 필요하다.

정치사상 연구의 부진과 어려움에도 이 주제에 관한 욕구를 가지고 연구한 학자들이 있었다. 김영두金永斗가 1979년에 『한국정치사상사』를 최초로 발표한 바 있고,[6] 그 후 이재석李載錫을 비롯한 10인의 소장 학자들이 통사通史의 집필을 위한 시도가 있었다.[7] 이어서 논문의 형식으로 몇 편이 발표된 바 있으나 그러한 선행 연구들은 필자의 개인적 선호를 벗어나지 못했으며, 그 주제의 선정도 투망식[8]이었다.

---

5) J. R. Seeley, *Introduction to Political Science*(London : Macmillan & Co., 1896), pp. 4~5.

6) 김영두, 「한국정치사상사」」, 『한국문화사 대계(2) : 정치·경제사(上)』(서울 : 고대민족문화연구소, 1979), pp. 19~121.

7) 이재석·김석근·김영수·부남철·김명하·배병삼·이영춘·안외순·이원영·오문환·정용대·정경환(공저), 『한국정치사상사』(서울 : 집문당, 2002).

8) 김만규, 『조선조의 정치사상 연구』(인천 : 인하대학교출판부, 1982), p. 1.

최근의 연구서로서는 박충석朴忠錫의 『한국정치사상사』(서울 : 삼영사, 2010, 개정판)가 있으며 방법론에서 많은 진척을 보여주고 있지만 중세사에 관한 논구論究가 소루疏漏한 채, 근세 이후를 중점적으로 다루고 있다. 이들의 연구 가운데 통사라고 이를 만한 것이 없으며, 어느 특정 시대를 제한적으로 다루고 있다는 한계를 안고 있었다. 한국·동양정치사상학회가 엮어 출판한 『한국정치사상사』(서울 : 백산서당, 2005)는 40여 명의 필자들로 구성된 필진의 입장이 각기 다르기 때문에 논지의 일관성에 문제점을 안고 있지만, 한국정치사상사를 다룬 최초의 통사라는 데 의의가 있다.

2. 정치사상사 연구의 시듦[凋落]

정치가 한 시대를 이끌어 가는 최고의 가치일 수는 없는 것이지만 그렇다고 해서 그에 관한 논의마저 뒤로 밀릴 수는 없다. 그런 점에서 볼 때 우리의 사상사에서 정치적 공론의 광장이 매우 많았고, 그 담론도 매우 활발했다는 점은 다행한 일이었다.

정치적 논쟁의 과열이 바람직한 것은 아니라 하더라도 정치적 침묵이나 무관심은 플라톤Platon 이래로 끊임없이 경계해온 금기였다. 우리의 역사를 되돌아보면 그것이 과열될 때는 사화士禍와 같은 역기능이 나타난 적이 있었으나, 달리 생각하면 삼사三司를 통하여 전개된 정치적 논쟁은 조선왕조 500년을 이끌어온 저력이었다.

물론 지금이라고 해서 지난날과 같은 정치적 담론이 중단되었다고는 볼 수 없지만 그 성격이 달라진 것은 분명하다. 예컨대 지난날의 정치적 논쟁은 사단칠정四端七情과 같은 존재론ontology, 척사斥邪나 개화開化와 같은 국가론, 또는 근현대사에서 볼바와 같이, 진보(좌익)나 보수(우익)와 같은 이데올로기적인 성격을 강하게 띠고 있었던 것과는 달리, 지금의 정치적 논쟁은 당략黨略이나 소승적小乘的 이해 관계 또는 금권주의plutocracy를 둘러싼 공방의 성격이 짙다.

여기에서 우리는 하나의 원초적인 의문을 갖게 된다. 역사는 반드시 발전하는 것일까? 오늘의 정치는 어제의 정치보다 더 좋아졌을까? 우리는 이에 관하여 선뜻 긍정할 수만은 없다. 낙관주의자들은 동의할 수 없겠지만, 역사에는 옳은 것[善]이 발전한 것과 꼭 같은 속도로 악惡도 발전하고 있다.

많은 사람이 그것을 인정한다는 것이 서글프고 두려워 이를 부인할 뿐이지 역사가 반드시 진보하는 것은 아니었다. 역사가 오로지 진보하는 것이라면 나치즘Nazism이나 파시즘Fascism은 생성되지 말았어야 하며, 한국현대사에서 반동의 시기는 존재하지 말았어야 했다.

왜 역사는 때로 퇴보하는가? 우리가 추구해야 할 더 높은 가치는 무엇일까? 이러한 질문에 대한 해답을 얻으려고 공부하는 분야가 바로 사상사일 것이며, 정치사상사는 그 가운데서도 가장 치열한 논쟁의 중심에 놓여 있다. 그럼에도 그 논쟁의 치열함만큼 정치사상사의 연구가 활기를 띠고 있는 것은 아니다. 바꿔 말해서 정치사상사의 연구는 이제 사양斜陽에 접어들고 있다. 정치사상의 연구는, 좀더 범위를 좁혀서, 한국정치사상사의 연구는 왜 이토록 몰락하고 있는가? 이는 적어도 다음과 같은 몇 가지로 요약할 수 있다.

1) 낮은 시장성

수요가 없어서 공급이 부족한 것인지, 아니면 공급이 없어서 수요가 없는 것인지를 가늠하기란 쉬운 일이 아니지만, 한국정치사상사의 낮은 시장성은 사상사 연구의 만성적인 어려움으로 지적되고 있다. 기본적으로 학생들의 수강률이 낮은 것도 문제이지만, 막상 사상사를 설강한다 하더라도 이를 담당할 교수 요원이 부족한 것이 지금의 실정이다. 어느 것이 먼저이냐를 떠나서 양자가 맞물려 악순환되고 있다.

한국정치사상사가 얼마나 몰락하고 있는가를 보여주는 단적인 사례로서는 연구자의 비율을 들 수가 있다. 2008년 말을 기준으로 한국정치학회 정회원 1,749명 가운데서 자신의 전공이 한국정치사상(사)라고 써넣었거나 한국정치사상사와 관련된 논저를 발표한 학자는 모두 82명[9]으로서 전체의 4.7%에 지나지 않는다. 이는 2001년도의 1.6%[10]에 견주어 많이 증가한 것은 사실이지만 아직 미흡하다.

---

9) 한국정치학회(편), 한국정치학회회원주소록(2008) 참조. 2008년 이후의 자료는 개인 정보 보호를 이유로 공개되지 않고 있다.

또한 정치학의 전공 분야를 (1) 비교정치, (2) 국제정치, (3) 정치사상으로 나눌 때 전공 이수 학점 54/140학점 가운데서 3분의 1인 18학점은 정치사상이어야 하고, 그 정치사상이 다시 서양정치사상, 동양정치사상, 그리고 한국정치사상으로 나뉜다 하더라도 한국정치사상 과목의 학점은 6학점의 비율을 차지해야 한다. 그러나 한국정치사상 과목이 설강조차 되지 않은 대학이 대부분이며, 설강되었다 하더라도 교과과정에만 존재할 뿐 실제로 강의가 이뤄지지 않거나 비전공자가 강의를 담당하고 있는 실정이다.

학과목의 필수와 선택의 구별이 없어지고 따라서 굳이 정치사상사와 같은 난해한 특정 과목의 수강 의무가 없는 대학원의 한국정치사상사 교육은 더욱 열악하다. 격년제 강의, 세트set제 강의, 또는 석·박사 과정 통합 강의라는 이름으로 대학원의 한국정치사상 강의는 얼마든지 개설과 수강을 막거나 폐강의 이유를 찾을 수 있으며, 학생 측에서 한국정치사상사의 수강을 거부하거나 교수 측에서 설강을 거부할 구실은 얼마든지 있다.

이와 같은 악순환의 최종 현상으로 나타난 것이 대학에서 한국정치사상 담당 교수를 채용하지 않고 있다는 사실이다. 적어도 2009학년도 이전의 몇 년 동안에 한국정치사상을 전공한 인물을 교수로 공채한 대학은 거의 없는 실정이다. 이제 한국정치사상을 전공하여 교수직을 얻기 어렵다는 것은 모두가 아는 사실이 되었으며, 이러한 현실이 연구의 어려움을 더욱 가중하고 있다.

이런 상황에서 먼저 해야 할 일은 훌륭한 교수진을 확보하고 교재를 개발함으로써 공급이 수요를 창출하는 작업이다. 수강률이 낮다는 것만으로는 사상사 연구의 퇴행을 변명할 수 없다. 왜냐하면 수요가 없다는 이유로 공급을 중단한다면 시장은 영원히 형성되지 않지만, 수요가 없더라도 양질의 공급이 지속되면 시장은 형성될 수 있기 때문이다. 이와 같은 수요 공급의 법칙을 떠나서 보더라도 사상사의 연구와 학습은 시대적 소명이기 때문에 진흥되어야 한다. 그것은 당위當爲(Sollen)의 문제이지 존재存在(Sein)의 문제가 아니다.

---

10) 신복룡, 「『한국정치사상사』 집필을 위한 예비적 담론」, 『동양정치사상사』(1/2)(한국·동양정치사상사학회, 2002), p. 17.

2) 이념의 굴레

한국정치사상의 연구가 당면하는 또 다른 어려움은 그것이 그 당대의 지배 이데올로기로부터 자유로울 수 없으며 특히 현대로 내려올수록 그러한 경향이 심각했다는 사실이다. 정치사상이 지배 이데올로기로부터 자유로울 수 없는 이유로서는 다음과 같은 점을 지적할 수 있다.

첫 번째 이유는 한국이 이 지구상에서 가장 오래된 그리고 마지막까지 남은 냉전의 충돌 지점이기 때문이다. 정치사상이 그 시대를 지배하는 이데올로기로부터 자유롭기가 쉽지 않겠지만 그에 얽매이는 것은 바람직하지 않다. 우리는 "역사의 국유화 시대"[11]를 살며 강요된 이념을 편식偏食해 왔다. 이념의 편식은 그 자체로서 비극이었을 뿐만 아니라 국가 발전에도 도움이 되지 않는다. 한 사회가 어떤 역사는 쓸 수 있고 어떤 역사는 쓸 수 없다는 사실보다 그 사회의 특성을 더 잘 설명해 주는 것은 없다.[12]

그런데 현대 한국의 사상 연구는 정치적 수요需要에 바탕을 두고 있다. 어떤 사상이 한 시대를 지배했다면 그것이 현 체제의 지배 이데올로기와 부딪치는 것이라 할지라도 그것은 교육의 대상이 되어야 한다. 반대되는 이데올로기의 악마화 작업은 균형 있는 사상사 교육에 바람직하지 않다.

격동의 한국사에서 이데올로기의 어느 편에 서느냐의 문제는 자신의 소신이나 양심에 따른 선택이 아니라 속지주의적屬地主義的 운명의 문제였다. 남북한 모두에게 이념은 지역에 따른 강요였지 자발적 선호의 문제가 아니었다. 이렇게 하여 안겨진 이념은 학자의 곡필曲筆을 강요했고, 정치학은 이념의 도구가 되었다. 이는 정치학이 겪는 치욕이다.

현대사에서의 이념 논쟁은 1980년대부터 시작된 한국현대사의 열기와 그러한 열기를 촉발시킨 커밍스B. Cumings의 저술이 끼친 영향과 무관하지 않다. 그의 『한국전쟁의 기원』(I)[13]은 여러 가지 면에서 주목할 만한 저작이다. 한국현대사

---

11) 박명림, 「한국전쟁의 기원과 성격 : 전통주의·수정주의 이후의 시각과 방법의 모색」, 유영익(편), 『수정주의와 한국현대사』(서울 : 연세대학교출판부, 1998), pp. 156~157.

12) E. H. Carr, *What is History?*(London : Macmillan Co., 1961), p. 37.

13) B. Cumings, *The Origins of The Korean War : 1945~1947*, Vol. I(Princeton : Princeton University Press, 1981).

의 일련의 비극을 내전內戰으로 본 이 작품은 곧 한국현대사 연구의 열기를 불러일으켰고 "커밍스 신드롬"의 열풍을 몰고 왔으며 그의 수정주의 앞에서 국내의 지성계는 적과 동지로 나뉘기 시작했다. 좌파는 열광했고 우파는 그를 북침론자라고 매도했다. 그러나 엄밀히 살펴보면 그는 남침론자도 북침론자도 아니었으며, 그 자신도 실은 냉전의 지적知的 피해자였을 뿐이다.[14)]

정치사상의 연구가 이념의 굴레를 벗어나지 못하는 두 번째 이유는 정치학이 사회과학 가운데 권력에 대하여 가장 지조를 지키기 어려운 학문이라는 점 때문이다. 정치학자들이 권력에 기웃거리기 쉬운 이유는 관심의 동질성에 있다. 정치학자가 현실 정치를 외면한 채 상아탑에만 머물러야 할 이유는 없고, 정치학자라고 해서 현실 정치에 참여하지 말라는 법도 없다.

그러나 현대사가 얼룩진 것은 학자들이 권력의 정통성에 흠欠이 있거나, 열린 귀를 가지지 않았거나, 역사적 소명 의식이 없는 권력자를 위해 헌신하며 일신의 영달을 추구했고, 학문을 왜곡하거나 지조를 지키지 못했다는 점 때문이다. 그들에게 진실이나 역사는 중요하지 않았으며, 이념은 언제든지 바뀌거나 버릴 도구였다.

이러한 비학문적 추악성은 일차적으로 정치학자 자신에게 책임이 있겠지만 권력자들도 그러한 비난으로부터 자유로울 수 없다. 왜냐하면 학문 연구에 대한 정치권력의 간섭과 억압은 정치권력의 속성으로서, 어느 사회에서나 늘 있었기 때문이다.

특히 우리 나라의 경우에 집권자의 교체는 있었으나 지배 세력은 계속 생명을 이어왔기 때문에 구시대와 그 정권을 철저하게 파헤치고 평가한다는 것은 현실적으로 어려웠다. 그뿐만 아니라 정치학자들은 억압 정치에 대한 저항 의식 때문에 역대 정권을 평가하며 감정적인 편견으로 대응하는 경향이 있었으며, 이로 말미암아 현대 정치사나 정치사상의 연구가 객관적인 엄정함을 지니지 못했다.[15)]

---

14) 전상인, 「고개숙인 수정주의」, 유영익(편), 『수정주의와 한국현대사』, pp. 260, 283~284. 커밍스의 저작에 관한 나의 입장은, 신복룡(서평) : 브루스 커밍스(지음), 『한국전쟁의 기원』(1, 2-Ⅰ·Ⅱ), 김범(옮김)(서울 : 글항아리, 2003), p. 1,954; 「문서만으로 한국전쟁의 설명이 가능할까?」, 『교수신문』 2023. 10. 23. 참조.

15) 김호진, 「한국 현대 정치사 연구를 위한 몇 가지 제언」, 한국정치학회(편), 『한국현대정치사』(서울 : 법문사, 1995), pp. 24~27.

면 옛날은 접어두더라도, 현대사의 경우, 10월유신의 정당성을 확립하기 위해 학자들이 동원된 사실과 유신維新 국회의 참여, 군사문화적 반동의 시대의 국가보위입법회의 참여 등, 정치학자에게 뻗치는 권력의 유혹은 늘 다가왔다. 그러나 권력의 정통성에 하자가 있을 경우, 그에 관한 정치학자의 참여는 신중했어야 한다. 여염의 정객이 아닌 학자 출신의 정치 참여는 정통성이 없는 정권의 합리화에 이바지한 이외에도 그가 살던 시대의 정치사를 왜곡시키는 실수를 저질렀다는 데 문제가 있다.

3) 한글 전용의 여진餘震

정치사상사는 기본적으로는 정치학이지만 다른 측면에서 보면 철학과 역사학의 분과학이다. 따라서 이 학문의 성패는 원전原典 또는 일차 사료의 독해력에 직접적으로 연관되어 있다. 여기에서 한국사상사의 사료라 함은 한자漢字로 씌어진 자료를 의미한다. 한자 교육의 필요성에 관한 주장에도 불구하고, 이승만李承晩 정부 이래 한자 교육은 지속적으로 하향 곡선을 이루고 있다. 한글전용론자들의 주장에 따르면, 한자는 외래 문화이며 한글로써 우리의 사상을 충분히 전달할 수 있다는 것이다.

한글전용론자들의 그러한 논리는 부분적으로 맞을 수 있다. 그리고 한국사상사에로의 쉽고 빠른 접근을 위해서라도 한글로써 사상을 서술할 수만 있다면 그보다 더 다행한 일은 없을 것이다. 그러나 사상사가 쉽게 읽히도록 한글로 기술해야 한다는 논리는 맞을 수 있지만, 한글만으로는 일차 사료에 접근할 수 없다는 데에 문제가 있다. 많은 사료가 번역되어 있다고는 하지만 국역본으로 한국사상사를 "연구"하는 데에는 한계가 있다. 그리고 모든 한문 자료를 국역할 수도 없고 또 그럴 필요도 없다.

종래의 역사학이나 사상사 또는 철학은, 신채호申采浩가 지적하고 있는 바와 같이, 그것이 한자로 씌어 있었기 때문에 보편적 지식이 되지 못하고 학문의 계급화 현상이 심화되었다.[16] 그러나 지금은 그와는 반대로 한문을 외면하고 한글을 전용함으로써 원전 해석의 어려움을 불러오고 있다는 점에서 역설적이다.

---

16) 신채호, 『조선상고사』(상)(서울 : 삼성문화재단, 1977), pp. 471~472.

한국의 문학·사학·철학[文史哲]은 한자를 떠나 풀기 어렵다. 그러므로 민족 문화의 계승하려면 어떤 형태로든 한자 교육을 부활해야 한다. 한자 교육과 한글 사랑은 양립할 수 있는 것이며 갈등 관계에 있는 것이 아니다. 물론 한글로써 더 정확하게 표현할 부분이 있지만 반대로 한문이 아니고서는 의미 전달이 불가능한 경우는 허다하다.

이와 같은 필요성에도 이제 한자 교육은 교육 현장에서 점차로 멀어지고 있으며 그에 비례하여 한국학은 더욱 시들어가고 있다. 영어 교재에 관한 높은 의존도, 컴퓨터의 발달과 함께 한자를 손으로 써야 할 필요성의 감소는 한국학 연구의 위기를 초래하고 있다.

영어 교재의 보급률이 높아진다거나 컴퓨터의 이용률이 높아지는 것은 시대적인 조류라 하더라도, 이러한 때일수록 한국학 연구의 도구로서 한자 교육을 서두르지 않는다면 한국의 역사나 사상의 연구는 더욱 가속도적으로 기울어질 것이다. 번역판이나 영어로 『논어』論語를 읽는 데에는 느낌의 차이가 있다.

4) 종교적 성향과 배타성

한국뿐만 아니라 모든 나라에서 사상사는, 그것이 철학이든, 정치학이든, 윤리학이든, 종교를 떠나서 논의할 수가 없다. 인간의 원초적 고뇌는 삶과 죽음, 그리고 그 원인을 제공하는 질병이었는데 이에 관한 고뇌는 끝내 풀 수 없는 미궁으로 빠지고, 사람들은 신이나 하늘 등의 추상적인 명제로써 그 답을 얻으려 했다. 이것이 종교의 첫걸음이었다.

신학은 명확한 지식을 넘어서는 주장dogma을 가능케 하였기 때문에[17] 그들은 알 수도 없고, 풀 수도 없는 삶과 죽음의 문제를 입막음할 수 있었고, 신과 죽음 그리고 죽음 이후의 세계에 관한 해석을 제공했다. 정치사상의 대상은 인간의 인간관·자연관·신관의 정치적 상관관계에 따라서 그 골격이 형성되었다는 점[18]에서 종교로부터 자유로울 수 없다.

---

17) Bertrand Russell, *The History of Western Philosophy*(New York : A Touchstone Book, 1972), p. xiii.

18) 김한식, 『한국인의 정치사상』(서울 : 백산서당, 2006), p. 22.

종교가 한 나라의 사상사로 발전하는 것은 개인 구원이 집단 구원으로 발전함으로써 민족이나 국가의 문제를 고뇌하기 때문이다. 이를테면 대승大乘불교가 끝내 호국불교로 발전하는 경우라든가, 동학東學의 민족주의 항쟁, 그리고 일제 통치 아래서 기독교의 저항이 이와 같은 사례에 속한다. 만약 이들이 끝까지 개인 구원에 머물렀다면 그들은 한국정치사상사의 계보로부터 배제된 채 종교사의 일부분으로만 남아 있었을 것이다.

이와 같이 구원을 동기로 하여 출발한 종교의 첫 번째 특성은 배타성이다. "누구든지 나로 말미암지 않고는 천국에 이를 수 없다."[19]는 기독교적 논리나, "천상 천하에 오로지 나만이 존귀하다."는 부처의 논리에는 양보할 수 없는 배타성이 내재되어 있다.

이러한 배타성이 그 교단의 믿음의 범위를 벗어나지 않는다면 크게 탓할 일이 아니다. 문제는 그 종교가 민족 문화의 한 부분을 이루고, 그럼으로써 그 종교가 그 종파만의 전유물이 아니라 민족 사상의 일부를 이루게 되어 다른 종교와 접촉할 수밖에 없는 상황이 벌어졌을 때 분쟁과 마찰이 일어나는 것을 피할 수 없다.

이러한 마찰과 배타성은 사상사 연구에 중요한 걸림돌이 되고 있다. 그것이 이른바 외삽법外揷法(extrapolatory approach)이다. 여기에서 외삽법이라 함은 종교를 연구하며 당초부터 그 주제를 비판할 목적으로 글을 쓰는 입장을 의미한다.

이러한 방법은 그 출발에서부터 종교적 편견이나 선입견 또는 배타성을 전제하므로 대단히 위험하다. 처음부터 어떤 사상, 특히 어떤 종교를 비판할 목적으로 그 종교에 접근할 경우에 이 지구상에서 살아남을 종교는 하나도 없다. 이런 점에서 볼 때 외삽법은 호교론護教論(religion-friendly approach)과 마찬가지로 사상사 연구에서 경계해야 할 중요한 금기이다.[20]

어느 국가의 정치사상이든 종교성으로 말미암은 갈등이 없는 것은 아니지만 한국사상사의 경우에는 그러한 성향이 더욱 짙다. 서구 사상사의 경우에는 그리스 사상 안에서 소크라테스Socrates 학파나 다른 사상가들 사이에 갈등이 있었지만 외부의 제3의 사상과는 갈등이 심각하지 않았다.

서구 사상의 또 다른 흐름인 히브리 사상의 경우에 속권俗權과 신권神權의 갈

19) 『신약성경』 「요한복음」 14 : 6.

20) 장병길, 『증산종교사상』(서울 : 한국종교문화연구소, 1976), p. 4.

등은 있었지만 문예 부흥 이후 그리스 사상과의 공존이 가능했다. 중국사상사의 경우에 중화中華사상이라고 하는 거대한 용광로 안에서 노자老子·공자孔子·맹자孟子·묵자墨子·법가法家의 사이에 논박과 갈등은 있었지만 외래의 이질적 사상과의 충돌은 심각하지 않았다.

그런데 한국의 사상사는 그렇게 단순하지 않다. 내재적인 신화와 무속이 먼저 존재했고, 거기에 외래 사상으로서의 불교와 주자학이 들어왔고, 그 뒤에 제3의 사상인 천주학(구교)과 기독교(신교)가 들어와 피어린 갈등을 유발했으며, 다시 내부적으로 신흥 종교의 발생이 있었다. 한국사상사를 이해하려면 이들 가운데 어느 하나도 소홀히 할 수 없는 주제들이다.

사태를 악화시킨 것은 그들 사이가 화목하지 않았으며 전방위적으로 갈등을 유발했다는 점이다. 예컨대 조선 후기의 정치사상사에서 성리학과 서학의 마찰, 위정척사파와 개화파의 갈등, 그리고 동학東學·증산교甑山敎·원불교圓佛敎 등의 민족 종교와 외래 사상과의 갈등이 이에 해당한다.

한국 종교의 배타성과 파벌성은 정치사상사 연구에도 그대로 옮겨져 나타났다. 그들은 호교론의 입장에서 자신의 종교만을 선호選好함으로써 학문의 균형 있는 발전을 이룩하지 못했다. 그들은 편협한 시각視角으로, 마치 대롱[管]을 통해서 세상을 보듯이 자신의 종교에만 탐닉함으로써 한국사상사의 전체적인 모습을 그려내지 못했다.

그들은 스스로를 정통종교로 일컬었으며, 교주의 성인화聖人化 과정에 몰두했고, 자기 도취narcissism에 빠져 결국에는 사상의 파편화 현상을 유발했다. 따라서 종교적 적대감과 이에 대항 논리로 등장한 호교론으로부터 사상사를 얼마나 건강하게 지키느냐의 문제가 올바른 한국사상사의 정립을 위한 전제가 되고 있다.

5) 서구 학풍의 풍미와 한국학의 부진

한국의 해방이 자력에 의한 것이 아니라 연합국, 특히 미국에 의해 주어진 것이었다는 사실, 3년에 걸친 군정, 그리고 한국전쟁에서 미국의 지원이 공산화를 막았다는 사실에서부터 그 뒤 한국의 대미 종속從屬은 피할 수 없었다. 이러한 종속성은 양국의 외교 관계에 국한된 것이 아니라 그 뒤의 학풍을 지배했다. 미국으로부터 수입된 학문이 과학의 다양화를 진작하고 새로운 조류에 눈뜨게 한 측면을 과소평가할 수는 없지만 그러한 외래 사조는 끝내 국학의 쇠퇴를 불러왔다.

미국에서 정치학을 수학한 신진 정치학자들은 한국사의 전통적 접근을 관념론이라 하여 외면한 채 미국의 경험주의적 입장에 몰두하는 성향을 드러냈다.[21] 그러나 그러한 미국식 방법론은 정치학의 보편성을 파악하는 데에는 도움이 되었지만, 한국의 지성사를 이해하는 데는 실패했다. 왜냐하면 미국으로부터 들어온 학풍은 외래 사상이나 이론에 관한 맹목적 도취가 자아내는 지적知的 독선의 위험을 안고 있었기 때문이다.[22]

그렇다면, 미국의 정치학과 관련하여 한국의 정치학이 가지는 다름은 무엇일까? 그것은 학문 대상의 본질과 관련된 것이 아니라 방법론의 문제였다. 이는 다음과 같이 정리할 수 있을 것이다.

> (1) 경험주의적 또는 기능주의적 접근 방법만으로는 한국 정치가 지니고 있는 시간과 공간의 제약을 넘어설 수 없다.
>
> (2) 한국 사회는 전통 사회의 역사적 경험과 문화적 유산으로부터 강한 영향을 받고 있다. 이로 말미암아 우리는 현대 사회의 정치 속에서 전통 사회의 정치로부터의 계속성을 발견하게 된다.
>
> (3) 한국의 정치사가 민족사의 전부를 풀이할 수 있는 것은 아니지만, 정치사는 여러 분야의 역사를 하나로 꿰는 고리 역할을 하는 일종의 종합사綜合史로의 성격을 띠고 있다.[23]

요컨대 미국 정치학의 방법론은 역사주의historicism를 결여하고 있다. 따라서 우리는 정치 현상을 연구하며 우리의 가치 정향定向에 준거準據해서 우리 식으로 인식·설정된 문제를 우리의 방법으로 해결하려는 자아준거적自我準據的 정치학에 눈을 돌리려는 경향이 나타났다.[24] 그것은 구미 사회과학에 관한 반사작용

---

21) 김운태, 「한국 정치학의 연구 방향과 전망」, 『한국정치학회보』(12)(한국정치학회, 1978), p. 169.

22) 이홍구, 「근대 한국 정치학 백년 : 그 한계성의 극복을 위한 자성」, 『한국정치학회보』(20/2)(한국정치학회, 1986), p. 9.

23) 김운태, 「한국 정치학 연구의 발전과 현황 : 정치사」, 『한국정치학회보』(21/2)(한국정치학회, 1987), p. 21.

24) 문승익, 「한국 정치학의 정립 문제」, 『한국정치학회보』(13)(한국정치학회, 1979), p. 6; 문승

이었다.

그러나 정치학의 한국화Koreanization는 그 나름의 함정과 위험을 안고 있다. 이를테면, 한국 정치의 역사적 요소를 주체성 개발이라는 입장에서 보려는 데 치우쳐, 왕조의 권위적 지배의 원리를 옹호하고 부각함으로써 결과적으로 보는 이들이 민족사를 시대착오적 역사라고 오해하도록 만들 위험성이 있다.[25] 그뿐만 아니라 서양 학문의 유입이나 수용 그 자체를 배격하는 지적 국수주의가 학문의 유연성과 개방성을 비판함으로써 후진성을 오래도록 지속할 위험이 있다.[26]

한국정치사상의 한국화가 가지고 있는 또 하나의 맹점은 인류의 긴 역사에 비추어 볼 때, 동서고금의 생활 모습이 본질적으로 크게 다르지 않다는 점을 지나칠 수 있다는 점이다. 물론 한국인의 인식 구조는 서양, 특히 영미의 그것과 다르다. 신神, 자연, 국가, 민중, 권력, 그리고 구현해야 할 정치적 가치라는 점에서 한국인의 인식은 서구 사상을 이해할 수 없거나 받아들일 수 없는 부분이 있다. 이를테면, 범신론적 신관을 가지고 있는 한국인에게 유일신의 이론은 잘 설득되지 않았으며, 가부장적 인간 관계에 익숙한 한국인에게 신 앞에서의 인간 평등이라는 서구적 인식은 낯선 것이었다.

그러나 서양과 한국의 이와 같은 차이가 마치 인간의 삶의 원형이 달랐다거나, 또는 세계사의 어떤 보편성과 많이 다른 특수성이 우리에게 있었다는 논리로 발전하는 것은 위험하다. 삶의 모습에서 다름이 있을 수 있지만, 한국인이나 한국사상이 유별나게 특수한 것은 아니다. 서양인의 삶에서 우리 모습이 보이고 우리 삶에서 인류 보편의 모습이 보인다.

특히 고대사에 거슬러 올라갈수록 동서양의 생활 모습에는 본질적인 차이가 없었다. 우리는 인류 보편의 한 구성원일 뿐이다. 따라서 이 절에서 서구 학풍을 경계하는 것은 사상사의 연구방법론에 한정하는 것이지 삶의 특수성을 강조하려는 것이 아니다. 역사에서 민족에 따른 특수성은 미미했다.

익, 『자아준거적 정치학의 모색』(서울 : 오름, 1999), pp. 71ff.

25) 김만규, 『조선조의 정치사상 연구』, pp. 19~20.

26) 이홍구, 「근대 한국 정치학 백년—그 한계성의 극복을 위한 자성」, p. 9.

3. 정치사상사 연구의 필요와 과제

그렇다면 정치사상사가 이토록 몰락하고 있는 상황에서 우리는 왜 이를 부흥해야만 하는가? 이 시대에 정치사상사의 연구는 왜 필요한가를 묻지 않을 수 없다. 이에 관한 대답은 적어도 다음과 같은 몇 가지로 요약될 수 있다.

1) 만상萬象의 근원으로서의 사상사

인간의 고뇌가 궁극적으로 도달하는 지점은 아마도 존재론일 것이다. 나는 누구인가? 나는 어디에 있는가? 나는 어디에서 왔고 어디로 가야 하는가? 이러한 질문은 인간이 존재하는 한 끝없이 되풀이되는 화두話頭이다. 그리고 그에 관한 대답을 주는 것은 철학이거나 사상이며, 이를 정치학에 도입한다면 정치사상이 그에 관한 대답을 제공할 것이다. 사상은 만상을 이해하는 출발점이다.

이와 같은 위치에 있는 사상은 그 시대를 살아간 사람들이 보편적으로 무엇을 고민하며 지향했는가를 밝혀 주었다. 이는 그 시대를 관통하고 있는 주요 사조가 무엇인가를 사상사가 우리에게 들려주었음을 의미한다.

사상이란 결국 사회적 존재인 인간이 타인이나 집단 사이의 상호 작용 속에서 나타나게 마련인 충돌과 갈등을 피하며 질서와 평화를 유지하려던 이성적 노력의 표현이다. 이 이성적 노력은 아리스토텔레스Aristoteles를 거치며 개인의 차원에서 인간을 절제시키는 것은 윤리학으로 발전했고, 기능주의적 측면은 정치학으로 발전했다.

정치사상의 역사는 어떤 사상이 나타나게 된 사회경제사적 배경은 무엇이며, 그렇게 해서 나타난 사상은 어떤 모습을 띠고 어떤 가치를 추구했으며, 어떻게 역사에 기능하거나 역기능했으며, 거기에서 얻는 역사적 의미와 교훈은 무엇인가를 밝혀 주었다.

어떤 형태로 존재했든, 그것이 사악한 것이었든 아니면 가치를 창조하는 것이었든, 사상은 그 나름의 의미를 지니고 있으며, 정치사상사라고 하는 학문은 그와 같은 의미를 추출하고 해석함으로써 실패를 되풀이하지 않고 더 나은 삶으로 가는 길을 후대에 보여주었다.

그뿐만 아니라 하나의 관념이 시대와 사상가에 따라 어떠한 연결 고리를 가지고 변천되었는가를 살펴보려는 노력도 여기에 포함되었다.[27] 대부분의 사상은 흡수·혼재·통합의 과정을 거친다. 사상의 섞임이 그 독창성을 훼손하는 것은 아니다.

오히려 사상은 그와 같은 만남과 갈등의 과정을 거쳐 통합될 때 진보할 수가 있다. 예컨대 율곡의 주기론主氣論이 실학을 거쳐 개화사상에 어떻게 접목되는가, 유학·불교·도교·기독교는 어떻게 동학에 비추어졌는가를 살펴보는 방법이 이에 해당한다.

2) 수기치인修己治人의 출발점

원시적 형태로서 정치학의 태반胎盤을 이루는 것은 윤리학이었다. 그것은 정치가 도덕적 삶을 추구하는 제도였음을 의미한다. 그러던 것이 아리스토텔레스가 윤리학으로부터 정치학을 분리했는데, 그렇다고 해서 정치학이 윤리적 요소를 포기한 것은 아니었다.

플라톤과 마키아벨리N. Machiavelli를 거치며 오늘에 이르기까지의 서양에서나, 맹자孟子로부터 주자朱子를 거쳐 오늘에 이르기까지의 중국에서나, 또는 기자箕子로부터 퇴계退溪와 율곡栗谷을 거쳐 오늘에 이르기까지의 한국 사회에서나 정치가 지향해야 할 최고의 가치는 덕德이었다.

특히 동양 사회에서의 정치학은 수기修己를 그 출발로 생각했다. 그러기에 『대학』大學에서도 수신修身한 무리만이 제가齊家할 수 있고, 제가한 연후에 치국治國할 수 있고, 치국한 연후에 평천하平天下할 수 있다고 지적했다.[28] 따라서 정치학의 원초적 고뇌는 수신에서 출발하여 덕의 구현으로 귀결되었다. 이런 점에서 정치사상은 집단적 가치를 구현하려면 어떻게 해야 하는가 하는 질문에 관한 대답을 담고 있는 창고였다.

정치가 덕과 가치를 추구하려는 제도요 이념이지만, 역사를 통하여 그러한 수신을 바탕으로 하는 덕치가 항상 이루어진 것은 아니었다. 특히 산업 사회에 들

27) 박충석, 『한국정치사상사』(서울 : 삼영사, 1982), p. 260.

28) 『大學』(1) 大學之道.

어오며 한국 사회에서의 정치는 더욱 그러했다. 가치관의 혼동은 끝내 가정의 붕괴와 인륜人倫의 파괴를 가져왔다. 처음에는 개인의 비리로부터 시작된 것이 끝내는 집단적이고도 구조적인 악행으로 발전했다. 이것은 악행의 도미노였다.

이럴 경우에 이러한 집단적 악행을 종식할 방법은 수기로 돌아가는 것이며, 지난날의 정치사상에서 그 답을 찾을 수밖에 없다. 우리는 『논어』論語와 『맹자』孟子를 다시 읽어야 하고, 플라톤의 『공화국』*Republic*과 몽테스키외Baron de Montesquieu의 『법의 정신』*The Spirit of the Laws*과 밀John S. Mill의 『자유론』*On Liberty*을 다시 읽어야 하며, 『목민심서』牧民心書로부터 지혜를 빌려야 한다. 시대가 바뀌었다 하더라도 인간이 살아가는 원초적인 모습에는 변함이 없기에 고전에 담긴 가르침은 시간을 넘어 우리에게 다가온다.

요컨대, 인간 사회에서 벌어지고 있는 악행에 대한 치유책은 정치사상사에 담겨 있다. 그리고 그 답은 궁극적으로 수기를 요구한다. 이럴 경우에 그 수기는 단순히 정치적인 악행에 관한 대답에 머무르지 않고 우리 사회 전반에 걸쳐 나타나는 갈등과 비리에 관한 답을 함께 제시해 주고 있다. 이런 점에서 수기치인은 정치사상의 출발점이다.

3) 한국의 정체성의 회복

현대사에서 한국인의 의식 구조를 강하게 압박하고 있는 것 가운데 하나는 세계화globalization라는 화두이다. 그 개념이 명료하게 정립된 것은 아니지만, 한국이라는 좁은 지역의 폐쇄성을 벗어나 세계의 신조류에 순응한다는 뜻일 것이다. 그렇다면 여기에서 말하는 신조류란 무엇인가 하는 새로운 질문에 부딪히게 되는데 그것 또한 명료한 정의가 있는 것은 아니다. 세계화란 신자유주의인가? 신보수주의인가? 경제협력개발기구OECD나 세계무역기구WTO 체제에의 편입과 그 안에서의 생존을 의미하는가? 아니면 미국 중심의 블록 정치에 편승한다는 뜻인가?

그 어느 쪽이든 간에 세계화의 구호는 우리에게 그렇게 친숙하게 다가오지 않는다. 한국인의 심성에 부분적으로 내재하고 있는 외국인 기피 심리xenophobia와 쇄국 정책, 오랜 냉전 체제와 그 안에 길들은 우익적 분위기와 좌파 국가에 대한 막연하고도 보편적인 적대감, 그 어느 것도 세계화와 의미가 통하는 것이 없다.

이와 같은 정치문화적 유산과 준비되지 않은 구호는 세계화 그 자체에 관한 이해의 부족일 뿐만 아니라 우리 자신의 정체성에도 많은 혼란을 초래하고 있다. 이제 세계화는 조기 유학이나 어학 연수쯤으로 인식되기에 이르렀고, 미국의 가치를 따르는 것이 미덕으로 평가받고 있다. 그렇지 않아도 대미종속성이 깊어 가는 상황에서 우리의 정체성 상실은 더욱 깊어지고 있다.

이와 같은 현실은 시기적으로 한국 사회가 산업 사회와 다문화사회로 들어가고 있던 싯점과 맞물려 사태를 더욱 어렵게 만들었다. 전쟁의 상처, 정치적 영향력으로부터 배제된 젊은이들의 좌절, 가난과 억압과 소외로 고통받는 이들을 외면하지 못하는 연민憐憫, 관료화, 고도의 기술 사회에서 개인의 무기력, 죄악에 가까운 물질만능주의, 비정한 경쟁, 너무 멀리서 이뤄지고 있는 정책 결정, 대학의 양적 팽창 등, 이 모든 것들이 현대인을 슬픔grievances에 빠지게 만들었다.[29)]

현대 사회에서 슬픔은 단순한 정서의 문제로 그치지 않고 가치관의 혼동으로 확대된다는 데 문제가 있다. 이제 우리에게 전통이나 유산은 폐기되어야 할 잔재이며 의미 없는 구습舊習으로 인식되기 시작했다. 가족은 해체되고, 아버지는 실종되었으며, 권위주의의 해체라는 이름으로 모든 사회적 권위마저도 무너졌다. 그리고 그 위에 퇴폐와 범죄라는 사회적 악이 양산되기 시작했다. 이것이 세계화가 추구하는 가치는 아닐 것이다.

전통이 무너진 폐허 위에 서구의 근대 문명이 건설되었다고 해서 그것이 곧 축복일 수도 없다. 삶의 모습이나 관습은 우열의 비교 대상이 아니다. 민족에게는 각기 오랜 세월에 걸쳐 익숙해진 삶의 방법이 있으며 그것은 지켜야 할 유산이다. 그것이 무너졌을 때 오는 방황과 혼돈은 삶의 질의 퇴보를 가져올 수 있다.

이러한 논리는 국수주의로 돌아감을 뜻하는 것이 아니다. 온고지신溫故知新을 취할 뿐이다. 개인이든 국가든 정치와 관련하여 어느 길을 피해야 하고 어느 길을 가야 할는지를 가르쳐 주는 최선의 지침은 역사, 특히 사상의 역사 속에 담겨 있다. 공자孔子의 지적처럼 "지나온 길을 들려줌으로써 다가오는 미래를 가르쳐 주는 것"[30)]이 역사의 역할이며 그래서 우리는 우리의 삶이 녹아 담겨 있는

---

29) Max Mark, *Modern Ideologies*(New York : Saint Martin's Press, 1973), p. 211.

사상사에로 눈을 돌릴 수밖에 없다. 역사학의 탐구는 어느 면에서 자기 발견의 여정이다.

4. 무엇을 담을 것인가?

정치사상사에 무엇을 담을 것인가를 논의해야 하는 이유는 지금이 정치사상사의 연구가 정치이론인지 아니면 정치사상인지의 여부조차도 정리되지 않은 상태이기 때문이다.[31] 정확히 말해서 정치사상사라 함은 정치사상의 역사history of political thought이거나 정치철학의 역사history of political philosophy이지만 세바인G. H. Sabine이나 던닝W. A. Dunning 이후 정치사상사는 정치학설(또는 이론)의 역사history of political theory가 되면서부터 사상과 이론의 구분이 분명하지 않게 되었다.

여기에 더하여 경험·현실·분석을 강조하는 기능주의의 발흥이 사상사 연구에 타격을 주었다.[32] 특히 1950년대에 불기 시작한 행태주의behavioralism와 1980년대의 수정주의revisionism는 "철학으로서의 정치사상사"에 대한 하나의 도전이었다.[33]

이와 같이 사상사 연구가 어렵고 결과적으로 황폐한 상황에서 이제 우리는 정치사상사에 무엇을 담을 것인가를 고민해야 한다. 필자의 선호에 따른 주제별 사상사를 멈추고 통사를 생각하면서, 정치사상사는 적어도 다음과 같은 문제들을 고려하고 담아야 할 것이다.

---

30) 『論語』 學而篇 : "子曰 告諸往 而知來者"

31) 정윤재의 경우에는 정치사상을 정치이론으로 보고 있고, 최창규·박충석·이택휘·신복룡의 경우에는 정치사의 입장에서 정치사상사를 다루고 있다. 정윤재, 「해방 직후 한국정치사상의 분석적 이해 : 안재홍·백남운 정치사상의 비교 분석」, 『한국정치학회보』(26/1)(한국정치학회, 1992), pp. 10~12; 최창규, 『근대 한국정치사상사』(서울 : 일조각, 1975); 박충석, 『한국정치사상사』; 이택휘, 『한국정치사상사』(서울 : 전통문화연구회, 1999); 신복룡, 『한국정치사상사』(서울 : 나남, 1997).

32) 서정갑, 「미국 정치학의 특성과 한국정치사상의 연구 상황」, 『한국정치학회보』(12)(한국정치학회, 1978), p. 6.

33) 강광식, 「정치사상사 연구의 대상과 방법」, 『동양정치사상사』(1/2)(한국·동양정치사상사학회, 2002), p. 8.

(1) 그 시대를 살아간 사람들이 보편적으로 무엇을 고민하며 지향했는가를 밝혀야 한다. 이는 그 시대를 관통하고 있는 주된 사조main stream를 탐구해야 함을 의미한다. 이는 하나의 관념이 시대와 사상가에 따라 어떠한 연결 고리를 가지고 변천되었는가를 살펴보려는 노력을 포함한다.[34]

정치사상사의 연구란 특정 사상가가 제기하고 있는 학설·교의·이론·관념에 머물지 않고, 그 시대 또는 여러 시대에 걸쳐 지배적으로 기능한 학설·교의·이론·관념을 주목할 뿐만 아니라 종교·철학·정치·경제·사회·법률·역사·교육·예술 등 사상의 전개 과정에서 연관되는 인간의 문화 활동과 사상 활동 전반을 연구 대상으로 한다.[35] 따라서 어떤 특정 사상가의 언술言述이 없었더라도 그 사회의 지배적 가치로 작용한 공통 이념들, 이를테면 풍수지리설이나 향속鄕俗들도 연구의 대상에 포함되어야 한다.

(2) 시대가 사상을 낳는 것이지 사상가가 사상을 창조하는 것은 아니라는 점에 유념해야 한다. 아무리 위대한 사상가의 생각이라고 하더라도 그 사상의 본질과 내용은 그 사상가가 놓여 있는 환경과 여건, 곧 시대적 제약에서 크게 벗어날 수 없다.[36]

사상가는 그 시대의 여망輿望을 대변하는 예언자적 화자話者일 뿐이다. 그가 그 시대의 평균적 사유보다 더 많이 고민한 진보적 선각자임에 틀림이 없겠지만, 그 시대와 전혀 무관한 사상을 창조할 수도 없을 뿐 아니라, 그렇게 창조된 사유는 단편적이고도 단명하게 떠올랐다가 사라진다. 이러한 파편적 사유들은 사상사의 주제가 될 수 없다.

(3) 그럼에도 정치사상사의 연구는 인물사나 전기학과 많이 겹치게 된다. 이런 점에서 정치사상사는 사건을 중심으로 다루는 정치사나 그 사건의 성격을 다루는 정치이론보다 더 복잡하다. 정치사상사를 정치이론으로 볼 것인가 아니면 정치사로 볼 것인가의 문제는 그 사상을 일회기적一回起的 또는 단편적 사건fragment로 볼 것인가 아니면 그것이 가지는 지속성continuity을 주목할 것이냐의 차이이다.

(4) 당대에는 아무런 호소력이나 대중적 인지도가 없었으나 후세에 그 이론의 창의성과 그 시대에 관한 고뇌가 입증된 인물의 사상을 어떻게 이해해야 하는가의 문제가 있다. 그 사람의 고뇌가 그 자신만의 것으로 그쳤다고 하더라도 그는 그 시대를 읽는 거울이었음에 틀림없다. 한 천재의 고뇌는 그 시대를 조금 앞서갔을 뿐이지 그 시대와 전혀 무관할 수는 없다. 이럴 경우에는 그의 예언의 적실성適實

---

34) 박충석, 『한국정치사상사』, p. 260.

35) 박충석, 「한국정치사상사연구의 범위와 방법」, 한국·동양정치사상사학회(편), 『한국정치사상사』(서울 : 백산서당, 2005), pp. 19~20.

36) 이종항, 「율곡의 정치사상」, 『제3회 국제학술회의 논문집』(성남 : 한국정신문화연구원, 1984), p. 1065.

性에 따라서 그를 재조명해야 한다. 최한기崔漢綺의 경우가 여기에 해당한다. 우리는 그를 통하여 그의 시대를 읽을 수 있다.

(5) 역사에서 패배한 인물의 사상에 눈을 돌려야 한다. 인간의 사회를 연구하는 모든 학도로서는 역사의 과정에서 발생한 희생자들에 관한 연민과 승리자들의 주장에 관한 회의를 품는 것이 지배적 신화에 사로잡히는 것을 막아주는 본질적인 안전 장치이다.[37] 그럼에도 역사는 승자의 편이었고, 패자의 생각은 매몰되었다. 이것은 잘못된 일이다. 묘청妙淸과 정여립鄭汝立의 경우가 여기에 해당한다.

(6) 고유 사상과 외래 사상이 융합했을 경우에 어디까지가 한국사상인가라는 문제가 있다. 이럴 경우에 우리의 메커니즘을 통하여 무리 없이 수용된 것은 우리의 사상으로 보아야 한다. 한국정치사상사는 그 고유성이나 시원적始原的인 전개 과정 위에 외래적인 것이 채색되고 퇴적되어 가는 과정이었다.[38] 문명은 상호 작용하는 것이며 순수하게 고유 문화라고 주장할 만한 원형이 보존된다는 것도 어려운 일이거니와 그러한 순수성이 어떤 가치나 의미를 갖는지도 의심스럽다.

(7) 정치사상사의 기술은 역사학의 분과학일 수 있으므로 철저하게 일차 사료에 입각하여 정치학적으로 새롭게 해석되어야 한다. 국사학과 같은 인문과학이나 인접 학문에서 이미 해석된 바를 토대로 삼아 논리를 전개하는 것은 위험한 일이다. 그리고 정치사상은 사상가 자신의 저술과 담론을 토대로 탐구해야 한다.

그러나 그럴 경우에 한국사에서는 문헌을 남긴 김부식金富軾 이전의 정치사상을 논의하기 어렵다는 데 문제점이 있다. 그 이전에는 문자화된 자료가 드물기 때문이다. 따라서 한국사상사에는 논저만으로 설명될 수 없는 부분의 어려움을 극복하고자 신화학, 고고학, 문화인류학,[39] 민속학, 금석학, 어의학semasiology, 종교학, 심리학 등 인접 학문의 도움을 받아야 한다.

(8) 한국사로부터 일제 식민지 사학에 오염된 부분을 씻어내는 일이 남아 있다. 이를테면 당쟁黨爭에 관한 논의가 여기에 해당한다. 한국사학사에서 당쟁에 관한 논의는 악의적으로 과장되어 있다. 그것은 당쟁의 사악성邪惡性을 과장함으로써 식민 통치를 합리화하려던 일제의 저의가 깔려 있기 때문이다.

그러나 위와 같은 연구 방법들 가운데 어느 한 가지 방법만으로 정치사상사가

---

37) B. Moore, *Social Origins of Dictatorship and Democracy*(Boston : Beacon Press, 1967), p. 523.

38) 손문호, 「한국정치사상사 연구의 현황과 논점」, 한국정치학회(편), 『한국정치학 50년』(서울 : 한울, 2001), p. 233.

39) 금세기 초엽의 역사 연구가 경제학과 사회학으로부터 많은 것을 받아들였다면 이제는 인류학이 점차 중요해지고 있다. George G. Iggers, 「현대 세계사 연구의 시각」, 『한국현대사의 재인식(6) : 현대사의 흐름과 한국현대사』(성남 : 한국정신문화연구원, 1998), p. 65.

씌어질 수도 없을 뿐만 아니라, 상충·모순되는 내용들이 있기 때문에 한국정치사상사의 통사를 쓸 경우에는 위의 방법들을 편의적으로 빌려 쓸 수밖에 없다.

무엇을 담을 것인가라는 문제와 관련하여 짚고 넘어가야 할 또 다른 문제는 시대 구분이다. 이 문제는 사학 연구에서 늘 쟁점이 되는 부분이지만 이에 관한 정설이 있을 수 없으며, 특히 정치사상사의 경우에 사관史觀은 말할 것도 없고 필자의 선호도에 따라서 그 내용이 많이 달라진다. 그러한 다양성에도 불구하고 한국정치사상사의 시대를 구분할 경우에는 다음 사항을 유념해야 한다.

(1) 신화神話 시대에 관한 인식을 바로 세우는 작업이 필요하다. 한국정치사상사의 출발점이 성리학이 수용되어 지배 담론으로 정착되기 시작한 여말선초의 정치적 격동기였다는 논리[40]가 가능하더라도, 그것이 그 이전에는 정치사상이 없었다는 논리로 확대되어서는 안 된다.

신화 시대가 푸대접을 받거나 왜곡되는 결정적 요인은 종교적 편견과 그 배타성 때문이다. 신화는 상징이며 비논리적일 수 있다. 신화가 의심 없이 설명될 때 그것은 이미 신화가 아니다. 따라서 어떤 종교적 입장에서 단군檀君 신화의 설명을 요구하는 것은 무리이며, 신화를 신뢰하는 측에서도 이를 역사적 사실로 확인하려는 작업에 너무 힘을 낭비할 필요는 없다.

(2) 위 논의의 연속선 위에서, 우리는 고대사 연구에 힘을 쏟아야 한다. 인간의 속성으로 볼 때 가까운 사실에 관한 기억이 더 절절하고 그래서 역사도 현대사에 치중하고 있다는 점을 시인하더라도,[41] 한국정치사상사의 경우에 고대사 연구에 소홀했다.

공통되게 지적되고 있는 고대사 연구의 어려움, 이를테면 자료의 부족과 원전 읽기의 어려움이 있지만 이러한 점들이 고대사 연구를 소홀히 한 변명이 될 수는 없다. 이런 어려움을 극복하려면 인접 학문의 도움을 받아야 한다. 고대사의 연구를 소홀히 하고서는 민족의 정체성을 밝힐 수 없다.

(3) 왕조중심사로부터의 해방이 매우 중요한 문제이다. 우리의 역사 교육은 "태정태세문단세太定太世文端世 ……"의 역사학이었다. 다른 분과사는 몰라도, 정치사가 왕조중심사에 기운 것은 있을 수 있는 일이다. 그러나 정치사상사의 경우에 그것이 반드시 왕조 변혁과 발자취를 함께 해야 할 이유는 없다.

왕조나 국가가 그 시대의 사상적 조류를 전적으로 외면했다고는 볼 수 없지만

---

40) 최연식, 『창업과 수성의 정치사상』(서울 : 집문당, 2003), p. 273.

41) Benedetto Croce, *History as the Story of Liberty*(New York : Meridian Books, 1955), p. 17.

왕조(국가)사와 사상사가 반드시 일치하는 것은 아니다. 만약 정치사상사가 왕조 중심사에 묻힌다면 그것은, 왕조나 지배 권력과 같은 승자 중심의 사상이 될 수 있다는 점에서 온당하지 않을 뿐 아니라 진보적 패배자의 사상을 묻어버릴 수 있다는 점에서 위험하다.

(4) 한국정치사상사에서 중세 시대와 봉건주의 시대를 어떻게 인식하느냐의 문제가 있다. "한국사에 봉건 시대는 존재했는가?"라는 질문에 관하여 정치사와 경제사의 대답이 같을 수는 없다. 노예제 농업을 기반으로 하여 장원莊園 경제를 주목하고 있는 경제사와 지방 분권을 주목하고 있는 정치사가 봉건 시대의 유무에 관하여 각기 다른 대답을 하는 것은 당연한 일이다. 따라서 시대 구분과 관련하여 봉건 시대를 바라보는 정치사 또는 정치사상사 연구는 경제사의 시각에서 벗어나 독자적인 시대 구분을 하는 것이 바람직하다.

요컨대, 한국정치사상사의 시대 구분은 다른 학문과의 관계에서 나타나는 특수성의 문제점을 안고 있다. 한국정치사상사의 연구는 역사학이나 철학과는 다른 관점의 학문적 정체성正體性을 보여주어야 한다.[42] 한국정치사상사는 철학사의 분과학이 아니라 정치학의 분과학이다. 따라서 정치사상의 집필자는 집필 과정에서 정치라는 화두를 잊지 않도록 거듭 정신을 가다듬어야 한다.

한국정치사상사의 또 다른 과제는 중국정치사상으로부터의 해방이다. 적어도 조선의 전기·중기 정치사상은 중국 정치사상의 재해석이거나 재생산이었다. 중화사상의 그늘은 너무도 거대하여 한국사상이 빛을 보지 못했다. 이러한 종속성을 극복해야 하는 이유는 윤리적 상대주의ethical relativism 때문이다. 한 나라의 문화는 모방imitation이거나 전파diffusion이거나 독자적인 발달independent evolution 가운데 어느 하나이다.[43]

한국사상사는 중국사상사의 모방이거나 전파의 측면이 분명히 있지만 반드시 일치하는 것은 아니다. 그런데 우리는 이제까지 한국사상사를 설명하며 모방설에 무게를 둔 것이 사실이다. 관찰된 유사성이 오로지 모방에 따른 것일 수만은 없다. 역사에는 고유함이 있지만 그 위에는 수많은 외래적 색채가 덧칠되어 있다.[44] 이런 점에서 한·중 사상사의 비교 연구는 전파설에 바탕을 두고 설명하는

---

42) 부남철, 「한국정치사상 연구의 현황과 과제」, 『동양정치사상사』(1/1)(한국·동양정치사상사학회, 2002), p. 21.

43) Robert H. Lowie, *Primitive Society*(New York : Boni and Liveright, 1921), pp. 8~9.

것이 옳다.

아울러 정치사상사는 국사학으로부터 독립되어야 한다. 국사학과 정치사는 학문에 관한 접근이 다르다. 국사학이 미시사학微視史學에 무게를 둔다면 정치학은 거대 담론에 무게를 두며, 역사학이 사료의 발굴에 무게를 둔다면 정치학은 그 해석에 무게를 둔다. 이것은 인문과학과 사회과학의 방법론 차이일 수 있다. 그 둘은 학문적 학습이 출발부터 다르다. 그런 점에서 볼 때 한영우韓永愚의 『정도전의 정치사상』의 경우처럼 국사학자가 정치사상을 쓰는 것은 고마우면서도 부끄러운 일이다.

5. 결론

한국에서 정치학의 모습을 띤 서적은 최초로 1886년에 이노우에 가쿠고로井上角五郎의 『만국정표』萬國政表(박문국, 1886)가 발표되었고, 비록 번역판이기는 하지만 1907년에는 안국선安國善의 『정치원론』(서울 : 중앙서관, 1907)이 정치학이라는 이름으로 최초로 출판되었으며, 1953년에 피난 수도 부산에서 한국정치학회가 창립되었다. 이와 같은 연륜에 견주면 한국정치학의 "한국화"는 비교적 늦은 것이라고 볼 수 있으며, 한국정치사상사의 연구는 더욱 그러했다.

이것이 불가항력의 시대적 요인 때문만이었다면 그에 대하여 한국의 정치학자들이 전적으로 비난받아야 할 이유는 없지만, 그 이면에는 학자의 게으름을 탓할 수밖에 없는 요인들이 있다. 다행히도 1995년에 한국정치사상학회가 창립되고, 2001년에 한국·동양정치사상사학회가 창립된 뒤 이 분야에 관한 연구가 활성화된 것은 사실이지만 그 연구의 독자층(수강생 또는 연구 후학)이 얼마나 확보되었는지에 대해서는 긍정적으로 장담할 수 없다.

이러한 싯점에 서 있는 우리는 이제 우리가 어디로 가야 하며, 무엇을 해야 하며, 한국정치사상사를 어떻게 연구할 것인가를 생각해야 한다. 한국정치사상사의 과제는 과연 무엇일까? 이제는 정치사상사가 독자(학생)를 찾아가야 한다.

---

44) 손문호, 「한국정치사상사 연구의 현황과 논점」, p. 233.

그러려면 한국정치사상사는 다음과 같은 몇 가지를 고민해야 한다.

1) 난해함과 철학적 사변思辨으로부터의 해방

사상사는 어렵다는 대중적 불안으로부터 독자를 해방시키는 일이 급선무이다. 이제 한국정치사상사는 좀더 낮은 곳으로 내려와야 한다. 사상사의 공부가 수기치인修己治人의 출발점이요 만상의 근본이라면, 그것이 전문가들의 전유물이어서도 안 되고 강단에서만 담론하는 것으로 그쳐서도 안 된다. 그것은 국민 모두의 보편적 지식과 이성으로 확산해야 하며, 그러려면 쉽게 독자에게 다가가야 한다.

이제까지 한국사상사의 연구는 지나치리만큼 엄숙주의嚴肅主義, rigorism에 빠져 있었다. 그러나 세상은 많이 달라졌다. "관關하여," "대對하여," "의依하여"까지 한자로 써야 하고, 수많은 "○○的"으로 끝나는 현학衒學의 시대는 이미 지나갔다. 그리하여 정치사상사는 전문가를 위한 학문science for talent이 아니라 모두를 위한 학문science for all으로 교양화되어야 한다.

정치사상사는 쉽게 기술되어야 한다는 위의 논지의 연속선상에서 정치사상은 철학적 사변으로부터의 해방이 필요하다. 정치사상이라고 해서 사상만을 강조하게 되면 정치는 죽는다. 사실상 한국의 정치사상사에는 정치는 보이지 않고 이기론만 무성했다. 그러면 철학사와 정치사상사가 무슨 차이가 있겠는가? 아무리 고매한 철학이라 하더라도 정치적 함의가 없는 것은 정치사상사의 주제가 될 수 없다.

2) 우리말로 사상사 공부하기

이 말은 한자 교육의 중단이 한국학의 쇠락衰落을 초래했다는 이 글의 논지에 배치되는 것처럼 들릴 수도 있다. 그러나 우리말로 한국학을 한다는 주장과 한자 교육을 부활해야 한다는 주장은 모순되지 않는다. 왜냐하면 이 두 주장은 "한자를 통하여 연구하고 한글을 통하여 가르침"을 뜻하기 때문이다. 한자 교육을 중시한다고 해서 가르치는 것조차 한자에 의존할 필요는 없다는 뜻이다. 그렇다

면 우리말로 사상사를 공부한다는 것이 가능할까? 그것은 얼마든지 가능하다.[45]

예컨대 일본의 마루야마 마사오丸山眞男(Masao Maruyama)의 『現代政治の思想と行動』이 영문판 *Thought and Behaviour in Modern Japanese Politics*(London : Oxford University Press, 1963)으로 출판되었다는 사실과 소공권蕭公權(Kung-chuan Sao)의 『中國政治思想史』가 영문판 *A History of Chinese Political Thought* (Princeton : Princeton University Press, 1979)으로 출판되어 무리 없이 읽히는데, 하물며 아무리 우리의 사상이 한문 원전을 토대로 쓴 것이라 할지라도 우리의 사상을 우리말로 읽지 못할 이유가 없다.

3) 자아준거적 사상사의 확립과 그 한계

아마도 1976년의 문승익文丞益의 논문[46]이 발표된 이후 "자아준거적 정치학"의 논의가 본격적으로 제기되었고 이것이 한국정치학의 한국화에 일정한 기여를 한 것으로 평가할 수 있다. 사실 우리는 개인의 행동에 관하여 그 사람이 속하는 사회 집단과 도덕이라는 맥락을 떠나서는 아무것도 판단할 수 없다.[47] 이러한 작업은 정체성의 확인 작업이며, 잘못된 스펙트럼을 통하여 굴절된 자신의 모습을 바르게 보는 기회가 될 수도 있다.

그러나 자아준거의 정치학은 동양이 서구적인 것을 갖추지 않았다는 이유로 부정적 시각으로 동양을 보려는 이른바 오리엔탈리즘orientalism으로부터 한국학을 구출하는 의미가 있을 수는 있지만, 서구의 지적을 외면하는 이유가 될 수는 없다. 만약 자아준거에 집착한 나머지 한국사상사의 특수성에 몰입한다면 거기에는 다음과 함정이 있을 수 있다.

(1) 학문적 미성숙에 대한 알리바이로 보일 수도 있다.

---

45) 이 논지와 관련된 주목할 만한 논문으로서는, 김영명, 「한국 사회과학을 세우자」, 『정신문화연구』(79)(성남 : 한국정신문화연구원, 2000), pp. 189~208 참조.

46) 문승익, 「한국근대정치사상의 논리적 성격 : 자주 사상의 구조(1876~1910)」, 『한국정치학회보』(10)(한국정치학회, 1976), pp. 159~167. 문승익은 그 뒤 자신의 논리를 "자아준거적 정치학"이라는 이름으로 집성하여 발표했다. 문승익, 『자아준거적 정치학의 모색』 참조.

47) Philip K. Bock, *Modern Cultural Anthropology : An Introduction*(New York : Alfred A. Knopf, 1979), p. 262.

(2) "우리 식대로"의 정치학이란 자칫하면 서구의 도구를 쓰는 과정에서의 미성숙에 대한 패자의 변명under-dog crying으로 보일 수도 있다.

(3) 학문에서 자기방어적 성격은 학문적 고립을 자초하는 보호벽capsule이 될 수 있다.

그렇기 때문에 이 글은 한국사상사를 쓰며 서양 사상과 비교하거나 대조contrast되는 어떤 특수성을 강조할 뜻은 없다. 고대사로 갈수록 세계사적으로 공통점이 많아지며 특수성은 의미가 없다.[48] 오히려 이 글은 한국사상사가 세계의 사상사에서 보편적으로 갖는 동질적 가치를 발견함으로써 세계사상사에서의 한국의 위상을 가늠해 보고 싶었다. 이 글은 나의 모습을 나의 의식으로 보되 그 도구는 서양의 것을 사용하고 싶었다. 이 글이 한국사상사를 쓰며 서구의 고전을 빈번히 인용한 까닭이 여기에 있다.

그러므로 유교를 설명하는 데 플라톤Platon의 이론이 유용할 수 있으며, 실학을 설명하는 데 애덤 스미스Adam Smith의 논리로부터 도움을 받을 수 있으며, 사회주의를 설명하는 데 슘페터Joseph A. Schumpeter의 해석이 필요하다. 한국 정치의 역사적 요소를 주체성 개발이라는 입장에서 보려는 데 치우쳐, 오히려 버려야 할 봉건적 차별의 원리, 특권의 원리, 권위적 지배의 원리를 옹호하고 부각함으로써, 민족사를 보잘것없는 시대착오적 역사로 전락시킬 위험성도 있다.[49]

세계사 속에서의 한국, 동양사 속에서의 한국의 모습을 찾아야 하며, 특수성이라는 족쇄에 자기를 가두어둘 필요가 없다. 어디에 산들 사람 사는 모습이 그렇게 다르겠는가? 서구중심주의가 우리에게 드리운 그늘과 음습함을 제거하는 것으로 충분하지, 우리가 그들과 어떻게 다른가를 외칠 필요는 없다. 우리는 인간의 보편적 질서 속에 사는 것이지 우리만이 특별히 다른 삶을 살고 있는 것은 아니다.

---

48) 백남운, 「조선경제사의 방법론」(1933), 『백남운전집(4) : 휘보』(서울 : 이론과 실천, 1991), p. 90.

49) 김만규, 『조선조의 정치사상연구』, p. 20.

4) 통사通史의 개발

독자의 요구에 따라 좋은 책이 나오는 것이 아니라 좋은 책이 독자를 창출한다는 점에서 본다면, 좋은 교재의 발굴이 정치사상사 연구의 선행 조건일 수밖에 없다. 적어도 이 문제에 한해서만은 공급이 수요를 창출할 수 있고 또 그래야 한다. 이러한 여건 속에서 학계가 우선해야 할 일은 공급을 창출하는 것이다. 지금의 상황은 수요가 공급을 창출하는 것이 아니라 공급이 수요를 창출해야 한다. 그러한 논리 속에서 필요한 것이 교재 개발이다. 통사를 쓰기에는 간접 시설infrastructure이 빈약한 것은 사실이다.

이를테면, 하나의 통사를 집필하려면 전문적 논문들을 축적하는 것이 바람직하다. 그러나 우리의 현실에서 통사를 구성하는 작업은 반드시 부분적 연구가 빠짐없이 그리고 충분히 이루어질 때를 기다릴 필요는 없다.[50] 또 단행본 교재를 개발할 경우에 사관이나 논리의 일관성을 위해 단일 필자가 집필하는 것이 바람직하지만, 현실적으로 교재 개발이 시급한 상황에서는 공동 집필이 불가피하던 시절이 있었다.

그러나 이제는 세바인George H. Sabine의 경우처럼, 한 학자가 필생의 과업으로 통사를 쓸 수 없다면 동학同學과 공동으로 노력해서라도 통사를 쓸 수밖에 없는 것이 지금 우리의 현실이며, 이러한 작업을 게을리 할 경우에 정치사상사 연구의 쇠락은 더욱 빨라질 것이다.

---

50) 손문호, 「한국정치사상사 연구의 현황과 논점」, p. 225.

고대 : 신과 인간의 만남

“마음이 없어지면
감실龕室과 무덤이 다를 것이 없다.
삼계三界는 오직 마음이요,
만법萬法은 오직 마음의 작용[識]이다.
마음 밖에 불법佛法이 없는데
무엇을 어찌 따로 당唐나라에 들어가
얻으려는가?“
—원효元曉, 「당신라국의상전」唐新羅國義湘傳

제2장 신시神市의 시대

단군檀君/ 홍익인간弘益人間

"제의祭儀가 언어화된 것이 신화이고
신화가 행동으로 표현된 것이 제의이다."[1)]
—이계학

"왕의 비밀은 감추는 것이 좋고,
하느님의 업적은 드러내는 것이 좋다."[2)]
—라파엘Raphael

1. 서론

역사에는 미궁과 수수께끼가 많다. 너무 먼 이야기거나 자료가 부족하거나 자기 중심으로 역사를 썼을 경우, 거기에는 비논리적이고도 비과학적인 부분이 있다. 이를 납득할 수 없는 자연과학의 소견으로 보면 그러한 사실들은 우상偶像, *idola*일 수 있고, 논리적으로는 베이컨Francis Bacon의 용어처럼 허구나 편견prejudice이라는 비난을 받았다.

그 아득한 옛 이야기를 의심할 나위도 없이 설명할 방법은 없다. 추정과 의미

---

1) 이계학, 「단군신화의 교육학적 고찰」, 한국정신문화연구원(편), 『단군·단군신화·단군신앙』 (서울 : 고려원, 1992), p. 90.
2) 『구약성경』 「토비트」 12 : 7.

부여, 그리고 뒷날 윤색된 일화로 섞인 얘기들을 흔히 신화myth라는 이름으로 설명하려는 무리가 있는데, 우리는 그들을 정중한 용어로 신화학mythology 또는 신화학자mythologist라고 부른다.

신화학의 쟁점은 그것이 어디까지 허구이고 어디까지 믿어야 하나, 또는 그 신화의 최초의 발설자는 누구이고 그 의도는 무엇이었을까, 그 신화는 얼마나 진실이고, 뒷날 얼마나 덧칠된 것일까 하는 질문으로 계속 쏟아진다. 신화에 관한 논쟁은 악의를 담은 논쟁으로 전개되며, 정통과 이단, 신성과 미신의 극단적인 평가로 엇갈리게 된다.

그러나 이러한 논쟁에는 그 양쪽에서 삼갈 부분이 있다. 우선 신화의 옹호자들은 신화의 모든 줄거리가 분명한 사실fact이라고 주장하기보다는 의미 부여에 논점을 맞춰야 한다는 점, 그리고 반대자들의 입장에서는 확실한 자연과학적 논거를 강요해서는 안 된다는 사실이다.

"어떻게 동정녀가 수태할 수 있었는가?"라고 묻거나, "어떻게 보리수나무를 꺾으려는 어머니의 옆구리에서 아기가 태어날 수 있었느냐?"라고 물으며 과학적 근거를 대라고 요구하는 것은 신성 모독이듯이, 건국 설화를 남김없이 설명해주기를 요구하는 것은 역사학적으로나 신화학적으로 올바른 자세가 아니다.

고대 국가의 건국 신화나 시조 설화는 단순한 신화가 아니라 그 민족의 종교관과 세계관 등의 사상이 역사적 체험과 함께 쌓여 "뒷날" 기록된 적층積層 문화이다. 그러한 요소들은 시간과 공간을 뛰어넘어 상징적으로 표현된 것으로서 그 민족 정신사의 고향이다.[3] 신화는 단순히 주술적 사유에 머물러 있는 것이 아니며, 실제 역사를 뛰어넘어 인간이 세상을 독자적으로 바라보고 해석을 할 수 있게 해주는 일종의 상징 체계를 통하여 어떤 내용을 전달하는 것이다.

이러한 전달은 아직 언어의 개념이나 기호와 형상이 분리되지 않은 채 이루어지고 있어 비록 근대적 전달 체계는 아니지만 우리에게 계몽의 임무를 수행하고 있다. 창조 신화이든 영웅 신화이든 신화는 고대인들이 어렵고 무거운 삶의 무게를 견디게 해주는 원천이었다. 신화를 반복적으로 대중에게 주입함으로써 인간은 역사적 사건 자체에 의미를 부여하는 과제로부터 짐을 벗을 수 있었다.[4]

---

3) 윤내현, 『한국고대사』(서울 : 삼광출판사, 1989), p. 59.

4) 이동수, 「아도르노에 있어서 신화, 계몽 그리고 미메스적 화해」, 한국정치사상학회 연례학

이런 점에서 본다면 우화寓話가 분명히 역사의 의지를 담고 있듯이,[5] 신화 또한 존재하는 것을 형상화하는 기능을 가지고 있으며, 단순한 단어 이상으로 가공되어 있다. 고대인들은 신화를 통하여 지상의 일을 설명하고자 했기 때문에 이를 통하여 사물의 신적神的인 의미를 찾을 수 있었다.[6]

어떤 면에서 보면, 신화는 소망과 꿈이 공공화된publicized 표현이다.[7] 건국 신화는 건국의 주체 세력이 건국의 기원을 설명하고 지배 행위를 정당화하려는 목적 의식을 가지고 형성되는 경우가 많아, 다른 신화보다 역사성과 정치성을 짙게 가지고 있다. 그런 점에서 신화는 역사적 경험에 관한 집단의 기억이다.[8]

그렇다면 신화는 과학을 벗어났다거나 뛰어넘은 것이라는 비난을 벗어날 수 있을까? 신화가 자연과학의 영역에서 벗어났다고 말할 수 있지만 그것이 비과학적non-scientific인 것은 아니다. 신화란 어차피 역사적 현실이나 사실이 아니다. 그것은 오랜 기간에 걸쳐 전승을 통해 먼 옛날에 관한 총체적 이미지가 결정화結晶化된 것이기 때문에 그에 관하여 정확한 시간과 객관적인 서술을 기대할 수는 없다.

그것은 먼 과거에 관한 아련하지만 총체적인 이해를 나름대로 표현한 것이며, 우리로서는 거기에서 상징적인 의미나 시대성을 읽어내는 것만으로 충분하다.[9] 자연과학이 종교나 예술로 대체될 수 없듯이 신화는 종교나 과학으로 대체될 수 없다.[10] 따라서 원시 사회에 관한 연구는 자연과학의 정당성을 요구하지 않는다. 원시 사회는 실재實在의 일부분으로서 엄연히 존재하는 것이었다. 과학은 이 점을 주목해야 한다.[11]

신화가 꼭 진실일 필요도 없다. 왜냐하면 신화에 의하여 의식意識이 결정되는 것이 아니라 의식이 신화를 창조하는 것이기 때문이다. 신화는 "만들어진 것"일

술대회 발표논문(서울 : 서강대학교 다산관, 2001. 6. 16.), pp. 5, 49.

5) Edward B. Tylor, *Primitive Culture*, Vol. I(London : John Murray, 1920), p. 408.

6) J. Huizinga, *Homo Ludens*(Boston : Beacon Press, 1992), pp. 4~5.

7) 안택원, 『문명의 시간 여행』(서울 : 대원출판, 1997), p. 49.

8) 나희라, 「신라의 건국신화와 의례」, 『한국고대사연구』(39)(서울 : 서경문화사, 2005), p. 58.

9) 김석근, 「단군신화와 정치적 사유 : 한국정치사상의 始原을 찾아서」, 이재석(외), 『한국정치사상사』(서울 : 집문당, 2002), p. 24.

10) 오향미, 「신화적 의식과 전체주의 : 신화적 의식의 우위인가, 문화 영역들 간의 소외인가」, 한국정치사상학회 월례발표회(2003. 3. 15.), p. 1.

11) Robert H. Lowie, *Primitive Society*(New York : Boni and Liveright, 1921), p. 2.

수 있다. 고급 신화일수록 사실의 반영보다 현실적 지향이나 소망이 투영될 가능성이 크다.[12] 과학의 대상이 아니라는 이유로 신화가 인간의 관심 대상에서 제외되어서도 안 된다. 신화는 과학이란 방법으로 함부로 다루어서 안 되는 인간 정신의 영역이자 산물이다.[13]

물론 신화는 일부 허구일 수 있다. 그러나 그것은 그 당대의 사람들이 공유하고 있던 소망의 표출이라는 점에 의미가 있다. 사람들의 입으로 전해지고 있는 모든 얘기는, 설령 그것이 사실이 아닐지라도, 그 시대를 위해 어떤 의미를 가지고 있다.[14]

석가모니의 탄생 설화와 예수의 출생을 세속적 지식으로 설명하고자 헛되이 노력해서는 안 되듯이, 곰이 어떻게 사람이 되어 아기를 낳느냐고 묻는 것은 의미 없는 일이다. 무엇 무엇이라고 남김없이 설명할 수 있는 것이라면 그것은 이미 신화가 아니다. 따라서 상징을 통해 그것이 의미하는 바가 무엇인가를 밝히는 것이 신화 연구의 과제이다.

역사 기록이 없는 기간에도 역사는 있었다.[15] 그러므로 신화는 실증주의實證主義 역사학의 대상도 아니다. 우리는 신화 속에서 그 실체적 진실이 무엇인가를 묻기보다는 왜 그러한 이야기가 실체적 진실과 관계없이 이어져 내려오고 있는지를 물어야 한다.[16]

신화란 글자 그대로 신들에 관한 이야기에 불과한 것이 아니고 바로 지금을 살고 있는 우리 의식의 바탕을 이루고 있는 이야기이며, 우리의 모든 문화가 분화하여 발달하에 앞서 그 모두가 혼융된 것으로, 우리 문화의 원형이다.[17] 그러므로 신화를 보면 건국 정신이 보인다.

태초의 시대에 인간은 자연과 분화되지 않은 채 사람과 자연이 함께 유추되었고, 죽음이나 질병에서 마귀가 연상되었다. 금기의 신앙이 행동을 억제하였을

---

12) 서영대, 「단군 : 국가의 시조, 민족의 시조」, 『63인의 역사학자가 쓴 한국사 인물 열전』(1)(서울 : 돌베개, 2003), p. 18.

13) 오향미, 「신화적 의식과 전체주의」, p. 3.

14) Edward B. Tylor, *Primitive Culture*, Vol. I, p. 281.

15) 김석근, 「단군신화와 정치적 사유」, p. 36.

16) 문영철, 「청년 정도전의 자아정체성 위기와 극복 과정」, 『동양학』(35)(서울 : 단국대학교 동양학연구소, 2004), pp. 189~190.

17) 이계학, 「단군신화의 교육학적 고찰」, p. 103.

뿐, 그 밖에 행위를 억제하는 것은 없었다. 상상의 세계는 넓었고 공상의 세계는 현실을 뛰어넘었다. 공상과 현실을 구별하는 기반은 없었고 감정을 표백하는 방법은 자유로웠다.

이 공상과 감정의 세계에서 고대인들은 자연 숭배에서 물신 숭배로, 물신에서 정령에로 삶을 계속하다 정령에 숨어 있는 신을 찾았다. 숨어 있는 많은 신 가운데서 태양의 아들[日月之子]과 하느님의 아들[天帝之子]이라는 최고의 신이 태어났다. 통일 국가가 형성됨에 따라 각 부족의 시조신은 그 스스로가 천신이 되었다.[18]

그러므로 단군신화를 통해 역사적 사실을 찾기에 앞서 먼저 그 의미와 기능을 파악하는 일에 초점을 맞추는 것이 바람직하다.[19] 어떤 의미에서 신화는 집단적 소망의 정치적 표현이라 할 수 있다. 철학의 진리가 "정치적"으로 표현될 때, 그 진리는 왜곡되고, 거짓된 것이라는 평가를 받게 된다. 이 점이 건국 신화가 가지고 있는 정치적 의미의 약한 고리weak link이다. 신화가 비록 사실이 아니지만 그것이 피지배자의 이익을 위한 것일 때, 그것은 "고상한 거짓말"noble lie[20]로 비칠 수 있다.

한국사 연구의 출발점을 어디서부터라고 볼 것인가에 따라 단군에 관한 기술이 생략된 경우도 있고, 포함된 경우도 있다. 단군신화가 누락된 경우에는 종교적 배타성이 깊게 작용했음을 볼 수 있고, 그것을 포함한 역사서는 민족주의적 색채를 담고 있다. 그렇다고 해서 종교가 모두 건국 신화를 부정했음을 의미하는 것은 아니다. 왜 스님인 일연一然의 눈에는 단군이 보였는데 유생인 김부식金富軾의 눈에는 그것이 보이지 않았을까?

공자孔子는 "증험할 수 없다."[21]는 구실로 "괴이함과 용력勇力과 패란悖亂과 귀신[怪力亂神]을 이야기하지 않았다."[22]는 그 말 때문에 후대의 유생들이 신화를 연구하지 않았고, 후대의 신화가 현실 통치자의 권력을 정당화하는 도구로 전락

---

18) 장병길, 「한국신흥종교사」, 『한국문화사대계 정치·경제사』(下)(서울 : 고대민족문화연구소 출판부, 1979), p. 784.

19) 서영대, 「단군 : 국가의 시조, 민족의 시조」, p. 18.

20) 김용민, 「플라톤의 세계에서 신화의 의미」, 『정치사상연구』(10/1)(한국정치사상학회, 2004), p. 117.

21) 『論語』 八佾 : "子曰 夏禮吾能言之 杞不足徵也 殷禮吾能言之 宋不足徵也 文獻不足故也 足則吾能徵之矣"

22) 『論語』 述而.

한 데는 공자에게도 책임이 있다.[23] 그래서 그의 후학들은 단호하게 "동방의 고기古記 등에 적힌 단군에 관한 이야기는 다 허황하여 이치에 맞지 않는다."[24]고 주장한다.

유학자들의 이러한 입장에 대하여 가장 반발한 인물이 곧 일연이었고, 그래서 그는 김부식이 쓰지 않고 "남겨둔 일들"[遺事]을 보완하려고 『삼국유사』를 쓰면서, 김부식이 단군을 기록하지 않은 점에 대한 유감스러움을 이렇게 푸념하고 있다.

> 서술해 말한다. 대체로 옛날 성인이 예악禮樂으로써 나라를 일으키고, 인의仁義로 가르침을 베풀며 괴이함과 용력과 패란과 귀신을 말하지 않았다. 그러나 제왕帝王이 장차 일어날 때는 부명符命과 도록圖籙을 받게 되므로, 반드시 남보다 다른 점이 있었다.[25]

건국 신화나 시조 신화에 대한 특정 종교의 입장을 비난할 이유는 없지만, 그것이 종교와 역사를 혼동함으로써 빚어진 결과라면 그 종교는 비난의 대상이 될 수 있다. 국조나 건국은 종교의 문제가 아니기 때문이다. 단군의 실존 여부를 신학의 관점에서 논의하는 것은 의미 없는 일이다.

단군은 신학적 논의의 대상이 될 수도 없다. 단군이 우리의 의식을 결정하는 것이 아니라 우리의 의식이 단군을 선택했다. 우리 역사 속에서 단군은 민족의 자기 확인과 민족 통합과 결속이라는 과제와 항상 맞물려 관심이 제기된 것이며,[26] 단군은 신앙의 대상이 아니었기 때문에 더욱 그렇다.[27]

단군에 관한 논의에서 짚고 넘어가야 할 또 다른 문제는 그에 관한 사료이다. 건국 신화의 문제는 출발점인 사료 비판에서부터 많은 논쟁을 야기하고 있다. 여기에서 특히 논란이 되는 것은 비전서秘傳書의 문제이다. 이들은 의미론적으

---

23) 장현근, 「중국신화의 역사화 : 창조의 상상에서 권력의 정당화로」, 한국정치사상학회 연례 학술대회 발표논문(서울 : 서강대학교 다산관, 2001. 6. 16.), p. 3.

24) 『東史綱目』(1/上) 己卯年 朝鮮 箕子 원년.

25) 『三國遺事』(1) 紀異(1) 敍曰.

26) 정영훈, 「단군의 민족주의적 의미 : 근대기 민족교육과 관련하여」, 한국정신문화연구원(편), 『단군·단군신화·단군신앙』, p. 109.

27) 이러한 논리는 또 다른 논쟁을 불러일으킬 수 있다. 왜냐하면 단군을 대상을 하는 종교의 역사가 우리에게 있기 때문이다. 이 책 제36장 「신흥종교」 편을 참조.

로 연구의 대상이 될 수 있으나 사료로서의 가치에 관해서는 깊이 고민해보아야 한다.

먼저 필자의 이름이 밝혀지지 않았다는 점에서부터 문제를 안고 있는 비전서를 어디까지 믿을 수 있을까 하는 문제는 필자(인용자)의 선호의 문제이며 고유한 권한일 수는 있지만, 원저자와 책임을 함께 져야 한다는 문제를 안고 있다. 비전서의 인용을 삼간다는 것이 곧 그 신화를 부정한다는 것은 아니다.

그러한 자료의 신빙성이 오히려 신화 자체에 누를 끼칠 수 있다면 일단 그들의 인용을 유보한 채, 남겨진 신화를 최대한 복원하여 그 의미를 파악하는 것이 고대 국가 형성기의 모습을 복원하는 중요한 통로일 것이다.[28)]

2. 천신의 하강

적어도 진화론進化論이 자리 잡기 이전의 역사에서 인간의 창조에 관한 의문은 참으로 막막했다. 동양문화권에서는 이 문제가 그렇게 심각하지 않았지만, 서양 사회에서는 저항할 수 없는 교황의 권위 앞에서 창조 신화創造 神話, creation myth에 대한 논박 없는 묵종이 강요되었다. 문자가 없었던 사회에서 볼 수 있는 우주관은 창조 신화가 아니고서는 달리 인간의 출현을 설명할 길이 없었다.[29)]

이러한 현상은 신학의 자기 방어를 위한 좋은 방편이기도 했지만 정치학에서의 왕권신수설divine theory of state과도 매우 궁합이 잘 맞는 식단食單이었다. 지도자는 그가 신의 성품을 가졌거나 신으로부터 인정을 받았다고 사람들이 믿게 함으로써 정통성을 부여받았다. 그렇기 때문에 그는 흔히 신인神人의 모습으로 등장했다.[30)]

한국의 창조 신화를 설명하려면 먼저 일연이 남긴 기록을 정독하는 것으로부

28) 朴賢淑, 「백제 建國神話의 형성과정과 그 의미」, 『한국고대사연구』(39)(서울 : 서경문화사, 2005), p. 33.

29) Philip K. Bock, *Modern Cultural Anthropology : An Introduction*(New York : Alfred A. Knopf, 1979), p. 224.

30) 김한식, 『한국인의 정치사상』(서울 : 백산서당, 2006), p. 170.

터 시작해야 한다. 일연의 말을 빌리면, 그 내용은 다음과 같다.

> 옛날에 환인桓因이 계셨다. 그는 제석帝釋을 이른다. 환인의 서자庶子 환웅桓雄은 천하에 자주 뜻을 두고, 인간 세상을 탐내어 얻으려 했다. 아버지는 아들의 뜻을 알고, 삼위태백산三危太伯山을 내려다보니 인간 세계를 널리 이롭게 할 만하기에 천부인天符印 세 개를 주어, 내려가 세상 사람을 다스리게 했다. 환웅은 무리 3천 명을 거느리고 태백산太伯山 꼭대기(지금의 묘향산)의 신단수神壇樹 밑에 내려와 이곳을 신시神市라 불렀다. 이분을 환웅천왕이라 한다. 그는 풍백風伯·우사雨師·운사雲師를 거느리고 곡식·수명·질병·형벌·선악 등을 주관하고, 인간의 360가지 일을 주관하여 세계를 다스려 교화시켰다.[31]

환웅의 하강에 관해서 이승휴李承休의 기록은 조금 다르다.

> 상제 환인에게 서자庶子가 있었으니 이름이 웅雄이었다고 한다. 이 웅에게 일러 말하기를, 내려가 삼위태백三危太白에 이르러 크게 인간을 이롭게 할 수 있을까?라고 했다. 이리하여 웅이 천부인天符印 세 개를 받고 귀신 3천을 거느려 태백산太白山 마루에 있는 신단수 아래에 내려왔다. 이분을 단웅천왕檀雄天王이라 부른다고 한다.[32]

논의는 환인이 누구인가에서부터 시작되어야 한다. 그는 하늘에 머물고 있었다. 태양이나 하늘처럼 만질 수 없는 물건은 인간에게 무한한 관념을 심어주며, 신성에 관한 소재를 제공한다.[33] 한汗·한韓·환桓은 "한"으로, 하늘의 무한대라는 뜻에서 출발한 어의語意였다. 단군신화의 환인은 하늘님-하느님-한님-환인으로 표음한 것이며 한자로 표기하려다 보니 환인으로 묘사된 것이다. "하느님"이 "한님"으로 단축한 뒤 "님"이 "인"으로 변하는 은의隱意 표음 방식을 취한 것이다.[34]

문제는 환인이라는 용어가 새삼스럽게 지어진 것이 아니라는 점이다. 불교에

---

31) 『三國遺事』 紀異(1) 古朝鮮 王儉朝鮮.

32) 李承休(저), 박두포(역), 『帝王韻紀』(서울 : 을유문화사, 1980), p. 161 : 前朝鮮紀.

33) E. E. Evans-Pritchard, *Theories of Primitive Religion*(New York : Oxford University Press, 1965), pp. 21~22.

34) 崔棟, 『朝鮮上古民族史』(서울 : 동국문화사, 1966), pp. 135, 177; 윤내현, 「국조신화 : 단군신화의 역사성과 환웅·곰·호랑이의 정체」, 『인문과학』(28)(서울 : 단국대학교, 1998) p. 159.

제석천帝釋天의 의미로 이미 환인이라는 용어가 있고, 한국사에서 환인이라는 용어를 최초로 사용한 사람이 일연 스님이라는 점이 예사롭지 않다. 따라서 환인은 우리 고유 언어가 아니라 불교적으로 윤색된 건국 신화이다. 이를 뒷받침하는 자료로 『잡아함경』雜阿含經의 다음 구절을 살펴보는 것이 좋다.

> "부처님께 여쭙습니다. 세존이시여, 무슨 인연으로 석제 '환인'은 석제 환인이라고 이름을 부릅니까?"
> 부처님께서 말씀하셨다.
> "석제 환인은 시간의 흐름에 따라 사문이나 바라문에게 보시를 행했다."[35]

『금강삼매경』에도 석제 환인釋帝桓因, *Sakra Devanam Indra*이 등장한다.[36] 석제 환인은 수미산須彌山의 꼭대기에 있다는 도리천忉利天의 임금으로, 불법과 불법에 귀의하는 사람들을 보호한다. 석제를 제석천이나 세석帝釋이라고도 한다. 또 한 가지 주목할 것은 주몽의 도읍지가 지금의 요녕성遼寧省 환인시桓因市라는 점이다. 이런 점에서 볼 때, 환인 신화는 일연과 이승휴李承休라고 하는 두 불교도가 문헌화하며 불교적 의미가 많이 가미되었다.

그렇다면 환웅은 누구인가? 대부분의 건국 신화가 다 그렇듯이, 천신이 직접 하강하여 천지를 창조하거나 다스리지 않고, 누군가를 "대신" 내려보낸다. 속계俗界와 성계聖界가 상호 공존하는 것이 불가능하므로 사람들은 한 영역에서 다른 영역으로 넘어갈 때 중간 단계를 거치게 된다.[37]

환웅이 아들을 내려보냈다는 것은 지역으로 볼 때 북방지역의 신화가 천부지모형天父地母型[하늘은 아버지이며, 땅은 어머니]을 보여주고 있고, 남방지역 신화가 천남지녀형天男地女型[하늘은 남자이며, 땅은 여자임]이었음을 뜻한다.[38] 하늘에서 내려왔다는 것은 일반적으로 종족의 이동을 보여준다. 그러므로 환웅의 하강下降은 더 앞선 문화를 가진 종족이 이동했음을 뜻한다.[39]

---

35) 『雜阿含經』(42), 『大正新修大藏經』(47)(東京 : 大藏出版株式會社, 1936), p. 290 : "白佛言世尊 何因何緣 名釋帝桓因 佛告比丘 本爲因時 行於頓施"

36) 『金剛三昧經』(上), 제1장 緖言.

37) Arnold van Gennep, *The Rites of Passage*(Chicago : The University of Chicago Press, 1966), p. 1.

38) 남재우, 「가야의 建國 神話와 祭儀」, p. 83.

시조 탄생의 천신강림설은 인간의 생성에 관한 불가사의한 신비를 입막음하려는 것이다. 난생 설화는 진화설이라고는 하지만 그 알이 어디서 왔는가에 관한 원초적 물음에 대답할 수 없다는 점에서 그 또한 창조설을 벗어나지 못하고 있다. 군주 탄생의 신성성은 군주권의 정당성을 합리화해 주는 최선의 메커니즘이었다.

이는 또한 선민의식을 거치며 자긍심을 확대해 주는 구실을 했다. 그래서 그를 숭앙하는 사람들은 환웅의 하강을 설명하면서, "교화주敎化主는 한웅이시니 한얼님으로서 사람이 되사 큰 도를 세우고 큰 교화를 베풀어 어리석은 백성을 감화시키시되 한얼님 말씀을 널리 펴사 뭇사람들을 크게 교훈하시라."[40]고 설명한다.

환웅의 신화에서 굳이 그를 "서자"라고 표현한 대목의 의미가 야릇하다. 조선조에서 복제服制 논쟁이 일어났을 때 효종孝宗을 서자라고 표현하여 정치적으로 궁지에 몰린 송시열宋時烈은 "서자라 함은 서출庶出이라는 낮춤의 의미를 갖는 것이 아니라 둘째 적자 이하는 통틀어 서자라고 일컫는 『예기』禮記의 주소註疏를 근거로 체이부정體而不正의 서자는 둘째 아들[次子] 이하의 여러 아들[衆子]을 의미한다."고 주장하였는데 이것이 곧 서자중자설庶子衆子說이다.[41] 따라서 환웅이 환인의 서자였다는 기록은 오늘날의 서출이라든가 비천함과는 그 의미가 다르다. 주몽朱蒙도 서자였다.

건국을 설명하며 장소*topos*의 얘기를 하지 않을 수 없다. 환웅이 아들을 통하여 나라를 연 곳이 "아사달"阿斯達이었다고 하는데 그 의미는 무엇일까? 우선 일연의 설명을 들어보자.

> 『위서』魏書에 이런 말이 있다. 지금으로부터 2천 년 전에 단군왕검壇君王儉이 계셔 아사달阿斯達에 도읍을 정하고 새로 나라를 세워 조선이라 불렀는데 요堯와 같은 때였다고 한다. 경經에는 무엽산無葉山이라 했고, 백악白岳이라고도 했는데, 백주白州에 있다. 혹 개성開城 동쪽에 있다고도 하는데 지금의 백악궁白岳宮이 바

---

39) 서영대, 「단군 : 국가의 시조, 민족의 시조」, p. 29.

40) 대종교총본사, 『대종교요감』(서울 : 온누리, 1988), p. 253.

41) 李建昌, 李民樹(역), 『黨議通略』(서울 : 을유문화사, 1972), 「顯宗朝 禮訟의 발단」, p. 45. 이에 관한 자세한 논의는, 이 책 제24장 「黨議와 禮訟」 참조.

로 이것이다.[42]

이 기록에 따르면 아사달은 지금의 개성 동쪽에 있었다. 이 기록에 관하여 이익李瀷은 조금 해석을 달리하고 있다. 그의 설명은 이렇다.

> 『동국여지승람』東國輿地勝覽에 고기古記를 끌어대어 이르기를 "천신 환인이 서자 환웅에게 천부인 세 개와 졸도 3천 명을 거느리고 태백산 상봉에 내려오게 하였는데, 이때 곰이 변화하여 여신이 되니 환인이 그와 혼인하여 단군檀君을 낳았다." …… 역사에 또 "단군이 아사달산阿斯達山에 들어가 신이 되었다." 하였는데 아사阿斯를 우리말[諺語]로 새기면 아홉이며, 달을 우리말로 새기면 달[月]이니 이것이 곧 지금의 구월산九月山이다. 문화현文化縣에 당장경唐莊京이 있어 기자箕子가 수봉受封된 곳인데 단군이 바로 이곳으로 옮겼다고 한다.[43]

아사달을 개성 동쪽으로 해석한 일연이나 구월산으로 해석한 이익의 설명에는 무리가 있다. 그 당시는 지명의 개념이 없었다. 아사달은 "아침의 햇살이 드는 들"[朝野]이라는 뜻이다. "아사"가 아침이라는 어의語義는 일본어의 朝(あさ)에 아직 남아 있다. 그러므로 아사달은 아침 햇살이 드는 남촌南村이다. 이와 남당南堂[44]에는 어떤 관계가 있을 것이다.

그 당시의 도읍지, 이를테면 평양平壤과 같은 곳은 서울을 뜻하는 고대의 보통명사였지 고유명사가 아니었다.[45] 일연이 이를 아사달이라고 표현한 것은 서장西藏에서 라마교를 부흥시킨 아사달이라는 교도의 이름을 연상하여 한자로 그렇게 표기했을 수도 있다.[46] 진단震檀이나 진단振旦이라는 지명도 인도에서 중국을 부르는 이름이었다. 이러한 사실들은 건국 신화가 일연에 의해 불교적으로 윤색되었음을 뜻한다.

그렇다면 신단수神檀樹는 무슨 의미일까? 우주론으로 말하자면 세계수World Tree는 지구의 중심으로서 이 세상의 배꼽인 움빌리쿠스umbilicus에 솟아 있고 나

---

42) 『三國遺事』 紀異(1) 古朝鮮 王儉朝鮮.
43) 『星湖僿說』(26) 經史門 三聖祠.
44) 이에 관한 논의는 이 책 제4장 「원시공동체와 民會」, pp. 142~149 참조.
45) 윤내현, 『한국고대사』, p. 66.
46) 安啓賢, 『한국불교사연구』(서울 : 동화출판공사, 1982), p. 63.

무의 꼭대기는 천신天神인 바이 윌갠Bai Ülgän의 궁전에 닿아 있다. 이 세계수의 상징 체계에는 몇 가지 종교적 관념이 녹아 있다. 세계수는 끊임없이 재생을 반복하는 우주와 생명의 무한한 원천을 상징하며, 하늘의 거룩한 모든 것을 수용하는 중심에 있으므로 거룩한 것을 저장하는 곳을 상징하며, 현세의 천국을 상징한다.

이 상징 체계는 중앙아시아와 시베리아 샤머니즘에서 빼놓을 수 없는 역할을 맡고 있다. 그러나 많은 고대 전승에서 세계의 신성·풍요·영속을 나타내는 이 우주수가 한편으로는 창조와 다산多産과 입문을 의미하고, 최종적으로는 절대적 실재나 불멸성의 관념과 관련되어 있다는 데 유의할 필요가 있다.[47]

이와 같은 신성을 갖는 나무는 고대사에서 인간 모임[聚會]의 상징으로 변모했다. 특히 거목巨木과 형상이 특이한 나무는 당초부터 숭배의 대상이었다. 그러한 과정을 거치며 수목 숭배는 모임의 상징이 되어 그를 중심으로 모이기 시작한 뒤 그것이 소도蘇塗가 되고 공회公會가 되었다. 서낭당[성황당]의 당나무[神木]가 그러한 사례에 든다. 따라서 신단수의 설화는 최초의 마을이 형성되었음을 의미한다.

이상의 기록에 담긴 몇 가지의 상징들에 관한 논의가 더 필요하다. 우선 환웅이 풍백·우사·운사를 거느리고 내려와 "농사"와 선악을 다스렸다는 농경 문화적 해석은 단군신화에 남방 문화가 영향을 끼쳤음을 뜻한다. 여기에서 남방 문화의 매개체는 불교였다.

우리의 관심을 끄는 것은 환웅이 관장했던 인간의 일들 가운데 맨 먼저 언급된 것이 곡식이라는 점과 환웅이 바람·비·구름 등의 자연 현상을 관장했다는 점이다. 이것은 곡식이 당시의 사회에서 가장 중요했음을 말해준다. 그리고 바람·비·구름은 기후와 관련이 있는 것으로서 농사에 매우 중요한 요소이다. 그러므로 이러한 내용은 환웅 시대가 농업사회였음을 말해주는 것이다.[48]

그뿐만 아니라 환웅은 인간의 360여 가지 일을 갖추어 내려왔다는 것은 절후와 주기에 익숙했음을 뜻한다. 그들은 이때 이미 1년의 주기를 이해하고 있었

---

47) Mircea Eliade, *Shamanism : Archaic Techniques of Ecstasy*(Princeton : Princeton University Press, 1974), pp. 270~271.

48) 윤내현, 『한국고대사』, pp. 61~62; 윤내현, 「국조신화 : 단군신화의 역사성과 환웅·곰·호랑이의 정체」, p. 153.

다. 연어와 철새도 알고 있었던 것을 그들이 몰랐을 리 없다. 환웅이 받은 동검銅劍·동경銅鏡·요령搖鈴은 오늘날 무당이 구비하고 있는 제구祭具와 일치하고 있다. 이는 그 당시가 제정일치 시대였음을 뜻한다. 그리고 이것은 현대 일본 천황의 삼대 상징이다. 고대의 제사에는 흔들어 바치는 예물(wave offering)이 많이 있었다.[49)]

단군신화에는 이 우주나 지구가 어떻게 만들어졌는지에 관해서 말하고 있지 않다. 다만 이미 만들어진 국토에 환인의 아들 환웅이 강림하는 것으로만 표현하고 있다. 한국의 신화에는 전체적으로 이 국토 생성에 관한 신화가 빈약하다.[50)] 왜 바람·비·구름이 있었고, 무구巫具는 있었으나 생물체에 관한 언급은 없었을까? 이 점에서 단군의 신화에 관한 후세의 기록자들이 자연과학적 소양을 가지고 있지 못했음을 알 수 있다.

단군신화의 구조를 보면 하늘·땅·사람[天地人]을 골격으로 하여 이뤄져 있다. 하늘의 환인, 땅의 환웅, 사람의 단군이 곧 그들이다. 그리고 이 세 가지 요소는 환웅을 거쳐 결합되어 있다. 시조 신화의 구조에서 제1신인 환인, 제2신인 환웅, 제3신인 단군이라고 하는 삼신三神사상은 기독교의 삼위일체Trinity를 연상시킨다.

대종교大倧教의 교리에서는 세 분이 모두 하느님으로서 삼신이 각각 있는 것이 아니며, 주체는 하나이되 작용이 나눠진 것이라고 설명한다.[51)] 무릇 조화造化란 아버지의 도[父道]요, 교화教化란 스승의 도[師道]요, 치화治化란 임금의 도[君道]이니 아버지의 도는 환인(한임)에게서 비롯되었고, 스승의 도는 한웅에게서 비롯되었고, 임금의 도는 단군한검에게서 비롯되었다고 그들은 주장한다.[52)]

건국 신화를 시대적으로 살펴보면, 환인 시대는 씨족 사회 단계, 환웅 시대는 부락 사회 단계, 환웅과 웅녀의 결혼 시대는 부락연맹체 사회 단계, 단군 시대는 고대국가 사회(고조선)의 단계로 볼 수 있고, 시기적으로 보면, 환인 시대는 1만 년 전 이전의 구석기 시대와 중석기 시대, 환웅 시대는 1만 년 전 전후부터 6천여 년 전까지의 전기 석기 시대, 환웅과 웅녀의 결혼 시대는 6천여 년 전부터 4천

---

49) 『구약성경』 「레위기」 7 : 30.

50) 이은봉, 「단군 신화의 종교적 의미」, 한국정신문화연구원(편), 『단군·단군신화·단군신앙』, p. 67.

51) 나철, 「大倧教神理」, 『올소리』(2)(서울 : 국학연구소, 2006), pp. 102~103.

52) 대종교총본사, 『대종교요감』, p. 271.

3백 년 전까지의 후기 신석기 시대, 단군의 고조선시대는 기원전 2천 3백여 년 전부터 기원전 2세기 말까지로 볼 수 있다.[53] 아마도 기원전 6세기 무렵이 가장 번성한 부족연맹의 조직을 갖춘 고대 국가였을 것이다.[54]

3. 인간의 탄생

인간은 자신의 창조 설화를 설명하며 자신의 출생을 어떤 동물과 연관 짓는 풍습이 있다. 로마 건국의 아버지 로물루스Romulus가 늑대의 젖을 먹고 컸고, 딱따구리가 그를 키웠다든가,[55] 북미대륙의 인디언 사회에서 자주 보는 이리의 신화가 그러한 사례에 속하는데, 한국인의 탄생 설화도 그러한 정형을 벗어나지 않는다. 군주가 어떤 동물의 양육을 받았다는 사실은 그 사람이 그 동물을 본받았음을 의미한다.[56]

학자들은 이것이 동물 숭배 또는 토테미즘totemism의 현상이라고 설명함으로써 그 미묘한 내막에 관한 까다로운 논쟁을 피해 가려 했지만, 그 안을 들여다보면 정교하고 의미 있는 사실이 있음을 알 수 있다. 이 문제를 논의하려면 우선 단군의 탄생 설화에 관한 일차 자료를 좀 더 깊이 살펴볼 필요가 있다. 일연은 이 대목을 이렇게 기록하고 있다.

> 이때 곰 한 마리와 호랑이 한 마리가 같은 굴에서 살았는데, 늘 신웅神雄(환웅)에게 사람이 되기를 빌었다. 때마침 신(환웅)이 신령한 쑥 한 심지와 마늘 스무 개를 주며 "너희들이 이것을 먹고 백 일 동안 햇빛을 보지 않는다면 곧 사람이 될 것"이라고 말했다. 곰과 호랑이는 이것을 받아 먹었다. 곰은 금기를 지킨 지 21일 만에 여자의 몸이 되었으나, 호랑이는 능히 그렇지 못했으므로 사람이 되지 못했다. 여자가 된 곰은 그와 혼인하여 함께 살 상대가 없었으므로 항상 단수壇樹 밑에

---

53) 윤내현, 『한국고대사』, p. 62.

54) 金哲埈, 「韓國古代史의 成長」, 『韓國史의 再照明』(서울 : 讀書新聞社, 1977), p. 70.

55) *Plutarch's Lives*, Romulus, § 4; 신복룡(역주), 『플루타르코스영웅전』(I)(서울 : 을유문화사, 2021), 「로물루스」, pp. 113-114.

56) Machiavelli, *The Prince*, Chapter 18, § 3; 신복룡(역주), 『군주론』(서울 : 을유문화사, 2019), p. 221.

서 아이 갖기를 축원했다. 환웅은 이에 잠시 (사람으로) 바뀌어 그와 혼인했더니, 웅녀는 임신하여 아들을 낳아 이름을 단군왕검이라 일렀다.

왕검은 요堯임금이 왕위에 오른 지 50년(서기전 2333)에 평양성平壤城(지금의 서경)에 도읍을 정하고 비로소 조선朝鮮이라 불렀다. 또다시 도읍을 백악산白岳山 아사달阿斯達에 옮겼는데, 그곳을 궁홀산弓忽山이라고도 하고 방홀산方忽山 또는 금미달今彌達이라 한다. 그는 1천5백 년 동안 여기에서 나라를 다스렸다. 주나라 무왕武王이 왕위에 오른 기묘년에 무왕이 기자箕子를 조선에 봉封하니, 단군은 이에 장당경藏唐京(구월산)으로 옮아갔다가 뒤에 돌아와 아사달에 숨어 산신이 되었는데, 나이가 1천9백여덟 살이었다.[57]

이승휴의 기록은 조금 다르다. 곧 (환웅이) 손녀에게 약을 먹여 사람이 되게 하여 단수신壇樹神과 결혼시켜 아들을 낳게 했다. 그의 이름을 "단군"이라 하고 조선의 땅을 차지하여 왕이 되게 했다.[58] 여기에는 곰의 설화가 등장하지 않는다.

일연의 기록에 따르면 인간의 창조에 동물들이 연루되어 있다. 뒤르켐Émile Durkheim은 이른바 토테미즘이 모든 종교의 가장 기본적인 요소라고 보았다.[59] 토템이라 함은 동물의 의인화擬人化 과정인 동시에 인간의 동물화 과정이라고 할 수 있다. 토템을 믿는 씨족은 동·식물의 이름을 가진 단계單系 후손 집단 unilineal descent groups이다. 씨족의 구성원은 어떤 동·식물이 자신의 출계出系와 특별한 관계를 맺고 있다고 믿기 때문에 자신들의 출생 기원을 동물로 거슬러 올라가 생각한다.[60]

이러한 토테미즘은 북방아시아에 더욱 굳게 나타나고 있다. 이곳의 샤먼shaman은 어떤 동물을 자신의 수호신으로 숭배한다. 인디언의 머릿속에는 조상과, 종족을 먹여 살리는 은인이자 보호자로서의 짐승이 동일한 존재이다.[61] 한국고대사에서 북방 민족의 수호 동물은 호랑이였다.

이러한 현상은 "그들이 사당을 지어 호랑이에게 제사를 지내며 신으로 섬겼다."[62]는 기록과 만주 집안현輯安縣에 있는 각저총角抵塚의 벽화에 호랑이와 곰

---

57) 『三國遺事』(1) 紀異(1) 古朝鮮 王儉朝鮮.
58) 李承休(저), 박두포(역), 『帝王韻紀』, p. 161.
59) E. E. Evans-Pritchard, *Theories of Primitive Religion*, p. 54.
60) Philip K. Bock, *Modern Cultural Anthropology*, pp. 122~123.
61) 안택원, 『문명의 시간 여행』, p. 45.
62) 『後漢書』(85) 東夷列傳(75) 濊條 : "又祀虎以爲神"

이 등장하는 사실에서도 엿보인다.[63] 원시인들에게 호랑이는 잔혹함의 상징이었다. 원시인들은 자신들이 그 땅의 이방인이자 침입자라고 생각했기 때문에 그들보다 먼저 그곳에 정착한 동물들을 숭배했다.[64]

그런데 그 허다한 동물 토템 가운데서도 환인의 배필이 하필이면 곰이었을까? 당시 동부 시베리아 신석기 시대에는 곰 숭배 사상이 매우 넓게 퍼져 있었다.[65] 동물 우화beast fable에서 곰은 굳셈의 상징이다.[66] 단군신화에 곰이 중요 인자로 등장하는 것은 이들의 생활 터전이 곰의 터전인 시베리아와 인접해 있었음을 의미한다.

시베리아의 야쿠트족Yakuts은 곰을 숲의 정령精靈으로 숭배하며 "사랑스러운 아저씨"beloved uncle의 용기와 너그러움의 의미로 받아들였다. 오스티아크족Ostyaks은 곰이 모든 것을 알고 있고 따라서 만약 거짓말을 하면 곰이 자신들을 죽이리라고 믿는다. 그래서 그들은 법정에서 재판을 받을 때 곰의 머리에 손을 얹고 선서한다.[67]

선사시대의 종교를 연구한 나르Karl J. Narr의 주장에 따르면, 북아시아와 북아메리카에서 거행하는 곰의 축제[熊祭, bear ceremonialism]는 유럽의 구석기 시대 유적(B.C. 5만~3만 년)에서 공희供犧, sacrifice로 동물을 바치던 것과 뿌리를 같이하고 있다. 그들은 공희로 바친 그 뼈로부터 그 동물이 주기적으로 다시 태어난다는 믿음을 가지고 있었다.[68] 환웅과 웅녀의 결혼은 호랑이를 숭배하던 부락과 곰을 숭배하던 부락이 연맹체를 형성했음을 의미하는 것이며, 그러한 과정에서 그들의 수호신이 상징적으로 신화의 형태로 남은 것이다.

곰의 숭상이 남긴 흔적은 여러 곳에 깊게 남아 있다. 곰은 검儉과 동음이며 고마固麻, 금金, 개마蓋馬와도 연결된다. 곰의 흔적이 가장 의미 있게 남아 있는 것은 단군왕검에서의 왕검王儉이다.[69] 왕검은 "왕곰", 곧 "곰 중의 왕"이라는 뜻으로서, 국조의 신화에 곰의 의미를 전하고자 하는 의지를 담고 있다. 당시 곰은

---

63) 齋藤忠, 『東アジア葬·墓制の研究』(東京 : 第一書房, 1987), p. 486.
64) Edward B. Tylor, *Primitive Culture*, Vol. II, p. 230.
65) 金貞培, 「檀君朝鮮을 어떻게 볼 것인가」, 『한국사의 재조명』, p. 56.
66) Edward B. Tylor, *Primitive Culture*, Vol. I, p. 412.
67) *Ibid.*, Vol. II, p. 231.
68) Mircea Eliade, *Shamanism : Archaic Techniques of Ecstasy*, p. 503.
69) 崔棟, 『朝鮮上古民族史』, p. 181.

왕의 상징이었다. 이것이 확대되어 "검"은 신을 뜻하게 되었다.

따라서 단군이 왕검이었다는 것은 그의 신성성을 뜻하는 것이다. 그것은 일본어의 가미神에 그 모습이 살아 있다. 왕검이 "왕곰"을 거쳐 오미가미大神로 변하여 남아 있는 일본의 어휘론lexicology에서도 그것은 잘 나타난다. 일본에서는 王을 기미きみ로 읽는다.[70] 가미라고 읽히는 것[神, 君, 上, 伯]들의 어원은 검儉이었다.[71]

이와 같은 곰 신앙은 백제에까지 내려와 곰내[熊川]는 금강으로 바뀌었고 곰주[熊州]는 공주公州로 바뀌었다. 그것이 다시 일본으로 건너가 일본에서는 중세의 고려를 뜻할 때는 고라이こらい로 읽지만, 고대의 고(구)려[高(句)麗]를 뜻할 때는 고마こま로 읽는다.[72] 이는 흥미로운 일이다. 예컨대 일본의 사이타마현埼玉縣 히다카시日高市에 있는 지명 高麗川을 "고마카와"로 읽는다. 이곳에서는 고구려의 망명족들이 그들의 선조인 고마노자키高麗若光를 모신 고마진자高麗神社를 숭배하고 있다.

단군신화의 또 다른 상징으로 등장하는 것이 곧 동굴洞窟이다. 이것은 그들이 단순히 혈거穴居 생활을 했음을 의미하는 것일 뿐만 아니라 그 이상의 뜻을 담고 있다. 신화의 사고에서는 공간 의식이 시간 의식에 우선한다. 신화 의식에서는 공간의 인접성이 유사성을 이끌어내고, 사물의 병렬과 접촉이 신비한 힘을 발휘한다고 생각한다.[73]

고대 사회에서는 이방인이 오면 그들을 자기 집에 머물게 하지 않고 청년옥young men's house, 성인옥house of adult men, 전사의 집house of warriors과 같은 공동옥communal house에 묵도록 하는데,[74] 곰을 바로 자신의 집에 머물게 하지 않고 동굴로 안내한 것은 그와 같은 관습이다. 동굴로 "들어갔다"는 것은 현대 사회의 입사식入社式, initiation ceremony에 해당한다. 고대의 입사식에서는 지옥을 나타내는 어두운 방을 지나 계단을 올라가면 밝게 빛나는 곳에 도착한다.[75]

곰이 동굴 속으로 들어갔다는 것은 가림veil을 의미할 수도 있다. 로마의 전기

---

70) 成殷九(譯註), 『日本書紀』(29)(서울 : 정음사, 1987), 天武天皇條, p. 499.
71) 량기백, 『국가와 문화와 국학이란 뭘까요?』(서울 : 선인, 2006), pp. 20, 30.
72) 成殷九(譯註), 『日本書紀』(22), p. 335 : 推古天皇條.
73) 오향미, 「신화적 의식과 전체주의」, p. 6.
74) Arnold van Gennep, *The Rites of Passage*, p. 35.
75) *Ibid.*, p. 91.

작가 플루타르코스Plutarchos의 말을 빌리면, 사람들이 얼굴을 가리는 것은 속계로부터 자신을 분리하여 성계聖界에 머무르고자 하기 때문이다.[76] 이는 일종의 분리 의식rites of separation인데, 여자를 특수한 오두막이나 집의 특정 부분에 떼어놓거나 얼굴을 가리는 관습은 예로부터 혼례에서 보편적으로 이뤄졌다.

또한 고대인들은 음식이나, 사치나, 성적인 것과 관련된 금기와 이른바 정화의례rite of purification에 관심을 기울여 왔다. 임산부는 생리적으로나 사회적으로 비정상적인 상태에 있는 것으로 여겨지기 때문에 여자를 가리려 했다.[77] 그러므로 월경을 치르고 있는 여성은 분리의 우선적 대상이었다.

여기서 동굴은 곰이 사람으로 변하고자 거쳐야 하는 통과 의례rite of passage의 공간이며, 금기를 실행하는 장소로 기능한다. 동굴은 인간으로 거듭나려고 참고 견뎌야 하는 재생의 공간이다. 또한 동굴은 속세와의 단절과 격리의 은신처로서 죽음과 재생을 가르는 현장으로 모태의 기능을 한다. 곧 속세와는 격리된 신성한 은신처에서 새롭게 태어나고자 인고의 시간을 기다리는 것이다.[78]

동굴이 지니는 또 다른 의미는 그것이 인간의 생식과 관련을 맺고 있다는 점에서 미묘하다. 동굴은 대지大地, Mother Earth의 자궁을 닮았다. 동굴은 자궁과 음혈陰穴의 상징이었다. 따라서 동굴의 내부 공간은 신성하다. 동굴 안에 있다는 것은 씨앗으로서 잉태를 준비하고 있음을 의미했다. 그것은 탄생에 관한 변용된 의식儀式일 수도 있으며, 죽은 사람을 모태 속에 있을 때와 같은 모습으로 매장하는 것을 의미할 수도 있다. 이처럼 동굴은 외부 세계로의 탄생이나 부활을 뜻한다.[79]

동굴은 또한 신비한 마력을 발현한다는 점에서 하나의 성소였고,[80] 그곳에 들어가는 것은 수행修行의 의미를 갖는다. 이것은 여성의 성인식으로 볼 수 있다. 웅녀는 일정 기간 굴속에서 생활함으로써 비로소 여자가 되었고 그로써 그는 신랑을 맞이할 수 있었다.

---

76) *Ibid.*, p. 168.

77) *Ibid.*, p. 41.

78) 김영권, 「한국 문학에 형상화된 洞窟의 기능」, 『韓國論叢』(7)(경북 : 경산대학교 국학연구원, 2002), p. 198.

79) J. Donald Hughes, "Spirit of Place in the Western World," *The Power of Place and Human Environments*(Wheaton : Quest Books, 1989), p. 15.

80) 안택원, 『문명의 시간 여행』, p. 45.

일반적으로 소녀가 사춘기의 들목에서 초경初經을 보이면 그것이 성숙의 징후로 여겼다. 이때 소녀는 일반 사회에서 정해진 장소로 격리된다. 격리 생활에는 생활의 질서와 식생활 등에 이르기까지 여러 가지 금기들이 따른다.[81] 이러한 현상은 현대의 아프리카 원주민의 생활에서 그대로 존속하고 있다. 성인식은 고대 사회의 동서양에서 같은 양상으로 진행되었다.

플라톤Platon은 이를 다음과 같이 묘사하고 있다.

> 우리가 본디 의미로서의 교육을 받는 것과 받지 않는 것의 관계를, 다음과 같은 상태와 비슷하다고 봐주게. 곧 인간을 땅속 동굴 모양의 집에 있는 것처럼 보아 달라는 뜻이네. 기다란 동굴은 햇빛 쪽을 향하여 동굴의 폭 넓이만큼 입구가 열려 있다고 하세. 인간은 그곳에 그대로 머물러 있기 때문에 전방만을 바라볼 수 있을 뿐 머리를 돌릴 수도 없네.[82]

그의 설명에서 "전방만을 바라본다."는 표현이 상징적이다. 원시 사회에서 소녀의 성년식은 성숙한 경지에 이른 소녀들을 격리·유폐시켜, 다양한 금기를 부과하는 등 여러 가지 시련을 견디게 한다. 이때 부과되는 금기 가운데는 햇빛을 보지 못하게 하는 것도 있었다.

환인이 특별히 곰과 호랑이가 햇빛을 보지 못하도록 경계한 것은 속세와의 단절을 뜻한다. 그것은 주몽朱蒙의 어머니 유화柳花 경우에서 볼 수 있듯이, 태양이 임신의 능력을 가지고 있다는 믿음과 소녀의 초경이 태양을 오염시킨다는 믿음에서 유래했다. 중앙아시아 키르기스Kirghiz의 전설과 고대 그리스의 다나에Danae 전설에도 성년이 된 처녀를 어두운 움집에 여러 달 동안 가두고 심한 금기의 생활을 유지하게 했다.[83]

이런 시련을 딛고 성년식을 통과하면 혼인하여 자식을 낳을 수 있는 자격을 얻는다. 그렇지 않고 아이를 가지면 그는 행실이 나쁜 여자로 여겨 추방당하는 일도 있고 이와 같은 불상사를 속죄하는 의미에서 희생 제의를 치르는 경우도 있다.[84]

---

81) 金烈圭, 「韓國神話와 上古代文化」, 『한국사의 재조명』, pp. 35~36.

82) Plato, *Republic*, Book 7, § 514a.

83) 박시인, 『알타이문화사연구』(서울 : 탐구당, 1973), p. 121.

그렇다면 그의 수련 기간은 왜 21일이었을까? 한국인의 산속産俗에서 3×7일은 아기를 낳고 산후 조리의 기간임을 고려할 때, 21일은 원시 사회에서 처녀가 성년이 된 이후 일정 기간 동안 정결과 금욕의 시간을 갖는 풍습을 뜻하는 것이다. 또 다른 측면에서 보면, 웅녀가 21일 동안 동굴에서 정진한 것은 3×7일로서, 완전 숫자 7을 숭상하고 그 사례로 북두칠성北斗七星을 바라보던 도교道敎의 의미일 수도 있다.

곰과 호랑이에게 쑥[艾葉]과 마늘[蒜]을 먹인 것은 최초 입사식의 여러 가지 금기 가운데서 음식에 대한 금기dietary taboo에 해당한다. 음식 금기는 성인식의 금기 가운데 가장 엄격했다. 신입식에서는 흔히 술을 흠뻑 먹여 정신을 잃게 하는 경우도 있다.[85] 쑥을 먹인 것은 그것이 국화과에 속하는 것으로서 강장과 지혈에 효과가 있으며, 자궁 출혈을 막고 태반을 편안하게 해주며 치출혈痔出血에 효험이 있기 때문이었다.[86] 고대 동이족은 이미 그때 쑥의 효험과 뜸을 알고 있었다.[87]

한국의 여인들은 산후 조리를 위해 쑥을 태워 그 연기로 자궁을 훈제熏劑하는 풍습이 있었다. 쑥은 정화 의식의 도구이다. 입사 의례에서는 단식을 통하여 자기 몸에서 세속적인 부정을 제거한다.[88] 그들은 신성한 음식을 먹음으로써 성육화incarnation가 이뤄진다고 생각했다. 마늘도 온기를 보補하며 쑥이 작용하는 것과 같은 효과를 가진다. 근대 이전까지 한국의 여인들은 밑이 트인 고쟁이를 입고 아궁이 앞에서 불을 땜으로써 자궁을 온욕溫浴했다.

이상과 같은 절차를 거쳐 결국 환웅은 웅녀와 결혼을 하게 된다. 여기에서 하나의 의문이 제기된다. 한국의 고대 북방족은 호랑이를 숭상하는 부족이었음이 분명한데, 왜 곰의 몸에서 출생했을까 하는 점이다. 이는 환웅이 곰과 결혼했다고는 하지만 곰 토템족은 아니었음을 뜻한다. 다시 말해서 호랑이 토템족이 곰 토템족과 이족혼異族婚, exogamy을 했다는 것이다. 호랑이토 템족인 환웅족은 족내혼族內婚, endogamy의 위험성을 본능적으로 알고 있었다.

---

84) 서영대, 「단군 : 국가의 시조, 민족의 시조」, pp. 23~24.
85) Arnold van Gennep, *The Rites of Passage*, pp. 74~75, 81, 91.
86) 허준, 『東醫寶鑑』(서울 : 성문사, 1993), p. 151.
87) 『三國志』(30) 魏志(30) 烏丸鮮卑東夷傳(30) 烏丸傳 : "有病 知以艾灸"
88) Arnold van Gennep, *The Rites of Passage*, p. 92.

동이족에서 족내혼의 금기는 보편적인 계율이었다.[89] 신라와 같이 신분의 벽을 고수하고자 하는 집단에서는 족내혼을 고집한 사례가 있고, 그리스처럼 귀족 사회의 공고화를 위하여 족내혼을 주장한 사례가 있지만,[90] 그러한 현상은 보편적인 것이 아니었다. 세계 어느 곳에서나 배우자를 선택할 때 근친近親, propinquity of relationship 간의 혼인incest/ inbreeding에 따른 제한이 있다. 이 규율을 위반하는 사람은 중죄를 저지르는 것이다.

인간이 무엇 때문에 근친상간에 대해 이렇게 강렬하고 깊은 혐오감을 갖고 있는가를 설명하는 것은 도덕이나 인륜의 영역이 아니라 생물학자의 영역이다.[91] 근친혼의 금지는 생물학의 문제가 도덕률에 따라 윤색되었을 뿐이다. 어떤 의미에서 본다면 인종을 결속하는 것은 혈통과 생물학과 종족의 요소이다. 원시의 생활 유형 가운데 이족혼은 번식의 퇴화를 피하는 데 필요했다.[92]

다른 혈족과 혼인해야 한다는 감정적 강박은 매우 다양하게 나타난다. 호주에서 족외혼의 규율은 너무 당연한 것이어서, 이를 위반하는 남성이나 여성은 단호히 죽였다. 비록 멀리 떨어진 곳에 살고 있는 이방인이라 하더라도 비슷한 이름을 사용하는 종족과 혼인할 수 없었으며, 혈연의 여부가 의문스러운 경우에도 마찬가지이다.

북아메리카의 크로우족Crow은 이러한 규율을 위반한 무리를 개와 비교하며 조롱하지만, 직접 처벌하지는 않았다. 한국도 마찬가지였다. 알라스카의 하이다족Haida도 이족혼을 한다.[93] 이로쿼이족Iroquois은 근친상간에 대한 두려움을 명시하지는 않았지만, 그것을 위반하면 사람들로부터 조롱을 받았다. 그들이 이토록 족외혼을 유지하려고 한 것은 집단의 지속이 혼인에 따라 결정된다는 것을 알고 있었기 때문이었다.[94] 그리스 및 라틴 씨족에서 혈통이 여계female line이었

---

89) 『後漢書』(85) 東夷列傳(75) 濊條; 三國志(30) 魏書(30) 烏丸鮮卑東夷傳(30) 濊條 : "同姓不婚"

90) Plato, *Republic*, Book 3, § 415b.

91) Edward B. Tylor, *Primitive Culture*, Vol. II, p. 234; Robert H. Lowie, *Primitive Society*, pp. 15~16.

92) Charles Merriam, *Political Power*(New York : Collier Books), 1964, p. 84; 신복룡(역), 『정치권력론』(서울 : 선인, 2006), p. 123.

93) Arnold van Gennep, *The Rites of Passage*, p. 156.

94) Lewis H. Morgan, *Ancient Society*(Chicago : Charles H. Kerr & Co., 1877), p. 74; Robert H. Lowie, *Primitive Society*, pp. 111~114.

을 때에도 씨족의 족내혼이 금지되어 있었다.[95)]

여기에서 문제된 것이 곧 약탈혼掠奪婚, marriage by capture이다. 현대사에서도 아프리카의 원주민들은 동족 안에 성숙한 처녀가 있음에도 이웃 부족의 처녀를 약탈하여 혼인을 맺는다. 약탈을 겪는 부족도 이를 결사적으로 방어하지 않고 암묵적으로 동의했다. 같은 마을에 동족의 배필이 없어서 약탈혼을 하는 것이 아니라 이족혼을 통하여 종족의 열등화를 막으려는 풍습으로 그리 한 것이다.

약탈혼은 한국의 중·근세 사회에서 자행되었던 "보쌈"이 사실상 양가의 양해 아래 이뤄진 것과 같다. 칭기스칸成吉思汗의 어머니도 납치된 적이 있고, 그의 아내 역시 납치되었다가 되찾았다. 유목민에게 남의 처, 특히 신행 가는 신부를 빼앗는 것은 명예로운 것이고 족속의 강인함을 내외에 알리는 것이었다.[96)]

여자를 납치한다는 것이 정당한 행위는 아니지만, 여자가 납치되었다고 해서 반드시 보복한다는 것은 어리석은 일이며, 빼앗긴 여자의 일을 되돌아보지 않는 것이 현명한 태도라고 고대인들은 생각했다. 여자 쪽에서 바라지 않았다면 납치 당했을 리가 없다는 것이 명백하기 때문이다.[97)]

생물학자들의 말에 따르면 꽃도 근친상간을 하지 않는다. 곧 꽃은 대개가 암술과 수술이 한 송이에 함께 달려 있지만 그렇다고 해서 한 개체 안에서 수정이 이루어지는 것은 아니다. 왜냐하면 암술이 피는 시기와 수술이 피는 시기가 같다 하더라도 그들 사이에는 같은 무리가 수정自家受精을 거부하는 기능self incompatible control이 있어 같은 꽃송이 안에서 수정은 현실적으로 불가능하다. 이렇게 식물들도 근친혼을 피함으로써 종자의 열등화를 막고 우주의 경쟁 속에서 살아남는다.[98)]

이족혼이 갖는 또 다른 효과로서는 부족 사이의 화해를 들 수 있다. "결혼은 경제 활동이다."[99)]라는 게네프Arnold van Gennep의 주장이 냉혹하게 들리는 것이 사실이지만, 결혼은 결국 삶의 일부이다. 특히 이족혼의 경우에 혼인은 단순히 성sex과 종족 보존의 문제뿐만 아니라 공존의 의미를 담고 있다.

---

95) Lewis H. Morgan, *Ancient Society*, p. 355.

96) 장장식, 『몽골민속기행』(서울 : 자우출판, 2002), p. 217.

97) Herodotus, *The Histories*(London : Penguin Books, 2003), p. 4 : Book 1, § 4.

98) Rosie Mestel, "Not Doing It, Plant-Style," *Discover*, January 1995, pp. 88~89.

99) Arnold van Gennep, *The Rites of Passage*, p. 119.

복수를 하려는 전사戰士 집단이 적을 죽이려고 그들의 병영에 접근할 때, 침략을 받은 약자는 여자들을 전사들에게 제공한다. 만약 전사들이 이 여자들과 동침하게 되면 갈등은 종식된다. 왜냐하면, 여자를 받아들인다는 것은 친하게 지내겠다는 표시이기 때문이다.

여자를 받아들이고도 계속 적대적인 태도를 취하는 것은 부족 사이의 관습을 지키지 않는 것이 된다. 이럴 경우에 동침은 아주 명백하게 결합하는 것이며, 동일화를 위한 행위이다. 오스트레일리아 중부의 원주민에게 동침은 출산 의례가 아니고 주술의 부수적인 행위이다.[100)]

두 민족 사이의 결혼에 따른 결합만큼 정복을 굳게 하는 것은 없다.[101)] 왕실의 통혼은 동서고금을 가리지 않고 모든 부족에게 공통된 연대의 상징이었다. 그와 마찬가지로, 유사종교의 가장 가장 중요한 의식 가운데 하나가 교주에게 성을 바치는 이른바 피가름이다.

이상과 같은 사실들을 고려할 때 씨족은 혈연에 바탕을 둔 매우 오래된 고대의 사회 조직이기는 하지만 공통된 조상의 모든 자손을 포함하는 것은 아니다.[102)] 그리고 여기에서 더 나아가 단일 민족의 논리를 제기하는 것도 의미 없는 일이다.[103)] 그들은 이미 의도적으로 수많은 혼혈을 자초했다.

민족의 동질성이나 순일純一함을 강조하는 것은 지배 계급의 이익을 옹호하려는 논리이거나 공동체적 통합을 강조하려는 정치적 표어에 지나지 않는다. 다만 이러한 주장이 민족의 정체성을 훼손하는 방향으로 이해되는 데 대한 경계심을 늦출 수는 없다.

드디어 환웅과 웅녀 사이에 아들 단군檀君이 태어났다. 곰이 사람과 혼인을 거쳐 자식을 낳은 것은 신성神聖의 육화肉化 과정에서 나타나는 불가피한 현상이다. 그는 건국 시조로서의 위엄을 위해 강신을 [illegible] 자신을 설명했다. 개국 당시의 고조선은 성읍국가城邑國家였으며 처음부터 광대한 영역을 가

---

100) *Ibid.*, p. 34.

101) Baron de Montesquieu, *The Spirit of the Laws*(New York : Hafner Publishing Co., 1949), Vol. I, Book X, § 14.

102) Lewis H. Morgan, *Ancient Society*, p. 66.

103) 이에 관한 자세한 논의는, 신복룡, 「한국인은 단일 혈통이 아니다」, 『잘못 배운 한국사』(서울 : 집문당, 2022), pp. 1~10 참조.

진 국가로 출발한 것은 아니었다.[104)]

단군이 1,500년 동안 나라를 다스리다가 나이 1,908살에 죽었다는 기록[105)]은 생물학적 설명이 아니라 단군 조선의 존속 연한을 뜻한다. 그리고 단군이라 함도 어느 왕을 일컫는 고유명사가 아니라 왕의 직분이었거나, 존장尊長의 호칭였다.[106)] 그것은 아마도 천군天君과 동의이음同意異音이거나 취음取音이었을 것이다. 제정일치 시대였던 그 무렵에 그는 추장酋長이자 제주祭主이며 무의巫醫였다.

요컨대 단군왕검의 신화는 호랑이 토템족의 남자가 곰 토템족의 여자를 아내로 맞이하여 이룩한 연맹체의 성읍 국가의 창세 신화이다. "하늘에서 내려왔다."는 것은 북방으로부터의 "남하"를 상징화한 것이며, 북방 민족이 이미 자리 잡고 있던 민족을 정복하는 과정에서 이뤄진 국가 창설의 신화이다.

단군 왕조는 1,500년을 지속하다가 기자箕子에게 선위禪位함으로써 멸망한 북방계 대륙 민족이었다. 천신의 아들인 그가 인간인 기자에게 선양한 것은 신정神政의 분리가 시작되었음을 의미한다. 단군은 북방으로부터 남하하여 이족異族과의 정복 전쟁을 거치며 연맹체를 형성한 최초의 군장君長이었다. 그가 건국한 조선은 1,500년 동안 "실제로" 지속된 연맹체 성읍국가였다. 그 과정에서 수많은 이합집산이 있었다.

그런 점에서 본다면 단군의 생물학적 조상설은 의미가 없는 일이다. 우리는 이미 수많은 혼혈을 거쳤기 때문이다. 따라서 그가 한국사의 국조國祖인 것은 분명하지만 민족의 시조는 아니다. 그리고 이러한 사실들은 신화라는 이름으로 부정될 수 없는 역사임에 틀림없다.

4. 홍익인간弘益人間의 이념

국가의 창설이 자연 진화에 따라서 이뤄진 것이라는 국가자연설natural theory of state에도 불구하고 한 국가의 역사에는 국가 정신Staatsgeist이나 민족 정신

104) 金杜珍, 「檀君神話의 文化史的 接近」, 『韓國史學』(11)(성남 : 한국정신문화연구원, 1990), p. 15.
105) 『三國遺事』(1) 紀異(1) 古朝鮮 王儉朝鮮.
106) 백남운, 「조선경제사의 방법론」, 『백남운전집(4) : 휘보』(서울 : 이론과 실천, 1991), p. 93.

national ethos이 있다. 이러한 것들은 대체로 후대의 역사학자나 국가창설자가 정리하고 문자화하는 것이 보통이지만 전혀 근거 없이 이뤄지는 것은 아니어서, 신화시대의 유산이라는 이유로 배척될 것은 아니다. 후세인들이 어떤 의미를 부여했다면, 그것만으로도 의미 있는 일이며, 그 민족의 유산이 될 수 있다.

한국사에도 그와 같은 민족 정신의 기원이 있다. 이 문제를 이해하려면 다시 한번 더 그 기본 사료(전거)를 음미해볼 필요가 있다. 일연은 이렇게 기록하고 있다.

> 옛날에 환인의 서자庶子 환웅이 계셔 천하에 자주 뜻을 두고, 인간 세상을 탐내어 찾았다. 아버지는 아들의 뜻을 알고, 삼위태백산三危太伯山을 내려다보니 세상을 널리 이롭게 할 만하기에[可以弘益人間] 천부인天符印 세 개를 주어, 내려가 세상 사람을 다스리게 했다.[107]

본질적으로 차이가 없지만 이승휴는 조금 다른 뉘앙스로 이렇게 기록했다.

> 상제 환인에게 서자庶子가 있었으니 이름이 웅雄이었다고 한다. 이 웅에게 일러 말하기를 "내려가 삼위태백三危太白에 이르러 크게 세상을 이롭게 할 수 있을까[弘益人間]?"라고 했다.[108]

먼저 위의 두 기록을 쓴 시대적 배경에 관한 논의가 필요하다. 곧 위의 두 문헌에서 『삼국유사』는 고려 충렬왕 7년(1281)에 쓴 것이고, 『제왕운기』는 충렬왕 13년(1287)에 쓴 것이다. 일연의 생애(1206~1289)로 보면 『삼국유사』를 저작할 무렵 나이 75세였고, 이승휴의 생애(1224~1300)로 보면 『제왕운기』를 저작할 무렵 나이 63세였다.

일연은 국존國尊으로서 개경을 왕래하며 왕에게 불법을 강의하던 터였고, 이승휴는 전중시사殿中侍史의 중신으로 있었던 터였으니, 18년의 연차年差인 두 사람은 불심을 통하여 서로 알고 지내던 사이였을 것이다. 그뿐만 아니라 저작 연대가 7년 차이에 지나지 않았다.

107) 『三國遺事』 紀異(1) 古朝鮮 王儉朝鮮.
108) 李承休(저), 박두포(역), 『帝王韻紀』, p. 161 : 前朝鮮紀.

일연은 경북 군위軍威의 인각사麟角寺에 있었고, 이승휴는 삼척三陟 천은사天恩寺에 머물며 책을 쓴 것으로 보아, 그 거리가 그리 멀지 않았다는 점에서 두 저자는 만났을 수도 있다. 따라서 일연과 이승휴 두 사람 사이에는 어떤 형태로든 교감이나 자료 교환이 있었을 것이다. 이러한 사실은 두 사람이 모두 깊은 불심의 소유자였다는 점에서 단군의 역사를 설명하는 과정에 나타나는 불교적 요소를 이해하는 데 도움이 된다.

그러나 두 사람의 관계에서 더욱 중요한 것은 두 사람이 같은 시대를 살다간 최고의 지식인으로서 국가적 운명에 관한 고민을 공유하고 있었을 것이라는 점이다. 그들이 살았던 시대는 몽골의 압제를 받으며 고통을 참고 견디던 부마국駙馬國으로서 치욕과 분노의 시절이었다.

이런 시대에 지식인들로서는 어떻게 하면 이러한 국민 정서에 자긍심을 불어넣어 줄 수 있을까를 고민하지 않을 수 없었다. 그러한 과정에서 나타난 것이 국조로서의 단군의 현창을 통한 역사의 새로운 기술이었다. 아마도 그들은 김부식金富軾이 『삼국사기』를 쓰며 국조 신화를 누락한 사실[遺事]에 대한 분노를 함께 느끼고 있었을 것이다.

이렇게 하여 부활한 단군의 역사는 고려 말로부터 조선 초에 이르기까지 원元·명明이라는 외세와 갈등하며 새 정권의 정통성을 확보해 가는 과정에서 학자들의 관심을 받았다. 그리하여 여말선초에 고조되던 단군 숭배 분위기는 15세기 세종世宗·세조世祖 시대를 고비로 16세기 이후엔 차츰 쇠퇴하고 그 대신 기자箕子 숭배가 조선의 정신 세계에 고조되었다.

그러다가 보편주의적 주자학朱子學이 조선조의 지배 사상으로 배타적 지위를 굳히고, 사대의 모화사상에 바탕을 둔 기자 숭배가 강화되며 단군은 다시 오랫동안 그 그늘에 묻히게 되었다. 유교적 관점에 입각하여 조선 역사를 야만의 시대로 낮추어 보았는데, 조선조를 거치며 단군이 잊혔듯이 홍익인간이 거론되지 않았던 것은, 그와 같은 경향은 미신적 요소를 배제하려는 유교적 합리주의의 소산이라고 보인다.

유교적 보편가치와 명분·의리만을 강조하는 이러한 몰민족沒民族의 분위기에 밀려 단군은 민족 통합의 구심체적 상징이라는 지위로부터 오랫동안 물러나 있었다.[109] 이와 같이 역사가 매몰된de-historical 상황이 지속되는 것에 대한 저항이 머리를 든 것은 현대사에 들어와서 한민족이 일제에 유린되던 1900년대 초엽이었다.

이는 일연이나 이승휴가 국운이 기운 상황에서 단군을 통하여 국가를 발견하려고 했던 역사적 상황과 매우 비슷하다. 일연과 이승휴가 단군을 세상에 드러내려고 외쳤던 것과 꼭 같이, 나철羅喆은 그의 『단군교포명서』檀君敎佈明書(1904)에서 이렇게 선언하고 있다.

> (나라의 선비들이) 공자·맹자·정자·주자[孔孟程朱]의 책만 받들고 대황조하신 가르침은 연구치 못하였으며, 공자·맹자·정자·주자는 훤하게 친하되 대황조의 신성이 넘치듯 하늘에 계신[洋洋在上] 줄은 모르니, 자기 나라를 건조하신 성조를 숭배하지 않고 자기 몸을 생육하신 성신聖神을 공경하지 않으며, 자기 집을 닦고 지켜주신 성교聖教를 받들지 않고, 다른 조상을 숭배하고 다른 신을 공경하며 다른 종교를 믿드니 어찌 이같이 이치에 거스르고 성례에 어긋나는 일이 있으리오.[110]

이러한 과정을 거치며 성립된 단군신화에는 정신사의 유산이라는 점에서 몇 가지 음미해야 할 점이 있다.

첫째로, 홍익인간에 포함된 "인간"이라는 용어의 낯섦이다. 유교사상으로 대변되는 중국에서는 인격 수양이나 명분 및 실리를 중요시하여, "인간"이라는 말을 사용하지 않고 "사람"[人]이라는 용어만 사용했다. 유교의 경전에서는 "人"이라는 말은 많이 나오지만 "인간"이라는 용례를 찾아볼 수 없다.[111] 중국에서 "인간"이라는 말이 문헌에서 처음 사용된 것은 『장자』莊子 내편 제4장의 「인간세」人間世에서이다.

그러므로 『삼국유사』나 『제왕운기』를 쓴 13세기 무렵 고려 사회의 지식인들이 20세기에 사는 우리처럼 "인간"을 "사람"으로 이해했다고 볼 수는 없다. 고려시대는 말할 것도 없고 조선조 언어에서 인간은 세상·인간세와 같은 뜻으로 쓰

---

109) 정영훈, 「홍익인간 이념의 유래와 현대적 의의」, 『정신문화연구』(22/1)(한국정신문화연구원, 1999), pp. 10~11; 정영훈, 「단군의 민족주의적 의미 : 근대기 민족교육과 관련하여」, p. 111~112.

110) 「檀君教 佈明書」, 大倧教總本司(편), 『大倧教 重光六十年史』(서울 : 대종교총본사, 1971), pp. 80~81.

111) 권성아, 「홍익인간 이념의 교육적 해석」, 『정신문화연구』(22/1), p. 74.

였고, “인간”은 “사람”의 동의어가 아니라, “사람이 사는 세상”을 뜻하는 것이었다.

적어도 근현대 이전까지 현대적 의미로서의 “인간”human being 또는 개별적 존재로서의 “사람”man as a person의 개념은 존재하지 않았다. 따라서 홍익인간은 본디 “사람 사는 세상을 널리 이롭게 한다.”는 뜻이었다. 여기에서 세상을 뜻하는 인간은 “우리들의 신성한 강토”라는 뜻이었다.[112] “인간”을 사람으로 해석할 경우, 이미 그 시대에 개체적 개념으로서의 인간이 존재했었다고 해석할 위험이 있다.

여기에서 홍익인간에 관한 논의는 과연 현대적 개념의 인도주의나 인본주의humanism로 해석될 수 있는지를 고려해보아야 한다. 단군신화에는 다른 나라의 건국 신화에서 흔히 보이는 영웅도 없고 전사도 없다. 활도 없고 칼도 없다. 구름과 바람과 비가 있을 뿐이다. 이는 평화를 의미한다. 인간이 평화로운 삶을 살았다는 것과 인간의 존엄의 문제는 미묘한 차이를 담고 있다.

둘째로 홍익弘益의 의미이다. 여기에서 “널리”라는 어휘에는 대동주의大同主義 내지 보편주의적 이념이 포함되어 있다.[113] 건국 신화의 등장인물이 3천 명이라는 것도 예사롭지 않다. 이는 아마도 초기 부족 이동의 규모를 의미하는 것일 수도 있다. 환웅은 그들에게 보편적 혜택을 베풀었을 것이다. 따라서 홍익이라 함은 “모든 세상에 최대한의 이익을 베푼다.”maximum benefit for the whole world라는 뜻으로 풀이될 수 있다.

이와 같은 홍익에 관하여 현대적 의미를 부여한다면, 그것은 나눔이거나 분배를 뜻하는 것이며, 이익의 균점benefit-utilitarianism을 지향하는 것으로 풀이할 수 있다. 태초의 인간이 홉스Thomas Hobbes의 주장처럼 “만인에 대한 만인의 투쟁”*bellum omnium contra omnes*, the war of every man against every man[114]인지 아닌지의 여부를 여기에서 논박할 일은 아니지만, 고대 사회에서도 최소한의 분배 정의는 존재했을 것이다.

그것이 보는 이에 따라 원시공동체 사회주의primitive communal socialism일 수도 있고, 다르게 보면 원시적 이상 사회primitive utopia일 수도 있다. 그 어느 쪽

---

112) 김인회, 「21세기 한국교육과 홍익인간 교육이념」, 『정신문화연구』(22/1), pp. 43~44.

113) 정연식, 「“홍익인간” 이념의 전개와 그 정치적 함의」, 『정신문화연구』(22/1), pp. 90~91.

114) Thomas Hobbes, *Leviathan*(New York : Penguin Books, 1980), p. 188 : Part One Chapter 13 : “Of the Natural Conditions of Mankind, as concerning their Felicity and Misery.”

이든 원시 사회에서도 그들 나름의 생존 방식으로서 분배가 존재했을 것이고, 홍익은 그러한 차원에서 이해될 수 있다.

셋째로, 무엇이 "이익"이었을까 하는 문제가 남아 있다. 이 부분을 이해하려면 환웅의 하강 기록을 다시 읽어 보아야 한다. 일연은 이렇게 기록하고 있다.

> 환웅천왕은 풍백風伯·우사雨師·운사雲師를 거느리고 곡식·수명·질병·형벌·선악 등을 주관하고, 인간의 360가지 일을 주관하여 인간 세계를 다스려 교화하였다.[115]

위의 대목에 따르면, 단군의 창조 신화는 매우 자연주의적이고 농경 사회적인 분위기를 보여준다. 바람과 비와 구름은 하늘에 대한 순응을 보여주며, 해양 민족의 건국 신화에서 나타나는 자연에 대한 도전의 모습이 전혀 보이지 않아, 용왕에 대한 순종은 있어도, 넵튠Neptune에 도전하는 율리시즈Ulysses는 없다.

단군이 내려온 곳이 들이거나 바다가 아니라 태백산 산마루에 있는 신단수神檀樹라는 나무 밑이었다는 사실도 그들의 자연주의를 설명하는 데 도움이 된다. 그가 가지고 왔다는 천부인天符印 세 개가 무엇인지는 알 수 없다. 아마도 하늘의 아들로서 세상을 다스리는 상징 도구였으리라고 생각되지만, 이 부분을 낱낱이 설명하는 것은 그 자체가 불가능할 뿐만 아니라 "신화의 훼손"일 수 있다.

환인이 가져온 물건 가운데서 수명·질병·형벌·선악 등의 추상적인 것들을 제외한다면, 유일하게 구체적인 물질은 곡식이다. 이것은 그 시기가 초기 농경 사회였음을 보여준다. 그 시기는 수렵 사회를 이미 거친 시기였다. 그들이 호랑이나 곰과 쟁투하거나 살육하지 않고 동거하였음은 원시 수렵 사회의 단계를 지났음을 의미하는 것이다.

이 부분은 북방 민족을 수렵·기마 민족으로 보려는 대륙 사관과 배치되는 것이어서 그 논리 전개가 조심스럽고 어렵다. 이 부분을 정리하자면, 태초에 하강(이주)한 농경민족이 주변의 수렵·기마 민족과의 공존을 거치며 대륙 민족으로 변화했다고 풀이할 수 있다.

환인이 내려올 때 가져온 물건이 곡식 이외에 수명·질병·형벌·선악이었다는

---

115) 『三國遺事』 紀異(1) 古朝鮮 王儉朝鮮.

기록은 마치 성악설의 모습을 보는 듯하다. 그리고 그 시대에 형벌의 문제를 거론한 것은 그 시대에도 인간의 원초적 악의가 존재했음을 의미한다. 수명과 질병을 거론한 것은 자연 재해에 무방비했던 고대의 삶을 표현해 주는 것이다. 수명을 거론한 것은 불가佛家와 도가道家의 흔적이 배어 있음을 의미한다. 유가儒家에서 죽음의 문제는 궁극적 관심이 아니었다.

요컨대, 홍익인간은 원시공동체 사회주의의 초기 모습을 보여준다. 그들은 하늘을 숭상하며, 스스로가 천신의 후손이라는 생각을 가지고 농경을 생업으로 하며 나눔과 분배의 질서를 지키며 살았던 평화주의적 부족이었다. 이러한 삶의 모습에는, 이를 기록한 일연이나 이승휴와 같은 불교도들의 가치관이 스며 있다.

5. 결론

이 장의 결론은 다음과 같다.

[1] 환인-환웅-단군으로 이어지는 한국의 국조 신화는 천신天神의 후손이라는 인식을 바탕으로 삼아, 천지를 창조한 조화주造化主로서의 환인과, 인간을 가르친 교화주敎化主로서의 환웅과, 나라를 창조하여 다스린 치화주治化主로서의 단군이 삼위를 이루며 인간과 국가를 창조했다고 해석한 것이다. 그와 같은 삼신三神 구도는 유다이즘Judaism의 창조 설화인 삼위일체론과 기이하게도 비슷하다. 단군은 단 한 명의 고유명사가 아니라 고대사에 존재했던 군장君長을 의미하는 보통명사였다. 다만 그 가운데 첫 군장을 단군왕검이라 했다.

[2] 단군의 탄생 신화는 호랑이를 토템으로 숭상하는 부족과 곰을 토템으로 숭상하는 부족의 이족혼의 산물이었다. 그들은 족내혼의 위험을 본능적으로 알고 있었기 때문에 동족인 호랑이족을 비켜 곰족을 아내로 맞이했다. 곰의 신화는 한국사에서는 왕검王儉(왕곰)과 곰내[熊川], 곰주[熊州=공주]로 이어졌고, 이것이 일본으로 건너가 가미神와 고마高麗로 이어졌다. 곰이 동굴에 들어간 것은 성인식을 위한 성소聖所이자 정화식淨化式의 의미이며, 마늘과 쑥은 산후의 보양제로서 의미를 갖는다.

[3] 홍익인간은 원시공동체 사회주의의 존재 양식을 보여주는 것이다. 고대인들은 당시 그들 나름의 나눔과 분배의 지혜를 알고 있었다. 국조의 탄생 설화에 바람과 비와 구름, 그리고 곡식이 등장하는 것은 그들이 자연주의적 사고를 갖는 농경민족이었음을 의미한다. 그러나 그들은 시간이 지남에 따라 북방 목축민족과 연맹체를 결성함으로써 기마 민족으로 변신했다.

[4] 정치사 속의 신화는 종교의 그것과는 달리, 문화인류학의 도움을 받아 의미론적으로 접근할 수밖에 없다. 따라서 단군의 생물학적 의미는 중요하지 않으며, 그 실존 여부를 자연과학적으로 접근하는 것도 온당하지 않다. 신화는 "남김없이 설명될 수 있는" 대상이 아니며, 그것을 기록하고, 또 그 기록을 신뢰하는 후손의 정신사적 유산을 반영할 뿐이다.

제3장

왕들의 탄생

군집群集/ 모계 사회/ 왕정王政

"인간이 최초로 모여 산 곳은
아마도 식량저장소였을 것이다."[1)]
—플라톤

"주몽朱蒙의 설화는 환상幻想이 아니요
성스러운 것이며
귀신의 얘기가 아니라 하늘의 얘기였다.
하물며 국사國史는 곧게 쓰는 책이니
어찌 그 사실을 망령되게 전하겠는가?"[2)]
—이규보

1. 서론

왜 식물은 군락群落하고 동물은 모여 살까? 그것은 분명히 함께 사는 삶이 갖는 잇점이 있기 때문이었다. 그 이유로는 종족 보존을 위한 편의로운 기회와 근접성, 서로의 도움으로 말미암은 생산량의 증대, 적으로부터 보호를 위한 힘의 상승 작용, 저장된 식량에 접근 편의 등을 지적할 수 있을 것이다.

전쟁에서 육전대이든 공군이든, 수없이 반복되는 "편대를 좁혀라!"는 작전 명

---

1) Plato, *Republic*, Book 2, § 369b~d.

2) 李奎報, 『東明王篇』(서울 : 을유문화사, 1980), pp. 49~50 : 序.

령은 군거群居의 본질을 가장 원초적으로 설명해 주는 것 가운데 하나이다. 인간의 군집도 그와 같은 틀에서 크게 벗어나지 않았다. 다만 정도의 문제에서 인간은 다른 동물에 견주어 더 심한 양상을 보여주고 있다. 이러한 군거 문제를 풀어보는 것이 권력의 발생에 관한 연구의 시초일 수 있다.

인간의 군거가 시작된 뒤 각기 다른 개성과 이해 관계 그리고 판단의 차이로 말미암아 구성원들 사이에 갈등이 생겼고, 이를 조정하려는 권위authority가 필요했는데, 이것이 권력 발생의 시초였다. 권력의 발생이 집단 구성원 사이의 합의인지 아니면 권력자의 적극적 장악 의지의 결과인지에 관하여 의견이 다를 수 있다. 그러나 그 어느 쪽이든, 그들은 권력의 창출과 그것을 누구에게 위임하는 것이 자기의 조직에 유익하다는 사실을 알게 되자 이에 동의하게 되었는데, 여기에서 이른바 사회계약론social contract이 출발한다.

권력이 발생하던 초기부터 권력이 힘power을 수반했다고 믿을 만한 증거는 없다. 따라서 권력이 당초부터 체력이 더 강한 남성의 전유물이었어야 할 이유도 없었다. 이는 달리 말하면, 권력의 초기 형태는 모계 중심이었거나 아니면 여성이 지배하던 사회였음을 의미한다.

그러나 그러한 모계 중심 사회는 그리 오래 지속하지 않았다. 모계 중심 사회가 끝났다고 하여 그 흔적조차 모두 사라진 것은 아니지만, 사회의 통제권이 여성에게서 남성에게로 옮겨간 것은 부인할 수가 없다. 그러한 사회 변화에는 많은 요인이 존재했다.

모계 사회에서 부계 사회로 옮겨감에 따라 이제 권력은 실체화되고 인격화personalization되었는데, 그 결과로 나타난 것이 왕王이라는 권력자였다. 왕은 질서라는 미명 뒤에서 조직을 통솔하는 권력자의 화신으로 등장했다. 권력을 사악함으로 보는 노장사상老莊思想이거나 무정부주의자이든, 아니면 권력의 찬미자이든 그 실존의 문제로부터 자유로운 사람은 없다.

2. 군거群居의 시작

인간은 왜 군집하기 시작했을까? 이를 본능의 문제로 설명하려는 견해가 있다. 그 한 사례로서 에번스-프리처드Edward E. Evans-Pritchard는 인간의 군집이야말로 자기 방위, 식욕, 성욕과 함께 인간 생활에서 4대의 본능 가운데 하나라고 설명한다.[3)]

군집을 본능적인 것으로 못 박아 버리면 그것은 군집의 발생사적 논쟁을 입막음하는 논리적 결함을 안게 되지만, 일단 고려의 대상이 될 수는 있다. 그리고 군집이 설령 본능이라고 하더라도, 본능의 형성이 본디 삶의 오랜 지탱 속에 이뤄진 것으로 본다면, 왜 그런 본능이 형성되었는가에 관한 의문이 제기될 수 있다.

첫째로, 인간이 군거하게 된 일차적 계기는 **출생**이라고 하는 운명적 요인으로부터 떨어져 생각할 수 없다. 그것은 군거의 일차적 계기가 혈연임을 의미한다. 다른 동물이라고 해서 혈연이라고 하는 요소가 없었던 것이 아닌데 왜 인간의 혈연만이 유독 더 강할까? 그것은 인간의 진화 과정이 다른 동물과 많이 다르기 때문이다.

고등영장류higher primates는 다른 동물에 견주어 젖먹이 기간이 길다. 인간이 공동체를 구성하며 다른 동물에 견주어 유대가 더 견고하고 긴 동거의 시간을 유지한 것은, 자식을 돌보아야 하는 이유기離乳期가 다른 동물보다 더 늦었기 때문이었다. 사지四肢 동물 가운데 젖먹이 기간이 12개월이며, 직립 보행과 치아가 나오는 기간이 그토록 늦은 동물은 인간밖에 없다.

인간은 진화 과정에서 다른 동물에 견주어 대뇌가 더 발달하고 비대해졌다. 태아가 임신 만기까지 자궁 안에서 기다리다 보면 대뇌가 너무 커져 분만이 어려웠다. 그래서 모든 인간은 대뇌가 완전히 성숙할 때까지 분만을 기다리지 못하고 조산早産한다. 그렇게 출산한 조숙아는 동물의 세계에서 유일하게 걷지 못하고, 스스로 엄마의 젖을 찾아 물지도 못한, 조산으로 말미암아 항체가 형성되어 있지 않기 때문에 항체를 포함하고 있는 모유의 수유 기간이 길어야 했다.

그뿐만 아니라 보행이 불가능하고 스스로 생존하는 능력이 떨어지기 때문에 적으로부터 공격에 대한 부모의 보호 기간도 길어야 했고, 털이 없으므로 추위에 자신을 보호할 수 없어 어미의 보호가 필요했다. 이처럼 부모와 자식의 동거 기간이 길어질 수밖에 없었던 사실이 가족공동체의 형성을 장기화했다. 긴 수유

---

3) E. E. Evans-Pritchard, *Theories of Primitive Religion*(New York : Oxford University Press, 1965), p. 68.

기간은 가족공동체의 유대를 강화했고, 그 규모를 크게 만들었다.

그러한 긴 시간의 동거를 거쳐 가족family에서 씨족gens으로, 씨족에서 부족phratry으로, 부족에서 종족tribe으로 변화했다. 그 규모로 보면, 7~9식구가 한 가족을 이루고, 30가족이 1씨족을 이루고, 30씨족이 1부족을 이루고, 3부족이 1종족을 이루었다.[4]

이러한 진화 과정에서 부족의 단계까지는 동일 취락을 이루며 살았고, 그 이상으로 규모가 커지자 약탈과 이주가 필요하게 되었지만, 부족의 유대는 흐트러지지 않았다. 로마가 멸망한 뒤에도 로마의 부락은 남았다고 하는 점에서 본다면 아무리 고도한 문명도 그 시원始源과 종착지는 마을이었다.[5]

가족을 기초 단위로 하는 군거와 취락은 물리적 편의보다는 정서의 일체감이라는 점에서 더 강한 유대를 보였다. 가정의 각 구성원은 군집에 의존함으로써 자기 자신보다 더 위대한 존재를 인식하고 그를 둘러싼 복잡한 문제를 해소하게 되어 마음의 안정을 얻을 수 있었다.[6] 가족의 이와 같은 정신적·심리적 유대는 뒷날 효孝라는 문화 가치를 창조함으로써 중요한 지배 이데올로기로 자리 잡았다.

효도라는 가치를 거치며 사람들은 어린 시절 내내 아버지의 지배에 복종해 왔는데, 이로 말미암아 그들은 한 사람의 지배에 복종하는 것에 익숙하게 되었나.[7] 흔히 가부장권家父長權, patriarchism이라고 부르는 이 인간 관계는 전통적으로 권력을 설명하는 가장 훌륭한 방편으로 이용되었다.

인간이 군집하는 두 번째의 계기는 **이해 관계**이다. 군집이 주는 편익은 여러 가지로 나누어 설명할 수 있지만 정치학에서 주류를 이루고 있는 해석에 따르면, 그 이해利害란 결국 재산의 보전을 의미하는 것으로 풀이되고 있고 그러한 해석의 중심에는 로크John Locke가 있다.[8] 물론 이러한 해석에 관한 반대 의견도 있다. 원시인들의 재산은 얼마 되지 않았고, 가치, 욕구, 상속에 관한 그들의 관념은 미미한 것이었다. 조악한 무기·직물·용구·의복·부싯돌·석기·골각기·장신

4) Lewis H. Morgan, *Ancient Society*(Chicago : Charles H. Kerr & Co., 1877), pp. 227~228.

5) 김한초, 「한국 농촌부락의 공동체적 성격」, 『제3회 국제학술회의 논문집』(성남 : 한국정신문화연구원, 1984), p. 864.

6) E. E. Evans-Pritchard, *Theories of Primitive Religion*, pp. 68~69.

7) J. Locke, *The Second Treatise of Government*(Oxford : Basil Blackwell Press, 1976), p. 54 : Chapt. 8. § 107.

8) *Ibid.*, p. 110 : Chapt. 19. § 222.

구들이 고대인이 생활하는 데 주요한 재산 목록이었다.[9)]

아마도 이런 인식의 차이는 연구 대상이 되는 시대의 차이일 수 있다. 이를테면 농산물의 비축을 이해하고 가축이 재산의 의미를 띠기 시작했을 때, 재산[농산물]은 분명히 원시인들의 일차적 가치였을 것이다. 그리고 이러한 경제적 이해 관계는 공공의 이익을 끊임없이 우선으로 여길 것을 요구하던 근·현대에 이르기 이전까지 중요한 가치였다.[10)]

이와 같은 이해 관계를 처음 주목한 사람은 플라톤Platon이었다. 그는 이해 관계에 관한 군집을 이렇게 은유적으로 표현하고 있다.

> "그럼, 국가(사회)라고 하는 것이 발생한 이유는 결국 무엇일까? 각자가 제멋대로 흩어져 있으면 자급자족이 어렵고 당연히 많은 사람의 손이 필요할 것 같은데. …… 우리의 요구가 가지각색이기 때문에 각자는 자기의 필요에 따라 서로 다른 사람을 자기 친구로 맞아들이게 되는 까닭에 자연스럽게 많은 사람이 공동자나 조력자로서 하나의 거주지에 모이게 되는 것이겠지."
>
> "그렇습니다."
>
> "그런데 그들에게 필요한 것 가운데 제일 중요한 것은 무엇이었을까? 내가 생각하기에 아무래도 우리가 생활하는 데 필요한 식량을 마련하는 것이라고 생각하는데 어떨는지?"[11)]

플라톤의 설명에 따르면, 인간이 최초로 군집한 장소는 식량저장소였을 것이다. 결국 모든 동물이 그렇듯이, "먹이"가 최초의 군집 장소였고, 그 먹이를 집산화하는 공동체의 수리 사업 과정에서 나타나는 통치 형태는 결국 농경전제주의agro-despotism의 형태로 귀결되었다.[12)] 그리고 먹이의 문제를 둘러싸고 벌어지는 인간의 다툼을 최소화하고자 부락사회로부터 부락연맹체사회로 변화하는 과정에서 평등사회가 불평등사회로 바뀌었다.[13)]

---

9) Lewis H. Morgan, *Ancient Society*, p. 537.

10) Baron de Montesquieu, *The Spirit of the Laws*(New York : Hafner Publishing Co., 1949), Vol. I, Book IV, § 5.

11) Plato, *Republic*, Book 2, § 369b~d.

12) Karl A. Wittfogel, *Oriental Despotism*(New Haven : Yale University Press, 1958), pp. 161~162.

13) 윤내현, 『한국고대사』(서울 : 삼광출판사, 1989), p. 47.

더 나아가서 인간의 먹이가 수렵이나 채집의 단계에서 발전하여 집산集産의 성격을 띠기 시작했을 때 식량저장소 주변의 군집은 그들이 취할 최선의 생존 수단이었다. 아마도 그곳은 메소포타미아의 티그리스강Tigris River과 유프라테스강Euphrates River 주변 삼각주 일대였을 것이다.

생존을 위한 공동 노력의 또 다른 형태로서는 공동 수렵을 들 수 있다. 상대가 맹수라는 점, 인간보다 더 크고 민첩하다는 점, 여러 사람의 힘을 모은 몰이가 필요했다는 점에서 협동 수렵은 불가피했다. 집단 수렵은 협동심을 길러 주었다. 수렵 생활을 거치며 가축의 필요성을 발견하고 소규모의 목축을 알게 됨으로써 원시 사회에서와 같은 집단 사냥의 필요성이 감소된 것은 사실이지만, 군거의 필요성이 없어진 것은 아니었다. 오히려 목축의 대량화는 가족의 유대를 강화했다.

수렵과 관련하여 계절의 변화도 군집에 영향을 끼쳤다. 얼음이 얼기 시작하면 수렵을 할 수 없게 되고, 그래서 한 해 겨울 동안에 사람들은 군집된 큰 집단을 이루어 한 호의 큰 가옥에 살면서, 많은 개별 가족은 공공의 방을 나누어 쓴다. 이때 사람들은 더 넓은 인간 관계를 형성하게 되는데, 이때의 지역공동체는 편의상 함께 살고 있는 약간의 가족에서 성립되었다기보다는 각각 다른 생활 구성을 가진 각 개인이 모여 이루어진 새로운 사회 집단이었다. 그리고 이러한 대집단이 형성되었을 때 연례적인 종교 의식이 시작되었다.[14]

셋째로는 **집단 노동**의 필요가 인간을 모았다. 여기에서 말하는 집단 노동은 홍수와 가뭄에 대비한 관개灌漑와 수리水利의 문제를 의미한다. 천수답天水畓의 사회에서 관개 농경irrigation farming은 물의 공급을 얼마나 효과적으로 다루는가, 또는 얼마나 효과적으로 가뭄에 대처할 수 있는가에 그 성패가 달려 있다. 대량의 물은 집단 노동으로 일정한 통로로 흐르게 하여 제어할 수 있다. 이 집단 노동은 누구인가 통괄하고 규율하고 지도해야 한다. 이렇게 하여 건조한 저지대나 들판을 차지한 농민들은 조직에 의존하지 않을 수 없었다.

기계 이전의 기술을 토대로 하는 원시적 상황에서 농민은 동료와 협력하여 작업하고 지도자의 권위에 스스로 복종해야 한다.[15] 대부분의 경우, 그들의 논의

---

14) E. E. Evans-Pritchard, *Theories of Primitive Religion*, p. 69.

15) Karl A. Wittfogel, *Oriental Despotism*, p. 18.

는 언제 봄이나 여름이 시작되는가, 언제 추위가 오는가, 언제 비나 눈이 내리는가 등을 일반적인 방식으로 측정하는 것에 그친다.

그러나 수력 문명에서는 그런 일반적인 지식으로 불충분하다. 완전 건조 지역에서는 하천의 범람에 대비하는 일이 결정적이다. 가득 찬 하천의 물을 적절하게 처리하면 비옥한 땅과 삶을 가져온다. 그 물을 그대로 두면 죽음과 파괴를 남긴다. 범람에 견딜 수 있게 적당한 계절에 제방을 수리해야 한다.[16]

치수와 관련하여 서기 776년(신라 혜공왕 12)에 영천永川 청제菁堤를 축조하는데 7천 명이 동원되었다는 기록[17]은 흥미롭고도 놀랍다. 동서를 막론하고 고대의 수력 국가hydraulic society에서 명군明君은 위대한 수리전문가였다. 비가 지나치게 집중되거나 불규칙한 경우에 위험은 커진다. 이 조건은 북중국과 북부 메소포타미아 및 멕시코 호수 지대에서 볼 수 있다.

물의 생산적 이용을 확보하고자 준비 노동을 해야 하는 수력공동체는 동시에 그 작물을 정기적인 범람에서 지키려는 보호 노동을 해야 했다.[18] 따라서 메소포타미아의 초기 도시는 대체로 사제왕priest king들이 지배하는 수력 국가였으며, 중국에서는 수력 통제의 전설적 선구자인 우禹임금은 최고의 치수직治水職에서 왕위에 올라 최초의 세습 왕조 하夏의 시조가 되었다.[19] 농경 문화는 일차적으로 수리水利의 문화이다.

넷째로는 **전쟁과 폭력**이 인간을 모여 살게 했다. 전쟁에서 승리하는 최선의 방책은 집단 방위이다. 문제는 전쟁이 적군에 대한 폭력만을 유발한 것이 아니라 조직 내부의 폭력을 발생하는 계기가 되었다는 점이다. 전쟁은 이탈을 죄악시하며, 그에 대한 응징이 발생했다.

사회적 관습mores은 그것으로부터의 이탈이 비교적 심각한 제재를 실제로 받거나 또는 받는다고 기대되는 과정에서 발생한다.[20] 지배자의 입장에서 보면, 폭력은 그 자체로 즐거운 것이며, 생활의 활력과 확산의 궁극적인 표현이며, 나

16) *Ibid.*, pp. 28, 50.

17) 한국고대사연구소(편), 「永川 菁堤碑」, 『역주 한국고대금석문』(2)(서울 : 가락국사적개발연구원, 1992), p. 27.

18) Karl A. Wittfogel, *Oriental Despotism*, p. 24.

19) 『史記』(2) 夏本紀(2) 夏禹條; Karl A. Wittfogel, *Oriental Despotism*, p. 27.

20) H. D. Lasswell & Abraham Kaplan, *Power and Society*(London : Routledge & Kegan Paul Ltd., 1952), p. 49.

약함과 무익함에 대한 도전이며, “행동”이 없는 언어에 대한 항의이며, 그것 자체가 사건이 된다.[21] 폭력이 가해자에게 즐거움을 주는 사례는 허다하다.

폭력이 갖는 잔혹성과 보복 효과는 강력한 응집력을 생기게 한다. 따라서 최악의 경우에 집단 구성원의 순응은 감옥이나 처형을 포함하여, 물리적인 힘에 따라 유지된다.[22] 힘에 반항할 것은, 오직 그것이 공정하지 못한 불법적인 힘의 경우에 한한다고 하지만 그것은 원칙론일 뿐, 불법 폭력은 문명 사회에서 빈번하고도 조직적으로 자행되고 있다.

불법 폭력이 아닌 권력에 반항하는 무리는 누구나 신과 인간의 쌍방으로부터 비난을 받는다. 그러한 응징의 효과로서 저항에 따른 위험이나 혼란은 최소화될 수 있다. 대부분의 나라에서 군주의 몸은 법으로써 신성불가침의 것이어서,[23] 지배자가 구성원에게 폭력을 가하는 문제에 대한 죄의식이나 가책은 의외로 적었다.

다섯째로, 인간의 **심성**에는 남을 지배함으로써 쾌감을 얻는 속성이 본능적으로 내재하여 있다. 자기는 사람들에게 세력을 가지고 있고 사람들에 대한 지배권력에 참여하고 있다고 하는 의식, 특히 자기는 다른 사람들과 더불어 역사적으로 중요한 사건의 신경계神經系를 장악하고 있다고 하는 감회는 공식적으로는 대단한 자리에 있지 않다고 하더라도 직업적 정치가가 보통 사람 이상으로 우월한 감을 가지게 할 수가 있다.[24] 남들이 나를 따르고 있다는 사실이나 그들로부터의 갈채와 환호는 인간이 누릴가장 큰 쾌락 가운데 하나이다. 그것이 곧 권력의 맛taste of power[25]이다.

여섯째로, 대부분의 동물에게는 **외로움**에서 벗어나려는 본능이 있다. 인간의 경우에 그러한 성향이 더 강하다. 인간은 분리 불안separation anxiety이나 유기遺棄 불안abandonment anxiety이라고 하는 특수 심리를 지니고 있다. 인간은 자유로움에 관한 욕망이 있으면서도 조직으로부터 이탈하거나 버림받는 것에 관한 두

---

21) Charles Merriam, *Political Power*(New York : Collier Books, 1964), p. 344; 신복룡(역), 『정치권력론』(서울 : 선인출판사, 2006), p. 402.

22) Philip K. Bock, *Modern Cultural Anthropology : An Introduction*(New York : Alfred A. Knopf, 1979), p. 35.

23) J. Locke, *The Second Treatise of Government*, p. 102 : Chapt. 18. § 204~205.

24) M. 웨버, 박봉식(역), 『직업으로서의 정치』(서울 : 박영사, 1977), p. 96

25) Morris Ginsberg, *The Psychology of Society*(London : Methuen, 1964), p. 139.

려움을 가지고 있다. 진화와 더불어 인간은 등(척추)을 바닥에 대고 잠을 무리는 유일한 동물이 되었으며, 그러한 자세로 잠을 자는 무리는 공허함을 더욱 절실하게 느꼈다. 그들에게서 군집은 그러한 외로움에 대한 달램의 의미가 있다.

이와 같이 군집이 이뤄지자, 그 단계는 그를 통솔할 권위의 형성이 필요하게 되었다. 이것을 흔히 권력의 발생이라고 부른다. 권력은 조직의 구성원을 지배하는 강제적 힘이다. 그러나 원초적으로 권력으로부터 강제를 겪고 싶은 사람은 없다. 권력은 늘 피지배자에게 불쾌감을 주었고 저항을 일으켰다.

그래서 권력자들은 자신의 지배권을 합리화하고자 많은 노력을 기울여 논리를 펼쳤다. 그러한 논리 가운데 가장 호소력을 갖는 고전적 이론은 베버Max Weber의 지배 이론이다. 그에 따르면 지배는 다음의 세 가지 가운데 한 논거를 기초로 하여 피지배 계급을 설득해 왔다고 한다. 즉,

> 첫째는 전통적 지배traditionnel Herrschaft로서, 아득한 옛날부터 존재해온 권위, 태고 때부터의 명성과 그 명성을 유지하려는 관습적 사상에 따라 신성화된 풍습의 권위, 예컨대 가부장이나 종족사회의 영주가 행사하였던 것과 같은 지배를 의미한다.
>
> 둘째는 카리스마적 지배charimatische Herrschaft인데, 이는 비범한 어떤 개인의 신통력이나 혹은 개인의 계시, 영웅적 행위, 그 밖에 지도자로서의 속성에 대한 개인적인 귀의歸依 그리고 개인에 대한 신뢰와 같은 것으로 예언자나, 정치의 영역에서 볼 수 있는 무후武侯 혹은 투표에 따른 통치자, 위대한 선동가인 정당의 영수가 행사하는 지배를 의미한다.
>
> 셋째는 합법성에 의한 지배legal Herrschaft인데, 이는 합법적 규칙의 타당성에 대한 신뢰나 합리적인 제정법에 근거를 둔 실질적 권한에 의한 지배, 규칙에 따른 의무를 이행하며 복종을 기대하는 지배로서, 예컨대 근대적인 관리官吏나 관리에 버금가는 권력의 담당자가 행사하는 지배를 의미한다.[26] 여기에는 동의와 계약이 필수적으로 선행되어야 한다.

요컨대, 여러 가지 요인으로 말미암아 인간은 군집을 거치며 취락이 형성되고 그러는 가운데 권력과 지배를 낳게 되었다. 이러한 관습은 의도적인 것이라기보다는 국가자연설natural theory of state의 입장에서 말하는 국가 생성의 논리에 바

---

26) M. 베버(지음)·양회수(역), 「지배의 사회학」, 『社會科學論叢』(서울 : 을유문화사, 1975), pp. 273~279; M. 웨버(저), 박봉식(역), 『직업으로서의 정치』, pp. 17~18.

탕을 두고 있다.

3. 모계 사회에서 부계 사회로

인간의 창조 설화가 남성우월주의androcentrism에 입각하여 전개되어 있고,[27] 지금이 또한 남성우월주의의 시대여서 가려져 보이지만, 인류가 태초부터 부계 사회patrilineal society를 이루고 살았다고 볼 수는 없다. 오히려 시대와 장소를 초월하여 사실상 대부분의 권력에는 법이나 제도와는 상관없이 여성들이 연루되어 있었다.[28]

다만 이러한 표현이 고대사에서 모계제도matriarchate가 존재했었음을 의미하는 것이지만, 그것이 여성이 가족만이 아니라 원시국가의 상당 부분을 지속적으로 지배하였음을 의미하는 것은 아니다.[29] 여기에서 논의하는 모계 사회의 문제는 역사에서 어느 시대에나 존재했던 여성 정치gynocracy[30]의 사례를 한국사에서 살펴보고, 그것이 어떤 과정을 거쳐 부계 중심 사회로 변모했는가를 알아보고자 하는 것이다.

원시시대의 여자는 인격이라는 면에서 한 가정의 주재자로서 남자와 꼭 같은 몫을 맡았다. 이것은 철학자들이 남용한 남존여비男尊女卑라는 논리에도 불구하고, 여러 문명 사회에서 잘 나타나고 있다.[31] 삶이 분화되지 않고 그 규모가 작았을 무렵의 생활은 오히려 여성의 구실이 더 긴요했다.

이집트에서 실시된 것과 같은 여인천하는, 이성적으로 보나 자연의 섭리에도 어긋나지만, 여성이 물리적으로 약자라는 것 자체가 그들에게 더욱 유화宥和와 조심성을 일깨워 주었다. 그러한 여성의 속성은 엄격하고 잔인한 덕성보다 오히려 더 뛰어난 정치를 할 수 있게 했다.[32]

---

27) 이에 관한 자세한 논의는, 이 책 제13장 「유교의 정치학적 함의」, p. 546의 각주 57번을 참조할 것.

28) Charles Merriam, *Political Power*, p. 69; 신복룡(역), 『정치권력론』, p. 84.

29) Robert H. Lowie, *Primitive Society*(New York : Boni and Liveright, 1921), p. 189.

30) H. D. Lasswell & Abraham Kaplan, *Power and Society*, p. 210.

31) Robert H. Lowie, *Primitive Society*, p. 202.

[1] 그렇다면 모계 사회가 견딜 수 있었던 힘은 어디에 있었을까? 그것은 신神은 남성이리라는 선입견과 그러한 남성 신에 대하여 무녀巫女 족장의 주술적 효력이 크다는 신념 때문이었다. 역사적으로 여계의 혈통은 아주 오래되었고, 남계의 혈통보다도 고대 사회의 초기 상태에 한층 적합한 것이어서 그리스나 라틴 사회의 씨족에서는 여계 혈통이 더 널리 퍼져 있었다.[33] 이를테면 유대 사회에서 혈통은 모계를 따르며, 가정에서 촛불은 여자가 붙이는 경우가 이에 해당한다.

이와 같은 여성의 우위는 가족 관계에서만 일어나는 일이 아니라 정치의 영역에서도 마찬가지였다. 많은 중요한 결정이 규방閨房이나 베갯머리에서 이루어졌으며, 그렇게 결정된 사실들은 전혀 알려지지 않았을 수도 있다. 남성들은 여성들을 제외한 채 정치 권력을 독점적으로 누리고 있다고 일반적으로 생각하고 있으나, 이와 같은 생각은 정치적인 권위의 본질을 근본적으로 오해한 데서 생겨났다.[34] 인간은 기본적으로 모신母神, the Great Mother에 대한 경배에서 벗어날 수 없는 존재이다.[35]

여성이 가지는 주술적 능력이 뛰어났던 현상은 서구 사회에서는 성직자가, 동양 사회에서는 남사당패나 무당이나 경극京劇의 남자 주인공이 여장을 한 남자였다는 사실에서도 잘 나타나고 있다. 고대 사회에서 적어도 어느 시대까지 주술 능력은 여성에게만 있었다.[36] 꼭 같은 샤먼shaman, 巫覡이라 하더라도 여자 무당[巫]이 기원祈願의 구실을 담당하고 남자 무당[覡]이 위로와 여흥의 구실을 담당했던 사례가 그러한 현상을 잘 입증해 주고 있다.

한국사의 경우에도 제관祭官이 여자였다는 기록은 여러 군데에서 나타나고 있다. 이를테면, 신라 종묘宗廟의 제도에서 보이는 바와 같이, 제2대 남해왕南解王은 재위 3년(서기 6년) 봄에 처음으로 시조 혁거세赫居世의 묘廟를 세워 네 계절에 제사 지내고, 자신의 누이동생 아로阿老가 제사를 주관하게 했다.[37] 이 시대

---

32) Baron de Montesquieu, *The Spirit of the Laws*, Vol. I, Book VII, § 17.

33) Lewis H. Morgan, *Ancient Society*, p. 354.

34) Charles Merriam, *Political Power*, p. 69; 신복룡(역), 『정치권력론』, p. 103.

35) Bertrand Russell, *The History of Western Philosophy*(New York : A Touchstone Book, 1972), p. 6.

36) Mircea Eliade, *Shamanism : Archaic Techniques of Ecstasy*(Princeton : Princeton University Press, 1974), pp. 448~449.

37) 『三國史記』(32) 雜志(1) 祭祀.

가 제정일치로부터 벗어나지 못한 사회였음에도, 군장이 있는 상태에서 유독 제사 지내는 일만은 누이동생에게 맡겼다는 사실이 눈길을 끈다.

고대 사회가 모계 중심이었던 사실을 보여주는 풍습 가운데 하나가 곧 형사취수兄死娶嫂(levirate, 남편이 죽으면 미망인은 시동생을 남편으로 맞이하는 혼속)이다.[38] 남편이 죽으면 그 남자의 아내는 남편의 동생 또는 같은 지위의 혈족 남자와 자동적으로 혼인하게 되는데, 이것이 형제연혼兄弟緣婚의 관습이다.[39] 이러한 풍습은 서양에서도 이미 모세Moses의 율법에 나타나고 있고,[40] 현대사에서는 미국 대통령 바이든Joe Biden의 아들이 죽었을 때, 그의 둘째 아들이 형수와 결혼했다. 이러한 형사취수의 제도는 마치 여자가 남자에게 종속되는 것으로 오랫동안 해석했다. 그러나 이에 관해서는 달리 해석할 여지가 있다.

곧 형사취수의 풍습은 살아 있는 남자의 형제가 죽은 형의 아내를 상속받은 것이 아니라, 죽은 형의 살아 있는 아내가 남편의 남동생을 "차지한 것"이다. 망자의 동생이 결혼의 기회를 박탈되고 미망인인 형수와 결혼하는 것은 형수가 시동생에게 상속된 것이 아니라 형수가 시동생을 상속받은 것이다. 이 부분은 여권주의자feminist들에 의해 오랫동안 곡해되었다. 물론 이러한 혼속에는 죽은 형의 자제를 아우가 키우는 것이 정서적으로나 인도주의적 측면에서 훌륭하다는 배려가 있었지만, 그것이 우선적 가치는 아니었다.[41]

형사취수가 여권을 유린하는 것으로 해석된 것은 근대사에 나타난 현상으로서 여성의 배우자선택권을 침해했다는 인식의 결과였다.[42] 다소 다른 시각에서 보면, 엄밀한 의미로 여자를 재산의 의미로 볼 경우에 당연히 그 여자는 상속이

---

38) 『後漢書』(85) 東夷列傳(75) 夫餘條 : "兄死娶嫂"

39) Robert H. Lowie, *Primitive Society*, pp. 18~19.

40) 『구약성경』「신명기」 25 : 5; 『신약성경』「루가복음」 20 : 28; 「마태오복음」 22 : 24~28.

41) 일본의 경우, 아내가 죽었을 때, 남편은 처제를 아내로 삼는 풍습이 있는데, 이는 성격상 형사취수의 풍습과는 많이 다르다. 곧 이는 부계 사회의 유습일 뿐만 아니라, 어린 자식들의 양육에는 타인보다는 이모가 더 적절하다는 인간적인 배려를 담고 있다.

42) 예컨대 현대사의 사건으로서 케냐Kenya의 40대 루오족Luo 여성이 한국 정부의 법무부 장관을 상대로 제기한 난민인정청구소송에서 원고 승소를 판결한 적이 있었다. 루오족의 사회에는 기혼 여성이 남편을 잃을 경우, 남편의 형제와 재혼해야 하는 "아내 상속"이라는 전통이 있으며, 루오족 대다수는 이러한 전통을 거부하면 "치라"chira라는 저주가 내려 죽는다는 믿음을 갖고 있다. 이 제도는 당초 남편을 잃은 여성과 그 자녀를 남편의 형제가 부양하도록 하려는 취지에 따른 것이지만 현재는 여성과 그 유족을 약탈하고 착취하는 수단으로 변질되고 있다. *Newsis* 2010. 10. 29.; 『조선일보』 2010. 11. 6.

가능하다. 예컨대 키르기즈족Kirghiz 사회에서는 미성년자라 하더라도 동생이 형의 미망인을 상속한다. 마찬가지로 카이족Kai의 미망인은 죽은 남편의 미혼의 동생의 재산이 되며, 다른 가족에게 그 여자를 시집보내려면 신랑은 그 댓가를 보상해야 한다.[43)]

모계 중심 사회에 관한 또 다른 오해 가운데 하나는 여성영아살해female infanticide의 문제이다. 이는 근원적으로 일처다부제一妻多夫制, polyandry의 결과였다. 일처다부제가 관습으로 되어 있는 곳에서는 혼인할 남자의 수가 많아야 한다. 그것은 두 가지 방법으로 가능하다. 우선 남성의 숫자를 늘리는 것인데 이는 현실적으로 불가능했다.

또 다른 방법은 여성을 살해함으로써 상대적으로 남자의 수를 늘리는 방법이 있었다. 이렇게 하여 시작된 여성영아살해의 제도는 뒷날 기근과 전쟁을 거치며 노동력이 적은 여성을 살해하는 방법으로 변질했다. 에스키모인의 사회에서 생활이 어려운 이유로 여자아이를 짐으로 여겨 흔히 태어난 직후에 죽이는 것은 근대의 일이었다.[44)]

일처다부제의 또 다른 형태로 나타난 것이 아이누족에서 아내가 손님에게 성性을 제공하는 풍습이다. 이러한 풍습에는 세 가지 이유가 있는데, 첫째는 한대지방의 남자에게 나타나는 정자부족증으로 말미암은 불임을 막음으로써 종족을 번식시키고자 하는 본능의 표현이며, 둘째로 북방계 씨족 집단들은 작은 테두리 안에서 살고 있었는데, 그러한 친족 사회에서 벌어지는 근친상간incest에 따른 종족의 열등화를 막으려는 것이며, 셋째는 그 손님과 화해하기 위함이었다.

모계 중심 사회의 모습으로 마지막으로 지적할 것은 신부 쪽의 집에 가서 사는 제도[婦側居住制, matrilocal rule]이다. 푸에블로Pueblo 인디언의 경우를 보면, 친족의 연결은 주택에 대한 여성의 소유권과 결합되어 있다.[45)] 비록 재산권의 의미가 분화되지도 않았고, 주택의 재산적 의미가 그다지 부각되지 않았던 고대 사회라 하더라도, 주택 소유권이 아내에게 있었다는 사실은 중요하다.

서양의 경우에는, "남자가 그 부모를 떠나 여자에게 합하여 그 둘이 한 몸이

---

43) Robert H. Lowie, *Primitive Society*, p. 34.

44) *Ibid.*, p. 46.

45) *Ibid.*, p. 71.

되었고,"[46] 동양(한국)의 경우에는 혼인을 결정하면 신부의 집 뒤에 서옥壻屋을 짓고 사위될 사람이 그 집에서 살았다. 그러다가 혼인하면 신랑이 신부의 집에 가서 살다가 자식을 낳아 장성한 뒤에 남자의 집으로 돌아왔다.[47] 고대 사회에서는 모계 사회의 대표적 형태인 처가살이가 보편적인 혼속婚俗이었다.

[2] 혼속에 따른 여성의 지위 문제를 벗어나, 여성의 사회적 또는 정치적 지위를 살펴보는 문제는 제정일치theocracy 시대의 제왕祭王, Shaman King의 문제로부터 논의를 시작해야 한다. 신과 인간의 상태가 명백하게 미분화 상태에서 군장은 일차적으로 주술가이거나 제사장이었다.[48] 이에 관한 문제를 이해하려면 다음의 자료를 주목할 필요가 있다.

> (신라의) 남해차차웅南解次次雄이 왕위에 올랐다. 차차웅을 혹은 자충慈充이라고도 했다. 김대문金大問의 말을 빌리면, (차차웅이라 함은) 방언方言에서 무당을 일컫는 말이다. 무당은 귀신을 섬기고 제사를 받드는 까닭에 세상 사람들이 그를 두려워하고 공경하여 마침내 존장자尊長者로 일컬어 자충이라 했다.[49]

위 원전에 관한 안재홍安在鴻의 해석에 따르면, 차차웅次次雄의 첫 차次는 "지"의 표음으로서 수장 혹은 수반이란 뜻이오, 다음 차웅次雄 두 글자는 지웅 곧 "즁"의 표음으로서 "중"(승려)을 의미하는 것이다. 그의 설명에 따르면, 불교의 승려를 "중"이라고 일컫게 된 현대어와 달리, 고대 사회에서는 제사와 신직神職을 통틀어 "지웅"이라 부르고 그의 수위의 직을 "지지웅" 곧 "지즁"이라고 해서 원수元首 승직(대승정) 또는 제사장의 의미로 사용했다는 것이다.

자충慈充이라 함은 이와 같은 뜻의 발음이다. 곧 자慈는 "지"의 표음이오, 충充은 "중"의 표음이라는 것이 안재홍의 해석이다.[50] 제사장이 "지즁"에서 연유했다

---

46) 『신약성경』「마태오복음」 19 : 5.

47) 『三國志』(30) 魏書(30) 東夷傳 高句麗條 : "其俗作婚姻 言語已定 女家作小屋於大屋後 名壻(婿)屋 壻暮至女家戶外 自名跪拜 乞得就女宿 如是者再三 女父母乃聽 使就小屋中宿 傍頓錢帛 至生子已長大 乃將婦歸家"; 『後漢書』(85) 東夷列傳(75) 高句麗條 : "其婚姻皆就婦家 生子長大 然後將還"

48) E. E. Evans-Pritchard, *Theories of Primitive Religion*, pp. 28~29.

49) 『三國史記』 新羅本紀 南解次次雄 즉위년조; 『三國遺事』(1) 紀異(1) 第二南解王.

50) 安在鴻, 『朝鮮上古史鑑』(상)(서울 : 民友社, 1947), p. 17.

는 안재홍의 해석이 맞다면, 신라의 최초의 왕호를 들은 지증왕智證王의 의미도 "차차웅" 곧 "지지웅"에서 연유되었다고 볼 수 있으며, 그때까지도 왕은 중(제사장)의 의미로 통용되고 있었음을 알 수 있다.

제사장으로 출발한 군장은 신권神權의 대행자로 카리스마를 가짐으로써 속권俗權까지 차지하여 추장酋長, chief의 구실을 함께 행사했다. 태초의 자연 상태가 평화롭고 자유스러웠는가 아닌가의 문제와 관련 없이, 마을의 규모가 커지고 인간이 내포하고 있는 악의는 신권을 수단으로 하는 억압만으로는 주민을 다스릴 수 없었으므로, 여기에는 세속적이고도 물리적인 강제가 필요했다. 세속의 왕이 신권을 설명하는 데 어려움이 있었던 것에 견주면, 신권이 세속권을 함께 소유하는 것을 설득하기가 더 쉬웠다. 이러는 가운데 신권으로 무장된 세속의 질서가 이룩되기 시작했다.

제사장이 세속 질서를 유지하는 데 필요한 카리스마를 얻게 된 결정적인 동기는 치병治病 능력이었다. 초기의 제사장은 신의 은총을 받아 인간의 고통을 치료하는 의녀醫女였다. 의사를 뜻하는 한자로서의 "의"醫는 본디 "의"毉로 썼으며, 거기에는 무당의 의미가 담겨 있었다. 샤먼은 주술사magician이자 무의巫毉, medical shaman였다.

샤먼은 원시적인 샤먼이든 근대적인 샤먼이든, 의사들처럼 병을 치료하고 주술사들처럼 고행자 풍의 이적異蹟을 보인다고 사람들은 믿었다. 그러나 샤먼은 여기에 머물지 않고 영혼의 안내자psychopomp이자 사제이며 신비를 구사하고 시詩를 읊는다. 전반적으로 볼 때 고대 사회의 종교 생활은 뒤섞인 덩어리 confusionistic mass로 존재하고 있었다.[51)]

한국 고대사에서 모계에 의한 왕위 계승의 유산은 일찍부터 존재했다. 그러나 그것은 딸에게 직접 왕위를 계승하는 방법이 아니라 사위에게 왕위를 이어가는 방법으로 먼저 이루어졌다.

> 남해왕 5년에 이르러 (탈해가) 어질다는 소문을 듣고 그의 딸을 그에게 시집보내고, 7년에는 그를 등용하여 대보大輔로 삼아 정치의 일을 맡겼다. 남해왕을 이어 왕이 된 유리왕儒理王이 장차 죽을 즈음에 다음과 같이 말했다.

---

51) Mircea Eliade, *Shamanism : Archaic Techniques of Ecstasy*, p. 4.

“선왕先王(남해왕)이 유언으로 말하기를 “내가 죽은 뒤에는 아들이나 사위를 따지지 말고 나이가 많고 또한 어진 사람으로 왕위를 잇게 하라!”고 하셨으나 내가 먼저 왕위에 올랐다. 이제 마땅히 왕위를 (사위인 탈해에게) 물려주어야겠다”[52]

아들과 딸을 구별하지 않는 이러한 제도는, 왕이 보위에 오르면 임금이 그 아버지를 받들어 왕이라 추증하고, 그 장인도 함께 왕위로 봉封하는 방법으로 이어졌다.[53]

고구려의 경우를 보면, 주몽朱蒙이 북부여에서 도망하여 졸본卒本부여로 왔는데, 졸본부여의 왕은 아들이 없고 세 딸만 있었다.

주몽이 보통 인물이 아님을 알고 졸본의 왕은 자기의 둘째 딸로 아내를 삼도록 했다. 얼마 아니하여 졸본부여 왕이 돌아가니 주몽이 그 자리를 이어 왕이 되었다.[54] 여기에서는 사위 승계도 모계 사회의 유습으로 볼 수 있으며, 모계 사회와 부계 사회의 중간 단계에서 나타나는 현상이었다.

이와 같이 영혼의 측면에서는 제사장이며, 세속으로 돌아오면 추장이며, 질병을 겪는 무리에게는 의녀였던 초기 모계 사회의 지도자는 물리적으로 갖추어야 할 몇 가지 조건이 있었다.

첫째로는, **튼튼한 다리**[健脚]를 갖추고 있어야 한다. 정치가의 운명을 결정하는 첫 번째 요소는 열정passion인데 이는 엄청난 체력을 필요로 한다.[55] 이는 플라톤Platon[56]이나 애덤 스미스Adam Smith[57]가 말한 정치가로서의 자질, 곧 준족駿足, swift foot과 강인함은 체력과 같은 의미일 수 있다.

통치자의 체력의 문제를 일찍이 인지한 플라톤은 젊은이들에게 음악 다음으로 중요한 것이 체력 단련이라고 권고한다.[58] 그의 주장에 따르면, 어떤 국민의

---

52) 『三國史記』 新羅本紀 脫解尼師今 즉위년조.

53) 『三國史記』 新羅本紀 沾解尼師今 원년.

54) 『三國史記』 百濟本紀 溫祚王 즉위년 : “百濟始祖溫祚王 其父鄒牟 或云朱蒙 自北扶餘逃難 至卒本扶餘 扶餘王無子 只有三女子 見朱蒙 知非常人 以第二女妻之 未幾 扶餘王薨 朱蒙嗣位”

55) M. 웨버, 박봉식(역), 『직업으로서의 정치』, p. 97.

56) Plato, *Statesman*(London : Routledge & Kegan Paul, 1952), pp. 223~224, § 306d~307b.

57) Adam Smith, *The Wealth of Nations*(Harmondsworth : Penguin Books Ltd., 1970), Part 1, Chapter 1(2), par. 2~6. 애덤 스미스는 정치인이 갖추어야 할 조건으로 (1) 자질 면에서 체력, 미모와 민첩함, 슬기로움과 도덕, 정신의 신중, 정의, 인내심과 중용에서의 뛰어남, (2) 지긋한 연령, (3) 재산, (4) 가문을 지적하고 있다.

경우에도 전 인구의 1/4 또는 1/5이 군대의 적령자인데,[59] 이들을 단련시키는 일이 국가의 중요한 책무라고 주장한다.

마차는커녕 말[馬]의 이용조차 불가능했던 시절의 추장은 수없이 많은 "발품"foot work을 팔아야 했다. 이러한 유산을 한국고대사에서 찾아보면, 유목민족인 고구려인들은 동적이고도 적극적인 생활을 미덕으로 생각하여, 어른 앞에서는 달음질치는 것을 가장 공경하는 것으로 여기었다.[60]

제사장이 갖추어야 할 두 번째 덕목은 **비상한 기억력**이다. 문자가 발달하지 않고 월력月曆이 보편화되지 않은 고대 사회에서 족장은 계절의 변화에 따른 절후節候와 구성원의 축일과 기일忌日 및 이름, 부락의 행사 일정, 그리고 가축이나 농지와 같은 재산의 수량을 기억에 의존할 수밖에 없었기 때문에 기억력은 족장에게 매우 중요했다. 현대의 정치인이 필요로 하는 덕목 가운데서 선거구민의 이름을 기억하는 능력을 우선으로 꼽는 이유도 본질적으로는 이와 다르지 않다.

셋째로 족장은 **아름답고 우람한 목소리**를 지녀야 한다. 그것은 현대 사회에서 훌륭한 성직자에게 미성美聲을 요구하는 것과 같다. 목사는 미성으로 설교해야 하며, 중은 미성으로 염불을 바쳐야 하며, 이슬람 사원에서는 미성으로 영송詠誦하는 전담자가 있다.

역사에는 웅변가의 시대orator's age가 있었으며,[61] 웅변가의 언어적인 표현의 상당 부분은 논쟁이라기보다는 오히려 주술呪術로서의 성격을 가지고 있다. 그럴 경우에 그의 웅변은 음악의 일부처럼 다수의 이익을 위해 읊어지며, 그 웅변을 듣는 군중이 열정을 느끼는 순간에 치료의 효과가 있다.[62]

음향 시설이 발달한 현대에서 미성의 중요도는 더욱 증대되고 있다. 의식을 영송하는 사회자ritual singer에게 미성은 필수이며, 이는 그 의식의 본질인 성스러움에 못지않게 중요하다. 미성은 천부적인 측면이 있지만 주술사들은 수련으로 미성을 다듬었는데, 데모스테네스Demosthenes가 폭포에서 웅변을 연습한 것이라든가 한국의 명창들이 혼자서 연습[獨工]한 것이 그러한 사례에 속한다.

---

58) Plato, *Republic*, Book 3, § 403c.

59) Adam Smith, *The Wealth of Nations*, Part 1, Chapter 1(1), par. 6.

60) 『北史』(94) 列傳(82) 高句麗條 : "以趨走爲敬拜"

61) Lewis H. Morgan, *Ancient Society*, p. 542.

62) Charles Merriam, *Political Power*, p. 227; 신복룡(역), 『정치권력론』, p. 325.

사람들은 미성이 귀인貴人의 속성이라고 믿는 경향이 있으며, 미성에 매료되는 경향이 있다. 그래서 고대 중국에서도 말하기를 "성음聲音의 길은 정치와 통한다"[63]고 했다. 군중 집회에서의 웅변으로 그 지위에 오른 추장은 언제나 우위에 있었다.[64] 확성기가 없었던 시절에 족장은 이웃 부족으로부터의 침략이나 홍수 또는 화재와 같은 위기는 물론 어느 집의 초상과 출산과 잔치를 알려야 했고, 부역賦役이나 회의의 소집을 위해 우람한 목소리가 필요했다.

넷째로 족장은 **연만**年晩해야 한다. 동서양을 막론하고 나이 든 것은 미덕으로 칭송받았고, 젊은이의 용기에 견주어 연륜은 지혜의 상징이었다. 남보다 우월한 대접을 받는 가장 오래된 덕목 가운데 하나는 연륜과 경로사상인데, 이것이 가부장권과 맞물려 돌아간다.[65]

총명을 잃은 정도가 아니라면, 노인은 같은 계급이나 재산 및 능력을 타고난 젊은이보다 더 존경받는다. 북아메리카 인디언과 같은 수렵 민족들 사이에는 연령이 계급과 더불어 석차 순위의 유일한 기준이다.[66] 동양 사회에서 연륜은 곧 지혜임을 상징하는 것으로 "노마老馬의 지혜"[67]를 인용한다.

이상과 같은 족장의 지혜는 부족 국가의 형성에서 지도자가 출현하게 되는 계기와 자질을 설명하는 자료가 되는 동시에 왜 모계 사회에서 부계 사회로 변천이 가능했는가를 설명해 주는 자료가 될 수 있다.

[3] 여성이 족장으로서 물리적·실질적으로 부족사회를 지배하던 시대는 그리 길지 않았던 것으로 보인다. 이는 사회적 인간*homo politikus*으로서의 여성이 지닌 물리적 약점 때문에 타의적으로 정치와 같은 사회적인 문제로부터 배제되었음을 의미한다. 그와 같은 여성 정치의 몰락 원인으로서는 다음과 같은 점을 지

---

63) 『禮記』(19) 樂記 : "聲音之道 與政通矣"

64) Lewis H. Morgan, *Ancient Society*, p. 71.

65) Charles Merriam, *Political Power*, p. 121; 신복룡(역), 『정치권력론』, p. 177.

66) Adam Smith, *The Wealth of Nations*, Part 1, Chapter 1(2), par. 2~6.

67) 『韓非子』(22) 說林(上) : "제齊나라의 관중管仲과 습붕隰朋이 환공桓公을 따라 고죽孤竹을 쳐들어갔다. 봄에 출정하여 겨울에 돌아오는데 길을 잃고 헤맸다. 이에 관중이 말하기를, "늙은 말(老馬)의 지혜가 쓸 만합니다"라고 아뢰었다. 이에 늙은 말을 풀어놓아 그 뒤를 따라가 마침내 길을 찾았다. …… 관중의 총명과 습붕의 지혜로도 알지 못하는 데 이르면 늙은 말을 …… 스승으로 삼기를 꺼리지 않는다. 그런데 지금 사람들은 어리석은 마음을 가지고서도 성인의 지혜를 스승으로 삼을 줄 모른다. 어찌 잘못된 일이 아닌가?"

적할 수 있을 것이다.

첫째로는 **체력**의 문제였다. 영도력의 초기 단계에서는 하등 동물들이나 원시인들 사이에서 흔히 볼 수 있듯이, 힘force이 영도력을 결정하는 가장 중요한 요소였다.[68] 천연조건이 열악했던 북방인들은 체질적으로 강인할 수밖에 없었다.[69] 험한 산과 높은 고개[險山峻嶺] 속에서 살아남을 유일한 길은 강인한은 체력을 갖추는 것이었고 그러려면 육식肉食을 하지 않을 수 없었으며 육식은 다시 강인함은 체력을 요구하는 반복적 상승효과를 유발했다.

체력은 기온과도 관련이 있다. 추운 지방의 정온定溫 동물은 더운 지방에 견주어 체형이 커진다. 인간도 열대지방에 견주어 한대지방에 사는 사람들의 체구가 더 큰데, 이를 베르크만의 법칙Bergmann's Rule이라 부른다. 독일의 동물학자인 베르크만Karl C. Bergmann(1814~1865)이 1847년에 주창한 이 법칙에 따르면, 동종 혹은 가까운 종을 비교해 볼 때, 일반적으로 추운 지방에 사는 동물일수록 체구가 커지는 경향이 있다. 이는 추운 지방에 사는 동물은 물질대사로 발생한 열의 발산량을 줄이려고 몸의 부피를 늘려 몸의 부피에 견주어 체표면적의 비율을 낮추기 때문에 일어나는 현상이다.[70] 동토의 지방에는 작은 동물이 살지 않는다.

이미 몽테스키외Baron de Montesquieu가 이런 문제를 논의한 바 있다. 그의 주장에 따르면, 추운 풍토의 사람들은 더 강인한 체력을 가지는데, 이로 말미암은 인류학적 효과가 적지 않다는 것이다. 예를 들면 체구가 크고 체력이 강한 종족은 자기에 대한 더 큰 신뢰감과 용기, 우월감, 복수심의 감소, 안전감, 솔직성을

---

68) Charles Merriam, *Political Power*, p. 49; 신복룡(역), 『정치권력론』, p. 74.

69) 『三國志』(30) 魏書(30) 東夷 高句麗條 : "國人有氣力"; 同 挹婁傳 : "人多勇力"; 同 扶餘傳 : "其人麤大 性强勇謹厚"; 同 東沃沮傳 : "人性直質彊勇"; 『晉書』(14) 志(4) 扶餘國條 : "其人彊勇"; 『魏書』(100) 列傳(88) 勿吉條 : "勿吉國 其人勁悍 於東夷最彊"; 『後漢書』(85) 東夷列傳(75) 扶餘國條 : "人麤大彊勇"

70) http : //100.naver.com/100.nhn?docid=729833(2011. 1. 5.). 체표면적體表面積의 비율이라 함은 동물의 피부의 총면적(BSA, body surface area, 제곱미터)에 대한 체중의 비율을 의미한다. 체표면적은 동물의 체중에 정비례하여 넓어지지 않는다. 예컨대 체중 1kg의 개의 체표면적이 1.1m^{2}일 때 50kg의 개의 체표면적은 1kg의 개의 50배가 아니라 13.5배에 지나지 않는다. 따라서 체구가 커진다고 하더라도 체표면적도 함께 커지는 것이 아니기 때문에 체중이 큰 동물이 추위에 잘 견딜 수 있다. John D. Bonagura(ed.), *Kirk's Veterinary Therapy* (Saint Louis : Saunders Inc., 2009), Appendix 참조.

지니며, 의심이나 정략이나 위계僞計를 꾸미는 정도는 작은 체구의 종족에 견주어 낮다.[71)]

이와 같은 이론을 한국 고대사에 적용해 보면, 북방 민족의 성격을 이해하는 데 도움이 된다. 북방 민족들의 생활은 대체로 수렵으로 영위했다. 광막한 토지 가운데는 비옥한 곳도 있었지만 대체로 토지는 척박하고 거칠어 농사짓고 누에 치는 것만으로는 의식을 해결할 수가 없었기 때문에 절약과 수렵이 그들의 중요한 생활 수단이 되었다.[72)]

북방 민족에게 울창한 삼림 속의 짐승이 음식과 의복을 동시에 해결해 줄생활 수단이었기 때문에 짐승은 북방 민족과 불가분의 관계에 있었다. 햇볕이 적고, 따라서 식물성 음식의 조달이 어렵기 때문에 그들은 수렵에 치중할 수밖에 없었고, 맹수와 사투하며 그들의 기질은 더욱 용맹스러워졌다.

그와는 달리 남방계의 농경 사회에서는 수확과 풍요의 여신을 숭배했지만 수렵 사회에서는 사냥의 외향적 조건 변화에 따라 연장을 만들어 사용하는 남성의 이미지로 신화의 상징 체계가 바뀐다. 원시 국가에서 남자가 전쟁을 맡고, 여자가 농사를 맡는 것이 보편적인 풍습이었다.

농경 시대에는 식물이 신화를 만들었다면 수렵 시대에는 동물이 신화를 만들었다.[73)] 이러한 현상은 성격 형성에도 많은 영향을 끼친다. 곧 북방계 육식 민족이 공격적이며, 남방계 채식 민족이 수동적이다. 이는 육류단백질의 섭취량이 많은 민족일수록 더 공격적임을 의미한다. 그렇다고 육식 민족이 늘 채식 민족에게 승리하는 것은 아니었다.

오스트리아-헝가리의 유대계 경제학자인 굼플로비치Ludwig Gumplowicz(1838~1909)를 중심으로 하는 사회학적 국가론sociological theory of state의 중심 주제는 결국 역사란 육식 민족이 농경민족을 정복한 전쟁의 역사였다. 역사에서 정복 전쟁의 의미를 중요하게 생각했던 그는 이렇게 주장하고 있다.

> 어떤 조직이 유목민족의 조건을 지속하는 한, 그것은 국가라고 할 수 없다. 그

---

71) Baron de Montesquieu, *The Spirit of the Laws*, Vol. I, Book XIV, § 2.

72) 『北史』(94) 列傳(82) 高句麗條 : "土田薄瘠 蠶農不足以自供 故其人節飮食"

73) 전경옥, 「신화 윤색의 정치사상 : 북유럽 신화」, 한국정치사상학회 연례학술대회 발표 논문(서울 : 서강대학교 다산관, 2001. 6. 16.), pp. 18~19.

들이 항구적인 정착지를 정하고 그 조직이 다른 사회 조직에 대하여 자신들이 정복한 토지의 주권적 재산권을 배타적으로 주장할 때, 그 조직을 국가라고 부를 수 있다. …… 넓은 평원에 거주하는 거대한 무리는 각기 다른 사회 조직을 채택할 것이다. 약탈 전쟁에 따른 포로들은 소 떼를 치고, 장막을 옮기는 등의 노역에 배당될 것이다. 이와 같이 하여 형성된 유목국가는 그제야 거대한 재산의 소유자로서의 정착된 국가로 정치적 기능을 수행할 것이다.[74)]

이와 같은 논리는 뒷날 인종주의racism에 이용되어 역사의 비극을 초래한 흠결欠缺이 있지만, 그 나름대로 논리적 근거를 가지고 있다. 유럽의 고대사를 보면, 많은 사람이 120세까지 살았는데, 그들은 삶은 고기를 주식으로 하고 우유를 마셨다.[75)] 발효유醱酵乳가 장수 식품이라는 것은 일반화된 지식이다.

원시 또는 고대 국가에서 이와 같은 힘의 논리에 따라 불이익을 받은 무리는 여자와 노인 그리고 병자들이었다. 영유아가 약자라는 이유로 박해받지는 않았다. 그들은 오히려 종족 보전의 구실로 모성애나 부성애의 보호를 받았다. 이와 같은 기질로 말미암아 고대의 육식 사회의 군집 생활에서 부족이 식사할 때면 몸에 깊은 병이 들었거나 너무 늙은 가족을 식사에서 밀어냈다. 유교 사회에서 여자가 남자에 견주어 늦게 식사하는 풍습도 그러한 풍습의 잔존 형태이다.

여성의 사회적 지위가 몰락한 두 번째 이유는 **빈번한 전쟁** 때문이었다. 물론 역사에 아마존의 여전사Amazones가 없었던 것은 아니지만, 그것은 보편적인 현상이 아니었고, 전쟁은 대체로 남자의 몫이었다. 이때로부터 추장은 전사로 대체되기 시작했고, 모계 중심 사회가 점차로 부계 중심 사회로 옮겨가며 신권(제천 의식)과 속권(추장의 권리)의 분리가 이뤄지기 시작했다.

부족은 독자적인 군사 조직, 특수한 복장과 군기軍旗 그리고 그들을 군사적으로 지휘하는 전사 추장head war-chief 등을 가지고 있었다.[76)] 국민은 지도자들이 외침으로부터 자신들을 지키는 수호자protectors and defenders가 되어 주기를 바란다.[77)]

---

74) Ludwig Gumplowicz, *The Outlines of Sociology*(Kitchener, Canada : Batoche Books Ltd., 1999), pp. 112, 116.

75) Herodotus, *The Histories*(London : Penguin Books, 2003), p. 180 : Book 3, § 23.

76) Lewis H. Morgan, *Ancient Society*, p. 98.

77) Plato, *Republic*, Book 5, § 463b.

한국 고대사의 경우에 북방 민족의 삶에는 전쟁의 강인함이 더 잘 나타나고 있다. 창과 갑옷을 입고 죽어도 싫어하지 않는 것이 북방의 강인함을 잘 보여준다.[78] 타타르인들에게는 일상 생활에서는 운동이 전쟁 준비로서 충분했다. 달리기, 씨름, 곤봉, 투창, 궁술 등이 야외에서 생활하는 그들의 오락이며 이들 모두가 전쟁을 상징한 것이다.[79]

부족 국가의 통합이 무상했던 당시로서는 상무정신尙武精神이 추앙받을 수밖에 없는 이유가 있었다. 그들이 살아남을 수 있는 길은 꺾일 줄 모르는 투혼과 전투력이었다. 그들의 부락에는 무인武人이 부락장의 성격을 띠고 있었으며[80] 그들에게 전투는 하나의 생활이었다.[81]

북방에서 빈번한 전쟁과 이에 대비하는 강인함은 체력 이외에 나타난 또 다른 현상은, 병기의 생산을 위한 철기문화의 발달이었다.[82] 채식을 위주로 하는 남방계 농경문화의 기구는 나무로써 제조가 가능하지만, 육식동물의 수렵과 전쟁의 수행에는 철기문화의 발달이 필수적이다. 철기 문화의 중요성은 잉카Inca의 몰락에서 잘 나타나고 있다. 그리고 이러한 일련의 작업은 여성의 체력으로써는 감당할 수 없는 노역勞役을 수반했다. 대장장이의 문화는 전통적으로 남성의 것이었다.

여성의 정치가 몰락한 세 번째의 이유로는, 그들의 의식주가 농경 사회의 채식 채집 문화에서 목축에 따른 **육식 문화**로 바뀐 점을 지적할 수 있다. 동물의 사육은 유프라테스Euphrates 강변과 인도의 평원 및 아시아의 초원에 점차로 새로운 생활 양식인 유목 생활pastoral을 가져왔으며, 동물의 사육은 아마도 그 어느 경계 안에서 처음으로 이루어졌을 것이다.[83]

아시아의 고지대 초원 및 유프라테스Euphrates, 티그리스Tigris와 기타 아시아의 여러 강 유역은 유목하기에 유리한 천연의 토질이었다. 따라서 그들이 거기에 모여 살게 된 것은 당연한 이치이다.[84] 그들은 사냥보다는 가축의 사육이 더 편

---

78) 『中庸』 10장 : “衽金革 死而不壓 北方之强也 而强者居之”

79) Adam Smith, *The Wealth of Nations*, Part 1, Chapter 1(1), par. 4.

80) 『後漢書』(85) 列傳(75) 東沃沮條 : “有邑落長帥”

81) 『三國志』(30) 魏書(30) 高句麗條 : “國人 …… 習戰鬪”

82) 『三國志』(30) 魏志(30) 烏丸鮮卑東夷傳(30) 烏丸傳 : “鍛金鐵爲兵器”

83) Lewis H. Morgan, *Ancient Society*, pp. 25~26.

84) *Ibid*., p. 544.

리하고 쉽다는 것을 알고 있었다.

그런데 동물의 사냥과 사육, 그리고 도살屠殺은 남성의 몫이었다. 축산husbandry과 남편husband의 어원이 같다는 것은 그것을 의미한다. 따라서 유목 사회에서 여자의 지위는 결정적이고도 절대적인 남존여비의 상태를 보이는 것이 고대사의 보편적 현상이었다. 동물을 길들이고 기르는 것은 확실히 남성적인 일이고, 거의 모든 곳에서 동물을 맡아서 키우는 일은 남자의 일로 인식되었다.[85] 이러한 이유로 남방보다 북방에서 모계 사회가 먼저 몰락했다.

한국사에서 목축의 문제를 살펴보면, 이러한 현상이 북방 민족에게서 나타난 것은 당연하다. 북방 민족은 활쏘기에 능했고, 목초지를 따라 사는 유목민족이었으며, 정착된 주거를 갖지 않았다.[86] 계절적 이유로 채식이 어려웠던 그들의 식생활은 고기와 젖이었다. 동이東夷를 혹은 "맥"貉으로 호칭하는 경우도 있는데, 貉은 곧 낙酪(젖)으로서, 그 생활은 목축이 주업이며, 소나 양 또는 염소의 젖과 동물의 가죽으로 생계를 잇는다는 의미이다.[87]

북방 민족이 육축 민족이었다는 사실은 그들의 관직을 육축으로 이름을 지어 마가馬加·우가牛加·구가狗加로 부른 사실[88]이라든가, 고구려의 고분 벽화에 나타나는 기마騎馬와 수렵도에서도 잘 알 수 있다. 신라에 여왕제도가 늦게까지 이어진 것은 북방의 유목민족에 견주어 남방에서 농경 문화가 더 늦게까지 지속되었음을 의미한다.

의식주의 문제를 해결하는 것이 남성의 구실이었다는 사실은, 단순히 역할의 전이轉移가 아니라, 지배자의 성적性的 변화를 가져왔음을 뜻한다. 모계 중심의 제정일치 시대에 여성에게 집중되어 있었던 제천 의식과 치병治病과 추장의 구실 가운데 먼저 추장의 구실을 남자에게 양도했다는 것은, 곧 여성의 사회적 지위의 몰락으로 확대되었음을 뜻한다. 지배control와 권위authority가 동일한 사람의 손안에 있다가 그 가운데 어느 하나가 약화하면 다른 하나도 약화한다.[89]

---

85) Robert H. Lowie, *Primitive Society*, p. 193.

86) 『三國志』(30) 魏志(30) 烏丸鮮卑東夷傳(30) 烏丸傳 : "俗善騎射 隨水草放牧 居無常處 以穹廬爲宅 …… 皆東向 日戈獵禽獸 食肉飮酪"

87) 崔棟, 『朝鮮上古民族史』(서울 : 동국문화사, 1966), p. 105.

88) 『後漢書』(85) 東夷列傳(75) 扶餘國條 : 『三國志』 列傳 東夷 夫餘傳 : "六畜名官 有馬加·牛加·狗加"

89) H. D. Lasswell & Abraham Kaplan, *Power and Society*, p. 138.

모계 사회가 몰락한 네 번째의 원인은 여성의 **임신妊娠**과 관련이 있다. 모든 종족에게 수태는 신성한 것으로 여겨졌고, 하늘에 알리는 첫 번째 의식이었다.[90] 그러나 원시 사회에서 여성은 부정한 존재로 여겨졌는데, 그 일차적 계기는 월경공포증horror of menstruation이었다.[91] 원시인들은 여성의 월경이 신의 저주라고 생각했다.

그러나 이러한 요인보다도 더 치명적으로 여성의 사회적 지위를 몰락시킨 것은, 영아가 독자적인 삶을 영위할 수 있을 때까지의 육아 기간이 모든 영장류 가운데서 가장 길다고 하는 사실이다.

아이가 스스로 먹이를 구할 수 있을 때까지 7~10년의 기간에 여성은 육아 이외의 일에 "손 놓고" 보내야 했다. 그리고 그 결과로 모계 사회의 제정일치 시대에 여성이 누리던 세 가지 권능, 곧 무녀와 의녀醫女와 추장의 직분을 포기함으로써 여성의 지위는 급격히 하락했다. 태초부터 있었던 여성의 임신이 문제가 된 것은 취락 규모의 비대화와 전쟁의 일상화로 말미암은 추장의 업무량 증가가 여성에게는 버거웠기 때문이었다.

모계 사회에서 부계 사회로 옮겨가는 논의에서 우리가 비껴갈 수 없는, 매우 조심스러운 마지막 주제가 남아 있다. 그것은 남성우월주의의 등장이다. 이 문제를 논의하며 먼저 지적할 것은 반유교주의자들의 주장처럼, 남성우월주의나 남존여비의 사조가 동양 또는 한국사에서만 남다르게 강한 것은 아니며, 오히려 서구 사회에서 그러한 경향은 더욱 짙게 나타나고 있다는 사실이다. 그럼에도 마치 동양 사회가 여성의 적처럼 묘사된 것[92]은 서구의 백색우월주의Western-triumphalism의 소산이라는 점이다.

서구에서 남성우월주의의 아버지는 플라톤이었다. 그의 작품을 관통하고 있는 사고는, 자신이 여성이 아니라 남성이라는 점, 야만인이 아닌 그리스인으로서 소크라테스Socrates의 제자라는 점, 노예가 아닌 귀족이라는 점에 대한 감사와 긍지로 가득 차 있다. 특히 이 장의 주제와 관련한 남성우월주의는 『국가론』

---

90) Arnold van Gennep, *The Rites of Passage*(Chicago : The University of Chicago Press, 1966), p. 12.

91) Robert H. Lowie, *Primitive Society*, p. 202.

92) H. B. Hulbert, *The Passing of Korea*(London : William Heinemann Co., 1906), pp. 350~354; 申福龍(역주), 『대한제국멸망사』(서울 : 집문당, 2023), pp. 444~470.

*Republic*의 중심 주제 가운데 하나이다.

플라톤은 "모든 점에서 여성이 남성보다 열등한 차이가 있다."[93]는 점을 전제로 하여 "남자와 여자가 동일하게 행동해야 한다는 말은 모순투성이"[94]라고 단언한다. 남성은 천성적으로 우월하며 또한 여성은 열등하다. 그리하여 하나는 지배하고 다른 하나는 지배당하는 것이며 이 원칙은 필연적으로 모든 인류에게도 적용되는 것이다.[95] 이러한 사상은 『성경』을 통하여 강화되고, 러셀Bertrand Russell에 이르면 여성은 땅이고, 남성은 하늘이다.[96]

한국 고대사에서 남존여비는 비교적 늦게까지 지속된 신라의 여왕제도에 대한 도전으로 막이 오른다. 신라의 27대 선덕여왕善德女王(632~647), 28대 진덕여왕眞德女王(647~654), 그리고 51대 진성여왕眞聖女王(887~897)의 재위 기간은 길고도 늦게까지 지속되었다는 점에서 이례적이다.

이것은 신라가 남방문화권이라는 점과도 무관하지 않지만, 또 다른 원인으로는 성·진골의 귀족적 신분 질서를 유지하려는 강렬한 의지의 표현일 수도 있다. 바꿔 말하면 모계 혈통을 유지하면서까지라도 신분 사회를 지속하려는 의지가 그렇게 표현된 것이다. 적장자 계승이 불가능하면 장조카[嫡姪]나 형제 사이의 왕위 계승도 가능했을 터이지만 적통의 유지를 위해 여왕의 승계도 마다하지 않았다.

서구에서는 기독교가 남성우월주의의 비호자였던 것과 비슷하게, 한국에서는 불교가 그 구실을 감당했다. 그러한 사례로서 다음의 일화가 있다.

> 신인神人이 자장율사慈藏律師에게 말했다.
> "지금 그대의 나라(신라)는 여자를 왕으로 삼았으니 덕이 있어도 위엄이 없소. 그 때문에 이웃 나라에서 침략을 도모하는 것이니 그대는 빨리 본국으로 돌아가시오."[97]

---

93) Plato, *Republic*, Book 5, § 455d.

94) Plato, *Republic*, Book 5, § 453c.

95) Aristotle, *The Politics*(Harmondsworth : Penguin Books Ltd., 1962), p. 32 : Book I, Chapt 5.

96) Bertrand Russell, *The History of Western Philosophy*, p. 5.

97) 『三國遺事』(3) 塔像 황룡사 구층탑.

여자가 왕이기 때문에 외침外侵이 잦다는 논리는 여성을 낮추어 보려는 뜻이 아니라 여왕은 당시의 빈번한 전쟁을 감당하기에 물리적으로 적임이 아니었다는 의미였을 것이다. 모계 사회에서 부계 사회로의 전이는 진성여왕 시대를 끝으로 신라사에서 막을 내린다. 이것은 국가 규모의 비대화와 빈번한 정복 전쟁이 낳은 결과였다.

모계 사회의 정치적 몰락은 여성의 사회적 몰락으로 확산했다. 그들은 사회적으로 기회를 잃었으며, 가족의 위계에서도 퇴락했다. 그 대표적인 현상의 하나가 북방계 몽골리안에서 나타나는 여성의 비인간적 대우이다. 예컨대 아메리칸 인디언의 경우, 여인들은 비록 우아하고 예의 바르고 아름다웠지만 배가 고파도 남성들과 함께 식탁에 앉는 것이 금지되었다. 남자들이 먼저 식사를 한 뒤에 여자, 아이들, 그리고 개가 함께 들어왔다.[98] 한국의 경우에는 이를 민속학적으로 "물림 상"[餞 : "전"으로 읽음]이라고 했다.[99]

여성의 몰락과 관련하여 언급을 비켜 갈 수 없는 또 하나의 불편한 진실은 일부다처제polygyny의 문제이다. 축첩의 일차적 계기는 첫 부인이 아들을 낳지 못할 경우에 남계男系로 가문을 유지하려는 봉제사奉祭祀의 욕망이었고, 둘째는 남자들의 성적 욕망이었고, 셋째는 재산의 과시였다. 그 어느 쪽도 현대적 시각에서 긍정적일 수 없다.

그러나 이러한 논의에는 한 가지 지나쳐버린 문화인류학적 소견이 있다. 일부다처제의 심리를 이해하려면, 먼저 이 문제에 관한 관습적인 편견을 떨쳐 버려야 한다. 일부다처제는 분명히 여성들에게 불명예를 느끼게 하는 것은 사실이다. 여기에서 지나쳐버렸다는 부분은 가장이 노동력을 늘림으로써 첫 번째 아내가 담당하는 가정의 의무를 덜어주려고 두 번째 아내를 얻으려고 하는 일면도 있다는 점이다.[100] 이러한 현상은 더 많은 노동력을 필요로 하는 농경 사회에서 흔히 나타나는 현상이었다.

요컨대, 역사에 나타난 여성 차별은 당초부터 존재했던 유산이 아니었다. 오

---

98) George Catlin, *North American Indians*, Vol. 1(New York : Dover Publications, Inc., 1973), p. 123.

99) 이에 관한 자세한 논의는, 신복룡, 「기독교와 한국 문화」, 『한국정치사』(서울 : 박영사, 2003), pp. 269~270 참조.

100) Robert H. Lowie, *Primitive Society*, p. 42.

히려 고대 사회에서는 분명히 모계 중심 사회가 존재했고, 정치의 영역에서도 여성의 지위는 남성의 그것을 압도했다. 그러한 상황이 바뀌어 여성의 지위가 추락하고 남성우월주의가 등장한 것은 빈번한 전쟁, 취락 규모의 증대, 채식에서 육식으로의 변천과 같이 전적으로 물리적physical 요인 때문이었으며 우열의 문제가 아니었다. 그리고 그러한 남성우월주의는 동방 사회에 견주어 서구 사회가 더욱 가혹했다.

4. 왕의 탄생

한 국가를 창설한 시조의 설화는 그 국가의 건국 정신을 읽는 창이다. 어쩌면 시조 설화는 그 시조의 시대에 실제로 있었던 일이 아니라, 뒷날 그 설화를 기록할 당시의 지배자가 필요했던 시대 정신Zeitgeist을 표현한 것일 수도 있다. 그럴 경우에 좋은 의미로서 신화가 되지만, 달리 보면, 적대 국가의 시조 설화를 기록할 때 악의를 포함할 수 있다. 이런 점에서 시조 설화나 건국 신화는 그 중요도에 못지않게 조심스러운 주제이다.

단군檀君과 같은 신화시대의 기록들은 신화학, 민속학, 문화인류학, 언어학, 고고학, 역사학, 그리고 심지어는 동물학까지 동원해야 할 주제이지만, 적어도 한국사에서 삼국시대의 사실은 정치학 서술이 어느 정도 가능하다는 점에서 사실상 정치사의 시발점이다. 이 시대의 건국 신화는 결국 동명성왕東明聖王과 박혁거세朴赫居世의 문제로 좁혀질 수밖에 없으며, 온조왕溫祚王의 건국 설화가 의미 없는 것은 아니지만, 이 주제로부터 다소 빗겨 서 있다.

[1] 삼국의 시조 설화와 건국 신화의 문제에 관한 자료는 그 내용에서 비슷하여 일일이 주석을 첨가하는 것이 번거롭다. 따라서 일괄적으로 문헌을 작성해 보면, 『삼국사기』三國史記 고구려본기 시조 동명성왕 즉위년조, 『삼국유사』三國遺事(1) 기이紀異(1) 고구려편, 이승휴李承休의 『제왕운기』帝王韻紀,[101] 이규보李奎

101) 李承休(저), 박두포(역), 『帝王韻紀』(서울 : 을유문화사, 1980).

報의 『동명왕편』東明王篇,[102] 중국의 『25사史』 가운데 『후한서』後漢書(85) 동이열전(75) 부여국전, 『수서』隋書(81) 동이열전(46) 고구려전, 『삼국지』三國志(30) 위서魏書(30) 동이열전 부여국전, 『북사』北史(94) 열전(82) 고구려전, 그리고 왕충王充의 『논형』論衡[103]이 있다. 이들을 바탕으로 하여 삼국의 건국과 시조 설화를 재구성해 보면 다음과 같다.

고구려 시조 동명성왕東明聖王은 성이 고씨高氏이고,[104] 이름이 주몽朱蒙이라 하고, 추모鄒牟 또는 중해衆解라고도 했다. 지난날 부여의 왕 해부루解夫婁가 늙도록 아들이 없어 산천에 제사를 드려 대를 이을 자식을 얻으려 했는데 그가 탄 말이 곤연鯤淵에 이르러 큰 돌을 보고 마주하여 눈물을 흘렸다. 왕은 이상히 여겨 사람을 시켜 그 돌을 옮기니 어린아이가 있었는데 금빛 개구리[金蛙]와 같았다.[105]

왕은 기뻐하며 말하기를 "이것은 바로 하늘이 나에게 자식을 준 것이다." 하고 거두어 길렀는데, 이름을 금와金蛙라 하였으며, 그가 장성하자 태자로 삼았다. 뒤에 재상 아란불阿蘭弗이 말했다.

> 일전에 하느님이 내게 내려와 "장차 내 자손이 이곳에 나라를 세우게 할 것이니 너희는 비키거라. 동쪽 바닷가에 가섭원迦葉原이라는 땅이 있는데, 토양이 비옥하여 오곡이 잘 자라니 도읍할 만하다."고 하였습니다.

아란불이 마침내 해부루에게 권고하여 그곳으로 도읍을 옮겨 나라 이름을 동부여東扶餘라고 했다. 옛 도읍지는 어디로부터 왔는지는 알 수 없으나 천제天帝의 아들 해모수解慕漱라고 일컫는 사람이 와서 도읍을 세우고 있었다.

해부루가 죽자 금와가 그의 뒤를 이어 즉위했다. 이때 태백산太白山 남쪽 우발

---

102) 李奎報(저), 박두포(역), 『東明王篇』(서울 : 을유문화사, 1980).

103) 王充, 『論衡』 吉驗篇(9), 『欽定四庫全書』(子/15)(吉林 : 吉林人民出版社, nd).

104) 이 기록이 사실이라면 주몽 이전에 성姓이 존재했음을 뜻한다. 그러나 이 당시에는 성이 없었다. 그럼에도 이렇게 적은 것은 이 기록이 먼 뒷날, 그 시대의 상황에 맞게 씌어졌음을 의미하는 대목이다. 아마도 "고"씨는 "곰"의 변음일 수도 있다.

105) 달팽이[蝸]라고 기록된 곳도 있는데, 이는 와蛙와 와蝸의 비슷함에서 오는 오독誤讀의 결과이지 별다른 뜻은 없다.

수優渤水에서 금와왕이 한 여자를 발견하고,[106] 물으니 그 여자가 대답했다.

> 나는 하백河伯의 딸이며 이름이 유화柳花입니다. 여러 동생과 밖에 나가 노는데 그때 한 남자가 스스로 천제의 아들 해모수라 하고 나를 웅심산熊心山 아래 압록수[鴨水] 물가의 집으로 꾀어 사통하고 곧바로 돌아가 돌아오지 않았습니다.[107] 부모는 내가 중매 없이 남을 좇았다고 책망하여 마침내 우발수에서 귀양살이하게 하였습니다.

금와는 이상하게 여겨 유화를 방 안에 가두어 두었는데, 햇빛이 들어와 유화가 몸을 당겨 피하였으나 햇빛이 또 좇아와 비쳤다. 그래서 임신하여 알 하나를 낳았는데 크기가 닷되[升]쯤 되었다. 금와왕은 알을 버려 개와 돼지에게 주었으나 먹지 않았다. 또 길 가운데에 버렸으나 소나 말이 비켜 갔다. 뒷날 들판에 버렸디니 새가 날개로 덮이 주었다. 금와왕은 알을 깨려 하였으나 깨뜨리지 못하고 마침내 그 어머니에게 돌려주었다.

그 어머니가 물건으로 싸서 따뜻한 곳에 두었더니, 한 사내아이가 껍질을 깨고 나왔는데 골격과 외모가 빼어나고 기이했다.[108] 나이가 겨우 일곱 살이었을 때에 남달리 뛰어나 스스로 활과 화살을 만들어 쏘면 백발백중이었다. 부여의 속어에 활 잘 쏘는 것을 주몽朱蒙이라 하였으므로[109] 이것으로 이름을 삼았다.[110]

금와왕에게는 일곱 아들이 있어 항상 주몽과 더불어 놀았는데 그 기예와 능력이 모두 주몽에게 미치지 못했다. 그 맏아들 대소帶素가 왕에게 말했다.

---

106) 『後漢書』(85) 列傳(75) 夫餘國條에는 柳花를 처음 발견한 왕이 북이北夷의 색리국왕索離國王이라 했고, 王充은 북이의 탁리국왕橐離國王이라 했다. 『論衡』 吉驗篇(9), 『欽定四庫全書』(子/15), p. 26(下). 아마도 비슷한 글자를 판독하는 과정에서 일어난 오류일 것이다.

107) 『三國遺事』는 『壇君記』를 인용하여 "단군이 서하西河 하백의 딸과 관계하여 아들을 낳아 이름을 해부루解夫婁라 했다."고 했다.

108) 이규보(『東明王篇』, p. 65)는 神雀 4년 癸亥 여름 4월에 주몽이 탄생했다고 기록했는데, 神雀은 아마도 神爵의 오기일 것이다.[復旦大學 歷史地理硏究所(編), 『中國歷史地名辭典』(南昌 : 江西敎育出版社, 1989), p. 1010 : 연표 참조] 신작은 서한西漢 선제宣帝의 연호로서 4년은 서기전 58년이다.

109) 이승휴는 주몽朱蒙이 이름이요, 동명東明은 시호라 했고,(『帝王韻紀』, p. 175) 『後漢書』(85) 列傳(75) 夫餘國條와 『三國志』(30) 魏書(30) 夫餘國條는 동명東明이 이름이라 했다.

110) 「광개토대왕비」 1면 첫 행에는 주몽이 천제天帝의 아들이라고 기록되어 있다. "惟昔始祖鄒牟王之創基也 出自北夫餘天帝之子 母河伯女郎 剖卵降出"

주몽은 사람이 낳은 무리가 아니어서 사람됨이 용맹스럽습니다. 만약 일찍 일을 도모하지 않으면 후환이 있을까 두렵습니다. 청컨대 없애버리십시오!

왕은 그 말을 듣지 않고 주몽을 시켜 말을 기르게 했다. 주몽은 날랜 말을 알아내어 먹이를 적게 주어 마르게 하고, 둔한 말은 잘 먹여 살찌게 했다. 왕은 살찐 말을 자신이 타고, 마른 말을 주몽에게 주었다. 뒷날 들판에서 사냥할 때 주몽이 활을 잘 쏘기 때문에 화살을 적게 주었으나, 주몽은 짐승을 매우 많이 잡았다. 왕자와 여러 신하가 또 죽이려고 꾀하자, 주몽의 어머니가 이것을 눈치채고 주몽에게 일러주었다.

나라 사람들이 장차 너를 죽일 것이다. 너의 재주와 지략으로 어디를 간들 안 되겠느냐? 지체하여 머물다가 욕을 당하느니보다는 멀리 가서 뜻을 이루는 것이 나을 것이다.

그래서 주몽은 오이烏伊·마리摩離·협보陜父 등 세 사람[111]을 벗으로 삼아 함께 떠났다. 그들이 이른 곳은 엄호수淹狐水 또는 개사수蓋斯水라고도 하는데, 지금 (고려의) 압록강[鴨江] 동북쪽에 있다.[112] 그들이 그곳에 다다라 건너려 하였으나 다리가 없었다. 주몽은 추격병에게 잡힐 것이 두려워 물에 말하기를,

나는 천제天帝의 아들이요, 하백의 외손이다. 오늘 도망가는데 추격자들이 다가오니 어찌하면 좋은가?

하자 물고기와 자라가 떠올라 다리를 놓으니 주몽이 건널 수 있었다. 물고기와 자라가 곧 흩어지니 추격하는 기마병은 건널 수 없었다.

주몽은 모둔곡毛屯谷[113]에 이르러 세 사람을 만났다. 그 가운데 한 사람은 삼베옷[麻衣]을 입었고, 한 사람은 장삼[衲衣]을 입었으며, 한 사람은 마름옷[水藻衣]

111) 『三國志』(30) 魏書(30) 夫餘條에는 수행한 사람이 오인烏引과 오위烏違로 되어 있다.

112) 『三國遺事』는 이 강이 어디인지를 알 수 없다고 했다. 이 점은 매우 중요하다. 왜냐하면 김부식의 주장처럼 이곳을 압록강으로 못 박는 것과 일연처럼 여운을 남기는 것은 고구려의 강역학疆域學에 상당한 차이를 보이는 것이기 때문이다.

113) 『魏書』에는 보술수普述水에 이르렀다고 했다.

을 입고 있었다. 주몽이 그들에게 어디에서 온 사람들이며, 성姓은 무엇이고, 이름은 무엇인가를 물었더니, 삼베옷 입은 사람의 이름은 재사再思였고, 중옷 입은 사람은 무골武骨이었고, 마름옷 입은 사람은 묵거默居라고 대답하였으나, 성을 말하지 않았다. 주몽은 재사에게 극씨克氏, 무골에게 중실씨仲室氏, 묵거에게 소실씨少室氏의 성을 주었다.[114] 그리고 무리에게 일러 말했다.

> 내가 이제 하늘의 큰 명령을 받아 나라의 기틀을 열려고 하는데 마침 이 세 어진 사람을 만났으니 어찌 하늘이 주신 것이 아니겠는가?

마침내 그 능력을 살펴 각각 일을 맡기고 그들과 함께 졸본천卒本川[115]에 이르렀다. 그 토양이 기름지고 아름다우며, 산하가 험하고 견고한 것을 보고 마침내 도읍하려고 하였으나, 궁실을 지을 겨를이 없었으므로 비류수沸流水 가에 초막을 짓고 살았다. 주몽은 나라 이름을 고구려高句麗[116]라 하고 그로 말미암아 고高로써 성을 삼았다.

다른 기록에 따르면, 주몽은 졸본부여에 이르렀다. 그 왕에게 아들이 없었는데 주몽을 보고는 범상치 않은 사람인 것을 알고 그 딸을 아내로 삼게 했다. 왕이 죽자 주몽은 왕위를 이었다. 이때 주몽의 나이가 22세였다. 이 해는 한漢나라 효원제孝元帝 건소建昭 2년, 신라 시조 혁거세赫居世 21년 갑신년(서기전 37)이었다.[117]

위의 기록에는 사소한 차이가 있으나 크게 보아 다를 것이 없다. 주몽의 탄생

---

114) 『三國史記』 高句麗本紀 始祖 東明聖王 즉위년.

115) 『三國史記』 高句麗本紀 始祖 東明聖王 즉위년과 『三國志』(30) 魏書(30) 고구려조에는 흘승골성紇升骨城에 이르렀다고 했다.

116) 高句麗는 당시 일부에서 高麗로 불렸다. 그런데 高麗와 高句麗는 "고리"와 "고구리"로 읽어야 맞는다. 예컨대 "고릿적"(옛날 고려시대), "고리장"(생매장), "고리짝"(고려 때 쓰던 함지박) 등이 그 잔존 형태이며 일본에서는 그 잔영으로 高句麗(こくり)라고 읽는다. 19세기에 영남 유학의 거목 박치복朴致馥이 합천 황매산黃梅山에서 백련재百鍊齋를 짓고 후학을 가르치다가 산청의 신등면으로 옮겨 麗澤堂이라는 서당을 짓고 영남 학맥을 이었는데 그 마지막 학맥이 중재重齋 김황金榥이다. 그런데 麗澤堂을 지금도 "이택당"이라 부른다. 張三植(편), 『大漢韓辭典』(서울 : 삼영출판사, 1985), "麗" 자 참조. 『三國志』(30) 魏書(30) 夫餘條에는 이 나라의 이름이 고리高離라고 되어 있다. 자세한 논의는, 신복룡, 『잘못 배운 한국사』(서울 : 집문당, 2022), pp. 356~357 참조.

117) 『三國史記』 高句麗本紀 始祖 東明聖王 즉위년.

설화를 정리하자면, 부여왕 해부루의 입양 아들 금와가 하백의 딸이자 해모수의 아내인 유화를 만났는데, 유화가 태양의 기운으로 아들을 낳았다. 그가 곧 주몽으로서 고구려의 시조 왕이다.

대부분의 건국 설화나 시조 설화가 그렇듯이 주몽의 설화는 논리나 과학으로써 설명될 수 없는 부분이 있는 것이 사실이고, 기록자에 따라 다소 윤색된 측면도 보인다. 지명이나 인명이 비슷하면서도 다른 것은 불충실한 인쇄와 필사 과정에서의 차이이지 의미상 큰 차이는 없다.

김부식이 고구려의 시조 설화를 기록하며 금와가 개국을 하도록 권고한 재상의 이름이 아란불阿蘭弗이라고 표현한 것은 서역의 아란阿蘭(지금의 아랄해)을 의식한 것이며, 금와가 정착한 곳이 가섭원迦葉原이라는 대목은 불교의 성격이 짙다.

유학자인 김부식이 불교의 요소로써 고구려의 건국 설화를 설명하려 한 점이 신기하다. 금와라는 것은 "고마" 곧 곰[熊]의 표음이며, 하천문화를 상징하는 개구리와는 관계가 없다. 해모수가 유화와 사통한 곳의 이름이 웅심산熊心山(곰산)이었다는 것도 의미 있는 일이다.

주몽의 외할아버지의 이름인 하백河伯이라는 용어는 『장자』莊子[118]와 『일본서기』日本書紀[119]에도 등장한다는 점에서 볼 때, 그것은 당시에 보편적으로 의인화되었던 해신海神을 의미한다. 말과 활을 주제어로 삼는 북방계 기마 민족의 설화에 거북이와 물고기 그리고 하백(물의 신)이 등장하는 것은 북방 문화가 남방계에 의해 윤색되었음을 뜻한다.

고구려의 건국 설화에 부여족의 신화가 많이 젖어 있는 것은 주몽의 집단이 압록강 유역의 토착 세력이 아니라 부여에서 이주해온 세력이었음을 보여준다. 이주 세력과 토착 세력의 이질성에도 불구하고 신화가 혼재된 것은 그럴 만한 까닭이 있었다.

곧 고구려가 문자왕文咨王 시대에 부여족을 완전히 흡수 통합한 뒤 부여와 고구려의 왕실이 원래 한 핏줄이었음을 강조하여 부여족의 반발을 최소화하려는 의도에서 부여족의 시조 전승인 해모수 신화를 자신들의 시조 신화에 끼워 넣은

118) 『莊子』 外篇 秋水(17).

119) 成殷九(譯註), 『日本書紀』(11)(서울 : 정음사, 1987), 仁德天皇條, p. 249. 하백河伯, かわのかみ은 물의 신을 의미한다.

것이다.[120]

당대의 역사학자들이 고구려의 건국 신화와 주몽의 설화에 동의하지 않는다는 사실에 대하여 가장 분개한 인물은 이규보李奎報였다. 그는 『동명왕편』을 쓰며 그 서문에서 다음과 같은 분노를 토로하고 있다.

> 세상에서 동명왕의 신이神異한 일이 이야기되고 있는데 비록 배운 것이 없는 미천한 남녀들까지도 제법 그에 관한 일들을 얘기할 수 있을 정도이다. 내가 일찍이 이 이야기를 듣고 웃으며, "선사先師 공자님은 괴력난신怪力亂神을 말씀하지 아니하셨는데,[121] 이 동명왕 설화는 실로 황당하고 기궤奇詭하니 우리들은 논의할 바가 아닌 것이다."라고 말한 일이 있었다.
>
> 그 뒤 『위서』魏書 통전通典을 읽어보니 그 사실[주몽]이 기록되어 있었다. 그러나 간략하고 상세하지 않았으니 이는 중국이 자기 나라의 일은 소상하게 기록하고 외국의 것은 줄인 뜻이 아니겠는가? 다음 계축년癸丑年(1193) 4월에 『구삼국사』舊三國史를 얻어 「동명왕본기」를 보니 그 신이한 사적事迹이 세상에서 이야기되고 있던 것보다 더 자세했다. 그러나 역시 처음에는 그를 믿지 못하였으니 귀환鬼幻스럽다 생각하였기 때문이다.
>
> 그 글을 여러 번 탐독하고 음미하며 읽어 차차로 그 근원을 찾아가니 이는 환상이 아니요 성스러운 것이며 귀신의 얘기가 아니라 하늘의 얘기였다. 하물며 국사는 직필하는 책이니 어찌 그 사실을 망령되게 전하겠는가? 동명왕의 사적은 변화신이變化神異하여 여러 사람의 눈을 현혹할 일이 아니요, 실로 나라를 개창신 신의 자취이다. 이러하니 이 일을 기술하지 않으면 앞으로 후세에 무엇을 볼 수 있으리오. 이런 까닭에 시를 지어 이를 기념하고 천하 사람들이 우리 나라의 근본이 성인의 나라임을 알게 하려 할 따름이다.[122]

아마도 이규보는 이 나라의 국가 창설의 역사를 동명성왕에게서 찾고 싶어 했던 것으로 보인다. 그는 괴력난신을 싫어하는 유생들의 담론이 국가 창설의 신화를 묻어버리는 데 대한 안타까움과 분노를 피력하고 있다. 고구려 건국 신화나 주몽의 시조 설화는 허구의 문제가 아니라 거기에 담고 싶어 했던 후손들의

---

120) 윤성용, 「고구려 建國神話와 祭儀」, 『한국고대사연구』(39)(서울 : 서경문화사, 2005), pp. 9, 15.

121) 『論語』 述而篇의 "子不語怪力亂神"이 출전임.

122) 李奎報, 『東明王篇』, pp. 49~50 : 序.

소망을 읽는 것이 중요하다. 그것은 태양신의 자손으로서의 자긍심, 대륙의 정신, 왕위 세습의 거부, 말과 활로 표현되는 상무정신 등을 담고 있는 정신사의 보고이다.

주몽 설화의 첫 번째 상징은 태양 또는 빛이다. 자연신화학파nature-myth school의 명제들은 고대에 언제 어디서나 존재해온 신이한 자연 현상들, 이를테면, 해·달·별·새벽, 소생하는 봄, 힘차게 흐르는 강을 의인화擬人化한다. 이 학파의 대표자는 뮐러Friedrich M. Müller(1823~1900)였는데, 그는 태양신화학파solar-myth school라는 학문 체계를 이루었다.[123)]

태양 신화는 두 가지 형태로 나타나는데, 하나는 천신天神이 하늘에서 내려와 지신地神과 성혼하여 시조를 낳는다는 모델이고, 다른 하나는 알에서 깨어나 시조가 탄생되는 난생卵生 신화 계통이다. 천신 강림 계통은 주로 북방계로 이어지고 난생 신화는 주로 중국계로 이어지고 있다.[124)]

태양 신화와 늘 함께하는 것이 곧 빛의 신화이다. "태초에 빛이 있으라 하니 빛이 있었다."[125)]는 기록이 그 대표적인 예이다. 세계가 위계로 이뤄져 있다는 믿음은 아시아에 널리 퍼져 있으며 배광사상拜光思想, Mithraicism의 형태로 나타난다.[126)] 시조가 햇빛의 정기를 받아 출생했다는 전승은 고구려뿐만 아니라 몽골과 만주에 널리 퍼져 있던 보편적 현상이었다.[127)] 동그라미(○)와 겹동그라미(◎)는 태양신을 숭배하는 표상이었다.[128)]

고구려와 신라의 건국 설화에 담겨 있는 비논리적 허구성은 신화에서 통상 나

---

123) E. E. Evans-Pritchard, *Theories of Primitive Religion*, pp. 20~21; http : //en.wikipedia.org/wiki/Max_M%C3%BCller(2010. 1. 5.).

124) 이은봉, 「한국 건국 신화의 두 유형과 그 종교적 의미 : 천신강림과 난생신화의 종교적 해석」, 『한국학의 과제와 전망 : 제5회 국제학술회의 세계한국학대회 논문집』(성남 : 한국정신문화연구원, 1998), p. 410. 옹관의 형태를 난생설화와 연관시키는 견해가 있으나[김열규, 「신화학적 측면에서 본 한국사상의 원류」, 『민족 문화의 원류』(성남 : 한국정신문화연구원, 1980), p. 118.], 이것은 사실과 다르다. 옹관은 조란鳥卵을 상징하는 것이 아니라 자궁을 상징하는 것이다. 인간은 태어나기 이전의 상태인 어머니 자궁에서 느끼던 아늑함에 대한 향수를 가지고 있다. 무녀들이 관 또는 옹색한 기구 안의 어둠 속에서 웅크리고 잠자는 것이 그에 해당한다.

125) 『구약성경』 「창세기」 1 : 3.

126) Arnold van Gennep, *The Rites of Passage*, p. 160.

127) 윤성용, 「고구려 建國神話와 祭儀」, 『한국고대사연구』(39), p. 13.

128) 남재우, 「가야의 建國神話와 祭儀」, 『한국고대사연구』(39), p. 102.

타나는 보편적 현상이어서 탓할 것이 아니다. 왕의 신성은 그에 관한 논쟁이 최소화될 때 가장 강력했다. 신성에 관한 논리는 문제의 소지를 안고 있었으며, 합리적인 반대의 길을 열어 주었다. 그들의 탄생 설화는 세계의 모든 탄생 설화가 다 그렇듯이, 출생과 성장이 모두 고난과 비범함으로 가득차 있다.

마법이 논박의 대상이 된다면 그것은 이미 마법이 아니다. 권력을 가진 사람은 곧 아버지이자 신이며, 매혹적인 인물로서, 그들의 백성이나 가족, 또는 혈족을 이끌면서, 그렇게 될 수밖에 없다고 권력을 설명했다. 이와 같이 영도력의 중요한 요소는 지배자가 비상시에 의지할 수 있었던 원시적인 상징을 만들며 널리 공인되었다.[129]

[2] 고구려의 경우처럼 장엄하지는 않지만, 신라의 건국 신화와 시조 설화는 좀더 섬세하다. 주몽에 관한 기술이 그렇듯이 박혁거세의 설화를 일일이 주석註釋할 수 없으므로, 『삼국사기』와 『삼국유사』 그리고 『25사』 가운데 몇 가지를 참고하여 재구성해 보면, 그들의 건국 신화는 다음과 같다.

> 전한前漢 선제宣帝 지절地節 원년 임자(기원전 69년) 3월 초하루에 서라벌 육부의 조상들은 각기 자제들을 거느리고 알천의 언덕 위에 모여서 의논했다.
>
> "우리는 위에 백성을 다스릴 임금이 없으므로 백성이 모두 방자하여 제 마음대로 하게 되었소. 어찌 덕 있는 사람을 찾아 임금을 삼아 나라를 세우고 도읍을 정하지 않겠소."
>
> 이에 고허촌高墟村의 우두머리 소벌공蘇伐公이 높은 곳에 올라 남쪽을 바라보니 양산楊山 밑 나정蘿井 곁에 이상한 기운이 전광처럼 땅에 비치는데 백마 한 마리가 꿇어앉아 절하는 형상을 하고 있었다. 그곳을 찾아가 살펴보니 붉은 알 한 개(혹은 푸른 큰 알이라고도 한다)가 붉은 실에 매어 있는데,[130] 말은 사람을 보고 길게 울다가 하늘로 올라갔다. 그 알을 깨어보니 사내아이가 나왔는데 모양이 단정하고 아름다웠다. 놀라고 이상히 여겨 그 아이를 사뇌야詞腦野의 북쪽에 있는 동천東泉에서 목욕시켰다. 몸에서 광채가 나고, 새와 짐승이 따라 춤추며 천지가 진동하고 해와 달이 청명해졌다.

---

129) Charles Merriam, *Political Power*, pp. 119~120, 110; 신복룡(역), 『정치권력론』, pp. 144, 133.

130) 이승휴는 그 알이 하늘에서 내려왔다고 했다. 李承休, 『帝王韻紀』, p. 171.

그 아이는 나이가 10여 세에 이르자 남달리 뛰어나고 숙성夙成했다. 그 출생이 신비하고 기이하였으므로 육부 사람들은 그를 받들어 존경하였는데, 그 일로 말미암아 그를 혁거세왕赫居世王이라 이름했다. 혁거세라는 이름은 방언[鄕言]일 것이다. 혹은 불구내왕不矩內王이라고도 하니 밝게 세상을 다스린다[光明理世]는 뜻이다. 거서간은 진한辰韓의 말로 왕을 뜻한다. 당시의 사람들은 서로 이를 다투어 치하했다. 이제 천자가 이미 하늘에서 내려왔으니 마땅히 덕망 높은 왕후를 찾아서 배필을 삼아야 할 것이라고 그들은 생각했다.

이날 사량리沙梁里 알영정閼英井, 혹은 아리영정娥利英井이라고도 하는 곳의 옆에 계룡이 나타나 왼쪽 갈비에서 계집애를 낳았다고도 하고, 용이 나타나서 죽었는데 그 배를 갈라 계집애를 얻었다고 한다. 그 아이의 모습과 얼굴은 유달리 고왔으나, 입술이 닭의 부리와 같았다. 월성 북천北川에 가서 목욕시키니 부리가 떨어졌다. 그 때문에 그 내를 발천撥川이라 한다. 지금 창림사昌林寺가 있는 남산 서쪽의 산기슭에 궁실을 짓고 성스러운 두 아이를 받들어 길렀다.

사내아이는 알에서 나왔으며, 그 알은 박[瓠]과 같았다. 진한 사람들은 박을 박朴이라 하는 까닭으로 그 성을 박이라 했다.[131] 계집아이는 그가 나온 우물 이름 알령이라 이름을 지었다. 두 성인의 나이 열세 살이 되자 전한 선제 오봉五鳳 원년 갑자(기원전 57년)에 남자는 왕이 되고, 그 여자로 왕후를 삼았다. 신라의 박 씨와 석 씨는 모두 알에서 태어났고, 김 씨는 금 궤짝 속에 들어 하늘에서 내려왔다. 어떤 사람은 말하기를 그가 금수레를 타고 왔다고도 한다. 이것은 매우 괴상하여 믿을 수 없으나, 세간世間에서 서로 알려 그것을 사실로 여긴다.[132]

신라의 4대 탈해이사금脫解尼師今의 설화는 더 복잡하고 미묘하며, 그 함의하는 바가 크기 때문에 세심한 주의가 필요하다. 탈해닛금脫解齒叱今은 토해이사금吐解尼師今이라고도 한다. 탈해는 본디 다파나국多婆那國에서 태어났는데, 그 나라는 왜국倭國의 동북쪽 1천 리 되는 곳에 있다.

앞서 그 나라 왕이 여국왕女國王의 딸을 맞아들여 아내로 삼았는데, 임신한 지 7년이 되어 큰 알을 낳았다. 그 왕이 말하기를 "사람으로서 알을 낳은 것은 상서

131) 박혁거세의 의미가 "붉다"는 뜻이라는 앞의 설명과 단순히 박[瓠]에서 나왔으므로 박 씨로 했다는 두 기록이 엇갈린다. 이는 아마도 후자의 주장이 맞을 것이다. 박을 "밝음"이라고 해석하는 데에는 무리가 있다. 밝음을 의미하고자 했다면 명明이나 광光 등 다른 글자를 썼어야 옳았다.

132) 『三國遺事』(1) 紀異(1) 新羅始祖 赫居世王; 『三國史記』(1) 新羅本紀(1) 始祖赫居世居西干 즉위년.

롭지 못하니 마땅히 버려야 한다."고 했다. 그 여자는 차마 그렇게 하지 못하고 비단으로 알을 싸 보물과 함께 궤짝 속에 넣어 바다에 띄워 가는 대로 가게 맡겨두었다.

처음에 그 궤짝은 금관국金官國의 바닷가에 이르렀으나 금관국 사람들이 그것을 괴이하게 여겨서 거두지 않자 다시 진한의 아진포阿珍浦 어구에 다다랐다. 이때는 시조 혁거세가 왕위에 오른 지 39년 되는 해이다. 가락국駕洛國의 수로왕首露王이 신하와 백성과 북을 치고 떠들며 맞아들여 머물러 두고자 했으나, 배는 빨리 달아나 계림 동쪽 하서지촌下西知村에 이르렀다. 지금도 상서지上西知와 하서지下西知란 마을 이름이 있다.

그때 갯가에 한 늙은 할멈이 있었는데, 이름은 아진의선阿珍義先이라 했다. 혁거세왕의 고기잡이 할멈이었다.

할멈이 배를 바라보고 있는데, 이 바다 가운데에는 본디 바위가 없는데, 어찌 된 까닭에 까치가 모여들어 울고 있었다. 할멈이 배를 끌어당겨 찾아보았다. 까치가 배 위에 모여들고 그 배 안에 궤 하나가 있었는데 길이가 스무 자나 되고, 폭이 열석 자나 되었다. 그 배를 끌어다 나무숲 밑에 두고 흉한 것인가, 길한 것인가를 몰라 하늘을 향해 물었다.

조금 있다 궤를 열어보니 단정한 사내아이와 일곱 가지의 보물과 노비가 그 속에 가득 차 있었다. 어떤 사람이 말했다.

이 아이의 성씨를 모르니, 처음에 궤짝이 왔을 때 까치 한 마리가 날아와 울며 그것을 따랐으므로 마땅히 작鵲에서 조鳥를 생략하여 석昔으로써 성을 삼고, 또 궤짝에 넣어둔 것을 열고 나왔으므로 마땅히 탈해脫解라 해야 한다.

그는 장성하자 신장이 아홉 자나 되고 풍채가 빼어나고 훤했으며 지식이 남보다 뛰어났다. 그들을 이레 동안이나 대접했더니 이에 사내아이가 말했다.

나는 본디 용성국龍城國 사람이오. (정명국正明國 또는 완하국琓夏國이라고도 하는데 완하는 화하국花廈國이라고도 한다. 용성은 왜국의 동북쪽으로 천 리에 있다.) 우리 나라에는 일찍이 28용왕이 있었소. 모두 사람의 태胎에서 났으며 대여섯 살 때부터 왕위에 올라 만민을 가르쳐 성명性命을 바르게 했소. 8품의 성골姓骨이 있었으나 선택하는 일이 없이 모두 왕위에 올랐소. 그때 우리 부왕 함달파含達婆가 적녀국積女國의 양녀를 맞아서 왕비로 삼았는데, 오래도록 아들이 없으므로 기도하여 아들을 얻으려 했더니, 7년 뒤에 알 한 개를 낳았소. 이에 대왕이 여러 신하를 모아 묻기를 "사람으로서 알을 낳은 일은 고금에 없는 일이니, 아마 좋은 일이 아닐 것이다" 하시고 이에 궤를 만들어 나를 그 속에 넣고 일곱 가지 보물과 종들까지 배에 실어 바다에 띄우면서, 인연이 있는 곳에 닿는 대로 나라를 세우고 집을 이루라 축원했소. 문득 붉은 용이 나타나 배를 호위하여 이곳으로 왔소.

말을 끝내자 그 아이는 지팡이를 끌고 두 종을 데리고 토함산吐含山 위에 올라가더니 돌집을 지어 7일 동안을 머무르며 성안에 살 만한 곳이 있는가를 둘러보았다. 탈해는 오로지 학문에 힘쓰고 겸하여 지리를 알게 되었는데, 산봉우리 하나가 마치 초사흘 달 모양으로 보이는데 오래 살 만한 곳 같았다.

탈해가 양산楊山 밑에 있는 호공瓠公의 집을 바라보고 그 터가 길지吉地라 하여 거짓 꾀를 내어 이를 빼앗아 살았는데 뒤에 월성月城이 그곳이었다. 노례왕弩禮王이 세상을 떠나자 전한前漢 광무제光武帝 중원中元 2년 정사(서기 57년) 6월에 탈해는 왕위에 올랐다. 그가 왕위에 오른 것은 나이 62세였다. 왕비는 아효부인阿孝夫人이었다.[133]

[3] 가락국駕洛國의 수로왕首露王(?~199)의 탄생 설화는 남방 문화의 전래를 이해하는 데 중요한 자료를 제공하고 있다. 천지가 개벽한 뒤 반도의 남부 지방에는 아직 나라 이름도 없고 또한 왕과 신하의 칭호도 없었으며, 아홉 간[九干]이 있었다.

후한後漢의 세조世祖 광무제光武帝 건무建武 18년 임인(서기 42년) 3월 상사일上巳日에 그들이 사는 곳의 북쪽 구지龜旨에서 수상한 소리가 들렸다. 아홉 간들은 그 말을 따라 마을 사람과 함께 모두 기뻐하며 노래하고 춤추었다. 얼마 뒤 우러러 하늘을 바라보니, 자주색 줄이 하늘로부터 드리워져 땅에 닿는 것이었다.

줄 끝을 찾아보니 붉은 단이 붙은 보자기에 금합이 싸여 있었다. 열어보니 황금색 알이 여섯 개가 있는데 해처럼 둥글었다. 12일이 지난 다음날 아침에 마을 사람들이 다시 모여서 금합을 열어보니 알 여섯 개가 어린아이로 변해 있었는데

133) 『三國遺事』(1) 紀異(1) 第四脫解王; 『三國史記』 新羅本紀 脫解尼師今 즉위년.

용모가 덩실하니 컸다. 그달 보름에 왕위에 올랐다. 세상에 처음 나타났다고 하여 이름을 수로首露라고도 하고 수릉首陵이라고 시호했다. 나라 이름은 대가락大駕洛이라고도 하고 가야국伽倻國이라고도 했으니 곧 여섯 가야국 가운데 하나이다. 나머지 다섯 사람도 각각 다섯 가야국으로 돌아가서 임금이 되었다.

건무建武 24년 무신(서기 48년) 7월 27일에 아홉 간들이 왕을 조알朝謁할 때 말씀을 올렸다.

> "대왕께서 강림하신 뒤로 좋은 배필을 아직 얻지 못하셨습니다. 신들이 기른 처녀 가운데서 가장 좋은 사람을 궁중에 뽑아 들여 왕비를 삼기 바랍니다."
>
> 왕이 말했다.
>
> 내가 이곳에 내려옴은 하늘의 명령이다. 내게 짝지어 왕후로 삼게 함도 또한 하늘이 명령할 것이니 그대들은 염려하지 말라.

그때 갑자기 한 척의 배가 바다의 서남쪽으로부터 붉은 빛깔의 돛을 달고 붉은 기를 휘날리며 북쪽으로 향하여 오고 있었다. 곧 구간 등을 보내어 목련木蓮의 키를 바로잡고 계목桂木의 노를 들어 그들을 맞이하여, 곧 모시고 대궐로 들어가려고 했다. 산 밖의 별포別浦 나루에 배를 대고 땅으로 올라와 높은 언덕에서 쉬고, 입고 있는 비단 바지를 벗어 폐백으로 삼아 산신령에게 바쳤다.

그 밖에 시종한 잉신媵臣 두 사람의 이름은 신보申輔·조광趙匡이고, 그들의 아내 두 사람의 이름은 모정慕貞·모량慕良이라고 했으며, 노비까지 합해서 20여 명이었다. 가지고 온 금수錦繡·능라綾羅와 옷·필단疋緞이며 금은·주옥과 경구瓊玖의 장신구 등은 이루 다 기록할 수 없었다. 왕은 왕후와 함께 침전에 있는데, 왕후가 조용히 왕에게 말했다.

> 저는 아유타국阿踰陁國의 공주입니다. 성은 허許라 하고 이름은 황옥黃玉이며 나이는 열여섯 살입니다.[134]

김 씨의 시조로서 뒷날 왕이 된 미추왕味鄒王의 7대조인 김알지金閼智(65~?)의 탄생 설화도 천신 강림의 사례를 벗어나지 않고 있다. 탈해왕 9년 경신(서기 60년)

134) 『三國遺事』(2) 紀異(2) 駕洛國記.

에 호공瓠公이 밤에 월성 서리西里를 가다가 큰 광명이 시림始林 또는 구림鳩林이라는 숲속에서 흘러나옴을 보았다. 자주색 구름이 하늘에서 땅에 뻗쳤는데, 구름 속에 황금 궤가 나뭇가지에 걸려 있고, 그 빛은 궤에서 나오는 것이었다. 또 흰 닭이 나무 밑에서 울고 있었다.

이 모양을 왕께 아뢰자 왕은 그 숲에 가서 궤를 열어보았는데, 그 속에 사내아이가 있어 누웠다가 곧 일어났다. 마치 혁거세의 고사故事와 같으므로, 혁거세가 "알지"라고 한 그 말 그대로 알지閼智라고 이름했다. 알지는 곧 우리말의 아기를 이름이다. 사내아이를 안고 대궐로 돌아오니 새와 짐승들이 서로 따라와 뛰놀고 춤추었다. 신라의 김 씨는 알지에서 시작되었다.[135]

위의 신라 기록과 가락국에 관한 기록(『가락국기』)은 "불편한 진실"들이 담겨 있기 때문에 그 논의가 그리 마음 편한 일이 아니다. 그것은 다름이 아니라 위의 기록에 탈해왕이 동북해의 어느 섬으로부터 건너온 부족이라는 점이다. 아마도 그는 난파선을 타고 온 이방인이었을 것이다.[136]

이 부분은 정한론征韓論의 시기에 다루이 도키치樽井藤吉와 같은 일본의 역사학자들이 한국과 일본의 동조동근론同祖同根論의 논거로 집요하게 거론되었던 부분으로서[137] 한국사학계로서는 인정하고 싶지 않은 부분이었다. 뒷날 내물왕奈勿王의 아들 미사흔未斯欣이 일본에 인질로 잡혀간 적이 있었던 사실[138] 등을 고려할 때, 어떤 형태로든 신라와 일본 사이에 교류가 있었고, 그 관계에서 신라가 열세에 있었던 것은 사실이며, 일본이 늘 하등한 것은 아니었음을 알 수 있다.

위의 기록 가운데 탈해왕이 배를 타고 왔을 때 그 안에 칠보七寶가 담겨 있었다는 기록, 혁거세의 태어남이 광명이세光明理世를 위함이었다는 기록, 그리고 주몽과 혁거세의 아내가 옆구리에서 나왔다는 기록은 이 시대의 시조 설화가 불교로부터 크게 벗어나지 못하고 있음을 보여준다. 노비가 함께 실려 있었다는

135) 『三國遺事』(1) 紀異(1) 金閼智 脫解王代.

136) 김기흥, 『천년의 왕국 신라』(서울 : 창작과 비평사, 2000), pp. 36~37. 석탈해가 동북시베리아의 캄차카반도에서 왔다는 견해도 있다. 김화경, 「석탈해 신화의 연구」, 『어문학』(69)(한국어문학회, 2000), pp. 205~227.

137) 森本藤吉, 『大東合邦論』(n.p., 1893); 樽井藤吉, 『再版大東合邦論』(東京 : 東洋印柳林式會社, 1910); 『覆刻大東合邦論』(東京 : 長陵書林, 1975), pp. 77, 96 참조.

138) 『三國史記』 列傳 朴堤上傳; 『三國遺事』(1) 紀異(1) 奈勿王과 金堤上傳.

것은 신라 사회가 이미 신분제 사회로 접어든 이후에 이 기록이 정리되었음을 의미한다. 그리고 길지吉地에 관한 기록이 등장하는 것은 이 기록이 이미 도선道詵의 시대에 여과되었음을 의미한다.

[4] 그렇다면, 위의 고구려, 신라, 가락의 삼국의 신화가 안고 있는 의미는 무엇일까? 건국 설화에는 상징이 있기 마련인데 그 모든 신화에 말과 물이 등장한다. 여기에서 의문이 제기되는 것은 왜 남방 문화에 말이 등장하고, 북방 문화에 물고기가 등장할까 하는 점이다.

이것은 신라의 지배 계급이 북방족이었고, 피지배층은 남방계였음을 의미할 수 있다. 따라서 신라의 인구 구성은 북방계 지배 계급과 남방계 피지배 계급이라고 하는 이중적 구조를 이루고 있었다. 신라의 지배 계급이 북방계였다는 논거는 다음의 두 기록에 기초하고 있다.

> (신라) 시조의 성은 박 씨요, 이름은 혁거세이다. 전한前漢 효선제孝宣帝 오봉五鳳 원년 갑자(기원전 57) 4월 병진에 왕위에 올랐는데, …… 이보다 앞서 조선朝鮮의 유민遺民들이 (남쪽으로 내려와) 여러 산골짜기에 흩어져 살며 여섯 마을을 이루고 있었다.[139] 앞서 중국 사람이 진秦나라의 난리에 시달려 동쪽으로 오는 무리가 많아 대개 마한馬韓 동쪽에 머물며 진한辰韓과 섞여 살더니 이에 이르러 점점 번성하게 되었다.[140]

위의 기록에 따르면, 육촌 사회는 서북 지역의 고조선 유민들이 남하한 결과 형성된 씨족 사회로, 제정 분리가 이루어진 위만조선衛滿朝鮮 시기의 고조선 유민이었던 것으로 보인다. 곧, 제정일치의 성격을 강하게 지니며 먼저 내려와 정착한 토착 세력의 육촌장이 청동기 문화를 바탕으로 한 기자조선箕子朝鮮의 준왕準王 집단의 남하 시기에 경주 일대에 정착하여 위만조선 시기의 철기 문화와 선진적 정치 역량을 지닌 박혁거세 집단을 수용하고 정치적으로 추대하여 사로국斯盧國을 건설한 뒤 성읍국가 단계로 발전한 것으로 볼 수 있다.[141]

---

139) 『三國史記』 新羅本紀 始祖赫居世居西干 즉위년조.

140) 『三國史記』 新羅本紀 始祖赫居世居西干 38년조.

141) 이택선, 「신라 장기 지속성 정치적 제도와 요인들에 관한 연구」(1), 2006년 한국정치학회 춘계학술회의(외교안보연구원, 2006. 4. 21.), p. 231.

신라의 토착 세력이 남방계였다는 사실은 그들의 생활에 나타나는 문신文身의 풍습[142]으로 미뤄 알 수 있다. 문신은 전형적인 남방 문화의 유산으로 아름답게 보이고, 악령을 피하고, 저승에 간 조상들이 알아볼 수 있록 하고, 종족의 표시, 성인의 징표, 사회적 지위의 표지, 이성에 대한 호감, 그리고 밀림이나 수중에서 맹수로부터 자신을 지키는 보호색의 구실을 하던 풍습이었다.[143] 그뿐만 아니라 남방계 샤먼의 모자에 숫사슴의 뿔이 있는 것은 수렵 및 유목 문화의 전형적인 의례이다.[144]

건국 시조의 허구에 가까운 신화는 시조의 성인화 과정을 거치며 씌워진 우화寓話일 수 있다. 그러나 그것이 무의미한 것은 아니다. 왕은 신성으로 무장되어야 한다. 그러므로 이스라엘 원로들이 사무엘Samuel을 찾아가 불평했을 때, 하느님은 그들에게 불순종의 결과가 어떤 것인지를 엄중히 경고하면서, 순종하지 않고 명령을 거역하는 무리의 말로를 들려준다.[145] 건국 신화와 시조 설화는 그 신화나 설화가 작성될 무렵의 시대적 요청을 표현하는 것이다. 따라서 시조 설화와 개국 신화는 그 민족의 정신적 지향을 읽는 창구의 구실을 한다.

5. 결론

이 장의 결론은 다음과 같다.

[1] 인간은 왜 군집하여 살며 국가를 형성하고 왕을 뽑게 되었을까? 이 질문에 대하여 이 장은 국가자연설natural theory of state에 기초하여 설명하고 있다. 인간은 운명적인 혈연과 삶의 편의로움에 대한 이기적 판단, 그리고 분리 불안과 같은 심리적 동기에 따라 모여 살았다. 그러는 동안에 규모가 차츰 커지자 국가를 이루게 되었고, 그 과정에서 사회적 악을 제거하고 집단의 안녕을 유지하는 방

142) 『三國志』(30) 魏書(30) 東夷傳 弁辰; 『三國志』(30) 魏書(30) 東夷傳 韓.

143) Chen Chi-lu, *Material Culture of the Formosan Aborigines*(Taipei : Southern Materials Center, 1988), pp. 245~247.

144) Mircea Eliade, *Shamanism : Archaic Techniques of Ecstasy*, p. 462.

145) 『구약성경』 「사무엘기」(상) 8 : 4~9; 12 : 15.

편으로 구성원 가운데 유능한 인물을 뽑아 군주로 추대했다.

[2] 통치와 제의祭儀가 분리되지 않았던 태초의 제정일치 시대의 제사장은 여자였고, 그는 신의 은총이라는 이름으로 무의巫醫의 구실을 함께 수행했다. 따라서 이 시대는 모계 중심 사회였다. 그러다가 여성은 체력적으로 제정祭政과 의료를 겸직할 수 없어 먼저 통치권을 포기하고 그 다음에 의료의 능력을 포기함으로써 여성의 사회적 지위가 몰락하기 시작했다. 제사장으로서의 기능은 무녀巫女의 형태로 현대에까지 이어져 내려오고 있다.

[3] 국가와 왕이 탄생한 이후 이들을 신성 개념으로 무장할 필요가 증대됨에 따라서 건국 신화와 시조 설화가 만들어졌다. 이러한 신화와 설화는 과학의 논리를 초월하는 것으로서 때로는 허구의 성격을 띠는 것이 사실이지만, 이들을 의미 없는 것으로만 다룰 수 없다. 왜냐하면 신화나 설화는 그것이 창조될 당시와 "지금"의 시대적 소명을 설명하는 중요한 도구가 되기 때문이다. 신화의 허구성은 흠결이 아니며, 시대 정신의 발로로26서 의미를 지니고 있다.

[4] 고구려, 신라, 백제, 그리고 가락국의 신화에서 알아야 역사적 교훈은 동방 4국이 남방계와 북방계의 자연스러운 혼혈로 이루어진 "민족국가"라는 점이다. 그러나 이런 상황이 민족동질성의 형성에 흠결을 이루는 것은 아니다. 민족은 역사와 언어, 그리고 문화적 유산의 공유로 이뤄지는 것이지 혈통의 동질성을 우선으로 하는 시대는 이미 지나갔기 때문이다.

제4장 원시공동체의 민회

8조금법禁法/ 남당南堂/ 화백和白

옛 夫餘의 풍속에
가뭄이나 장마가 계속되어
오곡이 영글지 않으면
그 허물을 왕에게 돌려
"왕을 마땅히 바꾸어야 한다."거나
"죽여야 한다."고 했다.[1)]

1. 서론

굳이 석가모니의 가르침을 인용하지 않는다고 할지라도, 인간의 인연이라는 것은 곧 만남이었다. 그것이 혈연이었든, 이해 관계였든, 아니면 강제에 의한 것이었든, 인간은 만남을 통해 공동체를 이루었고, 거기에 자신을 길들이며 삶의 길을 찾았다.

여기에서 성악설性惡說이나 성선설性善說의 어느 하나를 택일적으로 선호하여 평가할 자리는 아니지만, 인간의 삶에는 착한 사마리아인good Samaritan도 있었고, 걸주桀紂와 같은 폭군도 있었다. 그러한 삶 속에서 그들이 비껴가야 할 일의 재발을 막으려는 토론과 그 결과에 준수한다는 약속이 그들에게 필요했다.

1) 『三國志』(30) 魏書(30) 東夷傳 夫餘條 : "舊夫餘俗 水旱不調 五穀不熟 輒歸咎於王 或言當易或言當殺"

천연의 재앙이나 이웃의 침략을 겪으며 원시인들은 난국에 대처하여 마을을 이끌어갈 지도자를 필요로 하게 되었다. 지도자가 무리를 이끌려면 영도력과 함께 그 마을을 통솔하고 의견을 듣는 일정한 공소公所가 필요했다. 거기에서 그는 자신의 생업에서 벗어나 다소 전업專業의 성격을 갖는 권한을 가지고 주민의 의견을 들었다. 그 모임은 시간이 흐름에 따라 정례화되었고 공회公會, forum의 성격을 띠며 권부로 기능하게 되었다.

군집의 규모가 커지며 부락장이나 제사장을 중심으로 하는 압축된 인원으로 구성되는 정소政所가 자연스럽게 형성되었다. 낮에 모일 일이 있으면, 그러한 장소는 햇살이 잘 드는 남향받이의 어느 곳이 좋았는데, 이는 난방의 기술이 발달하지 않은 탓이었다. 이 정소에 참여하는 사람은 어떤 형태로든 대표성을 갖는 소수의 원로와 구변 좋은 사람들, 판단이 빠른 사람들, 물리적 완력이 강한 사람들, 그리고 예언자의 카리스마를 갖춘 사람들이었다.

이들은 정제되지 않은 중구난방衆口難防의 토론을 거쳐 어떤 합의에 도달했고, 여기에서 결정된 사안은 구속력을 가지고 그 군집 사회를 규율했다. 그리고 그러한 결정이 반복적으로 동일한 양상을 띠었을 때, 그것은 관습으로 그 사회에 자리 잡게 되었다. 그러한 법은 선행善行을 권면하기보다는 악행을 제재하는 데에 초점을 맞추어 형성되었다.

그렇게 결정된 어떤 안건이 늘 구성원을 만족시키는 것은 아니었다. 이의異議와 불만, 그리고 사정 변경이 뒤따랐고, 그럼으로써 또 다른 합의를 물어야 할 경우가 발생했다. 이럴 경우, 토론자의 규모를 좀더 줄이고, 제기된 사안에 관하여 나름대로 전문성을 가진 사람들로 이루어진 회의체에서 문제를 논의할 필요를 느끼기 시작했다. 이들은 부족장의 자문에 응대하거나 독자적인 의견을 제기하고, 부족장의 선출과 질책, 그리고 교체를 논의하는 기능을 수행했는데, 참여자는 지역대표성을 띠는 경우가 흔히 있었다.

물론 이상과 같은 모임, 토론, 회의와 결정 그리고 그에 따른 제재制裁, sanction의 형태는 서툴고 다듬어지지 않았겠지만, 인류의 긴 역사에 비춰보면, 시간의 차이가 있었다고 해서 그 본질이 지금의 생활상과 크게 다르지 않았다.

그리고 그들의 삶의 방법은 오랜 시간에 걸쳐 관습으로 정착했고, 시간이 흐름에 따라 그들의 유산遺産이 되어 지금의 모습 속에 보이지 않게 흡수되어 존재하고 있다. 이런 점에서 지금 우리 삶의 모습은 먼 옛날 우리 조상들의 모습의 현대적 변형에 지나지 않을 뿐이며, 지금의 모습을 알려면 지나온 길을 돌아볼 필요가 있다. 그것이 곧 역사학의 기능일 것이다.

2. 법제 : 8조 금법

법제사法制史의 입장에서 보면 아마도 인간의 성품에 관한 시각은 성악설이었을 것이다. 굳이 홉스Thomas Hobbes의 논리를 인용하지 않는다고 할지라도, 지금까지 남아 있는 선조들의 규제를 들여다보면, 선행을 선양하기보다는 비리나 비행을 응징하는 요소가 더 짙게 나타나고 있다.

또 인간에 관한 이러한 인식은 인간의 삶에서 선행을 추구하고자 하는 적극적 의지보다는 비리나 부조리를 피하고자 하는 소극적 소망이 더 절실했음을 의미할 수도 있다. 인간의 삶에서 풍요롭게 살고 싶은 의지와 가난하게 살고 싶지 않은 소망이 같은 것으로 보이고, 재화財貨가 걸린 승부의 세계에서 이기고 싶은 욕망과 지고 싶지 않은 욕망은 같은 것으로 보이지만, 그 내면에는 결국 미묘한 차이가 있는 것과 같다.

한국사에서 법의 역사는 그와 같은 소극적 소망에서부터 시작되었다. 그리고 그것은 기자조선箕子朝鮮의 "8조의 금법禁法"으로 남아 있는데 그 내용은 전문이 알려지지 않고 다음의 4조만이 남아 있다.

> 낙랑의 조선 백성 사이에는 8조의 금법이 있었으니,
> 첫째, 살인자는 즉시 죽이고,
> 둘째, 남을 다치게 한 무리는 곡식으로 배상하고,
> 셋째, 도적질한 무리로서 남자는 노예를 삼고 여자는 노비를 삼되,
> 넷째, 스스로 속죄하고자 하는 무리는 50만 냥을 물어야 한다.
>
> 속죄하여 스스로 양민이 된다 하더라도 그를 부끄럽게 여겨 장가들고 시집가는 데 배필이 없었다. 그러므로 그 백성은 끝내 도적질을 하지 않아 사립문을 닫고 무리는 일이 없고, 여자는 정숙하여 음란함이 없었다. …… 풍속이 점차 야박해져 지금은 범금犯禁이 매우 많아 60여 조에 이른다.[2)]

박은식朴殷植은 이 8조를 가리켜 한국법제사의 시원이라고 정의한 바 있다.[3] 이 시기가 정확히 어느 때인지를 가늠하기는 어렵다. 다만 기자가 중국 상商의 군주인 문정文丁의 아들이자 주왕紂王의 숙부叔父로서 중국이 타락하는 것을 보고 탄식하며 동이東夷로 들어와 가자조선을 건국했다는 고사[4]가 있는데, 걸주桀紂가 멸망한 것이 기원전 1046년임을 고려한다면 기자의 시기는 아마도 그 무렵의 언저리일 것이다. 한국사에 나타나고 있는 가장 오래된 율령의 기록이 고구려 소수림왕小獸林王 당시(서기 373)의 것으로 본다면,[5] 적어도 그 이전의 고대 국가에서 법은 아마도 기자 율법과 같은 형태로 존재했을 것이다.

법의 내용을 살펴보면, 제일 먼저 다루고 있는 것이 살인의 문제이다. 중세 사회에 이르기까지 유럽의 상류 사회가 아무런 가책도 느끼지 않고 인육을 먹었으면서도, 인간의 삶에서 살인은 고대 사회에서도 일차적 범죄였다. 살인자를 사형에 처한 것은 징벌의 의미뿐만 아니라 수형受刑 시설이 없었기 때문일 수도 있다.

따라서 살인이 발생하면 제가諸加들이 모여 평의하여 이를 사형에 처하고 그 처자는 노비로 삼았다.[6] 판결은 살해된 사람이 소속되어 있는 씨족 회의에서 결정되는 것이 관례였다. 그리고 사실을 확인한 다음에 이 행위에 대한 복수 수단을 강구하는 것이 보통이었다.[7] 경우에 따라서는 3명의 노비로 살인을 대신 속죄했다.[8]

법의 제2조는 상해傷害이다. 개인의 신체에 손상을 준다든지 개인의 명예를 훼손하는 경우, 그 손해에 대하여 보상하는 사례는 원시 사회에서 흔히 볼 수 있다. 가령 캘리포니아주 북부의 유록Yurok 인디언의 경우, 남을 모욕한다든지 구타한다든지 특히 피를 보는 상해를 입혔을 때는 반드시 조개 화폐나 기타 귀

---

2) 『漢書』(28) 地理志(8下/2); 『後漢書』(85) 東夷列傳(75) 濊條; 『三國志』 魏書 東夷傳 濊 : "樂浪朝鮮民犯禁八條 : 相殺以當時相殺 相傷以穀償 相盜者男沒入爲其家奴 女子爲碑 欲自贖者人五十萬 雖免爲民 俗猶羞之 嫁娶無所讐(匹) 是以其民終不相盜 無文戶之閉 婦人貞信不淫辟 …… 俗稍益薄 今於犯禁寢多 至六十餘條"

3) 박은식, 『夢拜金太祖』(서울 : 한국독립운동사연구소, 1989), p. 128.

4) 『史記』(38) 宋微子世家(8); 『漢書』(28) 地理志(8下/2) 濊條; 『莊子』 雜篇 外物.

5) 『三國史記』 高句麗本紀 小獸林王 3년조.

6) 『後漢書』(85) 東夷列傳(75) 高句麗.

7) Lewis H. Morgan, *Ancient Society*(Chicago : Charles H. Kerr & Co., 1877), p. 95.

8) 『新唐書』(220) 列傳(145) 東夷 百濟.

중품으로써 보상해야 했다. 고대 바이킹Viking 사이에서는 이러한 지불 방법이 일반적이었다.[9] 상해의 배상을 곡식으로 대신했다는 것은 당시에 곡물이 교환가치를 가지고 있었음을 의미한다.

셋째는 도적질의 문제인데, 아마도 도적질의 대상 품목은 가축이었을 것이다. 당시의 관제로서 주목을 끄는 것은 관직명이 대체로 육축六畜의 이름으로 이뤄져 있어 마가馬加·우가牛加·구가狗加·저가豬加 등의 이름이 보이며, 그 나라의 읍락은 모두 제가諸加에 소속되어 있었다.[10]

벼슬 이름이 동물의 이름이라는 것은 그들이 유목민족이었다는 점, 그 나라 사람들은 체격이 크고 성품은 굳세고 용감하여 근엄·후덕했다는 점, 사냥을 했을 것으로 보아 활·화살·칼·창으로 병기를 삼았으며 전투에 능했다는 점을 복합적으로 보여준다.

도적질을 죄악시하는 북방계의 풍습은 백제에서도 마찬가지로 나타나고 있다. 백제에서는 특히 관리의 몸으로서 부정을 저질렀거나 도적질을 한 무리는 3배의 재산을 몰수하고 당사자는 종신 금고형에 처했다.[11]

이미 그 시대에 피해의 변상 제도가 구체적으로 명시되고 있다는 점은 놀랍다. 살인을 재산권의 침해라고 보는 사회도 많았다. 아프리카의 많은 지역에서는 살인자가 소속한 종족은 보복을 피하고자 일정한 수의 말[馬]을 피해자의 가족에게 지불하는데, 그 말의 숫자는 살해된 사람의 사회적 중요성에 비례한다.[12]

유럽 북서부에 살던 프리지아인Frisians의 법에 따르면, 지팡이로 남을 구타할 경우, 가해자는 맞은 사람에게 반 수sou의 속죄금을 지불해야 했다. 그러나 아무리 작더라도 상처를 입히면 그 이상의 속죄금을 주어야 했다. 프러시아의 살리카법Salic Law에 따르면 한 자유인이 다른 자유인을 지팡이로 세 번 때리면 3수를 지불했지만, 피가 나게 했을 때는 마치 칼로 벤 것처럼 처벌받아 15수를 지불해야 했다. 형벌은 상처의 크고 작음에 따라 결정되었다.[13]

---

9) Philip K. Bock, *Modern Cultural Anthropology : An Introduction*(New York : Alfred A. Knopf, 1979), p. 241.

10) 『後漢書』(85) 東夷列傳(75) 夫餘國; 『三國志』 魏書 東夷傳 夫餘.

11) 『新唐書』(220) 列傳(145) 東夷 百濟 : "吏受賕及盜 三倍償 錮終身"; 『三國史記』 百濟本紀 古尒王 29年條 : "春正月 下令 凡官人受財及盜者 三倍徵贓 禁錮終身"

12) Philip K. Bock, *Modern Cultural Anthropology : An Introduction*, p. 241.

13) Baron de Montesquieu, *The Spirit of the Laws*(New York : Hafner Publishing Co., 1949),

고구려에서는 동족의 부락 사이에 평화를 중요하게 생각하여 서로 침범하는 일이 생겨 손해가 발생하면 이를 소나 말로써 그 벌을 대신 보상했는데 이를 책화責禍라고 불렀다.[14] 도둑질을 하면 장물의 12배를 변상하게 했다.[15] 우마牛馬를 죽인 무리는 노비로 삼았다. 대체로 법은 준엄하게 적용되었으므로 범죄자가 적었으며, 심지어는 길가에 떨어진 물건도 줍지 않았다.[16]

고대 사회에서 재산의 가치를 가질 만큼 소중한 품목이 적어도 가축을 제외하고서는 그리 흔치 않았을 것으로 보이지만, 상해나 도적질에 대한 배상은 의외로 집요하고 가혹했다. 손해 배상을 해야 함에도 배상 판결을 받은 무리가 빈곤하면 친족이 갹출했다. 멕시코 유카탄의 마야Mayas of Yucatan 법률에 따르면, 자유민을 살해한 무리는 피해자의 자녀나 친족에게 배상해야 하는데, 만일 배상을 명령받은 무리가 궁핍한 상태에 있으면 그 친족이 대납했다.[17]

이러한 배상의 문제를 살펴보려면, 그 시대 주민들의 삶의 모습에 관한 이해가 선행되어야 한다. 당시 동이족들의 삶의 경제적 수준이 어느 정도였는지를 어렴풋이 보여주는 기록이 있다.

> 백규白圭가 맹자에게 말했다.
> "나는 조세租稅로 20분의 1을 취하고자 하는데 어떻습니까?"
> 맹자孟子께서 말씀했다.
> "그대의 방법은 동이[貉]의 도道이다. …… 맥국貉國은 오곡五穀이 자라지 않고, 오직 기장만이 자라니, 성곽과 궁실과 종묘와 제사의 예禮가 없으며, 제후들과 폐백을 교환하고 음식을 대접하는 일이 없으며, 백관과 유사有司가 없다. 그러므로 20분의 1만 취하여도 충분했다."[18]

Vol. II, Book XXVIII, § 20.

14) 『三國志』(30) 魏書(30) 東夷傳 濊條 : "其邑落相侵犯 輒相罰責生口牛馬 名之爲責禍 殺人者償死 少寇鈔"; 『後漢書』(85) 東夷 列傳(75) 濊條.

15) 『三國志』(30) 魏書(30) 東夷傳 夫餘條; 『後漢書』(85) 東夷 列傳(75) 夫餘條 : "其俗用刑嚴急 …… 盜一責十二"; 『晉書』(14) 志(4) 地理(上) 夫餘國條 : "其法 盜者一責十二"

16) 『舊唐書』(119上) 列傳(149) 東夷 高麗; 『新唐書』(220) 列傳(145) 東夷 高麗.

17) Lewis H. Morgan, *Ancient Society*, pp. 76, 186.

18) 『孟子』 告子章句(하) : "白圭曰 吾欲二十而取一 何如 孟子曰 子之道貉道也 曰貉夫 五穀不生 惟黍生之 無城郭宮室宗廟祭祀之禮禮 無諸侯幣帛饔 無百官有司 故二十取一而足也" 정약용은 당시 고구려인들의 생활상을 이해하는 도구로 이 대목을 주목하고 있다. 丁若鏞, 『經世遺表』(6) 地官修制 田制考(6) 邦田議.

위의 기록에 따르면, 북방 동이족이라고 불리는 예맥족의 삶은 그렇게 유족하지 못했던 것으로 보인다. 북방 지역은 기후 조건이 좋지 않고 물산도 넉넉하지 못했으므로 생활은 지극히 검박儉朴했다. 그들은 본디 성질이 깨끗하고 맑았으며[19] 관혼상제에서도 절약과 검소함을 근본으로 삼았기 때문에 혼인하는 예법에서는 폐백幣帛을 드리지 않았다.

만약 혼인에 재물을 받는 무리가 있으면 자식을 노비로 팔았다고 하여 몹시 부끄럽게 여기는 풍속이 있었다.[20] 그렇다고 해서 그 생활이 누추했던 것은 아니요, 오히려 그런 가운데에서도 법도가 있었다.[21] 그럼에도 준엄한 법률 제도 아래에서 삶은 비교적 안정되고 평화로웠다.

그러한 사례로 다음과 같은 기록을 살펴보는 것이 좋다.

> 혁거세왕 재위 30년(기원전 28) 여름 4월 그믐 기해일에 일식日蝕이 있었다. 낙랑樂浪 사람들이 군사를 거느리고 와서 침범하려다가 변방 사람들이 밤에도 문을 닫지 않고, 한데에 쌓아둔 곡식더미가 들판을 덮은 것을 보고 서로 일러 말했다.
>
> "이곳 백성은 서로 도둑질을 하지 않으니, 도덕이 있는 나라라고 할 수 있겠소? 그런데 우리가 몰래 군사를 끌고 와서 그들을 습격함은 도둑과 다름없으니, 어찌 부끄럽지 않으랴."
>
> 이에 군사를 이끌고 돌아갔다.[22]

> 그들은 비록 토지가 척박했다고 하나 특히 도적질하는 일이 없어 대문을 닫고 자는 법이 없었다.[23]

고대 사회에서 범죄에 대한 징벌은 대체로 가혹하고 비인간적이었을 것이다. 신라의 경우 실화범失火犯의 징벌 사례를 보면, 책임자 10명에게 각기 곤장 1백 대를 집행한 기록[24]에서 그들의 징벌이 어떠했던가를 알 수 있다.

---

19) 『三國志』(30) 魏書(30) 東夷傳 高句麗 : "其人潔淸"

20) 『周書』(49) 列傳(40) 異域(上) 高句麗條 : "婚娶之禮 略無財幣 若受財者 謂之賣婢 俗甚恥之"

21) 『南史』(79) 列傳(69) 夷貊(下) 東夷條 : "東夷之國 其器物猶有禮樂云"

22) 『三國史記』 新羅本紀 始祖赫居世居西干 30년 4월 기해 그믐.

23) 『漢書』(28) 地理志(8下) 樂浪郡條 : "是以其民 終不相盜 無門戶之閉 婦人貞信 不淫辟"; 『後漢書』(85) 東夷 列傳(75) 夫餘國條 : "國人 …… 而謹厚不爲寇鈔"; 同 濊條 : "濊 …… 少寇盜"; 『三國志』(30) 魏書(30) 東夷傳 夫餘條 : "其人 …… 不寇鈔"

위와 같이 징벌과 배상이 있으면서도 화해를 위한 제도도 존재했다. 대부분의 고대 사회에서 중대한 범죄자와 상습범에 대한 징벌 규정이 있지만 보통은 다툼의 당사자 사이의 화해가 훨씬 중요시되었다. 권리의 주장이 대립하여 타협이 이뤄지고 한쪽 당사자가 손해를 입은 것이 분명한 경우에 가해자는 변상하도록 권고한다. 피해자는 대개 보복하고 싶은 충동을 느끼지만, 많은 부족의 법체계는 그러한 충동을 눌러 분쟁의 확대를 막고 또한 가해자의 보상과 피해자의 명예 회복으로 사회적 균형을 되찾으려 했다.[25]

이러한 법제 아래에서 사면赦免제도가 활발했던 것도 흥미 있는 사실이다. 용서와 화해는 옛날이나 이제나 미덕이었다. 한 사회가 사람들을 전통에 복종시키는 방법은 여러 가지지만, 구성원을 문화화文化化, enculturation하는 과정에서 처벌하고 규제하는 과정만이 주요 방법이 되는 것은 아니었다.[26] 그러한 방법 가운데 하나가 사면赦免이었다. 사면은 화해이며 용서이다. 삼국의 역사에는 나라에 경사가 있을 때마다 많은 사면이 이뤄졌다.[27]

기자의 8조 금법을 논의하며 끝으로 남은 문제는, 없어진 나머지 4조는 무엇일까, 그것의 복원은 가능할까 하는 점이다. 이 문제를 해결하려면 기자가 동쪽으로 오기 이전부터 꿈꾸어 왔던 정치는 무엇일까를 살펴보면 그의 뜻을 짐작할 수 있다. 이를 위해서는 기자가 주周 무왕武王에게 진언한 『홍범구등』洪範九等의 내용을 분석해 볼 필요가 있다. 흔히 『홍범구주』洪範九疇로 알려진 그의 정치적 이상은 다음과 같다.

> 첫째는 오행五行을 따르는 것인데, 이는 수水·화火·목木·금金·토土의 순환을 따르는 것이요,
>
> 둘째는 오사五事인데, 이는 모貌(모양)·언言(말)·시視(보기)·청聽(듣기)·사思(생각)를 갖추는 것이요,
>
> 셋째는 팔정八政을 이루는 것인데, 이는 식食(음식)·화貨(재물)·사祀(제사)·사공司

---

24) 한국고대사연구소(편), 「蔚珍 鳳坪碑」, 『역주 한국고대금석문』(2)(서울 : 가락국사적개발연구원, 1992), p. 7.

25) Philip K. Bock, *Modern Cultural Anthropology : An Introduction*, p. 240.

26) *Ibid.*, p. 39.

27) 『三國史記』 高句麗本紀 瑠璃王 23년 2월; 『三國史記』 高句麗本紀 大武神王 2년 정월; 『三國史記』 高句麗本紀 閔中王 즉위년 11월; 『三國史記』 百濟本紀 汾西王 즉위년 10월.

空(성곽)·사도司徒(예의)·사구司寇(법)·빈賓(접대)·사師(군사)요,

넷째는 오기五紀(세시歲時)를 지키는 것인데, 이는 세歲·월月·일日·성신星辰·역수曆數요,

다섯째는 황극皇極을 준수하는 것인데, 이는 왕이 지켜야 할 법도이며,

여섯째는 삼덕三德을 지키는 것인데, 이는 정직正直·강극剛克(강인함)·유극柔極(부드러움)을 갖추는 것이요,

일곱째는 계의稽疑(제주祭主)인데, 이는 복서卜筮와 천문天文을 아는 것이요,

여덟째는 서징庶徵(기후 관찰)인데, 우雨·양陽·오奥(더위)·한寒·풍風·시時를 읽는 것이요,

아홉째는 오복五福과 육극六極인데, 이는 수壽·부富·강녕康寧·유호덕攸好德(덕을 남김)·고종명考終命(천수를 누림)의 오복과 흉凶(재난)·질疾(병)·우憂(근심)·빈貧(가난)·오惡(추함)·약弱(약함)의 육극을 극복하는 것이다.[28]

위의 구주九疇 가운데서 8조의 금법과 관련이 있으며 우리의 눈길을 끄는 것은 팔정八政의 문제이다. 금법이 8조이고, 정치의 목표가 여덟 가지라는 것이 우연치 않게 보인다. 기자는 조선에 와서도 이뤄보고 싶은 꿈을 버리지 않았을 것이고, 그렇다면 팔정과 8조의 금법에는 상관성이 있을 수 있다. 그리고 이 둘을 조심스럽게 비교해 보면 없어진 4조를 추정할 수 있다.

그런데 더 나아가서 그 8조를 어렴풋이 추정하는 데 도움을 주는 기록이 『신·구당서』에 있는데, 그 내용은 다음과 같다.

법률에 따르면,

(1) 반란을 음모한 무리가 있으면 많은 사람을 불러 모아 횃불을 들고 서로 다투어 지지게 하며, 온몸이 짓무른 뒤에 목을 베고, 가산을 적몰한다.

(2) 성을 지키다가 항복한 무리,

(3) 전쟁에서 패배한 무리,

(4) 사람을 죽인 무리,

(5) 겁탈한 무리는 목을 벤다.

(6) 물건을 도둑질한 무리는 그 물건의 12배(『신당서』에는 10배로 되어 있음)를 물게 한다.

(7) 우마牛馬를 죽인 무리는 노비로 삼는다.

---

28) 『書經』 周書 洪範; 『史記』(38) 宋微子世家(8).

대체로 법은 준엄하게 적용되므로 범죄자가 적으며, 심하게는 길가에 떨어진 물건도 줍지 않는다.[29]

위의 기록이 조문의 개수로 볼 때 8조의 금법에 가깝다. 『홍범구주』와 『당서』唐書의 자료를 검토해 보면, 앞에서 말한 살인, 상해, 도둑질, 그리고 배상의 문제를 제외한 다음과 같은 점을 빠뜨렸다고 추정할 수 있다.

첫째는 모반죄謀叛罪가 있었을 것이다. 북방인은 법이 몹시 엄중하여 죄를 받아 죽임을 겪은 무리의 식구들을 모조리 노비로 만들었다.[30] 씨족공동체가 발전하여 혈족을 넘어서는 공동체로 발전함에 따라 통치의 권위가 필요하게 되었을 때, 지배자는 자신에 대한 도전을 용서할 수 없었을 것이다. 집단 속에서 생존하는 대부분의 영장류primates는 지배 체제dominance hierarchy를 구성하는 경향이 있고,[31] 그러한 사회에서 권력에 대한 도전은 용서받을 수 없는 범죄로 여겨졌다.

둘째로는 간음한 무리에 대한 징벌 조항이 있었을 것이다. 그것은 부여의 풍속에 "남녀 사이에 음란한 짓을 하거나 부인이 투기妬忌하면 모두 죽였다. 투기하는 것을 더욱 미워하여 죽이고 나서 그 시체를 남산 위에 버려 썩게 했다. 친정집에서 (그 부인의 시체를) 가져가려면 소와 말을 바쳐야 한다."[32]는 기록에서 추정할 수 있다. 간음은 주로 여자에게만 부여되는 징벌이었다. 이것은 모계 사회가 부계 사회로 바뀐 이후에 더욱 가혹한 형태로 나타났고, 여기에 유교 문화가 가미됨으로써 가중되었다.

셋째로는, 제사의 금기 또는 신성 모독에 관한 징벌이 누락되어 있다. 뒤에서 논의한 바와 같이,[33] 동이족의 사회에서는 수많은 제천 의식과 놀이 문화가 있었는데, 이 자리에서 불경不敬은 조직의 응징을 받았을 것이다. 인간의 길흉화복이 신이나 또는 어떤 절대자에 대한 공경에 달려 있다고 믿는 그들로서는 성소

---

29) 『舊唐書』(119上) 列傳(149) 東夷 高麗; 『新唐書』(220) 列傳(145) 東夷 高麗.

30) 『後漢書』(85) 東夷列傳(75) 夫餘條 : "其俗用刑嚴急 被誅者皆沒其家人爲奴婢"; 『晉書』(14) 志(4) 地理(上) 夫餘國條 : "其法 殺人者死 沒入其家"

31) Philip K. Bock, *Modern Cultural Anthropology : An Introduction*, p. 6.

32) 『後漢書』(85) 東夷列傳(75) 夫餘條/濊 : "男女淫皆殺之 尤治惡妒婦 旣殺復尸於南山"; 『三國志』(30) 魏書(30) 東夷傳 夫餘 : "男女淫婦人妒 皆殺之 尤憎妒 已殺尸之國南山上 至腐爛 女家欲得 輸牛馬乃與之"

33) 이에 관한 논의는, 이 책 제5장 「제천 의식과 부락제」, pp. 163ff을 참고.

聖所의 불결이나 훼손, 또는 경배 의무의 소홀을 용서할 수 없었을 것이다.

이 밖에도 존장尊長에 대한 무례를 범하는 행위를 징벌하는 조항을 추정할 수 있다. 유교의 공자孔子나 서양의 아리스토텔레스Aristoteles는 연륜을 미덕으로 여겼다. 이에 관한 풍속은 뒷날의 향약鄕約에 그대로 살아 있다.[34]

8조의 금법은 단순히 인신의 문제뿐만 아니라 재산과 배상의 문제에 관하여 상당한 구체성을 띠고 있었다. 이것이 8조의 금법이 지니는 정치사적 의미이다. 이미 원시 사회에서 동이족은 상당한 정도의 법질서를 유지하고 있었고, 그것이 서기전 11세기 무렵의 존재 양식이었다.

또 한 가지 지적해야 할 것은, 유교 문화가 들어오기 훨씬 이전에 그러한 법제가 동이 여러 나라의 지배 윤리로 자리 잡고 있었다는 점이다. 이와 같은 사실은, 공자孔子의 언행에 잘 나타나고 있다. 곧 동이의 기강이 확립되자 공자는 일찍이 중국에서 예의가 타락하매 구이九夷의 나라에 건너가 살기를 원했다. 이에 어떤 이가 "그곳은 더러운 곳이 아닌가요?"라고 묻자 공자孔子가 "군자君子가 살고 있으니 어찌 그곳이 더럽겠소?"라고 대답했다.[35]

여기에서 이夷라 함은 한국어의 "오랑캐" 곧 "인륜이 타락한 무리"라는 뜻이 아니었다. 중국의 옛 기록인 『왕제』王制에 이르기를 "동방東方을 이夷라 한다."고 하였는데 여기서 "이"란 "근본이 갖추어짐"을 뜻하는 것이었다. "이"가 어질어서 생명을 좋아하므로 만물이 땅에 근본하여 출산되는 것과 같다는 말이었다. 따라서 "이"는 천성이 유순하여 도리로서 다스리기 쉽기 때문에 군자국君子國과 불사국不死國이었다.

"이"에는 아홉 종류가 있으니 견이畎夷, 우이于夷, 방이方夷, 황이黃夷, 백이白夷, 적이赤夷, 현이玄夷, 풍이風夷, 양이陽夷가 그것이다.[36]

진수陳壽는 『삼국지』의 「동이전」을 기록하는 까닭을 이렇게 설명하고 있다.

---

34) 이에 관한 자세한 논의는, 이 책 제19장 「향약과 향속」, pp. 771~804 참조.

35) 『漢書』(28) 地理志(8下) 樂浪條 : "然東夷天性柔順 異於三方之外 故孔子悼道不行 設浮於海欲居九夷以也"; 『後漢書』(85) 東夷列傳(75) 序 : "所謂中國失禮 求之四夷者也"; 『三國志』(30) 魏書(30) 東夷傳 序 : "中國失禮 求之四夷猶信 故撰次其國 列其同異 以接前史之所未備焉"; 『論語』 子罕 : "欲居九夷以 或日 陋如之何 子日 君子居之 何陋之有"

36) 『後漢書』(85) 東夷列傳(75) 序.

"중국이 예의를 잃자 이를 동방 사이四夷에서 예의를 얻으려 했기 때문에 여기에 그 나라들의 일을 기록하고, 같고 다른 점을 열거하여 이로써 중국의 선조들이 갖추지 못한 점을 보충하고자 했다."[37)]

3. 남당南堂

인구의 팽창, 공동체의 비대화, 이에 따른 지배 집단의 형성, 그리고 토론해야 할 안건의 증대는 통치자를 중심으로 하는 일정한 장소와 정기적인 모임을 필요하게 만들었다. 여기에서 원시적 형태의 정소政所가 나타났다. 그런데 이 정소를 결정하는 데에는 몇 가지 요건이 필요했다. 곧 그곳은 접근이 편의로운 취락의 중심지에 자리 잡고 있어야 했고, 회당의 구실을 할 일정한 공간을 갖추어야 했다.

그러나 회당의 조건으로 무시할 수 없는 것이 날씨였다. 회당은 나쁜 기후 조건을 극복할 곳이어야 했다. 그러한 기후 조건으로 필요한 것은 비와 더위를 피할 수 있어야 하고, 어느 정도 적군으로부터 자신을 보호할 차폐막이 필요했지만, 그 가운데서도 가장 중요한 것은 추위로부터 자신을 보호할 입지 조건이었다. 난방 시설이 원시적이었던 고대인들이 추위를 피할 첫 번째 조건은 그곳이 따뜻한 남향받이여야 한다는 점이었다. 그래서 혈거穴居 생활을 하는 원시인들의 동굴은 모두 남쪽을 향하고 있었다.

고대인들이 해가 드는 남향을 선호했다는 사실은 단군조선의 도읍지가 "아사달"이었다는 사실에서 좋은 암시를 얻을 수 있다. 아사달은 고정된 어느 지역으로서의 도읍지를 뜻하는 것이 아니라 "아침 햇살이 비치는 들"을 뜻하는 말이었다. "아사"가 아침을 뜻하는 것은 일본어의 아사朝, あさ에 아직 남아 있다. 따라서 아사달은 "남향받이 모임터"였다. 그런 점에서 남당이나 "볽" 또는 아사달의 어원은 같다. 왕들은 대체로 아침에 모여 조례朝禮를 행하는 것이 관례였음에 비춰보면[38)] 특히 햇살이 잘 드는 곳이 필요했을 것이다.

사람의 생활사에서 남쪽을 향하여 앉고 싶은 것은 자연의 이치로 볼 때 매우

---

37) 『三國志』(30) 魏書(30) 東夷傳 序 : "中國失禮 求之四夷猶信 故撰次其國 列其同異 以接前史之所未備焉"

38) 『三國遺事』(1) 紀異(1) 眞德王.

당연한 일이었다. 집을 지을 때 남향이 좋다는 것은 설명이 필요하지 않으며, 앞이 낮고 뒤가 높은 곳[前低後高]에 집터를 잡음으로써 채광을 더 늘리는 것은 예나 이제나 변함없는 건축의 원칙이었다. 그래서 『주역』에서도 남쪽에 관하여 이르기를,

> 이離는 밝음을 뜻하니, 만물이 모두 서로 바라보는 것은 곧 남방의 괘이다. 그러므로 성인은 남쪽을 향하여 천하의 사정을 듣는다. 밝은 곳을 향하여 다스리는 일은 대개 이괘離卦에서 취하여 본받는 것이다.[39]

라고 했다. 남향은 방위 가운데 가장 으뜸이다. 남향은 햇볕이 가장 많이 들어 집에 따뜻하고 밝은 기운을 북돋운다. 또 햇볕의 일광 소독은 집의 수명이나 주인의 건강과 직결되니, 되도록 마루나 방도 건조해야 하고 통풍도 좋아야 한다. 한국은 여름에는 동남풍, 겨울에는 북서풍이 불기 때문에 남향으로 집을 지으면 여름에는 시원하고 겨울에는 바람이 막혀 아늑한 집이 된다. 도읍을 정할 때에는 북북서北北西에서 남남동南南東을 바라보는 이른바 임좌병향壬坐丙向이 가장 유리하다고 생각했다.[40]

당초에 공회의 장소는 지극히 자연스러운 집회소로서, 이를테면 정자나무 밑이라든가 너럭바위(마당바위) 또는 더위나 추위를 피하는 것이 가능한 장소였으며, 어떤 상징물이 존재하는 곳이었다. 이러한 공간의 모임에 자연스럽게 시간 개념이 부가되었다.

평상시에는 저녁 식사를 마친 뒤로부터 잠자리에 들기 이전의 시간에 모여 그날의 대소사나 인간 관계에 얽힌 한담을 나누었고, 농사철에는 영농에 관한 정보를 주고받았으며, 우기나 장마 또는 혹한 등의 천재지변에 대한 공통된 우려와 대책, 그리고 족장의 영도력에 대한 칭찬이나 비난, 새로이 들어온 이웃에 대한 평판이 담긴 담소를 나누며 자연스럽게 유대를 다져 나갔다.

이와 같이 남쪽을 향하여 앉던 군장君長의 풍습은 하나의 관례로 굳어지기 시작하여, "남쪽을 향하여 앉는다."라는 말은 "다스린다"는 뜻의 또 다른 어휘로 등

39) 『周易』 說卦傳(5) : "離也者明也 萬物皆相見 南方之卦也 聖人南面而聽天下 嚮明而治 蓋取諸此也"

40) 高濟熙, 『陽宅과 家相』(서울 : 대동풍수지리연구원, 2000), p. 91.

장하게 되었다. 그러한 사례로서 『예기』禮記에 최초로 등장하는 다음의 글을 읽어 볼 필요가 있다.

> 성인이 남면南面하여 천하를 다스리는 데는 우선 먼저 할 것이 다섯 가지가 있는데, ……
>
> 첫째는 친족을 다스리는 것이요,
> 둘째는 공로에 보답하는 것이요,
> 셋째는 어진 이를 등용하는 것이요,
> 넷째는 유능한 무리를 부리는 것이요,
> 다섯째는 사랑하는 것을 살피는 것이다.
>
> 이 다섯 가지를 모두 천하에서 얻는다면 백성이 부족함이 없을 것이며 넉넉하지 않은 것이 없을 것이다.[41]

이와 같은 관습을 통하여 "남쪽을 향하여 앉는다."는 말이 다스림을 의미하는 것으로 가장 적절하게 그리고 무거운 관례로 이용된 것이 곧 공자孔子의 말씀이었다. 그는 말하기를,

> "아무런 작위作爲 없이 잘 다스렸던 이는 바로 순舜임금이로다! 그가 한 일이 무엇인가? 스스로 몸가짐을 공경히 하고 남면하고 있었을 따름이다."[42]

라는 말로써 정소의 의미를 분명히 했고 후대에 이 말이 굳어져 이를테면 『회남자』에서도 "주周의 문왕文王이 남면하여 제후를 조회했다."[43]는 말로써 왕권을 은유적으로 표현했다.

"남면"의 용례는 한국의 역사에도 그대로 이어져 나타나고 있다. 그러한 사례로서 이성계李成桂가 한양 정도定都를 할 당시에 논의된 바를 기록한 다음의 글이 흥미롭다.

---

41) 『禮記』(16) 大傳 : "聖人南面而聽天下 所且先者五 民不與焉 一日治親 二日報功 三日擧賢 四日使能 五日在愛 五者一得於天下 民無不足無不聽者"

42) 『論語』 衛靈公 : "子日 無爲而治者 其舜也與 夫何爲哉 恭己正南面而已矣"

43) 『淮南子』(13) 氾論訓.

겨울에 한양으로 도읍을 정했다. 공[정도전]에게 지시하여 대궐 자리를 정하게 하니 승려 무학無學이 인왕산仁旺山을 주산主山으로 하고 백악산白嶽山(북악산)을 좌청룡으로 하고 목멱산木覓山(남산)을 우백호右白虎로 하려 하였다. 이에 공이 안 될 말이라고 반대하기를,

"옛날부터 제왕은 모두 남면하고 정치를 하였지, 동쪽을 향했다는 말은 듣지 못했다."

했다. 무학은 말하기를,

"내 말을 듣지 않다가는 2백 년만 지나면 꼭 내 말을 생각할 것이다."

하였으나 결국 공의 말을 따랐다.

고려의 숙종肅宗이 만들어 놓은 터전이 너무 협착하므로 드디어 그 남쪽에 자리 잡고 해산亥山을 주산으로 하여 임좌병향壬坐丙向으로 결정했다.

옛날에 신라의 중 의상義相이 말하기를,

"도읍을 한양에 정하는 사람이 중의 말을 믿지 않을 것이며, 반드시 정鄭가 성을 가진 사람이 있어서 시비가 많을 것이다."

하더니 지금에 와서 그 말이 맞았다.[44]

위의 기록은 아마도 정도전의 위명偉名을 기리고자 후대에 지어진 이야기일 것이다. 그러나 이 글에서 말하고자 하는 참뜻은, 한양 정도定都 당시에 북악산 밑을 궁궐터로 잡은 것도 "양지바른 곳"을 찾으려는 것임을 알 수 있다. 세종世宗이 직접 교지敎旨를 지어 승지들에게 내어 보이고 누누이 말하기를, "그 밖의 다른 조참朝參은 모두 세자를 시켜 승화당承華堂에서 남면하여 조회를 받도록 할 것[南面受朝]"[45]이라 했다.

또 다른 자료에 따르면, 이언적李彦迪이 왕에게 자신의 뜻을 아뢰면서, "전하께서는 몸을 공손히 하여 정남正南으로 향하여 앉으셔서 반드시 밝음이 땅 위에 나오는 상象을 본받아 아랫사람에게 밝게 임하시어 가려진 것을 제거할 것"[46]을 말한 데서도 "남면"의 뜻이 잘 나타나고 있다.

남면이 정소임을 의미한 것과 달리 대조적으로 북면北面이라 함은 "다스림을 받는 무리" 또는 "복속服屬함"을 의미하였는데, 이를테면 사마광司馬光이 이르기

---

44) 『三峰集』(8) 附錄 事實.

45) 『世宗實錄』 25년 4월 17일, 19일, 20일, 22일, 23일, 24일; 『燕山君日記』 7년 7월 28일.

46) 『晦齋集』(10) 狀·箚, 「垂簾하는 것이 마땅치 않다는 箚子」: "伏願殿下 恭己正南面 必體明出地上之象 赫然臨下去其翳蔽"

를, "그러므로 모두가 북면北面하고 돌궐에 귀부歸附했다."라고 기록한 데에서 잘 나타나고 있다. 그가 북면이라 쓴 것은 "신하가 된다."는 말이다.[47)]

제왕은 남쪽을 향하여 자리를 잡고 신하는 북쪽으로 향하여 자리를 잡는 것이 고대 사회의 빈례賓禮였다. 이와 같은 관례는 조선에서도 그대로 답습되어 심하게는 동계洞契의 모임 때도 앉는 차례[會時坐次]가 있어 존위尊位는 북쪽 벽을 등지고 앉았다.[48)]

이와 같은 오랜 관습을 거치며 남향받이의 정소는 "정치"라는 개념이 미발달된 상황에서 편의상 남당南堂이라고 불리며 독특한 형태의 정치적 회당이 되었고, 뒷날 궁궐의 의미로 굳어진 "조정"朝廷(햇살이 드는 아침에 모이는 뜰)이 되었다. 정치의 발생에 대해서는 여러 가지 학설이 있을 수 있지만, 이러한 현상을 미루어 본다면 국가자연설natural theory of state을 뒷받침하는 논거를 무시할 수 없다.

고대사, 특히 삼국시대에서 정소의 존재 형태는 각기 달랐겠지만, 남당의 기록이 최초로 보이는 것은 신라 첨해왕沾解王 3년(서기 249)이며, 5년(251)에도 남당에서 정사를 보았다.[49)] 거의 같은 시기인 백제 고이왕古爾王 28년(261)에도 남당의 기록이 보인다. 그해 정월 초길初吉에 왕은 소매 달린 웃옷과 푸른색 비단 바지에 자주색 허리띠를 두르고 금꽃 장식이 꽂힌 검은 관을 쓰고 검은 가죽신을 신고 남당에 앉아 정사政事를 보았다.[50)]

당초에 남당은 작은 건물로서 군장과 막료들이 모여 정사를 의논하고 처리·집행하는 곳이었다. 남당은 회의 기관인 동시에 실무를 집행하는 기관으로서 제례와 정무가 분리되지 않은 이른바 제정일치 시대의 포괄적 통치 기구였을 것이다. 위의 신라 기록에서 "이를 도당都堂이라고 부르기도 했다."는 부분[51)]은 이것이 뒷날 고려시대의 도당회의都堂會議나 조선조의 비변사備邊司와 같은 중신重臣 회의의 형태로 존속하게 되었음을 뜻한다.

---

47) 『資治通鑑』(188) 唐紀(4) 高帝 武德 3년(620) 10월 경술일(21).

48) 『栗谷全書』(16) 雜著(3) 司倉契와 約束.

49) 『三國史記』 新羅本紀 沾解王 3년(서기 249) 가을 7월 : "作南堂於南宮 南堂或云都堂 以良夫爲伊飡"; 同 5년 정월.

50) 『三國史記』 百濟本紀 古尒王 28년 정월.

51) 『三國史記』 新羅本紀 沾解王 3년(서기 249) 가을 7월 : "作南堂於南宮 南堂或云都堂 以良夫爲伊飡"

그렇다면 남당에서는 주로 무슨 내용이 어떤 방법으로 처리되었을까? 이곳이 비록 현대적 개념의 정소라고 하더라도, 제정일치 시대의 공동 관심사는 대체로 다음과 같은 것들로 분류될 수 있을 것이다.

남당에서 다루어야 할 첫 번째 문제는 제사 또는 제천 의식에 관한 논의와 결정이었다. 관개灌漑 시설이 발달하지 못하고 천수답에 의존해야 하는 농경 사회에서 가뭄과 홍수는 제천 행사 가운데서 가장 우선적인 주제였다. 기우제의 기록은 신라 초기부터 나타나기 시작하는데, 가뭄이 들면 왕은 남당에 여러 신하를 모으고 친히 정치와 형벌[政刑]의 득실을 묻고, 또 다섯 명의 사자使者를 각지에 파견하여 백성의 고통과 근심을 살펴보게 했다.[52)]

가뭄이나 홍수에 관한 그들의 인식 밑바닥에는 군주의 부덕에 대한 죄의식이 깔려 있었다. 이러한 인식은 문명이 훨씬 발달한 조선조에 이르기까지도 지속되어 천재지 변이 일어나면 왕이 탄식하기를 "옛날 중국 한漢나라의 성인인 우공于公은 3년의 가뭄이 든 것은 자기가 형옥刑獄을 잘못 다스렸기 때문이라며 통곡했다고 한다. 오늘날 우리 나라에는 몇 사람의 옥리가 우공처럼 통곡하는가?" 하고 그날로 죄수들을 관대하게 처결하여 석방했다.[53)]

천재지변에 대하여 왕에게 책임을 묻는 제도는 북방 부족의 경우에 더 가혹하게 나타난다. 그러한 사례로, 옛 부여夫餘의 풍속에는 가뭄이나 장마가 계속되어 오곡이 영글지 않으면 그 허물을 왕에게 돌려 "왕을 마땅히 바꾸어야 한다."거나 "죽여야 한다."고 했다.[54)] 이와 같이 나라에 어려움이 생길 때 왕을 희생의 제물로 쓰는 이른바 살왕殺王의 풍습king-killing rite은 전 세계에 보편적으로 나타나는 현상이었다.[55)]

고대인들은 군주가 하늘의 의지를 대리하는 인물로서 이를 잘 행사하고 있는지를 관리·감독하는 의무가 관료에게 있고 군주의 권력이 남용되거나 파행적으로 행사되는 것을 차단하고 제압할 권리 또한 가지고 있다고 생각했다.

따라서 하늘의 의지가 제대로 행사되지 않는 것에 관한 표현인 자연 재해나 재난과 이변은 관료가 왕에게 책임을 물을 기회가 되었다. 실제로 신하들이 국

52) 『三國史記』 新羅本紀 味鄒尼師今 7년 봄 여름.
53) 『芝峰類說』(1) 災異部 : 災眚.
54) 『三國志』(30) 魏書(30) 東夷傳 夫餘.
55) J. Huizinga, *Homo Ludens*(Boston : Beacon Press, 1992), p. 16.

정 운용을 평가한다는 것은 어려운 일이었기 때문에 재이災異를 통하여 하늘의 뜻을 강조하는 것은 더할 나위 없이 좋은 논거가 될 수 있었다.[56)]

왕의 실정失政도 논의의 대상이었다. 예컨대 대무신왕大武神王은 부여국 남쪽으로 진군했다가 정복 전쟁에 실패하였을 때 여러 신하를 모아 놓고 이렇게 말했다.

> "내가 덕이 없어 경솔하게 부여를 정벌하여, 비록 왕은 죽였으나 나라를 멸하지 못하고, 또 우리 군사들과 물자를 많이 잃어버렸으니 이것은 나의 잘못이다."
>
> 이윽고 친히 죽은 무리를 조문하고 아픈 무리를 위문하여 백성을 위로했다.[57)]

남당에서 다룰 두 번째 문제는 형벌이었다. 제정일치의 시대에 따로 정치를 논의하지 않았기 때문에 여기에서 다루는 죄의 문제는 현대적 의미의 형사상 문제일 수도 있었지만, 상당 부분은 재산의 침해와 신성 모독의 문제에 대한 징벌을 다루었다. 신라 진평왕眞平王의 경우에는 남당에서 친히 죄수를 조사했다.[58)] 신라의 경우에는 실화失火의 문제를 다룬 다음과 같은 흥미로운 기록이 있다.

> 거벌모라居伐牟羅의 남미지촌南弥只村에 별도의 지시[別教]를 내렸다. 이곳은 본디 신라에 복속된 노예 마을[奴人村]이었다. 이곳이 비록 노예 마을이라 하더라도 선왕(법흥왕)께서 크게 내리신 율령을 따라야 한다. 그런데 이 마을에는 중앙과의 교통이 좁고 험준함을 알아 율령을 잘 지키지 않음으로써 실수로 불을 내어 성을 태웠기에 군사를 동원하여 진화하기에 이르렀다. 만약 일행이 칠마왕七磨王의 뜻을 따르겠다면 태노촌太奴村은 공치○共置○(노역비)를 부담하는 것으로써 벌하고 나머지 일은 경우에 따라 그 마을의 법을 적용하도록 했다.[59)]

이 글이 담고 있는 뜻에 따르면, 신라에는 노예촌이 있었고, 중앙에서 요구하는 국법이 있었음에도 지리적으로 멀리 떨어져 있어 그 법을 잘 지키지 않던 터

---

56) 조윤선, 「조선후기 天觀과 災異論의 自然法思想的 접근」, 『仁荷史學』(10)(인천대학교 사학과, 2003), p. 518.
57) 『三國史記』 高句麗本紀 大武神王 5년 봄 2월.
58) 『三國史記』 新羅本紀 眞平王 7년 3월.
59) 한국고대사연구소(편), 「蔚珍 鳳坪碑」, 『역주 한국고대금석문』(2), p. 7.

에 화재 사건이 일어나자 벌금형에 처했는데, 별도로 마을의 법규에 따라서 추가로 제재하였음을 알 수 있다. "칠마왕의 뜻에 따른다." 함은 무당의 신탁神託을 받아 이를 지켰음을 뜻한다.

남당의 세 번째 구실은 이곳이 잔치를 벌이던 장소였다는 점이다. 여기에서 잔치라 함은 부락의 축제를 포함한 동제洞祭를 의미한다. 눌지왕訥祗王 때의 기록에 따르면, "왕은 남당에서 양로연養老宴을 열어 왕이 친히 그들과 더불어 식사하고 곡물과 포백布帛을 주되 차등이 있게 했다."[60] 이는 당시가 원로정치 gerontocracy[61]였다는 점을 고려한다면 남당은 기로소耆老所의 구실을 했음을 알 수 있다. 백제의 경우에도 남당은 왕과 신하들의 연회 장소로 이용되었다.[62]

네 번째로 남당은 마을 구성원 사이에 벌어지는 다툼의 문제에 관한 평결의 기능이 있었다. 고대 사회에서 다툼의 주제는 대체로 소유물에 관한 것이었다. 그와 같은 사례로서는 영일 냉수리비迎日冷水里碑에 기록된 다음과 같은 평결이 흥미 있는 자료가 될 것이다.

> 사라斯羅 탁부喙部의 (18대) 사부지왕斯夫智王(실성왕)과 (19대) 내지왕乃智王(눌지왕) 두 분이 교시敎示를 내려 진이마촌珍而麻村의 절거리節居利의 말대로 그가 재물을 갖게 하라 했다. 계미년(503) 9월 25일 사탁부沙喙部의 갈문왕葛文王인 지도로至都盧, 아간지阿干支인 사덕지斯德智, 거벌간지居伐干支인 자숙지子宿智, 탁부의 일간지壹干支인 이부지尒夫智, 거벌간지인 지심지只心智, 본피부本彼部의 간지干支인 두복지頭腹智, 사피부斯彼部의 간지인 모사지暮斯智 등 일곱 왕이 함께 의논하여 교시하였으니, 지난 두 왕의 교시로써 증거삼아 재물을 모두 절거리에게 주라 했다.
>
> 또 교시하기를, 만약 절거리가 먼저 죽으면 그 집 아이 사노斯奴가 그 재물을 갖게 하라 하였으며, 다시 교시하기를 말추末鄒와 사신지斯申支 두 사람은 앞으로 다시 이 재물에 관하여 말하지 말라 하고, 만약 다시 말썽을 일으키면 중죄를 받을 것이라고 교시했다.
>
> 일을 맡은 사람은 사탁부沙喙部의 나마奈麻인 일부지壹夫智와 도로불到盧弗과 수구휴須仇休, 탁부의 도사道使인 탐수耽須와 심자공心訾公, 탁부의 사부沙夫와 나사리那斯利, 탁부의 소나지蘇那支이다. 이 일곱 사람이 삼가 일이 완결되었음을 사뢰

60) 『三國史記』 新羅本紀 訥祇麻立干 7년 4월.

61) H. D. Lasswell & Abraham Kaplan, *Power and Society : A Framework for Political Inquiry* (London : Routledge & Kegan Paul Ltd., 1952), p. 210.

62) 『三國史記』 百濟本紀 東城王 11년 11월.

며 소를 잡고 널리 알렸기에 이에 기록한다.[63]

위의 기록을 소상히 논구論究할 수는 없으나, 이 비문에서 알 수 있는 것은, 재산을 둘러싼 다툼이 실성왕과 눌지왕의 두 왕에 이어질 만큼 길게 논의되었다는 점, 또는 실성왕과 눌지왕이 공동 왕위였을 수도 있었다는 점, 한때는 군장이 일곱 명에 이르는 집단 지도 체제였다는 점이다.

그리고 이미 당시에 재산 상속의 개념이 존재했다는 점, 그리고 재산 문제에 관한 다툼에 재심再審이 있었다는 점 등이 나타나고 있다. 또 징벌이 군장과 같은 한 개인의 판정에 따른 것이 아니라 일곱 사람의 합의에 따라 이뤄졌다는 사실은 그 시대의 판정이 나름대로 신중했음을 의미한다.

그러나 이상과 같은 남당의 성격이 곧 귀족정치를 뜻하는 것은 아니었다.[64] 남당은 난방 기술이 발달하지 않은 고대 사회에서 정치와 제사가 분리되지 않은 제정일치 시대의 원시적 형태의 정소였다. 그뿐만 아니라 남당은 왕과 신하 사이의 권력 관계가 명료하게 정리되지 않은 상태에서 난삽한 토론의 장소였을 것이다. 토론의 논리나 진행은 유치했을 터이지만 공동체의 질서 유지를 위한 토론과 합의가 있었다는 것만으로도 충분히 의미를 갖는다.

4. 화백和白

민주주의라는 것이 반드시 현대의 산물이랄 것도 없고, 시대나 장소를 초월하여 어느 곳, 어느 때에나 각기 그 나름의 방식에 따라 존재했다고 한다면, 한국사에서도 그 시원은 매우 오랜 것으로 거슬러 올라갈 수 있다. 이 글에서 민주주의의 정의는 "국가의 정치적 중요 문제에 관하여 구성원들의 토론과 타협과 양보의 과정을 거친 뒤에 다수의 의견이 존중된 최후의 결정을 그 사회의 총의로 받아들여 국정을 수행하는 제도"(Democracy refers to the mechanism dealing with the important political problems of the state in accordance with the acceptance of

63) 한국고대사연구소(편),「迎日 冷水里碑」,『역주 한국고대금석문』(2), p. 7.
64) 박대재,「백제 초기의 회의체와 南堂」,『韓國史硏究』(124)(한국사연구회, 2004), p. 26.

majority rule after discussion, comprise and conciliation among people.)이다.

그렇다면 한국사에서 민주주의의 시원은 적어도 화백和白으로까지 거슬러 올라갈 수 있다. 위에서 논의한 남당이 원시적 형태의 공론장이자 정소의 의미를 지니며 제정이 분리되지 않은 상태에서 공동체를 이끌어가는 "느슨한 형태의 통치 조직"이었다면, 화백은 남당으로부터 다소는 발전된 형태의 "의결 기구"이자 왕에 대한 "자문 기구"로 등장했다.

화백에 관한 논의는 그리 쉽지 않다. 왜냐하면 그 중요도에 견주어 출전出典이 매우 간단하고 소략하기 때문이다. 화백에 관한 기록은 다음의 기록이 전부이다. 곧 중국의 『수서』隋書와 『신당서』新唐書의 「신라전」新羅傳에 단 두 차례의 기록이 보인다.

> 처리해야 할 중요한 사항이 있을 경우, 여러 관리를 모아 자세히 상의하여 결정했다.[65] 국사는 반드시 중의衆議에 따랐다. 이를 화백이라 하는데, 한 사람이라도 의견을 달리하는 사람이 있으면 의결되지 않았다.[66]

화백의 논의에서 우선 궁금한 것은 그러한 명칭이 어디에서 기원하였을까 하는 점이다. 이 의문에 대하여 제일 먼저 떠오르는 답은 그것이 불교와 관계가 있으리라는 점이다. "화"和는 불교의 중심 개념 가운데 하나였고, 그래서 나온 것이 화쟁和諍의 논리였다. 이에 관하여 가장 고민한 인물은 원효元曉였는데,[67] 그가 말한 화쟁이 화백과 어떤 형태로든 관련이 있었으리라고 여겨진다. 그러한 생각은 다음과 같은 그의 글에 잘 나타나 있다. 그는 이렇게 가르치고 있다.

> 여러 경전의 부분을 총괄하여
> 온갖 물의 흐름을 바다의 한 맛에 이르게 하고,
> 부처님의 뜻을 열어 공평함에 이르면
> 백가百家들의 서로 다른 다툼을
> 화합和合하게 한다.[68]

---

65) 『隋書』(81) 列傳(46) 東夷 新羅傳 : "其有大事 則聚群官 詳議而定之"
66) 『新唐書』(220) 列傳(145) 東夷 新羅傳 : "事必與衆議 號曰和白 一人異則罷"
67) 이에 관한 자세한 논의는 이 책 제6장 「초기 불교」, pp. 228ff을 참조할 것.
68) 元曉, 「涅槃經宗要」, 『國譯元曉聖師全書』(1)(서울 : 寶蓮閣, 1987), pp. 132~133 : "統衆曲之

위의 글에서 “백성을 화합하게 한다.”는 뜻으로 쓴 “和百”이 “和白”과 관련이 있었으리라고 보는 것이다.

신라 사회는 평화롭지 않았다. 내부적으로는 계급의 갈등이 있었고, 밖으로는 고구려와 백제, 그리고 왜구의 침략이 잦았다. 이런 시대를 사는 사람들에게 가장 소중한 가치는 다툼을 벗겨 화목한 삶을 영위하는 것이었다. 이와 같이 불안한 사회에서 주위로부터 오는 압력을 배제하고자 동일한 위치나 운명에 놓여 있는 몇 개의 부족이 모여 공동방어체로서 연맹체를 결성하였는데, 그러한 목적을 위해 모인 “서라벌 육촌회의”가 화백의 기원이었다고 볼 수 있다.[69] 이들의 모임은 매우 일찍부터 열렸던 것으로 보이며, 다음의 글이 암시하는 바가 크다.

> 전한前漢 지절地節(선제宣帝) 원년 임자(기원전 69)[70] 3월 초하루에 (신라) 6부의 조상들은 각기 자제들을 거느리고 알천閼川의 언덕 위에 모여 의논하기를,
> “우리는 위에 백성을 다스릴 임금이 없으므로 백성이 모두 방자放恣하여 제 마음대로 하게 되었소. 어찌 덕 있는 사람을 찾아 임금을 삼아 나라를 세우고 도읍을 정하지 않겠소.”
> 했다.[71]

이 글에 따르면, 신라의 국가 창설 이전부터 부족 회의가 존재했고, 거기에서 왕의 추대 문제를 논의했음을 알 수 있다. 백성이 그들 안에 작은 회의체를 두고 있으며 거기에서 권력자와 체제에 관한 자신의 태도를 토의하고 결정하던 일은 오래전에 있었던 공동체의 유산이었다.[72] 촌장 회의council of chiefs는 인류의 가장 오래된 통치 제도이다.

촌장 회의는 여러 대륙에서 원시 상태로부터 미개 시대의 3분기를 거쳐 문명

部分 歸萬流之一味 開佛意之至公 和百家之異諍”

69) 이종항, 「화백 : 그 기원과 구성과 권한을 중심으로」, 『국민대학논문집』(3)(국민대학교 사학과 1972), p. 81; 박남수, 「신라 화백회의에 관한 재검토」, 『신라문화』(21)(경주 : 동국대학교 신라문화연구소, 2003), p. 228.

70) 선제宣帝 원년이라면 기원전 74년이 맞고, 임자년이라면 기원전 69년이 맞다. 연도가 이렇게 틀린 것은 일연의 착오로 보인다.

71) 『三國遺事』 紀異(2) 新羅始祖 赫居世王條.

72) Charles Merriam, *Political Power*(New York : Collier Books, 1964), pp. 248~249; 신복룡(역), 『정치권력론』(서울 : 선인, 2006), p. 357.

시대의 개시기에 이르러 인민 회의의 출현과 함께 예심 회의로 바뀌었고, 근세의 양원제 입법부를 발생시킬 때까지 연속적으로 계승되었다.[73] 시간과 장소에 따라 다소의 외형적 차이는 있을 수 있지만 모임과 대화를 통하여 자신의 문제를 해결하려는 노력은 일찍부터 존재했던 정치적 유산이다.

촌장 회의가 열리는 장소는 신성의 의미가 담긴 곳이었다. 신라에는 네 곳의 신령한 땅이 있어 나라의 큰일을 의논할 때면 대신들이 그곳에서 모의謀議하면 그 일이 반드시 이루어졌다. 신령한 네 땅은 동쪽의 청송산靑松山, 남쪽의 오지산亐知山, 서쪽의 피전皮田, 그리고 북쪽의 금강산金剛山이다.

진덕여왕眞德女王의 시대에 이르면, 나라의 중신인 알천공閼川公·임종공林宗公·술종공述宗公·호림공虎林公(자장慈藏의 아버지)·염장공廉長公·유신공庾信公 등이 주로 남산의 오지암亐知巖에 모여 나랏일을 의논했다.[74] 그들이 명산대천을 찾아 모였던 것은 마땅한 장소가 없어서가 아니라 산천 숭배의 사상 때문이었다.

화백의 소집과 주재는 대체로 왕이 결정했다. 위의 모임에 참석한 무리의 출신 성분으로 미루어 볼 때 참석자들은 지배층의 성·진골로 이뤄졌음을 알 수 있다. 화백회의는 연맹체의 정치 단계에서 출발한 합의제였지만, 중앙집권적 국가 체제가 정비되며 국왕 직속의 합의기관으로 변하였고, 근본 성격은 성·진골 귀족 전체의 이익을 대변하면서도 서로 독립된 가계의 이익을 옹호하는 폐쇄된 집단의 견해를 보장하는 장치였다.[75]

화백의 논의에서 중심을 이루는 것은 결국 그들의 의제와 권리가 무엇인가였다. 이와 관련해서는 다음과 같은 문제들이 논의되었을 것으로 보인다.

첫째로, 군장君長의 선출 문제이다. 3국 가운데서 백제나 고구려와는 달리 신라 사회의 정치적 특징은 왕위의 세습제가 아니라 추대제였다는 사실이다. 고대 사회에서 이러한 제도가 존재했다는 것은 놀랍고도 귀중한 유산이었다. 화백회의는 먼저 정상적인 왕위 계승이 불가능할 때, 국왕을 추대할 기능을 지녔다.

이와 같이 왕의 추대제는 건국 초기에서부터 이어져 내려오던 방식이었다는 점이 중요하다. 그러한 사례로서 신라 초기 왕위 계승 과정을 살펴보는 것이 중

---

73) Lewis H. Morgan, *Ancient Society*, p. 211.

74) 『三國遺事』(1) 紀異(1) 眞德王.

75) 朴南守, 「신라 화백회의의 기능과 성격」, 『수촌 박영석교수 화갑기념 韓國史學論叢』(上)(서울 : 탐구당, 1992), p. 238.

요하다. 박혁거세는 시조왕이었으므로 당연히 추대였다 하더라도 후대의 왕들은 혈통에 의한 세습이 아니었다. 유리왕의 등극 경위는 극적인 데가 있다.

> 유리이사금儒理尼師今은 남해왕의 태자였다. 어머니는 운제雲帝부인이며 왕비는 일지갈문왕日知葛文王의 딸이다. 왕비의 성은 박朴이며 허루왕許婁王의 딸이라고도 한다. 당초에 남해왕이 세상을 떠나자 유리가 마땅히 왕위에 올라야 할 것이지만 대보大輔 탈해脫解가 본디 덕망이 있으므로, 왕위를 그에게 미루어 사양하니, 탈해가 말했다.
>
> "임금의 자리는 용렬한 사람이 감당할 자리가 아닙니다. 내가 들으니 성스럽고 지혜 있는 사람은 이(치아)가 많다 하니 떡을 씹어서 시험해 봅시다."
>
> 유리의 잇금이 많았으므로, 이에 측근의 신하와 함께 받들어 왕위에 오르게 하고 왕호를 이사금이라 했다. 예로부터 들려오는 말은 이와 같다.[76]

위 기록에 따르면, 왕의 등극은 세습이 아니라 덕망과 연륜이었음을 알 수 있다. 이[齒]는 연륜의 동의어이다. 신라 왕세계王世系 가운데 3대 유리왕과 5대 파사왕破娑王은 박 씨로서 부자지간이었지만 그 중간인 4대 탈해왕은 석 씨였다. 그뿐만 아니라 12대 첨해왕沾解王과 14대 유례왕儒禮王은 석 씨로서 부자지간이었지만 그 중간인 13대 미추왕味鄒王은 김 씨였다. 장자 상속은 56명의 왕 가운데 13명에 지나지 않았다.

이러한 사실로 미루어 볼 때 왕의 교체는 어느 왕실의 몰락으로 말미암아 다른 왕실로 승계된 것이 아니고 같은 시대에 박·석·김의 세 성이 공존하며 덕망을 고려하여 합의에 따라 왕위를 계승한 것임을 알 수 있는데, 이 과정에서 왕위 추대를 위한 논의가 있었다.

대체로 건국 신화의 주인공은 자기의 능력과 카리스마로 스스로 군왕에 오르는 것이 관례이다. 그러나 혁거세를 비롯하여 신라의 왕들은 그러한 세습을 거부했다. 무열왕의 경우는 좀더 이색적이다.

> 왕은 용모가 영특하고 위대하여 어려서부터 세상을 구제할 뜻이 있었다. 진덕여왕을 섬겨 직위는 이찬伊飡을 지냈고 당나라 황제가 특진을 주었다. 진덕여왕이

---

76) 『三國史記』 新羅本紀 儒理尼師今 즉위년조.

세상을 떠나자 여러 신하가 알천 이찬에게 임금을 대리하여 정사 맡기를 요청했는데 알천이 굳이 사양하며 말했다.

"나는 늙었으며, 일컬을 만한 덕과 행실도 없습니다. 지금 덕망이 높고 무겁기는 춘추공만 한 이가 없습니다. 그는 실로 세상을 구제할 영걸이라고 할 수 있습니다."

마침내 춘추를 받들어 왕으로 삼으려 하니 춘추는 세 번 사양하다가 마지못하여 왕위에 나아갔다.[77]

이러한 전통이 이어져 신라의 왕위 계승을 둘러싸고 나타나는 "추존"推尊(박혁거세), 추대(남해왕, 무열왕, 신덕왕)나 "나라 사람들이 세우다."[國人立 : 파사왕, 벌휴왕, 미추왕, 실성왕, 선덕여왕, 성덕왕], "받들어 세움"[奉立 : 유리왕, 흘해왕], 또는 "왕으로 세움"[立王 : 원성왕]이라는 구절이 보이는 것을 보면, 왕위 계승은 논의 또는 합의를 거쳐 나라 사람들이 추대하거나 세우는 형식이었음을 알 수 있다.

이미 고대 동양 사회에서 왕이 국인의 합의에 따른 선출직이었다는 것은 흔치 않은 일이다. 고대 왕정국가가 대체로 세습이었던 점에 비추어 볼 때 그 유례를 찾아볼 수 없는 신라의 이성異姓 간의 순환 왕위제는 그 자체만으로서도 고대 민주주의의 의미를 가진다.

둘째로, 왕의 등극에 못지않게 중요한 안건이 왕의 퇴위의 문제이다. 고대 사회에서는 헌법적이거나 법률적인 방법이 없었으므로 신에 대한 의무를 통하여 지도자의 책임을 물었다. 비록 그 결과가 지배층이 모색하거나 환영하지 못했다 하더라도, 신성한 책임은 "전능하신 신"을 대신하는 제사장을 거쳐 영향을 받는 경우도 있었다.[78]

예컨대 신라의 경우에 제25대 사륜왕舍輪王(진지왕眞智王)이 나라를 다스린 지 4년 만에 정사政事는 어지러워졌고, 또 주색에 빠져 있었으므로 나라 사람이 그를 폐위시킨 사실이 있다.[79] 이와 같은 폭군의 폐위는 신라만의 경우가 아니고 고구려의 경우에도 잘 나타나고 있다. 그 대표적인 사례가 다음의 경우이다.

---

77) 『三國史記』 新羅本紀 太宗武烈王 즉위년조.

78) Charles Merriam, *Political Power*, p. 124; 신복룡(역), 『정치권력론』, p. 181.

79) 『三國遺事』 紀異(1) 桃花女 鼻荊郎.

봉상왕烽上王 9년(서기 300) 8월에 왕이 국내의 장정으로 15세 이상 된 무리를 징발하여 궁실을 수리하니, 백성은 식량이 궁핍하고 노역에 피곤하여 유망流亡했다. 이에 (대신大臣인) 창조리倉助利가 간언했다.

"천재天災가 거듭되고 수확이 좋지 않아 백성이 살 곳을 잃고, 장정들은 사방으로 떠돌고, 늙은이와 어린아이들이 구렁텅이[溝壑]에 빠지니, 이야말로 하늘을 두려워하고 백성을 근심하며 두려운 마음으로 돌아볼 때입니다. (그런데) 대왕께서는 이것을 생각하시지 않고 주린 사람들을 부리어 토목 공역에 시달리게 하시니 이것은 백성의 부모 된 뜻에 매우 어긋나는 일입니다. 더구나 이웃에 강력한 적이 있으니 만일 그들이 우리의 피폐한 틈을 타서 쳐들어온다면 사직과 생민이 어떻게 되겠습니까. 대왕께서 깊이 생각하시기를 바랍니다."

왕이 노여워하여 말하기를,

"임금이란 것은 백성이 우러러보는 것인데, 궁실이 장려하지 않으면 위엄의 무게를 보일 수 없소. 지금 국상國相은 대개 과인을 비방하여 백성으로부터 칭찬과 명예[稱譽]를 얻으려는 것이오."

했다. 창조리가 말하기를,

"임금이 백성을 구휼하지 않으면 어짊이 아니요, 신하가 임금을 간언하지 않으면 충성이 아닙니다. 신이 국상의 빈자리를 이어받고 있으며 감히 말하지 않을 수 없는 일이온데, 어찌 감히 칭예稱譽를 받으려 하는 것이겠습니까?"

하니, 왕이 웃으며 말하기를,

"국상은 백성을 위하여 죽으려는 것인가? 다시 말하지 않기를 바라오."

고 했다. 창조리는 왕이 (잘못을) 고치지 못할 것을 알고 물러나와 여러 신하와 모의하고 왕을 폐위하니, 왕이 (죽음을) 모면하지 못할 줄 알고 스스로 목매어 죽었다.[80]

이러한 사실은 고대 사회였던 그 당시에 이미 민중을 중심으로 하여 왕권의 교체가 가능했었다는 점을 잘 보여주는 것으로서 서구 중세사에서 나타나는 폭군추방설monarchomachy, *Vindiciae contra tyrannos*[81]의 원시적 형태라고 할 수 있다.

이와 같은 왕좌 교체의 유산은 왜 중요한가? 통치자가 세습이 아니고 선거에 따라 그 지위에 오르는 경우라고 해서 정권의 전제성이 약화하는 일은 없다. 사망한 통치자의 직위와 권한을 그의 장자나 근친자에게 양위하는 것은 정치 안정에 유리하다. 그러나 그런 방법이 그 당대에 최고의 지도자를 뽑는 데 가장 적

80) 『三國史記』 列傳 倉助利條.

81) George H. Sabine, *A History of Political Theory*(New York : Holt, Reinhart and Winston, 1961), pp. 378~384.

합한 방법이 아니라는 데 문제가 있다.

바꿔 말해서 덕망 있는 지도자를 선출하거나 추대하는 방법이 유능한 지도자를 얻는 데 유리하다. 왕의 승계 방법은 수력水力 사회의 통치자 사이에서 널리 행하여졌고, 경쟁에 따른 추대 방법은 농경 사회를 정복하여 지배하던 유목민들 사이에서 볼 수 있었다.[82]

그러나 위의 논리는 역사의 보편적 논리이고, 한국사에서 이러한 논의는 원초적인 의문과 논쟁에 빠지게 된다. 곧, 왕위의 추대 방법이 유목민족의 유산이라면 왜 농경 사회로 알려진 신라에서 그러한 유목민족의 유산인 추대 방법이 유행하였을까 하는 의문이 남는다. 이에 관한 대답은, 신라가 남방 문화의 국가라고는 하지만 그 지배 계급은 남하한 북방 민족이었음을 의미한다.[83]

왕의 퇴위에는 이 밖에도 외부 집단의 비판으로 촌장이나 그의 지지자가 사임하는 경우도 있었다.[84] 예컨대, 삼국전쟁이 끝난 뒤인 문무왕文武王, 法敏 14년(674)에 그가 백제의 옛 영토를 차츰 점거하니 당 고종唐高宗은 크게 분노하여 문무왕의 왕호를 취소하고 당나라의 수도에 머물러 있던 왕의 아우 김인문金仁問을 계림부대도독개부의동삼사鷄林府大都督開府儀同三司라는 직함을 주어 왕위를 승계시켰던 사실이 그러한 사례에 속한다.[85]

화백의 구실로서 세 번째로 지적할 것은 그들이 정책 결정에 참여했다는 사실이다. 위에 인용된 『수서』나 『신당서』의 기록 가운데서, "국가에 큰일이 있으면 뭇 관원을 모아 자세히 논의한 다음에 결정한다."든가, "군신이 의논한 뒤에 결정했다."는 기록은 당시 조정에서 상당한 수준의 정치적 담론이 있었음을 보여준다.

왕이 중요 의제를 중신들의 토의에 부치는 것은 그들의 담론을 거쳐 좀더 현명한 의견을 얻으려는 의미가 있다. 예컨대 남해왕 원년(서기 4)에 낙랑군이 침공해 들어와 경주를 포위하자 왕은 중신들을 모아 놓고 이렇게 말했다.

> 두 성인聖人[86]이 돌아가시고 내가 국인國人의 추대로 외람되게 왕위에 있어, 위

---

82) Karl A. Wittfogel, *Oriental Despotism*(New Haven : Yale University Press, 1958), p. 104.
83) 이에 관한 자세한 논의는, 이 책 제3장 「왕들의 탄생」, pp. 87ff 참조.
84) Karl A. Wittfogel, *Oriental Despotism*, p. 123.
85) 『三國史記』 列傳 金仁問條.

태하고 두려움이 마치 강물을 건너는 것과 같소. 지금 이웃 나라가 침범해 오는 것도 나의 부덕한 까닭이오. 이를 어찌하면 좋겠오?[87]

남해왕의 물음에는 국가의 위기에 대한 우려가 깔려 있다. 그러나 그와는 달리, 왕이 신하에게 자문하는 또 다른 목적은 목전의 사태에 대한 책임의 분산과 자신이 민주적임을 보이려는 제스처의 의미도 짙게 깔려 있다. 이를테면 페르시아의 군주 크세르크세스Xerxes 1세(B.C. 519?~465)는 기원전 480년에 그리스에 침략 전쟁을 수행하며 전쟁에 대한 국민의 처지를 모색하고 이에 관한 자신의 소망을 설명하고자 국가의 지도급 인사들을 불러 모아 놓고 다음과 같이 말했다.

나는 내가 독단적으로 계획을 세우고 있다는 인상을 주고 싶지 않으므로, 이 문제를 공론公論에 부치기로 하겠소. 그대들 가운데 의견이 있는 사람은 누구든 말해 보도록 하시오.[88]

크세르크세스의 표현 가운데서 “나 혼자 처리했다는 인상을 주고 싶지 않았다.”는 대목이 인상적이다. 이와 같은 그의 처사에는 깊은 계산이 깔려 있었다. 그리고 그의 고백에는 정직과 진심이 서려 있다. 이러한 표현이 보편화될 수는 없지만, 민의의 수렴收斂이라는 것은 그 내면에 절차적 요소를 짙게 담고 있다.

화백의 문제에서 끝으로 다루어야 할 문제는 의결의 방법이다. 화백의 회의에서 “한 사람이라도 반대하면 의결이 성립하지 않았다.”는 구절의 의미는 마치 당시의 의결 제도가 직접민주주의였다고 오해받을 위험이 있다. 화백이 “일인이즉파”一人異卽罷라 한 것은 그 구성원이 소수였음을 뜻하며 귀족적 과두지배 체제였음을 보여주는 것이다.

화백의 구성원은 6촌장이 모였으므로 6인은 넘었을 것이고 10인을 넘지 않았을 것이다. 집회를 성립시키는 데 필요한 참여자의 수효를 결정하여 둔다는 것은 중요하다. 그렇지 않으면 논의에 관한 평결이 주민 전체의 뜻인지 아니면 단

86) 여기에서 “두 성인”이라 함은 신라 건국 이전의 촌장이었던 소벌공蘇伐公과 선왕인 혁거세를 의미하는 것으로 보인다.

87) 『三國史記』 新羅本紀 南解次次雄 원년 7월.

88) Herodotus, *The Histories*(London : Penguin Books, 2003), pp. 416~7 : Book 7, § 8.

순히 영향력 있는 몇몇 주민이 말하고 있는지를 분간하지 못할 것이다.[89)]

구성원이 많지 않았고, 공간이 좁았던 원시국가에서 공회의 표결은 대체로 만장일치였고, 대다수가 찬성하고 소수가 반대할 경우에도 만장일치로 휩쓸려 가는 것이 통례였는데, 이러한 표결의 모습은 현대사에서 북미대륙의 원주민인 이로쿼이족Iroquois의 모임에서도 잘 나타나고 있다.[90)] 회의가 구성원 전원에게 알려져 소집되면 주민이 둘러서서 쳐다보는 가운데 개최되고 그들을 대표로 보낸 사람들에게 공개된 족장 회의는 주민의 영향 아래에서 행동하였음에 틀림없다.[91)]

화백의 표결 방법도 흥미롭다. 이를테면 재상을 뽑을 때는 다음과 같은 방법을 썼다.

> 호암사虎巖寺에는 정사암政事巖이라는 바위가 있다. 이는 나라에서 장차 재상을 뽑을 때 후보 서너 명의 이름을 써 상자에 넣고 봉하여 바위 위에 두었다가 얼마 뒤에 가지고 와 열어보고 그 이름 위에 도장[印]이 찍혀 있는 사람을 재상으로 삼았다. 그런 까닭으로 정사암이라 했다.[92)]

그 시대에 출마자의 명부가 있을 만큼 문자가 보편화되어 있고, 거기에 투표했다는 것이 놀랍다. 위의 기록대로라면 화백이 만장일치제였다는 『수서』나 『신당서』의 기록은 화백의 초기에 한때 채택했던 방법일 뿐, 매사에 그러했다는 뜻이 아니다. 중대中代 말에서 하대下代에 화백의 규모가 확대되고 매사에 만장일치가 불가능하다는 것을 인지했을 때 사실상 그러한 관례는 의미 없는 것이었다.

특히 무열왕(재위 654~661)이 즉위하여 이른바 중대가 시작되며 왕권이 강화되고 신문왕神文王 시대(681~692)에 이르러 왕권은 결정적으로 전제화하게 되었다. 정치적으로는 흥덕왕 시대에 시작하여 여러 차례의 개정을 거쳐 문무왕 때 강화된 중앙 행정 기구로서의 집사부執事部,[93)] 군사적으로 진평왕 시대에 설립되어

---

89) Baron de Montesquieu, *The Spirit of the Laws*, Vol. I, Book II, § 2.

90) Lewis H. Morgan, *Ancient Society*, p. 130.

91) *Ibid*., p. 130, 118.

92) 『三國遺事』(2) 紀異(2) 南扶餘 前百濟 北扶餘 已見上 : "又虎嵓寺有政事嵓 國家將議宰相 則書當選者名或三四 函封置嵓上 須臾取看 名上有印跡者爲相 故名之"

93) 『三國史記』 雜誌 職官(상) 執事省.

왕경王京의 방어와 치안을 위하여 편성된 군대 조직인 구서당九誓幢[94]을 정비하는 등의 제도는 그러한 정치적 확산의 산물이었다.

이러한 전제정치 밑에서 진골 귀족을 대표하는 화백회의는 그 기능이 약화했다. 이에 따라 화백회의의 의장인 상대등上大等도 비록 형식적인 지위 자체에는 변화가 없었으나 실질적으로는 무력한 존재가 되었다. 다만 왕권과 결탁한 일부 진골 귀족들이 집사부의 중시中侍 등 행정직을 통하여 그 지위를 새로이 구축해 가고 있었다.[95]

화백을 논의하며 가장 주의해야 할 점은 화백이 신라 사회나 지배 계급에서 의사를 결정하는 방법의 모든 것이었다고 보아서는 안 된다는 점이다. 그리고 화백의 구성이나 결정이 그 시대의 민중적 여망과 부합했다고 보기도 어렵다. 왜냐하면 이러한 상부구조의 의결 기관에 대칭하여 원시적 민회가 공존해 있었기 때문이다.

일반적으로 원시 사회에서 씨족원은 선거하는 권리만큼 중요하지는 못하지만, 세습 추장 및 일반 추장을 파면하는 회의에 참여할 권리를 가지고 있었다. 추장의 직위는 명목상으로는 종신이지만, 파면할 권능의 결과로 말미암아 재직 기간은 실질적으로 실책이 없는 기간이었다.[96]

가장 단순하고 낮은 형태의 회의는 씨족gens의 그것이었다. 이것은 모든 성년의 동족이 제기된 모든 문제에 관하여 발언권을 가지고 있었기 때문에, 일종의 민주적인 회의였다. 씨족 회의는 자기의 세습 추장과 일반 추장을 선정하거나 파면하고 신앙의 수호자를 선출하며 동족의 살해자를 사면하거나 복수하고, 다른 사람을 씨족에 입양했다.[97]

이러한 민회는 정례적인 것도 아니고, 주제가 제한된 것도 아니었으며, 일어나는 사건에 따라 수시로 소집되었다. 그들은 회의를 마친 뒤에 이를 기록으로 남겼는데, 다음과 같은 기록은 의미하는 바가 크다.

실지군주悉支軍主인 탁부의 나마奈麻 이부지尒夫智가 (이 비석을 세우는 일을) 지

94) 『三國史記』 雜誌 職官(하) 武官 九誓幢.
95) 이기백, 『新羅思想史硏究』(서울 : 일조각, 1990), p. 180.
96) Lewis H. Morgan, *Ancient Society*, p. 73.
97) *Ibid.*, p. 85.

휘했다. 글씨를 쓴 사람은 모진부牟珍部의 길지지吉之智인 사리공斯利公과 길지지인 약문若文이며, 글씨를 새긴 사람은 탁부의 소오제지小烏帝智인 술도述刀와 사탁부의 소오제지인 모리지牟利智이다. 비를 세우는 의례를 맡은 사람은 탁부의 박사인데, 이때 이르기를, 이와 같은 죄를 짓는 것은 하늘에 죄를 짓는 것이라 했다. 거벌모라촌의 하간지下干支인 이지파異知巴와 일척一尺인 신일지辛日智 등 지방민 1,398명이 (모였다.)[98]

위의 글을 보면 주제가 하늘에 대한 불경不敬을 징벌하려는 것이었는데, 실상 후세에 이를 읽는 사람들을 놀랍게 만드는 현실은 그 민회의 참석 인원이 1,398명이었다는 사실이다. 당시의 인구 밀도, 취락의 크기, 동원 수단, 공간, 식사의 문제, 발언의 방법 등을 고려할 때 민회가 녹록하지 않았음을 알 수 있다.

5. 결론

이 장의 결론은 다음과 같다.

[1] 고대 사회에도 인간의 선악에 대한 호오好惡의 감정이 있었다는 점에서 그 당시의 법제나 현대의 법제에 본질적으로 차이가 있다고 보기는 어렵다. 통치자에 대한 도전의 응징, 살인과 상해에 대한 징벌, 재산을 보호하고자 하는 본능적 욕구, 그리고 배상과 대속代贖에서 고대 사회에도 나름대로 법질서를 갖추고 있었다.

다만 그때의 법은 현대적 개념의 교정矯正 의미보다는 복수와 응징의 의미가 더 강렬했다. 현재까지 법질서에 관하여 알려진 자료를 보면 북방계가 남방계에 견주어 더 구체적이고 성문법적인 성격을 보이는데, 이는 일차적으로 북방계의 자료가 충실히 보전된 탓이지 법질서가 더 준엄했다고 볼증거는 아니다.

[2] 인구의 증대와 정복 전쟁에 따른 지역의 광역화 현상은 군장이 일정한 장소에서 정해진 시간에 필요한 사람들과 정치적 사건에 관한 의견을 듣고 지시할

98) 한국고대사연구소(편), 「蔚珍 鳳坪碑」, 『역주 한국고대금석문』(2), p. 7.

정소를 필요하게 만들었다. 난방 기술이 발달하지 않은 고대 사회에서 그러한 정소는 햇살이 따뜻한 남향받이의 시설물이 필요했는데 이를 남당南堂이라 불렀다.

따라서 남당이란 본디 기후라고 하는 물리적 인자에 말미암은 장소를 의미하는 것이었으나 그 구실이 정무적政務的인 것으로 발전하며 남당은 원시적 의미에서 조정朝廷의 뜻을 지닌 것으로 발전했다. 따라서 남당은 한국사에서 군집과 더불어 생성된 최초의 정치적 회당이었다.

[3] 민주주의의 수월성의 정도는 민회民會를 이끄는 능력의 정도와 정비례한다는 점에서 본다면, 신라의 화백이 지니는 의미는 크다. 당초에 화백은 인구의 규모가 작던 군장국가의 시대에 6촌의 촌장이 모여 만장일치로 정사를 논의하던 기구였다.

전통적으로 화백을 원시적 민주주의의 잔존 형태라고 보는 것은 아테네의 민회Ecclesia에 관한 연상 때문일 수도 있지만, 화백은 그러한 민의체가 아니라, 오히려 몽골의 쿠릴타이khuriltai와 그 성질이 비슷한 회의체였다.[99] 족장들은 이곳에서 왕의 선임과 퇴위, 그리고 전쟁과 같은 중요한 정사를 다룬, 의회제도의 시원이라기보다는 원시적 형태의 각의閣議였다.

---

99) 이종항, 「화백 : 그 기원과 구성과 권한을 중심으로」, p. 91. 쿠릴타이khuriltai는 몽골에서 1세기 무렵부터 시작되어 13세기까지 존속했던 부족 장로 회의로서 군권君權에 대한 견제의 기능을 가지고 있었다.

제5장 제천 의식과 부락제

천군天君/ 영고迎鼓/ 무천舞天/ 동맹東盟/ 첨성대瞻星臺/ 소도蘇塗/ 서낭[城隍]/ 화랑花郞/ 월령月令

"백성을 부릴 때는
마치 큰 제사를 이어 받들 듯이 하라."[1)]
—공자孔子

"신은 죽은 이들을 위해 있는 것이 아니라,
살아 있는 이를 위해 있다."[2)]
—예수

"주위 환경에서 오는
위험과 기회에 관한 고민은
5만 년 이전의 사람이
현대인과 다를 것이 없다."[3)]
—슘페터Joseph A. Schumpeter

1. 서론

역사를 시대 구분하여 각 시대의 주역이 누구였던가를 알아보면, 그 시대의 중심 개념이 무엇이었던가를 읽을 수 있다. 각자 나름의 자존심을 안고 있는 사

1) 『論語』 顔淵 : "仲弓問仁 子曰 使民如承大祭"

2) 『신약성경』 「루카복음」 20 : 38.

3) Joseph A. Schumpeter, *Capitalism, Socialism and Democracy*(New York : Harper & Brothers Publishers, 1950), p. 121.

회과학의 계파들은 저마다 자신들이 종주 학문이라고 강변할 수 있다. 이를테면 정치학자들은 정치가가, 경제학자들은 경세가가, 신학자들은 사제가 그 시대의 역사를 결정했을 것으로 생각하겠지만, 사실은 그렇지 않았다. 실상을 들여다보면, 원시시대에는 무당shaman이, 고대에는 추장chief이, 중세에는 사제priest가, 근대에는 이성reason이, 그리고 현대에는 대중mass이 그 사회를 이끌었다.

이 장의 주제가 되는 시기, 곧 원시로부터 고대에 걸친 시기는 종교와 정치가 분리되어 있지 않은 이른바 제정일치theocracy의 시대였으므로, 무당과 추장이 중첩된 상태였다. 따라서 앞 장에서 다룬 속권俗權으로서의 왕에 이어, 이 장에서는 제천 의식의 주역인 샤먼과 부락제의 문제를 다루어 볼 차례이다. 제의祭儀는 몸으로 느끼는 자연을 보여주고, 표현하며, 극적인 연희를 연출하고, 상상력을 구체화한다.

계절에 따라 반복되는 종교적 축제에서 공동사회는 성스러운 연극을 거쳐 자연의 생명 속에 있는 위대한 여러 사건을 축하했다. 이러한 연극은 환상적으로 변모되며 별자리의 상승과 소멸, 곡식의 성장과 결실, 그리고 인간과 동물의 출생, 삶과 죽음 속에서 계절의 변화를 나타낸다. 인간은 그가 인식하는 정도에 따라 자연의 질서를 연극으로 나타내는데, 이것이 곧 제의이며 축제이다.[4)]

제의는 크게 다음과 같은 세 가지로 나눌 수 있다.

(1) 분리 의례rites of separation로서 장례식, 질병, 할례가 여기에 속한다.
(2) 귀속 의례rites of attachment로서 성인식, 서임식敍任式, 약혼, 임신이 여기에 속한다.
(3) 통합 의례rites of incorporation로서 결혼, 출산, 추수가 여기에 속한다.[5)]

이와 같은 제례의 종교적 또는 신학상의 의미를 여기에서 논의할 일은 아니므로 정치적 의미만을 따지자면, 결국 제의祭儀는 지도자가 자신을 신성 개념으로 무장할 기회를 제공했음을 뜻한다. 부족사회의 지도자는 수렵과 채집을 주로 하는 주민 사회에서 유력한 제사장의 빛나는 배역配役이었다.

---

4) J. Huizinga, *Homo Ludens*(Boston : Beacon Press, 1992), p. 15.
5) Arnold van Gennep, *The Rites of Passage*(Chicago : The University of Chicago Press, 1966), pp. 10~12, 166.

부족장은 관대함으로써 충성심을 얻고, 주술呪術을 빌려 경외敬畏로운 마음에서 묵종을 받아내고, 기지나 웅변술 등의 시위를 이용하여 추종자들이 그의 의견을 받아들이도록 조작操作해야 한다.[6] 그러려면 제례에 신성 개념을 부여하여 그것을 종교로 발전시킬 필요가 있었다. 그러므로 군집에는 종교 의식이 따른다.[7]

정치가 이와 같이 종교적 의식과 떨어질 수 없는 것은, 종교가 지니는 다음과 같은 몇 가지 특성 때문인데, 이 요인들은 정치라는 사회과학의 존립을 가능하게 하는 강력한 동력을 제공하고 있다.

> 첫째로, 종교는 한 세대에서 다음 세대로 전달되는 연속성을 지니고 있다. 종교는 개인 안에 존재하지만, 그것은 출생 이전에도 존재했고 사후에도 존속한다는 점에서 개인 밖에 존재한다. 개인은 특정한 사회에 태어나 마치 말타기를 배우듯이 종교에 젖어 든다.
>
> 둘째로, 종교는 폐쇄된 사회 안에서 동질적인 보편성을 띤다. 한 사회 안에서 개인은 같은 신앙과 의식을 가지며, 이러한 과정을 거쳐 일반성이나 집단성이 신앙과 의식을 제공함으로써 종교는 개인이나 전체의 심리적 경험보다 더 중요하게 작용한다.
>
> 셋째로, 종교는 의무를 수반한다. 그 의무가 적극적인지, 소극적인지는 중요하지 않으며, 어떤 폐쇄된 사회에서 종교가 보편성을 띤다는 사실은 그것이 의무적이라는 의미이다.[8]

정치인들이 종교에 매혹되는 경우에, 교회는 일반적으로 정부와 정치 단체의 책임을 맡고 있는 특별한 통치자들에게 도덕적 기초를 제공해 준다. 신자들의 처지에서 보더라도 사람들은 교회의 아름다운 상징주의에서 만족감과 해방감을 느끼며, 교회의 믿음에 관한 선전이나 전쟁 때 정치학자들이 제공하는 짜릿한 공동체 의식에 끝없이 고취된다.

이러한 과정에서 신도들은 커다란 사건에 자신이 참여했다는 사실과 위대한

---

6) Philip K. Bock, *Modern Cultural Anthropology : An Introduction*(New York : Alfred A. Knopf, 1979), p. 95.

7) E. E. Evans-Pritchard, *Theories of Primitive Religion*(New York : Oxford University Press, 1965), p. 69.

8) *Ibid.*, pp. 54~55.

지도자나 동료에 관한 동일시에서 만족감을 느낀다. 인간의 영혼을 구원하거나 아니면 그들의 도덕적인 행복을 얻고자 함이든, 어떤 말로 표현하든 관계없이, 종교는 직접적으로 또는 정치적인 요원을 이용하여 인간의 행동 방향을 조직화하고 지시하는 데 중요한 구실을 감당한다.[9)]

종교 일반의 논의로부터 동양 사회로 돌아와서 제의를 논의해 보면, 그 시초는 오례[五禮(吉凶軍賓嘉)]였다. 인간의 삶에서 즐거운 일을 겪을 때의 법도法度, 흉사凶事에 관한 궁금증, 전쟁의 공포에서 해방, 손님맞이, 그리고 축하하는 방법을 어떻게 규범화하고 그 효과를 극대화할 수 있을까 하는 것은 고대인들에게도 중요한 문제였다. 이러한 고민의 과정에서 그들이 얻은 해답은 하늘의 뜻이 무엇인가를 읽고 지키는 것이었다.

이러한 고민의 밑바닥에 깔린 인간의 판단 근거는 인간에게 있는 것이 하늘에도 있고, 하늘에 있는 것이 인간에게도 있다는 생각, 그리고 하늘은 누구보다도 인간의 뜻을 잘 알고 있고, 인간은 그러한 하늘의 뜻을 따르는 것이 최선의 길이라는 생각이었다. 흔히 천인감응설天人感應說이나 천인합일설天人合一說로 정의하고 있는 이러한 인식은 철학의 입장에서 볼 때 오류일 수 있고, 정치사상적으로는 허황할 수도 있다. 그러나 그것은 역사의 발전 과정을 염두에 둔다면, 그 나름의 합리성을 갖고 있다.

특히 천인감응설에서 한 가지 주목할 점은, 전제군주 시대의 일반적 상황에서 백성은 군주의 행위에 간섭하거나 그것을 변화시킬 수 없었다는 사실이다. 그런데 천인감응설은 하늘의 권위와 군주의 권위를 통일시키고 있다. 그뿐만 아니라 둘 사이에 존재하는 모순과 충돌의 요소에 관하여 하늘의 이름을 빌려 왕을 설득할 수 있었다. 그럼으로써 사람들은 하늘의 위력을 빌려 군주에 대한 일정한 견제를 꾀했다.[10)] 이른바 천도天道라는 이름으로 왕에게 제시되는 경고보다 더 효과적인 제어 수단은 없었다.

이와 같이 하늘과 인간의 고리를 먼저 제시한 사람은 공자孔子였다. 중궁仲弓이 인仁에 관하여 여쭙자 공자께서 말씀하시기를, "백성을 부릴 때는 마치 큰 제

---

9) Charles Merriam, *Political Power*(New York : Collier Books, 1964), pp. 71~74; 신복룡(역), 『정치권력론』(서울 : 선인출판사, 2006), pp. 106~110.

10) 劉澤華(主編)·장현근(옮김), 『중국정치사상사 : 선진편』(상)(서울 : 동과서, 2002), p. 226.

사를 받들 듯이 하라."[11]고 하였는데, 이 말은 천도라는 이름으로 왕을 견제하고자 하는 강렬한 의지를 담고 있다.

이러한 의지는 맹자孟子와 동중서董仲舒를 거쳐 주자朱子에 이르기까지 일관된 가르침이었다.[12] 이것은 문자화된 가르침의 영역을 넘어 불문율로서의 삶의 규범으로 동양 사회를 지배해 오고 있다. 공화주의의 물결 속에서도 이러한 인식은 쉽게 지워지지 않는다.

서양에서도 신과 세속을 연결함으로써 공화정을 견제하려는 의지는 교묘한 변신을 거쳐 현실에 스며들어 있다. 이를테면, 미국인들은 고대 그리스의 여신상을 모방한 자유의 여신상을 프랑스로부터 선물 받았고, 로마 사원을 본떠 링컨기념관Lincoln Memorial과 대법원 건물을 지었다. 국립문서보관소National Archives에 비치된 연방헌법이나 독립선언서를 관람하는 사람들은 마치 성자의 유해遺骸에 접근하는 태도를 보인다.

이런 장소에는 지령地靈이라도 있는 듯한 느낌이 든다. 내가 성지에 있다는 느낌이 없이는 요세미티Yosemite 국립공원의 바위산이나 폭포를 제대로 감상할 수 없으며, 지령의 출현을 감지하지 못하며 옐로우스톤Yellowstone 국립공원의 간헐천을 바라보며 시간을 보낼 수는 없다.[13]

서양에서 제의와 정치가 갈라지기 시작한 것은 "카이사르의 것은 카이사르에게, 하느님의 것은 하느님에게"[14]라는 그리스도의 세금 해석을 논쟁한 중세의 종교개혁 이후였다. 예배로부터 사라져 인간과 "멀어진 신"*deus otiosus*[15]은 그리 오래전 일이 아니다.

불교 사회에서는 왕즉불王卽佛의 관념이 종식되고 세속적 군주 주권이 확립된 중세 이후에 와서야 교정敎政의 분리가 고민의 대상으로 나타나기 시작했다. 그러나 그것은 종교와 정치의 이별의 준비였을 뿐 그 뒤에도 그들의 밀월은 오랫동안 계속되었다.

---

11) 『論語』 顏淵.

12) 이에 관한 논의는, 이 책 제13장 「유교의 정치학적 함의」, pp. 531ff 참조.

13) J. Donald Hughes, "Spirit of Place in the Western World," *The Power of Place and Human Environments*(Wheaton : Quest Books, 1989), p. 24.

14) 『신약성경』 「마태오복음」 22 : 17~21.

15) Mircea Eliade, *Shamanism : Archaic Techniques of Ecstasy*(Princeton : Princeton University Press, 1974), pp. 9, 286, 505.

일본의 역사는 종교와 정치의 관계를 보여주는 더 흥미로운 유산을 가지고 있다. 일본에서는 정사政事와 제사祭事를 모두 "마츠리고토"まつりごと라고 읽는다. 이는 제사와 정사가 일치하고 있었음을 보여준다. 아마도 정치란 결국 국조國祖인 아마테라스 오미카미天照大神의 뜻을 펴가는 것을 뜻하기 때문에 정치와 제사를 모두 마츠리고토라고 부른 것으로 보인다.

아마도 마츠리고토의 원래 의미는 봉사奉仕가 아니라 무엇인가를 헌상獻上한다는 의미였던 것으로 보인다.[16]

위에서 살펴본 바와 같이 제의와 정치는 질긴 인연을 맺으며 공생 관계를 이루었으며, 지금 우리의 삶에 그대로 비치고 있다. 정치는 종교를 이용하여 자신의 정당성을 구현하려 했고, 종교는 정치를 이용하여 자신의 이상을 구현하려 했다. 원시 씨족이 부족으로 발전하는 과정에서 부족신의 등장으로 그 존재 형식이 완성되는 것이 그러한 예를 잘 보여준다.[17] 그런 점에서 본다면 정치와 종교는 쌍태아이며, 서로의 모습을 바라봄으로써 자신의 원형을 되돌아볼 수 있다.

2. 하늘에 대한 제례

제례는 아마도 역사상 가장 먼저 존재했던 문화 의식이었을 것이다. 그것은 인간과 신이 일체를 이루는 잔치였다. 인간의 삶에서 어떤 단계에 돌입하는 의미로서의 통과 의례passage, *pascha*는 동서고금의 공통된 의례였다. 이러한 통과 의례에는 몇 가지 순서가 필요했다.

(1) 하늘의 뜻을 읽는 능력을 지닌 무리의 발탁,
(2) 하늘의 뜻의 해석,

---

16) 이에 관한 자세한 논의는, 丸山眞男(저)·김영국 외(역), 「政事(まつりごと)의 구조 : 정치의식의 집요저음執拗底音, *basso obstinato*」, 『동양정치사상사』(4/1)(한국·동양정치사상사학회, 2005), pp. 214~216; 김경미, 「"황민화" 교육정책과 학교 교육 : 1940년대 초등학교의 국사 교육을 중심으로」, 연세대학교 국학연구원 국제학술회의(2003. 5. 16~17.), p. 97을 참고할 것.

17) 백남운, 「조선 역사학의 과학적 방법론」(1940), 『백남운전집』(4) : 휘보(서울 : 이론과 실천, 1991), pp. 138~139.

(3) 하늘의 분노를 해소하고 그를 기쁘게 해주기 위한 노력으로서의 행사,
(4) 그와 같은 행사를 통하여 구성원들의 일체감을 고양하는 작업

이와 같은 작업을 위한 노력은 군집의 초기부터 존재했다. 초기에는 천재지변이나 특수 상황이 발생했을 때 그러한 행사가 수시로 벌어지는 것이 상례였다. 그러나 행사가 빈번해지고 계절적 요인으로 말미암아 시간과 장소가 정해지며 통치자로서는 이러한 행사를 전담할 부서가 필요해졌다. 이에 따라 음양복술을 맡는 관서가 생겼다.[18]

1) 천군天君

우선 하늘의 뜻을 해석하는 임무를 맡기고자 국읍國邑에는 한 사람을 세워 천신에 대한 제사를 주재하게 하는데 마한馬韓에서는 그를 천군天君[19]이라 불렀다. 천군이란 현대적 개념으로서 무당을 일컫는 당시 용어였을 것이다. 박혁거세朴赫居世가 13세에 왕위에 등극했다는 사실[20]은 그가 통치의 주체가 아니었으며, 무동巫童과 같은 상징적 존재였음을 뜻한다.

13세에 통치를 맡기에는 혁거세가 너무 어렸다. 고대 사회에서 지적 능력을 지닌 사람이 맡을 직분에는 두 가지가 있었는데 첫째는 하늘의 일을 관장하는 제관祭官이었고, 다른 하나는 인간의 일을 기록하는 사관史官이었다.[21] 이들은 어느 정도의 정신적·육체적 성숙을 필요로 했다.

무당으로서 천군의 첫 번째 자질은 전조前兆, warning sign를 읽는 예지叡智였다. 그는 새의 발자국을 보든, 소의 내장을 보든, 아니면 쌀의 흐트러진 모습을 보든, 어떠한 방법으로 하늘의 뜻과 풍흉豐凶, 발병과 치유, 그리고 적의 내침 여부를 예언할 능력을 지녀야 한다. 동양 사회에서는 "조짐兆朕을 읽는 사람"이라

---

18) 『三國史記』 雜誌 職官(상) 供奉卜師.

19) 『晋書』(97) 列傳(67) 四夷 東夷 馬韓條; 『三國志』(30) 魏書(30) 東夷傳 韓條 : "俗信鬼神 常以五月耕種畢 群聚歌舞以祭神 至十月農事畢 亦如之 國邑各立主祭天神 謂爲天君"

20) 『三國史記』 新羅本紀 始祖朴赫居世居西干 즉위년조.

21) 梁啓超, 「中國 學術思想變遷의 大勢」, 『飮氷室文集』(서울 : 삼성출판사, 1979), pp. 163~165. 여기에서 사관史官이라 함은 현대적 개념으로서의 역사가historian란 뜻이 아니라, 서기clerk의 의미로 쓰였다.

는 뜻에서 왕이나 황제가 스스로를 "짐"朕이라고 불렀다.[22)]

주민들은 자기 무리 가운데 누군가가 보이지 않는 세계에서 온 무리로 말미암아 야기된 절망적인 상황으로부터 마을을 지켜 줄 것이라고 믿었다. 남에게 보이지 않는 것을 볼 수 있고, 초자연 세계의 정보를 바로 중계해 줄 만한 사람이 있다는 것은 지극히 안심되고 푸근한 일이었다.[23)]

고대 그리스인들은 도시 국가든 민족이든 큰 혼란을 겪기에 앞서 심상치 않은 전조가 있다고 믿었다. 예컨대 그리스인들은 델포이Delphi 신전에 가무歌舞를 바치고자 1백 명의 청년으로 편성한 가무단choir을 파견한 일이 있었다. 그 가운데 두 명만이 무사히 귀국했고 나머지 98명은 모두 전염병에 걸려 사망했는데, 그리스인들은 이것이 단순한 전염병이 아니라 패전을 알리는 신탁神託이라고 생각했다.[24)]

고대의 무당은 본디 신의 은총을 받은 사람이므로 질병을 치료하는 은사恩賜를 받았다고 여겼다. 따라서 그에게는 죽은 무리를 위한 제례로 기복祈福과 해원解冤과 치유의 직무를 맡겼다. 플라톤Platon은 그러한 직능을 이렇게 묘사하고 있다.

> 델포이에 계신 아폴론Apolon에게는 입법할 것 가운데서 제일 중요하고도 훌륭하며 새로운 것이 남아 있다. …… 이를테면, 신전의 건립, 제물, 여러 신, 다이몬Daimon, 영웅 신에 대한 봉사와 그 밖에 죽은 사람을 장사지내는 일과 인간을 위해 우리가 해야 할 봉사 등이 그것이다. 그 이유는 간단하다. 우리는 실제로 그런 것들을 모르고 있으며, 국가를 세우며 우리에게 이성이 있는 한 선조들의 신 이외는 믿지 않아야 하기 때문이다.[25)]

천군은 다양한 재능을 갖추어야 했다. 의례를 집행하는 영송사詠誦師, ritual singer는 천부적이라기보다는 교육과 훈련을 거쳐 주술을 습득한 도제인 경우가 많았다.[26)] 음악은 물론이고, 무용에 탁월해야 하며, 사설辭說(주술)에 능숙한 이

---

22) 『송사』(宋史) 「양대전열전」(楊大全列傳); 『사기』 「진시황본기」(秦始皇本紀)
23) Mircea Eliade, *Shamanism : Archaic Techniques of Ecstasy*, p. 509.
24) Herodotus, *The Histories*(London : Penguin Books, 2003), p. 368 : Book 6, § 27.
25) Plato, *Republic*, Book 4, § 427b.
26) Philip K. Bock, *Modern Cultural Anthropology*, p. 91.

야기꾼이어야 한다. 구변口辯은 무당의 중요한 자질 가운데 하나이다. 그는 화제話題로 좌중을 압도해야 한다. 그는 어느 정도 독심술을 써야 하며, 여흥자entertainer로서의 재주가 필요하다.

주술magic은 정서의 긴장에서 일어난다. 사회생활에서 주기적으로 반복되는 상황은 인간을 정서적으로 긴장 상태에 빠트린다. 만약 수렵, 어로, 그리고 구애와 같은 실질적 목적을 가진 행동으로써 이러한 긴장 상태를 풀 수 있는 출구를 찾지 못한다면, 그러한 감정을 상징하는 춤과 같은 2차적이며 대체적代替的인 행동으로써 긴장을 풀어야 한다. 이러한 대체 행동은 넘치는 에너지를 방출하는 기능을 한다. 행사가 반복하며 이러한 대체 행동은 모방의 지속을 거쳐 준경험적 활동auxiliaries으로 바뀐다.[27)]

주술은 정령精靈을 달래는 힘이며, 정령론은 자연적인 힘을 인격화하는 이론이다. 정령론에서 인격화된 힘은 단일하거나 복합적 존재인 동물이나 식물처럼 토템totem으로 나타날 수도 있고, 인간 형태를 지녔거나 형태가 규정되지 않은 신의 모습으로 나타날 수도 있다.

이러한 이론들이 어느 정도 과학과 도덕성을 갖추었을 때 그것은 종교가 되며, 여기에서 사용하는 기법인 의식ceremony, 의례rite, 예배worship는 주술이 된다. 이러한 현상을 게네프Arnold van Gennep는 "주술-종교적magico-religious인 것"이라고 불렀다.[28)]

무당은 신 앞에 서야 할 인물이기 때문에 금기禁忌, taboo가 많다. 제주祭主로 뽑힌 사람은 그날부터 근신謹愼해야 한다. 목욕을 함으로써 몸과 주변을 깨끗하고 조용하게 유지하고, 집 앞에 금줄을 치고, 일반인과 다른 우물을 사용한다. 초상집이나 우환이 있는 집 등, "부정"不淨한 곳에 가지 않아야 하며, 아이를 출산한 집에도 가지 않는다. 지금도 자녀의 혼일 날자가 정해진 가정의 가장은 상가에 문상을 가지 않는다.

번잡한 세상사에 가능한 한 관여하지 않으며 말다툼 등 시끄러운 일을 벌이지 않는다. 성sex 생활도 멀리하며 엄격한 제기祭忌의 생활을 해야 한다. 경우에 따라 마을로부터 떨어진 곳에 오두막을 짓고 그곳에서 기거하며 목욕재계한다. 제

---

27) E. E. Evans-Pritchard, *Theories of Primitive Religion*, p. 34.

28) Arnold van Gennep, *The Rites of Passage*, p. 13.

의를 올리는 날은 "손 없는 날"을 선택하며, 생일, 명절, 기일忌日 등 일상의 날과는 다른 날로 정하는 것이 기본적인 격리 방법이다.[29]

특수한 목적을 지닌, 이와 같은 제례는 통과의례와 결합하여 함께 치른다. 때로는 이들이 너무 밀접하게 결합해 있어서, 어떤 특정 의례가 보호 의례인지 또는 분리 의례인지 구분할 수 없다. 이러한 문제는 이른바 정화 의식淨化儀式, purification rites의 다양한 형태에서도 나타난다. 정화 의례는 단순히 금기를 제거하여 오염된 속성을 없애는 것일 수도 있고, 정결함의 속성을 실천하려는 능동적인 의례일 수도 있다.[30]

제례에서 정결 예식은 구성원들의 질병이나 불구자의 기피, 행사 전의 성적 금욕, 사체의 통과 금지, 생리하는 여성의 기피 등으로 나타난다. 제의에 앞서 무당은 찬물로 세수한다. 무당의 제의에는 일정한 음식을 진설한다. 그것은 신에 대한 흠향歆饗을 의미한다.

흔히 무당이 지니는 3종의 신기神器를 들 때, 거울[銅鏡]·칼[銅劍]·방울[銅玲]을 꼽는다.[31] 예물에는 흔들어 바치는 예물[32]이 많다. 아들을 비는 기자祈子 행위나 젊은 여귀女鬼를 달랠 때는 남근목男根木을 바치는 경우도 있다. 짚으로 만든 제웅을 바침으로써 병을 몰아내고자 하는 소망을 나타내는 경우도 있다. 제의의 궁극적 목표는 신이나 죽은 무리와 산 무리 사이의 화해이다.

2) 영고迎鼓

부여족의 세시풍속으로 영고迎鼓가 있었는데, 이는 은력殷曆(한나라 초기의 역법) 정월에 나라에서 주관하여 지내는 제천 행사로서 며칠 동안 마시고 먹고 노래하고 춤추었다.[33] 아마도 어의語義로 볼 때 이 행사는 북을 주요 악기로 하는

---

29) 尹元澈, 「민속 종교 祭儀의 기능에 대한 一考察」, 『전통 사상의 현대적 의미』(성남 : 한국정신문화연구원, 1990), pp. 117~120.

30) Arnold van Gennep, *The Rites of Passage*, pp. 10~12.

31) 장장식, 『몽골민속기행』(서울 : 자우출판, 2002), p. 30.

32) "흔들어 바치는 예식"(搖祭)는 구약 시대의 중요한 제례였다. 『구약성경』 「출애굽기」 29 : 24, 「레위기」 7 : 34 참조.

33) 『後漢書』(85) 東夷 列傳(75) 夫餘國條; 『三國志』(30) 魏書(30) 東夷傳 夫餘條 : "以殷正月[臘月] 連日飮食[酒]歌舞 名曰迎鼓 於是時斷刑獄 解囚徒"

음악 놀이였을 것이다.

목소리로 즐기는 음音과 함께 기구로 즐기는 악樂은 인간의 흥취를 돋우는 방법이었을 뿐만 아니라 마음을 닦는 중요 도구였다. 그래서 동양에서는 예로부터 가르치기를, "음악은 안을 닦기 위한 것이요, 예는 밖을 닦기 위한 것"[34]이라 했다.

서구 예술사에서 음악의 시조는 플라톤Platon이었다. 그의 주장에 따르면, 음악의 수련이야말로 다른 어느 수련보다도 가치 있는 부분이다. 왜냐하면 운율과 격조는 정신의 내면으로 파고들어 힘차게 자리 잡아 우아함을 심어주기 때문이다.[35] 그러므로 어린 시절부터 음악을 가르쳐야 한다. 어린이들이 법이 규정한 바에 따라 옳은 유희를 하게 되고 음악을 배워 법을 지키는 정신을 받아들이면, 마침내 올바르고 훌륭한 어른으로 성장한다. 그렇게 되면, 그때까지 아주 사소한 문제로 생각했던 풍습의 조그마한 잘못도 발견할 수 있게 된다.[36]

따라서 인간의 사유思惟에는 지혜가 있고 정신 전체를 위한 선견지명이 있기 때문에 정치가가 백성을 지배하는 일에 종사하는 것이 적합하겠지만, 그런 것들을 조화시키는 것은 음악과 체육이 합쳐 이루어질 때 가능하다. 이어서 플라톤은 음악과 체조를 가장 적절히 혼합하여 정신에 가장 잘 조화시키는 무리야말로 참다운 음악가로 불릴 것이며, 현絃의 조율사보다도 훨씬 높은 의미에서 조화자라고 할 수 있다고 말한다.[37]

고구려의 음악이 얼마나 발달하였던지는 수隋나라에서도 그것이 연주된 것으로 알 수 있다.

> 수나라 문제文帝 개황開皇 초(584년)에 정령을 발표하여 칠부악七部樂을 설치했다. 고구려에는 가곡으로 지서芝栖가 있고, 무곡으로 가지서歌芝栖라는 것이 있다. 악기로는 탄쟁彈箏·와공후臥箜篌·견공후堅箜篌·비파琵琶·오현五絃·적笛·생笙·소簫·소필률小篳篥(작은 피리)·도피필률桃皮篳篥(복숭아나무 껍질 피리)·요고腰鼓(허리에 매는 북)·제고齊鼓(위가 넓은 북)·담고擔鼓(등에 지는 북)·패貝 등이 있다.[38]

---

34) 『禮記』(5) 文王世子 : "樂所以修內也. 禮所以修外也"

35) Plato, *Republic*, Book 3, § 401d.

36) *Ibid.*, Book 4, § 425a.

37) *Ibid.*, Book 4, § 441e; Book 3, § 412a.

38) 『隋書』(15) 志(10) 音樂(下); 『三國史記』 雜著 樂 高句麗樂條 : "始開皇初 定令 置七部樂 …… 三日 高麗伎 …… 高句麗歌曲有芝栖 舞曲有歌芝栖 樂器有彈箏·臥箜篌·堅箜篌·琵琶·

위의 기록에 따르면 고구려에는 많은 악기가 있었는데, 그 가운데서도 북이 눈길을 끈다. 본디 무당의 굿에는 3요소가 있는데, 춤[舞]과 악樂과 사설辭說이다. 이 가운데서도 음악은 아마도 인류 최초의 예술이었을 것이며, 흥을 돋우는 데는 북만 한 것이 없었을 것이다. 특히 농요農謠는 육신의 고통을 줄이고 신명을 불러일으키는 구실을 한다.

알타이어 계통의 무당들은 북이 하늘나라로 가는 여행을 돕는 말[馬]이라 여기며, 탈혼脫魂 상태에 들어갈 때 타고 다니는 것이 말이라고 생각한다.[39] 스쿨크래프트Henry Schoolcraft의 이론에 따르면, 아메리카 인디언 사이에서 춤이란 즐거움인 동시에 종교적인 관례이며 그들의 관례나 관습에서 가장 보편적인 특질 가운데 하나이다. 춤에는 어떠한 경우에나 노래를 수반하고 극소수의 경우를 제외하면, 항상 타악기의 반주를 연주했다. 춤은 일반적으로 어떤 대상에 대해 강렬한 감정이나 격정을 표현하는 것으로 믿어 왔다.[40]

음악이 공동 생활에서 지니는 의미는 그것이 정신의 정화淨化 작용에 중요한 구실을 하기 때문이다. 음악은 제도의 냉혹한 속성을 누그러뜨리며, 교육으로써도 이루지 못할 부분을 치유하는 능력이 있다. 음악은 모든 감정과 생각을 자극한다. 음악은 영혼에 연민pity과 자비enity와 부드러움tenderness과 사랑love을 느끼게 할 수 있다.[41] 그러므로 음악은 영혼의 치료제이다.

음악의 또 다른 효과는 그 가사가 주는 기능이다. 시가음률학詩歌音律學, cantometrics[42]은 권력을 찬양하게 만드는 효과*miranda* 가운데서도 가장 효과적이었다. 음악music과 노래song는 이제까지 인간이 고안한 것 가운데 가장 주목할 만한 리듬으로 권력 집단을 찬미하는 데 기여했다는 점에서 성가聖歌나 여타의 음악과 좋은 맞수가 되고 있다.

우리는 프랑스의 「라 마르세예즈」La Marseillaise, 독일의 「위대한 독일」Deutschland über Alles, 소련의 「인터내셔날」Internationale, 이탈리아의 「조바네차」Giovanezza,

---

五絃·笛·笙·簫·小篳篥·桃皮篳篥·腰鼓·齊鼓·擔鼓·貝等十四種 爲一部 二十八人"

39) 장장식, 『몽골민속기행』, p. 32.

40) Anya P. Royce, *The Anthropology of Dance*(Alton : Dace Book Ltd, 2002), pp. 19~21.

41) Baron de Montesquieu, *The Spirit of the Laws*(New York : Hafner Publishing Co., 1949), Vol. I, Book IV, § 8.

42) Philip K. Bock, *Modern Cultural Anthropology*, p. 271.

미국의 「성조가」Star-Spangled Banner, 그리고 영국의 「신이여, 왕을 지키소서」God Save the King와 같은 국가國歌가 지니는 위력을 부정할 수 없다.[43]

이러한 음악이 축제나 굿에서 연주될 때, 그것은 무악巫樂의 성격을 띠게 되는데, 그 근본 정신은 조화와 상생이다.[44] 음악이 자기 황홀을 불러일으킬 때, 그 목적이 춤을 추려는 것이든, 내기를 하려는 것이든, 옥수수를 제분하려는 것이든, 혹은 병을 낫게 하려는 것이든, 음악에 기대하는 것은 주술의 효과이다.[45] 그래서 음악은 귀로 듣는 것이 아니라 가슴으로 듣는 것이다.

제천 의식이라 함은 신을 의식하는 것이기 때문에 일차적으로는 경건을 생명으로 하지만, 실제로는 가무와 음주가 그의 중요한 일부를 이룬다. 특히 술은 홍취의 매개물이었다. 이 "마법의 물"이 발견된 뒤 많은 애환이 있었지만, 계율을 중시하는 측에서 보면 술은 금기의 대상이었다.

석가모니도 술을 마시지 않는 것이 십중대계十重大戒라 하였고,[46] 예수도 술에 취하지 말도록 가르쳤고,[47] 플라톤도 젊은이들은 술에 취하지 않도록 조심해야 한다고 가르쳤다.[48] 그것은 아마도 술에 취함으로써 저지를 인간의 과오에 대한 경계였을 것이다.

여러 사서史書가 보여주는 바에 따르면, 신라 사람들은 유달리 술을 좋아했고,[49] 평소에도 노래 소리와 피리 부는 소리가 길거리에 가득 차 밤낮으로 그치지 않았는데,[50] 당唐나라의 시인 이상은李商隱의 공자시公子詩에,

> 한 잔 신라주新羅酒의 기운이
> 새벽 바람에 쉬 사라질 것이 두렵구나.
> 一盞新羅酒 凌晨恐易銷[51]

---

43) Charles Merriam, *Political Power*, pp. 71~74; 신복룡(역), 『정치권력론』, pp. 163~164.

44) 이용식, 「한국 巫樂을 바라보는 21세기의 눈 : 조화와 상생」, 『제2회 세계한국학대회 논문집(III), 화해와 협력시대의 한국학』(北京 : 한국학중앙연구원/北京大學, 2005), p. 728.

45) Philip K. Bock, *Modern Cultural Anthropology*, p. 270.

46) 「梵網經菩薩戒本私記」, 『國譯元曉聖師全書』(4)(서울 : 대한불교원효종, 1989), pp. 274~412.

47) 『신약성경』 「루카복음」 12 : 45.

48) Plato, *Republic*, Book 3, § 403.

49) 『梁書』(54) 列傳(48) 諸夷; 『北史』(94) 列傳(82) 新羅條 : "行酒爲行觴"

50) 『三國遺事』(1) 又四節遊宅.

51) 『芝峰類說』(12) 文章部(5) 唐詩.

라고 하여 중국에서도 신라의 술을 진귀한 것으로 여겼다.

이러한 행락行樂은 국가적인 차원으로까지 발전했다. 특히 신라인들의 음악 애호는 진흥왕眞興王 시대에 우륵于勒이 신라에 입국한 것을 계기로 대악大樂으로 발전했으며,[52] 신문왕神文王 7년(687)에 이르러서는 음악서장音樂署長을 경卿으로 격상하기에 이르렀다.[53]

3) 무천舞天

남방계에 천군이 있었던 것과 마찬가지로 북방계 예맥穢貊에는 무천舞天[54]이 있었다. 이 행사는 해마다 10월에 지내는 제사였는데, 밤낮으로 음주하고 가무를 즐겼다. 이 행사는 그 어의로 볼 때 춤을 주제로 하는 제천 행사였던 것으로 보인다. 북방계 고구려인들이 춤을 즐기는 모습은 장천長天 1호 고분 전실前室 북벽과 집안輯安의 고구려 고분 묘실 남벽 벽화의 군무群舞에 잘 나타나고 있다.[55] 이러한 춤은 현대 무당의 검무劍舞에 그 잔영이 남아 있다.

춤을 잘 추는 여인은 남성의 매혹을 끄는 첫 번째 요소였다. 로마의 유스티니아누스Justinianus 황제는 가장 뛰어난 무용수를 사랑하여 황비로 맞이했다. 고대 사회에서 춤을 알지 못한 채 궁중 생활에 참여한다는 것은 생각하지도 못할 일이었다.[56] 현대 사회에서도 최고의 연회는 춤으로써 절정을 이루는데, 이를테면 연례 행사인 국왕 탄신 무도회 때에는 무보舞譜를 얻는 일이 필수적이었다. 무도회는 식민지 미국에서도 연례 행사였고 그 뒤 대통령 취임 기념 무도회로 바뀌었다.

오늘날 원시 무용의 원형이 가장 잘 보존되어 있다는 감비아Gambia 만딩구족Mandingu의 춤을 보면, 거기에는 그들 삶의 모든 것이 포함되었음을 볼 수 있다. 곧, 체력 단련을 위한 투석, 투창, 달리기의 모습이 있고, 수확에서 키질하는 장

---

52) 『三國史記』(32) 雜誌(1) 樂條.

53) 『三國史記』 新羅本紀 神文王 7년 4월條.

54) 『後漢書』(85) 東夷列傳(75) 濊條; 『三國志』(30) 魏書(30) 東夷傳 濊條 : "常用十月節祭天 晝夜飮酒歌舞 名之爲舞天"

55) 최무장, 『高句麗·渤海文化』(서울 : 집문당, 1982), pp. 62, 66.

56) Anya P. Royce, *The Anthropology of Dance*, p. 89, 97, 121.

면이나 성희性戱의 모습은 풍요와 다산多産의 기원을 표현하는 것이며, 자기 황홀ecstasy의 표현은 심리적 해방을 염원하는 것으로 보이고, 동물의 흉내를 내는 장면은 자신들의 토템totem을 상징화한 것이며, 고통으로부터의 해방을 기원하는 의미로 병신춤을 추었다.[57]

동이족東夷族의 사회에서 춤이 얼마나 유행이었던가 하는 점은 다음의 기록에 잘 나타나 있다.

> 해마다 5월이면 씨뿌리기를 마치고 귀신에게 제사를 지낸다. 무리 지어 노래와 춤을 즐기며 술을 마시고 노는데 밤낮을 가리지 않는다. 그들의 춤은 몇십 명이 모두 일어나 뒤를 따라가며 땅을 밟고 구부렸다 치켜들었다 하며 손과 발로 서로 장단을 맞추는데, 그 가락과 율동은 목탁을 가지고 추는 춤[鐸舞]과 비슷하다.[58]

당시 동이족이 즐기던 춤의 기능은 대략 다음과 같이 분류하여 설명할 수 있을 것이다.

첫째는 동족의 어울림을 위한 계기를 마련해 준다. 춤은 흥취를 돋우고 술을 마시게 하고 육체를 접촉함으로써 일체감을 높인다. 한국어의 어원으로 볼 때 춤은 "추임"이다. 춤은 음악과 함께 다른 사람의 자아를 자극할 뿐 아니라 자신의 자아 개념을 전달할 뛰어난 도구였다.[59]

언어가 발달하지 못한 원시 사회에서 춤은 몸짓으로 의사를 표현하려는 의지에서 시작되었다. 춤은 문자가 없는 사회에서 지식을 가르치고 보전하는 등 언어에서 문자와 같은 기능을 수행했다. 춤이 무엇을 뜻하는지 말로 할 수 있었다면 춤으로 출 필요가 없었을 것이다.[60] 춤에는 사람들이 자신에 대해 어떻게 느끼고 있는가를 서로 소통시키는 커다란 잠재력이 있다. 서로 다른 민족들이 접촉할 때는 더욱 그러하다.

이러한 잠재력은 춤이 큰 힘을 갖게 하는 동시에 춤을 위협적인 존재로 만든다. 프랑스의 시인 보들레르Charles P. Baudelaire(1821~1867)의 작품들은 이 점을

57) 경기도 포천시 소흘읍 무림리 아프리카 예술박물관 탐방(2009. 5.).

58) 『三國志』(30) 魏書(30) 東夷傳 韓條; 『晉書』(97) 東夷(67) 馬韓條 : "常以五月下種訖 祭鬼神 羣聚歌舞飮酒 晝夜無休 其舞數十人 俱起相隨 踏地低昻 手足相應 節奏有似鐸舞"

59) Anya P. Royce, *The Anthropology of Dance*, p. 31.

60) *Ibid.*, pp. 154~155.

매우 잘 표현했다. 그의 말을 빌리면, "춤은 음악이 지니는 모든 신비를 드러낼 수 있다."[61] 그럼에도 서로 다른 문화의 접촉에서 일어나는 모순 하나는 각 집단이 흔히 상대방의 예술, 특히 춤을 비도덕적이며 혐오스럽게 여긴다는 점이다. 춤이 타락한 무리의 여흥이 된 것은 교·정이 분리되고 무녀의 권한이 축소된 6세기 무렵부터이다. 무희들은 권력을 상실한 빈자리를 매춘으로 메웠다.

둘째로 춤은 체력 단련과 이를 통한 전쟁 준비의 의미를 지니고 있다. 그뿐만 아니라 인간은 춤을 통하여 협동 정신을 강화하고 훈련한다.[62] 이 점은 이미 플라톤이 깊이 강조한 바 있다. 그의 말을 빌리면, "음악 다음의 문제는 체육이다."

젊은이들은 춤으로 육체를 훈련한다. 체육 또한 음악과 마찬가지로 어릴 적부터 시작해야 한다."[63] 원시 시대 춤의 대부분은 정치적 목적에 집중되는 일이 많았고 특히 전승 축제戰勝祝祭, war dance에서 괄목할 만한 위치를 차지하고 있었다.

그리고 그 뒤의 시대에 일어나는 시위 행진의 율동적인 보조는 참가자와 관객 모두에게 깊은 인상을 주었다.[64] 군사 행동이 지원병제도로 되어 있었던 시절에는 전승 무도회를 열어 지원병을 모집하고, 그 목적을 포고했다.[65] 춤에서 사냥의 모습이 자주 등장하는 것은 사냥에서 죽음의 고통을 체험한 사람들이 춤과 노래에서 그 고통을 위로하고자 했기 때문이었다.[66]

춤의 세 번째 기능은 경배와 기원의 의사를 전달하는 것이다. 춤에는 흐느낌의 장면이 많으며, 그로써 진혼鎭魂의 뜻을 전달한다. 춤은 경배의 형식을 띠고 있으며, 약藥을 주관하는 신을 위무慰撫하는 것이며, 밖에서 온 사람에게 영광과 기쁨을 준다.[67] 춤에는 허리를 굽히는 동작이 빈번한데 이는 경의의 은유적 표현이다. 특히 불교의 승무僧舞에서 나타나고 있는 바와 같이 인간은 춤으로써 종교를 연출한다.[68]

---

61) *Ibid.*, pp. 158~160.
62) E. E. Evans-Pritchard, *Theories of Primitive Religion*, p. 48.
63) Plato, *Republic*, Book 3, § 403c.
64) Charles Merriam, *Political Power*, p. 112; 신복룡(역), 『정치권력론』, p. 164.
65) Lewis H. Morgan, *Ancient Society*(Chicago : Charles H. Kerr & Co., 1877), p. 119.
66) 안택원, 『문명의 시간 여행』(서울 : 대원출판, 1997), p. 51.
67) George Catlin, *North American Indians*, Vol. 1(New York : Dover Publications, Inc., 1973), p. 244.

굿이나 푸닥거리[賽神]에서 가무가 사용되는 것은 동서고금이 마찬가지이다. 인간은 가무로써 신의 뜻을 얻고, 신기神氣를 부드럽게 하여 인간의 소원을 전달하고, 소원이 달성된 데 감사의 뜻을 표시했다. 이와 달리 귀신은 가무에 만족하고 사람의 소청을 잘 들어준다고 믿는 데 주술의 기능이 있다.[69] 아메리카 인디언들 사이에서 춤은 예배의 한 형식이었고, 모든 종교적 제전에 걸맞은 의식의 일부를 이루었다.[70]

지난날 몇몇 종족의 의식儀式 가운데서 토지와 성性의 출산력, 그리고 정치권력과 종교에 대한 숭배는 의식과 율동적인 춤에 결합하여 있었다. 춤 자체에 수반되는 격렬한 흥분과 발작적인 행동, 실신 상태에 이르는 육체의 탈진은 우리 현대인에게도 전혀 생소한 것이 아니듯이, 원시인들 사이에서는 종교적인 황홀경을 늘 동반했다.[71]

이와 같이 원시인들의 춤은 대개 의례와 관련되었고 그 의례는 인생의 중요한 측면을 표현했다. 원시인은 의례라는 엄청난 짐에 짓눌려 있었으며 의례를 떠나서 춤을 출 수 없었다고 진화론자들은 인식하고 있다. 원시인의 공식적인 춤은 대체로 영령이나 죽은 영웅들이 실제로 참석한다고 믿는 극적인 표현 양식이다.

곧 사람이나 동물의 행동을 모방하면 모방 대상의 영혼이 모방자에게 깃든다고 믿었다. 따라서 그들은 영웅과 영계靈界에서 벌어지는 초자연적인 존재들의 행위를 모방함으로써 신비한 능력을 어느 정도 소유할 수 있다고 믿었다.[72]

춤을 출 때 춤꾼의 팔은 새의 날개 구실을 한다. 이는 춤이 날고 싶은 욕망의 표현이라는 뜻이다. 춤꾼의 머리에 꽂힌 꿩의 깃도 또한 날고 싶은 욕망의 표현이다. 인간이 날음(비상)을 소망했다는 것은 자유에 관한 소망의 표현이다. 한국사에 나타나고 있는 수많은 춤, 이를테면 마당굿이나 각종 탈춤에서 나타나고 있는 날갯짓은 자유에 관한 그리움이며 속박으로부터 해방을 그리는 동작이다.

---

68) 김선풍, 「한국축제의 본질」, 『제2회 세계한국학대회 논문집(III), 화해와 협력시대의 한국학』(북경 : 한국학중앙연구원/北京大學, 2005), p. 760.

69) 임동권, 「한국원시종교사」(1), 『한국문화사대계』(11)(서울 : 고대민족문화연구소, 1979), pp. 36~37.

70) Lewis H. Morgan, *Ancient Society*, p. 118.

71) Anya P. Royce, *The Anthropology of Dance*, p. 24.

72) *Ibid.*, pp. 19~21.

4) 동맹同盟

고구려의 제천 행사로 동맹同盟이 있었다. 고구려 사람들은 귀신·사직·영성零星에게 제사하길 좋아하여 10월에 큰 모임을 열어 하늘에 제사를 지냈으며, 그 나라의 동쪽에 큰 굴이 있어 이를 수신襚神이라 했다.[73] 예맥의 무천과 마찬가지로 10월에 지낸 것으로 보아 동맹도 추수감사절의 의미였던 것으로 보인다.

당시 동이족 사회에서는 10월에 추수를 마치고 축제를 여는 것이 보편적인 관례였다.[74] 고구려에는 일찍부터 종묘宗廟가 있었는데, 이곳에서 천신天神과 여러 부족에서 받드는 지신地神을 복합적으로 제사했던 것은 아니며, 어느 한 부족의 조상신에게 제사했다.[75]

동맹이 조상신에 대한 추수 감사의 성격이 짙었다고 믿을 근거로는 "고구려에서는 10월에 하늘에 제사를 올리는 큰 잔치가 있으니 이를 동명東明이라 한다."는 구절[76] 때문이다. 왜 어느 문헌에는 "東盟"이라 하고 어느 문헌에는 "東明"이라고 되어 있을까 하는 점에 관해서는 그냥 지나칠 수 없는 의심이 일어난다. 곧, 이 용어 가운데 하나는 틀린 것인데 아마도 "東盟"이라고 쓴 사관의 기록이 틀렸으리라고 여겨진다.

이러한 주장의 논거는, 대체로 나중에 쓴 역사서(『梁書』)가 앞서 쓴 기록(『후한서』와 『삼국지』)의 오류를 고쳐 쓴다는 보편적인 사실로써도 입증되지만, 더 중요한 것은 그러한 제천 행사의 의미가 국조國祖 신앙이었다는 점에서 보면 이는 시조 동명왕東明王을 추모하려던 것이 맞고 그래서 "東明"으로 보아야 한다. "東明"과 "東盟"은 고대에 음이 같았다는 점[77]도 이를 뒷받침한다.

역사적으로 볼 때 그리스와 로마의 경우처럼, 어떤 부족이나 국가가 그 추장의 이름으로 부르는 이른바 시조 성명의 신화eponymic myth를 갖는 것은 흔히 있는 일이다. 그들은 부족 단위로 조상신을 제사하는 독자적인 제의를 가졌고, 그

73) 『後漢書』(85) 東夷列傳(75) 高句麗; 『三國志』(30) 魏書(30) 東夷傳 高句麗; 『三國史記』(32) 雜志(1) 祭祀 고구려·백제의 제사 의례.

74) 『晋書』(97) 列傳(67) 東夷 馬韓; 『三國志』(30) 魏書(30) 東夷傳 韓.

75) 金杜珍, 「고구려 초기 東盟 祭儀의 蘇塗 신앙적 요소」, 『한국학논총』(18)(국민대학교 한국학연구소, 1995), p. 11.

76) 『梁書』(54) 列傳(48) 東夷 高句麗傳.

77) 서영대, 「高句麗의 國家祭祀」, 『한국사연구』(120)(한국사연구회, 2003), pp. 15~16.

것은 서로 독립적으로 존재하는 신앙 영역을 이루고 있었다.[78] 혈족은 자신들의 명칭에 동식물의 이름을 붙여 사용하고 아주 드문 경우지만 다른 자연 현상을 이름으로 사용하는 사례를 볼 수 있다. 이러한 형식은 시조에 대한 신앙이나 관습을 수반하는 경우가 상당히 많았다.[79]

명칭*nomina*이 신성화*numina*되는 경우는 신화의 역사에 흔히 있는 일이다.[80] 그러한 사례로 고구려의 국내성 안에 주몽사朱蒙祠가 있었는데, 그 사당에 보존하고 있는 쇄갑鎖甲과 섬모銛矛는 전연前燕 때 하늘이 내려준 것이라는 말이 있었다.[81] 사당에 전투복과 무기를 모셨다는 것도 예사롭지 않게 보인다. 당나라가 쳐들어왔을 때인 보장왕寶藏王 4년(645)에는 주몽사에서 신탁을 받은 사실이 있음[82]으로 보아 이곳은 전승 기원의 장소로 이용되었음을 알 수 있다.

그렇다면 동쪽의 동굴에 모셔졌다는 수신禭神은 누구를 추모함일까? 이들이 누구인가를 알려 주는 다음의 자료가 있다.

> (고구려 사람들은) 불법을 공경하고 믿으며, 특히 음사淫祀를 좋아한다. 또한 신을 모시는 곳이 두 곳이 있는데, 하나는 부여신扶餘神으로 나무를 깎아 만든 여인의 모양이고, 하나는 등고신登高神으로 말하길 시조 부여신의 아들이라 한다. 관사官司에 함께 두고, 사람을 보내어 지키고 지킨다. 대개 (그 두 신위는) 하백河伯의 딸과 주몽이라 말한다.[83]

위의 자료로 미루어 볼 때, 수신에 나오는 여신은 시조모始祖母인 유화柳花를 말하며, 그가 굴속에 안치되어 있다는 것은 유화가 유폐되어 있었던 옛일을 표현한 것이다. 수신제는 수신을 수혈水穴에서 모시고 나와 국내성 동쪽의 압록강으로 옮겨 물 위에 설치한 신좌神座에 두고 제사하는 절차로 이루어졌다. 이는 유폐되었던 유화가 햇볕에 감응되어 주몽을 잉태했다는 건국 신화의 내용을 구체적으로 재현함으로써 시조 주몽이 천신과 수신의 후손이라는 성스러움을 강

---

78) 金杜珍, 「고구려 초기 東盟 祭儀의 蘇塗 신앙적 요소」, pp. 17~18.

79) Robert H. Lowie, *Primitive Society*, p. 137.

80) E. E. Evans-Pritchard, *Theories of Primitive Religion*, pp. 21~22.

81) 『新唐書』(220) 列傳(145) 東夷 高句麗.

82) 『三國史記』 高句麗本紀 寶藏王 4년 5월조.

83) 『周書』(49) 列傳(41) 異域(上) 高麗; 『北史』(94) 列傳(82) 高麗; 『三國史記』 雜志(1) 祭祀.

조한 것이다.[84]

이 제사는 고구려의 졸본 시절에서부터 지내왔을 것으로 보인다. 고향을 떠나 멀리 비류수沸流水에 내려와 살던 부여족은 자신들의 조상을 잊지 않으려고 하늘의 아들 동명에게 제사를 지냈다. 그들은 이러한 제사로써 왕실과 왕의 권위를 신과 연결하여 명확히 세우게 되었고, 고구려연맹의 맹주국으로서 위신을 갖추었으며, 동부여 왕실에 대한 정신적 부담감에서 벗어나 독립적인 왕실의 정체성을 확실히 갖추게 되었다.[85]

요컨대 고구려의 개국 신화는 영웅 전승傳承의 성격을 띠고 있는데, 이는 고구려 왕실을 중심으로 주위의 성읍城邑 국가를 정복하거나 흡수하며 연맹왕국을 이루어 가는 과정에서, 주몽 부족이 영웅 전승의 개국 신화를 창조함으로써 연맹체로서의 국가적인 제사를 통해 흡수한 여러 부족장 세력을 함께 묶으려 했던 것이다.[86]

고구려의 이와 같은 연맹의 성격을 띤 동맹이라는 축제는 백제에까지 이어져 내려왔다. 이를테면, 구수왕仇首王은 재위 14년(서기 227) 봄 3월에 우박이 내리고 여름에 크게 가물자 동명왕에 기우제를 올렸으며,[87] 아신왕阿莘王은 2년(서기 393) 봄 정월에 동명왕묘東明王廟를 배알하고 남쪽 제단에서 천지에 제사를 지냈고,[88] 전지왕腆支王은 2년(서기 406) 봄 정월에 동명 사당에 배알하고 남쪽 제단에서 천지에 제사를 지내고, 백성을 크게 사면했다.[89]

백제에서 주몽을 추모하는 제례를 모셨다는 사실은 동명왕묘가 단순히 부여족의 시조로 여겨지던 사당이라기보다는 얼마 전까지 살아 있던 온조왕溫祚王의 아버지에 대한 추모의 뜻을 담고 있다. 아울러 주몽이 졸본에서 하늘의 아들로 왕이 되어 주민들에게 크게 신망을 얻었고 다시 하늘로 돌아가 신이 되었다고 여겼다.

따라서 온조로서는 아버지의 사당을 먼저 세워 그의 후광을 자신의 건국 사업

---

84) 윤성용, 「고구려 建國神話와 祭儀」, 『한국고대사연구』(39)(서울 : 서경문화사, 2005), p. 24.
85) 김기흥, 『고구려 건국사 : 되찾은 주몽 신화의 시대』(서울 : 창작과비평사, 2002), pp. 91, 123.
86) 金杜珍, 「고구려 초기 東盟 祭儀의 蘇塗 신앙적 요소」, p. 29.
87) 『三國史記』 百濟本紀 仇首王 14년 봄 3월조.
88) 『三國史記』 百濟本紀 阿莘王 2년 3월조.
89) 『三國史記』 百濟本紀 腆支王 2년 봄 정월조.

에 유리하게 이용하려는 측면도 있었다. 온조는 아버지의 사당을 세우고 숭배함으로써 동명왕의 영혼이 자신의 건국 과정에 함께 한다는 것을 백성에게 알리고, 그 자신도 곧 하늘의 아들로서 마땅히 새로운 왕국 곧 백제를 건국하여 왕노릇을 할 수 있음을 보이고자 했다.[90)]

온조의 이와 같은 제례는 종교학으로서도 흥미 있는 현상이다. 종교는 생령 신앙belief in souls보다는 망령 신앙belief in ghosts에서 기원을 찾고 있다. 초자연적 존재에 관하여 최초로 형성된 관념은 망령의 관념으로서 물신 숭배fetishism와는 다른 것이다. 실제로 망령 관념은 고대인만이 지녔던 특유의 관념이 아니라 어느 시대에서나 발견된다.

망령 관념은 필연적으로 신의 관념으로 발전했다. 먼 조상이나 우월자의 망령은 신으로 추앙받는데 이를 인신 신화人神神話, Euhemerism[91)]라고 부른다. 이는 기본적으로 조상 숭배에 드는 것이기 때문에 이 제례에서는 살아 있는 어른에게 바치듯이 공희供犧, sacrifices와 제주祭酒, libations를 바친다.[92)]

5) 첨성대瞻星臺

고대인들이 제천 의식을 거행하며 먼저 고민해야 할 일은 장소와 제단과 치장이었다. 어느 사회에서나 장소*topos*는 중요하며 장식이나 치장은 신에 대한 경의의 발로여서 소홀히 할 수 없었다. 그러한 고민의 결과로 나온 제단이 곧 첨성대瞻星臺였다.

우선 첨성대의 위치는 경주의 중심지로부터 동남쪽으로 다소 비껴진 반월성半月城을 끼고 있다. 석재는 화강암으로서 높이는 917cm터이며, 바탕의 지름은 517cm이고 상층부의 지름은 250cm이다. 모양을 보면, 2층의 기단이 있고, 그 위에 대략 30cm 두께의 돌로 27층을 쌓았으며, 꼭대기에는 다시 우물 정井 모양의 2층 천개석天蓋石이 있다. 따라서 층수를 따지자면 31층이 된다.

첨성대의 정남향으로 3층 돌 높이의 네모난 문이 있는데, 이 문의 아래로 12층

---

90) 김기홍, 『고구려 건국사 : 되찾은 주몽 신화의 시대』, pp. 95, 121.

91) 인신 신화라 함은 4세기 무렵 그리스의 작가 유헤메루스Euhemerus의 이론으로서, 신화란 살아 있던 사람의 성화聖化라는, 매우 헬레니즘적 요소가 짙은 신화이론이다.

92) E. E. Evans-Pritchard, *Theories of Primitive Religion*, p. 24.

이 있고 위로 12층이 있으니까 정확히 그 중간에 자리 잡고 있다. 내부에는 12단까지 흙이 채워져 있고 여기에 사용된 돌의 숫자는 모두 362개이다. 세워진 연대는 신라 27대 선덕여왕 16년(서기 647)인 것으로 알려져 있다.

1904년에 일본인 학자 세키노 다다시關野貞가 처음으로 논문을 쓰고, 1917년에 일본인 고고학자 와다 유지和田雄治가 첨성대를 실측한 이래로 한국 학자들 사이에는 그것이 선덕여왕의 불심을 상징한 조형물로서 우물과 관련이 있다는 설,[93] 천문대였다는 설,[94] 종교적 상징물이었다는 설[95]이 있다. 이제까지는 그것을 천문대로 보는 시각이 지배적이었으나, 그러한 주장에는 논리적으로 무리가 많다.[96]

그렇다면 첨성대란 과연 무엇이었을까? 그것은 고대 부족 국가 시대의 제천 의식을 위한 제단이었다. 이를 뒷받침하는 논거로서는 다음과 같은 점을 지적할 수 있다.

> 첫째로, 그것이 평지의 반월성 밑에 있는 것은 출전出戰에 앞서 승리를 기원하는 의식이 필요했기 때문이었다. 원시 국가에서 고대 국가에 이르기까지 전쟁은 축제의 의미를 담고 있었고 거기에는 무속적이고 주술적인 요인이 필수적으로 보태질 수밖에 없었다.
>
> 둘째로, 남쪽으로 난 문은 제주祭主와 부락민이 그 앞에서 북쪽 즉, 북두칠성을 향하여 제사를 드렸음을 뜻한다. 북두칠성은 영원과 장생長生을 기원하는 노장老莊 사상의 상징이었다. 첨성瞻星이라는 말도 "별을 관측한다."는 뜻이 아니라 "별을 우러러본다."는 사전적 의미를 지니고 있다. 그들은 별을 우러러보았지 관측한 것이 아니었다.
>
> 셋째로, 맨 위에 있는 우물 정井 무리는 글자 그대로 우물로서, 제천 의식 가운데 중요한 주제였던 기우祈雨의 의미를 담고 있다. 관개가 발달하지 않고 천수답에 의존해야 했던 하천문화권의 농경 사회인 신라로서는 기우제야말로 중요한 국가 행사였다.
>
> 넷째로, 첨성대의 모습이 여자의 치마폭과 흡사하다는 점이 눈길을 끈다. 남쪽으로 난 창은 물이 흘러내리는 장치였으며, 제주인 무녀의 음수陰水가 흘러내리는

---

93) 김기흥, 『천년의 왕국 신라』(서울 : 창작과 비평사, 2000), pp. 50~262.
94) 全相運, 『한국과학기술사』(서울 : 사이언스북, 2000), pp. 69~81.
95) 李龍範, 「瞻星臺存疑」, 『진단학보』(38)(서울 : 진단학회, 1974), pp. 27~48.
96) 이에 관한 자세한 논의는, 신복룡, 『잘못 배운 한국사』(서울 : 집문당, 2022), pp. 60~69.

음문陰門을 상징하는 것이었다. 가뭄이 심할 때 여자가 나체로 밭에서 음수를 뿌리던 나경裸耕의 풍습[97]은 원시인들이 풍요를 기원하며 행하던 공통된 의식儀式이었다.

첨성대를 최초로 설명한 사람은 일연一然이었다. 그러나 그는 "선덕여왕 때 첨성대를 세웠다."[98]고 짤막하게만 언급했을 뿐 그 용도에 관해서 말하지 않았다. 신라 중심 사관을 대표하는 김부식金富軾이 첨성대에 관하여 일언반구도 없었고, 일연의 설명이 없었던 것은 유학을 믿는 김부식이나 스님의 신분인 일연의 눈으로 볼 때 그와 같은 제천 의식은 음사淫祠로 보였기 때문이었다.

첨성대의 용도를 최초로 언급한 인물은 안정복安鼎福(1712~1791)이었다. 그는 『동사강목』東史綱目에서 첨성대를 축조한 사실과 그것은 "천문을 살피고 요망스러운 기운을 살피고자"[候天文察氛祲] 지은 것이라고 설명했다.[99]

그런데 여기에서 주목해야 할 사실은 후대의 학자들이 안정복의 설명을 인용하며 "천문을 살피고"라는 대목만 주목했지 정작 중요한 대목인 "요망스러운 기운을 살피려고"라는 구절을 누락했다는 사실이다. 이것은 안정복의 진의를 왜곡한 것이며, "천문을 살피고"라는 그의 견해도 첨성대에 관한 깊은 고민도 없이 무책임하게 한 말일 뿐이다. "요망스러운 기운을 살피려고"라는 구절은 그것이 제천 의식의 제단이었다는 논거가 된다.

첨성대를 천문관측소로 보기에는 다음과 같은 의문점이 있다.

(1) 별을 관측하는 시설이라고 보기에는 위치가 적합하지 않다. 별을 관측하려면 좀더 높고 한적한 곳을 찾아갔어야 하는데, 낮은 지대에 쌓은 반월성 밑에 관측소를 세울 이유가 없다.

(2) 돌의 다듬질에 문제가 있다. 안을 들여다보면 안쪽의 석재는 다듬어지지 않았다. 이 건축물이 안에서 사람들이 활동(관측)하려고 지은 것이라면 안을 다듬었어야 한다. 안을 다듬지 않고 밖을 다듬었다고 하는 것은 이 건물을 밖에서 사용하려고 지은 것임을 뜻한다.

---

97) 『眉巖先生集』(3) 雜著 立春裸耕議 : "事有出於遐荒之陋俗 而爲生靈之疾苦者 識者駭之 衆人安焉 …… 新年裸耕是也 每歲立春之朝 都轄土官 於官門道上 令人驅木牛而耕種 作稼穡之狀 用以占年 用以祈穀 而必使耕者種者 裸體而觸寒 此何意也 故老相傳 以爲示耐寒之壯 而成歲暖之祥 …… 問之官則曰 民之俗也 問之民則曰 官之使也"

98) 『三國遺事』(1) 紀異(1) 宣德女王의 知機三事.

99) 『東史綱目』(3下) 丁未年 善德女王 16년조.

(3) 첨성대는 별을 관측하기에는 매우 불편하다. 첨성대의 정상에 장비를 설치하고 그 위에서 별을 관측할 요량이었다면 처음부터 사다리를 타고 위로 올라갈 일이지 중간에 사람이 드나들기에는 너무도 비좁은 문을 뚫어놓고 그리로 들어갔다가 다시 위로 올라가야 할 이유가 없었다.[100]

영국의 역사학자 카E. H. Carr의 말을 빌리면 역사학이란 결국 "해석解釋의 학문"이다.[101] 따라서 이 풀이가 잘못되면 역사는 그 본래의 뜻과는 전혀 다른 방향으로 흘러갈 수밖에 없다. 첨성대가 별을 신앙의 대상으로 "우러러보던" 곳이었는가 아니면 과학적으로 "관측하던" 곳이었는가의 해석에 따라서 우리는 그것을 정신사로 볼 것인가 아니면 과학사로 볼 것인가를 결정하게 될 것이고, 그 결론은 전혀 다른 곳으로 흘러갈 것이다.

3. 인간의 놀이

하위징아J. Huizinga는 일찍이 인간을 다른 동물과 구분하여 "놀이의 인간"*homo ludens*이라고 부른 바 있다. 인간은 삶에서 자신의 즐거움을 표현하고, 고통을 잊고, 축제에서 신을 즐겁게 하려면 흥을 돋울 필요가 있었다. 그래서 나타난 것이 놀이(유희, play)였다. 놀이는 모든 문화에 앞서 존재하였고, 종교는 이 놀이를 하며 인간에게 호소력을 높이려 했다.

인간의 문화는 놀이 속에서 출현하였으며 발달했다.[102] 원시 국가에서 놀이의 수행자는 교정이 분리되지 않은 신정정치神政政治 아래서의 제사장이었는데, 그는 탁월한 가수이며, 얘기꾼이며, 무용수이며, 의사이며, 예언자였다.

그렇다고 해서 놀이가 신을 섬기려고 존재했던 것만은 아니다. 놀이는 인간의 긴장을 해소하며, 아름답거나 성스러운 일의 수준에까지 자기를 고무할 수 있다. 놀이는 사람을 결합했다가 풀어주며, 풀었다가 사로잡음으로써 영혼을 지배한다. 그러므로 놀이는 사람에게 마법魔法에 거는 것이다.

---

100) 이에 관한 논의는, 신복룡, 『잘못 배운 한국사』, pp. 60~69.

101) E. H. Carr, *What is History*(London : Macmillan Co., 1961), p. 18.

102) J. Huizinga, *Homo Ludens*, pp. Preface, 19.

놀이는 율동과 조화를 완전히 갖추고 있다.[103] 이러한 놀이에 심미감을 부여하고 일정한 형태가 부여했을 때 인간은 그것을 예술이라고 불렀다. 여기에서 인간의 놀이를 강조한다고 해서 그것이 신성을 배제한 인간의 여흥만을 뜻하는 것은 아니다. 그것은 신 안에서의 즐거움이었다.

1) 소도蘇塗

인간의 삶의 터전은 일차적으로 땅이다. 그 땅을 골라 일정한 근거지를 잡한 다음 그 땅의 어느 곳을 지성소至聖所, *sanctum, sanctorum*로 만들어 경배하고 공궤供饋하는 풍습이 자연스럽게 형성되었다. 이곳은 쉽게 범접할 수 없는 성역이며, 때로는 피난처asylum로 이용되는 경우도 있었다.

이런 곳은 특별히 기도처로 적합하다며, 이를 더럽히는 것은 신성 모독으로 비난을 받았는데, 이를테면 예수Jesus가 신전에서 환전상을 몰아낸 사건[104]이 그러한 예이다. 이러한 성소는 어떤 형태로든 표지標識를 세워 이곳이 성소임을 알렸다.

고대 동이족의 사회 가운데서도 특히 남방계에서는 이러한 목적을 수행하는 소도蘇塗가 있었다. 이에 관해서는 다음과 같은 기록이 있다.

> (韓의) 여러 나라에는 각각 별읍別邑이 있으니, 이를 소도蘇塗라 한다. 큰 나무를 세우고 방울과 북을 매달아 놓고 귀신을 섬긴다. 다른 지역에서 그 지역으로 도망온 사람은 누구든 돌려보내지 않으므로 도적질을 좋아하게 되었다. 그들이 소도를 세운 뜻은 서역西域의 부도浮屠와 같으나 실행하는 바의 좋고 나쁜 점은 다르다.[105]

기록으로 미루어 볼 때, 소도는 오늘날의 당집에 해당하는 것이다. 서구 사회에서는 이러한 소도가 대체로 빈번한 전쟁과 박해의 피난처로 이용되었다. 그러

---

103) *Ibid*., pp. 2, 8~11.

104) 『신약성경』「마르코복음」 6 : 46; 11 : 15~17; 「마태오복음」 20 : 12~13.

105) 『三國志』(30) 列傳(30) 魏書 東夷傳 韓; 『晋書』(97) 列傳(67) 東夷 馬韓; 崔致遠, 「四山碑銘 : 智證大師碑銘」, 『한국의 사상대전집』(3), p. 65 : "百濟蘇塗之儀若甘泉金人 蘇塗蘇木塗土也 …… 蘇木塗土也 言土木爲像而祀也 說問謂塔曰浮屠亦曰蘇塗 東夷傳三韓立蘇塗似浮屠也"

한 사례로 이스라엘의 역사신학자 여호수아Joshua는 하늘로부터 다음과 같은 계시를 받는다.

> "이제 내가 모세를 거쳐 너희에게 일러 준 도피 성읍city of refuge들을 지정하여, 실수로 생각 없이 사람을 쳐 죽인 살인자가 그곳으로 피신할 수 있게 하라. 너희는 그 성읍이 피해자로부터 피의 보복을 겪게 될 무리가 숨는 도피처sanctuary로 삼도록 해야 한다. 살인자는 그 성읍들 가운데 한 곳으로 피신할 수 있다. 그러나 그는 먼저 성문 어귀에 서서 그 성읍의 원로들에게 자기의 사정을 설명해야 한다.
>
> 그러면 원로들은 그를 성읍 안으로 받아들인 다음 자리를 마련해 주어 자기들과 함께 살도록 해야 한다. 피의 보복자가 뒤쫓아 와도 그 살인자를 그의 손에 넘겨주어서는 안 된다. 그는 지난날에 그 이웃을 미워한 적 없이 무심결에 그를 죽였기 때문이다. 살인자는 재판을 받고자 공동체 앞에 설 때까지, 그리고 그때의 대사제가 죽을 때까지 그 성읍에서 살아야 한다. 그런 다음에야 자기가 도망쳐 나온 성읍의 자기 집으로 돌아갈 수 있다."
>
> …… 이것이 이스라엘의 모든 자손이든, 그들 가운데에서 나그네 살이 하는 이방인이든, 실수로 사람을 죽인 무리는 누구든지 그곳으로 피신할 수 있도록 지정된 성읍들이다. 살인자가 공동체 앞에 서기에 앞서 피의 보복자 손에 죽는 일이 있어서는 안 된다.[106]

이러한 소도에는 몇 가지 구비해야 할 양식이 있다. 소도는 우선 솟은 나무로 장식되어 있었다. 소도를 "솟대"라고 음역하는 것도 바로 그 때문이다. 이는 성소에 솟은 나무를 세웠음을 뜻한다. 그 풍습은 "솟을[솟은] 대문"에 남아 있다. 그리고 그것은 높음을 뜻했다.

김대문金大問의 설명에 따르면, 마립간痲立干은 말뚝[橛]의 사투리이다. 신라 초기에 임금과 신하가 회합할 때는 말뚝을 세워 그곳을 임금의 자리로 지정했다. 따라서 임금을 마립간이라 불렀다. 곧 말뚝을 세운 곳에 자리하는 사람이란 뜻이다. 간干은 신라 풍속에서 서로 존대하는 말이다.[107]

이러한 의미는 아직도 몽골어의 칸汗(추장)과 한국어에서 "크다"는 뜻으로 남아 있는데, 이를테면 경상도 방언에서 할아버지를 "한아버지"라고 부르는 것이라

---

106) 『구약성경』「여호수아」 20 : 2~6, 9.

107) 『三國史記』 新羅本紀 訥祇痲立干 즉위년; 李齊賢, 『櫟翁稗說』(前集/1), p. 68 : "痲立方言橛也 新羅初君臣聚會 立橛爲其君位 因號其君曰痲立干 謂當橛者也 干則新羅俗相尊之辭"

든가, 충청도에서 대전大田을 "한밭"으로 부르는 데에서 그 잔영을 찾아볼 수 있다. 한汗과 간干은 같은 뜻이다. 고대 국가에서 성스러움은 일단 "큰 것"과 관련되어 있었다. 기자箕子가 나라를 세우고 그 이름을 한韓이라 한 것도 그런 의미였으리라고 여겨진다.[108)]

성소의 당나무는 경외와 참배의 대상이어서 함부로 자르거나 꺾어서는 안 된다. 당나무 밑에서 잠을 자서도 안 되고, 나무 가까이에서 불결한 일을 해서도 안 된다. 이러한 성소의 변형은 서낭당에 걸린 헝겊의 형태로 남아 있다. 이러한 풍습을 몽골에서는 "하닥"khadag이라고 한다. 신에게 바치는 푸른 천을 나무에 감아 놓거나 줄기에 하닥을 매달아 다른 나무와 차별화한다.[109)]

아울러 소도에는 신성 개념이 부여되어 있기 때문에 일정한 울타리를 쳐놓음으로써 표지를 삼는다. 무속 신앙에 들어 있는 성역 관념은 그들이 살고 있는 어떤 특정의 장소를 신성시하는 데서 비롯된다.[110)] 본디 히브리어에서 "거룩함"gdsh은 어원상 "구별된다"거나 "떼어 놓다"는 뜻을 담고 있다.

소도의 존재 양식을 보면 우선 기둥이 서 있고, 그 위에는 새가 앉아 있다. 그 새는 동쪽을 바라보게 되어 있는데, 이는 해 뜨는 곳을 향한 표시이다. 그 새는 천상과 소통할 수 있다는 믿음을 담고 있다. 또한 그 새가 날아 하늘 끝 절대자에게 알림으로써 비가 내리고 햇볕이 좋게 내리쬐어 일 년 농사가 풍작이 된다는 농부의 소망을 담고 있다. 그 새는 비를 몰고 온다고 믿었던 새이므로 물에서 사는 오리에 가깝게 표현되어 있다.[111)]

앞서 무천舞天에서 새의 날갯짓이 자유를 갈망하듯이, 솟대 위의 새는 또한 자유와 죽음 이후의 승천昇天에 대한 소망을 담고 있다. 변한弁韓의 사람들이 장례 때 시체 위에 큰 새털을 놓는 풍습이 있었는데 그것은 죽은 이가 천국으로 날아가게 하려는 의도에서였다.[112)]

동북부 시베리아의 야쿠트인Yakuts은 착한 무리이든 악한 무리이든 죽으면 하

---

108) 이에 관한 자세한 논의는, 신복룡, 「국호 "韓"의 의미」, 『한국정치사』(서울 : 박영사, 2003), pp. 74~76 참조.

109) 장장식, 『몽골민속기행』, p. 26.

110) 최창조, 『좋은 땅이란 어디를 말함인가』(서울 : 서해문집, 1990), pp. 417~420.

111) 이기형, 「동두천시 송내동 아치노리마을 솟대고사」, 『한국의 마을신앙』(상)(서울 : 국립민속박물관, 2007), p. 41.

112) 『三國志』(30) 列傳 魏書(30) 弁辰條 : "以大鳥羽 送死 其意 欲使死者飛揚"

늘나라로 올라가는데, 거기에서 그의 혼魂, kut은 새 모양이 된다고 믿는다. 이렇게 새가 됨으로써 그 혼은 지상에 살아 있는 무리에게 쉽게 날아와 자주 볼 수 있고, 그 당나무의 가지는 새의 보금자리가 된다고 믿음으로써 "영혼=새"의 관계가 형성된다.[113)]

소도에서는 일정한 제례를 치렀다. 소도에서는 가뭄과 화재 같은 재앙을 막고 마을의 안녕과 평화를 위해 고사를 지내며 공동체 의식을 다짐했다. 소도 고사는 농사의 풍년과 마을의 안녕을 빌고 질병으로부터 마을 사람들을 보호해줄 것을 소원하는 것이다.[114)] 이러한 제례는 어떤 형태로든 축조물을 필요로 했다. 그래서 당집이 생겼다. 당집은 제례의 장소이자 제구祭具의 보관소이며, 수호신의 거처로 여겨졌다. 또한 이곳은 마을 잔치의 장소였다.

이것이 서양에서는 합사전合祀殿, Pantheon으로 발전했다. 델포이의 인보동맹隣保同盟, Amphictionic Council의 결과로 나타난 신전의 건설에서 볼 수 있듯이, 이렇게 지은 신전에서 부족들은 맹세하거나 결의를 다진다.[115)] 원시의 소도는 오늘날 사사롭게는 사당祠堂으로 발전했고, 공적으로는 공묘孔廟나 사원이나 교회가 그 구실을 맡고 있다. 고대 국가에서 전사들의 합사合祀, temple of warriors는 대체로 돌로 이뤄졌으며, 멕시코 유카탄Yucatan반도에 위치한 치첸이차Chichen Itza에서 그 대표적인 건축을 볼 수 있다.

2) 서낭[城隍]

인간의 놀이와 정기적인 공궤供饋로서 주목할 만한 것으로는 서낭[城隍]이 있었다. 문헌상으로 본다면 성황이라는 어휘가 최초로 나타난 것은 고려 문종文宗 때이며[116)] 정몽주鄭夢周는 이를 성채지황城砦池隍의 줄임말로 해석했다.[117)] 서낭은 중국의 산제山祭 신앙인 성황城隍이 우리 나라에 소개되면서부터 "서낭"으로 음운 변화를 일으킨 것이다. 본디 중국적 개념으로서 성황이라 함은 마을의 성

113) Mircea Eliade, *Shamanism : Archaic Techniques of Ecstasy*, p. 206.
114) 이기형, 「동두천시 송내동 아치노리마을 솟대고사」, p. 41.
115) Herodotus, *The Histories*, p. 333 : Book 5, § 62.
116) 『高麗史』 志 禮 雜祠 文宗 9년 3월 壬申조.
117) 『圃隱集』(3) 「金海山城記」.

벽[城]과 그 성벽을 둘러싸고 있는 물길[隍 : 垓字, moat]로서, 마을 수호의 의미가 있었다.[118]

서낭은 돌멩이로 상징된다. 이는 서낭이 본디 부락 방어로서의 석전石戰에 대비한 돌멩이를 비축하는 곳이었음을 의미한다. 그렇게 추정하는 논거로서는, 이들의 지형적 위치가 부락전部落戰의 요로라는 점과, 돌멩이의 크기가 던지기에 알맞은 정도라는 점을 들 수 있다. 여기에서 요로라 함은 고갯마루나 강나루 등이 주축을 이루었고 평지일 경우에는 산모롱이가 그 목[喉]을 이루었는데, 민간 전승 놀이로서의 석전이 고개나 강나루에서 이루어졌던 사실[119]은 우연이 아니다.

원시 부족 국가의 시대를 지나 고대 국가에 축성 기술이 발달하지 않은 상황에서 부락을 전면적으로 요새화한다는 것은 불가능한 일이었기 때문에 부락전의 경우에는 돌이 중요한 무기가 되었다. 고대 국가에서 돌이 전쟁의 중요한 수단이었다는 사실은 사서史書의 여러 곳에 나타난다.

예컨대, 고구려의 기록을 보면 나羅·당唐 연합군이 쳐들어왔을 때 당군唐軍에는 포차砲車와 성안으로 돌을 날려 보내는 포석礮石이 있었다.[120] 신라에도 돌멩이를 던지는 석투당石投幢이 있었는데, 부대장이 12~18명에 이르렀다.[121] 신라가 백제를 정복하였을 때는 고구려군이 포석을 이용하여 신라군을 괴롭힌 바도 있었다.[122]

석전의 이와 같은 유용성을 고려하여 고구려에서는 평화 시에도 왕이 임석한 자리에서 돌싸움의 연습을 게을리하지 않았다.[123] 서양에서는 구약 시대[124]와 고대 라틴 문화의 전쟁에서도 투석병slingers의 기록이 보이고 있다.[125]

고대사에서 서낭이 가지는 이와 같은 성격은 시대를 거치며 무속화[巫俗化] 과정을 거치게 되었다. 서낭의 보존이 얼마나 충실한가에 따라 자신의 존망이 좌우된다는 사실을 부락민은 잘 알고 있었기 때문에 출전에 앞서 서낭 앞에 모여

---

118) 『星湖僿說』(4) 萬物門 城隍廟條.
119) 『京都雜志』 歲時 上元條.
120) 『三國史記』 高句麗本紀 寶藏王 4년 5월조.
121) 『三國史記』 雜志 職官(下) 武官條; 『三國史記』 新羅本紀 慈悲麻立干 2년 4월조.
122) 『三國遺事』(1) 紀異(1) 太宗(武烈)春秋公傳.
123) 『隋書』(81) 列傳(46) 東夷 高麗條.
124) 『구약성경』 「판관기」 20 : 16; 「역대기」(상) 12 : 2; 「유딧기」 6 : 12.
125) Herodotus, *The Histories*, p. 470 : Book 7, § 157~158; p. 302 : Book 4, § 180.

전승 기원의 의식을 치렀다.

이때로부터 서낭은 단순한 병기창으로서의 의미가 아니라 신성의 개념이 부여되기 시작했고 서낭이 물신 숭배의 대상으로 변질하여 소도화했다. 서낭에는 대체로 당나무라고 하는 신목神木이 있었는데, 큰 나무에 신성 개념을 부여하는 것은 예로부터 나타나는 공통된 현상이었다.[126]

주민들은 이 서낭에서 동제洞祭를 지내고 개별적인 기도도 드렸는데 그 내용을 보면 기자祈子·기복·치병·풍년과 여행 안전 등의 기원이었다. 이들이 치성을 드리는 모습은 대체로 절을 하고, 떡을 바치고, 침을 뱉고, 색동 헝겊이나 새끼줄을 걸고, 까치발로 뛰고, 돌멩이를 던지고, 돈[錢]을 놓고, 짚신을 바친다.

황토를 뿌리고, 환자의 옷이나 허수아비를 걸어 놓는 풍습이 있었다. 신을 벗어야 하는 경우도 있는데, 이는 이곳이 성스러운 곳임을 뜻한다.[127] 이 밖에 서낭에 대한 금기는 주로 여성들에게 적용되는데 이를테면 임부나 월경하는 여자는 서낭 앞을 지나지 말아야 하며, 남자는 말[馬]에서 내려 지나가야 한다.

화약의 발명과 함께 부족 전쟁으로서 석전의 기능이 떨어진 뒤에도, 이는 민간의 전승 놀이로 이어져 정월 보름에 부락 사이의 석전으로 남아 유사 쟁투를 익혀 전쟁에 대비하던 지난날의 유습을 이어 왔는데, 심할 때는 사상자가 속출하고 아래 윗마을에 사는 부자父子 사이에도 다치지만 이에 대한 보상도 없고 또 피해자도 원망하거나 후회하지 않았다.[128]

석전의 용도가 거의 사라진 근세 이후에 오면, 서낭은 지경地境의 표지로 변질했다. 반半문명 사회semi-cultural society에서는 각 구획이 더 고립되어 있고, 한 곳에서 다른 곳으로 통과하는 일도 의식이나 형식적인 절차를 거쳐 이루어진다. 이것은 영토를 통과할 때의 의례와 매우 비슷하다.[129]

본디 우리 나라에서 마을의 경계 표지는 장승[130]과 누석단累石壇[131]이었다.

---

126) J. Donald Hughes, "Spirit of Place in the Western World," p. 15.

127) 『구약성경』「출애굽기」 3 : 5.

128) 『高麗史』 列傳 辛禑 6년 5월조; 『太祖實錄』 2년 5월 2일 병오조 : "上登淸心亭 觀擲石戰"; 『芝峰類說』 技藝部 雜技條; 『京都雜志』 歲時 上元條; 『五洲衍文長箋散稿』(36) 「石戰木棒辨證說」; H. B. Hulbert, *The Passing of Korea*(London : William Heinemann Co., 1906), pp. 276~278; 申福龍(역주), 『대한제국멸망사』(서울 : 집문당, 2021), pp. 346~347, 502 참조.

129) Arnold van Gennep, *The Rites of Passage*, pp. 15, 26.

130) 장승에 관해서는 孫晋泰, 「長栍考」, 『朝鮮民族文化의 硏究』(서울 : 을유문화사, 1948), pp.

석전의 의미를 상실한 적석積石 표지가 가장 성행한 곳은 사원 입구였다. 사원에 이와 같은 표지를 설정하는 데에는 살생 금지,[132] 사전寺田이나 사원림의 표지,[133] 뱀이나 들짐승의 공격으로부터 자신을 보호하려고 돌멩이를 비축하는 등의 의미를 지니고 있었다.

서낭과 유사 개념으로서의 부락제는 "골맥이"가 있다. 여기에서 골맥이라 함은 "마을의 방위"를 의미한다. 다소의 차이는 있지만 골맥이를 고을[村]의 막이[防村]로 보는 견해[134]와 골[谷]의 막이[防谷]로 보는 견해[135]가 있는데, 여러 정황으로 볼 때 방촌防村의 의미가 맞는 것으로 보인다.

방촌이나 방곡이 마을 수호라고 하는 근본적인 목표에는 다름이 없으나 그 어원은 엄격히 다른 것이고 또 외침外侵이 골[谷]을 따라 이루어지는 것이 아니라 강이나 평야를 따라 이루어지는 경우가 흔히 있기 때문에 고을 막이가 맞다. 이와 같은 사실은 골맥이가 계곡에만 있지 않고 노변이나 동구에 흔히 존재한다는 사실로써도 입증된다. 이것은 서낭과 같은 맥락에서 존재했던 방위 개념이었다.

서낭이 역사로부터 사라지기 시작한 것은 중·근대 사회에서 유교 사상이 서낭을 음사淫祠로 매도했다는 점,[136] 우상 숭배라는 이름으로 기독교가 전통 문화를 파괴한 점,[137] 현대사에 들어와서는 일본 식민지주의자들이 부락제가 갖는 통합적 기능을 꺼려 민속을 탄압한 점,[138] 그리고 1970년대의 조국 근대화를 위한 운동의 일탈된 행동 지표가 우리의 전통 문화를 파괴한 점 등을 지적할 수 있다. 서낭은 민속의 문제만이 아니라 군사학의 문제였음에도, 유교적 근본주의와 서구중심주의가 미신으로 치부하여 파괴한 것은 역사의 비극이었다.[139]

224~246 참조.

131) 누석단에 관해서는, 孫晋泰, 「朝鮮의 累石壇과 蒙古의 鄂博에 就하여」, 『朝鮮民族文化의 研究』, pp. 159~181 참조.

132) 張籌根, 『韓國의 鄕土信仰』(서울 : 을유문화사, 1979), p. 60.

133) 張籌根, 『韓國의 鄕土信仰』, p. 60; 孫晋泰, 「조선의 累石壇과 蒙古의 鄂博에 就하여」, p. 178.

134) 張籌根, 『韓國의 鄕土 信仰』, p. 39.

135) 金泰坤, 「서낭당研究」, 『漢城李相玉博士回甲紀念論文集』(서울 : 教文社, 1970), p. 262; 이종철·박호원, 『서낭당』(서울 : 대원사, 1994), p. 106.

136) 『星湖僿說』 萬物門 城隍廟條; 『中宗實錄』 11년 6월 3일 癸丑조; 李能和, 『朝鮮巫俗考』(서울 : 啓明俱樂部, 1927), p. 50.

137) 『구약성경』 『출애급기』 20 : 4~5.

138) 洪一植, 『韓國傳統文化試論』(서울 : 高麗大學校出版部, 1976), p. 128.

2) 화랑花郞[花娘]

신라의 축제로서 가장 화려했던 것은 가위[嘉俳]-풍월風月-원화源花-화랑花郞으로 이어지는 일련의 놀이였다. 신라는 한반도의 남부를 기반으로 하여 낙동강을 젖줄로 하는 하천 문화권의 부족 국가였다. 하천을 중심으로 하는 농경 문화는 주로 천연의 혜택으로 생활을 영위하기 때문에 경천사상敬天思想을 가지는 것을 그 특징으로 하는데, 이것이 놀이 문화로 발전하여 나타난 것이 풍요제였다.

그러한 민간 전승 놀이는 3대 유리이사금儒理尼師今 시대인 서기 32년 무렵에 이르러 서라벌의 6부를 두 패로 나눈 다음, 왕녀 두 사람이 이들을 거느리고 길쌈놀이를 하는 것으로 정례화되어 7월 보름부터 8월 보름까지 계속되었다.[140] 가위[嘉俳]라고 불리던 이 행사 기간에 부락민은 음식을 장만하고 노래와 춤과 온갖 놀이를 했으며[141] 길쌈내기가 끝나면 진 편에서는 회소會蘇[142]라는 노래를 불렀다.[143]

이와 같이 부락을 두 패로 나누어 어떤 형태의 내기를 하는 것은 서양에서도 흔히 보이는 전승이었다. 이를테면, 그리스의 마클리에스Machlyes와 국경을 닿고 있는 아우세스Auses의 소녀들은 해마다 벌어지는 아테네 축제 때 두 편으로 나뉘어 돌과 막대기를 들고 서로 싸웠다. 이것은 아테나Athena라는 이름으로 불리는 이 지방 태생의 여신을 축하하는 조상 전래의 의식이었다.[144]

그 뒤 진흥왕은 서기 576년에 이르러 남모南毛와 준정俊貞이라는 두 처녀를 뽑아 원화源花로 삼고 무리가 그 주위에서 놀도록 했다. 당초의 목적은 같은 조정에 있는 인물들이 서로 알지 못함을 유감으로 여겨 그들이 서로 모이고 무리지어 놀게 함으로써 그 행실을 알아보려는 것이었다. 그런 점에서 본다면, 이 당

---

139) 서낭에 관한 자세한 논의는, 신복룡, 「서낭의 군사적 의미에 관한 연구」, 『학술지』(26)(건국대학교 학술원, 1982), pp. 225~255; 신복룡, 『한국정치사상사』(서울 : 나남, 1997), pp. 41~75; 신복룡, 『잘못 배운 한국사』. pp. 11~20을 참조할 것.

140) 『北史』(94) 列傳(82) 新羅條.

141) 『新唐書』(220) 東夷列傳(145) 新羅傳 : "八月望日大宴 賚官吏射"; 『三國史記』 新羅本紀 儒理尼師今 9년조.

142) 梁柱東은 "會蘇 會蘇"를 "마소 마소"로 번역했으나 이는 誤譯이다. 梁柱東, 『古歌研究』(서울 : 博文出版社, 1954), p. 867 참조. 會蘇는 "모이세, 모이세"의 이두였다.

143) 『三國史記』 新羅本紀 儒理尼師今 9년조.

144) Herodotus, *The Histories*, p. 302 : Book 4, § 180.

시의 원화는 서구적 의미로서 사교회courting party와 같은 것이었다. 그러다가 원화로 뽑힌 두 여자가 질투로 살생을 일으키게 되자 조정에서는 이를 일시 폐지했다.[145)]

그러나 원화가 없어진 뒤 청년의 자질과 능력을 판별할 공식적인 기구가 없음을 아쉽게 생각한 진흥왕은 여자 위주의 원화 대신에 남자를 뽑아 화랑이라 했다. 이들이 수련하는 과정은,

> 첫째로, 도의를 연마하고[相磨以道義]
> 둘째로, 가악을 즐기고[相悅以歌樂]
> 셋째로, 원근의 산수에 노니는 것[遊娛山水 無遠不至][146)]

이었다. 이들이 이와 같이 하는 동안 스스로 옳고 그름[邪正]을 알게 되었다.

화랑의 나이는 대체로 12~13살의 빼어난 진골 및 대족大族의 자제로서 화랑에 들기를 바라는 무리 가운데서 발탁했는데,[147)] 전투병이 되기에는 어린 나이였다. 진평왕眞平王 시대에 이르러서는 제오랑第五郎·제육랑第六郎·제칠랑第七郎 등의 기록[148)]이 있는 것으로 볼 때 2~7명이 동시대에 존재했던 것으로 보인다. 효소왕孝昭王(692~702)에 이르러 화랑제가 완전히 하나의 국가 기관으로 격상되었다.[149)] 그러다가 문무왕 재위 당시에 그의 왕비인 자의태후慈義太后가 화랑을 폐지하고 그 대신에 국선國仙을 두었다.[150)]

그러면 화랑의 정신은 무엇인가? 그것은 "삼미"三美였다고 말할 수 있다. "삼미"가 이루어진 연유를 살펴보면 경문왕景文王 김응렴金膺廉이 화랑으로 있던 15세

---

145) 『三國史記』 新羅本紀 眞興王 37년조 : "始奉源花 初君臣病無以知人 欲使類聚群遊 以觀其行義."

146) 『三國史記』 新羅本紀 眞興王 37년(576)조. 화랑이 나라의 제도로 바뀐 것은 기록상 진흥왕 37년이라고는 하지만 『삼국사기』에 기록된 진흥왕 시대의 사다함斯多含의 행적을 보면 그는 이미 그 이전의 백제 전투에 참여했고 "많은 무리가 그를 따랐다."는 기록이 있는 점으로 미루어 볼 때 화랑은 비록 제도화는 되어 있지 않았을지라도, 그 이전부터 존재하였음을 알 수 있다.

147) 이종욱(역주), 『화랑세기』(서울 : 소나무, 1999), pp. 97~98 : 8세 風月主 文努.

148) 『三國遺事』(5) 融天師 慧星歌條 : "第五居烈郎 第六實(突)處郎 第七寶同郎等 三花之徒 欲遊楓岳"

149) 『三國遺事』(2) 竹旨郎條 : "朝廷花主問之 遣使取益宣"

150) 이종욱(역주), 『화랑세기』, p. 226 : 발문.

때 헌안왕憲安王에게 아뢴 "세 가지의 미덕"으로서 다음과 같은 세 부류의 사람들이었다.

첫째로, 남의 윗자리에 있을 만한 사람이면서도 겸손하게 남의 밑에 있는 사람[有人爲人上者 而撝謙坐人下 其一也]

둘째로, 엄청나게 부자이면서도 검소한 사람[有人豪富 而依儉易 其二也]

셋째로, 본래부터 존귀하고 권세가 있으면서도 그 위세를 부리지 않는 사람[有人本貴勢 而不用其威者 其三也][151]

위의 기록에 따르면 화랑이 남자의 단체로 바뀐 뒤로는 지배 계급의 금도襟度를 지닌 긍정적 단체였던 것으로 보인다. 그것은 성·진골의 자녀로 이루어진 예비 사관의 성격을 띠고 있었다. 따라서 뒷날 화랑이나 낭도들이 보여준 충의忠義를 보여준 사례도 있고, 어진 재상과 충성스런 신하가 화랑으로부터 태어났고 훌륭한 장군과 용감한 병졸이 이로부터 나왔다.[152]

김유신金庾信처럼 열국列國을 순행하여 뜻과 기개가 있는 사람들을 모집하여 전공을 세운 인물도 있고,[153] 미진부未珍夫처럼 낭도를 거느리고 전쟁에 나아가 과연 큰 공을 세운 인물도 있다.[154] 화랑이라는 의협義俠의 인물로 낭도들과 더불어 죽음으로써 의리를 지킨다는 것은 당시로서 최고의 덕목이었다.[155]

그러나 화랑은 그 공에 못지않게 과오도 있었는데 이에 관해서는 다음과 같이 세 가지로 요약할 수가 있다.

첫째로는 인선人選의 폐쇄성을 들 수가 있다. 문헌에 따르면 화랑은 사대부나 유력자의 자제 가운데서 임의로 선택했는데,[156] 이는 화랑이 능력을 중심으로 하는 공개적인 경쟁에 따른 것이 아니라 권력 핵 주변의 정실과 모사謀事에 따라 선발되었음을 의미하는 것이다.

---

151) 『三國史記』 新羅本紀 憲安王 4년(860)조; 『三國遺事』(2) 景文大王條.

152) 이종욱(역주), 『화랑세기』, p. 45 : 서문.

153) 이종욱(역주), 『화랑세기』, p. 156 : 15세 풍월주 유신공.

154) 이종욱(역주), 『화랑세기』, pp. 54~55 : 2세 풍월주 미진부.

155) 이종욱(역주), 『화랑세기』, p. 64 : 5세 풍월주 사다함.

156) 『海東高僧傳』(1) 流通(1之1) 法雲(眞興王)篇 : "又唐令孤澄新羅國記云 擇貴人子弟之美子 傅粉裝飾而奉之 名曰花郎 國人皆尊事之此 蓋王化之方便也"; 『海東繹史』(10) 世紀(10) : "國俗擇貴人子弟之美子 傅粉裝飾之 名花郎"

둘째로는 인선의 폐쇄성과 관련하여 청년 문화의 귀족화 현상이 일어났다고 하는 사실이다. 청년 문화라 함은 민족의 운명과 역사 전개에 긍정적이고도 창조적으로 참여하는 젊은 시대의 각종 문화 형태이다. 따라서 청년 문화에서는 계급적 장벽이 있을 수도 없고 있어서도 안 된다. 그러나 화랑의 경우를 보면 그것을 민중적 차원이라기보다는 권력적 차원에서 충원이 이루어졌다고 하는 사실에서부터 문화의 귀족화 현상은 불가피했다.

셋째로 화랑은 지나치게 유락遊樂했으며 그 말기에는 더욱 그러했다. 이러한 현상은 인선의 폐쇄성과 문화의 귀족화 현상의 결과였다. 그들은 타락되어 있었다. 이 논지는 우선 "화랑"을 어떻게 음독音讀했느냐 하는 데에서부터 논의를 시작해야 한다.

김부식金富軾은 『삼국사기』에서 원화가 "花郞"으로 바뀌었다고 기록한 것과 달리, 일연一然은 『삼국유사』에서 이를 "花娘"이라고 기록한 것은 중요한 의미를 갖는다.[157] 애당초 원화는 "꽃다운 여자"를 뽑는 제도였다는 사실을 감안한다면 그것은 "花郞"이 아니라 "花娘"이었음이 분명하다.

화랑이 "花娘"으로 표기된 것은 이곳뿐이 아니며, 『삼국유사』의 다른 곳에서도 花娘이라는 단어가 나오고 있다.[158] 조선조에도 花娘이라는 단어가 존재하고 있었다는 점이 예조의 상소에 나타나고 있고,[159] 『역어유해』譯語類解(1690) 인품조人品條에 보면 중국어의 양한적養漢的(바람둥이)을 花娘으로 풀이하고 있는 대목[160]이 이를 뒷받침하고 있다.

미시나 아키히데三品彰英도 여성으로서의 花娘의 시대가 분명히 있었다며 후대에 노비나 창녀와 같은 뜻으로 쓰인 적이 있다고 지적했다.[161] 아유카이 후사노스스무鮎貝房之進의 주장에 따르면, 여자가 화주花主일 때는 花娘이었고, 남자가 화주일 때는 花郞이었다고 한다. 그는 송나라의 시인이었던 매요신梅堯臣, 聖兪의 시에,

---

157) 『三國遺事』(3) 彌勒仙花 未尸郞條.

158) 『三國遺事』(2) 桃花女條.

159) 『成宗實錄』 3년 7월 10일자.

160) 鄭允容, 『字類註釋』(서울 : 건국대학교출판부, 1985), 「人品條」, 上卷 31/b면

161) 三品彰英(저)·李元浩(역), 『신라 화랑의 연구』(서울 : 집문당, 1995), pp. 74, 98~99.

花娘은 능히 십이무를 노래했고
그 명성이 악부에 남아 있다.
花娘能歌十二舞
藉甚聲名居樂府

라는 구절이 있고, 원나라의 도종의陶宗儀가 지은 『철경록』輟耕錄에 "창기를 花娘이라 했다"[倡妓爲花娘]는 구절을 인용하며 花娘이라는 단어가 한자문화권漢字文化圈에서 보편적으로 사용되었음을 지적하고 있다.[162)]

그런데 이 점이 그토록 중요한 것은 "花娘"은 그 발음이 "화랑"이 아니라 "화냥"으로 읽혔다는 점 때문이다. 그러한 논거로서, 세종世宗이 한자음을 한글로 기록하고자 찬술한 『동국정운』東國正韻(1447)[163)]과 최세진崔世珍의 『훈몽자회』訓蒙字會(1527)[164)] 그리고 정윤용鄭允容의 『자류주석』字類註釋(1865)[165)]에도 "娘"은 모두 "냥"으로 발음되어 있다.

이와 같은 어문학적 추적을 거쳐서 알 수 있는 바와 같이, 오늘날 여인에 대한 최악의 욕이 되는 "화냥"이라는 말이 타락된 화랑에서 말미암은 것이고, 할 일 없이 빈둥거리는 남자를 뜻하는 "활량"이나 "한량"이라는 어휘도 화랑에 그 어원을 두고 있으며,[166)] "화랑이"라는 어휘가 조선시대까지만 해도 천민賤民의 뜻으로 사용되었다는 사실[167)]은 말기의 화랑이 얼마나 퇴폐해 있었던가를 잘 입증해 주고 있다.

모계 중심 사회의 유풍遺風이 짙게 남아 있던 신라는 삼국 가운데서 유일하게 여왕제女王制를 채택하고 있었다. 그런데 이 여왕은 혼인하지 않는 것이 관례로 되어 있었기 때문에 그 주변에서는 불미스러운 성性의 문제가 자주 일어났다. 특히 51대 진성여왕眞聖女王은 재위(886~897) 동안에 음행淫行이 빈번했다. 그는 본디 각간角干 위홍魏弘과 불륜의 관계에 있었으나 그가 죽자 "얼굴 고운 남자"

---

162) 鮎貝房之進, 「花郎攷」, 『雜攷』(4)(京城 : 近澤出版社, 1932), pp. 22後~23前 참조.
163) 『東國正韻』(서울 : 건국대학교 출판부, 1972), 제1권 38면 前面.
164) 『訓蒙字會』(上) 16/b면.
165) 鄭允容, 『字類註釋』, 「人品條」上卷 31/b면.
166) 이선근, 『花郎道硏究』(서울 : 동국문화사, 1954), p. 112.
167) 李弘稙, 『國史大事典』(서울 : 대영출판사, 1976) : 「화랑이」條 : 화랑이 : 옷을 잘 꾸며 입고 가무歌舞·행락行樂을 주로 하는 광대廣大와 비슷한 무리로서 일명 무부武夫라고도 하며 화랑에서 유래됨.

들을 궁중에 불러들여 음행한 다음, 그들에게 벼슬을 높여줌으로써 나라의 기틀을 흔들기 시작했다.[168]

화랑의 이와 같은 타락상은 뒷날 고려 충숙왕忠肅王 12년에 하교하여 "태조太祖의 후예는 비록 세 딸을 가졌더라도 초입사初入仕를 허락하고, …… 국선國仙에 차출差出하지 말며 그로 말미암아 군역軍役을 면하게 했다."[169]는 기록에서도 나타나고 있다. "왕손은 국선이 될 수 없다."는 왕명은 국선에 대한 왕실의 기피 의사의 표현으로서 신라 시대와는 전혀 다른 모습을 보여준다. 조선조에 들어와서 무당으로서 화랑의 작폐에 대해서는 성종成宗 시대의 대사헌大司憲 한치형韓致亨의 상소[170]에 잘 나타나 있다.

이 밖에도 화랑에 관한 인식은 이수광李睟光이 "오늘날 풍속에는 남자 무당을 '화랑이'라고 말할 만큼 그 뜻은 변질되었다."[171]고 개탄한 점이라든가, 최세진도 "격"覡(남자 무당)을 "화랑이 격"이라고 풀이하고 있는 데서 잘 드러난다.[172] 이와 같은 인식과 함께 조선조에서 화랑은 사술邪術이라 하여 도성 안에서 행사가 금지되었으며,[173] 유녀遊女나 무당과 마찬가지로 도성 출입이 제한되고 이를 위반할 때는 처벌을 받는 등, 가장 비천한 신분으로 쳤다.[174]

요컨대, 화랑은 본디 한가위 행사에 연원을 둔 부락제였고, 당초 그 구성원은 여성이었다. 그러다가 한때 남성으로 대체되었으나 무사도를 키우려는 제도는 아니었고, 다만 화랑 출신 가운데서 몇몇 전사가 배출되었을 뿐이다. 화랑의 유제는 모계 중심 사회에서 부계 중심 사회의 궁녀 노릇을 하는 부덕한 존재로 타락하여 조선조까지 존속했다. 이와 같은 의미의 화랑이 무사도나 상무 정신으로 추앙받게 된 데에는 한국전쟁 이후 청년의 우국심을 고양하려는 육군본부 정훈감 이선근李瑄根의 의도가 깊이 작용했다.[175]

---

168) 『三國史記』 新羅本紀 眞聖王 2년조.

169) 『高麗史』 志(29) 選擧(3) 銓注.

170) 『成宗實錄』 2년 6월 8일 기유조; 『英祖實錄』 30년 5월 15일 계사조 평안감사 李台重의 상소에도 이와 비슷한 내용이 실려 있음.

171) 『芝峰類說』(18) 技藝部 巫覡條 : "今俗乃謂 男巫爲花郎 失其旨矣"

172) 『訓蒙字會』(中) 2/b면.

173) 『大明律直解』(11) 禮律 禁止師巫邪術條 : "凡博士巫女花郎等 亦邪術"

174) 『續大典』 刑典 禁制條; 『丁茶山全書』(24) 雅言覺非 花郎條.

175) 화랑에 관한 자세한 논의는, 신복룡, 「화랑의 정치사적 의미」, 『한국정치사』, pp. 83~112를 참조할 것.

4) 부락제部落祭

사계절의 변화가 분명한 고대 동방 사회에서 축제는 계절적 성격을 띠었고, 그 결과로 농가의 월령月令을 지키는 부락제가 있었다. 제의나 부락제의 시간은 아무 때든 좋은 것이 아니라, 특별한 날이어야 한다. 이를 "날을 받는다."고 한다. 음양오행陰陽五行에 익숙한 동양인들은 그 특별한 날을 "손 없는 날"이라고 믿는 풍습이 있었다. 이러한 풍습은 그날과 행사의 주인공의 띠(12간지)와의 적합성을 고려하여 이뤄졌다.

일 년 가운데서 시기적으로 가장 먼저 치르는 동제는 정월 보름에 치르는 산제山祭였다. 이날 그 마을에서 부정不淨한 일이 없이 선택된 제주는 찬물에 목욕하고 산제당에서 음식을 진설하고 제사를 올리는데, 절차를 보면, 축문을 태운 뒤에 제사를 올리고, 제상의 음식들을 조금씩 떼어 주위에 던지고 음복했다.[176]

이러한 음복은 서양의 경우에도 꼭 같이 나타나고 있다.[177] 이때 기도의 관심은 호환虎患과 같은 맹수로부터 보호받으려는 염원을 담고 있었다. 이는 자연 또는 야생동물과의 화해와 공존의 의미를 함께 담고 있다. 『고기』古記에 따르면 고구려는 항상 3월 3일에 낙랑樂浪의 언덕에 모여 사냥하여 돼지와 사슴을 잡아 하늘과 산천에 제사를 지냈다.[178] 남방계가 정월 보름에 산제山祭를 지내고 북방계가 3월 삼짇날 산제를 올린 것은 계절의 기온 차이에서 오는 현상이었다.

해마다 5월이면 씨뿌리기를 마치고 귀신에게 제사를 지낸다.[179] 이 시기의 놀이는 농번기를 마치고 부락민의 위로와 단합을 도모하려는 것이었다.

이 행사일에는 농기農旗와 농악을 앞세우고 각 농가를 방문하여 우선 지신地神을 밟고, 풍요를 기원하며, 집주인은 술과 음식을 준비하여 대접하는데, 음식 준비가 부족할 경우에는 얼마간 추렴을 장만한다. 이날은 어린 사람이 술에 취하는 것을 양해한다. 10월에 농사일을 마치고 나서도 이렇게 한다.[180]

---

176) 권선경, 「이천시 대월면 부필1리 산고사」, 『한국의 마을신앙』(상)(서울 : 국립민속박물관, 2007), pp. 87~88.

177) Philip K. Bock, *Modern Cultural Anthropology*, p. 199.

178) 『三國史記』(32) 雜志(1) 제사 고구려·백제의 제사 의례.

179) 『三國志』(30) 魏書(30) 東夷傳 韓; 『晋書』(97) 列傳(67) 東夷 馬韓.

180) 『三國志』(30) 魏書(30) 東夷傳 韓; 『晋書』(97) 列傳(67) 東夷 馬韓.

4. 소망

제천 의식이나 부락제가 기대하는 바는 무엇이었을까? 그것은 소망의 기도와 참회를 통한 용서의 빎, 그리고 감사의 표현이었다. 부족한 것에 대한 바람과, 맹수나 질병과 죽음, 천재지변 그리고 전쟁의 두려움에서 벗어나고 싶은 소망은 인류가 공통으로 안고 있는 바람이며, 부모로부터 받은 것이든 아니면 자연으로부터 받은 것이든, 그에 대한 감사는 인간의 상정常情이다.

자연이나 어떤 초자연적인 것 앞에서 자신의 한없이 부족함과 작음에 대한 자복自服은 인간이 머리 숙이게 했으며, 여기에서부터 원시 종교가 태동하기 시작했다. 그리고 그들은 다음과 같은 것들을 소망하고 감사하게 만들었으니, 결국 원시 종교의 목적과 결과는 생활을 증진하고, 의지를 고무하는 것이었다.[181]

1) 풍요豐饒의 기원

생산 기술을 미처 깨닫지 못한 고대인들에게 가장 무서운 것은 먹이의 궁핍이었다. 그들은 자연 채식과 동물의 수렵을 통하여 먹을거리를 해결하며 기온과 장마와 가뭄 앞에 참으로 자신들이 무력함을 알고 있었고, 여기에서부터 소망의 기도가 시작되었다. 그들이 가장 절박한 것은 풍년과 흉작의 문제였는데, 이는 전적으로 물 공급의 문제였다.

고대 사회는 기본적으로 수력水力 국가hydraulic state였는데 이는 치수의 능력을 갖춘 지도자의 관리자의 국가managerial state였음을 뜻한다.[182] 그것이 많으면 많은 대로, 적으면 적은 대로 물은 그들의 존망의 문제였다. 여기에서 기우제祈雨祭가 시작되었다.

그러나 물의 문제는 지도자의 능력을 벗어나는 초인간적 영역에 속하는 일이었다. 관개 농경irrigation farming이나 수리 농업hydro-agriculture의 기술에 관해 알려진 것이 없던 고대 사회에서 원시적인 천수답 농법rainfall farming에 따라 농사를 지어야 하는 고대인들에게 하늘은 경외의 대상이었다. 이런 곳에서 물은 재

181) E. E. Evans-Pritchard, *Theories of Primitive Religion*, p. 35.
182) Karl A. Wittfogel, *Oriental Despotism*(New Haven : Yale University Press, 1958), p. 49.

산이었다.

그러한 사례로 도서島嶼에서는 샘[泉]을 가진 사람이 부락장이 되는 관습이 있었다. 섬은 배[船]이므로 함부로 우물을 파면 그 섬이 침몰할 수 있기 때문에 섬에서는 우물을 파지 않고 천연 침출수만을 물로 쓸 수 있었다. 그러기에 천泉은 전錢과 같은 의미를 지니고 있다.[183] 1960년대까지 이러한 풍속은 전북 옥구군 선유도仙遊島에 남아 있었다.

천수답으로 농사를 짓는 민족일수록 하늘에 대한 감사와 경외는 더욱 심하다. 그러한 유풍이 남아 지금도 서울 사투리에서는 "비가 오신다." 하고 강원도에서는 "눈님이 오신다."고 말한다. 그들이 생각하기에 강우降雨와 한재旱災는 전적으로 하늘의 결정 사항이었다. 이런 상황에서 천수답에서의 이모작이란 생각할 수도 없기 때문에 경천敬天 의식은 더욱 짙었다.

이 점에서 농경 민족은 하늘에 도전하는 해양 민족과 다르다. 그들은 가장 높고 존경 받는 우신雨神, Rain Maker과 비를 그치는 신Rain Stopper이 하늘에 있다고 생각했다.[184] 헤로도토스Herodotus의 관찰에 따르면, 이러한 홍수가 기하학을 발달시킨 원인이 되었다고 하지만,[185] 홍수의 근본적인 극복에는 한계가 있었다.

기우제의 방법은 부족마다 다양한 모습을 보여주고 있다. 미주의 원주민인 수우족Sioux은 춤을 추며 물이 담긴 항아리 주위를 네 번 돌고 몸을 던져 그 물을 마신다. 뉴기니아의 부족들은 가면을 쓴 두 무용수가 물이 담긴 그릇 주위를 돌고 나면 여자들이 그릇의 주위에 모여들어 물을 마심으로써 비가 내리기를 빈다.[186]

현대 사회에서도 기우제는 존속되고 있다. 예컨대 경기도 이천利川의 경우, 마을 뒤 등성이에 있는 거북바위 앞에서 기우제를 지냈다. 이곳은 원래 돌이 귀한 동네인데 드물게 거북 모양의 큰 바위가 있어 신령스럽게 여겼다. 거북바위에 기우제를 드리는 까닭은 거북이 해신海神의 사자이기 때문이다. 거북바위 고사를 드릴 때 농악을 치며 "뚫어라 뚫어라 샘구멍을 뚫어라. 물 주쇼 물 주쇼."라는 민요를 불렀다.[187]

---

183) 이에 관한 자세한 논의는, 이 책 하권 제35장 「동학사상」, p. 505, 각주 77 참조.

184) George Catlin, *North American Indians*, Vol. 1, p. 134.

185) Karl A. Wittfogel, *Oriental Despotism*, p. 28.

186) Anya P. Royce, *The Anthropology of Dance*, p. 207.

프랑스의 경우를 보면, 2003년 여름에 3주일 동안 계속된 40도의 무더위로 프랑스에서 1만 명이 사망하자 교황 요한 바오로 2세John Paul II는 주일 미사에서 불타는 땅에 한 줄기 시원한 비를 내려주시도록 하느님께 충심으로 기도할 것을 신도들에게 당부했다.

이와 아울러 프랑스 남부 바스크 앵오아의 로베핀소성당Chapelle de l'Aubépine, Ainhoa, Basque에서는 신부들이 예수의 모형을 매단 십자가 아래에서 기우제를 지냈다.188) 주위의 환경으로부터 오는 위험과 기회에 관한 고민은 원시인이나 현대인이 다를 것이 없다. 사람들은 심리적 과정에서 집단적·정서적 성질에서 벗어나지 못했고, 주술magic의 역할에 의존하고자 했다.189)

하천문화권의 동양 사회에서 치수는 지도자의 중요한 덕목이었다. 그들에게 홍수를 다스리는 일은 천하의 큰일이었다. 지극히 공정한 마음으로 능히 자기의 사심을 버리며 사람을 따라 천하의 의론을 다하지 않으면 치수의 공을 이룰 수 없다고 그들은 생각했다.190)

그러한 사례로서, 중국의 우왕禹王이 구하九河를 소통하고 제수濟水와 탑수漯水를 소통하여 바다로 주입하였으며, 여수汝水와 한수漢水를 트고 회수淮水와 사수泗水를 배수하여 양자강揚子江으로 주입하니, 그런 뒤에 중국이 곡식을 먹을 수 있었다. 이때를 만나 우왕은 8년 동안 밖에 있다가 세 번이나 집의 문 앞을 지나면서도 집안에 들어가지 못했다.191)

신라의 경우를 보면, 입하立夏 뒤 신일申日에 탁저卓渚라는 곳에서 우사雨師에 제사 지내는 풍습이 있었다.192) 이때가 여름의 초입이라고 하는 사실은 농경 사회에서 모내기 철이었음을 뜻한다. 이때는 1년 가운데 물의 수요가 가장 많은 데에도 갈수기여서 기우제를 지냈던 것으로 보인다.

---

187) 이은숙, 「이천시 모가면 양평리 거북바위고사」, 『한국의 마을신앙』(상), p. 90.

188) 『경향신문』 2003년 8월 12일자; 『조선일보』·『경향신문』 2003년 8월 20일자; 『중앙일보』 2003년 8월 26일자; http : //www.scienceall.com/issue/sciencenews. (2011. 2. 14.).

189) Joseph A. Schumpeter, *Capitalism, Socialism and Democracy*, p. 121.

190) 『近思錄』(12)/警戒篇(14) : "治水天下之大任也 非其至公之心 能捨己從人 盡天下之議 則不能成其功"

191) 『孟子』 : 藤文公(上) : "禹疏九河 瀹濟漯而注諸海 決汝漢 排淮泗而注之江 然後中國可得而食也 當是時也 禹八年於外 三過其門而不入"

192) 『三國史記』(32) 雜志(1) 祭祀.

물의 문제가 해결된 다음, 그들의 소망은 그 물을 바탕으로 하는 풍작이었다. 따라서 각 씨족은 부족 전체가 필요로 하는 식량을 확보하고자 각기 특정한 토템에 대한 풍요 의례increase ceremonies를 거행할 책임을 지고 있었다.[193)]

서양의 경우에도 고대에서부터 여러 가지 풍작 의식fertility cult을 지켰다.[194)] 미국의 인디언인 이로쿼이족Iroquois의 경우를 보면, 1년에 단풍제Maple, 파종제Planting, 딸기제Berry, 녹두제Green Corn, 추수제Harvest, 신년제New Years Festival 등 6차례의 영농제를 드린다.[195)] 목신제牧神祭, lupercalia를 드리는 경우도 있다.

원시인들은 풍요를 빌며 그것이 생산성과 관련이 있다는 연상에서, 풍요를 성性과 관련시켜 생각했다. 그래서 여타의 생활 습속들은 성性과 농업이나 종교와 혼재해 있었다.[196)] 물론 이와 같은 성기숭배사상phallism은 세계 곳곳에 남아 있는 원시적인 자연 종교의 유산이다. 원시 사회에서 성은 생식과 생산을 의미하고 풍요와 다산을 상징한다.[197)]

한국사의 경우에는 풍요를 비는 의식으로 나경裸耕의 풍습이 있었고,[198)] 현대사에서도 호주 북부 빅토리아주의 한 마을에서는 긴 가뭄을 극복하고자 여성 500명이 나체로 춤을 추고 노래를 부르며 기우제를 지낸 적이 있다.[199)] 나경의 밑바닥에 깔린 의식은, 땅은 여성이고 태양은 남성이라는 믿음이다.[200)]

요컨대 의식의 일차적 계기는 먹이가 풍요롭기를 바라는 소망이었다. 의식儀式, cult은 본디 농사cultivation에서 시작되었다. 그리고 영농이 끝내 문화culture로 발전했다. 그래서 그 어원들이 같다. 그런 점에서 본다면, 예절의 기본은 의식衣食에서 출발한다는 관자管子의 생각[201)]은 풍요제를 설명하는 좋은 경구가 된다.

---

193) Philip K. Bock, *Modern Cultural Anthropology*, pp. 122~123.

194) Bertrand Russell, *The History of Western Philosophy*(New York : A Touchstone Book, 1972), pp. 5, 13.

195) Lewis H. Morgan, *Ancient Society*, p. 81.

196) Charles Merriam, *Political Power*, p. 112; 신복룡(역), 『정치권력론』, p. 135.

197) 김선풍, 「민속학적 측면에서 본 한국사상의 원류」, 『민족문화의 원류』(성남 : 한국정신문화연구원, 1980) p. 155.

198) 이 책 p. 185의 각주 97 참조.

199) 『중앙일보』 2003년 3월 4일자.

200) Bertrand Russell, *The History of Western Philosophy*, p. 5.

201) 『管子』(23) 牧民 : "倉廩實知禮節 衣食足則知榮辱."

2) 동질적 유대의 강화

제천 의식과 부락제는 부락 공동체의 연대 의식을 고취하고, 지배자의 권위를 세우는 구실을 한다. 인간이 집단을 이루는 초기 단계에 마법魔法은 다른 사회적인 문제에서와 마찬가지로, 정치적인 문제에서도 중요한 구실을 하며 사회적인 사기와 통제의 목적을 이루고자 서로 힘을 북돋아 주었다.202)

종교 의식은 하늘을 대신하는 절대적인 자리를 차지한다. 그것이 어떤 종류의 권위인가 하는 것은 당대의 요청에 따라 그 우선순위를 달리했다.203) 이러한 제례에 동원되는 놀이는 삶을 장식하고 보완하며 생물학적 기능으로서의 개인을 위해서뿐만 아니라 놀이가 내포하고 창조하는 의미와 표현 가치와 정신적·사회적 유대를 강하게 만들어 준다.204)

제의의 진정한 의미와 목적은 씨족원을 끌어모으는 것인데, 이렇게 하여 모인 경우에 구성원들의 집단적인 규약은 사람들의 단결심을 재생시킨다. 제식祭式은 흥분을 불러일으키고, 그런 가운데 개인 의식은 없어지며, 사람들은 그들의 신성한 제의를 통하여 집단과의 일체감을 얻게 된다.

예컨대 주민이 동제洞祭에 참여하면 그것은 개인이기를 포기하는 것이다. 공동체의 신념 체계 밖에 홀로 남는 것은 불가능했고 또 사회적으로 생명을 포기하는 것이었다.205) 따라서 씨족원이 분산되어 있을 때, 단결의 관념은 희박해지므로 집단은 더 강화된 다른 모임이나 의식을 반복함으로써 대대로 단결을 강화할 필요가 있었다.206)

이와 같이 일체감을 이룩하는 대표적인 사례가 곧 제향祭享이었다. 그의 의미는 구성원들의 만남encounter, 동질성의 확인cognition of integrity, 나눔sharing, 소통communication, 그리고 화해reconciliation였다. 친족의 만남은 관계의 확인을 거쳐 자신의 존재를 확인하고 유대를 연장하는 것이며, 나눔은 베풂의 의미가 있

---

202) Charles Merriam, *Political Power*, p. 112; 신복룡(역), 『정치권력론』, p. 135.

203) 정진홍, 「종교학적 측면에서 본 한국사상의 원류」, 『민족문화의 원류』, pp. 132~133.

204) J. Huizinga, *Homo Ludens*, p. 36.

205) 金鍾瑞, 「전통사상의 개념 : 현대 종교학적 시각」, 『전통사상의 현대적 의미』(8/90)(성남 : 한국정신문화연구원, 1990), p. 29.

206) E. E. Evans-Pritchard, *Theories of Primitive Religion*, pp. 62~63.

고, 소통은 정치적 의사의 교환이며, 화해는 갈등의 해소를 위한 절차이다. 전국의 마당바위는 그런 의미에서 원시적 민회의 장소였으며, 명절과 제사를 위한 모임은 정치적 담론의 확인 과정이었다.

만남은 거기에서 그치지 않고 다소는 형이상학적이고 정신적 의미를 띤다. 제례의 모임은 세속 질서에 관한 저항의 담론을 나눌 장소를 마련해 주었다. 제천 의식은 신과 나와의 소통의 시간이기 때문에 세속의 문제에 다소 초연하여 자신들의 존재감을 키워 주는 구실을 했다.

오랜 역사에 걸쳐 세습적인 귀족계급을 가장 괴롭히는 경쟁자는 종교 지도자였다. 그들은 정치 집단의 우월한 지위에 도전하는 일에 두려움을 느끼지 않았다. 그들은 상징주의와 귀족계급에 대항할 조직에 통달했으며, 자기의 입장을 표현하며 논리적인 기구를 이용할 수도 있었고, 정치 지도자들보다 더 직접적이고도 나무랄 데 없이 신성한 위신을 지킬 수 있었다.[207)]

고대 사회에 갈수록 종교적 제의는 경이감sense of extraordinary, 신비감sense of mysterious, 초자연적인 감정sense of supernatural의 특징을 보이며 경악amazement이나 경외감awe을 보이고, 운명weird, 성스러움sacred, 숭고함holy, 신성함divine을 자아낸다.[208)] 웅대한 의식의 본질은 정치 심리에서 숭배의 요소를 강조하는 것과 같다. 조용한 상황에서 의식적儀式的인 발걸음의 정교한 연속은 의심할 나위도 없이 준수와 복종의 생각을 불러일으킨다.

의식이 아무리 불합리하다고 할지라도, 의식의 합리성에 관하여 논쟁하는 것은 어려운 일이다.[209)] 이러한 제의가 권위를 창조하는 결정적 계기는 "거느림"commanding에서 온다. 가장 많은 자식을 가진 추장이 가장 먼저 속간束桿, fascellum[210)]을 잡아 주州의 선택권을 가졌듯이,[211)] 무리 앞에 선 제주는 엄청난 권위를 수반한다.

---

207) Charles Merriam, *Political Power*, pp. 121~122; 신복룡(역), 『정치권력론』, p. 147.

208) E. E. Evans-Pritchard, *Theories of Primitive Religion*, p. 38.

209) Charles Merriam, *Political Power*, p. 113; 신복룡(역), 『정치권력론』, p. 136.

210) 속간束桿,faisceau, fascellum이라 함은 막대기를 묶은 사이에 도끼날을 끼워 만든 상징물로서, 집정관의 권위를 뜻한다. 대장군이 왕명을 받아 출전할 때 한쪽에는 깃발[旌旗]을 든 장수가 서고, 다른 한쪽에는 도끼[斧鉞]를 든 장수가 서는데, 정기는 지휘권을 뜻하며, 부월은 범법자의 처형을 뜻한다. fascism이라는 용어가 여기에서 유래했다.

211) Baron de Montesquieu, *The Spirit of the Laws*, Vol. II, Book XXIII, § 21.

원시나 고대 사회에서 공동체 의식의 고취는 집단 영농이나 전쟁 또는 재해에 대한 대처의 의미를 지니고 있었다. 이와 관련하여 마키아벨리Nicolo Machiavelli는 그의 주군에게 다음과 같이 권고한다.

> 군주는 1년 가운데 적절한 기회를 보아 시민들이 축제나 놀이를 할 수 있도록 배려해야 합니다. 그리고 모든 도시는 동업 조합이나 구區로 나누어져 있기 때문에, 군주는 그러한 집단에 관심을 가지고 가끔 그들을 만나 보아야 하며, 몸소 그들에게 인간미와 관용을 보여주어야 합니다.[212]

마키아벨리의 권고처럼 이와 같은 제의는 지도자가 기쁜 감정으로 주민을 한꺼번에 만날 절호의 기회이다. 제의는 주민 전부가 참가하는 향연饗宴, festival이다.[213] 권력자는 이러한 자리를 놓쳐서는 안 된다. 제의는 신도들이 왕과 임금과 총독에게 복종하고, 공동체를 위해 봉사할 것을 요구한다.[214]

지도자가 지위를 얻고 유지하는 것은 지존至尊한 인물의 명성과 함수관계에 있는데,[215] 그가 그러한 명성을 얻기에는 축제만 한 장소가 없으며, 그것이 전승축제라면 더 바랄 것이 없다. 인간이 어떤 숭앙崇仰을 느끼는 것은 오로지 절대자에 대한 존경심 때문만은 아니며, 분위기에 휩쓸리는 경우도 많다.

때에 따라 사람들은 제의의 아름다운 상징주의에서 만족감과 해방감을 발견하며, 제의의 믿음에 관한 선전이나 전쟁 때 정치학자들이 제공한 짜릿한 공동체 의식에 따라 끝없이 고취되기도 한다. 그들은 커다란 사건에의 참여와, 위대한 지도자나 동료에 대한 동일시에 자신들을 떠맡긴다.[216] 심리적인 휩쓸림은 작위적 설득보다 훨씬 더 강렬한 위력을 가진다. 지도자는 그 중심에 있어야 한다.

---

212) 마키아벨리(지음)·신복룡(역주), 『군주론』(서울 : 을유문화사, 2019), p. 275 : Chapter 21, § 8.

213) 김한초, 「한국 농촌부락의 공동체적 성격」, 『제3회 국제학술회의 논문집』(성남 : 한국정신문화연구원, 1984), p. 869.

214) 『신약성경』 「베드로전서」 2 : 13~19.

215) H. D. Lasswell & Abraham Kaplan, *Power and Society : A Framework for Political Inquiry*(London : Routledge & Kegan Paul Ltd., 1952), p. 154.

216) Charles Merriam, *Political Power*, p. 74; 신복룡(역), 『정치권력론』, p. 90.

3) 재앙과 슬픔을 물리침

자연과학에 관한 인식이나 정보가 부족했던 원시·고대인에게 자연의 재이災異와 삿邪된 것을 피하려는 의지[僻邪]는 매우 진지했다. 인간이 생활 속에서 느끼는 보편적인 공포는 파충류, 추락, 그리고 어둠에서 비롯되었다.[217] 이것은 본능적인 공포로서 삶의 흐름 속에서 익숙해질 수 있는 것들이었다. 그러나 천재지변과 같은 공포는 시간이 흐른다고 해서 해소될 수 있는 것이 아니었다. 그들은 자연 재해를 자신의 실수나 죄악에 대한 신의 저주로 생각했기 때문에 두려움과 자책은 더욱 심각했다.

이를테면, 일식日蝕이나 월식月蝕에 관한 지식이 없던 고대인들은 월식이 벌어지면 모두 밖으로 나가 판자를 때려 소리를 냈는데,[218] 이는 개[犬]가 해와 달을 집어먹고 있는 것이라고 여겼고, 그러한 일이 일어나면 군주에 대한 반역이나 나쁜 세력의 침범이 있을 것으로 해석되었기 때문이다.[219] 큰 비바람이 불며 천둥 번개가 쳐 쳐다볼 수도 없고 들을 수도 없을 때면, 선원들은 창과 도끼와 큰 칼을 휘두르며 소리를 질러 벼락을 쫓아버리려 했다.[220]

고대인들은 공자孔子의 말처럼 "하늘에 죄를 얻으면 빌 곳이 없다."[221]고 생각했다. 하늘에 대한 두려움에는 인간의 원죄 의식이 그 바닥에 깔려 있는데, 그 논리적 바탕은 천인감응설天人感應說이다. 여기에 사계절 운행의 계절적 규칙성은 하늘에 대한 의존을 더욱 심하게 만들었다.

월별 기후가 확연히 다르고 따라서 하는 일이 규칙적으로 다르고, 절후節候가 뚜렷한 온대 기후권의 농경 사회에서 사는 사람들은 주기週期에 익숙하며 하늘에 관한 그들의 인식은 순명적順命的이다.[222] 그리고 그에 대한 존경이 규범화되고 정례화된 것이 제례였다.

자연 재해에 대한 두려움과 무력함의 결과로 나타난 것이 곧 점복占卜이다.

---

217) 안택원, 『문명의 시간 여행』(서울 : 대원출판, 1997), p. 28.

218) 圓仁(지음)·신복룡(역주), 『入唐求法巡禮行記』(서울 : 선인, 2007), p. 129 : 839년 10월 15일자.

219) 이희덕, 『韓國古代自然觀과 王道政治』(서울 : 한국연구원, 1994), p. 13.

220) 圓仁(지음)·신복룡(역주), 『入唐求法巡禮行記』, p. 115 : 839년 6월 3일자.

221) 『論語』 八佾 : "子曰 獲罪於天 無所禱也."

222) 『禮記』(6) 月令.

점이란 미래에 발생할 사태를 예측하고 그에 가장 적합한 행동 양식을 모색하는 일이다. 인간의 지혜가 발달하지 못했던 고대 사회에서 기후의 변화와 지진 등의 자연 변화 그리고 질병, 전쟁, 왕조 교체 등의 현상은 절대자인 상제上帝의 뜻에 따라 일어나는 것이라고 보았다.

그러므로 사냥을 나간다든가 제사를 지낸다거나 또는 전쟁을 일으킬 경우, 상제의 뜻을 미리 알아보고자 했는데, 그 방법이 바로 점이었다. 인간의 지혜가 발달하여 자연의 변화에 질서가 있음을 깨달은 뒤에도 인간의 삶에서 점복에 대한 의존은 쉽게 사라지지 않았다.

일상을 뛰어넘는 현상의 낌새를 발견하고 인식하는 일은 일상적 가치를 추구하며 늘 당혹을 느끼게 만든다. 인간은 자기들이 추구하는 일상적 가치가 인간 자신이 뜻하는 대로만 이루어지지 않는다는 당혹스러운 체험을 늘 겪는다.[223] 그것은 곧 죽음을 연상시킨다. 원시인들은 주은 이의 영혼이 자신을 해코지할는지도 모른다는 두려움 속에 살았다.[224] 초자연적인 처벌super-natural punishment이 이승에서 가해지든 저승에서 가해지든, 그에 대한 믿음은 사회 통제의 효과적인 수단이다.[225]

호환虎患, 전쟁, 질병 등이 언제 닥칠지도 모른다는 두려움 속에서 어떤 형태로든 불제祓除(재앙을 물리침) 의식이 필요했다. 넓은 의미로서의 제천 의식이요, 좁게 말하면 무속이나 굿이라고 할 수 있는 제례의 본질은 길흉화복에 대한 신의 의지를 모색하려는 것이다. 제의란 인간이 신성한 대상물의 현전現前에서 어떻게 처신하는 것이 자신을 안전하게 하는가를 규정하는 행동 규약이었다.[226]

이러한 제의가 정치학적 의미를 띠는 것은 그러한 재이災異가 결국 군왕이 쌓은 덕[積德]과 관련이 있다는 믿음 때문이다. 고대인들은 천재지변이 통치자의 도덕적 행위와 밀접하게 연관되어 있다고 믿었다. 신라 눌지왕訥祗王은 우박이 떨어지자 죄수들을 방면하였고,[227] 소지왕炤知王은 큰 바람이 불어 나무가 뽑히고, 경주의 남문에 화재가 일어나고, 오랜 장마가 이어지자 죄수를 방면했다.[228]

---

223) 尹元澈, 「民俗宗教祭儀의 機能에 대한 一考察」, 『전통사상의 현대적 의미』, p. 129.
224) Edward B. Tylor, *Primitive Culture*, Vol. II(London : John Murray, 1920), p. 111.
225) Philip K. Bock, *Modern Cultural Anthropology*, p. 34.
226) E. E. Evans-Pritchard, *Theories of Primitive Religion*, pp. 56~57.
227) 『三國史記』 訥祗王 20년 4월.

이처럼 재이를 물리치는 의식으로 죄수들에게 은전을 베푸는 것은 인정仁政과 덕치를 베풀어 천형天刑에 응답함을 보여주고자 함이었다.[229] 재이에 대한 두려움은 비교적 늦게까지 지속되었는데, 이를테면 조선조 선조宣祖 시대에 우렛소리로 말미암아 삼공三公이 사직을 요청했다는 기록[230]이나, 재변으로 말미암아 왕이 정전正殿을 벗어나고, 반찬을 줄이고, 음악을 듣지 않았다는 기록[231]을 보면, 근대 문명과 그 이전의 생활상에는 큰 차이가 없음을 알 수 있다.

인간은 삶의 고통 속에서 이제 자복自服할 수밖에 없다고 생각했다. 어느 시대나 아픔grievances이 있다. 그것은 한恨이 되고 원冤이 되었다. 그들은 "하느님을 두려워하는 것이 지식의 시작"*Timor domini principum scientia*[232]임을 알았다. 그것을 여과하는 한 방법으로서 굿의 문화가 형성되었다. 굿은 기본적으로 "경험으로써는 사물의 본질이나 궁극적 실재의 참모습을 알 수 없다."는 공자孔子의 기본 생각인 불가지론不可知論, agnosticism[233]에 기초하고 있다.

당초에 굿은 현대적 개념의 미신迷信과는 다른 의미를 가지고 있었다. 그들은 재이를 이길 수는 없지만 하늘의 뜻에 따라 용서받음으로써 어느 정도까지는 피할 수 있다고 생각했다. 그러고서도 안 되는 일이라면 그것은 신의 뜻이라고 체념했다. 우리네 삶에서 신의 창조가 필요한 것은 삶과 죽음에 대한 공포 때문이었다.

이 불가지한 섭리는 많은 지식인을 곤혹스럽게 만들었다. 그들은 "괴력난신"怪力亂神을 빗겨야 한다는 성현의 말씀과 재이의 불가지함 사이에서 고민하며 『주역』周易에 빠져 보기도 하고 천문이라는 이름으로 재이를 예견할 수 없을까를 모색하기도 했다.

동양의 천문은 별자리를 통하여 예언을 얻고자 하는 점성학astrology, 별에 관한 연구를 바탕으로 시간의 문제를 풀어가는 역법calendar, 인간 존재의 근원을 탐색하는 우주론cosmology, 그리고 이른바 "상서로움을 구하고 재난을 피하고자

---

228) 『三國史記』 炤知王 4년 2월/4월.

229) 이희덕, 『韓國古代自然觀과 王道政治』, pp. 9, 232.

230) 『經筵日記』(2) 宣祖 6년 10월.

231) 『經筵日記』(2) 宣祖 7년 정월.

232) 『구약성경』 「잠언」 1 : 7.

233) 『論語』 「述而」.

하는" 상서재이학祥瑞災異學, felicificism으로 나눌 수 있다.[234]

그러나 이런 방법이 재난을 피할길을 마련해 주지 못했다. 그러한 고민은 유교를 벗어날 수 없었던 왕수인王守仁의 다음과 같은 고백에서 잘 나타나고 있다.

> 점을 치는 것이 바로 이치이며 이치 또한 점을 치는 것이니라. 천하의 이치 가운데 복서卜筮보다 더 큰 것이 어디 있겠느냐? 오직 후세에 와서는 복서卜筮를 오로지 점괘에 관한 것으로만 보았기 때문에 점치는 일은 조그만 재주같이 보이는 것이다. 복서는 오직 의심스러운 것을 결단하고 내 마음을 신령스럽게 하기를 바라는 것일 따름이다.[235]

신의 뜻과 인간의 고민 사이의 중재자로 나타난 것이 곧 무당shaman이었다. 샤먼은 공동체의 정신적인 모습을 지키는 데 아주 중요한 구실을 해왔다. 샤먼은 악령에 대항하는 투사들이었다.[236] 따라서 질병을 치료할 사람은 샤먼뿐이다. 왜냐하면 오직 샤먼만이 이런 영혼을 볼 수 있고 이런 영혼을 쫓는 방법을 알고 있기 때문이다. 이승에서든 저승에서든 영혼과 영혼의 방황에 관한 모든 사항은 오로지 샤먼만이 다룰 수 있는, 샤먼 고유의 영역이다.[237]

샤먼은 인간의 지혜로써 알 수도 없고 풀 수도 없는 죽음, 질병, 기근, 재난, 암흑의 세계와 맞서서 생명, 건강, 풍요, 광명의 세계를 지키는 존재이기를 사람들은 기대했다.[238] 그들에게 필요한 사람은 예언의 능력을 지닌 인물이었다. 마운령磨雲嶺에 있는 「진흥왕순수비」眞興王巡狩碑(568년)에 쓰인 바와 같이, "재난의 낌새를 살피는 무리에게는 벼슬과 ○○○을 상으로 더하여 주고 공훈을 표창하고자 한다."[239]는 기록이 그들의 절박함을 잘 보여주고 있다.

---

234) 김일권, 「동양 천문의 범주와 그 세계관적인 역할 : 고려와 조선의 하늘 이해를 덧붙여」, 『제12회 한국학 국제학술회의 : 전통문화와 21세기 한국』(성남 : 한국정신문화연구원, 2003), pp. 335~340.

235) 『傳習錄』(하) 黃修易의 기록, p. 341.

236) Mircea Eliade, *Shamanism : Archaic Techniques of Ecstasy*, p. 508.

237) *Ibid.*, p. 216.

238) *Ibid.*, pp. 508~509.

239) 한국고대사연구소(편), 「磨雲嶺 眞興王巡狩碑」, 『한국고대금석문』(2)(서울 : 가락국사적개발연구원, 1992), p. 90.

4) 질병의 치유

원시인들에게 질병은 생의학적 하자瑕疵가 아니라 신의 저주였다. 질병은 정령精靈, spirit이나 악귀Demon가 한때 인체에 침범하여 발생하는 것으로서, 적절한 무주巫呪의 술법으로써 그것을 제거하면 치료되는 것으로 그들은 믿었다.[240] 따라서 치병治病의 문제는 하늘에 대한 소망 가운데서도 매우 중요한 항목이었다. 환자는 초자연적 존재나 수단의 공격을 받았으므로 그 치료는 환자와 초자연적 존재와의 관계를 회복한다는 일반적인 기초 원리에 따랐다.

그렇다고 해서 약을 전혀 쓰지 않는 것은 아니었다. 처방된 약은 대체로 위약僞藥, placebo[241]이었으며, 그것은 실제로 치병의 효과가 있었다. 우리의 전통적 민간 치료에서 "엄마 손은 약손"이었다. 현대 사회에서조차 의사들은 환자에게 위약을 투여함으로써 분명한 치료의 효과를 보고 있다. 사탕 정제나 식염수 주사는 일반적으로 사용되는 위약들이다.[242] 정신 치료의 경우에 위약이 더 흔하다.

신라 시대의 경우를 보면, 어의御醫는 대체로 고승이었다. 그러한 사례로 헌강왕憲康王 2년(867) 때 선대 왕인 경문왕景文王의 몸이 편치 못한 적이 있었다. 이에 왕은 근시近侍에게 명령하기를 "빨리 우리 대의왕大醫王을 맞아오라." 하였는데,[243] 여기에서 대의왕이라 함은 당대의 고승이었던 대낭혜화상 백월보광大郎慧和尙白月葆光을 말한다. 부처님의 공덕으로 병을 고칠 수도 있겠지만, 이럴 경우에 대의왕은 다분히 주술적이다. 주술가와 신도의 관계는 의사와 환자의 관계와 같다.[244]

고대 사회에서 무의巫醫, shaman curer가 갖는 치병의 효과는 단순히 병리학의 문제가 아니라 지배-복종 관계의 매개였다는 점에서 중요하다. 당초 이것은 종교의 문제였는데, 초기의 증산교甑山敎에서도 의료의 흔적을 찾아볼 수 있다. 강증산姜甑山은 본디 한의사였다.

---

240) 김두종, 『韓國醫學史』(서울 : 탐구당, 1975), p. 10.

241) 위약僞藥, placebo은 생의학적으로는 직접적인 효과가 없지만 심리적으로 효과를 얻고자 먹이는 가짜 약이다.

242) Philip K. Bock, *Modern Cultural Anthropology*, p. 207.

243) 최치원, 「四山碑銘 : 大郎慧和尙 白月葆光塔碑銘」, 『한국의 사상대전집』(3)(서울 : 동화출판공사, 1972), p. 41.

244) E. E. Evans-Pritchard, *Theories of Primitive Religion*, p. 57.

이런 점에서 의술은 하나의 응용과학이었다. 왜냐하면 이것은 심리적 과정과 생리적인 과정이 서로 복잡한 형태로 얽혀 있기 때문이다. 그러므로 무의들이 사용하는 기능을 한낱 미신으로 여기는 것은 현명하지 않다.[245)]

5) 전승 기원

제천 의식과 부락제에서 다루어야 할 또 다른 중요 항목은 전승 기원戰勝祈願, war ceremony의 문제이다. 평화 시에는 삶의 질서에 문제가 생기지 않았다. 그러나 그들 사이에 갈등이 일어날 경우에 그들의 삶이 동요하는데, 특히 전쟁이 지나간 뒤 공동체의 심리 상태는 더욱 불안정했다. 출전하는 병사에게는 특별한 마음의 준비가 필요했다.

그뿐만 아니라 전쟁은 인구 이동을 유발한다. 인구 이동에 따른 취락의 재편은 새로운 갈등과 화해를 요구한다. 여기에서 정체성identity의 확인 과정으로 만남과 나눔이 필요했다. 그 계기는 주로 제의祭儀 기간에 이뤄졌다. 그들은 화해함으로써 공동체의 일체감을 고양할 필요가 있었다.

플라톤Platon은 고대 사회의 지배자가 군인인 동시에 철학자였다는 사실에 주목했다.[246)] 그는 위대한 통치자에게 전쟁의 승리를 요구하고 있는데, 이는 전쟁의 빈번함과 패전의 비극성에 관한 경고였다. 전쟁에서 승리를 거두려면, 무기와 식량과 무사를 갖추어야겠지만 그것으로써 준비가 끝나는 것은 아니다. 그들은 승전을 위한 예식이 필요했다. 예식은 하늘에 대한 기원과, 그에 못지않게 무사의 사기를 진작하는 의식이었다. 이와 같은 전승 기원이나 전쟁 축제는 미주 대륙 인디언들의 의식에서 잘 나타나고 있다.[247)]

출정에 앞서 샤먼이 제단 앞에서 먼저 하늘에 기도한다. 그리고 곧이어 그가 먼저 춤을 추고 군무群舞가 이뤄진다. 춤은 무리와 함께 행동하며 지휘관을 따르겠다는 약속을 이끌어내고 전쟁이나 죽음의 공포와 수줍음을 극복하는 데 도움이 된다.[248)] 그들은 전쟁이 일어나기에 앞서 이미 전승 놀이나 석전石戰과 같

---

245) Philip K. Bock, *Modern Cultural Anthropology*, p. 204.

246) Plato, *Republic*, Book 7, § 525b.

247) Arthur C. Parker, *The Indian How Book*(New York : Dover Publications Inc., 1954), pp. 298~301.

은 유사 쟁투를 통하여 단련을 받은 바 있었다.

놀이와 가장 밀접하게 결합한 것은 승리한다는 의지이다. 승리를 위한 축제는 놀이가 끝날 때 자기의 우월함을 증명하는 일이다. 인간은 자신을 우월한 존재로 확대하려는 경향을 지니고 있다. 이는 승리를 통하여 존경과 명예를 얻기 때문이다. 놀이에서 얻어진 성공은 바로 개인에서부터 집단에로 이양될 수 있다.[249]

잘 치러진 축제 의식, 승리를 거둔 놀이 또는 경기, 특히 종교적 의미를 띤 놀이, 이 모든 것은 고대 사회에서 집단의 안녕과 축복을 가져오는 지름길이라는 굳은 신념과 결부되어 있다. 희생 제물의 봉헌이나 무당춤이 훌륭하면 모든 것이 잘된다. 이로써 거룩한 권력자들은 우리 편이 되고 질서가 잡히고 우리의 우주뿐만 아니라 사회의 번영이 보장된다.[250] 이를 위해 평소에 전승 놀이로 집단을 단련하고, 관우關羽나 최영崔瑩이나 임경업林慶業 그리고 이순신李舜臣과 같은 전신戰神에 대한 경배를 소홀히 하지 말아야 한다.

하위징아J. Huizinga는 이와 같은 승부 놀이Agon[251]를 통해서 집단적 신열神悅을 도모할 필요가 있음을 강조했다. 축제는 승부를 수반한다. 그리고 이기고 싶은 충동[好勝心]은 전쟁에서 승리를 기대하는 계기가 된다. 그래서 축제의 경기는 중요하다. 전승 기원에는 승부에 대한 기원과 함께 춤과 노래와 주악, 그리고 술을 마심으로써 일체감과 승리를 다짐하고, 공포로부터 해방을 꾀한다. 이런 점에서 전쟁 축제는 종합 놀이이다. 이때 그들을 충동하는 중요한 모티브는 공명심과 복수심과 저주이다.[252]

전쟁의 존재 형태를 보면, 인간이 구두선口頭禪처럼 되뇌는 삶의 도덕률은 실제와 많이 다름을 알게 된다. 전쟁에서 벌어지는 유혈에는 일종의 희열이 있기 때문이다. 이는 죽어가는 사냥감을 보며 느끼는 사냥꾼의 감정과 다르지 않다. 전쟁은 천편일률적인 생활의 단조로움을 깨트려 준다.

참전자들을 의기양양하게 만들어 주는 것과 달리, 전쟁은 길고 잔인한 투쟁의

---

248) Anya P. Royce, *The Anthropology of Dance*, p. 34.
249) J. Huizinga, *Homo Ludens*, p. 50.
250) *Ibid.*, p. 54.
251) *Ibid.*, p. 55.
252) George Catlin, *North American Indians*, Vol. 1, p. 74.

고통을 경험하지 못했던 사람들에게는 커다란 모험이 된다. 전쟁은 죽음이나 영광 가운데서 양자택일을 제시한다.[253] 이러한 참혹함은 역설적으로 작은 사회에서 더 빈번하게 일어난다. 왜냐하면 작은 국가는 파멸할 위기에 부딪히는 경우가 더 많기 때문이다.[254]

이러한 전승 기원의 문제는 종교에서도 예외가 아니다. 가톨릭에서 아침·정오·저녁 시간에 그리스도의 강생降生과 성모마리아를 공경하는 뜻으로 바치는 삼종기도三鐘祈禱, *Angelus*는 본디 종을 세 번 친다는 데서 나온 것인데, 이는 11세기에 십자군十字軍의 승리와 평화를 위해 기도할 것을 신자들에게 상기시키려고 매일 저녁 종을 친 데서 비롯되었다. 불교에서도 전승 기도 법회가 있다.

1571년에 키프로스Cyprus를 점령한 오스만제국Osman Turk Empire을 몰아내고자 그리스도교 동맹군이 레판토Lepanto를 침공했을 때, 교황 비오 5세Pius V는 이 전쟁에서 승리할 수 있도록 신도들에게 묵주기도*Rosarium*를 올리도록 권고하였고, 이때부터 그것이 표준화되었다. 천주교의 자비송*Kyrie*도 그리스에서 신이나 황제나 개선장군에게 바치는 환호에서 비롯되었다.[255]

전쟁의 빈도와 잔혹성이 유목민족의 경우에 더 짙게 나타나는 것은 그럴 법한 일이다. 목축 민족에 전사가 많다. 이러한 민족은 보통 정해진 일정한 가지고 있지 않으며 천막이나 여러 곳으로 쉽게 운반되는 포장마차 안에서 살았다.

목축 민족은 평시에도 방랑 생활에 익숙하기 때문에 쉽게 출전할 수 있다. 그들이 승리하면 적국에 소속한 것은 모두 승리의 보수가 된다. 그러나 그들이 패배하면 모든 것을 잃게 되고 그들의 가축뿐만 아니라 부녀자와 아이들까지도 정복자의 전리품이 된다.[256] 손에 피를 묻히며 산 민족과 손에 호미를 든 민족의 정서가 같을 수는 없다.

이러한 논리를 한국 고대사에 적용해 보면, 북방계 종족에서 호전성이 더 잘 나타나고 있다. 부족 국가의 통합이 무상했던 당시로서는 이와 같은 기상이 상무 정신으로 승화될 수 있었다. 그들이 살아남을 길은 꺾일 줄 모르는 투혼과 전투력 그리고 병기 기술뿐이었다. 그들의 부락에는 무인武人이 부락장의 성격

---

253) Charles Merriam, *Political Power*, p. 219; 신복룡(역), 『정치권력론』, p. 264.

254) Baron de Montesquieu, *The Spirit of the Laws*, Vol. I, Book X, § 2.

255) 『한국가톨릭대사전』(서울 : 한국교회사연구소, 1985), pp. 578, 340~341.

256) Adam Smith, *The Wealth of Nations*, Part 1, Chapter 1, (1), par. 3.

을 띠고 있었으며[257] 그들에게 전투는 하나의 생활이며,[258] 종합 예술total art이었으며, 그것은 육식 인종의 호전성, 먹이를 위한 쟁투의 치열함, 천연 조건의 열악함과 관계가 있다.

그러한 사례로, 수隋의 고조高祖가 말갈인靺鞨人들을 맞아 선물을 주고 잔치를 베풀어 술을 마시게 한 적 있었다. 사신들은 데리고 온 무리와 모두 일어나 춤을 추는데 그 모양이 마치 전투하는 모습과 같았다. 아마도 그것은 전승 기원으로서의 검무의 시연試演이었을 것이다. 고조는 이것을 보고 시신侍臣들을 돌아보며 말하기를 "세상에 이런 무리도 있는가? 항상 전투만을 생각하니 어찌 심하지 않은가?"[259]라고 했다.

북방 민족들은 특히 보전步戰에 능숙했고,[260] 활·칼·창뿐만 아니라 투구와 갑옷까지 발달하여 그 용맹함이 뛰어났다.[261] 이러한 역사 법칙에도 불구하고 북방계 유목민족인 고구려가 남방계 농경민족인 신라에게 멸망한 것은, 당나라의 지원이라는 변수를 고려한다고 하더라도, 역사적으로 유례가 드문 현상이었다.

6) 화해

제례에 적의敵意와 복수심이 담겨 있듯이, 그 반대로 제례에는 화해와 용서의 의미가 담겨 있다. 이는 앞서 지적한 분리 의식에서 나타나는데, 그 가운데서도 대표적인 것이 곧 죽은 이와의 이별이다. 흔히 상례喪禮로 대표되는 이 의식은 천도재薦度齋와 같이 죽은 사람과의 교신으로 죄의 참회*methanoia*와 용서를 비는 의식이다.

그러한 의식이 단순히 이별의 슬픔을 의미하는 것만은 아니다. 죽음을 "돌아가셨다"고 표현하는 것은 "본디 있었던 것으로 되돌아갔다."는 뜻이다. 그들에게 죽음은 고향으로 가는 길이며, 고인이 편안히 가기를 비는 마음과 인연의 지속

---

257) 『後漢書』(85) 列傳(75) 東沃沮條 : "有邑落長帥"

258) 『三國志』(30) 魏書(30) 高句麗條 : "國人 …… 習戰鬪"

259) 『隋書』(81) 列傳(46) 東夷靺鞨條 : "高祖因厚榮之 令宴飮于前 使者與其徒皆起舞 其曲折多戰鬪之容 上顧謂侍臣曰 天地間乃有此物 常作用兵意 何其甚也"

260) 『後漢書』(85) 東夷列傳(75) 東沃沮條 : "國人 …… 使持矛步戰"; 同 濊條 : "濊人 …… 能步戰"

261) 『梁書』(54) 列傳(48) 諸夷 高句麗條; 『南史』(79) 列傳(69) 夷貊東夷條 : "國人 …… 便弓矢刀矛 有鎧甲"

을 의미한다. 장례 제의의 의미는 크게 다음과 같이 나누어 설명할 수 있다.

(1) 제의는 화해이다. 여기에는 속죄의 의미가 담겨 있다. 장례는 사람들의 신앙심을 강화하여 사회에 대한 의무를 수행하도록 속죄하게 만든다.[262]

(2) 제의는 죽은 무리와 산 무리의 통교이다. 통교는 소망의 전달이며 가르침의 승계이다. 그들은 죽음을 겪었음에도 이별을 거부한다. 그래서 상례에는 "성스러운 대화"*sacra conversazione*가 있다.

(3) 제의는 앞서간 사람에 대한 감사이다. 제사에는 기도하는 것이 있고, 보답하는 것이 있고, 이것으로 재앙을 비켜 가는 것이 있다.[263] 산 이를 봉양하고 죽은 이를 장송葬送함에 유감이 없게 하는 것이 왕도王道의 시작이다.[264]

(4) 제의는 앞서간 사람에 대한 기억을 간직하는 일이다. 기억은 기억한 것을 현재화할 때 의미가 있다. [동이東夷의 사람인] 소련少連과 대련大連이 거상居喪하기를 잘하여 부모가 죽은 지 3일 동안 게을리하지 않았으며, 3개월 동안 빈소에서 게을리하지 않았으며, 1년 동안 슬퍼하였으며, 3년 동안 근심하였으니, 이는 동이족東夷族의 자식된 도리라고 주자朱子는 설명했다.[265]

장례식은 통치자가 죽은 영웅의 위광威光을 물려받을 절호의 기회이다. 따라서 통치자는 그 영웅의 장례에 참석해야 함은 물론이고, 고인과 자신의 각별한 관계를 입증할 상징을 최대한 이용해야 한다. 장례식에서 좌석 서열과 헌화, 그리고 배종陪從의 순서는 매우 중요하다. 장례식은 다음의 후계자가 누구인지를 보여주는 좋은 장소이다.

7) 제례의 절차

제례에는 방법과 절차가 있다. 정성을 제일의 가치로 여기는 제례에서 형식과 절차는 소홀히 할 수 없는 가치이며 이를 둘러싼 이견으로 분쟁이 발생하는 경우도 있는데, 조선조의 예송禮訟이 이에 해당한다. 제의에는 다음의 구색을 갖추

262) E. E. Evans-Pritchard, *Theories of Primitive Religion*, p. 63.
263) 『禮記』(11) 郊特牲, "祭有祈焉 有報焉 有由辟焉"
264) 『孟子』 梁惠王(上) : "養生喪死無憾 王道之始也"
265) 『小學』 內篇 稽古(4) 明倫(18) : "少連大連 善居喪 三日不怠 三月不解 期悲哀 三年憂 東夷之子也."

어야 한다.

첫째로 재물을 바치는 공희供犧, sacrifice의 의식이 있어야 한다. 세계 어디에서나 종교가 발전하는 일정한 단계에서는, 의식에서 신에게 동물이나 사람을 죽여 바치고, 그 고기를 먹었다. 이러한 단계에 도달하고 그친 시기는 지역에 따라 다르다. 인간을 제물로 바치는 일은, 그 제물을 먹지 않게 된 뒤에도 오래 계속되었다.[266]

백제의 비류왕比流王은 남쪽 교외[南郊]에서 천지에 제사를 지내며 제물로 쓸 짐승을 친히 베었다.[267] 신라 육부는 얼룩소를 잡아 제사를 지냈다.[268] 신라에서는 지역의 분규를 해결한 뒤에 일이 완결되었음을 사뢰며 소를 잡고 널리 고하였음을 기록한다.[269]

계약에서 피를 뿌리는 것은 이로써 하나로 묶는다는 뜻이다. 이것은 현대 사회에서 혈맹血盟이나 피 가름의 형식으로 남아 있다. 사람들은 공희를 통해 사회에 끼친 누累와 그로 말미암은 잘못에 대해 속죄하고 지역공동체 사회에 다시 들어감으로써 자신을 되찾는다.[270]

둘째로는 제단을 향해 경배하고 주술의 의식을 거행한다. 심리학적으로 종교와 주술은 비슷하다. 두 기능은 모두 정신의 긴장을 해소해 준다. 일반적으로 축제의 기분과 종교적 흥분 사이에 분명한 한계를 긋는다는 것은 거의 불가능하다.[271] 생활의 위기 특히 죽음에 직면했을 때, 공포나 불안을 가진 인간은 종교 의례를 행함으로써 긴장을 풀고 절망을 극복한다.

주술은 정서적 상태, 이를테면, 욕망, 공포, 증오 등의 소산이며 그 기능은 인간을 불안에서 구제하여 희망과 자신을 부여한다.[272] 주술은 이상 세계utopia와 변혁에 관한 소망의 표시, 악의 응징, 재난으로부터의 해방, 불의에 대한 저주를 포함하고 있으며, 그 내용은 합리성을 상실할 때가 많다.

셋째로, 제의 현장에서 잔치를 베풀어 함께 여흥을 즐긴다. 만족에서 오는 즐

---

266) Bertrand Russell, *The History of Western Philosophy*, p. 11.

267) 『三國史記』 百濟本紀 比流王 10년 봄 정월.

268) 한국고대사연구소(편), 「蔚珍 鳳坪碑」, 『한국고대금석문』(2), p. 7.

269) 한국고대사연구소(편), 「迎日 冷水里碑」, 『한국고대금석문』(2), p. 7.

270) E. E. Evans-Pritchard, *Theories of Primitive Religion*, p. 71.

271) J. Huizinga, *Homo Ludens*, p. 21.

272) E. E. Evans-Pritchard, *Theories of Primitive Religion*, pp. 39~40.

거운 기분은 관중들이 있으면 더 고조되지만, 그렇다고 해서 관중들이 꼭 있어야 하는 것은 아니다. 사람들이 지켜보는 가운데 이기면 그 기쁨은 배가한다. 따라서 모든 연희에서 본질적인 것은 남들 앞에서 그의 성공을 축하할 수 있다는 사실이다.[273] 따라서 개선凱旋 의식은 화려하다.

모든 놀이는 무엇보다도 자유 행위이다. 명령된 놀이는 놀이가 아니다. 놀이는 생리적 필요성에서 나타나는 것도 아니며 도덕적 의무로 나타나는 것은 더욱 아니다. 놀이는 과업이 아니다. 자유로운 시간에 노는 것이 보통이다. 놀이는 문화 기능을 수행함으로써 비로소 당위當爲, 과업, 의무 등의 개념을 갖추게 된다.[274]

넷째로, 주찬酒饌을 나눈다. 술은 흥겨움을 주고, 용기를 배양하여 죽음의 공포로부터 해방하며, 고통을 잊게 한다. 음식을 함께 하는 것은 친근함의 표시이며, 사교이다. 대체로 예禮의 시초는 음식에서 시작되었다.[275] 먹이나 음식은 단순히 허기를 채워 주는 것 이상의 심리적·상징적 의미를 담고 있다. 풍성한 음식은 산 사람을 위한 영양 보충의 기회이다. 음식과 영양가가 빈약했던 시절의 제의와 축제는 가난한 사람들이 최소한의 영양을 섭취할 기회를 제공했다. 그런 점에서 제의는 살아 있는 무리를 위한 잔치이다.

요컨대 인간의 소망은, 그것이 하늘에 향한 것이든 아니면 이웃에 향한 것이든, 스스로 한없이 연약함의 표시이며, 무력함에서 오는 자복自服의 요소를 담고 있다. 종교의 원초적 소망은 화해와 용서의 거룩함뿐만 아니라 원망과 저주와 복수심을 함께 담고 있는 매우 복합적인 심리 상태이다. 이러한 소망이 이뤄지기를 바라는 마음이 현실로 구체화할 때, 그것은 정치에 대한 기대가 되며, 정치인은 이러한 소망을 빙자하여 무리를 거느리고, 자신의 욕망을 채운다.

5. 결론

이 장의 결론은 다음과 같다.

---

273) J. Huizinga, *Homo Ludens*, p. 49.

274) *Ibid.*, pp. 7~8.

275) 『禮記』(9) 禮運 : “夫禮之初 始諸飮食”

[1] 자연과학이 발달하지 않은 원시와 고대 국가에는 수많은 제천 의식과 축제가 있었다. 육축 문화의 북방계가 다소 공격적이었고, 농경문화의 남방계가 다소 소극적인 차이가 있었던 것은 사실이지만, 의식의 본질에서는 크게 다르지 않았다. 그들은 인간의 지혜로 이해할 수도 없고 극복할 수도 없는 자연 재해를 겪으며 하늘의 뜻이 무엇인가를 알고자 노력했고, 하늘의 분노를 풀기 위한 제사를 창안했다.

[2] 인간은 제천 의식을 통하여 인간과 신 사이의 소통을 희망했고, 그로써 재앙을 회피할 길을 모색하고 기도했다. 그리고 그러한 과정에서 제례는 종교가 되었고, 신에게 종속됨으로써 평화를 얻고자 했다. 이러한 의식은 일정한 장소와 회중會衆을 창출했고, 여기에서 세속적 다스림이 발생하기 시작했다.

[3] 제례는 당초에 하늘과 자연에 대한 경배에서 출발하였으나, 그 결과는 인간 사이의 화해와 용서, 그리고 유대감의 증진과 자기 정체성을 발견하는 과정으로 발전했다. 그러나 그러한 소망이나 놀이가 항상 숭고한 것은 아니었고, 증오나 복수심을 동반하는 경우도 많았다. 그리고 이러한 정서는 정치인들이 사람을 모으고 거느리는 심리적 계기를 마련해 주었다.

[4] 제천 의식이나 놀이를 원시와 고대의 의식 구조로서 논의할 때 가장 조심해야 할 사실은, 그러한 것들이 야만적이었다거나 현대의 삶에 견주어 열등했다고 판단해서는 안 된다는 점이다. 이런 점에서 고대사의 연구는 레비스트로스 C. Lévi-Strauss의 논리를 벗어날 수 없다. 고대인의 사고는 현대인의 사고와 근본적으로 다르지 않았다.

"원시인의 대나무 바닥과 현대인의 카펫 사이에 무슨 근본적인 차이가 있는가?"[276]라는 레비스트로스의 물음은 여전히 유효하다. 인류가 이룩한 위업은 모두 진실한 과학적 태도와 대상에 관한 지속적이고 섬세한 관심 그리고 지식의 추구를 필요로 하고 있다.[277] 인류의 본질은 5천 년의 역사 동안에 그리 많이 바뀌지 않았다. 그래서 역사학이 필요하다.

---

276) 클로드 레비스트로스(지음), 『슬픈 열대』(서울 : 중앙일보사, 1974), p. 324.

277) Philip K. Bock, *Modern Cultural Anthropology*, p. 248.

제6장 초기 불교

원광圓光(542~640)/ 원효元曉(617~686)/ 의상義湘(625~702)

"필부들이 이미 열반에 들어간 것은
성인이 열반에 들어가지 못한 것만 못하다."[1]
—원효

"백 년이 잠깐인데 어찌 배우지 않으며,
일생이 얼마나 된다고
닦지 않고 게으름을 피우는가?"[2]
—원효

1. 서론

한국사상사를 공부하는 학도들이 불교를 공부해야 한다는 부담은 늘 그들을 낙담하고 절망하게 만든다. 불교라는 높은 고개를 넘는다는 것도 쉬운 일이 아닌데, 그것에서 정치(사상사)적 의미를 도출한다는 것은 어지간한 내공으로서는 감당하기 어려운 일이기 때문이다.

거기에 종교의 다원주의를 거부하는 다른 종파의 연구자들에게는 불교를 공부한다는 데 커다란 장애를 느낀다. 『원효전서』를 앞에 놓고 읽는다는 것은 벽

1) 「涅槃經宗要」, 『國譯元曉聖師全書』(1)(서울 : 寶蓮閣, 1987), p. 245 : "凡夫已入 不如聖人不入"
2) 「發心修行章」, 『國譯元曉聖師全書』(6), p. 672 : "忽至百年 云何不學 一生幾何 不修放逸"

을 향해 참선하는 수도사의 인내와 각고를 필요로 한다. 그 길을 비켜 가려면 한국사상사나 신라사를 이해할 길은 없다는 점에 이 분야 학자의 고통이 있다.

한국정치사에서 불교의 논의는 원효가 발원을 이룬다. 대단한 논리학자 logician였고, 철학자였고, 학승學僧이었고, 보살행菩薩行이었고, 정치 승려였던 원효는 한국사상사가 반드시 거쳐야 할 통과의례이다. 그가 성인화聖人化 과정을 거치며 거짓으로 편찬[僞撰]된 여지가 있는 부분을 논외로 하더라도, 그의 저술은 당대의 한국사상사와 정치사상사를 읽는 거울이다. 지금까지 전해지고 있는 그의 전기는 기적과 신비로 채워져 있지만, 그 기록이 무의미하거나 허황한 것이라기보다는 그를 더 깊이 이해할 수 있게 하는 암시를 함축하고 있다.[3]

원효는 한국 불교의 성인이라는 전제에 사로잡혀 그의 행적은 성인이 되는 필연적인 과정으로 풀이되었고, 그 결과 마치 십우도十牛圖의 주인공이 밟아 가는 정연한 단계처럼 그려지고 있다.[4] 그래서인지 언제부터인가 원효에 관한 비판은 때로는 금기로 작용한다.

그러나 원효는 신라의 통치 이데올로기에 깊이 연루되어 있다. 그가 살던 시대에 불교가 차지하는 사회적 위상과 비중은, 현대의 종교 사회가 안고 있는 그것과 많이 달라, 불교는 단순한 종교가 아니라 인간 사회를 전체적으로 아우르는 사회철학이자 동시에 일종의 거시적 이념이었다.[5]

원효보다 앞서 신라의 정치사에 영향을 크게 끼친 또 다른 승려가 있다. 그가 바로 원광圓光이다. 외교관이자 수서관修書官이었으며, 학승이었던 그는 불교의 세속화와 세속의 불교화에 깊은 자취를 남겼다. 이른바 민중 불교의 시원을 이루고 있는 그의 철학과 행적은 당대의 신라사를 읽는 거울이었다.

신라사는 신라인들이 마치 수로水路를 통과하듯이 승려들의 정신을 통과하는 과정이었으며, 이러한 의식儀式을 거쳐 신라의 지배 계급은 백성으로부터 수로화水路化, canalization 효과[6]를 얻을 수 있었다. 불교가 통치 이데올로기로 작용

---

3) 홍정식, 「元曉의 眞俗圓融無礙論」, 『철학사상의 제문제(II) : 한국 철학의 근원 탐구』(성남 : 한국정신문화연구원, 1984), p. 353.

4) 김종인, 「원효 전기의 재구성 : 신화학적 해석의 극복」, 『大覺思想』(4)(대각회출판부, 2001), p. 406.

5) 김석근, 「和諍과 一心 : 원효 사상에서의 평화와 통일」, 『평화재단발표논문』(2007), p. 1.

6) Philip K. Bock, *Modern Cultural Anthropology : An Introduction*(New York : Alfred A. Knopf, 1979), p. 24.

할 수 있었던 것은 그것이 가지는 심리적 효과와 변증법적 실용주의dialectical pragmatism의 효용성 때문이었다.[7)]

한국사학사에서 흔히 논의되는 주체적 사관이라는 점을 염두에 둘 때 한국사에서 불교의 도입 과정은 국제정치적 또는 지정학적 측면에서 한·중 관계에서 자유롭지 않다. 이는 한국의 불교가 중국불교사의 흐름에서 크게 벗어나지 못했음을 뜻한다.

불교는 거대한 흡인력을 가진 종교이다. 불교가 중국에 건너간 것은 매우 주목할 만한 역사적 사건이었다. 중국의 불교가 고구려·신라·백제를 불교화한 것을 이해하려면 바로 중국의 불교를 먼저 이해해야 한다. 중국이 불교를 통하여 변모하게 된 데에는 다음과 같은 요인이 작용하고 있었다.

(1) 불교의 도입과 수용은 중국정치사의 흐름과 밀접하게 관련되어 있다. 정치적으로 분열을 겪으며 전체적이고 유기적인 사상이 무너지는 시기일수록 그 나라는 외래 사상에 민감한 반응을 보인다.[8)]

(2) 중국인들은 급변하는 정치적·사회적 상황을 지켜보며 정신적 위안을 필요로 하게 되었다. 중국인들이 감당할 수 없는 현실에 관한 사상적인 대안을 모색할 때 불교가 그것을 제공해 주었다.

(3) 불교가 지닌 선교적 저력이 작용했다. 그러한 사례로서 불법을 전하고자 히말라야산맥을 넘고 목숨을 던진 스님들의 구도 정신을 지적할 수 있다.

(4) 중국 사회에 파고들고자 불교가 취한 적극적인 공세와 전략이 있었다.[9)]

불교의 동방 진출은 고구려에서 먼저 이뤄졌는데, 그것은 지정학적 요인 때문이었다. 고구려 소수림왕小獸林王 2년(372)에 관중關中(장안)에 도읍을 정하고 있던 전진前秦 왕 부견苻堅이 사신과 중 순도順道를 시켜 불상과 경문을 보냈다. 이어서 4년(374)에는 아도阿道가 동진東晋에서 왔다. 이듬해(375) 2월에는 초문사肖門寺를 지어 순도를 그곳에 머물게 하고, 또 이불란사伊弗蘭寺를 지어 아도를

---

7) Edward Conze, *Buddhism : Its Essence and Development*(New Delhi : Munshriam Manoharlal Publishers Pvt Ltd., 1951), p. 15.

8) A. F. Wright, *Buddhism in Chinese History*(Stanford : Stanford University Press, 1959), p. 124.

9) 김석근, 「대승불교에서 주자학으로」, 『정치사상연구』(1)(한국정치사상학회, 1999), pp. 113~118.

그곳에 머물게 했는데, 이것이 고구려 불법 포교의 시초였다.[10)]

기록에 따르면, 신라의 불교 전래사는 고구려에 견주어 80년쯤 늦다. 눌지왕訥祗王(?~458) 때 승려 묵호자墨胡子가 고구려로부터 일선군一善郡(善山)에 왔는데, 그 고을 사람 모례毛禮가 자기 집안에 굴을 파고 방을 만들어 머물게 했다. 비처왕毗處王(소지왕 : ?~500) 때 이르러 아도화상阿道和尙, 我道이 시중드는 세 사람과 함께 모례의 집에 또 왔다. 그 모습이 묵호자와 비슷하였는데 몇 년을 그곳에서 살다가 죽었다. 시중들던 세 사람은 신라에 머물러 살며 경經과 율律을 강독하였는데 신자가 가끔 있었다. 이때 왕 또한 불교를 일으키고자 하였으나 뭇 신하들이 믿지 않고 이런저런 불평을 많이 하였으므로 왕이 난처했다.[11)]

아도와 순도의 "얼굴이 비슷했다."는 기록이나 이름이 비슷한 것으로 보아 아도와 순도는 같은 사람이었을 것이다. 다만 같은 인물이 130년의 시차를 두고 고구려와 신라에 불교를 전래했다는 것은 김부식金富軾의 착오였으리라는 일연一然의 지적[12)]이 맞다. 따라서 신라에 불교를 전한 사람이 아도라면 그 시기는 더 빨랐을 것이다. 묵호자는 이름이 아니라 "얼굴이 검은 오랑캐"라는 별명이었다. 이는 묵호자가 서역의 승려였음을 의미한다. 그를 오랑캐[胡子]로 부른 것을 보면 당초에 신라가 불교 승려에 호의적이 아니었음을 알 수 있다.

백제의 불교 전래는 고구려에 견주어 그리 늦지 않았다. 일연이 읽은 『백제본기』에 따르면, 침류왕枕流王이 즉위한 해(384년, 동진 효무제의 태원 9년)에 인도의 중 마라난타摩羅難陀가 동진에서 왔는데, 백제 왕이 그를 맞이하여 궁중에 두고 예의를 갖추고 공경했다. 이듬해(385)에 마라난타가 서울 한산주漢山州에 절을 짓고 중 열 명을 두었으니 이것이 백제 불법의 시초였다. 또 아신왕阿莘王이 즉위한 392년 2월에 명령을 내려 백성에게 불법을 믿어 복을 받으라 했다. 마라난타를 번역하면 동자승[童學]이라는 뜻이다.[13)]

삼국의 불교 전래사에서 주목해야 할 사실은 전래의 역사나 지리적 조건으로 볼 때 유리하다고 볼 수 없었던 신라에서 왜 불교가 더 번성했는가 하는 점이다. 신라의 불교는 고구려와 백제를 멸망시킨 후기에 더욱 발전하였는데, 거기

---

10) 『三國遺事』(3) 興法 順道肇麗; 『三國史記』 高句麗本紀 小獸林王 4년; 5년.
11) 『三國史記』 新羅本紀 法興王 15년; 『三國遺事』(3) "興法 阿道基羅 一作我道 又阿頭"
12) 『三國遺事』(3) "興法 阿道基羅 一作我道 又阿頭"
13) 『三國遺事』(3) 興法 難陁闢濟; 『三國史記』 百濟本紀 枕流王 즉위년 9월.

에는 다음과 같은 몇 가지 특별한 요인이 작용했다.

(1) 삼국의 경우에 불교를 도입한 시기는 국가의 형성·발전기와 겹치는데, 이 기간에 삼국의 왕실과 중앙 귀족은 불교를 이용하여 중앙집권 국가의 기반을 닦을 수 있었다.

(2) 불교는 국경에 초연할 수 있었으므로 전쟁이 그칠 줄 몰랐던 시대에도 불교는 화쟁和諍의 정신을 보급했다.

(3) 불교는 삼국에서 지배 계급의 이해 관계와 배치되지 않았다. 평민들은 불교의 사상을 흠모하고, 승려가 되어 전쟁과 요역徭役을 면할 수 있었으며, 귀족은 불교의 인욕忍辱과 업業의 논리를 이용하여 신라 사회의 잠재적 반발을 제어할 수 있었다.

(4) 중국에서 불교의 대항 세력이 있었던 것과는 달리, 삼국에서는 불교에 견줄 만한 종교적·사상적 체계가 미약하여 불교가 정교正教의 입장을 취할 수 있었다.[14]

이와 같은 정치적 요인 이외에도 신라에 이토록 불교가 쉽게 그리고 빨리 전파된 데에는 신라의 자연조건이나 당대 신라인의 심성과도 무관하지 않았다. 신라인들에게는 옛적예로부터 산악을 숭배하는 습속이 있었다. 이를테면 그들은 오악五嶽·삼산三山을 숭모했는데,[15] 이와 같은 산악 숭배의 배경에는 샤머니즘적 원시 신앙이 불교적 색채를 띠고 변모되는 과정이 담겨 있었다.

산천에 대한 외경畏敬은 불교의 도입으로 말미암아 그 이론적 근거가 마련되었고, 불교의 처지에서도 고유 신앙을 받아들임으로써 토착화를 이루는 계기를 마련하게 되었다. 따라서 신라는 본래부터 불교가 낯선 곳이 아니었다.[16]

불교가 들어온 뒤 신라에 대한 불교의 영향은 컸다. 우선 서라벌徐羅伐이라는 국호가 범어梵語라는 사실이 눈길을 끈다. 인도 코살라국憍薩羅의 수도는 사위국舍衛國이었는데, 이곳을 방문한 현장법사玄奘法師는 이를 "실라벌실저"室羅筏悉底라고 음역했다. 이곳은 원시 불교 성전의 7~8할이 있는 곳으로서 석가모니가 생애의 대부분을 보낸 성지이다.[17]

---

14) 볼코프(저)·박노자(역), 『韓國古代佛敎史』(서울 : 서울대학교출판부, 1998), pp. 53~55.
15) 『三國史記』 雜志 祭祀 樂.
16) 정병조, 「한국 불교의 역사의식」, 『동국사학』(17)(동국대학교사학회, 1982), p. 109.

"서라벌"이나 "서벌"徐伐 등으로 표기되는 신라 음은 "실라벌"에서 온 것으로서 부처가 계신 나라의 수도라는 뜻이다. 뒷날 "서울"이라 함은 "서벌"에서 온 것이다.[18] 국호가 범어였다는 것은 신라의 불교가 단순히 내세의 문제를 다루는 종교가 아니라 국가의 문화 전체였음을 의미한다. 지식의 습득과 전수 그리고 정치이념의 창출이자 예술적 표현이 모두 불교를 매개로 하여 소통되고 있었다.[19]

신라의 불교는 그 성행에 힘입어 그 분화도 빨랐다. 신라에는 이른바 오교五教라고 하는 교파가 성립되었는데 이는 다음과 같다.

(1) 열반종涅槃宗=보덕普德화상이 전주全州 경복사景福寺에서 개창
(2) 계율종戒律宗=자장慈藏율사가 양산梁山 통도사通度寺에서 개창
(3) 법성종法性宗=원효元曉대사가 경주慶州 분황사芬皇寺에서 개창
(4) 화엄종華嚴宗=의상義湘대사가 영주榮州 부석사浮石寺에서 개창
(5) 법상종法相宗=진표眞表율사가 김제金堤 금산사金山寺에서 개창[20]

왕실의 정치적·시대적 요청과 민중적 호응에 따라 서라벌에는 "사찰이 민가보다 더 많은 실정"[21]이 당시의 모습이었다. 아마도 이 글은 권근權近의 과장일지 모르지만, 신라의 불교적 모습을 가장 실감나게 표현해 준다. 그 호오好惡는 별개로 한다면, 당시 신라의 불교는 종교가 아니라 삶 그 자체였다. 불교는 신라인의 영혼과 육신을 모두 지배하고 있었다.

이러한 시대의 승려들은 위로는 왕사王師와 국사國師로서 정치이념의 창출자였으며, 동시에 전략가이자 무인이며 군사 고문이었으며, 정치가이자 외교관이며, 정신적인 교사였으며, 또한 건축가·조각가·화가·서예가·문학가·시인이었으며, 주술가요 의사였다. 그들은 최고의 지식인으로서 국왕은 물론 사회적으로도 극진한 존경을 한 몸에 받았다.[22]

---

17) 『한글대장경 大唐西域記(6)』(서울 : 동국역경원, 2004), pp. 168~176 : 「中印度 室羅筏悉底國」편 참조.

18) 김용옥, 『금강경강해』(서울 : 통나무, 2000), p. 107.

19) 김종인, 「원효 전기의 재구성 : 신화학적 해석의 극복」, 『大覺思想』(4), pp. 417~418.

20) 이영무, 『한국의 불교사상』(서울 : 민족문화사, 1987), p. 37.

21) 『東文選』(78) 記 「演福寺塔重創記」.

22) 이기백, 『新羅思想史硏究』(서울 : 일조각, 1990), p. 45; 김종인, 「원효 전기의 재구성 : 신화학적 해석의 극복」, pp. 417~418.

2. 화해와 다툼[和諍]

신라의 불교를 이해하려면, 우선 신라사의 정치적 성격을 살펴볼 필요가 있다. 신라사를 잇는 두 개의 축이 있는데, 하나는 전쟁이고, 다른 하나는 신분과 계급의 문제이다. 신라는 외환外患에 취약한 국가였다. 남방 문화인 신라는 병기 생산을 위한 철기 문화가 발달한 것도 아니었고, 기마술이 발달하지도 못했다. 따라서 북으로부터 고구려, 서쪽으로부터 백제, 그리고 남으로부터 왜구倭寇는 그들의 국가 유지에 큰 부담이 되었다. 이와 같은 외환은 신라 중기부터 더욱 심해졌는데, 선덕여왕善德女王은 등극하면서(632) 불교를 통하여 이를 극복하고자 다음과 같이 조치했다.

> 신라 제27대에 여왕이 왕이 되니, 덕은 있어도 위엄이 없으므로 구한九韓이 침범하게 되었다. 만약 용궁 대궐 남쪽 황룡사에 구층탑을 세우면 이웃 나라의 침해를 진압할 수 있을 것이다. 제1층은 일본日本을, 제2층은 중화中華를, 제3층은 오월吳越을, 제4층은 탁라托羅[耽羅]를, 제5층은 응유鷹遊[중국 강소성의 섬나라]를, 제6층은 말갈靺鞨을, 제7층은 단국丹國[계단국, 글안]을, 제8층은 여적女狄[여진]을, 제9층은 예맥穢貊을 진압시킨다.[23)]

위의 기록에 따르면, 신라는 주변 국가들로부터 핍박을 심하게 받았다. 대부분의 열세한 나라가 그렇듯이, 신라가 겪고 있던 외환의 문제를 해결할 방법은 항쟁하든가, 화평하든가, 아니면 외세의 힘을 빌리는 것 가운데 하나였었다. 그런데, 신라로서는 고구려 유목 민족에게 항쟁할 여력이 없었고, 고구려에 굴종하는 것도 마음 내키지 않았다. 백제와는 어느 정도 항쟁이 가능했으나 그것도 뜻과 같지 않았다. 이러한 상황에서 신라가 할 수 있는 방법은 수나라나 당나라에 기대는 것이었다.

신라사가 안고 있는 또 다른 문제는 신분과 계급으로 말미암아 빚어지는 갈등이었다. 당시 신라는 전제왕권의 지배 밑에서 사회적인 분화 작용이 심각해지고 이에 따라서 삼국시대까지 관념적으로나마 유지되어 오던 원시공동체적 일체감

---

23) 『三國遺事』(3) 塔像 皇龍寺九層塔.

이 무너지며 고대 국가의 씨족공동체를 벗어나 확장·발전을 시도했다.

이때 지배 계급으로서는 원시 종교나 조상 숭배 신앙만으로 새로운 고대 국가를 이끌어갈 수 없었으므로, 그 발전 단계에서 야기되는 갈등이나 모순을 해결할 새로운 사상 체계를 요청하게 되었는데,[24] 불교가 이에 적합한 대안이 되었다.

어느 한 시대에 종교가 국교의 수준에 이를 정도로 융성해진다는 것은 율법주의나 근본주의의 승리를 뜻할 수도 있지만,[25] 달리 생각하면 그 당시의 정치적 정향이 교정일치敎政一致를 필요할 정도로 정신적으로 방황하고 있음을 뜻할 수도 있다. 그뿐만 아니라 사회 내부의 분열과 갈등은 걷잡을 수 없을 정도로 복잡하고 통일성이 없었다. 전제정치 아래의 신라는 만파식적萬波息笛의 설화[26]가 상징해 주는 것과 같은 태평성대를 누리고 있는 것은 아니었다.[27]

신라가 그토록 엄격한 신분 사회일 수밖에 없었던 이유는 북방계 지배 계급과 남방계 피지배 계급 사이의 혼혈을 막고 지배권을 강화하는 수단으로서 계급의 장벽이 필요했기 때문이었다. 이 논의는 매우 중요하고 또 책임을 져야 한다. 신라의 지배 계급이 북방계였다는 사실은 "앞서 중국 사람이 진秦의 난리에 시달려 동쪽으로 오는 무리가 많아 대개 마한馬韓 동쪽에서 진한辰韓과 섞여 살더니 이에 이르러 점점 번성하게 되었다."[28]는 기록에 잘 나타나고 있다.

신라사에서 계급과 불교가 융합하기 시작한 것은 법흥왕法興王을 전후한 시기로 불교가 담고 있는 화해와 인욕忍辱이 그 구실을 담당할 수 있었다. 이러한 때에 신분은 지배 계급의 존립에 가장 중요한 기제機制였다. 신분 계층caste은 고도의 연대 책임을 공유하며 외부 세력이 스며들기 어려운 존숭尊崇계급을 이루고 있는 이익 집단이다.[29] 신분 사회는 사냥꾼이 어미를 보고 개를 고르는 것과 같다.[30]

---

24) 이기백, 『新羅思想史硏究』, p. 179; 박희택, 『신라의 불교 수용과 정치발전 연구 : 법흥·진흥왕대를 중심으로』(서울대학교 박사학위논문, 2003), pp. 35~36.

25) 불교가 신라의 국교에 이르렀다는 논거는 왕이 "살생을 금하는 하교를 내린 사실"에 근거하고 있다. 『三國史記』 新羅本紀 聖德王 4년 9월; 同 10년 5월.

26) 『三國遺事』(3) 塔像 栢栗寺.

27) 이기백, 『新羅思想史硏究』, p. 183.

28) 『三國史記』 新羅本紀 始祖赫居世居西干 38년조.

29) H. D. Lasswell & Abraham Kaplan, *Power and Society : A Framework for Political Inquiry*(London : Routledge & Kegan Paul Ltd., 1952), p. 67.

30) 신복룡(역), 『플루타르코스영웅전(II) : 리산드로스와 술라의 비교』(서울 : 을유문화사,

그들에게 성·진골은 넘을 수 없는 성역이었고, 양보할 수 없는 칸막이였다. 불교는 이러한 신분의 문제를 설득하기에 좋은 논거를 제공해 주었다. 신라사가 안고 있는 위와 같은 이중적 부담을 해결하고자 시대적 요청에 부응하여 등장한 인물이 원광圓光이었다.

원광의 성은 설薛씨인데 혹 박朴씨라고도 한다. 그는 경주에서 태어나 13세에 출가하여 도교와 유학을 두루 섭렵했다. 그는 사람 됨됨이가 거칠고 주술을 좋아했다. 6두품 출신으로서 진골 신분에 견주어 정치적인 진출에 한계를 느꼈던 그는 종교나 학문 분야에 두각을 나타내어 신분적인 한계를 뛰어넘고자 했다. 설씨는 신라 상대 말에 그러한 가문에 속한 대표적 무리였다.[31)]

그 당시 대부분의 야망찬 젊은이들이 그랬듯이, 원광도 중국[陳]으로 유학하기로 결심했는데, 그 과정에는 고승의 생애에서 흔히 나타나는 이적異蹟이 담겨 있다. 역사에는 그의 행적이 이렇게 기록되어 있다.

> (원광)법사가 밤에 홀로 앉아 불경을 외우니 문득 귀신이 그 이름을 부르고 말했다.
>
> "어째서 그대는 중국에서 불법을 받아와 이 나라의 혼미한 중생을 지도하지 않습니까?"
>
> "중국에 가서 도道를 배우는 것은 본디 나의 소원이나, 바다와 육지가 멀리 막혀 있어 스스로 가지 못할 뿐입니다."
>
> 귀신이 중국으로 가는 데 필요한 계책을 자세히 일러주자, 법사는 그 말에 따라 중국으로 갔다. …… 스물다섯 살 때 배를 타고 금릉金陵에 이르니, 이때는 진나라의 문명 시대였으므로 그는 지난날에 의심했던 것을 질문하고 도를 물어 그 뜻을 해득할 수 있었다.
>
> 처음에 장엄사莊嚴寺 민공旻公의 제자로부터 강의를 들었다. 그는 본디 세간의 전적典籍을 익히 배웠으므로 신비의 궁구窮究만을 이치라 여기더니 불교의 종지宗旨를 듣고 나서는 도리어 세간의 전적을 썩은 지푸라기처럼 여겼다. 명교名敎를 헛되이 찾은 것이 실로 생애를 병들게 했으므로, 이에 진왕陳王에게 글을 올려 도법道法에 돌아갈 것을 간청하니 칙명으로 허락해 주었다. 이에 그는 (처음으로)(*sic*) 중이 되어 곧 구족계具足戒를 받고, 강석講席을 두루 찾아 좋은 계책을 다 배웠으

2021), § 2.

31) 이기백, 『신라시대의 국가불교와 유교』(서울 : 한국연구원, 1978), p. 103; 金杜珍, 「圓光의 戒懺悔 신앙과 그 의미」, 『新羅史學報』(2)(신라사학회, 2004), p. 58.

며, 미묘한 말을 해득하여 세월을 허비하지 않았다. 그는 이적을 행하였다.

원광은 589년(개황 9)에 수나라의 제도帝都(장안)로 가서 유학했다. 그는 수나라 서울에서 명예를 떨쳤으며, 공업功業이 다 이루어지자 신라에 돌아가 공업을 이어야겠다고 생각했다. 신라 왕이 멀리에서 이 소식을 듣고 황제에게 아뢰어 그를 돌려 보내줄 것을 여러 번 간하였더니 황제는 칙명으로 후하게 위로하고 고국으로 돌려보냈다.(진평왕 22년, 600)

원광이 중국에 갔다가 돌아온 지 몇십 년이 되니 늙은이와 어린이가 서로 기뻐했다. 진평왕은 그를 면대하여 공경하고 성인처럼 높였다. 이미 고승이 된 원광은 신라 불교의 최고 영예인 백고좌법회百高座法會에서 법문을 강의했다. 나라의 명으로 주고받는 전牋·표表·계啓·서書가 모두 그의 가슴에서 나왔다.

모든 지방에서 마음을 기울여 원광을 받들었고, 모두가 그에게 맡겨 다스리는 방책을 삼았다. 원광은 천성이 허한虛閑을 좋아했고, 심정은 박애博愛함이 많으며, 말할 때는 항시 웃음을 머금었고, 얼굴에 노기를 드러내지 않았다. 세상을 떠나기에 앞서 왕이 친히 문병했다. 99세에 입적했다.[32]

원광이 25세(566)에 수나라로 건너가 600년이 되는 해에 58세의 몸으로 34년 만에 귀국했으니, 진나라와 수나라의 교체기인 격동의 시대를 중국에서 보낸 셈이다. 조빙사朝聘使를 따라 본국으로 돌아온 원광은 임금과 신하들의 존경을 받으며 대승경전大乘經典을 강의했다.

백고좌법회는 이미 석가모니께서 살아계실 적부터 설법을 행하던 최고의 법석法席으로서 불경에는 그 모습이 이렇게 기록되어 있다.

우선 해마다 봄·가을로 대궐의 회경전會慶殿에서 1백 명의 법사를 초청해 대장경을 강독하는 법회 등의 도량불사道場佛事를 베풀었으며, 3년에 한 번씩 인왕반야백고좌법회仁王般若百高座法會를 열었다. 이 법회가 열리면, 석가모니의 가르침에 따라 법사들이 각각 높이 사자좌師子座에 자리 잡는데, 불경을 강의할 때는 사자좌 앞에 1백 개의 등불을 밝히고 1백 가지 향을 태우고 1백 가지 색깔의 꽃을 뿌려 삼보三寶[佛·法·僧]를 공양했다.

이에 관해서는 석가모니께서 일찍이 바사익왕波斯匿王 등 14국의 왕을 가르치실

32) 원광의 생애에 관해서는 다음의 글을 종합하여 정리함. 『海東高僧傳 : 圓光傳』(2)(서울 : 을유문화사, 1975), p. 91; 『三國遺事』(4) 義解 圓光西學; 『續修四庫全書(1281) 續高僧傳』(13)(上海 : 上海古籍出版社, 1995), pp. 686~690; 이의 번역본은 『한글대장경 續高僧傳(2/13)』(서울 : 동국역경원, 2002), pp. 75~78 참조.

때 지시해둔 바가 있었다. 세존께서는 이렇게 말씀하셨다.

"자세히 듣고, 자세히 들어라. 내가 그대들을 위하여 호국하는 법을 말하여 주리라. 만약 모든 국토에 혼란이 일어나 여러 가지 재난과 도적의 파괴가 일어나면 그대 모든 왕은 『반야바라밀다』를 받아 지니고 읽고 외우라. 도량을 잘 꾸미고 백 분의 부처님과 보살상을 모시고 백 사좌자에 백 분의 법사님을 청해 모시고 이 경을 해설하라.

그 앞에 여러 가지 등을 켜고, 온갖 향을 사르고, 여러 가지 꽃을 뿌리고, 의복·와구臥具·음식·탕약·방사房舍·상좌床座 등 여러 가지 공양구로써 널리 크게 공양하고, 매일 두 번에 불경을 강독하라. 만약 왕과 대신과 비구·비구니·우바새(남자 신도)·우바이(여자 신도) 등이 듣고 받아 읽고 외우기를 법답게 하여 닦고 실천하면 즉시 재난이 없어지리라."[33]

백고좌법회가 열리면 3만 명 정도의 승려가 모여 법식法式을 삼았는데 여러 종파의 교의를 논의할 때 이를 따르지 않음이 없었다.[34] 수나라의 사신 왕세의王世儀가 신라에 와서 황룡사에 백고좌법회를 설치하고 여러 고승을 초청하여 설법할 때도 원광이 가장 상위에 앉았다.[35]

이 법회는 조정에서 나라의 평안을 빌고자 전국에서 고승을 선발하여 1백 개의 높은 단좌端坐를 만들고 법사들이 『인왕호국반야바라밀경』仁王護國般若波羅蜜經을 강의하고 찬양하게 했던 법회이다. 밀교密教가 의존하는 경전인 『인왕호국반야바라밀경』은 석가모니가 열국의 왕들에게 호국안민護國安民을 설법한 내용을 담고 있어 국가주의적 호소력이 강하다.

이 경전은 흔히 『호국경』護國經이라고 알려진 것으로서 인도에서 기록된 경전이 아니라 중국에서 자생적으로 성립된 것이다. 불교의 전륜성왕轉輪聖王과 호국 사상은 인도보다는 중국에 들어갔을 때 더욱 활발했다. 중국의 군주들은 스스로를 전륜성왕에 자연스럽게 빗대었으며, 불교를 믿지 않는 타국과의 전쟁에서도 호국 사상을 내세워 국가불교적 성격을 강화했다.[36]

---

33) 이월광(편), 『仁王護國波羅密多經』(서울 : 경성문화사, 1982), p. 195 : 제오 護國品.

34) 『三國史記』 列傳 居柒夫 : "居柒夫同載(惠亮)以歸 見之於王 王以爲僧統 始置百座講會及八關之法"; 『大覺國師文集』(1) 序 圓宗文類를 新集한 서문.

35) 『三國遺事』(4) 義解 圓光西學.

36) 김덕수, 「불교의 호국사상」, 『한국종교사상의 재조명(下)』(익산 : 원광대학교출판국, 1993), p. 606.

중국 역사에서는 왕조 변혁이 무상하여 혼란스럽다가 통일을 이룩한 수나라 왕실에서는 국가주의적 성격을 백성에게 심어주고자 이 법회를 시작했다. 수 양제隋煬帝는 낙양洛陽의 외교 부서인 홍려시鴻臚寺 사방관四方館에 외국 유학승을 가르치는 도량을 설치하였는데, 그곳에 강설하는 경전에도 『인왕호국반야바라밀경』이 포함되어 있었다.[37)]

이러한 경전이 신라에 전래되고 널리 읽혔다는 사실 자체가 불교에 의지하여 호국 사상을 불러일으키려는 당시의 신라 지배 계급의 의지를 잘 보여주고 있다. 법흥왕이 불법을 일으킨 뒤로 부처가 인간을 건지는 법을 비로소 깨달았으나 진리의 경지에 아직 이르지 못하고 있었는데, 이러한 상황에서 원광은 가서갑嘉栖岬에 점찰보占察寶[38)]를 두어 항상 지켜야 할 규율로 삼아 신라 불교의 중심을 잡고 있었다.[39)]

호국불교의 정신이 행사로 나타난 것이 곧 팔관회八關會였다.[40)] 팔관회의 기록이 최초로 보이는 것은 신라 진흥왕眞興王 12년(551)이다. 신라의 거칠부居柒夫가 고구려에 쳐들어가 지난날의 스승인 혜량惠亮을 신라로 데려 왔는데 진흥왕이 그를 승통僧統으로 삼고 팔관을 설법하게 한 것이 팔관회의 시초였다.[41)]

그 뒤 진흥왕 33년(572) 겨울 10월 20일에 전쟁에서 죽은 사졸을 위하여 7일 동안 절에서 팔관연회八關筵會를 열었다는 기록[42)]을 볼 때, 팔관회의 당초 의도는 전몰장병의 위령제였다. 그러다가 선덕여왕 5년(636)에 자장율사慈藏律師가 중국 오대산五臺山에 들어가 수도하다가 문수보살文殊菩薩을 만나 팔관에 관한 권면을 듣고 귀국하여 황룡사 구층탑을 세운 뒤[43)] 팔관회는 국가 행사로 정착되었다. 이런 점에서 볼 때 팔관회는 전화戰禍에 시달리던 신라인들의 참회를 위한 의식이었다.

이 무렵에 신라로서는 중국에 관한 이해가 깊을 뿐만 아니라, 중국의 신임을

---

37) 權奇悰, 『佛教思想史研究』(上)(서울 : 한국불교연구원, 2004), pp. 91, 96~97, 109.

38) 점찰보 : 원광법사圓光法師가 사원에 설치한 보寶. 보는 신라와 고려시대에 성행하였던 일종의 재단으로서 토지 또는 양곡에서 얻어지는 이식利殖으로 목적한 사업을 수행하였음.

39) 『三國遺事』(4) 義解 圓光西學.

40) 팔관회의 내용에 대해서는, 이 책 제10장 「고려의 불교」, pp. 410~414 참조.

41) 『三國史記』 列傳 居柒夫傳.

42) 『三國史記』 新羅本紀 眞興王 33년 10월 20일조.

43) 『三國遺事』(3) 塔像 皇龍寺 九層塔.

받을 인물을 사절로 발탁하는 일이 필요했다. 그 사절은 교서交書를 작성하는 데 필요한 지식과 이를 전달할 외교력을 함께 갖춘 인물이어야 했는데, 중국에서 경험이 많은 원광이 바로 그 적임이었다.

이와 같은 과업을 수행하고자 원광이 먼저 한 일은 고구려와 백제의 침공으로부터 신라를 보호하고자 당나라에 원병援兵을 요청하는 걸병표乞兵表, 乞師表를 지어 중국 천자에게 전달하는 일이었다.[44] 그는 승려이자 그 시대의 탁월한 외교관이었다.

이런 활약 이외에 원광이 주목을 받는 까닭은 널리 알려진 세속오계世俗五戒의 문제이다. 이 계율은 원광의 생각뿐만 아니라 당시의 시대상과 청년 문화를 읽는 중요한 도구가 되고 있다. 우선 그 계율의 전수 과정을 살펴보면 역사에는 다음과 같이 기록되어 있다.

> 어진 선비 귀산貴山은 사량부沙梁部 사람인데, 같은 마을의 추항箒項과 벗이 되었다. 두 사람이 서로 말했다.
>
> "우리들이 사군자士君子와 교유交遊하려 하며 먼저 마음을 바로잡아 처신하지 않는다면, 아마도 모욕당함을 면치 못할 것이니 어찌 어진 이의 곁에 가서 도를 묻지 않겠는가?"
>
> 그때 원광법사가 수나라에 갔다가 돌아와 가슬갑嘉瑟岬에 머물러 있다는 말을 듣고 두 사람은 찾아가 아뢰었다.
>
> "저희는 속세의 선비로서 우매하여 아는 바 없습니다. 부디 저희에게 한 말씀 내리시어 평생의 잠언箴言을 삼도록 해주십시오."
>
> "불교에는 보살계菩薩戒가 있어 그 조항이 열이 있으나, 너희들은 남의 신하와 자식 된 몸이니 아마 감당하지 못할 것이다. 지금 세속에 오계五戒가 있으니, 첫째는 충성으로써 임금을 섬기는 일이요[事君以忠], 둘째는 효도로써 어버이를 섬기는 일이요[事親以孝], 셋째는 신의로써 벗을 사귀는 일이요[交友有信], 넷째는 싸움에 임하여 물러서지 않는 일이요[臨戰無退], 다섯째는 생물을 죽이되 가려서 죽이는 일이다.[殺生有擇] 너희들은 이 일을 실행함에 소홀히 하지 말라."
>
> 귀산 등이 말했다.
>
> "다른 것은 이미 말씀을 알아들었습니다만, 이른바 '생물을 죽이되 가려 죽인다.'는 말씀만은 아직 이해되지 않습니다."

---

44) 『三國遺事』(4) 義解 圓光西學; 『海東高僧傳 : 圓光傳』(2), p. 97; 『三國史記』 眞平王 30년條; 『三國史記』 高句麗本紀 嬰陽王 23년조; 『三國史記』 列傳 乙支文德條.

"여섯 잿날[六齋日]과 봄과 여름철에는 생물을 죽이지 않는 것이니 이는 시기를 가림이요, 가축을 죽이지 않음은 곧 말·소·닭·개를 이름이며, 세물細物을 죽이지 않음은 곧 고기가 한 점도 되지 못하는 것을 이름이니 이는 생물을 가림이다. 이도 또한 소용되는 것만 하지 많이 죽이지는 않을 일이다. 이것이 시속의 좋은 경계이다."

귀산 등은 말했다.

"지금부터는 이 말씀을 받들어 실행하여 감히 어기지 않겠습니다."

그 뒤에 두 사람은 종군하여 모두 나라에 큰 공로를 세웠다.[45]

원효의 말을 빌리면 원광이 그러한 가르침을 내리기에 앞서 이미 불자가 지켜야 할 오계가 있었고, 자장율사도 5계를 받았다는 기록[46]이 있다. 원효의 설명에 따르면, 불가의 오계란,

(1) 살아 있는 것을 죽이지 말라[不殺生]
(2) 도적질하지 말라[不偸盜]
(3) 간음하지 말라[不邪淫]
(4) 거짓말하지 말라[不妄語]
(5) 술을 마시지 말라[不飮酒][47]

는 계율이라고 한다. 아마도 원광은 이 계율을 유념하며 불교의 세속화 작업의 일환으로 세속오계를 청년들에게 가르쳐준 것으로 보인다. 이런 점에서 본다면 세속오계는 유교의 오륜五倫과 불가의 오계五戒를 융합한 타협점이었다. 원광은 이 오계를 통하여 청년들을 감화시킴으로써 나라 안팎으로 어려움에 빠져 있는 신라를 구원하고자 하는 의지를 보였다.

그리고 원광의 이와 같은 호국 의지는 당시 성·진골의 상류층이 아닌 또 다른 일반 계층의 청년 문화와 호국 의지를 구현하는 데 중요한 구실을 했다. 이는 그 뒤 귀산과 추항 등이 백제와의 전투에서 장렬한 최후를 마친 기록[48]에서도

---

45) 『三國遺事』(4) 義解 圓光西學; 『三國史記』 列傳 貴山; 『海東高僧傳 : 圓光傳』, p. 98. 육재일(六齋日)이라 함은 불가에서 말하는 재계(齋戒)의 날이니 8, 14, 15, 23, 29, 30일로 몸을 삼간다.

46) 『釋氏源流應化事蹟』(3)(서울 : 法寶院, 2006), p. 166 : "慈藏感禽."

47) 「大乘起信論疏幷別記」, 『國譯元曉聖師全書』(5), p. 713.

알 수 있다. 원광의 세속오계가 화랑花郞의 정신이 되었다는 국사학계 통설은 사실과 다르다.

귀산과 추항은 화랑이거나 낭도가 아니었으며, 화랑의 행적을 보아도 그들이 세속오계를 받아들였다고 보기는 어렵다. 신라의 청년 사회는 화랑과 같은 귀족 사회의 청년 문화와 귀산·추항과 같은 일반 청년 문화가 이중적으로 존재하고 있었다.[49]

좋은 뜻이었든 나쁜 뜻이었든, 또는 본인이 의도했든 의도하지 않았든, 원광은 당대에 가장 영향력이 큰 정치 승려였다. 그의 궁극적 관심은 병화兵禍에 쌓인 신라 사회의 중생에 대한 연민과 평화였다. 그것이 불교의 자비에 바탕을 둔 것이라고 말할 수도 있겠지만 원광의 생각과 활동은 그와 같은 종교적 관심의 통상적 범위를 넘어서는 것이었다. 그리고 그의 생각은 후학들에 따라 화쟁和諍이라는 이름으로 체계를 잡아가기 시작했다.

원광의 그 같은 평화 의지를 구체화한 인물은 원효元曉였다.[50] 원효의 생애는 후학들을 매우 혼란스럽게 만든다. 그가 부마駙馬였다든가 육두품 출신의 설薛씨였다는 사실[51]은 상징적으로 뜻하는 바가 매우 크다. 이는 그가 지배 계급 출신이 아니었음에도 권력의 근거리에 있었음을 뜻한다.

원효가 살던 시대는 신라 후기의 정치 풍토에서 문화가 꽃피워 번영을 누리고 있었지만 귀족 문화와 서민 문화의 골은 더욱 깊어지고 귀족 세력 안에서 분열의 징조가 나타나기 시작하여 귀족 문화가 공허한 분위기에 빠져 있었다. 이러한 모순을 극복하고자 하는 사회 분위기 속에서 원효는 태어났다.[52] 당시의 신분으로 볼 때 그에게 정치적 야심과 관계없이 그는 국가의 운명을 가장 고민할 위치에 있었던 사람이었다.

---

48) 『三國史記』 百濟本紀 武王 3년 8월조.

49) 이에 관한 자세한 논의는, 신복룡, 「화랑의 정치사적 의미」, 『한국정치사』(서울 : 박영사, 2003), pp. 83~112와 이 책 제5장 「제천 의식과 부락제」, pp. 194~199 참조.

50) 원효의 생애에 관해서는, 『三國遺事』(4) 義解 元曉不羈; 贊寧(撰), 『宋高僧傳』(上/4)(北京 : 中華書局, 1987), pp. 74~75 : 「唐新羅國義湘傳」; pp. 78~80 : 「唐新羅國皇龍寺元曉傳」을 종합적으로 참고함. 김부식의 『三國史記』에서 원효의 열전을 다루지 않은 사실에 대해서는, 이 책 제9장 「고려의 창업과 수성」, p. 407 참조.

51) 『三國遺事』(4) 義解 元曉不羈.

52) 김철준, 『한국고대사회연구』(서울 : 지식산업사, 1976), p. 307.

원효와 관련하여 신라의 불교사를 논의할 때 가장 먼저 전제되어야 하는 것은 그곳이 엄격한 신분제(골품제)의 사회였다는 사실과, 따라서 그들은 질서와 구분에서 자유롭지 않았다는 점이다. 전통적으로 귀족과 왕실은 공생 관계이다. "군주가 없으면 귀족이 없고, 귀족이 없으면 군주가 없다."[53]는 것이 군주제도의 기본적인 법칙이다.

여기에 사태를 악화시킨 것은 신분과 같은 인간의 굴레를 숙명(운명)으로 받아들이도록 가르치는 불교가 골품제도와 궁합이 매우 잘 맞는 교리였다는 점이었다. 아마도 원효는 불교의 이러한 정치적 정향에 마음 내키지 않았을 것이다. 그는 이름 그대로 "첫 새벽을 알리는 사람"[元曉]으로 살고 싶었겠지만, 현실의 벽은 그의 꿈을 허락하지 않자 절망하고 좌절하며 파계를 결심했을 것이다. 그리고 그 아픔을 체험하며 그는 더욱 성장했다.

원효는 불자의 생활을 하며 자기보다 15세 연상으로 중국 불교 경전의 해석을 위해 새로운 시대를 열었던 현장玄奘법사의 명성을 들었고, 그의 가르침을 소망했을 것이다. 그는 중국으로 가던 길에 밤이 깊어 어느 곳에 들어가 잠을 잤다. 잠결에 목이 말라 곁에 있는 물을 마셨는데, 이튿날 잠에서 깨어보니 그곳은 무덤이었다. 원효는 탄식하며 이렇게 말했다.

> 마음이 없어지면 감실龕室과 무덤이 다를 것이 없다. 삼계三界(慾界·色戒·無色界)는 오직 마음이오, 만법萬法은 오직 마음의 작용[識]이다. 마음 밖에 불법佛法이 없는데 무엇을 어찌 따로 당唐나라에 들어가 구하겠는가?[54]

이에 당나라 유학을 포기하고 신라로 돌아온 원효는 스스로 불법에 정진했다. 그러는 과정에서 그는 자기보다 75세 연장으로서 당시 불교계의 숭앙을 받던 원광법사를 만났을 것이며, 24세 때 원광법사의 입적을 보며 불자로서 번뇌가 없을 수 없었다.

---

53) Baron de Montesquieu, *The Spirit of the Laws*(New York : Hafner Publishing Co., 1949), Vol. I, Book II, § 4.

54) 贊寧(撰), 『宋高僧傳』(上/4), pp. 74~75. 「唐新羅國義湘傳」 : "曉公歎日 前之寓宿 謂土龕而且安 此夜留宵 託鬼鄉而多崇 則知心生故種種法生 心滅故龕墳不二 又三界唯心 萬法唯識 心外無法 胡用別求 我不入唐 却携囊返國"

원광과 원효가 모두 설薛씨였다는 것도 의미하는 바가 있다. 원효가 죽은 것이 686년이니 그는 삼국의 쟁패와 당唐의 오만한 군림을 목격하며 난세를 살았다. 이런 상황은 구도자인 원효가 끝없이 현실 문제에 고뇌하게 했고, 통합이라는 명제는 그에게 부과된 가장 절박한 과제였다.

원효는 삼국전쟁의 참상을 참회의 눈으로 바라보았다. 문무왕文武王은 백제를 평정하는 과정에서 수많은 학살을 자행하여 대관사大官寺의 우물이 변하여 피가 되었고, 금마金馬(익산)에서는 땅에 피가 흘러 너비가 5보步나 되었다.[55] 원효는 백제와 고구려가 멸망하는 역사적 현장을 목격하며 무슨 생각을 했을까?

그는 삼국전쟁의 과정에서 드러난 여러 가지 문제들, 이를테면, "전쟁의 일상화"와 "죽음의 현재화現在化"를 통해서 한없이 고통받았던 사람들의 마음의 상처를 부처의 가르침에 따라 치유할 논리, 나아가서는 정치적·제도적 통일을 넘어 정신적인 통일과 마음의 통일[一心]을 꾀하고자 하는 거시적인 사회사상으로 사회를 바라보았을 것이다.[56] 그리고 그는 화쟁和諍의 문제, 곧 "화해와 다툼"을 고민했다.

화쟁의 문제는 석가모니께서 살아계실 때부터 불교의 중요한 화두였다.

> 석가모니께서 세상에 살아계실 적에는 원음圓音, 진리의 말씀에 의지하였으나, 중생이 비처럼 흩뿌리고 공론空論이 구름처럼 분분하자 어떤 사람이 말하기를, '나는 옳고 너는 그르다' 하고, 어떤 사람이 말하기를 '나는 그런데 너는 그렇지 않다' 함이 마침내 큰 강물과 같았다. 큰 산이 골짜기를 돌아가고, 있음[有]을 미워하고 없음[空]을 사랑함은 나무를 버리고 숲으로 달려가는 것과 같았다. 비유하자면 청색과 남색은 본디 같고, 얼음과 물은 그 근원이 같고, 거울은 만 가지 형상을 받아들이며, 물은 온갖 곳으로 통한다. 이에 귀를 기울여 적노니 이것이 십문화쟁론十門和諍論이다.[57]

---

55) 『三國史記』 新羅本紀 太宗 8년 6월조 : "大官寺井水爲血 金馬郡地流血廣五步." 이 밖에도 백제인을 학살한 기록은 여러 곳에서 보이는데, 예컨대 거열성(居列城)·거물성(居勿城)·사평성(沙平城)·덕안성(德安城)의 진압 과정에서 2천7백 명을 살해했으며[『三國史記』 新羅本紀, 文武王 3년 2월조], 천존天存·죽지竹旨·군관軍官·문영文穎 등이 백제인 9천 명을 살해했으며[同 10년 7월조], 석성에서 죽지와 당병이 백제인 5천3백 명을 살해했다.[同 11년 6월조]

56) 김석근, 「和諍과 一心 : 원효 사상에서의 평화와 통일」, p. 16.

57) 朝鮮總督府(편), 『朝鮮金石總覽』(상)(서울 : 아세아문화사, 1979), pp. 41~42 : 慶州高仙寺誓幢和尙塔碑 : "如來在世 已賴圓音 衆生等雨驟 空空之論雲奔 或言我是 言他不是 或說我然 說他不然 遂成河漢矣 大山而投廻谷 憎有愛空 猶捨樹而赴長林 譬如靑藍共體 氷水同源 鏡納萬

위의 부처의 말씀에 따르면, 본디 화쟁의 문제는 여러 가지 해석이 가능한 법설의 옳고 그름을 놓고 불교의 정파 사이에서 벌어지던 다툼을 피하려는 노력으로부터 시작된 것이었다. 헛된 논설이 구름같이 일어나 혹은 자기들의 종파는 옳고 다른 이의 종파는 틀린다고 말하며, 혹은 자기들의 언설은 이러하고 다른 이의 언설은 그렇지 않다고 한다.

이러한 자기중심적인 치우침으로 결국에는 황하黃河와 한강漢江을 이루게 된다.[58] 원효는 자신이 살고 있던 당대 신라의 문제는 바로 이 화해와 다툼이라고 생각했다. 그는 이 세상의 다툼을 보면 그 근원이 다음과 같은 열 가지라고 생각했다.

(1) 없음[空]과 있음[有]이 다르다는 집착으로 말미암은 다툼[空有異執]

(2) 성품이 있다느니 없다느니 하는 집착으로 말미암은 다툼[無性有性]

(3) 나의 몸이 없다[人空]든가 실체가 없는 것[法空]은 다르다는 집착으로 말미암은 다툼[人法異執]

(4) 공덕으로 나타난 몸[報身]과 부처님의 몸[化身]이 다르다는 집착으로 말미암은 다툼[報化二身]

(5) 참된 것과 속된 것이 다르다는 집착으로 말미암은 다툼[眞俗異執]

(6) 인간의 세 가지 성품[三性 : 善性·惡性·無記性]과 한 가지 성품[一性]이 다르다는 집착으로 말미암은 다툼[三性一異]

(7) 불성이 다르다는 집착으로 말미암은 다툼[佛性異義]

(8) 삼신三身[法身·報身·應身]이 다르다는 집착으로 말미암은 다툼[三身異執]

(9) 중생의 몸과 마음을 번거롭게 하여 열반을 방해하는 일[煩惱障]과 참된 지혜의 발현에 장애가 되는 번뇌[智障]가 다르다는 집착으로 말미암은 다툼[二障異義]

(10) 대승[三乘]과 소승[一乘]에 집착으로 말미암은 다툼[三升一乘][59]

원효는 이러한 다툼을 화해시켜 하나로 돌아가게 하는 화합의 문이 필요하다고 생각했다. 그는 여러 경전의 부분을 총괄하여 온갖 물의 흐름을 한 맛에 이르게 하고, 부처의 뜻을 열어 공평함에 이르게 하여 백가百家들의 서로 다른 다

形 水分通融 聊爲序述 名曰十門和諍論"

58) 張無垢, 「十門和諍論序」, 『國譯元曉聖師全書』(5), pp. 783~784.

59) 張無垢, 「十門和諍論 해제」, 『國譯元曉聖師全書』(5), pp. 777~778.

툼을 화합하게 하고 싶었다.[60] 원래 화和라는 말은 "소리를 맞추고, 고르게 하고, 부드럽게 하다." 등 고대에서는 음악 용어로 쓰던 것으로서 화성和聲이나 화음和音 등의 뜻을 지니고 있었다.

이와 같은 원래의 뜻으로부터 고르고 부드러운 기후의 온화, 부드럽게 주고받는 화어和語, 온화한 분위기에서 화어에 따라 이루어지는 화해·화평·화합·융화 등의 뜻으로 발전했다. 화는 둘 이상 여러 가지 소리나 생각이 부드러운 가운데서 고르게 하나가 됨을 뜻하는 것이었다.[61] 이런 뜻에서 원효는 다음과 같이 권면한다.

> 한사코 남의 법을 긍정하여 받아들이지 않으면 이야말로 어리석은 사람이 되는 것일세. 그리고 말장난[희론戱論]만 일삼는 사람들은 더욱 어리석은 사람이라네. 자기만 옳다는 소견을 내세워 그것에 모든 희론만 낸다면 설령 맑은 지혜[淨智]를 얻었다 해도 그것은 쓸모없는 것일세.[62]

사실 극락세계의 아미타불국토는 원융圓融(모든 불법의 이치가 하나로 융합하여 구별이 없음)하고 융통融通(서로 통하여 넘나들며 막힘이 없음)하기 때문에 동서의 한계가 없었다. 그러나 중생의 교법을 듣고 이해하고 닦아 깨닫는 능력[根機]이 다양하여 사바세계와 극락세계가 갈라지게 되었다.[63] 원융이란 다르기 때문에 화합하는 것이다. 곧 다른 것들이 한자리에 또는 한 공간에서 서로를 받아들이고 포옹하며 분열과 대립하지 않고 조화와 화합하는 것을 원융이라고 한다.[64]

이 말은 유교나 도교에서 말하는 회통會通을 의미하는 것이었다. 회통이란 불교와 다른 종교가 사상적으로 동일하므로 서로 융합될 수 있음을 말한다. 각 종교가 어떻게 다른가 하는 "차이"보다는 어떻게 서로 같은가 하는 "동일"의 방향으로 논리를 전개하려는 것이다.[65]

---

60) 「涅槃經宗要」, 『國譯元曉聖師全書』(1), 133.

61) 서경수, 「한국불교사상사에 나타난 和의 개념」, 『제3회 국제학술회의 논문집』(성남 : 한국정신문화연구원, 1984), p. 401.

62) 「菩薩戒本持犯要記」, 『國譯元曉聖師全書』(4), p. 498.

63) 「遊心安樂道」, 『國譯元曉聖師全書』(6), pp. 86~87.

64) 소운, 『하룻밤에 읽는 불교』(서울 : 랜덤하우스중앙, 2004), p. 117.

65) 서경수, 「한국불교사상사에 나타난 和의 개념」, p. 408.

이런 점에서 볼 때, 불교는 "유연하고 적응을 잘하는 교리"a creed as flexible and adaptable이다. 불교의 역사에서 확인되는 모순 가운데서 자기 이해利害를 정신적으로 부정하면서도 다른 한편으로는 자기 이해에 주술적으로 굴종하는 이 둘의 기묘한 결합만큼 충격적인 것이 드물다.

분명히 논리적으로는 앞뒤가 어그러지는 듯이 보이겠지만 불교가 이 땅에 발붙이고 살 수 있었던 것도 이 둘의 통합이 있었기에 비로소 가능했다.[66] "어떤 집합체의 화합concordance의 정도는 그 집합체에서 감정을 같이 하는 정도를 의미한다."[67]고 할 때, 화쟁이 갖는 의미는 공동체의 평화로운 공존이었다.

결국 원효가 고민했던 것은 그 사회의 정서적 통합이었다. 원효가 수많은 촌락을 돌아다니며 화쟁을 전하자 가난한 집의 원숭이와 같이 무지몽매한 무리도 모두 나무아미타불을 외우게 되었다.[68] 그는 평화라는 것이 물리적인 것이 아니라 마음의 문제라고 생각했다. 이러한 사상은 의상義湘의 경우에도 그대로 이어져 나타나고 있다. 그러한 사례로서 다음의 기록을 음미해볼 필요가 있다.

> 왕이 왕경에 성을 새로 쌓으려고 하여 승려 의상에게 물어보니, 의상이 대답했다.
> "비록 들판의 초가집[茅屋]에 살아도 바른 도를 행하면 곧 복업이 길 것이요, 진실로 그렇지 않으면 비록 사람을 힘들게 하여 성을 만들지라도 또한 이익 되는 바가 없습니다."
> 이에 왕이 공사를 그만두었다.[69]

원효가 생각한 화쟁의 사상은 『화엄경』華嚴經에 그 뿌리를 두고 있었다. 『화엄경』은 우주의 질서를 아름답게 표현한 경전이지만 그것은 동시에 통일 국가의 상징을 보여주는 것이었다. 화엄의 가르침은 서로 대립하고 항쟁을 거듭하는 정계나 사회를 정화하고 또 지배층과의 대립도 지양함으로써 인심을 통일하는 데 알맞은 사상이었다.

이러한 화엄의 정신은 무열왕武烈王 시대부터 시작되는 율령 체제에 정신적인

---

66) Edward Conze, *Buddhism : Its Essence and Development*, pp. 77, 85.

67) H. D. Lasswell & Abraham Kaplan, *Power and Society : A Framework for Political Inquiry*, p. 20.

68) 『三國遺事』(4) 義解 元曉不羈.

69) 『三國史記』 新羅本紀 文武王 21년 여름 5월.

뒷받침을 제공하는 구실을 하고 있었고, 그러한 사상적 움직임은 의상이 오악을 중심으로 화엄 사찰을 세우는 작업으로 나타났다. 당시의 사조로 볼 때 화엄의 세계는 국가적 요청이었다.[70)]

"내가 마땅히 중생에게 법을 말하여 그들이 모든 악을 여의고 탐욕과 성냄과 어리석음, 교만, 감추는 일, 아끼는 일, 질투, 아첨, 속임 등을 끊어 항상 참고 견디며 부드럽고 화평하게 살도록 하리라."[71)]는 화엄의 세계는 신라의 당면 가치였고, 원효는 그러한 세상을 이루는 것이 자신의 과업이라고 생각했다.

후대의 역사는 원효의 그와 같은 정신을 기리어, 고려 숙종肅宗 5년(1101)에는 나라에서 원효를 "동방의 성인"이라고 하며 대성화쟁국사大聖和諍國師의 호를 추증하고 분황사에 비를 세우도록 했고, 의상에게는 대성원교국사大聖圓敎國師를 추증했다.[72)]

3. 대승의 세계 : 불교의 세속화와 세속의 불교화

성인의 말씀은 늘 은유적이고 어렵다. 이것은 듣는 이에 따라 그 해석도 다양함을 뜻한다. 이로 말미암아 종교는 많은 분파를 유발하는데 그런 점에서는 불교도 예외가 아니었다. 더구나 당시는 문자의 보급이 원만하지 않아 성인의 말씀이 구전으로 내려오다가 어느 정도 시간이 흐른 뒤 제자들이 문서화하기 시작했는데, 그 과정에서 오독誤讀과 첨삭添削이 일어났고, 그 각기 다른 해석에 따라 종파가 탄생했다.

부처가 살아계실 적에 바라문교에는 6대 가문이 있었고 각 가문마다 15명의 제자를 두어 모두 96종의 교법敎法이 있었다. 그런데 그 가운데 하나인 독자부犢子部는 소승小乘이었으므로 대승大乘에서는 이 부파部派를 제외한 채 문도를 95종으로 분류한 적이 있었다.[73)]

---

70) 安啓賢, 『한국불교사연구』(서울 : 동화출판공사, 1982), pp. 79~80.

71) 『華嚴經』 十行品 「어기지 않는 행」. 이 장에서 사용된 『華嚴經』의 대본은 법정(역), 『華嚴經』(서울 : 동쪽나라, 2003)이다.

72) 『高麗史』 肅宗 6년 8월 계사일.

73) 「大乘起信論疏幷別記」, 『國譯元曉聖師全書』(5), pp. 738~739.

석가모니가 입적한 뒤 100년 동안 불교 교단은 화합하여 동요가 없다가 기원전 4세기 무렵부터 계율과 교리에 엇갈린 견해가 발생하여 교단은 보수적인 상좌부上座部와 진보적인 대중부大衆部로 나뉘었고, 그 뒤 다시 대중부에서 8파, 상좌부에서 10파가 파생하여 기원전 1세기 무렵에는 모두 20파가 발생했다. 이 시대를 "부파部派불교"라 하고 그 이전을 "원시불교"라 한다.[74]

일반적으로 부파불교는 형식을 중요시하고 학문적인 경향에 치우쳐 불타의 본뜻을 망각했다는 지적을 받았다. 그뿐 아니라 그들은 시대의 흐름과 사회 변화에 잘 적응하지 못하는 보수적 태도를 고수하며 대중을 외면한 채 자기 수행에 열중하는 출가 집단이었다.

이와 같은 현학적이고 형식적이며 출가자 중심의 불교에 반대하여 모든 사람이 참여하고 수행하는 보편적이고 대중적인 불교를 만들고자 하는 불교 운동이 새롭게 일어났다.[75] 이들은 부처의 가르침을 전문적으로 연구하고 분석하여 체계화할 필요가 있음을 알았다. 이들은 구전으로 내려오던 부처의 말씀을 체계화하는 데 기여했지만 번거로운 훈고적 해석으로 말미암아 말씀을 더욱 어렵고 무미건조하게 만들었다.[76]

부파불교가 이렇게 대중으로부터 소외되어 있다가 힌두교의 형성에 자극을 받은 이들이 대중을 구원의 대상으로 삼는 종교를 구상했다. 그들은 스스로를 "대승"大乘, mahā-yāna이라 하고 종전의 불교를 "소승"小乘, hina-yāna이라고 불렀다.

"큰 수레"라는 의미로 스스로를 일컫는 그들은 소승이 자신의 이익만을 추구하는 것이라고 비판하며 타인의 구제를 지향하는 보살菩薩, bodhisattva의 수행법을 표방했다. 이 방법에 따르면, 보살은 중생을 위하여 많은 선행을 쌓음으로써 깨달음을 성취하는데, 이러한 자비행을 회향回向이라고 한다.[77]

대승을 크다고 하는 까닭은 모든 중생에 대한 자비를 천명하며 스스로 부처가 되는 것을 궁극의 목표로 삼는다는 점 때문이었다. 대승이 말하는 소승이란 열등하고 이기적인 수레라는 의미이다. 그런 점에서 본다면 소승이라는 용어에는 모욕적인 의미가 담겨 있다.[78]

---

74) 『불교학개론』(서울 : 동국대학교출판부, 1991), p. 106.

75) 權奇悰, 『佛敎思想史硏究』(上), p. 16

76) 『불교학개론』, pp. 106~107.

77) 權奇悰, 『佛敎思想史硏究』(上), p. 19; 소운, 『하룻밤에 읽는 불교』, p. 40.

그리고 자신을 "큰 수레"라 하고 상대편을 "작은 수레"라고 부르는 것 자체가 겸손하지 않았다. 당사자들이 어떻게 해석하든 간에 그 뒤 대승불교는 집단 구원을 추구하고, 소승불교는 개인 구원을 추구하는 것으로 인식되었고, 그래서 심지어 소승은 이기적이라는 의미까지 첨가되었다.

그러나 이른바 소승이라 불리는 교파는 자신을 소승이라 부른 적도 없고 분별하지도 않았다. 그런 점에서 본다면, 대승에게는 소승이 존재하지만 소승에게는 소·대승의 구분 근거가 근본적으로 존재하지 않았다.[79] 흔히들 소승불교가 대승보다 포교에 대한 열의가 적다고 말하지만, 실제로는 그렇지 않았다.[80]

소승이 내밀한 선정禪定에 몰두한 점이 있었지만, 따지고 보면 바로 선禪이 더할 수 없는 대승이었다.[81] 그러므로 대승은 위대하고 소승은 이기적이라고 평가할 수는 없다. 그들은 각기 갈 길을 갔고 살아가는 방법이 달랐을 뿐이다.

대승과 소승의 이와 같은 성격으로 말미암아 소승의 계율은 출가인이 추구한 특수 계율이고, 대승의 계율은 누구라도 불교를 신봉하는 이라면 지켜야 할 보편적 계율이어서 출가와 재가를 가리지 않는 것으로 해석되었다. 소승의 계율은 원시 불교에서 수도인들이 지켜야 할 도덕적 덕목인 데 견주어 대승의 계율은 후세의 불교 사상으로서 수도인이나 세속인을 구별하지 않고 승가와 세속[僧俗]에서 보편적으로 지켜진 도덕이라는 해석[82]도 등장하게 되었다.

불교가 중국에 들어온 뒤 대승과 소승의 구분이 더욱 심해졌다는 사실도 주목할 필요가 있다. 중국에 전파된 불교 사상은 대부분 한문으로 번역되었는데 그 노고는 말할 수 없이 컸다. 대승 경전과 소승 경전이 거의 모두 번역되었으나, 대승 경전만이 중국 불교사에 존속할 지위를 얻었다. 대승불교가 중국인에게 가장 큰 영향을 끼친 것은, 옳고 그름의 문제를 떠나, 대승은 소승에 견주어 불성佛性, universal mind을 지닌 것으로 중국인의 눈에 비쳤기 때문이었다.[83]

대승불교는 재가在家 불자의 적극적인 참여와 혁신적인 대중부 계통의 지도층

---

78) Edward Conze, *Buddhism : Its Essence and Development*, pp. 121~122.

79) 김용옥, 『금강경강해』, p. 84.

80) Edward Conze, *Buddhism : Its Essence and Development*, p. 71.

81) 『東國李相國全集』(25) 榜文 大安寺同前榜 : "是禪之爲無上大乘也."

82) 이영무, 『한국의 불교사상』, p. 45.

83) Fung Yu-lan, Derk Bodde(ed.), *A Short History of Chinese Philosophy*(New York : The Free Press, 1966), p. 243.

으로 그 추진 세력이 형성되어 있었다. 그들은 열반을 추구하는 아라한阿羅漢(수행자)의 길을 소승불교라고 비판하고, 깨달음을 갈구하며 이타적 보살이 되는 것을 이상적인 인간상으로 부각했다.

대승불교에 따르면 불교의 궁극적인 목적은 자신의 열반에 있는 것이 아니라 성불에 있으며, 이것이 부처의 진정한 뜻이라고 해석했다.[84] 이들이 자신보다 남을 더 배려한 것은 사실이었고, 그래서 소승에 견주어 실천적인 모습으로 비친 경우도 있다. 이런 점에서 보면, 사실의 여부를 떠나서 소승이 대승에 견주어 다소는 이기적으로 보일 수 있었던 개연성을 부인하기는 어렵다.

그런데 부처와 같은 깨달음을 얻는 것이 보살의 지상 과제이지만, 대승에서는 중생을 구원하겠다는 강렬한 뜻을 담고 있다. 보살의 수행은 "위로 깨달음을 갈구하고 아래로 중생을 교화하는 것"[上求菩提 下敎衆生]이다.[85] 이 말은 깨달음을 갈구하는 일이 곧 중생을 교화하는 일이며, 중생을 교화하는 것이 곧 깨달음을 구하는 것임을 뜻한다.

그러므로 지장地藏보살은 지옥에서 고통받고 있는 모든 중생을 제도하기 전에는 성불하지 않겠다고 서원하고 있으며,[86] 법장法藏 비구는 비록 자신이 부처가 된다고 하더라도 괴로운 중생에게 깨달음을 줄 것이 아니라면 깨달음을 얻지 않겠노라고 말한다.[87]

그러한 깨달음에 이르고자 탈 수레에는 두 가지가 있는데 하나는 성문聲聞이요, 다른 하나는 연각緣覺이다. 성문이란 수도원에서 고립된 생활을 하며 자기들끼리 서로 가르침을 주고받으며 절차탁마하는 무리이고, 연각이란 스승이 없이 혼자 산속에서 도사처럼 깨달음을 추구하는 무리이다.[88]

성문에는 교학敎學의 의미가 있고, 연각에는 참선參禪의 의미가 있었다. 여기에서 교종과 선종이 갈라섰다고 볼 수는 있지만 깨달음의 방법에서 둘 사이에 선악이나 우열이 있는 것은 아니었다. 그러나 소승불교가 선종의 선승과 개인

---

84) 『불교학개론』, p. 107.

85) 唐翻經沙門法藏(述), 「般若波羅蜜多心經略疏」, 『大正新修大藏經』(33)(東京 : 大藏出版株式會社, 1936), p. 552 : "謂此人以智上求菩提 用悲下教衆生 從境得名故"

86) 「地裝菩薩本願經」 閻浮衆生業感品(4), 『大正新修大藏經』(13), p. 780 : "一王發願若不先度罪苦 令是安樂得至菩提 我終未願成佛"

87) 「法藏比丘四十八大願」 第18願, 『蓮宗集要』(서울 : 대동염불회, 1962), pp. 20~21.

88) 김용옥, 『금강경강해』, p. 90.

구원을 연상시키고, 대승불교가 교종의 학승과 집단 구원을 연상시키는 데에는 그럴 만한 이유가 있었다.

신라의 불교에서 대승과 소승의 문제 중심에는 원효가 있다. 그는 삼학三學[89]에 널리 통하여 신라에서 "만인을 대적할 만한 인물"이라는 세평을 듣는, 촉망받는 승려였다. 그는 의상과 함께 당나라에 들어가 삼장법사三藏法師 자은慈恩의 문하에서 불법을 닦고자 했다.

그 무렵에 신라 왕이 백고좌법회를 열고 덕망 높은 스님을 두루 찾다가 원효를 발견하고 그에게 법설을 부탁했으나, 주위의 스님들이 그를 시기하여 참소하자 왕이 뜻을 거두어들였다.[90] 그는 세속에서와 같이 불문에서도 절망을 맛보았다. 이러한 상황에서 원효에게 꿈을 준 것은 화엄華嚴의 율법이었다.

화엄의 세계는 골품 제도 아래에서 신음하는 평민에 대한 연민을 불러일으키기에 충분했다. 골품제도는 분명히 신라에 대승불교로서의 화엄 세계가 뿌리를 내리는 데 일정한 구실을 하고 있었다. 원효가 대승불교에 심취한 것은 신라라고 하는 계급 사회가 주는 중압감과 자신이 높지 않은 계급이었다는 사실과 무관하지 않다. 그가 권력에 접근하는 과정을 설명하고 있는 다음의 기록은 그의 부상浮上에 의미 있는 암시를 담고 있다.

> 얼마 뒤 왕비의 뇌종腦腫이 발병하자, …… 사신을 바다 건너 당나라에 파견하여 그 치료법을 찾게 했다. 그런데 남해 가운데서 갑자기 한 노인이 나타나 파도를 타고 배에 올라왔다. 그가 사신을 바다로 인도하여 용궁으로 들어갔다. 그는 궁전의 장엄함과 화려함을 보고, 용왕을 알현하였는데, 그 용왕의 이름이 검해鈐海였다. 용왕이 사신에게 말하기를 ……
>
> "용궁에 예전부터 『금강삼매경』이 있는데 …… 대안大安성자에게 이를 정리하게 하고, 원효가 주석·강의하게 한다면, 왕비의 병이 치유될 것이다."
>
> 라고 했다. …… 원효가 그 『금강삼매경』을 받아 읽고 설법하는 날에, 법당에 왕과 신하, 승려와 속인에 이르기까지 구름처럼 모여들었다.[91]

---

89) 삼학三學이라 함은 계·정·혜戒定慧를 의미하는데, 계戒는 악을 저지르지 않고 선을 닦는 계율戒律, 정定은 심신을 고요히 하고 정신 통일을 하여 마음이 산란하지 않게 하는 선정禪定, 혜慧는 번뇌를 깨트리고 진리를 깨닫는 지혜를 가리킨다.

90) 贊寧, 『宋高僧傳』(上), p. 79. 唐新羅國黃龍寺元曉傳 : "諸德惡其爲人 譖王不納"

91) 宋贊寧, 『宋高僧傳』(上/4), pp. 78~79 : "唐新羅國黃龍寺元曉傳"

위의 글에 등장하는 『금강삼매경』은 아마도 위경僞經일 것이라는 것이 학계의 지배적인 의견이다. 어쩌면 그것은 원효의 작품일 수도 있다.[92] 그러나 그것의 위경 여부와 관계없이, 원효는 『금강삼매경』의 강론을 통해 신라의 주류 사회로부터 신망을 얻게 된다.

이때 신라에는 화엄의 세계에 정진하는 네 명의 큰 스님이 있었는데, 첫째는 화엄사華嚴寺의 연기대사緣起大師요, 둘째는 황룡사의 원효대사요, 셋째는 부석사浮石寺의 의상대사요, 넷째로 통도사通度寺의 자장율사慈藏律師가 그들이었다. 이들 가운데서 화엄의 논리를 정리하는 데 가장 중요한 구실을 한 의상에 관하여 알려진 얘기는 이러하다.

> 의상은 무덕武德 8년(625, 진평왕 47)에 태어나 소년 시절에 출가했으며 원효와 함께 당나라에 들어가려고 고구려까지 이르렀으나 장애가 있어 돌아왔다. 그 뒤 의상은 당나라에 가 종남산終南山 지상사至相寺의 지엄존자智儼尊者에게 배웠다. 지엄법사가 세상을 떠나자, 의상은 신라로 돌아와서 장안 2년(702, 성덕왕 1)에 세상을 떠났는데 그때 세수世壽가 일흔여덟 살이었다.[93]

일연의 기록에 따르면, 의상은 『화엄경』의 미묘한 뜻이 감춰진 부분까지 분석했다. 신라로 돌아온 의상은 문무왕 16년(676)에 태백산으로 들어가 조정의 명령을 받들어 부석사를 짓고, 대승의 교법을 포교했더니 많은 영감靈感이 나타났다.[94] 이로 말미암아 그는 신라 화엄종의 초조初祖가 되었으며, 그의 화엄종을 "부석종"浮石宗이라 부르고 그를 "부석존자"라 불렀다.[95] 그는 중국에서 이해하는 데 200년이라는 세월이 소요된 『화엄경』을 자기 대代에 깨우쳤다.[96]

마지막 인물 자장은 불법을 널리 퍼뜨리는 데 공업을 쌓았다. 자장은 항상 연민의 마음을 품고 중생을 애처롭게 생각하여 무슨 방편을 지어야 생사윤회를 모

---

92) 안계현, 「원효」, 『한국인물사』(1)(서울 : 양우당, 1983), p. 314; 이병학, 「금강삼매경 설화의 사회적 의미 : 『宋高僧傳』의 「元曉傳」을 중심으로」, 『북악사론』(9)(국민대학교 사학과, 2002) p. 59.

93) 『三國遺事』(3) 塔像 前後所將舍利.

94) 『三國遺事』(4) 義解 義湘傳教.

95) 『大覺國師文集』(1) 序 圓宗文類를 新集한 서문.

96) 소운, 『하룻밤에 읽는 불교』, p. 209.

면하게 해줄까를 고민하다가 당나라로 건너가 대각했다. 그에게는 치병의 염력이 있었다.

자장의 시대에 나라 안의 사람들로서 계를 받고 불법을 받든 이가 열 집에 여덟아홉 가구가 되었으며 머리를 깎고 중이 되기를 간청하는 이가 해마다 달마다 불어갔다. 이에 자장은 통도사를 세우고 계단戒壇을 쌓아 사방에서 오는 사람을 받아들였다. 그가 불법을 강의할 때면 7일 밤낮으로 감로가 내리고 안개와 번개가 자욱하게 법당을 덮었다.[97]

그러나 자장의 행적에는 칭송할 수만은 없는 오명汚名의 기록이 있다. 일연은 그 대목을 이렇게 기록하고 있다.

> 자장은 일찍이 신라의 복식이 중국과 같지 않았으므로 조정에 건의했더니 윤허하여 좋다고 했다. 이에 진덕여왕 3년(649)에 비로소 중국의 의관을 입게 되고 다음 해(650)에 정삭正朔(정월 초하루)을 받들어 비로서 영휘永徽 연호를 쓰기 시작했다. 그 뒤로 중국에 조빙朝聘할 때마다 그 반열班列이 번국藩國의 윗자리에 있었으니 이는 자장의 공로이다.[98]

그렇다면 신라에서 대승의 철학을 그토록 절실하게 요구했던 까닭은 무엇이며, 그러한 사회에서 원효의 입지와 의중은 무엇이었을까? 대승불교는 『반야경』般若經, 『법화경』, 『십지경』十地經, 『무량수경』無量壽經, 『유마경』維摩經을 소의所依 경전으로 하며 넓은 지혜를 추구하는데, 이들은 평등성지平等性智를 주요 가치로 삼는다. 원효의 설명에 따르면, 대승은 널리 중생을 제도하고 소승으로 향하지 않음을 의미한다. 이른바 무아無我에 놀기 때문에 나 아닌 것이 없고 평등하게 포섭하지 않음이 없다.[99]

원효는 대승을 설명하는 과정에서 소승을 부인했다. 그와 같은 대성大聖이 자기와 같지 않은 존재를 부인한 것은 놀라운 일이다. 그가 보기에 소승을 교법으로 수행하는 아라한들은 오로지 정진함으로써 힘을 삼아 자기의 뜻을 편다.[100]

---

97) 『釋氏源流應化事蹟』(3), pp. 166~167 : "慈藏感禽."

98) 『三國遺事』(4) 義解 慈藏定律.

99) 「兩卷無量壽經宗要」, 『國譯元曉聖師全書』(1), pp. 664, 679.

100) 「大乘起信論疏幷別記」, 『國譯元曉聖師全書』(5), pp. 116~117.

그러나 불법이란 중생의 마음이다. 대승에서는 마음으로 모든 법을 통달하기 때문에 모든 법의 자체는 오직 일심一心이다. 그러나 소승에서 모든 법은 마음의 문제가 아니라 존재 그 자체이기 때문에 대승과 다르다고 그는 설명한다.[101] 그는 정토에 왕생할 사람을 말하면서, 소승은 왕생하지 못하지만 오히려 부정한 삼품三品의 사람으로 대승에 발심한 사람은 모두 정토에 다시 태어난다고 믿었다.[102]

이런 점에서 볼 때 원효는 대승을 미화하고, 대승과 소승을 분별했다. 그는 비구 아가타阿伽陁의 게송偈頌을 인용하며 소승을 비난했다.[103] 그러면서 원효는 다시 다음과 같은 게송을 들려준다.

> 마음이 비어 고요히 번뇌 사라진 경지에서는
> 육바라밀 모두를 골고루 갖추어
> 모든 중생을 괴로움의 바다 건너게 하는데
> 소승은 절대로 할 수 없네[104]

그렇다면 원효가 대승을 표방하며 이루고자 하는 가치는 무엇이었을까? 이 문제는 다음과 같이 정리될 수 있을 것이다.

1) 버림

대승의 첫 번째 미덕은 버림이다. 이는 달리 “내려놓음”이라고 표현해도 좋다. 부처는 “보이는 것이 모두 헛된 것이요, 헛된 것이 보일 뿐”[色卽是空 空卽是色]이라고 가르친다. 그런데 인간은 왜 버리지 못하는가? 욕망을 다스리지 못하기 때문이다. 그래서 수행이 필요하다. 부처의 가르침에 따르면, 부처의 참모습에 이르기까지에는 다음과 같은 다섯 등급의 수행 단계를 거쳐야 한다.

---

101) 「大乘起信論疏幷別記」, 『國譯元曉聖師全書』(5), p. 177.
102) 「遊心安樂道」, 『國譯元曉聖師全書』(6), pp. 105; 「兩卷無量壽經宗要」, 『國譯元曉聖師全書』(1), p. 656.
103) 『金剛三昧經』(上/1) 서언, pp. 58~59.
104) 『金剛三昧經』(上/3) 無相法品, pp. 279~280.

첫째는 믿음의 단계이다.[信位]
둘째는 깊이 생각하여 헤아리고 살피는 단계이다.[思位]
셋째는 깨달음으로 가는 길을 닦는 단계이다.[修位]
넷째는 몸소 실천해 나아가는 단계이다.[行位]
다섯째는 버림의 단계이다.[捨位][105)]

버림이 수행의 마지막 단계라고 표현한 것은 버림의 어려움을 그렇게 표현한 것이다. 이러한 버림에는 두 가지가 있다. 하나는 망상을 버리는 것이다. 원효가 젊은 날을 보낸 충북 괴산槐山 지방에는 그의 수행에 관하여 다음과 같은 설화가 구전되고 있다.

어느 날 원효가 상좌 중과 길을 걷다가 중도에 개울을 만났다. 마침 장마철이어서 물이 불어 건너기가 어려웠다. 옷을 입고 건너자니 물이 깊어 옷이 젖을 지경이었고, 옷을 벗고 건너자니 그리 깊지는 않았다. 그런데 원효는 서슴없이 옷을 벗더니 아랫도리를 다 드러내고 물을 건너려 했다.

마침 그때 옆에는 젊은 여인이 난감하게 서 있었다. 원효는 주저 없이 그 아낙을 업고 물을 건넜다. 저편에 이른 원효는 아무 일도 없었다는 듯이 옷을 입고 길을 걸었다. 이때 따라오던 상좌 중이 원효에게 말씀을 드렸다.

"스님, 이제 저는 스님의 곁을 떠나렵니다."

"왜 그런 생각을 했느냐?"

"출가한 스님이 벌거벗은 몸으로 젊은 여인을 업고 내를 건넜으니 계율에 어긋난다고 생각했기 때문입니다."

이 말을 들은 원효가 상좌 중에게 이렇게 말했다.

"너는 아직도 그 여인을 업고 여기까지 왔단 말이냐?"

여기에서 원효가 버리기를 바라는 것은 번뇌이다. 깨달음에 이르려면 해야 할 첫 번째 과업이 번뇌를 끊는 것이다.[斷德正因][106)] 원효가 생각하기에, "악업은 허망한 마음으로부터 나온다."[107)] 그것은 망상일 수도 있고 분심分心일 수도 있고

105) 『金剛三昧經』(下/7) 眞性空品.

106) 「遊心安樂道」, 『國譯元曉聖師全書』(6), p. 172. 그다음에 해야 할 과업이 지혜를 밝히는 일이고[智慧正因], 그런 다음에 중생을 제도해야[恩德正因] 한다.

107) 「遊心安樂道」, 『國譯元曉聖師全書』(6), p. 301.

걱정거리일 수도 있다. 그래서 사찰에는 번뇌를 끊고자 고뇌하는 심검당尋劍堂(칼을 찾는 승방)이 있다.

인간이 이러한 번뇌로부터 얼마나 괴로움을 당하는가 하는 문제는 부처로부터 원효를 지나 오늘에 이르기까지 끊임없이 제기되는 문제였다. 실제로 인간의 번민이나 걱정거리 가운데서 85%는 실제로 일어나지 않았다는 연구 결과[108]는 인간의 번뇌가 얼마나 부질없는 것인가를 잘 보여주고 있다.

인간이 버려야 할 또 다른 항목은 재산財産이라고 불법은 가르친다. 재산의 버림이 화엄의 세계로 가는 문지방이다. 그 버림은 중생을 위한 자기 포기를 뜻한다. 이것은 현대적 의미로서 나눔을 뜻하며, 불가의 용어로는 보시布施를 뜻한다. 보살은 반드시 보시할 것이며 상相(흔적을 남기려는 생각)에 머물러서는 안 된다고 부처는 가르친다.[109]

그리고 너그러운 아량이 최고의 덕 가운데 하나이므로 불자들은 승려들의 베푸는 선심을 기쁘게 받아들임으로써 승려들이 오히려 가가호호에 공덕을 쌓을 기회를 주고 있다.[110] 구걸하는 데도 줄 수 없는 구도자는 커다란 범계를 저지르는 것이다.[111] 재산의 버림과 청빈을 상징적으로 표현한 것이 스님의 가사袈裟이다. 가사는 분소의糞掃衣라 하여 묘지에서 시체를 쌌다가 버린 천을 꿰매어 염색하여 지은 옷이다.[112]

왜 불자는 재산을 버려야 하는가? 불교는 재산이 쾌락의 도구로 타락하는 것을 경계한다. 쾌락은 결국 고통으로 끝나고 만다. 그러므로 쾌락은 죄악이라고 가르친다. 쾌락의 정체를 살펴보면,

(1) 즐거울 때 거기에는 어떤 다른 이의 고통이 스며 있다.

(2) 쾌락은 어떤 조바심과 끈이 맺어져 있다. 즐거울 때라도 그것을 잃게 되지나 않을까 하는 두려움이 스며 있기 때문이다.

(3) 쾌락은 더 큰 고통이 불가피한 형편에 빠지도록 우리를 더욱 단단히 조여

108) Stephanie Dolgoff, "Life Is Good. So Why Can't You Stop Worrying?" in *Self*(11/28/2007), http : //www.msnbc.msn.com(2011. 01. 03.).

109) 『金剛經』 妙行無住分(4) : "菩薩應如是布施 不住於相"

110) Edward Conze, *Buddhism : Its Essence and Development*, p. 56.

111) 中村元(저)·차차석(역), 『불교정치사회학』(서울 : 불교시대사, 1993), p. 303.

112) 김용옥, 『금강경강해』, p. 131.

놓는다.

(4) 오온五蘊[色·受·想·行·識]에 속한 것에서 이끌어낸 쾌락은 마음 깊은 곳의 바람을 충족시켜 주지 못한다.[113)]

이런 점에서 본다면 불교의 기본정신은 반쾌락주의anti-Epicureanism이다.

나눔이 가지는 사회과학적 의미는 그것이 사회유기체설social organism을 표방하고 있다는 점이다. 유기체설을 불교적 용어로 표현한다면 그것은 인연因緣을 뜻하며, 연기緣起, partīytya-samutpāda라고도 한다. 연기란 일체의 사물이 다양한 원인과 조건에 따라 성립한다는 뜻이다. 따라서 일체의 존재는 서로 맺어져 있다고 보는 것이 연기관緣起觀이다.[114)] 불교에서 인연이라 함은 관계성relativeness의 중요함을 강조한 것이다.

2) 이타행利他行

대승의 두 번째 가치는 이타행利他行이다. 이것은 앞에서 말한 버림과 나눔의 연속선에서 이뤄지는 일이다. 보살은 중생을 버리지 않는다.[115)] 보살 마하살의 회향에는 열 가지가 있는데, 첫째가 모든 중생을 구호하면서도 중생이라는 생각을 떠난 회향이다.[116)] 그러한 버림을 거쳐 이뤄진 화엄의 세계는 다음과 같아야 한다고 부처는 가르친다.

보살은 실 한 올이나 풀 한 포기를 바라거나 칭찬하는 말 한마디도 바라지 않고, 미래겁未來劫이 다하도록 보살행을 닦으면서도 한 번도 자기의 몸을 위하지 않는다. 다만 모든 중생을 제도하여 청정하게 하고 영원히 뛰쳐나오게 하려는 것이다. 중생을 지도하는 이는 마땅히 그와 같이 하여, 얻지도 않고 바라지도 않으며, 다만 중생을 위해 보살도를 닦으며 그들에게 안온한 피안彼岸에 이르러 가장 높은 보리를 이루게 하려는 것이다.[117)]

---

113) Edward Conze, *Buddhism : Its Essence and Development*, pp. 46~47.

114) 소운, 『하룻밤에 읽는 불교』, p. 166.

115) 『華嚴經』 十行品 「얻기 어려운 행」.

116) 『華嚴經』 十廻向品 「보살 마하살의 열 가지 廻向」.

117) 『華嚴經』 十行品 「얻기 어려운 행」.

그렇다면 우리는 여기에서 중생은 누구인가를 물어야 한다. 중생은 불가의 원초적 화두였다. 교화敎化의 담당자인 보살과 교화의 대상인 중생을 나누는 기준은 혈연이나 힘, 재산, 나이 등의 세속적인 기준이 아니라 믿음의 자질, 곧 근기根機와 수행의 정도에 따르는 것이었다.[118] 중생은 깨달음에 이르지 못한, 그래서 보살이 이끌어 가야 할 가련한 존재를 의미한다. 문수보살文殊菩薩이 지수보살智首菩薩에게, "중생을 따라 머물러 항상 버리지 않을 것"[119]을 언명한다.

원효도 "설령 내가 부처가 된다 하더라도 나라 가운데 모든 인민이 바른 무리가 되어 반드시 멸도滅度에 이르게 하지 않고서는 정각正覺을 이루지 못할 것"[120]이라고 고백하고 있다. 화엄의 세계란 바로 이 중생에게 아픔이 없이 살아갈 세계이다. 보살은 중생의 한량없는 고뇌를 보고 크게 정진할 마음을 이렇게 다짐한다.

> 내가 중생을 구원해야 하고, 해탈케 하고, 맑게 하고, 제도濟度하고, 좋은 한 곳에 두고, 편안히 있게 하고, 즐겁게 하고, 알고 보게 하고, 조복調伏(악마를 굴복시킴)하게 하고, 열반에 들게 하리라. …… 이 중생이 번뇌와 큰 고통 속에 빠져 있으니 어떤 방편으로든 구제하여 최종 열반의 기쁨에 머물게 하리라.[121]

보살은 욕심으로 말미암아 중생을 괴롭히지 않는다. 차라리 자신의 목숨을 버릴지언정 끝내 중생을 괴롭히는 일은 하지 않아야 한다.[122] 중생은 내 복밭[福田]이고 내 선지식善知識, kalyānamitra(수행자의 스승)이다. 찾아가지도 않고 청하지도 않았지만, 일부러 찾아보아 나를 불법 가운데 들게 하니, 마땅히 이와 같이 배우고 닦아서 모든 중생의 마음을 저버리지 않으리라고 다짐한다. 만일 한 중생이라도 만족하지 않는다면 위없는 보리를 수행으로 체득하지 않겠다고 서원誓願한다.[123] 이와 관련하여 부처는 다음과 같이 가르치고 있다.

---

118) 남동신, 「원효 : 영원한 새벽」, 『63인의 역사학자가 쓴 한국사 인물 열전』(1)(서울 : 돌베게, 2003), p. 109.

119) 『華嚴經』 淨行品 「몸과 말과 뜻의 법」.

120) 「遊心安樂道」, 『國譯元曉聖師全書』(6), p. 107.

121) 『華嚴經』 十地品 「광명으로 밝은 보살의 자리」.

122) 『華嚴經』 十行品 「이롭게 하는 행」.

123) 『華嚴經』 十行品 「즐거운 여행」.

내가 마땅히 모든 중생의 집이 되리니 이는 온갖 괴로운 일을 겪지 않게 하려 함이며,

모든 중생의 보호가 되리니 이는 모든 번뇌에서 해탈케 하려 함이며, 모든 중생의 돌아갈 데가 되리니 이는 모든 두려움을 잊게 하려 함이며,

모든 중생의 나아갈 데가 되리니 이는 일체지一切智(모든 것을 깨달음)에 이르게 하려 함이며,

모든 중생의 안락처가 되리니 이는 끝내 안온처를 얻게 하려 함이며,

모든 중생의 광명이 되리니 이는 지혜의 빛을 얻어 어리석은 어둠을 없애게 하려 함이며,

모든 중생의 횃불이 되리니 이는 모든 무명의 암흑을 깨뜨리게 하려 함이며,

모든 중생의 등불이 되리니 이는 끝내 청정한 곳에 머물게 하려 함이며,

모든 중생의 길잡이가 되리니 이는 그들을 진실한 법에 들게 하려 함이며,

모든 중생의 큰 스승이 되리니 이는 걸림 없는 큰 지혜를 주려 함이다.[124]

대승이라는 것이 따로 있는 것이 아니라, 하늘과 사람에게 이로움을 베풀고 일체를 제도濟度하여 벗어나게 하면 그 이름이 대승 보살이다.[125] 대승이 보기에 자신의 깨달음에 몰두하는 것은 중생의 제도만큼 중요하지 않다. 이는 부처가 "깨달음의 지혜를 완성한 경지에만 늘 집착하여 중생에게 이익을 주지 못하는 것은 그 깨달음의 세계에 묶여 자유롭지 못한 것"[126]이라 말씀하신 바에 근거하고 있다. 그리고 이러한 논리의 행간에는 자신의 해탈에 가치를 두는 것이라고 그들이 생각하는 소승에 대한 빈정거림이 담겨 있다.

불교사에서 대승의 문제가 이론적인 정립을 본 것은 유마힐維摩詰 거사의 가르침을 통해서였다. 그의 방은 한 모서리[方]의 길이가 한 길[丈]에 지나지 않을 만큼 검소하게 살아 그의 거처를 "방장"方丈이라 부른 데서 지금의 방장[사찰의 최고 어른]이라는 의미가 유래했다.

유마가 지었다고 알려진 『유마경』維摩經은 부처의 설법도 아니며 "경"經의 칭호를 듣는 법서法書로서 대승불교의 기초를 닦았다. 그는 사바세계에 살며 보살이 해야 할 열 가지의 선법善法이 있는데, 이는 다른 정토에서는 없는 것이라

124) 『華嚴經』 十廻向品(1) 「모든 중생을 구호하며 중생이라는 생각을 떠난 회향」.
125) 『法華經』(3) 譬喩品(16).
126) 『金剛三昧經』(上/5) 本覺利品.

고 말하며 다음의 열 가지를 수행할 것을 권고한다.

(1) 보시로써 빈궁한 무리를 조섭調攝(보살피고 다스림)함이요,
(2) 청정한 계율로써 계율을 헐고 범하는 무리를 조섭함이요,
(3) 인욕으로써 분노한瞋恚 무리를 조섭함이요,
(4) 정진으로써 게으른 무리를 조섭함이요,
(5) 선정으로써 산란한 무리를 조섭함이요,
(6) 지혜로써 우치愚痴한 무리를 조섭함이요,
(7) 어려움을 덜어 없애는 법을 말해 주어 팔난八難[127]을 제도하는 것이요,
(8) 대승의 법으로써 소승을 좋아하는 무리를 제도함이요,
(9) 여러 가지 선근善根으로써 덕이 없는 무리를 제도함이요,
(10) 항상 사섭四攝[布施·愛語·利行·同事]의 법으로써 중생을 성취하게 하는 것이다.[128]

『유마경』의 핵심어는 중생의 아픔이었다. 그의 설법에 따르면, 중생이 병들었기 때문에 나의 병이 생겼다. 그러므로 중생에게 병이 없게 되면 곧 나의 병도 없어질 것이다. 보살의 병은 자비심의 표현이다.[129] 문수사리보살이 "무엇을 일러 기쁨[喜]이라고 합니까?"라고 묻자, 중생이 대답하기를 "중생에게 넉넉히 이익을 베풂[饒益]이 있으면 이를 기뻐하여 뉘우침이 없습니다."[130]고 대답했다.

이는 부처께서 말씀하신바 "내가 악한 길[惡道]에서 중생을 대신하여 괴로움을 받고 그들을 해탈케 하리라. 모든 중생이 생로병사의 갖가지 고통 속에서 업을 따라 헤매고 무지하여 삿된 소견으로 선량한 법을 잃었으니 내가 마땅히 구원하여 벗어나게 하리라."[131]는 말씀의 구현을 뜻하는 것이다.

---

127) 부처를 보지 못하고 불법을 들을 수 없는 여덟 가지의 어려움, 곧 (1)지옥, (2)축생, (3) 아귀의 삼악도三惡道에 더하여, (4) 장수천長壽天(장수를 즐기느라 신심이 일어나지 않음), (5) 맹롱음아盲聾瘖瘂(환락에 귀먹고, 눈멀고, 벙어리가 됨), (6) 울단월鬱單越(현실의 행복), (7) 세지변총世智辯聰(지식의 교만), (8) 불전불후佛前佛後(안전에 부처님이 보이지 않음).

128) 『維摩經講說』香積佛品 : "維摩詰言 此娑婆世界 有十事善法 …… 以布施攝貧窮 以淨戒攝毁禁 以忍辱攝瞋恚 以精進攝懈怠 以禪定攝亂意 以智慧攝愚癡 說除難法度八難者 以大乘法度樂小乘者 以諸善根濟無德者 常以四攝 成就衆生."

129) 『維摩經講說』文殊師利問疾品 : "我病生 以一切衆生病 是故我病 若一切衆生 得不病者 則我病滅"

130) 『維摩經講說』觀衆生品.

131) 『華嚴經』十廻向品(1)「모든 중생을 구호하며 중생이라는 생각을 떠난 회향」.

원효는 중생을 위한 이러한 이타행에 자신의 과업을 걸었다. 그가 쓰고 자주 말한 "기신"起信이라는 말은 "중생의 믿음을 일으킨다."는 뜻이었다.[132] 본디 "기신"이라 함은 부처께서 입멸한 지 6백 년이 지나 마명보살馬鳴菩薩이 『대승기신론』大乘起信論을 지어 진여연기眞如緣起의 법문을 강의한 데서 연유한 것이다.

원효는 말하기를, "대인의 덕은 중생을 구제하는 것으로 으뜸을 삼고 있는데, 세상을 교화하는 데에는 어려움이 있기 때문에 왕은 한 나라를 교화할 뿐"[133]이라고 했다. 원효는 이를 근거로 하여 화엄의 세계를 풀이하고자 『대승기신론』을 썼다. 그는 이 책에서 "부처님은 곧 자비"라는 말을 하고 싶었고, 그 대목을 이렇게 표현하고 있다.

> 부처님은 복덕이 크신 자비로운 장자長者와 같아서 모든 중생을 아들로 생각하시기 때문에 삼계三界의 불길이 일어나듯이 번뇌와 고통이 가득한 속세[火宅]에 들어가 중생의 모든 고통을 없애 주시는 자비로운 분이다. 중생을 구제하시는 공덕은 바로 큰 자비이다. 이것은 나와 남이라는 분별을 떠난 자비이기 때문에 무연無緣 자비이며, 모든 자비 가운데 가장 수승隨乘(대상에 따라서 작용하는 지혜)한 것이기 때문에 큰 자비라 한다.[134]

대부분의 종교가 모두 자신을 사랑이라고 표현하듯이, 불교의 경우에도 궁극적 가치는 자비였다. 불교는 나누어줌에서 시작하여 이타행을 마친 뒤 무소유에 이르는 것을 최고의 덕목으로 여긴다.

그렇다면 이와 같은 자비심은 사회과학적으로 어떤 의미를 갖는 것일까? 비트포겔Karl A. Wittfogel의 주장에 따르면, 사회과학적으로 볼 때 이와 같은 자비 신화는 이중적 기능을 지니고 있다.

(1) 자비는 전제 정권의 장기 이익을 강조한다.
(2) 자비는 잠재적 반대파를 약화시킨다.
(3) 자비는 선량한 통치자와 공정한 관리의 존재를 용인하는 지배적인 추세를

---

132) 「大乘起信論疏幷別記」, 『國譯元曉聖師全書』(5), p. 96.
133) 마명보살(馬鳴菩薩)은 장로 협脇의 제자였는데, 말(馬)도 그의 설법을 들으면 울었다 하여 마명보살이라는 이름을 얻었다. 그의 출신과 득도에 대해서는, 『한글대장경 大唐內典錄 : 附 馬鳴菩薩傳』, pp. 457~461; 『釋氏源流應化事蹟』(2), pp. 198~199 참조.
134) 「大乘起信論疏幷別記」, 『國譯元曉聖師全書』(5), p. 113.

뒤집을 수 없다.[135]

현대 사상사의 지배 이데올로기인 자본주의 덕목과 상관성을 유념한다면, 자비심을 바탕으로 하는 버림의 문제가 반드시 덕목인지의 여부는 또 다른 논쟁이 될 수도 있지만, 그들의 자비행으로서 나눔의 문제는 현대적 의미로 분배 이론과 크게 다르지 않은 동질성을 지닌다는 점에서 긍정적일 수 있다.

3) 지혜

대승의 세 번째 가치는 가르침을 통하여 중생을 깨우치고 지혜롭게 해야 한다는 것이다. 이는 석가모니가 살아 계신 시절부터 중요한 화두여서 그 제자들이 『화엄경』에서 끝없이 강조해온 바이다. 부처는 가르침을 세상에 널리 퍼뜨리고 후세에 길이 전파하는 방법에 여섯 가지가 있다고 가르쳤다.

> (1) 사람을 칭찬하여 그가 부처님의 가르침을 퍼뜨리고 후세에 잇도록 부탁한다.
> (2) 사람들에게 착한 일을 가르치고 믿음을 잇게 하여 부처의 가르침을 퍼뜨리고 후세에 잇도록 한다.
> (3) 이 경전의 이름을 세우고 그 깊은 뜻을 찬양하여 부처님의 가르침을 퍼뜨리고 잇게 한다.
> (4) 부처님의 가르침을 마음속으로 받아들여 굳게 믿고 기억하여 잊지 않음으로써 퍼뜨리고 잇게 한다.
> (5) 먼저 지은 죄를 다른 사람에게 드러내어 용서를 빌고, 지나간 일을 고쳐 앞으로 다가올 일을 닦음으로써 부처님의 가르침을 세상에 퍼뜨리고 후세에 길이 잇도록 한다.
> (6) 부처님께서 가르치고 타일러 잘못이 없도록 주의시키는 말씀과 명령을 굳게 받들어 실천함으로써 부처님의 가르침이 세상에 널리 퍼지도록 하고, 후세에 길이 이어지도록 한다.[136]

선종禪宗의 덕목에 가치를 두는 입장에서 보면, 지혜는 종교의 덕목이 아니라

---

135) Karl A. Wittfogel, *Oriental Despotism*(New Haven : Yale University Press, 1958), pp. 134~135.
136) 『金剛三昧經』(下/10) 流通分.

고 볼 수도 있다. 그러나 근본적으로 부처께서 말씀하신 삼독三毒에 욕심[貪]·분노[瞋]·무지[痴]가 포함되어 있다는 사실 자체가 이미 교종敎宗의 씨앗을 잉태하고 있었다. 불교는 지혜 없이 자비를 실천할 수 없다고 믿는다.[137]

불자佛子가 지금 묻는 그와 같은 뜻
매우 깊어 알기 어려우니
지혜로운 자만이 이를 알아
부처님 공덕을 항상 즐기네[138]

이 법문에 따르면 부처의 말씀을 이해하고 즐기는 것도 결국에는 지혜의 문제이다. 깨달음이 미덕이라 할지라도 중생은 홀로 그 깨달음에 이를 수 없다. 그러므로 보살은 중생을 가르쳐야 한다. 보살은 보시와 좋은 말과 이타행과 일을 함으로써 중생을 교화한다. 육신을 나타내어 교화하고, 설법을 통해 교화하고, 보살행을 보여 교화하고, 여래의 큰 위력을 나타내어 교화하고, 생사의 허물을 보여 교화하고, 여래의 지혜와 이익을 칭찬하여 교화하고, 신통력을 나타내어 교화하고, 여러 방편의 행으로 교화한다.[139]

중생이 끝없이 생사의 큰 바다에 떠돌아다니며 열반의 세계로 나가지 못하는 것은 의혹과 잘못된 집착 때문이다. 중생을 교화하는 요지는 그들이 의혹을 없애게 하고 잘못된 집착을 버리도록 하는 것이다.[140] 그러므로 내가 본디 서원하기를, "일체 중생이 나와 다름없게 하리라. 일체 중생을 교화하여 다 불도에 들어가게 하리라." 했다.[141]

그렇다면 중생에게 무엇을 가르치고, 무엇을 깨우쳐야 하는가? 그것은 여섯 가지의 이상異相이니 탐욕[貪], 성냄[瞋], 어리석음[痴], 교만[慢], 의심[疑], 집착[見]이 그것이다.[142] 근기가 낮고 어리석은 사람은 그 성품이 우둔하여 옳고 그름을 알지 못하며, 콩과 보리도 구별할 줄 모르며, 무엇이 착한 것인지도 모르며, 무엇

137) 김용옥, 『금강경강해』, p. 153.
138) 『華嚴經』 菩薩問明品 「부처님의 법」.
139) 『華嚴經』 十地品(5) 「이기기 어려운 보살의 자리(難勝地)」.
140) 「大乘起信論疏幷別記」, 『國譯元曉聖師全書』(5), pp. 128~129.
141) 「法華經宗要」, 『國譯元曉聖師全書』(1), p. 57.
142) 「大乘起信論疏幷別記」, 『國譯元曉聖師全書』(5), p. 316.

이 악한 것인지도 모른다.

중생은 그 성품이 항상 혼미해서 미워하고 사랑하는 것도 모르기 때문에 스스로 겸손하고 남을 칭찬할 줄도 모르며, 스스로 내세울 줄도 모르기 때문에 남을 꾸짖을 줄도 모른다. 이러한 무리는 혼둔渾鈍의 죄를 짓는다.[143] 부처의 모든 뜻은 오직 열반에 있지만 아는 것이 천박한 사람들을 깨우치고자 이러저러한 말씀으로 나타내셨다.[144]

원효는 지혜를 설명하려고 『해심밀경』海深密經의 다음과 같은 가르침을 인용하고 있다.

> 만약 모든 중생의 성품이 부드럽거나 곧지 못하면 그 무리는 비록 쉽게 생각하고 가리고 폐지하고 세우는 것이 무엇인가를 판단할 능력이 있다 하더라도 다시 자기의 견해가 옳다는 소견에 안주하게 된다. 그렇기 때문에 깊고 비밀스러운 법의 설법을 듣더라도 사실대로 이해하고 깨달을 능력이 없게 되며 이와 같은 법에 대해 비록 믿음과 이해가 있더라도 그 뜻에 관해 말을 따라 집착하게 된다.[145]

원효가 끝내 하고 싶었던 말의 핵심은, "교화함이 없이 공덕이 생길 리 없고, 공덕이 모자라는데 성불한다는 것은 있을 수 없는 일"[146]이라는 것이다. 그의 말에는 서양의 스콜라철학이 묻어나온다. 그는 다음과 같은 부처의 말씀을 유념했을 것이다.

> 내가 중생을 성숙시키지 않으면 누가 성숙시켜 주며, 내가 중생의 몸과 마음을 고르게 하여 여러 가지 악행을 굴복시키지 않으면 누가 굴복시켜 주며, 내가 중생을 교화하지 않으면 누가 교화해 주며, 내가 중생을 깨우치지 않으면 누가 깨우쳐 주며, 내가 중생을 청정하게 하지 않으면 누가 청정하게 해주겠는가? 이것은 내가 할 일이니 마땅히 내가 하지 않으면 안 된다.[147]

---

143) 「菩薩戒本持犯要記」, 『國譯元曉聖師全書』(4), p. 519.
144) 「涅槃經宗要」, 『國譯元曉聖師全書』(1), p. 246.
145) 「菩薩戒本持犯要記」, 『國譯元曉聖師全書』(4), pp. 502~503.
146) 「兩卷無量壽經宗要」, 『國譯元曉聖師全書』(1), p. 678.
147) 『華嚴經』 十行品 「잘 나타나는 행」.

원효는 자신이 그와 같은 중생 교화의 짐을 지고 갈 것이라고 맹세한 사람인 듯했다. 그는 중생의 마음에 낀 때를 씻어 주리라고 생각했다. 거울에 때가 끼어 있으면 그 형상이 나타나지 않는 것과 같이 중생의 마음에 때가 끼어 있으면 법신이 나타나지 않는다.[148] 불법의 큰 바다는 지혜로써 능히 건널 수 있다.[149] 그러므로 출가한 사람은 모름지기 계율문을 외워야 하고 재가 불자이면 마땅히 보살계를 외워야 한다.[150]

그런데 세상에는 그 가르침을 거부하는 사람들이 있기 마련이다. 그런 사람들은 마치 "어떤 사람이 대롱을 통하여 하늘을 보는 것과 같다."[管窺天][151] 나를 모르는 어리석음[我癡], 나를 집착하는 고집[我見], 나만을 소중하게 여기는 애착[我愛], 나에 대한 교만[我慢]을 주상住相이라 하는데,[152] 이를 깨우치는 것은 명상만으로 되지 않으며 가르침이 필요하다고 원효는 주장한다.

그렇다면 사악한 것과 올바른 것을 판별하는 방법을 알려주려면 중생에게 무엇을 가르쳐야 하는가? 이에 대해서 원효는 다음의 세 가지를 지적한다.

(1) 선정으로써 연마한다.[以定硏磨]
(2) 근본에 의거하여 마음을 닦고 다스린다.[依本修治]
(3) 지혜롭게 관찰한다.[智慧觀察][153]

수행을 근본으로 삼는 불교에서 주지주의intellectualism의 모습을 볼 수 있다는 것은 흥미로운 일이다. "필부들이 이미 열반에 들어간 것은 성인이 열반에 들어가지 못한 것만 못하다."[154]는 그의 말이 천둥처럼 들리며 가슴을 먹먹하게 한다. 그러나 교종이라고 하는 지식사회학의 분파가 불교의 중핵을 이루고 있다는 사실을 알게 되면 불교가 지혜를 그토록 강조하는 것이 이상하게 보일 이유가 없다.

---

148) 「大乘起信論疏幷別記」, 『國譯元曉聖師全書』(5), p. 652.
149) 「大乘起信論疏幷別記」, 『國譯元曉聖師全書』(5), p. 137.
150) 「大乘起信論疏幷別記」, 『國譯元曉聖師全書』(5), p. 713.
151) 「菩薩戒本持犯要記」, 『國譯元曉聖師全書』(4), pp. 490~492.
152) 「大乘起信論疏幷別記」, 『國譯元曉聖師全書』(5), p. 315.
153) 「大乘起信論疏幷別記」, 『國譯元曉聖師全書』(5), pp. 719~720.
154) 「涅槃經宗要」, 『國譯元曉聖師全書』(1), p. 245.

그렇다면 신라의 정치사에서 대승이 갖는 의미는 무엇인가? 삼국전쟁 이후 그 동안 국가 위기의 진원지였던 고구려와 백제가 사라짐으로써 정권의 무료無聊가 찾아왔고 이때로부터 국가 경영은 게으르고 허물어졌다. 이러한 위기 의식을 절감하고 있던 원효로서는 당대 지배 계급의 일원으로서 일종의 책무를 느꼈을 것이다. 종교 교육의 결과에서 가장 중요한 유산은 전통적인 습관을 극복할 기회를 제공한다는 점이다.[155] 이러한 상황에서 원효는 대승의 논리로써 지배 계급을 회심悔心시켜야 한다고 생각했을 것이다.

여기에 더하여 귀족의 도덕적 침윤浸潤을 극복하려는 정신적 가르침이 필요했다. 당시의 불교는 왕실과 집권 귀족에게 밀착되어 내세 구복求福과 현세 영달을 기원해 주는 기복 불교로 변질하여 전국의 사찰들이 왕실과 소수 귀족의 원찰願刹 형태를 띰으로써 일반 백성에게서 멀어지고 있었다.[156]

원효로서는 왕실보다는 민중의 편에 서서 지배 계급과 일반 백성 사이의 거리를 좁히고 싶었다. 그래서 그는 비천한 사람들 속에 섞여 놀며 목 굽은 박을 들고 저자에서 노래하고 춤추며 스스로 무애無碍거사로 자처했다.[157] 그는 현대적 의미로서 구세救世 의식에 젖어 있었다.

결국 대승불교가 가르치고자 하는 것은 "부처님의 나라를 얻고자 하는 것이 공허한 바람이 아니라는 것"[158]이었다. 기본적으로 모든 불교가 다 그렇듯이 대승불교라고 해서 인생의 공허함을 말하지 않은 것은 아니지만, 그들이 민중에게 설득한 내용들은 현실주의realism에 의존하고 있었다.

구원에 이르는 가르침인 불교는 그 기원에서나 의도에서 볼 때 지극히 실천적인 태도로 시종일 관한 종교이다. 오랜 세월을 거치며 불교는 이와 같은 실천적 경향을 포기한 적이 없다.[159] 따라서 불교가 보기에는 허무주의nihilism의 표현인 듯이 보이지만 대승불교는 매우 현실적이다. 그들은 "이곳this-worldly에서 구원을 이루리라."는 생각을 가지고 있었다.

---

155) Max Weber, *The Protestant Ethic and the Spirit of Capitalism*(New York : Charles Scribner's Sons, 1958), p. 63.

156) 崔完秀, 「高麗의 建國과 禪宗」, p. 234.

157) 李仁老, 『破閑集』(서울 : 동화출판공사, 1977), p. 225

158) 『維摩經講說』 佛國品; 「願取佛國者 非於空也」

159) Edward Conze, *Buddhism : Its Essence and Development*, p. 16.

4. 정토의 세계 : 불국토

동서고금을 가리지 아니하고 모든 사람은 눈물도 없고 고통도 없는 땅을 그리워했다. 기독교는 그것을 에덴Eden이라 했고, 중국인들은 무릉도원武陵桃源이라 했고, 중세 지식인들은 유토피아Utopia라 했고, 한국인들은 율도국栗島國을 찾아갔고, 불교는 정토淨土라 했다. 어느 종교에나 그러한 이상향은 있기 마련이다. 그 희망마저 없었더라면 인간의 삶은 더 고달팠을 것이다. 그러나 실상 그런 천국이란 "본래부터 존재하지 않았던 땅"이었다.

왜 인간에게는 정토에 관한 소망이 그토록 간절할까? 범위를 좁혀, 신라에는 왜 그토록 정토에 관한 기다림이 절박했을까? 그것은 신라가 사회적으로 소외되거나 억압받는 사람들의 땅이었음을 의미한다. 국왕이나 그를 추종하는 귀족에게는 정토 신앙이 그토록 절실했던 것으로는 보이지 않는다. 왜냐하면 그들은 현세가 만족스러웠기 때문이었다. 현실에 만족한 사람은 감사의 기도를 드리지 소망의 기도를 드리지 않는다.

그러나 그들도 역시 불가항력의 죽음을 겪으면 극락정토에 태어나기를 바랐다. 소외된 귀족들이나 억압받는 민중의 정토 신앙은 이 세상을 더러운 곳이며 괴로운 곳으로 생각하며 하루라도 빨리 벗어나 극락정토에 왕생하기를 빌었고 그래서 그만큼 절실하고 열정에 넘쳤다.[160]

원효는 왕생극락하고 싶은 신라인들에게 극락에 갈 다섯 가지의 문을 이렇게 제시하고 있다.

(1) 예배를 드리고[禮拜門]
(2) 찬미하고[讚嘆門]
(3) 소망을 가지며[作願門]
(4) 공덕을 관찰하고[觀察門]
(5) 중생을 회향한다.[廻向門][161]

삼국 사이에서 벌어지는 전란과 사회적 불안은, 신라에서 정토사상을 전개하

160) 이기백, 『新羅思想史研究』, p. 186.
161) 「遊心安樂道」, 『國譯元曉聖師全書』(6), p. 199.

는 한 요인이 되었다. 삼국전쟁 이전의 신앙이 평화에 대한 희망이었다면, 전쟁 이후에는 사회 안정을 위한 정토왕생을 목표로 하지 않을 수 없었다. 이러한 신라의 실정은 백고좌의 거행, 왕의 사찰 친행親幸 등이 신라 말에 접어들어 더욱 빈번해진 사실로도 입증된다. 사찰 어행御幸의 절반과 백고좌의 70%는 9세기 말부터 10세기 초에 집중되었다.

왕들은 약화되어 가는 중앙집권적 국가 체제를 강화하는 도구로서 불교를 이용했다.[162] 후기 신라 사회에서 불교는 사회 안정이라는 이념의 구실을 맡고 있었다.[163] 정토사상은 당시 서민 대중의 불안을 달래는 기능을 하고 있었다. 극한 상황과 위기 의식의 극복이라는 발생 요인을 생각할 때, 신라의 정토사상은 엄밀한 의미에서 신앙의 실천적 한 방법이다.[164]

내세적이며 현실도피적이고 염세적인 정토 신앙은 현실 문제에 관한 비판과 반항 정신을 그 속에 담고 있었다. 그들이 비판하는 구체적인 대상은 그들이 현실에서 불행을 감수하지 않을 수 없게 한 골품제와 그를 바탕으로 서 있는 전제 정치였다. 다만 그들의 비판과 반항은 적극적이지 못하고 소극적이었다. 이와 같은 사실은 후기 신라를 결정짓는 중요한 현상으로서 사회적 영향력을 발휘하며 소외된 귀족들의 주류 신앙을 이루고 있었다.[165]

정토 신앙이 현실에 불만을 품으며 비판적이었다고 해서, 그것이 조정에 대한 적의敵意를 뜻하는 것은 아니었다. 따라서 왕실의 정책은 이를 탄압하기보다는 이를 흡수하고 회유하려고 노력했다. 왜냐하면 정토 신앙이 근본적으로는 현실 비판적이지만 동시에 이에 적응하는 다른 일면도 내포하고 있었기 때문이다.

정토신앙이 현실적으로 불행한 처지에 있는 사람들에게 호소력을 지녔던 것은 사실이지만, 현세를 개혁하여 지상에 이상세계를 건설하려는 것이 아니라 현세를 떠나 이상사회를 이루려는 내세 신앙이었는데,[166] 이러한 현상은 통치자들의 경계 대상이 되지 않았다.

---

162) 볼코프(저)·박노자(역), 『韓國古代佛敎史』, pp. 132~133.

163) 정병삼, 「의상 : 보통 사람들과 함께 만드는 원융한 사회」, 『63인의 역사학자가 쓴 한국사 인물 열전』(1), p. 138.

164) 權奇悰, 『佛敎思想史硏究』(上), pp. 235~236.

165) 이기백, 『新羅思想史硏究』, pp. 186~187.

166) 印鏡, 「禪淨 일치에 관한 사상사적 고찰」, 『大覺思想』(3)(서울 : 대각회출판부, 2000), pp. 174~175; 이기백, 『新羅思想史硏究』, pp. 184, 187.

불교에서 말하는 정토는 여기로부터 서쪽으로 만억 불토를 지나 존재하는 곳인데, 그곳은 부처가 사시는 청정한 곳으로서 일체의 오염과 환난을 벗어났기 때문에 어려움을 떨쳐야 할 일이 없는 곳이다. 정토는 사악한 무리와 부정한 무리가 없는 곳이었으니,[167] 그것이 신앙의 의미로 바뀌며 마음을 깨끗이 하고 염불과 같은 수행으로 갈 극락이라는 뜻으로 변화되었다. 그래서 불자들은 큰 소망[大願]을 세우기를,

> "모든 국토가 한 국토에 들어가고 한 국토가 모든 국토에 들어가며, 한량없는 부처의 국토가 때없이[無垢] 청정하고, 여러 빛으로 장엄을 이루며, 모든 번뇌를 벗어나 청정한 도를 이루며, 지혜 있는 중생이 그 안에 가득하며, 넓고 큰 부처님의 세계에 들어가 중생의 마음에 따라 시현示現하여 모두가 기뻐하기"[168]

를 바랐다.

부처가 살아 계실 적에 "내가 닦은 모든 불국토에 큰 보살들이 가득하고, 그 보살들은 성품이 진실하고 지혜에 통달하며, 온갖 세계와 중생계를 잘 분별하고 법계와 허공계에 깊이 들어가 어리석음을 버리고 염불을 성취하기"를[169] 축원했다. 그러한 정토는 사바세계와 달라 인과因果의 구별이 없고, 한결같으며, 순정純淨하고 정정正定한 곳이다.[170] 그곳은 죽음의 고통도 없다.

서방 정토의 극락세계에 대한 믿음과 왕생 염불의 공덕을 강조하는 불교 신행의 형태를 정토 신앙이라 하며, 그곳을 주재하는 부처를 아미타불阿彌陀佛, Amitabha이라고 한다. 정토 신앙은 대승불교의 중기에 일어나기 시작하여 중국·일본·한국으로 널리 전파되었다.

한국의 경우에 그것이 하나의 사상으로 확립되어 전파된 것은 의상義湘 시대였다.[171] 이때 나라에서는 불서를 소중히 여기고 집에서는 승사僧史를 간수하며 부처의 송덕을 기린 비석[法碣]이 서로 바라보고 선승들의 비석[禪碑]이 많았다.[172]

---

167) 「遊心安樂道」, 『國譯元曉聖師全書』(6), pp. 86~87; 90~91, 101.
168) 『華嚴經』 十地品(1) 「기쁨에 넘치는 보살의 자리」(歡喜紙).
169) 『華嚴經』 十廻向品(5) 「다함 없는 功德藏 회향」.
170) 「遊心安樂道」, 『國譯元曉聖師全書』(6), pp. 86~87.
171) 정병조, 「불교사상사」, 『한국종교사상사』(서울 : 연세대학교출판부, 1996), p. 67.
172) 최치원, 「四山碑銘 : 智證大師碑銘」, 『한국의 사상대전집』(3)(서울 : 동화출판공사, 1972), p. 74.

[1] 그렇다면 정토에서 정치는 어떠해야 하는가? 어떻게 하면 불국토를 이룰 수 있으며 그곳의 왕은 누구인가? 이 질문에 대한 대답은 우선 왕실이 승려를 어떻게 공경했는가를 살펴보는 것으로부터 시작되어야 한다. 전통적으로 신라에서 고승은 국사國師이자 왕사王師로서 단순히 궁정 불교의 주재자일 뿐만 아니라 왕의 스승이었다. 원효는 당시 그 사회의 존경받는 사람이 될 수 있는 길(인연)을 다음과 같이 제시하고 있다.

(1) 집을 떠나 욕심을 버리고 사문沙門이 됨[捨家棄欲而作沙門]
(2) 보리심을 냄[發菩提心]
(3) 오로지 부처님을 생각함[專念彼佛]
(4) 여러 가지 공덕을 지음[作諸功德]
(5) 저 국토에 나기를 바람[願生彼國][173]

당시의 고승은 위의 조건을 충족시킬 유일한 사회적 계층이었다. 따라서 대사가 서라벌에 이르면 선대왕이 대례복[冕服]을 갖추고 절하여 스승을 삼았으며, 군부인君夫人, 세자 및 태제太弟, 상국, 군공자君公子, 공손公孫이 똑같이 우러러보았는데, 모두가 한결같이 옛 가람伽藍과 화벽畵壁에 그려진 바와 같이 서방의 여러 고관[國長]이 불타를 모시던 양식과 다름이 없었고,[174] 왕은 스스로 그 제자임을 자처했다.[175]

그뿐만 아니라 흥덕왕興德王 5년(830)에 진감선사眞鑑禪師가 중국에서 돌아오자 왕이 위로하기를, "하늘에 뻗친 자비의 위력은 나라를 통틀어 기쁘게 의지하리니, 과인이 장차 동쪽 계림 지경으로 묘길상妙吉祥의 집을 만들리라."[176] 한 것도 고승에 대한 왕실의 태도를 잘 보여주고 있다.

불교국가에서 왕이 고승을 스승으로 모시는 것은 다만 신라만의 전통이 아니었고, 불교가 중국으로 들어가 왕실 불교가 된 이후 국가 권위의 보루가 되며

173) 「兩卷無量壽經宗要」, 『國譯元曉聖師全書』(1), p. 614; 「遊心安樂道」, 『國譯元曉聖師全書』(6), pp. 164~165.
174) 최치원, 「四山碑銘 : 白月葆光塔碑銘」, 『한국의 사상대전집』(3), p. 40.
175) 최치원, 「四山碑銘 : 智證大師碑銘」, 『한국의 사상대전집』(3), p. 67 : "德之厚爲父 衆生道之尊爲師"
176) 최치원, 「四山碑銘 : 眞鑑禪師碑銘」, 『한국의 사상대전집』(3), p. 50.

이루어진 이른바 『사문불경왕자론』沙門不敬王者論, 곧 "승려는 왕에게 경의를 드리지 않는다."는 이론에 근거한 것이다. 이 이론을 완성한 이는 혜원慧遠(334~416)이었다.

속성이 가賈씨인 혜원은 일찍이 낙양에 유학하여 육경六經과 노장老莊에 통달하였으나 스승 도안道安을 만나 불교의 깨달음을 얻고 용천사龍泉寺에 머물며 승려 생활을 했다. 구마라집鳩摩羅什(343~413)과 같은 시대를 살며 서로 만나지는 못했으나 교신을 통하여 신앙을 쌓았다. 혜원은 당시 권력자 환현桓玄이 불렀으나 나가지 않고 다음과 같은 답장을 보냈다.

> 불교가 허물어지고 더럽게 뒤섞여진 지 오래입니다. …… 가사袈裟는 조정과 종묘에서 입는 옷이 아니며, 발우는 낭묘廊廟에서 쓰는 그릇이 아닙니다. 사문沙門은 진세塵世 밖의 사람이니 마땅히 왕에게 공경하지 않아야 합니다.

이와 같은 논리를 근거로 혜원은 저 유명한 『사문불경왕자론』을 짓고, 진晉의 안제安帝가 불러도 왕실에 나가지 않았다.[177] 이 이론에 따르면, "왕은 높지만, 사문의 위에 있지 않았다." 사문은 만승萬乘의 천자와 대등한 예를 행하고 자신의 생활을 고상하게 하여 왕후로부터 관직을 받지도 않는다.[178]

그런데 이 『사문불경왕자론』은 미묘한 이중성을 띠고 있다. 왜냐하면 그들은 사문의 권위를 강조하면서도 왕권을 부인하지 않았기 때문이다. 그들은 자신들이 왕에 경의를 표시하지 않았을 뿐이며, 중생은 왕을 공경할 것을 강력하게 요구하며 이렇게 말한다.

> 어찌하여 아무런 이유도 없이 왕을 받들어 존숭해야 하는가? 예경禮敬의 취지는 왕으로서 일체 만물을 다스리는 군주의 덕에 있다. 사람이 나라에서 살아갈 수 있는 것은 날마다 만물을 다스리는 왕의 은혜를 입고 있는 것이다. …… 집에 있으며 불법을 신봉하는 사람은 왕의 화육化育을 따르는 백성으로서 그들의 마음은 세속 일반과 다르지 않고 생활 양식도 예교 세계와 똑같다.
>
> 그러므로 그들에게는 육친에 대한 은애恩愛와 군주에 대한 예경도 그대로 존재

177) 慧遠의 생애에 관해서는, 『한글대장경 高僧傳(6)』(서울 : 동국역경원, 2004), pp. 178~197 : 「釋慧遠」전을 참고함.

178) 慧遠, 「沙門不敬王者論」, 『한글대장경 弘明集』(5)(서울 : 동국역경원, 2004), p. 149.

한다. …… 석가의 가르침에 기뻐하는 무리는 먼저 부모를 받들고 군주를 공경하며, 세속적인 생활을 버리고 삭발·출가할 경우에는 반드시 군부의 명을 기다려 순종으로 행동해야 한다.[179)]

이 시대에는 불교에서 정치적 논의가 활발하였는데 이를 주도한 인물은 혜원의 스승이었던 도안道安(312~382)이었다. 전진前秦의 왕 부견苻堅(338~385)의 각별한 존숭을 받았던 그는 왕의 국사가 되어 정치를 자문함으로써 정사에 깊이 관여했다. 그는 모든 승려에게 속성俗姓을 버리고 "석"釋을 성姓으로 삼게 할 만큼 불심이 깊은 승려였다.[180)]

본디 인도에서는 아무리 작은 영토의 왕이라 하더라도 왕은 신이라고 믿었다. 신의 의지가 곧 왕의 의지로 나타난다면 왕의 도덕적 권위는 무한대로 커질 수 있기 때문에 왕권을 신의 의지로 무장해 주는 불교가 왕실의 총애를 받은 것은 당연했다.

1326년에 세워진 위구르回鶻의 비문에 따르면, 칭기즈칸成吉思汗은 더 이상 윤회가 없는 마지막 이승의 삶을 누리는 보살로 일컬어졌고, 몽골의 전승에 따르면, 쿠빌라이忽必烈는 전륜성왕轉輪聖王이자 현자이며 성인이다. 몽골과 티베트를 여행하는 사람들은 종종 그 지방의 지배자들이 "살아 있는 부처"로 추앙받는 것을 볼 수 있다.[181)]

종교가 우위이고 왕은 그에 따른다는 이른바 교주왕종教主王從을 지향하는 인도 불교와 달리, 왕이 우위이고 종교가 왕을 따른다는 왕주교종王主教從을 지향하는 전통은 남북조를 통일한 수隋 왕조에 계승되어 중국 불교의 특색으로 자리 잡았다. 중국을 거쳐 이러한 논리를 받아들인 신라 또한 『사문불경왕자론』을 강조하는 남조南朝의 불교보다는 "왕이 곧 부처"[王卽佛]라는 북조北朝 불교의 영향을 강렬하게 받았다.

불교의 독립성을 강조하는 인도의 관념은 황제를 하늘의 아들[天子]에 빗댄 중국인들의 왕권 관념을 넘어서지 못했다. 따라서 삼국시대의 불교는 신앙의 문제

179) 慧遠, 「沙門不敬王者論」, 『한글대장경 弘明集』(5), pp. 145~146.

180) 『한글대장경 高僧傳(5)』, pp. 147~158 : 「釋道安」편; 『한글대장경 大唐西域記』(3, 5)(서울 : 동국역경원, 2004), pp. 112~116, 206~207 : 「釋道安」편.

181) Edward Conze, *Buddhism : Its Essence and Development*, p. 75.

보다는 세간의 문제에, 그리고 개인의 문제보다는 국가의 문제에 더 많은 관심을 기울이는 호국불교의 성격을 띠게 되었다.[182]

어떤 경우에나 종교가 통치자들을 위해 도덕적인 기초를 제공해 주는 사례는 역사에 수없이 많았다.[183] 이러한 현상은 종교로서도 그리 마다할 사항은 아니었다. 이것은 보는 이에 따라 공생일 수도 있고, 유착일 수도 있다.

성직자들은 왕을 교화하며 말하기를, "아기가 아플 때 직접 약을 먹이지 않고, 어머니가 약을 먹으면 그 효력이 모유를 통하여 아기에게 미치는 것과 마찬가지로, 모든 부처님은 국왕을 수호함으로써 백성을 수호한다."[184]고 설명한다. 그런가 하면 왕은 신권을 행사하면서, 자신이 신의 대행자라고 설명함으로써 자신의 권력을 합리화시켜 왔다. 그런 점에서 종교와 왕은 서로에게 매우 유익했다.

이와 같은 점에서 보면, 신라의 불교는 인도으로부터 들어온 것임에도 인도의 것이라기보다는 중국의 그것에 가깝다. 이를테면, 혁거세의 왕비인 알영閼英이 용의 갈빗대에서 출생했다는 기록[185]은 석가모니가 어머니 마야부인摩耶夫人의 옆구리에서 탄생했다는 불교 설화의 영향을 받아 일부 내용이 후대에 보완된 것이며, 탈해왕의 탄생 설화에서 아진의선阿珍義先이 바닷가에 도착한 배에 실린 궤짝을 여니 사내아이와 칠보七寶와 노비가 가득 차 있었다는 기록[186]도 불교적인 윤색이 더해진 것이다.[187]

그뿐만 아니라 자장慈藏이 선덕여왕 5년(636)에 중국 오대산五臺山에 들어가 불법을 공부하다가 문수보살을 만났을 때, 보살이 이렇게 말했다.

> 지금 그대의 나라 왕은 곧 천축天竺의 찰리종刹利種(인도의 제2계급)의 왕으로서 미리 불기佛記를 받았으므로 특별한 인연이 있으니 동이공공東夷共工의 종족(야만)과는 같지 않다.[188]

---

182) 최연식, 「聖과 俗의 대립 : 조선 초기 유불 논쟁」, 『정치사상연구』(11/1)(한국정치사상학회, 2005), pp. 39, 56.

183) Charles Merriam, *Political Power*(New York : Collier Books, 1964), p. 71; 신복룡(역), 『정치권력론』(서울 : 선인, 2006), pp. 105~106.

184) 中村元(저)·차차석(역), 『불교정치사회학』, p. 284.

185) 『三國史記』 新羅本紀 始祖赫居世 5년 정월조.

186) 『三國遺事』(1) 紀異 脫解王條.

187) 김기흥, 『천년의 왕국 신라』(서울 : 창작과 비평사, 2000), pp. 30, 34~35.

188) 『三國遺事』(3) 塔像 皇龍寺 九層塔. 공공(共工)은 중국 고대 신화에 나오는 수신(水神)이다.

이와 같이 신라의 왕족이 석가와 같은 찰리종으로 생각되었다면, 이는 신라의 왕을 석가에 비교함으로써 그의 권위를 빌려 왕권의 강화에 이바지하려는 것으로 풀이된다.[189] 이 밖에도 혁거세의 탄생 설화를 "광명이세"光明理世로 표현한 점과 혁거세의 아내가 계룡의 "옆구리에서 출생했다."는 기록[190]은 신라의 건국 정신에 불교의 정신이 깊이 배어 있음을 의미한다.

신라의 왕실이 불법에 의지하고 싶었던 소망은 그들의 왕명王名에서도 잘 나타나 있다. 예컨대 1대 혁거세赫居世는 광명에 대한 소망이며, 그 밖에도 탈해왕脫解王(4대), 파사왕破娑王(5대), 지마왕祗摩王(6대), 일성왕逸聖王(7대), 아달라왕阿達羅王(8대), 나해왕奈解王(10대), 흘해왕訖解王(16대), 실성왕實聖王(18대), 눌지왕訥祗王(19대), 자비왕慈悲王(20대), 소지왕炤知王(21대), 지증왕智證王(22대), 법흥왕法興王(23대), 진흥왕眞興王(24대), 진지왕眞智王(25대), 진평왕眞平王(26대), 선덕여왕善德王(27대), 진덕왕眞德王(28대), 성덕왕聖德王(33대), 혜공왕惠恭王(36대), 선덕왕宣德王(37대), 원성왕元聖王(38대), 소성왕昭聖王(39대), 헌덕왕憲德王(41대), 흥덕왕興德王(42대), 진성여왕眞聖王(51대), 신덕왕神德王(53대) 등 56대의 왕 가운데서 28명이 불가의 이름을 쓰고 있다.

그뿐만 아니라 유리왕儒理王과 미추왕味鄒王의 비妃 광명光明, 실성왕의 비 아류阿留, 소지왕의 비妃 선혜善兮, 진흥왕의 비 사도思道, 진평왕의 비 마야摩耶, 진지왕의 비 지도知道, 무열왕武烈王의 어머니 천명天明, 문무왕文武王의 비 자의慈儀, 성덕왕의 비 소덕炤德, 경덕왕景德王의 비 만월滿月, 혜공왕의 비 신보新寶, 선덕왕宣德王의 비 구족具足, 원성왕의 비 연화蓮化, 민애왕의 어머니 귀보貴寶, 신무왕神武王의 비 진종眞從, 문성왕文聖王의 비 소명昭明, 희강왕僖康王의 어머니 미도美道, 경문왕景文王의 어머니 광화光和, 경문왕의 비 영화寧花는 모두 불교의 뜻을 담고 있다.

진흥왕은 왕위에서 물러나 법운法雲이라는 법명을 받고 출가했으며 그의 왕비는 비구니가 되었고,[191] 진지왕의 이름은 금륜金輪이었고,[192] 진평왕의 이름은 백정白淨인데[193] 이는 석가모니 아버지의 이름이다. 이들은 이름으로 부처의 공

189) 이기백, 『신라시대의 국가불교와 유교』, p. 88.
190) 『三國遺事』(1) 紀異 新羅始祖赫居世王條.
191) 『三國史記』 新羅本紀 眞興王 37년 8월조.
192) 『三國史記』 新羅本紀 眞智王 즉위년조.

덕을 잇고 싶었다. 그리고 문무왕,[194] 효성왕,[195] 선덕왕宣德王,[196] 원성왕[197]이 불교식으로 화장하여 장례를 치렀다.

이러한 현실을 고려한다면, 신라의 불교는 왕실 불교였고, 현대적 의미에서 국교의 자리에 있었다. 사실상 고대·중세의 국왕이나 황제가 뒤를 보아주지 않았더라면 아시아 모든 영역에 걸친 제법諸法, Dharmas(존재의 궁극적인 요인들)의 찬란한 전파는 불가능했을 것이다.[198]

이와 같은 관계가 설정되기까지는, 왕실의 적극적인 작용이 있었던 점을 부인할 수 없지만, 불교의 처지에서 보더라도 화엄종의 교리와 전제왕권 사이에는 친화력이 있었기 때문에 이러한 협조가 가능했다.[199] 불교는 중앙집권적인 국가에서 왕권을 옹호하고 신장시키는 구실을 담당했다.[200] "왕은 곧 부처"라는 이른바 왕즉불王卽佛은 "짐은 곧 국가"라는 부르봉Bourbon적 사고가 신라에서 나타난 현상이었다.

불교와 왕실의 밀월이 모든 이에게 즐거움을 주는 것은 아니었다. 불교가 대승화하고 보편적 삶의 가치가 됨으로써, 왕은 통치의 편의로움을 얻었고, 백성은 시혜를 받게 되었다. 그것은 두 무리에게 모두 즐거움을 주기에 충분한 것이었다.

그러나 이와 같은 우호 관계는 늘상 질시嫉視의 무리를 유발하는데, 신라의 경우에는 귀족계급이 바로 그들이었다. 그들은 왕즉불이나 보시를 이용하여 왕과 중생의 거리가 가까워지는 것을 즐거워하지 않았다. 귀족들은 특히 불교의 국교화로써 중생을 직접 다스리는 통치 구조에 동의할 수 없었다. 그리고 그 결과 귀족의 저항이 나타났다.

이럴 경우에 대비하여 역사는 순교자를 예비해 두었다. 누구보다도 불심이 강

193) 『三國史記』 新羅本紀 眞平王 즉위년조.
194) 『三國史記』 新羅本紀 文武王 21년 7월 1일조.
195) 『三國史記』 新羅本紀 孝成王 6년 5월조.
196) 『三國史記』 新羅本紀 宣德王 6년 10월조.
197) 『三國史記』 新羅本紀 元聖王 14년 12월 29일조.
198) Edward Conze, *Buddhism : Its Essence and Development*, p. 72.
199) 김석근, 「나말여초의 정치 변동과 정치사상 : 선종을 중심으로」, 『한국정치사상사』(서울 : 백산서당, 2005), pp. 32~33.
200) 이기백, 『新羅思想史研究』, p. 120.

했던 법흥왕은 불국토나 정토의 관념에 빠져 있었고, 이러한 그의 꿈이 좌절될 듯한 위기가 닥쳐오자 이차돈異次頓이 순교(법흥왕 14년, 527)함으로써 왕의 입지를 도와주었다. 그는 왕을 위기에서 구출하고자 자기의 목숨을 스스로 바친 것이다.[201]

이를 통하여 불교의 보급이 비껴갈 수 없는 현실임을 직시한 귀족과 육두품 출신들은 이제까지의 배불排佛의 입장에서 벗어나 적극적으로 출가하게 된다. 그러한 사례로서 대덕 자장慈藏은 본디 진한의 진골 출신인 소판蘇判 무림茂林의 아들이었고,[202] 황룡사의 초주初主는 진골인 환희사歡喜師였다.[203]

이와 같이 귀족 계급이 불가에 투신하는 현상은 불교 자체를 위해서도 다행스러운 일이었다. 예컨대 인도의 경우를 보면, 원시 불교 경전에 등장하는 석존釋尊의 제자들 가운데 그 이름이 밝혀진 것은 1,160인인데, 이 제자들을 사성계급四姓階級에 따라 분류하면 바라문 계급이 219명, 왕족이 128명, 서민계급이 155명, 노예계급이 30명, 계급을 알 수 없는 무리가 628명이었다.[204] 이는 불교가 지배계급으로부터 떨어져 있지 않았음을 의미한다.

이와 같은 호불護佛 정책에 힘입어 절들은 서라벌에 별처럼 벌여 있고 탑들이 기러기 행렬처럼 연이어 섰다. 법당을 세우고 범종을 달았다. 용상龍象의 중은 천하의 복전福田이 되고, 대승·소승의 불법은 경국京國의 자운慈雲이 되었다. 다른 지방의 보살이 세상에 출현하고, 서역의 이름난 중들이 이 땅에 오니, 이로 말미암아 삼한이 합하여 한 나라가 되고 사해를 통틀어 한 집이 되었다.[205]

[2] 그렇다면 불국토에서 추구해야 할 최고의 가치는 무엇이었을까? 이에 관하여 불교가 준비하고 있는 답안은 평등平等이다. 불교가 발생한 인도의 경우로 보든, 아니면 불교가 흥성한 신라의 경우로 보든, 신분 사회를 국가 지탱의 근력으로 삼는 사회에서 평등을 중요 가치로 삼았다는 사실이 놀랍기만 하다.

---

201) 이기백, 『新羅思想史硏究』, p. 94; 李基白, 「佛敎의 受容과 固有信仰」, 『한국사의 재조명』, pp. 88~89.

202) 『三國遺事』(4) 義解 慈藏定律.

203) 『三國遺事』(3) 塔像 皇龍寺丈六.

204) 김덕수, 「불교의 호국사상」, p. 612.

205) 『三國遺事』(3) 興法 原宗興法 : "距訥祇世一百餘年 厭髑滅身."

화엄의 세계는 "업의 평등을 얻고, 과보의 평등을 얻고, 몸의 평등을 얻고, 방편의 평등을 얻고, 소원의 평등을 얻고, 모든 중생의 평등을 얻고, 모든 국토의 평등을 얻고, 모든 행동의 평등을 얻고, 일체지의 평등을 얻고, 삼세 부처님의 평등을 얻는다."[206]

부처의 제자 가운데서 평등의 문제를 구체적으로 체계화한 인물은 유마거사인 것으로 보인다. 그는 말하기를, "보살은 모든 중생에게 평등해야 한다."[207]고 가르친다. 그가 보기에 "평등한 것이 곧 보리니 허공과 같은 것이다."[208] 불교는 왜 이렇게 평등에 집착했을까? 불교가 바라문교에서 주장하는 4성의 계급적 구별에 관하여 역겨움을 가지고 비난했던 점은, 불전의 곳곳에 적혀 있다. 불교는 이러한 계급적 구별을 승인하지 않았다. 이 점은 선악의 문제를 떠나 인도 사회에서 불교가 뿌리내릴 수 없었던 이유의 하나였다.[209]

원효는 불경에서 평등의 대목을 매우 의미 있게 받아들이고 있다. 그래서 그는 말하기를, "『화엄경』에 이르되 불자는 마땅히 알아야 할 것이 있다. 저 수미산須彌山에 작은 티끌微塵과 같은 풍륜風輪(세상을 받치고 있는 세 바퀴 가운데 맨 아래 바퀴)이 있으니, 이 연화장 장엄세계蓮華藏莊嚴世界(비로자나불이 사는 불국토)는 가장 밑에 있는 풍륜으로서 그 이름이 평등"[210]이라고 하였음을 지적하고 있다.

원효가 생각하기에 말이나 인연으로써 일어나는 차별의 상相을 버리게 되면 곧바로 평등한 진여眞如의 도리가 된다. 그러므로 인간의 삶은 궁극적으로 평등하다 여겼으며, 이어 그것이 진여라고 한 것이다.[211] 이러한 사상은 뒷날 원효를 대성으로 생각했던 의천義天에게로 이어져, 정토에는 나와 남의 구별이 없다고 말한다.[212]

그런데, 원효가 생각한 불교의 평등론을 음미하노라면 몇 가지 벽에 부딪히게 된다. 첫째로, 그의 평등론은 인류 보편의 가치가 아니었다는 점이다. 그는 "여인과 불구자[鼓子]와 이승二乘은 극락세계에 태어나지 못한다."[213]고 단호하게 말

206) 『華嚴經』 十廻向品(7) 「모든 중생을 평등하게 따라 주는 회향」.
207) 『維摩經講說』 佛國品, p. 79 : "菩薩 於一切衆生 悉皆平等."
208) 『維摩經講說』 菩薩品, p. 179 : "等是菩提 等虛空故."
209) 中村元(저)·차차석(역), 『불교정치사회학』, p. 211.
210) 「梵網經菩薩戒本私記」, 『國譯元曉聖師全書』(4), p. 186.
211) 「大乘起信論疏幷別記」, 『國譯元曉聖師全書』(5), p. 226.
212) 『大覺國師文集』(3) 辭 「圓覺經을 강하면서」(2) : "淨土則自他无別."

한다. 고대 사회로 올라갈수록 불구는 신의 저주로 생각하는 경향이 강했다는 사실을 유념한다 하더라도, 불구와 여인을 차별한 점을 긍정적으로 평가할 수는 없다. 이러한 여성과 불구자의 차별이 석가모니의 본의라고 믿을 만한 증거는 없으며, 원효의 개인적 생각이었다고 한다면 원효의 책임은 더욱 크다.

둘째로 불교의 평등과 골품제의 갈등에서 과연 불교가 평등에 무게를 두었는지에 관하여 자신 있게 긍정할 수 없다는 점에서 신라의 불교 또는 원효의 사상이 담고 있는 평등론의 문제점이 있다. 신라는 분명히 불평등한 사회였다. 그럼에도 불교가 성행한 것을 보면, 불교와 불평등에는 분명히 함수관계가 있었을 것이다.

불교가 원초적으로 평등을 강조했다고 하더라도 인도와 같은 계급 질서 아래에서 고민했듯이, 신라의 불교도 같은 고민을 하지 않을 수 없었는데, 신라의 불교는 결국 평등의 문제에서 골품제의 편에 섰다고 볼 수 있다. 이 말은 신라의 불교가 평등을 강조하고 있음에도, 실제로는 평등하지 않았음을 의미한다.

평등과 계급 사이에 존재하는 이와 같은 모순을 극복하고자 나온 것이 곧 윤회환생설輪廻還生說, metempsychosis이다. 윤회설은 인간의 육신은 죽지만 정신은 영원불멸하여 다시 다른 형태의 생명체로 태어난다고 믿는 순환 논리이다. 이를 정치적으로 보면, 현재의 신분제 아래에서는 귀족에게 핍박을 받는 하층 서민이지만 죽어서 다시 태어날 때는 귀족 지배층으로 태어날 수 있다는 위로가 된다.

이는 현세만을 인생의 전부로 생각하여 귀족 지배층에 저항할 것이 아니라, 윤회설을 믿고 다시 태어날 때 귀족이 될 수 있으리라는 희망을 품고 현재의 순종에 만족할 것을 요구하는 기존 체제의 옹호의 논리였다.[214] 그대가 지금 천하고 가난할지라도 내세에는 귀하게 태어날 수 있다는 약속은 지금의 고통을 참고 견디도록 설득하는 힘을 가지고 있다.

윤회 환생 사상은 골품제도라는 엄격한 신분제에 뒷받침된 진골 귀족의 특권을 정당화시켜 준다는 점에서 왕실과 귀족의 선호를 받았다. 물론 귀족들이 현세에서 이익을 얻기도 하고 내세의 행복을 바라기도 하겠지만 윤회설이 그들의 신분적 특권을 정당화시켜 준다는 점에서 이 사상에 큰 매력을 느꼈을 것이

---

213) 「遊心安樂道」, 『國譯元曉聖師全書』(6), pp. 108, 280.

214) 金萬圭, 『朝鮮朝의 政治思想硏究』(인천 : 인하대학교출판부, 1982), p. 128.

다.[215] 이러한 논리와 이러한 논리의 정치적 이용은 신라 불교의 대승 사상을 희석하에 충분한 것이었다.

신라의 불교가 골품제를 설명하며 내세운 또 다른 논리는 인과응보설因果應報說이다. 이 이론은 천재지변이나 그로 말미암은 빈곤 등의 괴로움을 겪는 것은 자신의 업보 때문이며, 죽은 뒤 괴로운 과보를 받지 않으려면 선업善業과 공덕功德을 쌓아야 한다고 설득한다. 따라서 현생에 누리는 복락과 괴로움은 전생에서 자신이 저지른 행위에 대한 과보이기 때문에, 왕과 귀족층이 누리는 특권을 합리화할 수 있었다.

그뿐만 아니라 인과응보론은 사회의 여러 계층의 현실 인식을 논리화시키는 구실을 했는데, 이를테면 현세의 길흉화복이 자신의 선업과 악업惡業에 따라 결정된 것이라는 숙명성을 강조하고 있다. 이러한 계세사상繼世思想은 신분을 운명으로 체념하게 만듦으로써 지배를 편이롭게 하는 잇점이 있었다.

불교에서 강조하는 "마음의 비움"이란 결국 세속적 의미로서 체념을 의미한다. 체념은 사람에게 마음의 평화를 준다. 이 세계는 근절할 수 없는 악이며, 이 세상에서는 진정한 행복이 불가능하다는 믿음은 정부에 관한 비판이 일어날 가능성을 억누르는 경향이 있다. 관리들의 압제는 어찌 보면 윤회를 거듭하고 있는 이 세상에 필연적으로 수반되는 것이며 전생에서 지은 죄에 대한 업보라고 불자들은 믿는 경향이 있다.

사람들이 세속의 삶을 하찮게 여긴다면 가진 것이 적다고 해서 의기소침하지도 않을 것이며, 통치자로서도 불만에 찬 사람들보다는 인생을 즐겁게 사는 사람들을 다스리기가 훨씬 유쾌할 것이다.[216] 인간의 불평등을 업보로 체념하게 했다면, 신라의 불교가 아무리 대승불교였다고 해도 그것이 계급 타파에 기여했다거나 평등의 개념을 도출하는 데 기여했다고 볼 수는 없다.

불교는 기본적으로 불평등과 같은 것을 참도록 인욕忍辱을 요구하고 있었다는 점에서 본다면, 그들의 평등론에도 불구하고 불교는 왕들의 편이었다. 엄혹한 칸막이의 사회에서 지배 계급은 "그들만의 평등"을 생각했고, 평등론을 그 이상의 보편적 가치로 확대할 뜻이 없었던 신라 지배층에게 불교는 축복이었을 것이다.

---

215) 이기백, 『신라시대의 국가불교와 유교』, p. 102.

216) Edward Conze, *Buddhism : Its Essence and Development*, p. 74.

[3] 정토를 논의하며 끝으로 생각해 보아야 할 문제는, 그렇다면 정토에서 보살의 삶은 어떤 것이어야 하는가의 문제이다. 종교의 대다수가 그렇듯이, 종교는 선업의 권장보다는 악업에 대한 금기禁忌와 경계에 더 많은 지면을 할애한다. 이 점이 믿는 이들의 마음을 불편하게 한다.

그러한 사례로서 원효의 말을 빌리면, 인간이 저지르는 죄를 낱낱이 판별하여 논의하자면 그 계목戒目들의 수가 4만 8천 가지가 된다.[217] 그것을 모두 준수한다는 것은 현실적으로 불가능하다. 그래서 줄이고 줄여 계율을 간소화하려고 끊임없이 노력한 결과 마지막까지 남은 계율이 곧 청빈과 금욕과 불상해不傷害의 세 가지이다.[218]

계율이 이렇게 지나칠 정도로 간소화·추상화되자 다시 그 항목이 구체화하기 시작했는데, 이렇게 해서 나타난 계율은 불경마다 내용과 항목의 수효가 다르고, 또 대상에 따라 다른 경우도 있다. 그들 가운데 어느 것은 중복되고 어느 것은 상충되는 경우도 있다. 그러나 이를 크게 나누면 (1) 권면勸勉과 (2) 금기와 (3) 인욕忍辱으로 나눌 수 있다.

불교에서 권면의 최고봉은 이미 앞에서 말한 육바라밀六波羅蜜이다. 그 내용을 보면, 다음의 여섯 가지를 권면하고 있다.

(1) 베풂[布施]
(2) 계율을 지킴[持戒]
(3) 괴로움을 참음[忍辱]
(4) 부지런히 도를 닦음[精進]
(5) 마음을 가라앉힘[禪定]
(6) 슬기로움[智慧][219]

불교의 두 번째 계율로서의 금기로는 여섯 가지 계율을 적시한 『장부』長部, *Digha Nikaya*가 있다. 거기에는 주로 젊은이들을 의식한 듯, 다음과 같은 계율이 담겨 있다.

---

217) 「菩薩戒本持犯要記」, 『國譯元曉聖師全書』(4), p. 459.
218) Edward Conze, *Buddhism : Its Essence and Development*, p. 54.
219) 『維摩經講說』 佛國品.

(1) 술에 취하지 말며,
(2) 때가 아닌 시간에 거리에 나돌지 말며,
(3) 가무에 열중하지 말며,
(4) 도박에 빠지지 말며,
(5) 나쁜 친구와 사귀지 말며,
(6) 게으르지 말 것.[220]

원효는 경전에 씌어 있는 계율 이외에 금기의 계율을 가벼운 죄[輕罪]와 무거운 죄[重罪]로 나누고 있다. 그는 우선 경죄로서 48경계輕戒를 제시하고 있는데, 그 가운데서 사회사적으로 의미 있는 것들을 추려보면,

(11) 군사의 사절이 되지 말라.
(18) 함부로 남의 스승이 되지 말라.
(29) 헛된 목숨을 늘이고자 나쁜 직업을 가지지 말라.
(45) 중생을 항상 교화하라.[221]

고 되어 있다. 그리고 중죄로는 십중대계十重大戒라 하여 다음의 열 가지를 제시하고 있다.

(1) 살생하지 말라.[不殺戒]
(2) 도둑질하지 말라.[偸盜戒]
(3) 음행하지 말라.[不淫戒]
(4) 거짓말 하지 말라.[妄語戒]
(5) 술을 팔거나 마시지 말라.[酤酒戒]
(6) 남의 허물을 말하지 말라.[意心說同法人過戒]
(7) 스스로를 칭찬하고 남을 헐뜯지 말라.[自讚毁他戒]
(8) 아끼는 마음으로 업신여겨 헐뜯지 말라.[慳惜可毁戒]
(9) 분노하여 원한을 맺지 말라.[瞋打結恨戒]
(10) 삼보三寶[佛·法·僧]를 비방하지 말라.[謗三寶戒][222]

---

220) T. W. and C. A. F. Rhys Davids(tr), *Dialogues of the Buddha(Digha Nikaya)*, Part III, in T. W. Rhys Davids(ed.), *Sacred Books of the Buddhists*(London : The Pali Text Society, 1977), pp. 174~175.

221) 「梵網經菩薩戒本私記」, 『國譯元曉聖師全書』(4), pp. 433~437.

원효를 비롯한 고승들의 금기 계율은 인류 보편의 기피 사실이라는 점에서 새삼스러운 것이 없으며, 그런 점에서 본질적으로 유교 문화와 크게 다르지 않았다. 그러나 굳이 차이를 들자면, 살생에 관한 남방 불교의 금기가 과연 언제까지 그리고 얼마나 중요 계율로 존재할 수 있는가의 문제일 것이다. 채식 문화권의 남방 불교의 계율에 대한 북방 유목민족의 불편함의 문제는 단순히 육식이냐 채식이냐의 문제를 떠나 인류의 육체적 진보의 측면에서 논의의 여지는 여전히 남아 있다.

불교의 계율 가운데 세 번째로, 인욕을 권면하는 경전으로서는 명나라 천태종의 고승이었던 지욱智旭(1596~1655)[223]의 『보왕삼매론』寶王三昧論을 대표적으로 지적할 수 있는데, 그 내용은 다음과 같다.

> (1) 몸에 병이 없기를 바라지 말라. 몸에 병이 없으면 탐욕이 생기기 쉽다. 그러므로 성인께서 말씀하시기를, 병으로써 양약良藥을 삼으라 하셨다.
>
> (2) 세상살이에 어려움이 없기를 바라지 말라. 세상살이에 어려움이 없으면 업신여기는 마음과 사치스러운 마음이 생긴다. 그러므로 성인께서 말씀하시기를, 근심과 곤란으로써 세상을 살아가라 하셨다.
>
> (3) 공부하는 마음에 장애가 없기를 바라지 말라. 마음에 장애가 없으면 배우는 것이 넘치게 된다. 그러므로 성인께서 말씀하시기를, 장애 속에서 해탈을 얻으라 하셨다.
>
> (4) 수행하는 데 마魔가 없기를 바라지 말라. 수행하는 데 마가 없으면 서원誓願이 굳게 되지 못한다. 그러므로 성인께서 말씀하시기를, 모든 마군魔軍으로써 수행을 도와주는 벗을 삼으라 하셨다.
>
> (5) 일을 꾀하되 쉽게 되기를 바라지 말라. 일이 쉽게 되면 뜻을 경솔한 데 두게 된다. 그러므로 성인께서 말씀하시기를, 여러 겁劫을 겪어 일을 성취하라 하셨다.
>
> (6) 친구를 사귀되 내가 이롭기를 바라지 말라. 내가 이롭고자 하면 의리를 상하게 된다. 그러므로 성인께서 말씀하시기를, 순결로써 사귐을 길게 하라 하셨다.
>
> (7) 남이 내 뜻대로 순종해 주기를 바라지 말라. 남이 내 뜻대로 순종해 주면 마음이 스스로 교만해진다. 그러므로 성인께서 말씀하시기를, 내 뜻에 맞지 않는

---

222) 「梵網經菩薩戒本私記」, 『國譯元曉聖師全書』(4), pp. 274~412.

223) 지욱智旭 : 명나라 천태종 승려. 속성은 종鍾씨. 오현吳縣 출신. 처음에 유교를 배우고 『벽불론』闢佛論 수십 편을 지어 불교를 크게 비판 공격하다가 『수능엄경』을 보고 발심하여 1621년 감산덕청憨山德淸의 문인 설령雪嶺에게 출가함. http : //www. tripitaka.or.kr/동국역경원, 『불교사전』 참조.

사람들로 울타리를 삼으라 하셨다.

(8) 공덕을 베풀며 과보果報를 바라지 말라. 과보를 바라게 되면 도모하는 뜻을 가지게 된다. 그러므로 성인께서 말씀하시기를, 덕을 베푼 것을 헌 신처럼 버리라 하셨다.

(9) 이익을 분수에 넘치게 바라지 말라. 이익이 분수에 넘치면 어리석은 마음이 생기게 된다. 그러므로 성인께서 말씀하시기를, 적은 마음으로써 부자가 되라 하셨다.

(10) 억울함을 당하여 밝히려고 하지 말라. 억울함을 밝히면 원망하는 마음을 돕게 된다. 그러므로 성인께서 말씀하시기를, 억울함을 당하는 것으로 수행하는 본분을 삼으라 하셨다.[224]

세 가지 계율인 권면과 금기와 인욕 가운데서 가장 어려운 것은 아마도 인욕일 것이다. 그것은 인생에서 체념과 관용 그리고 인내를 최고의 덕목으로 요구하는 것이지만, 인간 누구나가 성인이 될 수는 없다는 데 범부凡夫의 아픔이 있다.

5. 결론

이 장의 결론은 다음과 같다.

[1] 불교가 당초에 의도했든 하지 않았든, 불교는 왕권의 보호에 기여했다. 이런 점에서 불교는 지배자들에게 축복이었다. 원효와 의상으로 대표되는 대승불교의 구세救世 의식은 호국불교로 접목되어 국가와 군왕의 존재에 기여했다. 『사문불경왕자론』이 담고 있는 불승에 대한 존숭과 왕즉불王卽佛로 표현되는 왕권의 성화聖化가 조화를 이루며 공존한 것이 신라 불교의 특징이다. 전통적으로 전제적인 아시아에서 불교가 민주주의적 이념으로 대체되기 시작한 것은 최근의 일이다.[225]

[2] 자비 사상은 평화를 추구하는 동력을 제공했다. 원효의 사상에 큰 뿌리를

224) 智旭, 「寶王三昧論 : 十大碍行」(17), 『大正新修大藏經』(47)(東京 : 大藏出版株式會社, 1936), pp. 373~374.

225) Edward Conze, *Buddhism : Its Essence and Development*, p. 74.

두고 있는 화쟁和諍 사상은 기본적으로 폭력을 거부하기 때문에 국가의 평화를 유지하며 지배자의 위치를 더욱 안정시키는 구실을 했다. 그뿐만 아니라 다툼을 금기로 여기는 불교의 공생 의지는 국가의 내재적 갈등을 조정하는 데 일정한 구실을 했다.

[3] 불교 지도자들은 중생이 정치를 잊기를 바랐다. 그들은 정치란 중생이 알 바가 아니라고 여겼는데, 이는 민중에게 탈정치적 정향depolitical apathy을 심어주었다. 이런 점에서 그들은 "평민은 정치를 논의하지 않는다."[庶人不議][226]는 유교 지도자들과 의식을 공유했다. 다만, 불법에 나타난 중생의 모습은 현대적 의미로서 민중의 개념이 정립되는 데 일정한 기여를 했다.

[4] 불교는 평등을 중요한 종지로 삼고 있음에도 신분의 아픔에 대한 체념을 유발했다. 특히 내세사상이나 윤회설은 인도의 주거노트Juggernaut의 수레[227]의 성격을 담고 있다. 불교는 계급의 아픔을 참고 견디며 내세에서나 고통 없는 사회에서 살라고 위로했다.

이는 "온유한 자에게 복이 있나니, 그들이 땅을 유업으로 받을 것이다."[228]라고 말함으로써 민중의 아픔을 위로하려고 했던 기독교의 정신과 다르지 않았다. 불교는 한편으로는 민중에게 운명론을 주입함으로써 신분의 굴레에서 오는 아픔을 체념케 하는가 하면, 다른 한편으로는 철저한 현실 부정을 이용하여 기성의 권위를 무너뜨림으로써 계급 없는 사회를 동경하게 했다. 이런 점에서 불교가 신분에 끼치는 영향은 이중적이다.

[5] 버림과 나눔과 보시로 이어지는 일련의 자비행은 경제적 분배 정의에 이바지함으로써 고전적 사회주의classical socialism가 정착하는 데 적절한 토양을 제공했다. 서구에서 고대 그리스의 인도주의humanism가 사회주의나 계몽주의, 그리고 더 이어져 공화주의나 자본주의의 형성에 기여하던 몫을, 아시아에서는 불교가 그 한 축을 수행하였다.

---

226) 『論語』 季氏.

227) Leon P. Baradat, *Political Ideologies : Their Origins and Impact*(Englewood Cliffs, 1994), p. 166; 신복룡(외 역), 『현대정치사상』(서울 : 평민사, 1995), p. 275. 주거노트Juggernaut는 인도인들이 섬기는 신의 이름인데, 그가 모는 수레에 치어 죽으면 극락에 갈 수 있다고 인도인들은 믿는다.

228) 『신약성경』 「마태오복음」 5 : 5.

[6] 재산에 대한 불교의 수도사적 청빈과 금욕의 요구는 역설적으로 사적 소유에 바탕을 두고 있는 자본주의를 도입하는 데 장애가 되었다. 불교의 수행자들이 스스로를 빈도貧道라고 일컫는 것은 참으로 상징적이다. 생산성이 열악하던 고대 사회나 중세를 거쳐 재화가 미덕인 현대 사회에 이르러서도 재화에 관한 불교적 해석을 지킬 것인지의 문제는 시대적 화두이다.

제7장

노장사상과 도교

노자老子(B.C. 6세기경)/ 장자莊子(B.C. 369~289?)/
유안劉安(B.C. 179~122)/ 갈홍葛洪(283~363)

"성인聖人은
성공한 곳에 머무르지 않는다."[1)]
—노자

"자주 이기는 나라는 멸망한다."[2)]
—회남자

"말로 설명할 수 있는 도道는 도가 아니다."[3)]
—노자

"말로 설명할 수 없는 것에 관해서는
침묵해야 한다."[4)]
—비트겐슈타인

1. 서론

서양의 고전적 정치학자들은 정치 현실의 암울함을 바라보면서, 태초에 정치는 어떠했을까에 관한 명상을 시작했다. 이에 따라서 시작된 자연 상태에 관한

1) 『老子』(2) : "是以聖人 …… 功成而弗居"
2) 『淮南子』(12) 道應訓.
3) 『老子』(1) : "道可道 非常道"
4) Ludwig Wittgenstein, *Tractatus Logico-Philosophicus,* Anthony Kenny(ed.), *The Wittgenstein Reader*(Oxford : Blackwell, 1994), p. 31, p. §7.

인식은, 합의에 이른 것은 아니지만, 중세의 정치적 담론의 시초였다. 누구는 자연 상태가 혼돈이었을 것이라고 상정했고, 누구는 평화로웠을 것이라고 생각했다.

이러한 고민은 동양의 사상사에서도 마찬가지였는데, 서양보다는 훨씬 먼저 노자老子가 이 문제를 다루었다. 교조적 유가사상에 따라 과장된 탓에 동양사상의 원류이자 주류는 마치 공맹孔孟에서 시작하여 끝난 듯하지만, 실상을 들여다보면 중국의 철학사의 첫 번째 인물은 노자였다. 이 문제를 최초로 거론한 사람은 사마천司馬遷이었다. 그는 이렇게 말하고 있다.

> 유가儒家의 학문은 크고 넓기는 하지만 요점이 적어 번거롭고 쓸모가 적다. 그러므로 전적으로 그에 따르기는 어렵지만, 군신·부자의 예禮를 순서 짓고 부부와 장유의 서열을 구별 지은 점은 바꿀 수 없다. …… 도가道家의 학문은 사람의 정신을 한 곳에만 힘쓰게 하고, 행동은 무형의 도道에 합치시켜 만물을 충족시킨다. 그 술術은 음양가의 큰 순서를 본받고, 유가·묵가墨家의 선善을 취하고, 명가名家·법가法家가 필요로 하는 점을 취하여 때와 더불어 옮기고, 사물에 따라 변화하며, 습속을 바로잡아 일을 베푸니 옳지 않은 것이 없다. 그 요지는 간략해서 행하기가 쉬우므로 수고는 적게 드나 성과는 많다. 유가의 학문은 그렇지가 않다.[5)]

노장老莊사상을 논의하며 먼저 정리해 두어야 할 사항은 노장과 도교道敎의 관계이다. 이 장章을 설정하면서도 이를 노장사상으로 할 것인가 아니면 도교로 할 것인가는 끝까지 고민거리였다. 이 문제를 정리하려면 우선 그 정의를 분명히 해두는 것이 필요하다.

노장사상이라 함은 글자 그대로 노자의 『도덕경』道德經과 장주莊周의 『장자』莊子에 담긴 사상을 의미하며, 여기에 유안劉安의 『회남자』淮南子를 덧붙일 수 있다. 이와 달리 도교라 할 경우에는 동양, 특히 중국에서 노장에 머리를 향하며 갈홍葛洪의 『포박자』抱朴子에 뿌리를 두고 장생長生이나 양생養生을 추구하던 자연주의적 사고를 의미한다.

노장과 도교를 분별하며 지적해야 할 또 다른 점은, 노장사상에는 필자가 있지만 도교에는 갈홍 이후 일차 사료로서의 필자가 없고 그 정체도 모호하다는 것이다. 도교의 양생은 대체로 비전서秘傳書로 이어졌기 때문이다. 이 장에서 표

5) 『史記』(130) 太史公自序(70).

제를 노장사상이라 한 것은, 사상은 기본적으로 “정확한 필자에 의한 문적文籍을 토대로 한다.”는 당초의 집필 지침에 충실하기 위함이었다.

그럼에도, 이 장에서 다루고 있는 내용은 노장에만 국한된 것은 아니며, 기본적으로 도교로부터 벗어날 수 없는 성격을 처음부터 안고 있다. 동양사상사에서 이 둘은 그만큼 복잡하게 얽혀 있다. 노장과 도교는 일란성 쌍생아이다. 도교는 노장에 관한 필자 없는 해설서anonymous complement이다. 따라서 이 글은 노장으로 도교를 은유적으로 표현할 수밖에 없다.

중국에서 노자의 출현은 공자孔子만큼 정확하지 않다. 그가 공자와 같은 시대를 산 것은 분명하지만, 공자에 대하여 비판적이었던 점[6]으로 말미암아 뒷날 유가철학 시대를 거치며 노자에 관한 인식이나 기록이 왜곡되었고 유학자들로부터 주류 사상으로 주목받지 못하다가, 그 뒤 갈홍이 노장의 우월함을 확인되기 시작했다.[7] 심지어 『도덕경』은 위경僞經이라는 것이 유가의 입장이다.

노장이 공자의 유학이나 법가法家에 대하여 비판적이었던 것은 아마도 그 두 학파가 지닌 체제교학적 성격을 싫어했기 때문이었을 것이다. 노자는 무거운 형벌로 백성을 노예처럼 부리는 전제주의적 정치나 전쟁을 비판하고 있는데, 이러한 태도로 볼 때, 『도덕경』이 성립된 시기는 부국강병을 위해 중앙집권적 정치 도덕의 모순이 심했던 전국시대(B.C. 480~221)의 초기 또는 중기로 추측할 수 있다.[8]

노장학이 등장하게 된 배경을 살펴보면 그것은 흔히 춘추전국시대라고 불리는 시기, 곧 주周나라가 낙양洛陽으로 천도한 기원전 770년부터 진晉나라의 대부大夫인 한韓·위魏·조趙 삼국이 진나라를 분할하여 제후로 각기 독립한 기원전 403년의 춘추시대와, 그 뒤로부터 진시황秦始皇이 천하를 통일한 기원전 221년까지의 550년 동안의 전국시대라고 하는 정치적 격동기를 의미한다. 이 시기는 중국의 전체 역사에서 가장 총체적이고 근본적인 변화가 일어났던 시기로서 다음과 같은 정치적 성격을 보여주고 있다.

(1) 이 시기에 천자의 절대적 지배 아래 제후국들이 유기적 관련을 맺으며 유지

---

6) 『史記』(63) 老子·韓非列傳(3).

7) 葛洪(지음)·昔原台(옮김), 『抱朴子』(서울 : 서림문화사, 1996), 序; 內編(2) 暢玄; 內編(10) 明本. 원문은 葛洪, 『抱朴子』 『諸子集成』(8)(上海 : 上海書店, n.d.) 참조.

8) 김광하, 『노자 도덕경』(서울 : 너울북, 2007), p. 19.

되었던 기존의 천하관이 무너져서, 지배 체제에 관한 다양한 논의들이 등장했다.

(2) 인간 사회의 절대적 지배자였던 하늘의 보편성과 능력이 의심받게 되며 천명관天命觀이 무너지고 인간의 존재 가치나 그 방식에 관한 다양한 인문주의적 논의들이 등장했다. 따라서 인간을 초월한 절대 존재자가 세상사의 모든 것에 관여하는 것으로 믿지 않고, 인간의 능력으로 인간 세상의 새로운 질서를 도모할 수 있다는 믿음을 기반으로 한 다양한 이론들을 제기하게 되었다.

(3) 기존의 피지배 계층에서 재화와 권력을 형성할 수 있게 되자, 지배와 피지배 사이에 동요가 생겨나 그 관계를 새롭게 정립하고자 다양한 논의가 전개되었다.[9)]

중국에서 노장과 도교의 역사가 순탄하지 않았던 까닭은 그것이 공맹에 너그럽지 않았다는 점 이외에도 그것이 안고 있는 미신적이고도 비교적秘敎的 요소를 담고 있기 때문이었는데 그 대표적인 사건이 오두미교五斗米敎였다. 후한의 환제桓帝·영제靈帝 때 장릉張陵(?~178)이 난세를 틈타 오두미교를 창시하고, 그의 손자인 장로張魯가 교법과 조직을 완성했다. 장로는 신도들에게 『도덕경』을 읽히고 천·지·수天地水의 신에게 참회서를 써 받친다는 삼관수서三官手書의 법을 시행하고 부적을 먹이고 기도를 드려 질병을 고쳐준다고 약속했다.

장릉은 귀졸鬼卒, 귀이鬼吏, 간령姦令, 제주祭酒 등의 직책을 만들어 신도들을 통할했고 입교자들로부터는 오두미를 바치게 하는 한편, 의사義舍라고 불리는 무료 숙박소를 마련하여 쌀과 고기를 제공하는 등의 활동을 통해서 조직화된 종교 집단을 만들었다.[10)] 이때부터 사악한 것을 물리쳐야 한다는 이른바 벽사론辟邪論에 따라 도교를 이단으로 보기 시작했다.

노장이 양생으로 기울기 시작한 것은 갈홍에서 비롯되었다. 갈홍의 자서自序에 따르면, 호號가 치천稚川이었던 그는 진晉나라 명문가의 후손이었으나 몸이 허약하여 걷기도 힘들었다.[11)] 어려서부터 책을 좋아하여 천 권 서적을 읽었는데, 노장과 유향劉向의 글을 좋아했다.[12)] 그는 벼슬할 뜻을 버리고 마적산馬迹山

9) 최진석, 「老子의 『道德經』」, 『세계의 고전을 읽는다 : 동양 교양편』(2)(서울 : 휴머니스트, 2005), p. 228.

10) 차주환, 『韓國道敎思想硏究』(서울 : 서울대학교출판부, 1978), pp. 97~98.

11) 『抱朴子』 外編(50) 自敍.

12) 『抱朴子』 序; 內編(2) 論仙; 外編(50) 自敍.

(강남성 범향현)에 제단을 쌓고 맹세한 다음 이인異人에게서 경문經文과 구결口訣을 전수받고,[13] 자신의 연구가 세상 사람들의 장생불사에 도움이 되기를 바라며 신선이 되는 법술[仙術]을 저술했다.

여기에서는 갈홍의 『포박자』가 담고 있는 허탄虛誕함이나 과학적 근거를 논의할 필요는 없다. 다만 갈홍으로부터 체계화된 도교는 노장사상에 견주어 종교(무속)의 요소가 강렬하다는 점과, 그 선악에 관계 없이 동양 사회에 남긴 유산을 지나칠 수 없다는 점을 지적할 수 있다.

따라서 도교는 사람들에게 평안한 정감과 담박한 심경을 안겨 주는 측면이 있지만, 달리 보면 도교는 정열적이고 광기에 가까운 분위기 속에서 일종의 허황된 위안을 줄 수 있다. 도교는 화려하고 신기한 것을 추구하는 심미정취 속에서 찬란하고 괴상스러워 그를 믿는 사람들에게 환각에 빠져 활발하고 기발한 상상력을 발휘할 빌미를 마련해 주었다.[14]

유교가 이단시하던 노자와 그의 『도덕경』이 발흥한 것은, 당唐나라의 건국과 함께였다. 당나라 황실은 노자가 자신들과 같은 이李씨라 하여 노자를 선조로 모시고 노자를 조종祖宗으로 하는 도교를 국교화했다. 당 태종太宗도 황제의 등극을 예언한 도사 왕원지王元之를 공경하고, 노자의 묘를 세웠으며, 노장을 먼저 하고 불교를 나중으로 치는 이른바 도선승후道先僧後(도교가 먼저이고 불교는 그 다음이다)의 차서次序를 만들었다.

당 태종을 이은 고종高宗은 노자와 도교에 관심이 많아 『도덕경』을 과거科擧 과목에 포함하였다. 황제 가운데 노자와 도교를 가장 신봉한 인물은 현종玄宗이었다. 그는 불교를 누르고 도교를 보호하여 친히 『도덕경』을 주해하여 집집마다 비치하게 하고, 장자를 남화진인南華眞人이라 높이고 그의 『장자』莊子를 『남화진경』南華眞經이라고 극찬했다.[15]

노장사상이 한국사에 이입된 기록은 꽤 일찍이 백제의 역사에 나타나고 있다. 이를 보여주는 것으로는 다음의 기록이 있다.

---

13) 『抱朴子』 內編(4) 金丹.

14) 葛兆光(지음)·沈揆昊(역), 『도교와 중국문화』(서울 : 東文選, 1993), p. 443.

15) 엔닌(지음)·신복룡(역주), 『入唐求法巡禮行記』(서울 : 선인, 2007) : 서기 841년 정월 9일자; 『三國遺事』 塔像 寶臧奉老.

고구려의 국강왕國岡王 사유斯由(고국원왕)가 친히 쳐들어왔다. 근초고왕近肖古王이 태자(뒷날의 근구수왕)를 보내어 이를 막게 했다. 태자가 반걸양半乞壤에 이르러 장차 싸우려 했다. …… 태자가 고구려 병사를 쫓아 진격하여 크게 적을 깨뜨리고, 도망치는 것을 뒤따라 북으로 쫓아 수곡성水谷城 서북에까지 이르렀다. 장군 막고해莫古解가 간언諫言했다.

"일찍이 도가道家의 말을 들으니 "만족할 줄 알면 욕되지 않고 그칠 줄 알면 위태롭지 않다."고 하였습니다. 지금 얻은 바가 많으니 어찌 더 구할 것이 있겠습니까?"

태자가 이 말을 옳다고 여겨 추격하기를 그만두었다.[16)]

이 글에서 "만족함을 안다."[知足]라는 구절은 『도덕경』의 경구인 "만족함을 알면 욕되지 않으며, 그침을 알면 위태롭지 않으리."[知足不辱 知止不殆][17)]라는 구절과 "만족함을 아는 것이야말로 늘 만족한 것이다."[故知足之足 常足矣][18)]라는 구절을 인용한 것이다. 이 시기는 서기 369년, 근초고왕 24년 9월이었다.[19)]

그런데 고구려에 노장이 전래된 고사도 이와 매우 비슷하다. 곧 고구려 영양왕嬰陽王 12년(612)에 수隋나라의 군대가 쳐들어왔을 때 을지문덕乙支文德이 우중문于仲文에게 시를 지어 보냈는데, 그 시에 이렇게 읊었다.

신기한 책략은 천문을 익혔고
오묘한 계책은 지리를 통달했도다.
승전의 공이 이미 드높은데
만족함을 알고 멈추기 바라노라.
神策究天文 妙算窮地理
戰勝功旣高 知足願云止[20)]

백제와 고구려에 노장이 전래된 위의 두 기록에는 미심한 점이 있다. 곧 두

---

16) 『三國史記』 百濟本紀 近仇首王 즉위년 : "太子從之 進擊大敗之 追奔逐北 止於水谷城之西北 將軍莫古解諫曰 嘗聞道家之言 知足不辱 知止不殆 今所得多矣 何必求多 太子善之止焉"

17) 『道德經』(44).

18) 『道德經』(46).

19) 『三國史記』 百濟本紀 近肖古王 24년 9월조.

20) 『三國史記』 列傳 乙支文德條; 이규보, 「白雲小說」, 『한국의 사상대전집』(5)(서울 : 동화출판공사, 1977), p. 48; 『芝峰類說』(13) 文章部(6) 東詩.

내용이 너무 흡사하다는 점, 그럼에도 그 시차가 240년이나 멀다는 점, 그리고 백제 근초고왕 시대는 중국의 전진前秦 시대로서 중국에서는 노장이 국금國禁의 상태였는데, 이때 과연 백제에 먼저 노장이 전래되었을까 하는 의문이 남는다. 이것은 아마도 김부식金富軾의 착오였을 것이다. 두 내용 가운데 근구수왕에 관한 기록이 의심스럽다.

노장이 고구려에 전래된 공식 기록은 고구려 영류왕榮留王 7년(624) 2월이었다. 이때 왕이 당나라에 사신을 보내어 역서曆書를 보내줄 것을 요청하였더니 이에 당 고조는 형부상서刑部尙書 심숙안沈叔安을 왕으로 책봉하여 상주국요동군공고구려국왕上柱國遼東郡公高句麗國王이라 하고, 아울러 도사道士에게 명령하여 천존상天尊像과 도법道法을 가지고 『도덕경』를 강의하게 하니 왕과 나라 사람이 모두 들었다.[21]

또 다른 기록에 따르면, 고구려에서 오두미교를 다투어 신봉하니 당나라의 고조가 이를 듣고 도사를 시켜 천존상天尊像을 보내어 『도덕경』을 강연하게 했다고 한다. 이듬해에 고구려가 사절을 당나라에 보내어 불교와 노자의 학문을 요구하니 당고조가 허락했다.

그 뒤 보장왕寶藏王이 즉위하여 다시 유·불·선 삼교三敎를 함께 일으키려 하니, 그때 총상寵相 연개소문淵蓋蘇文이 왕을 달래되, "솥에는 발이 세 개 있고 나라에는 삼교가 있는 법인데, 신이 보기에 우리나라에는 오직 유교와 불교만 있고 도교는 없어 나라가 위태롭습니다." 했다. 왕은 그 말을 옳게 여겨 당나라에 도교를 요청하니 당 태종은 숙달叔達 등 도사 여덟 명을 보내주었다. 왕은 기뻐하여 절을 도교의 사원[道館]으로 만들고, 도사를 높여 유사儒士의 위에 있게 했다.

도사들은 국내의 유명한 산천을 돌아다니며 터를 눌러 주었다. 옛 평양성은 지세가 신월성新月城(반월성)이므로 도사들은 주문을 읽어 남하南河의 용龍에게 명령하여 성을 더 쌓게 하여 만월성滿月城으로 만들었다. 이 때문에 성 이름을 용언성龍堰城이라 했다. 도사들은 비결을 지어 용언도龍堰堵 또는 천년보장도千年寶藏堵라 했다.[22] 연개소문이 노장을 수입한 수장이었다는 것은 흥미로운 일

---

21) 『三國史記』 高句麗本紀 榮留王 7년 2월조.

22) 『三國遺事』 塔像 寶藏奉老 普德移庵; 『三國史記』 高句麗本紀 寶臧王(상) 2년 3월; 『三國史記』 列傳 蓋蘇文.

이다. 그는 아마도 노장의 신비주의적 요소로써 자신의 권력을 무장하려고 의도했을 수도 있고, 당나라의 사상 조류에 관한 호의를 그렇게 표현했을 수도 있다.

도입 초기에 노장과 도교는 불교나 유교에 견주어 그다지 널리 보급되지 못했다. 노장이 보급될 당시에 반룡사盤龍寺의 보덕화상普德和尙은 도교가 불교를 대치함으로써 국운이 위태하게 될 것을 민망히 여겨 여러 번 왕에게 간언했으나 듣지 않자, 이에 신력神力으로 방장方丈을 날려 남쪽으로 완산주完山州 고대산孤大山에 옮겨 살았다.[23] 이러한 기록으로 미루어 보면, 고구려에서 노장의 도입에는 어느 정도 저항이 있었음을 알 수 있다.

신라의 지식인들도 『도덕경』을 읽은 기록이 보인다. 이를테면, 김인문金仁問은 어려서 공부하며 유가서儒家書를 많이 읽고, 아울러 장자·노자·석가의 설도 섭렵했다.[24] 그리고 도가의 그와 같은 맥락은 멀리 최치원崔致遠에게 살아나고 있다. 신라에서 노장의 보급은 노장을 종지로 삼던 당나라에 대한 신라의 종속성과 무관하지 않았을 것이다.

이상의 기록들로 미루어 보건대, 7세기 동안에 동이東夷 삼국에는 노장사상이 보편적이지는 않았지만, 지배층의 알 만한 사람들에게는 비교적 널리 인지되었다. 그 연결 고리에는 당나라 왕실의 친親도교적인 정책이 삼국에 영향을 끼친 부분이 분명히 있었을 것이다.

자연주의적 성격을 갖는 도교의 정신에 대한 매력과 함께 불교와 유교 등 종교의 형평을 이루려는 지배 계급의 의도가 함께 작용했던 것으로 보인다. 이때로부터, 연개소문이 피력했듯이, 도교는 한국사에서 정족鼎足을 이루며, 사상사의 한 축을 형성해 갔다.

2. 자연에 관한 인식 : 경험주의적 유물론

인간의 세계관은 기본적으로 자연을 어떻게 이해하느냐의 문제와 직결되어 있다. 한 사회의 세계관은 우주와 인간의 관계 또는 생명의 유지에 인간이 담당

---

23) 『三國史記』 高句麗本紀 寶藏王 9년.

24) 『三國史記』 列傳 金仁問條 : "金仁問幼而就學 多讀儒家之書 兼涉莊老浮屠之說"

하는 구실과 자연의 힘에 관한 인간의 견해를 나타낸다. 세계관이나 우주관은 자연을 어떻게 파악하는가, 곧 신이 자연을 지배하고 있다고 보는가, 아니면 신과 인간의 대등한 협조에 따라서 규정되어 있다고 보는가, 또는 인간은 신과 무관하게 영원한 평형을 유지하고 있다고 보는가 등의 자연관과 관련되어 있다.[25] 그러므로 인간의 세계관 논의는 사람들이 자연 상태에서는 대체 어떠한 상태에 놓여 있는가를 고찰해 보지 않으면 안 된다.[26]

고대 사회에서 인간은 오늘날에 견주어 자연에 대한 의존도가 더 컸을 것이다. 그것은 자연과학에 관한 몰이해와 자연 재해에 대한 무방비 때문일 수 있지만, 달리 보면 그 당시는 인위적 도구가 발달하지 않았고 인간이 자연으로부터 분리되지 않았으므로 자연과 인간이 더 친화적이었음을 의미할 수도 있다. 그 시대의 사람들은 자연이야말로 신이라고 생각할 만큼 절대적인 권능자의 모습으로 인간에게 다가왔을 것이다.[27] 그들은 자신들이 자연의 일부라고 생각했다.

서구의 경우에도 자연 상태에 관한 인식은 우호적이었다. 그들의 생각에 따르면, 인간의 삶은 자연과 닮았으며, 개인이나 사회는 자연으로부터 독립적일 수 없었다. 우주 자체도 인간사에서 반복되는 여러 단계와 전이轉移, 전진, 상대적인 비활동기의 주기에 따라 이루어지는 것이라고 그들은 믿었다.[28]

그뿐만 아니라 그들은 자연 상태에서 인간은 평등하며[29] 일정한 권리를 지니고 있다고 생각했다. 그러나 시간이 흐름에 따라 그러한 권리를 누린다는 것이 매우 불확실할 뿐만 아니라 끊임없이 다른 사람들로부터 침해를 겪을 위험 앞에 놓이게 되었다. 특히 자연 상태에서 인간의 우선 가치인 재산을 향유한다는 일은 매우 불안정하며 불확실하여 계약을 맺고 국가와 권력을 창출했다.[30] 이것이 사회계약설theory of social contract의 출발점이다.

---

25) Philip K. Bock, *Modern Cultural Anthropology : An Introduction*(New York : Alfred A. Knopf, 1979), p. 231.

26) J. Locke, *The Second Treatise of Government*(Oxford : Basil Blackwell, 1976), p. 4 : Chapter 2. §4.

27) 김한식, 『한국인의 정치사상』(서울 : 백산서당, 2006), p. 160.

28) Arnold van Gennep, *The Rites of Passage*(Chicago : The University of Chicago Press, 1966), p. 3.

29) J. Locke, *The Second Treatise of Government*, p. 4 : Chapter 2, § 4.

30) J. Locke, *The Second Treatise of Government*, p. 63 : Chapter 9, § 123.

동양에서 자연에 관한 인식은 서구에 견주어 더 친화적이다. 동양에서 인간은 삶이 고단할 때 자연에 눕고 싶어 한다. 삶의 강퍅함에 지친 인간은 자연에 대한 그리움을 느낀다. 그와 같은 자연에 관한 친화적 인식의 맨 앞줄에는 노자가 서 있다. 노자에게 삶의 가치나 행위의 근거는 인간에게 있지 않고 자연에 있었다.[31)]

고대인들은 혼망混芒 속에서도 온 세상과 더불어 담박淡泊하고 적막하게 살았다고 자연주의자들은 믿는다. 그 당시에는 음양이 조화를 이루어 고요했고, 귀신도 날뛰지 않았으며, 사시四時도 절도에 맞아 만물이 손상을 입지 않았으며, 온갖 생물들은 일찍 죽는 경우가 없었다. 왕이 없었지만 평화로웠다.[32)] 그것은 아마도 "질서 있는 무정부"ordered anarchy[33)]였을 것이다. 사람들은 지혜가 있어도 쓸데가 없었으니 이를 일러 "지극한 합일合一"이라 한다. 이 당시에는 일부러 함[作爲]이 없어도 자연스러웠다.[34)]

이와 같이 자연 현상과 인간 현상을 상응의 관계로 보는 관점corelative thinking 또는 둘 사이의 질서를 동질적으로 보는 관점은 동양인들의 세계관의 중요한 특징이었다. 동양의 자연주의는 기본적으로 이신론理神論, deism이다. 그들은 신의 존재를 부정하지는 않았지만 계시나 주재자인 신을 믿지 않았다.[35)] 그런 점에서 동양사상은 인간중심주의적이다. 그래서 그들은 양생養生과 수신에 몰두한다. 노장은 그 대목을 이렇게 비유한다.

> 초楚나라의 장왕莊王이 첨하詹何에게 물었다.
> "나라를 다스리려면 어떻게 해야 하오?"
> "몸을 다스리는 데 밝다면 어찌 나라를 다스리는 데 밝지 못하겠습니까?"
> "나는 종묘·사직을 맡고 있으므로 이를 지켜나갈 방법을 배우고자 하오."
> "신臣은 일찍이 몸을 다스리며 나라를 어지럽혔다는 소리를 듣지 못하였고, 몸을 어지럽히며 나라를 다스렸다는 예를 듣지 못했나이다. 그러므로 근본은 몸에

---

31) 최진석, 「노자의 『도덕경』」, p. 235.

32) 『抱朴子』 外編(48) 詰鮑.

33) Philip K. Bock, *Modern Cultural Anthropology : An Introduction*, p. 232.

34) 『莊子』 外篇 繕性 : "古之人, 在混芒之中, 與一世而得澹漠焉. 當是時也, 陰陽和靜, 鬼神不擾, 四時得節萬物不傷, 群生不夭, 人雖有知, 无所用之, 此之謂至一. 當是時也, 莫之爲而常自然"

35) 鄭昌秀, 「조선조의 지리지에 나타난 사회 설명의 원리 : 『東國輿地勝覽』을 중심으로 본 조선조 지식층의 인식 체계의 특질」, 『한국사회와 사상』(성남 : 한국정신문화연구원, 1984), p. 67.

있으므로 감히 가지[末]로써 대답하지 않습니다."[36]

동양인들은 "몸을 지키며 명을 지킴"[安身立命]을 소망했다. 좋은 일을 하며 명예를 비키고, 나쁜 일을 하여 수치를 겪는 일을 비키며, 중도를 신조로 삼아 따름으로써 몸을 보전하고 생명을 온전히 하며, 부모를 봉양하고 일생을 살라고 권고하면서,[37] 자기 몸을 소중하게 여기는 무리에게는 천하를 맡길 수 있으며, 자기 몸을 아끼는 것처럼 천하를 아끼는 자에겐 천하를 맡길 수 있다고 말한다.[38] 이와 관련하여 『회남자』는 이렇게 말한다.

> 하늘이 사람을 만들 때 사람이 가장 존귀한 존재로 태어났는데 나도 사람으로 태어났으니 첫째의 즐거움이요, 남녀의 구별이 있고 남존여비인데 나는 남자로 태어났으니 둘째 즐거움이요, 사람 가운데는 일월도 보지 못하고 포대기에 싸인 채 죽는 사노 있는데 내 나이 90세가 되었으니 셋째 즐거움이다.[39]

인간이 이토록 신명身命에 집착한 것은 이 시대에 의약 시설이 충분하지 못하고 일반적으로 효경孝敬의 뜻에 입각하여 부모를 봉양하고 노인을 보살피는 일[事親養老]에 대한 열성이 있었던 유교의 영향과도 무관하지 않다. 따라서 동양 사회에서 지식인은 어느 정도 의술에 관한 기초적인 지식을 갖추는 것이 미덕이었다. 이와 같이 사상 또는 종교와 의술의 만남을 통하여 동양 사회에서는 다음과 같은 독특한 사상적 조류가 나타났다.

> 첫째로, 불로장생의 사상이 만연했다. 이에 따라서 마음을 비우고 고요한 가운데 바람처럼 부드럽고 자유스러운 삶[虛靜飄逸]을 위주로 하는 신선사상과 장생 구현을 추구하는 풍조가 나타났다.
>
> 둘째로, 연금술鍊金術이 발달했다. 이 기술은 노장이나 도가들이 신선사상과 연결되어 연금술로써 불로장생의 비약인 단사丹砂[수은]를 제조하는 특수 기술을 말한다.

---

36) 『淮南子』(12) 道應訓.

37) 『莊子』 內篇 養生主 : "爲善无近名 爲惡无近刑 緣督以爲經 可以保身 可以全生 可以養親 可以盡年"

38) 『道德經』(13) : "故貴以身爲天下 若可寄天下 愛以身爲天下 若可託天下"

39) 『列子』 天瑞篇.

셋째로, 방중술房中術인데 이는 신라시대 승려들이 사용하던 방문方文을 수집한 법사방法師方에 소개되어 당시 의가의 비술로 전승되었다.[40]

위의 사조에서 주목해야 할 것은 연금술의 발달이다. 연금술은 본디 이집트에서 일어나 알렉산드리아와 동로마를 거쳐 아라비아로 전래했다가 다시 유럽이 수입하여 17세기 중엽까지 계속 발전했다. 연금술의 목적은 은·철·수은과 같은 금속을 금과 같은 귀금속으로 바꾸는 것이 당초의 목적이었으나, 동양 사회에서는 이를 통하여 불로장생의 비약을 만들고자 했다.

따라서 서양에서는 주로 화학자들이 귀금속을 만드는 데 연금술의 목적이 있었지만, 동양에서는 신선사상과 연결되어 금으로 식기를 만들면 수명을 연장할 수 있으며, 연숙鍊熟된 금을 먹으면 불로장생의 신선이 될 수 있다고 믿었다.[41]

도교에서 바라는 장생불사의 중심에는 갈홍이 있다. 그가 주장하는 선술仙術에 따르면, 사람은 우선 비린내 나는 음식과 곡물을 먹지 않은 상태에서 단사를 먹으면 신선이 될 수 있었다. 단사라 함은 수은HgS을 끓여 환약으로 만든 것이다. 황금과 토끼 피와 꿀을 섞어 채녀단采女丹을 만들 수도 있다.

여기에 호흡법을 첨가해야 한다. 이렇게 하면, 장님이 눈을 뜨고, 귀머거리가 듣고, 노인이 젊어지고, 허공을 나르며, 끝내 신선이 된다는 것이다.[42] 수은에 대한 그와 같은 맹신은 지배 계급 사회에서 심각한 수은과 납鉛 중독의 현상을 유발함으로써 인명에 치명적인 해악을 끼쳤다.

도가나 노장에 심취한 사람이 아니라 할지라도, 장생의 문제는 인간의 삶에서 중요한 관심사였다. 특히 정치적으로 낙백落魄한 선비들과 가문이 비천한 지식인들이 도술의 수련을 빙자하여 산수에 떠도는 일이 빈번해지고, 그러한 사람들이 모여 사생師生의 관계를 맺으며 연단煉丹에 얽힌 도술을 논란하고 세속에 초연한 생활을 하며 기이한 설화를 남겼다.[43]

다소 몽환적이면서도 기괴한 삶의 방법들은 삶에 지치거나 도피하고 싶은 무

---

40) 김두종, 『韓國醫學史』(서울 : 탐구당, 1975), p. 7.

41) 김두종, 『韓國醫學史』, p. 45. 이와 같은 현상을 미신이라고 치부할 수만은 없는 것이, 지금과 같은 과학 시대에도 백포도주에 금가루를 섞어 마시고, 생선회에 금가루를 뿌려서 먹고, 몸에 금침金針을 놓으며, 몸에 금붙이를 지니는 것이 좋다는 믿음이 있다.

42) 『抱朴子』 內編(2) 論仙; 內編(4) 金丹.

43) 차주환, 『韓國道敎思想硏究』, p. 235.

리에게 안식처를 제공했고, 그러는 과정에서 노장은 무속이나 그 밖의 비과학적 사유들과 섞이며 민간에 뿌리를 내리기 시작했다. 이러한 토속적 소망이 잘 나타난 것이 곧 부적符籍의 풍습이다. 부적에 대한 신뢰의 문제는 갈홍이 제기했다. 우선 그의 말을 들어보면,

> 오吳의 손권孫權은 개선생介先生으로부터 비결을 전수했다. 북두北斗와 일월日月을 붉은 글씨로 쓰면 곧 칼날을 비켜 간다. 손권은 언제나 몇십 명을 거느리고 선봉으로 나서 적진을 함락시켰지만 끝내 몸을 다치는 일이 없었다.[44]

이런 주장과 함께 그는 직접 부적을 그려 주변에 나눠주었다. 그는 부적을 그려 주며 이렇게 말했다.

> 위의 다섯 가지 호부(부적)는 노군입산부老君入山符이다. 붉은 색깔의 복숭아 나무판 위에 큰 글씨로 빽빽하게 써 덧문 창 위와 사방 구석, 길섶 중요한 곳에 붙이면 주거에서 사방 50보 안에는 산의 요정이나 도깨비를 피할 수 있다.[45]

부적의 문제는 양생을 추구하는 도교의 보급에 도움이 되었을 수 있으나, 역설적으로 도교의 업장業障이 되었다. 부적이 갖는 치병治病이나 이적異蹟의 효과를 믿을 수 없었고, 그 허탄함이 도리어 도교의 본질까지 훼손함으로써 몰락의 길을 자초하였는데, 뒷날 조선왕조에서 소격서昭格署를 둘러싼 유생들의 미신 퇴치[辟邪] 운동에서 보는 바와 같이 유학의 직접적인 공격에 노출되어 도교는 치명적인 상처를 입었다.

장생과 양생을 목적으로 시작된 연금술은 예상하지 못한 방향으로 역사를 이끌어 갔다. 그 중요한 결과는 연금술이 예상에 없이 끝내 화약 제조 기술을 발견했다는 점이다. 중세를 넘어 근대로 들어가는 역사 과정에서 가장 결정적인 영향이 무엇인가에 관해서는 논란이 있을 수 있다.

보는 이에 따라서는 기독교의 타락이나 그를 통한 이성의 발견 또는 이탈리아 경제의 발전을 거론할 수도 있지만 그런 논의 가운데서 화약의 발명과 이를 통

---

44) 『抱朴子』 內編(13) 極言.
45) 『抱朴子』 內編(17) 登涉.

한 근대 병기의 발전, 그리고 정복 전쟁의 전개와 제국의 형성이 가능했다는 점에서 본다면, 연금술이 역사에 끼친 영향은 뜻밖의 현상이었다.

노장사상이나 도교의 이상과 같은 발생사적 과정을 벗어나 그 사상사적 의미를 따진다면, 아마도 그것은 자연스러움과 속박에서 벗어나고 싶은 인간의 원초적 욕망에 관한 논의가 될 것이다. 동양 사회에서는 자연을 정복의 대상으로 삼는 서구사상과는 달리, 자연과 더불어being within nature 또는 자연 안에서being in nature 살 때 더 행복하다고 생각했다.

그렇기 때문에 자연 속에 존재하는 모든 생명체에 관한 인식도 동류적同類的이다. 새와 짐승에 관한 인식도 적대적이라기보다는 공생共生의 의식이 더 강렬하다. 그러한 인식의 대표적인 사례가 북방 몽골리아계에서 공통되게 나타나는 "고수레"나 "까치밥"의 풍습이다. 그리고 그들의 시조 설화는 거의 모두가 동물과 관련을 맺고 있다.

노장은 사람이 살아가는 길이란 "자연을 본받는 것"[道法自然]이라고 가르친다. 우주와 내가 하나가 되었으니 그 속에 나와 모든 것이 하나이다.[46] 만물은 본디 자연스럽게 되는 것이니 성인이라고 해도 이에 관여할 수 없다.[47] 인간이 좋아하든 싫어하든, 인간과 자연은 합일한다. 그렇게 생각하면 인간은 자연과 같은 차원에 있게 된다.

그들은 인간과 자연을 대립하는 것으로 보지 않는다.[48] 만물에는 자연스러움[自然性]이 있는데, 인간의 삶[人事]이란 이 자연성에 따라 다스리는 것에 지나지 않는다.[49] "만물은 저절로 자라고, 천하는 저절로 안정되는데"[50] 왜 인위가 필요한가를 그들은 묻고 있다.

그러므로 인간은 자연 위에 군림하는 특별한 존재가 아니라 자연 속에 파묻혀 자연과 융합하는 우주의 일부이다. 인간의 세계와 자연은 본질적으로 나뉘진 것이 아니라 서로 끊임없이 영향을 주고받기 때문에 인간의 것과 다른 자연계의

---

46) 『莊子』 內篇 齊物論 : "天地與我並生 而萬物與我爲一"

47) 『淮南子』(1) 原道訓.

48) 『莊子』 內篇 大宗師 : "其好之也一 其不好之也一 其一也 其不一也一 其一與天爲徒 其不一與人爲徒 天與人不相勝也"

49) 『淮南子』(20) 泰族訓.

50) 『道德經』(37) : "萬物將自化 …… 天下將自定"

운행 원리나 법칙이 존재하는 것이 아니다. 자연과 인간의 관계는 단절적이라기보다는 조화롭고 연속적인 유기체이다.

자연은 인간이 지배하고 이용하는 대상이 아니었다.[51] 적어도 동양의 전통적 의식에 따르면 인간이 자연을 지배하겠다거나, 인간이 운명과 대결하여 싸워 이김으로써 그 존엄성을 과시하겠다는 등의 자세는 보이지 않는다.[52]

이와 같은 자연스러움의 상징으로 노자는 물[水]과 같은 삶을 권고한다. "최고의 선善은 물과 같다."[上善若水] 물은 온갖 것을 잘 이롭게 하면서도 다투지 않는다.[53] 흙은 밑에 있으며 그 높이를 다투지 않으므로 편안하고 위험하지 않으며, 물은 아래로 흘러가나 앞을 다투지 않아 빠르며 더디지 않는다.[54]

인간의 삶이 물과 같아야 한다는 경구에 담긴 뜻은 삶에서 거스름[逆流]을 경계한 것이다. 여기에서 거스름이라 함은 자연의 순리를 거스르는 것이다. 그래서 노자는 벼슬을 바라는 공자孔子를 만났을 때, "군자라도 시운을 만나면 나가서 관리가 되지만 시운이 맞지 않으면 마치 쑥처럼 바람을 따라 눕는다."[55]고 충고한다.

노자가 인성의 자연성과 자주성을 숭상하게 된 것은, 춘추시대 권력자들이 무력이나 착취를 일삼고 속이는 일이 빈번하여 학정을 견디지 못하는 백성을 목격한 노자의 연민과 무관하지 않았다.[56] 그는 인간의 부도덕함이나 인위적 구조에 따른 속박으로부터 민중을 구출하고 싶은 꿈을 가지고 있었다. 그들은 새처럼 날고 싶은 꿈이 있었다. 그들의 책은 대체로 새의 얘기로부터 시작한다.[57] 노장의 서적에 새의 일화가 그토록 빈번하게 인용되는 것은 자유 의지의 표현이다.

그렇다면 무엇이 자유로움에 관한 인간의 소망을 막고 있는가? 인간의 자연스러움에 대한 장애 요소는 무엇인가? 노자는 우선 지식을 내려놓으라고 권고한

---

51) 이성규, 「역사 속에 나타난 동아시아의 자연관과 현대과학」, 『仁荷史學』(10)(인하대학교 사학과, 2003), p. 1017.

52) 정진홍, 「종교학적 측면에서 본 한국사상의 원류」, 『민족문화의 원류』(성남 : 한국정신문화연구원, 1980), p. 134.

53) 『道德經』(8) : "上善若水 水善利萬物而不爭"

54) 『淮南子』(1) 原道訓.

55) 『史記』(63) 老子·韓非列傳(3) : "且君子得其時則駕 不得其時則蓬累而行"

56) 陳鼓應(지음)·최진석(역), 『老莊新論』(서울 : 소나무, 1997), pp. 127~128.

57) 『莊子』 內篇 逍遙遊; 『淮南子』(1) 原道訓; 『列子』 天瑞篇.

다. 그는 인간이 자유롭기 위해서는 "배움을 끊어라! 근심이 없을지니."[58]라고 말한다. 슬기로움이 큰 거짓을 만들었다.[59]

백성을 다스리기 어려운 것은 지혜가 많기 때문이다. 지혜로써 나라를 다스린다는 것은 나라를 망치는 일이요, 지혜로써 나라를 다스리지 않는 것이 그 나라의 복이라고 그들은 생각한다.[60] 그가 이 대목에서 하고 싶었던 말은, 지혜가 진정을 뛰어넘지 못한다는 뜻이었다.

그러므로 위대한 소리는 들림이 없고, 위대한 모습은 형상이 보이지 않듯이[61] "진실로 지혜로운 사람은 어리석어 보인다."[大智若愚]고 노자는 가르치고 있다. 주周나라 수장사守藏史로서 당대 최고의 지식인이요, 가장 많은 책을 읽었을 법한 그가 주지주의主知主義, intellectualism에 흐르지 않고 불가지론不可知論, agnosticism에 빠진 것은 기이한 일이다. 아마도 그는 당대 지식인의 주류를 이루고 있었던 공학孔學에 대한 혐오와 열패감을 그렇게 표현했을 수도 있다.

노장은 물질에 대한 욕망 때문에 인간의 자유로움이 막힌다고 믿는다. 그러면서 그들은 다음과 같은 예화를 들려준다.

> 제齊나라 사람 가운데 돈을 훔치는 무리가 있었다. 그는 시장에서 번잡할 때를 타서 슬며시 남의 돈을 가지고 달아났다. 포졸이 붙잡아 물었다.
>
> "너는 어째서 돈을 시중市中에서 훔쳤는가?"
>
> 그가 대답했다.
>
> "다만 돈만 보일 뿐 주인은 보이지 않더군요."
>
> 이와 같이 마음에 하고자 하는 바가 있으면 그 행동의 어찌할 바를 잊는다. 그러므로 성인은 동정의 변화를 살피고 수수授受의 적도適度를 맞추며, 좋고 싫음의 성정을 다스리고, 기쁨과 분노의 절도를 조화시킨다. 그래서 대체로 동정이 살펴지면 근심이 지나치지 않고, 수수授受가 적당하면 죄를 짓지 않으며, 좋고 싫음이 다스려지면 걱정이 다가오지 않고, 기쁨과 분노가 조절되면 원한이 침범하지 못한다.[62]

---

58) 『道德經』(20) : "絶學無憂"
59) 『道德經』(18) : "慧智出 有大僞"
60) 『道德經』(65) : "民之難治 以其智多 故以智治國 國之賊 不以智治國 國之福"
61) 『道德經』(65) : "大音希聲 大象無形"
62) 『淮南子』(13) 氾論訓.

노장에 따르면 인간의 죄나 잘못은 미련에 있다. 여기에서 미련이라 함은 "내려놓지 않으려는 욕심"이다. 그들은 요순堯舜도 황금과 옥을 미련 없이 버린 고사를 사례로 들며 이렇게 말한다.

> 나는 영화를 누리려는 희망을 포기하고 빈궁한 처지라 하더라도 달게 받기로 했다. 명아주나 콩잎에도 여덟 가지 진미[八珍]의 맛이 있고, 쑥대로 얽은 지게문이나 가시 숲으로 얽은 대문에도 화려한 저택 속의 즐거움이 있다. 그러므로 권세가의 집이 지척에 있지만 찾으려 하지 않고, 도를 닦는 선비는 아무리 멀고 험난한 곳이라 할지라도 반드시 찾아간다.[63]

> 대체로 많이 모인 무리는 그만큼 손실도 크다. 겸손함을 좋아하는 무리는 가득 차는 것도 두려운 법이다. 야광주夜光珠가 들어 있는 조개는 다른 조개보다 먼저 쪼개진다. 뒤집힌 수레의 자국을 따라가는 수레는 역시 뒤집힌다. 짐을 많이 실은 배가 가라앉을 수밖에 없듯이, 욕심이 많은 무리는 죽는 법이다.[64]

이 대목에서 갈홍이 말하고자 하는 무욕의 경지란 아마도 불교에서 강조하는 하심下心과 크게 다르지 않을 것이다. 성인은 공功을 이루고도 그 속에 살 생각을 하지 않는다.[65] 왜냐하면 공을 이루면 몸은 물러나는 것이 하늘의 길이기 때문이다.[66] 넉넉함을 아는 사람이라야 부자이다.[67] 이런 점에서 물욕을 경계하는 노장의 철학은 불교의 교리와 매우 가깝고 이것이 곧 두 종교의 융합을 가속화하는 요소로 작용했다.

자연스러움에로 돌아감은 결국 무위無爲의 논리로 귀결한다. 노장은 "성인이야말로 함이 없음의 일에 처신하고 말이 없음의 가르침을 이행한다."[68]고 말한다. 그러므로 하늘 아래를 다스리는 것은 항상 일이 없음으로 하라는 것이다.[69] 그들이 말하는 무위자연無爲自然이라 함은 비움과 청정이다.[70] 이는 아무 것도

---

63) 『抱朴子』 序.
64) 『抱朴子』 外編(36) 安貧.
65) 『道德經』(2) : "功成而弗居 夫唯弗居"
66) 『道德經』(9) : "功遂身退 天之道"
67) 『道德經』(31) : "知足者富"
68) 『道德經』(2) : "是以聖人處無爲之事 行不言之教"
69) 『道德經』(48) : "取天下常以無事"

하지 않음이 아니라 억지를 금지하는 것이다. 그러면서 그들은 이렇게 권고한다.

도道는 인위적으로 하는 것이 아니요, 아무것도 행하지 않음[無爲]이다. 무엇을 무위라고 하는가? 지혜로운 사람은 자신의 위치에 있으며 인위적인 일을 하지 않고, 용기 있는 무리는 자기 위치는 지키며 사나운 일을 않으며, 어진 무리는 제 위치에 있으며 은혜를 베풀지 않는 것을 무위라 한다.[71]

임금의 다스림은 무위의 일을 처리하며 말없이 교령敎令을 시행하고 청정淸淨해서 움직이지 않으며, 법도를 한 가지로 하여 움직이지 않고, 일의 자연스러운 진행에 따라 신하에게 맡겨 성공을 따지되 스스로 수고하지 않는다. 그러므로 임금은 마음속으로 모책謀策을 알아도 사부師傅를 시켜 이를 지도하고, 입으로 말을 할 수 있어도 행인行人이 대신 말을 한다.[72]

노장이 이른바 무위라는 것은 만물에 앞서 하지 않는 것이요, 하지 않음이 없다는 것은 만물의 성질에 따라 하는 것이다. 다스리지 않는다는 것은 자연스러운 것을 바꾸지 않는다는 것이요, 다스리지 않음이 없다는 것은 만물의 마땅함에 따라서 다스리는 것이다.[73] 그들은 무위를 실천하면 다스려지지 않을 것이 없다고 생각했다.[74] 왜냐하면 백성은 명령하지 않아도 저절로 고르게 되기 때문이다.[75] 노자의 이와 같은 가르침은 장자에 그대로 복제되어 나오고 있다. 장자는 이렇게 말한다.

천하는 있는 그대로 내버려 두어야지 천하를 다스리고자 해서는 안 된다고 들었다. 있는 그대로 내버려 둔다는 것은 천하가 그 본성을 잃을까 두려워 그렇게 하는 것이며, 천하가 그 덕을 바꾸게 될까 염려스러워 그렇게 하는 것이다. 천하가 그 본성을 어지럽히지 않고 그 덕을 바꾸지 않는다면 굳이 천하를 다스릴 필요가 있겠는가![76]

---

70) 『道德經』(16).
71) 『淮南子』(14) 詮言訓.
72) 『淮南子』(9) 主術訓.
73) 『淮南子』(1) 原道訓.
74) 『道德經』(3) : "爲無爲則無不治"
75) 『道德經』(32) : "民莫之令而自均"
76) 『莊子』 外篇 在宥 : "聞在宥天下 不聞治天下也 在之也者 恐天下之淫其性也 宥之也者 恐天下

위정자가 (하려) 함이 없어도 백성은 스스로 질서를 찾는다.[77] 왜냐하면 백성은 배우지 않아도 알고, 보지 않아도 보며, 하지 않아도 이루고, 다스리지 않아도 판별하기 때문이다.[78] 예악禮樂이 제정되면 군주는 별일 없이 평온하며, 형벌을 사용하지 않아도 다스려진다. 사치·음란·광포狂暴 등의 악덕은 그 사람에 달려 있지, 군주제도 자체가 그러한 것은 아니다.[79]

노장의 이와 같은 생각은 기본적으로 인간의 성선설性善說에 바탕을 두고 있다. 그들이 적어도 이 사회의 구조물을 사악한 것으로 보았다고까지는 말할 수 없어도 그것이 도덕적 가치라고는 생각하지 않았음이 분명하다. 도교의 영향을 받은 사대부들은 생활의 정취와 심리, 그리고 양생 등 세 가지 방면에서 소박한 삶을 영위하며 한적함을 추구하고, 맑고 고요한 생활 속에서 욕심을 부리지 않으며, 때에 따라 안거하고, 내향적으로 안의 것으로 밖의 것을 극복하는 태도를 지니면서[80] 유교의 도덕적이고 규범적인 학습으로부터 자연주의로 눈길을 돌리게 되었다.

이러한 식의 정치적 스펙트럼은 서구에서 공상적 사회주의나 무정부주의 또는 동양 사회에서 사림士林이나 결벽에 가까운 유교적 근본주의 사상의 공급처가 되었다. 그들은 후대에 안빈낙도安貧樂道를 가르쳤으며, 은거隱居의 즐거움을 권면했다. 그의 선악에 관한 평가는 그들의 무위자연설이 국가나 권력에 관한 이론에 어떻게 투영되었는가의 문제로 논의를 확대함으로써 가능할 것이다.

3. 국가와 권력에 관한 의식 : 정치적 냉소주의와 자유의지

[1] 정치가이든, 정치학자이든, 아니면 백성이든 그들의 정치적 관심의 가장 큰 대상은 국가와 권력이다. 어떤 국가를 갖는가, 또는 어떤 정체政體를 갖는가 하는 문제는 정치학의 가장 중요한 질문이었다. 그러나 정치학이 미분화되고 주

之遷其德也 天下不淫其性 不遷其德 有治天下者哉"

77) 『道德經』(57) : "故聖人云 我無爲而民自化"

78) 『淮南子』(7) 精神訓.

79) 『抱朴子』 外編(48) 詰鮑.

80) 葛兆光(지음)·沈揆昊(역), 『도교와 중국문화』, p. 382.

권이나 민권과 같은 근대적 논의가 본격화하기 이전의 국가에 관한 논의는 일단 군주국 또는 군주주권의 범위를 넘어서지 않은 상태에서 국가의 모습에 관심을 보였다.

그들은 국가에 관한 존재론적 고민을 하지 않았다. 노장이 보인 국가 논의의 특징은 그들이 "국가의 크기"에 남다른 관심을 보이고 있다는 점이다. 그들 국가론의 핵심이자 출발은, 백성의 숫자는 적어야 하며 국가야말로 작아야 한다는 이른바 과민소국寡民小國의 논리이다. 이 부분은 제국帝國이 구성되기 이전의 그리스 사상을 연상시킨다.

예컨대 플라톤Platon은 "한 도시 국가에는 5,040명의 농민과 그들을 보호할 사람들이 사는 것이 적정 인구"[81]라고 말했다. 그는 왜 그 숫자가 적정인지에 대하여 구체적인 논의를 하지는 않았다. 아마도 그의 심중은 작은 도시 국가가 가지는 정치적 미덕과 권력이 비대하지 않은 상태에서 다스리기 좋음을 피력하고 싶었던 것 같다. 그는 뒷날 "프랑스와 스페인이 바로 국가로서 적당한 크기이다."[82]라고 말한 몽테스키외Baron de Montesquieu의 제국적 구상에 동의하지 않았을 것이다.

노자는 플라톤처럼 수치화하지는 않았지만, 상징적으로 국가의 크기를 정의하고 있다.

> 될 수 있는 대로 나라의 크기를 작게 하고 나라의 인구를 적게 하라! …… 닭 우는 소리와 개 짖는 소리가 서로 들려도, 백성이 늙어 죽을 때까지 서로 왔다 갔다 하지 않는다.[83]

> 요임금은 백 호戶의 성읍도 없고 순임금은 송곳을 꽂을 만한 넓이의 땅立錐之地도 없으며 천하를 소유했고, 우禹임금은 10인의 부하도 없고, 탕왕湯王은 70리의 영토도 없이 제후의 왕이 되었다. 주周 문왕文王은 기주岐周 사이에 있을 때 영토가 백 리도 못 되었으나 천자가 된 것은 왕도가 있었기 때문이다.[84]

---

81) Plato, *The Laws*, Book 5, Chapter 9, § 737~738 : "The Size of the Population"(1).

82) Baron de Montesquieu, *The Spirit of the Laws*(New York : Hafner Publishing Co., 1949), Vol. I, Book Ⅸ § 6.

83) 『道德經』(80) : "小國寡民 …… 雞犬之聲相聞 民至老死 不相往來"

84) 『淮南子』(13) 氾論訓.

정치적인 의미로 볼 때, 노자의 구상은 지방분권적 성격을 강하게 보여 준다. 그는 강력한 통일 국가의 단일성보다는 분산적 다양성으로 발전하기를 지향했다. 하나의 이념을 강하게 밀어붙이는 거대한 통일 국가에서는 정치 체제에 자발적 참여가 방해를 받아 국가의 힘이 약화한다고 노자는 생각했다. 자연의 거대한 운행이 자발적으로 이루어지고 자발적 운용에 따라 거대한 효과를 내고 있듯이 정치 체제에서도 자발성이 지니는 가치와 힘을 인정하는 것이 가장 좋은 일이라고 그는 생각했다.[85]

유가의 후학들이 노자를 곱지 않게 바라보았음에도, 노자의 과민소국 논리의 가장 충실한 이가 맹자孟子였다는 점은 역설적이다. 이는 "만물에 간섭하지 않고 자연에 따른다."는 노자의 사상이 맹자에게 영향을 끼쳤음을 의미한다. "무엇을 억지로 하지 않으면서[莫之爲] 시행하는 것이 바로 하늘이다."[86]고 맹자가 말할 때, 그것은 바로 노자의 "만물에 간섭을 가하지 않는다."[莫之命]는 관념에 뿌리를 두고 있다.[87] 맹자는 땅의 크기를 이렇게 정의하고 있다.

> 천자의 땅은 둘레가 천 리이니 천 리가 못 되면 제후를 대접할 수 없고, 제후의 땅은 둘레가 백 리이니 백 리가 못 되면 종묘의 전적典籍을 지킬 수 없다. 주공周公을 노魯나라에 봉封할 적에 둘레가 백 리였으니, 땅이 부족하지 않았으되 백 리로 제한하였고, 태공太公을 제齊나라에 봉할 적에 또한 둘레가 백 리였으니, 땅이 부족하지 않았으되 백 리로 제한했다.[88]

맹자가 생각하기에, 땅의 둘레는 백 리만 되어도 왕 노릇을 할 수 있었다.[89] 따라서 천자의 제도는 땅의 둘레가 천 리요, 대국大國은 땅의 둘레가 백 리이며, 소국은 땅의 둘레가 50리이다.[90] 그는 등滕나라처럼 둘레가 50리가 되는 작은 나라도 선정을 베풀 수 있다고 생각했다.[91] 그러면서 그는 이렇게 말을 잇고 있다.

---

85) 최진석, 「老子의 『道德經』」, pp. 237~238.

86) 『孟子』 萬章章句(上) : "莫之爲而爲者 天也"

87) 陳鼓應(지음)·최진석(역), 『老莊新論』, p. 127.

88) 『孟子』 告子章句(下) : "天子之地方千里 不千里不足以待諸侯 諸侯之地方百里 不百里不足以守宗廟之典籍 周公之封於魯 爲方百里也 地非不足 而儉於百里 太公之封於齊也 亦爲方百里也 地非不足也 而儉於百里"

89) 『孟子』 梁惠王(上) : "地方百里而可以王"

90) 『孟子』 萬章(下) : "天子之制地方千里 大國地方百里 小國地方五十里"

하후夏后와 은殷·주周의 전성기에 땅이 천 리를 넘은 무리가 있지 않았는데, 지금 제齊나라는 그만한 땅을 소유하고 있으며, 닭 울음과 개 짖는 소리가 서로 들려 사경四境에 도달하고 있고, 제나라가 그만한 백성을 가지고 있으니 땅을 다시 더 개척하지 않으며 백성을 더 모으지 않더라도 인정仁政을 베풀고 왕의 노릇을 한다면 이것을 막을 무리가 없을 것이다.[92)]

"백이伯夷와 이윤伊尹과 공자孔子 세 사람에게 같은 점이 있는가"라는 질문에 맹자는 "그 세 사람 모두가 백 리 되는 땅을 얻어 인군人君 노릇을 하였더라면 모든 제후에게 조회를 받고 천하를 소유할 수 있었다."고 대답하면서,

"힘으로써 어진 행위를 빌린 무리는 패자霸者이니 패자는 반드시 큰 나라를 소유해야 하고, 덕德으로써 어짊을 행한 무리는 왕자王者이니 왕자는 큰 나라를 필요로 하지 않는다. 탕왕湯王은 70리를 가지고 정치를 하셨고, 문왕文王은 백 리를 가지고 정치를 하셨다."[93)]

고 말함으로써 대국에 대한 혐오감을 표현했다.

맹자는 왜 이토록 작은 국가에 집착했을까? 아마도 그는 주나라 시대에 제후국이 800개였음[94)]에도 선정을 베풀었음에 주목했을 수도 있다. "닭이 울고 개가 짖는 소리 들리며, 번잡한 시장이 있고 밥 짓는 연기가 나는 마을에서 산의 맥세脈勢가 융성하게 은은히 다가오니, 솟은 듯 가라앉은 듯 기복起伏이 없는 모양의 그 본원처本源處를 찾는 일"[95)]은 동양인의 꿈이 서린 이상향이었다. 그들이 꿈꾼 삶의 터전은 평화로움의 표상이었다.

역사적으로 "작은 정부론"을 주장하는 사람들의 공통된 특징이 있는데 그것은,

---

91) 『孟子』 藤文公(上) : "今絶長補短 將五十里也 猶可以爲善國"

92) 『孟子』 公孫丑(上) : "夏后殷周之盛 地未有過千里者也 而齊有其地矣 鷄鳴狗吠 相聞而達乎四境 而齊有其民矣 地不改矣 民不改聚矣 行仁政而王 莫之能禦也"

93) 『孟子』 公孫丑(上) : "伯夷伊尹於孔子 …… 然則有同與 曰有 得百里之地而君之 皆能以朝諸侯有天下 …… 以力假仁者霸 必有大國 以德行仁者王 王不待大 湯以七十里 文王以百里"

94) 吳兢, 『貞觀政要』(臺北 : : 中華書局, 1978), 제34장 辯興亡.

95) 최창조(역주), 『青烏經』(서울 : 민음사, 1993). p. 31 : "鷄鳴犬吠 鬧市烟村 隆隆隱隱 孰探其原"

(1) 성선설을 믿는 사람들이며,
(2) 자연주의자들이며,
(3) 자유를 중요한 가치로 믿는 사람들이며,
(4) 관용tolerance을 중요하게 생각한다.

그렇다면, 정치사상사적으로 보면 작은 정부론에 몰두했던 중국이 역사적으로 패왕과 패권의 나라였다는 사실을 어떻게 설명할 수 있을까? 중국의 정치적 유산은 패왕과 소국 가운데 어느 한쪽의 승리가 아니라 그 타협의 결과였다. 곧 제국적 전통과 그러한 정신에 바탕을 둔 통일 국가의 유지, 그리고 그러한 유산 속에서도 제후諸侯의 현대적 유형이라 할 수 있는 고도의 군현郡縣 제도의 공존이 그러한 타협의 결과물이었고, 이것이 지금의 성省을 바탕으로 하는 자치제의 유산으로 정착했다고 볼 수 있다.

[2] 노장의 정치사상으로서 두 번째로 다루어야 할 문제는 그가 "백성"을 어떻게 생각했으며 어떻게 다스려야 한다고 생각했는가, 이다. 아마도 선진先秦 유학과 노장이 갈라서는 가장 중요한 질문은 여기에 있을 것이다. 공맹孔孟이 우민愚民의 논리에 몰두했던 것과는 달리, 노장은 백성에 대한 연민憐憫에 몰두했다. 그들은 "낮은 신분이지만 따를 수밖에 없는 것이 백성"[96]이라고 보았다. 그러면서 무위자연의 연속선 위에서 "백성이 다스리기 어려운 것은 윗사람이 너무 인위적으로 다스리려 하기 때문"[97]이라고 생각했다.

그러므로 법제와 예의는 백성을 다스리는 법구法具일 뿐이지 정치를 다스리는 기본은 아니다.[98] 그들은 정치란 껴안음이라고 강조한다. 껴안으면 공평하게 되고 공평하면 천하가 귀순한다.[99] 그러면서 성군인 주나라 성왕成王이 신하와 나눈 대화를 이렇게 소개하고 있다.

주나라 성왕이 윤일尹佚에게 정치를 물었다.

---

96) 『莊子』 外篇 在宥 : "卑而不可不因者民也"
97) 『道德經』(75) : "民之難治 以其上之有爲"
98) 『淮南子』(13) 氾論訓.
99) 『道德經』(16) : "容乃公 公乃王 王乃天"

“내가 어떠한 덕을 베풀어야 백성이 윗사람과 친할까?”
“제때 백성을 부리고, 그들을 공경하여 따라야 합니다.”
“그 공경하고 따르는 정도를 어디에 표준을 삼아야 할까?”
“깊은 연못에 다다른 듯하고, 엷은 얼음을 밟듯[如臨深淵 加履薄氷] 해야 합니다”
“인민의 왕 노릇 하기가 두렵도다.”[100]

백성을 바라보는 노장의 시선은 늘 “조심스러움”이다. “현명한 군주가 사람을 부리는 것은 숙련된 목공이 나무를 다루는 것과 같아야 하며,”[101] “나라 다스리기를 작은 생선 졸이 듯해야 한다.”[102] 국가를 다스리는 일이 작은 생선을 굽는 일과 같다는 뜻은 자주 뒤집으면 안 된다는 뜻인 동시에 그만큼 조심스러워야 한다는 뜻이다.

그러면서 그는 “백성이 사는 곳을 들볶지 말라.”[103]고 권고한다. 그러나 여기에서 주의해야 할 것은 그들에게 자유로움을 주는 것이 방임이나 방심을 의미하는 것은 아니라는 점이다. 군주는 백성을 위해 끝없이 관심을 가지고 헌신해야 한다. 『회남자』는 정치하는 사람의 열정을 이렇게 호소하고 있다.

전승하여 오는 책에서 말하기를, “신농神農은 초췌했고, 요堯임금은 여위었으며, 순舜임금은 시커멓게 그을었고, 우禹임금은 손발에 못이 박혔다.”고 했다. 이로 볼 때 성인은 백성을 위해 근심하고 수고로움이 지극하다. 그러므로 천자로부터 서민에 이르기까지 사지를 움직이지 않고 생각하지 않으면서 일이 다스려지고 욕구가 채워진다는 것을 아직 들어본 적이 없다.[104]

그렇게 함으로써 신화시대의 정치는 늘 평화로웠다. 즉,

옛날에 황제黃帝가 천하를 다스릴 때, 강자가 약자를 억누르지 못하게 하며, 뭇 사람이 적은 수의 사람을 포악하게 굴지 못하게 했다. 그래서 인민이 생명을 지키며 요절夭折하지 않고, 작물이 여물어 재해가 없으며, 백관이 공정하여 비리가 없

---

100) 『淮南子』(12) 道應訓.
101) 『淮南子』(9) 主術訓.
102) 『道德經』(60) : “治大國 若烹小鮮”
103) 『道德經』(72) : “無狎其所居”
104) 『淮南子』(19) 脩務訓.

고, 상하가 조화를 이루어 허물이 없으며, 법령이 밝아 부정을 저지르지 않고, 보좌하는 사람들이 공평하여 아첨하는 일이 없으며, 농부는 논밭의 경계선을 침범하지 않고, 어부는 고기가 많이 모이는 곳을 차지하려 다투지 않으며, 길에서 잃은 물건을 줍지 않고, 시장에서는 물건값을 다투지 않으며, 성문을 닫지 않고, 마을에는 도적이 없으며, 비천한 여러 사람은 재물을 서로 양보하고, 개·돼지도 콩이나 좁쌀을 길에다 토해 놓으며 다투는 마음이 없었다.[105]

무엇이 인간의 삶을 그토록 평화롭게 만들었을까? 그러려면 욕망을 줄이고 천성으로 돌아가야 하는데, 이는 곧 허식을 버리는 것을 의미한다.[106]

그러므로 도에 통달한 사람은 사람의 힘으로써 천성을 바꾸지 않으며, 겉으로는 사물과 동화하나 속으로는 천연적인 정情을 잃지 않으며, 만물에 응해 때때로 달리면서도 무위無爲에 돌아갈 줄을 안다. 윗자리에 있어도 백성이 무겁다 여기지 않게 하고, 앞에 있어도 민중이 해치지 않으며, 천하가 이 사람에게로 돌아오며, 간사한 무리가 모두 두려워한다. 이렇게 모든 일에 다투지 않으므로 감히 그와 더불어 다투는 무리가 없다.[107]

노장의 이러한 요구를 실현하기란 쉽지 않다. 그들의 정치적 목표는 통치자가 차별과 지배욕을 포기하게 함으로써, 자연적으로 주어진 인민의 평등과 자유를 회복하도록 하여 차별 없는 평등과 자유의 사회를 이룩하는 데 있었다.[108] 그러나 그것은 수도사의 금욕과 절제를 요구하는 것이었고, 피치자에게 복음이었지만 통치자로서는 감당하기 어려운 벽이 있었다. 이런 점이 마침내 그들의 후학들이 현실의 벽에 절망하게 만들고 산림에 은거하는 좌절을 맛보게 했다.

[3] 노장사상에서 세 번째로 논의해야 할 문제는 권력을 멀리하려는 그들의 "정치적 냉소주의"political cynicism이다. 그들의 담론으로 미뤄 볼 때 노장이 왕권을 부인했다고 보기는 어렵다. "사람의 무리가 많아도 그 주인은 임금이다."[109]

---

105) 『淮南子』(6) 覽冥訓.
106) 『淮南子』(14) 詮言訓; 『淮南子』 泰族訓.
107) 『淮南子』(1) 原道訓.
108) 金萬圭, 『朝鮮朝의 政治思想硏究』(인천 : 인하대학교출판부, 1982), p. 18.
109) 『莊子』 外篇 天地 : "人卒雖衆 其主君也"

라고 그들은 말한다. 노장이 고민한 것은 권력의 인위적 행사였다. 이는 과민소국 논리의 연속선 위에서 권력의 최소화와 연결된다. 그리고 그의 가장 모범적인 사례를 요堯임금에서 찾으며 다음의 고사를 들고 있다.

> 요임금이 천하를 다스리기 50년, 천하가 잘 다스려지고 있는지 그렇지 않은지, 모든 백성이 자기를 천자로 추대하기를 원하는지 그렇지 않았는지를 몰랐다. 그리하여 좌우에게 물어보았으나 모두 모른다고 하여, 다시 조정 밖에 물어보았으나 또한 모른다고 했다. 이에 요임금은 미복을 입고 강구康衢로 나섰다가 동요를 듣게 되었다.
>
> "우리 만민을 세워주시니 그대의 지극하심이 아님이 없도다.
알지 못하는 사이에 임금의 법을 따르게 되네."
또, 한 늙은이가 입에 음식을 머금고 배를 두드리며
땅을 굴러 노래하고 있었다.
"해 뜨면 나가 일하고, 해 지면 들어와 잠자누나.
우물 파 물 마시고, 땅을 갈아 밥 먹으니,
황제의 힘이 나에게 어찌 미치랴!"[110]

백성이 아무 불만 없이 배를 두드리고 발을 구르며 흥겨워하고, 정치의 힘 따위는 완전히 잊어버리고 있으니 그야말로 정치가 잘되고 있다는 증거라고 요임금은 생각했을 것이다. 이른바 「격양가」擊壤歌로 알려진 위의 고사가 말하고자 하는 것은 권력의 존재가 백성에게 느껴지지 않을 때 백성은 진실로 행복하며, 이런 정치가 진실로 선정이라는 것이다.

노자는 이런 정치를 "하려 함이 없는 정치"[無爲之治]라고 하며 정치의 근본으로 삼았다. 그러므로 노자의 말을 빌리면, 가장 좋은 다스림은 밑에 있는 사람들이 다스리는 무리가 있다는 것만 알 뿐이요, 그다음은 백성을 친하게 하고 사랑하는 것이요, 그다음은 백성을 두려워하게 만드는 것이요, 그다음은 백성에게 모멸감을 주는 것이다.[111]

---

110) 『十八史略』(1) 帝堯陶唐氏篇 : "治天下五十年 不知天下治歟 不治歟 億兆願戴己歟 不願戴己歟 問左右不知 問外朝不知 問在野不知 乃微服游於康衢 聞童謠曰 "立我烝民 莫匪爾極 不識不知 順帝之則" 有老人 含哺鼓腹 擊壤而歌曰 "日出而作 日入而息 鑿井而飮 畊田而食 帝力何有於我哉""

111) 『道德經』(17) : "太上下知有之 其次親而譽之 其次畏之 其次侮之"

노자의 이러한 인식의 바탕에는 권력 또는 정치에 관한 냉소주의가 깔려 있다. 정치적 냉소주의는 권력과 정치에 대한 혐오감에 바탕을 두고 있다. 그리고 그러한 논리를 뒷받침하고자 가장 고전적으로 인용되는 고사가 이른바 소부巢父와 허유許由가 기산箕山의 영수潁水에서 나눴다고 하는 문답이다. 그 내용은 다음과 같다.

소부는 요임금 때의 은자로, 산속에 살며 세속의 이익을 꾀하지 않았다. 늘그막에는 나무에 보금자리[巢]를 만들고 그 위에서 잤기 때문에 당시 사람들이 소부라고 불렀다. 요임금이 허유에게 왕위를 물려주려 하자 허유가 소부에게 그 사실을 알렸다. 이에 소부는,

"그대는 어찌하여 그대의 모습을 숨기지 않고 그대의 빛남을 감추지 않았는가? [汝何不隱 汝形藏汝光] 그대는 내 친구가 아닐세."

라고 하면서, 허유의 가슴을 밀치며 그를 내려보냈다. 허유는 실의에 빠져 시무룩해졌다. 이에 소부는 청령의 강[清泠之水]으로 가서 자신의 귀를 씻고 눈을 닦으며,

"방금 전 탐욕스런 말을 듣곤 내 친구를 버리게 되었구나!"

하고는 마침내 떠나가서 평생 서로 만나지 않았다.[112)]

허유의 자字는 무중武仲이며 양성 괴리陽城槐里 사람이다. 사람됨이 의리에 근거하고 올바른 도리를 실천하여, 그릇된 자리에는 앉지 않고 그릇된 음식은 먹지 않았다. 나중에 패택沛澤에 숨어 살았다. 요임금이 천하를 허유에게 선양하고자 하여 말했다.

"해와 달이 떠 있는데 횃불을 끄지 않는다면 비추기 또한 어렵지 않겠습니까? 때맞춰 단비가 내리는데 여전히 물을 끌어 적신다면 또한 애만 쓰는 것이 아니겠습니까? 선생께서 임금의 자리에 서시면 천하가 잘 다스려질 터인데 내가 여전히 이 자리를 지키고 있습니다. 제 자신을 돌아보건대 부족한 게 많습니다. 부디 천하를 맡아 주십시오!"

그러자 허유는 이렇게 말했다.

"그대가 천하를 다스려 천하가 이미 잘 다스려지고 있소. 그런데 내가 그대를 대신한다면 나에게 허울 좋은 이름을 따르라는 말인가? 이름이란 실질의 손님이니 나에게 손님이 되라는 말인가? 뱁새가 깊은 숲에 둥지를 튼다 해도 나뭇가지 하나면 충분하고, 두더지가 황하의 물을 마셔도 배만 채우면 그만이오.[鷦鷯巢於深 林不過一枝 偃鼠飮河 不過滿腹歸休乎] 그러니 당신은 돌아가시오! 나에게는 천하가 쓸모

112) 『四部備要』(46) 高士傳(上) 巢父篇(北京 : 中華書局, 1989), pp. 5~6.

가 없소이다. 요리사가 음식을 잘 만들지 못하더라도 시축尸祝[祭主]이 술 단지와 도마를 넘어가서 그를 대신할 수는 없는 노릇이오."

그러고는 왕위를 받지 않고 도망했다.

설결齧缺이 허유를 만나 물었다.

"그대는 어디로 가려는가?"

"요임금을 피하려고 합니다."

"무슨 까닭인가?"

"요임금은 현자가 천하에 이익이 된다는 것은 알지만 천하를 해친다는 것은 모르고 있습니다. 무릇 어짊과 어질지 않음의 경계에서 벗어난 사람만이 그것을 아는 것이지요."

그리고 허유는 중악의 영수 북쪽 기산 아래에 숨어 밭을 갈며 죽을 때까지 천하를 경영하려는 마음을 먹지 않았다. 요임금이 다시 허유를 불러 구주九州의 수장으로 삼으려 했으나 허유는 듣고 싶어 하지 않아 영수 가에서 귀를 씻었다. 그때 그의 친구 소부가 송아지를 끌고 와 물을 먹이려다 허유가 귀를 씻는 것을 보곤 그 이유를 물었다.

"요임금이 나를 불러 구주의 수장으로 삼으려 하기에 그 소리가 듣기 싫어 귀를 씻고 있네."

그 대답을 들은 소부가 이렇게 말했다.

"자네가 높은 언덕과 깊은 계곡에 거처한다면 사람 다니는 길이 통하지 않을 터인데, 누가 자네를 볼 수 있겠는가? 자네가 일부러 떠돌며 알려지기를 바라 명예를 얻으려 한 것이니, 내 송아지의 입만 더럽혔네."

그러고는 송아지를 끌고 상류로 가서 물을 먹였다.

허유가 죽자 기산의 꼭대기에 장사를 지내고 또한 "허유산"이라 명명하였는데, 그 산은 양성陽城의 남쪽 10여 리에 있다. 요임금은 그 묘를 찾아가 기산공신箕山公神이라 부르고 오악에 배향하였으며, 대대로 제사를 받들어 지금까지도 끊이지 않고 있다.[113]

물론 위의 일화는 신화시대의 설화이다. 그러나 그 사실성의 문제는 그리 중요하지 않다. 문제는 이 설화가 후대에 끼친 영향과 그에 관하여 얼마나 마음을 기울였는가, 이다. 특히 갈홍은 이 소부·허유의 고사에 심취했다.[114] 이 고사는 동양의 노장이 안고 있는 정치혐오감의 대표적 전범典範으로 사람들의 입에 오

---

113) 『四部備要』(46) 高士傳(上) 許由篇, pp. 5~6.

114) 『抱朴子』 序; 內編(2) 論仙; 外編(50) 自敍.

르내리고 있다. 그리고 이 고사는 『장자』에도 다음과 같이 실려 있다.

> 장자가 복수濮水에서 낚시를 하고 있을 때 초왕楚王이 두 사람의 대부大夫를 시켜 그에게 찾아가 이렇게 말하도록 했다.
> "원컨대 힘드시겠지만 나라 안의 정치를 맡아 주십시오!"
> 장자는 낚싯대를 든 채 돌아보지도 않으며 이렇게 말했다.
> "내가 듣기로 초나라에는 신령스러운 거북이 있어 죽은 지 이미 2천 년이 지났다고 하더이다. 왕께서 이를 비단에 싸서 상자에 넣어 묘당廟堂 위에 모셔 놓았다는데 이 거북은 죽어서 뼈만 남기어 존귀하게 되고 싶어 하였겠소? 아니면 살아서 진흙 속에서 꼬리를 끌고 다니고 싶어 하겠소?"
> 이에 두 명의 대부가 말했다.
> "그야 살아서 진흙 속에서 꼬리를 끌고 다니고 싶어 하겠지요."
> 장자가 말했다.
> "가시오! 나는 장차 진흙에 꼬리를 끌고 다닐 것이오."[115)]

이 우화가 현대 사회에서 지니는 정치적 의미는 그와 같은 정치적 혐오감이 결국 정치적 무관심으로 확대되어 나타날 것이며, 그것은 정치에서 가장 경계해야 할 금기로 여겨진다는 점이다. 왜 사람들은 숨었는가? 『포박자』는 이렇게 대답하고 있다.

> 세상을 버리고 은거하는 것은 성인들도 인정했다. 나아가 벼슬하거나 물러나 숨는 것은 그 기호에 따를 것이다. 몸과 이름 모두를 완전하게 할 수 있다면 그 이상 더 좋은 것이 없지만, 이름을 버리는 대신 조용히 숨어 살며 자유를 누리는 것도 옛사람은 좋다고 했다. 대체로 헤아려 보건대 "뜻을 굽히지 않았다." 함은 은일隱逸한 삶이 고상한 행위라는 것을 분명히 한 것이며, "몸을 더럽히지 않았다." 함은 구차하게 관직에 매달리는 것이 욕된 일임을 아는 것이다.[116)]

숨어 사는 것[隱逸]이 정치사상사적으로 반드시 긍정적이었다고 평가하기는 어렵다. 왜냐하면 그러한 풍조는 현대 정치학이 금기로 여기는 정치적 무관심의 사상적 기초를 제공했을 수도 있기 때문이다. 라스웰Harold D. Lasswell의 이른바

115) 『莊子』 外篇 秋水.
116) 『抱朴子』 外編(2) 逸民.

"낮은 정도의 정치화"는 정치 발전의 장애 요소로 여겨져 왔다. 그는 정치적 무관심을 다음과 같이 분류하고 있다.

(1) 탈정치적 태도depolitical attitude : 예술이나 과학의 가치와 비교하여 권력적 가치를 중요하게 여기지 않음으로써 권력에 관하여 무관심한 경우

(2) 무정치적 태도apolitical attitude : 권력의 배분과 행사에서 요구를 충족하거나 또는 기대를 성취하지 못함으로써 권력 또는 권력 과정에 대한 환멸을 느껴 정치적 관심이 감소하는 경우

(3) 반정치적 태도antipolitical attitude : 권력 가치가 어떤 사람이 추구하는 다른 가치와 충돌함으로써 무정부주의와 같이 정치에 반대하는 경우[117)]

노장사상이 내포하고 있는 정치적 냉소주의는 굳이 분류하자면 탈정치적 태도라고 할 수 있다. 그런데 여기에 원초적인 물음이 있다. 그것은 과연 노장의 정치적 냉소주의가 정확히 정치적 무관심으로 분류될 수 있는가 하는 점이다.

이에 관하여 강력하게 부인하는 학자들의 주장에 따르면, 일반적으로 노자의 사상을 소극적이고 염세적이며 도피적이라고 생각하지만, 사실 그의 사상은 "세상 안에 있다."고 한다. 노자가 주나라의 수장사守藏史를 지낸 것 자체가 바로 사회에 참여한 것이며, 그런 점에서 노자는 진정의 의미의 은자隱者가 아니라고 주장한다.[118)]

이런 점에서 노장사상은 많은 혼란을 일으킨다. 노장은 분명히 권력과 정치를 조롱했다. 그러면서도 그들은 빈번하게 왕도는 어떠해야 하는가에 관하여 언급했다. 바로 이 점이 노장사상이 갖는 이중성이다. 이를테면, 장자는 왕의 자질을 설명하면서, 왕은 안으로는 성인의 경지에 이르도록 수양이 깊어야 하며, 밖으로는 제왕의 선치를 해야 한다는 이른바 내성외왕內聖外王의 논리를 폈다.[119)]

장자가 말하는 외왕外王의 논리는 유가적 형태의 덕치와 인치를 비판하며 무치주의無治主義 관념을 제시한 것이다. 장자는 인간이 인간을 통치하는 것을 반대했을 그뿐만 아니라 유교적인 도덕으로 인간을 속박하는 것 또한 반대했다.

---

117) Harold D. Lasswell, *Power and Personality*(New York : The Viking Press, 1967), p. 151.

118) 陳鼓應(지음)·최진석(역), 『老莊新論』, p. 152.

119) 『莊子』 雜編 天下 : "內聖外王之道 闇而不明"

그는 기본적으로 어떤 형식의 통치도 반대했다.[120)]

그런데 권력에 관한 이러한 언급 자체가 권력 또는 왕권의 존재를 시인하는 것이었다는 점에서, 그의 정치적 냉소주의는 혼동을 일으킨다. 이에 관하여 그의 옹호자들은 노장의 무위지치 자체가 권력의 부정이라고 해석할 수 있다고 논박할 수 있다. 이를테면, 『회남자』의 다음과 같은 논리는 권력론인지 아니면 냉소주의인지를 구분하기 어렵다. 그는 이렇게 말하고 있다.

> 위衛의 거백옥蘧伯玉이 재상이 되었을 때 자공子貢이 가서 만나 물었다.
> “어떻게 나라를 다스릴 것인가?”
> 거백옥이 대답했다.
> “다스리지 않는 것으로써 다스리겠소.”
> 이어 진晋나라 간자簡子가 위나라를 치고자 사암史黯에게 가서 염탐해 오라고 하자 사암이 돌아와 아뢰었다.
> “거백옥이 재상으로 있는 한 군사를 동원하여 칠 수 없습니다.”
> 그러니 단단한 요새나 험조지險阻地도 어찌 이보다 더 나을 수가 있겠는가? 그러므로 고요皐陶는 벙어리로 대리大理에 임명되었어도 천하에 학정[虐刑]이 없었다. 말보다도 더 소중한 것이 있었기 때문이다. 또 사광師曠은 장님이며 태재太宰(재상)가 되었어도 진나라에는 어지러운 정치가 없었으니, 보이는 것보다는 더 소중한 것이 있기 때문이다.[121)]

그렇다면 노장이 진실로 피력하고자 했던 정치 의식은 무엇이었을까? 그들은 정치를 냉소적으로 받아들였지만, 권력이나 국가의 존재를 부인하지 않았다. 그들은 다만 권력자의 지나친 간섭이나 강포함을 경계했을 뿐이다. 그들은 “물과 같기”를 요구했지만, 그것은 연약함을 의미하는 것은 아니었다.

노장은 정치적 무관심을 유발한 듯하지만, 내면적으로 들어가 보면 도교는 강렬한 정치지향성을 지니고 있었다. 가장 낙관주의적인 사람이 실상에는 가장 비관적인 사람이 되듯이, 가장 탈정치적인 사람이 실상에서는 정치에 깊은 관심을 가지고 있다. 중국에서 횡행했던 수많은 비밀 결사들이 노장이나 도교로 무장했던 것은 도교의 정치지향성을 잘 보여 주고 있다.

---

120) 陳鼓應(지음)·최진석(역), 『老莊新論』, p. 315.
121) 『淮南子』(9) 主術訓.

노장의 철학 체계는 우주론에서 시작하여 인생론으로 넓어지고 다시 인생론에서 정치론으로 확장된다. 노장 철학에 형이상학적인 색채가 농후하지만, 그가 가장 관심을 기울였던 것은 인생과 정치의 문제였다.[122] 그들은 다스림[權]을 공부할 것을 권고한다.

진실로 정치를 아는 사람은 처음에는 도道에 거스르다가도 나중에는 맞는 길로 들어서며, 정치를 모르는 사람은 처음에는 도에 맞다가 나중에는 틀린 길로 들어선다. 그러므로 다스림을 모르는 무리는 착한 일이 도리어 추악해진다고 노장은 경고한다.[123] 그들은 다스림에 관심이 많은 정치적 인간*homo politikus*이었다.

[4] 정치와 관련한 노장의 인식을 논의하며 마지막으로 다루어야 할 부분은 그들이 법法을 어떻게 인식했는가의 문제이다. 이는 권력에 관한 이해의 연속선에서 짚고 넘어가야 할 문제이다. 법에 관한 노장의 인식은 다음의 글에 잘 나타나 있다.

> 순망諄芒이 동쪽의 큰 골짜기로 가다가 동해 바닷가에서 원풍苑風을 만났다. 원풍이 말했다.
>
> "선생께서는 일반 백성에게는 뜻이 없으시오? 원컨대 성인의 다스림에 대해 듣고 싶소."
>
> 순망이 말했다.
>
> "성인의 다스림 말이오? 관청에서 정치를 시행하며 그 마땅함을 잃어해서 안 되고, 사람을 등용하되 능력 있는 사람은 빠뜨려서 안 될 것이오. 또 모든 일을 다 살피어 그 실행할 바를 실행하고 언행을 자연스럽게 하면 천하가 교화될 것이며, 손짓과 발짓만 하여도 사방의 백성이 따르지 않는 무리가 없을 것이니 이것이 성인의 다스림이오."[124]

순망의 말의 행간에는 강제에 대한 역겨움이 실려 있다. 백성은 법령을 내리지 않아도 스스로 자신의 질서를 찾는다는 것이 노자의 기본 생각이었다.[125] 그

122) 陳鼓應(저)·최진석(역), 『老莊新論』, pp. 17, 51.

123) 『淮南子』(13) 氾論訓.

124) 『莊子』 外篇 天地 : "諄芒裝東之大壑 適遇苑風於東海之濱 苑風曰 夫子无意於橫目之民乎 願聞聖治 諄芒曰 聖治乎 官施而不失其宜 拔擧而不失其能 畢見情事而行其所爲 行言自爲而天下化 手撓顧指 四方之民莫不俱至 此之謂聖治"

러므로 군주는 말을 적게 하는 것[希言]이 자연스러운 것이다.[126] 말을 많이 하면 궁색하게 되는 일이 많으니 차라리 가슴에 묻어두니만 못하다고 『회남자』는 가르친다.[127] 여기에서 "말을 적게 한다." 함은 "가르침"이나 "법령"을 많이 내리지 않는다는 뜻이다.

"무는 개를 매질하고 발길질하는 말을 때려 길들이고자 한다면 비록 이윤伊尹이나 조부造父와 같은 성인이라도 백성을 교화시킬 수 없다. 그러나 남을 해치려는 마음이 심중에서 없어진다면 주린 호랑이라도 꼬리를 칠 것이니 개나 말 따위야 걱정이나 되겠는가?"[128]라고 『회남자』는 묻는다. 통치는 제도로써 이뤄질 수 있는 것이 아니라고 그들은 주장한다. 그러면서 다음과 같이 말한다.

> 한 시대의 제도로써 천하를 다스리는 것은, 비유하건대 마치 손님이 배를 타고 가다가 중류에 이르러 칼을 (강물에) 떨어뜨리자 급히 뱃전에다 금을 그어놓고 저녁때 배가 뭍에 닿자, 그 금 그어놓은 곳에서 칼을 찾는 것[刻舟求劍]과 같아 사물을 알지 못하는 것이 심하다.[129]

백성을 바라보는 왕의 눈길은 성글어야 한다고 노장은 주장한다. 정치가 답답하면 답답할수록 오히려 백성은 순후해지고, 정치가 똘똘하면 똘똘할수록 백성은 얼얼해지기 때문이다.[130] 옛날의 왕들이 면류관을 쓰되 구슬 줄[前旒]을 앞에 드리운 것은 눈길을 가리어 망령되게 보지 말게 하려는 까닭이었다.[131] 성인의 다스림은 그 마음을 비움으로써 배를 채우게 하는 것이다.[132]

임금이 정치를 하며 마음을 비우고 뜻을 부드럽게 가지며, 맑고 우매하지 않으며, 여러 신하가 몰려와 함께 나아가고, 어리석은 사람이나 머리 좋은 사람이나 지혜로운 사람이나 못난 사람이나 가릴 것 없이 그 재능을 다하지 않는 무리

---

125) 『道德經』(32) : "民莫之令而自均"
126) 『道德經』(23) : "希言自然 故飄風不終朝 驟雨不終日"
127) 『淮南子』(12) 道應訓 : "多言數窮 不如守中"
128) 『淮南子』(1) 原道訓.
129) 『淮南子』(17) 說林訓.
130) 『道德經』(58) : "其政悶悶 其民淳淳 其政察察 其民缺缺"
131) 『淮南子』(9) 主術訓.
132) 『道德經』(3) : "是以聖人之治 虛其心 實其腹"

가 없으면 임금은 신하를 부릴 수가 있고 신하는 임금을 섬길 수가 있어 나라를 다스리는 도가 분명해진다.[133]

이러한 논리의 바탕에는 법의 너그러움에 관한 권면이 깔려 있다. 노장은 형벌의 가혹함을 경계한다. 지극한 형벌은 넘치는 일이 없다. 형벌을 줄이고 간사함을 금지해야 한다.[134] 원래 큰 다스림은 자르지 않는 것이다.[135] 법法은 물[氵]이 흘러감[去]과 같아야 한다고 그들은 생각했을 것이다. 사람이 감옥에 들어갈 죄를 짓고, 형륙刑戮의 근심에 빠지는 까닭은 얻고자 하는 욕심[嗜慾]을 누르지 못하고 도량에 따르지 않기 때문이다.[136]

그러므로 대개 법을 엄중하게 만들어 가혹한 형벌을 부과하는 것은 패왕覇王의 과업이 아니요, 채찍을 자주 사용하는 것은 원대한 목적을 달성하는 기술이 아니다.[137] 정치가 법리에 따르면 잘못되는 일이 없고 형벌이 남용되지 않으면 포학한 행동이 없다. 위로 번잡하고 어지러운[煩亂] 정치가 없고 아래로 원망하는 마음이 없으면 백 가지 해악이 제거되고 중화中和가 이루어진다. 이것이 삼대三代가 창성昌盛할 수 있었던 까닭이다.[138]

작은 정부론의 연속선에서 노장은 법령의 촘촘함을 경계한다. 천하에 금기禁忌가 많으면 많을수록 백성은 더욱 빈곤해지고, 법령이 잘 정비되면 될수록 도적은 더 많아진다고 그들은 생각했다.[139] 법령보다 앞서 구현해야 할 가치는 인의仁義이다. 인의는 정치의 근본이다. 그 근본을 다스리는 것을 일로 삼을 줄 모르고 그 끝[末]을 다스리는 것을 힘쓰는 것은, 뿌리를 버려 두고 그 가지에다가 물을 주는 것과 같다.

또 법이 생긴 것은 인의를 돕고자 함인데, 지금 법을 소중하게 여기고 인의를 버리는 것은, 갓과 신을 귀중히 여기고 그 머리와 발을 잊어버리는 것과 같다.[140] 나라가 존재하는 까닭은 법이 있기 때문이 아니요, 현인賢人이 있기 때문

---

133) 『淮南子』(9) 主術訓.
134) 『淮南子』(13) 氾論訓.
135) 『道德經』(28) : "故大制不割"
136) 『淮南子』(13) 氾論訓.
137) 『淮南子』(1) 原道訓.
138) 『淮南子』(20) 泰族訓.
139) 『道德經』(57) : "天下多忌諱 而民彌貧 …… 法令滋彰 盜賊多有"
140) 『淮南子』(20) 泰族訓.

이다.[141]

군주가 천하를 직접 다스리지 않으면서도 천하를 다스릴 수 있는 것은, 서리와 구름과 비와 이슬[霜雲雨露]이 만물을 살리고 죽이는 데 하늘이 관계하지 않아도 오히려 하늘을 귀중하게 여기는 것과 같다.[142] 그러므로 인주人主는 덕망으로써 이들을 보호하고 지혜를 행하지 않으며 만인의 이익을 따라야 한다.[143]

위와 같은 논리에서 일관되게 요구하는 것은 도道에 따른 정치이다. 도는 만사의 어디에도 없음이 없고, 이로써 이루어지지 않음이 없다. 『장자』와 『회남자』는 도의 중요성을 강조하며 다음과 같은 우화를 들려준다.

> (도둑의 왕인) 도척盜跖의 부하들이 도척에게 물었다.
> "도둑질을 하는 데도 도道가 있습니까?"
> 도척이 대답했다.
> "어디를 가면 도가 없겠느냐? 대체로 생각하여 귀중품을 감춘 곳을 맞추어내는 것은 성스러움[聖]이고, 도둑질하러 들어갈 때 앞서는 것은 용기[勇]이며, 도둑질을 마치고 나올 때 뒤에 나오는 것은 의로움[義]이고, 장물을 나눌 때 고르게 하는 것은 어짊[仁]이며, 이번 도둑질의 성패 여부를 아는 것은 지혜로움[智]이니라. 이 다섯 가지를 갖추지 않고 큰 도둑이 될 무리는 천하에 없다."[144]

노장의 정치적 인식의 종착점은 결국 도에 이름이었다. 그것은 말로 설명될 수 없는[145] 궁극적 진리라고 했을 뿐 그것이 무엇인지에 관하여 노자는 말하지 않았다. 이는 서구적 개념의 로고스logos와 같은 것으로서, 논란의 여지 없이 인류가 보편적으로 받아들일 절대 진리absolute truth였을 것이다.

---

141) 『淮南子』(20) 泰族訓.
142) 『淮南子』(14) 詮言訓.
143) 『淮南子』(9) 主術訓.
144) 『莊子』 外篇 胠篋; 『淮南子』(12) 道應訓.
145) 『老子』(1) : "道可道 非常道."

4. 폭력에 대한 혐오

역사에 나타난 인간의 삶들은 얼마나 도덕적이었고, 인도주의적이었을까? 스스로를 도덕적이지 않다고 말하기에는 자신이 너무 비참했던지, 인간은 입만 열면 도덕과 인륜을 추구한다고 장담했다. 그러나 현실은 그렇지 않았다. 정치에는 여전히 폭력이 난무했다.

전통적으로 폭력은 가장 높은 권위의 표현이 아니라 실패에 대한 최고의 고백으로 여겨질 수 있고, 지성의 상징이 아니라 초조함의 표현이라고는 하지만,[146] 폭력은 그 자체로서 즐거운 것이며, 생활의 활력과 확산의 궁극적인 표현이었다.[147] 폭력과 약탈은 어느 특정 사회만의 전유물은 아니라 사회 전반의 보편적 현상이었다.[148]

이와 같은 폭력의 문제와 관련하여 정치학이 부딪치는 첫 번째 문제는 폭군에 대한 저항이었다. 폭군을 몰아낼 것인지 묵종할 것인지에 관하여 노장은 기본적으로 방벌放伐의 입장을 가지고 있었다. 왕권신수설의 논리에 익숙한 무리에게 이는 쉬운 결단이 아니었을 것이다.

장자는 임금을 몰아내는 것은 의義가 아니라고 말하면서도 공의롭지 않은 군주로부터 봉록을 받지 말 것이며, 도가 없는 세상의 그 땅을 밟지 말 것을 권고한다.[149] 『회남자』는 탕왕湯王이 그 인주人主를 방벌했으나 명예로운 이름을 얻었고, 최저崔杼는 그 인군人君을 시살弑殺하여 큰 비방을 받았음을 지적하면서,[150] 임금을 내세우는 것은 폭정을 금지하고 소란을 토벌하고자 함임을 강조한다.[151]

"물과 같음"[若水]을 최고의 미덕으로 여기는 노장으로서는 폭력이야말로 가장 경계해야 할 거스름이었다. 부드럽고 연약한 것이 딱딱하고 강인한 것을 이긴다

146) Charles Merriam, *Political Power*(New York : Collier Books, 1964), p. 214; 신복룡(역), 『정치권력론』(서울 : 선인, 2006), p. 306.
147) Charles Merriam, *Political Power*, p. 283; 신복룡(역), 『정치권력론』, p. 402.
148) Karl A. Wittfogel, *Oriental Despotism*(New Haven : Yale University Press, 1958), p. 77.
149) 『莊子』 雜篇 讓王 : "務光辭曰 廢上非義也 …… 非其義者 不受其祿 无道之世 不踐其土"
150) 『淮南子』(17) 說林訓.
151) 『淮南子』(15) 兵略訓.

는 것이 그들의 지론이다.[152] 부드러움은 자기보다 나은 무리를 이기니[柔弱勝剛強] 그 힘은 이루 헤아릴 수가 없다. 그것은 군대가 강력하면 멸망하고, 나무가 강하면 부러지며, 가죽이 단단하면 찢어지고, 이齒는 혀보다 단단하나 혀보다 먼저 깨지는 것과 같은 원리이다.[153]

그러므로 날카로운 칼을 가는 사람은 반드시 부드러운 숫돌을 사용하고, 종鐘이나 경쇠를 치는 무리는 반드시 젖은 나무를 사용하며, 바퀴통이 단단하면 반드시 연약한 바퀴살을 사용한다. 두 가지가 다 단단하면 서로 조화될 수가 없고, 두 가지가 다 강인하면 서로 복종시킬 수가 없기 때문이다.[154]

노장은 강퍅한 정치를 혐오한다. 땅이 넓고 사람이 많다고 강국이 아니며, 단단한 갑옷이나 날카로운 병기로는 이길 수 없으며, 높은 성이나 깊은 연못도 견고하다고 할 수 없고, 엄정한 명령과 번거로운 형벌도 위엄을 떨치기에는 부족하다.[155] 유학에서 되풀이하여 강조하는 어짊[仁]이 노장에서는 부드러움[柔]으로 표현되고 있다. 어짊이 통치권의 본질을 뜻하는 것이라면 부드러움은 통치권의 행사 방법을 뜻하는 것이었다.

폭력의 문제와 관련하여 노장이 관심을 두는 두 번째 문제는 전쟁에 대한 혐오감으로서 부전不戰 또는 염전厭戰의 논리이다. 전쟁은 인류가 비켜 가야 할 첫 번째 악행이라고 공통되게 말하지만, 인류의 오랜 역사에 걸쳐 전쟁의 포성이 멎었던 순간은 그리 길지 않았으며, 무기 생산 등의 전쟁 비용은 의료비보다 더 많았다. 이런 점에서 평화의 슬로건은 위선이다. 역사를 성악설性惡說로만 설명할 수 있는 것은 아니지만, 인간의 역사에는 도덕이나 평화만으로 설명할 수 없는 그늘이 있다. 그것이 곧 전쟁이다.

전쟁은 왜 일어나는가? 수많은 합리적 변명과 명분에도 전쟁이 일어나는 원인은 그리 아름답지 않으며, 다음과 같은 요인들이 지적될 수 있다.

(1) 자원의 결핍
(2) 영토의 확장

---

152) 『道德經』(36).
153) 『淮南子』(1) 原道訓.
154) 『淮南子』(16) 說山訓.
155) 『淮南子』(15) 兵略訓.

(3) 정치지도자의 공명심
(4) 불의를 응징한다는 명분
(5) 우발적 충돌
(6) 복수심
(7) 삶의 지루함

결국 인간이 바라든 바라지 않든 역사에 전쟁은 지속되었고 앞으로도 지속될 것이다. 그것은 당위Sollen의 문제가 아니라 존재Sein의 문제이다. 폭력을 거부하는 것이 도덕적일 수는 있으나 그것은 연약한 무리의 항변으로 그칠 수 있다. 정치학은 이 점을 외면할 수 없다.

동양의 사상사에서 전쟁론은 제자백가諸子百家의 중요한 주제였으며 그 논의의 입장도 자유롭고 대조적이었다. 성악설에 바탕을 둔 법가法家나 병가兵家에서는 단호하게 전쟁론을 주장하고 있는가 하면, 그와 다른 쪽에서는 염전이나 부전의 논리도 깊은 뿌리를 내리고 펼쳐졌다. 염전의 논리 앞에는 노자가 있었다. 그리하여 역사적으로 중국이 거대한 통일을 이루었을 때는 유가사상이 전면에 나서고, 분열의 시대나 거대한 통일 국가가 모순에 봉착할 때는 노장사상이 전면에 나섰다.[156]

선진先秦 사상에서 부전不戰 사상이 등장하게 된 데에는 그럴 만한 이유가 있었다. 그것은 곧 그 시대가 그만큼 난세였기 때문이었다. 시군弑君과 폭압을 보며 그들은 이를 종식하는 것이 그들의 책무라고 여겼다. 그런 점에서 보면 노자의 반전 의식은 춘추전국 시절의 "상작"相斫(전쟁)에 대한 반감에서 비롯되었다.[157]

그러나 그들이 전쟁의 부도덕함을 지적한다고 하더라도 역사에서 전쟁의 존재성을 부인하는 것은 아니었다. 다만 그러한 전쟁이 일어날 수밖에 없었던 현실, 곧 전쟁이 일어난 원인과 제폭除暴의 정당성에 관한 엄격한 규정성을 담고 있을 뿐이었다. 『회남자』는 전쟁이 일어난 이유를 이렇게 설명하고 있다.

> 말세에는 힘써 땅을 넓히고 경계를 침범하여 겸병兼倂을 그치지 않고, 공의롭지 않은 군사軍事를 일으켜 무죄한 나라를 정벌하고 무고한 백성을 죽여 앞서간 성현

156) 최진석, 「老子의 『道德經』」, p. 238.
157) 陳鼓應(지음)·최진석(역), 『老莊新論』, pp. 127~128.

의 뒤를 끊어버렸다. 큰 나라는 나가서 공격하고 작은 나라는 성에서 지키며, 남의 소와 말을 빼앗고 남의 자녀를 가두며, 남의 종묘宗廟를 부수고 남의 귀중한 보배를 가져가며, 천 리에 피를 흘리고 들에 해골을 가득 채움으로써 탐주貪主의 욕심을 채우니 이는 당초에 병사를 일으킨 소이所以가 아니다. 병사는 포악을 정벌하고자 함이지 포악을 저지르고자 함이 아니다.[158]

노장의 전쟁 인식에 따르면, 역사에서 병사兵事의 유래는 오래되었다. 『회남자』는 전쟁의 역사를 이렇게 말하고 있다.

황제黃帝는 일찍이 염제炎帝와 싸웠고, 전욱顓頊은 일찍이 공공共工과 싸웠으며, 황제는 탁록涿鹿의 들에서 싸웠고, 요堯는 단수丹水의 포구에서 싸웠으며, 순舜은 유묘有苗를 정벌했고, 우왕禹王의 아들 계啓는 유호有扈를 공격했다. 그래서 오제五帝 때로부터 전쟁을 막을 수 없었으니 하물며 말세에서야 더 말할 나위가 없다. 대체로 병사는 폭동을 금지하고 소란을 토벌하는 것이다.

염제가 화재를 일으켰으므로 황제는 그를 잡았고, 공공이 수해를 일으켰으므로 전욱이 그를 죽였다. 도로써 가르치고 덕으로 인도해도 듣지 않으면 무위武威로써 상대한다. 무위로써 상대해도 좇지 않으면 병혁兵革으로 제재한다. 그러므로 성인의 용병은 머리를 빗거나 묘상苗床의 김을 매는 것과 같아서 제거하는 것은 적어도 이익이 되는 바는 많다.[159]

노자는 전쟁의 존재를 부인하지 않았다. 그러나 진정으로 장수 노릇을 잘하는 무리는 무력을 쓰지 않는다. 이것을 일컬어 싸우지 않음의 덕이라고 한다.[160] "나에게 세 가지 보배가 있는데 첫째는 부드러움이요, 둘째는 아낌이요, 셋째는 하늘 아래 앞서지 않음이다."[161] 여기에서 노자가 강조하고자 하는 바는 다투지 않음[不爭]이다.

도로써 사람의 주인을 보좌하는 사람은 무력으로 천하를 강력하게 하지 않아야 한다고 그는 권고한다. 무력의 대가는 반드시 자기에게 되돌아오기 마련이다. 군대가 머문 곳에는 가시덤불이 생겨나고, 대군이 일어난 뒤에는 반드시 흉

158) 『淮南子』(8) 本經訓.

159) 『淮南子』(15) 兵略訓.

160) 『道德經』(68) : "善爲士者不武 …… 是謂不爭之德"

161) 『道德經』(67) : "我有三寶 持而保之 一曰慈 二曰儉 三曰不敢爲天下先"

년이 따른다. 전쟁은 부득이 어려움을 구해줄 뿐이지 무력으로 남의 것을 취하지 않는 것이 도이다.[162]

전쟁이 사악한 것임에도 역사에는 전쟁을 회피할 수 없는 경우가 있었음을 노장은 잘 알고 있다. 그리고 이겨야 할 전쟁도 있었다. 병사를 은밀히 논의하는 것은 천도요, 계획의 성패를 결정하는 것은 지형이며, 분명히 말해야 할 것은 인사人事요, 승리를 결정하는 것은 권세權勢이다.

그러므로 상장上將은 용병하며 위로 천도를 얻고 아래로 지리地利를 얻으며, 중간에 인심을 얻어 곧 기機로써 행하고 세勢로써 발동하므로 군사가 패배하는 일이 없다. 중장中將은 위로 천도를 모르고 아래로 지리를 모르며, 전적으로 사람과 세력만 믿으므로 반드시 만전을 기대할 수 없지만 승리는 반드시 많다. 하장下將은 용병에 관하여 널리 들었으나 스스로 어지럽고, 많은 것을 알지만 스스로 의심하여 거처하면 두려워하고 출발하면 주저하기 때문에 움직이면 남에게 사로잡힌다.[163] 노장은 승리의 미덕을 부인하지 않았다.

이런 점에서 볼 때 노장의 부전 사상이 마치 그들이 전쟁의 존재를 근본적으로 부인했다고 이해한다면, 이는 그들의 진심이 아니다. 전쟁은 없어야 할 일이지만 어찌하더라도 회피할 수 없는 전쟁이라면 지는 것이 미덕은 아니다. 다만 그 전쟁을 억제하는 것이 더 지혜로운 일이라고 강조할 뿐이다.

탕왕의 영토는 사방 70리이며 왕이 된 것은 덕을 닦았기 때문이요, 지백智伯이 천 리의 땅을 가지고서도 멸망한 것은 무력에 힘썼기 때문이다. 그러므로 천승千乘의 나라도 문덕文德을 이루는 무리는 왕이 되고, 만승萬乘의 나라도 군사를 즐겨 부리는 무리는 멸망한다.[164] 그러면서 『회남자』는 다음과 같은 세 가지 용병술을 제시하고 있다.

> 첫째로, 국가를 다스리고 경내를 정리하며, 인의를 실행하고 덕혜德惠를 펴며, 왕법王法을 세우고 사도邪道를 막으면 군신群臣이 서로 존경하고 따르며, 백성이 화목하게 모이며, 상하가 마음을 한 가지로 하고 군신君臣이 힘을 함께하며, 제후

---

162) 『道德經』(30) : "以道佐人主者 不以兵强天下 其事好還 師之所處 荊棘生焉 大軍之後 必有凶年 善有果而已 不敢以取强"

163) 『淮南子』(15) 兵略訓.

164) 『淮南子』(15) 兵略訓.

가 그 위엄에 복종하고 사방이 그 덕을 입으며, 정치를 묘당廟堂의 위에서 시행하여도 천 리 밖까지 절충되어 두 손을 마주 모아 잡고 인사[拱揖]하고 지휘하며 천하가 모두 향응響應한다. 이것이 용병의 상책이다.

둘째로, 토지가 넓고 인민이 많으며, 군주는 현명하고 장수는 충성스러우며, 나라는 부유하고 사병은 강력하며 약속을 지키고 호령이 분명하면 두 나라 군사가 서로 부딪쳐도 북과 종을 서로 바라만 보며 아직 군사들이 충돌하지 않고, 칼날을 마주치지도 않았는데 적병이 서둘러 도망한다. 이것은 용병의 중책이다.

셋째로, 토지의 편리를 알고 험애險隘의 이익에 익숙하며, 기정奇正의 변變에 밝고 행군의 분합分合의 방법을 살피며, 북채를 잡고 북을 쳐 흰 칼날이 맞부딪고 나는 화살이 이어지며, 핏속을 건너고 창자를 풀어헤치며, 사망자를 실어 나르고 부상자를 부추겨 유혈이 천 리에 낭자하고 해골이 전장에 가득 드러나서야 승리를 결정한다. 이는 용병의 하책이다.[165]

결국 노장이 생각하는 부전사상의 핵심은 전쟁의 존재를 부인하지 않지만, 유혈은 죄악이라는 인식을 밑바탕에 깔고 있다. 이와 같은 염전의 논리가 역사에서 수많은 전화戰禍로 얼룩진 중국의 정치사상이라는 점은 역설적이다. 전쟁이 극심했기 때문에 간곡한 염전의 논리가 성립되었다는 설명이 가능한 동시에, 그와 같은 염전의 논리에도 불구하고 그토록 전화가 극심했던 역사적 현실에 관한 힐문詰問이 가능하기 때문이다.

노장이 끝내 하고 싶었던 말은 전쟁이란 무력으로써 이길 수 있는 것이 아니라는 점이다. 옛날에 하夏의 곤鯀이 세 길이나 높은 성을 쌓으나 제후들이 배반하고 사해의 여러 나라가 교활한 마음을 품었다. 이에 우禹는 천하가 반란을 일으킬 줄 알고 그 성을 헐고 연못을 메우며 재물을 풀어놓고 무기를 불태우며 덕을 베풀자 해외가 복종하고 사방의 오랑캐들이 공물을 바쳤다.

그리고 제후를 도산塗山에 모으니 옥과 비단을 가져오는 무리가 만국이나 되었다.[166] 그러므로 도를 얻은 군대는 말과 수레를 움직이지 않고, 말에 안장을 얹지 않고, 깃발을 펄럭이지 않고, 갑옷은 화살을 받지 않고, 칼날을 피에 물들이지 않는다.[167] 폭력에 관한 노장의 되풀이되는 주장은, 아무리 정교한 병기라

165) 『淮南子』(15) 兵略訓.
166) 『淮南子』(1) 原道訓.
167) 『淮南子』(15) 兵略訓.

도 상서롭지 못한 기물일 뿐이라는 점이다. 세상 사람은 누구든지 그것을 혐오할 뿐이니 그러므로 도道가 있는 무리는 그것에 처處하지 않는다.

무기란 도무지 군자君子의 기물이 아니나 어쩔 수 없어 그것을 쓸 뿐이다.[168] 하늘의 길은 다투지 않으면서도 잘 이기는데,[169] 이를테면 무왕武王이 주왕紂王을 칠 때 칼을 뽑지 않고도 천하를 얻음과 같다. 그러므로 잘 지키는 무리는 침범하지 않고 잘 싸우는 무리는 다투지 않는다.[170] 그런즉 왜 다투며 살아야 하는가를 묻는다. 그러면서 『회남자』는 다음과 같은 일화를 들려준다.

> 위魏의 무후武侯가 이태李兌에게 물었다.
> "오나라가 멸망한 까닭은 무엇인가?"
> "오나라는 자주 싸워 자주 이겼기 때문입니다."
> "자주 싸워 자주 이겼으면 나라의 복이 될 터인데 그 나라만 멸망하는 것은 무슨 까닭인가?"
> "자주 싸우면 백성이 피폐하고 자주 이기면 임금이 교만해집니다. 교만한 임금이 피폐한 백성을 부려 나라가 멸망하지 않은 일은 천하에 드뭅니다."[171]

그러므로 정치를 잘하는 무리는 덕을 쌓고, 용병用兵을 잘하는 무리는 노여움을 잘 참는다.[172] 큰 나라가 작은 나라에게 자기를 낮추면 작은 나라에 믿음을 주고, 작은 나라가 큰 나라에게 자기를 낮추면 큰 나라에 믿음을 얻는다.[173] 전쟁은 되도록 피해야 할 악행이다.

노장이 다툼을 부정하고 "부드러움"의 아름다움을 주장한 것은 정치적 관용tolerance의 사상적 기초를 제공해 주었다. 로크John Locke 이후 서구사상사의 중심 개념으로 등장한 관용의 덕목[174]은 자연주의에 뿌리를 둔 노장의 사상에서 이미 일찍부터 자리 잡고 있었다. 다만 그것이 유교의 지배 논리에 묻혀 드러나

---

168) 『道德經』(31) : "夫佳兵者 不祥之器 物或惡之 故有道者不處 …… 兵者 不祥之器 非君子之器 不得已而用之 恬淡爲上"
169) 『道德經』(73) : "天之道 不爭而善勝"
170) 『淮南子』(15) 兵略訓.
171) 『淮南子』(12) 道應訓.
172) 『淮南子』(15) 兵略訓.
173) 『道德經』(61) : "大國以下小國 則取小國 小國以下大國 則取大國"
174) John Locke, *The Second Treatise of Government*, pp. 125ff.

보이지 않았을 뿐이다.

5. 결론

이 장의 결론은 다음과 같다.

[1] 노장사상이 무위의 정치를 주장하고 있음에도 그것은 매우 현실 참여적이었고, 정치 지향적이었다. 그러한 경향을 담고 있는 노장이 마치 염세적이고 허무주의적이며 현실도피적인 것으로 후대에 인식된 것은 기이한 일이다.

[2] 노장사상이 국가나 권력에 관하여 일정한 거리를 두고 있었고, 정치에 관하여 냉소적이었던 것은 사실이며, 이러한 관념이 은일隱逸을 낳았다. 이와 같은 노장의 탈脫정치적 의식은 정치학에 부정적인 영향을 끼친 측면이 있다.

[3] 그러나 노장이 권력을 부인한 것은 아니다. 그들은 권력의 최소화를 바랐을 뿐이다. 그들의 허무주의의 밑바닥에 깔려 있는 냉소주의는 그들이 마치 정치를 뜬구름처럼 생각한 무리인 것처럼 보이게 했지만 사실상 노장은 정치적 인간들이었다.

[4] 노장사상이 담고 있는 "버림"과 "나눔"의 논리는 원시 사회주의의 발생에 암시를 주었고, 결과적으로 동양 사회가 사회주의를 수용하는 과정에서 친화력을 제공했다. 이것은 달리 말하면, 동양 사회에서 자본주의를 설득하는 데 장애요소가 되었음을 의미할 수도 있다.

[5] 노장의 철학이 지니는 가장 중요한 가치는 비판과 자유 의지의 함양이었다. 특히 권력으로부터의 자유 의지는 조선조 사림士林의 사상적 기초를 제공했다. 다만 그것이 사상사적으로 반드시 긍정적이었는지 어떤지는 또 다른 논의의 대상이 된다.

중세 : 교정敎政의 갈등과 공존

"종교에 관한 연구는
신학을 전공하지 않는 독자에게는
지루함을 느끼게 하며,
신학을 전공하는 이에게는
독단적이고도 피상적인 느낌을 주겠지만,
이 논의를 비켜 갈 수는 없다."

—베버Max Weber,
The Protestant Ethics and the Spirit of Capitalism,
1958

제8장 나말여초의 사조

도선道詵(827~898)/ 최치원崔致遠(857~?)/ 궁예弓裔(?~918)

"나는 달(깨달음)을 가리키는데,
그대는 손가락(경전)만 쳐다보는구나."[1)]
—달마達磨/ 지눌知訥

"예언은 늘 멀고 아득하다."[2)]
—E. 루트비히

1. 서론

한 왕조의 흥망성쇠에는 늘 우수憂愁, pathos가 따른다. 정치가 인간의 삶에서 최고의 가치는 아니지만, 군주이든 관료이든 백성이든, 그 누구도 왕조의 변천에 무심할 수는 없다. 그때 느끼는 국민적 정서는 매우 복합적이다. 그런 날이 오면, 어떤 계급은 들뜬 기분으로 새 역사를 꿈꿀 것이고, 어떤 계급은 위기 의식에 사로잡혀 다소는 두려운 눈길로 미래를 바라볼 것이고, 어떤 계급은 새 역사에 적응하지 못하고 슬픔과 좌절 속에 삶을 체념할 수도 있고 누구는 일확천

1) Zenryu Tsukamoto, "Buddhism in China and Korea," Kenneth W. Morgan(ed.), *The Path of the Buddha*(New York : The Ronald Press Co., 1956), p. 211; 『東文善』(117) 碑銘 金君綏(撰) 曺溪山修禪社佛日普照國師碑銘 : "指以標月兮 月不在指"
2) E. 루트비히(지음)·김문호(옮김), 『예수의 전기』(서울 : 지호, 1998), p. 275.

금을 노린다. 그 어느 쪽이든 이 시대 민중의 심층 심리는 떠돈다.

이러한 왕조 변혁의 격동기에 나타나는 민중 심리를 가장 잘 표현해 주는 것이 곧 그 시대의 종교이다. 때로는 지난날에 관한 후회와 한탄을 담고 있고, 때로는 미래에 관한 예언과 희망을 담고 있는 종교의 공통된 특징은 계시적이며 위기 탈출의 방략을 담고 있다.

종교는 일반적으로 희망의 철학Philosophie der Hoffnung으로서의 성격을 띠고 있는 것이 사실이지만, 그것이 때로 정치와 유착되거나, 본의는 아니었다 하더라도 정치 문제와 연루될 때, 종교는 그 절대자의 가르침과는 조금 달리 정치를 해석하게 되는데, 이때 그의 해석은 왕조의 존립에 방조적일 수도 있고 냉소적일 수도 있다. 그 어느 쪽이든 이때의 종교는 격동의 시대를 살고 있는 민중이 현실을 어떻게 인식하고 해석하느냐의 문제에 중대한 영향을 끼치며 역사를 관통하고 있다.

이러한 문제를 나말여초에 대입해 볼 때, 왕조 교체의 격동기에 먼저 반응을 보인 곳은 불교계였는데, 원효元曉와 의상義湘 이후 신라 사회를 지배해온 교종敎宗에 대한 반성이 그 첫 번째의 변화였다. 그 결과 깊은 산간에 몸담고 있었던 불교의 속성과 노장老莊의 자연주의와 융합을 이루며 선종禪宗이 등장했다.

이 사조는 자연으로 돌아가려는 귀소歸巢 본능이었다. 이런 융합으로 말미암아 선종의 고승은 곧 노장의 대가로서 그 시대의 정신사를 지배했다. 그 가운데 한 인물이 곧 도선道詵이었다. 그에게 덧칠된 수많은 신화에도 불구하고 그를 거치지 않고서는 그 시대를 읽기 어렵다.

이러한 변화는 단순히 어느 교파가 우위를 차지하거나 몰락하는 일에 그치는 것이 아니라 신분의 동요와 병행하여 일어났다. 성·진골과 중간 관료의 대립은 신라사에서 갈등을 끈질기게 유발했으며 왕조가 정치적으로 불안하게 되었을 때 그러한 대립은 잠복기를 벗어나 현실 문제로 표면화하기 시작했다.

대체로 전환기의 사상적 갈등에 가장 민감했던 무리는 그 사회의 주류로부터 빗겨 서 있었던 중·하위층의 주변부 지식인들counter-elite이었는데, 신라의 경우에는 육두품六頭品 출신들이 바로 그들이었다. 그들은 지방 호족의 핵심을 이루며 새로운 시대의 주력으로 등장했다. 그 중심에 최치원崔致遠이 있었다.

아울러 왕조의 흥망성쇠에는 늘 내세 신앙이 등장하는데, 그 대표적 인물이 곧 궁예弓裔였다. 참언讖言은 그 시대를 대표하는 민중의 목소리이다. 참언과 비기秘記가 지니는 비과학성에도 불구하고 그것이 그 시대에 끼치는 영향력은 견줄 수 없이 크다. 그것은 종교와 사상은 물론 사회 구조와 시대의 아픔과 이상을 대변한다는 점에서 시대를 읽는 거울이었다.

문명을 통한 개명을 거치지 않은 전근대 사회에서 비기와 참언의 구실은 세속 질서의 중요 가치였다. 이러한 비기와 참언은 뒷날 문명도 쉽게 씻을 수 없는 지탱력으로써 한 시대를 지배했다. 이때의 사조가 얼마나 다양하게 융합하여 존재했던가에 관해서는 최치원의 「난랑비」鸞郎碑 서문에 다음과 같이 기록되어 있다.

> 나라에 현묘玄妙한 도가 있으니 풍류風流라 한다. 가르침의 근원에 관해서 선사仙史에 자세히 갖추어져 있거니와, 실로 이는 삼교三敎를 포함하고 뭇 백성과 닿아 교화한다. 이를테면 들어와서는 집안에서 효도하고 나아가 나라에 충성함은 노魯나라 사구司寇(공자)의 가르침이고, 하려 함이 없이 이루고[無爲之事] 말없이 가르침[不言之敎]은 주周나라 주하사柱下史(노자)의 뜻이며, 모든 악행을 짓지 말고 모든 선행을 받들어 행동하라 함은 축건태자竺乾太子(불타)의 교화이다.[3]

왕조 교체기에 나타나는 위와 같은 사조는 개별적으로 나타나는 것이 아니라 서로 맞물려 돌아가는 유기적 존재들이었다. 따라서 선종의 고승은 불교와 노장 또는 도교를 따로 생각한 것이 아니라 그 모두를 절충했다. 최치원의 생애에서는 어디까지가 유교이고 어디까지가 선종에 관련되어 있는지를 분별하기가 쉽지 않으며, 궁예는 불교도이자 예언자이며 정치적 야망가였다.

이와 같이 유·불·선 3교가 상호 연관을 이루며 추진되었고, 나아가 복합화한 것이 바로 나말여초의 시대적 흐름이었다.[4] 그들은 종교·사상·지역·신분의 문제로 서로 얽혀 신라 말과 고려 초의 정치적 시대상을 이끌어 갔다.

---

3) 『三國史記』 新羅本紀 眞興王 37년 봄.

4) 崔柄憲, 「道詵의 생애와 나말여초의 풍수지리설」, 『한국사연구』(11)(한국사연구회, 1975), pp. 101~102. 나말여초의 이러한 사조에 관한 틀은, 김석근, 「나말여초의 정치 변동과 정치사상 : 선종을 중심으로」, 『한국정치연구』(13/1)(서울대학교 한국정치연구소, 2004), p. 4에서 암시받은 것이다.

2. 선종禪宗의 등장

인간의 삶에는 많은 고통이 따른다. 인간의 본성은 아픔에 관한 기억이 기쁨에 관한 기억을 압도한다. 그리고 나의 아픔은 늘 남의 아픔보다 더 아리게 느껴진다. 그래서 기독교에서 "나의 십자가가 가장 무겁다."고 느껴지듯이, 불교에서도 고통은 극복해야 할 업보였다. 그것은 줄일 수 있어도 원초적으로 비켜 갈 수 없다는 점에서 운명적이었다. 종교는 인간의 바로 그러한 아픔의 문제에 파고들었다. 그 고통은 어디에서 오는가?

이에 관하여 유마거사維摩居士는 인간이 삶에서 겪는 고통을 다음과 같은 여덟 가지로 구분하였다.

(1) 태어남의 고통[生苦]
(2) 늙음의 고통[老苦]
(3) 질병의 고통[病苦]
(4) 죽음의 고통[死苦]
(5) 사랑하는 사람끼리 헤어져야 하는 고통[愛別離苦]
(6) 원수와 미운 이를 만나야 하는 고통[怨憎會苦]
(7) 얻고 싶어도 얻지 못하는 고통[求不得苦]
(8) 오음五陰[色·受·想·行·識][5]이 치성한 고통[五陰盛苦]

여기에 아홉 가지의 번뇌[九惱], 곧 애욕[愛], 성냄[恚], 아만[慢], 어리석음[癡], 의심[疑], 견혹[見], 취혹[取], 질투[嫉], 인색한 욕심[慳]이 인간을 더욱 고통스럽게 만든다고 지적한다.[6]

이러한 고통을 극복하는 것은 물질의 힘이 아니라 마음을 다스리는 것이라는 데 불교의 교리는 합의된 입장을 보인다. 그래서 고승들은 이르되 "천 가지 경經(부처님의 말씀)과 만 가지 논論(부처님의 말씀에 관한 고승들의 해석)이 본래의 진심을 지키는 것보다 지나침이 없다"[7]고 한다. 그 마음을 찾아가는 명상의 시간을

---

5) 오음 : 오온五蘊이라고도 하는데, 불교에서 생멸·변화하는 모든 것을 구성하는 다섯 요소, 곧 물질인 색온色蘊, 감각 인상인 수온受蘊, 지각 또는 표상인 상온想蘊, 마음의 작용인 행온行蘊, 마음의 본체인 식온識蘊을 이른다.

6) 이영무(옮김), 『維摩經講說』(서울 : 월인출판사, 1989), 方便品, p. 98.

선禪이라고 한다. 이는 읽어서 되는 일도 아니고, 가르쳐서 되는 일도 아니며, 오로지 고요함calmness과 명상meditation을 거쳐 이뤄질 수 있다.

선의 시작은 영산靈山의 설법에서 석가모니께서 말없이 꽃을 들자 가섭迦葉만이 그 뜻을 알고 미소를 지었다는 이른바 염화시중拈華示衆에서 시작되었다. 이때부터 가르침의 전승은 말씀이 아니라 마음으로 이어진다는 전통이 이뤄졌다. 그 뒤 가섭 존자는 의발衣鉢을 아난阿難에게 물려 주었고, 중간에 마명馬鳴·용수龍樹·천진天眞 등으로 이어졌는데, 문자로 기록되지 않고 달마선사達摩禪師, Bodhidharma(?~528)에 이르렀다.

가섭으로부터 달마에 이르기까지 인도의 교조는 모두 28조祖가 된다. 남천축의 바라문 출신의 달마는 27조의 성명을 이어 서기 520년 무렵에 중국으로 건너가 숭산嵩山의 소림사少林寺에서 벽을 보며 참선한 지 9년 만에 비로소 설법을 이어줄 사람을 얻고 입멸入滅했다. 그러므로 달마를 중국 선종의 시조로 본다.[8)]

달마는 중국 불교인의 뿌리가 아직 숙성되지 않아 선법을 받아들일 토양이 없음을 알고 홀로 참선하여 대각한 뒤에 이를 제자인 2조祖 혜가慧可에게 물려주었다. 이후 법맥이 3조 승찬僧瓚(?~606), 4조 도신道信(580~651), 5조 홍인弘忍(602~675)으로 이어지는데 이를 능가종楞伽宗이라 부른다.[9)]

능가종이라 함은 처음 달마가 혜가에게 선법을 전할 때 『능가경』楞伽經 4권을 믿음의 경전으로 삼아 전수한 데서 비롯한다. 또한 능가사楞伽寺에서 주석한 5조 홍인의 선법을 동산법문東山法門이라 부른다.[10)] 이 선법이 어떤 것이었는지 알 수 없지만 염불하는 좌선관법의 일종이었을 것이다. 홍인은 문하에 500여 명의 제자를 두었다.[11)]

선종은 언어를 드러내지 않으며, 문자를 내세워 저술하지도 않고, 곧바로 마음을 돌아봄[直指本心]으로써 하늘이 준 성선性善을 깨달아 성불成佛하는 것을 교의로 삼아 불교의 형식을 크게 변화시켰다. 달마의 행적은 신화에 싸여 그 행적

---

7) 윤성민(외), 『禪家龜鑑諺解』(하)(서울 : 박이정, 2006), p. 132 : "祖師云 千經萬論 莫過守本眞心"

8) 『釋氏源流應化事蹟』(3)(서울 : 法寶院, 2006), pp. 94~95 : "達磨渡江"

9) 이능화, 『조선불교통사』(3)(서울 : 동국대학교출판부, 2010), pp. 323~351.

10) 弘仁의 생애에 대해서는, 贊寧(撰), 『宋高僧傳』(上/8)(北京 : 中華書局, 1987), pp. 171~172 참조.

11) 소운, 『하룻밤에 읽는 불교』(서울 : 랜덤하우스중앙, 2004), p. 83.

모두를 믿을 수는 없고, 심지어 어떤 이는 달마가 실존 인물인지 아닌지에 관한 의문[12]을 제기하였다.

그러면서도 그가 선종의 역사에 정설이 되어 내려왔던 것은, 그만큼 이들의 반권위주의적 기질이 높았기 때문이었다. 불교라고 하지만 인도에 뿌리를 둔 것이 아니라 중국 불교의 성격을 띠고 있는 선종은 신비주의적 명성과 친화력으로써 불교의 한 종파로 자리를 굳혀 갔다. 선이란 무엇인가에 관한 대답은 달마의 다음과 같은 가르침에 잘 나타나 있다.

> 경전은 깨달음의 달을 가리키는 손가락에 지나지 않는다. 그러므로 달을 볼 수 있다면 손가락은 더 이상 쓸모가 없다. 그러나 경전을 공부하고 해석하고자 방황하느라고 달을 바라보는 일을 잊고 깨달음에 이르기를 잊는다면 그것은 부처를 머리에 이고 다니려는 것과 같다. 부처와 중생은 모두 자성自性을 지니고 있다. 이를 명료하게 알려면 참선해야 한다. 부처와 중생이 꼭 같다는 것을 흔들림 없이 깨닫게 되었을 때, 그때는 더 이상 경전에 쓰인 가르침을 따를 필요가 없다.[13]

선가에서는 "불교란 아는 것이 아니라 깨달음"이라고 가르친다. 깨달은 사람은 즉시 다 보지만 깨닫지 못한 사람은 먼 겁劫을 기약해야 한다.[14] 선의 원래 명칭은 선나禪那인데 그 어원은 산스크리트어의 *Dhyana*를 음역한 데서 비롯되었다. 영어로는 흔히 zen 또는 meditation이라 번역한다.

불타는 경전 이외에 "마음에서 마음으로 알려주며 문자를 내세우지 않는다."[以心傳心, 不立文字]는 비법으로 전수했다.[15] 선종의 이러한 신비주의가 중국의 불교를 강타했을 때, 부처의 쓰인 말씀을 신봉하던 전통 불교에서는 선종의 가는 길에 의심을 품기 시작했다. 이러한 의문에 관한 대답으로 이규보李奎報의 설명을 들어볼 필요가 있다.

> 대체로 헤아려 보건대 부처의 법은 한 가지인데, 혹은 선禪이라고도 일컫고 혹은

---

12) 심재룡, 『知訥 연구』(서울 : 서울대학교출판부, 2004), p. 145.

13) Zenryu Tsukamoto, "Buddhism in China and Korea," p. 211.

14) 윤성민(외), 『禪家龜鑑諺解』(상), p. 202 : "悟人即頓見 迷人期遠劫"

15) Fung Yu-lan, Derk Bodde(ed.), *A Short History of Chinese Philosophy*(New York : The Free Press, 1966), p. 255.

교敎라고도 칭하는 것은 어째서인가? 부처의 마음[佛心]을 선이라 이르고 부처의 말씀[佛說]을 교라 이른다. 교라는 것은 법을 얻는 도구이니, 법을 얻고 나면 교리는 곧 소용이 없는 것이 되고 만다. 만일 그렇지 않고 문자에 얽매여 그 귀추를 모르면 종신토록 허둥지둥하여, 부처를 구하는 마음이 매우 근실勤實할지라도 효과를 보는 것은 더딜 것이다. 선이란 부처와 조사祖師가 견성見性하던 한 법이다.[16]

선이란 중국의 당대唐代에 이전의 교학 불교를 일체 부정하는 데서 생겨난 과격한 운동으로서 문자로 쓰인 경전과 일기를 부정하는 시적 영감poetic inspiration이었고, 그 근본은 아나키스틱anarchistic한 것이다.[17] 번거로운[繁鎖] 교리를 부정하고 인간 본래의 심성을 닦는 것, 타고난 본성 자체가 불성佛性임을 아는 것이 곧 이치를 깨닫는 것이라고 그들은 생각했다. 마음을 한데 모아 그런 경지에 이르는 데 필요한 것이 바로 선이다.

정형화한 경전이나 교리서는 "살아 있는 지식"이 아니라 "죽은 지식"에 지나지 않는다. 그리고 인간은 태어날 때부터 불성을 갖추고 있는데, 그것을 어떻게 깨닫느냐 하는 것이 핵심이다. 명상에 의존하던 선종은 개인주의의 취향을 띠지 않을 수 없었다. 이런 측면으로 말미암아 선종은 정치적으로 절대 왕권을 부정하는 성격을 담고 있었다.[18] 선종의 핵심은 권위의 부정이다.

문자를 모르는, 그래서 교종이라는 것이 어렵게만 들리는 민중에게, 문자를 부정하는 포교 방법은 매우 매력적인 울림으로 들렸을 것이다. 수없이 되풀이되는 "……이기도 하며, ……이 아니기도 하다." "……도 아니며, ……도 아니다." "A이기도 하며, B이기도 하다."는 원효元曉 식의 논리는 사고의 확대와 도피처를 제공해 주는 동시에, 법어의 어려움을 불러일으켜 민중과의 거리를 더 멀게 했다.

선종에 따르면, 성불하는 최선의 수양 방법은 어떤 수양도 의도적으로 하지 않는 데 있다. 고의적으로 노력을 기울여 자신을 수양하는 것은 유위有爲이다. 그리하여 최선의 수양 방법은 고의적인 노력이나 목적을 둔 마음 없이 자기의

---

16) 『東國李相國全集』(25) 榜文 大安寺同前榜 : "夫浮屠氏之法 一也 或稱禪或稱教 何也 佛心謂之禪 佛說謂之教 教也者 得法之具也 沿而得之 則筌蹄也芻狗也 如或不然 桎梏文字 而迷其指歸 則終身遑遑 求佛甚勤 而見效轉遲也 若禪者 佛與祖見性之一印也"

17) 김용옥, 『금강경강해』(서울 : 통나무, 2000), p. 39.

18) 김석근, 「나말여초의 정치변동과 정치사상」, 한국·동양정치사상사학회(편), 『한국정치사상사』(서울 : 백산서당, 2005), pp. 123~126.

할 일을 다하는 데 있다. 이것은 바로 노장老莊이 말하는 "무위"無爲이며 "무심"無心이다.[19] 이런 점에서 볼 때 선은 불교와 노장의 만남으로 풀이될 수 있다.

달마 이후 가섭 불교의 중국적 변용이라 할 수 있는, 선종이 실체로 등장하기 시작한 것은, 5조 홍인을 거쳐 6조 혜능慧能(638~713) 이후였다.[20] 본디 비천하여 나무꾼으로 생계를 이어가던 혜능은, 홍인의 명성을 듣고 황매현黃梅縣 동선사東禪寺로 그를 찾아간다. 홍인은 6조를 선양禪讓하고자 수도하던 제자들에게 선시禪詩를 짓게 했다. 수재이며 명망이 높아 6조의 대통을 이어받으리라는 중망을 받던 신수神秀(605~706)가 먼저 글을 올려바쳤다.[21] 신수가 그 시에서 이렇게 읊었다.

몸은 바로 깨달음의 나무요
마음은 밝은 거울을 거는 받침대와 같네.
때때로 부지런히 털고 닦으면
티끌 먼지 일어나지 않으리라.
身是菩提樹 心如明鏡臺 時時勤拂拭 勿使惹塵埃[22]

이 시를 들은 혜능은 다음과 같은 시를 지어 홍인에게 올렸다.

깨달음에는 본디 나무가 없었고
밝은 거울도 본디 받침대가 아니네.
본디 한 물건도 없는데
어느 것에 티끌과 먼지 일어나리.
菩提本無樹 明鏡亦非臺 本來無一物 何處惹塵埃[23]

신수의 글에는 교육의 재기가 보이고, 혜능의 글에는 회의에 찬 깨달음이 보인다. 신수의 게偈가 동진東晉의 승려로서 구마라집鳩摩羅什의 문하 4철四哲 가운

---

19) Fung Yu-lan, Derk Bodde(ed.), *A Short History of Chinese Philosophy*, p. 259.

20) 혜능의 생애에 대해서는, 贊寧(撰), 『宋高僧傳』(上/8), pp. 173~176; 『釋氏源流應化事蹟』(3), pp. 202~203 「南派慧能」 참조.

21) 신수의 생애에 대해서는, 贊寧(撰), 『宋高僧傳』(上/8), pp. 176~177 참조.

22) 『六祖法寶壇經解義』(서울 : 큰수레, 1995), pp. 200~201, 206.

23) 『六祖法寶壇經解義』, pp. 204, 207.

데 한 분이었던 도생道生의 불성佛性을 강조했다면, 혜능의 게는 진晉나라의 학승學僧 승조僧肇의 무無를 강조했다. 선종에서 두 경구가 있는데, 하나는 "마음이 바로 곧 부처"[卽心卽佛]이며 또 하나는 "아무런 마음도 없고 아무런 부처도 없다."[無心無佛]는 것이다. 신수의 게는 앞의 것인데 혜능은 뒤의 표현이다.[24]

이 두 편의 시를 놓고 홍인은 결국 혜능을 선택하여 그가 대통을 잇게 하리라고 결정했다. 그러나 주위의 질투와 신수의 저항으로 말미암아 혜능이 신변의 위협을 받자 홍인은 자신의 의발을 혜능에게 전수하고 몸을 숨기도록 당부했다. 혜능이 입적한 뒤에야 신수는 7조의 대통을 이어받았다. 이후로 선종은 "알리지 않음으로써 알렸고 닦음이 없는 것으로써 닦았다."[25]

이때로부터 선종은 남북의 두 개의 종으로 갈라지게 되었는데 혜능은 남종의 창시자가 되었고 신수는 북종의 창시자가 되었다. 뒤에 혜능의 제자들은 혜능의 가르침을 알림으로써 후세에 영향을 많이 끼치게 되었고, 그에 관한 전기를 『육조단경』六祖壇經으로 명명하여, 부처의 말씀과 같은 격의 "경"經의 반열에 올려놓았다.[26]

선사들은 개인적인 접촉으로 제자를 가르치는 것이 원칙이었다. 4세기에 이르기까지 성인의 말씀은 문자로 정착되지 않고 순전히 승려들의 기억으로 전승되었다.[27] 그러나 육성을 직접 듣지 못한 제자들에게 선조의 가르침을 알리려면 선사들의 말씀을 문자로 기록할 수밖에 없었다.

그리하여 "무"無라고 하는 것은 말할 수 있는 그 무엇이 아니기 때문에 "도"道는 언어로 표현하는 것이 불가능하다는 선학들의 가르침이 깨지고, 『육조단경』과 같은 문자의 가르침이 전승되기 시작했으나[28] 이것은 본디 선종이 지향하려한 바와는 다른 길이었다.

이후 7세기에 이르면 조직적인 운동으로서 선종이 역사에 뚜렷이 나타난다.

---

24) Fung Yu-lan, Derk Bodde(ed.), *A Short History of Chinese Philosophy*, pp. 256~257.

25) 『東文選』(117) 碑銘 金君綏 撰「曹溪山修禪社佛日普照國師碑銘」.

26) 김재경, 「新羅 下代의 禪佛教와 風水地理說의 興起 背景」, 『仁荷史學』(10)(인천 : 인하대학교, 2003), p. 159. 신화화한 혜능의 생애의 실존 여부에 관하여 회의적인 견해들도 있다. 예컨대 Fung Yu-lan, Derk Bodde(ed.), *A Short History of Chinese Philosophy*, p. 255 참조.

27) Edward Conze, *Buddhism : Its Essence and Development*(New Delhi : Munshriam Manoharlal Publishers Ltd., 1951), p. 89.

28) Fung Yu-lan, *A Short History of Chinese Philosophy*, p. 257 참조.

혜능과 신수를 중심으로 선은 남종선과 북종선으로 나뉘어 각기 지향하는 바가 달랐다. 경전 공부와 끊임없는 노력[漸修]을 강조하는 신수의 북종은 측천무후則天武后의 비호를 받았음에도 오래지 않아 시들었고, "단박에 깨치면[頓悟] 부처가 되니 경전 공부가 소용이 없다."고 생각한 남종은 시간이 흐를수록 중국인들의 호응을 받아 선종이라고 부르는 독특한 수행법을 개발했다.[29] 이를 가리켜 남돈南頓·북점北漸이라는 용어가 생겼다.

『육조단경』의 편자가 혜능의 남돈을 올리려고 신수의 북점을 깎아내렸기 때문에 선이 가장 번성했던 송대宋代조차도 신수의 북점은 인기가 없었다. 뒷날 유학 내부에서 주자학朱子學과 양명학陽明學이 조화를 이루는 경향과 병행하여, 불교 내부에서도 남돈과 북점이 조화를 이루려는 움직임이 나타나지만, 그들의 화학적 융합은 그리 쉽지 않았다.[30]

그렇다면 깨우침은 단박에 이루어진다는 남종의 돈오頓悟, sudden awakening와 끝없는 독경과 학습을 통하여 천천히 깨달음에 이른다는 점수漸修, gradual cultivation는 어떻게 다른가? 우선 돈오에 관하여 혜능의 말을 직접 들어보면,

> 선지식이여, 본디 바른 가르침에는 단박 깨침[돈오]과 점차로 닦음[점수]이 없지만 사람의 근기根基에 스스로 날카롭고 무딤이 있어 어리석은 사람은 점차로 닦아가고, 깨달은 사람은 단박 계합契合한다. 스스로 머무름이 없는 본디의 마음을 알고 스스로 모습 없는 본디의 성품을 보면 곧 차별이 없다. 그렇기 때문에 단박 계합契合함과 점차로 닦아감의 거짓 이름을 세운 것이다.[31]

이어서 혜능은 다음과 같은 게송을 들려준다.

> 법에는 단박과 점차의 차별이 없지만
> 사람들의 어리석음과 깨달음에 더딤과 빠름의 차별 있나니
> 다만 이 견성見性하는 진리의 문은
> 어리석은 사람들이 알 수 없어라.[32]

---

29) 심재룡, 『知訥 연구』, pp. 145~146.

30) 荒木見悟(저)·김석근(역), 『불교와 양명학』(서울 : 서광사, 1993), p. 152.

31) 『六祖法寶壇經解義』, p. 289 : "本來正教 無有頓漸 人性自有利鈍 迷人漸契 悟人頓修"

32) 『六祖法寶壇經解義』, p. 259 : "法卽無頓漸 迷悟有遲疾 只此見性門 愚人不可悉"

혜능이 말하고자 하는 바에 따르면, 본디 돈오와 점수에는 다름이 없다. 그러나 그의 법설의 행간에는 돈오에 관한 선호를 분명히 나타내고 있다. 이와 같은 돈오의 선종에 관하여 콘츠Edward Conze는 그 특징을 다음과 같이 정리하고 있다.

> (1) 선은 불교의 전통적인 측면들을 적대시했다. 불상과 경전을 경멸하고 기행으로 풍습을 비웃었다. 선은 급진적 경험주의 정신을 보여 주었다.
>
> (2) 선은 형이상학적 사색에 반대하고 이론을 싫어하며 추론을 없애려고 했다. 이해하기 어려운 사상들을 상세히 설명하기보다는 적절한 직관을 훨씬 더 소중히 여긴다. 추상적이고 일반적인 용어로 진리를 진술하는 것이 아니라 최대한 구체적으로 진술한다.
>
> (3) 혜능과 그의 후계자들에 따르면, 깨달음은 점차로 이루어지는 것이 아니라 "단박에" 실현되는 것이다. 그런데 사람들은 이 가르침의 의도를 오해했다. 선사들이 말하려고 한 것은 깨달음에는 준비가 필요 없다거나 깨달음은 짧은 순간 안에 얻어진다는 의미가 아니라, "초시간적인 순간" 곧 시간을 초월한 영원 속에서 일어난다는 뜻이었다. 그것은 우리 자신의 행동이 아니라 절대의 신비적 진실이어서 사람이 깨달음을 얻는데 할 일은 아무것도 없다.
>
> (4) 정토교淨土敎나 중관파中觀派 그리고 어느 정도 밀교密敎를 따라 선종은 불교적 삶의 완성이 역설적으로 불교적 삶을 부정하는 곳에서 찾을 수 있다고 믿었다.[33]

이상과 같은 점에서 본다면, 선종은 중국의 노장老莊이나 도교道敎의 자연주의 풍토를 밑바탕에 깔고, 초월적이면서도 탈속脫俗함에서 마음의 평화를 얻으려는 독특한 존재 양식의 종교였다. 이 당시의 선승들은 화엄종의 한계를 극복하는 사상 체계로 선종을 받아들이고 있었을 뿐만 아니라 불교나 노장사상을 복합적으로 이해하고 있었으며, 유학자라고 자처하던 이들도 불교나 노장사상을 아무 모순 없이 복합적으로 이해하고 있었다.

깨달음과 닦음의 문제는 후대에 화두를 남겨 주었다. 중국에서 이 문제를 가장 고민했던 사람 가운데 하나가 왕양명王陽明이었다. "배움의 길에는 곧바로 들어가는 길과 조금씩 나아가는 길 두 가지가 있는데, 배우는 사람은 이 두 가지를 함께 해나가지 않으면 안 된다." 남종에서 말하는 돈오[南頓]니 북종에서 말하

---

33) Edward Conze, *Buddhism : Its Essence and Development*, pp. 202~204.

는 점수[北漸]니 하여 선禪이라는 함정에 빠져서는 안 된다는 것이 왕양명의 기풍이었다. 이렇게 혜능과 신수를 결합하려는 운동은 급속하게 진전되어 갔다.[34]

그리고 이러한 일련의 사상적인 복합화는 지난날의 사유 방식에 반발하는 중간 계층인 육두품 계열이 경주慶州를 무대로 하는 진골 중심의 신라 문화를 극복하려는 사상 운동의 성격을 띠고 있었다.[35] 선종을 따르던 신라인들에게 정토는 멀리 있는 피안彼岸의 땅이 아니었다. 따라서 선종과 도교 또는 노장사상과는 상당 부분이 중첩되어 나타나고 있어 어느 면에서는 탈종교적 요소를 담고 있다.

이와 같은 역사적 배경을 지닌 선종을 한국사에서 최초로 받아들인 사람은 법랑法朗이었다. 그는 달마의 선법을 이은 제4조 도신道信(580~651)에게서 선법을 이어받았는데,[36] 그의 입도가 곧 선종의 도래를 의미하는 것은 아니었다. 그 뒤 도의道義가 당나라로 건너가 유학(821~824)을 마치고 귀국하여 남종선을 처음으로 신라에 전파했다.[37]

그러나 교학에 젖어 있던 신라 불교는 선종의 도가적 분위기를 쉽게 받아들이지 못했다. 경전을 숭상하고 불타에 귀의하는 법에 익숙한 사람들은 무위한 선종을 허황한 것으로 여겨 숭상하지 않았다. 당시 유행한 교종의 신앙 분위기 속에서 선종을 환영하지 않고 배척했기 때문에 도의는 설악산의 진전사陳田寺에 은둔했다.[38]

초기의 선종은 스승 없이 수행하거나 경전을 중시하지 않으며 부처의 권위를 부정하려는 경향을 보였다. 이와 관련하여 원효元曉의 해석을 들어보면, "타인으로부터 계戒를 받으면 수受가 되고 스스로의 마음으로 계를 얻으면 지持가 되는데,"[39] 선종은 후자에 더 높은 가치를 부여했다.

자기 안의 불성을 깨치려는 조사선祖師禪, 곧 글자의 뜻풀이에 매이지 아니하

---

34) 荒木見悟(저)·김석근(역), 『불교와 양명학』, p. 153.
35) 崔昌祚, 「한국 풍수사상의 역사와 지리학」, 『정신문화연구』(42)(한국정신문화연구원, 1991), p. 128.
36) 최치원, 「四山碑銘 : 智證大師碑銘」, 『한국의 사상대전집』(3)(서울 : 동화출판공사, 1977), p. 67.
37) 최치원, 「四山碑銘 : 智證大師碑銘」, p. 66.
38) 김두진, 『신라하대 선종사상사 연구』(서울 : 일조각, 2007), p. 49.
39) 「梵網經菩薩戒本私記」, 『國譯元曉聖師全書』(4)(서울 : 대한불교원효종, 1989), p. 216.

고 이심전심으로 깨닫는 선법의 수립은 선종사상이 개인주의적 경향을 띠게 했다. 이는 밖으로부터 인연을 끊고 각자가 지닌 불성을 찾아 깨치려는 수행 방법 때문이었다.[40)]

이 당시 선종의 성격을 읽는 한 방법으로서는 선문禪門 조사祖師들의 출신 성분을 살펴보는 방법이 있다. 나말여초에 걸쳐 활약했던 22인의 조사들의 가계를 살펴보면, 이들은 선대에 벼슬길에 들어섰다가 그만둔 집안이거나 아니면 지방의 호족 가문 출신들이었다.

이들은 신분의 제약으로 말미암아 사회 진출에 제약을 받으면서, 신라 사회의 현실적인 부조리 속에 묶여 그 능력을 발휘할 수 없었다. 그들은 그것을 타파하는 방편으로 당나라에 유학했다. 그들은 거기에서 새로운 지식으로 무장하거나 당의 벼슬을 얻어 국제적인 안목을 갖추고 돌아옴으로써 구체제에 도전하고자 했다.[41)]

그렇다면 나말여초의 사람들은 왜 그토록 선종에 몰입했을까? 우선 생각할 수 있는 것은 선종이 지니고 있는 탈脫권위주의적 성격 때문이다. 선종의 중요한 한 교리를 이루고 있는 『사문불경왕자론』沙門不敬王者論, 곧 "승려는 세속의 왕에게 공경을 표하지 않는다."는 교리는 왕의 세속적 권위에 대한 저항의 의미를 담고 있었다. 그들은 이렇게 말하고 있다.

> 궁극의 도를 추구하는 것은 교화에 순응하는 것으로써 얻을 수 없기 때문에 출가자는 천지의 화육化育을 인도하는 군주의 정치적 도움을 존중하지 않고, 고통을 끊어버리는 것은 육체를 보양하는 것으로 얻을 수 없기 때문에 백성의 생활을 유익하게 하는 군주의 은혜를 존귀하게 여기지 않는다.[42)]

종래의 교종이 지니는 가장 큰 정치적 의미는 그것이 중앙집권화에 기여했다는 점이다. 그러던 것이 나말여초에 들어오며 그러한 중앙집권적 왕실 중심의 정치에 대한 역겨움이 나타나기 시작했고, 그것이 선종을 중심으로 발전하기 시

---

40) 김두진, 『신라하대 선종사상사 연구』, p. 452.

41) 崔完秀, 「高麗의 建國과 禪宗」, 『한국사의 재조명』(서울 : 독서신문사, 1977), pp. 236~237; 한기두, 「한국 선사상에 있어 頓漸의 문제」, 『한국학의 과제와 전망 : 제5회 국제학술회의 세계한국학대회 논문집』(성남 : 한국정신문화연구원, 1998), p. 562.

42) 慧遠, 「沙門不敬王者論」, 『한글대장경 弘明集』(5)(서울 : 동국역경원, 2004), p. 147.

작했다.

후기 신라의 지배 이데올로기인 교종은 다분히 불교 경전에 의지하는 것이었기 때문에, 문자를 모르는 민중은 그로부터 소외될 수밖에 없었다. 더구나 왕조 말기에 드러나기 마련인 지배층의 학정과 부패는 개혁을 요구하는 민중의 마음을 더욱 북돋우었다. 이러한 싯점에서 선종은 반反지배 이데올로기의 의미로 퍼지기 시작했다.[43]

교종 승려들과는 달리 선사들은 산문에 거주하며 당대 사회를 비판하며 개혁하려는 의식을 키웠다. 선종이 개인주의 성격을 보인 것은 중앙정부의 간섭을 배제하며 독자 세력을 형성하려는 지방 호족들의 취향에 들어맞았기 때문이었다.[44]

따라서 선종의 개인주의에 입각한 견성오도見性悟道의 입장은 중앙정부의 통치에 대응하는 호족을 이론으로 뒷받침하기에 충분했다. 이와 같이 후삼국 시대에 선종은 도시를 벗어나 산간 지대에서 호족들의 신앙을 바탕으로 유행하게 되었는데, 이는 종래의 도성都城 불교[45]와는 다른 모습으로 비치었다.

선종의 발흥과 관련하여 고려해 볼 수 있는 또 다른 요인은 신라인들이 불교의 공空의 교리를 생활화한 선禪을 통하여 왕조의 낙조落照로부터 구원의 탈출구를 찾으려 했다는 점이다. 현학적 교리와 형식적 불교에 젖은 사람들에게 경전 밖에 따로 전할 말씀이 있다는 교외별전教外別傳이나 마음을 통하여 바로 진리에 이를 수 있다는 직지인심直指人心에 담긴 뜻은 생명의 양식이 되었다. 교종 중심의 교리에 관한 민중의 매력이 시들해졌을 때, 마음을 깨치면 곧 부처가 된다는 선의 교리는 새로운 진리로서 신라인을 매혹했다.[46]

신라 하대에 들어와 지방 세력이 득세하였는데, 선종은 그들의 지지를 받아 지방에 기반을 둔 선종 9파의 성립을 보게 되었다. 당나라에서 선법을 배우고

---

43) 김두진, 『신라하대 선종사상사 연구』, p. 452.

44) 김두진, 『신라하대 선종사상사 연구』, pp. 136, 452.

45) 이기백, 「후삼국시대의 豪族」, 『한국사의 재조명』, p. 228; 이기백, 『신라사상사연구』(서울 : 일조각, 1990), pp. 32~33. 도성 불교를 나타내는 사례로, 이를테면 신라 말에 경주에만 일곱 군데의 대찰이 있었는데, 금교金橋 동쪽의 천경림天鏡林(지금의 흥륜사), 삼천기三川歧(지금의 영흥사), 용궁龍宮 남쪽(지금의 황룡사), 용궁 북쪽(지금의 분황사), 사천沙川의 꼬리(지금의 영묘사), 신유림神遊林(지금의 천왕사), 서청전婿請田(지금의 담엄사)가 그곳이다. 이들은 모두 전불前佛(과거의 칠불) 시대의 가람으로 불법이 기리 전해질 곳이었다. 『三國遺事』 興法篇 阿道基羅.

46) 이영자, 「도선」, 『한국인물사』(1)(서울 : 양우당, 1983), p. 386.

돌아온 승려들이 선찰禪刹을 창건하여 구산선문九山禪門을 이룬 것이다. 중앙의 귀족들이 형이상학적 철학에 몰두하거나 교종에 귀의하고 있었다.

이와는 달리 문자나 언어적 사유를 거부하고 누구나 직접 깨달음에 이를 수 있다는 선종의 논리는 광범하게 지방 호족의 지지를 받아 급속히 전국으로 퍼져 나갔으며,[47] 신라 하대부터 고려 초에 이르기까지 각지에 분산되어 성립된 선종 각파는 독립된 교단 세력을 형성하게 되었다.[48] 선종 9산의 창시자들은 육두품 이하의 출신이었으며,[49] 그 위치는 호족의 근거지와 가까운 지역에 있었다.[50] 구산선문이라 함은 다음의 사원을 일컫는다.

(1) 실상산파實相山派-남원 실상사實相寺 : 흥덕왕 때 홍척洪陟이 개창
(2) 동리산파桐裏山派-곡성 대안사大安寺 : 신무왕 때 혜철惠哲이 개창
(3) 가지산파迦智山派-장흥 보림사寶林寺 : 문성왕 때 체징體澄이 개창
(4) 성주산파聖住山派-보령 성주사聖住寺 : 문성왕 때 무염無染이 개창
(5) 도굴산파闍堀山派-강릉 굴산사堀山寺 : 문성왕 때 범일梵日이 개창
(6) 사자산파師子山派-영월 흥령사興寧寺 : 문성왕 때 도윤道允이 개창
(7) 희양산파曦陽山派-문경 봉암사鳳巖寺 : 경문왕 때 지선智詵이 개창
(8) 봉림산파鳳林山派-창원 봉림사鳳林寺 : 진성왕 때 심희審希가 개창
(9) 수미산파須彌山派-해주 광조사廣照寺 : 고려 태조 때 이엄利嚴이 개창

호족과 선종의 제휴를 가능하게 해준 사회 구조로서 지적할 수 있는 또 다른 요인으로는 당시의 토지 제도를 주목해야 한다. 당시 신라에서는 사전제賜田制와 녹전제祿田制가 귀족과 관료의 물질적 기반을 이루고 있었다. 그런데 삼국전쟁 과정에서 전투 공로[軍功]에 따른 사전의 급여가 증대하고, 관료 기구가 팽창함에 따라 증가된 녹전은 세습적 사유지로 변질됨으로써 중앙집권의 물질적 토대를 위협했다.

이러한 사정은 사원전寺院田에서도 더욱 확대된 규모로 진행되었다. 사원전의

47) 崔柄憲, 「道詵의 생애와 나말여초의 풍수지리설」, 『한국사연구』(11)(한국사연구회, 1974), pp. 140~141.
48) 최병헌, 「천태종의 성립」, 국사편찬위원회(편), 『한국사』(6)(서울 : 탐구당, 1975), p. 71.
49) 김철준, 『한국고대사회연구』(서울 : 지식산업사, 1976), p. 309.
50) 김석근, 「나말여초의 정치변동과 정치사상」, pp. 126~127.

경우에 문제가 되는 것은 일반 백성의 기진전寄進田, 곧 명의를 사찰에 맡긴 토지의 경우였다. 토지의 기진은 종교적 의미로 이루어진 것도 많지만 일부분은 면세의 특권을 획득하려는 수단으로 이용되었다. 이것은 토지국유제를 허구화하고 국가 재정을 침식했다.[51]

이와 같이 중앙 귀족의 세력이 쇠퇴하는 과정에서 호족의 세수稅收는 증대했다. 선종 산문은 충분한 식량과 토지를 소유하고 거대한 경제 규모를 갖추었다. 호족은 낙향 호족, 토착 호족, 군진軍陣 세력으로 나뉘어 있었다. 그 안에는 일반 백성은 물론 유랑민, 초적草賊, 상인들을 포함한 많은 사람이 몰려들었다.[52]

이러한 현상은 이미 중국에서 일어났던 일이었다. 중앙정부와 격리된 중국 불교는 진작부터 지방 절도사와 호족들의 지원을 받았다.[53] 선종은 성격상 전제왕권에 적합한 종파는 아니었다. 이에 위기를 느낀 당唐의 조정은 국가 재정을 잠식하는 불교계를 견제하다가 마침내 무종武宗(841~846) 시대에 회창會昌의 법란法亂을 일으켜 불교를 탄압하기에 이르렀다. 이 과정에서 수많은 승려가 환속하고 사찰이 파괴되었다.[54] 그러한 가운데서도 선종이 가장 피해를 적게 입은 것은 이들에 대한 국가 권력의 의존도가 가장 낮았고 왕실이 선종과 동류인 도교를 선호했기 때문이었다.

그렇다면 선종이 추구했던 궁극적인 가치는 무엇이었을까? 이에 관해서 동리산파의 개조開祖 혜철惠哲(785~861)은 다음과 같이 말한다.

> (그는) 이미 계를 지니고 마음을 닦아 깨끗하게 수행하면서도 부낭浮囊(물에서 몸을 뜨게 하는 주머니)을 중요하게 생각했다. 율律을 가지고 살아가니 몸이 잡초에 얽매이지 않아 여러 인연으로 말미암아 법을 손상하지 않았고, 바깥 경계로 말미암아 진여眞如를 어지럽히지 않았다. 이미 율과 아울러 선禪을 닦는 것이 승려의 귀경龜鏡이다.
>
> 가만히 생각하기를 부처는 본디 부처가 없는데도 억지로 이름을 붙인 것이고, 나는 본디 없는 것이므로 일찍이 어떤 물건도 있은 적이 없다. 자성自性을 보아 깨

---

51) 전석담, 『민중조선사』(서울 : 汎友文庫, 1989), pp. 48~49.

52) 김두진, 『신라하대 선종사상사 연구』, p. 431.

53) 김재경, 「新羅 下代의 禪佛教와 風水地理說의 興起 背景」, p. 161.

54) 圓仁(지음)·신복룡(역주), 『入唐求法巡禮行記』(서울 : 선인, 2007), pp. 253, 284~ 248 : 845년 10월 9일자, 845년 5월 11일~5월 16일자.

> 달으니, 이러한 깨달음은 법이 본디 공空하면서도 비공非空임을 비유한 것이다. 묵묵한 마음이 곧 참 마음이요, 적적寂寂한 지혜가 참 지혜이니, 방편인 문자 밖의 이치는 반드시 곧바로 정곡을 얻은 것이다.[55]

이 시기의 선종이 갖는 정치적 의미는 전제 왕권에 대한 비판 세력으로 등장하며 지배 이데올로기인 화엄종을 극복하려고 한 점이다. 그러나 선종은 새로운 이념으로서 의미는 가질 수 있었지만, 정치 변동을 적극적으로 밀고 나가는 데까지는 이르지 못했다.

현실에 대한 변혁 에너지와 추동력이 되려면 민중의 참여와 대중 동원의 능력이 필요했지만, 선종이 가지는 은일隱逸함은 그러한 대중성과 거리가 멀었다. 이 시대의 사조가 화엄에서 선종에로 옮겨간 것은 사실이다. 그러나 선종이 소박한 삶을 높이 평가하긴 했지만 일반 농민이나 민중의 친근감을 전폭적으로 끌지 못했다. 선의 체험과 교리는 어느 정도의 지적 수준을 요구했기 때문이었다.[56]

이런 점에서 본다면 선종의 도입이 불교를 민중에게로 "다가가게" 한 것은 아니었고, 종교적 지배 세력이 중앙의 귀족에서 지방의 호족으로 바뀌었을 뿐이었다. 선종은 불교와 민중의 헤어짐의 시작이었으며 세속으로 향하던 눈길을 더욱 내밀한 곳으로 돌려놓았다. 그리고 세속에 대한 냉소는, 정치학이라는 측면에서 본다면 긍정적 요소를 담지 않은, 그러나 정치사상사에서 외면할 수도 없는 어렵고도 미묘한 요소를 담고 있다.

선종은 망국의 비애로부터 탈출하고 싶은 탈속의 이념과 신라의 망국에 대한 체념을 함께 담고 있었다. 망국에서 오는 허무가 신라인들이 세상을 등지게 만들었고 삶을 무의미하게 느끼게 했었다. 이 시대의 사조는 다소 허무주의적이었고 은일한 것이었다. 나말여초의 사조가 화엄에서 선으로 흐른 것은 왕조의 낙조에 대한 쓸쓸함의 표현이었다.

---

55) 「谷城太安寺 寂忍禪師照輪淸淨塔碑」, 『朝鮮金石總覽』(상)(서울 : 아시아문화사, 1976), p. 117 : "旣統具戒 修心潔行 念重浮囊 持律獲生 身輕繫草 不以諸緣損法 不以外境亂眞 旣律且禪 緇流之龜鏡也 竊念佛本無佛强以立名 我本無我 未嘗有物 見性之了是了 喩法之空非空 默默之心是心 寂寂之慧是慧 筌蹄之外理則必然 頃得司南是也"

56) 김석근, 「나말여초의 정치 변동과 정치사상」, pp. 124~127.

3. 국토비보설裨補說

인간에게 땅은 무엇인가? 풍수지리설의 기본 개념은 "땅은 인간의 어머니"[地母]라는 인식에 기초하고 있다. 어머니는 생식生殖과 자비의 또 다른 표현이다. 겸손을 뜻하는 그리스어 *humilitas*의 어원이 *humus*(땅)라는 사실은 의미 있는 일이다. 그것은 "낮춤"을 뜻하는 것이었다. 그들에게 삶의 장소topos로서의 땅은 철학의 중요한 출발점이었다.

이를테면 그리스의 철학자인 테오프라스토스Theophrastus(?~B.C. 287)는 모든 생명체에게는 그들의 번식에 가장 알맞은 에너지와 조건을 갖춘 최적의 장소 *oikeios topos*가 있다고 주장했다. 여기에서 그리스어 *oikeios*는 유기체와 그 환경 사이의 조화로운 관계를 나타내는 뜻으로 발전하여 현대어 ecology의 어원이 되었다.[57)]

어떤 장소가 매우 특수한 어떤 측면에서 다른 장소와 다를 수 있다는 사실은 태초의 조상 때부터 있었던 일이다. 심지어 인류 이전의 단계인 유인원도 그것을 감지하고 있었다. 지령地靈, spirit of place이란 성스러운 공간에서 나타나는 힘을 뜻한다.

지령이 있는 공간에 들어간 사람은 그의 존재를 인식할 수 있으며, 여러 가지 방법으로 그것을 경험하게 된다. 경험의 종류는 다양한데, 예컨대 치료, 함축적 저의底意, 변화, 위력, 자연과의 교감 등을 체험할 수 있고 때로는 공포나 위험, 시련 등을 경험할 수도 있다.

그리스인들은 기원전 2천 년 무렵에 그리스반도에 들어와 원주민을 몰아낸 뒤에도, 그들 본래의 신을 섬기며 원주민들이 이미 발견한 특정 장소의 지령에게 경배했다. 그리스인들이 추구한 신성한 구조물들은 땅의 모양을 따랐다. 일반적으로는 사람의 신체 모양과 같은 땅을 찾았는데, 예컨대 여성의 유방과 음부 또는 남성의 성기와 같은 모습을 선호했다.[58)]

한국사의 경우를 보면, 다른 나라의 경우에도 마찬가지이듯이, 옛적부터 나라

---

57) J. Donald Hughes, "Spirit of Place in the Western World," *The Power of Place and Human Environments*(Wheaton : Quest Books, 1989), p. 19.

58) J. Donald Hughes, "Spirit of Place in the Western World," pp. 15, 18.

를 세우며 적당한 땅에 수도를 정하는 문제에 각별한 관심을 기울였다. 적당한 땅이란 결국 많은 사람이 모여 살며 생활을 유지할 만한 조건과 그 생활을 파괴하는 외적을 지키는 데 적합한 조건을 갖춘 곳이다.

이런 곳은 한편으로는 생활 유지의 조건을 갖추고 다른 한편으로는 생활 보호의 군사적 조건을 갖춘 곳이다. 경제적으로는 경작과 급수와 연료 조달이 가능하며, 삶을 지키기에 넘기 어려운 험준한 산과 건너기 어려운 깊은 물을 필요로 한다. 따라서 수도는 경제 및 방어의 요구에 따라 산이나 강으로 둘러싸인 요충이어야 하며, 그 사이에 넓은 평야가 있어야 한다.[59)]

이와 같이 지기地氣나 지령의 역동성을 믿고 의지하던 의식이 하나의 고정된 관념으로 자리 잡은 것이 곧 풍수지리설geomancy이다. 풍수지리설에서 토지는 일종의 신비한 힘을 지닌 것으로 인정하며, 그 힘이 인간의 길흉화복에 미치는 바를 설명한다.[60)] 이러한 자연주의는 자연 앞에서 인간의 무력함과 자복自服의 표현이었다. 인간이 미래의 불확실성에 대한 두려움에 빠져 있을 때 그에 관한 해답을 얻는 방법으로서는 크게 세 가지가 있다.

> 첫째는 신령神靈이 인생의 길흉화복을 지배한다고 보는 무속신앙이며,
> 둘째로는 사주팔자로 인생의 운명이 결정된다고 보는 점복 사상이며,
> 셋째는 지리가 인생과 역사의 흥망성쇠를 결정한다고 믿는 풍수지리설이다.[61)]

그러므로 풍수지리설은 일차적으로 인간의 삶에서 불확실한 미래와 길흉화복을 알고자 하는 염원에서 비롯되었다.

풍수지리설이 자연과학적 성격을 띤 것과는 조금 다른 의미로서 도참圖讖은 정치사회적 의미를 갖는 것이었다.[62)] 여기에서 도圖라 함은 장차 일어날 사건의 상징·표징·선호·징후·전조·암시 등을 의미하며, 일정한 문자와 기호 또는 구체적 대상물이 미래의 어떤 일과 깊이 연관되어 있다고 믿는 사고방식을 표현하고

59) 村山智順(지음)·최길성(옮김), 『朝鮮의 風水』(서울 : 민음사, 1995), p. 543.
60) 崔柄憲, 「道詵의 생애와 나말여초의 풍수지리설」, p. 102.
61) 김의석, 「道詵 說話에 나타난 주체사상 연구」, 『경산문화연구』(9)(대구한의대학교 경산문화연구소, 2005), p. 61.
62) 최창조, 『좋은 땅이란 어디를 말함인가』(서울 : 서해문집, 1990), p. 132.

있다. 그것은 은밀한 상징적 언어로써 장래에 일어날 일들을 예언하고자 한다. 그러므로 도참이란 앞으로 펼쳐질 길흉화복을 예측하는 미래기未來記이다.[63]

결국 도참이란 국가 왕업의 흥망성쇠와 인간 만물의 길흉화복의 징조를 경험하는 예언·비기류를 의미한다. 따라서 성격상 이들은 왕조 말기나 교체기 같은 혼란한 시대에 발호했다. 변화를 바라는 것은 어느 시대나 기득권자인 지배층이 아니라 억눌린 서민층이었다. 도참은 민중의 원망을 집약적으로 표출하는 이념이었다. 이 때문에 조정에서 이를 혹세무민惑世誣民하는 미신으로 규정하고 그 유포를 막게 되자, 자연히 도참은 기층에 스며들어 비밀리에 전승하게 된다.[64]

도참이 반드시 도교사상과 직결되는 것이라고는 단정하기 힘들지만, 어느 정도 관련은 없지 않았다.[65] 도참사상은 본디 미신적인 심리에 바탕을 두고 자라나는 것으로, 주요한 도참설의 본색을 추구해 보면, 결국 민중에 대한 심리 전술의 하나로 시발하는 것이 항례이고, 공리 면으로 따져 본다면 새로운 왕조 성립의 정당성을 받아들이게 하여 그 존립의 필연성을 지지하게 하거나 승복하게 하는 데 그 의도가 있다.

참위설은 본디 선가仙家나 도교의 사업이 아니었으나 황로사상黃老思想이나 도교적인 내용이 끼어들어 도교와도 밀접한 관계를 맺게 되었는데, 이는 방사方士들의 개입 때문이라고 여겨진다.[66] 이러한 사조는 현세에 관한 거부 의식과 더불어 이상향에 대한 추구를 특징으로 하고 있다. 그리고 현세의 질곡에서 자신을 해방하고, 이상향이 올 수 있도록 할 존재의 출현이 임박했음을 말하고 있다.[67]

풍수지리설은 그 개념이 구체화하기 이전부터 고대사의 중요한 관심을 받았는데, 이를테면 신라 건국 초 석탈해昔脫解가 호공瓠公의 명당 집터를 빼앗은 사례[68] 등에서 다양하게 찾아볼 수 있다. 그뿐만 아니라 도참의 흔적도 일찍부터

---

63) 김석근, 「삼국 및 남북국 시대의 정치사상 : 토론을 위한 하나의 試論」, 이재석 외, 『한국정치사상사』(서울 : 집문당, 2002), p. 81.

64) 梁銀容, 「鄭鑑錄 신앙의 재조명」, 『전통사상의 현대적 의미』(성남 : 한국정신문화연구원, 1990), p. 39.

65) 차주환, 「조선조 전기의 도교사상」, 『한국철학연구』(中)(서울 : 동명사, 1984), p. 94.

66) 차주환, 『韓國道敎思想硏究』(서울 : 서울대학교출판부, 1978), p. 184.

67) 魯權用, 「근세개화기 불교의 개혁이념 : 개화파의 불교사상 형성과정과 그 계보를 중심으로」, 『한국종교사연구』(5)(한국종교사학회, 1997), p. 169.

나타나고 있는데, 이를테면 백제 멸망의 예언과 관련된 다음과 같은 사실이 중요한 사례가 되고 있다.

> (의자왕 당시에) 한 귀신이 궁중에 들어와서 크게 부르짖었다.
>
> "백제는 망한다. 백제는 망한다."
>
> 그러고는 귀신은 곧 땅속으로 들어갔다. 왕은 이를 괴이하게 여겨 사람을 시켜 땅을 파보았더니, 깊이 석 자가량 내려가 거북이 한 마리가 나타났다. 거북의 등에 글이 씌어 있었는데,
>
> "백제는 보름달 같고 신라는 초승달 같다."
>
> 고 했다. 왕이 무당에게 물었더니 무당은 말했다.
>
> "보름달 같다는 뜻은 꽉 찬 것이오니 차면 이지러지는 법이며, 초승달 같다는 뜻은 차지 않은 것이니 차지 않으면 점점 차게 되는 것입니다."
>
> 왕은 진노하여 무당을 죽였다. 어떤 이가 말했다.
>
> "보름달 같다는 뜻은 꽉 찬 것이요, 초승달 같다는 뜻은 미약한 것이오니 생각건대 우리 나라는 융성해지고 신라는 미약해진다는 것이 아니겠습니까?"
>
> 그 말을 듣고 왕은 기뻐했다.[69]

풍수지리설이 하나의 실체로 구체화하기 시작한 것은 신라의 멸망과 고려의 건국이라는 격변의 시대와 무관하지 않다. 시대적으로 선종이 유행하던 당시에, 선종과 풍수지리설은 그 인식 방법이 분석적인 것이 아니라 직관적이었던 점에서 일치하고 있으며, 그 수행 방법도 비슷했다. 선승들은 처음 몇 년 동안에는 『화엄경』華嚴經을 비롯한 교종의 불경을 공부한 다음, 선종으로 개종한 뒤 선사先師에게 인가를 받고 선승이 되어, 전국 각처의 명승지를 찾아 선지식을 익히고 고행과 선문답으로 수련 쌓기를 계속한다.

한편 풍수사들은 풍수에 관한 책을 몇 가지 배우고 이어 선배 풍수사의 현장 지도를 받는다. 따라서 풍수사들은 누구로부터 지식을 전수했는가의 법통이 중요하다는 점에서 선승과 같다. 그 다음에 답산踏山이라는 이름으로 전국의 산천

68) 『三國史記』 新羅本紀 脫解尼師今 즉위년조.

69) 『三國史記』 百濟本紀 義慈王 20년 6월 : "有一鬼入宮中 大呼 百濟亡 百濟亡 卽入地 王怪之 使人掘地 深三尺許有一龜 其背有文 日 百濟同月輪 新羅如月新 王問之巫者 日 同月輪者滿也 滿則虧 如月新者未滿也 未滿則漸盈 王怒殺之 或日 同月輪者盛也 如月新者微也 意者國家盛而新羅微者乎 王喜"

을 편력하며 이론과 실제의 부합 여부를 체득하고, 그 과정을 거친 뒤 비로소 풍수사가 된다.[70] 이 과정에서 그들이 겪는 자연과의 접촉은 그들에게 토지와 산천에 관한 깊은 일체감을 느끼게 만든다.

한국사에서 풍수지리설의 논의는 도선道詵으로부터 시작한다. 그러나 그가 한국 풍수의 맨 앞에 서 있다는 말은, 그가 조선 풍수를 창시했음을 뜻하는 것은 아니다. 그 이전에도 풍수는 존재했지만, 그의 시대에 이르러 정리되었음을 뜻한다. 그의 행적은 너무 신비에 싸여 있고 첨가되어 진실을 알기 어렵다.

또 그가 저술했다는 수많은 비기도, 실은 후대에 윤색된 것이어서 그것은 그 시대의 거울이 아니라 후대의 풍수지리사들의 뜻이다. 이를테면, 그의 대표적인 저술로 알려진 『도선국사비기』道詵國師秘記에 "여산礪山 땅에는 병조판서가 날 것이며, 송宋씨가 차지할 것이다."[71]라는 구절은 뒷날 송시열宋時烈을 유념하며 첨가된 문장으로 보인다. 그 시대에는 병조판서라는 용어가 없었다.

도선의 탄생 설화도 신비에 쌓여 있지만, 우선 최유청崔惟清이 지었다고 알려진 기록을 정리해 보면 다음과 같다.

> 대사大師의 휘諱는 도선이요, 속성俗性은 김 씨이니 신라 영암靈巖 사람이다. 그 세계世系의 부조父祖는 역사에 알려지지 않는데, 어떤 이는 태종대왕太宗大王의 서손庶孫이라고 한다. 어머니 강姜 씨가 꿈에 누가 구슬 한 알을 주며 먹으라고 하기에 삼켰더니 드디어 태기가 있어, 달이 차자 훈채葷菜[향이 짙은 채소]와 비린 음식을 먹지 않고 오직 염불하는 것으로 일을 삼았다. 아기를 낳자 보통 아이와 다르더니, 나이 15세에 이르자 총명하며 숙성했고 기예技藝에 통했다.
>
> 도선은 드디어 머리를 깎고 월산月山 화엄사華嚴寺에 놀았는데, 여러 해가 되지 않아 문수文殊보살의 신묘한 지혜와 보현普賢보살의 현문玄門을 모두 빠짐없이 터득하니, 학도學徒들이 모두 신총神聰이라 여겼다. 문성왕文聖王 8년에 이르러 나이 20세가 되자 갑자기 혼자 생각하기를, "대장부가 마땅히 법을 떠나 정靜해야지 어찌 융통성 없이 문자 사이에서 머문단 말인가?"라고 했다. 이때 혜철惠哲은 서당지장西堂智藏에게 법통을 물려받아 동리산桐裏山에 법석法席을 열었다. 대사는 이에 선문禪門에 들어가 제자가 되기를 청해서 이른바 설說함이 없는 설법說法과 법이 없는 법을 허심虛心으로 받고 투철히 깨달았다.

---

70) 崔柄憲, 「道詵의 생애와 나말여초의 풍수지리설」, p. 118.

71) 高濟熙(편), 『道詵國師秘記』(서울 : 대동풍수지리원, 2000), pp. 3~4.

도선은 23세에 천도사穿道寺에서 구족계를 받았고 이미 불법의 깊은 뜻을 통달하자, 다니는 데 일정한 곳이 없이 구름과 안개를 밟고 자연을 따라 그윽한 곳을 찾고 경치를 따라다니며 게으르거나 쉬지 않았다. 운봉산雲峯山 아래에 동굴을 뚫고 좌선하기도 하고 혹은 태백암太伯巖 앞에 초막을 짓고 여름을 지내며 도행道行의 감동되는 바에 신령스러운 기적이 자못 많았다.

희양현曦陽縣[광양] 백계산白鷄山에 옛 절이 있으니 옥룡사玉龍寺이다. 대사는 전국을 돌아다니다가 여기에 이르러서, 그윽한 경치를 사랑하여 법당을 수리하고 깨끗이 개축하여 일생을 마치려는 뜻이 있어, 좌선하여 말을 잊은 지 35년이었다. 헌강왕憲康王이 그 높은 덕을 공경하여 사신을 보내 맞아다가 궁중에 머물게 하였으나, 얼마 되지 않아 도성에 있는 것을 즐거워하지 않고 돌아갈 것을 간청하여 본사本寺로 돌아갔다.

어느날 갑자기 제자를 불러 말하기를, "내가 장차 가리로다. 대개 인연이 있으면 왔다가 인연이 다하면 가는 것은 이치에 떳떳함이니 무엇을 슬퍼하리오." 하고, 말을 마치자 입적入寂하니 때는 대당大唐 광화光化 원년(898) 3월 17일이요 나이는 72세였다.[72]

또 다른 기록에는 도선의 탄생 설화가 이렇게 서술되어 있다.

속설에 신라 사람 최 씨가 있었는데 정원 안에 열린 오이[瓜] 하나가 한 자나 넘어, 온 집안 식구가 퍽 이상히 여겼다. 그런데 최 씨 집 딸이 몰래 그것을 따 먹었더니, 이상하게 임신이 되어 달이 차서 아들을 낳았다. 그의 부모는 그 애가 남녀 관계없이 태어난 것이 미워 대숲에 내버렸다. 몇 7일이 지나 딸이 가서 보니 비둘기와 수리가 와서 날개로 덮고 있었다.

돌아와 부모께 아뢰니 부모도 가서 보고 이상히 여겨 데려다가 길렀다. 자라자 머리를 깎고 중이 되었는데 이름을 도선道詵이라 한다. 그는 당나라에 들어가 일행선사一行禪師[73]의 지리법地理法을 배우고 돌아와 산을 답사하고 물을 보는데 신명스러움이 많았다. 뒤에 그곳을 구림鳩林 또는 비취飛鷲라 했다.[74]

위의 기록은 이미 그의 생애가 신화화한 이후의 기록이기 때문에 사실과 거리

---

72) 『新增東國輿地勝覽』(40) 光陽縣 佛宇.

73) 一行의 생애에 대해서는, 贊寧(撰), 『宋高僧傳』(上/5), pp. 91~94 참조.

74) 『新增東國輿地勝覽』(35) 靈巖郡 古蹟; 『東文選』(117) 碑銘 白鷄山玉龍寺贈諡先覺國師碑銘에도 이와 비슷한 기록이 실려 있다.

가 있다. 다만 그의 생애에 혜철이 끼친 영향이 지대하였음을 알 수는 있다. 동리산문의 개조 혜철은 당나라 유학(814~839)을 마치고 돌아와 동리산桐裏山 대안사大安寺를 건립하여 거주하였는데,[75] 그에게는 도선과 ○여(○如)라는 제자가 있었다. 도선은 대안사에 머무르지 않고 광양에 옥룡사를 건립했다.

그러나 도선이 중국의 고승 일행一行(683~727)에게서 배웠다는 기록[76]은 사실이 아니며 그의 생애의 신화화 과정에서 나타난 과장이다. 왜냐하면 일행은 당나라 중종中宗(재위 서기 701~705) 시대에 나오는 사람이고 도선이 왕융王戎을 찾아간 일은 당나라 희종僖宗(재위 860~873) 때 있었던 일이기 때문이다. 중종 때부터 희종 때까지는 160여 년이나 되는 만큼 일행이 도선의 시대까지 생존하지 않은 듯하므로 도선이 일행에게서 배웠다는 말은 매우 의심스럽다.[77]

도선이 생존한 시기는 흥덕왕 2년(827)~효공왕 2년(898)의 신라 후기로서 그는 신라의 붕괴를 목격하며 살았다. 진골 귀족의 교종적 사유 방식에 반발하는 사상 체계로서 선종을 새로 받아들인 도선은, 경주와 지방에 걸친 전국 각 처를 편력하면서, 역사의 무대가 중앙에서 지방으로 옮겨가고 있었고, 역사의 주인공도 중앙의 진골 귀족에서 지방의 호족으로 바뀌고 있음을 잘 알고 있었다.[78]

도선의 생각은 지기쇠왕설地氣衰旺說과 국토비보설國土裨補說로 나누어 설명할 수 있다. 우선 지기쇠왕설이라 함은 시간의 흐름에 따라서 땅의 기운이 쇠약할 수도 있고 왕성해질 수도 있다는 논리이다. 이에 관해서는 그의 말을 직접 들어볼 필요가 있다. 그는 이렇게 말하고 있다.

> 비유하건대 우리 나라의 땅은 병이 많은 사람과 같습니다. 그러므로 인물의 태어남은 이러한 산천의 기氣에 감응하는 것인데, 인심과 산천의 형세는 서로 닮지 않을 수 없습니다. 인심이 통일되지 않으므로 구역에 따라 나뉘어져 혹은 아홉 나라로 혹은 세 나라로 분열되어 서로 침략하여 전쟁이 끊이지 않고, 도적이 횡행하

75) 「谷城大安寺 寂忍禪師照輪淸淨塔碑」, 『朝鮮金石總覽』(상), p. 117. 번역문은 이능화, 『조선불교통사』(1), pp. 347~353.

76) 「道詵國師實錄·一行禪師傳鉢錄·道詵國師實錄跋」, 『朝鮮寺刹史料』(上)(서울 : 朝鮮總督府 內務部地方局, 1912), pp. 206~212.

77) 洪萬宗, 『旬五志』(上)(서울 : 동화출판공사, 1977). p. 285; 이능화, 『조선불교통사』(1), p. 425; 高濟熙(편), 『道詵國師秘記』, p. 1.

78) 崔柄憲, 「道詵의 생애와 나말여초의 풍수지리설」, p. 114.

> 여 억제하기 불가능한 것은 스스로 유래한 것입니다.
>
> 전하께서는 부처의 도를 약쑥으로 삼아 산천의 병든 땅을 치료하도록 하십시오. 산천에 결함이 있는 곳은 절을 지어 보충하고, 산천이 기세가 지나친 곳은 불상으로 억제하며, 산천의 기운이 달아나는 곳은 탑을 세워 멈추게 하고, 배역하는 산천 기운은 당간幢竿을 세워 불러들이고, 해코지하려 드는 것은 방지하고, 다투려 드는 것은 금지하며, 좋은 것을 북돋아 세우고, 길한 것은 선양케 하면, 비로소 천지가 태평하고 부처의 가르침이 저절로 행해질 것입니다.[79]

지기쇠왕설의 연속선 위에서 나타난 것이 곧 비보설이다. 도선에 따르면 지형이나 지세는 국가나 개인의 길흉과 밀접한 관계를 맺는 것인데, 지리에는 쇠왕이 있고 순역順逆이 있으니, 마치 인체에 쑥을 놓고 뜸을 뜨듯이 사탑을 쑥으로 삼아 허약한 곳과 역적의 기운이 있는 땅에 뜸질한다면, 삼재三災(화재·수재·풍재)가 가시고 나라의 운명도 길이 연장되리라고 보았다. 그에 따라 도선은 전국을 돌아다니며 산수의 순역과 쇠왕을 점쳤다.[80]

불법佛法으로 국토를 비보할 수 있으리라는 생각은 이미 신라시대에 널리 퍼지고 있었는데, 황룡사皇龍寺 구층탑의 축조가 그러한 사례에 속한다. 신라인들은 여왕의 추대로 말미암아 쇠약해진 신라의 운기가, 이 탑의 건립을 통하여 일어나 "천지가 형통하고, 삼한이 통일되었다."고 생각했다.[81] 도선 국사는 전국의 땅 가운데 15군데를 골라 사찰로 비보했다.[82]

이른바 비보진압사찰지로 알려진 곳들은 대개 군사적 요충지이거나 병력의 이동을 쉽게 감지할 수 있는 곳 또는 자연 재해의 발생을 관측할 수 있는 곳이라는 점은 의미 있는 일이다. 이는 뒷날 불교가 호국 사상으로 변신하는 계기를 마련해 주었을 수도 있다.[83] 도선은 한수漢水 이남의 산천에 발자취를 남기지

---

79) 「白雲山內院寺事迹」, 『朝鮮寺刹史料』(上), pp. 18~19 : "比之則多疾之人也 故人物之生感是山川之氣者 其心其勢無不相類 人心不合 區域隨分 或作九韓 或作三韓 互相侵伐 兵革不息 盜賊橫行 無能禁制者 有自來矣 殿下假以佛氏之道 爲艾而醫之於山川痛痒之地 而缺者以寺報之 過者以佛抑之 走者以塔止之 背者以幢招之 賊者防之 爭者禁之 善者樹之 吉者揚之 則天下太平 法輪自轉"

80) 안계현, 「한국불교사」(上), 『韓國文化史大系』(11)(서울 : 高大民族文化研究所, 1979), p. 262; 安启賢, 「高麗時代의 學問과 思想」, 『한국사의 재조명』, p. 350.

81) 『三國遺事』 塔像 皇龍寺 九層塔.

82) 최창조·정화열, 「풍수와 몸의 정치학 : 그 만남의 철학적 함의」, 정화열, 『현상학과 한국학 방법론』(성남 : 한국정신문화연구원, 2003), p. 329.

않음이 없다. 절을 둘 만한 곳이 아니면 부도浮屠를 세우고, 탑을 세울 만한 곳이 아니면 불상을 세우고, 결함이 있는 곳을 보충하고, 비뚤어진 곳은 바로 세웠다.[84)]

이러한 비보설은 특히 정권의 정통성이 취약할수록 의존도가 높았다. 예컨대, 최충헌崔忠獻의 산천비보도감山川裨補都監이 그 예이다. 산천비보도감은 신종 원년(1198)에 재부宰府와 중추원, 그리고 중방重房의 관원들과 최충헌 등이 술객術客을 모아 국내 산천의 도움으로 나라의 운명을 길이 연장하는 문제를 토의하도록 설치한 도감이었다.[85)] 이러한 도선의 비기 사상은 고려 말까지 전승되어 국가 시책의 중요한 고려 사항이 되었다.[86)] 고려 말에 이르면 재상 박전지朴全之는 다음과 같은 기록을 남겼다.

> 무외국통無畏國統(고려 말 천태종의 고승)이 하산한 곳인 용암사龍岩寺는 진양晉陽에 소속된 반성班城 동쪽 모퉁이 영봉산靈鳳山 속에 있다. 지리산 주인 성모천왕聖母天王이, "만일 세 개의 암자를 창립하면 삼한三韓이 통합하여 한 나라가 되고 전쟁이 저절로 종식할 것이다."라고 한 비밀스러운 부탁으로 말미암아 옛날에 개국조사祖師 도선이 세 개의 암자를 창건하였으니, 곧 지금의 선암사仙岩寺와 운암사雲岩寺와 용암사가 그것이다. 그러므로 이 절이 국가에 큰 보탬이 되는 것은 고금 사람이 함께 아는 일이다.[87)]

조선시대에 들어와서도 그러한 인식에는 바뀜이 없어 예컨대 천마산天磨山의 관음굴은 역수逆水의 근원을 눌러 비보했다.[88)] 그들은 자연의 음우陰佑를 받아 자신의 모자람을 극복하고자 했다.

나말여초의 국토비보설에서 따져보아야 할 또 다른 문제는 왜 도선의 생각이 고려에서 그토록 요긴하게 수용되었을까 하는 점이다. 이 문제는 좀더 정확히 표현하면, 왜 고려 왕실이 그토록 도선에 기울었을까 하는 질문이 된다. 왜냐하면 도선은 만들어진 신화일 뿐 그의 이론이라는 것은 사실상 추종자들의 의도에

---

83) 김두규, 「한반도 풍수 사상의 수용과 변천사」, 한국학중앙연구원·북경대학 주최 『제2회 세계한국학대회 논문집(III) : 화해와 협력 시대의 한국학』(북경 : 북경대학, 2005), p. 742.

84) 村山智順(지음)·최길성(옮김), 『朝鮮의 風水』, p. 543.

85) 『高麗史』 志 百官 祭祀都監과 各色.

86) 『高麗史』 世家 恭愍王 6년 閏 9월 戊申 : 司天少監 于必興의 상소 참조.

87) 『東文選』(68) 記 朴全之 「靈鳳山龍岩寺重創記」.

88) 『東文選』(113) 疏 權近 「觀音窟落成慶讚華嚴經疏」.

지나지 않는 것이기 때문이다.

도선을 신화로 만들려는 고려왕조의 작업은 집요했다. 왕건이 그의 「훈요십조」訓要十條에서 도선을 언급한 것은 진위의 논란이 있지만,[89] 그것은 도선의 신화화 작업의 시초였다. 왕건王建의 시조 설화에, 그의 5대조인 강충康忠이 송악松嶽에 살며 "삼한을 통합할 후손을 두리라."[90]는 예언을 들은 바 있었을 뿐 아니라 그의 아버지인 융隆도 그의 "아들이 장차 삼한을 통합하리라."[91]는 예언을 도선에게서 들은 바 있었다.

도선의 신화화의 결과는 "원효元曉, 의상義湘, 도선은 모두 옛 고승이니 …… 봉증封贈하라."[92]는 인조仁祖의 어명으로 귀결되었다. 비록 뒷날의 기록이기는 하지만 "왕 태조가 태어나기 1년 앞서 도선이 찾아와 글을 바치며 장차 삼한을 통합할 임금이라 하였고 왕 태조의 나이 17세 되던 해에 다시 찾아와 군사를 출동하고 군진을 배치하는 법과 천시天時와 지리의 법을 알렸다."[93]는 기록도 도선의 숭모를 거들었다.

도선의 신화화 작업에 관하여 의문을 품는 결정적인 이유는, 여러 가지 정황으로 볼 때, 도선의 옥룡사는 견훤甄萱의 세력권 안에 있었는데, 그것이 어떻게 왕건과 연결될 수 있었을까 하는 의혹 때문이다. 곧 왕건 세력과 도선의 연결은 뒷날 억지로 붙여 기록된 것으로 보인다.[94] 도선이 그의 말년에 해당하는 892년부터 898년까지를 후백제의 왕 견훤의 통치 아래서 보낸 점을 중시해야 한다.

이때는 뒷날의 고려 태조 왕건이 아직 건국하기 이전이었다. 시대적인 상황으로 미루어 볼 때, 만일 도선이 누군가에게 풍수설을 제공했다면, 그 상대는 후백제의 견훤이었을 가능성이 더 크다. 그럼에도 후대의 역사서는 고려 태조의 가계가 도선과 밀접한 관계를 유지한 것처럼 기록했다.[95]

---

89) 이에 관한 자세한 논의는, 이 책 제26장 「정치지리학 : 풍수지리설」 제4절 "호남 기피" 참조.

90) 『高麗史』 世系 : "時新羅監干八元 …… 告康忠曰 若移郡山南 植松使不露岩石 則統合三韓出矣"

91) 『高麗史』 世系 : "時桐裏山祖師道詵 …… 曰 …… 未來統合三韓之主 大原君子足下"

92) 『高麗史』 世家 仁宗 6년 여름 4월 을묘.

93) 『星湖僿說』(11) 人事門 道詵.

94) 김두진, 『신라하대 선종사상사 연구』, p. 311.

95) 백승종, 「한국의 정치적 예언서와 사회 현실 : 7세기부터 17세기까지」, 『서강인문논총』(15) (서강대학교 인문과학연구원, 2000), pp. 63~64.

도선의 신화화 작업의 배후로서는 두 사람이 의심을 받을 수 있다. 그 첫 번째 인물로는 그의 제자인 경보慶甫(868~948)가 지목되고 있다. 영암靈巖의 구림鳩林 태생인 그는 부인산사夫仁山寺에 출가하여 화엄사華嚴寺에서 구족계를 받고, 당나라로 들어가(892) 소산疎山의 광인匡人에게 불법을 배우고 귀국(921)했다. 이때 그는 견훤을 만났다.

후백제가 멸망한 뒤에 경보는 옥룡사로 옮겨 도선의 가르침을 받았다. 그 뒤 그는 왕건의 초빙을 받고 왕사王師가 되어 2대 혜종惠宗과 3대 정종定宗 시대에 이르기까지 고려 왕실 불교의 주역으로 활약했다.[96] 그는 아마도 뒷날 도선의 이름으로 전승되는 여러 가지 도참서의 원저자였을 것이다.[97] 왕사인 그가 도선의 참위설을 왕실에 주입하는 데 큰 구실을 했으리라는 것은 쉽게 짐작할 수 있다.

도선의 신화화에 동원된 두 번째 인물은 도선의 비술을 배운 뒤 벼슬에 올라 위위승동정衛尉丞同正이 된 김위제金謂磾이다. 그는 숙종肅宗 원년元年(1096)에 남경南京으로 환도還都하기를 주청하며 다음과 같은 상소를 올린 바 있다.

> 『도선기』道詵記에 이르되,
> "고려의 땅에 삼경三京이 있으니 송악松嶽은 중경中京이 되고, 목멱양木覓壤(한성)은 남경南京이 되고, 평양平壤은 서경西京이 되니, 11·12·1·2월은 중경에 머무르고 3·4·5·6월은 남경에 머무르며 7·8·9·10월은 서경에 머무르면 36국이 조공을 바칠 것이라. 개국 후 160여 년에 목멱양에 도읍한다."고 하였사오니 신臣은 이때가 바로 이 새 서울에 순주巡駐할 때라고 생각하나이다.
> 또 도선이 이르기를,
> "송악산은 진한辰韓과 마한馬韓의 주인이 되나니, 아아! 누구의 대代에 시작하여 그침을 알 것인가? 꽃과 뿌리가 가늘고 연약하며 가지와 잎이 그러하니 겨우 백년의 기약이 어찌 깨지지 않으리오."
> 하였습니다. 그런 까닭에 한강漢江의 양지에 도읍하면 기업基業이 길게 이어지고 사해가 내조來朝하며 왕족이 창성할 것이매 실로 큰 명당의 땅이 됩니다. 엎드려 바라건대 삼각산三角山 남쪽 목멱산木覓山 북쪽의 편편한 땅에 도성을 건립하여 수시로 순주巡駐하소서. 이는 실로 사직의 흥망성쇠에 관련되는 것이매 신은 감히 꺼리심을 무릅쓰고 삼가 기록하여 신주申奏하나이다.[98]

---

96) 「光陽玉龍寺洞眞大師寶雲塔碑」, 『朝鮮金石總覽』(상), pp. 189~194; 忽滑谷快天, 『朝鮮禪教史』(東京 : 春秋社, 1930), p. 127.

97) 백승종, 「한국의 정치적 예언서와 사회 현실 : 7세기부터 17세기까지」, pp. 63~64.

김위제의 이 글은 도선의 이론이 조정에서 구체적으로 논의된 중요 장면이다. 그러나 이 글은 이미 그 당시에 400년 뒤의 조선 건국의 예언을 담고 있다는 점에서 후대에 『고려사』의 집필에 참여한 조선왕조 어느 사관이 거짓으로 지은 글일 가능성이 높다. 시기적으로 볼 때 고려 중엽에 들어서면, 도선의 비보설은 이미 그 시대의 가치로 자리 잡았음을 알 수 있다.

그렇다면 도선의 이론 가운데서 어떤 점이 고려에 그토록 매혹적이었을까? 이에 관해서는 다음과 같은 세 가지 점을 지적할 수 있을 것이다.

첫째로는 도선의 이론이 고려 왕실의 국토 재편의 논리에 힘을 실어주었다는 점이다. 이는 곧 신라의 경주 중심의 통치 기반이 개성으로 옮겨갔음을 의미한다. 『옥룡기』와 『도선비기』 등 도선의 저작으로 알려진 예언서의 공통된 논지는 왕조의 멸망이나 교체 또는 쇠약해 가는 왕조의 운세를 회복시킬 방법에 관한 예언을 담고 있다는 점에서 고려 왕실을 고무했다.[99]

고려왕조는 예언자로서 도선의 위명을 빌려 왕조의 기반을 굳건히 하고 싶었다. 도선의 송악지기설은 고려왕조의 조작이었을 것이다. 그들은 도선의 지기설을 빌려 개국 초의 어수선한 민심을 어우르고 싶어 했다. 예컨대 도선이 집대성한 풍수지리사상은 역사의 무대를 동남부 지방인 경주 중심에서 중부 지방인 송악松岳으로 옮겨, 왕건이 후삼국을 통일하는 데 유리한 입장이 되게 했다.[100]

당시 상황에서 도선의 풍수지리설이 지닐 수 있었던 정치적 의미는 중앙의 기존 질서를 상대화함으로써 수도 경주의 존재 자체를 무색하게 만듦과 동시에 지방에 새로운 가능성을 열어주었다는 점이다. 그에 따라 각지의 호족은 저마다 자신의 근거지를 명당으로 생각하고 자신의 존재를 정당화했으며, 그 지역 사람들의 지지를 얻어 그들을 동원하는 것은 물론이고 나아가 정신적 일체감을 다지는 데도 유용했다.

왕건은 그러한 호족 가운데서 가장 성공한 사례에 속하는 인물이었다.[101] 도선이 의도했는지 아닌지와 관계없이, 역사의 무대가 경주에서 송악으로 옮아가는 현실을 직접 목격하며 그가 제시한 풍수지리설은 신 왕조의 국토 재편에 매

98) 『高麗史』 列傳 方技 金謂磾.
99) 백승종, 「한국의 정치적 예언서와 사회 현실 : 7세기부터 17세기까지」, pp. 75~80.
100) 김두진, 『신라하대 선종사상사 연구』, p. 345.
101) 김석근, 「삼국 및 남북국 시대의 정치사상 : 토론을 위한 하나의 試論」, p. 82.

우 소중한 논거를 제시했다.[102)]

고려는 무력으로 전 국토를 석권하고 나라를 세운 경우가 아니다. 여러 지방의 호족을 혼인과 유인 등의 방법을 사용하여 거의 외교적 수완으로 이룬 나라이기 때문에 어느 측면에서는 대단히 허약한 체제였다. 왕건이 신라의 마지막 임금인 경순왕敬順王을 죽이지 않고 우대한 것도 결국은 자신의 취약한 정권을 보호하기 위한 전략이었을 것이다.

그리하여 무력만이 가장 우월하지 않다는 것을 불교를 통하여 가르치고, 한편으로는 아직 여러 지방에서 그대로 세력을 유지하고 있던 호족의 경제적 및 군사적 거점이었던 사찰을 중앙정부의 통제 아래 두고자 풍수사상을 원용했다.[103)]

고려 왕실이 도선에 경도된 두 번째 이유는, 그의 이론이 신라 체제의 근간인 성·진골의 신분제를 해체하고 호족 중심으로 사회를 재편하는 데 유익했기 때문이었다. 왕조의 피로기에 접어든 신라 말엽의 사회상은 난신적자도 많았고, 영웅대망론英雄待望論도 만만치 않았다. 이러한 때, 흔히 성주城主라고 불리던 이들 호족은 진골이 핵심 세력을 이루고 있는 중앙정부가 파견하는 지방관 대신에 자신이 성주로 군림하는 지역에 대한 정치적·경제적 및 군사적 지배권을 행사했다.

호족들은 사상적으로는 선종이나 풍수지리설에 친숙한 존재였고 유교와는 인연이 멀었으며,[104)] 대체로 신라 왕실에 비협조적이었다.[105)] 고려 창업의 주역들은 그러한 사회적 균열 속에서 신흥 세력의 지지를 얻는 데 성공한 것이 창업의 기반이 되었다.

셋째로 나말여초의 시대는, 신라의 지배 이데올로기였던 교종에 대한 싫증과 이에 대한 반사 작용으로 나타난 선종의 발흥이라는 사상적 교체기였다는 사실이, 도선의 사상이 확산하는 계기를 마련해 주었다. 종교의 흥륭이 축복인지 남발인지를 가늠하기란 쉽지 않은 일이지만, "성 안의 사찰이 민가보다 더 많은 현실"[106)]이 그 시대를 사는 사람들에게 아름답게만 보이지는 않았을 것이다.

그러한 현상은 교종 중심의 신라 지배층에 대한 염증으로 확산되고 오랜 평화

---

102) 崔柄憲, 「道詵의 생애와 나말여초의 풍수지리설」, pp. 124, 142.

103) 崔昌祚, 「韓國 風水思想의 歷史와 地理學」, p. 131.

104) 이기백, 『신라사상사연구』, p. 236.

105) 김두진, 『신라하대 선종사상사 연구』, p. 447.

106) 『東文選』(78) 記 「演福寺塔重創記」.

와 안일安逸에 흘러, 사람들 또한 인간의 내성內性에 관심을 갖는 선종을 주목하던 참에 도선이 수행자로서 높은 덕과 명망을 가지고 나타났다. 그 시대의 사람들은 도선에게서 타락한 시대와 분열된 정신적 공허를 해결하는 새로운 지평선을 갈구했다.[107)]

이와 같은 상황에서 풍수지리설은 선종과 뒤섞임으로써 그 힘을 배가할 수 있었다. 과거와 미래를 현세로 끌어오는 선종의 심성이나, 자연 지리 조건의 무형적인 힘으로 미래와 타계를 지배하려는 풍수지리설의 심성은, 사회적 전환기였던 나말여초의 불안한 세태에 놓인 당시 사람들에게는, 모든 미래적인 것과 초월적인 것을 지상의 현세적인 것으로 집약하려는 비논리적 경향을 띠고 있었다.[108)] 이런 점에서 선종과 풍수지리설은 서로 친화력을 가지고 있었다.

풍수도참설을 논의하며 그 과학성을 논증하려는 것은 의미 없는 일이다. 복잡한 정치적 위기의 원인이 지덕의 쇠퇴에 있고, 이 위기를 천도遷都나 비보에 의해 극복할 수 있을 뿐만 아니라 지덕地德으로써 부유하고 강력한 국가가 도래한다는 순진한 낙관성은, 그 시대를 살아가는 사람들에게 큰 매력으로 다가왔을 것이다.

그러나 이러한 낙관주의는 정치적 의무와 책임을 알지 못한다는 점에서 정치에 치명적이었다.[109)] 이런 점에서 풍수지리설은 그것이 지니고 있는 자연주의적 가치와 정치지리학적 함의의 고매高邁함에도 불구하고 혹세무민惑世誣民의 위험성에서 자유롭지 못하다.

4. 신라 유학의 잔영

선덕여왕善德女王 이후 무열왕武烈王에 이르기까지 신라 중엽의 역사는 당나라로부터 문화 유입이 주류를 이루던 시기였다. 당나라의 군대를 빌려 고구려와

107) 이영자, 「도선」, 『한국인물사』(1), pp. 388~389.

108) 崔柄憲, 「道詵의 생애와 나말여초의 풍수지리설」, p. 118.

109) 김영수, 「정치와 운명 : 고려말 공민왕의 정치적 방황에 나타난 풍수·도참과 유교의 대립을 중심으로」, 『한국정치외교사논총』(17)(한국정치외교사학회, 1997), p. 95.

백제를 멸망시킨 정치적 부채는 이러한 문명 교류를 가속화하는 중요한 동기를 제공했다. 사왕嗣王과 연호年號, 책력冊曆 그리고 조공 관계의 성립은 단순히 정치적 봉신封臣 관계에 머무르지 않고 문화의 침식을 수반했다. 그 가운데 하나가 유학의 전래였다.

유학의 전래는 사신과 유학생의 두 경로를 통해 이루어졌다.

유학의 보급은 교육 기관인 국학國學이 맡았다. 국학은 신문왕神文王 2년(682)에 창설되어[110] 경덕왕景德王 때 골격을 갖추었고,[111] 혜공왕惠恭王 시대에 이르면 왕이 친히 임석하여 유학을 공부할 정도로 중요한 국가 기관이 되었다.[112] 국학의 진흥에 각별히 정성을 기울인 왕은 헌강왕憲康王이었다.

헌강왕은 친히 국학에 거동하여 학문을 독려하고 강의를 듣기도 했다.[113] 헌강왕은 유교적 정치이념에 입각한 관제의 개혁과 함께 측근 세력의 등용을 통해서 국왕으로의 권력 집중을 꾀했다. 그는 유학의 진흥을 위하여 국학에 관심을 갖는 한편 대당對唐 외교를 활발히 펼치며 많은 유학생을 보냈다.[114]

그러한 유학생 가운데 최치원崔致遠이 있었다. 그는 12세에 당나라에 들어갔다.[115] 그때 그의 나이가 12세였다는 점은 당나라 유학이 인간적 고뇌의 결과가 아니라 어른들의 결정에 따른 것이었음을 의미한다. 그가 당나라에 머물 당시에 작성된 문서에 아우[116]와 조카[117]가 등장하는 것으로 미뤄 보아 가족 이민이었을 것이다.

신라에서 당에 유학한 사람이 300년 동안에 2천 명이었다.[118] 당시의 교통 편의를 고려한다면 이 숫자는 적은 것이 아니었다. 도당渡唐 유학생이 이토록 많았던 까닭은 당시 당나라의 국제 사조와 무관하지 않았다. 세계 제국으로서의

---

110) 『三國史記』 新羅本紀 神文王 2년 6월조.
111) 『三國史記』 新羅本紀 景德王 6년 정월조.
112) 『三國史記』 新羅本紀 惠恭王 12년 2월조.
113) 『三國史記』 新羅本紀 憲康王 5년 2월조.
114) 장일규, 「최치원의 入唐 修學과 활동」, 『정신문화연구』(26/2)(한국정신문화연구원, 2003), p. 114.
115) 『三國史記』 列傳 崔致遠; 김현양(외 역), 『殊異傳逸文 : 최치원전』(서울 : 박이정, 1996), p. 41.
116) 『桂苑筆耕集』(4)/(6) 謝弟棿再除錦州刺史狀; 『桂苑筆耕集』(20) 謝賜弟栖遠錢狀.
117) 『桂苑筆耕集』(5) 奏姪男劭華州失守請行軍令狀.
118) 양기선, 『孤雲 최치원 연구』(서울 : 한불문화출판, 1995), p. 72.

면모를 갖춘 당제국은 종래의 엄격한 문벌 중심의 사회제도를 혁신하여 차츰 능력 본위로 인재를 등용하고 또한 외국의 자제들에게 과거에 응시할 자격을 부여하였는데,[119] 이러한 사조가 주변 국가들의 청년을 고무했을 것이다.

최치원은 육두품 출신이었다. 신라의 골품제에 따르면, 왕족이라 할지라도 박혁거세朴赫居世로부터 28대 진덕왕眞德王까지는 성골聖骨이라 했고, 29대 태종太宗부터 마지막 왕인 경순왕敬順王까지는 진골眞骨이라 했으며, 왕족을 제일골第一骨이라 부르고 귀족을 제이골第二骨이라고 부르기도 했다.[120] 제일골과 제이골 사이에는 혼인은 하지 않지만 혹 혼인을 할지라도 그 소생은 제이골이 된다.[121]

귀족은 왕정과 공생 관계에 놓여 있다. 역사적으로 볼 때 이러한 귀족 집단은 왕권에 자신의 기반을 두었다. 왕족은 사자처럼 용맹한 왕자를 낳는 대신에 나귀처럼 바보스러운 자식을 낳았을지 모르지만, 귀족 집단이 모두 나귀처럼 바보스럽지는 않았으며, 그들 가운데 몇몇은 사회에 봉사하며 항상 탁월했기 때문이다.[122]

중앙정부의 관직은 모두 성·진골 또는 제이골에서 충원되었으므로 서민은 능력에 관계 없이 배제되었다. 이와 같이 출사出仕가 신분 질서에 따라 낙점되자, 골품이 아닌 재사才士들은 설계두薛罽頭[123]의 경우처럼 한恨을 품고 당나라로 들어가는 사람도 있었다.

물계자勿稽子[124]의 경우처럼 말직에서 왕후장상에 못지않은 큰 공을 세우고도 인정받지 못하고 낙백落魄한 무리도 있었고, 장보고張保皐[125]처럼 한국의 해전사에서 위대한 발자취를 남기고서 귀족이 아니었다는 이유로 비참한 최후를 마친

---

119) 崔完秀, 「高麗의 建國과 禪宗」, p. 234.

120) 『三國史記』 新羅本紀 眞德王 8年條 : "國人謂始祖赫居世 至眞德二十八王謂之聖骨 自武烈王至末王 謂之眞骨 唐令孤澄新羅國記曰 其國王族謂之第一骨 餘貴族第二骨"

121) 『新唐書』(220) 東夷列傳(145) 新羅傳 : "其建官以親屬爲上 其族名第一骨第二骨以自別 兄弟女姑姨從姊妹 皆聘爲妻 王族第一骨 妻亦其族 生子皆母第一骨 不娶第二骨女 雖娶常爲妾媵"

122) Charles Merriam, *Political Power*(New York : Collier Books, 1964), p. 121; 신복룡(역), 『정치권력론』(서울 : 선인출판사, 2006), p. 177.

123) 『三國史記』 列傳 薛罽頭條.

124) 『三國史記』 列傳 勿稽子條; 『三國遺事』 神呪 勿稽子條.

125) 『三國史記』 列傳 張保皐條; 『新唐書』(220) 東夷列傳(145) 新羅條; 신복룡, 「圓仁의 「入唐求法巡禮行記」에 나타난 신라 관계 기록과 몇 가지 문제점」, 『한국정치사』(서울 : 박영사, 2003), pp. 146~149 참조.

사람도 있다.

고구려와 백제의 유민을 다스리는 관제가 확장되고 당나라 문화의 영향으로 교류의 폭이 증대됨에 따라 외교 문서의 제작, 시간 관측과 역서曆書의 제작, 그리고 의학과 율학律學을 담당하는 기술직에 소속한 지식인 계층이 성립되었는데, 이들이 대개 육두품이었다.

육두품들은 골품 제도의 질곡에 대한 저항을 안고 있었으며,[126] 당나라의 자유로운 입신 제도에 관한 선망羨望을 품고 있었다. 최치원도 그러한 인물 가운데 하나였다. 그가 비록 어린 나이에 본인의 뜻과 상관없이 조국을 떠났지만, 그가 그럴 수밖에 없었던 정황은 다음의 글에 잘 나타나 있다.

> 대체로 헤아려 보건대 도道는 사람에게서 멀지 않고 사람은 나라를 따지지 않는다. 그러므로 동쪽 사람의 자제가 중이 되거나 선비가 되려면 반드시 서쪽으로 바다를 건너 통역을 거듭해 가며 학문에 종사한다.[127]
>
> 나는 (제갈공명처럼) 삼고三顧를 기다린 사람도 아니요, (전륜성왕이 가지고 있는) 칠보七寶를 맞으려는 사람도 아니다. 가게 될 땅이면 가게 되는 것이 인연의 부탁을 위한 연고이다.[128]

그리 길지 않은 이 글은 조국을 떠날 수밖에 없었던 한탄과 그 당시 유행하던 선종의 모습을 보여준다. 그가 떠날 때 중국어도 몰랐다. 최치원의 유학 시절은 그리 행복하지 않았다. 어린 시절 이향離鄕의 아픔, 그리움, 이질 문명에 적응하는 일이 그리 쉽지 않았을 것이다. 그는 당시의 심경을 이렇게 시로 표현했다.

> 문앞 버들은 새잎 벌써 시들었건만
> 나그네 옷은 아직 작년 입던 그대로인데
> 하늘같이 먼 길에 시름 속 늙어가는 몸
> 바다 건너 내 집엔 꿈에나 돌아갈까[129]
> 門柳已凋新歲葉 旅人猶着去年衣

---

126) 김철준, 『한국고대사회연구』(서울 : 지식산업사, 1976), pp. 309~310.

127) 최치원, 「四山碑銘 : 眞鑑禪師碑銘」, 『한국의 사상대전집』(3), p. 47 : "夫道不遠人 人無異國 是以東人之子 爲釋爲儒 必也西浮大洋重譯從學"

128) 최치원, 「四山碑銘 : 白月葆光塔碑銘」, 『한국의 사상대전집』(3), pp. 45~46.

129) 『東文選』(12) 七言律詩 崔致遠 秋日再經盱眙縣寄李長官.

路迷霄漢愁中老 家隔煙波夢裏歸

그러한 어려움 속에서도 최치원은 당나라 과거에 급제했다.130) 이때 그는 당의 문화에 압도되었던 것으로 보인다. 그는 당의 문화를 받아들이는 것이 신라의 문명화에 도움이 된다고 생각했다. 그러한 생각을 그는 이렇게 표현했다.

> 신이 엎드려 생각건대 당국當國의 땅은 진한秦韓이라 부르고, 도道는 추로鄒魯(공맹)를 흠모합니다. 그러나 은殷나라 부사父師(기자)가 비로소 가르쳐 잠깐 몸소 친함을 보았고, 공사구孔司寇(공자)가 "(東夷에) 살고 싶다"131) 함은 오직 입에 오른 은혜만을 들었습니다. …… 글자체는 비록 충적虫跡(벌레가 기어간 자국)을 짝하지만, 토어土語는 새소리(鳥音)를 구별하기 어렵다.
>
> 문자는 겨우 결승結繩(새끼줄처럼 만든 글자)을 면했으나 말은 진실로 기어綺語(고운 말)를 이루기 어려우므로, 모두 도역導譯(통역)을 통하여 비로소 유통을 얻게 되니 이러므로, 천조天朝에 이뢰고 사행使行을 맞아들이며 모름지기 서학西學(중국의 문화)의 통변에 의지해야만 바야흐로 동이東夷의 실정을 통하게 됩니다.132)

최치원이 당나라에 머물었던 시기(868~884)의 정치 풍조는 이미 왕조 후기에 접어들어 공개적이고 세계주의적 정신이 사라지고, 점차 편협하고 배타적이며 중국 중심의 내성적 태도로 쇠퇴하는 한편, 평화주의적 성향이 크게 발전한 때였다.

그뿐만 아니라 과거제도가 실현됨에 따라 귀족층의 쇠퇴가 시작되었고, 권력은 출신이 어떠하든 인물 본위에 따라야 한다는 관념이 팽배하여 질서의 유지 수단으로 변화하던 때였다. 정치적으로는 이미 현종玄宗(712~756) 이후 환관의 득세와 절도사의 발호로 당조의 율령은 권위를 상실했다.

특히 희종僖宗(873~888) 연간에는 연속된 반란 가운데 황소黃巢의 난이 당나라의 쇠망을 재촉했다.133)

---

130) 『三國史記』 新羅本紀 景文王 14년조.

131) 『漢書』(28) 地理志(8下) 樂浪條 : "然東夷天性柔順 異於三方之外 故孔子悼道不行 設浮於海 欲居九夷以也"; 『後漢書』(85) 列傳(75) 東夷 序 : "所謂中國失禮 求之四夷者也"

132) 『孤雲崔致遠先生文集』(부산 : 孤雲崔致遠先生文集重刊會, 1982), pp. 578~581; 『東文選』(47) 狀 崔致遠 奏淸宿衛學生還蕃狀.

133) 崔根泳, 「신라말 최치원의 사상적 성격」(단국대학교 석사학위 논문, 1977), p. 11.

이때 최치원이 과거에 급제하고 출사의 길이 열렸음에도 당나라에서 그의 생활은 그리 흡족하지 않았다. 당시 그의 처지를 깊이 이해했던 인물은 이규보李奎報였다. 그는 당나라에서 최치원의 삶을 이렇게 묘사하고 있다.

『당서』唐書 예문지藝文志를 상고해 보니, 최치원이 쓴 사륙문四六文 1권과 『계원필경』桂苑筆耕 20권이 실려 있다. 최치원에 관한 예문지의 주註에 이르기를, "최치원은 고려 사람인데, 빈공급제賓貢及第로 고병高駢의 회남종사淮南從事가 되었다." 고 했다. 내가 이것을 읽어보고, 과연 중국인은 가슴[胸懷]이 넓다고 칭찬했다. 그 까닭은 외국인이라고 해서 가볍게 여기지 않고, 이미 문집을 발간하여 세상에 반포하였고, 또 역사책에 그렇게 실었기 때문이다.

그러나 문예 열전文藝列傳에 최치원을 위해 전傳을 지어 넣지 않은 의도를 나는 모르겠다. 만일 최치원의 행사가 이전에 써넣을 것만 못하다면, 어떻게 그가 나이 12세에 바다를 건너 중국에 들어가 유학하여 한번 과거 보아 급제하고 잇달아 고변의 종사관이 되었고, 황소에게 격문[134]을 보내어 그 기운이 저상沮喪하게 되었고, 뒤에 벼슬이 도통순관시어사都統巡官侍御使에 이르렀으며, 본국에 돌아올 때 같이 과거에 급제한 사람 고운顧雲이 유선가儒仙歌를 지어서 줄 수 있었을까? ……

만약 외국인이라고 해서 이전에 써넣지 않았다면, 예문지에 이미 최고운의 이름이 나타나 있고 또 번진藩鎭 호용虎勇의 열전에 이정기李正己·흑치상지黑齒常之 등이 다 고려 사람인데, 각각 그 이전에 열거해서 그 일을 소소하게 기재하였으니, 어찌 문예 열전에만 유독 최고운의 열전을 쓰지 않았는가?

내가 가만히 혼자 생각해 볼 때, 옛날 사람들은 배운 사람끼리 서로 시기하였는데[詞人相輕], 하물며 최치원이 외국 사람으로 중국에 들어가 당시 명인들을 짓밟았으니, 이런 것이 중국 사람들의 꺼리는 것이라 하겠다. 만약 이전에 써넣어 그 사실을 직필하면, 중국 사람들이 꺼릴까 두려워 빼어버린 것일까? 나는 이를 이해할 수 없다.[135]

이 글이 함의하는 바가 있다. 그는 외국인임에도 당의 조정에서 비교적 중용되었음을 알 수 있다. 그러나 그 입신이 무한한 것은 아니었다. 어느 정도의 수준에 이르렀을 때 그도 결국 중화中華의 벽에 좌절하게 된다. 그가 황소의 난을

---

134) 황소는 최치원의 「토황소격문」討黃巢檄文을 읽다가 얼떨결에 침상에서 떨어졌다. 이규보, 「백운소설」, 『한국의 사상대전집』(5), p. 49. 그의 「토황소격문」은 『桂苑筆耕集』(11)에 실려 있다.

135) 『東文選』(106) 議 李奎報 唐書不立崔致遠列傳議.

진압하는 데 참여한 것이 전적으로 그의 의지라고는 말할 수 없지만, 적어도 "국가를 편안히 다스리려면 반드시 죽임으로써 죽임을 그치게 함[以殺止殺]이 필요하다."[136]는 그의 확신이 있었기에 가능했을 것이다. 그는 인간의 삶이 "위엄을 갖추되 사납지 않아야 한다."[威而不猛][137]고 생각했다.

최치원은 헌강왕 11년(885) 3월에 신라로 돌아왔다.[138] 그의 나이 28세가 되는 해, 16년 만의 귀향이었다. 어린 나이에 조국을 떠났다가 인격과 학식을 갖춘 성인이 되어 귀국했을 때 그로서는 심리적 혼란이 컸을 것이다. 모국어의 구사도 불편했을 것이다. 그의 초기 심리 상태는 화하華夏 문명의 황홀함에서 벗어나지 못했다. 귀국했을 때 그는 이미 확신에 찬 중화주의자가 되어 있었다. 그가 신라 왕실을 위해 당나라 황제에게 올린 표表가 그것을 잘 말해 주고 있다. 그는 이렇게 말하고 있다.

> 신의 번국[臣蕃]이 나라를 세우고 집을 계승하여 강토를 개척함이 다 우러러 하늘의 그늘을 받들어서야 바야흐로 바다의 한구석을 안정시켰나이다. …… 머나먼 번국蕃國을 지키기에 얽매여 달려가 조정에 칭사稱謝하지 못하오나 성덕聖德을 하례하고 은혜를 그리워하여 오리처럼 기뻐 날뛰는[鳧藻] 마음 간절하나이다.[139]

> 전前 본국왕 서리署理 신臣 탄坦(진성여왕)은 신의 친구이옵나이다. 신의 망부 증태부贈太傅 신 정晸(헌강왕)과 차숙 신 황晃(정강왕)이 차례로 세상을 떠난 뒤 친숙께서 번국蕃國의 왕을 서리하다가 병과 사고가 서로 이어져 ……[140]

위의 글에서 최치원은 당나라에 대하여 자기 조국 신라를 주저 없이 오랑캐나라[蕃國]로 자처하였고, 자신을 신하로 부르는 것을 당연한 것으로 여기고 있다. 이것이 역사적으로 떳떳하지 못한 것임이 틀림없지만, 이것은 최치원만이 책임질 일은 아니었다. 왜냐하면 칭신稱臣의 문제는 이미 오래 전의 일이어서 진덕여왕眞德女王 때부터 당에 구원을 청했고, 이를 위해 신라 왕은 당제唐帝에

---

136) 『東文選』(31) 表箋 崔致遠 賀收復京闕表.
137) 최치원, 「四山碑銘 : 智證大師碑銘」, 『한국의 사상대전집』(3), p. 366.
138) 『三國史記』 新羅本紀 憲康王 11년.
139) 『孤雲崔致遠先生文集』 表 pp. 547~548; 『東文選』(31) 表箋 崔致遠 新羅賀正表.
140) 『孤雲崔致遠先生文集』 表 pp. 555~569; 『東文選』(33) 表箋 崔致遠 謝嗣位表.

게 글을 올리어 스스로 변방국임을 자처했기 때문이다.[141]

이와 같은 사실은 한국사상사의 맥락을 이해하는 데 중요한 점을 넌지시 알려준다. 왜냐하면 이러한 글은 한국사상사에서 중화주의의 뿌리가 시기적으로 매우 거슬러 올라가고 있음을 보여주는 것이기 때문이다.

귀국 뒤에 최치원의 활약은 주로 글을 쓰는 것이었다. 그가 신라의 고승 혜소慧昭(774~850)의 공덕을 기려 세운 지리산 쌍계사의 「진감선사비」眞鑑禪師碑(887), 성주산문의 개조開祖 무염無染(801~888)의 공덕을 기린 만수산萬壽山 성주사聖住寺의 「대낭혜화상 백월보광탑비」大朗慧和尙白月葆光塔碑(890), 신라 왕실 사찰이었던 대숭복사大崇福寺의 유래를 기록한 초월산初月山의 「대숭복사비」(원성왕 시대), 지증대사智證大師 도헌道憲의 공덕을 기록한 희양산曦陽山 봉암사鳳巖寺의 「지증대사적조탑비」智證大師寂照塔碑(883?) 등 이른바 사산비명四山碑銘을 쓴 것은 청년기인 30대에 그의 관심이 무엇이었던가를 읽는 데 좋은 자료가 된다.

최치원은 이 4개의 비문에서 382건의 중국 고전을 인용하였는데 그 가운데 32건(8%)이 불교 서적이고, 56건(14%)이 도교 서적이며, 139건(36%)이 역사 서적이며, 165건(42%)이 유가 서적이다. 특히 「대낭혜화상비명」을 찬술하며 장량張良의 전기를 네 번 인용한 것은, 그가 신 왕조의 개창을 예감했음을 의미할 수도 있다.[142] 그뿐만 아니라 그의 글은 당대의 학자들이 불교에 얼마나 심취했었던가를 보여준다. 이 밖에도 그는 『의상본전』義湘本傳과 「원효대사행장」元曉大師行狀을 지었다.[143]

최치원의 글 가운데 왕건이 신라 왕에게 보내는 국서를 그가 썼다는 기록[144]은 그의 행적을 논의하며 오랜 쟁점이 되어왔다. 특히 그 글 가운데서 "계림(경주)은 누른 잎이요, 곡령(개성)에는 푸른 솔이로다."[鷄林黃葉 鵠嶺靑松]라고 한 문구[145]와, 왕건이 견훤에게 보낸 서한이 최치원이 지은 것이라는 기록[146]은 믿을

---

141) 『三國遺事』(1) 紀異(1) 眞德王條 : "外夷違命者 剪覆被天殃 淳風凝幽現 遐邇競呈祥 五三成一德 昭我唐家皇"; 『新唐書』(200) 列傳(145) 東夷 新羅條에도 이와 비슷한 시가 실려 있다.

142) 곽승훈, 『최치원이 중국사 탐구와 사산비명 찬수』(서울 : 한국사학, 2005), pp. 40~42.

143) 『三國遺事』(4) 義解(5) 義湘傳教.

144) 『三國遺事』(2) 紀異(2) 後百濟 甄萱.

145) 『高麗史』 世家(1); 『東文選』(2) 賦 西都·北京·江都를 읊은 부(三都賦) : "先有崔孤雲者嘗曰 聖人之氣 醞釀山陽 鵠嶺松靑 鷄林葉黃 紫雲未起 預讖興亡"

수 없는 것으로서, 고려의 건국을 합리화하려는 위찬僞簒이라는 주장[147]이 제기되어 그의 행적에 허물이 되었다. 그가 "나라 근심하기를 내 집과 같이 하였음"[148]은 사실이겠지만, 국서 작성의 진위를 떠나 그가 신라 말의 정치적 현상에 피로감과 체념에 빠져 있었던 것은 사실이다.

그럼에도 그는 기울어가는 왕조를 부흥하고자 왕을 보필했다. 귀국했을 무렵 그는 자신의 조국 신라에 대한 긍지도 지니고 있었다. 더구나 그는 신라가 고구려와 백제를 멸망시킨 데 자부심을 느끼고 있었다. 그래서 그는 두 나라의 멸망을 회상하며 "위대하도다. 선조는 두 적국(고구려·백제)을 평정하여 그들이 중국의 옷차림을 하게 하고,"[149] "(신라가) 비록 남섬부주南贍部洲 해변에 있으나 어찌 도솔천상兜率天上보다 못하리요."[150]라고 비문에 적었다.

최치원은 자신이 가진 지식과 경륜으로 신라를 바로잡고자 했다. 그는 중국에서 보낸 삶을 통하여 통치학을 체득하고 있었다. 그가 당나라에 있을 적에 작성한 다음과 같은 글이 흥미롭다.

> "원宰이 되어 백성을 사랑하는 기술은 닭의 무리를 모는 것과 같으니, 느슨하면 흩어지고, 서두르면 어지러워진다."고 하였으니, 이 말은 비록 사소한 말이나, 그 이치는 딱 들어맞는 것이다. 아는 것이 어려운 것이 아니요, 행동하는 것이 쉽지 않다.[151]

> 『노사』魯史에 이르기를, "신하는 하나요, 임금은 둘이라."하였고, 『한서』漢書에 이르기를, "한 마음이 일백 임금을 섬길 수 있다." 하였으니, 아랫사람이 이탈하는 마음이 있는 것은 대개 윗사람이 온전한 덕이 없다는 것을 알게 되는 것입니다.[152]

---

146) 『三國遺事』(2) 紀異(20) 後百濟 甄萱.

147) 『星湖僿說』(18) 經史門 崔文昌; 이기백, 『新羅思想史硏究』, pp. 234~235.

148) 『東文選』(58) 書 崔致遠 與昭義成 : "憂國如家"

149) 최치원, 「四山碑銘 : 白月葆光塔碑銘」, 『한국의 사상대전집』(3), p. 45.

150) 최치원, 「四山碑銘 : 大崇福寺碑銘」, 『한국의 사상대전집』(3), p. 55.

151) 『桂苑筆耕集』(13) 前宣州當塗縣令王翺攝楊子縣令; 『東文選』(106) 牒 崔致遠 前宣州當塗縣令王翺攝楊子縣令 : "宰字之術 若驅群鷄 緩之則散 急之則亂 此言雖小 其理甚中 知者非難行之不易"

152) 『東文選』(57) 書 崔致遠 與昭義成璘書 : "魯史云 臣一主二 漢書曰 一心可以 事百君 則知下有離心 盖爲上無全德"

이 글에 담긴 그의 정치적 소회所懷는 백성을 어떻게 다스릴 수 있을까에 관한, 적어도 민심이란 어떤 것인가에 관한, 그 시대의 지식인으로서는 앞선 감각을 지니고 있다. 그는 민심의 가변성을 알고 있었고, 통치자가 이를 깊이 이해할 것을 권고한다. 그는 또한 농업의 중요성을 잘 알고 있었다. 그는 당나라에서 관직에 있을 때 다음과 같은 글을 하달한 적이 있다.

> 풍속을 순화시키는 데 먼저 할 것은 권농勸農이다. 그러므로 옛날에 정혼鄭渾은 사냥 기구를 빼앗았으며, 온교溫嶠는 전조田曹(밭 관리자)를 두라고 요청했다. 위로는 천시天時를 따르고 아래로는 일력日力에 징험하여 농부의 생업을 독려하려면, 반드시 유능한 관리의 재주에 의지해야 한다.[153]

최치원은 통치자의 자세에 관해서도 나름대로 심지心志를 가지고 있었다. 천자에게 올리는 글에서 다스림의 본질을 이렇게 지적하고 있다.

> 엎드려 생각건대, 황제 폐하께서 일월같이 운행하시고, 뇌우雷雨처럼 내리고 풀어 주옵시니 동물까지도 화평하게 했던 요·순堯舜의 정치를 본받고, 자신에게 죄를 돌리자 발연勃然히 일어났던 우·탕禹湯의 법도를 본뜨심인가 하나이다. 뜰에서 춤과 궁중의 악기를 철폐하시고, 수수한 옷에 박한 음식을 취하시니 첫째로 인자仁慈하고 둘째로 검박함은 현조玄祖(노자)의 격언을 지키심이요, "빗물에 목욕하고 바람에 빗질함"[沐雨櫛風]은 당 태종의 유훈遺訓을 받으심인가 합니다.[154]

최치원은 치자와 피치자의 양쪽을 다 보고 있었다. 그는 정치란 "어짊을 근본으로 삼고 효도를 먼저 하는 것"[155]이라고 생각했다. 그는 자신이 당나라에서 체득한 이와 같은 정치적 지식을 신라에 적용해 보고 싶었다. 그 결과로 나온 것이 곧 「시무時務 10조」였다. 최치원이 귀국한 지 9년째가 되는 진성여왕 8년(894)에 이 글을 올리자, 왕이 기꺼이 그것을 받아들이고 최치원을 아찬으로 삼

153) 『桂苑筆耕集』(13) 「許權攝觀察衙推充洪澤巡官」; 『東文選』(106) 牒 崔致遠 「許權攝觀察衙推充洪澤巡官」.

154) 『東文選』(31) 表箋 崔致遠 賀廻駕日不許進歌樂表 : "一慈二儉 守玄祖之格言 沐雨櫛風 稟太宗之丕訓"

155) 최치원, 「四山碑銘 : 大崇福寺碑銘」, 『한국의 사상대전집』(3), p. 55 : "政以仁爲本 禮以孝爲先"

았다는 기록[156]을 보면, 그의 글이 매우 진실했음을 알 수 있다.[157]

이와 같은 의욕에도 시간이 흐를수록 그는 희망을 잃기 시작했다. 최치원의 글은 부정적인 권고가 더 많은 점으로 미루어 보아 당시 신라 사회의 병리와 이를 보는 최치원의 시각을 알 수 있다. 그가 본 신라는 당초의 의욕처럼 그리 희망적이지 않았다. 그는 귀국한 뒤 골품제에 절망하는 등 신라 사회의 모순을 실감했다.

그뿐만 아니라 도적이 전국적으로 봉기하고, 이 틈을 타서 지방 호족들은 각기 자신의 독립적인 세력을 갖게 되었다. 이러한 시기에 최치원은 당나라에서 습득한 유교적 정치사상이 신라에 적용될 수 없음은 물론이고 오히려 시기하는 무리로 말미암아 중앙 정계에서 물러나게 되었다.[158] 그가 지은 시 「접시꽃」蜀葵花에서

> 본디부터 천한 데 태어났기로
> 사람들의 버림 받음 참고 견디네[159]
> 自慚生地賤 堪恨人棄遺

라는 구절은 읽는 이에게 시대의 우울을 느끼게 한다.

최치원은 당나라에서 보고 온 차원 높은 문화 수준이 신라에 적용될 수 없음을 깨달은 데에 관한 고민이 있었다.[160] 그는 자신의 꿈이 이루어질 수 없음을 알게 되자, 스스로 관직을 버리고 산과 강에 묻힌 스님을 찾아가기도 하고, 친형인 큰 스님 현준賢俊과 함께 경론을 탐구하여 마음을 맑고 아득한 데 노닐다가 가야산伽倻山에 들어가 세상을 마쳤다.[161] 그는 당시의 심정을 이렇게 노래했다.

---

156) 『三國史記』 新羅本紀 眞聖王 8년 봄 2월.

157) 최치원의 「시무 10조」가 어떤 내용이었는지는 전해지지 않고 있다. 崔柄憲은 그의 논문, 「道詵의 생애와 나말여초의 풍수지리설」, pp. 121~122에서 최치원의 「시무 10조」를 열거하고 있으나 이는 최치원의 「시무 10조」가 아니라 최충헌의 「시무 10조」(『高麗史』 列傳 崔忠獻傳 封事)를 잘못 인용한 것이며, 많은 후학이 이를 따라 같은 오류를 저질렀다.

158) 金福順, 「孤雲 崔致遠의 사상연구」(고려대학교 석사학위논문, 1980), p. 18.

159) 『孤雲崔致遠先生文集』 詩 五言古詩, p. 516.

160) 金福順, 「孤雲 崔致遠의 사상연구」, p. 17; 곽승훈, 『최치원이 중국사 탐구와 사산비명 찬수』, p. 31.

161) 김현양(외 역), 『殊異傳逸文 : 최치원전』, p. 41; 이능화, 『조선불교통사』(1), p. 425.

산에 올라오니 갈림길의 먼지는 잠시 멀어졌으나
홍망을 되씹으니 한이 더욱 새로워라[162]
登臨暫隔路岐塵 吟想興亡恨益新

항상 옳으니 그르니 하는 소리
귀에 들릴 것을 두려워하여
짐짓 흐르는 물을 시켜
산을 모두 귀먹게 하네[163]
常恐是非聲到耳 故教流水盡聾山

당나라에서 배운 지식과 경륜을 조국에서 실현해 보고 싶었던 최치원의 꿈은 이루어지지 않았다. 그는 당나라에서 유학을 정통으로 배웠고, 이미 30대에 선학을 제치고 신라의 3대 고승과 숭복사의 비문을 쓸 만큼 불교에도 깊은 학식을 쌓고 있었다. 그러한 그가 좌절할 수밖에 없었던 까닭은 이미 신라의 국가적 피로가 심각했고, 그의 신분이 육두품에 지나지 않았으며, 당나라 유학파에 대한 질투와 호족들의 견제로부터 살아남지 못했기 때문이었다.

최치원이 역사의 재평가를 받은 것은, 사후 100년의 세월이 흐른 뒤였다. 그는 고려 현종顯宗 14년(1023)에 이르러서야 문창후文昌侯에 봉하여졌고,[164] 충선왕忠宣王 즉위년(1309)에 지리국사地理國師 도선, 유림의 조종인 홍유후弘儒侯 설총薛聰과 함께 시호를 더해 받았다.[165]

5. 미륵불彌勒佛

인간이 살아가는 미래는 늘 불확실하다. 과학 문명이 발달하지 않은 전근대 사회에서 삶은 더욱 그러했다. 이럴 경우에 민중은 말할 것도 없고 지배 계급은 두 가지에 몰두하게 된다. 첫째는 미래가 어찌 될 것인가에 관한 예언을 듣고

162) 『東文選』(12) 七言律詩 崔致遠 登潤州慈和寺上房
163) 『芝峰類說』(2) 地理部 山地
164) 『高麗史』 世家 顯宗 14년 2월 병오.
165) 『高麗史』 世家 忠宣王 즉위년 11월 辛未.

싶고, 둘째는 현재의 아픔들grievances을 어떻게 치유할 수 있는지에 관한 방안을 듣고 싶다. 이 두 가지 문제에 대해 대답해 줄 초능력자는 늘 필요했고, 또 그 수요에 따라서 나타났다.

동양 사회에서는 이 예언자이자 치병자를 미륵彌勒이라고 상정했다. 불교의 교리에서 도출된 미륵은 평화와 풍요, 보편적 사랑, 그리고 연민의 시대를 약속하는 일종의 내세 사상millenarianism이다.[166] 미륵은 도솔천에 거주하다 석가모니가 세상을 떠난 뒤 56억 7천만 년 뒤 현세에 나타나 이상 세계를 이루고 중생을 건지기로 약속된 미래불이다.

이 사상에 따르면, 석가모니는 우리가 살고 있는 사바세계[苦海]의 도주道主요, 미륵불은 다가올 용화龍華세계[仙境]의 도주이다. 내세 사상은 흔히 인간이 극락의 세계로 "갈"[往] 것인가, 아니면 구세주가 "올"[來] 것인가로 나뉘는데, 앞의 것을 정토淨土의 왕생사상往生思想이라 하고 뒤의 것을 미륵의 하생사상下生思想이라 한다.

한국의 미륵신앙은 주로 하생사상을 중심으로 이루어졌다. 이러한 미륵신앙은 한국 민족 특유의 현실주의적 소망을 보여준다. 한국 민족은 죽어서 극락에 태어나기를 바라기보다는 지금의 이 세계가 바로 미륵의 용화세상이 되어 자신도 성불成佛하여 부처님의 세상을 이루고 거기서 부처님의 법에 맞는 지상 선경仙境을 누리고 싶어 했다.[167]

한국인들은 죽음 이후의 세계에 대하여 큰 기대를 걸지 않았다. 한국인들이 죽음을 "돌아가셨다"고 표현하는 것은 "본디 있었던 곳으로 되돌아간다."는 뜻이다. 그들에게 죽음은 고향으로 돌아가는 것이다.

이와 같이 미륵의 출현을 기대하는 사회상은 불안, 격동, 그리고 정치적 부패로 얼룩져 있다.[168] 나말여초의 시대 상황은 한국의 문화가 남방 문화에서 북방 문화로 옮겨가는 시기였고, 주기로 보면 왕조의 피로와 민중의 싫증이 교차하는 어려운 시기였다. 이미 중앙의 행정 체제는 기능을 잃고 있었다.

그런 시대일수록 수탈과 착취는 크기 마련이다. 견디지 못한 농민과 노예들은

166) Guenter Lewy, *Religion and Revolution*(New York : Oxford University Press, 1974), p. 327.

167) 여동찬, 「미륵사상과 증산사상」, 『甑山思想硏究』(서울 : 甑山思想硏究會, 1975), p. 22.

168) Guenter Lewy, *Religion and Revolution*, p. 63.

초적草賊이나 군도群盜라는 이름 아래 조직되고 집단화하기 시작했다. 불만을 느끼고 저항하고자 하지만 방법이나 전망을 갖지 못한 그들에게 미륵사상은 호소력을 지닌다.[169)]

왕정의 취약함과 이로 말미암은 권력의 정통성이 약화함에 따라 하층 계급의 저항은 왕정의 안정도와 취약함을 나타내는 지수指數, stability index로 표출된다. 이 지수는 두 가지로 나뉘는데, 하나는 찬역簒逆의 빈도수이며, 다른 하나는 재위 연한의 길고 짧음이다.

이를 통계로 살펴보면, 고구려와 백제가 멸망한 문무왕 원년(661)으로부터 신라가 멸망한 경순왕敬順王 말년(935)까지 274년 동안 신라에서는 19회의 모반·반란이 일어나 3회의 찬역이 있었고 애장왕哀莊王·희강왕僖康王·민애왕閔哀王·경애왕景哀王 등이 재위 동안에 참살되었다. 이는 그 빈도로 볼 때 고구려나 백제에서는 일찍이 없었던 일이며 삼국전쟁 이전의 신라에서도 없었던 일이었다.

그뿐만 아니라 타락한 신라의 왕실이 얼마나 정치적으로 불안했던가 하는 점은 그들의 재위 연간을 고구려나 백제와 비교해 보면 쉽사리 알 수가 있다. 곧, 신라는 한 왕의 재위 연간이 삼국 가운데서 가장 짧아 삼국전쟁 이후에는 평균 재위가 10.1년이며, 신라의 전 기간 동안 56왕 992년을 통산할지라도 한 왕의 재위 연한은 17.7년이라는 계산이 나온다.[170)]

이는 고구려의 평균 재위 기간인 25.2년이나 백제의 21.9년, 그리고 문무왕 이전의 신라의 24.7년에 견주어 절반에도 미치지 못한다. 이러한 통계는 신라 왕조의 정치적 불안의 척도인 동시에 신라 왕실의 부패 지수라고 볼 수 있다.[171)] 왕위 계승 문제를 둘러싸고 발생하는 내란은 왕족의 내부에 상하의 서열을 결정하는 분명한 규칙이 없었기 때문이다.[172)]

신라의 국가적 토대가 흔들리기 시작한 것은 진성여왕 시대부터였다. 이때 이미 내정의 틀은 무너지기 시작하여 여러 주군州郡에서 공물貢物과 부세賦稅를 바치지 않아 국고가 비었고, 국가의 재정이 궁핍하므로 왕이 사자를 보내어 이를

---

169) 김석근, 「삼국 및 남북국 시대의 정치사상 : 토론을 위한 하나의 試論」, pp. 77~80.

170) 『三國史記』에 의거하여 산출함.

171) 이에 관한 자세한 논의는, 신복룡, 『한국정치사』, pp. 128~131 참조.

172) Philip K. Bock, *Modern Cultural Anthropology : An Introduction*(New York : Alfred A. Knopf, 1979), p. 236.

독촉하니, 이로 말미암아 도적이 도처에서 일어났다.[173] 이와 같은 지배 계급의 부패는 대체로 권력의 도덕적 타락과 무관하지 않았다.

본디 여왕은 원시 부족 국가 시대의 무녀巫女의 잔존 형태로서 결혼을 하지 않는 것이 그들의 풍습이었다. 따라서 선덕여왕, 진덕여왕, 진성여왕은 결혼하지는 않았으나, 그들의 생활은 문란하여 사생아를 낳았고,[174] 그 관계는 대체로 근친혼이거나 성·진골 사이의 난혼亂婚 형태였다.

동서양을 막론하고 역사적으로 귀족정치aristocracy는 동종 교배inbreeding로 말미암아 소멸할 수도 있으며, 엘리트는 순환의 부족 때문에 소멸했다.[175] 귀족 사회에서 동종 교배는 흔히 "열등한 혈족과의 혼인"을 배제한다는 명분을 지켰다. 인간의 우열만을 놓고 본다면, 귀족은 아마도 처신에서 왕보다 더 유능했을는지도 모른다.

서양에서는 일찍부터 플라톤Platon에 의해 우성 교배가 주창된 바가 있다. 그는 이렇게 권고하고 있다.

> 가장 우수한 남자는 가장 우수한 여자와 가능한 한 자주 교접케 하는 대신에 가장 열성인 남자는 가장 열성인 여자와 가능한 한 적게 교접하도록 하는 것이지. 한편 전자의 경우에서 태어난 아이들은 양육하지만 후자의 경우에서 태어난 아이들은 키우지 않도록 해야 한단 말야. …… 가장 우수한 양떼가 되기를 바라는 것처럼 가장 우수한 국가의 수호자를 키우려면 도리가 없는 거지. 그러나 이런 사실은 치자들만이 아는 비밀이어야 하네. …… 왜냐하면 국가의 수호자들이 이걸 알게 되면 국가에 반역할 위험이 매우 크기 때문이네.[176]

귀족 사회의 족내혼族內婚, endogamy은 그들의 신분적 특권을 늘리는 장치였다.[177] 한국사에서는 신라의 왕실에서 근친혼이 더욱 심했다. 이에 관하여 김부식金富軾은 다음과 같은 글을 남겼다. 신라의 후손으로서 신라 왕실을 두둔했던

---

173) 『三國史記』 新羅本紀 眞聖王 3년.

174) 『三國史記』 新羅本紀 眞聖王 2년 2월 : "王素與角干魏弘通 至是常入內用事 …… 及魏弘卒 追諡爲惠成大王 此後潛引少年美丈夫兩三人淫亂 仍授其人以要職 委以國政 由是佞倖肆志 貨賂公行 賞罰不公 紀鋼壞弛"

175) Charles Merriam, *Political Power*, p. 250; 신복룡(역), 『정치권력론』, p. 358.

176) Plato, *Republic*, Book 5, § 459d-e.

177) Philip K. Bock, *Modern Cultural Anthropology : An Introduction*, pp. 123~124.

그가 이러한 글을 남긴 것은 이례적이다.

> 아내를 맞이하며 같은 성씨를 취娶하지 않는 것은 분별을 두터이 하기 때문이다. 그런 까닭에 노공魯公이 오吳나라에 장가들고 진후晉侯가 사희四姬를 취한 것을 진陳나라의 사패司敗와 정鄭나라의 자산子産이 그것을 매우 나무랐다. 신라의 경우에는 같은 성씨를 아내로 맞이할 뿐만 아니라 형제의 자식과 고종·이종 자매까지도 모두 맞이하여 아내로 삼았다. 비록 외국은 각기 그 습속이 다르다고 하나 중국의 예속禮俗으로 따진다면 도리에 크게 어긋났다. 흉노에서 그 어머니와 아들이 상간相姦하는 경우는 이보다 더욱 심하다.[178]

이와 같이 폐쇄된 지배층에 대하여 신라의 백성은 희망을 상실했다. 이럴 경우 백성이 자신의 절망을 표명하는 방법은 미륵의 출현을 기대하는 것이다. 정치적으로 온순한 불교가 과격한 혁명사상으로 변모된 것은 미륵사상이 제시하는 희망이 있기 때문이다.

그들은 미륵의 출현을 통하여 고통에서 벗어나 즐거움만이 있는 세계로 들어갈 수 있다고 믿었다. 고통뿐인 삶에서 미륵이 출현했다거나 혹은 미륵이 출현할 시기가 임박했다는 소문만으로 그들은 고무되었고, 참다운 이상 세계가 오도록 스스로 행동에 나설 때가 되었다고 믿었다.[179]

이러한 시대적 요망에 따라 출현한 인물이 궁예弓裔였다. 『삼국사기』 열전 궁예편을 중심으로 살펴보면, 그는 신라 사람으로 성은 김 씨요, 헌안왕憲安王의 자손이거나 아니면 경문왕景文王의 자손이었고, 어머니는 후궁이었다. 그가 태어났을 때 지붕 위에 흰빛이 있어 긴 무지개처럼 위로 하늘에까지 뻗쳤다.

일관日官이 아뢰기를 "이 아이는 중오일重午日(5월 5일)에 출생하였고, 태어나면서 이가 나고 또 햇빛이 이상하니 장차 국가에 이롭지 못할 것입니다. 마땅히 키우지 마십시오!"라고 했다. 왕이 궁중의 사람을 시켜 아이를 집 밖으로 던져 죽이게 했다. 그런데 처마 아래에서 유모인 여자 종이 몰래 받다가 실수하여 손가락으로 눈을 찔러 아이는 한쪽 눈이 멀었다.

---

178) 『三國史記』 新羅本紀 奈勿尼師今.

179) 김영수, 「고려말 조선 초기의 정치사상」, 이재석(외), 『한국정치사상사』(서울 : 집문당, 2002), p. 130.

왕실을 탈출한 궁예는 중이 되어 스스로 선종善宗이라 이름했다. 그는 군도群盜의 수령이 되어 세력이 커지자 스스로 왕이라 일컫고(901년) 사람들에게 말하기를, "지난날 신라가 당나라에 군사를 청하여 고구려를 멸망하였으므로 평양의 옛 도읍이 무성한 잡초로 꽉 차 있으니 내 반드시 그 원수를 갚겠다!"고 했다. 그는 국호를 "마진"摩震이라 하고(904년) 연호를 "무태"武泰라 했다.

그 뒤 궁예는 다시 나라 이름을 "고려"高麗라 고쳤다. 궁예는 미륵불을 자칭하고 머리에 금관을 쓰고 몸에 가사[方袍]를 입었다. 큰아들을 청광보살靑光菩薩, 막내아들을 신광보살神光菩薩로 삼아 외출할 때면 항상 흰 말을 탔는데 말갈기와 꼬리를 고운 비단으로 장식하였으며, 어린 아이들이 깃발이나 일산과 향기 나는 꽃을 들고 앞에서 인도하게 하였고, 비구 승려 200여 명을 시켜 범패를 부르며 뒤를 따르게 했다. 또 스스로 불교 경전 20여 권을 지었는데 그 말이 요망하고 모두 바른말이 아니었다.

왕위에 오른 뒤 그는 폭정을 일삼았는데, 이는 성장기의 외상外傷, trauma 때문일 수도 있다. 왕이 옳지 않은 일을 많이 저지르자 부인 강康 씨가 정색으로 충간하니 그를 죽였고, 아들과 모든 관료, 장수, 아전들 및 아래로 백성에 이르기까지 무고한 살생을 저질렀다. 그는 끝내 백성의 손에 죽었다.[180)]

역사 속의 궁예는 포악하고 황음무도한 폭군으로 묘사되어 있다. 이는 일부 사실일 수도 있고, 얼마쯤은 뒷날 고려왕조가 과장했을 수도 있다. 그러나 그가 아내와 자식을 죽이고 위경僞經을 지어 자신을 미륵화한 것은 사실로 보이고, 이런 점에서 그는 말세 신앙 시기의 사생아였다. 궁예처럼 사회적 신분을 상실한 부랑자들은 주류 사회에 재편입하는 "방편"으로 미륵불과 같은 유사종교를 이용할 수 있다.[181)]

당시의 지배 세력이 도참을 중시하는 풍조를 이루고 특히 궁예가 도참에 의한 군주였던 것은, 불교에 귀의하고 있던 민심의 향방에 관한 그들의 관심을 나타내는 것이다.[182)] 궁예의 일생은 이지러진 모습의 지도자일 수 있지만 궁예야말로 나말여초의 상황을 가장 잘 표현해 주는 인물이었다. 그는 난세에 나타나는

---

180) 『三國史記』 列傳 弓裔.

181) 볼코프(저)·박노자(역), 『韓國古代佛敎史』(서울 : 서울대학교출판부, 1998), p. 111.

182) 梁銀容, 「鄭鑑錄 신앙의 재조명」, 『전통사상의 현대적 의미』, p. 43.

유사종교의 전형적인 사례였다.

그런데 궁예의 창업 동기가 신라 왕실에 대한 복귀 의지와, 그가 표면적으로 내세웠던 고구려 정신의 부활과 같이 지방적인 성격을 띠고 있음에도, 미륵을 중심으로 하는 그의 사상적 그림자가 백제의 부흥 운동에 투영되어 이어졌다는 것은 기이한 일이다.

이를테면 후기 신라시대에 백제 유민의 한恨을 달래려고 창건한 김제 금산사金山寺, 진표율사眞表律師, 그리고 익산 미륵사彌勒寺에 그 뿌리를 두고 있는 미륵 사상은 호남의 정서의 중요한 인자를 이루어, 오랜 뒤에 정여립鄭汝立의 반봉건운동으로 이어졌으며,[183] 현대사에까지 그 맥락이 계속되고 있다. 미륵사상은 어느 시대에나 있는 아픔으로부터 벗어나기를 바라며 구세주가 나타나기를 기다리는 메시아Messiah 사상이었다.

6. 결론

이 장의 결론은 다음과 같다.

[1] 나말여초의 사조는 왕조교체기에 흔히 나타나는 피로감과 비감悲感함, 다소의 염세厭世의식, 그리고 구세주가 오기를 기다리는 내세신앙이 지배적이었다.

[2] 그러한 사조 가운데 대표적인 현상이 선종의 발흥이었다. 원효라는 거대한 교종의 그늘에 가려 불교가 체제 교학으로 변질한 데 대한 반사적 성격을 띠고 있던 선종은, 탈속脫俗이라는 명분으로 민중을 은일隱逸하게 만듦으로써 정치사상사적으로는 민중과 정치 사이의 괴리감을 유발했다. 그뿐만 아니라 불립문자不立文字라든가 직지인심直指人心과 같은 난해한 불법은 신라에서 싹을 틔우던 민중 불교로부터 거리감을 유발했다.

[3] 도선을 중심으로 이루어진 도참과 비보설은 왕조 창립에 따른 지배 구조의 미성숙을 보완하고자 왕실을 중심으로 하는 지배 계급이 "만들어낸 신화"였다.

183) 이에 관한 자세한 논의는, 이 책 제26장 「정치지리학 : 풍수지리설」 제4절 "호남 기피" 참조.

국토비보설은 그것이 지니는 자연주의적 가치와 정치지리학적 함의의 긍정적 성격에도 불구하고 후대에 끼친 영향은 혹세무민의 성격을 담고 있다. 땅을 숭상하는 인간의 원초적 정서와 신앙심이 동서고금에 모두 존재했지만, 한국사의 도참사상은 그 정도가 심했고, 그것이 민간 신앙으로 변질되며 역기능의 폐단이 있었다.

[4] 신라의 멸망은 역사의 필연이었을 수는 있지만, 천년 왕국의 소멸에는 많은 애상哀傷, pathos이 따랐고, 이에 관한 그 시대 지식인들의 감회가 남달랐다. 그러한 무리의 중심에 최치원이 있었다. 당나라 유학을 통하여 중화주의자가 되어 귀국한 그는 신라 멸망의 대세를 거스를 뜻은 없었지만, 어떤 형태로든 새 역사의 창조에 일익을 담당하려는 의지를 지니고 있었으나 꿈을 이루지 못했다. 그는 화하華夏 문명에 바탕을 둔 유교 문화를 구현하고 싶었지만, 불교 중심으로 왕조가 바뀐 고려의 문화는 그의 꿈을 허락하지 않았다. 좌절은 그가 선종 중심의 불교와 유학 사이를 방황하게 만들었다.

[5] 실현 가능성이나 선악의 가치 판단을 떠나, 궁예의 미륵사상은 나말여초를 읽는 중요한 스펙트럼이 된다. 그는 정치에 말세 신앙을 도입하여 국가를 개창한 인물이었다. 당시에 풍미하던 불교의 영향력을 인지하고 있었던 그는 자신의 출신 성분과 시대적 조류와 정치적 야망을 구체화하여 민중에 호소했다. 꿈을 이루지는 못했으나 그의 미륵 신앙은 한국의 유사종교와 내세 신앙에 깊은 암시를 주었다.

제9장

고려의 창업과 수성守成

「훈요십조」(943)/ 최승로崔承老(927~989)/ 김부식金富軾(1075~1151)

왕건王建이 남겼다는 「훈요십조」 8조는
후대에 꾸며낸 이야기이다.
—이 책 본문 가운데서

"지금 학문하는 사대부들은
『오경』五經과 『제자』諸子의 글과
진한秦漢의 역사에는 널리 능통하고
상세히 설명하는 사람이 있지만,
우리 나라의 사실에 관해서는
문득 까마득히 그 시말을 알지 못하니
매우 탄식할 일이다."
—인종仁宗, 『삼국사기』 진표進表

"혁거세赫居世가 신라를 세운 연대가
주몽朱蒙이 고구려를 세운 연대보다 앞섰다는
김부식의 기록은 사실과 다르다."
—일연一然/ 정약용丁若鏞

1. 서론

한국사의 연구에서 정치사가 차지하는 의미가 크고, 그 정치사를 이루는 요소가 왕조 중심의 역사였던 지난날의 사학사가 바람직한 것이 아니라는 이 책의 전제[1])에도 불구하고, 한국의 정치사가 왕조교체기의 문제를 외면할 수 없다는 데 한국정치사상사 연구의 어려움이 있다.

특히 신라의 멸망으로부터 고려의 개국에 이르는 전환기의 역사는, 단순한 왕조의 교체에 그치는 것이 아니라, 사상의 취사取捨와 절충 그리고 승계의 문제가 복잡하게 얽혀 있어, 그 맥락을 더듬어 보는 작업이 중요하다. 따라서 이 글은 왕조의 교체를 하나의 장으로 삼을 수밖에 없었다. 사상에는 연속성이 중요하며 파편적 존재는 없다.

고려의 창업을 주목해야 하는 또 다른 이유는 지금까지 사상사 학계가 고려 초기의 유교와 그 정치이념의 성격에 관해서 크게 관심을 가지지 않았다는 사실 때문이다. 그렇게 되기까지에는 두 가지 요인이 작용했다. 하나는 일반적으로 고려를 단순히 불교국가로 인식함으로써 불교 이외의 다른 사상들이 수행한 정치적·사회적 기능을 소홀히 했다는 점이다. 고려의 불교가 뛰어난 사상적 농축이었고 그 시대를 읽는 거울임에는 틀림이 없지만, 고려 사회가 불교만으로 설명될 수 있는 것은 아니다.

또 다른 하나는 한국 유학에 관한 연구가 지나치게 조선조의 성리학에 집중된 결과, 성리학을 수용하기 이전의 고려 유학에 관한 연구가 상대적으로 부진했다는 점이다.[2] 그러나 이러한 학문 추세는 한국사에서 유교국가주의가 고려시대에 태동하고 있었다는 점을 지나치고 있다. 곧 우리가 고려사를 연구하며 놓친 부분이 있다면, 그것은 한국정치사 또는 한국정치사상사에서 중세사의 누락을 뜻한다. 중세사는 그 자체로서 의미를 지니고 있을 뿐만 아니라 왜 고대 사회가 청산되었어야 했는가를 가르쳐 준다.

고대 사회의 해체는 문명기로의 진입을 의미한다. 고대 사회를 가리켜 야만의 시대라고는 말할 수 없겠지만 그것이 원시 사회primitive society였음은 틀림없다. 원시적 도구를 쓰던 수작업의 시대에서 서툰 기계화의 시대로의 이행이 중세에 이뤄졌다. 이 기계화에 박차를 가한 것이 곧 화약의 발명이었고 이에 따라 정복 전쟁과 민족국가nation-state의 탄생이 가능했다.

그뿐만 아니라 다시 시간이 흘러 중세의 끝자락에 이르면 왜 근대사가 가능했

1) 이에 관한 논의는 이 책 제1장 「한국 정치사상사 연구의 방법과 범위」, p. 46 참조.

2) 조현길, 「고려 초기의 유교 정치이념에 관한 연구」, 『대한정치학회보』(12/2)(경산 : 대한정치학회, 2004), p. 104.

을까, 또는 근대사가 성립하기 이전의 토양은 무엇이었을까를 대답해 주는 자료를 여기에서 살펴볼 수 있다. 그런 점에서 중세사는 근대modernity의 잉태기이거나 아니면 부화기라고 할 수 있다. 근대의 생성을 가능하게 해준 효모酵母는 이성理性, reason이었다.

동서양을 가리지 않고 중세는 유독 종교가 성행하던 시기였다. 종교가 인간의 아픔과 고뇌를 해소하고 행복을 준다는 약속에도, 역사는 이 시기를 "암흑의 시대"라고 부르는 것은 참으로 역설적이다. 그것은 이성이 신의 그늘에 매몰되었기 때문에 일어난 현상이었다. 근대는 결국 신으로부터 자기 발견의 과정이었다.

위와 같은 역사 발전의 단계를 한국사에 적용해 본다면, 고려사는 신라의 정신적 유산인 신(불교)을 물려받아 불교국가를 이룩한 동시에 주자학朱子學의 전래를 거치며 이성에 눈뜨게 되었고, 문명사로 보면 화약과 인쇄 기술이 발명되며 삶의 진보를 이루었으며, 도자기의 발달과 같은 생활사의 아름다움을 구현했다. 고려의 중세사는 정신이나 물질에서 화려했다. 역사를 반드시 계급사관으로 설명하려는 것은 아니지만 고려시대의 귀족은 살 만한 시대를 즐겼다. 그들은 영혼과 물질의 두 가지 측면에서 모두 풍족했다.

그러나 이 시대가 늘 아름다운 것만은 아니었다. 무신 정권의 아픈 유산이 있었고, 북방으로부터 여진·거란·몽골의 침략으로 신음하면서도 민족국가에 눈뜨기 시작했다. 상처 입은 조개가 진주를 품듯이, 아픔은 사상을 낳는다. 이런 상황에서 최승로崔承老와 김부식金富軾은 서라벌의 영화를 되살리고자 국가 경영의 방안을 마련했고, 뒤를 이어 일연一然은 중생을 생각하며 『삼국유사』를 썼으며, 뒷날 이규보李奎報는 술취한 몸으로 역사의 회한悔恨을 『백운소설』과 『동명왕편』, 그리고 시와 거문고에 담았다.

결국 고려는 한국사상사에서 고대와 근대를 잇는 교량의 시대였다. 그 시대의 지식인들은 불교국가의 삶 속에서 유교적 삶의 본질을 고민했고, 초기의 서툰 기계 문명에 눈을 떴으며, 근대 민족국가에 관해 고민을 시작했다. 정치사상사의 입장에서 보면, 고대 읍락국가邑落國家에서 정복 전쟁을 거치며 절대주의 국가로 진입이 이때 이루어졌다. 그런 점에서 아마도 이 시대가 한국사에서 "국가 발견의 시대"라고 볼 수 있을 것이다.

2. 「훈요십조」

한 국가의 창설 과정을 보면 대개의 경우 그 모두冒頭에 국가 창설의 취지를 방향 짓는 율령律令, code이 있었다. 그것은 반드시 성문율일 필요는 없었으며 때로는 조칙詔勅이나 유훈遺勳의 형태로 전승되었다. 그렇게 이어진 율령은 건국의 시조나 국부國父들의 개국 정신이 되었거나 그 당시의 시대 정신Zeitgeist이 되었다. 따라서 이 율령은 그 시대를 읽는 거울일 수 있다.

근대적 개념으로서 헌법이 제정되어 국가 의지를 명문화하기 이전의 시대에 그러한 율령은 초법적 영향력을 지니며 국가 경영의 법전으로 작용해 왔다. 고려시대에 존재했던 그와 같은 율령으로서 먼저 거론해야 할 것은 곧 왕건王建의 유훈으로 전해지고 있는 「훈요십조」訓要十條이다.

『고려사』에는 「훈요십조」의 제정과 전승의 경위가 이렇게 기록되어 있다.

> 왕(태조)이 내전內殿에 나가 앉아 대광大匡 박술희朴述希를 불러 친히 훈요를 주었는데 그 내용은 다음과 같다.
>
> "내가 들으니 순舜임금은 역산歷山에서 농사를 지었으나 마침내 요堯임금의 왕위를 받았으며, 중국의 한漢나라 고제高帝는 패택沛澤에서 일어나 드디어 왕업을 성취했다고 한다. 나도 역시 한 개 의로운 평민으로서 그릇되게 여러 사람의 추대를 받았다. 더위와 추위를 무릅쓰고 19년 동안 노심초사한 끝에 삼한을 통일하여 외람스럽게 왕위에 있은 지 25년이 되었고 몸도 벌써 늙었다. 후손들이 감정과 욕심에 사로잡혀 나라의 질서를 문란할 듯하니 이것이 크게 근심스럽다. 이에 훈계를 써서 후손들에게 전하노니 아침저녁으로 펼쳐 보아 영구히 모범으로 삼게 하기 바란다."

이어서 왕건은 다음과 같은 10조를 전했다.

> (1) 우리 국가의 왕업은 반드시 부처의 도움을 받아야 한다. 그러므로 불교 사원들을 창건하고 주지住持를 파견하여 불도를 닦음으로써 각각 자기 직책을 다 하도록 하라. 그런데 후세에 간신이 권력을 잡으면 승려의 청촉請囑을 받아 모든 사원을 서로 쟁탈하게 될 것이니 이런 일을 엄격히 금지해야 한다.
>
> (2) 모든 사원은 도선道詵의 의견에 따라 국내 산천의 좋고 나쁜 것을 가려 창

건한 것이다. 도선의 말에 따라 자기가 선정한 이외에 함부로 사원을 짓는다면 지덕地德을 훼손하여 국운이 길지 못할 것이라고 했다. 내가 생각하건대, 후세의 국왕·공후公侯·왕비·대관들이 각기 원당願堂이라는 명칭으로 더 많은 사원을 증축할 것이니 이것이 크게 근심되는 바이다. 신라 말기에 사원을 야단스럽게 세워 지덕을 훼손하였고 결국은 나라가 멸망하였으니 어찌 경계할 일이 아니겠는가?

(3) 적자嫡子에게 왕위를 계승하는 것이 비록 떳떳한 법이라고 하지만, 옛날 단주丹朱가 착하지 못하여 요堯가 순舜에게 나라를 위양委讓한 것은 실로 공명정대한 마음에서 나온 것이다. 후세에 만일 국왕의 맏아들이 착하지 못하면 왕위를 지차之次 아들에게 줄 것이며 지차 아들이 또 착하지 못하면 그 형제 가운데서 여러 사람에게 신망이 있는 인물로써 정통을 잇게 할 것이다.

(4) 우리 동방은 오래전부터 중국 풍습을 본받아 문물 예악 제도를 다 그대로 준수하였다. 그러나 지역이 다르고 사람의 성품도 각각 같지 않으니 구태여 억지로 맞출 필요는 없다. 그리고 거란은 우매한 나라로서 풍속과 언어가 다르니 그들의 의관 제도를 본받지 말라!

(5) 내가 삼한 산천 신령의 도움을 받아 왕업을 이루었다. 서경西京은 수덕水德이 순조로워 우리 나라 지맥의 근본으로 되어 있으니 만대 왕업의 기지이다. 마땅히 춘하추동 사시절의 중간 달에 국왕은 거기에 가서 1백 일 이상 체류함으로써 왕실의 안녕을 도모하게 할 것이다.

(6) 나의 지극한 관심은 연등燃燈과 팔관八關에 있다. 연등은 부처를 섬기는 것이요, 팔관은 하늘의 신령과 오악五岳·명산·대천·용신龍神을 섬기는 것이다. 함부로 증감하려는 후세 간신들의 건의를 절대로 금지할 것이다. 나도 당초에 이 모임을 국가 기일忌日과 상치하지 않게 하고 임금과 신하가 함께 즐기기로 굳게 맹세하였으니 마땅히 조심하여 이대로 시행할 것이다.

(7) 임금은 인민의 신망을 얻는 일이 가장 어려운 일이다. 신망을 얻으려면 무엇보다 간언諫言을 좇고 참소하는 무리를 멀리해야 하는바, 간언을 좇으면 현명하게 된다. 참소하는 말은 꿀처럼 달지만, 그것을 믿지 않으면 참소가 자연 없어질 것이다. 또 백성에게 일을 시키되 적당한 시기를 가리고 부역을 가볍게 하며 조세를 적게 하는 동시에 농사의 어려움을 알게 되면 자연 백성의 신망을 얻어 나라는 부강하고 백성은 편안하게 될 것이다.

(8) 차현車峴 이남 공주강公州江 바깥은 산형과 지세가 모두 반대 방향으로 뻗었고 따라서 인심도 그러니 그 아래 있는 주군州郡의 사람들이 국사에 참여하거나 왕후·국척國戚과 혼인하여 나라의 정권을 잡게 되면 혹시 국가에 변란을 일으킬 것이요, 백제를 통합한 원한을 품고 왕실을 침범하여 난을 일으킬 것이다.

그뿐만 아니라 이 지방 사람들로서 일찍이 관가의 노비나 진津·역驛의 잡척雜尺

에 속하였던 무리가 혹 세력가에 투탁投託하여 자기 신분을 고치거나 왕후 궁중에 아부하여 간교한 말로써 정치를 어지럽히고, 그럼으로써 재변을 초래하는 무리가 반드시 있을 것이다. 그렇기 때문에 이 지방 사람들은 비록 양민良民일지라도 관직을 주어 정치에 참예하는 일이 없도록 하라!

(9) 백관의 녹봉은 나라의 대소에 따라 일정한 제도를 마련하는 것이니, 현재의 것을 증감하지 말라! 또 옛 문헌에 이르기를 공로를 보아 녹봉을 규정하고 사사로운 관계로 관직을 주지 않는다고 하였으니, 만일 공로가 없는 사람이나 친척이나 가까운 사람으로서 헛되이 녹봉을 받게 되면 다만 아래 백성이 원망하고 비방할 뿐 아니라 그 사람 자신도 역시 그 행복을 길이 누릴 수 없을 것이니 마땅히 엄격하게 이를 경계해야 한다. 또 우리는 강성하고도 사악한 나라(거란)가 이웃으로 되어 있으니 평화 시기에도 위험을 잊어서는 안 된다.

(10) 나라를 가진 무리나 집을 가진 무리는 항상 만일을 경계하며 경전과 역사 서적을 널리 읽어 옛일을 지금의 교훈으로 삼는 것이다. 주공周公은 큰 성인으로 『무일』無逸 한 편을 성왕成王에게 올려 그를 경계하였으니 마땅히 그 사실을 그림으로 그려 붙여 드나들 때 항상 보고 자기를 반성하도록 하라![3]

이 열 가지 훈계 끝에 일일이 "마음 속에 간직하라"[中心藏之]라는 네 글자를 붙여 후대의 왕에 전승하며 보배로 여기게 했다. 이 10개 조항이 어떤 의미를 갖는지를 살펴보면 다음과 같다.

첫째로, 왕건은 불교에 관하여 마음 씀이 간곡했다. 그는 고려의 건국이 부처님의 은덕이라고 생각했으며, 왕실은 연등과 팔관을 소홀히 하지 말 것을 간곡히 당부했다. 왜 그가 그토록 불교에 집착했는가를 읽기란 쉽지 않다. 아마도 그는 건국 초기의 민심을 추스르고, 멸망한 신라왕조에 대한 유민遺民의 향수를 달래는 도구로 불교를 생각했을 수도 있다. 그러면서도 그는 결국 신라의 멸망이 불교의 타락에 있음을 경고한 것으로 보면, 그의 불심이 맹목은 아니었던 것으로 보인다.

둘째로, 왕건은 도선과 풍수지리설에 기울었음을 보여주고 있다. 도선은 고려의 건국 설화에 연결되어 있다. 『고려사』는 그 장면을 다음과 같이 서술하고 있다.

동리산桐裏山의 조사祖師였던 도선은 당唐에 들어가 일행一行의 지리법을 알아

3) 『高麗史』 世家 太祖 26년 여름 4월조.

서 백두산에 올랐다가 곡령鵠嶺에 이르러 세조世祖(왕건의 아버지)가 새로이 이룩한 저택을 보고 말하기를,

"기장을 심어야 할 땅에다 어찌하여 삼[麻]을 심었는가?"

하고 말을 마치고는 가버리기에 …… 드디어 (도선이 세조와) 함께 곡령에 올라 산수의 맥을 추려보며 위로는 천문을 보고 아래로는 시수時數를 살펴 말하기를,

"내년에는 반드시 존귀한 아들을 낳을 것이니 마땅히 왕건이라고 이름하라."

고 하며 봉투를 만들어 그 표지에 제목을 쓰기를,

"삼가 글월을 받들어 백 번 절하고 미래에 삼한三韓을 통합할 임금이신 대원군자大原君子 당신께 올리나이다."

라고 했다.

태조가 나이 17세 때 도선이 다시 와서 뵈옵기를 간청하고 말하기를,

"선생께서는 백륙百六의 운運(재앙의 해)에 부응하여 천부天府의 명허名墟(토지가 비옥하고 지세가 험준하고 물산이 풍부한 땅, 곧 개성을 의미함)에 탄생하였으니 삼계三季(하·은·주)의 창생이 그대의 널리 구제함을 기다립니다."[4]

했다.

왕건은 왜 이토록 풍수지리설을 신봉했는가? 여기에는 우선 국조國祖의 신화화 작업이 담겨 있다. 비록 새 왕조를 개창했다지만, 아직도 신라의 철저한 성진골聖眞骨의 유풍 속에 살고 있는 백성에게 변방의 호족 출신인 그가 왕위에 오른다는 사실에 대하여 정통성을 부여하는 작업이 절실했으며, 그러한 작업에는 초월적 의지로써 자신의 왕권을 무장하는 것보다 더 유익한 방법은 없었다. 그가 이 신화를 이용하여 백성에게 알리고자 하는 뜻은, 자신이 하늘의 뜻을 이어받은 삼한의 통합자로서 그 덕망이 하·은·주 삼대의 그것에 못지않다는 것이었다.

왕건이 풍수지리설에 의존한 또 다른 의도로는, 경주 중심의 국토를 개경 중심으로 개편하고 싶은 의지의 표현을 담고 있다. 신라에서 국토에 관한 관념은 산신을 존중하고 이를 대상으로 제사를 올리는 형식이었고, 이들 가운데 중요한 신격들은 경주를 중심으로 한 삼산三山과 그 주위를 싸고 있는 오악五岳이었다. 이 오악은 신라 도읍지 경주의 방어에 요긴함 때문에 형성된 것이었는데, 왕건으로서는 이것을 깨고 국토의 질서를 개경 중심으로 개편하는 과정에서 풍수지리설을 활용했다.[5] 동서고금을 가리지 않고 수도를 결정하는 일은 건국의 아

---

4) 『高麗史』 高麗 世系.

버지들이 해야 할 중요한 과업 가운데 하나였다.[6]

셋째로는 장자에게 왕위를 계승하는 문제이다. 장자 상속을 불문율로 생각하는 동양 사회에서 장자가 부족할 때 차자에게 왕위를 계승한다는 결정을 내리기가 쉽지 않았다. 그럼에도 왕건이 이를 유언한 것은 "능력 있는 무리가 천하를 다스린다."는 패왕사상覇王思想을 수긍했음을 의미할 수도 있으며, 달리 보면 혈연 상속이 아닌 왕위 계승의 대표적 선례였던 요순堯舜 시대에 대한 존경심의 발로였다. 그러나 그보다 더 중요한 요인은 신라사가 보여준 왕실의 타락과 신라 말에 나타난 왕위 계승을 둘러싼 비극적 결말을 그가 심각한 교훈으로 받아들였다는 점이다.

넷째로는 서경西京의 문제이다. 고려의 역사에서 서경에 관한 관심은 중요한 정치적 고려 사항이었다. 왕건은 고려에서 창업했음에도 서경에 관한 관심이 각별하여 즉위와 함께 서경에 대도호부를 설치하여 중신重臣 2명과 참좌叅佐 4~5명을 배속하여 그곳을 다스리게 했다.[7]

그뿐만 아니라 후왕에게 1년 가운데 1백 일을 서경에서 정사를 보도록 유언한 것은, 서경에 관한 그의 관심이 어떠했던가를 잘 보여준다. 서경에 관한 왕건의 이와 같은 관심은, 앞서 국토재편론에서 말했듯이, 호족 중심의 신라 유풍에 맞서 경주 중심의 정치적 풍향을 해체하려는 의지의 표현이었다.

신라 말기의 정치는 왕권의 쇠퇴와 함께 호족에게 권력이 이동하고 있었다. 그들은 지방에 강력한 세력 기반을 지니고 있었으므로 왕건으로서는 이들과 연합함으로써 정권을 지탱할 수 있었다. 사실상 고려 왕실은 호족 연합 정권의 대표자 지위에 있었기 때문에 개성에 도읍한 뒤에도 호족의 무게를 견뎌내기 어려웠다. 그러므로 명실상부하게 호족 위에 군림하려면 새로운 대책을 강구하지 않을 수 없었고, 여기에서 태조 왕건은 더 강력하게 왕실을 지지하고 후원해줄 새로운 세력 기반을 찾게 되었다.

그러나 당시의 사회 실정으로는 남방에서 새로운 세력의 지지를 얻을 수 없었

---

5) 김재경, 「新羅 下代의 禪佛教와 風水地理說의 興起 背景」, 『仁荷史學』(10)(인하대학교, 2003), p. 170; 이용범, 「풍수지리설」, 국사편찬위원회(편), 『한국사』(6)(서울 : 탐구당, 1975), pp. 279~280.

6) Plato, *The Laws*, Book 5, Chapter 9, § 745, "Administrative Units of the States"

7) 『高麗史』 志 百官 外職 西京留守官條.

다. 이러한 상황에서 그가 착안한 것이 서경 세력이었다. 태조 당시 서경에는 토착 세력이 없었기 때문에 새로운 세력을 창출하여 그들과 제휴함으로써 왕권을 강화하고자 하는 것이 그의 계산이었다. 서경 세력은 왕건에게 남부의 호족과 같은 위협 부담을 주지는 않았던 점이 유리하게 작용했다.[8)]

왕건이 호족 세력에 관하여 얼마나 고민했는가 하는 점은 그의 혼맥婚脈에서도 잘 나타난다. 왕건은 평생에 29명의 후비后妃를 두었는데 이는 대부분 정략결혼이었다. 그를 뒷받침하는 논거로서 그들의 출신지를 보면, 왕후 6명 가운데서 정주貞州 2명, 나주 1명, 충주 1명, 황주黃州 1명, 경주 1명이었고, 부인 23명 가운데서 평주平州 4명, 경주·명주溟州·광주廣州 각 2명, 신주信州·진주鎭州·홍주洪州·합주陜州·승주昇州·춘주春州·동주洞州·해평海平·의성義城이 각 1명, 밝혀지지 않은 부인이 3명이다.[9)] 왕건은 이와 같은 혼맥을 이룸으로써 호족을 관리하고자 했다. 왕비의 대부분이 신라의 고토인 남부 출신이었다는 것도 주목할 만하다.

또한 서경에 대한 왕건의 선호도는 이곳의 정치지리적 효용도와 무관하지 않았다.[10)] 서경은 한반도의 서북부 요충으로 "산을 베개 삼아 물을 끼고 있는 형국"[枕山帶水 또는 負岡臨水]의 자연 형승形勝을 이루고 있어 관서 유일의 중진重鎭이며 조선 제일의 강산이라는 칭호를 듣는 곳이었다.[11)] 그뿐만 아니라 서경은 기자箕子의 옛 땅이라는 역사적 연고가 늘 고려의 대상이 되었다.

다섯째로, 왕건은 거란을 깊이 우려했다. 창업 과정에서 그에게 괴로움을 끼친 세력이 주로 후백제의 무리와 청주 일대의 신라 잔존 세력이었다는 점을 고려한다면, 그가 특히 북방을 걱정한 것은 이례적인 현상이었다. 그리고 이러한 그의 우려는 당대에는 낌새가 보이지 않았지만, 뒷날 현실로 나타났다는 점에서 더욱 주목받게 된다. 거란에 관한 왕건의 우려는 서북 출신이 갖는 독특한 지정학적 후각의 발로일 수도 있고, 북방 오랑캐에 대한 문명사적 우월감의 표현일 수도 있다.

---

8) 하현강, 「高麗 西京考」, 『한국사논문선집 : 고려편』(III)(서울 : 일조각, 1979), pp. 122~123.
9) 김철준, 『한국고대사회연구』(서울 : 지식산업사, 1976), p. 312.
10) 이에 관한 자세한 논의는, 이 책 제23장 「정치지리학 : 풍수지리설」 제5절 "서북 차별" 참조.
11) 崔昌祚, 「韓國 풍수사상의 역사와 지리학」, 『정신문화연구』(42)(한국정신문화연구원, 1991), p. 133.

그러나 왕건의 이와 같은 대외 인식 가운데는 미묘한 뉘앙스를 풍기는 대목이 있다. 그것은 넷째 항목에서 당나라 문화에 관한 숭경심崇敬心을 표현하면서도 당의 문화에 대한 맹종을 경계하고 있다는 점이다. 이 점은 신라에 팽배해 있던 중화의식의 연장이거나 외연으로 볼 수도 있다. 그가 당의 문화에 관심을 보인 것은, 다음에 논의하는 바와 같이, 자신이 당나라의 후예라는 자부심과도 무관하지 않을 것이다.

여섯째로, 왕건은 호남 기피를 유훈으로 남겼다. 한국사에서 가장 논쟁의 하나가 되고 있는 이 문제는 현대사에 이르기까지 심대한 영향을 끼쳤으므로 별도의 장에서 논의가 필요하다.[12]

일곱째로, 왕건은 후대의 왕에게 국가 경영의 방책으로서 신하를 쓰는 방법, 녹봉을 정하는 방법, 그리고 지도자로서 학문에 힘쓸 것을 끝으로 당부한다.

이와 같은 성격을 갖는 「훈요십조」를 역사적으로 어떻게 평가해야 하는가의 문제는 한국사학사의 중요 논쟁이 되었다. 「훈요십조」로써 고려의 정치사상을 이해하려는 것은 고려의 국가적 성격을 이해하지 못한 데서 오는 오류라는 지적[13]이 있음에도 「훈요십조」는 여전히 중요도를 잃지 않고 있다.

그런데 「훈요십조」에 관한 역사학의 논의에는 중요하게 지적되지 않은 하나의 함정이 있다. 그것은 바로 이 「훈요십조」의 위작설僞作說이다. 문헌에 따르면, "최초의 태조 신서信書인 훈요는 병화兵禍로 망실했지만 최제안崔齊安(?~1046)이 최항崔沆(927~1061)의 집에서 얻어 간직하여 두었다가 바치니 이로써 후세에 전승했다."[14]

여기에서 병화라 함은 현종 원년(1010)으로부터 2년(1011)까지 있었던 거란군 40만 명의 침입을 뜻하는데, 이 기간에 개경의 대묘, 궁궐, 민가가 불타 남김이 없었으며 「훈요십조」가 수록된 실록도 불탔다.[15] 따라서 고려의 원전 실록은 존재하지 않으며, 현존하는 것은 그 뒤에 다시 편찬한 것이다.

그런데 이러한 설명의 과정에서 「훈요십조」를 보관해 왔다는 최항과 이를 후

---

12) 이에 관한 자세한 논의는, 이 책 제23장 「정치지리학 : 풍수지리설」 제4절 "호남 기피" 참조.

13) 김철준, 『한국고대사회연구』, p. 319.

14) 『高麗史』 列傳 崔承老·齊安條 : "初太祖信書訓要 失於兵燹 齊安得於崔安家 藏以進由是得傳于世"

15) 『高麗史』 世家 顯宗 원년 11월 신묘조; 同 2년 정월 을해조 참조.

세에 전승했다는 최제안이라는 인물의 의도가 의심스럽다. 이에 관하여 최초로 문제를 제기한 학자는 일본의 이마니시 류今西龍였다.[16] 「훈요십조」의 발견은 "최제안이 사료를 채방採訪하는 과정에서 얻은 것"이라는 통설적 주장과, 「훈요십조」 가운데 일부가 왕건의 실제 행위와 서로 모순된다거나 또는 후세에 지켜지지 않았다는 것으로 말미암아 그것을 위작으로 볼 수는 없다는 논리[17]가 있지만 의혹은 여전히 남아 있다.

최항의 지역적 연고는 밝혀지지 않고 있으나 그가 경주의 황룡사를 중창할 것을 주장하고 이를 수행한 인물이라는 사실[18]로 미루어 보아 신라인 후예였음이 분명하다. 최제안은 고려의 중신이었던 최승로崔承老의 손자이며, 최승로는 경주 출신으로서 신라에서 고위 벼슬을 지낸 최은함崔殷含의 아들이다.[19] 아마도 최제안과 최항과 최승로는 족친이었을 것이다. 왕건의 「훈요십조」는 이미 불타고 없었던 것이 100년 가까운 세월이 지난 뒤 최제안의 대에 이르러 어떻게 경주 출신인 최항의 집에서 발견되었는가의 의혹은 여전히 남아 있다.

이와 같은 까닭으로 「훈요십조」를 최항이 보관해 오다가 최제안이 세상에 드러낸 이면에는, 그들이 신라 구신舊臣의 후손이라는 점을 고려할 때, 「훈요십조」가 위작되었을 가능성이 있다. 특히 10조 가운데 제8조인 호남 기피는 왕건의 뜻과는 달리 신라인이 백제인에게 품고 있던 적개심의 표현이었다고 보는 견해[20]는 여전히 설득력을 지니고 있다.

그렇다면 위작은 역사적으로 아무런 가치나 의미가 없었다는 논리가 가능한가? 그건 아니다. 「훈요십조」가 후대 신라 유신遺臣들의 위작이었고, 따라서 왕건의 뜻이 아니었다 하더라도 그것은 그 시대의 유력한 지배 세력의 의중이었으며, 위작이라는 사실이 당대는 물론 그 후대에 전혀 알려지지 않은 채 왕실의 중요한 유훈으로 작동했다. 이러한 점에서 볼 때, 「훈요십조」는 위찬인지 아닌지에 관계없이 그 자체로서 중요한 의미와 영향력을 갖는 것이었고 그 시대의

---

16) 今西龍, 「高麗太祖訓要十條に就いて」, 『東洋學報』(8/3)(東京 : 東洋協會調査部, 1918), pp. 419~427.
17) 이병도, 『고려시대의 연구』(서울 : 을유문화사, 1948), pp. 39, 47.
18) 『高麗史』 列傳 崔沆條.
19) 『三國遺事』(3) 塔像(4) 三所觀音 衆生寺.
20) 김성호, 『중국 진출 백제인의 해상 활동 천오백년』(1)(서울 : 맑은소리사, 1996), pp. 311~317.

지배적 가치였다.

3. 최승로崔承老 : 「시무時務 28조」

고려의 개국 정신을 대표하고 있는 두 번째의 문적文籍으로 최승로崔承老의 「시무 28조」를 주목해야 한다. 이를 이해하려면 『고려사』 열전 최승로 편을 근거로 하여 최승로의 출신 배경을 살펴볼 필요가 있다. 그는 경주 출신으로서, 아버지 최은함崔殷含은 육두품의 귀족 출신이며, 신라에 벼슬하여 원보元甫(향직의 4품 품계)에 이르렀다.

최승로는 927년에 태어났는데, 그해에 경애왕이 견훤甄萱에 의해 포석정에서 비극의 죽음을 겪고 경순왕이 등극한 해로서, 신라의 멸망이 막바지에 이르고 있던 싯점이었다. 그는 8세가 되던 해(935)에 신라의 멸망을 목격했다. 신라가 멸망하자 최승로는 아버지와 함께 경순왕을 따라 고려에 들어가 12세의 어린 나이에 태조 왕건을 만나 총애를 받았다.[21] 최승로로서는 이때 왕건에게 입은 성은을 잊을 길이 없었을 것이다.

최승로는 고려 건국 초기 격동의 시대를 살았다. 그가 삶을 마친 성종 8년(989)까지 그의 삶이 평탄한 것만은 아니었다. 그는 광종光宗 시대에 거듭된 피의 숙청 속에서 자신의 생명을 겨우 부지했으며, 그러한 충격적인 경험이 그의 정치사상의 형성에 큰 영향을 주었다.[22]

최승로는 망국의 귀화한 호족의 후손이자 개국 공신의 후손으로서 복합적인 가치관을 가지고 살았다. 그는 멸망한 신라의 상층 문화를 고려에 재현해 보고 싶은 복고적 생각과 새 왕조에 입신해야 하는 이중적 부담 속에 정치 무대를 유영遊泳했다. 그가 신라 문화에 관하여 어떤 향수를 가졌던가의 문제는 다음의 상소에 잘 나타나 있다.

---

21) 『高麗史』 列傳 崔承老.

22) 하현강, 「고려 초기 崔承老의 정치사상 연구」, 『梨大史苑』(12)(이화여자대학교 사학과, 1975), p. 6.

> 신라 때에는 공경公卿·백료百僚와 서인庶人의 의복과 신발과 버선이 각각 품색品色이 있어 공경·백료가 조회朝會할 때는 공란公襴[신라의 관복]을 입고 천집穿執(관료가 조회나 조하朝賀 등 공식적인 국가 행사에 참여하려고 그들에게 합당한 공복을 갖추어 입고 신발을 신고 홀을 잡는 것을 뜻함)을 갖추고 조정에서 물러 나오면 편의를 좇아 입었으나 서인과 백성은 문채文彩가 있는 의복을 입지 못하게 한 것은 이른바 귀천을 분별하고 존비尊卑를 가리는 것이외다. 그러나 …… 지금 우리 나라의 경우에 다른 나라의 사신을 영접할 때 백관의 예복이 법과 같지 않음으로써 부끄럼을 살까 두렵습니다.[23]

최승로의 사상을 고찰하며 주목해야 할 또 다른 사실은 불교와 관계이다. 그의 탄생 설화에 따르면,

> 중생사衆生寺 관음보살이 젖을 먹여 기른 최은함의 아들은 승로였는데, 승로는 숙肅을 낳고 숙은 시중侍中 제안을 낳았다. 제안은 이 절을 고쳐 수축하여 없었던 절을 일으켜, 이에 석가만일도량釋迦萬日道場을 설치하고, 조정의 명령을 받아 다시 신서信書의 원문까지 절에 남겨두었다. 그는 세상을 떠나자 절을 지키는 신이 되었는데, 자못 신령스럽고 이상함을 나타내었다.[24]

최승로는 부처님의 자비심으로 태어난 사람이다. 이와 같은 탄생 설화에도 그가 생전에 불교에 대하여 그토록 비판적이었다는 사실은 신기하다. 경종景宗 6월에 그가 올린 상소문에는 불교에 관하여 다음과 같은 글이 실려 있다.

> 중이 군현郡縣을 왕래하고 관역館驛에 머물며 아전과 백성을 채찍질하고 그 영후迎候(맞이함)하는 것과 공억供億(음식물을 준비하여 접대함)의 늦음을 책망하되 아전과 백성은 그 함명銜命(명령을 받듬)을 의심하고 두려워하여 감히 말을 못 하니 폐해가 막대하나이다. 이제부터는 중이 관역에 머무는 것을 금지하여 그 폐를 없게 하소서. 세속에 선근善根을 심는다고 이름하여 각각 소원에 따라 불당을 지음이 그 숫자가 매우 많고 또 중외中外의 중들이 다투어 절을 짓고 널리 주군州郡의 장리長吏에게 권고하여 백성을 징발하여 역사役使함이 공역公役보다 다급하니 백성이 몹시 괴로워하나이다.

---

23) 『高麗史』 志 刑法 禁令 : 「성종 원년 6월 崔承老의 상소문」.
24) 『三國遺事』(3) 塔像(4) 天龍寺.

원컨대 엄중히 금단禁斷을 더하시고 멀리 안남安南과 안동安東으로부터 가까이 어사도성御事都省이 이를 검핵檢劾하여 그 장리를 죄주어 이로써 백성의 노역이 없게 하소서. …… 신라 말엽에 불경과 불상에 모두 금은을 사용하여 사치가 도를 넘더니 마침내 멸망에 이르게 하여 상인이 불상을 몰래 헐어 팔아 생산을 경영케 하였는데 근래에도 그 남은 풍습이 없어지지 않사오니 원컨대 엄중하게 금단을 더하여 그 폐해를 고치소서.[25]

최승로의 위와 같은 척불의 자세에서 몇 가지 특이한 현상이 나타나고 있다. 하나는, 그의 글에 불교의 교리에 관하여 전혀 비판적인 모습을 보이지 않는다는 사실이다. 그가 "부처님의 공덕"으로 태어난 집안이라는 점에서 본다면 그가 불교에 적대적일 수 없었다는 것은 이해할 수 있다. 그는 불교 자체가 잘못된 종교라고 생각한 것은 아니었다. 이 점에서 그는 고려 말기의 정도전鄭道傳으로 대표되던 척불론자들의 입장과는 기본적으로 다른 길을 갔다.

다른 하나는, 따라서 최승로가 불교를 비판한 대목은 주로 당시 승려들이 저지르는 사회적 폐단에 집중되어 있다. 최승로는 왜 불교의 교리를 비판하지 않고 그 의식儀式을 비판했을까? 그는 신라 말기 망국의 역사에서 불교가 일정한 몫을 했다고 생각했다. 이 점에서 그는 「훈요십조」 제2조에 나타난 왕건의 생각과 같았다. 그것은 불교의 과도한 정치 개입과 왕실의 과도한 불교 몰입에 대한 경고였다. 그가 불교도의 후손임에도 그의 세속적 가치는 유교국가주의를 벗어나지 못했다.

적어도 최승로는 정치와 같은 세속의 문제를 다루며 불교에 견주어 유교의 사상적 우월성에 무게를 두고 있었던 것으로 보인다. 그는 불교가 지니는 수신의 가치를 인정하면서도 유교를 치국의 가르침으로 봄으로써 유교중심주의의 입장으로 기울어 있었다. 그의 말을 빌리면, "불교를 믿는 것은 자신을 다스리는 것이 기본이요, 유교를 따르는 것은 국가를 다스리는 근원을 찾는 것"[26]이었다.

유교를 보편적인 정학正學으로 설정하고 있는 그의 논의는 정치적 지향이 귀족의 문치주의文治主義를 추구하였음을 보여준다. 최승로는 모든 것을 불교에 의존하던 종교적 독존獨尊의 전통에서 벗어나 현실 정치에서 유교의 도입을 시

25) 『高麗史』 志 刑法 禁令.

26) 『高麗史』 列傳 崔承老 : 「成宗 원년 상소문, 시무 28조의 제23조」.

도했다.[27]

당시 유교의 위상이 고려의 건국과 더불어 크게 높아진 까닭은 통일 과정에서 유학자의 구실이 컸기 때문이다. 아울러 새로운 정치 체제의 정비 이념으로 유교의 중요성이 커지고 있었기 때문에 유교가 민심을 수습하고 호족 세력을 재편하는 데 이념적 구심 노릇을 할 수 있었다.[28]

그렇다면 최승로가 이상으로 생각했던 유교 국가의 모습은 어떤 것이었을까? 그의 의중은 다음의 글에 잘 나타나 있다.

> 최승로가 말하기를, …… 가만히 보건대 개원開元의 사관史官 오긍吳兢이 『정관정요』貞觀政要를 지어 현종玄宗에게 태종太宗의 정사를 부지런히 닦을 것을 권고하고자 하였으니, 대개 일의 본질이 서로 비슷하여, 일가一家에서 나옴이 아니라도 그 정사의 밝고 뛰어남은 가히 사범師範이 되나이다. 신이 엎드려 보건대 태조의 창업과 이어심[垂統]은 이른바 조祖의 공이 있음이오, 여러 종宗이 왕위를 이어 수성守成함은 종의 덕이 있음입니다.[29]

최승로가 꿈꾸었던 이상 정치는 당 태종의 정관貞觀 시대(626~649)의 정치였다. 그가 당 태종의 시대를 흠모한 것은 그 당시의 정치적 분위기, 곧 태종이라는 영명한 지도자와 그를 보필하던 방현령房玄齡이나 위징魏徵과 같은 뛰어난 중신들, 그리고 그들의 간언에 귀를 기울인 당 태종의 정치적 아량과 사람을 알아보는 안목을 동경했던 것이다.

그런데 최승로가 유교국가주의를 추구하면서도 중국의 제도를 전면적으로 또는 무조건적으로 받아들인다거나 칭송하지 않고 어떤 점에서는 비판적이었다. 특히 그의 「오조치적평」五朝治積評[30]은 5명의 선왕先王, 곧 태조·혜종·정종·광종·경종에 관한 평가에 너그럽지 않다는 점에서 독특하다. 이는 그의 역사관이 그만큼 냉철했음을 의미할 수도 있고, 달리 보면 그 당시의 지적 풍토가 그만큼

---

27) 김석근, 「훈요십조와 시무 28조 : 고려 전기 정치사상에 관한 소묘(素描)」, 이재석(외), 『한국정치사상사』(서울 : 집문당, 2002), p. 119.

28) 이기백, 『新羅思想史硏究』(서울 : 일조각, 1990), p. 241; 馬宗樂, 「고려시대 慶州와 儒敎 : 최승로·김부식·이제현을 중심으로」, 『신라학 연구』(6)(경주 : 위덕대학교 부설 신라학연구소, 2002), pp. 19, 22.

29) 『高麗史』 列傳 崔承老 : 「成宗 원년 상소문」.

30) 이 글은 『高麗史』 列傳 崔承老 : 「成宗 원년 상소문」에 실려 있음.

너그러웠음을 의미할 수도 있다.

최승로는 특히 쌍기雙冀를 등용하여 과거科擧제도를 실시한 광종의 실정에 대한 비판이 준엄하다. 그는 이렇게 지적하고 있다.

> 광종은 …… 쌍기를 임용한 이래로부터 문사를 숭중崇重하여 은례恩禮가 지나치게 풍성하니 이로 말미암아 재주도 없는 인물이 함부로 나아가 차서次序를 뛰어 빨리 진급하여 두 해도 되지 않아 문득 경상卿相이 되고 …… 그 지혜가 있고 재조가 있음을 논의하지 않고 모두 특별한 은혜와 특별한 예우로 맞으니 이러한 까닭으로 후생이 다투어 나아가고 지난날의 덕스러움은 점차로 쇠퇴하였나이다.[31]

학문에 뛰어나 일찍부터 문한文翰을 맡았던 최승로가 광종 때 시행된 여덟 번의 과거에서 한 번도 지공거知貢擧(과거를 주관하던 관직)를 맡지 못했다는 점도 이상하다.[32] 뒷날 이제현李齊賢이 광종 실록을 지으며 "광종이 쌍기를 등용함은 …… 오직 겉만 화려한 글을 내세워 후세에 큰 폐단을 남겼다."라고 지적한 사실[33]을 연상시켜 주는 최승로의 비판은 과거제도가 안고 있는 문제점을 일찍이 인지하고 있었던 정치적 식견이었다. 귀족주의에 물든 그로서는 오로지 문장만으로 입신하는 과거제도를 탐탁하게 생각하지 않았다.

이상과 같은 논의의 총화로 나타난 것이 이른바 최승로의 「시무 28조」이다. 이는 상소문의 형태로 성종의 즉위(982)와 함께 왕에게 올린 글에 포함되어 있다. 당시 성종은 22세의 야심 찬 젊은이였고, 최승로는 55세의 장년으로서 정광행선관어사상주국正匡行選官御事上柱國의 정이품 고위직에 임명되어 있었다. 그는 연배로 볼 때 왕성한 정치적 야망과 경륜 그리고 신왕을 도와 국가를 부흥시키려는 소명감을 가지고 있었다.

최승로는 우선 "신이 비록 우매하오나 추기樞機의 직책을 가지고 이미 글을 올릴 마음이 있고 또 회피할 길이 없으므로 삼가 생각한 바를 기록하니 시무時務에 지나지 않습니다. 모두 28조를 장주狀奏에 따라 별봉別封하여 올리나이다." 라는 말로 자기가 상소를 올리게 된 사연을 설명한 다음, 28조의 긴 상소문을

---

31) 『高麗史』 列傳 崔承老.

32) 김석근, 「훈요십조와 시무 28조 : 고려 전기 정치사상에 관한 素描」, p. 103.

33) 『高麗史』 世家 光宗 : 「李齊賢의 贊」.

이어나갔다. 그 28조의 내용은 다음과 같다.

(1) 우리 나라가 삼한을 통일한 이래 47년이 지났는데 병사들이 아직 편안한 잠을 자지 못하고 군량을 많이 소비하는 것은 서북 지방이 미개 종족들과 접경되어 경비할 곳이 많기 때문입니다. 대체로 마헐탄馬歇灘과 압록강변의 석성石城을 국경으로 삼아 국토의 경계로 결정하시기를 바랍니다.

(2) 전하께서는 공덕재功德齋를 베풀고 혹은 몸소 차茶를 갈기도 하시며 혹은 친히 보리[麥]도 찧으신다 하는데 전하의 몸으로 근로하시는 것은 아주 어울리지 않는 일입니다. 군왕의 체통을 바르게 하여 무익한 일을 하지 마옵소서.

(3) 우리 조정의 호위 군졸은 태조 시대에는 다만 궁성에서 숙위하는 일뿐이어서 그 수가 많지 않았으나 광종 이후 오늘에 이르러 그 숫자가 많으니 바라건대 태조 때의 법을 준수하시어 용감한 무리만 남겨두고 나머지를 모두 돌려 보내시어 원망을 줄이고 나라에 저축이 되게 하소서.

(4) 전하께서는 간장과 된장을 행로에서 무상으로 나누어 주게 하시는데 이른바 작은 혜택으로써는 널리 베풀어지지 않습니다. 이런 사소한 일은 임금이 정치를 하는 체통이 아니니 그만두시기를 바랍니다.

(5) 우리 태조는 몇 해에 한 번씩 (중국에) 사신을 보내어 예방할 뿐이었는데 지금은 사신도 매우 많으니 지금부터는 예방하는 사신으로 하여 그 무역을 겸행하게 하고 그 밖의 때아닌 매매는 일체 금단하십시오.

(6) 모든 불당의 돈과 곡식에 대하여 여러 절의 중이 각각 주군州郡에 사람을 보내어 그것을 관리하도록 맡기고[勾當] 매년 이자를 받아 백성을 괴롭히고 소요스럽게 하니 모두 다 금지하면 백성의 피해가 줄어들 것입니다.

(7) 임금이 백성을 다스리는 법은 집집마다 찾아가거나 날마다 볼 수 없으므로 각 지방에 수령을 파견하고 백성의 이해를 살피게 해야 하는데, 지금은 시골 토호들이 매양 공무公務라는 이름을 빌려 백성을 침해·폭압하므로 백성이 생명을 유지하지 못하니 지방에 외관外官을 두기 바랍니다.

(8) 전하께서 사신을 파견하시어 굴산屈山의 중 여철如哲을 영접하여 대궐로 맞아들이셨다는데 이를 금지하시기 바랍니다.

(9) 태조 이래 귀천을 가리지 아니하고 임의로 관복을 입었으므로 벼슬이 비록 높아도 집이 가난하면 공란公襴을 갖출 수 없었으며 비록 관직이 없을지라도 집이 부유하면 비단[綾羅錦繡]을 입었습니다. 타국의 사신을 맞이할 때 백관의 예복이 법식에 맞지 않아 창피를 겪을까 두렵습니다.

(10) 제가 듣건대 중들이 군·현을 왕래하며 객관客館과 역사驛舍에 유숙하고 관원과 백성을 매질하며 영접과 공급이 완만하다고 꾸짖어 폐단이 이것보다 더 큰

것이 없으니 이를 금지하시기 바랍니다.

(11) 중국의 제도는 준수하지 않으면 안 되지만 사방의 풍속과 습관이 각각 그 지방 성질에 따라야 하며 모두 다 변경하기는 곤란하니 그 가운데 예악禮樂·시서詩書의 교훈과 군신·부자의 도리는 마땅히 중국을 본받아 비루한 것을 고쳐야 할 것이나 그 밖에 거마·의복 등 제도는 우리 풍속에 따르게 하여 사치와 검박儉朴을 적절하게 할 것이고 무리하게 중국과 꼭 같이 할 필요는 없습니다.

(12) 여러 섬의 주민은 그들의 선조의 죄과로 말미암아 바다 가운데서 생장하고 있는바 그 땅에는 먹을 것이 없어서 생계가 매우 곤란합니다.

(13) 광록시光祿寺에서 무시로 물품을 징발·추구하기 때문에 백성의 생활은 날이 갈수록 궁곤하니 그들의 공역貢役을 공평하게 하여 주시기를 바랍니다.

(14) 우리 나라에서는 봄에 연등燃燈을 거행하고 겨울에는 팔관八關을 개최하느라고 사람들을 징발하여 부역이 매우 번다하니 부담을 경감하여 백성이 힘을 펴도록 하셔야 합니다.

(15) 각종 허수아비[偶人]를 받드는 데 노력과 비용이 아주 많이 들며 한 번 쓴 다음에는 곧 파괴하여 버리니 아주 쓸데없는 일입니다. 이제부터는 이것을 쓰는 것을 허가하지 마십시오.

(16) 성인이 하늘과 사람을 감동시킨 것은 그가 순일純一한 덕성이 있고 사심이 없기 때문입니다. 바라건대 전하께서는 매일 같이 근신하시며 스스로 교만하지 마시고 아랫사람을 상대하실 때는 공손함을 생각하시며 혹시 죄를 저지른 무리가 있거든 그 가벼운 죄나 무거운 죄를 모두 법에 따라 논죄하게 하소서.

(17) 광종 때에 이르러 불교 행사를 많이 함으로써 역사役事가 날이 갈수록 많아지니 밖에서 살던 노비까지 불러들여 역사役使를 시켰으며, 내궁內宮의 비용으로써는 공급이 부족하여 창고의 미곡까지 소비하게 되었으며, 이 폐단이 전하의 시대에 와서도 오히려 제거되지 못하고 있습니다.

(18) 세상 풍속이 덕을 쌓는다는 명목으로 각자의 소원에 따라 사찰을 건축하고 있는바 그 숫자가 너무 많습니다. 중들은 공사에 백성을 징용하기를 나라의 부역보다도 더 다급하게 부리므로 백성이 큰 고통을 받고 있으니 이런 일을 엄금하여 백성의 고역을 제거하여 주십시오.

(19) 근래 사람들은 그 지위가 높고 낮은 차별이 없이 재력만 있으면 모두 주택 짓는 일부터 먼저 하고 있습니다. 이것은 다만 한 집의 재력을 탕진할 뿐만 아니라 실로 백성을 괴롭게 하는 것으로써 그 폐해가 아주 많습니다.

(20) 사경寫經과 소상塑像은 다만 오래 전승하고자 함인데 어찌 진보珍寶를 써서 장식하여 도적의 마음을 열게 하리오.

(21) 우리 나라에서도 삼한 공신의 자손에 관하여 교시가 있을 때마다 반드시

표창·등용한다는 말이 씌어 있으나, 벼슬을 받은 무리는 없으며 광종 말년에 대신을 죽이고 쫓아냈으므로 세가世家 자손이 가문을 계승하지 못하고 있으니, 공신 등급에 따라 그 자손을 채용하시기 바랍니다.

(22) 제왕은 백성의 힘을 괴롭게 하며 백성의 재물을 소비하는 것입니다. 그러므로 제왕이 그 사유를 깊이 사고하고 매사를 모두 다 적절하게 참작하면 폐해가 신하와 백성에게 미치지 않을 것입니다.

(23) 불교를 믿는 것은 자신을 다스리는 것이 기본이요, 유교를 따르는 것은 국가를 다스리는 근원을 찾는 것인바 자신을 다스리는 것은 내세의 복을 얻는 것이며, 나라를 다스리는 것은 오늘의 급무입니다. 오늘은 가까운 것이요 내세는 먼 것이니 가까운 것을 버리고 먼 것을 찾는 것은 잘못입니다.

(24) 임금은 오직 순일純一 무사無私한 마음을 가지고 만물을 광범하게 구제해야 하겠거늘 하필이면 바라지 않는 사람을 데려다 혹사하고 창고의 저축을 소비하며 반드시 없을 이득을 얻어야 하겠습니까?

(25) 우리 나라에서 겨울·여름의 강회講會와 선왕先王과 선후先后의 기일에 재齋를 올리는 것 이외에 그만둘 수 있는 것은 감하기를 바랍니다.

(26) 정치와 교화를 잘하는 것보다 더 좋은 일이 없습니다. 청컨대 1년 12개월을 반으로 나누어 2월로부터 4월까지, 8월로부터 10월까지는 정사와 공덕을 반반씩 진행하고 5월로부터 7월까지, 11월로부터 정월까지는 공덕을 중지하고 오로지 정사만 보며 매일 같이 또 밤낮으로 정사를 획책하십시오.

(27) 망령된 제사[淫祀]는 복을 받지 못합니다. 우리 나라에서 종묘사직의 제사도 오히려 법전과 같지 않은 것이 많은데, 도리어 산천 제사와 성수星宿에 대한 기도 등의 행사를 매우 번잡스럽게 진행하고 있습니다.

(28) 평민과 천인에 관한 법규[良賤之法]는 그 유래가 오랩니다. 그런데 비천한 노예들은 뜻을 얻어 존귀한 사람을 능욕하고 다투어 허위 날조하여 주인을 모함한 무리가 헤아릴 수 없었습니다. 이는 광종의 실수입니다.[34]

---

[34] 『高麗史』 列傳 崔承老 : 「성종 원년 상소문」. 『고려사』와 「시무 28조」에 관한 기존의 논문들은 이 상소가 본디 28조로 되어 있었으나 전승되는 과정에 "6조는 일실逸失되어 22조만 남았다."고 기록했다.[하현강, 「고려 초기 崔承老의 정치사상 연구」, p. 6; 김철준, 「崔承老의 時務 28條에 대하여」, 『趙明基博士華甲紀念 佛敎史學論叢』(서울 : 동국대학교, 1965); 김철준, 『한국고대사회연구』, p. 360.] 그러나 이것은 사실과 다르다. 분절分節에 따른 번호 매기기paragraphic numbering의 글쓰기가 익숙하지 않던 그 시절에 최승로는 붙여쓰기 식으로 문장을 나열했기 때문에 분절이 확실하지 않아 일어난 사건일 뿐이다. 문장을 면밀히 분석해 보면 28조가 분명하다. 이를 22조로 풀이한 글은 공부가 부족한 탓이었다. 상소문의 중간이 없어지는 일은 거의 없다. 이 글은 그 28조로 나누어 서술했다.

이상과 같이 구성된 「시무 28조」에서 최승로가 의도하고자 했던 점은 다음과 같이 크게 다섯 가지로 나누어 설명할 수 있다.

[1] 왕 또는 왕실의 처사에 관한 조항 = (4) 왕의 지나친 자비심 (16) 왕의 수신修身 (24) 왕실의 권력 남용

[2] 불교에 관한 조항 = (2) 공덕재功德齋의 폐지 (8) 중 여철如哲의 처리 (10) 중들의 관청 유숙留宿 금지 (14) 연등과 팔관회의 폐단 (18) 사찰의 마구잡이 건축의 금지 (20) 사경寫經의 검소 (23) 유·불儒佛의 구분 (25) 왕실의 제례 축소 (26) 정치와 공덕功德의 구분

[3] 외교·국방·통치 = (1) 서북 개척 (3) 병력의 축소 (5) 사신使臣의 상행위 금지 (11) 중국 문물의 절제 (21) 공신功臣의 등용

[4] 풍속과 신분 = (9) 복식 (15) 미신의 금지 (17) 솔거率居 노비의 혹사 금지 (19) 사치의 금지 (27) 산천 제사의 금지 (28) 상전 능욕의 금지

[5] 민생 = (12) 섬 주민의 구휼救恤 (13) 공역貢役의 폐단

위의 구분에서 보는 바와 같이, 가장 많은 9회가 불교에 관한 언급이고, 그다음 6회가 풍속과 신분에 관한 것이며, 그다음 5회가 외교·국방·통치에 관한 것이며, 그다음 4회가 왕 또는 왕실의 처사에 관한 권고이며, 끝으로 민생에 관한 언급이 2회이다.

위의 분석에서 빈도수는 중요도일 수 있다. 곧 최승로 또는 당시 위정자들의 가장 중요한 관심은 불교와 정치의 관계 또는 불교의 타락에 관한 고민이었다. 최승로는 신라 가문의 후손으로서 신라의 불교가 안고 있는 장점과 폐단을 누구보다 잘 알고 있었다. 그의 권고는 긍정적이고 적극적인 내용보다 삼가야 할 대목이 더 많다는 점이 함의하는 바가 있다. 그는 왕건 이후 왕실의 불교에 대한 경도를 우려하고 있었다. 그의 진언이 진심어린 충정에서 비롯된 것이라고 하더라도 이런 식의 부정적 권고는 쉽지 않은 일이었다. 그의 이러한 불교적 인식의 밑바탕에는 유교주의에 관한 의지가 깔려 있다.

왕실에 대한 충고는 신라 말엽의 타락과 망국으로 이어지는 모습에 관한 한탄스러움을 짙게 깔고 있다. 그는 왕의 그릇[器局]을 중요하게 지적하고 있다. 멸망한 신라 신하의 자손으로서 망국의 과정을 가까이에서 지켜보며 왕정 아래서 한 나라의 흥망성쇠는 군주의 결심 사항임을 그는 알았다.

최승로는 망국의 왕 경순왕과 함께 왕건에게 귀순하던 자신의 처지와 경순왕에 관한 연민은 말할 것도 없고, 감수성 많은 소년의 몸으로서 창업의 군주 왕건을 만났을 때의 착잡한 감정을 평생 지울 수 없었을 것이다. 그에게는 멸망한 왕조에 대한 향수와 영화를 되찾고 싶은 야망이 복합적으로 쌓인 심경으로 벼슬길에 나아갔다.

외교·국방, 왕실에 관한 권고는 그가 매우 사려 깊은 인물임을 보여준다. 외교와 국방에 관한 빈도수가 비교적 높은 것은 이 시기가 외교의 미발달된 상태이기는 하지만, "국가의 발견"의 시대였다는 점을 의미한다. 그는 고려사에서 서북 개척의 중요성을 알아차린 최초의 고위 관료였을 것이다. 그는 고려의 국호가 갖는 의미를 알고 있었다.

최승로는 중국의 문물에 맹종하지 말 것을 진언하고 있다. 유교국가주의와 그 연속선 위에서 "큰 나라를 섬김에 예禮로써 하고 이웃 나라와 사귐에 도道로써 한다."[35]는 점에서는 사대事大의 큰 틀에서 벗어나지는 않았지만, 민족 문화의 독자성을 알아차리고 있었다는 점에서는 사대를 추구했던 뒷날의 김부식金富軾과도 많이 다르다.

신분과 풍속의 문제가 그토록 많은 것은 그 시대가 엄혹한 신분제 사회였음을 뜻하며, 그 배후에 신라에 대한 은근한 향수가 보이는 것도 눈여겨볼 대목이다. 가족사로 보나 경주에 대대로 살던 지배 계급의 후손이었다는 점으로 보나, 그의 신분 의식은 운명적이었고 그가 극복할 수 없는 한계였을 것이다. 그리고 그것은 그의 유교국가주의의 한 방편이었을 뿐이다. 지배 계급의 이러한 인식이 바뀌기까지에는 무신 정권 아래에서 일어났던 저항 의지와, 일연一然의 역사 의식이 나타날 때까지 기다림이 필요했다.

민생 문제의 관심이 가장 낮은 것은 역설적이다. 그러나 그것이 놀라운 일은 아니다. 신분 사회에 사는 상층 계급의 그들에게 민생은 궁극적 관심사도 아니었고, 그에 관한 보편적 이해理解를 갖고 있지도 않았다. 그 허다한 민생 문제 가운데 특별히 섬 주민의 구휼救恤과 공역貢役의 폐단 문제를 거론한 것도 그들의 인식 수준을 읽는 가늠자가 된다.

최승로의 「시무 28조」는 율곡栗谷의 「진시폐소」陳時弊疏를 연상케 한다.[36] 그

---

35) 『高麗史』 列傳 崔承老.

가 이와 같은 정치적 경륜을 피력할 수 있었던 것은, 그가 살았던 시대가 중흥 군주였던 광종·성종의 시대였다는 사실과 무관하지 않다. 그가 당대의 광종에게 그토록 비판적일 수 있었던 것은 당시 왕실의 정치적 관용과 분위기를 보여주는 대목이다.

최승로의 「시무 28조」는 그 시대의 정책 결정에 영향을 끼쳤을 뿐만 아니라 그 후대의 정치에도 중요한 전범典範이 되었다. 그것은 고려의 후대에 정치가 문란할 때는 윤택尹澤과 같은 제학提學이 밀직密直으로 들어가 왕에게 이 상소문을 강의했다는 기록으로써도 미루어 알 수 있다.[37]

4. 신라 정신의 계승

왕건이 창업을 하며 국호를 "고려"高麗로 하기까지에는 많은 고뇌가 있었을 것이다. 그의 관심이 남방이었음에도, 그는 신라의 멸망을 바라보며 신라의 건국 정신을 이어받는 것에 정치적 부담을 느꼈을 수 있다. 그래서 그는 차라리 고구려의 이름을 본떠서 국호를 고려로 명명했다. 그러나 이것을 두고 그가 고구려의 정신을 승계하고자 하는 의지의 표현으로 읽는 데에는 많은 문제점이 있다.

건국 당초 고려의 개국 정신에 포함된 고구려의 정신 승계 문제는 당나라 천자가 왕건의 즉위를 축하하며 보낸 다음의 조서詔書에 잘 나타나 있다.

> 당唐이 왕경王瓊과 양소업楊昭業을 보내와 왕건을 왕으로 책봉하고 글을 내려 말하기를, …… 주몽의 개국한 상서로움을 이어 그 군장君長이 되고 기자가 번국蕃國을 이룩한 자취를 밟아 이에 혜지惠知를 편다. 그 공로가 지극한 바 있으니 짐은 아낄 것이 없도다. 예를 갖추어 그대를 책명冊命하여 고려 국왕을 삼노라.[38]

그런데 고려는 주몽과 기자를 이은 고구려의 계승자라는 즉위 의식에도 불구하고 고구려의 정신을 스스로 포기했고, 여기에서 법통의 문제가 제기되었다.

---

36) 김철준, 『한국고대사회연구』, p. 345.

37) 『高麗史』 列傳 尹諧.

38) 『高麗史』 世家 太祖 16년 3월 신사.

고려의 고구려 정신의 포기는 곧 신라 정신의 승계 문제로 연결되었는데, 이와 같은 고려의 개국 정신을 가장 잘 담아낸 것이 곧 김부식의 신라중심사관, 곧 삼국 가운데서 신라를 법통으로 보려는 입장이다.

분할되었던 한 민족의 역사를 기록하며 그 분할 국가 가운데 어느 국가를 역사의 정통으로 삼느냐 하는 문제는 민족사를 기록하는 과정에서 겪게 되는 어려움의 하나이다.[39] 이러한 어려움은 그 정통을 선택하는 기준을 어디에 둘 것이냐 하는 문제에서부터 일어난다. 이제까지 적어도 동양의 유교 문화권에서는 다음과 같은 두 가지의 기준이 있었다.

하나는 명분론名分論이다. 이를테면 그 국가가 분할되기 이전 시대의 정통을 누가 이어받았느냐 하는 문제이다. 이러한 입장의 밑바탕에는 춘추대의春秋大義라는 필법이 깔려 있다. 중국 삼국 시대의 위·오·촉魏吳蜀 가운데 어느 나라를 중국의 정통으로 보느냐 하는 문제에서 촉을 정통으로 보는 나관중羅貫中의 필법이 이에 속한다. 나관중의 주장에 따르면, 유비劉備는 한漢나라 황실의 혈통을 이어받았기 때문에 유비야말로 한의 정통이요, 따라서 『삼국지』三國志의 정통을 촉이라고 보고 있다.[40]

이와 같이 유교적인 왕통중심사는 동양 사회에서 상당한 설득력을 지니고 있어 군웅이 할거하던 시대의 초기에는 혈통에 따른 정통성의 독점 현상이 나타나고 있다. 역사적으로 청조 말엽 한나라의 후손을 자처했던 백련교白蓮敎의 유송劉松이 그 대표적인 사례에 들며, 한국사에서는 신라의 왕통을 자처했던 궁예弓裔의 경우와 "대한제국-상해임시정부의 대한민국-해방 이후의 대한민국"으로 이어지는 도식圖式에 입각하여 오늘날 한반도에서 "유일하고도 합법적인 정부"로 인정받고 있는 남한의 현실과 주장이 이에 든다.

정통에 관한 또 다른 입장으로서는 "최후의 통합자" 또는 "최후의 생존국"이 누구냐에 따라 정통을 찾을 수도 있다. 이기면 군왕이 된다는 인식[勝則君王][41]을 중시하는 하천문화권의 패왕주의는 과정을 중요시하는 명분론과는 달리, 그 결

39) 이에 관한 자세한 논의는, 신복룡, 「삼국전쟁 후의 사회 변동」, 『한국정치사』(서울 : 박영사, 2003), pp. 113~115 참조.

40) 이에 관한 자세한 논의는, 신복룡(주해), 『삼국지』(1)(서울 집문당, 2021), pp. 67~94 : 「해제」 참조.

41) 『史記列傳』 「伍子胥列傳」

과를 중요하게 여긴다. 이와 같은 결과론은 주로 편년체의 필법을 쓰는데, 꼭 같은 중국의 삼국 시대를 놓고서 촉을 정통으로 보는 나관중과는 달리, 최후까지 살아남아 삼국을 통합했던 조문曹門을 정통으로 보려는 진수陳壽의 사례가 그 대표적인 경우이다.

그러나 삼국의 정통을 선별하는 데 위와 같은 두 가지 방법은 적실하지 않다. 왜냐하면 삼국은 그 전사에 어떤 통일된 정통이 없었기 때문에 첫 번째의 명분론이 적용될 여지가 없을 뿐 아니라, 두 번째의 결과론에 따라 최후까지 살아남은 신라를 삼국의 정통으로 인정하게 될 경우, 우리는 고구려와 백제가 안고 있는 유산들을 포기해야 하기 때문이다. 또한 신라가 최후의 생존자일 수는 있으나 과연 "최후의 통합자"인가의 문제에 관하여는 다른 견해[42]가 있을 수 있다.

따라서 이 글은 위와 같은 두 가지의 역사 필법을 거부하는 대신, 정신사의 유산이라는 측면에서 볼 때, 어느 쪽이 더 값진가에 따라 그 정통을 찾으려는 제3의 입장에 서고자 한다. 고구려가 최후의 생존자 또는 최후의 통합자는 아니라고 할지라도 이러한 연구를 통하여 고구려가 지니고 있었던 정신사의 유산이 계발啓發될 수만 있다면 그 또한 가치 있는 일이라고 생각하기 때문이다. 인류의 역사는 성공의 감격보다는 멸망의 쓰라림 속에서 오히려 더 큰 교훈을 찾을 수 있을 뿐만 아니라, 그러한 멸망의 회오悔悟 속에서 내일을 위한 에너지를 찾는 경우가 흔히 있다.

그런데 왕건은 고구려보다 신라를 선호했다. 그러한 그의 의중은 경순왕과의 관계 설정[43]과, 고구려족에 관한 배려보다는 앞서 지적한 경주 최씨 등의 신라 토호의 등용을 중요시했던 사실에서도 잘 나타나고 있다. 어차피 고구려의 옛 땅을 회복할 의지도 없었고, 남쪽을 다스리는 데 주력할 바에야 그는 고구려 문화의 후신임을 자처하기보다는 중화 질서를 지키는 신라를 껴안는 것이 국가 경영에 더 유리하리라는 것을 잘 알고 있었다.

왕건의 신라 승계 의지는 김부식이 『삼국사기』를 쓰는 데 하나의 지침이 되

---

42) 신복룡, 「삼국전쟁 후의 사회 변동」, 『한국정치사』, pp. 113~138 참조. 이 글은 "신라 통일은 존재하지 않았다."는 입장을 취하고 있다.

43) 왕건의 딸 안정숙의공주安貞淑儀公主는 신명 왕태후神明王太后 유 씨劉氏의 소생인데, 신라 왕 김부金傅(경순왕)가 고려에 투항하였으므로 공주를 그에게 시집 보내고 낙랑공주樂浪公主라고 불렀다. 『高麗史』 列傳 公主 太祖九女.

었다. 그러한 사례로 우선 그는 삼국의 건국 기년紀年을 설명하며 신라가 가장 먼저 건국했다고 거짓으로 썼다. 아마도 김부식의 이러한 인식은 묘청妙淸의 난을 평정한 이후 서북 세력을 압도했다는 자신감 때문이었던 것으로 보인다.[44] 사실 신라는 적어도 내물왕奈勿王(재위 ?~402) 이전까지는 국가의 체제를 갖추지 못하고 있었다. 따라서 그 이전의 군장君長은 왕이 아니었다.

지증왕智證王(재위 500~514) 이전까지 왕은 마립간麻立干이라 했는데, 이는 지증왕 대에 이르러서야 비로소 국가의 규모를 갖추었기 때문이다. 달리 말하면, 혁거세赫居世가 나라를 세웠다는 기원전 57년의 상황에서 신라는 국가가 아니었다. 이 문제에 관하여 가장 강렬하게 저항한 사람은 일연一然이었다. 그는 다음과 같이 김부식의 논리를 부인하고 있다.

> 순도順道와 아도법사阿道法師는 소수림왕小獸林王 갑술년(374)에 고구려에 온 것이 분명하며 이 전기는 그릇되지 않았다. 만약 비처왕毗處王(소지왕을 의미함, 재위 479~500) 때 아도가 처음으로 신라에 왔다고 한다면, 그것은 그가 고구려에서 1백여 년이나 있다가 온 것이 된다. …… 이것은 도리어 그가 고구려에 들어왔던 갑술년보다도 1백여 년이나 앞서게(*sic*) 된다. 그리고 이때 신라에서는 아직 문물과 예교禮敎가 없었고, 나라 이름도 정해져 있지 않았는데, 무슨 겨를에 아도가 와서 불교의 신봉을 요청했겠는가?[45]

근대사에 들어와서는 정약용丁若鏞이 혁거세의 건국설에 이의를 제기했다. 그의 주장에 따르면, 혁거세 초기는 왕이 아니라 사로국斯盧國의 추장에 지나지 않았고,[46] 한韓나라 선제宣帝 오봉五鳳 원년(B.C. 57)에 양산촌楊山村 사람 혁거세를 세워 임금으로 삼았으나 이때는 나라 이름도 없었다.[47]

현대 사학에서는 백남운白南雲이 이 문제를 거론했다. 그는 김부식이 신라를 정통으로 삼으려고 삼국 가운데 후진인 신라의 건국 기년을 위작했다고 주장했고,[48] 최남선崔南善도 같은 입장이었다.[49] 박시인朴時仁은 고대 동양 국가의 건

---

44) 김철준, 『한국고대사회연구』, p. 426.
45) 『三國遺事』(3) 興法(3) 阿道基羅 一作我道 又阿頭.
46) 정약용, 『我邦疆域考』(3) 「馬韓考」.
47) 정약용, 『我邦疆域考』(3) 「辰韓考」.
48) 백남운, 「『조선사회경제사』의 출판에 대한 소감」(1933), 『백남운전집(4) : 휘보』(서울 : 이

국 연대 순위는 고구려-백제-가야伽倻-신라-왜倭의 순서가 맞는다고 주장했다.[50)]

이 밖에도 윤내현尹乃鉉[51)]과 김철준金哲埈[52)]도 신라가 고구려보다 먼저 건국했다는 김부식의 주장을 부인했다. 이와 관련하여 중국의 『구당서』舊唐書와 『신당서』新唐書가 모두 고구려-백제-신라의 순으로 기록하고 있다는 점도 눈여겨보아야 할 대목이다.[53)]

고구려가 신라보다 앞서 건국했다고 주장하려면, 고구려가 건국한 연대를 앞서 올려 기산하는 방법이 있고, 다른 하나는 신라의 건국 연대를 뒤로 내리는 방법이 있다. 북한 사학의 경우에는 적극적으로 고구려의 건국을 기원전 230년 무렵으로 올려 보고, 백제는 기원전 1세기 무렵에 건국하였고, 신라는 기원전 42년이 되어서야 나라의 모습을 갖추었다고 봄으로써 상대적으로 고구려의 건국 연대를 올려 잡고 있다.[54)] 남한 사학에서는 신라의 건국을 내물왕 시대로 내려 잡음으로써 상대적으로 고구려의 건국 연대를 올려 잡고 있다.[55)]

그렇다면, 김부식은 신라의 건국이 고구려의 건국보다 앞섰다고 진실로 믿고 있었을까? 이 물음에 대하여는 다음의 글이 좋은 답을 하고 있다.

> 여러 신하가 왕(지증왕)에게 아뢰었다.
>
> "시조께서 나라를 세운 이래 나라의 이름을 결정하지 않아 혹은 사라斯羅라 일컫고, 혹은 사로斯盧라 불렀으며, 혹은 신라라고 했습니다. 신臣들은 "신"新이란 덕업德業이 날마다 새로워진다는 뜻이요, "라"羅란 사방을 망라한다는 뜻이오니, 그것을 나라 이름으로 삼는 것이 마땅할까 하옵니다. 또 살피옵건대, 예로부터 나라를 가진 분들이 모두 황제라 부르고 왕이라 했는데, 우리 시조께서 나라를 세운 뒤 지금에 이르기 22대이오나 다만 방언으로만 불렀고, 아직 존호尊號를 지정하지 않았사오니, 이제 여러 신하가 한뜻으로 삼가 신라 국왕이라는 존호를 올립니다."

론과 실천, 1991), pp. 86~87.

49) 최남선, 『조선상식문답(속)』(서울 : 삼성문화재단, 1972), p. 126.

50) 박시인, 『알타이문화사연구』(서울 : 탐구당, 1973), p. 79.

51) 윤내현, 『한국고대사』(서울 : 삼광출판사, 1989), pp. 120, 144.

52) 金哲埈, 「韓國古代史의 成長」, 『한국사의 재조명』(서울 : 독서신문사, 1977), pp. 75~76.

53) 『舊唐書』(119上) 列傳(149) 東夷 高麗·百濟·新羅; 『新唐書』(220) 列傳(145) 東夷 高麗·百濟·新羅.

54) 『조선전사』(3) : 중세편 고구려사(평양 : 과학백과사전출판사, 1979), p. 24; 『조선전사』(4) : 중세편 백제 및 전기신라사, pp. 12, 154~155.

55) 이종항, 「화백 : 그 기원과 구성과 권한을 중심으로」, 『논문집』(3)(국민대학교, 1972), p. 69.

왕은 그 말에 따랐다.[56]

위의 글에 따르면, 김부식은 22대 왕, 곧 지증왕 이전에는 왕호도 없었다는 것을 알고 있었다. 신라 초기의 왕호는 거서간居西干·마립간麻立干·이사금尼斯今이라 불렀다. 신라의 건국이 뒤늦음에도 김부식이 신라를 먼저 기록한 데에는 고구려를 정통으로 보려는 역사 인식에 동조할 수 없었기 때문이었다. 그 자신이 경순왕의 후손이었다는 존재 구속성도 깊이 작용했을 것이다.

김부식이 신라사에 집착한 또 다른 이유로서는, 신라가 당나라 문화의 적통嫡統이라는 인식이 크게 작용했으리라는 점이다. 신라가 일본에 가까우면서도 더 멀리 떨어져 있는 당나라와 가까웠고, 백제가 당나라와 화목하지 못하면서도 더 멀리 떨어져 있는 일본과 친교를 맺고 있었고, 고구려가 인접한 당나라와 화목하지 못했다.

이러한 사실들은 역설적이기는 하지만, 동서고금을 통하여 이웃 나라는 화목하지 않았음을 보여주는 것으로서 국제정치사가 안고 있는 하나의 역설이다. 김부식은 자기 선대의 나라 신라가 당나라 문화의 계승자라는 사실에 긍지를 느끼고 있었다.

그러나 김부식의 이러한 사관은 현대 사학에서 문제되기 이전인 그 당대에도 이미 상당한 저항을 불러일으켰는데, 이규보의 『동명왕편』이나 각훈覺訓의 『해동고승전』이나 『삼국유사』는 『삼국사기』가 담고 있던 역사 인식에 대한 반발로 나온 것으로 보아야 할 것이다.

김부식의 모화사상과 조선조의 사대가 가지는 친화성에도 불구하고, 조선조에 이르러서도 김부식이 당대의 사대부로부터 외면당했다는 것은 신기한 일이다. 그 한 사례로 김부식에 관한 권근權近의 다음과 같은 평가가 주목할 만하다.

> 고려에 와서 김부식이 범례를 정하며 사마천의 『사기』史記의 법을 택했으나 대의는 간혹 인경麟經(『춘추』)과 틀리는 점이 있었으며, 더구나 한 가지 사실의 시작과 끝이 대개 여기저기에 중첩되었고, 방언과 이어俚語(저속한 언어)가 서로 섞였고, 착한 정사와 아름다운 정책은 전승한 것이 드물어 나라에 따라 글월을 만들어 사

56) 『三國史記』(4) 新羅本紀 智證麻立干 4년 겨울 10월조.

람이 참고하기 어렵게 되었습니다.[57]

김부식의 역사학은 분명히 한국사학사의 중요한 한 부분을 이루고 있다. 따라서 많은 칭찬과 깎아내림에도 김부식이 남긴 역사적 유산의 가치를 외면할 수 없다. 『삼국사기』가 없었더라면 오늘날 우리가 읽고 있는 정도의 삼국에 관한 역사 복원이 불가능했다는 점에서, 김부식의 공헌은 높이 인정하지 않을 수 없다. 다만 이 문제를 일연의 공과와 비교해 보는 것은 흥미로운 일이다.

일연의 공로에도 불구하고 그가 불교적 측면에 너무 많은 지면을 할애했다는 점과 백제와 고구려의 역사를 소홀히 했다는 점을 고려한다면, 김부식의 글은 고구려와 백제에 관한 부분을 누락하지 않았다는 점에서 일연을 능가하는 측면이 있다. 그럼에도 그가 한국 사학사에서 남긴 역기능들, 이를테면, 신라사 중심의 그늘에 가려진 고구려 정신의 은폐 그리고 뒤에서 말할 사대事大의 문제를 외면한다면, 그것은 역사학의 정도라고 할 수 없다는 점에서 그의 공과에 관한 논의는 분분할 수밖에 없다.

김부식이 삼국시대 역사를 신라 중심으로 보려는 또 다른 의지는, 고대사를 쓰며 단군조선檀君朝鮮을 거론하지 않았다는 점에서 잘 나타나고 있다. 그가 단군을 다루지 않은 것은 "삼국의 역사를 얘기했을 뿐 그 이전의 역사는 주제를 벗어난 것이기 때문에 고대사를 말하지 않았다."는 논리가 가능하다.

그러나 그 깊은 곳을 들여다 보면, 신라중심사로 삼국시대사를 쓰고 싶어 했던 그는 고구려의 전신이라 할 수 있는 고조선사를 명시적으로 기록하고 싶지 않았을 것이다. 일연이 "『삼국사기』에서 빠진 이야기들"이라는 뜻에서 분노에 찬 목소리로 『삼국유사』를 쓴 사실에 비춰본다면, 김부식이 고대사를 누락한 것은 아쉬움의 경지를 넘어 역사의 비난을 받을 수도 있다. 이것은 한국사의 지평을 왜소화했다는 점에서 잘못되었다.

김부식이 단군조선을 누락한 또 다른 이유로는, "괴이한 것, 힘쓰는 것, 문란한 것, 귀신에 관한 것을 말하지 않는다."[58]는 공자孔子의 가르침과 무관하지 않을 것이다. 이규보는 이에 대하여, "김공金公(김부식)이 국사란 세상의 나쁜 일을

57) 『東文選』(44) 表箋 權近 進三國史略箋 : "…… 善政嘉謨之罕傳 國別爲書 人難參究"

58) 『論語』 述而 : "子不語怪力亂神"

바로잡는 글이라고 생각하되 이상한 일[神異之事]은 후세에 남길 수 없어 이를 생략한 것 같다."[59]고 풀이했다.

김부식이 본 고대사는 일연의 시각과는 달리 천신이나 해신 또는 웅녀熊女나 거북과 같은 신화시대의 담론을 받아들이기 어려웠을 것이다. 이는 그가 가지고 있던 유교의 합리적 사유와 관련이 있다.[60] 그러나 그가 전범典範으로 삼았던 중국의 역사서들이 삼황오제三皇五帝의 신화시대를 다루고 있고, 공자도 중국 신화시대의 성현을 부인하지 않았다는 점에서 본다면, 김부식의 논리가 반드시 적실한 것만은 아니다.

김부식의 『삼국사기』가 보여준 또 다른 문제점은, 그가 「열전」列傳을 쓰며 원효元曉를 비롯한 어느 고승高僧도 기록하지 않았다는 점이다. 이는 유교주의자들이 불교에 대하여 가지고 있는 역겨움의 표현이었다고 생각할 수 있는 일이지만, 김부식이 한 국가의 역사에 고승의 기록을 누락한 것은 편협한 유교주의의 발로라고 비난받아 마땅하다.

5. 결론

이 장의 결론은 다음과 같다.

[1] 고려시대의 정치사상을 대표하는 인물들, 이를테면 최승로나 김부식이나 일연의 맥락은 멀리 신라의 영화에 대한 향수를 가지고 있었다는 데 공통점이 있다. 따라서 고려의 국호가 고구려를 유념하여 지은 것임에도 고려의 시대 정신은 신라의 사상을 계승하는 것이었다.

[2] 고려의 왕조는 멸망한 신라에 대한 향수를 가지고 있는 지방 호족의 불만과 저항을 저지하는 데, 불교를 중요한 기제機制, mechanism로 이용했다. 그들은 신라의 대승불교의 교리가, 왕조 유지에 힘이 된다는 사실을 잘 알고 있었다.

---

59) 이규보, 『동명왕편』(서울 : 을유문화사, 1980), p. 50.

60) 김석근, 「단군신화와 정치적 사유 : 한국정치사상의 시원始原을 찾아서」, 이재석(외), 『한국정치사상사』, p. 18.

[3] 김부식으로 대표되는 고려의 관료 귀족들이 가지고 있던 기본 가치는 유교국가주의였다. 신라의 정신에 맥을 잇고 있던 신흥사대부들은, 유교적 가치를 정책에 투영함으로써 불교와 마찰을 초래했다. 이 투쟁에서 유교적 사대부들이 승리함으로써 문민 우위의 체제를 구축했고, 이것이 뒷날 비극적 무신정변의 씨앗이 되었다.

[4] 사대의 본디 의미는 강자와 약자의 쌍무적 양해 사항이었다. 그러나 그것은 시간이 지나며 약자의 생존 방식으로 바뀌었다. 따라서 사대에는 약자로서의 수치와 열등이 있었음을 부인할 수 없다. 그럼에도 그러한 열패劣敗를 시인하는 것이 마음 내키지 않아, 사대의 문제를 설명하며 거기에 자주성의 훼손이 없음을 강변하려는 것은 구차하다.

[5] 중세적 성격을 갖는 고려는, 한국사에서 근대국가로 넘어가는 교량의 시대였다. 이 시대를 가리켜 근대라고는 말할 수 없지만 인쇄, 화약, 도자기 등의 문명과 역사학의 발견 등은 곧이어 근대의 잉태를 가능하게 했다.

제10장

고려의 불교

팔관회八關會·연등회燃燈會/ 의천義天(1055~1101)/ 지눌知訥(1158~1210)/ 묘청妙淸(?~1135)/ 대장경/ 일연一然(1206~1289)

"아직 날이 밝지 않아
찰제리족의 관정灌頂을 한 왕이
보물과 보배로운 물건들을 치우지도 않았는데
비구니가 대궐의 무지방을 넘어 들어간다면,
다른 연고가 있는 경우를 제외하고서는,
계율을 범하는 것[波逸底迦]이니라."[1]
—석가모니

"나라를 다스리는 일은 가볍지 않아
도道에 힘쓰다 보면
정치가 멀어지게 된다."[2]
—지자대사智者大師

"뱀이 물을 마시면 독이 되고
소가 물을 마시면 젖이 된다.[3]
—지눌

1) 『한글 대장경 根本說一切有部苾芻尼毘奈耶』(16)(서울 : 동국대학교역경원, 2004), pp. 421~423 : "突入王宮學處." 관정灌頂 : 계戒를 받거나 일정한 지위에 오른 수도자의 정수리에 물이나 향수를 뿌리는 의식. 찰제리족 : 서인도의 아반티국의 한 부족.

2) 『한글대장경 續高僧傳』(2/17)(서울 : 동국대학교역경원, 2002), p. 293.

3) 知訥, 「誡初心學人文」, 『初發心自警文』(서울 : 여레, 2002), p. 16 : "蛇飮水成毒 牛飮水成乳"

1. 서론

이 책에서는 밑으로부터von unten 인간이 신을 창조했다고 믿는 헬레니즘Hellenism과 위로부터von oben 신이 인간을 창조했다고 믿는 유다이즘Judaism의 어느 편에 서서 옳고 그름을 논의할 자리는 아니다. 그러나 그 어느 쪽이든 인간과 신의 관계, 또 그로 말미암아 발생한 종교의 문제는 인류 역사의 중요한 논쟁을 이루었다.

종교에 관한 논의는 신학을 전공하지 않은 독자에게는 지루함을 느끼게 해줄 것이며, 신학을 전공하는 이에게는 독단적이고도 피상적인 느낌을 주겠지만, 이 논의를 빗겨 갈 수 없다.[4] 마셜Alfred Marshall의 고백처럼, 세계의 역사를 구성하고 있는 두 개의 거대한 요소가 있는데, 하나는 종교이고 다른 하나는 경제이다.[5] 따라서 이를 빗겨 갈 인문과학이나 사회과학은 존재할 수 없다.

이 문제에서 신학적인 논쟁을 잠시 접어두고, 헬레니즘적 인문학의 입장에서 종교를 살펴본다면, 우리는 하나의 원초적인 질문에 부딪히게 된다. 그것은 다름 아니라, "인간은 왜 신을 창조했는가?" 또는 그 말이 불경不敬하게 들린다면, 말을 바꿔서, "인간은 왜 신에게 의탁하는가?"라고 하는 질문이다. 이에 관한 대답으로서는 다음과 같은 점이 지적될 수 있을 것이다.

(1) 인간의 원죄 의식과 거기에서 벗어나고자 하는 의지의 표현
(2) 대자연 앞에서 인간의 무력함과 망연자실한 현실에 대한 의지처의 모색
(3) 신탁神託이라는 이름으로 자신의 언행에 권위를 심으려는 예언자의 의지
(4) 인간의 지혜로써 알 수 없는[不可知] 현상에 관한 답안의 모색
(5) 질병·고통·불운에 관한 두려움으로부터 해방되고 싶은 욕구의 표현
(6) 감사와 보은報恩과 소망의 표현 대상
(7) 죽음의 공포로 벗어날 수 있는 해답의 갈망

인간의 이와 같은 속성과 그 종교적 모티브를 가장 예리하게 주목한 무리는

---

4) Max Weber, *The Protestant Ethic and the Spirit of Capitalism*(New York : Charles Scribner's Sons, 1958), p. 98.

5) Alfred Marshall, *Principles of Economics*(New York : St Martin's Press, 1959), p. 1.

통치자였다. 그들은 인간의 종교적 심성을 이용하여 통치를 더욱 편의롭게 할 수 있다는 사실에 착안하여 정치에 종교를 도입하는 문제에 몰두했다. 자신의 권위를 종교적 신성으로 포장할 수 있다면, 이보다 더 확실한 보호구는 없을 것이다. 다스림을 쉽게 할 방법이 있다면, 통치자는 그 방법을 마다할 이유가 없다. 그래서 통치와 종교의 유착이 이뤄졌다.

종교인의 처지에서 보더라도 권력에 관한 유혹을 끊기가 어려웠다. 동서고금의 많은 종교의 창시자가 그 유혹을 경계했다. 석가모니는 "비구가 왕실의 문지방을 넘으면 죄"[6]라 했고, 예수는 "황제의 것은 황제에게로, 하느님의 것은 하느님에게로"[7]라고 가르쳤음에도 종교인은 권력에서 자유롭지 않았다.

왜냐하면 신학상으로도 권력과 종교의 분리에 반대하는 해석은 얼마든지 가능했기 때문이었다. 이를테면, "너희는 세상의 소금이요 빛이라."[8]는 가르침은, 종교인이 세속에 눈길을 돌릴 충분한 논거를 제공했다. 이런 점에서 역사적으로 아무리 교정분리敎政分離를 주장한다고 하더라도 그것은 무의미한 일이다.

불교가 정치를 어떻게 인식했고, 또 정치는 불교를 어떻게 이용하려 했는지의 문제는 더 복잡하다. 얼핏 보아 불교가 주는 의미나 인상은 세속으로부터 일정한 거리감이 있다. 그들은 산중에 은일隱逸함을 추구함으로써 세속을 잊은 듯했다. 그들은 끝없이 무욕無慾을 강조했고, 선禪이 갖는 미덕을 칭송하는 과정에서 세속과 인연을 끊는 것을 미덕으로 삼았다. 그들에게는 부모와 자식 사이의 혈연도 번뇌의 근원이었다. 그들은 강렬한 내세관으로써 현실의 이러저러한 문제들을 잊거나 참도록 강조했다.

그러나 그와 같은 탈속에도 아랑곳하지 않고, 신라사로부터 고려에 이르는 역사는 불교라는 주제어keyword가 아니고서는 설명이나 해석이 불가능하며, 조선왕조의 창업을 둘러싼 논변으로부터 호국 사상을 거쳐 민족운동사에 이르기까지, 불교가 아니고서는 한국사의 설명이 어렵다. 불교가 비정치적이라고 말하는 것은 옳지 않다.[9] 불교는 그들의 탈속脫俗의 논리와는 다르게, 탈脫정치적 depolitical[10]이지 않았다. 특히 교종敎宗의 종지宗旨에 들어가면 그들은 대승大乘

---

6) 이 장 각주 1번 참조.
7) 『신약성경』「마태오복음」 22 : 15~22.
8) 『신약성경』「마태오복음」 5 : 13~16.
9) 김영수, 『건국의 정치 : 여말선초, 혁명과 문명 전환』(서울 : 이학사, 2006), p. 685.

이라는 이름 아래 세속을 돌보지 않음을 부덕하게 생각하고 있다.

범위를 좁혀 고려의 불교를 논의할 때, 1세기를 시차로 하여 고려의 정신 세계를 지배했던 천태종天台宗의 대각국사大覺國師 의천義天과 선종禪宗의 보조국사普照國師 지눌知訥, 그리고 그들과 같은 시대를 살며 종교와 정치의 사이를 오고간 밀교密敎의 묘청妙淸은, 그들이 의도적으로 정치에 관여했든 아니면 스스로 정치에서 멀어지려고 했든, 고려 정치사에 깊은 발자국을 남겼다. 그들의 관계는 서로 보완적이었다.

2. 팔관회·연등회

고려시대에 "국교"國敎라는 용어가 없었음에도, 이 용어를 쓰는 것이 적절한지는 논란의 여지가 있지만, 당시 왕실의 불교 정책을 종합해 보면 고려는 불교를 국교로 여겼다고 보아도 크게 틀리지 않을 것이다. 왕건王建이 「훈요십조」訓要十條 제1조에서, "우리 나라의 대업은 반드시 불교의 호위하는 힘을 입는 것이다."[11] 라고 명시했을 때부터 고려 불교의 융성은 기약되어 있었다.

그뿐만 아니라 국법에 따르면, 궁녀가 임금을 모시어 아들을 두게 되면 머리를 깎아 승려를 삼는데 이를 소군小君이라 불렀다.[12] 이와 같은 정황으로 볼 때 고려 전기의 불교는 궁정 불교였다. 여염에서는 양경兩京과 동남의 주·부·군·현에 한 집에 세 아들을 가진 무리는 아들 하나가 나이 15세가 되면 머리를 깎고 중이 되는 것을 허락하도록 했다.[13] 이와 같은 조치는 승려가 대량 배출되는 계기를 마련해 주었다.

불교의 예식은 잦고 화려했다. 우선 해마다 봄·가을로 대궐의 회경전會慶殿에서 1백 명의 법사를 초청해 대장경을 강독하는 법회 등의 도량불사道場佛事를 베풀었으며, 3년에 한 번씩 인왕반야백고좌법회仁王般若百高座法會를 열 때는 승려

10) Harold D. Lasswell, *Power and Society : A Framework for Political Inquiring*(New Haven : Yale University, 1950), pp. 145~146.

11) 『高麗史』 世家 太祖 26년 4월.

12) 『高麗史』 世家 元宗 6년 4월 기미.

13) 『高麗史』 世家 文宗 13년 8월 정해.

3만 명으로 통상적인 법식法式을 삼았는데, 여러 종파의 교의를 논의하면서 이를 따르지 않음이 없었다.[14)]

이 법회는 고려시대만의 행사가 아니라 이미 신라시대부터 내려오던 불교 행사였다. 이 법회는 조정에서 나라를 보호하고자 전국에서 고승을 선발하여 1백 개의 높은 자리를 만들고 법사가 『인왕호국반야바라밀경』仁王護國般若波羅蜜經을 강의하고 찬양하게 했던 법회를 말한다. 이에 관해서는 석가모니께서 일찍이 바사익왕波斯匿王 등 14국의 왕을 가르칠 때 지시한 바 있었다.[15)]

밀교密教의 소의경전인 그 불경은, 석가모니가 열국의 왕들에게 호국안민護國安民을 설법한 내용을 담고 있어, 국가주의적 호소력이 강렬하다. 인왕백고좌도량의 법회가 열리면, 석가모니의 가르침에 따라서 법사들이 각각 높이 사자좌師子座에 자리 잡고 불경을 강의할 때는 사자좌 앞에 백 개의 등불을 밝히고, 백 가지 향을 태우고, 백 가지 색깔의 꽃을 뿌려 삼보三寶[佛寶·法寶·僧寶]를 공양했다.

도량은 차츰 한 해 걸러 10월에 3일에 걸쳐 열리는 정기적인 행사가 되었는데, 의종毅宗 11년(1157) 10월 이후부터는 3년마다 열리게 되었다. 몽골의 침입으로 강화로 천도하고 있었던 고종高宗과 원종元宗 때에도 3년제의 인왕백고좌도량은 계속 준수하여 국난을 극복하려는 고려 사람들의 믿음을 깊게 했다.[16)]

고려왕조의 숭불 정책은 개국 초기만의 정책이 아니어서, 중·후기에도 식지 않고 이어졌다. 이것은 중세 유럽의 군주들이 저들의 영토에 대한 통치권을 교황과 나눠 가졌을 때보다 그들의 영토 안에 있는 교회들이 민족적인 색채를 띨 때, 더 지배하기 쉬우며, 따라서 강력하게 통치할 수 있다는 것을 깨닫게 되었던 사실[17)]과 그 성격을 같이하고 있다.

고려왕조가 불교를 어떻게 인식하고 있었던가를 가장 잘 보여주는 것은 의종 22년(1168)에 발표된 다음과 같은 왕의 교서이다. 그 내용을 보면,

(1) 음양 이치를 받들어 이에 순응해야 한다.[奉順陰陽]

---

14) 『大覺國師文集』(1) 序 圓宗文類를 新集한 서문.

15) 이에 관한 자세한 논의는, 이 책 제6장 「초기 불교」, pp. 217~219를 참조할 것.

16) 안계현, 『한국불교사연구』(서울 : 동화출판공사, 1982), p. 200.

17) Bertrand Russell, *The History of Western Philosophy*(New York : A Touchstone Book, 1972), p. xx.

(2) 불교 행사를 존중해야 한다.[崇重佛事]

(3) 승려를 존경해야 한다.[歸敬沙門]

(4) 불교의 삼보三寶를 보호해야 한다.[保護三寶]

(5) 선교仙教를 준수하고 숭상해야 한다.[遵尙仙風]

(6) 백성을 보살펴야 한다.[救恤民物][18]

이와 같은 불교 시책이 현실로 나타난 것 가운데 하나가 곧 연등회燃燈會였다. 본디 연등이라 함은 부처를 공양하는 방법의 하나로, 등을 달고 밝게 불을 켬으로써 번뇌와 무지로 가득히 찬 어두운 세계를 밝게 비추고 부처의 공덕을 기리어 칭송하는 것이다. 석가모니께서도 "등을 공양하면 얻는 바가 한량없다."[19]고 가르치면서, "대왕이여, 내가 항상 말하는 모든 중생은 삼계(慾界·色界·無色界)의 어둠[無明]만 끊는다면 곧 이름을 부처라 부를 수 있느니라."[20]고 말씀했다.

인간은 원초적으로 어둠을 두려워하며, 그것에서 벗어나고 싶은 것은 원시로부터 지금에 이르기까지 변함없는 소망이다. 따라서 부처께서 살아 계실 적부터 등불은 부처에 대한 지극한 공양의 표시로 여겼고, 부처는 "등이란 광대한 마음을 일으킨 사람이 보시한 물건"이라 칭송하여 난타難陀에게 등광불燈光佛이라는 칭호를 내린 바도 있었다.[21]

그러한 소망의 밑바닥에는 광명이 곧 지혜요 어둠은 무지와 망상이라는 인식이 깔려 있다. 불자들은 등을 켜고 자기의 마음을 밝게 하는 동시에 불덕을 찬양하고 나아가서 대자대비하신 부처님을 더욱 즐겁게 해드리는 마음을 가지고자 했다.[22]

연등의 시기는 태조 때부터 매년 정월 15일에 거행하다가 현종顯宗 때 2월 15일로 바뀌었고, 의종 때 다시 정월 15일로 되돌렸다. 이날은 나라 안이 모두 쉬었다.[23] 행사는 5일 동안 계속되었다. 연등의 시기에 왕실에서는 대궐 안에 많은

18) 『高麗史』 世家 毅宗 22년 3월 무자일.

19) 『妙法蓮華經』(7) 藥王菩薩本事品(23) : "種種之燈 …… 供養 所得功德 亦復無量"

20) 이월광(편), 『仁王護國波羅密多經』(서울 : 경성문화사, 1982), p. 168 : 第三 菩薩行品 : "斷三界無明盡者 卽名爲佛"

21) 『釋氏源流應化事蹟』(2)(서울 : 法寶院, 2006), pp. 70~71 : 燃燈不滅.

22) 안계현, 『한국불교사상사연구』(서울 : 동국대학교출판부, 1983), p. 223.

23) 『高麗史』 志 刑法 官吏給暇.

등롱을 밝히고 국가의 안녕과 왕가의 평안을 빌었다. 이를테면, 정종靖宗 4년(1038) 2월 연등회 때 왕이 봉은사奉恩寺로 가서 예불하고 그곳에 모셔 있는 태조의 진영眞影을 알현하였는데, 연등하는 밤에는 반드시 친히 영전影殿에 향을 바치는 것이 중요한 행사의 하나였다.[24] 봉은사는 일찍이 광종 2년(951)에 태조의 원당願堂으로 세운 것이었다.[25]

이날 왕가에서는 술과 차와 떡과 과일을 베풀며 군신이 가무를 함께 즐기고 향읍에서는 관민이 함께 어울렸다.[26] 문종 27년(1073)의 연등회에서는 진경眞卿 등 13인의 여신도들이 답사행가무踏沙行歌舞를 추었고, 국왕이 중광전重光殿에 나아가 가무를 관람하였는데 여신도 초영楚英이 모대가무母隊歌舞를 추었다.[27] 부처에 대한 공양이라는 연등회의 본디 성격은 건국 시조 태조에 대한 배례라는 국가적이며 정치적인 의미를 아울러 지니고 있었다.

그러므로 연등회는 본질적으로 부처의 공덕에 대한 찬양과 어둠에서 벗어남을 뜻하는 것이었지만, 왕실은 부처에 대한 찬양을 왕실에 대한 찬양으로 세속화함으로써 결과적으로 민중의 정서를 왕실에 대한 흠숭欽崇으로 바꾸고자 했다. 이런 것이야말로 정치의 종교화이며 종교의 정치화 현상이었다.

민간 불교 행사로서 고려를 지탱한 또 다른 모습은 팔관회八關會에 잘 나타나고 있다. 이 의식은 인도에서 시작하였는데, 석가모니가 살아 계실 적부터 불교도들은 보름에 한 번씩 자신의 허물을 뉘우치는 법회를 가졌다. 이를 포살布薩, Uposatha이라고 불렀는데 초기 불교의 중요한 법회 가운데 하나였다.[28] 기독교의 십계명十誡命에서 보듯이, 어느 종교에나 금기의 계명은 있었다. 중국에서는 무차법회無遮法會라는 이름으로 개설되었다. 팔관이라 함은 불자가 거쳐야 할 여덟 개의 관문(금기)으로서,

(1) 중생을 죽이지 말라.

---

24) 『高麗史』 世家 靖宗 4년 2월.

25) 『高麗史』 世家 光宗 2년.

26) 김득황, 『한국종교사』(서울 : 해문사, 1978), pp. 150~151; 하기락, 『조선철학사』(서울 : 형설출판사, 1996), p. 522; 안계현, 「불교 행사의 성행」, 국사편찬위원회(편), 『한국사』(6)(서울 : 탐구당, 1975), p. 126.

27) 『高麗史』 志 樂 用俗樂節度.

28) 정병조, 「불교사상사」, 『한국종교사상사』(서울 : 연세대학교출판부, 1996), p. 22.

(2) 훔치지 말라.
(3) 음행하지 말라.
(4) 거짓말을 하지 말라.
(5) 술 먹지 말라.
(6) 꽃다발 쓰거나 향 바르고 노래하고 풍류를 즐기지 말며 구경하지 말라.
(7) 높고 넓고 크게 잘 꾸민 평상에 앉지 말라.
(8) 때가 아닌 때에 먹지 말라.[29]

를 의미한다. 이러한 8계를 늘 지키기는 어려우므로 한 달에 6일(8, 14, 15, 23, 24, 30일)만 이를 지킨다.[30]

팔관회는 이미 신라 불교의 뿌리를 이루고 있었던 것이 고려에 계승된 것이다.[31] 팔관회는 물자의 낭비와 오랜 축제 기간 때문에 폐해를 유발한다는 최승로崔承老의 진언에 따라, 성종 6년(987)에는 한때 법으로 금지하는 조치까지 단행한 적이 있었다.[32] 그러다가 현종 1년(1010)에는 최항崔沆의 의견을 좇아 다시금 팔관회가 열리게 되었고,[33] 의종 시대에 이르러 팔관회를 다시 부활했는데,[34] 아마도 이는 거란의 침입 이후 흐트러진 민심을 수습하고 왕실을 중심으로 단합을 도모했던 것으로 보인다.

팔관회가 열리는 11월 15일 전후 3일 동안 관리들은 쉬었다.[35] 문종 시대에는 이날 왕이 신봉루神鳳樓에 나아가 악무를 관람하였는데, 여신도 초영이 새로 전래한 포구악抛毬樂과 구장기별기九張機別技를 연주했다.[36] 포구악은 제자가 13명이고, 구장기는 제자가 10명이었다.[37]

고려의 팔관회는 의식에 그치지 않고 천신·산신·수신·용신 등 여러 토속 신에 대한 제사도 아울러 치렀다. 국가를 위하여 전사한 장병들의 명복을 비는 의미

---

29) http : //www.tripitaka.or.kr/동국역경원, 『불교사전』(2011. 1. 20.).
30) 『불교학개론』(서울 : 동국대학교출판부, 1991), p. 139.
31) 팔관회의 초기 형태에 관한 논의는, 이 책 제6장 「초기 불교」, pp. 232 참조.
32) 『高麗史』 成宗 6년 겨울 10월조.
33) 『高麗史』 顯宗 1년 11월 경인일.
34) 『高麗史』 毅宗 20년 11월 癸丑일; 22년 3월 무자일.
35) 『高麗史』 志 刑法 官吏給暇.
36) 『高麗史』 文宗 27년 11월 신해일,
37) 『高麗史』 志 樂 用俗樂節度.

에서 지신과 수신을 즐겁게 하였을 뿐만 아니라, 가을걷이 때 천신에게 감사를 드리는 등의 종합적인 종교 행사였으며 문화제였다.[38] 통치자가 종교적 자비로 무장하거나 이를 강조하는 것은, 진정한 의미의 인仁이나 자비뿐만 아니라 긴 안목으로 본 통치의 편의를 위한 것일 수 있었다.

3. 천태天台와 돈오頓悟의 세계 : 의천義天과 지눌知訥

1) 지의智顗

종교란 가슴으로 다가오는 것인지 아니면 머리로 이해하는 것인지의 문제는 그리 쉽게 대답할 것이 아니다. 쉽게 생각하여 종교란 가슴에 와 닿는 것이라고 말할 수도 있지만, 종교를 머리(이성)로 설명할 수 없을 때의 위험에 관한 선학들의 경고도 또한 적지 않다. 이를테면 성인이 문자와 언어 등을 거쳐 진리의 세계에 이르게 하는 방법으로서의 교敎와 가슴으로 느끼는 선禪의 경지는, 어느 쪽의 옳고 그름의 문제가 아니라 불법을 바라보는 견해의 차이일 뿐이다.

앞서(제8장) 살펴본 바와 같이, 나말여초의 시기에 선풍禪風이 지나간 뒤, 그에 대한 반사작용으로, 고려의 불교는 교종으로 기우는 듯한 풍조를 보였는데, 그 중심에는 대각국사大覺國師 의천義天을 중심으로 일어난 천태종天台宗이 있었다. 천태종은 법화종法華宗이라고도 하는데, 이는 그 종파가 『묘법연화경』妙法蓮華經, 곧 『법화경』을 믿음의 경전으로 삼고 있기 때문이다. 이 종파는 인도에서 전승한 것이 아니라 중국의 지의智顗(538~597)가 창도한 것이다.

지의는 진陳·수隋 시대의 사람으로서, 양梁나라 영천潁川에서 태어났다. 속성은 진陳씨였는데, 아버지는 산기장군散騎將軍으로서 무인의 집안이었다. 자신의 고백 속에 "어려서 가족과 헤어졌다."는 기록이 있는 것으로 보아, 전란 가운데 부모를 여읜 것으로 보인다. 그는 18세에 출가하였는데, 처음 모신 스승은 과원사果願寺의 법서法緖 스님이었다.

---

38) 안계현, 「불교 행사의 성행」, p. 123.

지의는 참선하다가 꿈속에서 본 선경을 찾아가 보니, 그곳이 천태산天台山이었다. 그는 그곳에서 정광定光 스님을 만나 크게 깨달으니, 그때가 나이 37세(575)였다. 젊은 나이에 "동진東晉 시대의 고승 도안道安이나 혜원慧遠과 짝을 이룰 만하다."는 칭송을 들었으며, 진왕晉王(뒷날의 수 양제)으로부터 일곱 번 부름을 받고 왕에게 나아가 『인왕경』仁王經과 『지도론』智道論을 설법했다. 그는 왕으로부터 국사國師가 되어달라는 부탁을 받고 이에 부응하여 네 가지를 청했다.

(1) 나는 소문보다 더 나쁜 사람이니 내게 선법을 배우겠다고 기대하지 말고,
(2) 나는 공부가 부족하니 법도를 지키지 못함을 책망하지 말고,
(3) 계율에 관한 나의 거취가 가볍더라도 싫어하지 말며,
(4) 내가 마음대로 먹고 마실 것을 허락해 달라.

왕이 이를 허락하자 전사專師가 되어 보살계를 베풀고 지자대사智者大師의 칭호를 받았다. 그는 『유마경소』維摩經疏, 『법화소』法華疏, 『지관문』止觀門, 『수선법』修禪法, 『정명소』淨名疏 등 37권의 저술을 남겼는데, 수양제는 이들을 모두 인각印刻하여 배포했다. 그에게서 직접 불법을 배운 제자가 32명이었고, 선禪을 익힌 제자는 헤아릴 수 없다.[39]

불교가 융성하던 시대에 왕실의 후원을 받으며 성장한 지의는 가까이서 정치의 현실을 바라보았고, 실천과 경험이 없는 불교는 의미가 없다는 것을 깨달은 뒤, 초지식적 불교superintellectualized Buddhism를 비판하며 불교를 실천 종교의 영역으로 되돌려 놓았다.

지의는 이론적 기초도 없이 수행에 몰두하는 소승불교에 비판적이었다. 그는 "지혜로운 눈과 실천적 다리 그리고 이론과 실천을 함께 할" 교관겸수敎觀兼修의 명제를 내세우며 실천 없는 지혜의 허약함과 지혜의 눈을 갖지 못한 종교적 의식의 위험성을 경계했다.[40]

고구려 사람으로 천태종에 먼저 눈을 뜬 승려는 파야波若였다. 그는 영양왕嬰陽王 7년(596) 수나라에 가서 지의에게 교상敎相과 관심觀心을 받았다. 교상이라

39) 지자대사 지의의 행적은 『한글대장경 續高僧傳(2/17)』, pp. 280~300 참고.

40) Zenryu Tsukamoto, "Buddhism in China and Korea," Kenneth W. Morgan(ed.), *The Path of the Buddha*(New York : The Ronald Press Co., 1956), pp. 198~202.

함은 석가모니 일대의 교설을 자기 종파의 입장에서 분류한 이론적 교리 조직이요, 관심은 자기 종파가 내세운 진리를 관념하는 것으로 그 주장에 따라 실천하는 수행이다. 그는 대승大乘을 구현하라는 지의의 지시에 따라 불롱상사佛隴上寺에 들어가 16년 동안 산문을 나오지 않은 채 수도에 정진했다. 그러나 그는 수나라에 귀화하여 고구려로 귀국하지 않았으므로, 그가 고구려에 천태종을 전교했다고 볼 수는 없다.[41]

고려시대에 들어오면, 광종光宗은 12년(961)에 제관諦觀에게 불경을 가지고 오월吳越로 가게 했다. 이는 중국에서 천태의 맥이 끊어지자 고려에서 이를 다시 수출한 것이다. 제관은 의적義寂의 문하에 들어가 10여 년을 머물며 『천태사교의』天台四敎儀를 저술하였는데, 이는 천태종의 기본 교리서로서 중국과 일본에서 천태종 입문의 교과서가 되었다.[42]

이 무렵에 고구려의 중 의통義通(927~988)도 오월에 건너가(947) 중국 천태종의 제13대 교조가 되었다. 외국인을 교조로 삼은 일이 거의 없는 중국 불교계에서 의통이 교조가 되었다는 것은 그의 역량과 활동이 대단히 컸음을 의미한다.[43]

2) 대각국사 의천

고려의 천태종을 일으킨 인물은 대각국사 의천義天(1055~1101)이었다. 본명이 후煦인 그는 문종의 넷째 아들로서 자字가 의천인데 송나라 황제와 이름이 같으므로 그것을 피휘避諱하여 자로 행세했다.[44] 부왕 문종이 세운 개풍開豊의 흥왕사興王寺의 주지였던 그는 현수賢首의 교관敎觀으로부터 돈교頓敎·점교漸敎와 대·소승大小乘의 경經·율律·논論·장章·소疏에 이르기까지 탐구하지 않은 것이 없었으며, 틈틈이 불교 이의의 학문에도 힘을 써서 견문을 넓혔다.

의천은 공자와 노자로부터 자子·사史·집集·록錄과 제자백가의 학설에 이르기까지 청화菁華(알맹이)를 일찍이 익혀 뿌리를 찾아내지 않음이 없이 의론이 종횡무진하고 설명함이 무궁하여 어떠한 고승이나 대학자도 그를 따를 수 없어 그

41) 『한글대장경 續高僧傳(2/17)』, pp. 314~315 : 「波若」전; 『三國遺事』(5) 避隱(8) 惠現求靜.
42) 이능화, 『조선불교통사』(3)(서울 : 동국대학교출판부, 2010), pp. 109, 179.
43) 최병헌, 「천태종의 성립」, 『한국사』(6)(서울 : 탐구당, 1975), pp. 73~74.
44) 『星湖僿說』(18) 經史門 僧統義天.

명성이 널리 퍼져 당대 법문의 종장宗匠으로 일컬어졌다. 그의 높은 자질에 관하여 유성법사有誠法師가 탄식하여 말하기를, “말이 부드럽고 친절하여 중관重關(깨달음의 어려움)을 잘 열어 주니, 법왕法王의 참된 아들이 아니면 곧 의상義湘의 후신後身”[45]이라 했다.

의천은 송나라에 들어가 불법을 배우고 싶은 꿈을 가지고 있었다. 그래서 그는 부왕에게 이렇게 아뢰었다.

> 가만히 생각하건대, 신라의 원광圓光이 당나라에 법을 얻어 주장자를 떨쳤고, 의상조사가 배를 띄워 화엄의 큰 법을 실어 온 지 4백여 년이 지나고 이제 맑은 교풍이 끊어진 뒤 높은 자취를 좇는 이가 없습니다. …… 비록 잠깐이나마 충성과 효도에 위배되지만. 바라건대 나라에 도움이 있을까 하옵니다.[46]

왕은 의천의 이와 같은 소망을 허락하지 않았다. 왕이 그를 만류한 것은 고려의 왕자가 송나라로 들어갔다는 것을 거란이 알게 되면 삼국 사이가 서로 미묘한 때 공연한 풍파를 일으키지나 않을지 염려했기 때문이었다.[47] 그러나 의천은 선종宣宗 2년(1085) 4월에 왕과 태후에게 올리는 글을 남긴 채 제자인 수개壽介를 데리고 미복微服으로 개경을 떠나 정주貞州에 이르러 배를 타고 송으로 갔다.

의천은 송나라에 이르러 석전釋典과 경서 1천 권을 바쳤으며, 또 흥왕사에 교장도감敎藏都監을 둘 것을 아뢰고 서적을 요遼와 송宋에서 사오게 하여 그 숫자가 4천 권에 이르렀다.[48] 의천은 송나라에 머물며 수도에만 힘쓰지 않고 여러 곳을 탐방하며 견문을 쌓았고, 명사들과 교류를 넓혀 소식蘇軾과도 친교했다.[49] 그가 송나라 관료들과 교류한 경험은 귀국한 뒤에 왕권 강화를 통한 정치 개혁에 도움이 되었다. 그가 교류한 포종맹浦宗孟은 왕안석王安石의 개혁에 깊이 관련된 사람이었다.[50]

---

45) 『大覺國師外集』(12) 碑銘(1) 高麗國五冠山大華嚴靈通寺贈諡大覺國師碑銘幷序.

46) 『大覺國師文集』(5) 表(1) 송나라에 들어가 佛法 구하기를 청하는 표.

47) 조명기, 「의천」, 『한국인물사』(2)(서울 : 양우당, 1983), p. 98.

48) 『大覺國師外集』(12) 碑銘(1) 高麗國五冠山大華嚴靈通寺贈諡大覺國師碑銘幷序; 『高麗史』 列傳 宗室 文宗.

49) 『大覺國師外集』(11) 詩(2) 楊傑을 전송하는 시 : 蘇軾述.

50) 朴鎔辰, 『대각국사 의천 연구』(국민대학교 박사학위논문, 2004), p. 37.

의천은 송나라 황제가 내린 부왕의 초상화와 부처님의 사리와 55인 선지식善知識의 화상과 『화엄대부사의론』華嚴大不思議論 등 여러 종파의 불경 3천여 권을 가지고 선종 8년(1086) 12일에 국경에 이르렀다.[51] 귀국한 그는 지자대사를 존숭하는 별도의 종가宗家를 세웠는데, 이때 선종 승려 가운데 그를 따라 천태종으로 옮긴 스님이 열에 예닐곱이 되었다.

이에 원응圓應국사는 조상의 도道가 무너짐을 슬프게 여겨 확고한 결심으로 외롭게 서서 몸을 바쳐 선종을 지켰다. 대각국사가 그에게 사람을 보내어 여러 번 권유하였으나 끝내 그의 명령을 받아들이지 않고 ○봉사○峯寺에서 생애를 마쳤다.[52] 숙종肅宗 원년(1097) 여름 5월 의천은 국청사에 주지로 있으며 처음으로 천태교를 강론했다. 이 천태교는 옛날에 이미 고려에 전승해 왔으나 중간에 몰락한 것을 그가 중흥한 것이다.[53]

이 당시 의천에게는 두 가지 고민이 있었다. 하나는 이때 풍미하고 있던 선종으로부터 화엄종을 중흥하는 것이었다. 선종에 관한 고민은 그 시대의 보편적 풍조였다. 신라 말기부터 선종이 새로 대두하며 화엄종을 비판·공격하자 화엄종 측에서도 이에 대처하고자 교리를 강화하지 않을 수 없었으며, 그러한 시대적인 요구는 균여均如에게 화엄학의 저서에 관한 본격적인 재검토를 하게 했다.

화엄학은 지극히 이론적이며 철학적인 측면이 강렬한 것과 달리, 실천 수행의 측면을 결여했다고 의천은 생각했다. 따라서 의천은 교敎에 치중하고 관觀이 결여된 균여 이래의 고려 화엄학의 모순을 극복하는 방법으로서의 교관敎觀을 병수幷修해야 한다고 주장했다.[54] 의천은 불교 안에서 교·선 양종이 서로 반목하는 것을 크게 개탄하여 불법의 교리도 알아야 하지만, 내관內觀도 겸수해야 된다는 것으로서 교敎와 선禪을 함께 닦아야만 한다는 것이었다.[55]

그러나 의천이 주목한 것은 교학이었다. 그가 생각하기에 교리를 배우는 사람들은 마음을 버리고 밖에서 찾는 이가 많고 선종을 익히는 사람은 일체의 인연

---

51) 『大覺國師文集』(8) 表(4) 귀국하여 사죄하는 표.

52) 「靑道雲門寺 圓應國師碑」, 『朝鮮金石總覽』(상), p. 349 : "大覺國師 西游於宋 傳華嚴義 兼學天台敎觀 以哲宗 元祐 元年 丙寅○尊崇智者 別立宗家 于時蘖林衲子 傾屬台宗者十六七 師哀祖道凋落 介然孤立 以身任之 大覺使人頻輸 而卒不受命 乃○○○○山○峯寺 ○終焉之○"

53) 『大覺國師外集』(12) 碑銘(1) 高麗國五冠山大華嚴靈通寺贈諡大覺國師碑銘幷序.

54) 崔柄憲, 「大覺國師 義天의 華嚴思想 연구」, 『韓國史學』(11)(한국정신문화연구원, 1990), p. 144.

55) 김득황, 『한국종교사』(서울 : 해문사, 1978), pp. 172~173.

을 잊고 안으로만 밝히기 좋아하니 그것은 모두 치우친 고집이며 두 가지 극단에 함께 막힌 것으로서, 마치 있지도 않은 토끼 뿔의 길고 짧음을 다투고, 헛보이는 꽃[空花]의 짙고 옅음을 두고 싸우는 것과 같았다.[56] 그로서는 선종이 마땅치 않았다.

그래서 의천은 혜능慧能의 『육조단경』六祖壇經과 선가禪家의 『전등록』傳燈錄의 시초라고 할 지거智炬의 『보림전』寶林傳을 모두 불태워 버렸다.[57] 교종을 선호했던 의천은 선종이 지나치게 이기적이라고 생각했을 것이다. 의천이 고민한 것은 선을 이해한다는 이름으로 경전의 기초를 무시해 버리는 수행자들의 자세였다. 후학들은 당시 의천의 심경을 이렇게 피력했다.

> 부처님이 가신 지 오래 되자 법이 잇따라 해이해지니, 세상에서 일컫는 명사라는 이들이 마음은 명예에만 치닫고, 지혜는 이익에 어두우며, 학문은 더욱 천박하여 전적을 섭렵하지만 문구를 찢어 발기고 입으로만 떠들썩하게 하는 것을 스스로 좋아하니, 후세 사람들은 그 그릇된 것을 답습하여 돌이킬 수 없다. 국사가 이에 습속의 어리고 닫힘과 도덕의 침체를 근심한 나머지 격앙하고 분발하여 도를 밝히고 어리고 닫힘을 찾는 것을 자신의 임무로 삼았다. 이단[曲學]을 몰아내고 오묘한 진리[妙蘊]를 보이며, 깊숙이 가려진 것을 드러내고 나태함을 붙들어 일으키며 ……[58]

의천이 그토록 선종에 부정적이었던 데에는 그럴 만한 동기가 있었다. 신라 말에 선종이 들어와 교종 세력을 누르며 고려 중엽까지 내려오며 교종의 각 지파에서는 선종을 좌도左道(異端)라 중상하였고, 이와 달리 선종의 산문山門에서는 교종을 불법의 진체眞諦를 모르는 도道라고 비난하여, 교·선이 화목하지 않았다.

그러다가 교종의 의천이 나오고 선종에 지눌知訥이 나타나며 교·선 양종은 종래의 고집을 지양하고 서로 접근할 수 있었다. 의천은 같은 불교 안에서 교·선 양종이 서로 반목하는 것을 크게 개탄하여 교관을 겸수해야 한다고 주장했다. 그는 이 대목을 다음과 같이 설명하고 있다.

---

56) 『大覺國師文集』(3) 圓覺經을 講하면서(2).

57) 박종홍, 『韓國思想史』(서울 : 서문당, 1972), p. 150.

58) 『大覺國師外集』(12) 碑銘(1) "高麗國五冠山大華嚴靈通寺贈謚大覺國師碑銘幷序"

화엄을 배우지 않으면 원융圓融한 문에 들어가기 어려우니, 진실로 얕은 것으로는 깊은 데 이를 수 없지만 깊은 것은 반드시 얕음을 겸할 수 있는 이치가 당연하다. 그러므로 경전의 게송偈頌에 이르기를 "못물이나 강물을 마실 힘이 없다면 어떻게 큰 바다의 물을 삼킬 수 있으며, 이승二乘의 법도 익히지 못하고 어떻게 대승을 배울 수 있으랴." 하였으니, 이 말을 실로 믿을 수 있다.

대체로 헤아려 보건대 불제자라면 이승도 오히려 익혀야 하는데 하물며 대승이겠는가? 근세에 불법을 배우는 이들이 스스로 말하기를 "별안간 깨달았다 하여 정상적 과정이자 방편인 권교權敎와 소승을 업신여기며 성종性宗과 상종相宗을 말하는 데 이르러서는 자주 사람들에게 웃음거리가 되는 것을 다 아울러 배우지 못한 데 말미암은 과실이다.[59]

화엄학에 관한 의천의 생각은 원효元曉로 돌아가고 싶은 것이었다. 그는 송나라에 갈 때도 원효의 저술을 지참했을 정도로 그를 경모했다.[60] 그가 원효를 얼마나 존숭했는가는 다음의 글에 잘 나타나 있다.

티끌 세상에 비록 함께 하지만, 참된 면목面目은 때 묻히지 않고, 범부 속에 비록 함께 부응하지만 그 본체를 변화하지 않으며, 그 이름은 중국과 서역에까지 떨쳤었고, 그 자비의 교화는 저승과 이승에까지 두루 미치셨으니, 불법의 교화를 도와 드날리신 업적은 진실로 어디에 비겨 의논할 수 없었다. 의천은 다행히 숙세와 인연이 있어 일찍이 불법을 사모하고, 선대 현철賢哲의 글을 다 살펴보았지만, (원효)성사의 위[右]를 지나는 이가 없었다.

더구나 원효대사는 은밀한 가르침의 말씀이 잘못 전해 옴을 가슴 아파하고, 지극한 도가 차츰 쇠퇴함을 애석하게 여기며 멀리 명산을 찾으면서, 잃어버린 저술을 찾고자 두루 다니다가 오늘에 계림鷄林의 보살님이 계시던 옛 절 분황사芬皇寺에서 다행히 생존해 계신 듯한 거룩한 모습을 보고 옛적 부처님께서 설법하시던 저 영취산靈鷲山 봉우리에서 처음 만나 뵈옵던 때를 그리워하며 공양을 드리며 두터운 자비를 빌었다.[61]

의천은 왜 원효를 그토록 존숭했을까? 그는 아마도 원효의 원융과 화쟁和諍을 마음에 두고 있었을 것이다. 그는 삼국전쟁 이후의 어지러운 신라 사회를 통섭

59) 『大覺國師文集』(1) 序 成唯識論單科를 刊定한 서문.

60) 『大覺國師文集』(11) 狀(3) 송나라 元炤律師에게 대답하는 편지.

61) 『大覺國師文集』(16) 祭文 芬皇寺 元曉聖師에 관한 제문.

하고자 했던 원효의 고민에서 자신의 시대적 고민에 관한 해답을 찾으려 했을 것이다. 그리고 그것은 대승적 교종의 문제이지 선종에서 답을 찾을 것은 아니라고 생각했다.

의천의 두 번째 관심사는 왕실의 강화였다. 그는 왕자의 몸으로서 왕실의 문제와 당시 국가 경영의 문제를 가까운 거리에서 목격하고 체험했다. 의천이 출가를 전후한 문종 시대에는 정국 운영에서 왕과 신료 사이의 대립으로 양상이 바뀌며 정책 결정에서 왕권의 안정이 중요 변수로 대두되었고, 이후 숙종 시대까지 의천은 문벌 귀족 체제에 맞서 왕권을 강화해야 한다는 사실을 실감했다.[62] 그는 왕정을 바라보며 불제자가 왕실을 위해 할 일을 하지 않을 경우에 벌어지는 손실을 다음과 같이 지적하고 있다.

> (불제자는 왕을 도와야 하는데), 그가 왕사王事를 돕지 않을 때 일어나는 다섯 가지의 손실[五失]이 있다.
>
> 첫째, (전해지지 않음)
>
> 둘째, 큰 스승이신 석존釋尊의 높은 법이 오늘에 이르도록 전승해 오기까지는 바로 역대의 고승대덕高僧大德이 왕자王者를 친근히 하여 크게 드날린 힘이니, 그 높은 덕행을 어떻게 사모하지 않을 수 있겠는가?
>
> 셋째, 무릇 승려된 무리가 만일 교문敎門의 사업을 부지런히 하여 임금이 불법을 보호하는 뜻에 맞추어 돕지 아니하고 지금의 말법末法이 이 세상에 오래 머물게 된다면 이럴 경우 다시 어떤 방법으로 신하된 도리를 할 것이며, 어떤 일을 선택하여 자기 마음대로 하려 한들 될 수 있겠는가?
>
> 넷째, 법회에 참석하여 용안龍顔을 가까이 하는 것은 백생百生에게 다행한 일이니 함께 참여하지 않음을 어떻게 옳다고 할 수 있겠는가?
>
> 다섯째, 도를 무겁게 여기고 목숨을 가벼이 하여 마음을 비우고 법을 찾으려는 사람이라면, 설령 역경의 처지나 법에 어긋난 인연[逆緣]을 만났더라도 오히려 도에 나아가야 할 것이어늘, 하물며 순탄한 경지나 법에 어긋남이 없는 경우이겠는가. 미혹된 중생심 그대로 맡겨 두고 옳다고 할 수 있겠는가?[63]

의천은 부왕과 속세의 인연을 부인할 수 없었다. 그는 "군친君親의 중요한 관

62) 朴鎔辰, 『대각국사 의천 연구』, p. 1.
63) 『大覺國師文集』(13) 書 ○○○○.

계에서 몸을 감히 아낄 수가 없었다."[64] 그는 "치욕을 겪으며 여러 해를 서울에 살면서도 교문에 이룬 것이 없어 부끄럽기만 했다. 그리고 해마다 나라와 부모님의 은혜에 보답할 길이 없는 것"[65]이 안타까웠다.

의천이 국가에 기여할 것이 무엇일까를 고민하다가 깨달은 것이 곧 그의 화폐경제학貨幣經濟學이다. 불자의 몸으로서 그 수많은 학문과 속세의 구원 방안 가운데서 화폐를 공부한 것은 참으로 기이하고도 독특하다. 아마도 그는 왕자의 몸으로 당시 민생의 경제를 누구보다도 가까운 거리에서 목격하고 고민한 결과로 화폐경제학에 착안한 것으로 보인다.

의천의 화폐경제학은 주전론鑄錢論으로 요약될 수 있다. 그는 우선 화폐의 의미를 다음과 같은 네 가지로 분류하여 설명하고 있다.

> (1) 돈[錢]의 바탕은 둥글고 구멍은 모났다는 점을 들 수 있으니 둥근 것은 하늘을 본떴고 모난 것은 땅을 본뜬 것으로 이른바 덮고 실으며[覆載] "돌고 돌기"를 끊어짐이 없다는 것이며,
>
> (2) 천泉이라 한 것은 통행하여 흘러 퍼지는 것이 마치 "샘물"처럼 다함이 없다는 것이며,
>
> (3) 포布라 한 것은 백성 사이에 퍼지고 상하에 "두루 보급"되어 영원히 막히지 않는다는 것이며,
>
> (4) 도刀라 한 것은 이것을 잘 이롭게 놀리는 데 따라 빈부貧富가 생기며 날마다 써도 "무디어지지 않는다."는 것입니다.[66]

전통적으로 화폐의 기능을 했던 여러 가지 것에 관한 의천의 해석이 절묘하다. 곧 돈은 "돈다"는 뜻이었고, 샘은 "흘러간다"(유통)는 뜻이었고, 포布는 "널리 퍼진다"는 뜻이었고, 칼은 "잘만 쓰면 유익한 흉기"라는 뜻이라는 것으로서 모두가 돈의 의미를 잘 나타내고 있다는 것이다.

의천은 당시 교환 가치를 화폐로 교환해야 한다고 주장하며 곡식으로 교환하

---

64) 『大覺國師文集』(12) 鑄錢論.

65) 『大覺國師文集』(20) 詩(4) 해인사에 퇴거하여 4수를 짓다. "屈辱多年寄帝京 教門功業恥無成 …… 年來無計報君親"

66) 『大覺國師文集』(12) 鑄錢論. 천泉은 본디 샘물을 의미하지만 전錢과 같은 뜻을 지니고 있다. 이 책의 하권 제35장 「동학사상」, p. 505, 각주 77 참조. 포布는 면포로써 교환 가치를 삼던 것을 의미하며, 도刀는 명도전明刀錢을 의미한다.

는 물물교환의 폐단을 다음과 같이 지적하고 있다.

> (1) 무릇 쌀을 화폐로 사용한다면 멀고 가까운 곳을 따라 교역할 때 운반하기가 어려우므로 지금 돈을 써서 사람이 지거나 말에 싣는 고통을 면할 수 있다.
>
> (2) 대개 먹는 것은 백성이 하늘같이 여기는바, 고아나 과부 등 곤궁한 사람이 오직 의존하는 것은 쌀뿐인데 이를 화폐로 삼으면 마음 나쁘고 교활한 무리나 이익을 탐하는 간교한 무리가 모래흙과 먹을 수 없는 쌀을 섞게 될 것이고, 되[升]를 속이고 가벼운 것과 무거운 것의 무게를 속인다.
>
> (3) 국가에서 녹을 고르는 제도에도, 쌀을 봉급으로 주면 창고의 저축은 1년 분밖에 보관해 두지 못하는데, 이를 돈으로 지불하면 독촉을 줄일 뿐더러 흉년을 대비하여 권력과 재벌의 날뜀을 억누르고 청렴하고 결백한 이를 우대할 수 있다.
>
> (4) 국가의 창고에 저축하는 것은 쌀과 포목인데 대개 포목은 오래 두면 상하게 되고 쌀 역시 오래 두면 썩는 손실이 있으며 또한 좀먹고 습기차며 비가 새고 화재가 나며, 새 창고에 가득 찼던 작년의 공포貢布가 몇 번 습기에 차 상한 것을 버리고 온전한 것을 가리면 백에 열도 좋은 것이 없는데, 만일 돈을 사용한다면 특별히 저장하는 데도 견고하여 걱정이 없을 뿐 아니라 백성에게 나누어 주기에도 매우 편리하다.[67]

의천은 교환 가치로서 화폐의 기능을 잘 알고 있었는데 이는 송나라 유학 시절에 얻은 견문의 소산이었다. 그는 화폐가 국가의 관할이어야 함을 분명히 하며 사주私鑄의 위험성도 함께 경고하고 있다. 그는 화폐가 상업자본의 형성에 기여함을 알고 있었다. 그의 주장에 따르면, 곡물에 의한 물물교환이 화폐교환으로 바뀜으로써 사회의 경제 운영에 가장 적절한 기여가 될 것이니 무릇 임금으로서 돈을 만들고 화폐를 제정함은 인간의 경제 생활에 필요한 시책임을 왕에게 강력하게 권고하고 있다.[68] 그가 살아 있던 숙종 2년(1097)에는 주전도감鑄錢都監이 설치되었고,[69] 이어 숙종 7년(1102)에 마침내 1만 5천 관貫의 해동통보海東通寶를 만들어 유통하기 시작한 것은 의천의 구상과 무관하지 않다.

---

67) 『大覺國師文集』(12) 鑄錢論.
68) 『大覺國師文集』(12) 鑄錢論.
69) 『高麗史』 世家 肅宗 6년 4월 병진일.

3) 보조국사 지눌

의천을 중심으로 하여 고려 불교가 궁정 불교로 굳어질 무렵 100년의 시차를 두고 또 다른 고승이 태어났다. 바로 보조국사普照國師 지눌知訥이다. 어느 날 그는 공부하던 방에서 『육조단경』을 읽다가, 그 경에, "진여자성眞如自性은 육근六根[眼·耳·鼻·舌·身·意]에서 생각이 일어나서 되는 것이다. 비록 보고 듣고 알지라도 온갖 경계에 물들지 않고 진성眞性으로서 항상 있는 것이라."는 대목에 이르자 일찍이 보지 못한 진리를 찾은 것에 놀란 듯이 기뻐하고 일어나 법당을 돌아다니며 외우고 생각하여 스스로 깨달았다.[70]

지눌은 당시의 불교가 의천의 천태 교리로 지나치게 흘러가는 것을 우려했다. 그가 살던 시기는 고려가 국내적으로 이자겸李資謙과 묘청妙淸의 난 등을 겪은 뒤에 다시 무신의 집권으로서 사회적·사상적 혼란이 극심했다. 이자겸의 난과 묘청의 난은 지눌이 태어나기 각기 32년과 23년 전의 일이었으며, 정중부鄭仲夫와 이의방李義方을 중심으로 한 난은 그의 나이 13세 때의 일이었다.

그 뒤 계속되는 무신들 사이의 권력다툼으로 서로를 모략하고 살육하는 정변의 소용돌이에서 지눌은 성장기의 대부분을 보냈으며 최충헌崔忠獻이 무신 세력 사이의 투쟁에서 승리하여 강력한 세습정치를 한 것은 그의 나이 38세 때의 일이었다. 이러한 소용돌이에서 불교는 종교 본연의 위치를 잃어 갈 수밖에 없었다.

그뿐만 아니라 대외적으로 보면, 거란과 여진이 날뛰어 대외적 불안이 심각했다. 이러한 시대에 국가·민족의 문화적·사상적 핵심을 이루고 있는 불교계에서도 참다운 수행과 정신 활동에 매진하기보다는 국가를 비보裨補하는 궁정 불교로서의 행사가 성행하였고, 불승도 귀족과 영합하여 토지·노비 등의 기진寄進을 받으며, 국사國師·왕사王師 등의 높은 지위를 차지하고 점차적으로 귀족화·세속화하는 현상을 보였다.

불교는 왕실과 밀접한 관계를 유지한 덕분에 사원은 대규모의 토지를 소유할 수 있었다. 이런 까닭으로 불교는 경제적으로 번성을 누렸으나, 그 이면에는 타락의 암운이 드리워 있었다.[71] 종교 지도자들이 권력에 굶주린 사람과 다름없는

---

70) 『東文選』(117) 碑銘 金君綏 撰 曺溪山修禪社佛日普照國師碑銘.

71) 심재룡, 『지눌 연구』(서울 : 서울대학교출판부, 2004), pp. 3~4.

태도를 보이는 사례는 역사에 흔하다.[72] 지눌은 이러한 시기에 극도로 세속화한 호국·기복의 불교를 정신正信 불교로 바로잡아 수도修道 불교로 정상화하도록 하려는 뜻이 있었다.[73]

지눌은 당초부터 교종과 선종을 구별하거나 우열을 판별할 뜻을 지니고 있지는 않았다. 그는 선과 교의 차이를 설명하며 이렇게 말함으로써, 교와 선의 구별을 경계했다.

> 부처께서 입으로 말씀한 모든 것을 교敎라 하고 모든 조사祖師가 마음으로 알려준 것을 선禪이라 한다. 그러므로 부처와 조사祖師의 마음과 같이 입이 서로 틀리지 않을 것이니 어찌 그 근원을 궁구窮究하지 않고 각각 자기가 익힌 것에 집착하여 함부로 쟁론을 일으키어 헛되이 세월만 보내겠는가?[74]

그런데 뒷날 양종의 후학들이 이를 구분하는 것은 "손가락으로 달을 가리키는데 달을 보지 않고 손가락만 바라보는 것처럼 안타까운 일"[75]이라고 지눌은 생각했다. 그가 생각하기에, "만일 말을 따라 소견을 내고 글을 따라 앎을 지으며, 교敎를 좇고 마음이 미혹하여 손가락과 달을 분별하지 못하고, 명예와 이양利養의 마음을 잊지 못하면서, 법설로써 사람을 제도하려는 이는 더러운 달팽이가 스스로를 더럽히고 남도 더럽히는 것과 같았다."[76]

왜 세상은 이렇게 어지럽게 되었나? 지눌은 "마음에 더러움이 없으면 서방西方[정토]이 여기서 멀지 않겠지만, 더러운 마음을 일으키면 어떤 부처가 와서 맞이하겠는가?"라고 말한 혜능의 가르침에서 대답을 얻으려 했다.[77] 결국 깨달음은 마음에 달려 있었다. 이어서 그는 이렇게 말했다.

---

72) Charles Merriam, *Political Power*(New York : Collier Books, 1964), p. 71; 신복룡(역), 『정치권력론』(서울 : 선인, 2006), p. 106.

73) 이영무, 『한국의 불교 사상』(서울 : 민족문화사, 1987), p. 211.

74) 지눌, 『華嚴節要』 序 : "諸佛說之於口爲教 祖師傳之於心爲禪 佛祖心口 必佛相違 豈不窮其源 各執所習 妄興諍論 虛喪天日耶"; 이영무, 『한국의 불교 사상』, p. 207; 윤성민(외), 『禪家龜鑑諺解』(상)(서울 : 박이정, 2006), p. 35 : "日禪是佛心 教是佛語"

75) 『東文善』(117) 碑銘 金君綏(撰) 曺溪山修禪社佛日普照國師碑銘 : "指以標月兮 月不在指"

76) 지눌, 「勸修定慧結社文」, 『普照法語』(서울 : 교림, 2002), p. 54.

77) 지눌, 「勸修定慧結社文」, p. 61.

"한 마음을 어둡게 하여 가없는 번뇌를 일으키는 이는 중생이요, 한 마음을 깨달아 가없는 묘한 작용을 일으키는 이는 부처이다. 어둠과 깨달음은 다르지만, 요컨대 모두 한 마음으로 말미암는 것이니, 마음을 떠나 부처가 될 수 없는 일이다.[78]

의천이 시대적 고민을 안고 있었던 것과 마찬가지로, 지눌에게도 시대적 아픔이 있었다. 그가 보기에,

"우리의 소행을 아침저녁으로 들여다보면, 어떤가? 불법을 핑계하여 나와 남을 구별하여 이롭고 살찌는 길에서 허덕이고, 풍진風塵 가운데 골몰하여 도덕을 닦는데 어긋나고, 밑으로는 중생을 이롭게 하지 못하며, 중간으로는 왕에 대한 은혜[國王恩], 스승에 대한 은혜[師長恩], 부모에 대한 은혜[父母恩], 친구에 대한 은혜[朋友恩]의 네 가지 은혜를 저버렸으니 진실로 부끄러웠다."[79]

의천이 왕자의 몸으로 궁정 불교에 힘쓰고 세속에 눈을 돌린 것과는 달리, 지눌은 "풍진"으로부터 떠나고 싶었다. 그런 점에서 그는 원효를 북두처럼 숭상하던 의천과는 다른 길을 가고 있었다. 그에게 필요한 것은 도덕적 청정함이었지 티끌 같은 세상의 영화가 아니었다. 지눌은 의천의 체제 내적 불교에서 벗어나 불교 본연의 해탈과 구원의 문제로 돌아가고 싶었다.

이러한 고민의 결과로 나타난 것이 곧 거조사居祖寺의 정혜결사定慧結社이다. 그 싯점이 1188년(명종 18)이었다는 점과, 그 거처를 지리산 상무주암上無住庵으로 옮긴 싯점이, 이의민李義旼 정권을 최충헌이 붕괴한 다음 해인 1197년 9월이었다는 점은 심상치 않다. 정중부나 최충헌과 같은 시대를 살 수밖에 없었던 지눌로서는, 현실의 공의롭지 못함을 극복하고 싶어 했다. 그는 귀족 불교와 기복祈福 사상에 빠졌던 타락상을 바로잡는 기풍을 진작하고, 보살 불교를 선양하고자 했다.[80]

지눌이 민중의 가르침에 유념했던 사실은 그의 「계초심학인문」戒初心學人文이 "어른을 만나면 엄숙하게 공경하는 마음으로 길을 비켜라." 등 35개의 "실행해야

78) 지눌, 「勸修定慧結社文」, p. 12.
79) 지눌, 「勸修定慧結社文」, p. 13.
80) 정병조, 「불교사상사」, p. 100.

할 계율"과 "음식을 먹을 때 소리를 내지 말라." 등 47개의 "하지 말아야 할 계율", 그리고 3개의 "훈계"로 이루어져 있는 사실에서도 잘 나타나고 있다.

지눌은 거조사가 협소할 뿐만 아니라 대중의 수도 장소로 적당하지 않자 순천順天 송광산松廣山 길상사吉祥寺로 옮겨 그곳에서 세상을 떠날 때까지 11년 동안 대중을 거느리고 선禪을 닦았다. 그 뒤 신종神宗의 뒤를 이어 즉위한 희종熙宗은 지눌의 열렬한 추종자로서 육조 혜능이 머물렀던 산의 이름을 따 송광산의 이름을 조계산으로, 길상사를 수선사修禪社라고 바꾸고 친필의 사액을 내렸는데, 이곳이 오늘의 송광사松廣寺이다.[81]

정혜결사의 동기가 밖으로는 당시 불교계의 타락과 승가의 본분 상실을 바로잡으려는 일종의 정화 운동이지만, 안으로는 선과 교를 융회하여 불교계의 사상 대립을 씻어내고자 함에 있었다.[82] 지눌은 이러한 두 입장에 한계가 있음을 인식하고 선과 교의 철학적 회통會通을 시도했다. "불립문자"不立文字라는 선종의 최고 교의에도 불구하고, 지눌은 선수행의 철학적 기초를 얻으려는 지적 여행을 시작했다.[83] 그는 당시의 심경을 이렇게 피력했다.

> 나는 오래전부터 이런 일[교와 선의 다툼]을 한심스럽게 여겼다. 마침 임인壬寅(1182) 정월에 개경 보제사普濟寺의 담선談禪 법회에 참석했다가, 하루는 동학 10여 사람과 약속하기를,
> "이 회를 끝내거든 우리는 명예와 이익을 버리고 산속에 들어가 동사同社를 만들어, 항상 선정禪定을 익히고 아울러 지혜를 닦기에 힘쓰며, 예불하고 불경 읽기와 나아가서는 노동으로 운력運力하는 데까지 각각 제가 맡은 일을 해 나가, 인연을 따라 심성을 수양하여 한평생을 구속 없이 지내어 달사達士와 진인眞人의 높은 수행을 따르면 어찌 쾌하지 않겠는가?"
> 라고 했다.[84]

지눌은 선정과 지혜가 원만히 밝아져 자기의 성품을 보며 자비와 지혜를 자유자재하게 써, 돌이켜 중생을 제도하여 인간과 천상의 큰 복밭福田을 짓기를 간절

81) 안계현, 『한국불교사연구』, pp. 185~186; 심재룡, 『지눌 연구』, p. 8.
82) 權奇悰, 『佛敎思想史硏究』(下)(서울 : 한국불교연구원, 2004), p. 19.
83) 심재룡, 『지눌 연구』, p. 20.
84) 지눌, 「勸修定慧結社文」, p. 13; 지눌, 「戒初心學人文」, p. 30.

히 소망했다.[85] 그는 옛 스님의 말씀을 빌려, "보살은 본디 남을 제도하려 하기 때문에 먼저 선정과 지혜를 닦는다.

그러므로 한가하고 고요한 곳이라야 선정과 관행을 이루기 쉽고, 욕심이 작은 두타頭陀라야 성인의 도에 들어갈 수 있다."고 권면했다.[86] 지눌의 정혜결사는 지난날 궁정 불교가 지향하던 명리를 버리고 산림에 은둔하여 선을 수행하자는 것이었다. 어지러운 불교계를 걱정하며 교종과 선종의 공존을 모색했음에도 지눌은 끝내 선종으로 편향되었음을 보여주었다.

깨달음이란 단박에 오는 것[頓悟]인지 아니면 깨달음이란 끝없이 정진해야 하는 것인지[漸修]에 대하여 그는, "과거를 미루어 보건대, 이미 깨달음을 의지해 닦아서 점점 배어 나오는 것인지라. 곧 위로 좇아 모든 성인이 '먼저 깨닫고 뒤에 닦아' 이에 바른 자세로써 깨닫지 않음이 없다."고 생각했다.[87] 이런 점에서 지눌의 교리는 돈교頓敎였다.

지눌의 교리에 따르면 돈오를 기본으로 하되 차츰 믿음을 닦는 노력이 필요하다. 깨쳤으면 그만이지 왜 닦음이 필요한가? 지눌은 깨치기에 앞서 오랫동안 익혀온 나쁜 습기習氣를 즉시 제거하기 어렵기 때문이라고 한다. 비록 본래의 성품이 부처와 다르지 않음을 깨달았으나, 이를 닦아 차츰 공功이 이루어져서 성인의 태胎를 오랜 동안에 걸쳐 길러야 하는 것이므로 점수라 한다. 그러므로 "먼저 깨닫고 뒤에 닦아라."[先悟後修][88]고 그는 말한다.

앎[敎]보다 깨달음[禪]이 중요하다고 여기는 무리는 문자와 언어를 신뢰하지 않으며 마음을 중요하게 생각한다. 인간의 악업惡業의 상당 부분은 입말[口語]을 통해서 저질러진다는 것을 그들은 잘 알고 있었다. 그래서 뒷날 태고화상太古和尙은 이런 말을 남겼다.

> 부처님과 모든 조사들이 서로 주고받으며 전승한 오묘한 이치는 문자나 말에 있는 것이 아니다. 그들이 큰 자비심에서 중생의 근기根機에 맞추어 부득이 문자

85) 지눌, 「戒初心學人文」, p. 18 : "自然定慧圓明 見自心性 用如幻悲智 還度衆生 作人天大福田 切須勉之"

86) 지눌, 「勸修定慧結社文」, p. 55.

87) 지눌, 「修心訣」, 『普照法語』, pp. 86~87.

88) 윤성민(외), 『禪家龜鑑諺解』, p. 239.

> 와 말을 사용하기는 했지만, 이 문자와 언어는 중하中下의 근기에 편중된 것으로서 오로지 방편으로 사용한 것일 뿐이지 실제로는 바로 마음을 가리키는 것이다. 그러므로 수행하는 이가 방편으로 사용한 것을 진실한 법이라 여겨 버리지 않는다면 어찌 큰 병통이 아니겠는가?[89)]

"만일 사람이 부처의 경계境界를 알고자 할진댄 마땅히 그 뜻을 깨끗이 하기를 허공과 같이 하라."[90)]는 것이 지눌의 논지였다. 모든 것을 버려야 한다는 가르침에는 허무가 실려 있다. 나를 버려야 한다는 무아론無我論은 경험적 자아를 구성하고 끌어당기는 모든 것과 인연을 끊어야 함을 뜻한다는 점에서 불교에는 염세적 측면이 있다.

오직 하나의 목표인 깨달음(열반)을 위해서는 덧없고 제약된 존재들로 이루어진 이 세계라는 것은 온통 고통으로 뒤덮인 불결한 것, 통째로 거부되고 내던져야 할 그 무엇으로 여겨야 한다고 강조하는 점에서 불교가 염세적이란 평가는 그 나름의 근거가 있다.[91)] 그뿐 아니라 대승불교가 경전을 내버린 적이 없는 데 견주어 선종은 『금강경』을 불사르기에 서슴지 않았다. 이런 점에서 선종은 역시 도가道家에 가깝다. 선이 불교에 관한 중국인의 반응이라고 규정하는 까닭이 여기에 있다.[92)]

지눌의 교리 해석을 둘러싼 논쟁의 핵심은 결국 깨달음[悟]과 닦음[修]의 관계 설정이다. 이에 관한 지눌의 논리는 "돈오와 점수란 부처와 더불어 다름이 없다."[93)]는 말로 요약할 수 있다. 그는 이렇게 말하고 있다.

> 교종 안에도 부처가 될 종성種姓을 갖춘 중생으로서 생사의 땅에서 부처님의 교법을 단박 깨달아 한꺼번에 증득하고 한꺼번에 닦는 이치가 있거늘 어찌 남종南宗

---

89) 「太古和尙語錄」(上) 示宜禪人, 『韓國佛敎典書』(6)(서울 : 동국대학교출판부, 2002), p. 680 : "諸佛諸祖 授受相傳的妙義 不在文字言語之上 然佛祖以大悲 故對機不得已 而乃以文字言語 只這文字言語 偏爲中下之機 借其方便 而直指心地 然則大凡學人 借其方便 以爲實法不捨 則豈不是大病"

90) 지눌, 「勸修定慧結社文」, p. 13.

91) Edward Conze, *Buddhism : Its Essence and Development*(New Delhi : Munshriam Manoharlal Publishers Ltd., 1951), p. 21.

92) 심재룡, 『지눌 연구』, p. 147.

93) 지눌, 「修心訣」, p. 90.

에만 돈법頓法이 있겠는가? 다만 교教를 배우고 선禪을 배우는 사람들이 오묘한 이치를 배우면서도 그것을 성인의 경지에서나 할 일이라고 미루고 스스로 비겁하고 나약하며, 제 마음이 보고 듣고 깨달아 아는 평상시 작용의 성이 바로 그 부처님과 같은 해탈임을 깊이 관찰하지 못하므로 온갖 의혹을 낼 뿐이다.[94]

그러므로 낮의 세 때와 밤의 세 때에 부지런히 공부하여 또랑또랑하되 망령됨이 없고 고요하되 밝게 알아 닦는 문[修門]을 어기지 않아야 한다고 말한다.[95] 그러나 그의 진심은 그것이 아니었던 것 같다. 곧 지눌이 주목한 정혜쌍수定慧雙修라 함은 정定(禪)과 혜慧(독경)를 함께 수행하되 "깨달음이 우선이요, 닦음은 나중"이었다. 일단 깨달으면 끊을 악업이 없고 닦을 선업이 없다는 것이다.

지눌이 한국 불교사에 남긴 공적은 중국의 선에서 나타나고 있는 돈문과 점문, 깨달음과 닦음의 분리를 극복하려고 노력한 점일 것이다. 지눌이 선과 교의 사이에서 선에 기운 것은 사실이지만, 그는 정과 혜 그리고 부처의 마음과 부처의 말씀, 선과 교의 조화를 유지하려고 노력했다.

이것은 한국 선종이 중국으로부터 벗어나고자 하는 노력을 의미한다. 지눌 이전의 선이 중국 선종의 연장이거나 강렬한 영향 아래 있었다면, 지눌에 이르러 비로소 선과 교, 깨달음과 닦음, 돈오와 점수를 하나로 보는 회통의 노력을 기울였다.[96]

그러면 돈오·점수의 논의에서 얻을 정치학적 의미는 무엇일까? 그것은 아마도 정치와 불교의 원근감遠近感일 것이다. 의천의 천태사상은 정치를 금기로 여기지 않았고, 정치에서도 불교에 친근감을 가지고 있었다. 그것의 선악 여부는 또 다른 차원의 논의를 필요로 하지만, 천태의 세계에서 종교와 정치는 밀월의 관계였다. 좋은 의미로 그것은 대승의 교종이라고 말할 수 있겠지만, 종교와 정치의 유착이 낳는 역사적 병폐를 고려한다면 그것이 곧 미덕일 수만은 없다.

이와 달리 지눌이 보여준 "선이 먼저이고 교는 그 다음"[主禪從敎]이라는 교리는, 종교의 통속화를 막고 그 내밀화와 심도를 높여주었다는 칭송을 받을 만하다. 어쩌면 그것이 종교 본연의 모습이고 불교의 미덕일 수 있다. 그러나 지눌

94) 지눌, 「勸修定慧結社文」, pp. 43~45.

95) 지눌, 「勸修定慧結社文」, p. 51 : "是以 晝三夜三 懃懃蘊習 惺惺無妄 寂寂明 不違修門"

96) 한국국민윤리학회(편), 『韓國思想과 倫理』(서울 : 형설출판사, 1992), p. 168.

과 같은 선승禪僧의 생각과 행위에 관한 정치학적 해석은 다를 수 있다.

왜냐하면 지눌의 논리는 민중이 세속의 정치를 잊고 참선에 정진할 것을 주문함으로써 정치 참여나 관심을 감소시켰다고 볼 수 있기 때문이다. 정치가 인류의 삶에서 최고의 가치는 아니지만, 민중이 정치를 외면하도록 만들었다는 사실은 정치적 덕성과는 거리가 있다.

4. 대륙에 관한 인식 : 묘청妙淸

어느 나라를 가리지 아니하고, 각 나라에는 그들 고유의 신화神話, myth가 있게 마련이다. 정치학에서 말하는 신화라 함은 역사학에서 말하는 신화와는 조금 다른 의미로서, 신에 관한 설화가 아니라, "엄연히 역사적 사실이 아님에도 끝없이 되풀이되는 세뇌를 거치며 이제는 사실처럼 위장된 허구虛構, *idola*"를 뜻한다. 그러한 대표적인 허구적 신화는 아마도 "삼천리 반도 금수강산"이라는 우리의 역사 인식일 것이다.

이러한 반도사관은 우리의 웅혼雄渾했던 고대사를 왜소하게 만드는 것으로서 매우 위험한 인식이다. 이러한 허구가 우리에게 고정 관념으로 정착된 이유를 한 가지로 설명하기는 어렵다. 이름을 고려라고 지음으로써 마치 고구려의 법통을 이어받은 듯이 표현했지만, 사실은 그보다 훨씬 좁은 남쪽의 삼한三韓에 안주하려고 했던 왕건의 소심함을 먼저 지적해야 한다.

왕건이 궁예와 의견 충돌을 일으킨 일차적 이유도 북벌에 관한 왕건의 반대 의견 때문이었다. 고구려의 영토를 되찾고 싶어 했던 궁예의 꿈과는 달리, 왕건은 남방 세력인 삼한을 통일해야 한다고 늘 말했고, 고려를 건국한 뒤에도 공신들에게 "삼한 공신"三韓功臣이라는 이름으로 훈작勳爵을 부여할 정도로 남쪽 영토에 집착했다.[97]

왕건의 이러한 삼한 위주의 건국 이념을 이어받은 김부식은 『삼국사기』를 쓰며 신라를 정통으로 봄으로써 의도적으로 고구려를 비하했고, 중국에 항전했던

---

97) 『高麗史』 列傳 尹瓘篇 : "尹瓘 高祖 莘達 佐太祖 爲三韓功臣"

고구려의 기상을 묻어버리고자 삼국 통일이라는 미명으로 김춘추金春秋와 김유신金庾信의 역사적 업적을 지나치게 미화했다. 김부식의 이와 같은 사관은 단순히 역사 해석에 머무르지 않고 그 시대 정신을 압도함으로써, 고려가 비록 불교 국가라고는 하지만 실상은 유교주의에 압도되는 결과를 낳았다.

이러한 유교와 불교의 갈등은 그들의 대외 노선에도 적지 않은 영향을 끼쳤다. 운명적으로 유교주의자들이 존화尊華에 몰두한 것과는 달리, 불교도들은 국풍國風, national ethos의 성격을 보이며 대륙 진출의 꿈을 키워가고 있었다. 그리고 그러한 국풍파의 중심에는 윤관尹瓘과 그의 아들인 윤언이尹彦頤가 있었고, 묘청은 윤언이와 절친한 관계를 맺고 있었다. 여진 정벌 원수元帥인 윤관과 모화주의자인 김부식의 관계는 사사로운 감정까지 끼어들어 화목하지 않았다.

이를테면, 윤관이 왕명을 받들어 지은 대각국사의 비문이 빼어나지 못하자 그의 제자가 비밀스럽게 임금에게 아뢰어 김부식을 시켜 고쳐 짓게 하니 김부식이 사양하지 않았는데, 이 사건이 윤언이의 마음에 상처를 남겼다.

어느 날 임금이 국자감國子監에 행차하여 김부식에게 『주역』을 강론케 하고 윤언이를 시켜 묻고 논란케 했다. 그런데 윤언이가 『주역』에 매우 정밀하여 종횡으로 변론하고 힐문하니 김부식이 대답하기가 어려워 땀이 흘러 얼굴을 적시었다.[98] 인간의 관계에서 이와 같은 사사로운 상처는 대의나 역사적 소명을 뛰어넘는 경우가 허다했다.

예종이 승하하고 인종이 즉위하니 이때에도 윤언이와 김부식의 정치적 대립은 가시지 않았다. 곧 윤언이는 북벌·칭제稱帝를 주장하였으나 유신儒臣들의 반대로 그 뜻을 이루지 못했다. 이러한 때 묘청妙淸이 등장했다. 그 또한 서경 천도와 칭제, 그리고 독자적인 연호를 사용할 것을 주장했다.

따라서 이들 윤언이·묘청·정지상鄭知常·백수한白壽翰 등의 주장은 대륙론을 둘러싸고 고려왕조의 여러 대에 걸쳐 이뤄진 정치 투쟁의 구체적인 표현이었다. 국풍파의 사상적 핵심은 고구려 옛 땅에 대한 염원이었다. 그들은 김부식의 신라중심사를 받아들일 수가 없었다.

역사적으로 역신逆臣으로 기록된 탓인지, 묘청이 어느 해에 태어났는지 알려지지 않고 다만 그가 서경西京(평양)에서 태어났다는 사실만이 전해지고 있다.

98) 『高麗史』 列傳 尹瓘 彦頤.

고려의 숭불정책崇佛政策과 더불어 묘청도 그 당시 사회에서 높은 인망을 얻었고, 인종 시대에 이르면 묘청은 왕의 신망을 받게 된다.

그런데 한국사에 그려진 묘청은 "요승"妖僧이며,[99] 그가 거사했던 사실은 "묘청의 난"으로 규정되어 있다. 이것은 『고려사』高麗史를 쓴 정인지鄭麟趾의 잘못도 있지만 그 뒤 신라 중심으로 역사를 기록한 남방계 역사학자들과 일본 식민지사학자들의 그릇된 기록 때문이었다.

서경에 관한 왕실과 국민의 관심은 이미 왕건의 「훈요십조」訓要十條에 담겨 있었다. 그리고 건국 초기의 최승로崔承老의 주장에도 서경에 대한 집착은 짙게 나타나고 있어서, "정종定宗은 …… 백성의 마음이 따르지 않아 원성이 일어나고, 재앙이 메아리처럼 빨리 다가와 서경 천도를 하지 못하고 세상을 떠났으니 진실로 통탄할 일이다."[100]라고 주장하고 있다.

그러다가 서경의 문제가 급격하게 논의되기 시작한 것은 인종에게 두 딸을 시집보내어 국구國舅가 된 이자겸이 일으킨 난(1126)과 무관하지 않을 것이다. 이 난으로 개경이 무참하게 파괴된 이후 민심은 개경에서 멀어지고 있었다.

인종은 이른바 유신지교維新之敎 15조[101]를 반포하여 부패를 근절하고 검약으로써 민생을 살려 민심을 다잡으려 하였으나 쉽게 수습되지 않았다. 이와 같은 어수선한 분위기에서 서경에 대한 향수가 짙어지자, 국풍파가 이를 이용하여 서경 천도를 꾀하기 시작했다. 서경 천도는 묘청만의 생각이 아니었으며, 당시에 여러 사람이 빈번하게 제기한 문제였다.

인종 6년(1128)에 일관日官 백수한이 검교소감檢校少監으로서 서경에 파견되자 묘청을 스승으로 삼았다. 그 두 사람은 음양 비술陰陽秘術을 내세우면서, 서경의 중요성을 강조했다. 이에 서경 출신의 정지상도 가세하여 말하기를, "개경은 기업基業이 이미 쇠진하여 궁궐이 다 불타 남은 것이 없으나 서경은 왕기가 있으니 왕실을 옮기어 상경上京으로 삼는 것이 좋을 것"이라고 주장했다. 이에 묘청의 무리는 이렇게 왕에게 아뢰었다.

---

99) 『高麗史』 世家 仁宗 5년 3월 갑진일.
100) 『高麗史』 列傳 崔承老.
101) 『高麗史節要』 仁宗恭孝大王 5년 3월.

"신臣들이 서경의 임원역林原驛 땅을 보니 이는 음양가들이 말하는 대화세大華勢라, 만약 궁궐을 세워 이곳으로 옮기시면 천하를 합병할 수 있을 것이요, 금金나라가 폐백을 가지고 스스로 항복할 것이며 36개 나라가 다 신하가 될 것입니다."

이에 왕이 드디어 서경에 행차하여, 수행한 재상과 대신에게 명령하여 묘청·백수한과 함께 임원역의 형상을 보고 김안金安에게 궁궐을 짓게 하였는데, 독려가 매우 급한 데다가 때는 바야흐로 차고 얼어 백성이 매우 원망하며 탄식했다.

이듬해인 1129년에 서경의 신궁이 완성되어 왕이 또 서경에 행차하니 묘청의 무리가 왕에게 아뢰기를, "폐하가 삼한을 평정하여 다스리고자 하면 서경의 세 성인을 버리고서는 함께 할 사람이 없을 것입니다." 하니 여기에 세 성인이라 함은 묘청·백수한·정지상을 가리키는 것이었다.[102]

그러나 국풍파의 서경천도론은 순탄하지 않았다. 먼저 유생들이 강경하게 반발하였는데 그 선두에는 오연총吳延寵이 있었다. 그는 이렇게 주장했다.

"남경南京(양주)의 부역을 겨우 마쳤으매 백성이 피로하고 재물이 끊어져 궁핍하였으니 마땅히 새로운 궁궐을 짓지 못할 것이며, 만약 순행하고자 하시면 옛 궁궐보다 못하다."

그러나 왕은 그의 말에 귀를 기울이지 않았다. 오연총의 반대 논거를 들어보면, 지금 용언궁龍堰宮을 짓는 것은 세 가지 점에서 옳지 않았다.

첫째, 영명한 문종文宗도 술수에 빠져 서경에 좌우궁을 지었다가 조금 뒤에 뉘우쳐 감응이 없다고 하여 마침내 순어巡御하지 않고 물자만 허비하였으며,

둘째, 근래에 남경을 개창한 지 8년이 지났으나 상서로운 응답[吉應]이 없으며,

셋째, 서경의 옛 궁궐이 지금 찾는 용언龍堰과 거리가 멀지 않으니 지세地勢의 길흉이 반드시 다르지 않을 것이요, 하물며 명백한 비결을 가히 징험할 것도 없는데 조종祖宗의 옛 궁궐을 버리고 따로 새로이 궁궐을 지어 가옥을 헐고 백성을 소동케 하면 옳지 않다.[103]

---

102) 『高麗史』 列傳 叛逆 妙清.

103) 『高麗史』 列傳 吳延寵.

여기에 김부식도 천도의 반대에 가세했다. 그의 주장은 이러했다.

"금년(인종 12년, 1134) 여름에 서경 대화궁大華宮 30여 곳에 천둥과 번개가 쳤으니 만약 여기가 좋은 땅이면 하늘이 반드시 그와 같이 하지 않았을 것입니다. 이곳에 재앙을 회피하려 함은 또한 잘못이 아니겠나이까? 하물며 아직 (서경은) 추수를 하지 못하였으니 만약 행차하시면 반드시 곡식을 밟을 것입니다. 이는 백성을 어질게 하고 만물을 사랑하는 뜻이 아닙니다."

그는 또 간관諫官과 함께 글을 올려 극진히 말하니 왕이 답하기를,

"말한 바가 지극히 마땅하니 짐이 서경으로 가지 않겠다."[104]

유신들의 반대로 서경 천도가 뜻대로 이뤄지지 않으리라 판단한 묘청은 풍수지리설을 이용하여 왕을 설득하고자 했는데, 역사에는 그 전말이 이렇게 기록되어 있다.

서경의 노부老父 검교태사檢校太師로 벼슬한 이제정李齊挺 등 50인도 묘청과 정지상의 뜻에 맞추어 왕에게 글을 올려 존호尊號(칭제)를 일컫고 건원建元(연호의 제정)하기를 간청하니 정지상 등이 이로써 왕을 설득하여 말하기를,

"대동강에 상서로운 기운이 있으니 이는 신룡神龍이 침[唾]을 토한 것입니다. 이는 천 년 동안에 만나기 어려운 기회이니 바라건대 위로 하늘의 뜻에 따르고 아래로 인망을 따라 써 금金나라를 누르소서."

했다. 묘청·백수한 등이 일찍이 비밀히 큰 떡을 만들어 그 속을 비우게 하여 구멍을 뚫고 삶은 기름[熟油]을 넣어 대동강에 잠기니 기름이 흘러나와 수면에 뜨므로 바라보니 오색 빛깔 같은지라. 이를 보고 말하기를,

"신룡이 침을 토하여 오색구름을 만들었으니 이는 상서로운 징조입니다."

했다.

묘청의 서경 천도 운동과 풍수지리설의 연계는 묘청의 거사를 설명하는 중요한 표징으로 해석되어 왔다. 묘청은 당시 사회 전반에 잠재되어 있던 서경의 우월 의식과 여진에 대한 적개심을 잘 읽고 있었던 것으로 보인다. 왕실에서도 풍수지리설을 신뢰하여 왕업의 연장이나 왕도의 기운을 지속하려는 사상이 풍미

104)『高麗史』列傳 金富軾 敦中 君綏.

하고 있었다.

그리하여 개성의 본궁 말고도 여러 곳의 길지에 이궁離宮과 중흥궐中興闕을 세우고 국왕이 일정 기간 그곳에 머무르면 지역의 영향으로 왕조가 번창하리라고 믿었다. 이에 따라 국왕은 1년을 3기로 나누어 겨울 넉 달은 개경, 봄·여름 넉 달은 남경(양주), 가을 넉 달은 서경(평양)의 궁궐에 각각 머물렀다.[105]

풍수지리설로 왕을 설득하는 데 실패하자 묘청은 인종 13년(1135)에 분사시랑分司侍郎 조광趙匡, 병부상서 유참柳昰, 사재소경司宰少卿 조창언趙昌言·안중영安仲榮 등과 함께 서경에 웅거하여 반란을 일으키고, 그 군사를 천견충의군天遣忠義軍이라 이름하여 관속을 두되 양부兩府로부터 주군州郡의 수령에 이르기까지 다 서북 사람으로 임명했다.[106]

조정에서는 김부식을 원수元帥로 삼아 이들을 치게 하며 아울러 내시 유경심柳景深·조진약曹晉若·황문상黃文裳을 서경에 보내어 유조諭詔를 선포하여 싸움을 그치라 했다. 이에 서북 사람들은 성문을 열고 내시들을 관풍전觀風殿에 들이게 했다. 유참과 조광은 동쪽에 앉고 묘청은 서쪽에 앉고 그 나머지 문무관이 전각의 뜰에 모였는데 모두 융복戎服을 입고 있었다.[107]

여기에서 한 가지 짚고 넘어가야 할 사실은 국풍파에서 왜 그토록 서경에 집착했을까 하는 점이다.[108] 아마도 묘청은 평양을 중심으로 하는 고구려의 부흥을 꿈꾸었을 수도 있다. 그는 고려 왕실이 지향하는 신라 회귀의 정신을 받아들일 수 없었을 것이다. 그뿐만 아니라 그들의 생각에는 개경의 보수적인 귀족 정권에 반대하여 새로운 혁신 정치를 해보겠다는 의도가 깔려 있었다.

이자겸의 난을 목격한 묘청으로서는 혁신사상을 지닐 충분한 이유가 있었다. 거기에 밀교로 무장되어 현실 감각이 남달랐던 묘청은 김부식을 중심으로 하는 유교 질서에 반감을 가지고 있었다. 여기에 서경은 고조선의 옛 땅으로서 기자를 봉封했던 땅이며, 그곳의 백성은 예의와 양보[禮讓]를 안다는 자부심도 작용했

---

105) 이몽일, 『한국 풍수지리사상의 변천 과정』(경북대학교 박사학위논문, 1990), pp. 120~121.

106) 『高麗史』 列傳 叛逆 妙淸.

107) 『高麗史』 世家 仁宗 13년 1월; 『高麗史』 列傳 叛逆 妙淸.

108) 세노 우마쿠마瀨野馬熊는 서경이 가지는 역사지리적 의미로서, (1) 왕건의 북방 개척 의지, (2) 서경의 관제와 정치 중심의 분립分立, (3) 북방 방어선으로서 서경의 전략적 가치, (4) 고구려의 왕도로서 오랜 역사성, (5) 개경에 대한 서경의 군사적 우위성을 지적하고 있다. 강옥엽, 「묘청난의 연구 동향과 새로운 인식 모색」, 『白山學報』(49)(백산학회, 1997), p. 177.

을 것이다.[109]

묘청의 행적에서 주목해야 할 또 다른 대목은 그가 칭제稱帝와 건원建元을 주장했다는 사실이다. 본디 동방 삼국은 고유의 연호를 쓰고 있었으며 신라의 경우에는 법흥왕 23년(536)에 처음으로 연호를 썼다.[110] 그러다가 삼국전쟁 이후 신라의 노선이 당나라에 종속되며 중국의 연호를 쓰기 시작했다.[111] 동양 사회에서 연호의 문제는 국가의 정체성이나 자주성과 밀접한 관계를 맺고 있는 것이어서 그 의미가 크다.

12세기의 상황을 보면, 국제적으로 요遼·송宋·고려의 삼각 관계에 균열이 생김으로써 먼저 여진(금나라)이 1115년에 칭제·건원하였고, 이어 쇠망한 요의 여러 세력이 황제를 칭하고 연호를 썼는데, 이러한 일련의 움직임이 묘청 일파에게 영향을 주었을 것이다. 특히 개경파 유학자들의 사대주의는 서경 세력에게 개경파에 대립하여 자립을 부르짖게 하는 계기를 마련했다.[112]

묘청은 서경에서 거사할 때 국호를 대위大爲라 하고 연호를 천개天開라 하였는데,[113] 이러한 호칭이 주는 의미가 범상하지 않다. 고려왕조가 왜 황제를 칭하고 연호를 써야 하는가에 관하여 가장 선명한 문제 의식을 지니고 있었던 인물은 윤언이였다. 그는 이렇게 주장하고 있다.

> 아아! 이렇게 건원하자고 간청함은 우리 임금을 높이는 정성에 근본을 두고 있음이니 우리 본조에서는 태조와 광종光宗의 옛일이 있고, 지난날의 기록을 상고하건대 비록 신라와 발해渤海가 그러하였으나 대국(당)이 일찍이 그 군사를 내지 않았으며 소국이 감히 그 과실이라고 의론하지 않았거늘, 어찌하여 성세聖世에는 도리어 이를 참람한 행위라고 말하셨습니까.
>
> 신이 일찍이 이 의론을 시작하였으니 이것으로 죄라 하면 죄이오나, 결탁하여

---

109) 『高麗史』 志 樂 西京.

110) 『三國史記』 新羅本紀 法興王 23년.

111) 『三國史記』 新羅本紀 眞德王 2년(648)조 : “冬 使邯帙許 朝唐 太宗勅於使問 新羅臣事大朝 何以別稱年號 帙許言 曾是天朝未頒正朔 是故先祖法興王以來 私有紀年 若大朝有命 小國又何敢焉 太宗然之”; 『三國史記』 眞德王 4년(650)조 : “是歲始行中國永徽年號” 이에 관한 자세한 논의는, 신복룡, 「삼국전쟁 후의 사회 변동」, 『한국정치사』(서울 : 박영사, 2003), pp. 122~123.

112) 변태섭, 『한국사의 성찰』(서울 : 삼영사, 1978), p. 221.

113) 『高麗史』 仁宗 13년 봄 정월 무신일; 『高麗史』 列傳 妙淸.

죽기로 당黨을 삼아 대금大金을 격노하게 했다 함과 같다는 말은 비록 그 목소리는 매우 크나 본말이 서로 맞지 않습니다. …… 신은 대화大華란 말에 참예參預하지도 않았고 정지상과도 같지 않아 백수한의 추천에도 참예하지 않았음은 오직 폐하께서 밝게 아시는 바입니다.[114]

칭제와 건원에 관한 묘청 무리의 주장은 당시 지식인 사이에 상당한 지지를 얻고 있었다. 예컨대, 인종 12년(1134)에는 좌정언左正言 황주첨黃周瞻이 묘청과 정지상의 뜻을 따라 칭제하고 건원할 것을 주청奏請하였으나 받아들여지지 않았다.[115] 대위니 천개니 하는 칭호는 당시 묘청이 꿈꾸었던 세계가 어떤 것인가를 알려주는 좋은 자료가 된다.

그러나 불행하게도 묘청은 김부식이 이끄는 정부군의 공격을 받고 고전하다가 부하 조광趙匡의 손에 죽임을 당함으로써 신채호申采浩가 이른바 "조선의 역사 1천 년 이래 가장 큰 사건"이라고 평가했던[116] 묘청의 반란과 그의 고구려 정신은 사그라졌다.

묘청의 거병이 남긴 역사적 아픔은 아마도 그 뒤에 나타난 서경의 역수론逆數論일 것이다. 그러나 이 문제는 기이하리만큼 그 파장이 길지 않았다. 그러한 사례로서, 묘청의 거병 직후에는 서경에 대한 기피 심리가 분명히 있었지만, 그로부터 겨우 30여 년이 지난 의종 22년(1168)부터 왕의 서경 방문이 재개된 점을 지적할 수 있다.

의종이 서경에 간 것은 왕위의 불안감 때문이었다. 그의 아우 익양후翼陽侯와 평량후平凉侯는 자못 여러 사람의 인망이 있었는데 자신에게 혹시 무슨 사변이 생길까 염려한 왕은 서경에 옮겨 앉으면 그곳의 지기地氣로써 사변을 비켜 갈 수 있으리라고 생각했다.[117] 서경에 이른 의종은 다음과 같은 지시를 내린 바 있는데, 그 내용에는 서경에 의지하려는 왕실의 기대감이 그대로 반영되어 있다.

서경은 바로 우리 조상들이 순행하시던 곳인데 을묘년 난亂(묘청의 거병)을 겪은

114) 『高麗史』 列傳(9) 尹瓘 彦頤.
115) 『高麗史』 世家 仁宗 12년(1134) 12월 무인조.
116) 申采浩, 「朝群歷史上一千來一大事件」, 『나라 사랑』(3) : 申采浩特輯號(서울 : 正音社, 1971), p. 131.
117) 『高麗史』 世家 毅宗 22년 3월 丁丑일.

뒤부터 국가에 사단이 많아 여러 해 동안 순행하지 못했다. 이제 낡고 더러운 풍속들을 전부 혁신하는 동시에 국가의 운명을 공고히 하고자 내가 이렇게 온 것이다. 나를 영접할 때 과오를 저질러 해당 기관에 구금된 무리, 공사범으로서 도형徒刑과 사사범으로서 장형杖刑 이하 죄인과 속동贖銅(죄를 대속代贖하고자 바치는 구리)이나 징와徵瓦(기와를 공납함) 형에 해당한 범죄자들을 다 면제하여 석방하라![118]

묘청의 서경천도론을 논의하며 주목해야 할 부분 가운데 하나는 그의 거병의 진의가 무엇일까 하는 점이다. 이 문제는 단순히 그의 서경 인식만을 말하는 것이 아니라, 정치학에서 중요하게 다루는, 권력에 대한 의지와 관련이 있다. 묘청에 관한 종래의 학설은 그의 풍수도참설이 안고 있는 거짓된 측면을 강조하는 것이었다. 그 당시의 사상적 풍조로 볼 때, 묘청이 승려였다는 사실은 그가 풍수지리에 밝았음을 뜻한다. 그래서 묘청은 왕실의 풍수 인식을 십분 이용하려 했던 것도 사실이다.

그러나 묘청의 생각이나 거사를 모두 풍수로만 설명하려는 것은 묘청에 관한 진실된 이해가 아니다. 김부식의 무리가 승려로서 묘청의 경력과 활동을 모두 삭제하고 오로지 도참사상의 입장에서 수행한 여러 가지 주술적 활동만을 극도로 강조하여, 이단으로 몰아가려 했던 것은 그릇된 역사 인식이었다.[119]

묘청의 생각은 적어도 그런 것은 아니었다. 이자겸과 척준경拓俊京의 변으로 거의 잿더미가 된 개경에서 귀족들이 국가를 논의하는 한, 고구려 정신의 부활을 꿈꾸던 그의 혁신 정치는 효과를 거둘 수 없었다. 그러한 절망감이 묘청의 무리가 거병하게 한 것이며, 풍수지리설이 그 사건의 독립 변수는 아니었다.

위와 같은 정황에도 묘청이 왕권에 도전했던 것으로 보기는 어렵다. 이를 뒷받침하는 논거로서, 그가 국호·연호 등을 제정하며 황제를 새로 옹립하지 않은 점과 거사 뒤에 왕의 사신이 순무하고자 왔을 때 "마땅히 표를 올려 아뢸 일이지만 창졸간에 하지 못한 점"을 사죄하고, "거병의 뜻을 왕에게 돌아가 아뢰어 달라."고 전언한 점[120] 등을 들 수 있다.

---

118) 『高麗史』 世家 毅宗 22년 3월 기해일.

119) 송진환, 「묘청의 풍수도참사상과 불교관에 대한 연구」, 『嶠南史學』(7)(경산 : 영남대학교 국사학회, 1996), pp. 24~25.

120) 『高麗史節要』 인종 13년 봄 정월 무신일.

이 논의가 중요한 까닭은 그의 진심이 무엇이냐에 따라서 묘청의 난의 성격이 달라질 수 있기 때문이다. 만약 그가 왕권에 도전했다면 그의 거병은 역모가 될 수 있지만, 그렇지 않고 그가 오로지 고구려의 옛 땅에 대한 의지와 개경 귀족의 횡포에 대한 저항 정신으로 거병했다면 그의 처사에 관한 역사적 평가는 "난"亂이 아닐 수도 있기 때문이다.

묘청의 거병이 남긴 역사적 의미는 적지 않다. 북방 진출을 유념하며 전개된 고구려 정신의 몰락과 신라중심사의 반동, 국풍파에 대한 유교국가주의의 승리, 그리고 뒷날 역사의 앙금으로 전승된 서북 차별의 기원으로서의 의미, 풍수지리설과 종교의 절충과 그 공과, 그리고 그 당시 승려들이 몰두하고 있었던 밀교密敎에 뿌리를 둔 불교의 현실 참여와 좌절에 관한 논의가 묘청의 난이 남긴 역사적 유산으로 거론될 수 있다.

5. 대장경의 인각印刻

고려의 불교, 그리고 그 안에 담긴 대륙 회복 의지를 논의하며 다루어야 할 또 다른 문제는 대장경大藏經의 판각板刻이다. 이 대목에서 논의해야 할 주제는 대장경이 지니는 불교사적 의미가 아니라 이를 통하여 고려의 대륙주의 또는 북방에 대한 고려인의 의지를 읽는 것이다. 종교가 국가의 운명에 초연할 수 없으며, 특히 호국불교의 맥락을 이어오고 있는 고려의 불교는 역사상 가장 강렬한 민족주의적 색채를 띠고 있었다.

국가가 환란을 겪을 때 가장 먼저 번뇌하는 무리는 그 시대의 지배적 종교의 성직자들인데 고려의 불교도 예외는 아니었다. 신라 호국불교의 맥락을 이었던 고려의 불교는 자신들의 신심이 국가를 방위하고 있다고 확신했고, 그 상징으로 개경의 중흥사中興寺 구층탑에 믿음을 의지하고 있었다. 고려인의 이러한 신심을 잘 알고 있던 거란군은 현종 원년(1010)에 고려를 침략했을 때 이를 불살라 버렸다.[121] 이와 관련된 일련의 작전으로 거란군은 고려의 승군僧軍을 수색하여

121) 『高麗史』 顯宗 원년 癸丑일.

죽이니 그 수가 무려 800명을 넘었다.[122)]

불심이 국가를 지킬 수 있다는 그들의 의지가 가장 잘 나타난 것은 곧 대장경大藏經의 판각이었다. 그들이 대장경의 판각을 통하여 기대했던 호국의 의지는 고려 말의 문신인 김구金坵의 다음과 같은 시에 잘 나타나 있다.

> 한 장경藏經이 백만 군사보다 훨씬 나으니
> 마군魔軍·외도外道가 제 감히 엿보지 못하네 ……
> 원왕願王이 천 가지 상서로움을 몰고 오니
> 어버이 나라 태평을 스스로 알겠구나.
> 一藏全勝百萬師 故應魔外不容窺
> ……
> 願王已輦千祥至 社稷升平自可知[123)]

이 시기에 대장경의 판각을 서두를 수밖에 없었던 또 다른 까닭은, 불경의 급격한 수요에 견주어 그의 공급이 어려웠을 뿐만 아니라 중국에서 불교가 전래된 이후 불교 서적의 난잡함이 극심했으며, 더구나 출판 문화가 발달하지 못하여 자료의 망실과 오탈誤脫이 많았기 때문이다.[124)]

대장경의 인각은 제8대 현종 2년(1011)에 시작하여 제11대 문종文宗에 이르는 60년에 걸쳐 국력을 기울여 완성한 것인데 이것을 대구大邱 교외의 부인사符仁寺에 보존하도록 했다. 이 작업의 중심에는 대각국사 의천이 있었다. 그는 흥왕사興王寺에 교장도감敎藏都監을 두어 장소章疏를 판각하였는데 이를 『고려속장경』高麗續藏經이라 불렀다. 그러나 이것은 고종高宗 때 몽골군의 침입으로 불타 버렸다.

이 국난을 겪으며 고종은 다시 부처님의 가호를 빌고자 강화도에서 천도 생활을 하며 재위 23년부터 38년까지(1236~1251) 16년 동안이나 걸려 대장경의 인각을 완성했다. 대장경은 8만 1천130여 장, 14자 23행으로 새겨, 분량은 총 6천547권이다.[125)] 불탄 대장경을 다시 새겼던 당시의 불심은 이규보李奎報가 쓴 다음의

---

122) 安啓賢, 『한국불교사연구』, p. 232.
123) 『東文選』(14) 七言律詩 金坵 宣慶殿行大藏經道場音讚詩.
124) 정병조, 「불교사상사」, p. 82.
125) 安啓賢, 『한국불교사연구』, p. 208.

『기고문』祈告文에 잘 나타나 있다.

> 심하도다, 달단(達旦, Tartar)이 환란을 일으킴이여! 그 잔인하고 흉포한 성품은 이미 말로 다 할 수 없고, 심지어 어리석고 혼암昏暗함도 또한 짐승보다 크니, 어찌 천하에서 공경하는 바를 알겠으며, 이른바 부처님의 가르침이란 것이 있겠습니까? 이 때문에 그들이 경유하는 곳에는 불상과 범서梵書를 마구 불태워 버렸습니다. 이에 부인사에 소장된 대장경 판본도 또한 남김없이 타버렸습니다.
>
> 아, 여러 해를 걸려 이룬 공적이 하루아침에 재가 되었으니, 나라의 큰 보배가 상실되었습니다. 제불다천諸佛多天의 대자대비하심에 대한 이런 짓을 참는다면 참지 못할 일이 어디에 있겠습니까? 생각하건대 제자들이 지혜가 어둡고 식견이 얕아 일찍이 오랑캐를 방어할 계책을 세우지 못하고 힘이 능히 불승佛乘을 보호하지 못했기에 이런 큰 보배가 상실되는 재화를 보게 되었으니, 실은 제자들이 무상한 소치입니다. 후회한들 소용이 있겠습니까?
>
> …… 이제 재상[宰執]과 문무백관 등과 함께 큰 서원誓願을 일으켜 이미 담당 관사官司를 두어 그 일을 경영하게 하였고, 따라서 맨 처음 시작한 동기를 고찰하였더니, …… 다만 제불다천이 어느 정도를 보살펴 주시느냐에 달려 있을 뿐입니다. …… 진실로 지성으로 하는 바가 전조前朝에 부끄러워할 것이 없습니다.
>
> 원하옵건대 제불성현삼십삼천諸佛聖賢三十三天은 간곡하게 비는 것을 양찰하시어 신통한 힘을 빌려 주시어 완악한 오랑캐가 멀리 도망하여 다시는 우리 국토를 밟는 일이 없게 하여, 전쟁이 그치고 중외가 편안하며, 모후母后와 여러 왕자[儲君]가 무강한 천수를 누리고 나라의 국운이 만세토록 유지되게 해주신다면, 제자들은 마땅히 노력하여 더욱 법문法門을 보호하고 부처의 은혜를 만분의 일이라도 갚으려고 합니다. 제자 등은 간절히 비는 마음 지극합니다. 밝게 살펴 주소서.[126]

위의 『기고문』에는 부처님의 도움으로써 조국을 지키려는 염원과 왕실의 안

---

126) 『東國李相國全集』(25) 雜著 大藏刻板君臣祈告文 丁酉年(1237)行 : "甚矣達旦之爲患也 其殘忍凶暴之性 已不可勝言矣 至於癡暗昏昧也 又甚於禽獸 則夫豈知天下之所敬有所謂佛法者哉 由是凡所經由 無佛像梵書 悉焚滅之 於是符仁寺之所藏大藏經板本 亦掃之無遺矣 嗚呼 積年之功 一旦成灰 國之大寶喪矣 雖在諸佛多天大慈之心 是可忍而孰不可忍耶 因竊自念 弟子等智昏識淺 不早自爲防戎之計 力不能完護佛乘 故致此大寶喪失之災 實弟子等無狀所然 悔可追哉 …… 今與宰執文虎百僚等 同發洪願 已署置句當官司 俾之經始 因考厥初草創之端 …… 但在諸佛多天鑑之之何如耳 苟至誠所發 無愧前朝 則伏願諸佛聖賢三十三天 諒懇迫之祈 借神通之力 使頑戎醜俗 斂蹤遠遁 無復蹈我封疆 干戈載戢 中外晏如 母后儲君 享壽無疆 三韓國祚 永永萬世 則弟子等當更努力 益護法門 粗報佛恩之萬一耳 弟子等無任懇禱之至 伏惟炤鑑"

녕에 관한 소망이 간절하다. 왕실은 이러한 불사佛事를 통하여 거란과 몽골의 침략에서 조국을 지킬 부처의 자비를 빌고, 또 민중의 심리적 구심점을 찾고자 했다.

이런 의미 이외에 달리 보면, 대장경의 판각은 고려 중기까지 선종이 두각을 나타내다가 천태종이나 화엄종 같은 교종이 세력을 펼치며 가능했다고 볼 수도 있다.[127] "부처님의 말씀을 전파하는 데에는 문자를 쓰지 않으며 마음에서 마음으로 전달한다."는 선종이었다면, 이와 같은 불경 사업을 일으키지 않았을 것이기 때문이다.

6. 역사 인식 : 일연

역사는 유산이며, 그것을 어떻게 전승하는가의 문제는 역사 그 자체에 못지않게 중요하다. 한국사에서 역사가가 아니며 역사학에 가장 커다란 유산을 남긴 인물로서는 일연一然을 능가할 인물이 없다. 일연의 속성俗姓은 김金 씨이며, 이름은 견명見明이었다. 그 이름 자체가 이미 법명의 성격을 띠고 있는 것으로 보아, 아마도 그는 불자 집안의 소생이었거나 아니면 후학들이 불자로서 그의 행적을 고려하여 후세에 지은 듯하다.

일연이 9세의 어린 나이에 해양海陽 무량사無量寺에서 승려가 되었다면 그것은 그의 가계가 이미 불교적이었음을 뜻한다. 그는 22세가 되던 해인 고종高宗 14년(1227) 겨울에 승과에 나가 상상과上上科로 급제했다. 일연이 출가하여 승려가 되었을 때 그는 법명을 회연晦然이라 했는데, 이는 아명의 밝음[明]과 법명의 어둠[晦]을 대비시킨 것이다.

그러다가 이 둘, 곧 밝음과 어둠을 하나로 보겠다는 뜻에서 새로운 이름에 일一자를 넣어 일연一然이라 했는데, 이 이름은 그가 만년에 쓴 것으로 보인다. 밝음이 어둠이요 어둠이 곧 밝음이며, 어둠과 밝음은 종국에 둘이 아닌 하나라는 불교의 깊은 진리가 일연의 이름에 숨어 있다.[128]

---

127) 정병조, 「한국 불교의 역사의식」, 『東國史學』(17)(서울 : 동국사학회, 1982), p. 116; 정병조, 「불교사상사」, pp. 93~94.

일연의 승통僧統은 조계산 수선사修禪社의 직계가 아니었지만, 조계종에 소속한 선승 지눌·진각眞覺 두 국사의 뒤를 이었다. 지눌은 지리산에 있는 무주암無住庵에서 선관禪觀을 얻었는데, 일연 또한 포산包山(지금의 현풍)의 무주암에서 선관을 얻었다.[129]

일연이 불자의 몸으로서 역사에 심취했다는 것은 뜻밖이며 의미 있는 일이다. 그의 『삼국유사』三國遺事가 남긴 역사적 교훈은 아무리 칭송해도 지나칠 것이 없다. 아마도 『삼국유사』란 서명은 후대에 문도들이 붙인 것으로 보인다. 그의 비문에도 책 이름이 보이지 않고, 책 안에 서문이나 발문도 보이지 않는다는 점이 이를 뒷받침하고 있다.[130] 그가 후세에 역사를 남기고 싶은 의지가 있었던 것은 사실이겠지만, 김부식처럼 명료한 출판 의지를 가지고 이 책을 썼다고 보기도 어렵다.

어떤 면에서 보면, 『삼국유사』가 일연의 단독 찬술이 아닐 수도 있으며, 최소한 일연과 그 문도들의 공동 작업일 수 있다. 그는 수행승이었고, 그가 이 책을 쓸 무렵이면 그는 이미 70세가 넘은 고령이어서 방대한 자료 수집과 집필은 불가능했을 것이고, 그의 문도들과 함께 당시의 시대적인 상황을 고민하며 불교계를 통괄하던 가지산加智山 운문사雲門寺의 기반을 이용하여 글을 썼을 것이다.[131]

『삼국유사』가 지니는 첫 번째 역사적 의미는 한국사의 지평을 확대했다는 점이다. 김부식의 『삼국사기』가, "삼국의 역사"라는 주제의 제약성 때문이었든 아니면 고대사에 관한 낮은 평가 때문이었든, 삼국 이전의 고대사, 특히 고조선사를 소홀히 한 것은 역사 기술로서 바람직하지 않았고, 일연으로서는 김부식의 이러한 사안史眼을 받아들일 수 없었을 것이다.

물론 유교국가론에 심취해 있었던 김부식과 불교국가론에 심취해 있었던 일연이 보는 역사의 시좌視座가 같을 수는 없었겠지만, 일연으로서는 김부식이 다루지 않은 부분을 보필補筆하고 싶었던 의지를 지니고 있었음이 분명하다. 책의

---

128) 고운기, 「일연의 『삼국유사』」, 『한국의 고전을 읽는다』(4)(서울 : 휴머니스트, 2006), p. 111.
129) 양재연, 「일연」, 『한국인물사』(2)(서울 : 양우당, 1983), p. 126.
130) 허흥식, 「三國遺事를 저술한 時期와 史觀」, 『仁荷史學』(10)(인하대학교 사학과, 2003), p. 285.
131) 蔡尙植, 「一然 : 시대상황과 삶의 궤적」, 『경산문화연구』(8)(대구한의대학교경산문화연구소, 2004), p. 230.

제목이 유사遺事, 곧 "남은 일들"이란 "김부식이 쓰지 않고 남겨놓은 일들"이라는 뜻이었을 것이다.

일연은 김부식의 저술 가운데서 누락한 민족 기원에 관하여 고민한 최초의 역사학자이다. 그의 민족기원론은 주자학적 세계관에 매몰된 중화변방사학으로부터 한국사를 독립시키려는 고뇌에서 출발한 것이다. 일연이 김부식의 모화로부터 벗어나고자 했던 의지의 최초 표현은 그가 고대사, 특히 신화 시대를 복원했다는 데에서 잘 나타나고 있다.

신화의 역사적 의미에 관하여는 많은 논의가 있을 수 있지만, 그것이 민족적 영혼의 산실임에는 틀림이 없다. 민족의 기원에 관한 논의는 단순히 역사의 발견이 아니라 건국 정신의 탐구를 의미한다. 어느 나라를 가리지 않고 시조 설화는 민족의 좌표를 보여주는 정신적 기둥이다. 김부식이 단군檀君을 부인하려고 했는지 알 수 없지만 어쨌든 그가 단군을 누락했음에 견주어, 일연은 이를 책의 첫머리에서 중요하게 다루고 있다.

그런 점에서 일연은 우선 민족의 역사를 "안에서 보려는" 눈을 가지고 있었는데, 당시 지식인의 사회가 모화주의적이었던 사실에 비춰 보면, 일연의 그와 같은 시각이 쉬운 일은 아니었을 것이다.[132] 괴력난신怪力亂神을 말하지 않으려는 유가의 전통에 따라 신화를 거부하려 했던 김부식의 의중을 이해하지 못하는 바는 아니지만, 일연으로서는 그와 같은 유교근본주의를 따를 수 없었다. 이러한 일연의 의지는 기이편의 다음과 같은 서두에 잘 나타나 있다.

> 머리에 서술해 말한다. 대체로 옛날 성인이 예악으로써 나라를 일으키고, 인의로써 가르침을 베풀며 괴이함과 용력勇力과 패란悖亂과 귀신[怪力亂神]은 말하지 않는 일이었다.[133] 그러나 제왕이 장차 일어날 때는 하늘이 제왕 될 사람에게 상서로움을 주어 천명을 받는 일[符命]과 하늘이 주는 부신符信[圖籙]을 받게 되므로, 반드시 남보다 다른 점이 있었다. 그래야만 능히 큰 변화를 타서 제왕의 지위를 얻고 큰일을 이룰 것이다.[134]

---

132) 金宅圭, 「三國遺事의 社會·民族誌的 가치」, 『한국 사회와 사상 : 연구논총』(10)(성남 : 정신문화연구원, 1984), p. 21.

133) 『論語』 述而의 "子不語怪力亂神"을 의미함.

134) 『三國遺事』 紀異(1) 敍.

일연은 민중의 입에서 입으로 전해지는 "기이한 기록들"을 기이함 그 자체에 머물지 않고 역사로 환원하고자 했다. 이런 점에서 그의 저술은 야사로만 묶어 둘 수 없다. 이것은 단순히 신이神異한 이야기들의 모음만은 아니다. 김부식은 인간의 노력으로 역사를 새롭게 만들 수 있다고 생각한 것과 달리, 일연은 역사에 작용하는 보이지 않는 힘을 강조했다.

신이사관神異史觀이라 할 수 있는 이러한 입장은 김부식의 합리사관에 반발하여 인연설에 바탕을 둔 불교사관을 적용한 것이다.[135] 일연이 『삼국유사』 전편에 걸쳐 강조한 신이는 민족의 자주성과 문화의 우위성을 내세우고자 한 것이었다. 이는 외세의 압박에 대항하여 이를 극복할 새로운 힘의 원천이 전통의 지킴에 있다는 강렬한 확신에서 나온 것이었다.[136] 그는 불교의 성쇠와 국가의 흥망을 연결하고자 했다.[137]

고대사의 연구에서 일연이 가지는 김부식과의 차별성은, 일연이 의식했든 의식하지 않았든, 신라중심사로부터 일정한 거리를 두고 있다는 점에서도 잘 드러난다. 경순왕의 후손으로서 김부식이 살고 있던 존재구속성Seinsgebundenheit과 일제 식민사학의 집요한 주제였던 신라중심사는 한국정치사의 무서운 함정이었다.

일연은 이를 받아들일 수 없었다. 그래서 김부식이 삼국의 건국 순위에서 신라를 먼저 두고 고구려와 백제를 기술한 것과는 달리, 일연은 고구려의 건국을 먼저 거론하고 그다음에 백제, 그리고 신라를 거론했다. 그러나 불교에 관한 기록이 신라 불교에 치중하고 있는 것은 그의 공간적 제약 때문이었을 것이다.

일연이 보여준 이와 같은 탈脫신라사관에 관한 논의는 논란의 여지가 있다. 왜냐하면 그는 본문에서 분명히 고구려와 백제의 역사를 신라보다 앞서 기록하고 있음에도 왕력王曆편에서는 신라-고구려-백제의 순으로 기록하고 있기 때문이다. 이 문제를 어떻게 이해해야 하는가? 앞서 지적하였듯이, 일연은 살아서 이 책의 출판을 의도하지도 않았고, 그래서 책의 이름도 정하지 않았다. 그는 글을 남겨두었을 뿐이다.

일연이 인각사麟角寺에서 『삼국유사』를 쓴 1281년(충렬왕 7) 이후, 원고는 필사

135) 정구복, 「김부식의 『삼국사기』」, 『한국의 고전을 읽는다』(4), p. 34.
136) 蔡尙植, 「一然 : 시대 상황과 삶의 궤적」, p. 224.
137) 허흥식, 「三國遺事를 저술한 時期 와 史觀」, pp. 280, 284.

본으로 전승하여 오다가 조선왕조 초기에 인각되었으며, 1512년(중종 7)에 재간再刊될 때까지 그의 문도들이 이를 보관해 왔는데, 왕력은 이 무렵 어느 시기에 삽입되었을 것이다.

따라서 왕력의 부분은 위찬僞纂이라고까지는 말할 수 없을지라도 일연이 쓴 것이 아니라 후대에 가필되었을 것으로 보인다. 그러한 논거의 한 사례로 1권 왕력 말미에 등장하는 후고려의 왕건王建에 수록된 "삼국 통일"이라는 표현은 그 시대의 어휘가 아니다.

이러한 역사 기술 과정에서 일연이 의도했던 것은, 민족적 정체성을 모색하는 것이었다. 일연이 살던 시대는 나라 안팎으로 격동의 시대였다. 최충헌崔忠獻의 무신 정권 시대에 태어나 밖으로는 몽골의 외침 속에 살았던 일연으로서는, 불가의 가치와 수도사적 삶에만 몰두할 수 없었으며, 민중적 삶의 아픔과 민족의 영욕에 관하여 고민하지 않을 수 없었다. 그는 포산의 보당암寶幢庵에 거처하며 수도하다가 고종 23년(1236) 가을에 몽골군의 침입을 겪으며 국운의 기울음을 목격했다.

일연은 외적(몽골)에 대한 항쟁을 치러야 하는 소용돌이에서 무엇보다 대내적인 자기정체성의 확립을 통한 단결이 필요하다고 판단했을 것이다. 그는 위기에 빠진 국가의 안위를 목격하며 사람들에게 희망과 아울러 그들의 정체성에 도움이 되는 무언가를 안겨주고자 했다.[138] 이러한 정신은 경주진병마절제사 전평군全平君 이계복李繼福이 『삼국유사』를 중간(1512)하며 쓴 발문에 잘 나타나 있다.

> 내가 생각건대, 선비가 이 세상에 나서 여러 역사 서적을 두루 보고 천하의 치란 흥망과 모든 이상한 자취에 관하여 오히려 견식을 넓히려 하는데, 하물며 이 나라에 살며 나라의 사적事蹟을 알지 못해서야 되겠는가? 이로써 이 책을 다시 간행하려 하여 완전한 책을 널리 구한 지 몇 해가 되어도 얻지 못했으니, 그것은 일찍이 세상에 드물게 유포되어 사람들이 쉽사리 얻어 보지 못했음을 알 수 있다. 만약, 지금 이것을 다시 간행하지 않으면 앞으로 실전失傳되어 동방의 역사를 후학들이 마침내 들어 알지 못할 것이니 탄식할 일이다.[139]

138) 김석근, 「단군신화와 정치적 사유 : 한국정치사상의 始原을 찾아서」, 이재석(외), 『한국정치사상사』(서울 : 집문당, 2002), pp. 25~26.

139) 『三國遺事』 正德本(1512) 跋文.

이계복은 일연의 고민을 정확히 깨닫고 있었다. 나라 안팎의 어지러운 상황에서 정체성을 발견함으로써 민족의 영혼을 찾으려는 그의 작업이 불교적 학습을 거쳐 하나의 사상으로 이룩된 것이 『삼국유사』에 나타난 친민중적 요소와 전통에 관한 애착이었다.

따라서 일연의 사관은 그가 무신 정권과 몽골의 지배 아래서 살았다고 하는 개인적 체험과 무관하지 않다. 설령 그가 불자로서 불국토를 유념하며 글을 썼다고 하더라도 그 의미는 불교에 머무르지 않았다. 그의 글에는 그 시대 중생의 모습을 그리고 싶은 강렬한 열망이 담겨 있다. 일연은 충담忠談이 지은 다음과 같은 「안민가」安民歌를 인용하여 백성의 삶을 묘사했다.

임금은 아버지요
신하는 사랑하실 어머니요
백성은 어리석은 아이라 하시면
백성이 그 사랑을 알리이다.
꾸물거리며 사는 물생物生에게
이를 먹여 다스린다.
이 땅을 버리고 어디로 가랴!
나라 안이 유지됨을 알리니
아아! 임금답게 신하답게 백성답게 할지면
나라 안이 태평하리이다.

君隱父也 臣隱愛賜尸母史也 支民焉狂尸恨阿孩古爲賜尸知 民是愛尸知古如 窟理叱大肹生以支所音物生 此肹喰惡支治良羅 此地肹捨遣只於冬是去於丁爲尸知 國惡支持以支知古如 後句君如臣多支民隱如爲內尸等焉 國惡太平恨音叱如[140]

일연이 그려서 후대에 전승하고자 했던 삼국의 모습은 중생의 모습이었지 지배 계급의 호화로움이 아니었다. 따라서 그의 기록은 김부식의 『삼국사기』에 나타나는 왕조 중심의 지배 계급의 역사가 아니라 중생의 역사였다. 물론 제2권 기이紀異 제2편이 신라의 지배 계급을 중요하게 다루고 있는 것은 사실이지만, 이 부분은 『삼국유사』의 핵심이 아니며 일부일 뿐이다. 그가 진실로 그려내고

140) 『三國遺事』 紀異(2) 景德王·忠談師·表訓大德.

싫었던 부분은 제3권의 흥법興法과 탑상塔像의 부분이었다.

일연이 재현하고 싶었던 역사는 전쟁의 참화와 무신 정권 아래에서 파괴된 민중적 삶의 모습이었다. 그는 왕권에 경의를 보이지 않았다. 그래서 그의 글에는 왕실에 대한 조소, 민중적 삶에 대한 연민과 억눌림에 대한 분노, 그리고 그들의 원형적 삶의 모습을 재현하려는 의지가 강렬하게 나타나고 있다. 다음과 같은 글은 왕과 민중에 대한 그의 정서를 잘 드러내고 있다.

> 경덕왕景德王은 음경陰莖의 길이가 여덟 치나 되었다. 아들이 없었으므로 왕비를 폐비하여 사량부인沙梁夫人으로 봉했다. 후비 만월滿月부인의 시호는 경수태후景垂太后이며 의충依忠 각간의 딸이었다. …… 그 뒤 만월왕후가 태자를 낳으니 왕은 매우 기뻐했다. 태자는 여덟 살 때 왕이 세상을 떠나자 왕위에 올랐다. 이가 혜공대왕惠恭大王이다.
>
> 왕은 나이가 어렸으므로 태후가 대신 정사를 보살피니 정사가 다스려지지 않았다. 도둑이 벌 떼처럼 일어나 미처 막아낼 수 없었다. …… 왕위에 오를 때까지 항상 부녀가 하는 짓만 했다. 비단 주머니 차기를 좋아하고 도사道士(도교의 술사)들과 함께 희롱했다. 그러므로 나라에 큰 난리가 생겨 마침내 선덕왕宣德王과 김경신金敬信에게 죽임을 겪었다.[141]

일연은 아마도 신라사를 빗대어 당대를 살아가는 중생의 모습을 그리고 싶었을 것이다. 그가 보기에 무신들의 정변과 집권은 문신 귀족의 지배 체제를 무너트리기는 했지만, 사회와 역사의 바른 질서를 회복하는 길과는 거리가 멀었다. 새로운 무신 정권이 수립되어 감에 따라, 문신 귀족이 횡행한 이래 발달하기 시작한 사전私田은 더욱 급속히 확장되어 갔으며, 농민과 노비의 크고 작은 난은 전국적으로 파급되었다.

이러한 안팎의 어려움 속에서, 비록 힘으로는 굴종을 강요당했지만, 그는 문화적 자긍심을 회복하려는 사상을 지니고 있었다. 그는 문화적 우수성과 유구한 민족의 역사성을 강조함으로써 국권을 회복할 수 있다는 자각을 불러일으켰다. 이리하여 돌파구를 봉쇄당한 민중의 분노와 저항 의식은 역사 전통에 관한 민족적 의식으로 심화해 갔는데, 『삼국유사』는 바로 이와 같은 사회 상황과 민족의

---

141) 『三國遺事』 紀異(2) 景德王·忠談師·表訓大德.

수난 가운데서 이룩되었다.[142)]

일연이 한국사에서 남긴 의미로서 마지막으로 논의할 문제는, 불교사에서 그의 입지이다. 그 시대가 불교를 국교로 삼은 시대였고, 그래서 산문山門과 세속의 문제를 떠나 모든 사람이 불교의 삶을 지향했다는 점에서, 그의 불교의 삶이 새삼스러울 것은 없다. 이러한 전제에도 일연이 남긴 불교적 유산은 깊고도 크다.

그것은 멀고 어렵게만 느껴지는 불교의 진리를 민중 불교의 차원으로 내려놓았다는 점일 것이다. 보는 이에 따라서 현학衒學과 비논리적 담론의 상징이라 할 불교의 교리를 민중에게 설명하기란 쉽지 않은 일임에도 일연은 그 작업에 성공했는데, 이는 그가 가지고 있던 불교와 민중에 대한 애정의 소산이라고도 볼 수 있고, 달리는 민족 문화에 관한 높은 지식과 깊은 감식안鑑識眼에 따른 것이라고도 볼 수 있다.

7. 결론

이 글의 결론은 다음과 같다.

[1] 한국의 중세사는, 그 선악의 문제를 떠나, 불교라는 거울이 아니면 이해와 설명이 어렵다. 그것은 불교에 대한 왕권의 의존도가 그만큼 높았기 때문일 수도 있고, 다른 측면에서는 불교가 한국의 사상사에 끼친 영향이 그만큼 크다는 뜻일 수도 있다. 왕건 이래 고려의 왕실은, 신라 세력을 무마하고 신흥국으로서 민심을 추스르고자 신라 불교의 맥을 거스를 수 없었고, 민중은 신라의 오랜 불교적 학습에 익숙하였던 터라 고려왕조의 숭불정책을 긍정적으로 받아들이며 체제에 순응했다.

[2] 그와 같은 체제 불교로서 몫을 하는 데 결정적인 구실을 한 것은, 연등회와 팔관회였다. 부처의 공덕을 찬양하려는 연등회와, 전몰장병의 넋을 위로하는 진혼의 의미를 갖는 팔관회는, 왕실의 번영과 국가적 응집력을 높이는 도구로

142) 安啓賢, 『한국불교사연구』, pp. 233~234; 허흥식, 「三國遺事를 저술한 시기와 사관」, p. 277; 정병조, 「불교사상사」, pp. 109~110.

충실히 기능했다. 이러한 메커니즘을 거쳐 고려의 불교는 국교의 수준에 이르러 체제 불교로서 입지를 굳혀갔다.

[3] 나말여초에 성행했던 선풍禪風과는 달리, 고려의 불교는 교종의 성격을 띠며 국가 체제의 강화를 위한 이면으로 발전하게 되었는데, 그 중심에는 의천의 천태종이 자리 잡고 있었다. 왕자라는 가족사적 배경에서 자유로울 수 없었던 의천의 이념은 왕실의 강화에 집중되어 있었고, 노선에서는 대승불교의 입장을 벗어나지 않았다. 그의 이와 같은 종교적 고뇌가 세속에 반영된 것이 곧 그의 화폐경제론이다. 불교가 가지고 있는 비물질적 요소로 말미암아 그것이 훗날 자본주의의 형성과 발전에 저애沮礙가 되었다는 점을 고려한다면, 의천의 화폐경제학이 지니는 경제사적 의미나 중요성은 매우 역설적이다.

[4] 한국의 역사에는 원통한 영혼[冤魂]이 많았는데, 그 가운데 대표적인 인물이 곧 묘청이었다. 한국의 보수 사학에서 묘청은 요승이었고, 그의 행적은 반란이었다. 그러나 그에 관한 정치학적 해석은 다르다. 그는 신라사 중심의 역사로부터 벗어나 고구려 정신을 회복하고 고구려의 옛 땅에 관한 의지를 북돋우려는 꿈에 사로잡혀 있었다. 묘청은 신라의 반도 생활을 벗어나고 싶어 했던 대륙론자였으며, 불교의 학맥으로 본다면 현실의 문제를 외면할 수 없었던 밀교의 정치 승려였다. 그의 의지를 서북인의 지역 의식만으로 설명하려는 것은 그의 본심과 많이 다르다.

[5] 일연의 역사적 의미는 승려이기 이전에 민족 사학의 창시자였다. 그는 단군조선을 소개함으로써 역사의 지평을 크게 넓히는 동시에, 건국 신화의 발굴을 통하여 역사적 민족지historical ethnography이자 민속사folk-lore history의 보고인 『삼국유사』를 남겼다.[143)]

『삼국유사』는 우리에게 야승野乘의 의미를 되새기게 한다. 야승은 사실성reality의 면에서 다소 흠이 있을지라도 그 시대의 민중적 숨결을 이해하는 중요한 자료이다. 그의 글에서 백성의 삶이 주로 등장하는 것은 불교적 자비의 뜻도 있겠지만, 역사학적으로는 민중사의 의미를 부각하였다는 점에서 의미 있는 일이었다.

---

143) 金宅圭, 「三國遺事의 社會·民族誌的 가치」, p. 4.

제11장 고려의 향정鄕政

한국형 향신鄕紳, gentry의 뿌리를 찾아[1)]

지방분권은 왜 필요한가?
그것은 국민들이 자치체에서
자유를 체험하고 배우며
성장하기 때문이다.
—본문에서

1. 서론 : 왜 향정인가?

한 사회의 정치적 중추는 누구일까? 이 문제는 오랫동안 논쟁의 중심 개념이었다. 사회구조적으로 본다면, 정치적 지배 계급power elite일 수 있지만 그렇다고 해서 그 시대에 권력 밖의 지식인counter intelligentsia을 무시할 수도 없다.

사관史觀의 입장에서 본다면 영웅사관heroism과 민중사관populism의 입장 차이가 있을 수 있고, 제도적으로 본다면 중앙집권제와 지방분권제의 잇점을 둘러싼 논박이 있을 수 있고, 전근대 사회에서는 군권君權과 신권臣權의 길항拮抗이 있을 수 있고, 좌파의 논리에서는 국가와 계급의 관계에 주목할 수도 있다.

이 글은 위와 같은 여러 가지 논의 가운데 중앙정부와 지방정부의 관계에서

---

1) 「고려시대의 향정鄕政과 사심관 : 한국형 향신鄕紳의 뿌리를 찾아」, 이희주(외), 『고려시대의 공공선』(2)(성남 : 한국학중앙연구원, 2016), pp. 49~82를 이 책에 맞도록 다시 쓴 글임.

특히 지방의 지식인이라 할 수 있는 향신鄕紳, local intelligentsia의 발생사적 배경을 주목하고 있다. 어느 시대를 막론하고 권력의 핵심에서 한발 비켜서서 그 사회의 동력을 이루었던 토착 지식 계급이 있었다. 이 글은 시대적으로 고려高麗라고 하는 배경 속에서 향토지식인의 문제를 다루어 보고자 한다.

그들은 그 시대의 공공성publicity이나 공공선public good에 관해서 무슨 생각을 했고, 그 사회에서 어떤 방법으로 어떤 내용의 공공선을 이루었을까? 여기에서 공공성이라 함은 "그 시대의 최고 지식인들이 그 사회의 최고선인 공동체의 번영과 보다 나은 삶을 구현하고자 도출한 보편적 가치 체계"를 뜻한다. 이를 정리하자면,

(1) 그 시대 최고 지식인에 관한 개념 규정이 필요하다.
(2) 그들이 제시한 가치에 관한 보편적 동의가 필요하다.
(3) 가치의 배분은 대다수 구성원에게 귀속되어야 한다.
(4) 그 가치의 구현을 위한 공동체의 노력이 필요하다.
(5) 그 가치 구현의 주체는 대체로 정치지도자들이다.

이 글이 고려시대를 주목하는 이유는 고려시대의 연구를 통하여 고대 사회가 어떻게 해체되었으며, 그것의 중세적 모습, 이를테면, 귀족 사회의 형성이라든가 화폐 경제의 대두, 토지 제도의 정착과 농업생산성의 증대, 그리고 인쇄 문화와 과학 기술의 등장으로 어떻게 근대를 준비하고 있었는가를 보여주는 역사의 허리에 해당하는 부분이기 때문이다.[2]

따라서 이 글의 문제 의식은;

(1) 고려(중세)시대에 한국 고유의 향정의 존재 형태는 어떠했으며, 향정의 기초가 되는 호족豪族이나 사심事審은 어떤 의미를 지니고 있을까?

(2) 사심관은 지방분권의 형태로 볼 수 있을까? 하는 문제에 주목한다. 이 글은 그 당시 사심관의 존재 형태를 주목하지 않은 것은 아니지만 그보다는 그가 가지고 있는 역사적 의미와 변용變容에 주목한다.

(3) 역사적 맥락으로 볼 때 향신은 어떤 발생사적 고리를 갖는 것일까? 사심관

2) 신복룡, 「고려시대의 부패 구조와 제어 기제 : 공공선은 어떻게 파괴되고 복원되었는가?」, 이희주(외), 『고려시대의 공공선』(1)(성남 : 한국학중앙연구원, 2016), pp. 47~81.

에서 향신의 흔적을 찾을 수 있을까? 이러한 천착穿鑿은 한국사에서 향토지식인들이 서구적 개념의 젠트리gentry나 융커junker와 어떻게 같고 다른가를 보여주리라는 가능성을 주목한다. 이것은 한국사에서 향촌지식인의 뿌리를 찾는 작업이 될 것이다.

(4) 한국 사회에서 향신과 양반을 이어주는 지식 계급에서 구조적 또는 물질적 요소는 무엇일까? 이를테면 한국의 지식인 계급의 형성에서 토지는 어떤 의미를 지닐까?

(5) 고려의 토착지식인들은 공공선이나 공공성에 관하여 무슨 생각을 하고 있었고, 어떻게 기여했는가?

사심관의 문제와 관련하여 이제까지 발표된 기존 연구의 흐름을 보면, 전적으로 국사학계에서만 이루어졌을 뿐 사회과학 분야에서는 이에 관한 탐구가 없다. 이 문제의 의미를 인식한 국사학계에서는 고려시대에서의 현지 관반在地官班의 여러 가지 양상을 검토하는 작업이 그 사회상을 파악하는 매개엔 동시에 이후에 정비되는 고려의 국가 체제를 연구하는 전제가 된다는 사실[3]을 깊이 인지하고 있었다.

이제까지 대부분의 사심관 연구는 중앙의 권리와 지방의 의무에 주목함으로써 중앙의 지배와 지방의 복종이 강조되었다. 그러나 중앙이 지방의 지배만을 능사로 삼은 것은 아니었다. 마찬가지로 지방이 복종의 의무만을 짊어진 것만도 아니었다.[4]

사심제도는 중앙의 관리가 직접 지방 지배에 참여한 제도였고 따라서 사심은 그 출발에서 지방에 대한 중앙의 지배를 상징하는 것이었음도 사실이었다.

더욱이 성종成宗 이전에는 지방관이 파견되지 못하여 사심이 관리하던 군현郡縣과 속현屬縣이 지방관에 의해 운영되던 주현州縣보다 훨씬 많았다. 이런 상황에서 지방 통치는 무엇보다도 지방 세력을 제압하는 것이 우선적인 과제였다. 그 지방의 출신으로서 그곳의 사정을 잘 알면서 중앙에서 국왕에게 충성하고 있는 관리들이 그 지역을 제압·지배하게 했던 처사는 합리적 선택이었다.

결국 지방 세력을 고립시켜 궁극적으로 그들을 제압하고자 하는 것이 당시 위

---

3) 윤경진, 「고려 초기 在地官班의 정치적 위상과 지방 사회 운영」, 『한국사연구』(116)(2002), p. 94.

4) 홍승기, 「고려 전기의 事審과 향리」, 『역사학보』(166)(1995), p. 40.

정자들의 의도였다. 그러나 현지 세력에 관해서는 위상만 이야기했을 뿐 국가 체제와의 관계는 연구가 미흡했다. 이는 고려 초기에 국가가 지방 통제력을 확보하지 못했고, 따라서 지방 사회의 운영을 현지 세력에 위임하고 있었다는 일반적인 시각視角 때문이었다. 이러한 시각은 그 자체로서는 충분히 의미 있는 작업이었지만, 그렇다고 해서 지방의 직제나 기능이 국가 체제와 무관하게 존재할 수는 없었다.[5] 그들의 관계는 매우 교호적交互的이었다.

사심관이 중앙정부에 의한 지방정부의 통제 수단에서 비롯되었다는 논리는 1935년에 사심관 연구의 시초를 연 일본의 하타다 다카시旗田巍가 주도했다.[6] 그러나 사심의 문제를 논의할 때 그것이 향리鄕吏로 대표되는 지방 세력을 중앙이 "제압"하는 데에만 주목한다면 이는 사회과학적 해석으로부터 멀어질 수 있다. 왕건王建은 중앙 세력을 이용하여 토호 세력을 견제하고자 했던 것이 사실이었다.

그러나 당초에 사심관이 중앙 관료였고, 따라서 중앙의 지방 통치에서 한 역할을 담당한 것은 사실이지만 그것은 부분적인 이해로서, 그것만으로서는 사심관의 성격을 이해하는 데에 한계가 있다는 반성이 일기 시작했다. 채웅석蔡雄錫[7]과 박은경朴恩卿의 연구[8]로 대표되는 이와 같은 반성은 중앙 관료로서의 사심관의 위치만을 강조했던 기존 연구를 수정하고자 했다.

그들은 고려시대의 지방 질서에 관한 기존의 연구가 향촌 사회와 기층민의 문제에서 유리된 점에서 한계가 있다고 지적하면서 고려의 지배 체제를 구성하는 요소인 국가 권력-향촌 사회-백성 사이의 상호 관계를 시야에 넣고 지배 질서의 전체상을 구성할 때 중앙 권력 중심으로 고찰한 연구에서 놓치기 쉬웠던 중세 사회의 다양한 모습을 밝힐 수 있다고 주장한다.

이 글은 위와 같이 사심의 전체상 가운데에서 자치적 의미에 주목하면서, 그의 본래의 모습과 함께 그것이 시대적으로 변용하면서 그 사회에 작동한 모습

---

5) 윤경진, 「고려 초기 在地官班의 정치적 위상과 지방 사회 운영」, p. 94.

6) 旗田巍, 『朝鮮中世社會史硏究』(東京 : 法政大學出版局, 1972), p. 19. 이 논문은 「高麗の事審官ついて」, 『東亞』(8/2)(1935)라는 이름으로 처음 발표되었다.

7) 蔡雄錫, 『고려시대의 국가와 지방 사회 : 본관제의 시행과 지방 지배 질서』(서울 : 서울대학교출판부, 2000), pp. 1~2.

8) 박은경, 「고려의 사심관과 조선 초의 유향소에 대하여」, 『역사학보』(168)(2000), pp. 21, 24; 박은경, 「고려시대 사심관의 성격」, 『인하사학』(3)(1995), pp. 17, 32.

곧 그것이 변질해 가는 사회적 배경과 그것이 훗날 향촌 지식인으로 자리를 잡고, 사림士林이었든 아니면 양반으로 대표되는 한국사에서의 지방 인텔리겐치아의 원형을 찾아보려는 취지에서 쓴 것이다.

고려의 지역 사회에서 갖는 향촌 지배층의 신망과 위세가 망족望族 의식으로 자리 잡으면서 본래의 의도와는 많이 다르게 주민의 교화와 통솔에 중요하게 작용하는 이데올로기적 기능까지 갖게 되었던 점[9]을 이 글은 주목하고 있다.

방법론적으로 이 글의 개념 구조conceptual framework는 몽테스키외Baron de Montesquieu(1689-1755)의 『법의 정신』*The Sprit of the Laws*에 의존하고 있다. 한국 역사의 진단에 몽테스키외는 유효한가? 라는 질문이 있을 수 있다. 이 글의 기본적인 입장은 "그렇다."이다. 그가 가지고 있었던 동양학적 소양은 유교중심적 한국사 연구에 많은 시사示唆를 준다. 그가 이해한 중국과 일본에 관한 해석은 동양인들이 간과한 부분에 관한 많은 깨우침을 준다. 몽테스키외의 사상이 이 논문에 주는 함의는;

(1) 그의 자연법사상과 관습법에 관한 인식(XIX, § 6; XIX, § 27; VI, § 9),
(2) 권력분립론과 거기에서 파생된 자치의 논리,
(3) 이성에 관한 기대(XXIX, § 16)와 그를 통한 지식 사회의 의미 도출,
(4) 애국심을 통한 국가 기여 의지의 호소(V, § 2),
(5) 토지土地의 발견(V, § 9) 등이다.

2. 지방분권의 유산 : 향신鄕紳

역사나 정치가 진보하기를 바라고 또 진보하고 있다고는 하지만 민주정치에 관한 소망이 늘 만족스러운 것은 아니었다. 여전히 민주정치를 위한 노력이나 투쟁은 지속되고 있다. 민주정치의 성숙도를 측정하는 척도는 무엇일까? 여러 가지의 준거 가치가 있겠지만 그 가운데 대표적인 것은 아마도 "자치自治의 정도"일 것이다. 자치의 정도는 그 정치체의 독립성·다양성·분권성 등으로 특징지

---

9) 구산우, 「고려 초기 향촌지배층의 사회적 동향」, 『부산사학』(39)(2000), p. 110.

어질 수 있다.

그러나 그러한 가치가 늘 존중된 것은 아니었다. 그 앞에는 중앙집권의 벽이 거수巨獸, Leviathan처럼 버티고 있었다. 이제 중앙집권과 지방분권 또는 자치에 관한 가치 논쟁은 끝난 듯하지만 중앙집권에 대한 유혹과 지방분권에 관한 소망과 갈등은 끝나지 않았다.

이 글은 중앙집권과 지방분권에 관한 논리에 깊이 들어갈 뜻은 없으며, 다만, 그 논쟁의 중요한 인자를 이루고 있는 향신의 문제만을 거론하고자 한다. 이 문제가 중요한 이유는 분권·자치·참여 등의 문제를 논의하면서 그러한 역할을 맡는 자가 누구인가 하는 물음에 봉착하기 때문이다.

지방분권은 왜 필요한가? 그것은 카타네오Carlo Cattaneo의 지적처럼 국민들이 자치체에서 자유를 체험하고 배우며 성장하기 때문이다. 민주정치는 도제徒弟의 수련 과정이 필요한 학습 효과이다. 작은[지방] 정치에서의 수련과 경험은 큰[중앙] 정치의 디딤돌이 된다. 공동체의 정치 과정에 참여하고, 토론에 참가하고, 회의에서 자신의 의견을 피력하고, 대표를 선출하고, 대표들이 일하는 것을 감시하는 시민들은 공공선이 남의 것이 아니라 자신의 것이라고 느끼게 됨으로써 공공선에 관하여 마치 자신의 소유물에 관하여 느끼는 것과 같은 애정을 느끼게 된다.[10]

분권이 필요한 논거는 아직도 아련히 남아 있는 직접민주주의에 관한 향수 때문이다. 공화주의자들은 "모두에게 영향을 미치는 것은 모두의 의사에 따라서 결정되어야 한다."는 로마법의 원리principle of *quod omnes tangit*로부터 자치의 원리를 도출했다.[11] 현장감은 공동체에 대한 애정의 일차적 계기를 제공한다.

특히 공직자의 임용과 사직의 문제에 자신이 직접 참여하여 영향력을 미칠 수 있다는 사실은 공동체에 대한 헌신 의지와 책임감을 제공해 준다. 그와 같은 욕구를 충족해주는 방법으로, 주민의 압력 때문에 권력을 잡고 있던 일단의 사람들이 비판자들에게 자리를 내주고 물러나는 일에는 민주적인 풍취가 있다.[12] 그러므로 민주주의의 일차적 계기는 참여이다.

---

10) Maurizio Viroli, *Republicanism*(New York : Hill and Wang, 2002), pp. 84, 101

11) *Ibid.*, pp. 4, 27.

12) Karl A. Wittfogel, *Oriental Despotism*(New Haven : Yale University Press, 1958), p. 123.

지방공동체에 행정의 수장이 존재한다고 하더라도 그가 영역 안의 모든 일을 처리할 수 있는 것은 아니다. 거기에는 비정부적 요소들이 많이 있기 때문이다. 이를테면 부락공동체가 해야 할 일로 관개灌漑, 부락 방어, 개인 분쟁의 중재, 상부상조, 부락 축제, 제례 등이 있다.

지방정부는 중앙 부서에 직접 다루지 않는 공공의 문제를 다루어야 한다. 이럴 경우, 지방정부는 중앙정부와 관계없이 학식이 높고 재산이 많은 향촌 유지의 지도를 받아 그와 같은 업무를 수행한다. 유지들은 그러한 행사를 직접 처리하지 않지만 그런 행사를 결정하는 위치에 있다.[13]

동양의 전통 사회에서는 그와 같은 역할을 맡고 있는 무리를 우리는 향신이라 부른다. 이들이 가지는 정치사상사적 의미는;

> (1) 향신은 그 시대의 의견수렴자opinion leader로서 공의公義나 정의를 말할 수 있는 상위 계급이었다.
> (2) 향신은 하의상달下意上達의 기제機制로서 그 시대의 소통의 매개자였다.
> (3) 향신은 향회鄕會의 중추 세력을 형성함으로써 자치의 유산을 담고 있다.

이런 점에서 향신은 공공선의 구현에 매우 중요한 역할을 맡고 있다. 그들은 통치권의 안팎에 있는 동료와 친지를 통하여 비공식적인 영향력을 행사한다. 그들은 반드시 선비나 관료가 되는 것을 의미하지는 않는다.[14] 이러한 경향은 전제군주를 중심으로 하는 비대肥大 정권에 대한 혐오감을 바탕에 깔고 있다.

고염무顧炎武의 말을 빌리면, 천하의 다스림은 이서吏胥로부터 시작하여 천자에서 끝난다. 그러므로 예로부터 작은 관직이 많은 것은 세상이 흥성한 탓이고, 큰 관직이 많은 것은 세상이 쇠퇴했기 때문이었다.[15]

동양 사회의 향신의 문제는 서구의 젠트리gentry의 문제와 비교함으로써 그 의미를 더 정확히 밝힐 수 있다. 영국 사회에서의 젠트리란 세습적 하층 귀족으로서 농업과 상업의 분야에서 성공한 명망가이자 전통적인 지방자치의 담당자였다. 그들은 귀족peerage과 소지주yeomanry의 중간 계층이었다.[16]

---

13) Hsiao-tung Fei, *Chinese Gentry*(Chicago : The University of Chicago Press, 1953), p. 81.
14) *Ibid.,* pp. 17, 83~84.
15) 顧炎武 지음, 윤대식 옮김, 『日知錄』(서울 : 지식을 만드는 지식, 2009), 政治 鄕亭之職

젠트리는 1688년의 명예혁명을 거치면서 더욱 성장하여 찰스 1세Charles I 시대의 내전을 치른 뒤 지방에서 "작은 왕"처럼 군림하였다.[17] 이들은 향회local chamber의 중요한 구성 요소였다.[18] 독일에서는 이들보다 토지 귀족으로서의 성격이 더 짙은 융커Junker들이 보수주의적 성격을 띠고 고급 관리와 장교의 지위를 차지하면서 강력한 세력을 형성하였다.

그렇다면 서구에서의 젠트리나 동양에서의 향신의 자격은 무엇일까? 이를 정리하면 다음과 같은 요인들을 지적할 수 있을 것이다.

(1) 빚지 않을 정도의 경제적 여력economic estate of land
(2) 사회에서 건설적인 의견을 제시할 수 있을 정도의 교육 정도high-educated
(3) 종교로 다듬어진 관용benevolence or tolerance
(4) 사회에 공헌devotion하려는 의지와 그 표현으로서의 봉사noblesse oblige
(5) 부모, 당사자, 그리고 자식의 세대로 이어지는 가문noble family
(6) 품위 있는 생활 습속에 따른 대중적 존경respect

위의 자격 요건 가운데 주목할 만한 것은 토지를 중심으로 하는 재산 정도이다. 특히 영국의 경우를 보면 농업자본주의의 발달에 젠트리의 역할이 컸다. 상업자본의 시대로부터 산업자본으로 이행하는 과정에서 그들은 봉건 세력으로 남지 않고 자본가화하였다. 중세 기사들이 더 이상 전사들의 집단으로 기능하지 못하게 되자 그들은 영지를 관리하는 지주층으로 정착하면서 자신의 영지에서 법과 질서를 유지하는 임무를 맡게 되었다.

이들은 의원직과 치안판사를 독점함으로써 일찍부터 지방의 통치 집단으로 자리 잡았다. 이들이 그 위치를 확보·유지할 수 있도록 만들어 준 것은 토지의 집중이었다.[19] 몽테스키외의 지적처럼 귀족의 존엄은 영지의 존엄으로부터 온다.[20]

지방의 토지를 장악하고 있던 젠트리들은 19세기 중반까지도 통치 기구를 놀

---

16) 문영상, 「영국 gentry 계층의 역할과 그들의 역사적 성격」, 『부산사학』(1)(1972), p. 111.
17) 박지향, 『영국사 : 보수와 개혁의 드라마』(서울 : 까치, 1997), p. 140.
18) Hsiao-tung Fei, *Chinese Gentry*, p. 84.
19) 박지향, 『영국사 : 보수와 개혁의 드라마』, pp. 138~139.
20) Baron de Montesquieu, *The Spirit of the Laws*, Book V, § 9.

잇감plaything으로 여겼다. 그들은 정치적 지렛대를 움직이면서 다른 계급으로부터 강한 도전을 받았다. 정치의 공식 기구는 물론이고 비공식기구에서도 강력한 위치를 지키려는 노력으로 말미암아 귀족과 젠트리는 원성을 들었다.[21] 젠트리의 성공은 단지 농업 활동에만 원인이 있었던 것은 아니다. 미래를 바라보는 안목을 가진 그들은 토지를 소유한 상층 계급이나 좁은 의미의 유산계급과 여러 가지 친분과 연관을 맺고 있었다.[22]

젠트리의 지탱력을 강화해준 것은 토지의 장자상속제primogenitary와 관련이 있다. 고려시대의 영업전營業田을 장자 상속으로 볼 것인가에 관한 논의가 있다. 이 글은 『고려사』 지志(39) 형법 소송 예종睿宗 17년 판判에 "무릇 부조父祖의 땅에 문계文契가 없는 것은 적장자嫡長子에게 우선적으로 결급決給하게 하였다."는 자료에 의거하여 이렇게 썼다. 이 대목이 "적자 단독 상속만을 뜻하는 것이 아니다"라는 주장이 있으나,[23] 그 논지가 분명하지 않다. 고려조의 공음전의 상속에 "예외적으로" 자녀 균분이 있었겠지만, 실제로는 적장자상속이었다.

최재석崔在錫은 토지의 균분 상속을 주장하고 있지만, 그것이 꼭 공음전을 뜻하는 것이라고는 볼 수 없다.[24] 장자상속제는 여러 아들에게 토지를 분배함으로써 벌어지는 토지의 영세화零細化 현상을 막으려는 고육책이었다. 그 시대에 젠트리 가문의 차남 이하 자식들이 쉽게 세상을 살아가는 길이 열려 있는 것은 아니었다. 그들은 장자상속제 아래에서 토지를 가질 전망이 거의 없었다.

더욱이 유아사망률이 낮아지면서 그들 사이의 경쟁은 더욱 심해졌다. 이제 미래의 삶을 위한 해결책은 전문직 교육을 받거나 또는 상업 문야의 도제 수업을 거치는 것이었다. 전문 직종은 더 깊은 지식을 쌓아야 했기 때문에 젠트리 출신 가운데에서도 소수만이 그 문턱을 넘었다.[25] 그러는 과정에서 그들의 생명력은 더욱 강건해졌다.

---

21) Barrington Moore, *Social Origins of Dictatorship and Democracy*, p. 33.

22) Barrington Moore, *Social Origins of Dictatorship and Democracy*, pp. 14~15.

23) 노명호, 「전시과 체제 하 백정 농민층의 토지 소유 : 토지상속제와 관련된 검토를 중심으로」, 『한국사론』(23)(1990), p. 202.

24) 최재석, 「고려조에 있어서의 토지의 자녀 균분 상속」, 『한국사연구』(35)(1981), pp. 33~43. 이에 관한 논쟁은, 노명호, 「고려시대의 토지 상속」, 『중앙사론』(6)(1988), pp. 17~21 참조.

25) 이영석, 「18세기 초 런던 상인의 생활 세계」, 『사회와 역사』(60)(한국사회사학회, 2001), p. 219.

3. 사심관事審官 제도制度의 발생사적 배경

제도는 그 시대를 비춰주는 거울이다. 한 시대에 어떤 제도가 존재했다면 그것은 시대적 요청의 산물이거나 그 시대 상황의 결과물이다. 그런 점에서 이 글의 주제가 되는 사심관이 고려의 어떠한 사회경제적 배경에서 생성되었는가를 살펴보면 다음과 같다.

1) 중앙정부의 미성숙

역사는 늘 소용돌이쳤으며, 왕조교체기야 더 말할 나위가 없다. 천년의 신라가 멸망하기까지에는 많은 이유가 있을 것이고, 그러한 토대 위에서 창업한 고려의 정치적 기반 또한 많은 곡절을 안고 있겠지만. 나말여초뿐만 아니라 왕조교체기의 공통된 특징은 지배 왕조의 불안이다.

설령 새 왕조가 시대적 여망에 따라 건설되었다 하더라도 그 창업의 과정은 늘 동요할 수밖에 없다. 더구나 왕건은 권력의 주변에 있었던 인물도 아니어서 통치의 경험을 갖추고 있지 않았다. 그는 통치 과정에서 학습해야 했기 때문에 많은 시행착오가 있었다.

이와 같은 통치권의 불안은 수성守成의 군주인 성종成宗의 시대까지 이어졌다. 창업으로부터 60여 년이 흘러 등극한 성종 이전의 국초에는 지방제도가 제대로 갖춰져 있지 않아 지방의 실질적인 지배는 호족들의 것이었다. 이는 지방에 대한 중앙의 지배에 한계가 있었음을 뜻하는 것이었다.[26] 고려 초기의 그와 같은 고민은 창업의 동량棟樑이었던 최승로崔承老의 다음과 같은 상소(성종 원년, 982년)에 잘 나타나고 있다.

> 국왕은 백성을 다스리면서 집집마다 가서 날마다 볼 수 없으므로 고을 원을 파견하여 백성의 이해를 살피도록 해야 합니다. 태조가 3국을 통일한 뒤에 지방관을 두고자 하였으나 대개 초창기였으므로 이를 실행할 겨를이 없었습니다. 제가 보건대, 지방의 유력자들이 매양 공무公務의 명목을 빌어 백성을 착취하고 있기 때문

---

26) 홍승기, 「고려 전기의 事審과 향리」, p. 41.

에 백성들이 견딜 수 없습니다. 바라건대 지방관을 배치하되 비록 한꺼번에 다 파견할 수는 없다 하더라도 먼저 10여 주·현을 아울러 한 관청을 설치하고 관청에는 각각 2~3명의 직원을 두어 백성들을 무마·애호하는 일을 맡겨야 합니다.[27]

최승로의 고민은 중앙 관료를 지방에 파견할 수 없는 정도가 아니라 지방의 현지[在地] 관리마저 부족한 형편이었다는 데 있었다. 태조 연간(918~943)의 후삼국의 통일 이전은 말할 것도 없고, 통일 이후에도 지방관을 파견하지 못했던 이유는 무엇일까? 중앙 행정력이 극도로 미약한 점에 더하여 지방관의 파견을 고의적으로 방해하는 지방의 호족 세력이 강성했기 때문이었다.[28]

왕건은 군현제의 형태로 지방 사회를 재편했지만, 그 운영을 담당할 외관을 파견하지 않았고 현지인을 임용하는 관반이 실제 운영을 담당하고 있었다. 따라서 고려의 군현들은 읍의 지위의 고하나 주현·속현에 관계없이 독자적인 통치 조직을 가지고 독립적인 행정 단위를 이루어 하위 행정 구역이 상위 행정 구역에 포괄되지 않고 대등하게 병립해 있었다.[29]

통치권의 미숙은 왕뿐만 아니라 대신의 경우에도 마찬가지였다. 이 문제와 관련하여 최승로는 다음과 같이 한탄하고 있다.

혜종惠宗·정종定宗·광종光宗이 서로 왕위를 이은 처음에 모든 일이 성숙하지 못한 때라 양경兩京의 문무관이 반이나 죽었습니다. 더욱이 광종 말년에는 세상이 어지럽고 참언讒言이 일어나 무릇 형장에 매임이 대개 무고한 사람이라, 몇 대에 걸친 훈신과 숙장宿將이 모두 죽임을 면치 못하게 되었습니다. 경종이 등극할 무렵이 되면 구신舊臣으로 살아남은 무리가 40여 명일 따름입니다."[30]

최승로의 말대로라면, 건국 초기에는 능력의 문제가 아니라 관료의 숫자가 터무니도 없이 부족했다. 이와 같은 이유로 중앙정부가 지방정부를 장악하지 못했을 때 나타나는 가장 큰 경영상의 어려움은 조세 수취收取였다.[31] 이럴 경우에

---

27) 『高麗史』 志 選擧 銓注 守令의 등용; 『高麗史』 列傳 崔承老 : 「成宗 원년 상소문 28조」.
28) 하현강, 「지방 세력과 중앙 통제」, 국사편찬위원회(편), 『고려사(5) : 고려 귀족 국가의 사회 구조』(서울 : 탐구당, 1977), p. 49.
29) 이순근, 「고려시대 사심관의 기능과 성격」, p. 240.
30) 『高麗史』 列傳 崔承老 成宗 원년 상서
31) 홍승기, 「고려 후기 사심관제도의 운용과 향리의 중앙 진출」, 『동아연구』(17)(서울 : 서강대

중앙정부에 소속된 관리의 고민은 대승적인 국가 경영의 어려움이 아니라 자신들의 이익과 관련된 문제들이었다.

따라서 그들은 자신을 위해 분권적인 지방 세력을 약화시키고 중앙집권적 통치 체제를 강화할 필요가 있었다.[32] 이와 같이 중앙과 지방의 통치권의 유기적 관계 설정이 원활하지 못할 경우에 중앙에서 임용된 상주 외관이 없는 상태에서 각급 군현을 관리하고 정령政令을 전달하는 방식으로서는,

(1) 중앙에서 필요에 따라 관리를 보내어 특정 사안을 처리하는 사신의 방식

(2) 현지 관반이 중앙에 정기적으로나 부정기적으로 올라가 지방의 사정을 전달하고 정령을 전달 받는 상수리上守吏 또는 기인其人의 방식

(3) 중앙에 정착한 관리들이 연고지와 계속 유대를 지속하는 상황에서 이들이 해당 연고지의 상황을 관리하게 하는 사심관의 방식[33]

등이 있는데, 왕건으로서는 그 가운데 세 번째의 방법을 주목했다.

그와 같은 정책의 수행자는 성종이었다. 그는 즉위 원년(981) 3월에 백관의 명칭을 개정하고,[34] 14년(995)에는 전국을 10도 597주현으로 개편하고 12목에 절도사를 파견하였는데,[35] 이 일련의 개혁은 국방력을 강화하고 지방 세력의 통제를 강화함에 목표가 있었다. 그는 이와 같은 방법으로 정치적·군사적 요충지이며 호족 세력이 강성했던 주현에 절도사 이하 80명의 외관을 파견하여 강력한 군사적 절도사 체제를 확립하여 지방 세력을 중앙집권적 통제 아래 넣을 수 있었다.[36]

2) 호족豪族의 득세

고려의 국호가 마치 고구려의 정신을 이어받은 느낌을 주지만 실상 그의 정치

학교 동아연구소, 1989), p. 254.

32) 신호철, 「호족 세력의 성장과 후삼국의 정립」, 『신라말 고려초의 정치사회 변동』(서울 : 신서원, 1999), p. 155.

33) 윤경진, 「고려 초기 在地官班의 정치적 위상과 지방 사회 운영」, p. 112.

34) 『高麗史』 志 選擧 鄕職 成宗 2년; 『高麗史』 成宗 원년 3월 庚戌; 2년 2월 戊子.

35) 『高麗史節要』 成宗 14년 7월

36) 이순근, 「고려시대 사심관의 기능과 성격」, pp. 244, 249.

적 모습은 신라의 유산을 이어받은 것은 기이한 현상이다. 여기에서 더욱 주목할 것은 지배층의 승계이다. 일반적으로 국사학계에서는 왕건의 건국을 호족의 연합 정권으로 규정하고 있다.[37] 고려의 창업 시대에 신라의 호족을 승계하여 쓸 수밖에 없었던 데에는 그 정권이 안고 있는 운명성이 있었다. 이 시기의 중심 개념은 멸망한 신라 사회의 모순에 관한 반성과 그것을 개혁하려는 일종의 몸부림이었다.

그 과정에서 가장 큰 역할을 한 것은 지방 호족들이었다. 특히 군현제의 변화는 지방 세력과 호족들의 동향과 깊은 관련을 맺고 있다.[38] 호족들은 그 현실적 지위에 따라 중앙으로 진출하여 정계에 몸을 담은 인물과 현지 사회에 토착하여 향촌지배층으로 남는 두 부류로 나뉜다. 향촌지배층은 봉읍 체제 아래에서 국가로부터 공인을 받은 기득권을 바탕으로 분립적이며 자치적인 읍사邑司 기구를 통해 당대등堂大等 체제를 세워 향촌 사회를 장악했다.[39]

이 글에서 중요하게 여기는 것은 뒤의 것이다. 그들은 건국 세력과의 연합을 통해서 지방 권력에 오른 토착 세력으로서 촌주村主와 지방관吏, 부유한 자영농, 해상 세력, 군진軍鎭을 장악한 무리였다.[40] 낙향 귀족들은 신라 혜공왕惠恭王 이래 가열된 중앙 정부에서의 투쟁에서 몰락하여 지방 세력으로 성장한 무리였다.[41] 이들이 향촌 사회의 토호 세력으로서 자율적으로 사회를 운영해 나갔다.[42]

이와 같이 호족이 득세한 시대에 권력자가 정권의 취약을 극복하는 방법은 신분을 베푸는 것이다. 태조의 건국공신은 대략 3,200명 정도로 추산된다.[43] 그들은 본관本貫 제도의 성립과 함께 출신지로 낙향하여 향촌 사회를 지배하기 시작했다. 그리고 공신이 가지는 세습적 성격이 그들의 입지를 더욱 강고하게 해주었다.

---

37) 엄성용, 「고려 초기 왕권과 지방 호족의 신분 변화 : '호족연합정권설'에 관한 검토」, 변태섭(편), 『고려사의 제문제』, p. 37. 호족이라는 개념에 관하여 구산우의 주장에 따르면, "호족이라는 용어는 향촌지배층이라고 부르는 것이 적절하다." 구산우, 「고려 초기 향촌지배층의 사회적 동향」, p. 80.

38) 김갑동, 「신라·고려의 왕조 교체와 군현제의 변화」, 『신라말 고려초의 정치사회 변동』, pp. 179~180.

39) 구산우, 「고려 초기 향촌지배층의 사회적 동향」, p. 109.

40) 신호철, 「호족 세력의 성장과 후삼국의 정립」, pp. 152, 157.

41) 김미경, 「고려시대 향리의 지위」, 『경주사학』(1)(1982), p. 93.

42) 박은경, 「고려의 사심관과 조선 초의 유향소에 대하여」, p. 1.

43) 『高麗史』 世家 文宗 8년 12월 庚寅

귀족의 매력은 세습에 있다. 세습은 수작자受爵者에게 엄청난 유혹으로 다가온다. 귀족은 그 은전恩典을 충성으로 환원함으로써 초기의 국가 건설과 안정에 보답한다.

나말여초의 호족들이 그 사회에 군림할 수 있었던 저력으로서 주목해야 할 점은 그들의 지식 수준이다. 당시 권력의 구심점power core을 이룬 사람으로는 도당渡唐 유학생들이 많았다. 최치원崔致遠의 경우에서 볼 수 있는 바와 같이, 중앙정부나 지방관으로 부임한 도당유학생들은 당나라의 관료로서 얻은 식견과 신라의 관료로서 얻은 경험을 함께 갖추고 있었다.

후기 신라에서 호족이 득세하게 된 결정적인 이유는 중앙 통치 체제의 느슨함이었다. 곧 신라 말기에 지방에 대한 통제가 약화했음을 틈타 여러 곳에서 유력자가 그 지방을 기반으로 하여 독자적인 세력을 형성해 나갔다. 그 지방의 유력자인 호족은 성주나 장군으로 불리면서, 그 지방 민중들을 직접 지배하며 독자적인 군사력을 보유하고 있었다.

왕건은 호족의 세력 기반을 중앙의 행정력에 흡수하는 일이 절실히 필요했으나 거기에는 한계가 있었다.[44] 왕조의 멸망이나 교체가 이뤄졌다고 해서 지배층이 바뀌는 것은 아니다. 지배 계급은 어떤 방법으로든 새 왕조에서 살아남는 방법을 잘 알고 있기 때문이다. 그러한 과정에서 고려의 건국 세력이 현지 호족을 지배하는 과정은 몇 가지의 유형으로 나눌 수 있다. 곧,

(1) 호족을 직접 지배하는 경우-전주·철원
(2) 군사적인 거점 지역에 지방관을 파견하여 지배하는 경우-진주·무주
(3) 호족과 연합하여 간접 지배하는 경우-귀부歸附나 혼인
(4) 군사적으로 정복하여 호족을 복속시키는 경우-나주·상주·청주[45]

위의 방법 가운데 왕건이 신라의 호족 세력을 흡수하면서 선호한 것은 귀부[歸順]였다. 후삼국을 통일할 때까지 왕건에게 귀부한 호족이 기록상으로 20회이나,[46] 실제로는 그보다 많았을 것이다. 귀부의 대표적인 사례가 왕순식王順式의

---

44) 하현강, 「고려왕조의 성립과 호족 연합정권」, pp. 45~46; 김갑동, 「고려시대의 戶長」, 『한국사학보』(5)(1998), p. 223.
45) 신호철, 「호족 세력의 성장과 후삼국의 정립」, pp. 167~168.

경우[47]이다. 호족의 귀부에 대한 반대급부는 그들을 지방관村主으로 임명하는 것이었다.

촌주는 말초 행정으로서 건국 초기의 민심을 수렴하는 과정에서 중요한 역할을 담당했다. 도道의 외관이 호장을 천거할 때는 그가 그 지역에 내려간 햇수의 길고 짧음과 실무의 경력을 상세히 고려하여 성省에 상신해야 바야흐로 첩貼을 줌을 허락하였다.[48] 그 시대의 향촌 사회를 목격한 송宋의 사신 서긍徐兢은 향촌 촌주의 실상을 이렇게 소개하고 있다.

> 민장民長의 명칭은 중국의 향병鄕兵이나 보오保伍의 장長과 같다. 곧 백성 가운데 부유한 무리를 뽑아 민장을 시키는데, 마을의 큰일이면 관청에 찾아 가되 작은 일이면 곧 민장에게 속하므로 거기에 사는 세민細民이 자못 존중하고 섬긴다. 그 복식은 무늬 있는 비단[文羅]으로 건巾을 하고, 검은 명주로 겉옷을 하고, 흑각대를 띠고 검은 가죽의 상식이 날린 신발[句履]을 신으니, 아직 공貢에 들지 않은 진사의 복식과 서로 닮았다.[49]

촌주는 비록 작다고는 하지만 일선 행정 담당자로서의 보람뿐만 아니라 몇 가지 특혜가 있었는데, 그 대표적인 것 가운데 하나가 과거科擧 응시의 특례였다. 이를테면 각 주·현의 부호장 이상의 손자와 부호정副戶正 이상의 아들로 제술·명경업明經業에 응시하고자 하는 무리는 소재관所在官이 시험하여 서울에 올라가 과거에 응시하도록 했다.[50] 이와 같은 사회 구조를 통하여 비대해지는 호족을 바라보면서, 그 스스로가 호족 출신으로서 호족의 잠재적 위협을 잘 알고 있던 왕건으로서는 그를 극복하는 방법에 관하여 고민하지 않을 수 없었을 것이다.

3) 정복왕조로서의 고충 : 조직적 반란과 민란

지난 왕조의 무능과 피로를 틈타 새로운 왕조를 개창開創했을 경우, 전 왕조

---

46) 민현구, 『고려정치사론』(서울 : 고려대학교출판부, 2004), pp. 97~98.
47) 『高麗史』 列傳 王順式
48) 『高麗史』 志 選擧 銓注 鄕職 顯宗 9년 判
49) 『高麗圖經』(19) 民庶 民長
50) 『高麗史』 志 選擧 科目 科擧 文宗 2년 10월 判

에 관한 반성은 신왕조의 중요한 관심사일 수 있다. 왜 그들은 멸망했을까에 관한 성찰과 자신이 스스로 경계해야 할 사안에 관한 고민은 개국 세력의 중요한 고려 사항이었다. 신라의 멸망에 관한 기존 연구의 동향을 살펴보면 그것은 다음과 같은 내용으로 정리될 수 있다.

(1) 골품제의 모순과 변질로 말미암은 귀족 내부 분열과 왕위계승전쟁의 양상
(2) 해상 세력과 군진軍鎭 세력, 촌주 및 장군과 성주의 발호
(3) 골품제의 한계를 탈피하려는 도당유학생을 중심으로 하는 육두품 지식인의 동향과 역할[51)]

태조 왕건으로서의 고민은 멸망한 신라의 구세력에 의한 도전이었다. 그는 신라의 지배 계급을 어루만지는 문제를 고민했다. 왕건은 자신의 집권을 정당화하는 과정에서 신라 왕실의 권위가 필요했다. 왕건이 신라에 대한 공략을 포기하고 경명왕景明王과 교섭에 나선 것은 자신의 집권을 정당화하는 과정에서 신라 왕실의 권위가 필요했기 때문이었다.

집권 과정에서 왕건은 궁예弓裔 세력의 저항에 직면하여 그의 부당함을 거론함으로써 자신의 정통성 문제를 상쇄하고자 했다.[52)] 왕건의 이와 같은 판단의 배후에는 그가 신라의 지배 계급으로부터 지지를 받고 있지 못하다는 결함 때문이었다.

고려의 창업 세력의 고민은 신라의 호족이었다. 새 왕조에 대한 호족의 반발은 본질적으로 중앙 세력에 대한 지방 세력의 저항이었다. 호족들은 지난날 신라 왕실의 중요 저항 세력이었다는 사실에 창업 세력은 만성적인 두려움을 느끼고 있었다. 귀순과 정복이라는 두 가지 방식으로 진행된 고려의 통일 과정은 고려 정부에 대한 협조와 저항이라는 상반된 행동에 따라 현지 세력에 대하여 조치를 달리 했다.[53)]

그런 점에서 견훤甄萱의 잔여 세력에 대한 두려움도 마찬가지로 작용했다. 왕

---

51) 전기웅, 「신라 말기 정치 사회의 동요와 육두품 지식인」, 『한국고대사연구』(7)(신서원, 1997), p. 85.

52) 정선용, 『고려 태조의 신라 정책 연구』(서울 : 서강대학교 사학과 박사학위논문, 2009), pp. 32, 45.

53) 윤경진, 「고려 초기 在地官班의 정치적 위상과 지방 사회 운영」, p. 95.

건은 일찍부터 후백제의 침략에 대비하여 신라 왕경 부근에 장수를 보내어 지키게 했지만, 여전히 후백제의 침략을 걱정하지 않을 수 없었다. 그러므로 왕건은 경순왕의 항복을 받아내고자 압력을 행사하면서도 견훤을 의식했다.[54]

여기에 사태를 악화시킨 것은 민심의 동요였다. 신라 말기에는 골품제의 해체로 대표되는 지배 질서의 붕괴와 함께 백성의 항쟁이 전국적으로 높아지고 있었다. 곧 민중의 떠돌이[流亡]와 초적草賊의 발생, 조세 거부, 지배 체제에 대한 저항과 자위自衛 조직의 형성, 그리고 그 과정에서 지방 세력이 성장하고 지방 세력이 재편되는 모습이 나타났다. 백성들의 항쟁은 사회의 모순에 대항하여 농민의 토지 확보와 자립적 소농 경영의 뜻을 담고 있었다.[55]

무사 출신이 아니며, 부분적으로 정복 전쟁이 없었던 것은 아니었지만, 전적으로 무력 통일에 따른 국가 창설이 아니었기 때문에 왕건으로서는 반란에 따른 저항이 두려웠다. 그는 무골풍의 정복왕조가 아니었다. 창업 군주로서 왕건의 행적에는 정복 전쟁의 살육보다는 타협과 설득의 방법에 더 의존했다. 이 점이 그의 지방 정책의 밑바닥에 짙게 드리어져 있다.

실제로 건국 초기의 반란은 왕건으로서 그리 쉬운 상대가 아니었다. 이를테면 순군리徇軍吏 임춘길林春吉이 개국과 더불어 반역을 꾀하다가 죽임을 당하였다.[56] 같은 해에 청주靑州의 파진찬波珍粲 진선陳瑄이 아우 선장宣長과 함께 반역을 꾀하다가 죽임을 당하였다.[57] 뒤의 일이기는 하지만 명종 연간에 청주淸州에서 반란이 일어났을 때 조정에서는 중앙에서 파견된 지방관의 무능이 그와 같은 변란을 일으켰다고 판단했다.[58]

이와 같은 상황을 더욱 어렵게 만든 것은 왕실 스스로가 안고 있는 요인, 곧 왕위 계승을 둘러싼 형제 갈등이었다. 곧 2대 혜종惠宗 시대에 이르면 건국 초에 강력한 호족과 가까운 이복형제의 도전으로 왕좌를 지키기에 어려움이 있었다.[59] 「훈요십조」 제3조에 "적자嫡子 상속이 마땅하나 장자가 착하지 않으면 형

---

54) 정선용, 『고려 태조의 신라 정책 연구』, pp. 88~89.
55) 蔡雄錫, 『고려시대의 국가와 지방 사회』, pp. 21, 225.
56) 『高麗史』 世家 太祖 1년 9월 乙酉
57) 『高麗史』 世家 太祖 1년 겨울 10월 辛酉
58) 『高麗史』 列傳 慶大升 明宗 8년
59) 하현강, 「호족과 왕권」, p. 104.

제 가운데 신망 있는 자로 왕위를 잇는다."는 규정이 이미 왕건은 왕위 계승의 어려움을 감지하고 있었음을 뜻하는 것이다.

그와 같은 고려의 결과로, 왕조의 장자 상속의 빈도를 보면 33명의 왕 가운데 16명(2대 惠宗, 5대 景宗, 9대 德宗, 12대 順宗, 14대 獻宗, 16대 睿宗, 17대 仁宗, 18대 毅宗, 21대 熙宗, 23대 高宗, 24대 元宗, 25대 忠烈王, 26대 忠宣王, 29대 忠穆王, 32대 禑王, 33대 昌王)만이 장자 승계로 나타났는데, 이는 전체 왕의 절반에도 미치지 못하는 수치로서 왕조의 불안을 보여주는 지수指數가 될 수 있다.

이와 같은 변란에 관한 고민의 해결책으로서 왕건이 취한 조치는 이른바 "선물을 후하게 베풀고 말을 낮추어"[重幣卑辭] 지방 세력을 어루만지는 것이었다. 따라서 왕건은 즉위 초에 신하들에게 다음과 같이 논시論示한 바 있다.

> 짐은 각 지방의 도둑들이 짐의 즉위함을 처음 듣고 혹시 변란을 도모할까 염려하여 단사單使를 나누어 보내어 선물을 후하게 베풀고 말을 낮추어 은혜를 베풀어 화의의 뜻을 보였더니 귀부하는 무리가 과연 많았으나 홀로 견훤만은 교빙交聘하려 하지 않는다."[60]

왕실이 불만 세력을 무마하는 데 사용한 가장 중요하고도 빈번한 방법은 혼맥婚脈을 통한 무마였다. 전제국가에서의 군주는 결혼을 악용한다. 그들은 여러 명의 아내를 거느리고 있는데 아시아에서는 더욱 그러했다. 그들에게 부모와 자식 사이의 애정은 그리 중요하지 않았다. 동서고금을 막론하고 결혼에 의한 결합만큼 정복을 굳게 하는 것은 없다.[61]

그러한 예로서 왕건은 신라 왕실의 여인 김 씨(神成王后)와 혼인하고 장녀 낙랑공주樂浪公主를 경순왕에게 시집보냄으로써 고려 왕실의 위계 질서 안에 신라 왕실을 재편했다. 그는 경순왕을 사위로 맞이함으로써 형식상으로는 수직적 인간 관계를 수립함으로써 신라 왕실의 존왕론尊王論을 극복하려 했다.[62]

그뿐만 아니라 왕건은 왕비와 후궁 29명을 거느렸다. 그들 가운데 26명의 출신을 보면 고려 지역의 18명, 후백제 지역의 2명, 신라 지역의 4명이다.[63] 이들

---

60) 『高麗史』 太祖 원년 8월 己酉

61) Baron de Montesquieu, *The Spirit of the Laws*, Book V, § 14; Book V, § 16.

62) 정선용, 『고려 태조의 신라 정책 연구』, p. 116.

의 친정 호족은 거의가 삼한공신이 되어 6대 성종에 이르기까지 대표적 권세를 누렸다. 후비들이 후백제나 신라 지역보다 고려 지역에 더 많았던 사실은 그러한 혼인을 통하여 먼저 중앙의 권력을 강화하려 했던 왕건의 뜻을 반영한 것이다.

4. 사심관의 존재 형태와 권한

왕건은 국가 기반이 아직 허약하여 지방 통제가 어려운 상황에서 정복 또는 귀부 지역의 세력을 어루만지고 규합함으로써 새로운 왕조에 대한 저항을 줄일 수 있는 방안을 고민한 끝에 선택한 제도가 곧 사심관이었다.[64] 그 발생과 존재 형태를 보면 다음과 같다.

1) 설치 과정

태조 18년(935)에 신라 경순왕敬順王 김부金傅가 와서 항복하자 왕건은 신라국을 경주慶州로 만들고 김부를 경주 사심관으로 삼아 부호장副戶長 이하 관직에 관한 일들을 주관하게 하였는데 이때부터 여러 공신도 이것을 본받아 각각 자기 고을의 사심관이 되었다.[65]

이때 왕건은 김부를 정승政丞으로 삼아 관광순화위국공신 상주국낙랑왕觀光順化衛國功臣上柱國樂浪王으로 봉하고 식읍食邑 8천 호를 주고, 지위는 태자의 위에 있게 하였으며, 해마다 봉록 1천 석을 주고, 신란궁神鸞宮을 창건하여 하사하였다.

경순왕을 따르던 무리에게도 아울러 전토와 녹을 넉넉히 내렸다.[66] 여말 중신 백문보白文寶의 설명에 따르면, 사심은 "향곡鄕曲을 올바르게 다스려 국가 기능을 원활하게 하고자 당나라의 대중정관大中正官을 본받아 크고 작은 주군州郡의 비행과 위법을 규찰하려던 제도"였다.[67]

---

63) 엄성용, 「고려 초기 왕권과 지방 호족의 신분 변화」, pp. 48~49.

64) 이 제도는 성종 이전에는 "사심"으로 불리다가 성종 시대부터 "사심관"으로 불렸다는 주장(이순근, 「고려시대 사심관의 기능과 성격」, p. 210, 각주 52)이 있다.

65) 『高麗史』 志 選擧 銓注 事審官 太祖 18년

66) 『東史綱目』(5/下) 高麗 太祖 18년 11월

왕건이 사심관을 설치할 당시의 본래 의도는 크게 네 가지였는데,

첫째, 인민을 다스리고宗主人民,
둘째, 문무 관료의 품계流品를 뚜렷이 나누며甄別,
셋째, 부역賦役을 균평히 하고,
넷째, 풍속을 바르게 하고자 함이었다.[68]

그 제도의 첫 적용 사례가 경순왕이었다는 사실이 담고 있는 의미가 있다. 그가 곧 멸망한 신라의 마지막 왕이었다는 사실은 왕건이 남쪽을 다스리는 일[南治]에 각별히 유념했음을 뜻한다. 그는 경주 주민의 모반을 걱정했음에 틀림없으나 멸망한 군주를 임명했다는 것이 오히려 실덕失德의 빌미가 되어 그 역할을 제약했다.[69] 또한 그를 다른 곳이 아닌 연고지에 서임敍任한 것은 그에 관한 주민의 향수나 연민뿐만 아니라 조금은 남아 있을 수도 있는 영향력을 고려한 것으로 볼 수도 있다.

전통적인 중앙집권체제 아래에서는 왕이 임명한 지방관이 일원적으로 향촌사회를 지배하지만, 사심관의 위치는 다소 독특한 유형을 보여주고 있다. 왕실로서는 조정의 안(중앙정부)으로부터 오는 공신들의 압력과 밖(지방정부)으로부터 오는 호족 세력의 외압을 한꺼번에 해결할 수 있는 공약수가 곧 사심관이었다. 이런 점에서 본다면 사심관은 지방 관료의 가면을 쓴 중앙 관료의 또 다른 존재 형태였다.

사심관을 검토하면서 먼저 부딪치는 문제는 그 존재 양식이었다. 시기적으로 이 문제를 먼저 다룬 하타다 다카시旗田巍는 중앙정부에 의한 사심관의 통제 역할을 강조하다 보니 "사심관이 개경에 상주하면서 일이 생길 때마다 군현에 내려갔다."[70]고 주장했다. 그러나 이 문제는 김용덕金龍德의 연구로 도전 받기 시작했다.

김용덕의 주장에 따르면, "하타다는 '사심관이 서울에 머물면서도 향리에서 상

67) 『高麗史』 列傳 白文寶 上書
68) 『高麗史』 志 刑法 職制 忠肅王 5년 5월 下敎; 『東史綱目』 忠肅王 5년 夏4월
69) 정선용, 『고려 태조의 신라 정책 연구』, p. 115.
70) 旗田巍, 『朝鮮中世社會史研究』, p. 19.

경한 인물과 끊임없이 접촉함으로써 보충되었을 것'이라고 말하지만 나는 이를 미심하게 여긴다."[71]고 주장했다. 이러한 논쟁에 박은경이 개입하여 "사심관은 중앙 관료로 중앙에 거주하였으나 자신의 경제적·사회적 기반이 있는 곳[本貫]으로 공무 이외의 경우에도 내려가는 경우가 많았을 것"[72]이라는 입장을 발표했다.

사심관이 연고지에 늘 머물렀는가, 아니면 개경에 주로 머물면서 "일이 발생할 때마다 간헐적으로 현지에 내려갔는가"의 문제는 사심관의 성격을 구명하는 데 중요한 의미를 가진다. 왜냐하면 그가 주로 개경에 상주했다면 이는 이 논문에서 추구하고자 하는 향신의 자치성과 많이 배치되기 때문이다.

따라서 이 글의 기본 입장은 사심이 개경에 머물다가 일이 발생할 때마다 내려갔으리라는 하타다와 일부 한국인 학자의 주장은 사실과 다르다는 점이다. 사심은 일본의 산킨고타이參勤交代[73]와는 전혀 달랐을 것이다. 그것이 불가능했으리라는 논거는 고대 사회의 도로 사정이 그것을 허락지 않았다고 믿기 때문이다.

고대 사회보다는 도로 사정이 훨씬 발달했던 근대에 이르러서도 기병대라고 할지라도 완전 군장을 한 상태에서는 하루 40km 이상 진군할 수 없었고 보병일 경우에는 하루 25km 이상을 진군할 수 없었다.[74] 경주에서 개성이 "지금의 도로 상태"에서 국도를 기준으로 600km이다. 이는 현대 보병의 행군으로 계산하더라도 24일이 걸린다.[75]

그러나 거리가 멀수록 피로도가 가중된다는 점과 부대품負戴品을 고려한다면 경주에서 개경까지의 소요 시간은 그보다 훨씬 더 길었을 것이다. 이런 점에서 본다면 경순왕이 고려에 귀부할 때 태조 18년 11월 갑오일에 경주에서 출발하여 길이 30리里에 이르는 일행을 이끌고 엄동설한에 "9일 뒤인" 계묘일에 개성에 도

71) 김용덕, 『鄕廳연구』(서울 : 한국연구원, 1978), pp. 150.

72) 박은경, 「고려시대 사심관의 성격」, p. 17.

73) 산킨고타이參勤交代 : 일본의 막부 시대에 지방의 반란을 막고자 1634년부터 격년으로 다이묘(大名)들은 에도(江戶)에 와서 머물게 한 제도임. 이로 말미암아 도로와 지방 산업이 발달하여 일본 근대화에 기여함.

74) Roland Mousnier, *Peasant Uprisings in Seventeenth Century : France, Russia and China* (London : Harper & Row Pub. Inc., 1971), 337.

75) 현재의 싯점에서 국도를 이용한 서울-부산 국토 종단 행사에서 사이클의 경우 5일, 도보의 경우 20일 남짓 걸린다. 1975년에 롯데의 야구 감독 김동엽(金東燁)은 패배에 대한 책임을 물어 서울에서 부산까지 선수들을 걸어서 올라오게 했는데 그해 12월 20일부터 이듬해 1월 5일까지 15일이 걸렸다. 당시 선수 윤병세의 증언.(2013. 8. 13.)

착했다는 『고려사』의 기록[76]은 믿을 것이 못 된다.

또 한 가지, 사심관이 현지[고향 또는 본관]로 돌아가 근무했음을 암시하는 기록이 있다. 곧 『고려사』의 다음과 같은 설명이다.

> 사심관으로 **귀향하여** 작폐하는 무리는 안렴사按廉使와 감창사監倉使가 경사京師에 끌고 와 죄를 묻고 사심주장사事審主掌使가 왕에게 아뢰어 바꾸게(遞差) 하였다.[77]

위의 기록은 하타다가 강조하려던 것과는 달리 사심관들이 그 고향으로 돌아가 상주했음을 보여주는 대목이다. 이와 같은 사실로 미루어 볼 때 사심관은 개경과 연고지를 왕래한 것이 아니라 현지의 붙박이가 되어 향토 세력으로 자리 잡고 살았다고 보는 것이 옳다.

사심관이 현지에 살지 않았다면, 지방관이 없어 향리를 통제하겠다던 당초의 취지가 무슨 의미를 지니는 것일까? 그들은 그와 같은 정착 생활을 통하여 토착 향신으로 뿌리를 내리고 살았다. 혹시 개경에서 가까운 주변 도시의 사심들이 개경을 왕래했다는 논리가 가능할 수 있으나 그것은 일부의 제한적 현상이었으며, 전반적으로 "사심관의 왕래"는 물리적으로 불가능했다.

2) 인선人選

왕건이 경순왕을 사심관으로 임명했던 초기만 하더라도 일정한 기준이 있었던 것도 아니었고 또 다른 곳에서도 그와 같은 제도를 이어 창설하리라는 확신이 있었던 것도 아니었다. 그것은 향촌 지배라는 고려考慮가 먼저였고, 경순왕에 관한 배려가 거기에 뒤따랐다.

그러다가 그 제도가 비대화하고 통치 조직의 일부로 정착하면서 부작용이 발생하자 그 기준을 고민하기 시작했다. 이러한 체계의 성립은 현종 시대에 구체화하기 시작했다. 그러한 예로서 현종은 재위 10년(1019)이 되는 해에 다음과 같이 결정하였다.

---

76) 『高麗史』 世家 太祖 18년 11월 甲午; 癸卯

77) 『高麗史』 志 選擧 銓注 事審官 文宗 11년 判

사심관의 파견은 기인其人과 백성들의 추천에 따라 결정할 것이다. 비록 추천하는 사람이 적더라도 그가 조정의 직위 높은 관원이었거나 여러 대의 문벌가일 때는 모두 왕의 허가를 받아 파견할 것이요, 일찍이 아첨하고 정직하지 못하며 간사하게 죄진 사람이라면 파견하지 말 것이다.[78]

위의 글에서 사심관의 거망(擧望 : 천거)이 기인과 백성에 의해 이루어졌다는 것은 사심관을 중심으로 하는 향촌 사회가 부분적이기는 하겠지만 자율적인 질서의 모습을 갖추고 있었음을 뜻한다. 백성(인민)이 자기를 다스리는 지배 계급을 선출하는 데 자신의 의견을 피력할 수 있다는 것은 파면권과 함께 민주정치에서 가장 원초적인 가치를 갖는 것이다. 관리의 임면任免은 자율성의 일차적 계기로서의 의미를 지닌다.

또한 현종은 초기에 결정하기를 “아버지나 친형제가 호장戶長으로 있는 사람을 사심관으로 보내지 말도록” 하였나.[79] 이와 같은 소지는 사심관과 호상의 혈연적인 밀착을 제한하는 최소한의 행정 조치만이 취해진 상태에서 향촌 세력 사이의 유착을 억제하면서 중앙 권력이 향촌 지배에 직접 관여하고자 하는 의도를 반영한 것이다.[80]

어느 사회에서나 혈연은 정실의 출발이며 그것은 비리로 확대되었다. 따라서 인선에서 혈연 배제는 늘 고민거리였으며, 사심관제도에 따른 지배가 자율적 질서를 바탕으로 하고 있다 하더라도 국가의 지배를 대변하도록 하고자 사심관과 향리 사이의 혈연 관계를 점차 부인하는 추세에 있었다.[81]

여기에서 상피相避가 마련되었다. 사심관의 선정에서 상피의 문제가 구체적으로 결정된 것은 인종仁宗 시대였다. 곧 인종 2년(1124)에 결정하기를 “향리의 자손은 비록 향역鄕役을 면하였다 하더라도 그의 처족과 친족이 아직 향역에 있는 사람은 사심관으로 보내지 말도록” 하였다.[82] 이는 사심관과 향리가 결탁하여 향권을 조장할까 두려워서 나온 상피였다.[83] 인종은 이에 더 나아가서 다음과

78) 『高麗史』 志 選擧 銓注 事審官
79) 『高麗史』 志 選擧 銓注 事審官
80) 박은경, 「고려의 사심관과 조선 초의 유향소에 대하여」, p. 22.
81) 蔡雄錫, 『고려시대의 국가와 지방 사회』, pp. 169~170.
82) 『高麗史』 志 選擧 銓注 事審官
83) 김성준, 「기인의 성격에 관한 고찰」(下), 『역사학보』(11)(1959), p. 93.

같이 결정하였다.

> 재추宰樞(정부, 추밀원의 장관)를 [사심관으로] 파견할 경우, 내외향內外鄕(아버지와 어머니 고향)과 기향其鄕(본인의 고향)과 조증조향祖曾祖鄕과 처향妻鄕 등 5향 가운데에서 3향을 겸임시켜 파견하며, 상장군 이하 3품 이상의 관원은 내외향과 조증조향, 처향 등 4향 가운데에서 2향을 겸임시켜 파견하며, 4품 이하 참상 이상관은 내외향, 조부·처향祖妻鄕 등 3향 가운데에서 1향에 파견하며, 참외관參外員은 내외향 가운데에서 1향에 파견하되 각각 문·무관으로 평균하게 번갈아 보낸다.[84]

이 결정이 주는 의미는 다소 혼란스럽다. 왜냐하면 위에서는 상피를 강조하고 여기에서는 사심관의 연고권을 강조하고 있기 때문이다. 이와 같은 조치는 모순을 불러일으켰을 것이다. 그러나 면밀히 검토하면, 이는 "연고권을 강조하되 그 향리에 혈연이 현직으로 재직할 때에는 사심의 임명을 금지한다."는 것으로 정리할 수 있다. 향리를 그 고을 사람으로 충원하는 것은 그 나름의 의미 있는 조치였다. 하급 관리들은 본디 그 군郡의 출신이 아닌 경우가 없었다. 그러므로 그들은 한 지방의 인정을 알 수 있어 이로써 이익을 도모하고 폐해를 제거할 수 있었다.[85]

사심관의 문제를 논의하면서 등장하는 의문 가운데 하나는 그 숫자가 얼마나 되었을까 하는 점이다. 기록에 따르면, 성종 15년(996)에 결정하기를, 사심관은 대체로 성년 남자 500명 이상이 있는 주州에는 4명을 두며, 300명 이상이 있는 주에는 3명을 두고, 그 이하는 2명을 두기로 하였다.[86]

당시 군현의 숫자가 580여 개였다는 기록[87]에 비춰보면 한 군현에 평균하여 3명의 사심관이 존재한 것으로 계산해도 그 총수는 1천500~1천700명 정도였을 것으로 보이지만, 겸직이 가능했고, 모든 향촌에 사심이 임명되었다고 보기는 어려운 점으로 미루어 그 숫자는 그보다 더 적어 1천 명을 넘지는 않았을 것이다.

사심관을 복수로 둔 것은 한 고을에서 행사되는 사심의 지배권이 여러 명에게 분할되었음을 뜻한다. 이것은 한 지역에서 한 명의 사심에 의한 배타적 지배권

---

84) 『高麗史』 志 選擧 事審官 仁宗 12년
85) 고염무(지음), 윤대식(역), 『日知錄』 政治 掾屬
86) 『高麗史』 志 選擧 銓注 事審官
87) 『高麗史』 地理志 序文

을 부인하는 것이다. 한 고을에 여러 명의 사심을 둠으로써 그들 사이에 견제의 효과도 있어 어느 사심도 독자적인 지배권을 장악하기 어려웠을 것이다.[88)]

3) 역할

사심의 직분은 몇 가지 특징을 담고 있다. 먼저 경순왕이 경주의 사심관이 되었을 때 "부호장副戶長 이하의 관직에 관한 일을 주관하게 하였다."[89)]는 대목이 눈길을 끈다. 이는 사심관이 호장 이하의 부직副職이었음을 의미한다.

여기에서 살펴보아야 할 것은 왜 호장의 직분을 주지 않았을까 하는 점과 호장의 행정적 기능은 무엇일까? 하는 점이다. 호장제는 이미 신라시대에 존재했던 최고의 향직인 당대등堂大等과 같은 것으로서[90)] 향리 가운데에서 최상층을 형성한 무리였다. 그들은 조세와 공부貢賦를 거두어 중앙으로 전달하고, 여러 가지 역사役事와 불사佛事를 지휘했으며, 신사神祀의 제사권祭祀權을 행사했다.[91)]

왕실은 사심관제도를 실시하면서 사심관이 호장을 맡을 수 없게 했다는 점은 그들과 지방 세력이 결탁하는 일을 처음부터 배제했다는 증거이다. 호장에 대한 지배권은 지방관에게 독점적으로 허용되었다. 그와 같은 조치에도 불구하고 사심관의 권한이 통제되지 않았고 사심이 지방정부에 미치는 영향은 오히려 더 컸을 수도 있다. 그렇게 보는 이유는.

(1) 향리직에 관한 일을 관장하면서 외관은 호장을 맡고 사심은 부호장을 맡는 것이 원칙이었지만 실제의 업무 수행에서 호장과 그 이하를 나누는 일이 의미가 없었다.

(2) 사심관은 해당 지역의 출신이었지만 외관은 타관 출신이었는데, 사심의 대부분은 그 지역의 호족 출신이어서 그 지역의 사정을 누구보다도 더 잘 알고 있었다.

(3) 사심관은 공신 출신이어서 외관에 견주면 중앙에서의 정치적 비중이 더 컸다.[92)]

---

88) 홍승기, 「고려 전기의 事審과 향리」, p. 53.
89) 『高麗史』 志 選擧 銓注 事審官
90) 『高麗史』 志 選擧 銓注 鄕職
91) 김갑동, 「고려시대의 호장」, pp. 189, 214.
92) 홍승기, 「고려 전기의 事審과 향리」, p. 46.

(4) 고려시대에는 모든 군현에 수령이 파견된 것이 아니어서 수령이 없는 속현은 사심관의 행정 영역이었는데, 이런 곳에서의 사심관은 사실상 행정 관료나 다름이 없었다.[93]

사심관의 역할로서 먼저 지적할 수 있는 것은 관아의 잡다한 행정 업무의 처리였다. 초기에 호장에 대한 전반적인 통제의 책임은 일차적으로 지방에 상주해 있는 도호都護와 같은 외관의 몫이었다. 따라서 사심이 수행하는 관련 업무는 원칙적으로 이차적인 것이었다. 중앙정부는 지방 세력을 대표하는 호족을 통제하고자 지방의 군사적 거점에 외관을 두고 다른 한편으로는 공신들을 사심으로 임명하여 임무를 수행하도록 하였다.

요컨대 중앙정부에서는 외관과 사심을 두 개의 기둥으로 하는 이원적 지방 체제를 구축하였다. 이렇게 함으로써 중앙정부는 지방 세력을 효과적으로 통제하고 지배하여 나가기를 기대하였다.[94] 그가 여러 곳을 겸직한 점으로 미루어 보아 그 업무가 과중했던 것 같지는 않지만, 말초 행정의 담당자로서의 역할이 있었다. 그는 향토적 연고와 친면을 통하여 주민의 행정 편의를 제공했다.

중요한 점은 사심관이 어떤 형태로든 중앙정부와 인연을 맺고 있었다는 점에서 지방민은 사심을 매개로 하여 자신의 정치적 의견을 중앙에 전달할 수 있었다는 것이다. 이는 현대적 의미로서의 소통의 채널이었으며, 간접적이기는 해도 지방민이 중앙의 정치에 참여하는 하나의 방법이었다. 그뿐만 아니라 사심관은 향리의 중앙 진출에 도움을 주었다.

사심관이 제공하는 그와 같은 편의에 대한 반대 급부로 받는 지방으로부터의 협조는 지방에 대한 중앙의 지배를 보다 원활하게 만들었다. 그것은 나아가 지방에 대한 중앙의 경제적인 수취收取도 더욱 효과적이게 만들었다.[95]

중앙 행정이 성숙하지 못하고 따라서 외관이 지방에 부임하지 못한 상황에서 사심관은 실질적으로 외관이 수행해야 할 소임 가운데 상당 부분을 수행하고 있었다. 사심관의 권한은 지역연고권에 기초한 경제적 관리를 통해 지방 사회 지

93) 박은경, 「고려의 사심관과 조선 초의 유향소에 대하여」, p. 20.
94) 홍승기, 「고려 전기의 事審과 향리」, p. 43.
95) 홍승기, 「고려 후기 사심관제도의 운용과 향리의 중앙 진출」, p. 254; 홍승기, 「고려 전기의 事審과 향리」, pp. 57, 61.

배에 관여하다가 외관 제도가 확립됨에 따라 초창기의 호장-사심관의 이중적 지방 구조가 외관-사심관의 이중 구조로 바뀌었다. 이때로부터 사심관이 가지고 있던 지방 사회의 자율성이 붕괴하기 시작했다.[96]

위와 같은 정치적 또는 행정적 의미 이외에도 사심관이 가지는 지식사회학의 의미가 있다. 그것은 다름이 아니라 그 시대의 지식인들이 지방으로 지식을 확산하는 역할을 했다는 점이다. 그들은 공공성이나 공공선의 해석자였으며, 공의公義나 정의를 해석할 수 있는 상위 계급이었다. 이들의 그와 같은 입장은 향풍鄕風을 해석할 수 있는 권위자라는 점에서 공공성의 진작에 기여했다.

다소 유형이 다르기는 하지만 전통 사회에서의 유배流配 문학이 향토 문화의 밑거름이 되었듯이, 지식인의 낙향은 지방 문화의 중요한 모멘트를 제공했다. 이러한 지식인의 이동은 사심관 제도 이외에도 고려의 관료지식인들에게 적용되었던 귀향형歸鄕刑 제도[97]와, 분상(奔喪, 먼 곳의 부모가 돌아가신 소식을 듣고 서둘러 귀향함), 근친(覲親, 시집간 딸이 친정 부모를 찾아 봄), 성묘, 외침外侵에 따른 지방 이주, 농장의 확대에 따른 귀농을 통하여 향촌의 지식 수준은 꾸준히 상승되었다.[98]

5. 성격의 변질

1) 중앙 통제의 강화

창업의 시대가 지나고 수성의 시대가 오기까지 60여 년의 세월이 흐른 다음 왕조의 기반이 완성되었을 때 지배자는 권력의 확대에 대한 유혹을 벗어나기 어려웠다. 국가 운영에 대한 자신감과 인간 특유의 권력욕은 권력의 분립이 자신의 권력 행사에 걸림돌이 되고 있음을 느낀다. 지방 조직의 독자성과 향촌 지배

---

96) 이순근, 「고려시대 사심관의 기능과 성격」, pp. 217~219.

97) 『高麗史』 志 刑法 職制(1). 훗날 귀양제도는 이 귀향형의 변용이었을 것이다.

98) 귀향형歸鄕刑에 관한 자세한 논의는, 채웅석, 「고려시대의 歸鄕刑과 充常戶刑」, 『한국사론』 (9)(1983), *passim* 참조.

층의 분립적 경향은 집권자가 국가에 의한 중앙집권적 향촌 지배 체제의 구축에 걸림돌이 된다는 사실을 감지하게 만들었다.

국가 체제가 더욱 정비되고 중앙의 집권력이 강화되면서 현지 관반은 점차 국가 질서 속으로 편제되어 갔다. 이러한 변화는 광종 시대에 시작되었다.[99] 권력의 분립은 원초적으로 왕조 권력의 창출이 호족연합정권으로 출발한 것에서 비롯된 것이라고는 하지만 이는 중앙 권력에 의한 구심적 지배 체제의 건설 과정에서 해결해야 할 과제였다. 이런 문제가 현실로 다가온 것은 성종 시대였다.[100]

그때가 되면 최승로를 비롯한 창업 공신이 모두 사라지고 새로운 대체 세력이 등장하게 되는데, 신라 귀족에 둘러싸여 있던 성종이 서경西京에 눈을 돌림으로써 신라 귀족과 서경 세력의 교체가 시작되었다. 곧 경주나 나주 출신의 유학자 계통 대신에 근기近畿 지방의 호족 출신을 더 등용시키려는 움직임이 일어났다.

본디 학문적 전통이 옅은 호족 계통에서는 학문에 따라 소수의 급제자만을 배출하려는 과거제도를 통과하기가 어려웠다는 점도 집권 세력의 교체를 가속화하였다.[101] 성종이 개혁의 군주로 떠오른 것은 그의 심성과 시대적 여망이 함께 작용한 것이었다.

성종의 개혁은 먼저 지방관으로서의 12목牧을 설치하는 것으로부터 비롯되었다.[102] 지방관의 정착은 상대적으로 향촌 토호들의 위축을 가져왔다. 국가 체제가 정비되고 강화되면서 중앙의 구신舊臣과 숙장宿將에 대한 숙청을 통해서 연고지의 정치적 위상이 약화되고 지방 사회에 대한 양전量田과 치읍置邑 등을 통해 현지 관반은 지방 행정의 실무자로 정착하였다.[103]

이와 같은 외관外官의 확립은 곧 사심제의 변용으로 이어졌다. 이미 기득권에 익숙해 있던 사심관은 외부의 변화에 따라 진화함으로써 생존을 모색할 수밖에 없었다. 그러나 사심제의 변용이 곧 그의 사라짐을 뜻하는 것은 아니었다. 그들은 향신으로서의 사회경제적 지위를 지속함으로써 한국사에서 향촌 계급 형성

---

99) 윤경진, 「고려 초기 在地官班의 정치적 위상과 지방 사회 운영」, p. 110.

100) 구산우, 「고려 초기 향촌지배층의 사회적 동향」, p. 110.

101) 이기백, 「고려 귀족 사회의 형성」, 국사편찬위원회(편), 『고려사(4) : 고려 귀족 사회의 성립』, pp. 174~175.

102) 『高麗史』 志 百官 外官 成宗 2년 2월

103) 윤경진, 「고려 초기 在地官班의 정치적 위상과 지방 사회 운영」, p. 126.

의 단초를 마련했다.[104)]

2) 사심관의 비대화

직권에 의한 편익의 증대는 그 조직의 비대화를 낳고 끝내는 비리를 낳는다. 앞서 살펴본 바와 같이 1천 명에 이르는 사심관은 그 자체로 비대한 조직이었을 뿐만 아니라 비리의 온상이 되어가고 있었다. 그들이 세력을 키울 수 있었던 구조적 이유는 그들이 중앙정부의 약화를 틈타 농민들로부터 노역과 조세를 거두면서 세력을 키울 수 있었다는 점이었다.[105)] 곧 사심관은 중앙과의 관계에서 향촌 사회의 여론을 대변하고 간여하는 위상에서 벗어나 경제적 수탈자로서의 면모가 부각되었다.

본디 사심관의 임무 가운데에는 부세 수취와 운반을 원활하게 하는 일이 포함되어 있었는데 현실적으로 향촌 여론의 구조로부터 멀어져 가면서 경제적 수취를 돕는 기능만이 부각되고 그 과정에서 사사로운 이익의 추구가 심하게 나타났다.[106)] 중앙 정부와의 연고, 향토에서의 토지를 기반으로 하는 영향력, 높은 학력을 가진 계급에 관하여 억지력을 갖는 조직은 거의 없었다. 이와 같은 비리에 직면한 문종은 그에 대한 엄격한 징계를 지시했다. 사심관의 비위 색출만을 관장하는 사심주장사事審主掌使라는 직함이 있었다는 사실이 눈길을 끈다.[107)]

사심관의 폐해를 줄이려는 성종의 노력에도 불구하고 그들의 작폐作弊는 상당히 오랫동안 지속되었다. 따라서 충렬왕은 재위 9년에 이를 폐지하였다.[108)] 아마도 왕실은 사심의 작폐가 국가의 재난이 일어나는 원인이라고 여겼던 것 같다. 그래서 오랜 가뭄이 들자 충숙왕이 사심첩事審貼을 거두어 이를 태우도록 명령하니 비가 내렸다.[109)]

심지어는 주군州郡의 사심관을 없애어 백성이 몹시 기뻐하다가 얼마 안 되어

---

104) 이순근, 「고려시대 사심관의 기능과 성격」, p. 221.

105) 김미경, 「고려시대 향리의 지위」, 『경주사학』(1)(1982), p. 94.

106) 蔡雄錫, 『고려시대의 국가와 지방 사회』, p. 213.

107) 『高麗史』 志 選擧 銓注 事審官 文宗 11년 判

108) 『高麗史』 世家 忠烈王 9년 夏4월 辛亥

109) 『高麗史』 志 五行 金 旱災 忠肅王 2년 5월 丙戌

권호權豪들이 다시 “스스로 사심관이 되니” 피해가 전보다 심하였다.[110] 사심관의 호강이 어떠했던지를 보여주는 사건으로서 신돈辛旽이 말년에 사심관이 되고 싶어 했다는 다음의 고사가 잘 보여주고 있다.

> 신돈이 일찍이 스스로 오도도사심관五道都事審官이 되고자 하여 사심관 제도를 회복하기를 간청하자 왕이 이렇게 말했다.
> “큰 도둑치고 여러 주州의 사심관 같은 것은 없소.”
> 이로써 사심관제를 회복하려는 일은 마침내 잠잠해졌다.[111]

그 시대의 관료들은 왜 그토록 사심이 되고자 했던가? 이는 동양 사회의 관료제가 갖는 독특한 편익 때문이다. 중국의 문화인류학자 훼이샤오퉁費孝通, Hsiao-tung Fei은 귀향 관료의 매력으로서 다음과 같은 점을 지적하고 있다.

(1) 새로운 질서 속에서 지난날의 일들에 대한 면책
(2) 재산 보전의 욕망과 착취로부터의 자기 보호
(3) 고향에 돌아와 여생을 즐길 수 있는 금의환향의 쾌감
(4) 고향의 원로로서 영향력을 미칠 수 있다는 즐거움[112]

3) 토지와의 유착

인간의 물욕의 정점은 어디일까? 아마도 그것은 토지일 것이다. 토지에 관한 인간의 욕망에는 한계효용체감의 법칙이 적용되지 않는다. 그런데 사람들이 탐내는 토지는 비옥도에 따르지 않고 그곳의 자유에 따른다고 한다. 따라서 역사를 보면 가장 비옥한 땅에도 경작되지 않은 곳이 있고, 모든 것을 거부할 것만 같은 토지에 위대한 민족이 살았다.[113] 마찬가지로 사심의 눈길이 닿는 최후의 목표물은 토지였다.

향촌의 지배 세력들이 이와 같이 토지를 차지하면 그 후손들은 시간이 지나면

---

110) 『高麗史』 世家 忠肅王 5년 여름 4월 庚申
111) 『高麗史』 列傳 辛旽; 『東史綱目』(15/하) 恭愍王 18년 11월
112) Hsiao-tung Fei, *Chinese Gentry*, pp. 31-32.
113) Baron de Montesquieu, *The Spirit of the Laws*, Book V, § 9; Book XVIII, § 3.

서 지주가 되어 무역·금융·산업 분야에 종사하는 도시의 지도자들과 점차적으로 제휴하여 토반土班으로서의 기반을 닦는 것이 관례로 되었다.[114] 결국 사심관들은 널리 공전公田을 점유하고 많은 민호民戶를 은닉하고, 관리에게 개인적으로 장형杖刑을 집행하고, 구리(銅)를 징수하여 마음대로 위세와 복락을 누린다. 충숙왕은 이를 혁파하여 그 숨긴 바의 공전과 민호를 찾아 복구하려 했으나 뜻과 같지 않았다.[115]

그렇다면 사심관의 토지 겸병의 실상은 어떠했을까? 공양왕恭讓王 3년 5월에 실시한 토지 조사에 따르면 전국에 실전實田 63만 3천097결과 황원전荒原田 17만 5천030결, 합계 80만 9천127결[116]이었다. 그런데 충숙왕 시대에 사심관이 차지한 토지를 조사하니 합계 2만 9천440결이었는데,[117] 이는 전체 토지의 3.6%였다.

당시의 인구를 210만으로 보고,[118] 사심관의 숫자를 1천 명으로 볼 때 전체 인구의 0.04%가 토지의 3.6%를 차지한 셈이 된다. 산술적으로만 계산한다면 이는 다른 계급에 견주어 사심관들은 90배의 토지를 차지하고 있었음을 뜻한다. 이들의 토지 점탈과 상속은 훗날 향촌 지배 세력의 경제적 기반이 되었다는 점에서 중요하다.

6. 결론

이 글의 결론은 다음과 같다.

[1] 고려의 사심관은 건국 초기에 허약한 중앙 정부를 대신하여 지방을 어루만지려던 선택이었다. 고려의 지방 행정은 외관, 사심관, 그리고 호장의 삼각관계에서 미묘한 긴장을 유지하면서 균형과 견제를 이어갔다. 사심관은 중앙 귀족이

---

114) Barrington Moore, *Social Origins of Dictatorship and Democracy*, p. 178.

115) 『高麗史』 志 刑法 職制 忠肅王 5년 5월 下教; 『高麗史』 志 選擧 事審官; 『東史綱目』 忠肅王 5년 夏4월

116) 『高麗史』 志 食貨 田制 祿科田

117) 『高麗史』 世家 忠肅王 6년 9월 丁亥

118) 『宋史』(487) 列傳(246) 外國(3) 高麗 慶元 年間(1195-1200)

면서도 향촌 사회에 미치고 있는 영향력으로 말미암아 향리와 함께 주와 속현에서 자율적 성향을 보이면서 향촌을 지배했다.

[2] 사심관 중심의 지방 지배는 호족을 중심으로 하여 지방민이 자치를 누리는 데 도움이 되었다. 그뿐만 아니라 사심관 중심의 지방 지배는 지방민의 정치적 이해를 반영해 주었다. 사심관 중심의 지방 지배가 이뤄지면서 지방에 웅거하고 있던 호족들이 점차로 중앙정부의 지방 지배에 순응해 갔다. 호족들은 준칙에 따라 중앙 정부가 기대하는 일정한 소임을 수행하였다.[119]

[3] 그러나 사심관은 중앙 정부의 강화와 함께 그 기반을 잃어가면서 향촌의 지배 세력으로 변질했다. 곧 외관의 강화와 부패와 같은 자기 모순으로 말미암아 권력을 빼앗긴 향촌 세력은 서구적 개념으로서의 gentry나 중국의 개념으로서의 향신으로 변모함으로써 생존의 길을 모색했다.

[4] 그러므로 한국사에서 향촌 지배 세력의 맥락을 살펴보면, 그들은 신라의 호족에서 시작하여 사심관을 거쳐 조선왕조로 권력이 교체된 이후에는 유향소留鄕所에 그 잔영殘影을 비취면서 사림과 현지 향반으로 이어져 한국의 전근대 사회의 지식 계급의 줄기를 이루었다. 그 바탕에 흐르고 있는 가치는 지식과 향토의 자치와 토지였으며, 훗날 여기에 유교가 가미되었다.

119) 홍승기, 「고려 전기의 事審과 향리」, pp. 47-48.

제12장

무신 정권 시대의 사조

정중부鄭仲夫(1106~1179)/ 최충헌崔忠獻(1149~1219)/
망이亡伊·망소이亡所伊(?~1177)/ 만적萬積(?~1198)/
이규보李奎報(1168~1241)/ 삼별초三別抄

"말을 타고 전쟁터에서
천하를 얻었다 하더라도
말 위에서
천하를 다스릴 수 있겠습니까?"[1)]
—육고陸賈

"장군의 처사를
통치라고 서술해서는 안 된다."[2)]
—플라톤

"문신의 관冠을 쓴 무리는
비록 서리胥吏일지라도
모두 씨를 남기지 말라."[3)]
—정중부

"신의 진리도
때로는 칼로써 지킨다."[4)]
—우치무라 간조

---

1) 『史記』(97) 酈生陸賈列傳(37); 『漢書』(1) 高帝紀(43) 陸賈傳 : "馬上得之 寧可以馬上治乎"
2) Plato, *Statesman*(London : Routledge & Kegan Paul, 1952), p. 220, § 305a.
3) 『高麗史節要』 毅宗 24년 8월 丁丑 : "鄭仲夫曰 凡戴文冠者 雖至胥吏 俾無遺種"
4) 鈴木範久·김진만(역), 『우치무라 간조內村鑑三』(서울 : 소화, 1995), p. 110.

1. 서론

전쟁은 시도 때도 없이 벌어지는 역사의 재앙이었다. 인류는 입으로 사랑과 평화를 말하지만, 역사에서 전쟁의 포성이 멎었던 시간은 그리 길지 않았다. 구원救援의 손길보다는 살육의 손길이 더 잦았고, 국가의 재정은 사람을 살리는 일보다는 죽이는 일에 더 많이 지출되었다. 인간의 심성은 기쁨보다는 아픔이 더 오래 남아 있기 때문에, 전쟁이 남긴 적의敵意는 은혜보다 더 깊이 각인되었다. 이런 점에서 인간은 철학자들이 소망한 것처럼 그렇게 도덕적이지도 않았고 자비롭지도 않았다.

여염의 필부필부라고 해서 향토에 관한 애착이나 국가에 관한 충성심이 없는 것은 아니지만, 그 많은 전쟁의 앞뒤에는 무사들의 영욕榮辱이 있었다. 그들은 문민에 견주어 국가의 존망에 더 민감하고 저항적이었다. 그들은 직업적 책무 때문만이 아니라 기질적으로 방어 본능과 도전 정신으로 무장되어 있으며, 자신들이 받는 봉록俸祿에는 선혈이 묻어 있다는 자부심과 비장함이 담겨 있다. 그래서 역사에 기록된 의인의 반열에는 무사가 많았다. 그들은 비겁함을 가장 수치스러운 것으로 생각했고, 다른 신분에 견주어 죽음의 문제에 초연했다.

그러나 무사가 늘 정의의 편에 서는 것은 아니었다. 그들의 힘은 권력자들이 가장 소중하게 생각하는 보호벽이었다. 그래서 무사는 어떤 다른 계급보다도 권력자와 가까운 거리에 서 있었으며, 그러한 상황은 무사들이 권력이라는 유혹을 견디기 어렵게 만들었다. 꼭 그런 탓만은 아니지만 "군대는 대체로 왕들의 편이었다."[5] 그들은 서로에게 필요한 존재였다. 여기에서 무사와 권력의 유착이 일어났다.

무사는 권력의 주변에서 생활하며 수호자로만 남을 수 없었다. 그들은 문민정치를 바라보며 환멸을 느꼈고, 그럴 때면 자신들도 직접 정치를 할 수 있고, 문민보다 더 잘할 수 있다는 자신감을 느낄 때가 많았다. 그러나 그들의 정치가 늘 세련된 것은 아니었다. 그들은 거칠고 사납거나 맹렬했으며, 시민에게 아픔을 주는 때도 있었다. 이렇게 해서 라스웰Harold D. Lasswell이 명명한 "무단통

---

5) Bertrand Russell, *The History of Western Philosophy*(New York : A Touchstone Book, 1972), p. xvii.

치"virocracy라는 굴곡된 정치가 등장했다.[6)]

무인들은 정치적으로 노회老獪하지 못했고, 기교를 몰라 투박했다. 그럴 때면 그들이 의존하는 방법은 잔인한 폭력naked power이었다. 이러한 현상은 그들이 당초에 의도하지 않았던 일이었지만, 무인 통치는 대체로 비극적이었다. 정치를 폭력으로 수행하는 데는 한계가 있었다. 폭력은 가장 높은 권위의 표현이 아니라 실패에 관한 최고의 고백으로 여겨질 수 있다. 총칼은 지성의 상징이 아니라 초조함의 표현이었다.[7)]

이와 같이 무인의 지배가 역사에 아픔을 주었음에도 역사에서 무인의 지배는 빈번했다. 그 까닭은 군부와 민중 사이에 불가사의한 친화력이 있기 때문이다. 예컨대 고대 서양에서 무신 정권의 극치라 할 시저Julius Caesar가 그러한 경우에 속한다.

시저는 당시의 위대한 장군정치가들이 그랬던 바와 마찬가지로, 귀환병들에게 토지를 나누어 주고 인민의 편에 서서 원로원의 대토지소유제Latifundium에 도전했다. 그는 민중적 대의명분론을 내세우면서, 자기들의 정치적 목적을 추구하는 사람들을 이용하여, 절대 권력을 수립했다.[8)] 따라서 무신 정권은 그 폭압성에도 불구하고 민중의 갈채를 받는 경우가 역사에 자못 많았다.

역사는 대체로 무신 정권의 시기를 반동의 시대reactionary age로 표현한다. 이러한 시기에 당사자들은 쉽게 역사의 희생물이 되었고, 또 다른 아픔으로 전이轉移되는데, 그 아픔이라 함은 그 시대를 함께 살아야 하는 지식인들의 고뇌를 뜻한다. 지식인들의 덕목에는 항상 용기를 포함하는 것은 아니었다.

물론 역사에는 코페르니쿠스Nicolas Copernicus나 케플러Johannes Kepler처럼 용기 있는 학자들에 따라 문명이 지탱되어 온 면이 있음을 부인할 수 없지만, 종교 재판에서 지조를 굽힌 갈릴레오Galilei Galileo를 비난만 할 수는 없다. 지식인들은 체념과 한탄 속에 한 시대를 보내야 했고, 술과 시와 풍류로 자신을 달래며 탄식한 무리도 있다. 이규보李奎報가 그러한 무리 가운데 하나였다.

---

6) H. D. Lasswell & Abraham Kaplan, *Power and Society : A Framework for Political Inquiry*(London : Routledge & Kegan Paul Ltd., 1952), p. 211.

7) Charles Merriam, *Political Power*(New York : Collier Books, 1964), p. 214; 신복룡(역), 『정치권력론』(서울 : 선인, 2006), p. 306.

8) Karl A. Wittfogel, *Oriental Despotism*(New Haven : Yale University Press, 1958), p. 209.

2. 무신 정권의 등장

이상과 같은 현상들이 한국사에서 한꺼번에 농축된 역사의 사례가 바로 고려의 무신 정권의 시대이다. 무사의 명예와 그들에 대한 모욕, 권력의 질주와 저항 그리고 보복, 외세의 침략과 국난, 폭압 아래서 지식인의 탄식, 문민정부의 회복과 함께 찾아온 국방의 쇠퇴, 그리고 그러한 격동의 세월을 거치며 민족을 발견한 시대가 곧 고려 무신 정권 백 년의 역사였다.

옳고 그름의 문제를 떠나서 이 시대에 관한 탐구를 하지 않고서는 고려 450년 역사의 전체상을 보기가 어렵다. 어쩌면 역사는 비극의 시대를 통해 더 많은 교훈을 얻을 수도 있다. 무신 정권이 남긴 유산이 8백 년 뒤의 한국의 현대사에 재현된 것을 보면 역사에서 천 년은 그리 긴 시간이 아니며, 또 그 기간에 삶의 모습이 본질적으로 바뀌지도 않을 뿐만 아니라 역사가 반드시 진보하는 것만은 아니라는 사실도 알게 된다.

한국의 역사와 같이 전란이 많았던 사회에서 문민 우위의 원칙이 지속되고 그것이 많은 비극의 원인을 제공했다는 것은 기이한 현상이다. 외적의 침략이 거셀 때는 무관의 구실이 돋보이다가 적국의 침략이 뜸해지면 문신이 우대를 받고 무신은 푸대접을 받지만, 변방에 다시 소요가 일면 무관이 득세하고 문관은 위축되는 것이 역사의 악순환이었다. 이익李瀷이 개탄하고 있는 바와 같이, 무관이 잠시 득세한다고 해서 무관에 대한 해묵은 괄시가 씻기지 않았다는 점에서 비극은 되풀이되었다.[9)]

신라 말의 신흥 호족이 고려를 건설한 이후, 중앙의 문벌 세력과 지방 호족의 갈등은 이미 배태되어 있었다. 전란을 통하여 창업한 왕건王建이 문무관을 차별했다고는 볼 수 없지만, 과거제도의 실시는 한꺼번에 고려의 조정을 문치주의로 이끌어 갔다. 관등에서도 무신은 정삼품이 최고위였으며, 무관은 문관을 만났을 때 말을 비켜 길을 양보해야 하는 이른바 "피마避馬의 법"이 있었다.[10)]

또한 전시과田柴科에 따른 토지 지급이나 봉록 체제도 문신에 미치지 못했다. 문관 최고위직인 내사령內史令과 시중侍中의 식읍이 밭[田] 100결結에 산[柴] 70결

9) 『星湖僿說』(11) 人事門 武臣講經
10) 『高麗史』 志 百官 兵曹; 『高麗史』 志 制 刑法 公式 避馬

인데, 무관의 최고위직인 상장군上將軍은 식읍이 밭 80결에 산 50결을 차등하여 주었다.[11] 이런 점에서 고려조의 문·무반은 직능의 차이가 아니라 신분의 차이였다.[12]

무신의 사기를 치명적으로 손상한 것은, 성종 6년(987) 6월에 왕명으로 전국의 주현州縣의 무기를 거두어 농기구를 만든 사건이었다.[13] "그들은 칼을 쳐서 보습을 만들고 창을 쳐서 낫을 만들리라. 한 민족이 다른 민족을 거슬러 칼을 쳐들지도 않고 다시는 전쟁을 배워 익히지도 않으리라"[14]던 시대가 온 것도 아니었다.

당시의 시대 상황을 보면, 거란의 내침이 임박하여 북방에서는 전운이 감돌던 시절이었다. 설령 당시에 농업생산성이 빠르게 증가하여 농업 기술의 수요가 높아졌다고 하더라도, 무기의 해체는 무사들을 불만스럽게 만들기에 충분한 일이었다.

잦은 전쟁과 군사의 증원도 역설적으로 무신의 처우를 열악하게 만드는 요인이 되었다. 이를테면 거란전쟁(1010, 현종 1년) 이후 군사비 지출의 증대는 일반 관리들의 봉급 지출을 부족하게 만들었다. 그래서 중추원 일직원日直員 황보유의皇甫兪義가 중추원사 장연우張延祐와 함께 건의하여 중앙 군사들에게 주었던 영업전永業田을 회수하여 그 수입을 관리의 봉급 지출에 충당한 일이 있었다.

이런 처사에 대하여 무관들은 자못 불만을 품고 영업전을 빼앗긴 것을 구실 삼아 상장군 최질崔質이 상장군 김훈金訓 등과 공모하여 여러 사람의 분노를 드러냄으로써 호위군을 반란에로 유도하니, 군대들이 아우성을 치며 대궐로 달려들어 황보유의와 장연우를 결박한 뒤 죽도록 매질한 사건이 일어났다.[15] 분노보다 더 명백하게 인간의 심성을 표현하는 것은 없다.

이 사건 뒤부터 여진 정벌이나 묘청의 난을 평정하는 데 문관이 정부군의 사령관을 담당함으로써 무신의 입지가 축소되는 결과를 낳았는데, 고려의 명장(?)으로 손꼽히는 서희徐熙·강감찬姜邯贊·윤관尹瓘·오연총吳延寵·김부식金富軾·조충

---

11) 『高麗史』 志 食貨 田柴科 穆宗 원년 12월조

12) 이기백, 『民族과 歷史』(서울 : 일조각, 1972), p. 99.

13) 『高麗史』 志 食貨 農桑

14) 『구약성경』 「이사야서」 2 : 4.

15) 『高麗史』 列傳 皇甫兪義

趙沖 등이 모두 문과에 급제한 문신들이었다는 사실이 그러한 현실을 잘 반영하고 있다. 이런 결과로 무관들은 문관으로 전직하는 것이 소망이었는데, 이를테면 최질 같은 인물은 문관으로 옮겨줄 것을 바랐으나[16] 그것이 받아들여지지 않음으로써 불만은 더욱 커갔다.

무신 세력이 정권의 핵심에 접근한 것은 왕권의 약화와 관련이 깊었다. 그런 문제가 제기된 것은 의종毅宗 시대였다. 의종의 즉위 과정은 순탄하지 않았다. 의종의 부왕인 인종仁宗은 태자가 계승하지 못할 것을 우려하였고 의종의 어머니도 둘째 아들을 사랑하여 그를 태자로 삼으려 했다. 이는 의종이 왕위계승자로서나 아들로서 신뢰를 받지 못하였음을 나타낸 것이다.

이러한 배경은 즉위 후 의종이 명실상부한 왕으로서 인정받으려는 노력으로 나타났는데, 그 방법은 왕에게 충성할 측근 인물들을 모으는 것이었다. 문민정부의 파벌이 심해지고, 정치 활동을 수행하기 위한 제도적 수단이 취약하여 문민정부 스스로 군부의 지원을 요청하는 경우가 있었다.[17]

의종이 먼저 택한 방법은 무인들을 등용하여 간관諫官 세력을 제압하는 데 활용하는 것이었다. 이 과정에서 무인들은 지위가 상승하고 견룡군牽龍軍 등을 거쳐 출세하는 무리가 많았다.[18] 문치 위주로 흐르든 아니면 무인의 시대가 오든, 그 어느 쪽도 바람직한 것이 아니어서 문무 관직의 대립은 당시 지식인들이 늘 걱정하던 일이었다. 이색李穡이 시폐소時弊疏에 말한바, "문무는 그 하나만을 폐할 수 없으니, 문을 날줄[經]로 삼고 무를 씨줄[緯]로 삼는 것은 천지의 상도常道"[19]라는 글이 그러한 사례에 속한다.

문치주의가 병폐를 낳는 것은 그들의 지나친 귀족화 현상 때문이었다. 귀족들은 황실의 척신이 되었고, 그 과정에서 문신들의 뭉침은 더욱 강화되었는데, 이를테면, 경주慶州 김 씨, 언양彦陽 김 씨, 정안定安 임任 씨, 경원慶源 이 씨, 안산

---

16) 『高麗史』 列傳 皇甫兪義

17) Amos Perlmutter, "The Praetorian State and the Praetorian Army : Toward A Taxanomy of Civil-Military Relations in Developing Countries," in Jason L. Finkle & Richard W. Gable(ed.), *Political Development and Social Change*(New York : John Wiley and Sons, Inc., 1971), pp. 311~312.

18) 백남혁, 「武臣亂의 原因과 成功 要因」, 『祥明史學』(8~9)(상명여자대학교 사학과, 2003), pp. 102~103, 116~117.

19) 『東文選』(53) 奏議 李穡 陳時務書

安山 김 씨, 철원鐵原 최 씨, 해주海州 최 씨, 공암孔岩 허 씨, 평강平康 채 씨, 청주淸州 이 씨, 당성唐城 홍 씨, 황려黃驪 민 씨, 횡천橫川 조趙 씨, 파평坡平 윤 씨, 평양平壤 조趙 씨의 문신 문중에서만 왕비를 간택하도록 했다.[20] 여기에서 무반은 제외되었다.

이런 상황에서 무반인 정중부鄭仲夫가 문관에게 수모를 당하는 사건이 일어났다. 역사에는 당시의 장면이 다음과 같이 그려져 있다.

> 정중부는 해주 사람으로 용모가 우람하고 눈동자가 모지고 이마가 넓으며 얼굴빛이 백옥 같고 수염이 아름다우며 키가 7척이 넘어 위풍이 늠름했다. 재상 최홍재崔弘宰가 병사를 뽑다가 그를 보고 비범하게 여겨 공학금군控鶴禁軍에 편입시켰다. 그는 인종 때 견룡대정牽龍隊正이 되었다.
>
> 섣달그믐날 밤에 나례儺禮(역귀를 몰아내는 제례)를 차리고 잡기雜技를 하자, 왕이 친히 나와 구경을 했고 내시·다방茶房·견룡들이 서로 뛰놀며 즐겼다. 그때 내시 김돈중金敦中이 나이는 젊고 기운은 세어 촛불을 가지고 정중부의 수염을 태우자 정중부가 그를 틀어잡고 곤욕을 보였다. 그런데 분노한 김돈중의 부친인 김부식金富軾이 왕에게 말하여 정중부에게 매질을 하려 하자 왕은 정중부의 위인을 비범하게 여겨 은밀히 도망시켜 화를 면하게 했다. 이때부터 정중부와 김돈중 사이에 원한이 맺혔다.
>
> 그 뒤 의종 24년(1170)에 왕이 화평재和平齋에 행차하여 근행近幸하는 문신들과 함께 술을 마시고 시를 읊으며 돌아가기를 잊으니, 호종扈從하는 병사들의 굶주림이 심했다. 이때 정중부가 소변을 보러 나가는데 견룡 행수行首 산원散員 이의방李義方과 이고李高가 따라와서 비밀히 정중부에게 말하기를, "문신은 뜻을 얻어 술 취하고 배부르나 무신은 모두 굶주리고 피곤하니 이것을 참을 수 있으리까?" 하므로 정중부가 이에 동의하여 반란을 계획했다.
>
> 그 뒤 의종이 장차 보현원普賢院에 행차하려 할 때 오문五門 앞에 이르러 시신侍臣을 불러 술을 따르게 하고 술이 취하매 좌우를 돌아보고 말하기를, "장하다. 이 땅이여, 가히 군사를 연습하겠도다." 하고 무신에게 명령하여 오병五兵의 수박희手搏戲를 하게 하였는데 이는 무신들이 실의에 빠져 있음을 알고 넉넉히 베풀어[厚賜] 이를 위로하고자 함이었다.
>
> 그러한 놀이를 하다가 대장군 이소응李紹膺의 차례가 되었다. 그는 비록 무신이기는 하지만 용모가 여위고 힘이 약하여 어느 사람과 희박하다가 이기지 못하고

20) 『高麗史』 世家 忠宣王(1) 즉위년 11월 辛未

달아나자 문신 한뢰韓賴가 앞에 가서 이소응의 뺨을 쳐서 곧 계단 아래에 떨어뜨렸다. 왕이 신하들과 함께 손뼉을 치며 크게 웃으니 이의민李義旼 등이 이에 분노하여 계림鷄林에 이르러 의종을 죽이고, 이듬해에는 정중부를 문하시중에 제배除拜했다.[21]

역사를 돌아보면 어느 사회이든지 무사를 모독하는 곳에는 재앙이 따랐다. 그것은 일차적으로 복수심이었고 그다음은 명예 회복이었다. 정중부가 반란을 일으키면서, "문신의 관冠을 쓴 무리는 비록 서리胥吏일지라도 모두 씨를 남기지 말라."[22]고 절치부심한 것은 그의 진심이었을 것이다.

무신들에게 국가의 안위에 관한 일말의 걱정이 없었던 것은 아니지만, 이성은 사라지고 자신의 안위와 복락을 확장하는 일에 그들은 몰두하기 시작했다. 그리고 권력 속에서 그들은 스스로 그토록 증오했던 권력의 남용에 길들기 시작했다.

무신들의 복수와 설치雪恥는 그 자신들에게 되돌아올 또 다른 복수에 대한 두려움을 안겨줌으로써, 반동의 시대는 더욱 경직되어 갔다. 이고-이의방-정중부-경대승慶大升-이의민-최충헌崔忠獻-최우崔瑀로 이어지는 백 년의 반동의 시대는, 사관史官이 개탄하고 있는 바와 같이, 그 당사자들이나 그들로부터 핍박받는 이들 모두에게 "슬픈 일"[23]이었다. 무신들은 정중부의 중방重房,[24] 경대승의 도방都房[25]이나 최충헌의 교정도감敎定都監,[26] 그리고 최우의 정방政房[27]과 같은 사설 권력 기관을 통하여 권력을 확장하는 동시에 자신들의 신변을 보호하려고 애썼다.

이러한 반동의 시대를 거치며 문민 우위의 신분 질서가 붕괴했다. 인간에게 신분은 멍에이자 간판이다. 통상적으로 신분 질서의 붕괴는 기득권자들이 누리던 사회적 가치의 재분배를 의미한다는 점에서 공의로운 측면이 있다. 그러나 신분이 뒤바뀜으로써 새로이 기득권 세력으로 등장한 무리는 또 다른 파벌을 불

21) 『高麗史』 世家 毅宗 24년 8월 丁丑일; 『高麗史』 列傳 鄭仲夫; 『高麗史』 列傳 金富軾·金敦中
22) 『高麗史節要』 毅宗 24년 8월 丁丑
23) 『高麗史』 世家 明宗 27년 말미 史臣의 贊 : 「自是權臣相繼執命 王室之不亡 若綴旒者幾百年 嗚呼痛哉」
24) 『高麗史』 志 百官 西班
25) 『高麗史』 列傳 慶大升
26) 『高麗史節要』 高宗 14년 2월.
27) 『高麗史』 志 選擧 銓注 選法

러왔기 때문에 공의로움은 지속되지 않고 의미는 퇴색했다. 다만, 뒤에서 논의하는 바와 같이, 그러한 가치의 재분배가 노예 제도에 대한 심각한 도전이 되었다는 점에서 부분적이나마 인권 회복의 의미를 찾을 수 있을 것이다.

무신 정권이 낳은 또 다른 유산은 권력의 폭력화 현상이다. 권력의 폭력성은 권력의 사병화私兵化로 이어진다. 정통성이 허약한 권력일수록 사병에 대한 의존도는 높아진다. 권력이 폭력화한다고 해서 그 권력의 강도가 높아지는 것은 아니라는 점에서 폭력은 역설을 담고 있다. 통치에서 폭력을 행사한다는 것은 자신의 실패를 스스로 고백하는 것이다.[28] 폭력은 그 스스로가 굳셈을 의미하는 것이 아니다.

시차時差와 더불어 바깥 세상을 바라보는 시각에서 차이가 있기는 하지만, 비교사학적으로 고려의 무신 정권을 일본의 막부幕府정권과 비교해 보면, 그 두 제도에서 왕이 존재는 무의미했다. 왕권신수설은 무너지고, 무신 집정관이 정권을 장악한 최고의 실력자로서 왕을 능가하는 정치적 실권을 지녔으며, 농장農莊을 통한 대토지 소유를 바탕으로 양성된 사병 집단이 그 주축을 이루었다. 국왕이 무신 집정에 따라 제멋대로 폐립廢立됨으로써, 이제 국왕은 왕실의 적통자로서 귀족정치의 최고 수장이란 원래의 위치에서 벗어나 전락되었다.[29]

당시의 사관은 이 시대를 다음과 같이 묘사하고 있다.

> 신종神宗은 최충헌이 세운 사람이다. 왕의 죽고 살고, 옹립하고 폐위하는 것[生殺廢置]이 모두 최충헌의 손에서 나오니, 왕은 다만 빈 그릇[虛器]을 안고 신민臣民 위에 서 있는 것이 마치 꼭두각시[木偶人]와 같을 따름이었다. 애석하도다.[30]

무신 정권의 시대가 일말의 정의감에 의해 추동된 부분이 있었음을 부인할 수는 없다. 그리고 그 시대를 거치며 지난날 일그러진 가치를 재분배하는 순기능이 있었던 것도 사실이고, 그들이 문민정부에 견주어 외환外患에 더 적극적으로

---

28) Charles Merriam, *Political Power*, p. 218; 신복룡(역), 『정치권력론』, p. 312.

29) 민현구, 「高麗 武臣政權의 정치적 유산」, 『仁荷史學』(10)(인하대학교 사학과, 2003), pp. 219~221.

30) 『高麗史』 世家 神宗 7년 말미 史臣의 贊 : "神宗爲崔忠獻所立 生殺廢置皆出其手 徒擁虛器立于臣民之上 如木偶人耳惜哉"

대처했던 점도 있었다. 그러나 보편적으로 볼 때, 무사가 정치의 핵심에 서는 것은 그 시대에 고통을 유발하는 경우가 많았다.

그리고 그들은 "서툰 정치"와 폭력의 높은 의존도로 말미암아 그 시대의 가치로 받아들여지지 못하고 몰락했다. 그렇다고 해서 그들의 무단 통치가 끝나고 문민정부가 들어섰다고 하여 그것이 곧 축복을 가져오는 것도 아니었고, 민의의 정치로 되돌아가는 것을 뜻하는 것도 아니었다. 왜냐하면 대부분 무신 정권이 끝난 뒤에는 엄청난 또 다른 역사의 반동이 뒤따랐기 때문이다.

3. 신분 질서의 도전

역사적으로 수많은 격동의 세월이 있었는데, 그러한 시기가 지난 뒤의 사회 변동은 여러 가지 형태로 나타난다. 역사가 퇴행하는 경우도 없지 않았지만, 대부분은 아픔을 추스르고 일어나 더 좋은 삶을 일구어 나갔다. 참으로 가혹한 표현이지만, 전쟁의 폐허 위에서 경제가 부흥되는 경우가 그러한 사례에 속한다.[31]

그러나 아마도 격동기의 사회 변동에서 가장 두드러진 것은, 신분 질서의 재편일 것이다. 어느 계층의 몰락과 어느 계층의 상승으로 나타나는 신분 질서의 변동은, 누구에게는 재앙이겠지만 다른 사람들에게는 축복의 기회였다. 그러한 축복의 최대 수혜자는 노예를 포함한 하층계급이었다.

인문·사회과학이 인간의 존엄이라든가, 현대적 개념으로서의 민권의 문제를 가장 소중한 정치적 가치로 추구해온 관점에서 본다면, 그에 가장 배치되는 노예 제도가 유구한 역사를 지니고 있다는 사실은 역설적이고 흥미로운 사실이다.

이 문제는 이미 아리스토텔레스Aristoteles에게도 매우 중요한 문제여서, 그는 이렇게 의문을 제기하고 있다.

> "어떤 사람이 다른 사람의 노예가 된다는 것이 과연 옳고 정당한 일일까? 노예 제도란 자연의 이치에 배치되는 것으로 보아서는 안 되는가? 우리는 이에 관한 대

---

31) Ian Morris, *War! What is it Good For?*(Farrar, Straus and Giroux, 2014)

답을 고민해야 한다."[32]

이 문제를 거론하려면 우선 노예는 어떤 계기에 따라 발생했는가를 살펴보아야 한다. 이에 관해서는 다음과 같은 점을 지적할 수 있다.

(1) 전쟁에 따른 포로와 납치[33]
(2) 기근·질병 등의 경제적 원인에 따른 인신 매매[34]
(3) 인신印信의 위조나 사민徙民의 도주 또는 절도와 같은 범죄 행위[35]
(4) 위조·역모·불충 등 권력 투쟁 과정에서의 몰락
(5) 혼속婚俗에 따른 노예 신분의 지속

한 사회에서 어떤 제도가, 그 선악에 관한 많은 논란에도 불구하고 지속되었다면, 그에 대한 필요성이 있었기 때문이었다. 그런데 여기에서 흥미로운 사실은 노예 제도의 발생사적 기원의 문제인데, 그것은 시대에 따라 그 용도가 다르게 나타나고 있다는 점이다. 고대 사회에서 노예 제도는 전쟁의 노역과 귀족의 삶을 위한 편의 때문에 발생했다.

그러다가 중세에 들어서면 노예의 수요가 있었기 때문에 노예가 발생한 것이 아니라 노예가 먼저 공급된 이후에 수요가 발생했다. 경제학적으로 볼 때 수요가 먼저 있어야 공급이 뒤따른다고 볼 수 있지만, 중세 노예 제도의 경우에는 공급이 선행되었다.

따라서 처음부터 노예의 필요성이 절실했던 것도 아니었고, 또 노예의 역할이 있었던 것은 사실이지만 그렇게 광범했던 것도 아니었다. 곧 고대 사회에서 전쟁을 위해 노예가 필요했던 것과는 달리, 중세 사회는 신분적 징벌의 필요에 따라 노예가 발생하였는데, 이것이 농산물의 증대와 함께 생산 수단으로서의 노예 수요가 증가한 사실과 맞물림으로써 노예 제도가 번성하게 되었다.

---

32) Aristotle, *Politics*(Baltimore : Penguin Books, 1972), Book I, § 5.

33) 『高麗史』 志 刑法 奴婢; 『星湖僿說』(9) 人事門 奴婢還賤

34) 『高麗史』 世家 太祖 원년 8월 신해; 『高麗史』 世家 恭愍王 10년 5월 갑술

35) 예컨대 『後漢書』(85) 東夷列傳(75) 濊條 : 樂浪朝鮮民犯禁八條; 『경국대전』 형전 위조僞造. 도망의 경우가 이에 해당한다. 사민徙民이라 함은 국경의 농지로 주거가 제한된 농민들을 의미한다.

중세를 암흑시대라고 말하는 데에는 종교의 암울함이 작용한 면도 있겠지만, 신분적 질곡으로 말미암은 인권의 유린이 더 큰 요인으로 작용했다. 그렇다고 해서 중세의 노예에 관하여 인도주의적 고민이 없었던 것은 아니었다. 예컨대 몽테스키외Baron de Montesquieu의 다음과 같은 지적에 귀를 기울여볼 필요가 있다.

> 노예제란 주인에게도, 노예에게도 이롭지 않다. 노예에게도 이롭지 않다는 것은 그 주인이 덕성으로 아무 일도 할 수 없기 때문이며, 노예가 주인에게도 유익하지 않다는 것은 그 주인이 노예를 가짐으로써 모든 종류의 악습에 물들어, 알지 못하는 사이에 모든 정신적 덕성에 위되하는 일에 익숙해져 교만하고, 성급하고, 혹독하고, 성 잘 내고, 음탕하고, 잔인하게 되기 때문이다.[36]

노예제가 문제 되는 까닭은 그들에 대한 비인격적 처우 때문이었다. 위에서 지적한 바와 같이, 당초 노예의 발생은 귀족의 삶을 편의롭게 하려는 도구였기 때문에 주인에 대한 봉사라는 순수한 의미로서의 노예 제도는 그리 가혹하지도 않았고, 어느 면에서는 인도주의적인 요소도 있었다.[37]

예컨대 그리스의 법에 따르면, 주인에게 너무 가혹하게 다루어진 노예는 다른 주인에게 팔려 갈 것을 주인에게 요구할 수 있었고, 로마 말기에도 그런 법이 있었다. 로마인들은 노예와 더불어 생활하고 노동하고 식사했다. 그들은 노예에 대해 온정과 공정함을 지니고 있었다.[38]

로마의 타키투스Publius Cornelius Tacitus(55?~117?) 황제는 주인이 대역죄를 저질러도 노예는 주인에게 불리한 증언을 하지 않도록 보장해 주었다.[39] 그리고 많은 지역에서 여자 노예의 아들은 자유의 몸으로 태어났다.[40] 또한 노예는 독서량이 많아 귀족의 대독자代讀者[41] 노릇을 했는데 이숍Isopos이 그러한 인물이었다.

---

36) Baron de Montesquieu, *The Spirit of the Laws*(New York : Hafner Publishing Co., 1949), Vol. I, Book XV, § 1.

37) Alfred Marshall, *Principles of Economics*(New York : St Martin's Press, 1959), p. 9.

38) Baron de Montesquieu, *The Spirit of the Laws*, Vol. I, Book XV, § 15, 16.

39) *Ibid.*, Vol. I, Book, XII, § 15.

40) Philip K. Bock, *Modern Cultural Anthropology : An Introduction*(New York : Alfred A. Knopf, 1979), p. 242.

41) 책을 읽는 데 게을렀던 귀족들은 머리가 우수한 노예를 뽑아 명작을 암기하도록 한 다음 듣고 싶은 작품이 있을 경우에는 그 작품을 암송하는 노예를 수시로 불러 그의 구술로 작품을

그러나 노예 제도에 징벌의 요소가 가미되며 그것은 잔혹한 제도로 바뀌기 시작하였고, 생산 수단의 수요가 증대하고 이로 말미암은 노예의 재산적 의미가 확대됨에 따라 비인격적 대우와 가혹 행위도 아울러 증가했다. 노예의 재산적 의미는 새삼스러운 것이 아니었다.

이미 구약시대부터 종은 재산이었으며,[42] 아리스토텔레스에게도 노예는 재산의 의미를 띠고 있었다.[43] 그러다가 중세에 이르러 노예의 노동을 통한 상업자본의 확대가 가능해지고 이어서 생산성의 제고가 강요된 시기 이후부터 노예에 대한 가혹 행위가 늘어났다. 이런 점에서 노예제의 발달은 장원경제와 무관하지 않았다.

노예의 문제를 고려 사회에서 살펴본다면, 공급이 먼저 있었다는 위의 논리와 크게 다르지 않게, 토지 겸병兼倂의 확대에 따른 궁핍한 노동자의 발생으로 말미암아 노예 제도가 확산했다. 특히 12세기 초엽 이자겸李資謙의 집권기로부터 토지의 겸병이 성행하기 시작하였고, 이로 말미암아 떠도는 백성이 급격히 증가했다. 토지 겸병은 무인집권기에 더욱 본격화했다. 그 까닭은 무인들의 경제적인 기반이 빈약하여 재산 축적이 필요했을 뿐만 아니라 그들이 탈취한 권력을 유지하는 데에는 경제적인 배경이 필요하였기 때문이었다.[44]

노비의 수요가 증대함에도 공급이 부족하게 되자 지배 계급이 노예의 공급을 확대하려고 고안한 법이 곧 "천민의 신분은 그 어머니의 신분을 따른다"는 천자종모법賤子從母法이다. 이 법은 천자종부법賤子從父法에 견주어 노예의 수효를 확보하기에 확실한 방법이었다. 왜냐하면 어찌하더라도 천부양모賤父良母는 드물었을 뿐만 아니라, 출생의 인연으로 보더라도 천자종모법 아래에서는 생부의 신분을 숨겨도 노비인 생모의 신분을 모면할 수 없어 노비의 수는 증대했기 때문이었다.

고려에서 천자종모법이 실시된 것은 정종靖宗 5년(1039)이었다.[45] 그러나 고려의 이러한 제도는 노예제에 익숙하지 않은 몽골의 지배를 받으며 변모하기 시작

감상했다.

42) 『구약성경』 「창세기」 17 : 23.

43) Aristotle, *Politics*, Book I, § 6.

44) 임영정, 「노비 문제」, 국사편찬위원회(편), 『한국사』(8)(서울 : 탐구당, 1977), pp. 91~92.

45) 『高麗史』 志 刑法 奴婢

했다. 충렬왕 26년(1300) 10월에 이르면, 원元나라에서 정동행성征東行省의 평장정사平章政事로 부임해 온 활리길사闊里吉思가 고려의 노비법을 개혁하려 했다. 유목민족인 그들로서는 노예 제도를 이해할 수가 없었기 때문이었다. 이때 왕은 다음과 같이 원나라에 표를 올렸다.[上表]

> 옛적에 우리 시조는 왕위를 이을 자손에게 계율을 내려 이르기를, "무릇 이 천류賤類들은 그 종자가 별다르니 삼가 이 천류를 양민으로 삼지 말라. 만약 양민으로 삼기를 허락하면 후일에 반드시 관직에 나아가게 될 것이고 차차 요직을 구하여 국가를 모란謀亂할 것이니 만약 이 훈계를 어기면 사직이 위태할 것"이라 하였습니다. …… 무릇 천류가 된 무리는 아버지나 어머니가 한 번 천하게 되는 것이니 비록 그 본 주인이 석방하여 양민이 됨을 허락하여도 그가 낳은 자손은 다시 천인이 되었습니다.
>
> 또 그 본디 주인의 후사後嗣가 끊어지더라도 또한 같은 집안[同宗]에 귀속하게 하는 것이니, 이렇게 하는 이유는 이로써 끝내 양민으로 삼지 않고자 하는 까닭입니다. …… 또한 노비들이 틈을 타 간특함을 보이는 일이 많으며 혹은 세력에 의지하고 공업功業에 힘입어 마음대로 위복威福을 누려 국가를 어지럽히려 하다가 마침내 멸하는 무리가 많으니 더욱 조상의 유훈을 어기기 어려움을 알겠고 오히려 간특한 정情을 막지 못할까 두렵나이다.[46]

위의 글에 나타난 고려 왕실의 의도는 이미 제도로 굳어진 노예제의 수요를 버릴 수 없음을 분명히 하고 있다.

그런데 한국의 경우, 고려 사회에서 정착된 노예제는 서구의 보편적 유형과 다소 다른 모습을 보여주었다. 곧 중세의 서구 사회의 노예제가 경제적 의미를 담고 있는 것과는 달리, 고려의 노예제는 권력자의 노예였기 때문에 정치적 색채가 강했다.

비트포겔Karl A. Wittfogel이 이른바 동양의 "국가노예제'state slavery[47]라고 표현한 것과는 다소 다른 뜻을 담고 있지만, 고려의 노비는 권력자인 귀족 세력의 중요한 하수인이었다는 점에서 그의 논리와 크게 다르지 않았다.[48] 그런 점에서

---

46) 『高麗史』 世家 충렬왕 26년 10월; 『高麗史』 志 刑法 奴婢.

47) Karl A. Wittfogel, *Oriental Despotism*, p. 114.

48) 이 논리와 관련하여 주의할 점은 "고려의 노예"가 그렇다는 뜻일 뿐이며, 조선조에 들어오면 양상은 많이 달라진다.

고려의 노예는 가신家臣(집사)이며, 가병家兵이며, 가노家奴였다. 노예의 이와 같은 성격으로 말미암아 가신의 지휘자들은 비록 신분이 가노였을지라도 고려의 일반 백성과는 비교할 수 없을 정도로 높은 정치·사회적 위상을 향유했다.[49]

귀족의 횡포와 착취는 그 실질적 집행자인 노비에게 경제적·사회적으로 떠오르는 기회를 제공했다. 귀족들 사이의 권력 투쟁과 경제적 착취는 필연적으로 그들이 소유하고 있는 노비의 힘에 의지하지 않을 수 없었으므로, 노비들은 그 과정에서 주인 세력의 비호 아래 자신의 세력을 키울 수 있었다.[50] 그런 점에서 그들의 삶이 그리 비참한 것만은 아니었다.

노비의 숫자가 늘어나자 그들의 삶의 모습에도 변화가 일어났다. 가노의 경우에 그 존재 형태는 두 가지가 있었다. 하나는 주인의 집을 벗어나 밖에서 독자적인 생활을 하며 생활한 외거外居 노비이다. 이 제도는 본디 왕실에서부터 시작했다. 태조 왕건은 노비에 대한 연민이 많았고 그래서 노비의 면천免賤을 고려했다가 좌절된 적이 있었다.[51]

그 뒤 왕건은 궁궐 안의 노비 숫자를 줄이고, 궁중에서 노역을 제공하는 시간 이외에는 궁궐 밖에 나가 살게 하여 밭을 갈아 세稅를 바치도록 했다. 이들에게는 토지 소유도 얼마쯤 허락되었다.[52] 이들의 삶은 통상적인 노비의 삶보다는 자유로웠으며, 인격적 침해를 덜 입었다. 이들의 삶은 "열악한" 소작농의 그것과 크게 다르지 않았다.

노비의 다른 형태는 주인과 함께 사는 이른바 솔거率居 노비이다. 이 사노들은 주인과 함께 살았기 때문에 밖으로부터 침탈을 받는 일이 적은 대신에 주인으로부터 학대의 대상이 되었다. 이들에게는 주인으로부터 물질적 보상이 없었다. 이들은 매매의 대상이 되었으며, 그들에게 돌아가는 노동에 대한 대가는 소유주의 일방적이고도 자의적 배려에 따른 것이었다. 소유주는 그들의 의식주를 해결해 주었고, 그 대가로 노예는 소유주에게 노동을 제공했다. 이들은 토지를 점유할 수 없었다.[53]

---

49) 강재광, 「최씨 가家 家奴 출신 정치인의 역할과 무오정변의 성격」, 『한국사연구』(127)(한국사연구회, 2004), p. 7.

50) 변태섭, 「萬積亂 發生의 社會的 素地」, 『傳統 時代의 民衆 運動』(上)(서울 : 풀빛, 1981), p. 20.

51) 『星湖僿說』(9) 人事門 奴婢還賤

52) 『高麗史』 列傳 崔承老 : 「時務 28조」

노비에게 주어진 신분의 벽은 높았다. 공양왕 4년(1392) 인물추변도감人物推辨都監에서는 노비결송법奴婢決訟法을 제정한 바 있는데, 이 법이 뒤늦은 것이기는 하지만 기존의 관행과 법률을 정비한 것이므로 이를 통하여 고려의 노비제도를 엿볼 수 있다. 이 법에 따르면,

(1) 양민과 천민이 통혼하는 것을 법령으로 금지한다. 이 법을 위반하고 통혼한 무리가 있으면 주인이나 종을 다 같이 논죄하고 그들 사이에서 난 자녀는 양민이 된다. 노비가 양녀良女를 취娶한 것을 주인이 알았으면 장杖 100이고 여주인은 도徒 1년이며, 노비가 스스로 취하였으면 1년 반의 도에 처하고, 양민이라고 사칭하였으면 2년의 도에 처한다. 주인이 내용을 알지 못하였을 때는 죄를 받지 않는다.

(2) 자신의 노비를 권세 있는 집에 주거나 사찰이나 신사에 바치는 것을 엄격히 금지한다.

(3) 동족의 아들이나 세 살 미만의 기아棄兒를 입양했을 경우에는 친자의 경우와 마찬가지로 그 양자에게 노비를 물려줄 수 있다.

(4) 노비를 부린 값은 일을 시킨 날짜가 아무리 많아도 몸값을 초과할 수 없다. 다른 사람의 노비를 숨겨두고 부린 무리는 법률에 따라서 죄를 논한다.

(5) 노비를 산 무리가 자손이 없으면 노비를 친척에게 넘기고 친척이 없으면 관청에서 부리되 판 사람은 다시 찾아가지 못한다.

(6) 노비를 파는 행위를 엄격히 단속한다. 추위와 주림에 쪼들리거나 묵은 공채·사채로 말미암아 부득이한 사정으로 매매해야 할 때는 이유를 갖추어 관청에 보고한 뒤에 매매할 수 있다. 만일 주색이나 도박을 하거나 노리개[狗馬]를 사려고 노비를 팔았을 때는 그 노비를 관청에서 몰수한다.

(7) 세력이 없는 사람의 노비를 빼앗았거나 갈래가 다른 노비를 함부로 차지하였을 때, 다른 사람의 노비를 숨겨 두었거나 문건을 위조하여 부리며 전당한 노비를 아주 가졌거나 중국인을 잡아 두고 부렸을 때, 관청에서 판결한 뒤에도 그대로 소유하고 있을 경우에 모두 해방하여 돌려보낸다.[54]

위의 법령에 나타난 취지를 요약하면, 매매와 양도의 금지, 강압에 따른 노비 점유의 금지, 그리고 좁은 문이지만, 노비 해방의 가능성을 열어두고 있다는 점에서 보면 그리 가혹했다고 볼 수는 없으나, 재산의 의미를 강조하고 있다는 점

53) 홍승기, 「천민」, 국사편찬위원회(편), 『한국사』(5)(서울 : 탐구당, 1975), pp. 312~313, 317~318.
54) 『高麗史』 志 刑法 奴婢

에서 보면 노예제에 대한 집착이 약화한 것은 아니었다.

노비 문제의 다른 중요한 주제는 면천免賤의 문제이다. 동서양이나 고금을 가리지 아니하고 노예의 면천은 드물었다. 국가를 위해 큰 공을 세웠다거나 주인에게 커다란 공로가 있었을 때 면천이 가능했지만 그런 경우가 흔히 있는 것은 아니었다. 고려에서 노비 면천 문제를 먼저 고민한 인물은 최승로崔承老였다. 그는 상소를 올려 이렇게 진언하고 있다.

> 우리 조정의 양천법良賤法은 그 유래가 오래입니다. …… 광종 때에 이르러 비로소 노비를 안검按檢(조사하여 살핌)하였는데, …… (이때로부터) 비천한 신분이 뜻을 얻어 존귀한 무리를 업신여기고 다투어 허위를 꾸며 주인을 모함하는 무리가 이루 헤아릴 수 없게 되었습니다. 광종은 스스로 화근을 만들어 능히 그것을 끊지 못하고 말년에 이르러서는 불법으로 죽임이 매우 많아 덕을 잃음이 큽니다.
>
> …… 원컨대 성상은 옛일을 깊이 거울삼아 천민이 귀족을 업신여기지 말게 하시고 노비와 주인의 분별이 있어 중용을 잡도록 하소서. 무릇 벼슬이 높은 무리는 이치를 식별하므로 비법非法함이 적고 벼슬이 낮은 무리는 비록 지혜 있는 무리가 아니라도 족히 비법을 꾸미니, 어찌 능히 양민으로써 천인을 만들겠나이까?[55]

최승로는 면천이 바람직하지 않음을 분명히 했다. 그는 면천이 질서를 무너뜨린다고 생각했고, 귀족이 향유하는 특권을 포기하고 싶지 않았다. 그의 단호한 입장은 역설적으로 당시 어떤 형태로든 면천의 욕구가 나타나고 있었음을 의미한다. 그러한 사실은 그 뒤 현종 4년(1013)에 "양인으로서 노비가 된 무리가 다시 양인이 되기를 고소하는 경우에는 곤장을 치고 얼굴에 낙인[鈒鏤]하여 주인에게 돌려주도록 결정했다."[56]는 기록으로 보아 알 수 있으며, 면천의 요구가 원천적으로 봉쇄되었다는 점도 아울러 알 수 있다.

고려시대 후기에 이르면, 공전公田이 사유화된 경우와 불법으로 취득한 노비를 처리하고자 전민변정도감田民辨整都監을 두었다는 사실이 눈길을 끈다. 이는 당초 신돈辛旽의 구상으로서,[57] 이 기구를 통하여 임견미林堅味 등이 수탈한 토지를 환수하고 노비를 면천한 일이 있었다.[58] 그러나 신돈이 몰락한 뒤 원나라

---

55) 『高麗史』志 刑法 奴婢
56) 『高麗史』志 刑法 奴婢
57) 『高麗史』列傳 辛旽

의 활리길사는 노비로 양민이 된 무리를 취적取籍하여 원래의 주인에게 돌려주게 했는데,[59] 이로 보아 면천의 규정은 실제로는 무의미했던 것으로 여겨진다.

이제 면천을 위해 남은 길은 주인의 공업功業에 얹혀 신분 상승을 꾀하거나 도주하는 길뿐이었다. 노비 계급의 신분 상승은 자신의 힘에 따른 것이 아니라 그들의 소유자인 귀족의 횡포 밑에서 이루어진 기생적寄生的 상승이었고, 또 노비 계급 전체의 전반적인 신분 상승이 아니라 귀족이나 종실이 사유하고 있는 일부 노비의 개별적이거나 불법적인 경제력 증대[60]에 따른 것이었다. 전쟁은 그들에게 공업을 이룰 가장 좋은 기회였다.

면천의 또 다른 기회는 "세월"이었다. 서구 사회의 경우를 보면, 유대의 율법에 따라 노예가 된 지 7년의 안식년이 일곱 번 지난 이듬해, 곧 50년마다 노예를 해방했는데, 이를 "희년"禧年, year of Jubilee이라고 불렀다.[61] 고려의 경우에는 관청의 노비[公賤]에 한정하여 나이가 60세에 이르면 노역奴役에서 방면해 주었는데,[62] 그 나이가 서구의 그것과 대체로 비슷했다.

박해와 고통을 이겨내는 방법으로서 면천이 봉쇄되었을 때 노비들이 취할 마지막 방법은 저항이었다. 이미 광종 7년(956)에 왕명에 따라, 노비를 안검하여 시비를 판별케 하였더니, 노비가 주인을 배반하는 경우가 많았다.[63] 노비 저항의 일차적 계기는 노예 규모의 비대화였다.

최우는 최충헌 집권 시기부터 정적과 노예의 반란을 여러 차례 경험한 뒤, 자신의 신변 보호와 정권 유지를 위해, 가노 집단 가운데 가장 신임할 무리를 지휘자로 삼아 그들을 통제했다.[64] 역설적으로 그와 같은 통제는 가노의 권력화를 부추겼고 그러한 인물을 통하여 주인에 대한 도전이 빈번해졌다.

왕정의 불안은 하층민이 정치적 실권자로 부상하는 데 많은 의외성과 파격을 유발했다. 이를테면 아버지는 소금 장수였고 어머니는 사원 노비였던 천민의 몸으로 권좌에 오른 이의민李義旼[65]은, 천민들이 뜻을 세우는 데 많은 암시를 주었

---

58) 『高麗史』 列傳 林堅味
59) 『高麗史』 世家 忠烈王 28년 1월 무신
60) 변태섭, 「萬積亂 發生의 社會的 素地」, p. 16.
61) 『구약성경』 「레위기」 25 : 8~10; 37~42.
62) 『高麗史』 志 刑法 奴婢.
63) 『高麗史』 列傳 后妃 光宗.
64) 강재광, 「최씨가 家奴 출신 정치인의 역할과 무오정변의 성격」, p. 5.

을 수 있다.

이의민이 정권의 정통성과 도덕성에 대한 끊임없는 도전과 반발 속에서도 대권을 장악하고, 12년 동안 그 권력을 유지할 수 있었던 것은 뛰어난 군사적 역량과 자신을 절제하는 태도로써 무신정변 당시에 적극적이었던 무인들로부터 중망을 얻었기 때문이다. 이의민은 정변에 가담한 행동 집단의 무인들을 대거 등용하여 권력의 발판으로 구축했다.[66] 따라서 노예 반란의 요인은, 우선 무신 정변에 따른 사회 전환과 신분 질서의 변화라는 문제 의식에서 파악해야 그 본질적인 핵심을 추구할 수 있다.[67]

『고려사』에 수록된 바에 따르면, 무신 정권 시기의 고위 관리는 모두 25명인데, 그 가운데 12명만이 양반이고 13명은 서인·천민이었으며, 반역자 17명 가운데 최충헌 4부자와 조숙창趙叔昌 등 5명만이 양반이고 나머지 12명은 서인·천민 출신이었다.[68] 이와 같은 하층민의 신분 상승은 다른 노예들을 고무했을 것이다. 그렇다고 해서 노예들의 욕구가 모두 집권을 뜻하는 것은 아니었다. 신분 상승을 꿈꾸는 사람들이 부러워하는 것은 귀족이지 집정관이 아니다.[69]

노예 저항의 또 다른 요인은 중앙정부의 통치력이 약화했다는 점이다. 이미 문민 통치 시기부터 농민의 궁핍은 시작되었으나 무신 집권 이후 토지 겸병을 마음대로 하고 지방관들의 횡포와 수탈이 극심하여 농민 생활은 더욱 궁핍했다. 지배의 안정성은 그 사회의 정예精銳가 폭력 수단을 통제하는 능력에 달려 있다.[70]

그런 점에서 본다면, 정중부의 무신정변 이후 14세기 중엽의 공민왕 시대에 이르는 고려 정치의 특징은 국가적 공공성의 붕괴였다. 국가의 근간인 관직과 토지, 그리고 군대는 소수 가문의 사유가 되어 국가는 외형만 유지하고 있었으므로[71] 무신 정권은 내면적으로 취약할 수밖에 없다. 이러한 현상은 피지배 계

---

65) 『高麗史』 列傳 叛逆 李義旼

66) 김호동, 『고려 무신 정권시대 文人知識層의 현실 대응』(서울 : 경인문화사, 2003), p.48.

67) 변태섭, 「萬積亂 發生의 社會的 素地」, p. 17.

68) 민병하, 『고려 무신 정권 연구』(서울 : 성균관대학교출판부, 1990), p. 157.

69) Baron de Montesquieu, *The Spirit of the Laws*, Vol. I, Book Ⅱ, § 3.

70) H. D. Lasswell & Abraham Kaplan, *Power and Society : A Framework for Political Inquiry*, p. 265.

71) 김영수, 「고려말 성리학의 정치의식 : 초월에서 세속으로」, 한국·동양정치사상사학회 연례

급이 무력적 저항에 대한 유혹을 더욱 강력하게 느끼게 했다.

노예 저항의 최후는 반란이었다. 고려시대에는 몇 차례의 노예 반란이 있었는데 가장 먼저 일어난 것이 공주 명학소鳴鶴所[72]의 노예인 망이亡伊·망소이亡所伊의 반란이었다. 명종 6년(1176) 1월에 그들은 무리를 불러 모아 산행병마사山行兵馬使라 자칭하고, 공주를 공격하여 함락했다.

이에 왕이 신중원神衆院에 행차하여 향을 피우고, 지후祗候 채원부蔡元富와 낭장郞將 박강수朴剛壽 등을 보내어 반란의 무리를 타일렀으나 따르지 않자, 왕은 신하들과 함께 상의한 뒤, 병사 3천을 모아 대장군 정황재丁黃載와 장군 장박인張博仁 등에게 토벌하게 했다.[73]

당초 왕은 이 반란이 지역 차별에서 말미암은 것이라고 판단하고, 망이의 고향인 명학소를 충순현忠順縣으로 승격하여 내원승內園丞 양수탁梁守鐸으로 영令을 삼고, 내시內侍 김윤실金允實로 위尉를 삼아 달래었다.[74] 망이·망소이는 농민들의 호응이 적고 한파를 견디기 어려웠을 뿐만 아니라 전세도 또한 불리하게 되자 명종 7년(1177) 1월에 정부군에 항복하였는데, 이에 정부에서는 곡식을 하사하고, 감찰어사監察御史 김덕강金德剛에게 명령하여 그들을 명학소로 압송했다가 풀어주었다.[75]

귀향한 망이의 무리는 2월에 다시 반란을 일으켜 가야사伽耶寺를 공격했다.[76] 재차 봉기한 까닭은, 대부분의 민란이 그렇듯이, 사후 보복 때문이었다. 반란군은 홍경원弘慶院을 불태우고 그곳에 기거하는 승려 10여 명을 죽였으며, 주지승을 핍박하여 서장書狀을 가지고 서울로 올라가게 하였는데, 그 글에서 이르기를,

> 이미 우리 고을을 승격하여 현을 만들고 또 수령을 두어 달래더니[安撫], 도리어 다시 군사를 발진하여 와서 치고 우리 어머니와 아내를 붙잡아 가두니 그 뜻이 어

학술발표회(2004. 2. 21.), p. 7.

72) 명학소는 명학이라는 지역(지금의 대전시 서구)에 있던 소所이다. 소는 향鄕·소·부곡部曲의 하나로서 당시의 행정 구역의 명칭이었는데, 주로 상공업에 종사하는 사람들의 주거지로서 그곳 주민들은 천민으로 취급되었다.

73) 『高麗史』 世家 明宗 6년 1월~2월

74) 『高麗史』 世家 明宗 6년 6월

75) 『高麗史』 世家 明宗 7년 1월

76) 『高麗史』 世家 明宗 7년 2월

디에 있음인가? 차라리 창칼 아래 죽을지언정 끝내 항복한 포로는 되지 않을 것이며, 반드시 왕경王京에 이른 연후에 그만둘 것이다.[77]

라고 했다. 7월에 남적처치병마사南賊處置兵馬使 정세유鄭世猷 등이 그들을 진압하고 망이·망소이 등은 청주옥淸州獄에 갇히었다.[78]

명종 23년(1193) 7월에는 남쪽 지방에서 토적土賊들이 봉기하였는데 그 가운데 규모가 큰 것으로서 김사미金沙彌는 운문雲門을 차지하고 효심孝心은 초전草田을 차지하여 망명한 사람들을 불러 모아 주와 현을 노략했다. 왕이 이 소식을 듣고 근심하여 대장군 전존걸全存傑을 시켜 장군 이지순李至純·이공정李公靖·김척후金陟侯·김경부金慶夫·노식盧植 등을 데리고 가서 적을 치게 했다.[79]

고려 최대의 노예 반란은 만적萬積의 난이었다. 만적은 최충헌의 가노였다. 그는 신종 원년(1198) 5월에 동지 6명과 함께 개성의 북산北山에서 나무를 베다가 공사의 노예를 불러 모아 모의하기를,

국가에서 경계년[80] 이래로 주자朱紫(붉은 빛과 자주 빛의 관복을 입은 고관대작)가 천한 신분[賤隷]에서 많이 났으니 장상將相이 어찌 씨[種子]가 있으랴! 때가 오면 가히 할 수 있을 것이다. 우리 무리는 어찌 능히 힘줄과 뼈[筋骨]를 괴롭게 하여 채찍[捶楚] 밑에 곤욕을 당할 수 있느냐.

하니 여러 노비가 모두 그렇게 여겼다. 그들은 누런 종이 몇 천 장을 잘라 "정"丁이라는 글자를 써서 표지[標識]로 삼고 다음과 같이 약속했다.

우리 무리는 흥국사興國寺 보랑步廊으로부터 격구장[毬庭]에 이르러 일시에 모여 북치고 소리치면 대궐 안에 있는 환자宦者가 반드시 호응할 것이니, 관노들은 대궐 안에서 베어 없애고 우리 무리는 성중에서 봉기하여 먼저 최충헌 등을 죽이고 아울러 각자는 각기 그 주인을 쳐서 죽이고 노예 문서[賤籍]를 불살라 삼한三韓에 천인이 없게 하면 공경公卿 장상將相은 우리 무리가 모두 얻어 할 것이라.

---

77) 『高麗史』 世家 明宗 7년 3월

78) 『高麗史』 世家 明宗 7년 7월

79) 『高麗史』 世家 明宗 23년 7월; 『高麗史』 列傳 李義旼.

80) 경계년庚癸年이라 함은 경인년(의종 24년, 1170)에 일어난 정중부의 난과 계사년(명종 3년, 1173)에 일어난 김보당金甫當의 난을 말한다.

약속한 날에 이르러 모두 모였으나 무리가 몇백 명에 차지 못하므로 일이 이루어지지 못할까 두려워하여, 다시 보제사普濟寺에 모이기로 약속하고 명령하기를, "일이 비밀히 하지 않으면 성공하지 못할 것이니 삼가 누설치 말라." 했다. 그런데 이 과정에서 율학박사律學博士 한충유韓忠愈의 가노인 순정順貞이 한충유에게 반란을 밀고했다.

한충유가 최충헌에게 밀고하자 드디어 만적 등 100여 명을 잡아 강에 던지고 한충유에게는 합문지후閤門祗候를 제수하고 순정에게는 백금 80냥을 내리고 노비의 신분을 면하여 양민을 삼았다. 그 나머지 무리는 모두 벨 수 없으므로 그 책임을 묻지 않았다.[81]

만적의 슬로건, 곧 "왕후장상에 어찌 씨가 있겠는가?"라는 구호는 진시황秦始皇 말기의 전국시대에 진승陳勝이 말한 패왕사상覇王思想[82]의 복제 현상이었다. 거사의 전후 사정을 고려할 때 그들은 문자와 몇몇 고전과 역사를 이해하고 있었음을 알 수 있다.

그뿐만 아니라 그들은 이미 장상에 오른 천민 출신의 지배자들을 보고 상당히 고무되어 있었다. 이들은 계급이라고 하는 인위적 속박에서 벗어나 신분 해방을 요구했다는 점에서 한국사에서 가장 먼저 나타난 민권주의자들이라고 볼 수 있다. 이것은 민중적 저항권의 중세적 현상이었다.

그 뒤 만적의 난으로부터 고무되었다고 볼 수 있는 반란들이 이어졌다. 신종 3년(1200)에는 진주晋州의 공사公私 노예가 반란을 일으켜서 주州의 향리들의 집 50여 호를 무찔러 불사르고, 불이 번져 창정倉正 정방의鄭方義의 집을 태웠다.

목사牧使 이순중李淳中이 이 소식을 듣고, 그 책임을 물어 정방의에게 차꼬를 채워 옥에 가두었다가 그 이튿날 다시 국문하려고 하는데, 정방의의 아우 정창대鄭昌大가 갑자기 뜰에 뛰어 들어와 정방의에게 채운 차꼬를 벗겨 버리고 부축하여 나갔다. 이어 불령배不逞輩를 불러 모아 고을에 마구 뛰어다니며 평소에 원

81) 『高麗史』 列傳 崔忠獻

82) 『史記』(48) 陳涉世家(18) : "陳勝者 陽城人也 字涉 陳涉少時 嘗與人傭耕 輟耕之壟上 悵恨久之曰 苟富貴 無相忘 庸者笑而應曰 若爲傭耕 何富貴也 陳涉太息曰 燕雀安知鴻鵠之志哉 …… 陳勝佐之 幷殺兩尉 召令徒屬曰 且壯士不死卽已 死卽擧大名耳 王侯將相寧有種乎 徒屬皆曰 敬受命" 패왕사상에 관한 자세한 논의는, 이 책 제13장 「유교의 정치학적 함의」 제4절 "변혁의 논리와 폭군방벌론" 참조.

수진 자 6천400명을 죽였다. 이 사건으로 정방의를 두려워하는 백성의 위증으로 오히려 이순중이 죄를 짓고 유배되었다.[83)]

다소 반란의 성격이 다르기는 하지만, 위와 같은 일련의 반란은 당시 억압받는 하층 계급에 많은 암시를 주어 그와 비슷한 반란이 속출했다. 이를테면 신종 5년(1202)에는 탐라耽羅에서 반란이 일어나자 소부 소감少府少監 장윤문張允文과 중랑장中郞將 이당적李唐績을 보내어 달래었다.

경주慶州 별초군別抄軍이 영주永州와 더불어 평소에 틈이 있었는데, 운문사雲門寺·부인사符仁寺·동화사桐華寺의 승도가 영주를 공격하므로 이극인李克仁·견수堅守 등이 정예를 거느리고 성 밖으로 돌격하여 반군을 격퇴한 일도 있었다.[84)]

고려의 중·후기는 노예들의 반란으로 얼룩졌다. 명종 2년(1172)에서부터 신종 6년(1203)까지의 31년 사이에 30차례에 가까운 크고 작은 변란이 일어났으며,[85)] 무신 정권 시기를 통틀어 70여 건의 반란이 일어났다.[86)] 이들의 투쟁은 보는 이에 따라 신분 해방이거나 민권 운동일 수도 있고, 달리 보면 계급 투쟁의 요소도 담고 있었다. 그 어느 쪽이든, 그들의 소망은 자유였고, 봉건 질서에 대한 도전의 의미가 있었다. 그리고 그것은 멀리 고려의 멸망에 이어지고 있었다.

4. 지식인의 운신과 고뇌 : 이규보李奎報

문인들이 생애를 통하여 겪어야 하는 갈등 가운데 하나는 나가야 하나[出仕], 숨어야 하나[隱遁] 하는 문제였다. 문인 또는 지금 시대의 학자나 지식인이 현실에 참여해서는 안 될 이유도 없다. 그러나 직업적 정치와는 달리, 학자가 현실에 참여하여 권력 또는 군주에 협조할 수도 있지만, 한국사에서 문인 또는 학자가 현실에 참여하여 문제가 된 것은 무인 정권 또는 전사戰士들이 다스리던 나라의 경우였다. 그들은 박해(채찍)와 우대(당근)를 앞에 놓고 실존적 고민을 하다가 끝

83) 『高麗史節要』(14) 神宗靖孝大王 3년 4월조.
84) 『高麗史』 世家 神宗 5년(1202) 10월.
85) 김남규, 「농민·노예의 반란」, 『한국사의 재조명』(서울 : 독서신문사, 1977), p. 315.
86) 민병하, 『고려 무신 정권 연구』, p. 151.

내 벼슬의 길에 올랐다.

무사들로서도 문인의 도움이 필요했다. 그들은 권력의 폭력성을 호도할 명분이 필요했을 뿐만 아니라 그들에게는 생소한 국가 경영statecraft의 문제에 관해서 문인들의 자문이 필요했기 때문이었다. 이런 까닭으로 무인 정권 아래에서 문인의 등장은 생각했던 것보다 많았다.

고려에서 문인의 지위가 높아진 것은 광종 9년(958) 5월 쌍기雙冀가 헌의獻議하여 과거제도를 실시한 것과 직접적인 관련이 있다.[87] 이 당시의 지식인 문사들에게는 국가에 대한 기여 의지도 있어서 송대宋代의 대문인이요, 고위 관료였던 범중엄范仲淹, 文正公의 『악양루기』岳陽樓記를 읽는 것이 유행이었다.[88] 그 글은 이렇게 되어 있다.

> 조정의 높은 곳에 머물면 그 백성을 걱정하고
> 강호의 먼 곳에 있으면 그 임금을 걱정하니
> 이는 나아가도 걱정하고
> 물러나도 또한 걱정하는 것이라.
> 그렇다면 어느 때에 즐거울 것인가
> 그 사람은 반드시 이렇게 말할 것이다.
> "천하의 근심거리를 먼저 걱정하고
> 천하의 즐거움을 뒤에 즐거워할 것이니라."[89]

개인적인 야심이었든 아니면 국가에 대한 헌신 의지 때문이었든, 문인들은 벼슬의 길에 올랐지만 그들의 앞에 영예만 있는 것은 아니었다. 고려 무신 정권의 성립 과정에서 문신들이 학살당하는 경우는 빈번했다. 무인 정부의 시대에 150명의 문인이 살해되었는데, 그 시기의 문신 총수는 532명이었다.[90] 그러면서도 무신 정권은 신진 문신을 등용하는 데 인색하지 않았다.

과거科擧의 실시를 보더라도 문신 시대에 견주어 횟수가 적지 않았으며, 합격

---

87) 『高麗史』志 選擧 科目

88) 『高麗史』列傳 尹諧 附尹澤傳

89) 『古文眞寶後集』(6) 范仲淹 岳陽樓記 : "居廟堂之高則憂其民 處江湖之遠則憂其君 是進亦憂退亦憂 然則何時而樂耶 其必日 先天下之憂而憂 後天下之樂而樂歟"

90) 민병하, 『고려 무신 정권 연구』, p. 24.

자 숫자도 훨씬 높았다. 예컨대 예종睿宗(1106~1122) 때부터 의종(1147~1170) 때까지 65년 동안에 제술과製述科와 명경과明經科의 시행 횟수가 44회에 1천248명으로서 연간 19.2명이 합격한 데 견주어, 명종 때부터 고종 때까지 89년 동안 57회에 1천974명으로서 연간 22.2명이 합격했다.[91)]

이는 무신 정권 시대의 유학 교육이 문신 시대에 견주어 손색없이 정상적으로 행해졌음을 보여준다. 이렇게 하여 최씨 정권기에는 도방과 서방書房을 설치하여 문인을 우대하고 포섭함으로써 저명한 문사들이 많이 배출되었다. 최충헌과 최우는 명문가의 학자 후손이었고, 특히 최우는 신품사현神品四賢[4대 명필]으로 꼽힐 만큼 명필로서 문인들을 우대했다.

그러한 사례로 윤세유尹世儒는 고종 초에 예부원외랑禮部員外郞이 되어 최충헌을 알현하였을 때, 최충헌이 시제詩題를 주어 시를 짓게 하였으며, 이규보와 진화陳澕 그리고 승려 혜문惠文을 불러 같이 관기시觀碁詩 40여 운韻을 짓게 하고 한림승지翰林承旨 금의琴儀를 시켜 평점[考閱]케 하니 이규보가 장원이 되었다.[92)]

무인 정권이 문인을 우대했다고 해서 문인들이 마냥 행복하고 마음 편한 것은 아니었다. 이 시대의 문인들에게는 두 가지의 갈등이 있었다. 하나는, 국가의 정체성 또는 민족 정신national ethos에 관한 고민이었다. 그 시대 지배 계급의 지향점은 분명히 신라로의 회귀였다.

왕건이 비록 개경 출신이라고 하나 그의 선대는 목포木浦에 세거世居하여 후신라의 유산에서 자유로울 수 없는 인물이었다. 고려의 창업이 이뤄졌을 때, 조정의 중신들 가운데는 신라의 옛 신하이거나 그 후손들이 많았는데, 예컨대 최승로의 가문과 경순왕의 후손인 김부식이 대표적인 인물들이었다. 이들의 정서는 신라중심사의 사고에 빠져 있었다.

위와 같은 지배 계급의 정서에도 불구하고, 왕건이 국호를 고려高麗라고 정한 데서 읽히듯이, 그들이 피상적으로 지향한 것은 고구려高句麗의 정신을 이어받는 것이었는데, 이것이 위에서 지적한 신라의 정서와 맞지 않아 정체성에 혼란을 일으키고 있었다. 그 대표적인 인물이 이규보였다.

이규보의 정서는 고구려중심사로 가득 차 있었다. 그의 『동명왕편』(1193)은 무

---

91) 민병하, 『고려 무신 정권 연구』, p. 112.

92) 『高麗史』 列傳 尹世儒

신집권기 유신들의 역사 의식과 문화 의식을 반영하는 대표적 작품으로서, 그는 고려왕조의 뿌리로써 고구려 건국의 의미를 부각하려는 의지를 그렇게 표현했다. 그것은 김부식의 『삼국사기』(1123)로 대표되는 문벌 귀족의 중화주의적 신라 중심사에 관한 저항이었다.[93]

이규보의 『동명왕편』은 오언五言으로 된 280어구, 1천 400여 자의 본시와 430어구, 2천 200여 자의 주註로 이루어진 대략 4천 자에 가까운 장편 서사시이다. 이규보는 동명왕이 신화상의 가공 인물이 아니라 실제로 생존했던 구체적 인간상임을 확신했다. 그는 명확한 역사 의식과 자주 정신을 지니고 동명왕의 사실史實에 충실한 장편 서사시를 지었었다.[94] 그는 김부식이 가는 길을 향해서 그곳이 아니라고 강변하고 있었다.

최자崔滋의 경우에도 동방에 관한 자부심을 이렇게 표현하고 있다.

> 서쪽의 중국은 이미 쓸쓸하고
> 북쪽의 목책 너머는 아직 혼몽昏蒙하구나.
> 앉아서 문명의 아침을 기다리는데
> 동쪽 하늘에는 해가 붉으려 하네.
> 西華已蕭索 北寨尙昏蒙
> 坐侍文明旦 天東日欲紅[95]

고려 문인들의 두 번째 고뇌는 정통성이 없는 무사들의 지배를 마음내키지 않더라도 감내해야 한다는 사실이었다. 그렇다고 해서 문인들은 벼슬을 거부하고 살 수도 없었다. 그래서 때로는 이공로李公老의 경우처럼 최충헌에게 뇌물을 바치고서라도 벼슬길에 오르는 사람도 있었다.[96]

그뿐만 아니라 윤관尹瓘의 손자로서 가계에 관한 긍지와 기개가 있던 윤세유의 경우처럼, 문학으로써 세상에 이름이 났으나 주색을 좋아하고, 조정의 정사가 뜻에 맞지 않으면 문득 시를 지어 비방하니, 당시 사람들이 그를 미친 사람

93) 김동욱, 「이규보」, 『한국인물사』(2)(서울 : 양우당, 1983), p. 324; 한영우, 『정도전사상의 연구』(서울 : 서울대학교출판부, 1999), p. 3.
94) 이상옥, 「동명왕」, 『한국인물사』(1), p. 24.
95) 『補閑集』(上), pp. 247, 410 : "陳補闕澕 以書狀官入大金云"
96) 『高麗史』 列傳 李公老

이라 하는 경우[97]도 있었다. 사관史官은 당시 문인들의 괴로운 심정을 이렇게 토로하고 있다.

> 사신史臣이 말한다.
>
> 최충헌이 제 마음대로 임금을 폐하고 세워 위복威福의 권세를 부려, 자기에게 붙좇는 무리의 관등을 비약·승진시키고, 자기와 의견이 다른 무리를 귀양 보내며, 뇌물을 받아들여 관작을 팔고, 용사를 불러 모아 스스로 호위하니, 그의 권세는 날로 성해지고 왕실은 날로 미약해졌다. 옛날부터 임금이 허약하고 신하가 강고한 것이 이때보다 심한 적이 없었으니, 아아 통분하도다. 그 당시에 실록을 지은 이(『고려실록』의 집필자를 의미함)는 그가 쓴 사필史筆이 누설될까 두려워 모두 숨기고 생략하였느니, 이것이 모두 사신史臣의 죄이다.[98]

무신 정권 시대에 살아야 하는 지식인의 고뇌를 가장 절절하게 느끼며 산 인물은 이규보이다. "유교의 도道에 입각하여 현실의 무도無道를 번민하여 청담淸談과 권력의 세계를 넘나들었던"[99] 이규보의 생애는 영욕이 점철되어 있다. 뜻있는 문사들은 자신들의 삶이 한가로웠거나 아니면 심심했을[閑] 것이다.

그들은 이인로李仁老의 호 파한破閑처럼 그러한 "무료함을 깨거나" 아니면 최자의 호 보한補閑처럼 그러한 "무료함에 무엇인가를 보태고" 싶었을 것이다. 그러한 심리는 정의롭지 못한 당시의 삶에 관한 외면이었고 도피였다. 그들에게서 가장 손쉬운 현실 도피는 시작詩作이었다. 이때부터 두문동杜門洞으로 가 "문을 닫고" 삶을 지탱하고 싶은 그들의 심정이 굳어지고 있었다.

이규보가 스스로 삼혹호三酷好라 호를 짓고 시와 거문고와 술에 탐닉한 데에는 염세의 의미가 짙다. 그는 한때 머리 깎고 중이 된 적도 있었다.[100] 그는 어려운 이 시대에 불교가 길을 열어 주리라는 희망을 품은 적도 있었다. 그는 이

---

97) 『高麗史』 列傳 尹瓘·世儒 : "世儒瓘之孫……以文學名世 喜酒色 朝廷有不稱意者 輒托詩謗訕時號狂人"

98) 『高麗史節要』(14) 神宗 3년(1200) 12월 : "史臣曰 崔忠獻 擅廢立作威福 附己者超遷 異己者流竄 招納賄賂 鬻賣官爵 召募勇士 引以自衛 權勢益熾 王室日微 自古君弱臣强 未有甚於此時 嗚呼痛哉 當時撰實錄者 恐其語洩 皆諱而略之 史臣之罪也"

99) 손문호, 「한국정치사상사 연구의 현황과 논점」, 한국정치학회 추계학술회의 발표논문(외교안보연구원, 1999. 9. 18.), p. 2.

100) 『東文選』(36) 表箋 李奎報 敦裕三重謝首座表

렇게 말하고 있다.

아, 세상이 저하되어 풍속이 야박하자, 공경公卿·재보宰輔가 된 이들은 순수한 인의예악仁義禮樂만으로는 민속을 교화시킬 수가 없어 반드시 불법佛法을 참용僭用하여 사심을 끊게 되므로, 그 고택膏澤이 나라를 진정鎭定하고 성벽을 튼튼하게 한 데에서 나게 되니, 이것은 또한 집정자가 사용하는 하나의 기책奇策이었다.[101]

이규보의 행적을 종합해 보면 그가 불교에 끝까지 의탁했다고 볼 수는 없다. 그가 불교에 걸었던 기대감은 당대 지식인이 공유하고 있던 보편적 정서였던 것으로 보인다. 그는 끝내 유교주의로 돌아왔다. 지눌知訥과 같은 시대를 살면서, (어쩌면 그들은 만났었을 수도 있다.) 하나는 속세에서, 다른 하나는 산사에서 시대의 아픔을 함께 했다. 그는 하늘을 향하여,

하늘의 위엄도 나는 두렵지 않고
만승萬乘(천자)의 부귀도 나는 두렵지 않으며
폭력배의 팔도 나는 두렵지 않고
맹호가 으르렁거림도 나는 두렵지 않소.[102]

라고 외쳐 보았지만, 그의 울분을 가실 수는 없었다.

(그는) 아홉 살 때부터 비로소 글을 읽을 줄 알아 이제까지 손에서 책을 놓지 않았고[手不釋卷], 시서육경詩書六經과 제자백가諸子百家로부터 경서, 궁벽한 고전, 불서佛書, 도가道家의 언어까지 비록 본원을 궁구하고 깊은 뜻을 탐구하며, 깊고 숨어 있는 뜻을 잡아내고 찾아내지는 못하였으나 또한 섭렵하고 잠겨 놀며, 줄거리를 취하고 꽃을 따서 시문의 도구로 삼지 않은 것이 없었다.

그러나 슬프게도 뜻은 크나 재주는 엉성하고 타고난 운명은 급박하여 나이 서른에 오히려 한 군현郡縣의 책임을 얻지 못했으니 만 가지로 외롭고 괴로움은 말

101) 『東國李相國全集』(25) 榜文 大安寺同前榜 : "嗚呼 世及下衰 風俗澆漓 爲公卿宰輔者 不可純以仁義禮樂化民成俗 必參用佛法 靜截人心 膏潤由生 於以鎭國 以作金城之固 此亦執政者之一段奇策也"

102) 『東文選』(1) 賦 畏賦 : "沖默先生 傲然憑 几而笑曰 僕則異於是 上天之威 吾不畏矣 萬乘之貴 吾不畏矣 暴客攘臂 吾不畏矣 猛虎切齒 吾不畏矣"

로 다 할 수 없는 것이 있어, 그로부터 산천경개를 만나면 부질없이 읊고 술을 만나면 통쾌히 마시며 이 현실에서 방황했다.[103)]

문인의 비애를 느끼며 절망한 사람은 이규보뿐만이 아니었다. 당대에 이인로·오세재吳世材·임춘林椿·조통趙通·황보항皇甫抗·함순咸淳·이담지李湛之 등이 스스로 한때의 호걸이라 하여 의를 맺어 벗이 되었는데, 이들은 중국의 죽림칠현竹林七賢을 본떠 스스로를 "칠현"이라 일컫고 매양 술을 마시고 시를 지으며 곁에 사람이 없는 듯이 살았다. 오세재가 사망하자 이담지가 이규보에게 물었다.

"자네가 가히 (빈자리를) 보충하겠는가?"
이에 이규보가 답하기를,
"칠현이 어디 조정의 관작이기에 그 빈자리를 보충하겠는가?"
하니 모두 크게 웃었다.[104)]

이규보가 생각하기에, 선비가 벼슬을 시작하는 것은 구차하게 자기 한 몸의 영달榮達만 도모하려는 것이 아니라, 대개 앞에서 배운 것을 정사에 실현하되, 경제시책經濟施策을 진작하여 왕실에 힘써 실시함으로써, 백세토록 이름을 전하여 소멸되지 않게 하고자 하는 것이라고 생각했으나,[105)] 정치의 현실에서 그가 이룰 꿈에는 한계가 있었다. 그는 권력자에게 글을 올려 이렇게 말했다.

만일 한 번만 돌보아 주시는 은혜를 베푸시어 저의 앞길을 열어 주시고 수레의 고삐를 주셔서 제가 비로소 벼슬길에 오르도록 해주신다면, 청운 만리를 가더라도 드높이 뛸 수 있을 것이온데, 어찌 길이 멀고 날이 저무는 것을 걱정하겠습니까?[106)]

이규보는 최충헌을 향하여 이런 글을 올렸다.

---

103) 이규보, 「백운소설」, 『한국의 사상대전집』(3)(서울 : 동화출판공사, 1977), pp. 53~54.

104) 『高麗史』 列傳(15) 李奎報

105) 『東國李相國全集』(26) 書 上崔相國崔詵書 : "且士之所以筮仕者 非苟欲自營一己之榮宦而已 蓋將以所學於心者 施於有政 振經濟之策 宣力王室 垂名於百世 期爲不朽者也"

106) 『東文選』(60) 書 李奎報 上趙太尉書

"무지개처럼 기운 솟는 담력이요, 옥같이 신통한 자품이라. 일찍이 동해를 기울여 탁류濁流를 저절로 맑게 하는 물결이 되었고 남산의 대를 모두 벤다 하더라도 공을 기록하는 붓이 모자랐을 것이며.... 벼슬길이 열려 아내와 자식들도 나를 다시 보고 벗들도 축하해 주니.... 이제 출셋길이 가까워졌으니 대붕大鵬이 삼천 리 날기를 바라고, 장수長壽를 비는 정이 깊으니 자라가 육만 년 사는 것을 기원한다."[107]

이때만 해도 그는 권력 아래에서 참고 견딜 수 있으리라고 생각했다. 그러다가 정적의 모함을 받아 완산完山의 서기書記로 좌천되어 내려갔을 때, 하늘의 뜻이려니 하고 스스로 위로했지만, 그의 심정은 참혹했다.[108] 그러나 이규보는 자신의 처지를 돌아볼 때, 이러지도 못하고 저러지도 못하는 진퇴유곡의 아픔이 있어 그를 이렇게 표현했다.

거동을 엿보고 틈을 잘 타 서로 용허하면 선비를 대우해 준다는 이름을 잃지 않을 수도 있었지만, 세 번 두드려서 듣지 않는다면 아침저녁으로 진퇴하여 바른 길이 아닌 것으로 아첨할 무리는 아니니, 차라리 깊숙이 멀리 숨어 달아나 즐겁게 사슴들과 더불어 무성한 수풀이 있는 고장에서 뒹굴고 놀 따름이지, 어찌 다시 상국相國 집에 가서 개구멍이나 마구간의 옆에 서서 쓰레기를 덮어쓰겠는가?[109]

일찍이 당송팔대가唐宋八大家 유자후柳子厚, 柳宗元가 논論을 지어 이렇게 말한 적이 있다.

도道를 지키는 것이 관직을 지키는 것만 못하다 했는데, 이것은 성인의 말이 아니요, 이것을 전승한 사람이 잘못한 것이다. 관직은 도의 기구이니, 도를 지키며 관직을 잃는다는 것은 있을 수 없다. 그런데, 도를 지키는 것이 관직을 지키는 것만 못하다 한다면, 이는 또한 그 근본을 잃은 것이다.[110]

---

107) 『東國李相國全集』(9) 古律詩 謝知奏事相公見喚 命賦千葉榴花 幷序 : "恭惟某官虹盤烈膽 玉立神姿 失一句 曾傾東海 自然爲激濁之波 雖禿南山 何足作書功之竹……妻孥改觀 朋友相賀 揚身路近 望三千里之鵬飛 祝壽情深 期六萬年之鼇代"

108) 『東文選』(96) 說 李奎報 天人相勝說

109) 『東文選』(60) 書 李奎報 上趙太尉書

110) 『東文選』(99) 論 李奎報 反柳子厚守道論

이규보가 생각하기에 그 말이 맞기야 하겠지만, 관직을 지키는 데 소홀하다 보면 직책에 나태하고 사무를 망쳐 곧 돌이킬 수 없이 화를 받게 될 것이라며, 성인의 말에 물음을 던짐으로써 자신의 출사出仕를 변명했다.

이규보의 정치적 지위는 낮지 않았다. 『명종실록』明宗實錄을 편찬할 정도의 역사 의식을 갖추었고,[111] 문장에 관한 소임은 지내지 않은 것이 없어 과장科場의 시관試官에 올라 "평생의 소망에 넘치는 삶"을 살았으나,[112] 그의 마음속은 늘 그늘져 있었다.

국가의 정치는 신하로서 감히 마음대로 결정하여 행할 수 없는 것이었다. 그 이해利害를 설명하여 임금이 결정을 내리게 하는 것은 신하의 직책이고, 아랫사람의 의견을 받아 그 옳고 그른 것을 참작한 뒤에 이것을 실시하는 것은 임금으로서의 밝음이다.[113] 그는 문득 여기에서 멈추어야 하는가를 생각했다. 그는 당호堂號를 지지헌止止軒이라고도 하였는데, 그 뜻은 『주역』周易에서 이렇게 밝히고 있다.

> 간艮은 그치는 것이다. 때가 그쳐야 할 때면 그치고 때가 갈 만하면 가니, 때를 잃지 아니하여 그 도가 빛날 것이다. 그쳐야 할 때 그치는 것이 제자리를 얻는 것이다.[114]

그는 『노자』老子의 "멈출 줄을 알면 위태롭지 않다."[115]는 가르침에서 교훈을 받았을 수도 있다. 그의 당호에는 멈추어야 할 곳에서 멈추지 않은 후회가 담겨 있다. 그의 시에도 그러한 체념과 후회가 서려 있다.

> 사람은 음양의 이치 피할 수 없는 것
> 천지가 시키는 대로 따를 수밖에.
> 어떤 사람은 비천하고도 궁핍하게 하고

---

111) 『高麗史』 列傳 權敬中
112) 『東文選』(43) 表箋 李奎報 讓知貢擧表
113) 『東文選』(99) 論 李奎報 爲鼂錯雪寃論
114) 『周易』 六十四卦 卦爻辭 艮爲山 : "艮止也 時止則止 時行則行 動靜不失其時 其道光明 艮其止 止其所也"
115) 『老子』(44) : "知止不殆"

어떤 사람은 부유하고도 존귀하게 하네.
이미 조물주의 손에 달렸으니
원망할 것도 없고 즐거워할 것도 없네.
人莫逃陰陽 天地所役使
或令賤且窮 或使富而貴
旣關造物手 無怨亦無喜[116)]

장사壯士의 심회를 쉽사리 말할 수 없어 ……
답답한 기운이 가슴에 서려 억제하기 어렵지만
위태로운 말이 나올 적엔 굳게 입을 다물어야지.
푸른 산이 내 돌아갈 길 막지 않았거늘
홀로 궐문에 외치는 나의 신세 한스럽네.
壯士心懷未易論 ……
鬱氣蟠胸難自洩 狂言到吻可堪呑
青山不鏁歸歟路 恨我窮途獨叫閽[117)]

장맛비는 노는 날에 많고
갠 하늘은 내가 한가로울 때이다.
배가 불러 먹기를 그쳤는데 맛있는 고기가 생기고
목이 아파 술을 끊으니 많은 술을 만나누나.
감춰둔 보배를 파니 값이 오르고
병이 나으니 이웃에 의원이 있네.
쇄소碎小한 일에 화합치 못함이 이와 같은데
양주楊洲에 가서 두루미 타는 것을 기약할 수 있으랴.
모든 일이 마음에 어긋나는 것이 이렇거늘
적게는 한 몸의 영고고락榮枯苦樂과
크게는 집과 나라의 안위치란이
뜻대로 됨이 없구나.
雨(雨淨)多是出遊日 天霽皆吾閑坐時
腹飽輟湌逢美肉 喉瘡忌飮遇深巵
儲珎賤售市高價 宿疾方痊隣有醫
碎小不諧猶類此 楊洲駕鶴況堪期

116) 『東國李相國全集』(11) 古律詩 擁爐有感
117) 『東國李相國全集』(2) 古律詩 秀才 金懷英에게 次韻

大抵萬事之違於心者類如是
小而一身之悴苦樂 大而國家之安危治亂
莫不違心[118]

이규보는 시를 지으면서도 자신의 모습에서 애석하게 죽은 굴원屈原의 모습을 보는 듯 했다. "홀로 궐문에 외치는 나의 신세 한스럽네."라는 글귀가 듣는 이의 가슴을 울린다. 그가 생각하기에 굴원의 죽음은 "그 마땅한 곳을 얻지 못하여 슬프다."[119] 그는 한신韓信의 죽음을 보며 충성의 덧없음을 느낀다.[120]

이규보는 자신의 호號 백운白雲처럼 "뜬구름" 같은 자유로운 삶을 살고 싶었을 것이다. 그러나 세태가 그것을 허락하지 않았다. 술, 구름, 방랑 등으로 상징을 이루고 있는 그의 글은 깊은 우수에 젖어 있다. 그는 자신의 삶을 이렇게 푸념하고 있다.

> 내 호를 무엇이라고 하였으면 좋겠는가. …… 백운거사白雲居士라고 했다. …… 백운은 내가 사모하는 것이다. 사모하여 이것을 배우면, 비록 그 실상을 그대로는 다 얻지 못한다 하더라도 거기에 가까워지기는 할 것이다. 대개 구름이라는 것은 뭉게뭉게 피어오르고 한가히 떠서, 산에도 머물지 않고, 하늘에도 매달리지 않으며, 표표飄飄히 동서로 떠다니며 그 형적이 구애됨이 있겠는가. …… 산에 살거나, 집에 살거나 오직 도를 즐긴 뒤라야 거사라고 호를 삼을 수 있으니, 나는 집에 살며 도를 즐기는 사람이다.[121]

이규보는 천지로 금침衾枕을 삼고, 강물로 술 못을 만들어 천일이 지나도록 마셔 태평한 때를 취하여 지내고 싶었다.[122] 그는 혼자 읊으며 자주 술잔 드니[123] 세상 사람들이 술에 취한 자신을 비웃는 것을 잘 알고 있었다. 그는 그러한 자신을 이렇게 옹변擁辯하고 있다.

---

118) 이규보, 「백운소설」, 『한국의 사상대전집』(3), p. 63.
119) 『東文選』(99) 論 李奎報 屈原不宜死論
120) 『東文選』(107) 雜著 李奎報 韓信傳駁
121) 『東文選』(107) 雜著 李奎報 白雲居士語錄
122) 이규보, 「백운소설」, pp. 55~56.
123) 『東文選』(4) 五言古詩 李奎報 適意 : "獨吟頻擧酒"

세상 사람들이 다 거사를 미쳤다고 하나, 거사는 미친 것이 아니요, 아마 거사를 미쳤다고 말하는 무리가 더 심하게 미친 사람일 것이다. 그 사람들이 거사의 미친 짓거리를 보았는가. 또는 들었는가? …… 아, 세상 사람은 …… 겉으로만 엄연하고 속은 실상 미친 자인 것이라. …… 아, 세상에는 이렇게 미친 사람이 많은데, 자기를 돌아보지 않고 어느 겨를에 거사를 보고 미쳤다고 웃느냐. 거사는 미친 것이 아니라, 그 형적은 미친 듯하나 그 뜻은 바른 것이다.[124)]

뒷날 이규보는 자신의 지난날을 회상하며 아래의 우수어린 글을 남겼다.

과거를 보아 높은 급제에 오르고,
거들거리는 행장으로 고향에 돌아가네.
지는 해에 행색이 시름겹고,
외로운 연기에 이별이 서럽구나.
射策登高第 騰裝返故鄕
落日愁行色 孤煙慘別腸[125)]

당대의 지식인으로서 정통성이 없는 정권과 함께 한 시대를 살아간다는 것은 괴롭고도 불행한 일이다. 그렇다고 마냥 숨어 살 수만도 없고, 벼슬에 나가면 훼절毁節의 비난을 받으니 그 선택은 어려울 수밖에 없었다. 그 어려운 기로에서 이규보는 출사出仕의 길을 선택하였으나 죄의식과 자괴감과 수모 속에서 평생을 보내야 했다.

명정酩酊이 그 고통을 줄여주지도 못한 채 그의 싯귀처럼 "시름겹고 서러운" 삶을 마쳤다. 그에게는 지식인의 사명이 중요했겠지만, 정통성이 없는 권력 밑에 들어간 것이 멍에처럼 그를 따라다녔다.

5. 해양정신과 민족 의식의 태동 : 삼별초

역사가 안고 있는 아이러니가 많지만, 역사의 역기능이나 비극이 때로는 교훈

124) 『東文選』(105) 辨 李奎報 狂辨
125) 『東文選』(9) 五言古詩 李奎報 秋送金先輩登第還鄕

과 긍정적 유산을 남긴다고 하는 사실은 의미심장하다. 이를테면 전쟁은 인류가 비켜 가야 할 악덕임에는 틀림이 없지만, 어이없게도 전쟁이 할퀴고 간 폐허 위에 경제는 부흥되고, 전쟁 문학과 철학이 꽃피는 경우는 허다하다. 역사에서 반동의 시대가 지나가면 회한悔恨과 각성이 생기고, 불행한 역사의 되풀이에 대한 두려움은 그 시대를 사는 사람은 물론 그 후대에 많은 경각심을 준다는 점에서, 비극은 비극으로만 그치지 않았다.

고려의 무신 정권은 분명히 역사의 퇴행이었고, 그 시대를 살아간 사람들에게 아픔을 주었다. 그리고 그 정권이 물러났을 때 역사에는 어김없이 반동의 시대가 찾아왔고, 그것은 그리 멀지 않은 앞날에 망국의 씨를 뿌렸다. 무신 정권은 문민정부가 고질적으로 안고 있는 퇴행적인 폐단을 도려내는 점이 긍정적인 평가를 받을 수도 있겠지만, 적어도 고려의 무신 정권은 태어나지 말았어야 할 비극의 산물이었다. 그럼에도 무신 정권이 남긴 유산은 크고 무겁다.

그 대표적인 사례가 삼별초三別抄의 항몽抗蒙 의지와 그를 통한 중세적 민족의식의 각성, 그리고 그들의 해양 활동이 남긴 의의이다. 삼별초가 언제 시작되었는지에 관해서는 기록이 명확하지 않다. 시기적으로 가장 거슬러 올라가는 것은 예종 연간(1106~1122)이다. 예종은 군제의 하나로 별무반을 두었는데 모두 식읍食邑을 주어 나라의 일을 시켰다. 그러다가 의종·명종 이후로 권신이 권력을 잡자 굳세고 날랜 군졸이 모두 삼별초에 속하여 조종祖宗의 옛 법제가 차츰 폐지되었다.126)

그러나 삼별초가 하나의 군사 조직으로 체계화된 것은 무신 정권 당시 최충헌과 최우 부자에 의한 것으로 보아야 할 것이다. 그 논거로서는 다음과 같은 기록이 있다.

> 일찍이 최우가 나라 안에 도둑이 많으므로 용사들을 모아 야별초夜別抄라 이름하고 밤마다 돌아다니며 폭력을 금하게 했다. 도둑이 여러 도에서 일어나므로 별초를 나누어 보내 도적을 잡게 했는데, 그 군사가 너무 많으므로 드디어 이를 나누어 좌·우별초로 만들었다. 또 고려인으로 몽골로부터 도망하여 돌아온 무리의 일부를 신의군神義軍이라 하였으니 이것이 삼별초이다.

126) 『東史綱目』(13/上) 忠宣王 3년(1311) 여름 4월조 : "睿宗置別武班 皆厚給食田 以爲國用 自毅明以後 權臣執命 驍軍銳卒 盡屬三別抄 而朝宗舊制 寢以廢矣"

> 권신이 국정을 잡자 삼별초로 심복을 만들어 봉록을 넉넉하게 하고 또는 사사로이 은혜를 베풀며 죄인의 재산을 적몰하여 그들에게 주었으므로 권신이 턱으로 가리키는 데 따라 앞을 다투어 힘을 다했다. 김준金俊이 최의崔竩를 죽일 때와 임연林衍이 김준을 죽일 때와 송례宋禮가 유무惟茂를 죽일 때 모두 삼별초의 힘을 빌렸다.[127)]

이 자료에 따르면, 삼별초라 함은 야별초의 좌·우별초와 신의군을 합친 통칭이라고 한다. 그러나 이제현李齊賢은 신의군·마별초馬別抄·야별초를 삼별초라 주장한다.[128)] 위의 두 기록으로 미루어 볼 때, 삼별초는 정확히 말하여 오별초였다. 삼별초는 엄연한 국가 기관이었으나 굴절된 무인 지배 시대에는 권세 있는 신하에 붙어 사는 명예롭지 못한 무리였다. 이들은 속성상 권력을 이해할 처지에 있었고 국가의 문제를 근거리에서 바라본 무리였다.

최충헌은 일찍이 별초군의 도령都領으로 선발되었던 인물이어서 그 운용의 효과를 누구보다 잘 알고 있었다. 그가 거란군의 침입 때 별초군을 조직하였던 것도 그와 같은 맥락에서 이해된다. 이렇게 볼 때, 최우의 야별초는 고려 별초군제의 기원으로서가 아니라 기왕의 별초군 가운데 규모와 기능 그리고 전투력에서 가장 강력한 별초군 조직이었다.

별초군은 획일적 징집에 따라 이루어지는 병력이 아니라 선발 모집에 따라 확보되는 특수 병력이었다. 그리고 선발 기준은 전투원으로서 용맹성에 있었다.[129)] 그들은 대내 치안뿐만 아니라 왜구의 토벌에도 동원되어 무공을 세우기도 했다.[130)]

삼별초가 공식적으로 국제國制에서 없어진 것은 원종 11년(1270) 5월이었다. 시기적으로 이때는 왕이 강화도江華島에서 개경으로 환도하던 때였는데, 왕은

---

127) 『高麗史』 兵 志 五軍 元宗 11년 5월조; 『高麗史節要』 元宗 11년 5월 병인조 : "初崔瑀而國中多盜 聚勇士 每夜巡行禁暴 因名夜別抄 及盜起諸道 分遣別抄以捕之 其軍甚衆 遂分爲左右 又以國人自蒙古逃還者 爲一部呼神義軍 是爲三別抄 權臣執柄 以爲爪牙 厚其俸祿 或施私惠 又籍罪人之財以給之 故權臣頤指氣使爭先效力 金俊之誅崔竩 林衍之誅金俊 宋禮之誅惟茂 皆藉其力"

128) 『櫟翁稗說』 前集(2)(서울 : 동화출판공사, 1972), pp. 90, 408 : "權臣募驍勇之士 養以自衛 日神義軍 日馬別抄 日夜別抄 所謂三別抄"

129) 김대중, 「최충헌 정권의 군사적 기반」, 『軍史』(47)(국방부 군사편찬연구소, 2002), p. 233.

130) 『高麗史』 世家 元宗 6년 7월

몽골군의 압력을 받아 대몽 항쟁의 핵심 세력이었던 이들을 없앨 수밖에 없었고, 삼별초는 이를 받아들일 수 없어 반심叛心을 품기 시작했다.[131]

고려 후기에 모두 7차(1231, 1232, 1238, 1253, 1254, 1255, 1257년)에 걸쳐 전개된 몽골의 침략을 겪으며 조정은 김준·임연 등의 주전파와 이장용李藏用·김방경金方慶 등의 화친파로 나뉘어 있었다. 그런 상태에서 강화로부터 개경으로 조정이 복귀하는 것은 삼별초의 진로에 중요한 변환을 가져왔다.

13세기 중엽의 고려는 국제적으로는 몽골에 예속됨에 따라 자주성을 잃어갔으며 국내적으로는 귀족정치에 대한 반작용으로 나타난 무신 정권, 그리고 사원의 비대 등 정치사회적 모순이 심각했다. 이러한 격동기에 사실상 몽골에 항복과 다름없는 개경 환도는 삼별초로서는 받아들일 수 없는 모욕처럼 느껴졌다.

이미 몽골에 납치와 귀국이라는 개인적 체험으로 말미암아 중세적 형태의 민족 의식을 감지하고 있었던 신의군으로서는 그러한 저항 의식이 더욱 강렬한 수밖에 없었다. 아울러 그들은 문민 귀족이 공유하고 있는 모화慕華 의식에 얽매일 까닭도 없었다.[132] 그들에게는 가슴에 맺힌 것이 있기 때문이었다.

주전파의 중심에는 배중손裵仲孫이 있었다. 원종 시대에 장군의 지위에 오른 그는 몽골의 침입으로부터 국가를 지키려는 의지를 갖추었을 뿐만 아니라, 몽골에 항복한 이후의 보복을 두려워했던 것도 사실이었다. 그래서 몽골에 대한 무기력한 조정의 처사에 항변하던 그는, 개경으로 복귀하라는 명령을 받았다

이에 배중손은 원종 11년(1270) 6월에 승화후承化侯 온溫을 왕으로 추대한 다음, 야별초 지유指諭 노영희盧永禧 등과 더불어 난을 일으키고, 대장군 유존혁劉存奕과 상서좌승尙書左丞 이신손李信孫으로 좌·우승선左右承宣을 삼았다. 배중손은 나라 안에 부르짖기를, "몽골 병이 크게 이르러 인민을 살육하니 무릇 나라를 돕고자 하는 무리는 모두 구장毬場에 모이라." 하니 곧 많은 사람이 모였으며 혹 도망하는 무리도 있었다.[133]

당시 조정의 처지를 보면, 국왕 원종은 몽골에 대한 항쟁을 체념하고 왕조의

---

131) 『高麗史』 志 兵 兵制 五軍

132) 閔丙河, 「武臣政權 成立의 意義」, 『한국사의 재조명』, pp. 43, 74, 300~301.

133) 『高麗史』 列傳 裵仲孫條; 『高麗史』 世家 元宗 11년 6월 기사조; 『東史綱目』(11/下) 元宗 11년조; 『高麗史節要』 元宗 順孝大王 11년 6월조 : "仲孫與夜別抄指諭 盧永禧等作亂 使人呼於國中日 蒙古兵大至 殺戮人民 凡欲輔國者 皆會毬庭 須臾國人大會 或奔走四酸"

계승을 도모하는 데 전념하고 있었다. 이러한 그의 정치적 계산은 무신 정권 아래에서 억압받으며 권력의 회복을 꿈꾸던 문신 집단의 이해와 맞아떨어지는 것이었다. 따라서 문신들도 환도를 강조하는 과정에서 무신들과 충돌했다.

강화도에서 항전이 뜻과 같이 이뤄지지 않자 배중손의 무리는 전前중서사인中書舍人 이숙진李淑眞과 낭장郎將 윤길보尹吉甫의 추격을 비켜 가족을 이끌고 남진하여[134] 진도珍島에서 항쟁을 계속했다.[135] 그들이 진도에 웅거한 것은 이곳이 갖는 전략적 잇점 때문이었다. 진도와 육지 사이의 바다에 격랑이 자주 일어나기 때문에 정부군과 몽골군의 침입으로부터 자신들을 방어하는 데 유리한 점이 많았을 뿐만 아니라, 이 해역은 경상·전라 양도의 공부貢賦를 개경으로 실어 나르는 길목이었으므로 그것을 차단하기에 대단히 편리한 지역이었다.[136]

당시 삼별초의 세력은 막강하여 인근 30개 섬을 지배했고,[137] 남해南海,[138] 장흥·나주·전주,[139] 합포合浦(창원)·동래東萊·김주金州(김해),[140] 회령會寧(장흥),[141] 보령寶寧·홍주洪州(홍성)[142] 등을 장악하는 등 그 위세가 자못 대단했다. 고려 조정과 원나라는 김방경金方慶을 남적추토사南賊追討使로 삼아 몽골 장수 흔도忻都와 함께 이들을 진압하도록 했다.[143]

정부군은 3군을 거느리고 이를 격파하니 승화후 온은 참형되고 배중손은 전사했으며 김통정金通精은 남은 무리를 이끌고 탐라로 이동하여 항전했다.[144] 이때 남해를 거점으로 하던 유존혁이 배 80여 척을 이끌고 탐라에 들어와 합세했다.[145]

---

134) 『高麗史』 元宗 11년 6월 辛未조
135) 『高麗史』 世家 元宗 11년 8월 갑술조
136) 김윤곤, 「三別抄의 對蒙抗爭과 地方 郡縣民」, 『전통 시대의 민중운동』(상)(서울 : 풀빛, 1981), p. 106.
137) 『高麗史節要』 元宗 12년 4월조
138) 『高麗史節要』 元宗 12년(1270) 5월조; 『東史綱目』(11/하) 元宗 12년(1270) 5월조
139) 『東史綱目』(11/하) 元宗 11년(1270) 9월조; 同 13년(1272) 11월조
140) 『東史綱目』(11/하) 元宗 12년(1271) 여름 4월조.
141) 『東史綱目』(11/하) 元宗 13년(1272) 3월조
142) 『東史綱目』(11/하) 元宗 13년(1272) 9월조
143) 『東史綱目』(11/하) 元宗 11년(1270) 7월조; 同 12월조; 同 元宗 14년(1273) 2월조; 『高麗史節要』 元宗 11년(1270) 6월조
144) 『高麗史』 世家 元宗 12년(1271) 4월 丁丑조 : 『東史綱目』(11/하) 元宗 11년(1270) 11월조; 同 元宗 12년(1271) 5월조; 『高麗史』 列傳 叛逆 裴仲孫
145) 『高麗史節要』 元宗 12년(1271) 5월조; 『東史綱目』(11/하) 元宗 12년(1271) 5월조

탐라에서 벌인 항쟁은 1271년 5월부터 1273년 6월까지 2년 동안 계속되었다.

이들은 김방경과 흔도가 이끄는 군사 1만 명과 전함 1천6백 척의 공격을 받고 항전하다가 패배하여 김통정을 비롯한 지도부 70여 명이 산으로 들어가 목매어 죽었는데, 여기서 삼별초의 항쟁도 끝을 맺었다.[146] 삼별초의 난은 원종 14년 4월에 완전히 진압되었다.[147]

삼별초의 무리는 끝내 토벌되었지만, 몇 차례의 전투에서 그들이 승첩을 거둘 수 있었던 것은 몽골군의 침략으로부터 자주 독립을 수호하려는 저항 정신과 전술·전략 등에 그 원인이 있었고, 그 밖에도 그 지방 군현민의 협조가 없었다면, 그와 같은 승첩을 거두기란 힘들었을 것이다.[148] 당시 귀족 계급의 수탈에 고생하던 연안·도서의 주민에게 삼별초는 해방자처럼 보였을 수도 있다.[149] 이는 당시의 도서 민중의 의지를 읽는 지표가 될 수 있다.

여기에서 논의해야 할 한 가지 주제는, 몽골군이 해상전투력에 관한 문제이다. 몽골군이 지척의 강화도를 정복하지 못한 것은 역사의 수수께끼이며, 종래의 한국사는 몽골군이 해상전투력을 결여했던 때문이라고 풀이했다.

그러나 몽골군은 서역과 유럽을 원정하고 인더스강 연안까지 진격하며 높은 산과 험한 고개를 넘고 사막과 늪을 지났으며 많은 강과 하천을 건너 작전을 벌인 경험이 있다. 이러한 정복전쟁의 과정에서 필요한 공병기술자들을 포로로 하고 수군을 잡아들여 자기 병력을 충원했음에도 수전에 무능하여 강화도를 장악하지 못했다는 관점에는 의문의 여지가 있다.[150]

1270년부터 1273년까지 4년에 걸친 삼별초의 항쟁은 몇 가지 측면에서 의미를 찾을 수 있다. 우선 그들은 대륙 세력에 맞서 조국 방위의 역할을 해상에서 전개했다는 점이다. 이들은 승패를 떠나 제주도에 들어가 자결하는 순간까지 이민족이 자신의 국가를 유린하는 것을 좌시하지 않고 항쟁했다. 또한 이들은 모두 미천한 계급의 출신이었다.

---

146) 『東史綱目』(11/하) 元宗 14년(1273) 2월조.

147) 오키나와沖繩에 남아 있는 성벽 등, 고려권[삼별초]의 흔적을 어떻게 이해해야 하는가에 관한 연구가 남아 있다.(2013년 11월 1일-3일 오키나와 답사)

148) 김윤곤, 「三別抄의 對蒙抗爭과 地方 郡縣民」, p. 109.

149) 고창석, 「제주도민은 삼별초를 해방군으로 보았다」, *WIN*(중앙일보사, 1996년 6월호), p. 276.

150) 주채혁, 「삼별초가 세계 질서에 미친 영향」, *WIN*(중앙일보사, 1996년 6월호), pp. 273.

그 가운데서도 특히 야별초란 본디 야경꾼으로서 그 당시의 신분 질서에서 하층 계급에 소속해 있었다. 그러나 지배층이 모두 몽골군에게 항복한 뒤에도 이들만은 끝까지 해상 저항으로 국난을 극복하려 했다.

고려의 무신 정권이 남긴 또 다른 유산으로는 일본 원정을 지적할 수 있다. 세계 정복의 야심을 가지고 있었던 원나라는 일본이 복속하지 않는 것을 용납할 수 없었고, 고려의 해상권을 이용하여 일본을 정복하고 싶어 했다. 고려로서도 원종 시대는 왜구의 위험을 감지하고 있던 상황이어서, 삼별초와 대각반大角班을 보내어 해변을 순수巡戍하게 하고, 연해의 군현郡縣이 성을 쌓고 양곡을 저장하게 했으며, 창선현彰善縣에 소장한 『국사』國史를 진도珍島로 옮기게 하는 등의 준비를 하고 있었다.[151]

몽골과 고려의 이와 같은 이해가 맞아떨어져 전개된 것이 곧 여몽연합군의 일본 원정이었다. 1차 정벌은 1274년(원종 14) 5월, 충렬왕이 즉위하던 해에 김방경과 다구茶丘가 이끄는 몽골군 2만 5천 명, 고려군 8천 명, 초공梢工·인해引海·수수水手 6천7백 명, 전함 9백 척으로 합포合浦를 출발하여 쓰시마對馬島와 이키시마一岐島를 차례로 정벌했다.[152]

일본의 하카다博多에 상륙한 여몽연합군은 본토 병력을 격멸하는 데 성공했으나 때마침 불어온 태풍[神風]으로 배가 침몰하고 보급이 끊겨 더 이상 전쟁을 수행하지 못하고 퇴각했는데, 이때 돌아오지 못한 무리가 1만 3천500명이었다.[153]

2차 정벌은 1281년(충렬왕 7) 5월에 시작되었다. 이때 김방경을 비롯한 박구朴球·김주정金周鼎 등과 몽골의 흔도·다구 등은 왕이 열병하는 가운데 합포를 출발하여 일본 원정의 길을 떠났다. 이들은 6월까지 일본의 본토를 강습했으나 공교롭게도 또다시 태풍을 만나 일본 정복에 실패했다.[154] 결과적으로 볼 때, 두 번의 원정은 모두 실패로 끝났다. 그러나 이 원정은 몇 가지 의미를 가지고 있다.

첫째로 삼별초의 난은 고려조의 전함戰艦 제조의 기술을 발달시켰다. 본디 해전의 경험이 없던 몽골은 제주 정벌에 필요한 병선의 제조를 강요함으로써 고려 해군력 강화의 계기를 마련해 주었다.[155] 일본 정벌을 통해서 우리는 고려의 조

151) 『高麗史』 世家 元宗 10년 5월
152) 『高麗史』 列傳 金方慶; 『高麗史』 世家 忠烈王 원년 10월 을사조.
153) 『高麗史』 世家 忠烈王 원년 11월 기해
154) 『高麗史』 世家 忠烈王 7년 5월 무술~6월壬申조

선술造船術을 가늠할 수 있다. 1차 전쟁 당시 연합군의 병력 수가 4만 명에 이르고 있다는 사실은, 당시 고려의 조선술을 엿볼 수 있는 자료가 된다. 이를 뒷받침하는 것으로 다음의 두 자료를 들 수 있다.

> 원종 15년(1274) 원나라의 황제가 일본을 치고자 하여 김방경과 다구에게 조칙詔勅을 내려 전함을 조성하게 했다. 만약 배를 중국식으로 만든다면 비용이 많이 들 뿐만 아니라 기일을 맞추기도 어려워 온 나라가 걱정했다. 김방경이 동남도독사東南都督使로 먼저 전라도에 부임하여 사람을 원에 보내어 양해를 얻어 배를 본국(고려) 식으로 만들도록 독려했다.[156]

> 고려의 사신이 황제를 배알하는 자리에서 정우승丁右丞이 아뢰기를 "강남의 전선戰船이 크기는 하지만 부딪히면 깨지니 이것이 지난번에 실패한 까닭입니다. 만일 고려가 배를 짓게 하여 다시 치면 일본을 가히 정복할 수 있습니다."고 했다.[157]

위의 두 자료에 따르면, 고려는 독자적인 조선술을 가지고 있었고, 그렇게 하여 만든 전선戰船은 현해탄玄海灘과 같은 대양의 항해가 가능했다는 사실이다. 그 배는 적어도 연안 선박이었던 평저선平底船의 기술을 넘어 회복력을 갖추고 속도를 낼 수 있는 첨저선尖底線이었음을 의미한다. 그 글의 행간에 담긴 내용은 고려의 선박이 안전성과 제작 공정 그리고 비용이라는 면에서 중국의 선박 기술보다 우위에 있음을 보여준다.

둘째로, 고려의 일본 정복은 몽골의 강요에 못 이겨 마음 내키지 않는 전쟁을 수행한 것이 아니라 고려의 적극적인 의지가 있었다는 사실이다. 멀리는 신라 시대에서부터 고려를 거쳐 조선 초기까지 한일관계사의 중요 부분을 차지하고 있던 왜구倭寇 퇴치의 문제는 우리 민족의 숙원宿怨이었다.

당시 왜구의 폐해가 어느 정도였던가 하는 점은 1223년(고종 10)부터 고려가 망한 1392년(공양왕 3)까지 왜구의 침노 횟수가 417회였다는 점[158]으로 미루어

---

155) 『高麗史』 世家 元宗 12년(1271) 4월 정사조

156) 『高麗史』 列傳 金方慶 : "帝欲征日本 詔方慶與茶丘 監造戰艦 造船若依蠻樣 則工費多 將不及期 一國憂之 方慶爲東南道都督使 先到全羅 遣人咨受省檄 用本國船樣 督造"

157) 『高麗史』 世家 忠烈王 18년 8월 정미조 : "有丁右丞者奏 江南戰船 大則大矣 遇觸則毁 此前所以失利也 如使高麗造船而再征之 日本可取"

158) 金在瑾, 『거북선의 神話』(서울 : 正宇社, 1978), p. 25 참조.

알 수 있다. 이와 같은 상황에서 2차 정벌 당시 개전을 먼저 주장한 것은 몽골 측이 아니라 고려의 충렬왕이었다. 곧 1차 전쟁에 실패한 충렬왕은 원의 황제에게 글을 올려 이렇게 말했다.

> 일본은 섬나라의 오랑캐[島夷]인데 땅이 험한 것을 믿고 내조하지 않고 감히 왕의 출병[王師]에 항거하니, 신이 스스로 생각건대 보은할 길이 없으니 다시 배를 짓고 양곡을 쌓아 죄를 들추어내어 토벌하면 성사치 못함이 없을 것입니다.[159)]

그뿐만 아니라 막상 2차 전쟁이 전개되었을 때도 일본에 상륙한 몽골군은 이 해양 민족에게 두려움을 느낀 나머지 전쟁의 확대를 바라지 않았으나, 김방경의 주장으로 본토 전쟁을 감행했다. 그 근거로서는 다음의 기록을 주목할 필요가 있다.

> 흔도와 다구가 회군을 주장하자 김방경이 이르기를, "성지聖旨를 받들어 3개월 분량의 양식을 가지고 왔는데 지금 한 달 양식이 아직 있는지라, 남군南軍(남송의 군대)이 오기를 기다려 함께 공격하면 일본을 멸할 수 있다." 하니 여러 장수가 감히 다시 말하지 못했다.[160)]

이상의 두 가지 점으로 미루어 볼 때 고려의 해상 활동은 항해술이나 조선술 그리고 정신사적으로도 허약하지 않았다. 그뿐만 아니라 이 두 사건은 고려 당대에도 위정자들이 해상 방위에 관한 의식을 고취시켰다는 점에서 의미를 찾을 수 있다. 그러한 문제를 감지하고 고민했던 인물로서는 이색李穡을 들 수 있다. 그는 공민왕 원년(1352) 왕에게 올린 장문의 진시무서陳時務書에서 왜구와 해방海防에 관하여 다음과 같은 뜻을 펴고 있다.

> 근년에 왜구가 강토疆土에 침입하여 성상께 밤낮으로 걱정을 끼치니, 세신世臣

159) 『高麗史』 世家 忠烈王 4년 7월 갑신조 : "王又奏曰 日本一島夷耳 恃險不庭 敢抗王師 臣自念 無以報德 願更造船積穀 聲罪致討 蔑不濟矣"

160) 『高麗史』 列傳 金方慶條 : "忻都茶丘等 以累戰不利 且范文虎 過期不至 議回軍曰 聖旨今南軍與東路軍必及是月望 會一岐島 今南軍不至 我軍先到數戰 船腐糧盡 其將奈何 方慶默然旬餘 又議如初 金方慶曰 奉聖旨 賫三月糧 今月糧尙在 俟南軍來合攻 必滅之"

과 원로들이 이에 관한 처리 방안을 서로 꾀하여 그 요점에 합의를 보았습니다. 이울러 신이 아비의 상사喪事를 맞아 바닷가에 살고 있으면서, 초야에서 생각한 꾀가 익숙하였습니다. 이제 계획으로서는 두 가지가 있을 뿐이니, 첫째는 육지를 지키는 것이요, 둘째는 바다 싸움인데, 수레로 강물을 건너지는 못할 것이요, 배로 뭍을 갈 수 없는 것과 같이 사람의 성품도 역시 이러한 것입니다.

…… 바다 싸움에 관한 방법에 대한 신의 생각을 말씀드리자면, …… 요즈음 왜적의 침입으로 말미암아 살던 곳을 떠나 생업을 잃었으니, 그 원망스러운 마음이 뭍에 살고 있는 이들에 견주어 어찌 열 갑절만 되겠습니까. …… 대개 뭍만을 지키고 바다 싸움을 하지 않으면 그들은 우리가 두려워하는 것으로 알고 침입할 것이요, 바다 싸움만을 하고 뭍을 지키지 않는다면 저들은 혹시 불의에 나와서 그 해가 작지 않을 것이므로, 뭍을 지키는 것은 우리를 공고하게 함이요, 바다 싸움은 그들을 위협하는 것입니다. 이렇게 한다면 두 가지를 함께 얻을 수 있지 않겠습니까?[161)]

삼별초와 무신 정권이 담고 있는 해양 진출의 사례와 의지 그리고 그를 잇고 있는 이색의 해방海防 의지는 뒷날 한국사가 안고 있는 해양 정책의 소홀과 이로 말미암은 임진왜란壬辰倭亂과 근현대사에서의 일본의 진출에 대한 무력한 패배의 역사 때문에 더욱 그 의미를 부각할 수밖에 없다. 삼면이 바다인 나라가 해방을 소홀히 했다는 역사적 사실이 기이한 만큼, 고려사에서의 해방 의지는 더욱 돋보일 수밖에 없다.[162)]

6. 결론

이 장의 결론은 다음과 같다.

[1] 고려의 무신 정권 시대는 역사의 반동이었다. 그것은 문민 우위라고 하는 유교적 파행의 전통이 낳은 역사의 불행이었다. 그것이 남긴 보복적 정서는 멀

161) 『東文選』(53) 奏議 李穡 陳時務書; 『高麗史』 列傳 李穡

162) 해방海防에 관한 논의는, 신복룡, 『한국정치사상사』(서울 : 나남, 1997), pp. 139~167 : 제5장 「한국사에서의 해양 정신」; 신복룡, 『한국사에서의 전쟁과 평화』(서울 : 선인, 2021), pp. 217~238; 제8장 참조 「바다를 잃어 나라를 잃었다」 참조.

리 고려의 망국으로까지 이어졌다. 그런 점에서 고려의 무신 정권은 일본의 막부幕府정권과 비슷한 개념일 수는 있지만, 그 유산이라는 점에서는 일본의 그것을 따라갈 수가 없다.

[2] 역사의 격동은 사회 체계를 재편성하는데, 이 시기에는 특히 신분 질서의 동요가 크다. 고려의 무신 정권 시기에는 신분에 대한 도전이 심각했고, 실제로 비합법적인 방법에 따른 신분 상승의 사례도 많았으며, 그것이 다른 하층 계급을 고무함으로써 또 다른 신분 혁명을 유발했다. 이런 점에서 고려의 무신 정권 시기는 중세적 의미로서 신분혁명기이자 근대적 의미로서 민권에 눈뜨는 시기였다.

[3] 역사적으로 정통성이 없는 정권, 특히 폭력으로 수립된 정권 아래서 살아야 하는 지식인에게는 "벼슬에 나가야 할지" 아니면 "숨어야 할지"를 선택하는데 많은 고민이 따른다. 벼슬길에 나가는 것이 반드시 욕되고 비굴한 것은 아니지만, 그들은 정통성이 없는 정권에 대한 협조자로서의 책무를 가질 수밖에 없는데, 그 운신에는 늘 한계가 따르고, 그래서 지식인들은 절망과 회한 속에서 삶을 마감한다. 이규보가 바로 그러한 인물이었는데, 누구인가는 그 자리를 맡을 수밖에 없었다는 점에서 그는 불우한 시기의 불우한 지식인이었다.

[4] 역사의 반동 시기가 반드시 모든 면에서 역기능을 남기는 것은 아니라는 점에 역사의 아이러니가 있다. 고려 무신 정권의 시기도 그러한 예에서 벗어나지 않는데, 이를테면 삼별초의 난을 통한 중세적 민족 의식의 태동이라든가, 일본 원정을 통한 해양 문화의 발전이 그러한 사례에 속한다. 고려의 일본 원정은 한국사에서 흔치 않은 해방海防의 유산을 담고 있다.

[5] 그 시대의 아픔뿐만 아니라 후대의 반동성이라는 측면에서 볼 때, 고려의 무신 정권은 원초적으로 태어나지 말았어야 할 시대였다. 그럼에도 그 시대가 갖는 역사적 의미는 "비극도 교훈을 가지고 있다."는 점일 것이다. 역사적 사실은 모두 적자赤字의 계산서만을 제시하는 것은 아니다.

제3편

근세 전기 : 주자성리학의 논변

섭공葉公이 정치란 무엇인가를 묻자
공자孔子께서 이렇게 말씀하셨다.
"가까운 곳에 있는 사람들이
함께 있다는 것을 기쁨으로 여기게 하고,
먼 데 있는 사람들이
찾아오고 싶게 만드는 것입니다."
近者說 遠者來
—『論語』「子路」

제13장 유교의 정치학적 함의

공자孔子(B.C. 552~479)/ 맹자孟子(B.C. 372~289)/ 주자朱子(1130~1200)

"『논어』論語 반 권이면
천하를 다스릴 수 있다."[1)]
—조보趙普

"예禮는 서인庶人에게 내려가지 않고
형벌은 대부大夫에게 올라가지 않는다."[2)]
—『예기』

"완전히 예禮에 따라 생활하는 중국인이
세계에서 가장 부정不正한 국민이라는 점은
참으로 기이하다."[3)]
—몽테스키외

---

1) 『宋史』(256) 列傳 趙普 半部論語 : "宋初宰相趙普 人言所讀僅只論語而已 太宗趙匡義因此問他 他說 臣平生所知誠不出此 昔以其半輔太祖(趙匡胤)定天下 今欲以其半輔陛下致太平"; 『鶴林玉露』(7) "舊稱半部論語治天下 典出于此"; 『中宗實錄』 5년 9월 24일(丁丑) : "昔宋臣趙普日 臣有一部論語 以半部 佐太祖定天下 以半部 佐太宗致太平 論語一書 其重可知矣"

2) 『禮記』(1) 曲禮(上) : "禮不下庶人 刑不上大夫"

3) Baron de Montesquieu, *The Spirit of the Laws*(New York : Hafner Publishing Co., 1949), Vol. I, Book, XIX § 20.

1. 서론

동양 사상에서 인간의 삶의 가치는 어디에 있을까? "좀더 좋은 삶을 위해"for the better life 인간은 무엇을 어떻게 해야 하나? 이와 같은 인간의 존재론적 고민에 관하여 답을 제시하겠다고 다짐한 두 무리가 있었는데, 하나는 철학자들이었고, 다른 하나는 종교인들이었다. 이들은 그 막막한 화두 앞에서 선뜻 해답을 제시하지 못하고 먼저 하늘의 뜻이 무엇일까를 알고 싶어 했다.

그리고 그에 대하여 누구는 사랑이 하늘의 뜻이라고 대답했고, 누구는 인仁이라고 했고, 누구는 도道라고 대답을 제시했다. 이들이 저마다 제시한 가치들 가운데 가장 고결한 것은 아니지만, "바른 삶을 이룸"正政(politics)[4]도 있었다. 철학자들은 이 문제를 놓고 "어떤 가치"를 구현해야 하는 것이 바른 삶인가에 몰두했고, 종교인들은 하늘의 뜻을 "어떻게" 구현해야 하는 것이 바른 삶인가를 고민했다.

동양의 철학사에서 더 좋은 삶을 구현할 수 있는 길에 관하여 많은 답안이 제시되었지만 공자孔子와 그의 뜻을 집대성한 맹자孟子, 그리고 다시 그들의 뜻을 재해석한 주자朱子의 경지를 뛰어넘지 못했다. 물론 그들의 뜻에 동의하지 않은 성현들이 있었다.

그러나 공맹孔孟의 철학은 2천7백 년의 시공을 관통하고 있고, 옳다거나 그르다거나 간에, 누구도 그들의 논쟁을 통과의례처럼 거치지 않을 수 없었다. 그 준령은 높고 길었으며, 그 그늘은 멀리 닿아 있었다. 서양 철학사가 플라톤Platon의 작품을 재해석하는 것에 지나지 않는다는 말이 무색할 정도로 동양 사상은 맹자의 재해석에 지나지 않았다.

공자 이래 유교의 울타리 안에서 인간의 본성에 관한 맹자와 순자荀子의 대립을 비롯하여 많은 정통正統과 이단異端의 논쟁이 거듭되었고, 동중서董仲舒나 주자가 획기적 전환점이 마련한 것도 사실이지만, 어느 누구도 공자가 이미 말한 것에 그 이상의 의미를 자기 학문에 부여하려는 외람猥濫됨을 범한 경우는 발견하기 어려웠다.[5]

---

4) 『禮記』(25) 哀公問 : "子曰 政者正也"

5) 鄭昌秀, 「조선조의 지리지에 나타난 사회 설명의 원리 : 『東國輿地勝覽』을 중심으로 본 조선조 지식층의 인식 체계의 特質」, 『한국 사회와 사상』(성남 : 한국정신문화연구원, 1984), p. 65.

이러한 상황에서 유교사상사로부터 독립된 연구 영역으로서 정치사상사를 떼어내어 정립하려면 유교 경전들을 철학이나 윤리학이 아닌 정치 담론의 관점에서 독해하는 작업이 필요했는데, 한국의 정치사상사 연구에서는 그 작업이 쉽게 이뤄지지 않았다.

사상사가 다 그렇듯이, 동양사상사의 연구가 난해함에도 그나마 한 가지 다행한 것은, 동양 사상은 서양 사상이 고민하는 중요한 영역인 신神의 문제와 죽음 이후의 문제를 포함하고 있지 않다는 점이다. 이 점에서 동양사상사는 엄청난 짐을 던 셈이다.

그들은 살아 있는 무리의 의식儀式이 죽음 이후의 것보다 소중하다고 생각했다. 그래서 흔히 유학儒學이라는 이름으로 통칭되는 공맹孔孟의 사상에는 하늘의 얘기는 있어도 신의 얘기는 없다. 유학은 절대자로서 신, 죽음, 사후의 세계 또는 부활이나 환생의 문제가 없다는 점에서 엄격한 의미로 종교는 아니며, 굳이 분류하자면 유교는 철학으로서 현실주의realism이다.

한국의 정치사상사를 논의하며 중국의 유학 또는 공자나 맹자 그리고 주자를 말해야 한다는 것이 마음 편한 일은 아니다. 왜냐하면 까닭이야 어찌 되었든, 유학은 우리의 고유 사상이 아니었기 때문이다. 그것이 우리에게 전수되고 섞이는 과정에서 "거의" 우리의 것이 되어, 이제는 유교에 이질성을 느낄 수도 없을 만큼 우리 몸 안에 녹아들었다고는 하지만, 그것은 중국의 사상일 뿐이다. 이 점이 곧 한국사상사에서 유학을 다루어야 하는 학자들의 마음을 불편하게 만들고 있다.

유교를 한국사상사에서 다룰 때 겪는 또 다른 어려움은 그것이 사회과학으로 분화하는 과정이 선명하지 않다는 점이다. 어디까지가 윤리이고, 어디까지가 철학이고, 어디까지가 정치인지를 분간하기 어렵다. 공자와 맹자에게 정치적 꿈이 있었고, 주자가 자신이 놓여 있던 정치적 상황에 무심할 수 없었다고 하더라도, 그들에게서 정치학은 윤리학으로부터 분리된 독립 학문이 아니었다.

이런 점에서 본다면, 아리스토텔레스Aristoteles가 윤리학으로부터 정치학을 분리한 공적에 견주어 동양의 정치학은 그 발생사에서 뒤늦은 부분이 있다. 물론 동양의 학자나 정치가들이 정치에 관하여 고민하지 않은 것은 아니지만, 그것은 엄밀한 의미에서 정치학이라기보다는 수신제가修身齊家의 외연外延이었다.

따라서 정치사상으로서 유교사상사의 연구에는 유교를 사회과학화하거나 유교에서 정치학을 추출하는 선행 작업이 필요했다. 사상사의 해석만으로도 어려운 작업인데, 원석原石에서 정치학이라고 하는 물질을 골라내는 작업은 그리 쉽지 않다. 이러한 현상은 학자의 게으름 때문에 빚어진 것이 아니라 유학사에 비추어 볼 때, 공자와 맹자로부터 시작하여 주자에 이르기까지 공백이 길었고, 공자라는 산이 높고 그 그림자가 길었기 때문이었다. 그것은 종교의 발생을 억제할 정도로 중압감이 버거웠다.

유학 또는 그것이 한국에 전래된 학문으로서의 주자학을 논의하면서, 먼저 다루어야 할 사항은 유학이 내포하고 있는 함의를 어떻게 분류할 수 있는가의 문제이다. 이에 관해서는 강재언姜在彦의 다음과 같은 분류가 주목할 만하다. 그는 주자학의 학문 영역을 이렇게 분류하고 있다.

(1) 존재론ontology : 우주의 존재 질서를 규정하는 것은 무엇일까? 특히 인간의 존재는 그 자체로서 무엇을 의미하는가?

(2) 윤리학ethics : 어떻게 사는 것이 이치에 어긋나지 않는 것일까?

(3) 학문하는 법methodology : 어떻게 궁리하는 것이 진리에 접근하는 길일까?

(4) 주석학annotation : 수많은 해석이 가능한 성현의 말씀을 어떻게 해석할 것인가? 그 많은 은유隱喩와 맥락을 이해하려면 학자들이 해야 할 일은 무엇일까?

(5) 정책학policy science : 어떻게 경세經世할 것인가? 인간의 수신의 궁극적 목표인 평천하平天下에 이르는 길은 어디에 있을까?[6)]

그 이름이 선진先秦 유학이었든, 유학이었든, 주자학이었든, 아니면 조선 사회에서 정립된 성리학이었든, 공자로부터 주자에 이르는 1천7백 년 동안에 이룩된 유학은 적어도 근대적 의미로서의 자연과학과 신관神觀을 제외한 종합 인문과학으로서 동양인의 의식 세계를 지배해 왔으며, 역사·지리적으로 근접해 있던 한국의 경우도 그 예외가 아니었다.

6) 강재언(저)·정창렬(역), 『한국의 개화사상』(서울 : 비봉출판사, 1981), p. 27.

2. 정명正名

공자는 "바름"正에 관하여 많이 고민했다. 무엇이 바름인가? 그는 "명분을 바르게 하는 것"[正名]이 으뜸이라고 생각했고, 정치란 결국 이 바름을 추구하는 것이라고 생각했다. 그것은 정의justice일 수도 있고, 옳음righteousness을 의미할 수도 있다. 그는 정의가 구현된 사회가 가장 살기 좋은 사회라고 생각했다. 그렇다면 어떻게 하면 그 바른 사회에 이를 수 있을까?

[1] 공자가 정치를 생각하며 가장 먼저 고민한 것은 "예禮를 이룸"이었다. 그에게는 정치적 야망이 있었다. 그는 정치를 혐오하지 않았다. 그래서 그는 이렇게 말하면서 벼슬을 권고했다.

> "벼슬하지 않는 것은 의롭지 않은 일이다. …… 자신의 몸만 깨끗이 하겠다고 하다가는 대륜大倫을 어지럽히고 마는 것이니, 군자로서 벼슬하는 것은 그 정의를 실행하기 위함이다."[7]

공자는 노魯나라에서 사구司寇의 직분을 수행하며 사회적 정의를 구현할 길을 고민했을 것이다. 그는 "좀더 나은 삶"을 구현할 방법을 고민하는 과정에서 얻은 결론은 예치禮治를 이루는 것이 가치이며, 최선의 방법이라고 생각했다.

공자는 인간의 삶에서 정치적 가치를 중요시했고, 그 가치는 곧 삶을 바르게 하는 것이라고 생각했다.[8] 그 바름의 가운데에는 예禮가 있다. "예를 가지고 정치를 체현하고 정치를 통해서 백성을 올바르게 이끌면 백성은 윗사람을 잘 섬기고, 아랫사람은 본분에 넘치는 일을 꾀하지 않게 된다."[9]는 것이 그가 노나라를 섬기며 체득한 진리였다. 그래서 그는 말하기를, "옛 책에 이르기를 '자기를 이기고 예의로 돌아가는 것[克己復禮]이 인仁이라' 하였는데, 참으로 좋은 말이다."[10]라고 증언하고 있다. 그렇다면 무엇이 예의에 맞는 삶인가?

---

7) 『論語』 微子 : "子路曰 不仕無義 …… 欲潔其身 而亂大倫 君子之仕也"
8) 『禮記』(25) 哀公問 : "人道政爲大 政者正也 …… 爲政先禮 禮其政之本與"
9) 『春秋』 桓公 2년 : "禮以體政 政以正民 …… 是以民服事其上 而下覬覦"
10) 『春秋』 昭公(3) 12년 : "仲尼曰 古也有志 克己復禮 仁也"

첫째로는 자신의 몸을 반듯하게 닦는 것[修身]이다. 그러기에 경서에는 이렇게 기록되어 있다.

> 옛날의 광명한 덕을 천하에 밝히려고 한 사람은 먼저 자기 나라를 다스렸고, 자기 나라를 다스리려고 한 사람은 먼저 자기 집을 정돈하였고, 자기 집을 정돈하려고 한 사람은 먼저 자신의 덕을 닦았다. 자신의 덕을 닦으려고 한 사람은 먼저 자기 마음을 바로잡았다.[11]

무릇 천하·국가·가정을 다스리는 데는 아홉 가지 상도常道가 있는데, 자신의 덕을 닦는 것이 가장 먼저이다.[12] 그러므로 인간의 사회에서 추구해야 할 궁극적 가치인 평천하의 출발점도 수신에 있다.

둘째로, 예는 보은報恩이다. 보은에는 세 가지가 있는데, 주자는 이 대목을 이렇게 설명하고 있다.

> 난공자欒共子가 말했다.
>
> "사람은 세 분으로 말미암아 살게 되었으니, 이들을 섬기기를 한결같이 해야 한다. 아버지는 나를 낳아 주시고, 스승은 나를 가르쳐 주시고, 임금은 나를 먹여 주셨으니, 아버지가 아니면 낳지 못하고, 임금의 먹여줌이 아니면 자라지 못하고, 스승의 가르침이 아니면 알지 못하니, 낳아 주신 것과 똑같다."[13]

보은 가운데 으뜸은 부모로부터 입은 은혜이다. 효도는 동서고금을 관통하는 최고의 미덕이었다. 비단 동양에서뿐만 아니라 서양에서도 부조父祖에 대한 존숭은 필연적으로 부조를 상징하는 모든 것, 이를테면, 노인·주인·관리·황제와 결부되어 있었다.[14] 부모에 대한 존숭을 강조하는 일은 권력자에게도 많은 도움

---

11) 『大學』 1章 大學之道 : "古之欲明明德於天下者 先治其國 欲治其國者 先齊其家 欲齊其家者 先脩其身 欲脩其身者 先正其心 欲正其心者 先誠其意"

12) 『中庸』(20) : "무릇 국가를 위하는 길은 아홉 가지가 있으니(凡爲天下國家 有九經) (1) 몸을 닦고(曰修身也) (2) 현자를 존숭하고(尊賢也), (3) 부모에 효도하고(親親也), (4) 대신을 공경하고(敬大臣也), (5) 신하를 갖추고(體群臣也), (6) 백성을 사랑하고(子庶民也), (7) 백공을 모으고(來百工也), (8) 멀리 있는 사람을 끌어안고(柔遠人也), (9) 제후를 품는 것(懷諸候也)이다."

13) 『小學』 內篇 明倫(2) 通論(103) : "民生於三 事之如一 父生之 師教之 君食之"

14) Baron de Montesquieu, *The Spirit of the Laws*, Vol. I, Book XIX § 19.

을 주는 일이다. 왜냐하면 권력자는 자신을 가부장권과의 유사 개념으로 설명해야 통치가 편의로웠기 때문이다.

셋째로, 예의 출발은 사양辭讓하는 마음에 있다.[15] 이는 나누어줌을 뜻하는 것이기도 하지만 달리는 욕심을 줄이는 것을 뜻한다. 맹자는 "본디 착하지 않은 사람은 없지만"[16] 습속이 인간을 타락시킨다고 생각했다. 따라서 이러한 타락에서 인간을 구할 길은 사단四端[仁義禮智]으로 돌아가 그 가운데 사양하는 마음으로서 예를 갖추는 것이다. 이 사단을 모두 채운다면 족히 사해四海를 보호할 수 있지만, 이를 채우지 못한다면 부모도 섬길 수 없을 것이다.[17] "사양하는 마음으로서의 예는 그릇[器]과 같은 것이어서 그 그릇이 커야 하며 그것이 클 때 비로소 성덕盛德을 갖출 수 있다."[18]고 그는 권고한다.

그렇다면 역사상 이러한 예를 갖춘 이상 사회가 있었던가? 공자는 주공周公의 시대가 그와 같은 예를 이루었던 시대라고 생각했으며, 그래서 그는 "꿈속에서도 주공을 그리워하며 그가 나타나지 않음"을 안타까워했다.[19] 그는 주나라의 법도[周禮]로 돌아가기를 바랐다. 계손季孫이 염유冉有를 통하여 공자에게, "어떤 법도 속에 사는 것이 바른 삶인가?"를 물었을 때, 공자가 대답하기를, "만약 법대로 이루고자 한다면 주공의 옛 경전에 적혀 있으니 그대로 보고 따라 하면 될 것이고, 만약 법을 따르지 않고 구차스럽게 행동하려 한다면 무엇 때문에 나에게 묻는 것인가?"[20]라고 면박했다.

주나라 또는 주공의 무엇이 그토록 공자의 마음을 사로잡은 것일까? 아마도 주공이 보위寶位를 탐내지 않고 포대기[襁褓]에 싸인 조카를 도와 평천하를 이룩한 사실에서 보여준 무욕의 경지, "손님을 만나러 나가려고 세 번 씹던 밥을 토하고, 머리를 감다가 세 번 머리채를 감싸맨 채 뛰어나가 천하의 인재를 만나려 했던"[吐哺握髮][21] 그의 충직하고 근면함을 공자는 존경했을 것이다. 주공에 대한

---

15) 『孟子』 公孫丑章句(上) : "辭讓之心 禮之端也"

16) 『孟子』 告子章句(上) : "人無有不善"

17) 『孟子』 公孫丑章句(上) : "凡有四端於我者 …… 苟能充之 足以保四海 苟不充之 不足以事父母"

18) 『禮記』(10) 禮器 : "禮器 是故大備 大備盛德也"

19) 『論語』 述而 : "子曰 甚矣 吾衰也 久矣吾不復夢見周公"

20) 『春秋』 哀公(上) 11년 겨울 : "仲尼曰 且子季孫若欲行而法 則周公之典在 若欲苟而行 又何訪焉"

중국인의 존경심은 사상을 초월하는 것이어서 노장老莊사상에서도 마찬가지였다. 『회남자』淮南子는 주공을 이렇게 칭송하고 있다.

> 무왕武王이 세상을 뜨시고 성왕成王이 어려 주공이 문왕文王의 대업을 이어 천자의 도서·문적을 잡고 천하를 다스려 오랑캐의 난을 평정하고, 관채管蔡의 죄를 벌했으며, 남면南面하여 제후를 조회朝會하고, 주륙誅戮과 포상褒賞을 제단制斷하며 돌아보고 묻는 일이 없어 위엄이 천지를 움직이고, 명성이 해내海內를 복종케 했으므로 무위武威를 크게 떨쳤다고 할 수 있다. 뒤에 성왕이 장성하자 도서·문적을 돌려주고 정권도 맡기며 북향하여 폐백을 드리고 이를 섬겨 요청한 뒤에 행하고, 복명復命한 뒤에야 실행하여 독단적인 처결이 없고, 뽐내는 빛이 없었으므로 훌륭하게 신하 노릇을 했다고 할 수 있다. …… 그러므로 법제와 예의는 백성을 다스리는 법구法具요 정치를 다스리는 까닭은 아니다.[22]

주나라의 정치에 대한 동경은 맹자의 경우에도 변함이 없었다. 그의 말을 빌리면, "문왕文王을 본받으면, 큰 나라는 5년, 작은 나라는 7년이면 반드시 천하에 정사를 펼 수 있다."[23]고 장담했다. 그는 주공이 남긴 정치적 유산을 이렇게 칭송했다.

> 주공은 천하를 다스리는 데 지극히 공정하고 사사로운 마음이 없었다. 나아가고 물러가는 데 도로써 실행하고 이욕으로 가려짐이 없었다. 자기가 하는 행동은 조심스러웠으며, 공경과 두려워하는 마음을 지니고 있었다. 정성스러운 마음을 소중히 여기며 평평하게 하여 이익을 돌보려는 사사로운 마음이 없었으니 비록 위태롭고 의심이 있었어도 성인의 덕을 잃지 않았다.[24]

[2] 공자가 사회를 바르게 하고자 고민한 두 번째의 가치는 "질서를 지키는 일"[序]이었다. 예치의 정치사상사적 의미에 대한 평가는 서로 다를 수 있다. 그

---

21) 『史記』(33) 魯周公世家(3)

22) 『淮南子』(13) 氾論訓

23) 『孟子』 離婁章句(上) : "師文王大國五年 小國七年 必爲政於天下矣 …… 諸侯有行文王之政者 七年之內 必爲政於天下矣"

24) 『近思錄』(10) 政事篇(27) : "周公至公不私 進退以道 無利欲之蔽 其處己也 夔夔然存恭畏之心 其存誠也 蕩蕩然無顧慮之意 所以雖在危疑之地 而不失其聖也"

것이 서구의 "자유"의 관념과 일정한 거리가 있고,[25] 예라는 것이 본디 속박의 의미를 갖는 것이어서 개인주의나 자유 의지와는 다른 뜻을 가진다는 점에서 그에 대한 평가가 긍정적일 수만은 없다.

그러나 다른 측면에서 본다면, 예는 질서를 지키는 동기를 부여한다는 점에서 중요한 공동체 윤리였다. 공자가 보기에 예는 질서를 지키는 것이다. 유교는 본분을 지키는 것이 질서를 유지하는 근간임을 잘 알고 있었다. 공자가 질서를 얼마나 중요하게 여겼던가, 하는 점은 다음과 같은 그의 가르침에 잘 나타나 있다.

> 장차 진晋나라는 멸망할 것이다. 그 법도를 잃고 있기 때문이다. 무릇 진나라에서는 그 시조 당숙唐叔이 천자에게서 받은 법도로 백성을 다스려 경卿과 대부들이 질서를 잘 지키고 백성도 이 법에 따라 윗사람을 공경하고 윗사람들도 그 직무를 잘 지켜 귀천에 벽이 없는 것은 바로 이 법의 덕택이었다. 진나라 문공文公은 질서를 삼는 관식을 세우고 피려被廬라는 곳에서 이 법을 보완하여 맹수가 되었다.
>
> 그런데 지금 그 법을 버리고 새로운 형법을 솥에 새기니 어찌 백성이 윗사람을 공경할 것이며 어느 윗사람이 자신의 직무를 존귀하게 여길 것인가? 귀천의 질서가 없어지면 어떻게 나라를 다스릴 것인가? 또한 무릇 범선자范宣子가 새로 만든 형법은 오랑캐가 열병식 때 만든 것과도 같으니 이는 진나라를 문란하게 할 뿐이다.[26]

"귀천의 질서가 없어지면 어떻게 나라를 다스릴 것인가?"라는 공자의 물음이 가슴을 찌른다. 이 대목에서 공자가 질서라는 가치를 통하여 말하고 싶었던 진심은 신분의 "칸막음"compartmentalization이었다. 구획이 설정된 담을 백성이 넘는 것은 위험하다고 그는 생각했다. 이는 『예기』를 관통하고 있는 철칙이다.

"예는 천지의 질서이다. 화목한 까닭으로 백물百物이 모두 화목하고 질서가 있는 까닭으로 물건이 모두 분별이 있다."[27] 이러한 질서를 지키는 데는 음악이

---

25) 최영성, 「한국 유교 전통에서 본 척사위정파의 자유주의관」, 『근현대 한국 자유주의 연구(1) : 1880~1910』(한국정치학사상학회 학술발표회, 2003. 5.), pp. 6~7.

26) 『春秋』 昭公(7) 29년 겨울 : "仲尼日 晉其亡乎!失其度矣 夫晉國將守唐叔之所受法度 以經緯其民 卿大夫以序守之 民是以能尊其貴 貴是以能守其業 貴賤不愆 所謂度也 文公是以作執秩之官 爲被廬之法 以爲盟主 今棄是度也 而爲刑鼎 民在鼎矣 何以尊貴 貴何業之守 貴賤無序 何以爲國 且夫宣子之刑 夷之蒐也 晉國之亂制也 若之何以爲法"

27) 『禮記』(18) 樂記 : "禮者 天地之序也 和故百物皆化 序故羣物皆"

매우 효과적일 수 있다. 왜냐하면, 궁宮은 임금이 되고, 상商은 신하가 되고, 각角은 인민이 되고, 치徵는 일이 되고, 우羽는 물건이 되는데, 이 다섯 가지가 어지럽지 않으면 조화를 이루지 못함이 없을 것이기 때문이다.[28)]

이러한 질서를 지키려면 각자가 지켜야 할 본분taking a proper station이 있다. 일본인들은 이를 "자신의 분수를 지키는 일"이라고 해석했다.[29)] 남의 임금이 되어서는 인자함에 머물고, 남의 신하가 되어서는 공경스러움에 머물고, 남의 아들이 되어서는 효성스러움에 머물고, 남의 부친이 되어서는 자애로움에 머물고, 사람과 사귀게 되면 신용에 머물기를 기대했다.[30)] 그러기에 제齊나라 경공景公이 정치에 관하여 묻자 공자가 대답하기를, "임금은 임금답고, 신하는 신하다우며, 아비는 아비답고, 아들은 아들다우면 된다."[31)]고 했다.

공자는 "그 직위에 있지 않거든 그 정치를 도모하지 말라."[32)]고 충고했다. 이는 남의 영역을 넘보는 일에 대한 경고이다. 서로의 본분을 지키며 칸막이를 벗어나지 않으려면 서로 넘지 않아야 할 선이 있다. 이는 "차등" 또는 "차별"을 뜻한다. 유교에서 "평등"을 말하지 않는 것은 아니지만, 그것은 어디까지나 인간의 도덕적 본성이 평등함을 말한 데 지나지 않는다. 유교에서는 원리론적 평등보다도 실제적인 차등과 차별을 중시한다.[33)]

차별은 인간 관계에서 따름 또는 좇음[隨從]을 뜻한다. 이는 유교에서 물러설 수 없는 명제이다. 본디 유학은 한족漢族이 스스로 생존권을 보위하고 확장하고 강력한 국가 체제를 확보하려는 정치적 목적에서 이루어진 사고의 유산이다.

따라서 유학의 사상적 목표는 봉건적·중앙집권적 왕권 체제였고, 사상의 내용은 이민족에 대한 한족의 차별적 지배와, 노예 및 서민에 대하여 왕을 비롯한 지배 계급의 권위적 우월성을 원리로 하는 차별·불평등을 핵심으로 하는 지배학이었다. 이러한 사상적 목표를 달성하는 방법으로 유학은 차별과 불평등을 인간

---

28) 『禮記』(18) 樂記 : "宮爲君 商爲臣 角爲民 徵爲事 羽爲物 五者不亂 則無怗懘之音矣"

29) Ruth Benedict, *The Chrysanthemum and the Sword*(New York : New American Library, 1946), pp. 43~75.

30) 『大學』 傳3章 釋止于至善 : "爲人君止於仁 爲人臣止於敬 爲人子止於孝 爲人父止於慈 與國人交止於信"

31) 『論語』 顔淵 : "齊景公問政於孔子. 孔子對曰 君君 臣臣 父父 子子"

32) 『論語』 憲問 : "子曰 不在其位 不謀其政"

33) 최영성, 「한국 유교 전통에서 본 척사위정파의 자유주의관」, pp. 6~7.

의 본질적 존재 원리요 숙명이며 우주 원리로 규정하였고, 이 원리를 준수하는 것이 인간의 불가피하고도 당연의 도리라고 주장했다.[34)]

유교에서 따름과 좇음의 원리를 요약한 것이 곧 삼강三綱이다. 즉,

> 임금은 신하의 벼리[綱]이므로 신하는 임금을 따라야 하며[君爲臣綱]
> 아버지는 아들의 벼리이므로 아들은 아버지를 따라야 하며[父爲子綱]
> 남편은 아내의 벼리이므로 아내는 남편을 따라야 한다.[夫爲婦綱]

맹자는 이 문제를 더 분화하여 인간이 지켜야 할 다섯 가지의 윤리[五倫]를 제시했다. 그의 주장에 따르면, 인간의 삶의 다섯 가지 윤리로서는,

> 부모와 자식 사이에는 사랑이 있어야 하고[父子有親]
> 임금과 신하 사이에는 의리가 있어야 하고[君臣有義]
> 부부 사이에는 분별해야 할 일이 있어야 하고[夫婦有別]
> 늙은이와 젊은이 사이에는 차례가 있어야 하고[長幼有序]
> 친구 사이에는 믿음이 있어야 한다.[朋友有信][35)]

유교가 설정한 삶의 준칙에서 질서라 함은 인간 관계의 설정이었다. 그들은 계서階序가 사회를 안정시키는 기제機制라고 생각했다.

[3] 질서는 결국 따르고 좇음을 뜻하는 것이라면, 이 논의에서 조금 더 나아가 계서階序에는 어떤 것이 있는가?

첫째로는 부모의 뜻을 좇아야 한다. 이것은 곧 효도를 의미한다. 이 대목을 가장 절실하게 표현한 사람은 공자이다. 그 한 사례로 다음과 같은 일화가 있다.

> 어느 사람이 공자에게 묻기를,
> "선생께서는 어찌하여 정치에 참여하지 않으십니까?"

---

34) 金萬圭, 『朝鮮朝의 政治思想硏究』(인천 : 인하대학교출판부, 1982), p. 5; 김만규, 「조선조 전기의 사화·반정과 정치사상의 수정」, 한국정치외교학사학회(편), 『朝鮮朝 정치사상 연구』(서울 : 평민사, 1987), p. 35.

35) 『孟子』 滕文公章句(上).

이에 공자께서 이렇게 대답하셨다.

“『서경』에 이르기를, ‘오직 효도하라, 그리고 형제에게 우애로움이 곧 정치에 참여함이요, 정치를 함과 같으니라.’ 했거늘 어찌 정치하는 것만이 정치라 하겠소?”[36]

그의 말대로라면, 정치는 독립된 가치가 아니라 효도의 분화 현상이거나 그 외연일 뿐이다. 곧 정치는 지식인의 여가적 가치이며, 베버Max Weber가 말한 이른바 “직업으로서 정치”*Politik als Beruf*[37]의 존재를 인정하지 않음으로써 결과적으로 정치인들이 “서툰 정치”를 하게 하는 유산을 남겨 주었다.

이와 같은 유교적 정치 인식은 무위자연無爲自然을 주장하는 노장老莊사상과 상승相乘 효과를 일으켜 사람들이 더욱더 정치적 가치를 축소하게 만들었다. 유교에서 군주에 대한 신하의 본분이 효도의 의미를 벗어나고 대의명분이 가족적인 도덕보다 더 중요시하는 풍조가 일어난 것은 요遼·금金과의 각축을 겪으며 국가적 연대 의식을 느끼기 시작한 송대宋代 이후의 현상이었다.[38]

백성이 따르고 좇아야 할 두 번째의 대상은 군왕이다. 왕의 중요한 임무는 “백성을 질서 있게 하는 일”[39]이다. 이러한 생각은 탕왕湯王의 어진 신하였던 중훼仲虺가 걸왕桀王의 방벌放伐을 권고하며 아뢴 다음과 같은 진언에 잘 나타나 있다.

아! 하늘이 내신 백성에게 욕심이 있으니, 군주가 없으면 마침내 혼란하므로 하늘이 총명한 사람을 내심은 다툼[爭亂]을 다스리려고 하신 것입니다. 하왕夏王이 덕德에 어두워 백성이 도탄에 빠지거늘 하늘이 마침내 왕에게 용맹과 지혜를 내려주시어 만방萬邦을 표정表正하여 우왕禹王이 옛날 행하셨던 것을 잇게 하시니, 이는 그 떳떳함을 따라 천명을 받드셔야 할 것입니다.[40]

---

36) 『論語』 爲政篇 : “或謂孔子曰 子奚不爲政 子曰 書云 孝乎惟孝 友于兄弟 施於爲政 是亦爲政 奚其爲政”

37) M. 베버(지음)·이상률(옮김), 『직업으로서의 정치』(서울 : 문예출판사, 2005), *passim*.

38) 천용준, 「陽明學의 形成 背景과 哲學精神」, 『국학논총』(7)(경북 : 경산대학교 국학연구원, 2002), p. 179.

39) 『春秋』 莊公 23년 : “禮所以整民”

40) 『書經』 商書 仲虺之誥 : “嗚呼 惟天生民有欲 無主乃亂 惟天生聰明時乂 有夏昏德 民墜塗炭 天乃錫王勇智 表正萬邦 纘禹舊服 玆率厥典 奉若天命”

맹자는 인간이 본디 선량하다고 생각했지만, 루소Jean J. Rousseau가 말한 것처럼 자연 상태에서 인간이 평화스러웠다고 믿지는 않았다. 그것은 인간의 천성이 선량함에도 불구하고 인간이 가지고 있는 습속이 타락했기 때문이었다. 실제로 춘추시대 240년 동안에는 36차례의 시군弑君이 있었는가 하면 시부弑父는 비일비재했다.[41] 이러한 혼란을 겪으며 권력을 가진 무리는 그 사회의 균형을 잡아주어야 한다고 맹자는 생각했다.

따라서 유학이 생각한 다스리는 힘[權衡]이라는 말은 저울의 추를 뜻하는 것이다.[42] 이는 서양에서 다스리는 지배자ruler와 자尺, ruler가 어원이 같다는 점을 연상시킨다. 백성은 군주가 이와 같이 저울과 자의 구실을 할 수 있다는 점을 인정해야 하며, 이를 부정하는 것은 도적과 같은 짓이다.[43]

군주와 백성의 다름을 가장 절실하게 느끼며 이를 체계화한 인물은 주자였다. 그가 살았던 남송의 현실, 곧 국력과 왕실이 극도로 약화되고 차별 질서가 교란된 남송으로서는 국토의 상실과 금金나라에 대한 칭신稱臣과 조공朝貢 그리고 민생의 피폐를 해결하고자 "군신부자"의 의리를 강조하는 것이 가장 효과적이었다.[44]

그래서 공자와 맹자의 사상보다는 주자의 사상에서 중앙집권적 군주권의 존재 근거에 대한 논의가 더 뚜렷이 나타나고 있다.[45] 주자학의 이러한 요인들은 그것이 체제 교학으로 자리 잡게 된 중요한 동기가 되었으며,[46] 이런 점에서 군주정과 주자학은 서로 친화력이 있었다.[47]

백성이 좇아야 할 세 번째 덕목은 아내가 남편을 따르는 것이다. 이러한 입장

---

41) 전락희, 『동양정치사상연구』(서울 : 단국대학교출판부, 1992), p. 21.

42) 『近思錄』(3) 致知篇(64) : "權之爲言 秤錘之義也 何物爲權 義也時也"

43) 『孟子』 離婁章句(上) : "吾君不能 謂之賊"

44) 김만규, 『朝鮮朝의 政治思想硏究』(서울 : 현문사, 1999), p. 57; 류근호, 「조선조 중화사상의 성격과 의미」, 『제3회 국제학술회의 논문집』(성남 : 한국정신문화연구원, 1984), p. 1052; 류근호, 『조선조 대외사상의 흐름』(서울 : 성신여자대학교 출판부, 2004), pp. 44~45; 백도근, 「李晦齋 사상의 한국 철학사에서의 위치」, 『신라학연구』(6)(경주 : 위덕대학교 신라학연구소, 2002), p. 38.

45) 김만규, 『한국의 정치사상』, p. 370; 김정호, 「君主權의 存在根據論을 통해 본 근세 한·일 개혁 사상의 특성 비교」, 『한국정치외교사논총』(24/3)(한국정치외교사학회, 2003), p. 4.

46) 천용준, 「陽明學의 형성 배경과 철학 정신」, p. 179; 鄭在薰, 「朝鮮前期 유교정치사상 연구」(서울대학교 박사학위논문, 2001), p. 6.

47) 안외순, 「민주주의의 유가적 이행방식 : 개화사상을 중심으로」, 한국정치외교사학회 추계학술회의 발표 논문(인천 : 인천대학교, 2000), pp. 81~82.

은 많은 논쟁을 불러일으켰으며, 여권주의자들의 중요 표적이 되어 분노를 자아냈다. 이른바 삼종지의三從之義로 알려진 이 논리에 따르면,

> 부인은 세 남자를 좇아야 한다.
> (1) 어릴 때는 부형을 좇고,
> (2) 시집가면 남편을 좇고,
> (3) 남편이 죽으면 자식을 좇는다. 남편은 장부이다.[48]

남녀는 음양이어서 "높고 낮음의 질서가 있고, 부부는 부르면 여기에 따르는 도리가 있으니 이는 당연한 이치"[49]라고 유학은 가르치며 심지어는 남편이 죽어도 여자는 개가하지 않을 것을 요구한다.[50]

여자에 대한 금기도 많았고, 가혹했다. 이를테면, 며느리로 삼지 않는 다섯 가지 경우[女有五不娶]가 있었는데,

> (1) 반역한 집안의 자식[逆家子]을 아내로 삼지 않으며,
> (2) 음란한 집안의 자식[亂家子]을 아내로 삼지 않으며,
> (3) 선대에 형벌을 받은 사람[世有刑人]의 자식을 아내로 삼지 않으며,
> (4) 선대에 나쁜 질병[世有惡疾]이 있는 자식을 아내로 삼지 않으며,
> (5) 아버지를 잃은 맏딸[喪父長子]을 아내로 삼지 않는다.[51]

또한 아내를 좇아내는 일곱 가지 허물[七去之惡]이 있는데,

> (1) 부모에게 순종하지 않을 때[不順父母去]
> (2) 아들을 낳지 못할 때[無子去]
> (3) 음란할 때[淫去]
> (4) 질투할 때[妬去]
> (5) 나쁜 병이 있을 때[有惡疾去]

---

48) 『禮記』(11) 郊特牲 : "婦人 從人者也 幼從父兄 嫁從夫 夫死從子 夫也者 夫也"
49) 『近思錄』(12) 警戒篇(12) : "男女有尊卑之序 夫婦有倡隨之理 此常理也"
50) 『禮記』(11) 郊特牲 : "夫婦禮 萬世之始也. …… 壹與之齊 終身不改 故夫死不嫁"; 『小學』 內篇 明倫(2) 明夫婦之別(62) : "夫死不嫁"
51) 『小學』 內篇 明倫(2) 明夫婦之別(67)

(6) 수다스러울 때[多言去]

(7) 도적질할 때[竊盜去][52]

등이었다. 과부의 자식은 특별히 볼 것이 없으면 함께 벗으로 삼지 않았다.[53]

위와 같은 규범을 고려한다면, 흔히 한국 사회에서 남존여비[女尊男卑] 사조의 진원으로 알려진 유교의 여성관이 인도주의적이지 않은 측면을 가지고 있는 것은 사실이다. 그러나 사대부 가정의 경우에 여권의 지존至尊함은 매우 엄격하여 오히려 서방인들의 놀라움을 사는 경우도 적지 않았다.[54] 조선조의 『경국대전』經國大典 제1권 첫머리가 내명부內命婦에 관한 조항이라는 점도 뜻하는 바가 있다.

한국 또는 동양에서 "남존여비"에 관한 논의는 서구우월주의가 과장한 부분이 있다. 서구에서 남성우월주의의 창시자는 아리스토텔레스Aristoteles였다. 그의 주장에 따르면, 남성은 천성적으로 우월하며 또한 여성은 열등하다. 이리하여 하나는 지배하고 다른 하나는 지배당하는 것이며 이 원칙은 필연적으로 모든 인류에게도 적용되는 것이다.[55] 그는 "침묵은 여성의 미덕"이라는 소포클레스Sophocles의 싯귀를 인용하면서[56] 여성의 사회적 참여를 비난했다. 그 뒤 여자를 비하하는 풍조는 서구 사상, 특히 기독교의 경우에 더욱 심각했다.

남녀 차별이 기독교에 더 깊은 뿌리를 두고 있다는 논리의 근거는, 여자는 남자의 갈비뼈로 만들었다는 구절(『구약성경』「창세기」 2 : 21), 여자는 인구의 계산에 들지 않았다는 점, 예컨대 "홍해를 건넌 무리가 20세 이상의 "남자"만 60만 3,550명이었다."는 기록(『구약성경』「출애굽기」 38 : 26), "선행하는 여인보다 남자의 악행이 더 낫다."는 구절(『구약성경 외경』 42 : 14), "두 마리의 물고기와 다섯 덩어리의 떡을 먹은 사람이 "남자"만 5천 명이었다."는 기록(『신약성경』「요한복음」 6 : 10)이 있다.

---

52) 『小學』 內篇 明倫(2) 明夫婦之別(67)

53) 『禮記』(1) 曲禮(上) : "寡婦之子 非有見焉 弗與爲友"; 『소학』 內篇 明倫2 明夫婦之別(68); 『禮記』(30) 坊記

54) George W. Gilmore, *Korea from its Capital*(Philadelphia : Presbyterian Board of Publication and Sabbath School Work, 1892), pp. 156~157; 신복룡(역주), 『서울풍물지』(서울 : 집문당, 1999), pp. 118~120; 신복룡, 『이방인이 본 조선의 풍경』(서울 : 집문당, 2022), pp. 107~115.

55) Aristotle, *The Politics*(Harmondsworth : Penguin Books Ltd., 1972), p. 33 : Book 1, Chapter 5; pp. 49~50 : Book 1, Chapter 2.

56) Aristotle, *The Politics*, p. 52 : Book 1, Chapter 23.

그뿐만 안라, 결혼에서 부부의 도리를 설명하며 아내의 도리는 여섯 가지(순종·경건·순결·검소·온유·선행)를 요구하며 남편의 도리는 두 가지(존중·이해)를 요구했다는 점(『신약성경』「베드로서」(1) 3 : 1~7), 남편이 살아 있는 동안 아내는 남편에게 매어 있어야 한다는 구절(『신약성경』「코린토서」(1) 7 : 39), 남편에게 순종할 것을 요구하는 계명(『신약성경』「에페소서」 5 : 12, 24;「콜로사이서」 3 : 18;「티토서」 2 : 5;「베드로 서」(1) 33 : 1, 5) 그리고 남편을 아내의 머리로 여긴 점(『신약성경』「에페소서」 5 : 23) 등이 이에 속한다. 영국 세인트 폴 성당의 성가대는 1127년에 창단되었으나 2024년에야 여성을 단원으로 받아들였다.[57]

백성이 따르고 좇아야 할 네 번째 대상은 나이 먹은 사람[長者]이다. 유교의 가르침에 따르면, 예의 역할은 "상하의 순서를 정하는 것"[58]이다. 그들은 장유長幼의 질서는 폐지할 수 없는 가치라고 생각했다.[59] 동서양을 막론하고 나이 듦을 미덕으로 여겼지만, 특히 유교 문화권에서 어른은 우대를 받았으며, 어른을 공경하지 않는 것은 가장 무례한 행위로 멸시를 받았다. 어른을 섬기지 않음이 얼마나 불경한 것인가의 문제는 순자荀子의 다음과 같은 가르침에 잘 나타나 있다.

> 사람은 세 가지 상서롭지 못함이 있으니, 어리며 어른을 섬기기를 즐기지 않으며, 비천하며 존귀한 이를 섬기기를 즐기지 않으며, 불초하며 어진 이를 섬기기를 좋아하지 않음이다.[60]

노인을 공경하는 이러한 현상은 정치에도 나타나 원로정치gerontocracy[61]를 형성하게 되었다. 원로정치의 가장 큰 미덕은 전통의 전승과 함께 나이 먹은 사람의 지혜를 이용할 수 있었다는 점이었다. 그것이 그 사회를 보수로 이끄는 점이 있었겠지만, 사회를 지탱하는 한 요인이었음도 또한 사실이다.

---

57) 『조선일보』 2024년 12월 25일자.

58) 『春秋』 僖公 12년 : "序上下"

59) 『論語』 微子 : "子路曰 長幼之節 不可廢也"

60) 『小學』 內篇 明倫(2) 通論(107) : "荀子曰 人有三不祥 幼而不肯事長 賤而不肯事貴 不肖而不肯事賢 是人之三不祥也"

61) H. D. Lasswell & Abraham Kaplan, *Power and Society : A Framework for Political Inquiry*(London : Routledge & Kegan Paul Ltd., 1952), p. 210.

[4] 이름을 바르게 하는 데 필요한 중요 요소는 앎(지식)이었다. 『논어』의 첫 장이 "배움"이라는 것은 의미있는 일이다. 현대적 의미로서 주지주의主知主義, intellectualism라고 할 유교의 호학好學하는 분위기는 "손에서 책을 놓지 않는"[手不釋卷][62] 자세를 최고의 미덕으로 칭송했다. 앎은 살아가는 이치의 출발이었다. 그래서 『대학』은 이렇게 가르치고 있다.

> 사물의 이치가 구명된 뒤에야 지혜가 생겨난다. 지혜가 생겨난 뒤에야 생각이 성실해진다. 생각이 성실해진 뒤에야 마음이 바로잡힌다. 마음이 바로잡힌 뒤에야 자신의 덕이 닦아진다. 자신의 덕이 닦아진 뒤에야 집이 정돈된다. 집이 정돈된 뒤에야 나라가 다스려진다. 나라가 다스려진 뒤에야 천하가 화평하여진다.[63]

공자는 분명히 지식인을 편애했다. 그의 그러한 태도는, "가장 높이 슬기로운 사람과 가장 낮은 어리석은 사람의 자리를 바꿔줄 수 없다."[64]고 말한 데에서도 잘 드러난다. 그는 무지한 무리에 대한 희망을 버리며 지식인에게 희망을 걸었다. 그는 정치란 배운 자들의 몫이라고 생각했다. 그래서 그는 "벼슬하며 여력이 있으면 배워야 하고, 배우고 나서 남음이 있으면 벼슬하라."[65]고 권면한다.

공자의 주지주의는 맹자에게 그대로 나타나고 있다. 맹자에 따르면, "정情으로 말하면 선善하다고 할 수 있으니, 이것이 내가 말하는 선량하다는 것이다. 착하지 않음不善을 말하면 타고난 재질才質의 죄가 아니다. …… 시비지심是非之心은 지혜智이다."[66] 맹자가 말하고자 하는 바는, 인간의 선악은 천품이거나 선천적이 아니며 가르침으로써 얼마든지 시비를 가리는 지혜를 갖출 수 있다고 한다.

> "인간에게는 도리가 있는데, 배불리 먹고 따뜻이 옷을 입어 편안히 거처하기만

---

62) 吳兢(撰), 『貞觀政要』(臺灣 : 中華書局, 1978) : 제10장 愼終; 『世宗實錄』 32년 2월 22일(정유) : "王每日四鼓而起 …… 手不釋卷"; 『經筵日記』 宣祖 즉위년 10월 : "李彦迪 …… 手不釋卷"

63) 『大學』 經1章 大學之道 : "物格而后知至 知至而后意誠 意誠而后心正 心正而后身脩 身脩而后家齊 家齊而后國治 國治而后天下平"

64) 『論語』 陽貨 : "子曰 唯上知與下愚不移"

65) 『論語』 子張 : "子夏曰 仕而優則學 學而優則仕"

66) 『孟子』 告子章句(上) : "孟子曰 乃若其情則可以爲善矣 乃所謂善也 若夫爲不善 非才之罪也 …… 是非之心 智也"

하고 가르침이 없으면 짐승과 가까워진다. 이 때문에 성인이 이를 근심하시어, 설契을 사도司徒로 삼아 인륜을 가르치게 했다."[67] 공자께서 『춘추』를 지으신 것도 "세상이 쇠하고 도道가 미약해져 부정한 학설과 포학한 행동이 일어나 신하로 군주를 시해하는 무리가 있으며, 자식으로 아버지를 시해하는 무리가 있어" 이를 가르치기 위함이었다.[68]

주자 때에 이르면 옛 성현들의 가르침을 배워 본받으려는 숭모의 정이 더욱 깊어진다. 그는 선현의 말씀에 주註를 달고, 그의 말씀을 간추려 『소학』小學과 『근사록』近思錄을 지어 후생을 가르침으로써 이단을 물리치고 인간의 도리를 깨우치려 했다. 그의 궁극적 관심은 이치의 탐구[窮理]였다.

주자는 주관적으로 마음을 닦는 일과 함께, 객관적으로 이법理法을 탐구할 때 인간이 완성될 수 있다고 생각했다.[69] "아는 것이 먼저이고 행동은 그 다음"이라는 이른바 선지후행론先知後行論은 주지주의자들이 한결같이 주장하고 있는 표제어이다.

그런데 똑같은 주지주의이면서도 중국 또는 유교적 주지주의는 서구의 그것과 동기에서 다소 다른 모습을 보여주고 있다. 곧 서구의 주지주의는 지식 그 자체에 대한 탐구인 것과 달리, 유교의 주지주의는 주석학註釋學 또는 해석학解釋學의 의미가 짙다.

그래서 유교에는 훈고학訓詁學이라는 독특한 학문 체계가 형성되어 있다. 이는 아마도 한자의 어려움과 해석의 다양성 때문이었을 것으로 보이며, 양명학陽明學의 발생사적 기원이 그러한 사례에 속한다. 물론 서양에도 주석학annotation이 있지만, 이는 엄격한 의미에서 중국의 훈고학과는 그 출발점과 지향하는 바가 다르다.

---

67) 『孟子』 滕文公章句(上) : "人之有道也 飽食煖衣 逸居而無教 則近於禽獸 聖人有憂之 使契爲司徒 教以人倫"

68) 『孟子』 滕文公章句(下) : "世衰道微 邪說暴行有(又)作 臣弑其君者有之 子弑其父者有之 孔子懼 作春秋"

69) 이상익, 「유교와 자유주의 규범론의 지양 방향」, 『정치사상연구』(7)(한국정치사상학회, 2002), pp. 50~51.

3. 위민爲民의 논리

군주제도의 정치사상사적 가치를 평가하며 예치禮治 다음으로 고려해야 할 사항은 군왕이 백성을 어떻게 생각했는가의 문제이다. 이 부분이 중요한 까닭은, 백성에 대한 군주 또는 지배 계급의 의지는, 민중주의의 논쟁과는 별도로, 민주주의적 요소를 평가하는 척도로 평가받기 때문이다. 역사상 민의는 늘 민주주의의 중심 개념에 놓여 있었다.

유교는 애민愛民을 많이 강조하고 있다. 이를테면 한 나라에서는 "백성이 가장 존귀하고, 사직社稷은 그 다음이며, 군왕은 가장 가벼운 것이다."[70]라든지, "제후諸侯의 보배가 세 가지이니, 토지와 인민과 정사政事이다."[71]라는 대목이 그에 해당한다. "백성은 나라의 근본이니, 근본이 견고해야 나라가 튼튼하다."[72]는 말은 여러 곳에서 회자膾炙된 그들의 진심이었을 것이다.

"임금은 백성으로서 있고 또한 백성으로서 멸망한다."[73]고 그들은 생각했다. 걸桀·주紂가 천하를 잃은 것은 백성을 잃었기 때문이니, 백성을 잃었다는 것은 그 마음을 잃은 것이다. 천하를 얻음에 길이 있으니, 백성을 얻으면 천하를 얻을 것이며, 백성을 얻음에 길이 있으니, 그 마음을 얻으면 백성을 얻을 것이다.[74] 곧, "백성을 잃으면 나라를 잃게 된다."[75]고 그들은 강조한다.

왜 백성이 중요한가에 대하여 공자는 다음과 같은 논리를 제시하고 있다.

> 사랑할 만한 것은 군주가 아니며 두려워할 만한 것은 백성이 아니겠는가? 임금이 아니면 백성은 누구를 떠받들며 임금은 백성이 아니면 더불어 나라를 지킬 수 없을 것이니, 공경하여 네가 소유한 지위를 삼가서 백성이 바랄 만한 것을 공경히 닦아라.[76]

---

70) 『孟子』 盡心章句(下) : "民爲貴 社稷次之 君爲輕"
71) 『孟子』 盡心章句(下) : "孟子曰 諸侯之寶三 土地人民政事"
72) 『書經』 夏書 五子之歌 : "民惟邦本 本固邦寧"
73) 『禮記』(33) 緇衣 : "君以民在 亦以民亡"
74) 『孟子』 離婁章句(上) : "桀紂之失天下也 失其民也 失其民者 失其心也 得天下有道 得其民 斯得天下矣"
75) 『大學』 傳10章 釋治國平天下 : "失衆則失國"
76) 『書經』 虞書 大禹謨 : "可愛非君 可畏非民 衆非元后 何戴 后非衆 罔與守邦 欽哉 愼乃有位 敬脩其可願"

막오莫敖가 말하기를,

"아직 초楚나라의 군세가 나약하므로 군세를 증가하고자 초나라 임금께 요청해 봄이 어떻겠는가?"

라고 했다. 이에 투렴鬪廉이 이렇게 대답했다.

"군대의 승리는 백성의 마음을 화합하는 데 있는 것이지 군대의 많고 적음에 달린 것이 아닙니다. 대군을 거느린 은殷나라 주紂왕이 주나라 왕의 작은 군대에게 패배한 것을 당신도 알고 계실 것입니다."[77]

백성에 대한 애정이 가장 지극했던 인물은 맹자였다. "백성과 더불어 동락하는 것이 곧 왕이다."[78]라는 맹자의 말은 역사상 어떤 이념보다도 민주적이었다. 군주가 백성을 사랑하는 길은 그들에게 귀를 기울이는 것이다. 인재를 쓰거나 물리칠 때나 형벌의 경우에도 백성의 말에 귀를 기울여야 한다고 맹자는 제후에게 권고한다.[79] 왜냐하면 하늘이 백성을 가엾게 여기시어 백성이 하고자 하는 바를 하늘이 반드시 따르기 때문이다.[80]

백성의 뜻을 하늘과 연관시키려는 생각의 밑바탕에 깔린 논리는, 하늘의 뜻과 사람의 뜻이 다르지 않다는 것이다. "3년 동안 책을 읽으며 정원도 내다보지 않았던"[三年不窺園] 동중서董仲舒(B.C. 170~120?)의 학문[81]을 통하여 성립된 천인합일설天人合一說 또는 천인감응설天人感應說이 바로 그것이다. 이 이론에 따르면, "하늘의 듣고 봄이 우리 백성(인간)의 듣고 봄으로부터 비롯하며, 하늘이 선량한 무리를 밝혀 드러내 주고 사악한 무리를 두렵게 함이 우리 백성을 밝혀 주고 두

77) 『春秋』 桓公 11년 : "莫敖曰 盍請濟師於王 對曰 師克在和 不在衆 商·周之不敵 君之所聞也 成軍以出 又何濟焉"

78) 『孟子』 梁惠王章句(下) : "與百姓同樂則王矣"

79) 『孟子』 梁惠王章句(下) : "左右皆曰賢 未可也 諸大夫皆曰賢 未可也 國人皆曰賢然後察之 見賢焉然後用之 左右皆曰不可勿聽 諸大夫皆曰不可勿聽 國人皆曰不可然後察之 見不可焉然後去之 左右近臣其言 固未可信 諸大夫之言 宜可信矣 然猶恐其蔽於私也 至於國人 則其論公矣 然猶必察之者 蓋人有同俗 而爲衆所悅者 亦有特立 而爲俗所憎者 故必自察之 而親見其賢否之實然後 從而用舍之 則於賢者知之深任之重 而不才者不得以幸進矣 所謂進賢如不得已者如此 左右皆曰可殺勿聽 諸大夫皆曰可殺勿聽 國人皆曰可殺然後察之 見可殺焉然後殺之 故曰國人殺之也 此言非獨以此進退人才 至於用刑 亦以此道 蓋所謂天命天討 皆非人君之所得私也 如此然後 可以爲民父母"

80) 『書經』 周書 泰誓(上) : "天矜于民 民之所欲 天必從之"

81) 『史記』 「儒林列傳」; Fung Yu-lan, Derk Bodde(ed.), *A Short History of Chinese Philosophy* (New York : The Free Press, 1966), p. 192.

렵게 함으로부터 비롯한다."[82]

인간의 잘못에는 하늘의 꾸짖음[天譴]이 있을 것이라고 동중서는 생각했다. 맹자는 태서太誓를 빌려, "하늘에서 보는 것이 우리 백성의 봄에서 비롯하며, 하늘에서 듣는 것이 우리 백성의 들음에서 비롯한다."[83]고 말한다. 옛적에 요임금이 순임금에게 선양할 때도 하늘에 천거하니 하늘이 받은 것이고, 백성에게 드러내니 백성이 받아들인 것이다.[84]

여기에서 백성을 바라보는 유가의 시선을 주목하며 주의해야 할 사실은, 백성을 그렇게 바라본다는 것과 백성을 어떻게 다루어야 하는 문제는 별개라는 사실이다. 백성을 다루는 문제에 관하여 제齊나라 선왕宣王이 "덕德이 어떠하면 왕노릇 할 수 있습니까?" 묻자, 맹자께서 "백성을 보호하고 왕 노릇하면 이것을 막을 무리가 없습니다"라고 대답하면서,[85] "백성의 일을 소홀히 해서는 안 된다."[86]고 권고한다.

이는 가혹한 정치를 경계한 공자의 가르침[87]과 맥이 통하고 있다. 그들은 요堯임금이 백성을 다스리던 법으로써 백성을 다스리지 않는다면, 그 백성을 해치는 것이라고 생각했다.[88] 다스리는 무리는 주周의 문왕文王이 "백성 보기를 다친 사람 보듯이 여겨야"[視民如傷] 한다.[89] 그래서 정명도程明道는 현령으로 있었을 때 무릇 앉는 곳마다 모두 "시민여상"視民如傷의 네 글자를 써서 붙이고는 항상 말하기를 "나는 언제나 이 네 글자를 보고 부끄럽게 여긴다." 했다.[90]

그들이 특히 가엽게 생각한 무리는, 맹자의 말을 빌리면, 늙어서 아내가 없는 것을 환鰥(홀아비)이라 하고, 늙어서 남편이 없는 것을 과寡(과부)라 하고, 늙어서 자식이 없는 것을 독獨(무의탁자)이라 하고, 어려서 부모가 없는 것을 고孤(고아)라 하니, 이 네 가지는 천하의 곤궁한 백성으로서 하소연할 곳이 없는 자들로서,

---

82) 『書經』 虞書 皐陶謨 : "天聰明 自我民聰明 天明畏 自我民明威"
83) 『孟子』 萬章章句(上) : "太(泰)誓曰 天視自我民視 天聽自我民聽 此之謂也"
84) 『孟子』 萬章章句(上) : "昔者 堯薦舜於天而天受之 暴之於民而民之"
85) 『孟子』 梁惠王章句(上) : "曰 德何如 則可以王矣 曰 保民而王 莫之能禦也"
86) 『孟子』 滕文公章句(上) : "滕文公問爲國 孟子曰 民事不可緩也"
87) 『禮記』(4) 檀弓(下) : "夫子曰 苛政猛於虎也"
88) 『孟子』 離婁章句(上) : "不以堯之所以治民治民 賊其民者也"
89) 『孟子』 離婁章句(下) : "文王 視民如傷"
90) 『近思錄』(10) 政事篇(56) : "明道先生作縣 凡坐處 皆書視民如傷四字 常曰 顥常愧此四字"

문왕은 정사를 펴고 어짊을 베풀되 반드시 이 네 사람을 먼저 했다.[91)]

백성에 대한 왕의 자세는 결국 연민[仁]에 기초해야 한다는 것이 유가의 가르침이다. 이러한 논리의 밑바닥에 깔린 정서는 왕과 백성의 관계를 마침내 부모 자식의 관계로 바꾸려는 것이었다. 유가는 말하기를, "군자君子는 백성의 부모이기 때문에 백성이 좋아하는 것을 좋아하고, 백성이 싫어하는 것을 싫어하는 것이며, 그런 것을 백성의 부모라고 하는 것"[92)]이다. 그래서 군왕은 백성 보기를 갓난아기를 보는 것같이 해야 하며,[93)] 백성을 부릴 때는 마치 큰 제사를 받들 듯이 공순恭順해야 한다.[94)]

인륜에 바탕을 두고 있는 군·민 관계를 천륜에 바탕을 두고 있는 부모·자식 관계로 풀이했을 때 군주는 다스림을 설득하기가 훨씬 쉬워진다. 위민론은 전통적으로 폭정론에 반대되는 정치·윤리적 의미로 풀이되고 있지만, 성리학자들이 불안정하고 불확실한 정치의 세계를 극복하는 데 유효한 대안으로 생각했던 것은 "배려의 정치"politics of caring[仁政]와 정치적 지지의 획득이었다.[95)] 다른 곳에서는 대동大同이라는 용어로 표현된 이 인정仁政은 원시사회주의와 선택적 친화력selective affinity을 가지고 있었다.

그러나 이 인정을 논의할 때 주의해야 할 두 가지가 있다. 첫째로, 어짊에 대한 유가의 가르침이 엄격하고 냉혹함이 없는 무조건적인 용서나 어짊을 뜻하는 것은 아니었다. 유가는 용서를 강조했다. 제자들이 공자의 가르침의 본질이 무엇인가를 묻자 "선생님의 도는 충忠과 서恕일 뿐이다."[96)]라는 증자曾子의 대답이 이를 보여준다. 그러나 공자가 사구司寇의 벼슬을 할 때의 조치라든가 그의 언행을 볼 때 그는 너그러운 사람도 아니었고, 백성에게 방임을 허락한 것도 아니었다.

예컨대 그의 다음과 같은 말은 매우 시사적이다.

---

91) 『孟子』 梁惠王(下) : "老而無妻曰鰥 老而無夫曰寡 老而無子曰獨 幼而無父曰孤 此四者 天下之窮民而無告者 文王發政施仁 必先斯四者"
92) 『大學』 傳10章 釋治國平天下 : "詩云 樂只君子 民之父母 民之所好好之 民之所惡惡之 此之謂民之父母"
93) 『大學』 傳9章 釋齊家治國 : "康誥曰 如保赤子"
94) 『論語』 顔淵 : "仲弓問仁 子曰 使民如承大祭"
95) 김영수, 『건국의 정치 : 여말선초, 혁명과 문명 전환』(서울 : 이학사, 2006), p. 742.
96) 『論語』 里仁 : "曾子曰 夫子之道 忠恕而已矣"

> 정치가 관대하면 백성이 태만해진다. 백성이 태만하면 사납게 이를 다스려야 한다. 백성을 사납게 다루었다가 백성이 잔학해질 무렵에 이들을 관대하게 다스려야 한다. 관대함으로 사나움을 다스리고 사나움으로 관대함을 구제해야 한다. 정치는 이렇게 조화해 나가는 것이다.[97]

백성에 대한 유가의 사상을 읽으며 두 번째로 유념해야 할 사실은 그가 백성의 먹을거리[養民]에 많은 관심을 기울이고 있다는 사실이다. 유가에서도 백성의 문제를 가장 많이 고민했던 맹자의 사상은 백성의 먹을거리를 매우 중요하게 여기고 있다.

맹자가 생각하기에 떳떳한 재산이 있는 무리는 떳떳한 마음을 갖고, 떳떳한 재산이 없는 무리는 떳떳한 마음이 없는 것이니, 만일 떳떳한 마음이 없으면 제멋대로 함[放辟]과 사치邪侈하지 않음이 없었다.[98]

그래서 그는 제齊나라 선왕宣王에게 이렇게 권고한다.

> 늙은 무리가 비단옷을 입고 고기를 먹으며, 어린 백성이 굶주리지 않고 춥지 않게 하고, 이렇게 하고서도 왕 노릇 하지 못하는 무리는 없습니다. …… 지금에는 백성의 생업을 제정해 주되 위로는 부모를 넉넉히 섬기지 못하며, 아래로는 처자를 넉넉히 기를 수 없어 풍년에도 1년 내내 고생하고, 흉년에는 죽음을 면치 못합니다. 이것은 오직 죽음을 구제하기에도 부족할까 두려우니, 어느 겨를에 예의를 다스리겠습니까? 섬贍은 넉넉함입니다. 이것은 이른바 떳떳한 생업이 없어서 떳떳한 마음이 없다는 것입니다. 왕이 이것을 실행하고자 하신다면 어찌 그 근본을 돌이키지 않습니까?[99]

선진 유학 시대의 양민은 관자管子만의 걱정거리가 아니었다. 그들은 생산성이 낮은 고대 사회에서 삶의 질이 결국 먹을거리의 문제임을 잘 알고 있었다. 이러한 항산恒産의 문제는 뒷날 이 사회에서 자본주의가 성숙하는 데 이념적 토

---

97) 『春秋』 昭公(5) 20년 12월 : "仲尼日 善哉 政寬則民慢 慢則糾之以猛 猛則民殘 殘則施之以寬 寬以濟猛 猛以濟寬 政是以和"

98) 『孟子』 滕文公章句(上) : "民之爲道也 有恒産者有恒心 無恒産者無恒心 苟無恒心 放邪侈無不爲已"

99) 『孟子』 梁惠王章句(上) : "老者衣帛食肉 黎民不飢不寒 然而不王者未之有也 …… 今也 制民之産 仰不足以事父母 俯不足以畜妻子 樂歲終身苦 凶年不免於死亡 此惟救死而恐不贍 奚暇治禮義哉 贍足也 此所謂無常産而無常心者也 王欲行之 則反其本矣"

양이 되었음직하다. 그러나 현실은 그렇지 못했다.

유교 사회가 항산과 같은 자본주의의 요소를 담고 있으면서도 자본주의가 늦게 싹텄다고 하는 것은 이 사회를 읽어 내려는 사람들에게 하나의 화두가 되고 있다.[100)]

유교자본주의론자들의 주장에 따르면, 유교 문화권의 높은 교육열과 엄격한 노동 윤리가 경제 발전의 견인차 구실을 하였을 뿐만 아니라 유교적 지배 이념에 바탕을 둔 강력한 정부의 역할은 높은 경제 발전을 달성하는 힘이 되었다는 것이다.[101)] 유교의 가족중심주의는 가문을 위한 자기 희생의 노동을 유발하는 인자가 되었고 이러한 힘이 결국 자본 축적과 자본주의 발전의 밑돌이 된 부분이 있었음을 부인할 수 없다. 이것을 가리켜 유교자본주의의 모티브라고 부를 수 있다.

그러나 가족주의가 남긴 자본주의의 또 다른 그늘, 이를테면, 중국에서 가족농의 번창, 일본에서 가족 경영의 집착, 그리고 한국에서 재벌財閥의 형성에서 보이는 유산 상속의 집착 등 가족중심주의가 빚은 폐해로 말미암아 소유의 사회적 공유에 대한 인식을 저해한 점을 고려한다면, 동아시아 유교 문화권에서 자본에 대한 유교적 인식은 건전한 자본주의의 형성에 대한 장애가 되었음을 보여준다.

백성에 대한 유교의 인식이 매우 호의적이고도 긍정적이었음에도, 백성에 대한 그들의 인식을 높이 평가하기는 어렵다. 그들은 군주가 모름지기 백성을 사랑해야 한다고 말하고 있으나 기본적으로 왕권신수설의 범주를 벗어나지 못하고 있다. 유학은 지배하는 무리의 덕목이었다.

따라서 유학은 충군·근왕忠君勤王 사상을 밑에 깔고 있으며, "백성은 우매하기 때문에 위에서 무슨 일이든 하라고 시킬 따름이지 그 시키게 된 까닭을 알아듣도록 설명할 수는 없다."[102)]는 공자 말씀에서 알 수 있듯이 유학은 우민관愚民觀을 바탕으로 하고 있다.

유자들은 "백성의 마음은 정사政事에 따라 좌우될 수 있다."[103)]고 생각했다.

---

100) 이에 대한 논의는, 이 책의 제44장 「결어 : 한국민주주의 유산과 그 미래」를 참조.

101) 박호성, 「동아시아가치 논쟁과 한국 민주주의의 과제」, 『정치사상연구』(4)(한국정치사상학회 : 2001), pp. 78~79.

102) 『論語』 泰伯篇 : "民可使由之 不可使知之"

그들이 보기에, "군자君子(위정자)의 덕德은 비유하면 바람이요, 소인小人(백성)의 덕은 풀이니, 풀 위에 바람이 불면 풀은 반드시 바람 부는 대로 쏠린다."[104]

"백성이 존귀하다."는 그들의 주장에도, 성인聖이 임금이 되어[南面] 천하를 다스리는 데에 필요한 다섯 가지 덕목이 있는데, 이를테면 친족을 다스리고, 공로에 보답하고, 어진 이를 등용하고, 유능한 무리를 부리고, 사랑하는 것을 살피는 다섯 가지를 천하에서 얻는다면 백성이 부족함이 없을 것이며 넉넉하지 않는 것이 없다고 그들은 생각했다. 그러나 "치자의 덕목 가운데 백성은 들어 있지 않았다"[105]

우민관의 종착점은 교학敎學정치이다. 이는 앞서 지적한 유교의 주지주의의 연장 현상이다. 유학자들은 백성이 가르침의 대상이라고 생각한다. 맹자는 "선정善政이 선교善敎로써 민심을 얻는 것만 못하다."[106]고 단언한다. 따라서 "배워서 성인이 될 수 있습니까?"라는 질문에 주돈이周敦頤, 濂溪는 단호히게 "그렇다."고 대답한다.[107] 사악함을 없애고 선량함을 온전하게 하려면 반드시 학문을 해야 한다는 것이 그들의 입장이다.[108]

비록 지극한 도리가 있다 하더라도 배우지 않으면, 사람은 그 착한 것을 알지 못한다. 이런 까닭으로 배운 연후에야 부족함을 알고 가르친 연후에야 고단함[困]을 안다. "가르침이 배움의 절반이다."[109] 가르치지 않아도 선량함이 성인聖人이고, 가르친 뒤에 선량함은 현인賢人이고, 가르쳐도 또한 선량하지 못함은 어리석은 사람[愚]이다.[110]

권력자를 군사君師로 표현하는 유교에서는 권력의 궁극적 구실이란 백성을 바른 삶 또는 윤리적 삶으로 이끄는 "지도"lead라고 생각했다. 그래서 유교적 이상에 입각하면 권력자는 지도자이다. 그러나 자유민주주의의 관점에서 보면 통치

---

103) 『書經』 周書 蔡仲之命 : "民心無常"

104) 『孟子』 騰文公章句(上) : "君子之德風也 小人之德草也 草尙之風必偃"

105) 『禮記』(16) 大傳 : "聖人南面而聽天下 所且先者五 民不與焉 一日治親 二日報功 三日擧賢 四日使能 五日在愛 五者一得於天下 民無不足無不聽者"

106) 『孟子』 盡心章句(上) : "善政不如善敎之得民也"

107) 『近思錄』(4) 存養篇(1); 『近思錄』(2) 爲學篇(3) : "或問聖可學乎 濂溪先生日可"

108) 『近思錄』(2) 爲學篇(82) : "領惡而全好者 其必由於學乎"

109) 『禮記』(18) 學記 : "雖有至道 弗學不知其善也, 是故學然後知不足 …… 斆學半"

110) 『小學』 外篇 嘉言(5) 廣立敎(11) : "不敎而善 非聖而何 敎而後善 非賢而何 敎亦不善 非愚而何"

자의 구실은 지도가 아니라 국민의 요구 또는 국민으로부터 "위임받은 사항을 집행하는 것"이라고 본다.111)

공자가 백성의 정치에 관하여 진실로 하고 싶었던 말은 아마도 "천하에 도가 있으면 서민들은 정치에 관하여 의론할 일도 없다."112)는 말일 것이다. 유학의 정치에서 백성은 주인이 아니었다. 이런 점에서 보면 유학의 교학 사상을 민본이라든가 민주주의로 유추하는 데에는 일정한 한계가 있다.

4. 변혁의 논리와 폭군방벌론

인간은 지금의 정치에 얼마나 만족하며 살고 있는가? 아니면, 말을 바꾸어 인간은 지금의 정치가 얼마나 바뀌어야 한다고 생각하는가? 현실에 만족스러워하며 기본적으로 정태적이요 보수적인 삶을 살아가는 인물들은, 현실에 불만족스러워 하며 그 시대를 살아가는 진보주의자들의 개혁 의사를 용납하지 않을 것이며, 현실에 불만을 품은 사람들은 세상의 변화를 기대할 것이다. 같은 시대를 살아가는 사람들이라고 해서 모두가 한결같이 생각하는 것은 아니다.

그 가운데는 그 시대의 역사 흐름을 보며 이 방향은 옳지 않다고 생각하는 사람이 분명히 있게 마련인데 이러한 부류들이 설 땅이 많은 것은 아니었다. 한 시대를 살며 "나는 그렇게 생각하지 않는다."고 말하는 것은 오히려 용기 있는 일이며, 지탄받아야 할 이유도 없고 실정법상 범죄를 구성하는 것도 아니다. 적어도 정치의 영역에서는 반대해야 할 사실들을 반대하지 않음으로써 잘못되는 경우가 더 많았기 때문이다.

이이李珥나 조광조趙光祖와 같은 지식인들의 개혁 의지가 좌절되고, 실학자들이 당대에는 아무런 빛을 보지 못한 채 죽은 뒤에야 역사의 인물로 기록되고 있다는 사실에서, 우리는 조선왕조의 통치 아래에서 진보적 개혁 의지를 표현한다는 것이 얼마나 어려운 일이었던가를 알 수 있다.

정치가들은 정치에서 벌어지고 있는 또는 벌어져야 하는 수많은 변혁이 좌절

111) 이상익, 「儒敎와 自由民主主義」, 『정치사상연구』(3)(한국정치사상학회, 2000), p. 37.
112) 『論語』 季氏 : "天下有道 則庶人不議"

될 때마다 그 논거를 어디에서 찾을 수 있을까를 고민하다가 드디어 그 해답을 찾았다. 흔히 거론되고 있는 유교 문화적 유산으로서 빼놓을 수 없는 변혁 논리의 근거는 『주역』周易이었다.

공자는 이 책에서 순환의 논리를 모색하고자 죽간竹簡을 꿰고 있는 가죽 끈[韋]이 세 번 끊어지도록[韋編三絶] 『주역』을 읽었다.[113] 역易의 논리는 궁극적으로는 우주의 순환 이론이지만 이것은 자연과 인간을 하나로 생각하는 중국적 사고방식에 힘입어 인간의 사회 생활에도 중요한 규범으로 인식되었다.

『주역』은 현실 사회에 대한 강한 우환憂患 의식에서 태어났다. 곧 "끊임없이 밀려오는 자연적·인위적 도전에 인간은 어떻게 대응할 것인가?"라는 문제에 초점을 맞추어 만들어진 것이 곧 『주역』의 응답이었다.[114] 인간에 대한 자연의 도전은 불가항력이었고 예측하기 어려웠다. 그러한 걱정의 발생과 대응에 대하여 인간은 어떤 대답을 얻었는가? 이 점은 다음과 같은 네 가지로 구분하여 설명할 수 있을 것이다.

첫째로 『주역』은 우주의 지속적인 변화change를 전제로 한다.[115] 따라서 『주역』은 우주 질서의 정체라든가 절대성 또는 숙명성을 부정한다. 이러한 변화 의지는 중국 철학의 오랜 전통이었다. 그들은 순환을 믿는다. 이는 집착을 거부하는 것이다. 우주 질서의 변화에는 다음과 같은 세 가지 원칙이 있다.

(1) 우주는 끝없이 변한다고 하는 변역變易의 원리
(2) 변하는 가운데에도 일정 불변의 정연한 이치가 있다는 불역不易의 원리
(3) 이 변화는 간명하다는 간역簡易의 원리

이와 같이 우주의 만상이 끝없이 변한다고 하는 이론은 서구의 고대에서 "만물은 유전流轉한다."[116]고 생각했던 헤라크리토스Heraclitus의 사상과 매우 비슷하다. 이러한 변화의 논리는 정치에 순환의 논거를 제공해 주었다. 이러한 순환

113) 『史記』(47) 孔子世家(17).

114) 최영진, 「『주역』의 도와 음양대대(陰陽待對)의 원리 『주역』」, 『세계의 고전을 읽는다 : 동양 교양편(2)』(서울 : 휴머니스트, 2005), p. 262.

115) 『周易』 上經 乾條云 : "乾道變化"

116) Heraclitus, "The Fragments," Charles H. Kahn(ed.), *The Art Thought of Heraclitus*(London : Cambridge University Press, 1979), pp. 45, 141, 145.

의 논거를 정치적으로 해석한 인물은 맹자였다.

맹자의 주장에 따르면, "천하에 인간이 살아온 지가 오래되었는데, 한 번 다스려지고 한 번 혼란스러웠다."[117] 정자程子가 『주역』에 담긴 변혁의 논리를 설명하면서, "때를 알고 세勢를 아는 것이 주역을 배우는 큰 방도이다. 때에 따라 변역하는 것이 마땅한 도이다."[118]라고 한 데에는 정치적 순환의 논거가 담겨 있다.

동양인이 서양인에 견주어 순환의 논리에 익숙한 것은 동양인이 시간의 흐름을 수치numbering로 환산하는 방법과 무관하지 않을 것이다. 예컨대 일력日曆을 계산할 때 서양인들이 "January"라고 표현하는 것과 동양인들이 "1월"이라고 표현하는 데에는 시간에 대한 속도감과 순환의 체감이라는 점에서 동양인들이 훨씬 더 민감하고 절실할 수 있다. 더구나 동양문화권에서 사계절의 순환은 상하常夏나 동토凍土에 사는 사람들에 견주어 역사의 순환과 시간의 속도에 더 민감할 수 있다.

둘째로 『주역』은 우주를 이원론dualism으로 파악하려 한다. 우주에는 천지가 있고 음양이 있다. 우주에 이렇게 음양이 구분된 것이 곧 도道이며, 이러한 도를 잘 이어받는 것이 곧 선善이라 하고, 이를 이루는 것을 성性이라 하고, 어진 무리는 이것을 인仁이라 하고, 지혜 있는 무리는 이것을 지知라 한다.[119]

동양의 음양의 질서에 대한 흥미로운 모습은 일본의 대중탕의 경우에서 볼 수 있다. 일본의 대중탕은 본디 혼탕이었는데 이는 음양의 조화를 꾀하기 위함이었다. 그러다가 개명과 더불어 남탕과 여탕으로 분리되었는데, 남탕과 여탕의 위치를 격일로 바꾸고 남탕과 여탕의 물이 교류하도록 함으로써 여전히 음양의 조화를 꾀하고 있다.

우주의 질서를 이원론적으로 보려는 견해가 정치권력으로 전이될 때 그것은 권력의 상대론적 관계설로 발전할 수 있고 여기서 치자[君]와 피치자[民]라는 정치 또는 권력의 이분법적인 확대 해석이 나오게 된다. 이원론에 따르면 세상의 모든 것은 절반의 존재moiety이다. 따라서 그들은 그들만으로서는 불완전하며

117) 『孟子』 滕文公章句(下) : "天下之生久矣 一治一亂"

118) 『栗谷全書』(5) 疏 萬言封事(甲戌) : "程子論易曰知時識勢 學易之大方也 又曰隨時變易 乃常道也"

119) 『周易』 繫辭傳(上) : "一陰一陽之謂道 繼之者善也 成之者性也 仁者見之謂之仁 知者見之謂之知"

남은 절반을 만날 때 비로소 완전해질 수 있다.

이원론이란 여러 개의 개념적 영역과 사회적 영역을 두 개의 대립적 또는 상보적 부분으로 구별하는 것을 말한다. 동아시아에서 이원론은 보통 좌와 우, 선과 악, 남과 여, 깨끗함과 더러움이라고 하는 대립의 모든 결합을 하나의 전체로서의 이원론으로 연계시키고 있다. 그래서 그것은 정교한 상징 체계의 형태로 신앙의 모든 부분에 종종 침투한다.[120)]

셋째로 『주역』은 우주 질서를 이원론적으로 보고 있음에도 음양이나 건곤乾坤이나 천지나 남녀가 화합할 수 없는 대립적 존재로 보지 않고, 이 양자는 끊임없이 조화harmony를 이루며 지속된다고 본다. 세상을 이원론적으로 보려는 사람들에게는 대결 의식이 강렬한 법인데, 『주역』은 그러한 대결을 거부하고 조화를 강조하고 있다. 우주에는 이미 질서[位]가 마련되어 있고 이 질서 가운데서 음양이 서로 조화를 이루며 바뀌는 것이지 무질서한 것은 아니다.[121)]

바꿔 말해서 "천지[乾坤]가 상호의 관계를 유지[交]할 때 만물은 서로 통한다."[122)]고 생각했다. 이러한 도를 이루고자 지배자[乾]는 원元(착한 것의 으뜸이 되는 일), 형亨(기쁜 일의 모임), 이利(의리의 화합), 정貞(일의 줄거리)을 갖추어야 하는 것과 달리,[123)] 백성[坤]은 늘 순하게 하늘을 따라야 한다.[124)]

이것이 곧 우주의 조화이며 질서이다. 이 점이 『주역』이 내용 가운데 정치에 가장 심대한 영향을 끼친 부분이다. 왜냐하면 이 논리는 그 뒤 지배·복종의 논리를 강화하는 데 가장 적절한 논거를 제시했기 때문이다. 이러한 조화를 설명하고자 주역은 64괘卦를 설정하고 이 배열에 따라서 다음의 세 가지 정의를 제시한다.

(1) 인간사이든 자연사이든 우주에서 발생하는 모든 사건은 자연의 질서 속에 연속적으로 생긴 산물이며,

(2) 진행 과정에서 만물은 자신 속에 부정을 함유하고 있으며,

---

120) Philip K. Bock, *Modern Cultural Anthropology : An Introduction*(New York : Alfred A. Knopf, 1979), p. 247.

121) 『周易』 繫辭傳(上) : "天地設位 而易行乎其中矣 成性存存"

122) 『周易』 上經 泰條 : "天地交而 萬物通也"

123) 『周易』 上經 乾條 : "乾元亨利貞 元者善之長也 亨者嘉之會也 利者義之和也 貞者事之幹也"

124) 『周易』 上經 坤條 : "坤 …… 乃順承天"

(3) 진행 과정에서 문물의 종극終極이 있을 수 없다.[125]

넷째로 『주역』에 따르면 인간은 우주의 한 부분이다. 따라서 인간은 작은 우주小宇宙, small cosmos라고 본다. 우주에 건곤·천지·음양이 있듯이 인간의 세계에는 남녀·노소·장유가 있다. 인간이 소우주라는 것은 인간도 우주의 본질을 벗어날 수 없음을 뜻한다. 인간이 소우주의 본분을 지키려면 네 가지의 자질을 갖추어야 했다.

(1) 다른 사람과 더불어 덕을 함께 해야 하고,
(2) 밝음[明]과 더불어 자신의 밝음을 갖추어야 하고,
(3) 계절의 변화와 더불어 질서를 지켜야 하고,
(4) 귀신과 더불어 길흉을 함께 해야 한다.[126]

이 원리는 "하늘도 거스르지 못했거늘 어찌 인간이 이를 거스를 수 있겠는가?"라고 묻는다. 인간이 작은 우주라는 논리는 천인합일설天人合一說의 이론적 근거를 제공한다는 점에서 그 의미가 중요하다. 하늘에 있는 것이 인간에게 있고, 인간의 소망이 하늘에 이른다는 이 이론은 하늘의 이름으로 인간의 절망과 아픔을 달래고 격려하는 의미를 담고 있다.

다섯째로, 『주역』의 이원론은 불평등inequality의 개념 위에 서 있다. 하늘은 항상 높은 데서 낮은 곳을 비추며, 땅은 낮으므로 항상 위를 우러러보아야 한다.[127] 왜냐하면 하늘은 항상 올바르게 운행되고 있기 때문이다.[128] 하늘의 운수가 이렇듯이 소우주인 인간의 세계에서도 마찬가지로 높낮음이 이루어져 있다. 양은 음보다 높듯이 남자는 여자보다 높고, 늙은이는 젊은이보다 높다. 유교는 뼈의 귀천이 있음을 전제로 한다.[129] 따라서 올라가는 것은 거스름[逆]이요 내려가는 것은 순함[順]이다.[130]

---

125) Fung Yu-lan, Derk Bodde(ed.), *A Short History of Chinese Philosophy*, p. 171.

126) 『周易』 上經 乾條 : "夫大人者 與人合其德 與明合其明 與四時合其序 與鬼神合吉凶 ……天且弗違 而況於人乎"

127) 『周易』 上經 謙條 : "天道下濟而光明 地道卑而上行"

128) 『周易』 上經 乾條 : "象日 天行建"

129) 『禮記』(25) 祭統 : "骨有貴賤 …… 是故貴者取貴骨 賤者取賤骨 貴者不重 賤者不虛 示均也"

이러한 불평등의 논리를 민주주의와 관련하여 본다면, 이는 민주주의에 대한 일정한 역기능을 수행하고 있었다. 전통적으로 유교는 평등을 보편적 가치로 고려하지 않았다. 굳이 평등의 근사치를 찾는다면 그것은 위정자의 시혜施惠였고 불교의 보시布施가 있을 뿐이었다.

이러한 불평등의 논리는 뒷날 평등을 염원하는 무리가 진보주의적 이데올로기에 기울게 만드는 요인이 되었다. 이와 같이 천지·건곤·음양이 불평등하다는 것은 그 자체가 개혁의 대상이 됨을 뜻하는 것이요, 더 나아가서는 개혁을 어렵게 하는 원초적 갈등이 여기서부터 비롯했다.

이런 점에서 본다면 『주역』의 순환 논리는 매우 교묘한 데가 있다. 왜냐하면 기본적으로는 개혁[變易]을 전제하고 있으면서도 우주의 질서를 높낮음으로 설명하고 있고, 따라서 불평등은 영원한 것이므로 궁극적인 개혁의 완성은 끝내 이루어지지 않는다는 이중적 성격을 담고 있기 때문이다. 그러나 『주역』은 인간이 개혁의 의지를 끝내 포기하지 않도록 격려하고 있다. 불평등이 영원하다는 것은 역설적으로 개혁 의지도 영원할 수밖에 없다는 점을 뜻하는 것이다.

요컨대 『주역』의 원리는 "변화한다는 점"에 있으며 이 원리를 잘 알고 있는 사람만이 하늘의 뜻을 이해하고 있는 것이다.[131] 영원히 변치 않고 현상을 지속시킬 것이라고는 없다.[132] 이것을 정치 현상에 끌어다 설명한다면 영원한 권력도 없으며 영원한 이익도 없다. 이를 거역하는 것은 곧 역천逆天으로서 망할 것이요, 이를 순종하는 길이 곧 순천順天으로서 흥하게 될 것이다.[133]

『주역』의 논리가 중국 문화권에 영향을 끼친 가장 중요한 유산은 능력 있는 무리가 곧 천하를 다스린다는 패왕주의覇王主義에서 찾아볼 수 있다. 패왕주의는 권력의 숙명성이나 절대성을 부정하는 것과 달리 우주가 끊임없이 변화하고 있듯이 군주도 그리고 권력도 끊임없이 변한다는 역성易姓을 핵심으로 하고 있다.

이러한 역성의 논리는 미천한 농민의 몸으로서 진시황秦始皇 사후에 권력에 도전했던 진승陳勝이 "왕후장상에 어찌 씨가 있겠는가?"[王侯將相寧有種乎][134]라고

130) 『周易』 下經 小過條 : "上逆而下順也"
131) 『周易』 繫辭傳(上) : "子曰 知變化之道者 其知神之所爲乎"
132) 『周易』 上經 乾條 : "盈不可久也"
133) 『孟子』 離婁章句(上) : "順天者存 逆天者亡"
134) 『史記』(48) 陳涉世家(18).

주장한 것이나 유비劉備가 제갈량諸葛亮에게 왕위를 물려주고자 했던 데에서 재현되고 있다. 이러한 패왕사상을 바탕으로 중국의 역사는 진시황 이래 패업覇業이 가능했고 그 패업이 기울게 되면 얼마 동안 권력에 대한 개혁 의지를 바탕으로 하는 전국시대가 지속되다가 다시 패권으로 돌아가는 개혁의 순환 원리를 반복했다.

『주역』의 변혁 사상이 정치사상사의 결정체結晶體로 등장한 것이 곧 폭군추방설monarchomachy이다. 폭군의 문제는 권력에 대한 주체할 수 없는 욕망에서 비롯된다. 욕망의 영역은 다양하다. 그것이 식욕이든, 성욕이든, 물욕이든 아니면 권력욕이든 그것을 움켜쥔 쪽은 내놓지 않으려고 노력했고, 그것을 갖지 못한 쪽에서는 나누어 달라고 요구했으며, 여기에서 다툼이 시작되었다.

그러한 다툼 가운데서 권력을 둘러싼 다툼은 두 가지 유형 가운데 하나에 속하는데, 하나는 그 권력의 행사가 지나치게 포악할 때이고, 다른 하나는 권력의 지속이 배타적으로 장기화할 때이다. 군주주권설이 지배하던 고·중대 사회에서 장기 집권의 문제는 그리 심각하지 않았지만, 폭정은 늘 도전의 대상이 되었다.

유가에서는 폭군에 대한 이와 같은 도전을 흔히 방벌론放伐論이라고 불렀다. 동서양을 막론하고 방벌론은 왕권신수설에 대한 도전이었기 때문에 늘 위험이 따랐고, 그만큼 논리적 무장이 필요했다. 방벌의 문제는 이미 공자의 어록에 빈번하게 등장하고 있다.

먼저 그는 폭군이 내린 왕명을 백성이 좇을 것인가 말 것인가의 질문에서부터 문제를 풀어가려고 한다. 그는 이렇게 풀이하고 있다.

> "오직 천자만이 하늘에서 명命을 받고, 사대부는 임금에게서 명을 받는다. 그런 때문에 임금의 명이 순順일 때는 신하는 명에 순종하는 것이요, 임금의 명이 역逆일 때는 신하는 명에 따르지 않는다."135)

이 말은 폭군의 명령에 거부할 것을 권고하고 있다. 그의 풀이에 따르면, 폭군의 근거는 천명에 순종하는지 아닌지이다. 그에 순종하지 않은 대표적인 인물

135) 『禮記』(32) 表記 : "子曰 唯天子受命於天 士受命於君 故君命順 則臣有順命 君命逆 則臣有逆命"

이 곧 주왕紂王인데 이럴 경우에 그를 죽이는 것[誅伐]도 하늘이다.[136] 그에게 아직 민의는 등장하지 않고 있다.

시역弑逆이 난무하는 시대를 살았던 맹자에게도 방벌은 중요한 궁리 거리였다. 방벌의 논리적 근거는, 우선 왕권이 어디에서 오는 것이냐 하는 질문에서부터 시작되었다. 이에 대하여 맹자는 다음과 같은 이론을 제시하고 있다.

> 만장萬章이 말했다.
> "요堯가 천하를 순舜에게 주었다 하니, 그런 일이 있었습니까?"
> 맹자께서 말씀했다.
> "아닙니다. 천자는 천하를 남에게 줄 수 없습니다."
> "그렇다면 순이 천하를 소유한 것은 누가 주신 것입니까?"
> "하늘이 주신 것입니다."[137]

왕권이 하늘이 준 것이라면 그것을 거두어들일 것도 곧 하늘뿐이다. 그러므로 탕왕湯王이 걸왕桀王을 방벌하며 말하기를, "유하有夏(걸왕)의 죄가 크므로 하늘이 명하여 정벌하게 하시는 것"[138]이라 했다. 하늘이 직접 정벌한 것이 아니라 "남이 정벌하게 한 것"이라는 말이 함축적이다. 하늘의 이름을 빌려 왕을 바꾸려는 사람들의 논리는 자신들이 "하늘을 대신하여 도를 행하는 것"[替天行道]이라고 설명한다.

동양 사회에서 이는 역성易姓의 논리적 근거로 인용되었다. 유교에서 말하는 이와 같은 천명의 논리는 양면적인 성격을 띠고 있었다. 하나는 궁색한 방벌의 논리를 변호하려고 하늘을 빙자한 측면이 있고, 다른 하나는 왕의 지배를 받아들일 수밖에 없지 않겠느냐는 식으로 숙명론적 체념fatalistic renunciation을 권고하기 위한 것이었다.

공자는 폭군의 문제를 고민하면서도 폭군에 대한 하늘의 뜻이 무엇인가만을 말했지 그를 어떻게 몰아낼 것인가를 말하지 않았다. 그 숙제를 이어받은 사람

---

136) 『書經』 周書 泰誓(上) : "商罪貫盈 天命誅之 予弗順天 厥罪惟鈞"; 『書經』 周書 多士 : "予亦念天 卽于殷大戾 肆不正"

137) 『孟子』 萬章章句(上) : "萬章曰 堯以天下與舜 有諸 孟子曰否 天子不能以天下與人 然則舜有天下也 孰與之 曰天與之"

138) 『書經』 商書 湯誓 : "王曰 …… 敢行稱亂 有夏多罪 天命之殛"

이 맹자였다. 그는 제자 공손추公孫丑와의 대화에서 이 문제에 관하여 다음과 같은 의견을 피력했다.

> 공손추가 여쭈었다.
> "현자賢者가 남의 신하가 되었는데, 그의 군주가 어질지 못하면 진실로 추방할 수 있습니까?"
> 맹자께서 대답했다.
> "이윤伊尹의 뜻이 있으면 (어질지 못한 군주를 추방하는 것이) 옳거니와, 이윤의 뜻이 없이 (군주를 몰아냈으면) 그것은 찬탈이다."[139]

맹자의 대답이 절묘하다. 바로 "그렇다"고 대답하지 않고, 이윤과 같은 현자가 판단하여 결행한 것이라면 그 처사는 옳다는 것이다. 그는 왜 이윤을 빙자했을까? 이는 "누가" 폭군을 방벌할 것인가를 분명히 해두고자 함이었다. 그는 이 대목에서 백성을 내세우지도 않았고, 하늘을 빙자하지도 않았다. 그리고 역사상 가장 현자였다는 재상의 뜻을 앞세우고 있다. 여기에 담긴 뜻은 맹자가 사대부 또는 현대적 개념으로서의 지식인에 대한 신뢰를 표현한 그의 주지주의이다.

앞서 요임금이 순임금에게 "왕위를 물려주는"[禪位] 문제를 논의할 때는, 그것이 "하늘의 뜻"이라고 말했다가, "폭군을 추방할 경우"에는 그것을 "이윤의 뜻"에 따라야 한다고 말함으로써 왕의 추대와 왕의 추방을 구별한 점도 미묘하다. 곧 맹자는 군왕을 세우는 것은 하늘의 뜻이라고 말함으로써 군주신의설을 주장하면서도, 추방하는 것은 재상의 뜻이라고 말함으로써 공자의 생각보다 더 진일보하고 있다. 그에게서 이미 신하로서의 권리[臣權]의 논리가 엿보인다.

그렇다면 폭군을 어떻게 처리해야 하는가? 이에 대하여 맹자는 죽일 수도 있다고 말한다. 성선설을 믿는 그가 군주의 죽임을 말한 것은 뜻밖이다. 그는 이런 사례를 들어 폭군의 죽임을 정당화한다.

> 제齊나라 선왕宣王이 물었다.
> "탕湯은 걸桀을 쫓아내고 무왕은 주紂를 토벌했다는데 그런 일이 있습니까?"

---

139) 『孟子』 盡心章句(上) : "公孫丑曰 賢者之爲人臣也 其君不賢 則固可放與 孟子曰 有伊尹之志則可 無伊尹之志則簒也"

맹자께서 대답하시기를,
"전해 내려오는 글에 그 일이 실려 있습니다."
다시 선왕이 물었다.
"신하가 자기 임금을 살해해도 괜찮습니까?"
"인仁을 해치는 무리를 흉포하다 하고, 의義를 해치는 무리를 잔인하다 합니다. 흉포한 것과 잔인한 것은 같은 사람이 하는 짓입니다. 그러므로 주를 죽였다는 말을 들었어도 임금을 죽였다는 말을 듣지 못했습니다."[140]

맹자의 설명에 따르면, 탕이 걸을 쫓아내고 무왕이 주를 토벌한 것은 "임금"을 죽인 것이 아니라 "폭군"을 죽인 것이라고 대답함으로써 그 죽임의 명분을 분명히 했다. 그의 폭군방벌론을 정리하면 이렇게 된다.

(1) 왕권은 하늘이 명한 것이다.
(2) 왕이 천명을 거스르면 그는 이미 왕이 아니다.
(3) 그러므로 그 왕권이 천명을 거스르면 그를 바꾼다.
(4) 그 왕을 바꾸는 것은 그 시대의 현자의 몫이다.

5. 결론

사상사 또는 철학사 전반에 걸쳐 있는 유학을 평가한다는 것은 이 장의 목적이 아니다. 정치사상을 반드시 공功과 과過만으로 평가할 일은 아니지만 다만 어떤 사상이 정치사상사라는 측면에서 어떤 공과가 있는지를 살펴보는 것은 필요한 일이다.

[1] 공자로부터 시작하여 맹자를 거쳐 주자에 이르러 대성된 유교사상의 정치적 가치 가운데서, 가장 소중한 유산은 바른 삶에 대한 동경이었다. 이른바 정명正名이라고 정의되는 이 명제는 인간에게 정의와 도덕을 일깨우는 구실을 했다.

---

140) 『孟子』 梁惠王章句(下) : "齊宣王 問曰 湯放桀 武王伐紂 有諸 孟子 對曰 於傳有之 曰 臣弑其君이 可乎 曰賊仁者 謂之賊 賊義者 謂之殘 殘賊之人 謂之一夫 聞誅一夫紂矣 未聞弑君也"

도덕에 대한 권력의 종속은 성리학의 기본 관념으로 존속했다.[141] 이 점을 상찬하는 유교국가론자들은 여기에서 지도자(군왕)의 덕목을 유추하려 했고, 그것이 역사를 그나마 공의롭게 이끌어온 지탱력이 되었다고 생각했다.[142]

[2] 유교는 분명히 개혁의 의지와 논리를 내장內裝하고 있었다. 그럼에도 유교가 보수주의 이념으로 보인 데에는 두 가지 까닭이 있다. 첫째는 신진 세력이 늘 노회老獪한 훈구 세력에게 패배하여 개혁이 좌절되었기 때문이며, 둘째로 유교국가에서는 변화에 대처하는 제도system가 작동하지 못했기 때문이었다. 그들은 도덕에 매몰된 탓에 제도를 간과하는 실수를 저질렀다.

[3] 위 논리의 연속선 위에서, 유교의 형이상학적 이념이 구조나 제도의 가치를 외면한 점은 유교국가에서 제도적 비리가 발생하게 된 일차적 계기가 되었다. 교조적 논쟁으로써 세상을 좀더 좋게 만드는 데에는 한계가 있다. 유교는 도덕적 설득으로써 부패를 막을 수 있다고 믿은 것이 실수였다. 왜냐하면 부패는 도덕성의 결여에서 오는 경우도 많지만, 그보다는 구조적 모순에서 오는 경우가 더 많기 때문이다. "역사적으로 유서가 깊고 도덕적 뿌리가 깊은 유교국가 중국이 세상에서 가장 부패한 나라"라는 몽테스키외의 비판[143]은 뼈아프다.

[4] 유교국가론자들과는 달리 유교의 폐단을 강조하는 개신改新 유학의 입장은 더욱 준엄하다. 그들은 유교에 지속력이 없다면서, 선진先秦 유학이 몇십 년의 역사도 되지 않는 위魏와 진晋에 이르러 갑자기 쇠퇴한 것은 훈고학의 반동 때문[144]이라고 주장한다. 그러면서 선진 유학이 지니고 있었던 약점으로서, (1) 논리사상의 결핍, (2) 물리物理·실학實學의 결핍, (3) 항론抗論과 선택의 기풍이 없다는 점, (4) 문호門戶를 주종 관계로 보는 관념, (5) 숭고보수崇古保守의 관념, (6) 스승을 섬기는 법과 제자의 한계가 너무 엄격했다는 점을 지적한다.[145]

[5] 유교에 대한 거부와 칭송의 어느 편에 선다는 것은 쉬운 일이 아니지만, 위에 제시된 논리를 넘어서서 정치사상사적 의미를 돌아본다면, 유교는 윤리와

---

141) 손문호, 「조선조 성리학 정치사상의 역사적 성격」, 한국정치외교학사학회(편), 『조선조 정치사상연구』(서울 : 평민사, 1987), pp. 103~104.

142) 김한식, 『한국인의 정치사상』(서울 : 백산서당, 2006), pp. 374~378.

143) Baron de Montesquieu, *The Spirit of the Laws*, Vol. I, Book XIX, § 20.

144) 梁啓超, 「中國 學術思想變遷의 大勢」, 『飮氷室文集』(서울 : 三省出版社, 1979), p. 222.

145) 梁啓超, 「中國 學術思想變遷의 大勢」, pp. 192~198.

도덕에 기초하여 바른 삶에 대한 도덕적 규범을 제공함으로써 제왕학[聖學]의 성립에 기여했다는 칭송을 받을 만하다.

그러나 달리 생각한다면, 그러한 제왕학은 기본적으로 지배 계급의 규범이었지 피지배 계급을 두둔할 뜻을 가진 것은 아니었다. 그것은 상명尙名이라는 이름의 계급주의를 벗어나지 못했다. 이런 까닭으로 유학은 본질적으로 신분 질서의 벽을 허물 뜻이 없는 "칸막이"compartment의 질서였고, 그것이 유교 사회의 균형 있는 발전에 장애 요인이 되었다.

제14장 초기 주자학과 절의

안향安珦(1243~1306)/ 이색李穡(1328~1396)/
정몽주鄭夢周(1337~1392)

"역사학자들은 그 '시대'를 잊고
다만 그 '결과'만을 바라보고
역사를 평가할 수 있다."[1)]
—이승연

미자微子가 말하기를,
"신하가 세 번 간언해도
왕이 들어주지 않으면
그 의義가 떠나갈 만하다." 하고,
마침내 떠났다.[2)]
—『소학』

1. 서론

어느 시대를 가리지 않고, 한 시대를 산 인물들은 자신의 시대가 격동기였다고 생각하려는 경향이 있다. 그것은 아마도 역사의 현장에 있었던 당사자의 체감지수와 그 역사를 바라보는 국외자 사이에 존재하는 시각의 차이일 수도 있지만, 달리 생각하면, 역사는 순간마다 늘 긴박했다. 인간은 가까운 것에 대한 기

---

1) 이승연, 「조선조 『주자가례』의 수용 및 전개 과정」, 『전통과 현대』(12)(전통과 현대, 2000), p. 164.

2) 『小學』 內篇 稽古(4) 明倫(22) : "微子曰 人臣三諫而不聽 則其義可以去矣 於是遂行"

억이 먼 옛날의 그것보다 더 절절하고 생생하기 마련이며, 그래서 역사는 격동으로 그려질 수밖에 없을 것이다.

이 장의 주제인 여말선초麗末鮮初의 사상적 흐름은 매우 굴곡이 심했다. 왕조 교체기라는 특수한 시대적 상황 이외에도, 이 시기를 구분 짓는 역사적 사례들은 많았다. 무신 정권으로 말미암은 신분 질서의 변동과, 이를 통한 지식인의 체념과 굴종과 이탈, 왕권과 불교의 결탁, 토지 모순에 불만을 품고 발흥하기 시작한 신흥사대부들의 도전, 그리고 밖으로는 원元·명明 교체기를 전후로 하여 밀려오는 몽골의 정치적 외압과 신흥 명나라의 접근 등, 시대적 고민이 많았다.

이러한 조류의 핵심에는 새로 도입된 주자학의 수용과 해석을 둘러싼 사상적 방황과 조정기의 갈등이 자리 잡고 있다. 이런 점에서 여말선초는 한국 정치사에서 유교와 불교 사이의 논쟁이 본격적으로 펼쳐졌던 시기인 동시에 유교가 지배적인 정치 담론으로 정착되기 시작한 싯점이었다.[3]

한국사상사에서, 그것이 유학사이든 철학사이든, 아니면 정치사상사이든, 주자朱子(1130~1200)의 그림자는 길고도 짙으며, 그에 대한 평가도 극단적으로 다르다. 한국사상사에서 주로 양명학의 계보에 드는 개명 사학의 입장[4]에서는 주자학이 민족사의 정체停滯를 유발했고, 결과적으로 근대 문명의 유입기에 지혜롭게 대처할 기회를 마련하는 데 실패했다고 본다. 따라서 종래의 견해에 따르면 그 후대에 벌어진 민족사의 비극들, 이를테면 모화와 사대, 이로 말미암은 문명의 거부와 쇄국, 그리고 끝내 찾아온 망국의 문제까지도 그 먼 뿌리를 주자학에서 찾으려는 경향을 보여주었다.

그런가 하면 유교국가론으로 대표되는 보수적 입장은 유교와 주자학에 담긴 예치禮治와 인정仁政, 그리고 성학聖學의 논리 등이 조선조 500년을 지탱해온 저력이라고 보면서, 조선왕조를 퇴영退嬰의 시대로 해석하지 않는다. 보수주의자들은 주자학에 담긴 근왕勤王·충군忠君의 논리가 제국주의 동점기東漸期에 민족의식의 구심점을 이루었을 뿐만 아니라, 유교가 지니고 있는 근검과 항산恒産의 정신이 유교자본주의를 형성했고, 가족공동체의 중요성에 대한 인식은 인륜의 기초를 이루었다고 믿는다.[5] 그 대표적인 논리는 이렇다.

---

3) 최연식, 『창업과 수성의 정치사상』(서울 : 집문당, 2003), p. 13.

4) 이에 관한 자세한 논의는 이 책 제25장 「양명학」, pp. 110~117 참조.

성리학은 조선조 정치 체제의 안정성과 탄력성을 담아내는 이념의 그릇이었다. 곧 조선조의 정치 체제가 안정성과 탄력성을 유지할 수 있었던 이념적 원동력은 성리학적 정치 질서에 관한 원론적 합의와 다양한 실천 방법들 사이의 경쟁적 공존에 있었으며 그 역사적인 첫 출발은 정치 체제의 운영 방식을 둘러싼 왕권-신권 논쟁이 치열하게 전개되던 여말선초였다. 여말선초의 상황에서 성리학적 정치 질서에 대하여 유학자들은 성리학을 이단의 대안으로 합의했다.[6]

위와 같은 두 가지 논쟁에서 어느 한 편에 서야 할 압박을 느낄 필요도 없고 또 그것을 강요하는 것도 적실하지 않다. 어떤 사상이 한 시대를 풍미했을 때, 그 공과는 대체로 양면적인 것이지 호오好惡의 어느 한쪽만을 강변할 일은 아니다. 다만 이러한 논리에 대한 정확한 이해는 그 시대 상황에 대한 정확한 이해에 바탕을 두어야 한다.

왜냐하면 역사학자들은 그 "시대"를 잊고 다만 그 "결과"만을 바라보고 역사를 평가할 수 있기 때문이다.[7] 역사가는 불가피하게도 어떤 사건에 대한 단죄를 강요받을 수 있지만, 역사가의 미덕은 균형 감각을 갖춘 해석을 후세에 전승하는 것이다. 남들의 불의한 처사를 칭송하지도 않고 불운한 사람을 고소하다는 듯이 모욕하지 않는 것이 역사가가 가야 할 바른길이다.[8]

아마도 주자가 12세기의 고려 말에 깊은 영향을 끼친 결정적인 이유는 그 사상의 깊이와도 무관하지 않겠지만, 달리 보면 주자가 살던 시대에 그가 체험하고 결론지은 논리가 고려 사회의 수요에 들어맞았기 때문일 수도 있다. 그가 태어나 유년기를 보냈던 시기의 정치적 변화는 엄청난 것이었다. 송宋왕조는 문화적으로 우수했지만, 군사적으로는 한漢·당唐왕조만큼 강력하지 못했고, 언제나 이민족의 위협 아래 놓여 있었다.

송왕조는 북동의 여진족 금金에게 수도를 잃었고 마침내 1127년 양자강 이남에 왕조를 다시 수립하지 않을 수 없었다. 따라서 송왕조의 전기에 해당하는 북

---

5) 손문호, 「유교국가주의와 그 대두 과정」, 김영국(외), 『한국정치사상』(서울 : 박영사 2003), pp. 12~13.

6) 최연식, 「麗末鮮初의 權力論爭 : 王權論, 臣權論, 君臣共治論을 중심으로」, 한국정치학회 1997년 연례학술대회 발표논문(외교안보연구원, 1997. 12. 4~6.), p. 1.

7) 이승연, 「조선조 『주자가례』의 수용 및 전개 과정」, p. 164.

8) 신복룡(역), 『플루타르코스영웅전(III) : 디온전』(서울 : 을유문화사, 2021), § 36.

송(960~1126) 시대와는 달리 남천南遷 이후의 남송(1127~1279) 시대의 역사는 국가의 운명에 대한 지식인들의 고민이 중첩된 시기였다.[9]

그러한 주자학을 받아들여야 하는 처지에 있었던 고려의 정치적 사정도 어렵기는 마찬가지였다. 불교국가인 고려의 교육이 한계 상황에 이른 처지에서 불교와 이념을 달리하는 유교를 가르치는 데는 이념적 상충이 불가피했다. 무신의 난을 거치며 빚어진 문관의 몰락, 몽골의 침입으로 말미암은 외우外憂와 삼별초의 난 등 내환內患까지 겹친 불안한 상황에서 문예에 몰두할 수만은 없는, 그러면서도 문예를 중흥해야 하는 어려움에 직면해 있었다.[10] 이런 시대를 살아가야 했던 사람들의 사유思惟는 어떠했을까?

2. 주자학의 전래와 초기 인식

파천한 남송 정권이 수립된 지 3년 뒤에 태어난 주자는 나라의 멸망과 국토의 피폐에 대한 아픔이 컸을 것이다. 그는 이민족의 침략으로 쇠퇴해진 유학을 재해석하고 진흥함으로써 조국의 부흥에 도움이 되는 길을 모색하기 시작했고, 그러한 작업의 일환으로 『사서』四書의 집주에 몰두했다. 다행히 남송의 이종理宗(1225~1264)이 집권하던 초반에 『논어집주』論語集註와 『맹자집주』孟子集註가 관학官學의 교재로 채택되어 국가의 공인을 받았다.

그 뒤 시간이 흘러 사서四書가 현실에서 더욱 큰 의미를 지니게 된 것은 원나라 중엽인 인종仁宗 2년(1313)에 과거가 시행되면서부터이다. 이 과거제에서 주희의 장구章句와 집주集註를 정통 해석으로 삼아 시험의 정식 과목으로 채택하게 되었다. 이와 같이 체제 교학이 된 주자학은 다른 학문에 견주어 우월한 지위를 갖게 되었고 이로써 집권 체제 위주의 경세론經世論을 전개하며 도덕적 명분론을 통해 비판 기능을 수행했다.[11]

---

9) Fung Yu-lan, Derk Bodde(ed.), *A Short History of Chinese Philosophy*(New York : The Free Press, 1960), p. 294.

10) 김병구, 「晦軒(安珦) 사상에 관한 연구 : 教學思想을 중심으로」(건국대학교 박사학위논문, 1981), pp. 40~41.

11) 鄭在薰, 「조선 전기 유교정치사상 연구」(서울대학교 박사학위논문, 2001), pp. 6, 41.

주자의 체제 교학이 암시하고자 했던 핵심은, 이 세상 모든 사물이 자신의 이치를 가지고 있다면 현실에서 기능하는 통치 기구로서의 국가에도 통치의 이치가 있어야만 한다는 것이다. 만약 그 국가가 그러한 이치에 따라 통치되는 조직이라면 그 국가는 안정되고 번영할 것이요, 그렇지 못하면 그 국가는 파괴되어 무질서하게 될 것이다.

이 이치는 역사의 선왕들이 가르치고 실천한 통치의 원리와 같은 것이라고 주자는 생각했고,[12] 경전의 주석을 통해 그러한 교훈을 추출함으로써 국가학을 완성하고 싶어 했다. 이와 같은 새로운 체계의 유학은 우주의 근본 원리와 인간의 심성 문제에 관한 사색적인 학문인 까닭에 이를 널리 말할 때는 성리학이라고 하여, 사장詞章과 윤리 도덕에 주력하던 한·당류漢唐類의 유학과 구별하게 되었다.[13]

주자가 세상을 뜬 지 90여 년이 지나, 고려에서는 안향安珦(1243~1306)[14]이 원나라로부터 성리학을 도입하여 뿌리를 내리기 시작했다. 안향의 출생 연대는 무신 정권과 몽골 통치라는 이중의 고통을 겪고 있을 때였다. 이러한 상황에서 안향이 고민한 것은 내외적 고통의 탈각脫殼이었다. 이 시대의 무신들은 역설적으로 학문을 장려하였는데, 이 점이 비록 명맥뿐이기는 하였으나 성리학 중흥에 기여했다.

이어서 고종高宗이 죽고(1259) 충렬왕忠烈王과 충선왕忠宣王 대에 원나라와 교류가 잦아짐에 따라 고려의 왕실이 원나라 왕실과 통혼하고, 고려의 학자들이 대거 원나라에 드나들게 되면서부터 주자학도 활기를 띠게 되었다. 고려가 명목상 원나라의 속국 체제로 들어간 1276년(충렬왕 2)에 통문관通文館이 설립된 것도 우연이 아니었다.[15] 물론 안향 이전에 최충崔沖(984~1068)이나 윤언이尹彦頤(?~1149) 등이 송나라에 왕래하며 유학을 공부했으나 그것은 아직 주자의 해석을 거치며

12) Fung Yu-lan, Derk Bodde(ed.), *A Short History of Chinese Philosophy*, p. 303.

13) 이장우, 「안향」, 『한국인물사』(2)(서울 : 양우당, 1983), p. 358.

14) 안향의 처음 이름은 유(裕)였는데 뒷날 향(珦)으로 고쳤으나 조선의 문종(文宗)의 이름과 같다 하여 피휘(避諱)로 다시 "유"가 되었다. 『晦軒先生實紀』(2) 本源.

15) 『고려사』 志 百官 通文館. 통문관은 관직에 있는 무리로 나이가 40세 미만 되는 무리에게 한어(漢語 : 이때에는 몽골어를 포함)를 가르치는 기구였다. 당시에 설인(舌人 : 통역원)들이 대개 미천한 신분 출신들이어서 통역·전달할 때 사실대로 하지 않는 경우가 많고 간사스러운 마음을 먹고 사사로운 이익을 챙겼기 때문에 참문학사(參文學事)였던 김구(金坵)가 건의하여 통문관을 두었으며, 그 뒤 사역원(司譯院)이 그 일을 맡았다.

여과된 것이 아니었다.

안향은 28세가 되던 해(1270), 원종 11년에 삼별초 난에 억류되었다가 탈출했다. 그는 원종元宗 초에 과거에 급제하여 교서랑校書郞에 오르고 직한림直翰林에 옮겨 내직에 속했다. 32세가 되던 해(1274)에 그는 상주尙州 판관에 임명되었는데, 여자 무당들이 귀신을 빙자하여 백성을 현혹하자 이를 엄히 다스려 근절시켰다.[16]

거듭되는 외침으로 고유한 사상과 문화 기반이 동요하는 가운데, 무신 집권 체제이면서도 불교에 몰입하여 국가 방위 체제가 허약해지는 것을 바라보면서, 안향은 36세의 나이에 국자사업國子司業이 되었다.[17] 왕이 질환이 생기거나 공주가 아플 때면 평민의 옷을 입고 안향의 집으로 가서 머물렀던 사실[18]로 보면, 그에 대한 왕의 믿음과 그 삶의 넉넉함이 어느 정도였는지를 알 수 있다.

충렬왕 15년(1289)에 왕과 공주 및 세자가 원나라에 갈 때 안향이 그들을 보좌했다. 이때 그가 연경에서 경험을 통하여 공자孔子을 얼마나 존숭했는가 하는 점은 고려의 시대상을 묘사한 다음의 시에 잘 나타나 있다.

곳곳에 향불 밝혀 부처에게 기도하고
집집마다 피리 소리 귀신을 섬기는데
외로운 두어 칸 공자의 사당에는
봄풀만 뜰에 가득, 찾아오는 이 없구나.
香燈處處皆祈佛 簫管家家盡祀神
獨有數間夫子廟 滿庭春草寂無人[19]

당시에 『주자서』는 세상에 널리 알려지지 않았는데 안향이 그것을 처음 보고 좋아했다. 그는 『주자서』가 공문孔門의 바른 맥락이라고 생각하고 그 책을 손수 베끼고 공자와 주자의 초상화를 모사하여 돌아왔다. 그는 "주자의 공덕이 공자와 짝할 만하니 공자를 배우고자 한다면 마땅히 먼저 주자를 배워야 한다."고 말하면서, 살던 집 뒤에 집 한 칸을 정갈하게 짓고 공자와 주자의 초상화를 봉안

16) 『晦軒先生實紀』(3) 年譜; 『高麗史』 列傳 安珦.
17) 김병구, 「晦軒(安珦)思想에 관한 연구 : 敎學思想을 중심으로」, p. 102.
18) 『高麗史』 忠烈王 18년 11월; 『高麗史』 忠烈王 19년 3월.
19) 『晦軒先生實紀』(1) 遺集.

하여 아침저녁으로 참배하며 사모하는 뜻을 표시했다.[20]

충선왕忠宣王이 즉위하자 안향은 행동경유수行東京留守 집현전 대학사 계림 부윤鷄林府尹을 받았으며, 충렬왕이 복위하고 충선왕이 원나라에 갈 때 따라갔다. 이 무렵에 충선왕은 연경燕京의 집에 만권당萬卷堂을 짓고 요수姚燧·조맹부趙孟頫·우집虞集 등을 초대하여 서로 사귀며 책 읽는 것으로 낙을 삼았다.[21] 이때 이민족인 원나라의 조정에서 주자학을 통치 이념으로 채택하고 이를 장려한 까닭은, 주자학에 담긴 통치 이념, 곧 군신·부자의 논리가 지배 이데올로기로 매우 편의로운 점을 담고 있었기 때문이었다.[22]

원나라에서 귀국한 안향은 박사 김문정金文鼎을 중원中原에 보내어 선성先聖과 70자子의 초상을 그리고 아울러 제기祭器, 악기, 육경六經, 제자사諸子史을 얻어 오게 하니 학문하기를 바라는 선비들이 경서를 끼고 수업하는 무리가 몇백 명으로 헤아리게 되었다.

만년에 안향은 항상 회암晦庵(주자)의 초상화를 걸고 경모敬慕하며 주자의 호를 본받아 자신의 호를 회헌晦軒이라 했다.[23] 그는 수국사修國史가 되어[24] 학교가 날로 쇠퇴함을 근심하여 양현고養賢庫를 금전적으로 지원하고, 본전本錢의 이식利息으로 섬학전贍學錢(장학금)을 삼도록 했다.[25]

안향으로부터 새로이 개화하기 시작한 유학, 특히 주자학이 발전하게 된 원인으로서는, 고려가 당시의 국제 관계로 보아 원나라에 유린되었으나, 원의 세조世祖(忽必烈)가 남송을 멸망시킨 뒤에 송나라 학자들을 불러들여 유학을 장려하자 성리학이 북방에서 차차 성행하게 되었다는 점을 지적할 수 있다. 원과 고려의 관계가 밀접하게 됨에 따라 이러한 학풍이 고려에 영향을 줄 수밖에 없었다.[26]

정치적 모순과 부패를 지적하며 여러 가지 현상을 치유해야 하는 고려시대에 이러한 새로운 내용의 유학의 논리가 유학자들에게는 신선한 것으로 비쳤고, 식

---

20) 『高麗史』 忠烈王 15년 11월.

21) 『新元史』(249) 列傳(146) 外國(1) 高麗傳.

22) 백도근, 「李晦齋 사상의 한국 철학사에서의 위치」, 『신라학연구』(6)(경주 : 위덕대학교 부설 신라학연구소, 2002), p. 38.

23) 『高麗史』 忠烈王 19년 3월; 『高麗史』 志 選擧 學校.

24) 『高麗史』 忠烈王 25년 9월.

25) 『高麗史』 忠烈王 30년 5월.

26) 이장우, 「안향」, p. 358.

자들은 주자학이 통치와 이념에 필요한 주제가 될는지도 모른다는 가능성을 모색하기 시작했다. 이러한 성격의 성리학이 수용됨으로써 나타나게 된 큰 변화로서는, 사장학詞章學에 대한 비판 의식이 높아지고 학문은 자신을 위한 학문[爲己之學]이 되어야 한다는 인식이 뚜렷이 자리 잡게 되었다는 점이었다.[27]

안향이 주자학의 도입자라면, 이를 뿌리 내리도록 기여한 학자는 이곡李穀(1298~1352)과 이색李穡(1328~1396) 부자였다. 이곡은 원나라 과거에 급제하여 오랫동안 수도 연경에서 벼슬한 경험이 있는 당대의 지식인이었다.[28] 그 아들 이색 또한 주자학을 받아들여 연구하였지만, 그의 본뜻은 고려의 기본 통치 사상인 불교 사상의 정치적 결함을 보완하고자 주자학을 그 수단으로 원용하였던 것으로 보인다.[29] 그가 불교에 불만을 전혀 느끼지 않은 것은 아니지만, 그는 불교를 포기하고 싶지 않았으며 그 두 가지의 동질성을 찾아 서로를 보완할 수 있는 길을 모색하고자 했던 것으로 보인다.

외래 사상인 주자학이 고려에 도입되는 과정에서 마찰이나 저항이 나타나지 않은 것은 주목할 만한 일이다. 그것은 아마도 주자 시대와 고려시대의 동질성 때문이었던 것으로 보인다. 여기에서 양국의 동질성이라 함은 다분히 그들이 당시에 놓여 있던 국가적 정황을 뜻하는 것이다.

당시 남천한 남송의 운명은 국가적 위기감과 수치심, 그리고 이를 극복하려는 지식인의 고뇌를 불러일으켰다. 이는 오랜 몽골(원)의 지배 밑에서 고통받던 고려의 지식인이 강한 동류 의식과 생존을 모색하려는 교훈적 연상 심리로 작용했을 수 있다.

주자나 여말선초 지식인들의 공통된 관심은 국가적 정체성에 대한 고민이었다. 이곡이 고백하고 있는 것처럼, "우리 삼한이 나라답지 못한 지 오래되었다."[30] 그럼에도 "천명은 지혜로써 얻을 수 없고 민심은 힘으로써 얻을 수 없는 현실"[31]에 그는 절망했다. 그래서 이러한 모순을 극복하려면 새로운 질서의 창조가 필

27) 馬宗樂, 「고려시대 慶州와 儒敎 : 최승로·김부식·이제현을 중심으로」, 『신라학연구』(6), p. 29.

28) 『高麗史』 列傳 李穡. 이곡은 원나라에서 벼슬하여 중서사전부中瑞司典簿가 되었고, 아들 이색은 원나라 조정 관원의 아들로서 국자감생원國子監生員에 보충되어 재학在學한 바 있다.

29) 金萬圭, 『朝鮮朝의 政治思想研究』(인천 : 인하대학교출판부, 1982), pp. 116~118.

30) 『高麗史』 列傳 李穀.

31) 『稼亭集』(7) 說 杯羹說 : "天命不可以智求 民心不可以力得"

요했다. 이색은 당시의 상황을 이렇게 설명하고 있다.

> 천지 사이에 나라를 세우고 하늘을 대신하여 일을 수행하는 인물을 천자라 한다. 천자를 대신하여 봉해진 것을 나누어 다스리는 무리를 제후라 한다. 지위는 상하가 있고 세력은 대소가 있으니 조금도 문란할 수 없어 주역의 복괘復卦가 있는 것이다. 그러나 천지가 화합하면 태평함이 이루어지고 그렇지 않으면 막히게 된다. 그 상하의 정을 통하고 대소의 분수를 정해서 천명에 보답하고 사람의 기강을 닦을 것을 구하려면 옛일을 상고詳考할 수밖에 없다.[32]

이색의 글에는 현실에 대한 어두운 근심과 그를 극복하는 방법으로서 "옛일을 상고"하려는 의지가 엿보인다. 현실에 대한 절망은 권근權近(1352~1409)의 경우에도 똑같이 나타나고 있다.[33]

이런 상황에서 주자학이라는 새로운 길이 그들에게 제시되었다. 여말의 지식인들은 처음부터 주자학을 체제의 근본 이념으로 삼으려는 의지가 있었던 것처럼 보이지는 않는다.[34] 무신의 난과 원의 침략으로 문화적 암흑기를 겪어야 했고, 부패한 귀족 세력과 불교에 대항하려면 새로운 사상적 무기가 필요했던 것은 사실이지만,[35] 그것이 곧 주자학의 이념에 몰입한다거나 기울었다는 뜻은 아니었다. 주자학은 암울한 현실을 돌파하고자 제시된 여러 가지 답안 가운데 하나였으며, 그 밖에 어떤 신효神效한 대안도 없는 상황에서 주자학이 그들에게 다가왔다.

주자학에 관한 이러한 인식이나 자세는 고려 사회에서 기득권을 누리고 있는 훈구 사대부의 의식이었는데, 이에 견주어 권력 투쟁에서 신분적으로 소외되었고 불교에 대한 혐오감이 있던 신흥 세력들은 훈구사대부와 다른 시각에서 현실을 바라보고 있었다. 그들은 출신 기반이 보잘것없었기에, 당시 집권하던 훈구 세력들처럼 정치경제적으로 지켜야 할 기반이 그리 튼튼하지 않았지만, 상대적으로 자신들의 계층을 지속·유지하려는 신분 상승의 욕구는 강렬했다.

신흥 세력들은 고려 말의 사회와 정치의 모순을 직시할 수 있는 비판적 안목

---

32) 『牧隱文藁』(10) 周官六翼序.

33) 『高麗史』 列傳 權近.

34) 金萬圭, 『朝鮮朝의 政治思想研究』, pp. 97~98

35) 이승연, 「조선조 『주자가례』의 수용 및 전개 과정」, pp. 152~153.

을 갖추었을 뿐만 아니라, 개국 이래 국가와 사회의 체제 유지 이념이던 불교가 자신들의 이해 관계에 부합하도록 사회적 모순을 해결할 힘을 갖추고 있지 못하다는 점도 고려했다. 그들은 현실을 개조할 필요성이 있었지만 그것이 그렇게 선명한 모습이었던 것은 아니었다.

이러한 상황에서 고려 말의 신흥유학자들에게 성리학은 논리적으로 정제된 이론이라기보다는 정치 이데올로기로서의 성격을 더 강렬하게 풍기며 다가왔다. 그들에게 성리학은 존재론적 고민과 같은 철학적 사유가 아니라 위기에 봉착한 고려 사회의 구조적 모순을 해결하려는 개혁의 논리로 받아들여졌다.

이런 점에서 그들에게 성리학은 순수한 이론적 탐구의 대상이라기보다는 개혁의 방향을 제시해 주는 이데올로기적 대안으로 등장했다.[36] 무신의 난과 민중의 반란이라는 사회적 모순 속에서 주자학은 새로운 질서의 확립을 지향하는 비판적 사상의 한 방법으로 그들에게 다가왔다.

이 시대를 설명하며 "민족주의"라는 용어를 쓰는 것이 조심스럽기는 하지만, 주자의 사상은 그 시대적 모습으로서의 민족주의와 명분주의를 보여주었다. 송학宋學은 이민족 국가인 요遼·금金과의 대결이라는 절박한 국제역학의 관계 속에서 종래 고유의 원시 유학인 훈고訓詁나 사장詞章 중심의 해석에 따른 사상적 한계 상황을 마주하며 그들의 사상을 재해석하고 재구성했다.

주자에게는 『대학』·『중용』·『논어』·『맹자』의 도덕 체계와 역사 철학을 종합하여 한족漢族이 요·금의 외적 압박과 한족 생존의 위기를 극복해야 한다는 절박함이 있었다. 송나라에서는 종래의 훈고·사장의 학문이 담고 있는 사상적 한계를 절감한 데 주자학의 발생학적 배경이 있는데, 이는 고려왕조의 정황과 매우 닮았다. 여기에 안향이 체험했던 국가와 개인의 고난이 주자학의 수용을 거치며 승화된 것으로 볼 수 있다.[37]

이상과 같은 의미에서 여말선초에 주자학이 고려에 전래된 뒤 그것은 단순한 하나의 학문이나 학풍으로 그치지 않고 지배 교학支配敎學으로 발전하지 않을 수 없었다. 이런 점에서 주자학이 관학으로 정착한 이유는 그것의 태생적 성격과 관련된 문제이다. 주자학이 정치 담론으로 분화하는 유형을 보면, 그것은 정

36) 최연식, 『창업과 수성의 정치사상』, p. 158.

37) 김병구, 「晦軒(安珦)思想에 관한 연구 : 敎學思想을 중심으로」, pp. 9, 83~88.

치 인식, 세계관, 이단에 대한 대응 논리, 체제 개혁에 관한 방향과 구상의 성격을 담고 있다.[38]

남송의 정치적 분위기에서 주자학이 체제 교학으로 공인되는 데에는 그렇게 긴 시간이 걸리지 않았다. 주자가 세상을 떠난 지 20여 년이 흐른 이종理宗 연간에 국가의 공인 단계를 거친 주자학은 원대元代에 들어서면 국가 운영을 위한 다양한 모색을 거쳐 관학으로서 틀을 다질 수 있었다. 그런데 이때 원의 지배 아래 있던 고려의 관료 지식인들은 자연스럽게 이를 수용하여 단지 도덕적인 부분뿐만 아니라 국가 경영을 위한 체제 교학으로서 담론을 거기에 담았다.[39]

고려 사회에서 주자학을 정치적으로 해석하고 적용하는 과정에는 이색이 그 중심을 차지하고 있다. 그가 처음 주자학에 착목할 때만 해도 그는 그것을 하나의 학풍 정도로 보았다. 그러나 그가 주자학의 해석과 적용에 깊은 경지에 이르렀을 때, "이색의 학문이 껍질[肌膚]을 버리고 알맹이[骨髓]를 얻었으니 비록 중국에서도 또한 비교할 무리가 드물다."[40]고 높이 평가받을 만큼 그의 논리가 현실에 반영되기 시작했다. 그가 주자학을 관학으로 채택하는 과정에서 취한 방법은 학교에서 주자학의 교습을 거쳐 관리를 등용시키는 것이었다. 그의 생각은 이러했다.

> 지방의 향교와 중앙의 학당에서 그 재능을 고사考査하여 12도徒에 올리고, 12도를 모아 다시 고사하여 성균관成均館에 올리고, 기일을 한정하여 그 덕예德藝의 등급을 매겨 예부禮部에 이를 바치면 여기에 합격한 무리는 사례에 따라 관직을 수여하고, 합격하지 못한 무리도 출신에 따라 직계를 주고 관직에 재직하게 하며, 과거에 응시하는 무리를 제외한 나머지는 국학생이 아니면 시험에 참여치 못하게 한다. …… 국가가 안으로 성균관 12도와 동서 학당을 세우고 밖으로 주군에 이르기까지 각각 학교가 있어 규모가 굉원宏遠하고 절목節目(조목)이 치밀하니 조종祖宗의 뜻을 살피건대 유도를 무겁게 숭상함이 깊고 또한 간절하다. 대개 국학은 풍화風化의 근원이요 인재는 정교政敎의 근본이니 이를 배양하지 않으면 그 근본이 반드시 견고하지 못할 것이다.[41]

---

38) 최연식, 『창업과 수성의 정치사상』, p. 113.
39) 鄭在薰, 「朝鮮前期 儒敎政治思想 硏究」, pp. 4~5.
40) 『高麗史』 列傳 李穡.
41) 『高麗史』 列傳 李穡.

이색의 뒤를 이어 고려에서 주자의 『사서집주』에 대한 최고의 해석자는 정몽주鄭夢周(1337~1392)였다. 이때만 해도 주자의 저술이 완벽하게 전승된 것이 아니어서 그 정확한 해석이 구구할 수밖에 없었는데, 그러한 가운데서 정몽주의 해석이 가장 정확했다.

얼마 뒤 송나라 유학자 호병문胡炳文의 『사서통』四書通이 고려에 전래되었을 때, 이것이 정몽주의 해석과 부합하지 않음이 없으므로 여러 유학자가 더욱 탄복했다. 특히 이색이 자주 일컫기를 정몽주의 논리는 이치에 합당하지 않음이 없다며 추천하기를, "동방東方 이학理學의 원조元祖"라고 했다.[42] 그렇다면 그 당시에 정몽주가 고민한 것의 핵심은 무엇이며, 그의 생각은 후세에 어떤 유산을 남겼을까?

3. 왕조의 향수 : 불사이군不事二君의 논리

『사서오경』에 담긴 중국의 철학에 언제부터 "정치학적 해석"이 시도되었는지 논란이 많지만, 그 어느 싯점을 잡더라도 주자의 『사서집주』의 시기를 주목하지 않을 수 없다. 의도했든 의도하지 않았든, 노자老子도, 공자도, 순자荀子도, 맹자도 고대 정치학에 깊은 발자취를 남겼고, 정치학적으로 해석할 여운을 남긴 것은 사실이지만, "정치학적 의미 부여"가 그리 선명했던 것은 아니었다.

주자에게 부여된 시대적 요청은 그가 정치 지식에 최상의 가치를 부여하도록 만들었다. 이제 정치 문제는 기피할 할 대상이 아니라, 개인의 인격 완성을 위해서도 비켜 갈 수 없는 문제가 되었다. 안향과 이제현李齊賢에 이르기까지 주자의 성리학은 아직 고려 사회에 낯선 것이었다. 그러다가 성리학의 수용과 함께 초월과 세속의 세계가 하나로 통일될 수 있으며, 인간의 운명은 오직 그 자신의 실천에 의해서만 좌우된다는 낙관이 나타났다. 이는 당대의 지식인들에게 혁신적인 희망을 고취했다.[43]

---

42) 『高麗史』 列傳 鄭夢周 : "李穡極稱之曰 夢周論理橫說竪說 無非當理 推爲東方理學之祖"; 『圃隱文集』(4), 年譜 27년조; 『燃藜室記述』(1) 太祖朝故事本末 : 鄭夢周.

43) 김영수, 『건국의 정치 : 여말선초 혁명과 문명 전환』(서울 : 이학사, 2006), p. 372.

고려 말의 주자학자들이 정치에 관심을 기울인 것은 당시의 정치적 난맥상과 무관하지 않다. 부패는 왕조의 피로기에 흔히 나타나는 현상이다. 이곡과 이색 부자에게 이러한 부패상은 더욱 절실하게 감지되고 있다. 이곡은 당시의 부패상을 이렇게 지적하고 있다.

> 관청에 들어가니 문서를 들고 법령을 집행하는 관리가 사건의 경중과 고하에 따라 뇌물을 공공연히 받아먹으면서도 조금도 의심하지 않고 두려워하지 않으니 이것을 이사吏肆라 한다. 이로써 형정刑政이 잘 다스려지지 않음을 알 수 있다. 그러더니 이제는 사람을 파는 인사人肆를 볼 수 있다. 지난해부터 수재와 한해로 백성이 먹을 것이 없어, 힘이 강한 무리는 도적이 되고 연약한 무리는 입에 풀칠할 방법이 없으며, 아비는 자식을 팔아먹고 가장은 아내를 팔고 상전은 종을 파는데, 저자에 팔 사람을 벌여놓고 그를 업신여기는 것이 일찍이 개나 돼지만큼도 대접하지 않는데, 관리들은 묻지도 않는다. 아, 슬픈 일이다.[44]

이곡의 글에는 현실에 대한 절망감이 짙게 깔려 있다. 무엇이 정치를 이렇게 만들었을까? 그가 판단하기에 그와 같은 정치의 어려움은 인사人事에 있고, 특히 대신의 선임과 역할에 문제가 있었다. 그의 주장에 따르면 신하에는 다음과 같은 여섯 가지가 있다.

> (1) 중신重臣 : 임금이 젊고 나라가 위태하여 대중의 뜻이 자리 잡지 못하여 혹시 창졸간에 변란이 생기거나 나랏일이 근심과 의심에 쌓여 있을 적에 능히 우뚝 솟아나 굳건하게 지키고 절조를 지키며 대의를 주장하여 사생과 화복에 관하여 자기 한 몸을 염려하지 않는 사람이다.
>
> (2) 권신權臣 : 권세에 의지하여 자신의 사욕을 채우고 임금을 끼고 그 은총을 입어 권력을 넘어뜨리고 위협하고 견제하니 백성이 비록 원망을 품고 분하게 여기면서도 말을 감히 하지 못한다. 권신은 능히 한때의 위태로움을 진정하여 중신과 그 자취는 비슷하나 그 마음은 같지 않아 국가에 미치는 덕이 하늘과 땅처럼 다르다.
>
> (3) 충신忠臣 : 오직 나라와 공사만을 생각할 뿐 집과 사사로움을 잊고, 임금이 근심하는 일에는 자신이 욕볼 각오를 하고 임금이 욕될 때는 스스로 죽기를 결심하여 분연히 몸을 돌보지 않으며 오로지 정의로움만을 따른다.

---

44) 『稼亭集』(7) 說 市肆說.

(4) 간신奸臣 : 말을 얌전히 하고 좋은 낯빛을 보이며 음모와 궤계詭計로써 임금을 기만하고 백성을 우롱하며 이익은 자기에게 돌리고 원망은 위에 돌리며 급한 변란이라도 있으면 임금을 앞에 내세우고 자기 몸을 뒤에 숨기며 뒤따라가며 떼밀어 넣고 그 위에 큰 돌을 덮어 누른다.

(5) 직신直臣 : 임금의 허물이 있으면 강력하게 간언하고 임금이 할 일을 못 한 것이 있으면 좋은 말을 올려 임금이 혹 불의에 빠질까 두려워하고 오직 백성이 죄 없이 죽을까 염려하여 충성을 다하고[蹇蹇], 곧은 말[諤諤]을 꺼리지 않고 바른말 하기를 죽은 뒤에야 그친다.

(6) 사신邪臣 : 큰 길[大道]을 따르지도 않고 바른 길[正道]로 가지도 않으며 저희끼리 천 갈래, 만 갈래 지름길로 굽혀 맞이하고 가로로 결합하며, 아직 뜻을 얻지 못하였을 때는 임금의 종기를 빨고 치질을 핥는 등 못하는 짓이 없으나 마침내 환란이 일어나면 따라서 위태롭게 되어 망한다.[45]

이곡이 문제의 핵심을 사람에 둔 것과는 달리, 그의 아들 이색의 눈에 비친 정치적 난맥은 제도에 있었고, 그 중요한 부분은 토지의 문란이었다. 그는 이렇게 개탄하고 있다.

"400년 말류末流의 폐 가운데서도 토지 제도의 문란이 더욱 심하여 호강豪强이 토지를 겸병하여 까치가 지은 집에 비둘기가 사는 것과 같은 현실이다." ....

"백성이 하늘로 삼는 것(식량)은 오직 전토에 있는데, 몇 마지기의 밭을 해가 다하도록 부지런히 지어도 부모 처자의 부양이 오히려 넉넉지 못한데, 세금을 거두는 무리가 오면 그 밭의 주인이 3~4가구, 혹 7~8가구가 되는 곳도 있어 백성의 궁곤함이 심각하다."

이색이 제시한 이러한 논리에 대하여 세상 사람들이 그를 태산북두泰山北斗처럼 우러러보았고 나라에서는 그를 천 년 된 거북蓍龜처럼 믿었다.[46] 그러나 그의 시무책은 받아들여지지 않고 청주淸州·함창咸昌에 유배되며 의지도 쇠진하기 시작했다.[47]

공민왕 5년(1356), 귀양에서 풀려난 뒤 이색은 이부시랑吏部侍郎 겸 병부낭중兵

---

45) 『稼亭集』(7) 說 臣說送李府令歸國.

46) 『東文選』(51) 頌 權近 牧隱先生畵像贊.

47) 『高麗史』 列傳 李穡; 『東文選』(53) 奏議 李穡 陳時務書.

部郎中에 올라 문무의 전선銓選을 맡았으나 이미 때는 너무 늦어 있었다.[48] 이색의 꿈이 어떠했는가는 다음의 글에 잘 나타나 있다.

> 옛날 학자는 성인이 되고자 하였으나 지금 학자는 관록을 얻고자 시詩를 외우고 글을 읽음에 도道를 기호嗜好함이 아직 깊지도 못한데 번화繁華의 싸움에 이미 이기고 조장彫章(교묘하게 문장을 꾸밈)과 탁구琢句(자구를 수식함)에 마음씀이 크게 지나치니 성정誠正의 공功이 어디에 있겠습니까? 혹 바꾸어 다른 길을 걸어도 그 투필投筆을 자랑하고 혹 늙어도 성취함이 없이 그 몸이 잘못된 것을 탄식하니 그 가운데서 영매英邁하고 걸출하여 유학의 종장宗匠이 되고 나라의 주춧돌이 될 사람이 몇이겠습니까?[49]

이색이 생각한 미래상은 예치가 이루어진 사회였다. 원래 주자 성리학은 예교禮敎와 정교政敎의 두 가지 실천 방법으로 나뉠 수 있는데, 예교가 유리교육의 길이라면, 정교는 정치교육의 길이다. 그런데 여말에 안향·백이정·우탁禹倬·이색·정몽주 등의 학자들이 수용한 성리학은 예교적인 면에 주력하였는데, 이는 당시의 수입국이던 원나라의 학풍과 관련되어 있다.

그러다가 정도전鄭道傳·권근 등을 따라 성리학은 정교적政敎的인 모습으로 바뀌게 되었다. 이는 국가 이념과 교육 이념을 한데 묶으려는 신흥사대부들의 통치 이데올로기 때문이었다. 그들은 강력한 체제보호적 의지 때문에 정교의 측면을 강조할 수밖에 없었다.

이러한 상황에서 여말의 성리학은 윤리 면을 강조하는 예교 중심의 수양학파와 정치면을 강조하는 정교 중심의 경세학파로 양분되었다. 앞의 무리는 불사이군不事二君의 절의를 숭상하는 정몽주·길재로 대표되고, 뒤의 무리는 새 왕조 건설에 크게 활약한 정도전·권근으로 대표된다.[50]

고려의 예교적 이데올로기가 원숙의 단계에 이른 것은 정몽주에 의해서였다. "풍악쟁이와 기생을 아내로 삼는 무리는 장杖 80대를 때려 이혼하게 하고 정원政苑과 육조에 서용敍用하지 않음"[51]을 주장할 만큼 예교에 몰두했던 정몽주가

48) 『高麗史』 列傳 李穡.

49) 『高麗史』 列傳 李穡.

50) 丁淳睦, 『退溪評傳』(서울 : 지식산업사, 1969), pp. 32~33.

51) 『圃隱集續錄』(2) 遺事.

꿈꾸던 나라는 주周의 시대였다. 그는 18세가 되자 관례冠禮을 치르며 아명인 몽룡夢龍을 버리고 주공周公을 꿈에서도 그리워하여 주周자를 따서 이름을 "몽주"夢周라고 고친 것을 보면,[52] 그가 주나라의 예법을 얼마나 경모했는지를 알 수 있다.

정몽주는 공자께서, "심하도다. 나의 늙음이여! 오래되었도다. 내 꿈속에서 주공周公을 더 이상 뵙지 못함이여!"[53]라고 탄식하며 꿈속에서도 주나라를 그리워한 대목을 생각하며 자신의 이름을 지었을 것이다. 정몽주가 근본 정신으로 삼고 돌아가고 싶어 한 것은 선진 유학先秦儒學의 군자학이었다.[54] 그가 일찍이 말하기를, "아래로 백성의 일을 닦고 위로 천도에 순응하면 학문의 지극한 공효와 성인의 가장 능한 일을 다하는 것이다. 내가 이것을 버리고 어디로 가겠는가?"[55]라고 했다.

그런데 그 이상이 차츰 멀어지는 듯한 절망감이 여말의 유학자들에게 찾아오기 시작했다. 현실 정치의 개혁이 불가항력이라고 절망했을 때, 그들은 그것을 돌파하기보다는 숨을 곳을 찾았다. 역사에는 이렇게 현실을 도피한 무리가 많았다.

이 은자隱者들의 첫 번째 논리는 자신의 몸을 더럽히지 않으려는 결벽성이다. 그들은 몸을 숨기는 것이 최선의 절의節義라고 생각했다. 이색이 말하기를, "『주역』에 '천지가 폐색하니 현자가 숨는구나.'[56]라고 했다."며 몸을 숨긴 것이 대표적인 예였다.

본디 유교에서는 오래전부터 은자의 논리를 미담처럼 표현했다. 그것이 현대 정치에서 말하는 정치적 무관심으로서 부정적인 측면이 있는 것이 사실이지만, 사양과 겸손을 미덕으로 생각하던 선진 유학에서 "물러남"은 미학이었다. 그래서 공자도 "사람들이 나를 알아 써주면 내 뜻을 실천하고, 버리면 숨는다."[57]고 가르쳤다.

---

52) 『高麗史』 列傳 鄭夢周.
53) 『論語』 述而 : "子曰 甚矣 吾衰也 久矣 吾不復夢見周公"
54) 이을호, 「조선조 전기의 유가철학」, 『한국철학연구』(中)(서울 : 동명사, 1984), p. 7.
55) 『牧隱文藁』(5) 記 圃隱齋記.
56) 『牧隱文藁』(4) 記 陶隱齋記 : "天地閉 賢者隱"
57) 『論語』 述而 : "子 謂顔淵曰 用之則行 舍之則藏"

유학이 벼슬에서 물러날 것을 권고하는 까닭은, "벼슬살이는 사람의 올바른 뜻을 빼앗는다"[58]고 공자는 믿었기 때문이었다. 유학자들이 보기에 정치는 최고의 선을 구현하는 지상至上의 방편은 아니었다. 머물 곳과 떠날 곳에 관하여 일찍이 공자는 다음과 같이 가르친 바가 있다.

> 시詩에,
> "꾀꼴꾀꼴 하는 꾀꼴새 언덕 한 구석에 머물러 있도다."
> 라 했다. 그래서 선생님께서 이렇게 말씀하셨다.
> "머물러야 할 일이라면 자기가 머물러 있을 곳을 안다. 사람이 되어 새만도 못해서야 되겠느냐?"[59]

물러남의 미학은 무엇보다 간쟁諫諍의 문제와 밀접한 관련을 맺고 있다. 유교에서는 간언諫言의 중요성을 그토록 강조하고 있음에도 왕에 대한 극언을 피하도록 권고한다. 이는 『예기』에, "남의 신하된 예의는 드러나게 간언하지 않는다. 세 번 간언해도 듣지 않으면 도망간다."[60]고 가르친 바에 따른 것이다.

그래서 "오랫동안 서로 만나지 못하여 (그에 대한) 뜬소문으로 들리더라도 믿지 않으며, 그 행동에 근본이 방정하고 선 곳이 의로우면 함께 나아가고 이와 같지 않으면 물러난다."[61]라고 유교는 가르친다. 물러남의 정치에는 일종의 체념이 담겨 있다.

그렇다고 해서 그들의 물러남이 세상의 잘못됨에 대한 무책임한 도피는 아니다. 그러한 주군의 보위를 지탱하도록 내버려 둘지 말지는 신하가 감당해야 할 몫이 아니다. 폭군의 방벌放伐을 부인하는 것은 아니지만, 그것은 천명이지 인력으로 결정될 문제는 아니라고 그들은 생각했다. 그들은 다만 자기의 몸을 더럽히지 않는다는 절의의 논리로써 자신의 진퇴를 설명한다.

여말선초의 정치에서 관료지식인의 진퇴가 중요한 까닭은 그것이 당대는 물론이고 뒷날 조선조 정치의 중요한 변인이었던 절의파의 형성과 맥락으로 이어

---

58) 『近思錄』(12) 警戒篇(27) : "做官奪人志"

59) 『大學』傳3章 釋止于至善 : "詩云 緡蠻黃鳥 止于丘隅 子曰 於止 知其所止 可以人而不如鳥乎"

60) 『禮記』曲禮 : "爲人臣之禮 不顯諫 三諫而不聽 則逃之"

61) 『禮記』儒行 : "久不相見 聞流言不信 其行本方立義 同而進 不同而退"

지고 있기 때문이다. 왕조의 변혁이 일부에게는 축복과 영예가 될 수 있고, 가치의 재분배를 유발할 문제이지만, 그 반면에 그로 말미암아 가치를 잃는 무리가 여럿 생겨났다.

가치 박탈의 위험이 눈앞에 펼쳐졌을 때, 그것을 지키고자 현실에 적응할 것인지, 그것을 감수할 것인지에 대하여 관료 지식인들이 어느 쪽을 결심하기는 쉽지 않았을 것이다. 그러나 어쨌든 그들은 어느 한쪽을 선택할 수밖에 없는데, 어느 쪽이 되었든 그들에게는 자신의 선택에 대한 명분이 필요했다. 특히 가치를 박탈당하고 절의를 지켜야 하는 처지에 있는 패자敗者들에게는 적어도 다음의 어느 한 가지의 설명이 필요했다.

첫째로 지적할 것은, 어느 시대나 마찬가지이지만, 정치에 대한 환멸이나 혐오감이 정치에서 물러나는 가장 큰 요인이 되었다. 고려시대에 좁혀 본다면 그와 같은 정치 혐오의 가장 큰 계기는 무신 정권의 포악함 때문이었다. 무신 정권은 관료들의 안신安身에 두려움을 주었을 수도 있고, 그 자체로서 혐오감을 불러일으킬 수도 있었다. 그러한 사례로서 다음과 같은 경우를 제시할 수 있다.

> 최충헌崔忠獻이 정사를 마음대로 처리하여 벼슬을 파는 것을 보고 [한유한韓惟漢이] 말하기를, "난리가 장차 이르리라." 하고, 처자를 끌고 지리산智異山에 들어가 외로운 절개를 맑게 지키며 바깥사람과 더불어 사귀지 않으니 세상이 그 풍치風致를 높게 여겼다. [최충헌이 그를] 불러 서대비원녹사西大悲院錄事를 삼았으나 끝내 나가지 않고 이에 깊은 골짜기로 옮겨 살고 종신토록 돌아오지 않았다.[62]

둘째로 지적할 물러남의 이유로서는 왕조의 멸망에 대한 회한을 들 수 있다. 왕조의 교체 과정에서 드러나는 거대한 역사적·정치적 이해 관계의 교차는 그에 따른 정치적 입자의 분화를 수반했고, 성리학 내부의 다양한 정치적 입장 차이가 경쟁적으로 공존하는 상황을 촉발했다.[63] 충군을 최고의 미덕으로 생각하는 군주제 아래에서 왕조의 멸망은 관료 지식인들에게 강렬한 책임감과 죄의식을 불어 넣기에 충분한 사건이었다. 실제로 그들은 망국에 어느 정도 책임을 져야

62) 『高麗史』 列傳 韓惟漢.

63) 최연식, 「麗末鮮初의 정치인식과 체제개혁의 방향설정 : 李穡·鄭道傳·權近을 중심으로」, p. 140.

할 처지에 있었던 인물들이었다.

특히 이색처럼, "신臣과 같은 무리는 세계世系가 황실의 외손으로 작위를 이어받은[襲爵] 은혜를 외람히 입은 중신"으로서, "태산이 숫돌같이 되고 황하가 띠같이 되도록 나라가 길이 보존하여 후손에게 미치기"[64]를 바라는 소망이 있었지만, 현실은 그렇지 못했다.

관료 지식인들은 그 시대의 정신적·정치적 위기와 백성의 고통에 가장 민감하게 반응하고 아파했던 사람들로서, 성리학을 새로운 세계관으로 받아들인 한 무리의 학자들이었다. 그들은 시대의 고통을 슬퍼했을 뿐만 아니라, 고려의 정신과 정치 세계가 직면한 문제를 깊이 탐구했다.[65]

그러나 주자학적 관료 지식인들에게 국가의 구성에 대한 고민이 없었던 것은 아니지만, 그들의 생각은 아직 정치학으로 분화되지 않은 수기修己에 머무름으로써 격동의 시대에 부응하지 못했다. 그들은 국가 경영의 기술적 측면에서 정도전의 적수가 되지 못했고, 권근만큼 시대를 읽는 지혜를 갖추고 있지 못했다. 그렇다고 패배를 인정하기에는 승자로 등장하고 있는 신흥사대부의 지난날 모습이 자신들의 그것에 견주어 초라하게 보였다.

셋째로, 망국의 현장에서 흔히 나타나는 현상으로서, 절의파들은 전가의 보도처럼 불사이군不事二君의 논리를 물러남의 이유로 제시했다. 이 논리는 자신들의 패배에 담겨 있는 아픔을 줄일 요소를 담고 있었다. 그래서 신흥사대부들이 우왕禑王과 창왕昌王이 공민왕의 핏줄이 아니요, 신돈辛旽의 자식이라고 주장하며 폐위와 함께 역성혁명을 주장했다.

이때도, 이색은 불사이군의 논리를 앞세워 창왕의 옹립을 강변했다.[66] 이러한 입장은 왕조 변혁의 중요한 논거로 폐가입진廢假立眞(가짜인 왕을 폐위하고 진짜의 왕을 세움)을 주장하던 정도전은 "찬역簒逆과 난적亂賊의 괴수"[67]로 몰아가려는 위협으로도 이색의 무리를 막을 수가 없었다.

---

64) 『東文選』(38) 表箋 李穡 謝恩表; 『東文選』(23) 教書 李穡 賜贊成事潘卜海教書 : "泰山如礪 黃河如帶 國以永存"

65) 김영수, 「조선의 국가 건설 사상 : 진리의 정치화와 반폭정의 정치체제」, 『동·서양 국가건설사상』(한국정치사상학회 연례학술대회, 2003), p. 4.

66) 『高麗史』 列傳 李穡.

67) 『高麗史』 列傳 鄭道傳.

불사이군의 논리 앞에는 정몽주가 서 있었다. "믿음이라는 것은 임금의 큰 보배이니 나라는 백성으로 말미암아 보존되고 백성은 믿음에서 보존된다."[68]는 생각을 가지고 있던 정몽주로서는 왕조의 변혁을 받아들일 수 없었다. 그는 그것이 의리의 문제라고 인식했다.

의리는 흔히 오늘날 사회 정의justice라는 개념 아래서 제시되는 객관적 규범체계라기보다는 인격적 기반을 더욱 강렬하게 받아들이고 있는 것으로서, 이것은 천지자연의 운행 원리와 인간의 행동 원리가 같다는 성리학적 사유를 그 바탕에 깔고 있다.[69]

신흥사대부들도 정몽주의 이러한 의리관을 설득할 수 없으리라는 것을 잘 알고 있었다. 역사에는 당시의 정황이 이렇게 기록되어 있다.

> 태종太宗이 일찍이 태조太祖에게 아뢰기를,
> "정몽주가 어찌 우리를 배반할 수 있겠습니까?"
> 하니 태조가 이렇게 말했다.
> "내가 애매한 참소를 만나면 정몽주가 죽기로써 나를 변명해 주었지만, 만약 나라에 관계된 일이라면 그 마음을 알 수 없다."[70]

세종이 일찍이 "고려 말기에 능히 옛 임금을 위해 절개를 지켜 변하지 않은 사람은 오직 정몽주와 길재吉再뿐"[71]이라고 한 것은 당시 절의파들의 심중을 잘 설명하고 있다.

불사이군의 논리와 절의라는 가치에서 주목받는 또 다른 인물로는 최영崔瑩이 있다. 그가 이성계의 노선을 따르지 않고 자신의 길을 간 절의는 뒷날 무속巫俗의 주신이 될 만큼 칭송을 받아 가장 인기 있는 영웅신이 되었다.[72] 이는 불사

---

68) 『圃隱集續錄』(1) 疏 請赦金貂毁佛罪疏 : "信者人君之大寶也 國保於民 民保於信"

69) 김명하, 「圃隱과 冶隱 사상에 나타난 義理觀」, 『정치사상연구』(1)(한국정치사상학회, 1999), p. 177.

70) 『圃隱集續錄』(2) 遺事.

71) 『圃隱集續錄』(2) 遺事.

72) 경기도 파주군 일각의 임진강 연안에 덕물산德物山 산정에는 한국전쟁 직전까지 무당 부락이 있었다. 무당들은 이곳에 장군당將軍堂의 본존으로 최영 장군을 모시고 여기에서 치성함으로써 무력巫力을 얻었다. 이곳에서는 격년으로 음력 3월에 도당굿을 하는데 이때 사용되는 돼지고기를 성계육成桂肉이라 불러 이성계에 대한 분노를 나타냈다. 김용덕, 「최영」,

이군이라는 명제로 포장된 그의 충절과 죽음의 비장함이 신화로 되어 무속에 침투한 대표적인 사례이며 반反이성계 정서의 대표적인 표출이었다.

신흥사대부의 앞줄에 서 있던 권근으로서는 정몽주나 최영의 생각에 동의할 수 없었다. 권근이 안정지향적 정치 담론을 제기할 수 있었던 것은 그를 배출한 가계와 학통의 영향 때문이었다. 권근은 태생적으로 난세보다는 평시의 치세에 적합한 인물이었다. 권근은 절의만이 능사가 아니라 시대적 요구에 부응한 현실 참여와 이상 실현이 오히려 진정한 사대부의 책임이라는 의식을 갖게 되면서, 마침내 조선조에 출사를 결심했다.[73]

권근은 조선 초기 관료 또는 정치가로서의 구실에 대한 역사적 관심이 낮았다. 그가 고려왕조에서 관료로 지내다가 조선왕조에 별다른 거부감 없이 벼슬했다는 사실은 후대에 절의를 중요시하던 사림의 시각에서 비판을 받았던 사실과 무관하지 않았다.[74] 그러나 가는 길이 "다른 것"이 곧 "틀린 것"은 아니다.

불사이군의 절의사상은 성리학의 도덕 체계에서 중요한 위치를 차지하고 있기 때문에, 수기修己의 측면에서 본다면 역성혁명을 주장하는 무리를 변절로 볼 수도 있었다. 역성혁명을 지지하는 신흥사대부들은 신분적 조건이나 사상이라는 점에서 충절을 강조하는 성리학자와는 다른 성향을 지닌 인물들이었다.

대체로 혁명파에 가담한 인사들은 정도전의 경우처럼 혈통의 약점을 지닌 이들이 많았다. 이들이 절의나 불사이군과 같은 명분보다는 역성혁명과 같은 실질의 문제에 몰두한 것은, 춘추의 논리에서 보면 비난받을 수 있지만, 행태주의적 입장에서 보면 충분히 그럴 만한 이유를 가지고 있었다. 따라서 이를 선악의 문제로 단정할 수만은 없다.

절의와 혁명의 소용돌이에서 마침내 절의파가 패배하였는데, 이러한 현상은 역사에서 보편적인 일이다. 이제 절의파에게 남은 것은 은둔의 논리였다. 이른바 뒷날 산림山林이니 사림士林이니 하는 용어로 표현되는 이들은 도가적 은일隱逸을 표방하며 산림으로 들어갔다. 그러나 그들이 정치적 관심을 포기한 것도 아니었고, 자신의 패배를 인정한 것도 아니었다.

『한국인물사』(2), pp. 405~406; 2022년 7월의 답사.

73) 최연식, 『창업과 수성의 정치사상』, pp. 101, 105~106.

74) 鄭在薰, 「朝鮮前期 儒教政治思想 研究」, pp. 29~30.

"벼슬하는 정은 나의 즐거움이 아니므로 가을이 될 때마다 산수의 흥을 더욱 마음속에 느끼는데 선생은 어떤 이이기에 능히 홀로 이것을 갖추었습니까?"[75]라는 질문에도 그들은 웃을 수 있었다. 그들은 "천수天數·인사人事 그 어느 것이나 핵심은 탐욕을 버리는 것"[76]이라고 자신의 처지를 위로했다.

절의파들은 마음내키지 않았지만, "삼대가 혁명할 적에는 모두 공덕을 쌓았기 때문에 하늘이 그에게 명령을 내렸고 백성이 그에게 마음을 돌렸다."[77]고 생각함으로써 역성을 천명으로 알고 체념하려 했다. 그들의 괴롭고 착잡한 심경은 길재의 다음의 글에 잘 나타나 있다.

> 5백 년 만에 훌륭한 임금이 나오니 어진 이들이 뽑혀 무리로 나아가는 것이 마치 바람이 범을 따르고 구름이 용을 따르듯 하며, 1천 년 만에 황하가 맑아지니 자취를 감췄던 이들이 새가 산을 좋아하고 고기가 물을 기뻐하듯 합니다. 출세하는 이도 있고 숨는 이도 있으며, 나아가는 이도 있고 물러가는 이도 있으니, 이는 그 뜻과 길이 서로 다를 따름입니다.
>
> 어찌 좋은 때를 싫어하고 숨기를 좋아해서이며, 좋은 음식을 싫어하고 거친 음식을 싫어해서이겠습니까? 성현의 글을 읽고 무엇을 배웠겠습니까? 자식은 효도에 죽고 신하는 충성에 죽는 것입니다. 고금의 예를 실천하며 자신의 포부를 이룸은 다름이 아니라 평소에는 인을 실행하고 변고를 만나는 절개를 지키는 것입니다. 만일 이 사람을 섬기다가 저 사람으로 옮겨 간다면 이는 실로 소나 말에게 옷을 입혀 놓은 것일 뿐입니다.[78]

길재는 "남아 있는 무리"에 대한 덕담을 아끼지 않았지만, 그들이 실은 "소나 말에 지나지 않는 무리"라는 풍자도 숨기지 않았다. 새 왕조로부터 출사의 권면을 받았을 때, 그들에게 전혀 동요가 없었으리라고는 말할 수 없겠지만, 그들은 지조를 버리지 않았다. 당시의 심정을 길재는 다음과 같이 이어서 설명하고 있다.

75) 『圃隱集』(3) 答遁村書 : "宦情非余樂也 每逢秋至山水之興 尤有感於中心 先生何人能獨辦"
76) 『稼亭集』(1) 雜著 原水旱.
77) 『東文選』(96) 說 李穀 杯羹說.
78) 『冶隱先生言行拾遺』(上) 附 上宰相啓 : "五百年王侯作 拔茅彙征者 若風從虎而雲從龍 一千載河海淸 藏踪祕跡者 如鳥喜山而魚喜水 或出或處之殊趣 有進有退之異途 夫豈惡嘉會而好隱淪 尙何厭膏粱而甘蔬食 讀聖賢書 所學何事 子死孝而臣死忠 履古今禮 爲抱非他 常蹈仁而變蹈節 儻事甲而移乙 實襟馬而裾牛"

신이 엎드려 생각건대, 신이 자질이 몽매하고 집안이 한미한 처지로서 전조前朝에 과거를 보아 두루 문하의 직책을 역임하였습니다. 이미 전조의 신하가 되어 몸을 바쳤으니 진실로 힘써 충성하는 것이 마땅하거늘 위종僞宗(거짓된 왕 우왕·창왕)이 패망하는 대를 겪으며 화읍畫邑의 왕촉王蠋이 두 임금을 섬기지 않은 것처럼 목숨을 버리지도 못하였고, 진주眞主(이성계)가 일어난 뒤에는 주나라 곡식을 사양하고 수양산으로 들어간 백이·숙제伯夷叔齊가 되지도 못하였습니다.

명분과 의리가 아울러 없어지고 곧은 절개조차 굽히게 되었으니, 미천한 목숨에 한 번 죽음을 내리어 앞으로 두 마음 가진 신하들에게 부끄러움을 느끼게 하심이 마땅한 일입니다. 멸망한 나라의 천한 몸으로 어찌 거룩한 조정의 커다란 은택을 입으리라 생각이나 하였겠습니까?[79]

이제 절의파들은 "몸을 숨기기로"[遁] 결심했다. 몸을 숨기고자 하는 그들의 의지가 가장 잘 나타난 것이 곧 그들의 호號이다. 이집李集처럼 아예 호를 둔촌遁村이라 짓고 숨어 산 인물도 있다. 이집은 이렇게 고백하고 있다.

"내가 오늘까지 살아온 것은 숨김[遁]의 힘이다. …… '숨김'이 나에게 덕이 된 것은 장차 내 몸을 마칠 때까지 잊을 수 없다. 그런 까닭에 내 있는 곳을 둔촌이라 했으니 이것은 "둔"을 덕으로 생각하는 까닭이다."[80]

고려 말 성리학자들의 호에는 유난히 "숨을 은"[隱] 무리가 많이 사용되고 있다. 이색의 탄식을 들어보면,

옛사람 가운데 조정에 몸을 숨긴 무리가 있었으니, …… 진晉나라 때 술을 마시며 숨었던 자들이 죽림竹林이라면, 송나라 말년에 고기잡이를 하며 숨었던 이는 초계苕溪였다. 그 밖에 "숨을 은隱"의 무리를 가지고 자신의 이름을 표기한 적도 있었으니, 당나라의 이 씨李氏와 나 씨羅氏 같은 사람들의 경우가 그렇다. 우리 삼한은 그 기풍이 워낙 유아儒雅해서 예로부터 걸출한 인재가 많다고 일컬어져 왔다.

---

79) 『冶隱先生言行拾遺』(上) 附 辭太常博士箋 : "伏念臣性資昏蔽 門地孤寒 當捷科於前朝 而歷職於門下 旣乃爲臣而委質 固當戮力而盡忠 丁僞宗覆亡之時 旣不能捐軀畫邑 及眞主奮興之後 又不能辭粟首陽 名義以之俱淪 淸節自玆兼撓 所宜加一戮於微命 將以愧二心之人臣 豈意亡國之賤俘 獲霑盛朝之優渥" 본문에 인용된 "위종"僞宗이니 "진주"眞主니 하는 용어는 후세에 가필되었을 것이다.

80) 『牧隱文藁』(1) 記 遁村記.

그리하여 드높은 풍도를 지니고 절세絶世의 기예를 소유한 이들이 각 시대마다 모자람이 없이 배출되었는데, 정작 "은隱"이라는 글자를 가지고서 자신의 호로 삼은 사람은 보기가 드물었다. 이는 출사出仕하는 것이 그들의 뜻이었기 때문에 "숨을 은" 무리를 말하는 것 자체가 부끄러워서였을까, 아니면 은거하는 것이 일상적인 일이었기 때문에 구태여 "숨을 은" 무리를 가지고서 자신을 드러내려 하지 않아서였을까?[81)]

그러면서 이색은 당대에 "隱"을 써 호를 지은 사람들을 열거하는데, "계림鷄林의 졸옹拙翁 최해崔瀣가 자신의 호를 농은農隱(농사꾼이 되어 숨은 사내)이라 하였고, 성산星山의 시중侍中 이인복李仁復은 자신의 호를 초은樵隱(나무꾼이 되어 숨은 사내)이라 하였으며, 담양潭陽의 정당政堂 전록생田祿生은 자신의 호를 야은野隱(들에 숨은 사내)이라 하였고, 나 또한 목은牧隱(짐승을 키우며 숨어사는 사내)이라는 글자 속에 자신을 숨기게 되었다."

이 밖에도 포은圃隱(텃밭에 숨은 사내) 정몽주鄭夢周, 도은陶隱(옹기 구우며 숨은 사내) 이숭인李崇仁, 야은冶隱(대장장이가 되어 숨은 사내) 길재吉再, 어은漁隱(어부가 되어 숨은 사내) 염흥방廉興邦 등이 있다. 이들의 이름을 거명하며 이색은 자신의 처지를 이렇게 설명했다.

> 나야 이제 늙었으니 "숨을 은" 자[隱]를 가지고 나의 호로 삼아도 괜찮겠지만, 자안子安 씨(이숭인)는 지금이야말로 남보다 우뚝 솟구쳐서 앞으로 용감하게 나아가야 할 때인데, "은"이라는 글자로 자처해서야 되겠는가? 나와 자안 씨는 모두 남양공南陽公(홍언박)의 문인門人인 데다, 성균관의 동료로 서로 어울려 지낸 지가 또 오래되었다. 그래서 이런 의문이 들기에 한번 물어보는 것이니, 자안 씨는 더욱 힘내기 바란다.[82)]

그렇다면 정치인은 왜 정치를 또는 주군을 떠나 초야에 몸을 숨겨야 하는가? 이는 다음과 같이 정리할 수 있을 것이다.

(1) 주군이 듣는 귀를 갖지 않았을 때는 떠나야 한다. 특히 간언에 책임이 있는

81) 『牧隱文藁』(4) 記 陶隱齋記; 『牧隱文藁』(5) 記 圃隱齋記.
82) 『牧隱文藁』(4) 記 陶隱齋記.

무리는 주군이 그의 말을 들어주지 않으면 떠난다. 대신은 도道로써 임금을 섬기다가 그 섬김이 옳지 않으면 그만둔다.[83)]

(2) 주군이 선비를 대접해 주지 않으면 떠나야 한다. 이것은 지식인의 자존自尊의 문제이다. 임금과 신하가 서로 도우며 살아가는 것이 도리이겠지만, 의견이 서로 맞지 않을 때는 쌀을 일다가도 떠나고 담을 넘어서라도 떠난다.[84)]

(3) 간언에 목숨을 걸 일은 아니다. 정치인은 안신입명安身立命해야 한다. 어두운 곳에 이름을 숨기고 밝음에 나타나는 것이 몸을 보전하는 기틀이다.[85)]

실제로 72명의 선비가 두문동杜門洞으로 들어가 "문을 닫아걸고"[杜門] 학문과 수기修己에 몰두했다.[86)] 이들의 정신적 고향은 정몽주의 충의였다. 그의 절의는 길재를 거쳐 김굉필金宏弼과 조광조趙光祖로 이어져 조선조 사림의 맥을 형성했다.

조선왕조는 주자학의 학맥에도 불구하고 정몽주에 대한 기피 심리를 떨쳐 버리지 못했고, 그 결과 고려의 절의파들은 세종 시대에 이르기까지도 문묘에 배향되지 못했다.[87)] 뒷날의 일이지만, 사륙신과 생육신 그리고 조광조의 비극적 죽음도 실은 절의파에 대한 조선왕조의 인식의 한계를 드러낸 것으로 볼 수 있다.

4. 대륙에 대한 인식 : 원명 교체기의 고뇌

인간의 애착 가운데서 자신을 둘러싸고 있는 소집단, 이를테면 가족이나 촌락에 대한 애착은 그를 둘러싸고 있는 거대 집단, 이를테면 국가나 세계에 대한 애착에 우선한다. 이를 가리켜 집단이기주의라고 비난할 수도 있겠지만 원초적으로 인간은 이기적 존재이며, 소집단에 대한 애착을 갖는 것을 비난할 일만은 아니다.

이러한 소집단 이기주의 사회에서도 그나마 다행스러운 것은, 인간이 끝내 소

83) 『小學』 內篇 明倫(2) 明君臣之義(54) : "有言責者 不得其言則去 …… 大臣以道事君 不可則止"

84) 『牧隱文藁』(10) 說 子因說.

85) 『稼亭集』(1) 雜著 吊黨錮文 幷序 : "用晦而明兮 保身之機"

86) 경기도 개풍군 두문동에 들어간 72현 가운데 그곳에서 죽은 사람과 조정의 설득으로 귀향한 사람을 제외한 13명은 끝까지 절의를 지키다가 이성계의 자객에게 불타 죽었고, 이들을 추모하는 유생들이 사림의 맥을 이루었다.

87) 『世宗實錄』 18년 5월 12일(丁丑).

승적 욕망에만 사로잡히는 것은 아니며 때로는 대승적이고 시사적 고민, 이를테면 역사나 민족과 같은 문제에 대한 번민을 가지고 사는 무리도 흔히 있다는 사실이다.

이와 같은 대승적 고민은 명상이나 정서의 문제가 아니라 그 당사자의 지식수준과 정비례하는 경우가 많다. 대체로 불교의 교종이 대승적이듯이, 한 시대의 지식 계급은 그 시대의 아픔에 대하여 더 괴로워하고 더 민감하다. 그들의 시야는 보통 사람보다 넓기 때문에 국제적인 문제에까지 지평이 확대된다. 그 지식인이 단순한 산림山林의 처사가 아니라 관료 지식인일 경우에 그러한 국제적 관심은 더욱 넓어질 수밖에 없다.

여말선초 주자학이 도입될 무렵의 관료 지식인들은, 위에서 지적한 국제적인 흐름에 더욱 민감했다. 무신 정권 아래에서의 고통, 100년에 걸친 몽골족의 지배, 삼별초의 난, 여몽연합군의 일본 정벌, 절대주의 왕정 아래에서 정통성 시비, 그리고 불교와 정치의 유착 등 왕조 말엽의 많은 증후들이 지식인들을 괴롭히고 있었다.

이러한 가운데에서도 고려에 대한 원나라의 강압 정책은 관료 지식인들이 풀어야 할 중요한 과제였다. 이를테면, 동녀童女와 조공朝貢의 문제, 부마국駙馬國으로서의 국가정체성, 종주국으로부터 들어오는 이질 문화에 대한 대응과 저항 등이 그러한 사례에 속하는 것들이었다.

그렇게 고뇌하는 지식인 사회의 중심에 먼저 이곡·이색의 부자가 있었다. 그들은 단순히 고려의 지식인일 뿐만 아니라 원나라의 관리로 봉직한 경험이 있는, 그 사회의 주류에 속해 있던 보수층으로서 그들의 고뇌는 남다르고 이중적이었다. 그러한 고뇌의 한 사례로 이곡의 다음과 같은 탄식은 당시 지식인들의 심중을 잘 표현해 주는 단면이라 할 수 있다.

> 풍문에 듣건대, 사람들은 딸을 낳으면 곧 숨겨 오직 깊숙이 숨기지 못했을까 염려하여 비록 가까운 이웃 사람이라도 보지 못합니다. 매양 중국에서 사신이 오면 문득 얼굴빛을 잃고 서로 돌아보며 말하기를, "왜 왔을까? 동녀를 취하려는 것이 아닐까? 처첩을 취하려고 온 것일까?" 한답니다. 조금 지나 군인과 아전이 사방에 흩어져 집집마다 샅샅이 뒤져 혹시라도 숨기면 그 윗사람을 잡아 가두고 그 친척을 결박하려 채찍으로 치고 고단함과 아픔[困苦]을 준 뒤에야 그만두니 한번 사신

이 오면 나라 안이 소란하여 비록 닭과 개라도 편안하지 못합니다.

…… 이렇게 하는 것이 1년에 두 번도 되고 혹은 한 번도 되고 1년을 거르기도 하나, 그 수효가 많을 때는 40~50명에 이릅니다. 그렇게 뽑히면 부모 종족이 서로 모여 통곡하며 울어 밤낮으로 소리가 끊이지 않으며 국경 관문에 보낼 때는 옷을 잡아끌며 엎어져 길을 막고 부르짖어 울고 비통함이 솟아 우물에 투신하는 사람도 있고 목을 매어 죽는 자도 있으며, 근심 걱정으로 졸도하는 사람도 있고 피눈물을 흘리다가 눈이 머는 사람도 있어 이와 같은 일을 이루 다 기록할 수 없습니다. …… 공경하여 생각하건대 국조國祖의 덕화가 미치는 바에 따라 만물이 모두 삶을 누리는데 고려 사람들은 홀로 무슨 죄가 있어 이 괴로움을 받습니까?[88]

이 글에는 국난기를 살아가는 지식인의 아픔이 절절히 배어 있다. 원나라의 압력은 고려의 국가적 정체성에도 심대한 변화를 가져왔다. 왕의 지위는 강등하여 폐하陛下라 일컫던 것을 전하殿下로 불러야 하고, 태자는 세자로 격하되었으며, 묘호廟號를 정하면서도 조祖나 종宗을 사용하지 못하고 왕이라 일컫게 되었다.

이를테면 충렬왕忠烈王부터 충정왕忠정定王에 이르기까지 76년 동안(1275~1351) 원나라에 대한 충성의 표시로 충○왕忠○王으로 불러야 했다. 충숙왕忠肅王과 충혜왕忠惠王처럼 원나라가 폐위했다가 복위한 왕도 있고, 세자는 원나라로 들어가 왕이 될 때까지 심양瀋陽이나 원경元京으로 잡혀가 볼모로 머물렀으며, 돌아올 때는 원나라의 공주를 왕비로 맞아들여야 했다.

고려에 대한 원나라의 통치는 정동행중서성征東行中書省을 통해 이뤄졌다. 원종 5년(1164)에 원나라가 활리길사闊里吉思를 보내어 정동행중서성 평장사平章事를 삼고 야율희일耶律希逸로 좌승左丞을 삼았다.

이 당시의 정황을 목격한 합산哈散이 원나라로 돌아가 아뢰기를, "고려의 왕이 능히 그 무리의 사람을 다스려 승복시키지 못하니 조정이 마땅히 관리를 보내 함께 다스려야 한다."고 했다. 이러한 보고에 따라 원의 지배가 강화되었는데,[89] 그들은 정동행성을 통하여 고려의 국호國號를 쓰지 못하도록 요구할 정도였다.[90]

원종 이후 고려와 원 사이의 교류는 더욱 활발하여 두 나라 사이에는 실질적

---

88) 『稼亭集』(8) 書 代言官請罷取童女書; 『東文選』(62) 書 李穀 代言官請罷取童女書.

89) 『高麗史』 忠烈王 25년 10월 겨울.

90) 『高麗史』 列傳 諸臣 金怡; 『高麗史』 志 刑法 奴婢.

으로 국경이 없는 상태였다. 따라서 100여 년에 걸쳐 원과 교류하면서 고려는 대륙 문화와 전면적인 교류를 가질 수 있었다. 수많은 전쟁 포로와 인질, 공녀貢女, 환관 등과 같은 비참한 교류뿐만 아니라, 관료·승려·학자·정치가 등도 세계 문화와 직접적인 접촉을 가질 수 있었다.[91)]

문명의 교류라는 것이 늘 그렇듯이, 이와 같은 원-고려의 관계에서 분명히 고려가 얻은 것이 있었을 터이지만, 민족 자존의 면에서 그것이 늘 긍정적인 것만은 아니었다. 이른바 연경학파燕京學派로서는 그들 나름의 고민이 있을 수밖에 없었다.

이 당시의 성리학자는 대체로 두 무리로 구분할 수 있는데, 하나는 연경燕京에서 유학한 친원파로 안향·백이정·권부權溥·이제현·이곡·이색 등이 이에 들며 이들의 정책은 온건한 축이었다. 특히 백이정과 권부의 학문이 이제현에게 전수되었는데, 원에서 수학한 이들은 역설적으로 원의 압제에 대한 반발과 성리학적 대의명분에 승복하는 모순된 의식에 빠져 있었다.

이들과는 또 다른 하나의 학파는 명의 수도 남경에서 유학한 친명파의 신진세력이었다. 이들은 기예氣銳한 엘리트들로서 과격한 배불숭유파들이었는데, 정몽주·이숭인·정도전 그리고 권근 등이 여기에 속했다. 이들은 신진사대부 계층의 주축을 이루며 존화사상의 맥을 이루었고 일부는 뒤에 조선왕조 개창의 주역이 되었다.[92)]

그런데 연경학파들의 심중은 미묘한 것이었다. 그들은 화려한 연경문화 앞에 스스로 엎드렸다. 그들은 두 나라 사이의 종번宗藩 관계를 수긍할 수 없었지만, 원의 찬란한 문화를 부인하지도 않았다. 그러한 심중은 이곡의 다음과 같은 글에 잘 나타나고 있다.

> 공경히 생각하면 원나라가 송宋·금金·요遼의 뒤를 이어 그 폐가 되는 법을 제거했다. …… 당우唐虞 삼대의 지치至治를 이룩하려면 지금의 시대에도 해괴하지 않

91) 김영수, 「고려말 성리학의 정치의식 : 초월에서 세속으로」, 한국·동양정치사상사학회 연례학술발표회(2004. 2. 21.), pp. 6~7; 김영수, 「고려조에서 조선조에서의 이행의 지성사적 기초 : 고려말 주자학의 수용과 "復性"의 정치학」, 한국정치외교사학회 학술회의 : 『전환기 한국의 정치사상』(인천대학교, 2003. 10. 10.), pp. 4~7.

92) 김명하, 「圃隱과 冶隱 사상에 나타난 義理觀」, p. 173.

고 옛날의 법에도 구애되지 않아야 할 것인데 그 방법을 어디에 따를 것인가? 본국은 법을 세운 지 이미 오래되어 변경하기에 중점을 두고 있으며, 근래에 와서도 정사가 여러 권문에서 나오므로 사람이 받들지 아니하여 혹시 형刑을 쓸 때 원나라 법을 적용하면 유사有司가 손을 여미고 말을 못한다.[93]

이곡의 글에는 원나라의 지배에 대한 아픔이 담겨 있지 않다. 그는 오히려 원나라의 제도에서 고려의 묵은 폐단을 지울 가능성을 본 듯하다. 원나라의 관리였던 그는 원의 문화에 거의 동화되었음에 틀림없다. 그런데 그의 아들 이색에 이르러서도 원나라에 대한 숭모에 변함이 없으면서도 한편으로는 분명히 원에 대한 원망을 가슴에 담고 있었다.

그렇다면 여기에 하나의 물음이 남는다. 이색이 지니고 있던 몽골에 대한 진의는 무엇이었을까? 그도 과연 그의 아버지가 그랬던 것처럼 몽골에 복속됨을 거부감 없이 받아들인 것일까? 그것은 아니다. 그가 숭경崇敬한 것은 몽골이 아니라 연경에서 꽃 피우고 있는 화하華夏 문화의 부활이었다. 그가 추구한 마지막 가치는 원나라를 거쳐 주周나라에 이르는 것이었다. 그는 자신의 꿈을 이렇게 피력한 바 있다.

국가에서 인재를 쓰는 것이 마치 수레에 보輔를 두는 것과 같으므로 옛글에 말하기를, "너의 보輔을 버리지 말라. 너의 복輻에 도움이 될 것이다." 했다. …… 인재를 써서 시대의 난국을 구제한 점에서 우리는 주나라의 정치를 따를 수 없다. …… 사군자士君子가 어려서는 배우고, 장성해서는 배운 것을 실행하여 집에서부터 시작하여 천하를 다스리는 데 미치어, 임금을 착하게 하고 백성에게 혜택을 입히며, 풍속을 바꾸어 반드시 그 사람들을 요·순堯舜과 같이 만들고, 그 시대를 당우와 같이 만들어야 한다.

하·은夏殷으로부터 주나라에 이르러 [도가] 멈췄으니, 대개 주나라 이후에는 천하에 착한 정치가 없었기 때문이다. 그렇다면 뜻이 있는 선비가 발돋움하고 바라볼 것은 주나라가 아니고 무엇이겠는가? …… 주나라에 마음을 둔 연후에야 오늘날 조정의 보좌가 될 수 있을 것이다.[94]

여기에 이색의 고민이 있다. 그는 중화를 숭모했지만 그것을 담고 있는 원(몽

93) 『稼亭集』(1) 雜著 策問.
94) 『東文選』(97) 說 李穡 孟周說.

골)을 인정할 수가 없었다. 그는 아마도 몽골을 끝까지 북적北狄으로 생각했을 것이다. 그러나 현실은 그의 생각과 많이 달랐다. 그는 자신 앞에 펼쳐지고 있는 원元이라는 거대한 제국의 현실적 중압감을 견딜 수 없었다. 그는 마음을 중화에 두고 몸을 몽골에 두는 이중적 삶을 거스를 수가 없었다. 그래서 그는 이렇게 현실을 받아들인다.

> 신臣 색은 그윽이 생각하옵건대, 우리 태조 신성대왕[이성계]께서 (홍무) 22년(1389)에 조명詔命을 받으셨고, 그 뒤 사왕嗣王이 조명을 중국에서 받지 않으신 적이 없었으니, 소국을 사랑하는 은혜와 대국을 섬기는 예는 다른 번방藩邦이 감히 따르려 해도 못 할 것입니다. 원나라 말엽에 이르러 선왕께서 깊이 기운機運을 관찰하시고 바다를 건너 조공하였으니, 하늘이 시킨 것이며 지금 우리 전하께서 유지를 계승하여 정책을 바꾸지 아니하시고, 오랠수록 더욱 삼가시며 정성이 지극하여 위아래에 통하셨습니다.
>
> 천자의 밝은 명령이 하늘로부터 내려, 우리 소국이 의식은 본국의 습속을 따르게 하고, 법은 옛 헌장을 지키게 하여 사랑이 깊고 훈계도 깊사오며, 전하의 봉승奉承하시고 주선하신 바도 어찌 천위天威를 지척에 대한 것과 어김이 없을 뿐이겠사옵니까?[95]

보수적 지배 관료에게 소중한 것은 현실이다. 그러나 신진 사류의 국제적 인식은 보수층과 많이 달랐다. 그들이 존화의 입장이라는 점에서 보수층과 기본적으로 다름이 없었지만, 그들은 몽골이라는 야만의 기제機制를 여과하여 고려에 전승되는 중화 문화를 받아들일 수가 없었다.

신진 사류들은 몽골을 통한 문명의 전수를 수치로 받아들였다. 그러한 상황에서 한족漢族의 정통을 표방하며 명明이 건국했을 때, 신진 사류의 대륙 인식은 달라질 수밖에 없었다. 그리고 이러한 정몽주가 이를 주도했다. 정몽주의 대륙 인식 또는 대명 인식은 다음의 글에 잘 나타나 있다.

> 우리 나라가 해외 궁벽한 곳에 있어 우리 태조[왕건]가 당나라 말기에 일어나 중국을 사례로 섬겼는데 그 섬기는 것은 천하의 의주義主를 본받을 뿐이었습니다. 지난번에 원 씨元氏가 스스로 파천하고 대명이 일어나 문득 사해를 차지하매 우리

---

95) 『東文選』(50) 頌 李穡 受命之頌 幷序.

의 승하하신 왕께서 분명히 천명을 알고 표문表文을 받들어 신하라 일컬었습니다.

엎드려 생각건대 전하께서 영단英斷을 내려 원나라의 사신을 잡고 그 조서詔書를 거두며 오계남吳季南, 장자온張子溫 및 김의金義가 데리고 갔던 무리를 모두 결박하여 경사京師(남경)에 보내면 애매한 죄가 변명하지 않아도 저절로 밝혀질 것입니다. 이에 정요위定遼衛와 약속하여 군사를 양성하여 시기를 보아 북쪽으로 향한다고 소리치면 원 씨의 남은 무리가 자취를 거둬 멀리 도망하여 국가의 복이 무궁하게 될 것입니다.[96]

정몽주의 글에는 원에 대한 복수復讎와 수치를 씻고자[雪恥] 친중화로 복귀하려는 강렬한 의지가 담겨 있다. "명나라 황제가 발흥하자 고려가 명에 귀부歸附할 것"을 가장 먼저 상소한 인물도 정몽주였다.[97] 이때 정몽주의 생각은 왕조 말기의 난맥에 대한 절망과 개혁 의지, 공민왕의 치세로부터 눈에 띄게 나타나기 시작한 원의 영향력 감소, 그리고 명나라의 발흥으로 말미암은 중화 문화의 부흥에 대한 가능성으로 고무받았음이 틀림없다.

여말선초의 사대부들이 대륙에서 벌어지고 있던 원·명 교체에 어떤 인식을 지니고 있었던가는 그들이 살던 현실과 그들의 지식이나 신념 사이에 많은 갈등을 불러일으켰고, 거기에 자신의 진퇴에 대한 고려까지 끼어들어 매우 복잡한 모습을 띠게 되었다.

보수적 관료 지식인들은 끝까지 현실과 이상 사이에서 괴로워하면서도 옛 인연을 벗어나는 데 담대하지 못한 것과 달리, 신흥 유학자들은 명나라의 발흥에 힘입어 중화주의적 유학을 발흥시키고, 원나라와의 굴욕적인 국제적 관계를 청산하고자 기대했다. 이러한 여러 가지 요인들이 왕조 교체의 논리로 발전되었을 때, 여말의 지식인들은 역성혁명론과 절의론으로 나뉘어 새로운 이념 논쟁을 전개했다.

---

96) 『高麗史』 列傳 鄭夢周.

97) 『高麗史』 列傳 鄭夢周; 『圃隱集』(3) 請勿迎元使疏.

5. 결론

여말선초의 주자학을 어떻게 이해하느냐는 그 뒤에 펼쳐진 유교국가론과 유교정체론儒敎停滯론의 분수령을 이룬다는 점에서 한국사상사에서 논쟁의 핵심을 이루고 있다. 현상윤玄相允의 논리에 따르면, 조선 유학이 조선사상사에 끼친 영향으로서 공적으로 여겨질 것은 (1) 군자학의 면려勉勵 (2) 인륜·도덕의 숭상 (3) 청렴절의淸廉節義의 존중을 들 수 있고, 죄과로 평가될 것은 (1) 모화사상 (2) 당쟁 (3) 가족주의의 폐해 (4) 계급사상 (5) 문약文弱 (6) 산업능 력의 저하 (7) 상명주의尙名主義 (8) 복고사상 등을 지적할 수 있다고 한다.[98]

그러나 여말선초의 주자학의 전래와 그 정착에 관하여 정치사상사적 해석은 위와 같은 국사학적 해석이나 철학사적 해석과는 다를 수 있는데, 이를 다음과 같이 정리할 수 있다.

[1] 여말선초의 주자학의 전래는 중화주의의 거대한 물결을 거치며 고려와 조선에 전래된 사상 구조의 한 "부분"이었다. 주자학의 연원이 중화가 아니었더라도 그것이 그만한 영향력을 가질 수 있었을까에 대해서는 논란의 여지가 있다. 이러한 동기에도 불구하고 결과적으로 주자학은 부분으로 그치지 않고 엄청난 영향력을 갖는 것으로 확대·재생산되었다. 그 이면에는 사상사적 피로기의 주류 사상이었던 불교로부터 민심의 이탈과 그 여백을 메우려는 심리가 작용했다.

[2] 여말선초의 상황에서 주자학이 전래하여 이 땅에 쉽게 정착된 것은 선진先秦 유학에 대한 주자의 재해석이 중후하고 노작이었을 뿐만 아니라 그 해석의 새로움 때문이었다는 측면을 간과할 수 없지만, 그보다 더 중요한 것은 주자가 살던 남송의 굴욕적인 정치 환경과 몽골의 지배에 시달리던 고려의 정치 상황의 유사성에서 어떤 역사적 답안을 얻을 수 있으리라는 고려 지식인들의 기대감 때문이었다.

[3] 주자학이 고려왕조의 변혁 논리로 원용되기 시작했을 때 고려의 관료지식인 사회에는 거대한 분화가 일어났다. 유교의 전통적 미덕으로서 의리를 중요시

98) 현상윤, 『조선유학사』(서울 : 현음사, 2003), pp. 22~29.

하던 보수주의자들은 불사이군의 논리를 강조하며 절의를 지키려고 했고, 신흥사대부들은 역성의 논리로써 왕조 변혁을 시도했다.

이를 두고 선악을 따질 일은 아니지만, 보수주의자들의 논리에는 토지를 둘러싼 이기주의의 측면이 강렬하고, 신흥사대부의 논리에는 기득권에 대한 도전과 신분 상승의 욕구가 강렬하게 나타났다. 이들의 이념적 갈등은 조선조에도 지속되어 절의파는 사림으로 맥이 이어졌고, 신흥사대부는 훈구파로 연결되었다. 고려-조선의 교체는 결국 토지를 매개로 한 훈구파와 이에 도전한 신흥사대부와의 권력 투쟁에서 신흥사대부가 승리한 것이다.

[4] 여말선초가 대륙의 원명 교체기와 중첩되었다는 것은 주자학을 받아들이는 조선조의 사상사에도 적지 않은 영향을 끼쳤다. 절의파였든 아니면 신흥사대부였든, 그들이 사상적 측면에서 존화尊華로 복귀하려고 했다는 점에서는 차이가 없었다. 그러나 절의파들은 몽골과의 관계를 중요시했던 데 견주어 신흥사대부들은 몽골과 절연하고 명나라에 가까워지고자 했으니 두 입장이 타협과 설득을 거쳐 접점을 찾지 못하였으며, 이 점이 부분적으로 왕조 교체의 논거가 되었다.

제15장 역성易姓과 배불排佛의 논리

신돈辛旽(?~1371)/ 정도전鄭道傳(1342~1398)/ 권근權近(1352~1409)

정도전이 개국할 즈음
왕왕 취중에 가만히 말했다.
"한 고조漢高祖가 장자방張子房을 쓴 것이 아니라,
장자방이 곧 한 고조를 쓴 것이다."[1)]

1. 서론

한 정치가의 행위는 얼마나 이념으로 착색될 수 있으며, 그의 행위에서 이념이 차지하는 비중은 어느 정도일까? 한 정치가의 행위와 이념이 부딪칠 경우에 그의 사상을 이해하려면 어느 쪽에 얼마만큼의 중요도를 두어야 하는가? 한 정치가의 이념은 얼마만큼 확신에 찬 진심이며, 그것은 정치적 야망과 얼마만큼 관련이 있을까? 이러한 의문들은 정치사상의 연구자들이 입문 과정에서 공통되게 부딪히는 어려움이다.

자식을 버리고 돌보지 않은 루소Jean J. Rousseau의 글은 그의 처신과 많이 달랐고, 부패 혐의에 연루된 베이컨Francis Bacon의 행동은 그의 정치 철학과 일치하지 않았다. 이러한 논의 과정에서 사상사의 연구자들은 행태주의 정치학

1) 『太祖實錄』 7년 8월 26일(己巳) : "道傳 …… 及開國之際 往往醉中微誦曰 不是漢高用子房 子房乃用漢高"

political behavioralism을 자신의 입론立論에 적용하고 싶은 유혹을 떨쳐버리는 일이 쉽지 않다.

선악의 문제를 떠나 이 장의 주제가 되고 있는 정도전鄭道傳(1337~1398)과 권근權近(1352~1409)의 사상은 조선왕조의 개창開創을 논의하며 피해 갈 수 없는 관문이다. 그들이 창업의 이념을 정리하는 과정에 중요한 구실을 했고, 나름의 논리로 무장되어 있는 것도 사실이며, 그들의 주장은 후대의 사상을 형성하고 이끌어가는 중요한 전범典範이 되었기 때문에 더욱 그러하다.

때로는 그들의 사상이 윤색되었고, 때로는 과장되었으며, 때로는 이치에 맞지 않게 해석했고, 때로는 악의적으로 낮추어 본 측면을 감안하더라도, 그들의 생각과 꿈은 조선조 정치사상의 한 주류가 되고 있다는 점에서 그들에 대한 논의는 한국사상사에서 넘어야 할 고비이다.

아마도 정도전은 조선조 정치사상사에서 주자학적 논리를 현실 정치에 적용한 첫 번째 이론가ideologue였을 것이다. 그 이전의 주자학이 정치적 함의를 갖지 않았던 것은 아니지만, 여말의 주자학은 그를 통하여 하나의 사회과학으로 정립되기 시작했다.

그런 점에서 정도전은 정치학을 주자학으로부터 독립시킨 조선 최초의 정치사상가였으며, 현실주의 정치학real politics의 창시자라는 칭송을 받을 만하다. 그는 유학자로서의 이념에 머물지 않고 국가 경영statecraft을 체계적으로 정리한 최초의 인물이었다.

이와 같은 평가나 칭송에도 정도전에 관한 연구는 여전히 많은 어려움을 안고 있다. 왜냐하면 그에 대한 논의는 불교라는 어려운 주제를 포함해야 하고, 창업 중신重臣으로서의 수많은 정치적 고려를 전제해야 하기 때문이다. 거기에 더하여 그가 놓여 있던 특수한 입지, 이를테면 그의 신분 문제와 그로 말미암아 야기된 정치적 야망은 그의 사상사적 편력에 관한 이해를 더욱 어렵게 만들고 있다. 이런 점에서 유학자로서의 정도전을 정치가로서의 정도전으로 해석하는 것이 그리 쉬운 일은 아니다.

2. 불교 배척[排佛]의 논리

정도전의 사상을 밝히며 처음 봉착하는 문제는 불교에 대한 그의 인식이다. 이 논의는 유교가 불교를 어떻게 이해하고, 불교는 유교를 어떻게 이해하는가의 본질적인 의문으로부터 시작될 수밖에 없다. 불교와 유교의 상호 인식은 처음부터 화목하지도 않았고, 호의적이지도 않았다.

초기 불교에서 정치적 논의는 중국의 혜원慧遠(334~416)에서 시작했다. 그는 백련사白蓮社의 결사를 바탕으로, "출가한 사문은 왕에게 예를 베풀지 않는다."는 불교의 윤리관을 확립한 『사문불경왕자론』沙門不敬王者論[2]을 저술하였는데 이는 사문들이 속세와 절연하고 선정禪定에 열중하는 계기를 마련해 주었다.

불교는 유교에 대하여 호의적이지 않았지만 그렇다고 해서 적대적이지도 않았다. 그러나 유교는 불교에 대하여 호의적이지 않았으며, 그러한 교조적 해석은 주자朱子 시대에 이르러 더욱 심화했다. 주자는 부도浮屠(불교)가 세속을 속이고 유혹한다고 믿었다.[3]

주자가 보기에 삶에서 아버지와 아들보다 더 친한 것이 없는데 불교는 오히려 아버지와 아들을 버리며, 군주와 신하보다 더 중요한 것이 없는데 군주와 신하의 관계를 끊으니, 민생과 윤리에 이르러 그들은 하나도 빠짐없이 다 버리고 만다는 것이다. 불교는 인륜을 끊고, 삼강三綱과 오상五常[仁義禮智信]을 폐지하는 죄가 크다는 것이 주자의 입장이었다.[4]

주자는 삶에서 이성理性, reason을 중요시했다. 그러나 부처의 가르침은 이성의 절대 부정에 그 바탕을 두고 있다. 부처가 보기에 뒷날 주자가 그토록 중요시했던 이성은 한낱 미망迷妄에 지나지 않았다. 그리고 이성에 관하여 그러한 인식을 가지고 있던 불교에게 주자의 후학들이 좋은 감정을 가질 리가 없었다.

유학자들이 보기에, "양주楊朱와 묵적墨翟의 폐해는 신불해申不害나 한비자韓非子보다 심하며 석가釋迦와 노자老子의 해악은 양주나 묵적보다 컸다. 석가와 노자의 말이 이치에 가깝기는 하지만 양주나 묵적의 학설에 견줄 수 없는 것은 해

---

2) 慧遠, 「沙門不敬王者論」, 『한글대장경 弘明集』(5)(서울 : 동국역경원, 2004), pp. 144~157.

3) 『小學』 外篇 嘉言(5) 廣明倫(26) : "世俗信浮屠誑誘"

4) 『朱子語類』(125) 釋氏篇(23~26).

악이 매우 크기 때문이었다."[5] 유학자들이 보기에 불교는 허무주의적일 수도 있었다.[6] 주자는 그러한 허무주의로부터 민중을 구해냄으로써 그들을 "사회적 인간"으로 만들고 싶어 했다.

그러한 주자학이 고려조에 전래했을 때, 당초 불교에 관한 그들의 인식은 여과 없이 원형을 유지한 채 받아들였다. 그 선두에는 안향安珦이 있었다. 주자가 그랬듯이, 안향은 불교가 인륜을 끊는다 하여 그 교리를 납득할 수 없었다. 그래서 그는 후생에게 이렇게 가르쳤다.

> 성인의 도는 일상 생활의 윤리에 지나지 않는다. 아들은 마땅히 효도하고, 신하는 마땅히 충성하고, 가정은 사례로써 하고, 벗은 믿음으로 사귀고, 몸은 반드시 공경으로 닦고, 일은 반드시 성심으로 해야 한다. 그런데 저 불교는 부모를 버리고 출가하여 인륜을 무시하고 의리에 역행하니 일종의 오랑캐 무리이다.
>
> 근래에 병화로 말미암아 학교가 피폐하게 됨으로써 선비는 학문할 줄을 모르고, 배우는 사람들은 불경을 탐독하여 어둡고 허황된 교리를 신봉하니 나는 이를 매우 슬퍼한다. 내 일찍이 중국에서 회암晦菴(주자)의 저술을 보니 성인의 도를 밝히고 선교와 불교[仙佛]를 배척하여 그의 공은 공자孔子와 짝할 만하다. 공자의 도를 배우려면 먼저 회암을 배우는 것보다 더 좋은 것이 없으니 여러 학생은 새로운 서적을 돌려가며 읽고 학문에 힘써서 소홀하지 말라.[7]

주자학이 전래한 초기로부터 시간이 흐름에 따라 불교에 대한 교조적 해석에 적지 않게 다른 시각이 형성되면서부터 불교의 의미에 관하여 가장 고민한 사람은 아마도 이색李穡일 것이다. 그의 초기의 사상적 편력을 보면 불교에 적대적이지 않았으며, 그런 점에서 그는 주자나 안향과 생각을 달리했다. 그는 "불교와 우리 유도儒道가 크게 다르지 않는다."[8]고 생각했다.

이색의 말을 빌리면,

> "불교가 세상에서 소중히 여겨진 지 오래되었다. 다만 인과 관계를 말하며 죄와

---

5) 『近思錄』(13) 辨異端篇(1).
6) 『三峰集』(5) 佛氏雜辨 佛氏心性之辨.
7) 『晦軒先生實紀』(1) 文 國子諸生에게 고함.
8) 『東文選』(87) 序 李穡 贈休上人序.

복을 말하는 것은 말단에 속하는 것이요, 고상하고 공허하며 묵묵히 모든 세속 밖에 초월한 사람에 관하여는 우리 유학의 고상한 사람이라도 그를 경멸하지 않았다."[9]

"세상에서 호걸이라 일컫는 이는 모두 불교를 따르고,"[10] "그 화복인과禍福因果의 말이 이미 사람의 마음을 감동하게 하는 것이 있다. 석씨釋氏를 따르는 무리는 보통 다 평범한 것을 미워하고 속된 것을 싫어하며, 석씨가 인재를 얻으니 그 도가 세상에서 존경을 받는 것은 괴이한 일이 아니다. 그러므로 내가 석씨를 크게 거절하지 않으며 혹은 더불어 좋아하는 것은 대개 그 취할 바가 있기 때문이다."[11]

그러면서 이색은 아버지 이곡李穀의 뜻에 따라 대장경大藏經의 인각에 참여했다.[12]

고려 후기에서 불교와 유교의 상호 인식을 보면, 최승로崔承老 이후 일관되어 온 유교와 불교의 공존적 인식은 후기에도 계승되었고, 원나라의 간섭 시기에도 유학자들은 그 전통을 유지하고 있었다. 특히 무신 정권 이후 산사를 중심으로 문풍文風이 명맥을 이어왔던 관계로 유교와 불교의 상호 교류는 일반적이었다. 성리학의 수용과 함께 안향이 불교 배척의 선구를 이룬 뒤에도 초기 성리학자들의 의식은 아직도 상호 공존적이었다.[13]

그런데 그토록 불교를 찬양하던 이색이 갑자기 배불론자가 되었다. 공민왕恭愍王이 문수회文殊會를 열어 신하들을 거느리고 부처님께 예를 올릴 때도 이색은 문득 자리를 비켜 나와 절하지 않았다.[14] 왜 그렇게 급격히 사상적 변환이 일어났을까? 이에 대하여 그는 이렇게 말하고 있다.

불씨佛氏가 중국에 들어왔을 때, 왕이나 대신이나 선비나 평민들이 높이 섬겨 한漢나라로부터 지금에 이르기까지 날마다 새롭고 달마다 번성하더니, 우리 태조께서 집을 화化하여 나라를 만드시니 사찰과 민가가 세 다섯[參五]이 서로 섞여 있

9) 『東文選』(51) 贊 李穡 賜龜谷書院畵贊 幷序.
10) 『東文選』(72) 記 李穡 眞宗寺記.
11) 『東文選』(72) 記 李穡 麟角寺無無堂記.
12) 『高麗史』 列傳 李穡.
13) 고혜령, 「稼亭 李穀의 불교관과 성리학」, 『수촌 박영석교수 화갑기념 韓國史學論叢』(上)(서울 : 탐구당, 1992), p. 529.
14) 『高麗史』 列傳 李仁復.

었습니다. 중세 이후로는 그 무리가 더욱 번성하여 오교五教와 양종兩宗이 이굴利窟로 화하여 시내 곁이나 산 구비에 사찰 아닌 것이 없습니다.

그러다 보니 승려들도 점점 비루해졌을 뿐 아니라, 국가의 백성으로 놀고먹는 무리가 많았으므로 식자가 늘 마음 아파하는 바입니다. 부처는 위대한 성인이라 그를 좋아하거나 미워함이 반드시 사람과 같을 것이거늘, 어찌 이미 죽은 영혼의 무리인들 이와 같은 것을 부끄럽게 여기지 않겠습니까?[15]

이와 같은 배불 사상은 정몽주鄭夢周에 이르면 더욱 구체적 논리로써 무장되어 적대적 논쟁으로 표면에 나타나게 된다. 그는 이렇게 주장하고 있다.

유학자의 도는 모두 일용 평상의 일이지만, 불가의 가르침은 그렇지 않아 친척을 떠나고, 남녀를 끊고, 바위굴에 앉아 풀로 옷을 지어 입고, 나물을 먹으며, 허공을 보고, 세속을 벗어나는 것을 근본으로 삼으니, 이것이 어찌 평상의 도리이겠습니까?"[16]

유교적 현실주의Confucian realism의 입장에서 정몽주가 볼 때 불교가 속세를 떠난 것은 높은 가치가 아니었다.

그렇다면 무엇이 이색과 같은 유학자들이 불교로부터 등을 돌리도록 만들었을까? 당시의 지배 계급이 왜, 그리고 불교의 어느 부분을 배척했는가를 알려면 당시의 불교에 대한 유학자들의 인식을 이해할 필요가 있다.

여말선초에 불교계는 관료와 유생들로부터 이념적으로는 이단으로, 군사적으로는 병역을 회피하게 하는 곳으로, 과도한 토지 소유로 말미암아 경제적으로 국가 재정을 낭비하고, 도덕적으로는 사회 윤리를 붕괴시키는 주범이라고 공격을 받고 있었다. 거기에 승려들이 왕권에 접근하는 모습에 대한 역겨움이 함께 작용했다.[17] 시간이 흐름에 따라서 이색은 불교에 대한 주자의 경계가 현실과 부합된다고 믿었다.

본디 종교가 지배 엘리트와 충돌하는 까닭은, 종교가 표방하고 있는 신권神權

---

15) 『東文選』(53) 奏議 李穡 陳時務書.

16) 『圃隱集續錄』(1) 启 經筵啓辭; 『高麗史』 列傳 鄭夢周.

17) 부남철, 「세종시대의 정치와 종교 문제」, 『유교적 국가경영, 그 이념과 실제』(한국·동양정치사상사학회 발표 논문, 2005. 2.), pp. 19, 27.

또는 거기에 기초한 자비나 수평적 평등의 논리가 수직적 제왕권에 저촉하기 때문이었다. 이런 점에서 지배 계급의 반종교성은 공격적이었고, 종교의 반정치성은 수동적이었다. 마찬가지로 배불을 둘러싼 지배 계급과 승려의 관계를 보면 유교가 공격적 논리로 무장한 것과는 달리 불교는 늘 수세적이었다.

불교가 하나의 종교적 습속으로 고착되기까지에는 오랜 시간이 걸렸겠지만, 척불 논쟁이라는 좁은 범위 안에서 살펴본다면 고려조에서 교정教政의 갈등이 본격적으로 노출된 것은 공민왕 시대로 보아야 할 것이다. 낙조가 깃들기 시작한 왕조의 끝머리에 있었던 공민왕의 치적에 관하여는 각기 논의가 다를 수 있지만, 그의 행적이 그렇게 부덕했던 것 같지는 않다. 역사에는 그의 행적이 이렇게 기록되어 있다.

> 공민왕은 즉위하기 전에 총명하고 인후仁厚하였으며 백성의 기대가 모두 그에게 집중되어 있었다. 즉위한 뒤에 그는 정치에 노력하였으므로 나라 안팎으로 크게 기뻐하였고 태평 세상에 대한 기대를 걸었다. 그러나 노국공주魯國公主가 죽은 뒤로부터 과도히 슬퍼하여 의지를 상실하고 정치를 신돈辛旽(?~1371)에게 일임하였으며, 공훈이 있고 어진 신하들을 내쫓거나 죽였다.
>
> 공민왕은 토목 공사를 크게 일으킴으로써 백성의 원망을 샀고, 무뢰한 동자들을 가까이하여 음탕한 행동을 마음대로 하였으며, 술에 취하여 무시로 좌우의 신하들을 매질했다. 또 상속할 자식이 없음을 걱정하여 남의 자식을 데려다 대군大君을 삼았으며 바깥사람이 믿지 않을 것을 염려하여 몰래 아부하는 신하들에게 명령하여 후궁을 더럽히고 거기에서 자식을 배면 그 신하를 죽여 그 입을 봉하려 했다. 인륜과 도덕에 이렇게 배치되었으니 그 운명을 피하려야 피할 수 있었겠는가?[18]

위의 글은 매우 의미가 깊다. 이 글이 사실이라면 공민왕은 음탕하고 무도[荒淫無道]했고, 요승妖僧 신돈에게 정치를 맡겨 정사를 어지럽힌 혼군昏君이었다. 그러나 이 글을 읽는 데는 주의가 필요하다. 왜냐하면 이 글은 전복 왕조의 사관에 따라 씌어진 것으로서 악의적일 수 있기 때문이다.

노국공주의 죽음으로 그가 상심한 것도 사실일 것이고, 그러한 비통한 상황에서 통치에 소홀했던 면이 있었을 것이고, 그 공간에 신돈이라는 정치 승려가 개

---

18) 『高麗史』 恭愍王 23년 : 「사신의 贊」.

입한 것도 사실이다. 그러나 공민왕의 진심에 좀더 다가가려면 다음과 같은 그의 교서敎書를 읽어볼 필요가 있다.

> 근래에 와서 우리 나라의 습속이 완전히 변하여 권세만을 따르게 되었다. 기철奇轍 등이 임금의 통제에서 벗어나 권력을 빙자하고 나라 다스리는 법령을 문란하게 하여 관리의 선발과 이동은 제 기분에 따라 결정하였으며 법령을 마음대로 늘리고 줄여 적용했다. 남에게 토지가 있으면 그것을 도적질하고, 남에게 백성이 있으면 그것을 빼앗았다. 그것은 나의 덕이 없어서 생긴 일인가, 그렇지 않으면 규율이 서지 않아서 그것을 통제할 수 없었기 때문인가?
>
> 아마 태평 세상과 난세는 서로 바뀌고 바뀌어 극단에 이르면 반드시 변하는 것이니 바로 천지 이치가 그런 것일까? 나는 이런 점을 깊이 생각하며 항상 조심했다. …… 지금부터 나는 정신을 가다듬어 정치에 노력할 것인바, 법을 밝히고 규율을 바로잡아 우리 선조 때의 제도를 회복하여 온 나라가 다시 출발하여 백성에게 진실한 은덕을 베풀고 천명을 다시 잇겠다.[19]

위의 글을 보면, 공민왕은 비교적 정확한 문제 의식을 가지고 있었다. 그는 개혁의 필요성을 감지하고 있었고, 그것이 기성의 벽에 부딪히고 있다는 것도 잘 알고 있었다. 그래서 그는 신돈과 같은 신분상 초계급적 인물을 써서 무능 부패한 보수 귀족 세력을 밀어내고 국정의 오랜 폐단을 혁신하려 했다. 내부적으로 혼란한 현상을 타파함에는 오랜 전통, 그리고 굳은 지반과 얽힌 정실 관계를 가진 벌족세신閥族世臣이나, 이제 겨우 성장하고 있는 신진이나, 나약한 유학자들로서는 이를 실현키 어려웠다.

그래서 공민왕은 아무런 세속적 연고가 없는 초계급적인 인물을 써 쌓인 폐단을 쇄신하고자 신돈을 등용했다.[20] 역사적으로 볼 때, 동서양을 막론하고 지배자는 승려들을 가까이함으로써 보이지 않는 힘과 우호를 맺을 수 있었고 그 보이지 않는 힘과 특별히 친밀하다고 자부하는 승려들은 책임 있는 자문관으로 높은 직위에 올랐다.[21]

---

19) 『高麗史』 恭愍王 5년 6월 을해.

20) 하일민, 「공민왕」, 『한국인물사』(2)(서울 : 양우당, 1983), p. 401.

21) Edward Conze, *Buddhism : Its Essence and Development*(New Delhi : Munshriam Manoharlal Publishers Ltd., 1951), pp. 73~74.

“사문은 왕에게 경의를 표하지 않는다.”는 계율에도 아랑곳 하지 않고 승직자僧職者가 정권에 관여한 역사적 사례는 무수히 많다. 대다수의 수력水力 사회는 유력한 승직자를 많이 가지고 있는 것이 그 특징이지만 그렇다고 해서 그러한 통치를 “승정 정치”theopolitics로 규정하지는 않는다.[22)]

군주는 귀족들에 대항하고자 정치적으로 이용할 비귀족적 성질의 계급에 의존하는데, 승려들이 그에 속하는 무리이다. 그들은 문자에 정통하고, 행정 능력을 갖추고 있었기 때문에 황제나 군주 또는 칸汗은 귀족과 투쟁하며 이들을 이용할 수 있었다.[23)] 신돈의 경우도 그러한 사례에 속하는 인물이었다.

공민왕이 생각하기에, 벌족세신閥族世臣은 친당親黨의 뿌리가 얽혀 서로 엄폐하고 있으며, 초야의 신진들은 자기의 행동을 가식하여 명망을 얻어 귀하게 되면 자기 가문이 미천한 것을 부끄럽게 여겨 명문가와 혼인하여 젊은 날의 오점을 모두 버렸으며, 유생들은 과단성이 적고 기백이 없었다. 더구나 그들은 문생門生이니, 좌주座主나 동갑同甲이라 하며 서로 당파가 되어 사정에 끌리니 이상 세 부류는 모두 쓸 수 없다는 것을 공민왕은 잘 알고 있었다.

그리하여 공민왕은 세상을 초월하여 독자적으로 행동할 사람을 얻어 등용함으로써 과거의 폐단을 혁신하여 보려고 생각하던 차에 신돈을 만났다. 신돈은 득도하였으므로 욕심이 없으며 미천하여 친척도 없으니 대사로 위임하면 정실에 구애됨이 없이 일을 마음먹은 뜻대로 할 수 있을 것이라고 보고 그를 발탁하여 국정을 위임하고 의심하지 않았다.[24)]

그렇다면 신돈은 무슨 뜻에서 정권에 뛰어들었을까? 『고려사』는 마치 고려가 멸망한 원인을 신돈에서 찾기라도 하려는 듯이 신돈을 비방했다. 그리고 후세의 사가들은 배불의 논리를 마련하는 근거로 신돈을 악의적으로 묘사했다. 따라서 『고려사』를 바탕으로 하여 신돈의 모습을 그려보는 데에는 한계가 있음을 유념하면서, 『고려사』(132) 열전(45) 반역(6) 신돈편을 참고하여 신돈의 생애와 생각을 재구성하면 다음과 같다.

---

22) Karl A. Wittfogel, *Oriental Despotism*(New Haven : Yale University Press, 1958), p. 88.
23) M. 베버, 『직업으로서의 정치』(서울 : 박영사, 1977), p. 45.
24) 『高麗史』 列傳 叛逆 辛旽.

신돈은 영산靈山 사람이요, 그의 모친은 계성현桂城縣 옥천사玉川寺 여종이니 천민 출신이었다. 신돈은 어려서 중이 되었다. 이름은 편조遍照요, 자(字)는 요공耀空이다. 신돈은 그 어머니가 비천하여 중들 사이에서도 어울리지 못하고 항상 산방에 거처하고 있었다.

공민왕은 어느 날 꿈을 꾸었는데, 어떤 사람이 칼로 자기를 찌르는 것을 어느 중이 곁에 있다가 구원해 주어 앙화를 모면했다. 이튿날 마침 김원명金元命이 신돈을 데리고 왕에게 뵈었는데 그 모습이 꿈에 본 중과 흡사해서 왕은 이상히 생각하여 그를 데리고 이야기해 본즉, 대단히 총명하고 지혜로웠다. 그는 매사를 명백하게 논증했고 스스로 도통했다며 수준 높은 담론으로 왕의 마음을 사로잡았다.

신돈은 문맹이었다고 기록되어 있으나 신빙할 수 없고, 그가 혼음混淫했다는 기록도 의심스럽다. 신돈의 공식 직위는 사부師傅로서 진평후眞平侯의 작위를 받았다. 그는 도선道詵의 비기에 쓰여 있는바, 송도松都는 화기和氣가 쇠미했다는 말로써 왕에게 도읍을 옮기도록 권고하니 왕이 신돈에게 명하여 평양平壤에 가서 땅을 살펴보게 했다.

신돈은 다시 충주忠州로 국도를 옮길 것을 요청했더니 왕이 크게 성내었다. 이때 신돈은 변명하기를 송도의 위치가 바다 가까이 있어 바다로 침입하는 적을 염려한 까닭이라고 하였으므로 왕이 노여움을 풀었다.

이것이 계기가 되어 왕이 앞으로 삼소三蘇(평양·송도·한양)를 순회하고 체류하겠으니 주민을 동원하여 도로를 닦고 또 평양과 충주에 이궁離宮과 공주의 혼전魂殿을 신축하라는 왕명을 내렸는바 공급할 물자를 준비하느라고 백성이 큰 고통을 겪었고 중신重臣의 반대도 많았다.[25]

대개 창업의 군주가 새로운 도읍을 물색하는 것은 당연한 일이라 할 수 있지만, 왕조의 중간에 천도를 주장하는 것은 옛 도읍에 웅거하고 있는 기존 세력의 기반을 약화하는 동시에 새로운 세력을 구축하려는 동기를 담고 있는데, 신돈의 경우에도 예외는 아니었다.

신돈은 왕에게 전민변정도감田民辨整都監을 설치할 것을 청원하고 스스로 판사判事가 되었다. 이는 권신들에 의해 토지가 점탈됨으로써 토지를 잃은 농민들

25) 『高麗史』 列傳 姜淮伯傳.

이 노비로 전락하는 일을 막아보려는 개혁적 조치였다. 신돈은 이 기관을 통하여 각처에 유고문諭告文을 붙여 다음과 같이 지시했다.

> 근래에 기강이 모두 파괴되어 탐관오리[貪汚]가 떳떳한 관습이 되어 종묘·학교·창고·사사寺社·녹전군祿轉軍 등의 공수전公須田과 국내 사람들의 대대로 내려오던 농부들은 거의 모두 돈 많고 세력이 있는 집들에게 강탈 점령되었다. 그들은 반환하도록 판결을 받고도 초지草地를 의연히 가지고 있거나 양민을 예속된 노예로 인정하고 있다. 그리고 각 주현의 역리驛吏·관노·백성으로서 부역을 도피한 무리를 모조리 은닉하여 크게 농장農莊을 차림으로써 백성에게는 해독을 끼치고 있다.
>
> 이로 말미암아 관리들이 나라를 궁핍하게 만들고 있는바 이것이 하늘에 감응하여 끊임없이 수재·한재·역질이 계속되고 있다. 이제 도감을 설치하고 그 시정 사업을 담당케 하였으니 서울에서는 15일 이내로, 지방에서는 40일 이내로 자기 잘못을 알고 스스로 시정하는 무리는 과거를 묻지 않을 것이나 기한이 경과한 뒤에 일이 발각된 무리는 처벌할 것이며 무고한 무리는 그 벌을 도로 받을 것이다.[26]

위의 글에 나타난 신돈의 의지가 준엄하다. 신돈은 공의로운 대의[公道大義]를 표방하며 사람들에게 은혜를 베풀고자 천민 노예로서 양민이라고 호소하는 무리는 모두 다 양민으로 만들어 주었으므로, 노예로서 주인을 배반한 사람들이 들고 일어나 "성인이 나왔다."고 칭송했다. 신돈이 이에 왕에게 상소했다.

> "한 유자를 좌수로 삼고 그 문생들이 서울과 시골에 널려 있으며 서로 칭탁하며 하고 싶은 짓은 다 하고 있는바 예컨대 이제현李齊賢의 문생들이 그러합니다. 문하부門下府의 문생들이 나라에 가득 찬 도적으로 되고 있으니 유자의 끼친 해독이 이러한 것입니다."[27]

신돈이 유생들을 불신한 것은 사실이다. 기득권에 안주하려는 기성 보수세력을 타도하고자 했다. 신돈이 생각하기에 당시의 위정자들이야말로 훼절한 무리였다. 그는 원명 교체기에 만신창이가 된 고려왕조를 중흥하고 민심을 수습하며, 노국공주의 사망으로 혼미해진 공민왕의 마음을 바로잡음으로써 나라를 추

---

26) 『高麗史』 列傳 叛逆 辛旽.
27) 『高麗史』 列傳 李齊賢.

스르고 싶었다.

신돈의 행적에는 고려의 궁정 불교에서 목격한 인왕반야백고좌법회仁王般若百高座法會의 정신을 계승하고 싶어 한 흔적을 볼 수 있다. 그는 석가모니께서 14국의 국왕을 모아 가르친 행적[28]을 유념했을 것이다. 그는 부처님의 가르침인 십지十智(아라한이 알아야 할 열 가지 지혜) 가운데 첫 번째가 세속지世俗智(아라한은 속세의 지혜도 알아야 한다)라는 사실[29]도 잘 알고 있었을 것이다.

신돈의 이와 같은 개혁 과정은 승려들의 지위가 상승되는 것을 전제로 하는 것이어서 정도전과 같은 관료층의 처지에서 볼 때 불안스러운 것이었다.[30] 물론 신돈에게도 권력자로서의 인간적인 오만이 있었을 것이고 이런 측면이 기성 세력으로부터 도전받는 원인이 되었을 수도 있는데, 그와 같은 당시의 정황은 이존오李存吾의 다음과 같은 상소에 잘 나타나고 있다.

> 신들이 삼가 보니, 3월 18일 궁전 안에서 문수회文殊會가 열렸을 때, 영도첨의領都僉議 신돈이 재상의 반열에 앉아 있지 않고 감히 전하와 더불어 나란히 앉아 그 거리가 몇 자에 지나지 않으므로 온 나라 사람이 놀라 가슴이 뛰어 흉흉하지 않는 이가 없사옵니다. 대체 예의란 상하의 계급을 구별하여 백성의 뜻을 안정시키는 것인데, 진실로 예법이 없다면 무엇으로 군신이 되며, 무엇으로 부자가 되며, 무엇으로 국가를 다스리겠습니까.[31]

이러한 과정에서 지도첨의知都僉議 오인택吳仁澤과 상호군 윤승순尹承順 등이 함께 비밀히 신돈의 문제를 의논했다.

> "신돈은 간사하고 망령되어 음흉하고 교활하며 사람을 참소하고 헐뜯기를 좋아하며 훈구를 쫓아내고 무고한 사람을 죽여 기세가 날로 성하니 『도선밀기』道詵密記에 '승僧도 아니며 속俗도 아닌 무리가 정사를 문란케 하고 나라를 망친다.'는 말이 있는데 바로 이 사람이라. 장차 국가의 큰 우환이 될 것이니 마땅히 왕께 아뢰어 빨리 이를 제거해야 한다."[32]

---

28) 이월광(편), 『仁王護國波羅密多經』(서울 : 경성문화사, 1982), p. 176 : 제삼 菩薩行品; p. 195 : 제오 護國品.

29) 이월광(편), 『仁王護國波羅密多經』, pp. 139, 145 : 제일 序品.

30) 한영우, 『정도전사상의 연구』(서울 : 서울대학교출판부, 1999), pp. 47~48.

31) 『東文選』(52) 奏議 李存吾 論辛旽疏.

신돈은 결국 유배를 거쳐 처형되었다. 신돈이 백성에게 은혜를 베푼 것이 사실임에도, 조선 건국의 사대부들은 불교의 폐단을 지적하는 과정에서 신돈의 실정失政을 과장했다. 『고려사』가 신돈을 그토록 비방하면서도 그의 정치적 행위에서 무엇이 잘못되었는지에 관한 구체적 언급이 없다는 점이 그 논거이다. 신돈은 고려 멸망의 명분을 찾던 정도전에게 좋은 역사적 빌미를 제공했다. 그런 점에서 신돈은 역사의 희생양이었다.

신돈과 불교에 대한 공격의 선두에는 논객으로서의 정도전이 있었다. 그런데 이 과정에서 주목해야 할 사실은 정도전이 처음부터 척불론자가 아니었다는 사실이다. 정도전은 적어도 우왕 11년(1385)까지는 불교에 대해서 노골적으로 적대적인 감정이나 언사를 표명하지 않았을 뿐만 아니라, 당대의 고승들과 시문을 주고받으며 활발하게 접촉했다.[33] 그의 저술의 행간을 보면 그는 불교를 깊이 이해한 인물임을 알 수 있다. 그는 이렇게 말하고 있다.

> 하늘과 땅이 물物을 낳는 것으로써 마음으로 삼았는데, 사람은 이 하늘과 땅이 물을 낳는 마음을 얻어 세상에 태어났다. 그러므로 사람은 누구나 사람에게 차마 하지 못하는 마음이 있으니, 이것이 곧 이른바 어짊이다. 불씨佛氏가 비록 오랑캐이지만, 또한 사람의 동류인지라 어찌 홀로 이런 마음이 없으리오. 우리 유가의 이른바 측은지심惻隱之心은 불씨의 이른바 자비이니, 모두 어짊의 쓰임[用]이다.[34]

불교에 대하여 그토록 이해가 깊었던 정도전이 갑자기 척불론자로 변신했다. 그의 척불론이 정몽주와의 논쟁에서 비롯되었다는 것도 의미 있는 일이다. 자기와 가는 길이 다른 정몽주가 불교에 심취했다는 소식을 들었을 때, 그는 정몽주에게 다음과 같은 편지를 썼다.

> 모든 서민은 무식하고 어리석기만 하여 스스로 취할 것과 버릴 것을 모르고 있습니다. 장차 진실로 통달한 사람이 나타나 이단을 물리치면 백성이 이단을 버리고, 그가 이단을 제창하면 백성이 그 말에 화답하는 것인데, 이는 대개 일반 백성

32) 『高麗史』 列傳 叛逆 辛旽.

33) 최연식, 「聖과 俗의 대립 : 조선 초기 유불 논쟁」, 『정치사상연구』(11/1)(서울 : 한국정치사상학회, 2005), p. 46.

34) 『東文選』(105) 辨 鄭道傳 佛氏慈悲之辨.

이 통달한 사람의 행동을 믿고 복종해야 한다는 것만 알 뿐이요, 도에는 그릇됨과 올바름이 있음을 알지 못하기 때문입니다.

…… 하늘이 달가達可(정몽주)를 내심은 우리의 도에 복인가 합니다. 그런데 요즘 오고 가는 말을 들으니 달가가 『능엄경』楞嚴經을 보는 것이 마치 불교에 현혹된 무리와 같다고 합니다. …… 달가는 다른 사람들이 믿고 따르는 사람이 되었습니다. 실로 달가의 하는 바에 따라 지금 우리 도의 흥망[興廢]이 달려 있으니, 자중하지 않을 수 없는 일입니다. 또 지금 우리 백성은 그 마음이 몹시 혼미하여 의혹되기 쉽고, 효유曉諭하기 어려우니 달가는 잘 생각하기 바랍니다.[35)]

그는 한때 동문수학한 선배였으며, 이제는 가는 길이 다른 정몽주가 불교를 탐구하고 있다는 사실에 일말의 불안과 공격의 기회를 보았을 것이다. 그러나 이 글은 정도전의 후학들이 위찬僞纂한 글일 가능성이 높다. 왜냐하면 두 사람이 이색의 문하에서 동문수학한 것은 사실이라 할지라도 정몽주가 5년 연상의 선배인 점을 고려한다면 그 엄혹한 유교 질서에서 정도전이 동갑의 친구를 훈계하듯이 정몽주에게 글을 쓸 수는 없기 때문이다.

그렇다면 정도전이 불교를 배척한 논거는 무엇인가? 그는 이렇게 말하고 있다.

불씨는 오랑캐이다. 온 천하의 물物이 모두 나의 인애仁愛 속에 있지 않음이 없으나 불씨는 그렇지 않다. …… 부자와 같은 지친至親이나 군신과 같이 지극히 공경해야 하는 것을 반드시 끊어 버리려 하니 이는 무슨 뜻인가? 그뿐인가, 사람이 스스로 신중하도록 노력하는 것은 부모 처자가 있어 그것을 배려하기 때문이거늘, 불씨는 인륜을 가합假合이라 하여, 아들은 그 아버지를 아버지로 여기지 않고, 신하는 그 임금을 임금으로 여기지 않아, 은혜와 의리가 쇠약하고 각박한지라. 자기 지친 보기를 길 가는 사람처럼 보고, 공경해야 할 어른 대하기를 어린아이 대하듯이 하여 그 근본과 원류를 먼저 잃어버렸다.[36)]

이러한 정도전의 논리는 앞서 인용된 그의 호불론護佛論과는 전혀 다른 논지를 제시하고 있다. 대체로 헤아려 보건대 석가모니의 말을 들어보면서, 정도전은 이렇게 개탄하고 있다.

---

35) 『東文選』(63) 書 鄭道傳 上達可書.

36) 『三峰集』(5) 佛氏雜辨 佛氏慈悲之辨.

"사람은 남녀가 같은 방에서 사는 것을 옳지 않다고 하며, 인륜의 밖으로 나가서 농사일을 버리고 삶의 근본을 끊어 버리고 그런 도로써 천하를 바꾸려고 하고 있으니 참으로 그의 도와 같이 된다면 천하에는 사람이 없어질 것이다."[37]

정도전은 이어서 불승들이 인륜을 허물어뜨리고,[38] 낮은 근기[下根]의 사람들에게 겁나는 지옥설을 만들어 착한 일을 하게 할 뿐[39]이라고 지적하고 있다.

정도전은 "불교의 윤회설輪回說이 너무나도 세상을 현혹하는 것에 분개하며 깊게는 천지의 조화에 근본하고 밝게는 사람과 만물의 생성에 징험하여 이와 같은 설을 얻었으니 나와 뜻이 같은 사람은 함께 통찰하여 주기 바란다."고 주장한다.[40] 그리고 그는 불교가 갖는 재화의 낭비에 관하여 다음과 같은 점을 왕에게 상소하고 있다.

신이 듣건대 삼사三司의 회계에서 불신佛神을 위해 쓴 것이 많아 재물[財用]의 쓸데없는 씀씀이가 이와 같은 것이 없다고 합니다. 전하께서 즉위한 이래 도량道場이 궁궐보다 높이 솟아 있고 항상 법석法席을 불당에 설치하고 도전道殿에 초제醮祭함이 때가 없으며 무당의 제사가 빈번하고 더럽사옵니다.

이는 전하께서 좋은 일이라 하시나, 그 실은 좋은 일이 아님을 알지 못하고, 나라를 부유하게 한다 하시나 나라가 실로 궁핍하여지는 것을 알지 못하며, 백성을 오래 살게 한다 하되 백성이 실은 궁핍하게 됨을 알지 못하며, 비록 말하는 무리가 있어도 모두 받아들이지 않았으나, 신이 스스로 간언함을 거절하지 않은 것은 이른바 착하면 복되고 오래 산다는 부처의 말을 신이 먼저 받아들였기 때문입니다.[41]

조선조가 창업과 더불어 고려의 불교를 거부한 결정적인 이유는 승려들의 현실 참여가 못마땅했기 때문이었다. 정도전으로서는 불교 안에 담긴 평등의 논리가 국가 건설에 걸림돌이 된다고 판단했을 수도 있다.

여말선초의 유학자들이 불교를 공격한 것은, 정치적으로 볼 때, 불교의 타락

---

37) 『三峰集』(5) 佛氏雜辨 佛氏乞食之辨.
38) 『三峰集』(5) 佛氏雜辨 佛氏毁棄人倫之辨.
39) 『三峰集』(5) 佛氏雜辨 佛氏地獄之辨.
40) 『三峰集』(5) 佛氏雜辨 不氏輪廻之辨.
41) 『高麗史』 列傳 鄭道傳.

이 가져오는 국가 기강의 해이에 대한 우려라기보다는 정권의 불교화에 대한 질투였다. 정통과 이단의 논쟁은 배불의 구실이었을 뿐이다. 따라서 정도전의 배불 정책은 정치적 고려에 바탕을 두고 있는 것이지 이념의 이질성은 그리 중요하지 않았다.

조선왕조 초기에 유교에 입각한 통치 이론을 제시해야 하는 개혁파들에게는 지난날에 지배와 피지배를 운명으로 받아들이도록 하던 불교를 대체할 이론이 필요했다. 선진先秦 유학 시대의 치세는 유교가 담당하고, 수양은 불교가 담당한다는 밀월 기간이 끝난 것이다. 종교적이고 실천 수행의 성격을 풍부하게 갖춘 성리학은 이제 용처用處가 끝난 불교와의 공존을 더 이상 지속해야 할 이유가 없었다.[42)]

그뿐만 아니라 개국공신들로서는 불교를 종지로 삼고 있던 고려의 멸망을 합리화하는 논리적 변명이 필요했고, 불교의 운명론적 순응 이론이 역성의 논리를 설명하는 데 걸림돌이 되었다는 점도 고려되었다. 그런 점에서 정도전의 배불은 왕조의 변혁을 위한 구실이었다.

『고려사』 열전을 통틀어 고승대덕高僧大德이 한 명도 포함되어 있지 않다는 사실은 고려 승려의 타락상이 아니라 고려 승려에 대한 조선조 사대부의 정서를 잘 보여주는 것이다. 고려 후기가 정치적 피로기에 접어든 것은 사실이지만 왕조를 바꿔야 할 만큼 고려의 불교가 타락한 것은 아니었다.

정도전의 척불론은 처음부터 외삽법外插法(extrapolatory approach)에 기초하고 있었다. 그는 불교를 "부처의 잡소리"[佛氏雜辨]쯤으로 치부하려 하였으나 감동을 주지 않는다. 정도전의 척불론이 부분적으로는 당시 불교의 폐단을 지적했다는 점에서는 타당성을 가질 수 있으나 불교를 본질적으로 비판했다고 보기는 어렵다.

정도전이 『불씨잡변』을 쓴 것은 그가 죽던 1398년이었는데, 그가 진실로 척불론자였다면 그토록 뒤늦게서야 척불론을 제기한 것도 이해할 수 없다. 그가 진실로 불교의 타락을 개탄했다면 좀더 일찍이 불교를 비판했어야 옳다. 그러므로 정도전의 척불론은 정치적 고려였지 사상적 고뇌의 결과가 아니었다. 시대 정신으로 보더라도 정도전의 척불론은 그 시대의 주류가 아니었다.[43)]

---

42) 양은용, 「도선과 한국불교」, *WIN*(서울 : 중앙일보사, 1996년 7월호), p. 254
43) 김영수, 『건국의 정치 : 여말선초, 혁명과 문명전환』(서울 : 이학사, 2006), p. 742.

이러한 논리는 당시 왕실의 불교 인식을 살펴보는 것으로 입증될 수 있다. 이성계李成桂는 불교와 절연할 수 없었다. 사헌부의 척불상소문이 올라 왔을 때 태조가 이르기를, "승니를 물리치고 도태시키는 일은 건국 초기에 갑자기 시행할 수 없다."는 답변[44]에서 그의 고민이 잘 드러난다. 태조와 함께 건국에 참여한 공신들, 그 가운데서도 권근權近과 같은 인물들은 조선조의 창업이 부처님의 자비심 덕분이라고 믿고 있었다. 그러한 심정을 다음의 글에서 읽을 수 있다.

> 부처님께서 화엄경의 법문을 연설하시어 삼계三界(慾界·色界·無色界)를 두루 이익되게 하셨습니다. 나의 조그마한 몸으로 조선의 강토를 차지하였으니 만세의 태평 열기를 바라여 성심을 다하여 은혜롭게 도움을 비나이다. 관음굴은 천마산天磨山에 있는데, 역수逆水의 근원에 압승하여 크게 비보裨補가 되고, 철왕哲王의 꿈에 현몽하여 위엄과 신령함을 드러냈습니다. 다만 지형이 좁고 비탈지며 법당도 기울어지고 누추하였습니다.
>
> 그래서 전하께서 잠저潛邸에 계실 적에 일찍이 가서 보고 원찰願刹을 삼고자 하여 경영하되, 돌을 쌓아 터를 넓히고 들보와 기둥을 세워 집을 새롭게 하였더니, 부처님의 도우시는 힘을 입어서 드디어 신하와 백성의 추대를 받아 임금의 자리에 올랐습니다. 덕이 없음이 부끄러우매 이 마음이 늘 조심스러워 혹 잘못됨이나 없을까 두려워하나이다. 만일 국가의 복을 길게 하려면, 부처님의 자비한 보호에 의지해야 하겠나이다.[45]

어느 시대에나 사직의 안녕과 제왕의 장수와 복을 비는 종교 의식이 있었다. 조선 초기에 왕실은 그러한 기제mechanism로서 불교를 벗어버리지 못했다. 조선조 개창의 군주들은 창업을 이룩하기까지 되풀이한 정쟁에서 돌아가신 선조들의 영혼을 위로하고 동시에 현재 나라를 통치하고 또 계속 통치해 나갈 후손들이 군주의 장수와 국가의 복락을 축원했다.[46]

그들은 개국 과정에서 벌어진 골육상잔에 대하여 일종의 죄의식에 빠져 있었다. 태종은 평소에 말하기를, "내가 부처를 좋아하는 까닭은 오로지 두 아들과

---

44) 『太祖實錄』 1년 7월 20일(己亥).

45) 『東文選』(113) 疏 권근 觀音窟落成慶讚華嚴經疏.

46) 김용곤, 「世宗·世祖의 崇佛政策의 목적과 의미」, 『朝鮮의 政治와 社會』(서울 : 집문당, 2002), p. 562.

사위 생각이 가시지를 않아서 ……"[47]라고 한탄했다. 세종에게는 왕비인 소헌왕후昭憲王后의 죽음과 공주의 죽음에 대한 무상함이 있었다.

군주 가운데서도 불교에 대한 세종의 이해와 경도는 각별했다. 대비의 능침에 절을 지을지에 관한 논의가 일어났을 때, 세종은 이렇게 하교했다.

> "능소를 모신 뒤에 빈 골짜기가 쓸쓸한즉, 곁에 작은 절을 짓고 깨끗한 중을 불러 모아 두면, 내 생각에 어두운 가운데에서도 위로하는 도리가 있지 않을까 함이니, 이것은 내가 차마 못 견디는 바이다. 경은 그리 알고 다시 아뢰어라."[48]

이에 사헌부에서 상소하기를, "불교는 본디 오랑캐의 한 법이온데, 만세에 삼강과 오상[綱常]을 헐어버리오니, …… 흥천사興天寺의 안거회安居會를 파하게 하소서." 하였으나 윤허하지 아니했다.[49]

세종은 또한 신숙주申叔舟 등의 집현전 학사가 진관사津官寺 법회에 참석하도록 했고, 말년에는 궐내에 내불당을 지었다.[50] 태종이 세상을 떠나자 의빈懿嬪 권씨와 신녕군愼寧君 신씨辛氏는 머리를 깎고 여승이 되었고 다른 후궁들도 머리를 깎고 절로 들어갔다.[51] 세종이 이토록 불교를 신봉한 이유는 무엇일까? 유교 관료들의 반대에도 세종 시대에는 여전히 불교에 대한 종교적 수요가 있었음을 뜻한다.[52]

왕실의 호불정책은 세조世祖에 이르러 더욱 강화되었다. 그는 대군 시절에 말하기를, "석씨의 도가 공자보다 나은 것은 하늘과 땅 같다."[53]고 했다. 세종은 수양대군과 도승지 이사철李思哲에게 명령하여 흥천사에서 기우제를 지내게 하였는데, 수양은 승도 속에 섞여 뛰어 돌아다녀 땀이 흘러 등이 젖었어도 조금도 피곤한 기색이 없이 불도의 가르침을 독실히 믿었다.

---

47) 『太宗實錄』 2년 정월 28일(신해).
48) 『世宗實錄』 2년 7월 11일(丁丑).
49) 『世宗實錄』 21년 4월 18일(을미).
50) 『燃藜室記述』(3) 世宗祖故事本末.
51) 홍이섭, 『세종대왕』(서울 : 세종대왕기념사업회, 1971), pp. 54~55.
52) 부남철, 「세종 시대의 정치와 종교 문제」, 『유교적 국가 경영, 그 이념과 실제』(한국·동양정치사상사학회 발표 논문, 2005. 2.), pp. 31~33.
53) 『世宗實錄』 30년 12월 5일(丁巳) : "首陽大君語曰 釋氏之道過孔子 不啻霄壤"

일찍이 수양대군이 말하기를, "천당·지옥과 사생·인과가 실로 이치가 있는 것이요, 허황한 것이 아닌데, 불씨의 도를 알지 못하고 배척한 무리는 모두 망령된 사람들이라, 내가 취하지 않겠다." 했다. 종실 가운데는 그 밖에도 안평대군安平大君이 부처를 깊이 존경하여 신봉했다.[54] 세조는 간경도감刊經都監을 설치하고, 도제조都提調·제조提調·사使·부사副使·판관判官을 두었다.[55]

불교에 대한 왕실의 의지는 왕의 죽음을 둘러싼 상례喪禮와 묘제에서도 잘 나타나고 있다. 조선조의 왕릉 가까이에는 원찰願刹을 두었는데 이를 조포사造泡寺라 한다. 그 대표적인 곳이 세종의 영릉英陵(여주)을 위한 신륵사神勒寺, 세조의 광릉光陵(양주)을 위한 봉선사奉先寺, 성종成宗의 선릉宣陵(과천)을 위한 봉은사奉恩寺, 영조英祖의 원찰願刹인 봉원사奉元寺 등을 들 수 있다. 왕릉에는 사찰에서 쓰는 장명등長明燈을 세우고 병풍석에 불교의 장식을 새겼다.

이상과 같은 사실들을 고려할 때 조선 초기의 배불 정책은 과장된 면이 있다. 왕실은 자신은 믿으며 민중에 불교의 뿌리가 내리는 것을 원치 않았다. 그것은 불교가 왕실 자신에게는 필요했지만 민중에게 뿌리를 내리는 것이 지배 계급에 바람직하지 않았음을 뜻한다.

따라서 고려 말에 불교와 배치되는 성리학을 받아들였다고 하여 주자성리학의 정치사상에 관한 일반적인 이론을 여말선초의 정치적 상황에 그대로 대입하는 데는 한계가 있다. 주희의 정치사상이 고려 말 혁명의 이데올로기로 기능하였던 것은 역사적 사실이나, 그렇다고 하여 조선왕조 초기의 정치이념에 주희의 주장이 모두 관철된 것은 아니었다.[56]

요컨대 왕조가 바뀌었다고 하더라도 400년 동안 고려조를 지배했던 불교의 색깔이 일시에 지워진 것은 아니었다. 정도전을 비롯한 척불론자들의 오로지 자기중심적인 유아론唯我論(solipsism)의 주장은, 지루하고 고통에 찬 일상 세계를 벗어나 초월적이고 장엄한 세계를 희구하는 보통 사람들의 종교적 욕구를 채우기에 모자랐고 그러한 상황에서 득세한 불교를 정화淨化시키는 데는 시간이 필

54) 『世宗實錄』 31년 7월 1일(己卯) : "命首陽大君瑈 都承旨李思哲 祈雨于興天寺 瑈於僧徒中 踴躍周匝 汗流沾背 略無倦色 惑信釋敎 嘗謂 …… 天堂地獄 死生因果 實有是理 決非虛誕 不知佛氏之道而斥之者 皆妄人 吾不取也 於宗室中 瑈及安平大君瑢 深敬信之"

55) 『世祖實錄』 7년 6월 16일(을유).

56) 鄭在薰, 「조선 전기 유교정치사상 연구」(서울대학교 박사학위논문, 2001), p. 8.

요했다.[57]

유교도로서는 자신이 모자란 부분을 불교가 갖추고 있는 것에 대한 불쾌감이 있었을 것이다. 조선조에 척불이 왕조의 논리적 이념에 바탕을 둔 것이었고 진심이었다면 세조가 간경도감을 세워 불경의 언해諺解를 도모할 까닭이 없었다. 조선조의 불교가 진실로 척불 정책에 의해 무너졌다면 임진왜란 당시에 휴정休靜을 팔도총섭八道總攝으로 임명하지도 않았을 것이며, 그가 임명된 뒤에도 그토록 조직적으로 항전할 수 없었을 것이다.

3. 역성易姓의 논리

고대 사회에서 절대군주권이 강고한 듯하지만, 그에 못지않게 왕권에 대한 도전은 꾸준히 지속되었다. 도전자들은 자신의 논거를 역성易姓, 곧 왕권도 바뀔 수 있다는 논리에서 찾으려 했다. 역성의 유학적 근거는 이미 오래전에 정립되어 있었다.

본디 유교가 추구하는 이상 사회는 대동大同이 이뤄진 사회였다. 그러나 이러한 사회는 대체로 500년을 주기로 하여 쇠퇴하기 시작했는데 이를 소강小康이라 설명하며 이때에는 군왕을 폐출할 수 있다고 생각했다. 이 대목이 『예기』禮記에는 다음과 같이 기록되어 있다.

> 이제 대도大道가 이미 숨어, 천하가 개인의 집처럼 되었다. 그리하여 각각 자기의 어버이만 어버이로 여기고, 자기의 자식만을 자식으로 여기며, 자기를 위해 재물과 힘을 사용하게 되었다. 천자와 제후의 자리를 부자간에 전승하거나 형제간에 전승하는 것을 예의로 여기고, 성곽과 구지溝池를 견고하게 하였으며, 예의로 기강을 세웠다. 이로써 군신 관계를 바르게 하고, 부자 관계를 돈독하게 하고, 형제 관계를 화목하게 하고, 부부 관계를 화목하게 했다. 또한 이로써 제도를 베풀고, 경작지와 마을을 세웠으며, 용기와 지식이 있는 사람을 훌륭하게 여기고, 공功을 자기 것으로 삼았다.
>
> 그러므로 꾀를 씀이 생겨나고, 이로써 전쟁이 일어나게 되었다. 우禹·탕湯·문

57) 김영수, 『건국의 정치 : 여말선초, 혁명과 문명 전환』, p. 731.

> 文·무武·성왕成王·주공周公은 이러한 상황에서 뽑힌 사람들이다. 이 여섯 군자는 예를 삼가지 않은 사람이 없었다. 이로써 의로움을 밝히고, 믿음을 이루고, 허물을 밝히고, 어짊을 모범으로 삼고, 겸양을 가르쳐서, 백성에게 떳떳한 법도를 보여주었다. 만일 이러한 것에 말미암지 않은 군주가 있다면, 백성에게 재앙을 끼치는 군주라 하여 폐출했다. 이것을 소강小康이라 한다.[58)]

서구사상사의 용어를 빌려 표현한다면, 다툼이 없던 자연 상태가 무너지고, 이기적 인간에 의한 지배-복종의 관계가 형성되며 성왕의 법도가 무너졌을 때 이를 바로잡는 방법은 곧 군주를 폐출하는 길밖에 없었다. 본디 전통적인 유가적 사고에 따르면 군주가 작은 과실이 있을 때는 간언하지만, 큰 과실이 있을 때는 폐출한다는 논리는 이미 맹자孟子가 구체적으로 적시한 바가 있다. 그는 이렇게 말하고 있다.

> 제齊나라의 선왕宣王이 경卿에 대하여 물으니 맹자께서 말씀하셨다.
> "왕께서는 어떤 경에 대하여 물으시는 것입니까?"
> 왕이 물었다.
> "경에도 다름이 있습니까?
> 맹자께서 대답하셨다.
> "다름이 있습니다. 귀척貴戚 출신의 경(왕과 친척 관계에 있는 경)이 있고 이성異姓 출신의 경이 있습니다."
> 왕이 말했다.
> "귀척의 경을 묻고자 합니다."
> 맹자께서 말씀했다.
> "군주에게 큰 과실이 있으면 간언하고, 반복하여도 듣지 않으면 군주의 자리를 바꿉니다."
> 이성의 경에 대해 묻자, 맹자께서 말씀했다.
> "군주가 과실이 있으면 간언하고, 반복하여도 듣지 않으면 떠나가는 것입니다."[59)]

---

58) 『禮記』 禮運編 : "今大道旣隱 天下爲家 各親其親 各子其子 貨力爲己 大人世及以 以爲禮 城郭溝池以爲固 禮義爲以紀 以正君臣 以篤父子 以睦兄弟 以和夫婦 以設制度 以立田里 以賢勇智以功爲己 故謀用是作 而兵由此起 禹湯文武成王周公 由此其選也 此六君子者 未有不勤於禮者也 以著其義 以告其信 著有過 形仁謙讓 示民有常也 如有不有此者 在勢者去 衆以爲殃 是爲小康"

59) 『孟子』 萬章(下) : "齊宣王問卿 孟子曰 王何卿之問也 王曰卿不同乎 曰不同 有貴戚之卿 有異姓之卿 請問貴戚之卿 曰君有大過則諫 反覆之而不聽 則易位 請問異姓之卿 曰君有過則諫 反

여말선초의 시대적 상황은 소강小康이었다. 군주를 폐위할 시기였다고 생각할 수 있지만 그 명분이 그렇게 뚜렷한 것은 아니었다. 조선왕조의 개창은 그만큼 정통성의 위기에 직면해 있었다. 조선의 건국은 고려 말 홍건적紅巾賊과 왜구倭寇의 난을 거치며 세력을 확장한 무장 세력이 왕의 퇴위를 강요하여 이루어진 것이었다.[60)]

따라서 조선왕조는 사대부 유신들의 합일된 의지로써 세워진 것이 아니라, 사대부 대열에서 낙오될 위기에 놓인 하층 사대부들이 이성계를 수령으로 하는 변방 무사와 평민 군사의 힘을 빌려 건설된 것이다.

조선 건국의 주체 세력은 성장하는 진보적 중간 계층 출신의 관료·사대부들이었으며, 변방 출생자로서 혈통상 천인의 피가 섞인 사대부 가운데서 혁명파가 형성되어 있었는데, 이들 가운데서 가장 뛰어난 경륜가가 곧 정도전鄭道傳이었다. 정도전은 여말의 귀족 정치의 모순 속에서 지적知的으로 성숙하고 사회적으로 상승된 중간 계층 출신의 진보적 신흥사대부였으나, 하층 계급 출신이었기 때문에 특권 귀족이 권력을 독점한 데 대하여 비판적일 수 있었다.[61)]

이와 같이 정통성이 결여된 건국 공신들에게는 왕조 변혁을 설명할 명분이 필요했고, 그 대안으로 등장한 것이 곧 역성의 이론이었다. 기성의 정체政體에 순종하는 것이 자신에게 중대한 가치 박탈을 가져온다고 생각할 경우에 지배 계급은 정체를 개조하는데,[62)] 조선 건국 공신들의 처지가 바로 그러했다. 그리고 그 이론의 정립이 정도전에게 주어졌다.

공자孔子의 난신적자亂臣賊子의 논리, 주자朱子의 치란治亂의 논리, 그리고 정도전의 경국의 논리에는 일관된 가치가 있었다. 그것은 사직의 논리일 수도 있고 현대적 의미로서는 국가론일 수도 있다. 정도전의 역성 사상을 읽는 열쇠는 왕조 찬탈에 대한 정당성이라는 요인과 신분 상승을 꿈꾸는 욕망이었다.

개창 당시에 이성계는 이러한 어려움을 절감하고 있었다. 그래서 그는 정도전

覆之而不聽則去"

60) 최연식·이승규, 「용비어천가와 조선 건국의 정당화 : 신화와 역사의 긴장」, 『동양정치사상사』(7)(한국·동양정치사상사학회, 2008), p. 251.

61) 한영우, 『정도전사상의 연구』, pp. 12, 243.

62) H. D. Lasswell & Abraham Kaplan, *Power and Society : A Framework for Political Inquiry*(London : Routledge & Kegan Paul Ltd., 1952), p. 190.

이 지은 그의 「즉위 교서」에서 이렇게 표명했다.

> 나는 여러 사람의 심정에 굽혀 따라, 마지못해 왕위에 오르고, 나라 이름은 그전대로 고려高麗라 하고, 의장儀章과 법제는 한결같이 고려의 고사故事에 의거하게 한다.

즉위 당시에 정도전은 이성계에게 이렇게 개국을 권고했다.

> 사직은 반드시 덕이 있는 사람에게 돌아가게 되고, 왕위는 오랫동안 비워 둘 수가 없는데, 공로와 덕망으로써 안팎이 진심으로 붙좇으니, 마땅히 위호位號를 바르게 하여 백성의 뜻을 안정하게 하소서. 백성의 마음이 이와 같으니 하늘의 뜻도 알 수 있습니다. 여러 사람의 요청도 거절할 수가 없으며, 하늘의 뜻도 거스를 수 없습니다.[63]

대부분의 역사적 사례가 보여주듯이, 왕조 개창을 위한 첫 번째 방법은 천도遷都이다. 그는 당초 계룡산鷄龍山으로 천도함으로써 민심을 추스르려 하였으나 뜻대로 되지 않자 한양漢陽 천도로 방침을 바꾸었다.[64] 그러나 그는 정치 통합과 민생의 안정책만으로는 찬탈된 권력이라는 역사적 원죄를 씻을 수는 없었다.

권력 찬탈을 정당화하려면 왕조의 창업 자체가 신성한 역사의 숙명으로 받아들여질 수 있도록 역성혁명을 건국 신화로 재구성해야 했다.[65] 따라서 왕조 변혁의 논리가 배불로써도 미약하자 극약 처방으로 나온 것이 이른바 "거짓된 왕을 폐위하고 진정한 혈통을 옹립한다."는 폐가입진廢假立眞의 논리였다.

우왕禑王과 창왕昌王이 왕건의 바른 혈통이 아니요, 신돈의 사생아이므로 거짓된 왕을 폐위하고 진정한 혈통을 옹립해야 한다는 논리는 『고려사』 집필의 중요한 논지였다. 그래서 사관은 그 집필 범례에서 이렇게 말하고 있다.

> 열전 첫머리는 「후비 열전」, 다음에는 「종실 열전」, 또 그다음에는 「제신諸臣 열전」, 마지막에는 「반역자 열전」의 순서로 서술한다. 공적이 특별한 사람은 비록

---

63) 『太祖實錄』 1년 7월 28일(정미) : 태조의 즉위 교서.

64) 『太祖實錄』 2년 2월 1일(병자).

65) 최연식·이승규, 「용비어천가와 조선 건국의 정당화 : 신화와 역사의 긴장」, p. 252.

아버지와 아들 사이일지라도 열전을 달리하여 서술하고 그 밖에는 같은 유類에 붙여서 기록한다. 신우辛禑 부자는 반역자 신돈의 서자로서 16년 동안이나 불법으로 왕위에 앉아 있었기 때문에 여기서는 『한서』의 왕망전王莽傳에 준해서 세가世家에 넣지 않고 열전에 붙여 놓음으로써 역적을 규탄하는 대의를 밝힌다.[66]

정도전의 무리가 주장하는 바에 따르면, 신우(우왕)의 아명은 모니노牟尼奴요, 아비는 신돈이요, 어미는 신돈의 비첩婢妾인 반야般若이다.[67] 그런즉, "우禑와 창昌이 우리 왕씨의 보위를 빼앗았으니, 실은 조종에 죄인이어서 왕씨의 자손이나 신민으로서는 같이 원수로 여겨야 할 것인데, 그들 겨레와 인척과 일당에 형벌을 주지 않았다면 오랑캐의 땅으로 추방을 해야만 사람이나 귀신의 마음이 즐겁지 않겠는가?"[68]라고 묻고 있다. 그들은 조선의 개창을 이렇게 설명했다.

"나라의 근본이 거짓 왕조에로 기울어졌다가 역수歷數는 마침내 참된 군주 이성계에게로 돌아와 태조 강헌대왕康獻大王께서는 용맹과 지혜를 하늘에서 타고나시어 덕업이 날로 새로워 성무聖武를 펴 화란을 극복하고 백성을 안무하여 정부貞符(천명)를 받아 왕위에 올라 나라를 이룩한 것이다."[69]

폐가입진의 논리는 당대 중신들의 거센 저항을 받았다. 우선 이색이 이를 부인했고,[70] 조민수曹敏修·이인임李仁任·우현보禹玄寶 등이 우왕과 창왕의 정통성을 주장했다.[71] 이에 정도전은 도당都堂에 상서하여 이색과 우현보를 죽이기를 요청하며 그들을 찬역의 괴수로 몰고 갔다.[72] 정도전은 이색의 무리야말로 무미랑武媚娘을 추대하여 측천무후則天武后로 만든 무리와 같고, 자신들은 그에 반대한 저수량褚遂良·허경종許敬宗과 같다고 비교했다.[73]

---

66) 『高麗史』 편찬 범례.

67) 『三峰集』(12) 經濟文鑑 別集(上) 高麗國.

68) 『太祖實錄』 원년 7월 28일(정미) : 태조의 즉위 교서; 『高麗史』 列傳(32) 鄭道傳; 『東文選』(54) 奏議 鄭道傳 上恭讓王疏; 『東文選』(120) 碑銘 權近 有明朝鮮國桓王定陵神道碑銘幷序; 『龍飛御天歌』(2) 제2장.

69) 『高麗史』 進高麗史箋.

70) 『燃藜室記述』(1) 太祖朝故事本末條 : 吉再.

71) 『高麗史』 列傳 辛昌 총서.

72) 『三峰集』(8) 附錄 事實.

73) 『三峰集』(3) 書 上都堂書 辛未.

왕조를 교체하기 위한 역성혁명의 논리는 서구의 폭군추방설(*vindiciae contra tyrannos*, monarchomachy)과 그 뿌리가 같은 것으로서 이는 왕들을 긴장시키기에 충분한 것이었다. 역사적으로 서양에서 폭군추방설이 제기된 논거를 살펴보면 다음과 같은 질문에서부터 제기되었다.

> (1) 군왕이 신법神法을 어기며 명령을 내릴 때 백성은 그에게 복종해야 하는가?
> (2) 군왕이 신법을 무시하려 하거나 교회를 황폐하게 할 경우에 백성이 군왕에게 저항하는 것이 타당한가? 그것이 타당하다면 누구에게, 어떤 수단으로, 어느 정도까지 그 저항을 허용해야 하는가?
> (3) 국가를 억압하거나 파괴하는 군왕에게 백성은 어느 정도로 저항하는 것이 타당한가? 그리고 그러한 저항은 누구에게 어떤 수단으로 어떤 권리에 따라 허용되는가?
> (4) 이웃 나라의 백성이 진정으로 종교를 신봉한 탓으로 박해를 받거나 공개적인 폭압을 받을 때, 한 나라의 군왕은 그 이웃 나라의 군왕으로부터 억압받고 있는 백성을 합법적으로 구원할 수 있으며, 또 그러한 의무를 가지고 있는가?[74]

정도전의 역성의 논리는 위의 어느 규정에도 부합하지 않는다는 점에서 한계가 있었다. 우왕과 창왕이 신돈의 자식이라는 주장은 그 후대의 기록으로 미루어 보아 사실이 아님을 알 수 있다. 곧 태종은 영춘추관사領春秋館事 하륜河崙을 불러 『고려사』를 다시 찬정하도록 지시하며 "건국 초에 정도전과 정총鄭摠 등에게 명령하여 편찬한 『고려사』의 기사 가운데서 거짓된 왕[僞朝] 이후의 기사는 사실과 다른 것이 매우 많았음"[75]을 지적한 바 있다.

세종도 변계량卞季良과 정총의 권고를 받아들여 『고려사』를 고쳐 짓도록 했다.[76] 뒷날 이익李瀷도 "정인지鄭麟趾의 『고려사』에 우왕 부자를 반역 열전에 넣었는데 그 의의가 공평하지 않았다."[77]고 지적했다. 왕이 정통 혈족이 아니면 왕을 바꾸는 것으로 충분한 일이지 왕조를 바꿀 일이 아니었다.

---

74) George H. Sabine, *A History of Political Theory*(New York : Holt, Rinehart and Winston, 1961), p. 378.
75) 『太宗實錄』 14년 5월 10일(임오).
76) 『世宗實錄』 즉위년 12월 25일(경자).
77) 『星湖僿說』(25) 經史門 辛禑.

그렇다면 정도전은 역성을 통한 왕조의 개창으로써 무엇을 어떻게 바꾸고 싶어 했을까? 시대적으로 볼 때 이 시기는 왕조의 피로가 극심하던 때로서 근본적인 쇄신이 필요했다. 그러나 어느 시대나 다 그렇듯이, 개혁은 쉽게 이뤄지지 않았다. 특히 관료의 이해가 걸린 문제는 개혁이 어려웠다.

본디 관료는 상당한 권력과 다양성을 가지면서도 순환도가 낮은 계층이다.[78) 정도전으로서는 이와 같은 지배 계급의 정체停滯를 혐오했다. 그는 역사란 새롭게 창조되는 것이지 불교에서 말하는 것처럼 되풀이(윤회)되는 것이라는 논리를 받아들일 수가 없었다.

지배 계급의 이해 관계 가운데 가장 집요한 대상은 토지였다. 농경 사회에서 지배 계급이 재편되는 매개는 토지이다. 고려왕조의 패망과 조선의 성립이 기본적으로 아시아적 봉건 체제의 물질적 기초를 이루는 토지 지배 관계의 모순 대립과 그 변증법적 발전의 정치적 표현으로 파악하려는 맑스주의적 사관[79)]에 전적으로 의존할 수는 없다.

그러나 고려 말기에 이르러 권력자·귀족·호족에 의한 토지의 겸병과 독점이 보편화됨에 따라 일반 농민의 농노화는 한층 강화되었으며, 그것이 중요한 국가 모순이었던 것은 사실이다. 유산층은 날로 살찌는 것과 달리 몰락한 백성은 과중한 조세와 가렴苛斂을 이기지 못하여 권문세가의 사민私民으로 전락하게 되었고, 그러한 모순이 시정되지 않은 채 지속되었다.

고려시대를 지탱하던 토지 제도가 없었던 것은 아니었다. 태조 23년(940)부터 실시된 전시과田柴科에 따르면, 벼슬을 18등급으로 나누어 상위에 110결結을, 하위에 17결을 나누어 주었는데, 이때만 해도 전답은 상속 재산이 아니었다.[80)]

그 뒤 경종景宗 2년(977)에는 공음功蔭전시과를 실시하여 개국공신에게 밭[田] 25결과 땔감을 얻을 산야[柴] 15결을 주어 상속하게 하였고,[81)] 성종成宗 2년(983)에는 공해公廨전시과를 실시하여 인구 비례에 따라 주·부·군·현·관·역州府郡縣館驛에 20~150결의 토지를 주어 관용官用으로 쓰도록 했다.[82)]

---

78) H. D. Lasswell & Abraham Kaplan, *Power and Society*, p. 205.

79) 全錫淡, 「朝鮮農民經濟史 : 朝鮮 前期를 중심으로」, 全錫淡·朴克采(외), 『조선경제사탐구』(서울 : 범우사, 1990), pp. 19~20, 25.

80) 『高麗史』 志 殖貨 田制 田柴科.

81) 『高麗史』 志 殖貨 田制 功蔭田柴科.

그러나 이러한 토지 제도는 12세기 초부터 동요하기 시작하여 무신의 난 이후로는 거의 붕괴되었다. 따라서 도지賭地를 받을 권리[收租權]를 사사로이 자손에게 물려주는 행위가 공공연히 자행되었고, 여러 대를 거친 뒤에는 조상 때부터 전래된 토지라고 인식되어 사전私田으로 변질되었다. 사전은 농민과 관리 모두를 어렵게 만들었다.

수조권이 개인들에게 점유되며 국가가 관리에게 지급할 수조지收租地가 모자라는 현상이 나타났다. 조상 대대로 관직을 지내며 사전을 점유하고 있던 권문세족들에게는 문제가 없었지만, 지방의 중소 지주로서 당대에 처음 관직에 오른 사람들은 정해진 수조권조차 제대로 지급받지 못했다. 이때로부터 권문세족과 신흥사대부의 대립이 일어났고, 그것이 폭발한 것이 이성계를 중심으로 하는 변방 무사들의 집권이었다.[83)]

이토록 토지 제도가 문란해지자 명종 18년(1188)에 왕은 다음과 같은 명령을 내렸다.

> 각지의 부강한 양반들이 가난한 백성에게 오랜 기간으로 꾸어 주고 그들이 아직 갚지 않았다고 하여 예로부터 전해 오는 정전丁田을 강제로 빼앗으니 이로 말미암아 빈민들이 생업을 잃고 더욱더 가난해진다. 부호가 토지를 몰아 차지하지 못하게 하고 백성을 착취하지 못하게 하며 그들이 빼앗은 정전은 각각 본디 임자에게 돌려주도록 할 것이다.[84)]

이와 같은 엄명에도 토지 모순이 근절되지는 않았다. 고려 말의 신흥사대부들은 이와 같은 토지 모순을 극복함으로써 그들의 집권의 기틀을 마련하고자 했다. 공양왕 3년(1391) 7월에 이르면 대사헌 조준趙浚 등은 왕에게 이렇게 상서했다.

> 대체로 헤아려 보건대 어진 정사는 반드시 경계經界로부터 시작함이오니 전제田制를 바로잡아 나라의 씀씀이를 풍족하게 하고 민생을 넉넉하게 함이 지금에 겪은 급무입니다. 국조國祚의 장단은 민생의 고락에서 나오고 민생의 고락은 전제의

82) 『高麗史』 志 殖貨 田制 公廨田柴科.

83) 이익주, 「정도전의 혁신리더십 : 개혁에서 건국까지」, 『선조에게서 배우는 혁신리더십』(서울 : 문화재청, 2005), p. 17.

84) 『高麗史』 志 食貨 借貸.

고르고 고르지 못함에 있사옵니다.

문文·무武·주공周公은 정전井田으로써 백성을 먹여 살렸기 때문에 주周나라가 천하를 800여 년 동안이나 차지하였으며, 한漢은 토지세를 가볍게 하여 천하를 400여 년 동안 가졌으며, 당唐은 백성의 토지를 고르게 하여 천하를 300년 동안 다스렸으며, 진秦은 정전을 무너뜨려 천하를 얻은 지 2대만에 망하였습니다. 신라 말엽에 전제가 고르지 못하고 부세賦稅가 무거웠으므로 도적이 무리지어 일어났습니다.[85]

이러한 의미에서 볼 때 고려조의 토지 제도는 철저하지 못했을 뿐만 아니라 관료적 토지소유제의 수립 과정에서 이미 자기 모순의 대립된 계기를 재생산하였는데, 구세력을 회유하고자 토지 지급, 정치적·군사적 후원자에 대한 공음전시功蔭田柴의 사급賜給, 양반 관료에 대한 품전品田의 급여 등이 그것이다.

이리하여 고려조의 공전제는 조세 지대地代의 본원적인 모순과 봉건적 토지 할급割給의 자기 모순을 함께 안고 있었다. 이러한 모순이 확대 재생산되어, 정치적으로는 집권적 세력의 대립 세력이 육성되고, 경제적으로는 조세 지대의 수입이 감소하여, 왕조의 존립 자체가 위기에 봉착하게 되었다.[86]

고려 말의 사회적 혼란을 틈타 진행된 토지의 사유화가 재정적 곤란과 권문세가가 발호하는 원인이 되었음을 인지하고 있던 신흥 관료들은 새로운 토지 제도를 구상했다. 그래서 나온 방안이 과전법科田法이었다. 사전私田을 몰수하여 본래의 국가 소유로 환원하여, 이를 관직의 직급에 따라 관리에게 재분배한 뒤에 소작자로부터 조세를 징수하는 과전법은 토지제의 문란을 정비하고 신흥관료에게 힘을 실어주고자 도모한 제도였다.

새로운 제도에 따라 측량된 토지를 결수結數로 계산하여, 그 가운데 얼마를 왕실 경비에 충당하도록 지급된 상공전上供田과 국가의 제사·빈객 등 공공 경비에 필요한 재원을 마련하도록 지급된 국용전國用田, 군령을 충당하도록 지급된 군자전軍資田, 그리고 현직 문무 관리에게 지급된 문무역과전文武役科田으로 나누어 주고, 한량으로서 경성에 거주하며 왕실을 호위하는 무리, 과부로서 수절하는 여인, 역참[鄉驛]과 나루터[津渡]의 관리 그리고 서민과 공장工匠에 이르기까

85) 『高麗史』志 食貨 田制 祿科田.

86) 全錫淡, 「朝鮮農民經濟史 : 朝鮮 前期를 중심으로」, p. 21.

지 공공 업무를 맡은 무리에게도 모두 토지를 주었다.[87)]

정도전은 이 방법이 지배 계급의 부패를 제거하여 사회 정화를 이룩하고 재정을 절용할 수 있다고 생각했다. 그의 논리는 이렇다.

> "국가를 다스리는 사람은 경비를 절약하여 백성을 사랑하지 않을 수 없다. 만약 나라의 재정을 절약하지 않으면 헛되이 소비하여 결국은 재정이 탕갈蕩竭[메마름]되는 지경에 이르게 될 것이고 민력을 존중하지 않으면 부역이 수고로워 결국은 민력이 꺾이게 될 것이다. 재정과 민력이 탕갈되고도 국가가 위태롭지 않은 경우는 없다. 옛날의 역사를 상고해 보아도 치란과 존망이 이로 말미암지 않은 것이 없었다."[88)]

이와 같이 혁신 세력들이 보수 세력의 강력한 반발을 무릅쓰고 급격히 토지 개혁을 단행했던 이면에는 고려 말 권문세족의 경제적 기반을 파괴하고 신진 세력과 새로운 왕조의 경제적 기반을 확충하겠다는 정치적 의도가 숨어 있었다.[89)]

신흥사대부들이 토지 재편을 서두른 또 다른 이유 가운데 하나는 토지의 사적 소유가 사병私兵을 지탱하는 도구가 되었고, 이것이 결국 구세력의 지탱력으로 작용하여 개혁을 어렵게 한다는 점이었다. 이러한 입장은 권근權近의 다음과 같은 상소에 잘 나타나고 있다. 그는 이렇게 말하고 있다.

> 병권兵權은 나라의 큰 권력이오니 마땅히 통속統屬이 있어야지 분산해서는 안 됩니다. 병권이 분산되어 통속이 없게 되면 마치 칼자루를 남에게 쥐어준 격이 되니 제어하기 어렵습니다. 병권을 맡은 무리가 많으면 각각 도당을 짓게 되고, 그 마음이 반드시 나뉘게 되니, 서로 시샘하여 화란을 만들게 됩니다. …… 이는 신하가 사병을 가지면 반드시 분수에 넘치게 강력해져 그 임금을 위협하게 되는 것을 말하는 것입니다. …… 사병을 두게 하는 것은 한갓 난리만 일으킬 뿐 그 이익은 볼 수 없는 것이오며, …… 사병을 지금까지 없애지 않고 있사오니 장래의 우환은 실로 염려하지 않을 수 없습니다.[90)]

---

87) 『三峰集』(13) 朝鮮經國典(上) 賦典 經理.

88) 『三峰集』(14) 朝鮮經國典(下) 工典 總序.

89) 최연식, 『창업과 수성의 정치사상』(서울 : 집문당, 2003), p. 230.

90) 『東文選』(55) 奏議 權近 請罷私兵狀.

훈구 세력을 지탱하고 있던 사병의 혁파는 쉬운 일이 아니었다. 그래서 그 묘안으로 등장한 것이 요동遼東정벌론이었다. 이러한 논의가 등장한 것은 태조 6년(1397)이었다.[91] 당시 판삼군부사判三軍府事로 있었던 정도전은 남은南誾과 결탁하여 "사졸이 이미 훈련되었고 군량이 이미 갖추어졌으니, 동명왕東明王의 옛 강토를 회복할 만합니다."라고 상소했으나 태조가 그의 말은 좇지 않자 도참圖讖을 인용하며 거듭 진언하였으나 그 뜻을 이루지 못했다.[92]

이 시기에 정도전은 요동 정벌이라는 명분으로 사병의 혁파를 마찰 없이 실현함으로써 재상을 중심으로 한 효율적인 중앙집권적 체제를 수립하려 했다. 정도전에게는 명明과의 긴장 관계를 교묘히 이용하며 국내 통합에 최대의 걸림돌인 사병을 폐지하여 군사권을 완전히 장악하려는 의도가 있었다.

사병 혁파와 군사 훈련으로 군사력을 강화하려는 계책은 나라 안팎의 어려움을 극복하고 신 왕조의 안정화를 이룰 최선책이었다. 그런 점에서 정도전의 요동정벌론은 전술이었다.[93] 그러나 사병 혁파로 말미암아 병권을 상실하게 될 종친과 공신 세력의 처지에서는 정도전의 논리를 받아들일 수 없었다. 따라서 정도전에 대한 반대파로서는 정국의 전환을 가져올 전기를 마련하는 일이 절실했고, 그로 말미암은 사건이 바로 이방원李芳遠이 일으킨 왕자의 난(1398)이었다.[94]

신흥사대부들은 이와 같이 사병과 토지 모순을 한꺼번에 바꾸고 싶어 했다. 정도전은 토지 제도의 개선이 민력民力을 강화하는 방법이 되리라고 믿었다. 그는 이렇게 설명하고 있다.

> 나라의 빈부는 백성이 많고 적은 데 달려 있고 부역의 균등은 인구의 수효를 세밀하게 파악하는 데 달려 있다. 그러므로 백성을 다스리는 직책을 맡은 사람이 백성을 휴양시키고 생식시켜 인구를 번창하게 하고, 백성을 위로하여 모여들게 하고 편안히 살 수 있게 하여 그들의 거주를 보호하면, 백성이 늘어날 것이다.[95]

---

91) 『太祖實錄』 6년 6월 14일(甲午).

92) 『太宗實錄』 5년 6월 27일(신유) 「영의정부사 평양 부원군 趙浚의 졸기」.

93) 박홍규, 「정도전의 "攻遼" 계획 재검토 : 정치사상의 입장에서」, 제1회 삼봉학 학술회의, 『정치가 정도전의 재조명』(서울 : 백범기념관, 2003. 11. 29.), pp. 57, 73.

94) 최연식, 「鄭道傳의 정치현실주의와 성리학 : 창업의 정치학」, 『정치사상연구』(3)(서울 : 한국정치사상학회, 2000), pp. 5~6.

95) 『三峰集』(13) 朝鮮經國典(上) 賦典 版籍.

그러나 결과적으로는 과전제는 집권 세력이 소유한 토지를 몰수함으로써 이들의 경제적 세력 기반을 박탈하는 한편, 조선조의 건국 과정에 공이 있는 개혁파와 건국 공신 등 새로운 지배층에게 토지를 재분배하는 정책에 지나지 않았다.[96] 그들이 앞세운 민생은 일차적 관심이 아니었다. 오히려 어떤 의미에서 보면, 여말선초의 개혁론자들에게 백성은 그들의 사사로운 동기를 공적公的 목적으로 바꿀 도구였을 뿐만 아니라, 성리학적 정치 담론을 정당화하고 합리화시킬 근거였다.[97]

그런 점에서 보수파와 개혁파의 권력 투쟁에서 개혁파가 승리함으로써 조선조를 건국하게 되었으나, 그것은 서민의 복리나 생활 영역 신장과는 거리가 먼 것이었고, 신·구 집권 세력의 교체에 지나지 않았다.[98] 여기에서 정도전의 개혁사상을 읽으며 부딪치는 원초적인 문제 의식, 곧 사상의 동인動因과 행동, 사상과 목적, 또는 사상과 정책의 괴리를 어떻게 설명할 수 있을까 하는 문제이다.

사상가의 이념은 그의 명상과 고뇌의 산물일 수도 있지만 달리 보면, 그의 개인적 체험과 무관하지 않다. 그런 점에서는 정도전도 예외가 아니다. 그 경험이라 함은 그의 출신 성분과 그로 말미암아 가슴에 쌓인 신분 상승을 위한 개인적인 야심, 그리고 그가 30대에 겪었던 정치적 박해를 뜻한다. 정도전의 사상을 읽는 가장 확실한 스펙트럼spectrum은 신분 상승을 위한 욕망이었다.

인간이 추구하는 정치적 가치에서 가장 소중한 것 가운데 하나가 평등일 것이다. 그러나 이 가치는 소중한 만큼 그렇게 보편적으로 누릴 것이 아니며 많은 제약이 따른다. 그리고 그 제약은 대체로 신분에 따라 결정된다. 누구나 다 같이 접근할 가치를 기준으로 지배 엘리트의 교체가 이뤄질 때 그 지배는 평등하다고 볼 수 있다.[99] 그러나 그러한 기회가 늘 쉽게 이뤄지는 것은 아니다.

정도전의 생애와 사상을 결정지은 가장 중요한 요소는 그가 서출庶出이었다는 운명성이었다. 정도전의 본관은 안동 봉화安東奉化로서, 형부상서刑部尙書 정운경鄭云敬의 아들이다. 정운경이 단양 팔경의 하나인 삼봉에 돌아와 한 여인을 만

---

96) 金萬圭, 『朝鮮朝의 政治思想研究』(인천 : 인하대학교출판부, 1982), pp. 96~97.

97) 전락희, 「체제개창기의 개혁사상」, 『조선시대 개혁사상 연구』(성남 : 한국정신문화연구원, 1998), p. 68.

98) 金萬圭, 『朝鮮朝의 政治思想研究』, p. 105.

99) H. D. Lasswell & Abraham Kaplan, *Power and Society*, p. 225.

나서 아이를 얻게 되었는데, 길에서 얻었다 해서 이름을 도전道傳이라 하고, 부모가 인연을 맺은 곳이 삼봉이므로 호를 삼봉三峰이라고 지었다.[100]

가문을 살펴보면, 정도전의 외증조부 김진金戩이 일찍이 중이 되어 종 수이樹伊의 아내와 간통하여 딸 하나를 낳았다. 이 여인이 우연禹延에게 시집가 다시 딸을 낳았는데, 그가 곧 정도전의 어머니였다.[101] 그러니까 승려와 사찰 노비 수이 사이에 태어난 외손녀가 정운경의 아내가 되어 정도전을 낳았다. 정운경이 형부상서의 사족인 것으로 보면, 정도전의 어머니가 정실은 아니었을 것이다.

정도전은 공민왕 9년(1360)에 성균시成均試에 합격하고, 11년(1362)에 진사進士에 합격했다.[102] 재주가 있었음에도 서출로서의 양명揚名을 바라던 야심이 늘 좌절과 모멸의 대상이 되어온 그로서는 고려 충원 제도의 중요한 방법이었던 음서제蔭敍制를 혐오했다.

정도전을 서출로 바라보는 주변의 시선도 그에게 많은 고통을 주었다. 이를테면 동문수학한 동갑내기 정몽주가 그를 늘 서출로 낮추어 보고 벼슬에서 쫓아내고자 간관 김진양金震陽 등을 사주하여 글을 올렸는데, 그 글이 참으로 절통하다.

> 정도전은 출신이 비천하며 재상 자리에 기어올랐습니다. 자기의 비천한 근본을 엄폐할 목적으로 본 주인을 없애려 하였으나 단독으로는 일을 서두를 방법이 없었으므로 글로써 무근한 죄를 날조하여 수많은 사람을 연좌시켰습니다. 바라건대 귀양살이하는 곳에서 처형하여 뒷사람에 징계를 남길 것을 청합니다.[103]

동문수학한 친구의 정리는 신분의 벽을 넘지 못했다. 이와 같은 과정을 겪으며 정도전의 처세와 저술에는 서출에 대한 열등의식과 함께 찬역에 대한 죄의식과 합리화를 위한 변명을 드러내 보이고 있다. 그의 역성의 논리 밑바닥에는 신분적 절망감과 그것에서 벗어나려는 욕구가 혼재되어 있다.

그렇기 때문에 정도전의 정책 제안에는 신분 철폐를 주장하는 내용이 많다.[104] 이런 점에서 볼 때, 미천한 가문의 출신으로서 정치적 야심이 강렬했던 정도전

---

100) 『三峰集』(서울 : 민족문화추진회, 1979) : 해제.
101) 『太祖實錄』 7년 8월 26일(己巳) 鄭道傳卒記.
102) 『太祖實錄』 7년 8월 26일(己巳) 鄭道傳卒記.
103) 『高麗史』 列傳(32) 정도전; 『東文選』(53) 奏議 金震陽 上恭讓王書.
104) 『三峰集』(3) 上恭讓王疏; 『高麗史』 列傳 鄭道傳.

은 고려 말의 정치 상황을 과장했다. 그 당시의 상황은 그의 말처럼 그토록 심각한 위기가 아니라 권력의 피로였다.

같은 신흥사대부이면서도 권근은 정도전과 달리 명망 있는 가문의 후광을 받고 성장했으며, 이색과 좌주-문생座主-門生 관계를 맺음으로써 당대 주류 성리학계의 탄탄한 지원을 확보하고 있었다.[105] 권근의 자字는 가원可遠이며, 호는 양촌陽村이고 안동부安東府 사람이다. 그는 정승 권부權溥의 증손이며, 검교檢校 권희權僖의 아들로서 명문세가의 아들이었다.

권근은 공민왕 18년(1369)에 병과에 뽑혀 춘추검열春秋檢閱로 벼슬길에 올랐다. 그는 한때 영해寧海로 유배되었으나 이성계의 도움으로 극형을 면했다. 그는 유형지에서 『입학도설』入學圖說을 지을 만큼 학문을 좋아했다. 그는 중국에 들어가 문연각文淵閣에서 공부한 바도 있다.[106]

권근도 그 시대의 어려움을 감지하고 있었다. 그의 현실 인식은 다음의 상소에 잘 나타나 있다.

> 지금 우리 나라는 수해와 가뭄이 잇달아 일어나고 기근과 유행병이 겹쳐 나라에는 몇 달을 지탱할 저축이 없고, 백성은 하루 저녁거리도 없어, 늙고 허약한 무리는 죽어 개천과 구렁에 뒹굴고, 굶어 죽은 시체가 길거리에 널려 있습니다. 더구나 이웃 나라가 국경 가까이에 군사를 주둔하여 우리의 영토를 침범하며, 우리의 백성을 꾀어 가고, 또 왜적이 깊이 들어와 약탈해서 각 고을이 쓸어낸 듯 버려져 적의 구혈溝穴이 되었어도 수령이 막지 못하고 장수가 제어하지 못하니, 예로부터 위란의 지극함이 이때보다 더 심한 적이 없었습니다.
>
> 섶을 쌓아 놓고 불을 지르는 것도 현재의 다급함에 비유하기에 부족하고, 침상을 깎아 살갗에까지 재앙이 미친다는 것도 현재의 절박함을 비유하기에 부족합니다. 시국을 구제하기가 다급함이 마치 불길에 새는 물을 붓는 같이 하더라도 오히려 미치지 못할까 두려우니, 이제는 참으로 전하가 두려워하여 닦고 살피며 밤낮으로 근심하고 부지런하며 분발하여 일을 해야 할 때입니다.[107]

---

105) 최연식, 「守成의 정치학 : 權近」, 한국정치학회 1999년도 연례학술회의 발표논문(서울 : 외교안보연구원, 1999. 12. 2.), p. 2.

106) 『太宗實錄』 9년 2월 14일(丁亥) 權近 卒記.

107) 『高麗史節要』(32) 辛禑(3) 9년 8월; 『고려사』 「열전」 權近 上疏 : "今我國家 水旱相仍 饑疫荐至 公無數月之儲 民乏一夕之資 老弱轉于溝壑 餓殍僵於道路 加以隣國 屯兵近境 侵我封疆 誘我人民 又致倭賊 深入爲寇 州縣騷然 棄爲賊藪 守令不能禦 將帥不能制 自古危亂之極

그러나 현실 인식이 아무리 정확하더라도 그것이 곧 그가 가는 길을 결정하는 것은 아니다. 권근이 출사와 물러남을 결정할 때, 이색이 빈정거린 것처럼, 그의 자호字號대로 멀리[可遠] 보고자 했다.[108] 그는 자신이 가야 할 길을 이렇게 암시하고 있다.

> 현인과 군자는 세도世道의 더럽고 융성함을 보고 자신이 나갈 길을 생각한다. 만약 시기와 의리를 헤아리지 않고 진퇴하면 벼슬하는 사람에게는 녹祿을 탐낸다는 비방이 따르게 되고, 은거한 사람에게는 자신만 결백하려 한다는 책망이 있게 된다. 그러니 비록 청탁淸濁의 차이는 있지만 (벼슬과 은퇴가) 의리에 부합하지 않기는 한 가지이다.[109]

권근에게 중요한 것은 명리名利였다. 그가 조선조의 건국에 동참한 것은 이념에 앞서 고려조에서 겪은 정치적 박해와 무관하지 않을 것이다. 그는 박해를 벗어나 "양지바른 곳"[陽村]에 살고 싶었을 것이다.

이런 점에서 조선왕조의 개창자들이 주장하는 역성의 논리는 그리 고매한 것은 아니며, 이기적 판단에 따른 불가피한 선택이었다. 그러기에 원천석元天錫이 이르기를, "흰 머리 양촌이 의리를 말할 정도라면 이 세상에 현자 아닌 사람이 누가 있으랴."[110]고 한 말은 가혹하면서도 함축적이다.

4. 재상론

태초의 군왕이 추대(계약)에 따른 것이었는지 아니면 군주 자신의 권력 의지에 따라서 집권한 것인지에 대해서는 논의가 다르지만, 민주주의 이론가들은 사회계약설을 주장했고, 보수적 군주주의자들은 왕권신수설의 입장을 지지했다. 당초에는 군왕의 업무가 복잡했거나 과다하지 않았을 것이다. 초기의 군주들 가운

未有甚於此時者也 積薪厝火 不足喩其急也 剝床以膚 不足喩其切也 救時之急 宜若奉漏沃焦 猶恐不及 此誠殿下恐懼修省 夙夜憂勤 奮發有爲之時也"

108) 『牧隱文藁』(3) 陽村記.

109) 『陽村集』(17) 贈孟先生詩卷序.

110) 『燃黎室記述』(2) 太祖朝文衡 權近條 : "白首陽村談義理 世間何代不生賢"

데 성군이 없었던 것은 아니지만, 왕은 대신을 선정하고, 후궁들과 함께 쾌락에 몸을 맡기고, 기죽은 대신들 속에서 어리석고도 오만한 행실에 열중하며 군왕의 일이 쉽다고 생각했을 것이다.[111)]

그러나 인구 증가와 더불어 군장君長 국가의 규모가 확대되고, 빈번한 정복 전쟁의 발생과 더불어 군주의 경륜과 자질이 공동체의 운명을 결정하는 중요한 요소로 등장하며 군주의 결함이 드러나기 시작했고, 이때부터 왕을 교체하는 문제에 대한 민중의 고민이 등장했다. 군주 스스로도 자신의 어리석음이 노출되는 것이 두려웠고, 그에 대한 대안을 고민하게 되었다.[112)]

동양의 경우, 신법神法이란 천명을 뜻할 수 있고, 종교는 인륜의 대체 개념일 수 있다. 하늘의 이름으로 군왕의 퇴진을 거론한다는 것은 왕으로서도 두려운 일이었으며, 그에 대한 대안으로 위험의 대리수행자인 재상宰相, premier의 선정을 고민하기 시작했다. 고민의 핵심은 군주의 책임을 어떻게 재상에게 전가하는가였다.

중국의 경우에 그러한 경향이 더욱 뚜렷하게 나타났다. 동양과 같은 수력 국가에서는 보편적으로 한 사람의 지배자가 국가를 통솔하는 전제적 통치 형태를 취하고 있었으므로 지배자는 자신의 궁정 측근과 함께 문무백관을 통솔하고 지휘하며 권력의 비대화가 이뤄졌다.[113)] 그러한 현상은 권력의 대행자로서의 재상을 필요하게 만들었는데, 이는 재상이 왕을 대신하여 책임지기를 바라기 때문이었다.[114)]

그러므로 군주는 대신을 잘 얻으면 "군주가 정사를 하기가 어렵지 않으니, 거실巨室(대신)에게 죄를 짓지 말아야 한다."[115)]고 맹자는 권고한다. 정이천程伊川도 이렇게 말했다.

> 이 시대에 우선하여 해야 할 일이 세 가지가 있으니,
> 첫째는 뜻을 세우는 것이고,

---

111) Baron de Montesquieu, *The Spirit of the Laws*, Vol. I, Book Ⅱ § 5.
112) *Ibid.*, Vol. I, Book Ⅴ § 14.
113) Karl A. Wittfogel, *Oriental Despotism*, p. 305.
114) 『近思錄』(8) 治體篇(3) : "君欲用之 非責任宰輔 其孰承而行之乎"
115) 『孟子』 離婁章句(上) : "孟子曰 爲政不難 不得罪於巨室"

둘째는 책임을 다하는 것이고,
셋째는 현명한 사람을 얻는 일이다."[116)]

투르퀴에에서는 가능한 한 정치에 대한 책임으로부터 군주Sultan를 해방시키려는 욕구에서 재상이라고 하는 인물이 등장했다.[117)] 몽테스퀴에는 더 시니컬하게 재상의 역할을 설명하고 있다, 곧, 그의 말에 따르면, 재상을 두는 이유는;

첫째는 왕이 게으르고,
둘째는 무지하고,
셋째는 향락을 즐기기 위함이다.[118)]

한국사에서 일찍부터 재상의 문제를 고민한 학자로는 이규보李奎報를 들 수 있다. 그의 주장에 따르면,

재상의 소임에 국가의 안위가 달린 바이니, 맡은 이가 어진이라야 온 나라가 흐뭇한 혜택에 젖고 그렇지 않으면 백성이 그 해를 입을 것이니, 재상의 임명함을 어찌 신중히 하지 않으랴.[119)] .... 임금이 한두 신하와 정사를 도모하며 더욱 귀한 것은 어진 재상이니, 혹시 그에게 물러감을 허락한다면 비유하여 자신의 날개를 잘라버림과 같은 것이다."[120)]

이규보는 아마도 무신 정권이 저지를 정치적 과오를 걱정하여 재상 제도를 유념했을 수도 있다.

이와 같은 재상론은 정치가 혼란스러울수록 더욱 간절하였는데 여말선초가 바로 그러한 시기에 속한다. 이 시기에 현실에 대한 상념이 많았던 무리 가운데 하나인 이곡李穀은 당시의 정치적 어려움을 "용인"用人에서 찾으며 이렇게 진단하고 있다.

---

116) 『近思錄』(8) 治體篇(3) : "當世之務 所尤先者有三 一曰立志 二曰責任 三曰求賢"
117) M. 웨버, 『직업으로서의 정치』, p. 38
118) Baron de Montesquieu, *The Spirit of the Laws*(New York : Hafner Publishing Co., 1949), Vol. I, Book II § 5.
119) 『東文選』(29) 批答 李奎報 柳光植讓金紫光祿大夫 知門下省事尙書右僕射判三司事 不允敎書.
120) 『東文選』(29) 批答 李奎報 樞密院副使朴玄珪乞退不允敎書.

대체로 헤아려 보건대 군자를 기용하면 사직이 편안하고 군자를 물리치면 백성이 멍드는 것은 고금의 마땅한 이치이다. 그런즉 사람을 잘 쓰는 것이 위정의 근본이다. 대개 사람을 쓰기는 쉽고 사람을 알아보기는 어려우니 옳고 그름을 묻지 않고, 높고 낮음을 묻지 않고, 오직 재물만 보고 세력만 의지하여 나에게 붙어 따르는 무리는 비록 간사하고 아첨하여도 기용하고, 자기와 다른 사람은 비록 청렴하고 근실勤實하여도 물리치니, 사람을 쓰는 것이 쉽지 않다. 사람 쓰는 것을 쉽게 여기기 때문에 정사는 날로 어지러워지고 따라서 국가는 위태하고 멸망하나니 이것은 예전에서 찾을 것 없이 실로 눈앞의 밝은 거울이다. …… 나라가 나라 구실을 못하는 것이 당연하다.[121]

조선조에 들어오면, 건국의 중신들은 변방 무사로서 통치의 주류가 아니었던 이성계의 정치적 허약성을 잘 알고 있었기에 재상의 문제에 대하여 각별한 관심을 보이고 있었다. 그들은 훌륭한 재상이 무사 출신의 군주를 잘 보필해 주기를 기대했다. 이러한 경향은 권근의 다음의 글에 잘 나타나 있다.

임금과 대신은 머리와 팔다리처럼 한 몸을 이루나니, 좋은 일이거나 궂은일에 서로 도와 함께 그 정치를 이루는 것입니다. …… 그러므로 임금이 옳다고 하시는 것에도 재상은 옳지 않다고 할 것이 있습니다. 역대로 임금이 하신 일에 부족한 것이 있으면 신하는 조명詔命을 받들지 않고, 혹은 그 조서를 그대로 둔 채 성명成命을 고치도록 하는 것도 많습니다. 그것은 이로써 왕실을 보호하고 바로잡아 구원하여 협보協輔를 유지함으로써 다스림의 효과를 거두는 것입니다. 그렇지 않고는 임금께서 말씀을 내시고 스스로 옳다 하여도 공경대부가 감히 그 그릇됨을 고치지 못하옵고, 유유낙락하며 아첨하고 순종하니 마침내 정치를 어지럽게 만드는 것이 됩니다.[122]

재상의 필요성에 관한 논의는 그 뒤 조선조 양명학陽明學에 접목되고 있었다. 그 중심 인물로서는 허균許筠을 들 수 있다. 그는 재상의 문제를 이렇게 설명하고 있다.

예로부터 제왕이 나라를 다스리며 홀로 정치하지 않았으니, 반드시 보상輔相하

121) 『稼亭集』(8) 書 寓本國宰相書.
122) 『東文選』(55) 奏議 權近 議政府狀.

> 는 신하가 그를 도와주었다. 보상해 주는 사람으로 적합한 사람만 얻으면 천하 국가의 일을 적의適宜하게 다스릴 수 있었다. 이런 것이 매우 뚜렷이 나타난 것으로, 요堯·순舜·우禹·탕湯이 임금이 되었을 때 반드시 고요皐陶·직설稷契·익益·이윤伊尹 등의 보좌가 있었다. 그런 다음에 빛나는 치적[雍熙之治]을 이룰 수 있었으니, 하물며 근래의 세상에서야 말해 무엇하랴.[123]

그를 이어 조선조 양명학을 이끈 정제두鄭齊斗 또한 재상론에 깊은 관심을 보이고 있다. 그의 주장은 이렇다.

> 이런 까닭에 임금이 된 이는 대신을 잘 임명하지 않으면 비록 현인을 찾는 데 힘쓰더라도 반드시 현인을 쓸 수 없을 것이며, 정치를 하는 데 비록 근면하더라도 좋은 정치를 반드시 세울 수는 없을 것입니다. 쓰이는 무리가 혹 용렬하고 간교한 사람이거나, 수행하는 바가 모두 편협하고 사사롭고 구차한 정치이면, 기강은 위에서 무너지고 풍속은 아래에서 허물어져 백성은 근심하고 병사는 원망하여 나라의 형세가 날로 기울 것이니, 어찌 크게 두려워할 일이 아니겠습니까?[124]

조선왕조의 정치 제도를 살펴보면 실제로 재상이 왕권을 많이 견제했다. 그것이 때로는 경연經筵을 통한 성학聖學일 수도 있고, 삼사三司의 논변을 통한 직언일 수도 있었다. 이러한 정치적 장치에 왕은 통치의 불편함을 겪으며 영조英祖는 "신하가 왕을 선택한다."[125]고 불평했다.

이와 같은 조선조의 재상론이 건국 초기에 정립된 것은 정도전의 구상이었다. 재상에 대한 정도전의 인식 바탕에는 군주가 저지를 잘못과 실수에 대한 우려와 그 대응 논리를 깔고 있다. 그의 재상론은 왕도 인간적인 실수를 저지를 수 있다.

왕실이 늘 현자賢者로 이어지는 것은 아니며, 세습에 따른 왕계王系에도 고르지 못한 인간이 출생할 수 있다는 위험성에 대한 대안이자 제어 장치였다. 군주는 천공天工(하늘의 직사)을 대신하여 천민天民을 다스리지만 혼자의 힘으로는 할 수 없는 일임을 알아야 한다고 그는 주장한다.[126] 그러면서 정도전은 중국의 실

123) 『惺所覆瓿藁』(11) 論 政論.

124) 『霞谷集』 疏類 筵奏(5) 戊申 4월 28일 巳時.

125) 李建昌, 『黨議通略』 英祖朝 庚申處分 : "上忽激惱 …… 此所謂臣擇君也 …… 上夜召諸臣復以 昌集擇君之說"

126) 『三峰集』(13) 朝鮮經國典(上) 治典 官制.

패한 군주로서 다음과 같은 사례를 열거하고 있다.

> 한漢나라의 성제成帝는 조정에 나오면 조용하고 말이 적어 군주의 도량이 있었으나 한나라 왕실의 멸망함을 막는 데 도움이 되지 못하였고, 양梁나라 무제武帝는 사람을 사형시킬 때면 울고 먹지 않아 인자하다는 소문이 있었으나 강남江南의 변란을 다스리지 못하였으니 한낮 천질天質의 아름다움만 있고 덕정德政을 닦음이 없었던 까닭입니다. 엎드려 바라옵건대 전하께서는 천품天稟이 좋다고 스스로 믿지 말고 닦아서 실행함이 지극하지 못함을 경계하면 덕이 닦아지고 정사가 다스려질 것입니다.[127]

그러므로 예적예로부터 성왕들이 천하의 곤란을 구제한 것은 훌륭한 신하의 도움으로부터 말미암지 않은 것이 없다고 정도전은 생각했다. 비록 현명한 임금이라 하더라도 진실로 현명한 신하가 없다면 곤란에서 나라를 구제할 수 없다.[128] 만약 왕의 자질이 중간 정도인 경우에는 훌륭한 재상을 얻으면 정치가 잘되고 재상에 훌륭한 사람을 얻지 못하면 정치가 어지러워진다.

신하가 명군을 만나기도 진실로 어렵거니와 왕이 양신良臣을 만나기도 또한 어렵다. 바야흐로 지금은 명군과 양상良相이 서로 만나 상의로써 서로 믿음성을 뵈며 함께 유신의 정치를 꾀하고 있으니 천 년이나 백 년에 한 번 맞이하는 융성한 시대이다.[129] 덕망과 식량識量이 있는 무리로 재상을 삼는 것이 사람 뽑는 일[銓注]의 근본이다.[130]

그렇다면 정도전은 재상이 국가 경영에서 어떤 위치에 놓여 있다고 생각했을까? 이에 대해서는 다음과 같은 그의 설명을 들어볼 필요가 있다.

> 비유하자면 집을 임금이라고 할 때 대들보는 정승이요, 집터는 백성이다. 집터는 마땅히 튼튼해야 하고 대들보는 마땅히 안정된 뒤에 집이 튼튼하게 될 것이다. 대들보는 위로 지붕을 받들고 아래로는 집터에 의지하니 마치 재상이 군부를 받들고 백성을 후하게 대하는 것과 같다. …… 이 청사廳舍에 들어오는 사람은 지붕을

127) 『高麗史』 列傳 鄭道傳.
128) 『三峰集』(12) 經濟文鑑 別集(下) 論議.
129) 『三峰集』(13) 朝鮮經國典(上) 治典 재상연표.
130) 『高麗史』 列傳 鄭道傳.

> 보면 우리 임금을 받들 것을 생각하고 집터를 보면 우리 백성을 두텁게 대할 것을 생각하고, 대들보를 보면 나의 직업을 알뜰하게 할 것을 생각할 것이다.[131]

정도전의 이와 같은 주장을 우리는 매우 조심스럽게 음미할 필요가 있다. 왜냐하면 피상적으로 볼 때 그는 백성을 꽤나 아끼고 있는 듯이 말하고 있으나, 그가 궁극적으로 말하고자 하는 것은 철저한 지배·복종의 논리이기 때문이다. 바꿔 말해서 정도전의 논리에 따르면 왕은 재상과 백성의 외연이며, 재상과 백성은 왕에 내포되는 것이다.

중세 유럽의 역사에서 그들의 정치적인 변화는 문예부흥의 시대가 종말을 고하고 오히려 인간의 존엄성을 각성하는 계몽 시대와 더불어 시작되었다는 사실[132]과 비교해 볼 때, 조선조의 지배 윤리는 민주주의와는 어느 정도 거리가 있음을 알 수 있다.

정도전은 신권神權으로서의 군권과 속권俗權으로서의 재상을 분리해서 생각했다. 군권은 왕권신수설에 따른 상징성을 강조했고, 재상은 실질을 뜻했다. 그러므로 그가 생각한 이상 사회는 상징으로서의 군주가 존재하는 상태에서 재상을 중심으로 운영되는 관료 국가였다.

왕권이 신의神意였다고 하더라도 그는 세습에 따른 왕의 권능을 신뢰하지 않았기에 재상에게 더욱 무게를 두었다. 그는 세습 왕권의 결함과 위험을 강조하고 있었고 그에 대한 대비책으로 재상의 권리라는 이름으로 관료 국가를 구상했다.

그렇다면 재상은 무엇을 해야 하는가? 이에 대한 고전적인 기록으로서는 송대宋代의 왕원지王元之가 쓴 『대루원기』待漏院記가 있다.

> 대루원에 앉아 기다리는 동안 어진 공직자라면 이런 생각들을 할 것이다. 우선, 많은 백성이 편안하지 못하다면 어떻게 하면 이들을 편안하게 할 것인가를 생각하

---

131) 『三峰集』(4) 記 高麗國新作都評議司廳記 己巳 : "鄭道傳都評議司記云 堂宇譬則君也 梁棟譬則相也 基譬則民也 基當全厚 梁棟當安然後 堂宇得以固緻矣 梁棟上以承其宇 下以藉其基 猶宰相奉君父 而厚民庶也 入此廳者 視其宇思所以奉吾君 視其基思所以厚吾民 視其梁棟思所以稱吾職"

132) Roland Mousnier, *Peasant Uprisings in the 17th Century : France, Russia, and China* (London : Harper & Row Pub. Inc., 1971), p. 337.

> 고, 사방에서 오랑캐들이 날뛴다면 어떻게 이들을 돌려보낼 것인가를 생각하고, 아직 병화兵禍가 그치지 않았으면 어떻게 이를 누를 것인가를 생각하고, 재덕才德이 훌륭한 어진 사람이 때를 만나지 못하여 초야에 묻혀 있으면 자신이 솔선하여 이를 조정에 천거하고, 간악하고 요사스러운 신하가 조정에서 벼슬을 하고 있으면 자신이 이들을 물리쳐 낸다.
>
> 음양과 비바람이 고르지 못하여 재앙과 질병이 이어지면 이를 내 탓으로 두려워하여 재상의 자리에서 물러나 하늘에 빌어 이를 없애고, 다섯 가지의 형[五刑 : 笞杖徒流死]이 그치지 않고 백성 사이에 사기와 범죄가 날로 늘어나면 재상은 아무쪼록 자기의 덕을 닦아 잘 다스리고 바르게 이끌어나갈 것이다. …… 재상의 마음가짐이 이 정도가 된다면 그가 백 명의 부하를 거느리며 넉넉한 봉급을 받는 것이 요행이랄 수가 없다. 그것은 지극히 당연한 일이다.[133]

이러한 보편적 논의를 떠나 구체적으로 재상은 어떤 역할을 감당해야 하는가? 이에 대하여 먼저 답할 역할은 간쟁諫諍이다. 동양의 정치에서는 인간으로서 왕의 흠결欠缺의 가능성과 그를 방지하는 재상의 간쟁 기능을 중요시했다. 왕이 비록 부족하다고 할지라도 어진 신하의 간언諫言을 따르면 성스러워질 수 있다고 그들은 생각했고,[134] 그래서 요순堯舜도 근신에게 도움을 요청했다.[135]

주자의 말을 빌리면,

> 천자에게 간쟁하는 신하 일곱 사람이 있으면 비록 그가 무도할지라도 천하를 잃지 않고, 제후에게 간쟁하는 신하 다섯 사람이 있으면 비록 그가 무도하나 나라를 잃지 않고, 대부에게 간쟁하는 신하가 세 사람이 있으면 그가 집안을 잃지 않는다.[136]

고 했다.

간쟁자로서 재상의 구실을 중요시했던 정도전은 "모름지기 군주에 과실이 있으면 그것을 분명히 따져야 한다."[137]고 주장하고 있다.

---

133) 『古文眞寶』 王元之의 「待漏院記」.

134) 『書經』 商書 說命(上) : "惟木從繩則正하고 后從諫則聖 …… 股肱惟人 良臣惟聖"

135) 『書經』 虞書 益稷 : "帝曰 臣作朕股肱耳目 予欲左右(佐佑)有民汝翼"

136) 『小學』 內篇 明倫(2) 通論 : "天子有爭臣七人 雖無道 不失其天下 諸侯有爭臣五人 雖無道 不失其國 大夫有爭臣三人 雖無道 不失其家"

137) 『三峰集』(3) 疏 上恭讓王疏 : "大抵君有過 則明爭之"

옛적에는 간언하는 데 정원定員이 없어 언로가 더욱 넓었다. 후세에는 간관에 상직常職이 있어 언로가 더욱 막혔다. 간관은 재상과 동등하다. 간언하는 신하를 내쫓는 것은 아름다운 일이 아니다. 간관과 어사는 비록 모두 말하는 책임을 맡은 신하가 되지만 그 직분은 각각 다르니 간관은 헌체獻替(임금을 돕는 일)를 관장하여 임금을 바르게 한다. …… 그러므로 임금에게 허물이 있으면 간관이 주독奏牘(상주)하고 신하가 법을 어기는 일이 있으면 어사가 봉장封章(상소)한다.[138]

정도전은 대간臺諫의 중요성을 강조하며 대관臺官이 갖춰야 할 덕목을 거론한다. 그의 주장에 따르면, "대관은 마땅히 위망威望을 먼저 갖추어야 하고 탄핵을 그 다음으로 해야 한다. 왜냐하면 위망이 있는 무리는 비록 종일토록 말하지 않아도 사람들이 스스로 두려워 복종할 것이요, 위망이 없는 무리는 비록 날마다 1백의 장주章奏(상소문)를 내어도 사람들이 더욱 두려워하지 않을 것이기 때문이다."[139]

그러나 정도전이 대간의 구실을 강조하고 있음에도 동시에는 일정한 한계를 인정하고 있다는 점에서 대간의 겸손함을 보이고 있다. 즉, "정권은 하루라도 조정에 있지 않아서는 안 된다. 정권은 조정에 있지 않으면 대각에 있게 되고, 대각에 있지 않으면 곧 궁위宮闈(후비)에 있게 되는데, 정권이 조정에 있으면 나라가 다스려지고, 대각에 있으면 나라가 어지러워지며, 궁위에 있으면 나라가 망하니, 국가의 흥망·치란이 모두 이에 근본을 두고 있다."[140]고 말한다.

재상이 해야 할 두 번째 노릇은 백관을 통솔하는 것이다. 정도전이 재상의 구실을 강조한 내면에는 아마도 자신이 새 왕조의 장량張良, 子房이라는 확신이 있었던 것 같다. 정도전은 재상을 가리켜 "총재"冢宰라고 부른다. 정치란 결국 총재가 관장하는 것이다. 사도司徒 이하가 모두 총재의 소속이니 교전敎典 이하 또한 총재의 직책이다. 총재에 훌륭한 사람을 얻으면 육전六典이 잘 거행되고 모든 직책이 잘 수행된다고 그는 믿었다.[141] 그는 이렇게 말하고 있다.

한 집안에는 한 집안의 기강이 있고 한 나라에는 한 나라의 기강이 있다. 이에

138) 『三峰集』(10) 經濟文鑑(下) 諫官.
139) 『三峰集』(10) 經濟文鑑(下) 臺官.
140) 『三峰集』(9) 經濟文鑑(上) 宰相 相業.
141) 『三峰集』(13) 朝鮮經國典(上) 治典 總序.

향鄕은 현縣에 통솔되고, 현은 주州에 통솔되며, 주는 제로諸路에 통솔되고, 제로는 대성臺省에 통솔되며, 대성은 재상에게 통솔되고, 재상은 중직衆職을 겸하여 통솔해서 천자와 더불어 가부를 살펴 정령政令을 내리니, 이것이 천하의 기강이다."[142]

그러면서 총재의 구실을 이렇게 설명하고 있다.

총재라는 것은 위로는 군부를 받들고 밑으로는 백관을 통솔하며 만민을 다스리는 것이니, 그 직책이 매우 크다. 또 인주人主(임금) 가운데는 어리석은 자질도 있고 현명한 자질도 있으며 강력한 자질도 있고 유약한 자질도 있어 한결같지 않으니, 총재는 임금의 아름다운 점에 순종하고 나쁜 점을 바로잡으며, 옳은 일을 받들고 옳지 않은 것을 막아 임금이 대중大中의 지경에 들게 해야 한다.

그러므로 상相이라 하니, 곧 보상輔相한다는 뜻이다. 백관은 제각기 직책이 다르고 만민은 제각기 직업이 다르니, 재상은 공평하여 그들이 각기 그 적의適宜함을 잃지 않도록 하고, 고르게 해서 그들이 각기 그 처소를 얻게 해야 한다. 그러므로 재宰라 하니, 곧 재제宰制한다는 뜻이다.[143]

권근은 재상의 구실에 관한 정도전의 글을 설명[案]하며 이렇게 부연했다.

태재는 곧 천관총재天官冢宰이다. 하늘이 만물을 덮지 않는 것이 없으며 총재는 백관으로 통솔하지 않는 것이 없으니, 총재를 천관에 붙여 백관을 거느려 천공天工을 밝힌다. 치전治典이라 함은 백성을 기강으로 다스리며, 교전敎典은 백성을 순화시키며, 예전禮典은 나라를 화목하게 하고, 정전政典은 백성을 공평하게 하고, 형전刑典은 나라를 금제하고, 사전事典은 나라를 부강하게 하는데 .... 이것이 모두 재상이 통솔해야 할 일들이다.[144]

재상이 구체적으로 무엇을 하느냐에 관하여 정도전은 송나라 학자 석개石介(1005~1045)의 말을 빌려 말하기를,

---

142) 『三峰集』(9) 經濟文鑑(上) 宰相 相業 : "一家則有一家之紀綱 一國則有一國之紀綱 若乃鄕總於縣 縣總於州 州總於諸路 諸路總於臺省 臺省總於宰相 宰相兼總衆職 以與天下相可"

143) 『三峰集』(13) 朝鮮經國典(上) 治典 總序.

144) 『三峰集』(9) 經濟文鑑(上) 宰相 權近의 案.

첫째로, 위로는 음양을 조화하고,
둘째로, 아래로는 백성을 안무하고,
셋째로, 작상爵賞(벼슬과 상)과 형벌에 관여하고,
넷째로, 정화政化와 교령教令을 마련한다.[145]

고 설명하고 있다.

권근은 정도전의 글을 교감校勘하며 이런 말을 했다.

> "중국의 역사에 재상은 위로 임금의 덕망을 규정하고 아래로는 백 가지 관직을 총섭總攝하여 한漢나라 재상은 2천 석의 무거운 벼슬을 파면하여 죽여도 모든 공경公卿들이 권력을 어지럽히는 폐단이 없었고, 내시·환관으로 총애받는 무리를 죽이기를 요청하여도 근시들이 정사에 미리 간여하는 근심이 없었으며, 역사상 오로지 위정공魏鄭公 위징魏徵과 육선공陸宣公 육지陸贄만이 능히 그 구실을 감당했기에 당 태종唐太宗은 정관貞觀의 다스림을 일으켰고, 덕종德宗은 이를 버렸으므로 봉천奉天의 변란을 비켜 갈 수 없었다."[146]

정도전이 이토록 재상의 권한을 강조한 것은 조선 사회가 집권의 힘을 더 강화해야 한다고 생각했기 때문이었다. 군주를 중심으로 일원적인 공권 체제를 확립하고 이로써 중앙으로부터 지방에 이르는 효율적인 통치가 이루어져야 한다는 것이 그의 판단이었다. 이와 같은 생각은 고려 사회가 안고 있었던 사권私權과 사문私門에서 발생하는 폐해를 억제하고 지방적·분권적 요소를 약화시키고자 하는 의지를 강하게 표명한 것이었다.[147]

신권臣權이나 재상의 권리를 둘러싼 정도전의 현실주의realism는 군주에게 위험하게 보였을 수도 있고, 그것이 그의 비극적 종말의 원인이 되었다. 이방원李芳遠(태종)은 정도전의 재상정치론을 왕권에 대한 도전으로 보았기에 그를 용서할 수 없었다. 역사적으로 볼 때, 대부大夫가 강성해지면 임금이 그를 죽이는 것이 통치자의 의리였다.[148]

---

145) 『東文選』(63) 書 鄭道傳 上都堂書.
146) 『三峰集』(9) 經濟文鑑(上) 總論 權近의 案.
147) 정호훈, 「조선전기 법전의 정비와 『경국대전』의 성립」, 『조선의 건국과 "경국대전 체제"의 형성』, 연세대학교 국학연구원 제331회 국학연구발표회(2005), p. 23.
148) 『禮記』(11) 郊特牲 : "大夫强而君殺之 義也"

재상이 해야 할 세 번째 일은 관리를 등용하는 것이다. 그 많은 백관과 만민을 재상이 혼자서 다스린다는 것은 어려운 일이다. 일일이 귀에 대고 가르치는 것도 불가능한 일이고, 집집마다 찾아다니며 깨우쳐 준다는 것도 불가능하다. 이 점에 대해서는 이미 맹자가 훌륭한 교훈을 남긴 바 있다. 그의 가르침은 이러하다.

> 자산子産이 정鄭나라의 정치를 맡고 있을 때 자기가 타는 수레로 진수溱水와 유수洧水에서 주민들을 건너게 해주었다. 이를 듣고 맹자께서 이렇게 말씀하셨다.
>
> "자산이 베풀 줄 아는 사람이기는 하나 정치를 할 줄을 모르는구나. …… 어떻게 한 사람 한 사람을 일일이 건너게 해줄 수 있는가? 그러므로 정치를 하는 사람마다 모두 기쁘게 해주려다가는 날마다 그 일만 하여도 부족할 것이다."[149]

이 사례에서 맹자가 말하고자 하는 바는, 재상은 보는 것을 총섭할 수 없고, 큰 틀에서 국가 경영을 고민해야 하며, 그 가운데 하나가 사람을 천거하는 일이었다. 오직 어진 사람과 어질지 못한 사람을 구별하여 어진 사람을 등용하고 어질지 못한 사람을 관직에서 물러나게 하면 여러 가지 공적이 이루어지고 백관이 다스려질 것이며, 온당한 일과 온당치 못한 일을 살펴 이를 구분하여 처리하면 만물이 제자리를 얻게 되고 만민이 편안하게 될 것이다.[150]

재상의 직분은 바로 그 사람을 임용하는 데 있다. 한 사람을 임용함이 정당하면 천하가 그 복을 받고 그렇지 않으면 혹 재앙을 겪으며, 한 사람을 임용한 것이 정당하면 천하가 합심하여 이를 기릴 것이요, 그렇지 않으면 한 가지로 손가락질하고 미워할 것이다.[151]

이런 관점에서 정도전은 과거제도를 신뢰하지 않았고, 따라서 광종光宗이 쌍기雙冀를 등용하여 "부화浮華한 문장만 주창함으로써 후세에 그 폐단은 말할 수 없게 되었고, 선비를 뽑는 데 시詩·부賦·논論 세 가지로만 하고 시정時政을 책문策問하는 것을 하지 않았는데, 그 문장을 보면 당나라 때의 남은 폐단과 거의 비

149) 『孟子』 離婁章句(下) : "子産聽鄭國之政 以其乘輿濟人於溱洧 孟子日 惠而不知爲政 …… 焉得人人而濟之 故爲政者 每人而悅之 日亦不足矣"

150) 『三峰集』(13) 朝鮮經國典(上) 治典 總序.

151) 『三峰集』(9) 經濟文鑑(上) 宰相 相業.

슷하다."[152]고 생각했다. 그는 과거제도 대신에 재상이 인사를 추천하는 것을 선호했다.

5. 결론

이 장의 결론은 다음과 같다.

[1] 정도전의 정치사상은 현실주의로 분류될 수 있다. 그는 한국 근대사에 나타난 첫 번째의 정치적 이론가political ideologue였다. 그는 고려 말로부터 조선조로 이어지는 주자학에서 국가 경영학으로서의 정치학을 도출한 인물이었다. 유학의 본질은 수기修己와 치인治人이었지만 정도전은 수기보다 치인의 논리에 기울어 있었다.

[2] 정도전을 비롯한 개국공신들이 표방한 배불의 논리는 이념적 거부감이었다기보다는 전술적 선택이었다. 그들은 불교를 깊이 이해하고 있었으며, 불교에 대한 그들의 초기 인식은 적대적이지 않았다. 그들의 배불의 논리는 불교를 국교로 삼고 있던 고려왕조의 전복을 위한 불가피한 선택이었고 변명에 지나지 않는 것이었다. 당시의 불교가 부분적으로 타락한 것은 사실일지라도, 개혁파가 그 정도를 과장했고, 신돈을 악의적으로 낮추었다.

[3] 역성의 논리는 고려왕조 말기의 피로 현상을 확대하여 이를 계기로 삼아 신분 상승을 꿈꾸던 신흥사대부들이 왕조 변혁을 위해 내세운 대체 논리였다. 개국에 참여한 신진 유학 세력에는 정도전 등과 같은 향리 가문 출신이 많았는데, 정치적 출세가 순조롭지 않았던 그들은 현실 정치에 불만을 품고 이를 개혁하고자 했으며, 그 방법으로서 새로운 왕조의 창건을 목표로 했다.

이들이 혁명이라는 급진적 방법을 동원하게 된 것은 열세에 있던 자신들의 정치사회적 처지를 만회하기 위함이었고, 그들이 의리보다 업적을 중요하게 여긴 것은 그러한 정치적 입장을 정당화하고자 함이었다.[153] 조선의 창업 공신들이

152) 『三峰集』(12) 經濟文鑑 別集(下) 君道 高麗國 光王.
153) 정영현, 「朝鮮朝 道學政治文化의 형성 과정」, 『한국정치외교사논총』(20)(한국정치외교사학

주자학을 주리론主理論의 관점에서 이해하고 국시로 정했던 것은 그것이 왕조 태생의 정당성과 통치권의 정당성을 담보할 수 있다고 여겼기 때문이다.[154]

[4] 정도전의 재상정치론의 바탕에는 세습 왕조의 능력에 대한 불신이 깔려 있었다. 재상론은 있을 법한 혼군昏君의 실패를 막을 최선의 담보였다. 그들의 생각에 군주가 항상 명군明君일 수는 없다. 그렇다고 해서 군주주권설을 부인하고, 공화주의를 이해할 만큼 개명하지 못한 그로서는 재상에 의한 신권臣權을 그 대안으로서 강조했다. 그러나 그마저도 수용되지 못한 채 그로 말미암아 정치적 몰락을 자처했다. 그럼에도 그의 정신이 전적으로 몰락한 것은 아니며 후대에 간쟁諫諍이라는 형태로 이어졌다.

회, 1998), p. 80.

154) 백도근, 「李晦齋 사상의 한국철학사에서의 위치」, 『신라학 연구』(6)(경주 : 위덕대학교 신라학연구소, 2002), p. 38.

제16장

세종世宗
(1397~1450)

"무릇 사람이 죄에 빠지는 것은
그 법을 알지 못하기 때문이다."[1)]
—세종

"밥이 백성의 하늘이다."[2)]
—세종

"만약 한 사람의 훌륭한 정승을 얻으면
나랏일에 근심을 없앨 수 있다."[3)]
—세종

"나는 경들의 말에 귀를 기울이지만,
결정은 내가 한다."[4)]
—세종

1. 서론

역사에서 한 영걸의 치적은 후대에 얼마나 큰 발자취를 남길 수 있을까? 현대의 사관이 민중주의populism와 영웅주의heroism로 나뉘게 된 분수령이 바로 이

1) 『世宗實錄』 15년 3월 5일(무오) : "凡人陷罪者 以其不知法也"
2) 『世宗實錄』 29년 4월 15일(병오) : "食爲民天"
3) 『世宗實錄』 14년 6월 9일(병신) : "若得一相 則國事可無虞矣"
4) 『世宗實錄』 30년 7월 18일(임인)

질문에서 비롯되었다는 점을 고려한다면, 역사학자는 원하든 원하지 않든 이 질문 앞에서 대답을 강요받지 않을 수 없다. 후크Sydney Hook로 대표되는 영웅사관의 역사학자들은, 역사란 결국 영웅의 행적이라고 주장하며 지도자의 구실이 한 민족의 흥망성쇠에 결정적인 영향을 끼칠 역사적 상황의 예는 무수히 많다고 주장한다.[5)]

물론 좌파 역사학자들은 역사에서 민중의 구실을 강조하며 후크 식의 영웅주의에 동의하려 하지 않았다. 대체로 공산주의 또는 사회주의 노선을 걷고 있는 민중주의자들은 민중이 역사의 주역이라고 굳게 믿고 있다.[6)] 그 논쟁에서 어느 한쪽을 단정적으로 선택하기란 쉽지 않다. 역사에는 영웅의 몫이 있었고 또 민중의 몫이 분명히 있었기 때문이다.

그러나 한 가지 분명한 사실은, 역설적으로 영웅이 지배했던 시대는 그만큼 불행하였지만, 달리 생각하면, 그 영웅이 없었더라면 그 시대는 더욱 불행했으리라는 점이다. 이런 점에서 본다면 영명한 지도자의 출현은 어쩌면 역사의 축복일 수도 있고, 필요악일 수도 있다. 그 어느 쪽이든 솔로몬Solomon의 싯귀처럼,

> 현자賢者가 많으면 세상이 구원받고,
> 어진 임금은 백성에게 안녕을 준다.[7)]

한국사에서 영웅사관의 논쟁에는 늘 두 인물이 앞에 서 있었는데 하나는 세종世宗(1397~1450)이고 다른 하나는 이순신李舜臣(1545~1598)이다. 우열을 가릴 일은 아니지만 한국사의 영웅전은 이 두 사람으로 말미암았으며, 이들을 먼저 언급하는 것이 통과의례처럼 되어 있다. 하나는 태평성세의 상징이었고, 다른 하나는 국난 극복의 화신이었다. 한국사에서 누구도 이 두 사람에 앞서 거명되지 않았다. 그들은 늘 화폐의 초상화로 우리 곁에 있으며, 경배와 칭송의 대상이었다. 그들은 이미 우리에게 신화가 되었고 전설이 되었다.

이 장의 주제가 되고 있는 정치가로서의 세종은 너무 크다. 그는 한 폭의 그

---

5) Sydney Hook, *Hero in History : Myth, Power or Moral Ideal?*(Stanford : Hoover Institute at Stanford University, 1978), pp. 9~10.

6) 이에 관한 자세한 논의는 이 책 제38장 「역사주의」와 제42장 「좌파이데올로기」를 참조할 것.

7) 『구약성경』 「지혜서」 6 : 24.

림에 담기에는 그림자가 너무 길다. 어문, 국방과 국경 개척, 과학 정신, 예치주의, 애민, 예술, 불교, 언로 등에 그는 초인적인 노력을 경주했다. 그럼에도 그의 정치사상과 업적이 훈민정음訓民正音에 가려 빛을 잃는 것은 안타까운 일이다. 이제는 문화사의 세종을 떠나 정치가로서 세종의 모습을 정리해야 한다.

2. 백성을 가르침[訓民]

어떻게 하면 백성을 쉽게 다스릴 수 있을까? 어떻게 하면 백성이 쉽게 따르게 할 수 있을까? 이 문제는 위정자들의 끊임없는 고민이었다. 동양에서는 아주 오래전부터 이 문제를 다루었고, 그 대답으로서 백성을 가르치는 길이 곧 지름길이라고 생각했다. 이를테면 『예기』의 다음과 같은 대목을 들어볼 필요가 있다.

> 생각을 내서 법칙에 맞고 선량한 것을 찾는 것은 소문謏聞(명성)을 얻기에는 충분해도 대중을 감동하게 하기에 부족하다. 어진 이에게 나가 소원疏遠한 무리를 체찰體察(살펴봄)하는 것은 대중을 감동하게 하기에는 충분해도 백성을 감화하기에는 아직 부족하다. 만일 백성을 감화하여 착한 풍속을 이루려 한다면 그것은 반드시 학문으로 말미암을 것이다. …… 사람은 배우지 않으면 도를 알지 못한다. 이런 까닭으로 옛날의 왕은 나라를 세우고 백성의 임금이 되어 교학을 먼저 했다.[8)]

동양의 선각자들은 가르침의 중요성을 일찍부터 잘 알고 있었다. 그들은 "도를 닦는다는 것은 곧 가르침"[9)]이라는 생각을 지니고 있었고, 그래서 주자朱子의 지적처럼, "삼대가 융성했던 시기에 법제가 차츰 갖추어진 뒤에는 왕궁·국도國都에서 여항閭巷에 이르기까지 학교가 없는 곳이 없었다."[10)] 그들은 "선정善政이 선교善教를 통하여 백성의 민심을 얻는 것만 못하다."[11)]는 맹자孟子의 가르침에 충실하고자 했다.

---

8) 『禮記』(18) 學記 : "發慮憲 求善良 足以謏聞 不足以動衆 就賢禮遠 足以動衆 未足以化民 君子如欲化民成俗 其必由學乎 …… 人不學 不知道 是故古之王者 建國君民 教學爲先"

9) 『中庸』(1) : "脩道之謂教"

10) 『大學』 大學章句序 : "三代之隆 其法寖備 然後王宮國都以及閭巷 莫不有學"

11) 『孟子』 盡心章句(上) : "善政不如善教之得民也"

가르침에 대한 고민은 서양의 선지자들에게서도 마찬가지였다. 그들은 인간의 본성에서 최선인 부분이 오히려 도리와 습관에 따라 충분히 교육되어 있지 않다고 생각했다.[12] 그러한 상황에서는 개개인의 감정이 국가 전체의 감정에 가장 가깝게 접근했을 때 통치가 가장 잘 이루어진다는 것을 그들은 알고 있었다.[13]

이 문제에 대한 몽테스키외Baron de Montesquieu의 인식은 매우 정확하다. 계몽 시대가 오고 있음을 감지하고 있던 그는 이제 백성이 예전처럼 묵종黙從하지 않을 것이며, 그들을 설득하는 교육이 필요하다고 생각했다. 그는 이렇게 말하고 있다.

> 백성이 계몽되었는가, 되지 못했는가 하는 문제는 사소한 일이 아니다. 위정자가 갖는 편견은 국민이 갖는 편견에서 비롯된다. 무지몽매한 시대에는 가장 큰 악행할 저지를 때도 사람들은 아무런 의혹을 품지 않는다. 그러나 계몽된 시대에는 가장 큰 선행을 베푸는 마당에서조차 사람들은 겁을 먹는다. 사람들은 예로부터 내려오는 폐해를 감지하며 그 교정矯正을 이해한다.[14]

위정자들이 이렇게 민중의 교화에 마음을 쓴 이유를 간단히 설명하기란 쉽지 않다. 왜냐하면 그들은 자신들의 가르침이 애민愛民의 표현이라고 생각했지만, 달리 생각하면 그것은 우민愚民의 논리를 바닥에 깔고 있기 때문이다. 백성을 교육시켜 놓으면 그들은 전제 권력이 요구할 때 주저 없이 따르는 경향이 있다.[15]

공자孔子가 개탄한 것처럼, "무지한 사람을 어찌하기는 참으로 어렵기 때문에"[16] 백성을 가르쳐야 하며, "사람의 본성은 서로 비슷하나 습관에 따라 서로 멀어졌기 때문에"[17] 가르쳐야 한다. 그렇게 해서 길든 백성이야말로 군주제를 실행할 가장 좋은 민중적 기초이다.[18]

한국사에로 눈을 돌려 보면, 백성을 가르치는 문제에 관하여 가장 많이 고민

---

12) Plato, *Republic*, Book 10, § 606a-b.

13) Plato, *Republic*, Book 5, § 462d-e.

14) Baron de Montesquieu, *The Spirit of the Laws*(New York : Hafner Publishing Co., 1949), Vol. I, Preface.

15) Karl A. Wittfogel, *Oriental Despotism*(New Haven : Yale University Press, 1958), p. 152.

16) 『論語』 陽貨 : "下愚不移"

17) 『論語』 陽貨 : "子曰 性相近也, 習相遠也"

18) 劉澤華(主編)·장현근(옮김), 『중국정치사상사 : 선진편(상)』(서울 : 동과서, 2002), p. 335.

했고, 또 가장 성공한 군주는 세종이었다. 그는 선정이란 가르침에서 말미암는다고 생각했기 때문에 교육에 남다른 관심을 보였다. 교육에 관한 그의 생각을 들어보면 다음과 같다.

> 모름지기 나이 적고 총명하고 민첩한 무리를 가려 (중국의 학교에) 입학시켜 전심으로 학업을 닦게 해야 뒷날 크게 쓰이게 될 것이다. 만약 글과 행실이 이미 성숙한 것만을 취택하고 나이 적은 것을 취택하지 않으면, 겨우 익혀 돌아와 곧 노쇠하게 되어 쓰지 못하게 될 것이니, 사대부 집 자제이거나 시골에서 뽑아 올린 보통 백성이거나를 가리지 말고 나이 적으며 총명하고 민첩한 무리를 선택하라. 대개 시골에서 뽑혀 온 보통 백성의 자제는 가문을 일으키고자 하는 무리이니, 혹은 꺼리지 않고 기꺼이 하려는 무리가 더러 있을 것이다.[19]

세종의 생각에 따르면, "성인聖人이 아닌 한 그 이하의 사람은 사사로운 정私情을 쓰는 일을 면하지 못할 것이기 때문에"[20] 가르쳐야 한다는 것이다. 그는 스스로 궁중에 있을 때 손을 거둔 채 한가히 앉아 있은 적이 없었다.[21] 그는 평소에 이렇게 말했다.

> 내가 경서經書와 사서史書 가운데 보지 않은 것이 없고, 또 지금은 늙어 능히 기억하지 못하나 지금에도 오히려 글 읽는 것을 치우지 않는 것은, 다만 글을 보는 동안에 생각이 일깨워져 여러 가지로 정사에 시행되는 것이 많기 때문이다. 이로써 본다면 글 읽는 것이 어찌 유익하지 않으랴. …… 임금의 학문이 반드시 해박該博할 것은 아니다.[22]

학문에 대한 세종의 의지가 가장 잘 드러난 것이 곧 집현전集賢殿의 운영이었다. 집현전이 창설된 것은 고려 인종仁宗 14년(1136)이었으나[23] 활동이 그리 활발하지 않았다. 그러다가 조선왕조가 개창된 이래 정종定宗 1년(1399)에 대사헌 조박趙璞이 아룀에 따라 "옛 제도를 회복하여 서적을 많이 비치하고 예문 교서藝

---

19) 『世宗實錄』 15년 9월 17일(병신).
20) 『世宗實錄』 14년 3월 13일(壬申).
21) 『燃黎室記述』(3) 世宗朝故事本末 : 世宗 : "予在宮中 無有歛手閑坐之時"
22) 『世宗實錄』 20년 3월 19일(계묘).
23) 『高麗史』 志 制(30) 百官(1) 諸館殿學士廢置沿革.

文校書가 주장主掌하게 하되, 문신 4품 이상으로서 관각館閣의 직책을 띤 인물이 날을 번갈아 모여 경서經書를 강론하게 하여 고문顧問에 대비하게 함"으로써 그 골격이 갖추어지게 되었다.[24)]

집현전을 중창한 사람은 세종이었다. 그는 관료도 공부의 대상일 뿐만 아니라, 그들의 학문적 결실을 세상에 펼칠 필요가 있다고 생각했다. 그는 집권 2년 차인 1420년에 집현전을 보강하여 영전사領殿事 두 사람을 정1품으로, 대제학 두 사람을 정2품으로, 제학 두 사람을 종2품으로 두되 이상은 겸직이요, 부제학은 정3품, 직제학은 종3품, 직전直殿은 정4품, 응교應教는 종4품, 교리校理는 정5품, 부교리는 종5품, 수찬修撰은 정6품, 부수찬은 종6품, 박사博士는 정7품, 저작著作은 정8품, 정자正字는 정9품으로 하되 이상은 녹관祿官으로 하며, 모두 경연관經筵官을 겸임하게 했다.

부제학 이하의 낭청郎廳은 10명을 두되, 품계에 따라 임명하고, 차례대로 가리어 전임轉任하며, 각 품계에서 두 사람을 초과하지 않았다. 5~6품은 부검토副檢討를 겸임했다. 각 품계의 차례는 모두 품반品班의 머리로 했다. 제학과 부제학의 서열은 사간司諫의 윗자리로 했다.

박은朴訔·이원李原으로 영전사에, 유관柳寬·변계량卞季良을 대제학에, 탁신卓愼·이수李隨를 제학에, 신장申檣·김자金赭를 직제학에, 어변갑魚變甲·김상직金尙直을 응교에, 설순偰循·유상지兪尙智를 교리에, 유효통兪孝通·안지安止를 수찬에, 김돈金墩·최만리崔萬理를 박사에 임명했다.[25)]

세종은 집현전에 소속된 학자들에게, "학업에 전념하여 일생을 마치라."고 간곡히 당부했다.[26)] 집권 초기에는 10명이던 것이 30명으로 늘었다가 20명으로 다시 줄었는데,[27)] 세종 연간으로부터 집현전 학사들이 대거 연루된 계유정란癸酉靖亂과 함께 세조 2년(1456)에 폐지[28)]될 때까지 37년 동안 여기에서 근무했던 학사와 관원은 100명을 넘었다.[29)]

---

24) 『定宗實錄』 1년 3월 13일(갑신).
25) 『世宗實錄』 2년 3월 16일(갑신).
26) 『世宗實錄』 16년 3월 20일(정유) : "專業學術 期以終身"
27) 『燃黎室記述』(3) 世宗朝故事本末 : 集賢殿.
28) 『世祖實錄』 2년 6월 6일(甲辰).
29) 박현모, 『세종의 守成 리더십』(서울 : 삼성경제연구소, 2006), p. 103.

집현전의 학자들 가운데 사육신 사건으로 박팽년朴彭年, 성삼문成三問, 하위지河緯地, 유성원柳誠源, 이개李塏 등은 사라졌지만, 상신相臣에 기록된 사람으로 정인지鄭麟趾, 이사철李思哲, 정창손鄭昌孫, 신숙주申叔舟, 조석문曺錫文, 최항崔恒, 윤자운尹子雲 등이 있고 문형文衡(대제학)으로 기록된 사람으로 윤준尹准, 정인지, 안지安止, 신장申檣, 신숙주, 최항, 양성지梁誠之, 이계전李季甸, 서거정徐居正 등이 있다. 이들 가운데는 사육신과 같이 절의를 지키다 간 사람도 있고 세조의 공신이 되어 훈구 세력의 중심이 되기도 했다.[30)]

집현전은 조선왕조를 관통하는 문민 우위의 원칙에 더하여 엘리트주의elitism와 주지주의主知主義의 원칙에 따라 건국 초기의 제도 및 여러 미비한 점에 관한 교훈을 중국 고전에서 발굴하여 왕의 자문에 응대하는 것이었다. 그리하여 집현전은 "계고제"稽古制(옛 제도를 공부하는 곳)라는 별칭을 얻었다.[31)] 같은 시대의 중국에 견주어 왕권이 불안정했던 조선의 경우에는 상대적으로 사대부들의 영향력이 강했고, 이러한 경향은 수성守成의 시대를 구가했던 세종 연간에도 지속되고 있었다.

따라서 세종에게도 정치적 통합을 통해 왕권의 안정성을 확보하는 것이 반드시 해결해야 할 정치적 난제들 가운데 하나였다.[32)] 정조正祖 시대나 세종 시대처럼 역사의 전성기에 나타난 공통점은 국책 연구기관이라 할 두뇌 집단을 효과적으로 활용했다는 점인데, 고려 말과 조선 건국기의 성균관成均館과 세종 때의 집현전, 그리고 정조正祖 때의 규장각奎章閣이 그것이다.[33)]

사람들의 입에 오르내리는 것처럼, 세종의 훈민 사상과 치적은 한글 창제(세종 25년, 1443)에 농축되어 있다. 진부하게 묻는다면, 왜 세종은 한글을 창제했을까? 그는 한글 창제의 의도를 이렇게 설명하고 있다.

> 나랏말이 중국과 달라 한자와 서로 통하지 아니하므로, 우매한 백성이 말하고 싶은 것이 있어도 마침내 제 뜻을 잘 표현하지 못하는 사람이 많다. 내가 이를 딱

30) 최승희, 「世宗朝의 文化와 政治」, 한국정신문화연구원 (편), 『세종조 문화의 재인식』(성남 : 한국정신문화연구원, 1982), p. 32.

31) 이승녕, 「세종조의 시대적 배경」, 한국정신문화연구원(편), 『세종조 문화의 재인식』, p. 9.

32) 최연식·이승규, 「龍飛御天歌와 조선 건국의 정당화 : 신화와 역사의 긴장」, 『동양정치사상사』(7)(한국·동양정치사상사학회, 2008), p. 252.

33) 박현모, 『세종의 守成 리더십』, p. 104.

하게 여기어 새로 28자를 만들었으니, 사람들이 쉬 익혀 날마다 쓰는 데 편하게 할 뿐이다.[34]

이 글에는 백성에 대한 깊은 애정이 담겨 있고, 이는 애민의 극치라는 것이 종래의 일관된 국문학사적 해석이었다. “나랏말이 중국에 달라.”라는 말은 소통의 문제를 말한 것이다. 그가 “중국과 다르다.”라는 말을 했을 때 그 소통은 단순히 백성과의 소통뿐만 아니라 중국과의 소통도 의도했을 것이다.

원명元明 교체기 이전의 상황에서 원나라와 고려 또는 초기 조선의 지배 계급들은 통혼通婚과 유학을 통하여 원나라와 의사소통하는 데 큰 어려움이 없었다. 그러나 명나라가 건국된 이후 명과 조선의 의사소통에는 장애가 따랐다. 세종은 한글을 창제하며 이를 의식한 측면이 있었을 것이다. 그러나 그의 진의는 다음의 글에 더 정직하게 나타나 있다.

우리 나라는 예악과 문물이 중국에 비길 만하되, 다만 우리말이 중국과 달라 한문을 배우는 이는 그 뜻을 깨치기 어려움이 고민스러웠고, 옥사獄事를 다스리는 이는 그 곡절을 알기 어려움이 병폐였다.[35]

창제의 일차적인 동기는 자기 의사를 표현할 수단을 지니지 못한 백성에 대한 세종의 깊은 배려임을 부인할 수 없다. 이 시기는 왕실과 기층민의 직접적 대화를 필요로 하는 연결 도구가 요구되는 단계였다.[36] 그런데 군주가 피치자와 소통의 필요성을 인식하기 시작했다.

이것은 더 효율적인 통치 수단을 강구하게 되었음을 뜻할 수도 있다. 곧 통치자가 피치자에 대한 교화의 필요성을 절감하였을 때, 그는 통치의 효율성을 높일 수단을 강구할 필요가 있었고, 그의 가장 효과적인 방법이 문자의 발견이었을 것이다.[37]

---

34) 『世宗實錄』 28년 9월 29일(甲午) : 「훈민정음의 鄭麟趾 서문」.

35) 『世宗實錄』 28년 9월 29일(甲午) : 「훈민정음의 鄭麟趾 서문」.

36) 이범직, 「조선왕조의 통치 철학」, 『수촌 박영석교수 화갑기념 韓國史學論叢』(上)(서울 : 수촌 박영석교수 화갑기념논총 출판위원회, 1992), p. 561.

37) 유미림, 「훈민정음 창제의 정치적 의미」, 『유교적 국가 경영, 그 이념과 실제』(한국·동양정치사상사학회 발표 논문, 2005. 2.), p. 51.

그렇다면, 문제의 핵심은, 세종이 문자를 통하여 가르치고자 하는 바는 무엇이었을까 하는 점이다. 이 문제는 다음과 같이 정리할 수 있을 것이다.

첫째로는 왕실의 정통성을 확립하는 것이었다. 세종의 정음 창제를 애민 또는 민본사상에 근거하여 설명하는 것만으로는 훈민정음을 비롯한 어문정책이 나오게 된 정치적 배경과 군주의 역할을 설명하는 데 충분하지 못하다. 여기에는 정치적 의미 부여가 필요하다.

세종의 언어·문화적 업적들을 보면, 이들 사이에는 그의 국가 경영 구상과 밀접한 관련이 있음을 추론할 수 있다. 특히 훈민정음은 단순한 어문정책 수행의 결과물이 아니라 태종 시대 이후 정치적으로 안정된 조건 아래서 세종이 국가경영자로서 통치의 방략을 구상함으로써 나온 정책의 성과였다.[38]

수성의 군주로서 세종의 가장 절박한 책무는 창업의 어수선함 속에서 왕실의 기업基業을 다지는 것이었다. 세종은 선대의 왕업을 굳건히 해야 한다는 소명에 몰두했고, 그래서 그 정당성을 굳건히 하는 작업으로 『용비어천가』龍飛御天歌를 지었다. 『용비어천가』의 구성을 보면, 먼저 중국의 고사를 소개하고 그다음으로 조선조 창업 군주의 일화를 그와 비교하여 소개하는 방법을 선택하고 있다.

그 방법 자체가 중화주의中華主義에서 조금도 벗어나지 않고 있다. 기본적으로 『용비어천가』는 중국의 역사를 닮고자 하는 조선왕조 창업 군주들의 "따라잡기 이야기"catch-up story이다. 수없이 인용되는 당 태종唐太宗의 일화와 뒤를 이어 소개되는 이성계李成桂의 일화는 두 인물을 동일시하는 효과를 낳고 있다.

세종은 『용비어천가』를 거쳐 『치평요람』에서 찬양한 중국의 명군明君들의 정신을 운율로 만들어 조선의 역사에 대입하고자 했다. 그런 점에서 『용비어천가』는 창업 군주들의 성인화聖人化 작업이었다. 그는 『용비어천가』를 통하여 왕권신수설王權神授說로 사직을 무장하고 싶어 했다. 그는 이렇게 노래하고 있다.

> 뿌리 깊은 나무는 바람에 아니 흔들릴새
> 꽃 좋고 열매 많으며
> 샘이 깊은 물은 가물에 아니 그칠새
> 내가 되어 바다로 가느니.[39]

---

38) 유미림, 「세종의 爲民的 국가경영 : 훈민정음 창제를 중심으로」, 『세종의 국가 경영과 한국학의 미래』(성남 : 한국학중앙연구원 세종국가경영연구소, 2005), pp. 147~148.

세종은 “뿌리 깊은 나무”와 “샘이 깊은 물”처럼 굳건한 왕조의 수립을 소망했다. 그로서는 태조太祖의 왕위 찬탈과 태종太宗의 골육상잔에 따른 왕위 승계라는 반유교적인 과거 역사를 정당화하고자 인간의 세속적 윤리를 넘어서는 초역사적 소명으로 인간의 역사를 성화聖化할 필요가 있었다.

이런 점에서 『용비어천가』는 조선의 건국과 건국의 주체들, 그리고 그것을 이어갈 후세들의 권위와 안녕을 기원하려는 정치적 송가頌歌였다. 세종은 선대의 영웅적 행적을 『용비어천가』로 신화화하여 일반 백성에게 조선 건국의 정당성을 각인시키고자 했다.[40]

『용비어천가』가 음악의 형식을 빌린 것도 주목할 필요가 있다. 음악이 곁들여진 예악과 의전의 정치精緻함이 바로 그것인데, 『세종실록』의 여러 곳에서 발견되는 의례儀禮는 사실상 그 시대의 권력 관계를 무의식적으로 받아들이게 하는 고도의 정치 행위를 잘 보여주고 있다.[41] 그는 예술과 통치를 융합시킬 줄 아는 탁월한 연출가였으며 종합예술가였다.

둘째로 세종이 추구한 것은 유교 질서를 확립하는 것이었다. 여느 군주와 마찬가지로, 군주에 대한 충성을 어버이에 대한 효도로써 설명할 때, 그 효과가 극대화될 수 있다는 것을 세종은 잘 알고 있었다. 세종이 즉위하며 곧바로 유시諭示한 것은 효행의 강조였다. 그는 중앙과 지방의 신료에게 “의부義夫·절부節婦·효자·순손順孫은 의리상 표창해야 할 것이니, 널리 방문하여 사실을 자세히 적어 아뢰어 표창할 것”[42]을 지시했다.

조선조 건국 초기의 상황을 보면, 사회 체제 전반을 주자학적으로 편제하려는 노력에도 불구하고 사회 질서는 여전히 문란하고 기강이 잡히지 않았다. 더구나 인륜을 무시하고 질서를 어지럽히는 행위가 날로 증가했다. 이러한 상황은 통치자가 구상한 국가 경영 방책을 실현하는 데 방해가 되었다. 세종은 자신이 구상한 통치 방책을 더 효율적으로 실행하기 위해서는 무엇보다 피지배층을 교화하

---

39) 『龍飛御天歌』(1) 제2장. 이 구절은 당 태종의 신하였던 위징魏徵의 상소문에 나오는 구절이다. 吳兢, 『貞觀政要』(臺北 : : 中華書局, 1978), 第1章 君道 : “求木之長者 必固其根本 欲流之遠者 必浚其泉源”

40) 최연식·이승규, 「龍飛御天歌와 조선 건국의 정당화 : 신화와 역사의 긴장」, pp. 250~254.

41) 박현모, 『세종의 守成 리더십』, pp. 126~127.

42) 『世宗實錄』 즉위년 11월 3일(己酉).

는 것보다 좋은 방법은 없다고 생각했다.

한글에 관한 구상은 이렇듯 백성에게 직접 교화할 방법을 모색하는 단계에서 싹트기 시작했다. 인륜의 파괴를 처벌하는 법률을 적용할 때 소통의 문자가 없어 많은 문제가 발생했기 때문에 그 필요성이 더욱 절실해졌다. 이런 점에서 본다면, 한글은 교화의 확대와 법률의 적용이라는 현실적인 문제 의식에서 고안을 촉진한 측면이 가장 컸다.[43]

한글 창제와 더불어 세종은 정창손鄭昌孫에게 하교하기를, "내가 만일 언문으로 삼강행실三綱行實을 번역하여 민간에 반포하면 어리석은 남녀가 모두 쉽게 깨달아서 충신·효자·열녀가 반드시 무리로 나올 것"[44]임을 지적하며 언해諺解를 지시했다.

한글이 창제되기 이전에 이미 『효행록』(세종 10년, 집현전)과 『삼강행실』(세종 14년, 집현전)을 간행한 바 있는 세종은 한글 창제와 함께 『오례의주』五禮儀注(세종 26년), 『치평요람』·『용비어천가』(세종 27년), 『용비어천가주석』(세종 27년), 『사서언해』四書諺解(세종 30년) 등을 출간함으로써 충효의 한글화 작업에 박차를 가했다.[45]

한글 창제를 통하여 세종이 의도한 세 번째의 목표는 백성이 법을 쉽게 이해하도록 만듦으로써 통치를 수월하게 하려는 것이었다. 군주는 국가를 통치하며 백성이 필요한 법을 쉽게 알리는 것이 긴요한데, 한자를 쓴다는 것이 통치자들의 고민이었다. 플라톤Platon의 지적처럼, "백성을 가르치는 목적은 우리가 한 말과 법률을 믿게 하는 데 있다."[46] 법을 믿도록 설득하려면 그것을 쉽게 인지시켜야 했다.

법은 응징의 효과도 있지만 예방의 효과도 그에 못지않게 중요한 것이므로, 지배자는 백성에게 금제禁制를 쉽게 알릴 필요가 있었다. "생각하건대, 예전에 어진 임금이 형벌을 쓴 목적은 이를 어기는 무리가 없어지기를 기대한 것이었는데, 어찌 차마 무식한 백성을 엄중하게 법에 몰아넣을 수 있겠는가?"[47]라는 그

---

43) 유미림, 「세종의 爲民的 국가 경영 : 훈민정음 창제를 중심으로」, pp. 150~153.

44) 『世宗實錄』 26년 2월 20일(경자).

45) 최승희, 「世宗朝의 文化와 政治」, pp. 30~31.

46) Plato, *Republic*, Book 4, § 430.

47) 『世宗實錄』 6년 8월 21일(癸亥) : "予惟先王用刑 期于無刑 豈忍以無知之民 重置之於法乎"

의 고백에서 형률에 관한 세종의 고민이 잘 드러난다. "무릇 사람이 죄에 빠지는 것은 법을 알지 못하기 때문"[48]이라고 그는 확신했다.

그런데 율령의 현실은 소통에 많은 문제를 안고 있었다. 세종은 형률의 어려움을 이렇게 토로하고 있다.

> (정치를 하려면) 사람과 법을 함께 써야 하는 것인데, 지금은 옛날과 같지 않기 때문에 부득이 가까운 율문律文을 준용하여 시행한다. 그러나 율문이 한문과 이두로 복잡하게 쓰여 있어 비록 문신이라 하더라도 모두 알기 어려운데, 하물며 율문을 배우는 생도야 더 말할 나위가 있겠는가? 이제부터는 문신 가운데서 법에 정통한 무리를 가려 따로 훈도관訓導官을 삼아 『당률소의』唐律疏義·『지정조격』至正條格·『대명률』 등의 글을 강습시키는 것이 옳을 것이니, 이조吏曹가 의정부에 의논하도록 하라.[49]

세종은 드디어 『당률소의』·『의형이람』議刑易覽 등의 글을 참고해서 『대명률』의 번역을 지시하는 한편,[50] 다음과 같이 하교下敎했다.

> 비록 사리를 아는 사람이라 할지라도, 율문에 따라 판단을 내린 뒤에야 죄의 경중을 알게 되거늘, 하물며 어리석은 백성이야 어찌 죄지은 바가 크고 작음을 알아서 스스로 고치겠는가? 비록 백성이 모두 율문을 알게 할 수는 없을지나, 따로 큰 죄의 조항만이라도 뽑아 적고, 이를 이두吏讀로 번역하여 민간에게 반포하여 보여, 어리석은 백성이 범죄를 피할 줄 알게 함이 어떻겠는가?
>
> …… (아니면) 백성이 알지 못하고 죄를 저지르게 하는 것이 옳겠는가? 백성에게 법을 알지 못하게 하고, 그 범법한 무리를 벌주게 되면, 조사모삼朝四暮三의 술책에 가깝지 않겠는가? 특히 조종祖宗께서 율문을 읽게 하는 법을 세우신 것은 사람마다 모두 알게 하고자 함이니, 경들은 고전을 상고하고 의논하여 아뢰도록 하라.[51]

세종의 확신에도 불구하고 법전의 이두 작업이 쉽게 진행된 것은 아니었다. 유생들은 법전의 이두 작업이 법률의 품위를 떨어뜨리는 것이라고 생각했기 때

---

48) 『世宗實錄』 15년 3월 5일(무오).
49) 『世宗實錄』 8년 10월 27일(丁亥).
50) 『世宗實錄』 13년 6월 22일(甲寅).
51) 『世宗實錄』 14년 11월 7일(임술).

문이었다. 이를테면 총제摠制 하연河演은 "지금의 『속육전』續六典이 이미 한문으로 편찬되었기 때문에 『원육전』元六典도 한문으로 써야 마땅할 것이며 방언을 쓸 수 없다."[52]고 진언했다.

그뿐만 아니라 이조판서 허조許稠는 말하기를, "백성이 율문을 알게 되면 쟁송爭訟이 그치지 않을 것이요, 윗사람을 능멸하는 폐단이 점점 있게 될 것"이라고 하며 법전의 이두화를 반대했다. 그러나 법이란 "모름지기 세민細民(貧民)이 금법禁法을 알게 하여 두려워 비켜 가게 함이 옳다."고 생각한 세종은 법조문의 번역을 지시했다.[53] 신하들의 반대에도, 세종은 "법이란 아랫사람을 위하여 말한 것이고 윗사람을 위한 것이 아니다."[54]라는 확신을 굽히지 않았다.

법치에 대한 세종의 의지가 가장 잘 나타난 것이 곧 부민고소금지법部民告訴禁止法에 관한 그의 입장이다. "아랫사람은 윗사람을 고소할 수 없다."는 이 법의 취지는 아마도 예조판서 허조의 구상이었던 것으로 보인다. 허조는 왜 이런 의견을 진언했을까? 어느 정도는 법가法家의 생각을 하고 있었던 그는 이미 태종 시대에도 이런 의견을 개진한 바 있었다. 지배 계급으로서는 아래로부터의 저항이 두려운 일이었을 것이다. 그는 관료 사회의 하극상이 갖는 통치의 어려움을 잘 감지하고 있었다. 이에 관한 그의 설명은 다음과 같다.

> 가만히 생각하면, 천하나 국가는 인륜이 있는 곳이라, 임금과 신하의 상하 구분이 각각 없을 수 없으나, 조금이라도 능멸하는 마음이 있을 수 없는 법입니다. 그런데 근자에 와서 아래에 있는 사람으로 윗사람의 일을 엿보다가 조그마한 틈이라도 있는 것을 알게 되면 그럴듯하게 만들어 하소연하며, 윗사람을 업신여기는 마음을 함부로 하는 일이 자주 있으니, 이와 같은 풍조는 단연히 자라지 못하게 할 것입니다. 옛사람의 말에, "별[星]만한 불이 온 들을 태운다."(一星之火 至於燎原)고 하였으니, 만약 이대로 두어서 금하지 않는다면, 이 풍조의 폐단은 임금이라도 신하를 둘 수 없게 되고, 아비라도 자식을 거느릴 수 없는 지경에 이를 것입니다.
>
> 그러므로 이를 방지하여 금지할 한두 가지 부족한 방안을 뒤에 차례대로 적어 올리나이다. …… 원하옵건대, 이제부터는 속관屬官이나 아전의 무리가 그 관청의 관리와 품관들을 고발하거나, 아전이나 백성이 그 고을의 수령과 감사를 고발하는

52) 『世宗實錄』 12년 4월 12일(신사).
53) 『世宗實錄』 14년 11월 7일(임술).
54) 『世宗實錄』 30년 7월 19일(계묘) : "六典本意 初非欲只行於下 而不可行於上也"

무리가 있으면, 비록 죄의 사실이 있다 하더라도 종사宗社의 안위에 관한 것이거나 불법으로 살인한 것이 아니라면, 위에 있는 사람을 논고할 것이 없고, 그것이 만약에 사실이 아니라면, 아래에 있는 무리가 받는 죄는 보통 사람의 죄보다 더 무겁게 해야 할 것입니다.[55]

허조는 여기에 멈추지 않고 더 나아가, 노비가 주인을 고발한 무리는, 거짓임과 참을 묻지 않고 모두 참형하여 풍속을 두텁게 하도록 건의하니, 세종이 처음에는 그대로 따랐다.[56] 인자했고, 백성의 아픔을 누구보다 잘 알던 세종은 왜 이와 같이 가혹한 법을 수용했을까? 그의 대답은 이렇다.

근자에 정신庭臣들이 모두 말하기를, "이제 부민들이 수령을 고소하기를 기탄없이 하는 것을 금지했다." 하고, 옛날 태종께서 낙천정樂天亭에 거둥하셨을 때, 허판서許判書가 이 계모計謨를 진술하였더니, 태종께서 좋은 일이라고 칭찬하기를 마지아니하였고, 나도 또한 이 뜻을 매우 아름답게 여겨 백성이 다시는 수령을 고소하지 못하게 했다.

내가 생각하기에 혹 사람을 보내어 백성의 질고疾苦를 묻고, 혹 내신內臣을 보내어 수령들의 정령政令을 살피면 반드시 백성이 수령을 고소하는 일이 없어도 수령들의 득실이 저절로 나타날 것이니, (부민 고소의) 폐단은 본디 지혜롭고 지혜롭지 못함을 알지 못하고 등용한 데 있다.[57]

부민고소금지법에 대한 세종의 초기 입장은 분명히 관료의 편이었다. 그러나 그는 곧 그러한 법이 애민의 통치 방법이 아니라는 것을 깨달았다. 그리고 그는 지난날의 생각을 후회하며 바뀐 의견을 다음과 같이 제시했다.

지난번에 그 관하의 민간인이 수령을 고소하는 것은 그 풍습이 아름답지 못하다 하여, 부민이 수령의 고소를 금지하는 법을 세웠던 것이니, 이는 곧 두터운 기풍이다. 그러나 탐폭貪暴한 관리들이 그 금령禁令을 믿고 기탄없이 자행하기 때문에, 내가 다시 찰방을 시켜 민간에 가서 징험 탐문하게 하였던바, 이제 법을 어긴 수령으로 탄핵을 입은 무리가 많으니, 그 어긴 바는 비록 작더라도 그 자리에 그

55) 『世宗實錄』 2년 9월 13일(戊寅).
56) 『世宗實錄』 3년 12월 26일(을묘).
57) 『世宗實錄』 5년 6월 23일(壬申).

대로 앉혀서 백성을 다스리게 하는 것은 아마도 불가하지 않겠는가.58)

논의에 시차가 있는 것으로 미루어 볼 때, 세종이 이처럼 반대 의사를 표시하였음에도 고소 금지에 대한 관료들의 요구는 계속 이어졌던 것으로 보인다. 그리고 그 과정에서 그는 대대로 민심을 살폈음을 알 수 있다. 이러한 상황은 5년의 세월이 흐른 다음에 세종이 다음과 같이 거듭 반대 의사를 보인 것으로 알 수 있다. 그는 이렇게 말하고 있다.

아랫사람이 윗사람을 고소하는 것을 금지한다면 사람들이 억울하고 원통한 정을 펼 곳이 없을 것이니, 개중에 그 자신의 박절한 사정 같은 것은 이를 받아들여 처리해 주고, 만일 관리를 고소하는 따위의 것은 듣지 않는 것이 어떤가? 억울하고 원통한 사정을 풀어주지 않는 것이 어찌 정치하는 도리가 되겠는가? 수령이 부민의 전답을 오판誤判한 것을 부민이 정소呈訴하고 개정을 청구하는 일 같은 것을 어찌 고소라고 하겠는가?

사실 그것은 자기의 부득이한 일이라 할 것이다. 만약 이를 (죄로) 받아들여 다스린다면 수령의 오판한 죄는 어찌 처리하겠는가? 죄의 명목이 이미 성립되었는데도 그 죄를 다스리지 않으면 사람을 징계할 수 없을 것이요, 만일 그 죄를 다스린다면 이는 고소를 허용하는 것이 될 것이니, 다시 신중히 논의하여 전날 수교受教의 조문을 보완하게 하라.59)

왕명에 따라 의정부·육조·상정소詳定所에서 부민들의 고소 금지에 관한 타당 여부를 다시 논의하여 아뢰었다. 중신들의 입장은, 부민고소법이 공의롭게 시행되는 것이 아니라 백성의 복수심 때문인 경우가 많은데, 이를 고려한다면 금지법을 두는 것이 옳다는 쪽으로 흘러가고 있었다. 이에 대하여 세종은 이렇게 물었다.

"이와 같은 일(백성의 피해)을 고소하지 못한다면 실로 억울할 것이다. 그러나 백성과 수령은 비록 대소의 분별은 있을망정 군신의 의리가 있는 것이 아니다. …… 그 토지나 노비 등의 사건을 잘못 판결한 일들이 반드시 명백히 변별될 때를 기다

58) 『世宗實錄』 7년 3월 24일(甲午).

59) 『世宗實錄』 13년 1월 19일(갑신).

리고 고소하지 않는다면 어떻게 억울한 정을 펴보겠는가?"[60]

세종은 부민고소금지법을 육전六典에 실어 관료의 지배를 확실히 하려는 지배층의 의지에 동의할 수 없었다. 그는 "자기의 억울함을 호소하는 것도 받아주지 못하게 하는 논의는 내 마음에 합당치 못하다."[61]는 입장을 분명히 했다. 그는 황희黃喜·맹사성孟思誠·안순安純·신상申商·조계생趙啓生·정흠지鄭欽之·최사강崔士康 등에게 명령하여 의정부에서 회의하게 하고, 그 자리에서 다음과 같은 의견을 피력했다.

『속전』의 부민고소조에 말하기를, "자기의 억울한 일을 호소한 것은 고소장을 수리하여 다시 판결한다."고 했다. 허조가 일찍이 아뢰기를, "상하의 구분은 엄중하게 하지 않을 수 없습니다. 만약 부민의 고소를 들어 수령을 처벌한다면, 높고 낮은 것이 질서를 잃어 풍속이 이로부터 아름답지 못하게 될 것이니, 그 부민의 말을 들어 처리하지 말게 하소서."라고 하였는데, 그 말이 옳다.

그러나 전연 받아들이지 않는다면 원통하고 억울한 일을 당하여 마음을 썩히고 있는 무리가 그 원통함을 호소하여 풀 곳이 없게 될 것이니, 그 결과는 반드시 구부러진 것을 바로잡으려다가 너무 곧게 만드는 것과 같은 폐단이 있을 것이다. 내 생각으로는 고소장을 수리하여 그 옳고 그른 것을 판단하여 그의 원통함을 풀게 하고, 오판이 있었더라도 수령은 처벌하지 않는다면, 백성의 원통하고 억울함(冤抑)을 풀 수 있고, 명분은 엄수되어 두 가지가 다 완전하게 되고 폐해는 없을 것이다. 경들은 충분히 의논하여 보라.[62]

중신 회의는 결국 세종의 뜻에 승복했다. 위의 결정을 요약하면, 관료의 비리가 있을 때 백성은 그를 고소하여 원통한 일을 구제받을 수 있도록 하지만, 이로 말미암아 관리를 징벌할 수는 없다는 것으로 타협했다. 이런 결정을 내린 지 4일이 지나 세종은 이 문제를 최후로 이렇게 결정하여 형조에 시달했다.

대체로 낮고 비천한 백성이 존귀한 윗사람을 침범할 수 없는 것이므로, 부민이

---

60) 『世宗實錄』 13년 3월 12일(병자).
61) 『世宗實錄』 13년 6월 20일(壬子).
62) 『世宗實錄』 15년 10월 20일(己巳).

나 아전의 무리가 자기 위에 있는 관리를 고소하는 것을 금지하는 것은 진실로 좋은 법이며 아름다운 뜻이다. 다만 자기의 원통하고 억울함을 호소하는 고소장만 수리하여 다시 옳고 그른 것을 가려 판결한다는 것은 『육전』에 실려 있다. 그런 까닭에 오판이라고 하여 소장을 제출하는 것은 그것을 다시 판결하기를 기다려 오판이 있었다면 반드시 관리에게 오판한 죄를 엄중히 처벌한다.

생각하건대 만약 자기의 원통하고 억울함을 호소하는 고소장을 수리하지 않는다면 원통한 것을 풀 수 없어 정치하는 도리에 방해될 것이며, 그 고소로 말미암아 문득 오판의 죄를 처단한다면 낮은 사람이 높은 사람을 능범凌犯하는 듯한 나쁜 영향을 줄 수 있어 진실로 온당하지 않다. 지금부터는 다만 자기의 원통함을 호소하는 소장을 수리하여 바른 대로 판결하여 줄 뿐이고, 관리의 오판을 처벌하는 일이 없게 하여, 존비尊卑의 분수를 보전하게 하라. 그 밖의 아랫사람이 윗사람을 고소하는 것을 금지하는 일은 일체 『육전』의 규정에 의거하여 시행하라.[63)]

부민고소금지법을 둘러싼 논의는 백성에 대한 세종의 의지를 읽는 좋은 거울이 될 수 있다. 그는 밑으로부터의 저항을 금지함으로써 권위를 지키고자 하는 중신들의 끈질긴 요구를 받아들이지 않았다. 관리의 면책 조항을 둠으로써 민중적 저항의 정신이 다소 퇴색되기는 하였지만, 금지 조항을 끝까지 저지한 세종의 뜻이 가상하다.

부민고소금지의 문제가 뒷날 『경국대전』에서는 “존장尊長의 고소 금지” 조항이 되어, “무릇 직급이 아래인 관리로서 한 등급이 높은 관원을 욕설한 무리는 남을 욕설한 본율本律[64)]에 한 등급을 더하며, 두 등급의 경우는 다시 한 등급을 더하여 장杖 100에서 그친다. 공工·상商·천예賤隷는 관직의 유무를 물론하고 각기 또 일등급을 더한다.”[65)]는 유사 조항을 설치함으로써, 정확히는 부민의 고소를 에둘러 금지하는 것으로 귀결되었다.

---

63) 『世宗實錄』 15년 10월 24일(계유).

64) 『大明律』 刑律 罵詈 詈人條에 “무릇 타인을 매리罵詈(매도)한 무리는 각각 태笞 10의 형에 처한다.”는 규정을 가리킨다.

65) 『經國大典』 刑典 告尊長.

3. 백성을 긍휼히 여김[恤民]

세종 시대를 가리켜 성군의 시대라 하지만 그것이 태평성세였음을 뜻하는 것은 아니다. 해마다 흉년이 들었고, 지난날의 비리가 새삼스레 고쳐지는 것도 아니었다. 그는 동궁의 수련 기간부터 이미 민생의 어려움을 잘 알고 있었으므로, 즉위와 함께 이를 채근하기 시작했다. 백성에 대한 그의 갸륵함은 즉위 3개월 만에 중앙과 지방의 신료들에게 보낸 다음의 유시諭示에 잘 나타나 있다.

> 늙은 홀아비와 과부와 자식이 없는 사람[鰥寡孤獨]과 장애자[疲癃]·만성질환[殘疾]은 군왕의 정치에서 마땅히 불쌍히 여겨야 할 바이니, 안으로는 한성부의 5부部와 밖으로는 감사와 수령이 상세히 살펴, 환상還上과 진제賑濟를 우선 나누어 주어 그들의 처소를 잃지 말게 할 것이다. 더구나 지금 흉년을 만났으므로 직업을 잃은 백성이 혹시 굶주림을 당할까 염려되니, 각 고을의 수령이 만약 진휼賑恤할 때를 놓쳐 누군가 굶어 구렁에 죽어 있다면, 반드시 견책과 형벌을 행할 것이다.
>
> 가난하여 아무것도 없는 집에서 시집보낼 나이가 이미 지났는데도 시집보내지 못한 사람과 장사지낼 날짜가 이미 지났는데도 매장하지 못한 사람은 진실로 불쌍하니, 감사와 수령이 관청에서 물자와 식량[資糧]을 주어 비용을 보조하여 때를 놓치지 말게 할 것이다. 혹시 부모가 다 죽었는데 동복同腹 형제와 일족이 노비와 재산을 다 차지할 욕심으로 혼인시키지 않는 무리는 엄중히 처벌할 것이다.[66]

민생에 대한 세종의 관심은 백성을 먹여 살리는 문제였다. 그는 "왕에게 매일 일을 아뢸 적에 흉년에 관한 정사를 제일로 삼으라."[67] 할 정도로 민생에 심혈을 기울였다. 그는 기근이 잇따름을 스스로 부끄럽게 생각하여 밤낮으로 몸을 편안히 하지 않고 두려워했다.[68]

강원도와 하삼도下三道와 경기도에서 도내의 백성이 흉작으로 말미암아 떠돌며 사방으로 흩어지자 각 고을에 방호소를 설치하고 유민을 금지하게 하였으며, 만일 떠도는 무리가 있으면 즉시 논죄하여 본거지로 돌려 보내고, 그들을 받아들인 무리도 함께 그 죄를 다스리도록 했다.[69] 그의 재위 전반기 20년 동안에

66) 『世宗實錄』 즉위년 11월 3일(己酉).
67) 『世宗實錄』 4년 12월 4일(丁亥).
68) 『世宗實錄』 6년 6월 16일(己未).

한 해도 풍년이 없었고,[70] 설혹 풍년이 들어도 배부르고 등 따뜻한 적이 없었다.[71]

세종은 스스로 말하기를, "임금은 하늘을 대신하여 만물을 다스리나 마땅히 천도天道에 순응해야 할 것"[72]이라면서, "백성은 오직 나라의 근본이요, 정치는 백성을 기르는 데 있으니, 백성의 생활을 풍족하게 하여 나라의 근본을 튼튼히 하는 것이 나라를 다스리는 급선무"[73]라고 걱정했다.

어느 해에는 『맹자』 「등문공장구」 滕文公章句(上)에 나오는 글, 곧 "'인정仁政은 반드시 경계經界(田制)로부터 시작된다.'는 구절이 나에게는 간절하다."라는 제목을 과장科場의 책문으로 제시한 적도 있다.[74] 그의 이와 같은 노력에도 민생은 나아지지 않았다. 그의 고민은 다음의 하교에 잘 나타나 있다.

> 나라는 백성으로 근본을 삼고, 백성은 먹는 것으로 하늘을 삼는 것인데(民以食爲天), 농사짓는 것은 옷과 먹는 것의 근원으로서 군왕의 정치에서 먼저 힘써야 할 것이다. 그것은 오직 백성을 살리는 천명에 관계되는 까닭에, 천하의 지극한 노고를 힘쓰게 하는 것이다. 위에 있는 사람이 성심으로 지도하여 거느리지 않는다면 어떻게 백성이 부지런히 힘써 농사에 종사하여 그 삶의 기쁨을 완수하게 할 수 있겠는가?[75]

세종의 양민책으로서 다른 군주들에 견주어 더 훌륭하게 두드러지는 부분은, 첫째로, 그가 백성의 인권人權에 관해 고민한 군주라는 점이다. 전근대적 신분 사회에서, 그리고 독자적인 율령이 제정되어 체계화되지 않은 창업의 단계에서 군주가 인권에 관심을 기울이고, 특히 죄수의 인권을 고민했다는 점은 특이하다.

세종은 즉위한 직후에 "각 고을의 수령이 혹시 한때의 사사로운 노여움으로 말미암아 법을 어기고 억울한 형벌을 겪으며, 호소할 데가 없는 백성을 매질하

---

69) 『世宗實錄』 13년 3월 2일(병인).

70) 『世宗實錄』 19년 8월 28일(을유) : "予以否德在位二十餘年 未嘗有一年之豐 連歲凶歉"

71) 『世宗實錄』 20년 7월 5일(丁亥) : "雖遭豐年 不知煖飽"

72) 『世宗實錄』 12년 3월 2일(임인).

73) 『世宗實錄』 12년 윤12월 9일(을사).

74) 『世宗實錄』 9년 3월 16일(甲辰) : "夫仁政 必自經界始 經界不正 井地不均 穀祿不平"

75) 『世宗實錄』 26년 윤7월 25일(임인) : "下敎曰 國以民爲本 民以食爲天 農者衣食之源 而王政之所先也 惟其關生民之大命 是以服天下之至勞 不有上之人誠心迪率 安能使民勤力趨本 以遂其生生之樂耶"

여 화기和氣를 다치게 하면, 감사는 그에 앞서 내렸던 교지에 따라 법을 굽혀 함부로 처형하는 일이 없게 하여, 내가 형벌을 신중히 하고 죄인을 불쌍히 여기는 뜻에 부응할 것"[76]임을 유시했다.

이와 같은 세종의 뜻은 형조의 정책에 그대로 반영되었다. 형조에서 상주上奏한 바에 따르면,

> "외방의 각 도와 각 고을에 수감된 사람들이 추문推問과 고찰을 마치기에 앞서 혹 죽음에 이르게 하는 무리가 있습니다. 이것은 반드시 죄지은 사람이라 하여 병들거나 굶주려도 전혀 구호하지 않고 내버려 두어 죽음에 이르게 한 것이니, 이는 죄수에 대하여 신중히 심의하라고 하신 성상의 뜻에 어긋난 것입니다. 또 추문推問할 때 부질없는 형을 집행하여 죽음에 이르게 하는 무리도 또한 간혹 있습니다.
>
> 비록 정말 죽을 죄를 지은 무리라 할지라도 옥사獄事를 이루지 못하고 옥중에서 죽는 것은 진실로 타당하지 않은 일이오니, 이제부터는 옥에 구류된 죄수로서 병을 얻은 무리가 있으면, 사람을 보내어 성의껏 구료救療하여 죽는 일이 없도록 하며, 또 지나친 형벌을 가하지 못하도록 하고, 이를 어기는 무리는 감사가 규찰 적발하여 본조에 문서를 넘기도록 하게 하소서." 하니, 왕이 그대로 따랐다.[77]

의정부의 상언上言에 따르면, 서울에서는 그리 흔치 않았지만, 외방의 죄수에게는 불법으로 형벌을 집행한다든가, 참혹하게 고문한 까닭에 그 장독杖毒이 오장육부臟腑로 들어가 부종浮腫이 되어 죽은 이들이 허다했다.[78] 그는 재위 동안에 크고 작은 형벌을 애써 삼가 엄격하게 적용할 것을 관리에게 경계했다. 곧 비록 일태일장一笞一杖일지라도 모두 조정의 형률에 따라 하고, 함부로 억울하게 하는 것을 금하도록 교령敎令에 기재하여 나라 안에 반포하고, 관청의 벽에 걸어 항상 경계하여 살피기를 감옥에까지 이르게 했다.[79]

둘째로, 노비의 인권도 세종의 중요한 관심사였다. 그는 이렇게 말했다.

---

76) 『世宗實錄』 즉위년 11월 3일(己酉).

77) 『世宗實錄』 7년 3월 24(甲午).

78) 『世宗實錄』 21년 2월 2일(신해) : "議政府啓 京中罪囚 繫獄致死者鮮少 而外方罪囚 或臍下浮腫 或胸腹煩悶 在獄致死者相繼 豈皆不能救恤之致然 必是務急得情 或非法用刑 或慘酷拷訊 毒入臟腑 浮腫而死明矣"

79) 『世宗實錄』 32년 2월 22일(정유) : "大小刑罰 克用愼恤 戒飭官吏 雖一笞一杖 皆用朝廷律文 切禁枉濫 明載敎令 頒諸境內 掛之廳壁 常加警省 至於犴獄"

임금의 직책은 하늘을 대신하여 만물을 다스리는 것이니, 만물이 그 처소를 얻지 못하여도 오히려 대단히 상심할 것인데 하물며 사람일 경우야 어떠하겠는가? 진실로 차별 없이 만물을 다스려야 할 임금이 어찌 양민과 천민을 구별해서 다스릴 수 있겠는가?[80]

『대명률』에 비록 "주인으로서 노예를 죽인 무리는 죄가 없다."고 했으나, 최유원崔有源이 그의 종을 때려 죽였을 때, 세종은 형조에 명하여 이를 국문鞫問하게 하며 이렇게 지시했다.

형률에 "주인으로서 노예를 죽인 무리는 죄가 없다."고 했으나, 이는 윗사람과 아랫사람의 분별을 엄중하게 한 것이며, 또 "주인으로 노비를 죽인 무리는 장형杖刑을 받는다"고 했는데, 이는 사람의 목숨을 소중히 여기는 것이다. 노비도 사람인즉, 비록 죄가 있더라도 법에 따라 죄를 결정하지 않고, 사사로이 형벌을 혹독하게 하여 죽인 것은 실로 그 주인으로서 자애를 베풀고 어루만져 키우는 인덕仁德에 어긋나니, 그 주인의 죄를 다스리지 않을 수 없다.[81]

세종에게는 노비도 자신이 보살펴야 할 양민이었다. 그는 아래로 내려갈수록 권력 남용의 가능성이 높음을 알고 있었고, 노예의 처지에 이르면 그 참상이 지극함을 늘 안타깝게 생각했다. 그와 같은 연민은 형조에 전지傳旨한 다음의 글에 잘 나타나 있다.

상주고 벌주는 것은 임금의 큰 권리이지만, 임금 된 사람이라도 한 사람의 죄 없는 무리를 죽여 착한 것을 복 주고 지나친 것을 화禍 주는 하늘의 법칙을 오히려 함부로 하지 못하는 것이다. 특히 노비는 비록 천민이나 하늘이 낸 백성 아님이 없으니, 신하된 무리로 하늘이 낳은 백성을 부리는 것만도 만족하다 할 것인데, 그 어찌 제멋대로 형벌을 행하여 무고한 사람을 함부로 죽일 수 있겠는가? 임금 된 사람의 덕德은 살리기를 좋아해야 할 뿐인데, 무고한 백성이 많이 죽는 것을 보고 앉아 아무렇지도 않은 듯이 금지하지도 않고 그 주인을 추어올리는 것이 옳다고 할 수 있겠는가? 나는 이를 매우 옳지 않게 여긴다.[82]

---

80) 『世宗實錄』 9년 8월 29일(갑신) : "上曰 人君之職 代天理物 物不得其所 尙且痛心 況人乎 以人君治之 固當一視 豈以良賤, 而有異也"

81) 『世宗實錄』 12년 3월 24일(갑자).

노비에 대한 세종의 마음 씀은 그들의 후생에까지 확대되었다. 예컨대 지방의 공공기관의 관노가 아이를 낳으면 휴가를 백 일 동안 주고, 이를 일정한 규정으로 삼게 했다.[83] 본디 당대의 관습에 따르면, 관노가 아이를 낳을 때는 출산하고 나서 7일 뒤에 복무하게 했다. 이것은 산모의 돌봄이 필요한 갓난아기를 염려한 것이었다.

한편 산기에 임박하여 복무하다가 몸이 지치면 미처 집에 가기도 전에 아이를 낳는 경우가 있었다. 이에 세종은 만일 산일 전에 1개월 동안 복무를 면제하여 주면 어떻겠는가를 물으면서, "가령 관노가 산일을 속인다 할지라도 1개월까지야 넘을 수 있겠는가? 그러니 상정소詳定所에 지시하여 이에 관한 법을 제정하게 하라."고 지시했다.[84] 이 문제는 결국 다음과 같은 전지傳旨로 확대되었다.

> 서울과 지방[京外]의 여종이 아이를 배어 산달에 이른 무리와 산후 백일 안에 있는 무리는 사역을 시키지 말라 함은 일찍이 법으로 세웠으나, 그 남편에게는 전연 휴가를 주지 아니하고 그 전대로 사내구실을 하게 하여 산모를 구호할 수 없게 되니, 한갓 부부가 서로 구원救援하는 뜻에 어긋날 뿐 아니라, 이 때문에 혹 목숨을 잃는 일까지 있어 진실로 가엾다 할 것이다. 이제부터는 사역인의 아내가 아이를 낳으면 그 남편도 만 30일 뒤에 사내구실을 하게 하라.[85]

세종이 인권의 문제와 관련하여 유념한 세 번째 문제는 관리의 탐학으로부터 양민을 보호하는 것이었다. 그는 관리의 부패를 막는 첫 번째 조치는 우선 그 인선에서부터 최선을 다하는 것이라 여겼다. 이러한 판단에 근거하여 그는 즉위하던 해에 중앙과 지방의 신료에게 유시하였는데, 그 내용은 다음과 같이 요약할 수 있다.

> (1) 수령은 백성에게 가까운 관직이니, 그 선임이 더욱 중요하다. 관찰사가 한 때의 상주고 벌 줌[褒貶]이 혹시 그 실상을 잃을 수도 있으니, 각 도와 각 고을에서는 30년에 걸쳐 수령의 치적을 사실대로 찾아내어, 이름을 자세히 적어 아뢸 것이다.

---

82) 『世宗實錄』 26년 윤7월 24일(신축).
83) 『世宗實錄』 8년 4월 17일(경진).
84) 『世宗實錄』 12년 10월 19일(丙戌).
85) 『世宗實錄』 16년 4월 26일(계유).

(2) 지방 행정의 비리는 백성과 직접 접촉하고 있는 아전의 처신에 달려 있다. 그러므로 향원鄕愿의 품관과 질이 나쁜 아전들이 수재守宰를 조종하여 양민을 해치는데도, 수령된 무리가 그의 농락에 떨어져 도리어 유능하다고 인정하여, 신임하고 그들의 말만 들어 일을 맡기는 경우가 간혹 있는데, 지금부터는 수령이 친히 모든 사무를 즐거이 맡지 않고 인리人吏와 품관에게 위임하는 경우에 관찰사가 엄격히 이를 다스리고 자세히 이름을 기록하여 아뢸 것이다.

(3) 탐관오리들이 공부貢賦의 상납과 사객使客(왕의 명령을 받고 내려온 관리)의 접대와 관청의 영선營繕 등의 일을 핑계 삼아 법을 어기고 세금을 과중하게 징수하여 백성에게 해를 끼쳤는데도, 감사가 사실을 조사하지 못하고 도리어 윗 등급의 열列에 둔 것은, 무능한 사람을 물리치고 유능한 사람을 등용하는 뜻에 몹시 어긋나니, 지금부터는 세밀히 살피고 단속하여 백성의 생활을 도와줄 것이다.[86)]

세종의 위와 같은 유시는 인사권을 방백(관찰사)에게 부여하려는 뜻인 동시에, 실직에 따른 고과考課를 강조한 것이며, 관찰사의 현장 행정과 관직 남용의 금시를 확인한 것이었다. 그는 수령의 부패에 대하여 매우 엄혹했다.

이를테면, 지양근군사知楊根郡事 이종직李從直이 꿀벌을 많이 기르면서, 맡아 지키는 무리가 만약 꿀 한 되를 소모하면 쌀 한 말을 징수하도록 하여 민간에 강제로 팔았으며, 환곡의 남은 곡식을 사사롭게 이용하였고, 또 임신한 부녀자를 구타하여 낙태하게 하였으니 장杖 1백과 자자刺字에 처하도록 바라는 사헌부의 상주에 대하여, 자자만은 면제하고 징계하라고 지시했다.[87)]

세종이 양민의 정책으로 실시한 네 번째의 업적은 과학기술의 발달을 위한 노력을 들 수 있다. 그의 과학 정신을 어떻게 이해해야 할 것인가는 각기 시각이 다를 수 있지만, 그것도 크게는 애민의 범주를 넘지 않는 것으로 보아야 할 것이다. 그는 백성의 삶의 질에서 과학의 구실을 알고 있었다. 그리하여 그는 경연에 나와 역상曆象의 이치를 논의할 때, 예문관 제학 정인지에게 이렇게 일렀다.

우리 동방이 멀리 해외에 있으나 모든 제도를 한결같이 중국의 제도를 따랐으되 다만 천문을 관측하는 기구가 없었는데 그대가 이미 역산을 맡았으니 대제학 정초鄭招와 함께 옛 법을 강구하고 의표儀表를 창조하여 천문 관측에 쓰게 하라.

---

86) 『世宗實錄』 즉위년 11월 3일(己酉).
87) 『世宗實錄』 10년 4월 7일(己未).

그 요점은 북극이 땅 위에 솟은 높낮이를 결정함에 있을 것인즉, 먼저 간의簡儀를 만들어 들이게 하라.

이에 정초와 정인지 등은 옛글의 상고를 맡고 중추원사 이천李蕆과 호군 장영실蔣英實은 기술자의 감독을 맡아 먼저 목간의木簡儀를 만들어 서울에서 북극의 땅 위에 38도가 솟은 것을 측정했다. 그 결과가 『원사』元史에 실려 있는 바와 어느 정도 부합하므로 드디어 구리를 녹여 여러 가지 의상儀象을 만들었는데 7년이 지난 1438년에야 완성되었다. 이때 만들어진 과학 기재로는, 대소간의大小簡儀, 혼의혼상渾儀渾象, 현주천평정남앙부일귀懸珠天平定南仰釜日晷, 일성정시의日星定時儀, 자격루自擊漏 등이 있다.[88]

위와 같은 사항들을 살펴볼 때, 세종의 양민 정책의 핵심은 인의仁義였다. 그는 여러 차례 행행行幸(대궐 밖 거둥)을 통하여 전근대 사회에서 백성의 아픔을 누구보다 깊이 알고 있었고, 그들에 대한 깊은 연민을 품고 있었다. 그리고 그 인의는 그 시대에 군주의 시야 밖에 있던 노비나 죄수와 같은 하층민에게까지 확대되어 있었다. 그가 성군으로 추앙받는 것은 단순히 한글 창제에서 말미암은 것은 아니었다.

4. 영토에 대한 인식

나라의 백성이 평안한 것은 안으로 선정이 이뤄지고, 밖으로부터 근심[外患]이 없을 때 가능하다는 사실을 고려할 때, 군주의 대외 인식은 내치에 못지않게 중요하다. 그럼에도 조선시대뿐만 아니라 한국사에서 군주의 대외 정책은 그다지 주목받지 못했다.

여기에서 군주의 대외 인식이라 함은 영토지리학과 교린交隣과 국방에 관한 인식을 뜻한다. 역사적으로 위대한 군주는 지리학에 정통했고 영토의 보전에 각별한 관심을 기울였다. 그러기에 영토지리학에 대한 군주의 이해는 마키아벨리N. Machiavelli의 중요한 권고 사항이었다.[89]

---

88) 『燃黎室記述』(3) 世宗朝故事本末 : 撰述과 製作.

기록에 따르면, 세종이 세자와 신하들을 거느리고 "망궐례를 거행하고, 근정전에서 조하朝賀를 받을 때면 왜인·야인野人과 귀화한 회회인回回人들이 모두 조하에 참예했다."[90]고 한 사실로 보아 그 시대의 대외 관계는 매우 활발하여 외국인의 왕래가 많았던 것으로 보인다. 또한 조정의 대신들도 대외 인식에 민감했다.

세종이 병중에 있는 허조를 문병하고자 도승지 김돈金墩을 보냈을 때, 허조가 그에게 말하기를, "우리 나라는 북쪽에 야인이 있고 동쪽에 섬 오랑캐가 있는데, 만약 일시에 함께 난리를 일으키면 나라가 위태로워집니다. 지금 여러 신하가 다퉈 가며 태평성대라고 말하니, 누가 위태하기 전에 난리를 근심하는 무리가 있겠습니까."[91]라고 전언한 것으로서 당시의 인식을 이해할 수 있다.

비록 그의 유훈에 따라서 뒷날 단종端宗 2년(1454)에서야 완성되기는 했지만, 『세종실록지리지』는 지리학에 대한 세종의 의지가 가장 잘 묻어나는 작품이다. 세종은 "우리 나라 지지地志가 대략 『삼국사』三國史에 있고, 다른 데에는 상고할 만한 것이 없어 윤회尹淮와 신장 등에게 명령하여 주군州郡의 연혁을 상고하여" 이 글을 짓게 하니 세종 14년(1432)에 초고가 이루어졌다.[92]

『지리지』의 내용을 보면, 경도 한성부, 개성, 경기(광주·양주·수원·철원·부평), 충청도(충주·청주·공주·홍주), 경상도(경주·안동·상주·진주), 전라도(전주·나주·남원·장흥·제주), 황해도(황주·해주·연안·풍천), 평안도(평양·안주·의주·삭주·강계), 함길도(함흥·영흥·안변·길주·경원·회령·종성·온성·경흥·부령·삼수)의 산하, 도성, 방坊, 궁宮, 호수戶數, 개간한 땅[墾田], 제단, 사찰을 기록한 것으로, 뒷날 『동국여지승람』의 밑그림을 제공했다.

지리에 대한 세종의 뜻은 "조종께서 지키시던 땅은 비록 한 치의 땅[尺地寸土]이라도 버릴 수 없다."[93]는 것이었다. 그는 즉위하던 해부터 변방의 개척에 관심을 두기 시작하여, 중앙과 지방의 신료에게 말하기를, "바다와 육지에서 전쟁

89) 마키아벨리(지음)·신복룡(역주), 『군주론』(서울 : 을유문화사, 2019), p. 188 : N. Machiavelli, *The Prince*, Chapter 14, § 3.

90) 『世宗實錄』 9년 1월 1일(경인).

91) 『世宗實錄』 21년 12월 25일(己亥) : "許稠曰 我國北有野人 東有島夷 若一時俱亂 則此危殆之國也 當今諸臣爭謂太平聖代 孰有憂亂於未危者乎"

92) 『世宗實錄』 地理誌 序文.

93) 『世宗實錄』 19년 8월 6일(癸亥) : "聖上以爲 祖宗所守 雖尺地寸土 不可棄也"

에 죽은 사졸의 자손들은, 거주지의 수령이 그 호戶의 요역役을 면제하여 특별히 구휼할 것이니 감사가 널리 구하여, 이름을 자세히 적어서 아뢰도록"[94] 했다.

영토 지리에 관하여 세종이 먼저 관심을 가진 것은 재위 15년(1433)의 파저강婆猪江 정벌이었다. 압록강 중류에 있는 이곳은 여진女眞의 본거지로서 늘 북방의 근심거리였다. 세종은 조종의 왕업을 계승하여 왕성[盈盛]한 왕운王運을 잘 지키리라고 항상 마음먹고 있었다. 그가 파저의 전투를 개시할 때, 대신과 장수들이 다 불가하다고 말하였으나 세종은 정벌을 명령했다.

한편 이 무렵 여진의 동맹가첩목아童猛哥帖木兒 부자가 사망하자 범찰凡察이 무리를 거느리고 조선의 경내에 와서 살고자 했다. 여러 대신은 모두 경솔하게 허락할 수 없다고 말하였지만, 세종의 생각은 달랐다. 알목하斡木河는 본디 조선의 땅이었는데, 혹시 범찰의 무리가 다른 곳으로 옮겨 가고, 또 다른 강적이 알목하에 와서 살게 되면, 다만 조선의 변경을 잃어버릴 뿐 아니라, 또 하나의 강적이 생긴다는 것이 그의 판단이었다.[95]

세종은 병조에 파저강 전투를 명령하며 다음과 같이 자신의 뜻을 설명했다.

> 옛날부터 제왕들은 국토를 개척하여 나라의 근본으로 삼는 일을 소중하게 여기지 않은 이가 없었음은 역사책을 상고하여 보면 분명하게 알 수 있다. 또 우리 나라는 북쪽으로 두만강을 경계로 하였으니, 하늘이 만들고 땅이 이루어 놓은 험고險固의 땅이며, 웅번雄藩이 호위하여 봉역封域의 한계를 이루었다. 태조께서 처음으로 공주孔州에 경원부慶原府를 설치하였고, 태종께서 경원부의 치소治所를 소다로蘇多老에 옮겼으니, 이는 모두 왕업의 기초를 시작한 땅을 중하게 여겼기 때문일 것이다. …… 이제 저 소다로와 공주가 거칠은 풀밭이 되었으며, 오랑캐의 기마騎馬가 밟아 유린하며 제멋대로 놀며 사냥하는 마당이 되었다. 내가 매양 이 일을 생각할 때마다 가슴이 아프다. ……
>
> 일의 기회가 왔으니 절호의 시기를 잃어버릴 수 없다. 내가 선인들의 뜻을 이어 이루어, 다시 경원부를 소다로에 되돌려 옮기고, 영북진을 알목하에 옮긴 뒤에, 이주할 백성을 모아 충실하게 만들고자 한다. 그리하여 삼가 조종으로부터 물려받은 천험天險의 국토를 지키고, 변방 백성이 교대로 수비하는 노고를 조금이나마 덜어 주고자 할 뿐이다. ……

---

94) 『世宗實錄』 즉위년 11월 3일(己酉).

95) 『世宗實錄』 15년 11월 19일(戊戌).

나의 결의는 이미 섰으니, 경들은 충분히 의논하여 계주啓奏하라. …… 들어가 살게 할 인구는 하삼도의 향리鄕吏·역졸·공천公賤·사천私賤은 말할 것도 없고 만약 자진하여 응모하는 무리가 있으면, 부역을 면제해 주어 들어가 살게 하며, 혹은 토관직을 제수하여 군대의 수효에 충당하게 하는 것이 어떻겠는가?[96]

위의 글에 담긴 뜻을 음미해 보면, 세종은 한국사에서 근대적 의미로서의 국경의 개념을 정립하고 북방 개척에 유념한 최초의 군주였다. 그는 이에 필요한 군사의 유지를 절감했다. 그는 평소에 말하기를, "강무講武는 조종께서 이루어 놓은 법이요, 군사상 국가에서 소중히 여기는 것인데, 오활한 무리가 매양 이를 중지하기를 청했다." 했다.

세종이 판단하기에, 옛날에도 사철의 전렵畋獵과 무예 강습이 있었으나 이제는 군사가 강무하는 것을 꺼리고 시끄럽게 떠들었다. 이것은 다름이 아니라 나라가 평안하게 나스려져, 군사들이 선생하는 수고로움이 없고 편한 데에만 습성이 되었기 때문이었다. 그의 생각으로는 만일 군사들을 훈련하고자 할진댄, 이와 같이 편안하게 할 수는 없었다. 사간원에서 강무의 날수를 줄이기를 청하였으나, 세종은 그의 뜻을 굽히지 않았다.[97]

세종의 국경 개척의 논리는, "우리 나라의 외환外患은 북방에 있다."는 데 바탕을 두고 있다. 야인이 중국의 영토를 침노하지 못하는 것은 중국의 화포와 궁노弓弩를 두려워하기 때문이며, 근래에 야인이 조선의 국경을 침략하지 못하는 것은 전시귀田時貴·이징옥李澄玉·하경복河敬復 등이 능히 전쟁에서 승리하였기 때문이었다.

비록 적의 변란이 있더라도 만약 능히 연대烟臺(봉화)를 높이 쌓고 수비와 방어에 필요한 물건을 구비하여 지킨다면, 야인은 반드시 오래 머무르지 못할 것이니 병조에서 미리 연대·신포信砲·소화포小火砲 등의 물건을 준비하도록 했다.[98]

이러한 북방 정책의 중심에는 함길도 도절제사 김종서金宗瑞가 있었다. 세종이 김종서에게 보낸 북방 개척의 하교는 매우 간절하다. 그는 이렇게 당부하고 있다.

---

96) 『世宗實錄』 15년 11월 21일(경자).
97) 『世宗實錄』 19년 9월 11일(戊戌).
98) 『世宗實錄』 14년 2월 10일(己亥).

지금에 와서 또 염려되는 일이 있으므로 글로써 경에게 이르노니, 오늘날 적을 방비하는 것은 옛날의 비교가 아니다. 적이 오지 않으면 그만이지만, 온다면 반드시 천이나 만 명으로 떼를 지어 마음대로 거리낌 없이 행동할 것이다. 우리가 만약 성채만 지키고 싸우지 않는다면 더욱 도적의 마음만 키우게 되어 뒷날의 화가 무궁할 것이니, 반드시 징계하여 후일의 마음을 저지하는 상책이다.

이러한 하교에 대하여 김종서는, "역대의 제왕은 창업한 땅을 중히 여기지 않음이 없었음"을 상기하며 북방 개척에 대한 강렬한 의지로 답신하였고, 세종은 다시 "내가 북방의 일에 관하여 밤낮으로 염려하기를 마지않았음"을 하교했다.[99)]

이즈음 북경北境 수비대의 규모를 살펴보면, 평안도의 병력은 시위군侍衛軍이 2천878명, 익군翼軍이 1만 4천53명, 선군船軍이 3천490명, 수성군守城軍이 789명으로 합계가 2만 1천210명이며,[100)] 함길도의 병력은 익속군翼屬軍이 4천472명이요, 선군이 969명이요, 수성군이 516명으로서 합계가 5천957명이었다.[101)]

북방 부족에 대한 세종의 정책 기조는 위로하고 어루만짐[慰撫]이었다. 이를테면 야인을 접대하는 법에 대해 함길도 도절제사 김윤수金允壽에게 내린 다음의 글은 세종의 뜻을 잘 보여주고 있다.

지난날에 변방 장수가 혹 지나치게 엄하고 맹렬하게 하여 흔단釁端(틈이 벌어져 말썽이 됨)을 낸 무리도 있고, 혹은 인자하게 구휼하는 것이 너무 지나쳐 도리어 비굴하게 되고, 계속하여 그와 같이 하지 못하면 곧 원망을 사게 된 무리가 있었으니, 이것이 모두 지난날의 좋은 경험이다. 그러므로 야인을 대접하며 지나치게 엄혹하고 맹렬하게 하여 원망을 사서도 안 되고, 또한 지나치게 낮고 약하게 굴어 얕보이게 되어서도 안 될 것이다. 반드시 너그럽고 맹렬함이 중도를 얻고 은혜와 위엄이 아울러 나타나야 마땅할 것이다.

…… 경이 이 뜻을 알아서 변방의 장수가 야인을 접대하는 데 엄격하고 맹렬함에 지나치지도 말고 너무 유약하지도 말아 야인이 두려워하고 사랑하게 하여 변방의 흔단을 내지 말도록 하라. 그러나 야인에 관계되는 일은 시끄럽게 전파됨이 불가하니, 삼가 은밀하게 시행할 것이며, 또한 회령 절제사 이승평李昇平에게도 이르라.[102)]

---

99) 『世宗實錄』 19년 8월 6일(癸亥).

100) 『世宗實錄』 地理誌 평안도.

101) 『世宗實錄』 地理誌 함길도.

102) 『世宗實錄』 31년 5월 29일(무신).

세종의 북방 부족 정책이 어떤 결과를 가져왔는가는 당시 여진족이 조선에 귀화하여 살기를 바라는 일이 흔히 일어났던 사실[103]에서 잘 나타나고 있다. 그뿐만 아니라 세종의 북방 정책을 주시하고 있던 명나라 조정에서는 세종의 북방 정책으로 말미암아 조선이 요동을 지배할 경우 그것이 끼칠 영향을 걱정할 정도였다.[104] 세종의 북방 정책은 정복만을 의미하는 것이 아니라 강온强穩을 병행하는, 상당히 유연한 정책이었다.

세종의 북방 정책으로서 주목해야 할 또 다른 부분은 명나라에 대한 그의 인식이다. 그는 조선의 국방과 안위가 중원대륙에 있는 패권국가와의 관계 형성에 달려 있다고 생각했다. 때로는 지나칠 정도로 명나라에 사대事大를 했으며, 명나라 사신들의 무례와 과욕을 인내했다.

세종의 재위 기간에 중국에서는 무려 다섯 명의 황제(永樂·仁宗·宣宗·英宗·京宗)가 바뀌었다. 수많은 사신과 국서들이 오가는 상황에서도 명나라와 관계가 더욱 돈독해지고, 조선에 대한 명 황제들의 신뢰가 높아져 간 것은 세종의 일관되면서도 정성스러운 사대교린 외교 때문이었다.[105]

세종이 명나라에 대하여 어떤 인식을 가지고 있었던가는 명에서 해청海靑(송골매)를 진상하도록 요구하는 국서가 왔을 때 조정에서 오간 다음의 대화 기록에 잘 나타나 있다.

> 정사를 보았다. 찬성 권진權軫이 계啓하였다.
>
> "(명나라에서 진상을 요구한) 해청을 잡는다는 것은 반드시 기대하기 어렵고, 비록 잡는다 하더라도 또한 죽기 쉬운데, 이제 만약 이를 바친다면 계속하여 바치기 어려울 뿐 아니라, 뒷날에도 요구하는 폐단은 이루 말할 수 없을 것이오니, 이제 마땅히 우리 나라에서 나는 것이 아니라고 말을 만들어 황제께 주달하시어 뒷날의 폐해를 막으소서."
>
> 임금이 말하였다.

---

103) 『世宗實錄』 17년 3월 28일(경자).

104) 『世宗實錄』 6년 10월 17일(무오) : "宮中諸女秀才曰 朝鮮國大君賢 中國亞匹也 且古書有之 初佛之排布諸國也 朝鮮幾爲中華 以一小故 不得爲中華 又遼東以東 前世屬朝鮮 今若得之 中國不得抗衡必矣 如此之亂 不可使知之"

105) 朴賢謨, 「세종과 經國의 정치 : 세종은 외교적 난관을 어떻게 헤쳐 나갔는가?」, 『유교문화연구』(9)(성균관대학교 동아시아학술원, 2005), pp. 45~46.

"이 무슨 말인가? 사대함에 마땅히 성심껏 해야 할 것이며, 황제께서 우리 나라에서 해청이 난다는 사실을 이미 알고 있으니 속일 수 없다. 민간의 폐해를 나도 역시 알고 있다. 그러나 대의로 말할 것 같으면, 민간의 폐해가 있는 것은 그 일이 가벼운 것이나, 사대를 성실히 하지 않는 것은 그 일이 중한 것이다. 하기 어려운 일을 권면하고, 착한 말을 진달하는 것은 나의 직책이 아닌 것이니, 외국의 번왕藩王은 본디 황제를 간諫하는 의리는 없다."[106]

위와 같은 세종의 말은 성군으로서의 그의 인식을 매우 혼란스럽게 만든다. 그는 황제에 대한 자신의 입지를 스스로 "변방의 왕"이라고 칭신稱臣하고 있는 점도 놀랍다. 그는 명나라 황제와 자신의 관계를 군신의 관계라고 생각했다. 그는 천자에 대한 예의를 존중했는데, "신하로서 천자의 예를 쓰는 것을 참절僭竊(분수에 넘치는 지위)이라 하는데, 죄가 이보다 큰 것이 없다."[107]는 것이 당시 왕실의 정서였다.

세종으로서는 군신의 의리가 지극히 무거운 것이어서, 명나라 황제가 죽었을 때도 그는 차마 상복을 사흘 만에 벗지 못하였고, 여러 신하가 3일 만에 벗지만, 자신은 3일 뒤에 흰옷을 입고 정사를 보다가 27일에 이르러 길복吉服을 입을 것이니, 근신近臣도 역시 마땅히 27일이 지나 명나라 황제를 위한 상복을 벗게 했다.[108]

세종은 국내 통치와 사대를 분리하여 적용하였기 때문에 외교적 사대주의가 내정의 자율성을 저해한다고 보지 않았다. 따라서 그는 조선인의 풍속과 지리적 조건에 제도를 맞추어 재량하는 것이 마땅하다고 보았다. 그의 인식대로라면, 중국의 사상과 문화를 받아들여 조선의 현실에 맞추어 국가를 통치하는 것은 사대와 다른 차원의 일로 여겨야 했다.[109] 이와 같은 사대와 자주 사이에서 오는 갈등은, 앞서 한글 창제와 관련하여 지적하였듯이, 자주적이라는 현대적 의미와는 다소 거리가 있는 것이었다.

세종의 대외 인식과 관련하여 끝으로 살펴보아야 할 문제는 일본(倭)에 대한 그의 인식이 어떠했던가 하는 문제이다. 여말麗末에 극심했던 왜구倭寇의 문제는 조선조의 건국 시기에도 호전되지 않았다. 통계에 따르면, 왜구의 침입은 태

---

106) 『世宗實錄』 8년 9월 29일(己未).
107) 『世宗實錄』 31년 7월 4일(임오) : "夫人臣而用天子之禮 是爲僭竊 罪莫大焉"
108) 『世宗實錄』 6년 9월 2일(갑술).
109) 유미림, 「세종의 爲民的 국가경영 : 훈민정음 창제를 중심으로」, p. 154

조 원년부터 세종 26년까지 52년 동안에 모두 197건으로 연평균 3.8건이었고, 세종의 재임 동안에도 50여 차례나 되었다.[110)]

이와 같은 침노에 대하여 세종이 등극하던 때의 인식은 다소 소극적이어서 각 도와 각 포구에 비록 병선은 있으나, 그 수효가 많지 않고 방어가 허술하여, 혹 뜻밖의 변을 당하면, 적에 대항하지 못하고 도리어 변방의 우환邊患을 일으키게 될까 하여, 이제 전함을 두는 것을 폐지하고 육지만을 지키고자 했다.[111)]

그러나 이 같은 소극적인 정책이 단 하루 만인 그 이튿날에 공세적 자세로 번복된 것은 참으로 기이하다. 곧 세종은 즉위 1년(1419) 5월 15일부터 귀화한 왜인들을 받아들이고, 각 포구의 병선에 분배하되, 집마다 세금을 면제하고, 그 이름을 적어 알릴 것이며, 이 가운데 공이 있는 무리는 반드시 상을 후히 주도록 했다.[112)]

그리고 1개월이 지난 6월 17일에 삼군도체찰사三軍都體察使 이종무李從茂가 절제사를 거느리고 거제도를 거쳐 대마도對馬島 원정에 나섰다가 바람에 거슬려 다시 회항했다. 이때 병선의 수효가 경기도 10척, 충청도 32척, 전라도 50척, 경상도 126척, 총계 227척이고, 서울로부터 출정 나간 모든 장수 이하 관군 및 기타 인원이 669명이고, 갑사·별패別牌·시위·영진속營鎭屬과 잡색군雜色軍과 원기선군元騎船軍을 병합하여, 1만 6천616명이니, 총수가 1만 7천285명이고, 군량미가 65일 분이었다.[113)]

대마도 정벌이 발진된 것은 즉위 1년(1419) 6월 20일이었다. 그날 오시午時에 조선의 군선 10여 척이 먼저 대마도에 도착하여 길을 나누어 수색하여, 크고 작은 적선 129척을 빼앗아, 그 가운데에 사용할 만한 것으로 20척을 고르고, 나머지는 모두 불살라 버렸다. 또 대마도 주민의 가옥 1천939호를 불 질렀으며, 전후에 왜인의 머리 벤 것이 114명이요, 사로잡은 사람이 21명이었다. 논에 있는 벼를 베어버렸고, 포로된 중국인 남녀가 합하여 131명이었다.[114)]

---

110) 이지경, 「세종의 공세적 국방 안보」, 정윤재 외(편), 『세종의 국가 경영』(서울 : 지식산업사, 2006), pp. 256~257.

111) 『世宗實錄』 1년 5월 14일(무오).

112) 『世宗實錄』 1년 5월 15일(己未).

113) 『世宗實錄』 1년 6월 17일(경인).

114) 『世宗實錄』 1년 6월 20일(계사).

대마도의 정벌 기간에 귀화한 왜인 피고皮古와 사고沙古 등이 아뢰기를, "이제 병선의 체제를 보니, 조선의 배 1척에 다만 꼬리 하나를 달았으므로, 한번 풍랑을 만나면, 곧 뒤집히는데, 왜선은 평시에는 꼬리 하나를 달고, 풍랑을 만나면 양쪽에 꼬리를 달아 뒤집힐 걱정이 없는 것이니, 왜선처럼 꼬리를 만들게 하소서." 하니, 그대로 따랐다.[115] 정복 전쟁이 끝났을 때 상왕(태종)은 병조판서 조말생趙末生에게 명령하여, 대마도 수호 도도웅와都都熊瓦에게 글을 보내어 이렇게 말했다.

> 대마도라는 섬은 경상도의 계림鷄林에 예속했으니, 본디 우리 나라 땅이란 것이 문적文籍에 실려 있어 분명히 상고할 수 있다. …… 뜻밖에도 요사이 와서 배은망덕하고 스스로 화근을 지으며, 멸망함을 스스로 취하고 있으나, 그 평일에 귀화한 무리와 이利를 얻으려고 무역하거나 통신 관계로 온 무리와, 또 이제 우리의 위풍威風에 따라 항복한 무리는 아울러 다 죽이지 않고, 여러 고을에 나누어 두고서 먹을 것과 입을 것을 주어 그 생활을 하게 한 것이다.[116]

대마도를 정벌한 이후 왜인 변삼보라邊三甫羅와 만시라萬時羅 등이 각기 처자 남녀 모두 24명을 거느리고 바다를 건너왔다. 이들은 배 한 척에 같이 타고 해운포海運浦에 이르러 말하기를, "섬에는 논밭이 적고 부세賦稅가 과중하여 생계가 매우 어려운데, 조선에는 어진 정치를 시행한다는 말을 듣고, 성덕盛德을 우러러 사모하여 조선에 귀화해서 직업을 얻어 편안히 살고자 한다."며 귀화 이유를 밝히고 있다.

이에 조정에서 명령하되, 늙은이와 어린이와 부인들에게 양식을 주어 편안히 머물게 하고, 장정은 서울로 올려보내게 했다.[117]

이 밖에도 귀화한 남만인南蠻人 우신禹信에게 면포緜布·정포正布 각각 2필을 내려 주고, 아내를 얻도록 했다.[118] 이와 같은 사실들은 당시 남방이 조선왕조에 대해 매우 경복敬服했음을 뜻한다.

세종의 대對북방 정책, 명나라에 대한 정책, 그리고 왜구에 대한 정책을 살펴

115) 『世宗實錄』 1년 6월 27일(경자).
116) 『世宗實錄』 1년 7월 17일(경신).
117) 『世宗實錄』 5년 2월 21일(壬申).
118) 『世宗實錄』 8년 9월 22일(壬子).

보면, 그는 강온을 적절히 구사하며 설득과 정벌을 병행하는 동시에 명나라에 대해서는 사대의 예우를 극진히 했고 그 결과로 평화롭지는 않았지만, 방위는 튼튼했다. 사대에 대한 그의 인식을 단언하여 평가하기는 쉽지 않지만, 세종 역시 주자학적 세계관에서 자유롭지 못한 모화慕華의 후손이었으며, 이런 점이 그의 대외 인식의 한계였다.

5. 언로言路

공화정이 시작되기 이전의 전근대 사회에서 군주들의 중요한 덕목 가운데 하나는 그가 얼마나 "열린 귀"를 가지고 있느냐의 문제였다. 그래서 군주의 듣기 훈련은 조정에서 중요한 권고 사항이었다. 역대의 군주들은 밑으로부터 들려오는 말을 막고 싶어 했고, 이에 대한 저항은 늘 정치적 긴장의 원인이 되었다.

밑으로부터 의견을 듣는다는 것은 두 가지 의미가 있었다. 하나는 신하로부터의 고언苦言인데 이는 군주에게 비전을 제시하는 한편, 군주의 정치적 실수를 최소화하려는 방편이었다. 또 다른 하나는 정치적 소견이 성숙하지 않은 피지배계급의 의사인데, 이는 복종을 바라고 있는 군주로서 유쾌한 사항이 아니었으나 민의를 읽는 중요한 창구였다. 그러나 군주들은 이 점에서 늘 너그러운 것은 아니었다. 군주는 조건 없는 복종을 요구했고, 그 바닥에는 복종하는 사람의 무지를 전제로 하고 있었다.[119]

그러나 민의의 문제는 반드시 옳고 그름만을 전제로 하여 받아들이거나 거부할 것이 아니었으며, 그것이 공론화되었을 때 선악에 관계없이 따라갈 수밖에 없는 성격을 띠고 있었다. 역사적으로 현군賢君은 그와 같은 밑으로부터의 의견을 어떻게 공론화할 것인가의 지혜를 가지고 있는 인물들이었다. 그들은 "어떻게 지혜를 모아 제도화하는가?"how to institutionalize라는 문제에 늘 직면해 있었다.

세종의 정치사상에서 중요한 부분은 바로 이 공론의 문제이다. 공론에 대한 세종의 의중은 다음과 같은 발언에 잘 나타나 있다. 그는 의정부와 육조의 여러

---

119) Baron de Montesquieu, *The Spirit of the Laws*, Vol. I, Book IV § 3.

신하에게 이렇게 말하고 있다.

> 금년 여름은 가물더니 겨울은 지나치게 따뜻하다. 12월은 얼음을 저장하는 계절인데, 날씨가 따뜻함이 봄과 같아 아직 얼음을 저장할 수 없고, 또 어제는 짙은 안개가 끼었으므로 매우 상서롭지 못하다. 가만히 생각하니 그 허물은 실로 과인에게 있는 것으로, 장차 재앙이 올 징조가 아닌가 두렵다. 이때 간언을 들어 하늘의 꾸짖음에 대답하고자 한다. ……
>
> 지난번에 최맹온崔孟溫의 죄를 결정할 때도 한 사건을 가지고 전일에는 그르다고 하고 뒷날에는 옳다고 하였는데, 한 사람도 중론을 반대하여 논란한 무리가 없었다. 이것을 두고 내가 지금이 옛날만 못하다고 말한 것이다. …… 내가 비록 백성에게 이로운 일을 나라에 시행하고 있으나, 또한 후세에 나무람을 받을 것이 있지 않겠는가? 지금의 이때는 비록 무사 평안했다고 말하나, 태평을 믿는 것은 쇠퇴하고 어지러워지는 것의 징조가 되는 것이니, 오늘의 편안한 것을 믿고 후일의 환란을 생각하지 않아서는 안 될 것이다.
>
> …… 더구나, 대간臺諫은 언책言責을 직임으로 삼는 것이니, 해야 할 말이 있으면 반드시 다 말하라. 내가 이미 어질지 못하고 사물의 처리에 어두우니, 반드시 하늘의 뜻에 맞지 않는 것이 있을 것이다. 힘써 그 허물을 생각하여 하늘의 꾸짖음에 대답하게 하라.[120]

세종은 겸손하거나 아래로부터의 의견을 전적으로 신뢰하는 군주는 아니었다. 그럼에도 그가 간쟁을 독려하는 까닭은 언로를 막았을 때 나타날 부작용을 잘 알았기 때문이다. 그는 "하고 싶은 말이 있으면 들어와서 내게 말하고 몰래 논의하는 일은 하지 않는 것이 좋다."[121]는 뜻을 대신들에게 분명히 전달한다. 명군이라 함은 "소통"에 성공한 인물이라는 점을 그는 깊이 인지하고 있었다.[122]

세종의 "듣기" 자세가 가장 잘 나타난 것은 파저강 토벌을 논의할 때였다. 그는 의정부와 육조와 삼군의 도진무都鎭撫들을 모아놓고 파저강 야인에 대한 접대 방식과 토벌할 계책 등을 진술하게 한 적이 있다. 이 자리에서 왕은 중신들에게 야인을 접대할 방법과 죄를 꾸짖을 말과 토벌할 계책 등을 각각 진술하게 하니, 영의정 황희, 좌의정 맹사성, 우의정 권진權軫을 비롯하여 공조참판 이긍

---

120) 『世宗實錄』 7년 12월 8일(계유).

121) 『世宗實錄』 10년 윤4월 18일(己亥).

122) 『世宗實錄』 15년 7월 7일(무오).

李兢에 이르기까지 21명이 발언했다.

왕은 이들의 말을 끝까지 경청한 뒤 도승지 안숭선安崇善에게 명령하여, 밀봉密封하여 발표하지 말고 깊이 생각하게 했다.[123] 그 결과를 발표하지 않은 것도 함축적이다. 그는 듣는 데 대단한 인내를 가진 군주였다. 솔로몬Solomon의 말처럼, "듣는 이의 마음은 지도자의 중요한 덕목이다."[124]

이와 같이 세종이 남의 말에 귀를 기울이는 자세는 재상宰相에 대한 그의 정치적 인식에 바탕을 두고 있다. 그는 말하기를, "임금과 신하의 사이는 원수元首와 고굉股肱 같으므로 반드시 서로 도와야 하니, 내가 틀린 일이 있으면 대신이 간언하는 것은 이치의 당연한 바인데, 내가 무엇을 꺼려서 따르지 않겠는가?"[125] 라고 하였다.

"만약 한 사람의 훌륭한 정승을 얻으면 나랏일에 근심을 없앨 수 있다."[126]는 것이 세종의 소신이었다. 충간하는 신하에 대한 세종의 신뢰는 각별하여, 허조의 경우를 보면, "간諫하면 실행하시고 말하면 들어주시었다."[127] 그렇다고 해서 세종 시대의 재상들이 남다르게 우수했던 것도 아니었고, 특별히 간신諫臣이 많았다고 볼 수는 없다. 다만 세종이 사람을 잘 썼을 뿐이다.

실제로 세종 시대의 인물들은 성격은 물론이고 사상에서도 다양했다. 예컨대 허조가 원칙을 강조한 법가적인 인물이라면, 황희는 중용을 실천한 유가적 인물에 가깝다. 그리고 청빈했던 맹사성이 도가적인 인물인데 견주어 변계량은 불교에 심취해 있었다.

세종은 이들의 말을 받아들이면서도 각자의 개성을 존중했다. 그러면서도 그 말들을 어전회의라는 용광로에 넣어 새로운 정책이라는 합금을 만들어냈다.[128] 황희의 경우처럼 부덕不德한 인물이 있었지만[129] 세종은 황희의 탁월한 사태 파악 능력과 다양한 인재 발굴 능력, 그리고 "국가의 저울추" 노릇을 높이 샀다.[130] 세종의 이와 같은 인사人事를 가장 정확하게 지적한 인물은 허균許筠이었

---

123) 『世宗實錄』 15년 2월 15일(己亥).
124) 『구약성경』 「열왕기」(상) 3 : 9.
125) 『世宗實錄』 28년 10월 5일(己亥).
126) 『世宗實錄』 14년 6월 9일(병신) : "若得一相 則國事可無虞矣"
127) 『世宗實錄』 21년 12월 28일(임인) : "聖上寵遇 諫行言聽 死無遺恨"
128) 박현모, 『세종의 守成 리더십』, p. 159.
129) 『世宗實錄』 10년 6월 25일(병오).

다. 그는 세종을 이렇게 평가하고 있다.

> 후세의 임금은 비록 잘 다스리기를 원하던 사람은 있었지만, 항상 보좌해 줄 적당한 사람이 없음을 걱정했다. 신하된 사람으로서 비록 옛사람과 같은 포부를 지니고 있으면서도 더러 어진 임금을 만나지 못함을 걱정하고 더러는 그가 끝까지 쓰이지 못함을 염려했다. 그러고 보면 정치가 예전과 같지 못하고 다스림이 날이 갈수록 저속해짐은 괴상하게 여길 것도 없으니, 어찌 백성의 불행이 아니겠는가? 세종대왕이 황희와 허조를 임용했던 것을 본다면 알 수 있다.
>
> 황희와 허조는 유자儒者가 아니었고 재능 있는 신하도 아니었다. 오직 묵직하고 강직한 성품으로 임금이 잘못하는 일에까지 그냥 따르기만 하지는 않는 정도의 사람이었다. 세종 당시만 하더라도 국가의 윤곽이 완성되지 못하여 국사를 대부분 개혁할 수도 있었는데, 두 신하는 왕도로써 힘쓰지 않고 다만 너그럽게 진정鎭定시키는 것만을 최고로 여겼다.[131]

그런데 여기에서 눈여겨볼 사실은, 중신들의 충간을 들은 다음 세종의 태도이다. 그는 신하의 충간을 분별없이 따른 것은 아니며, 그것을 분별할 능력을 지니고 있었고, 온당하지 않은 간언에 대한 거부 의사를 분명히 했다. 예컨대, 총신寵臣이었던 조말생의 독직 사건이 일어나 집의執義 이견기李堅基와 헌납獻納 최사유崔士柔 등이 조말생의 처벌을 요청했을 때 세종은 그들의 말을 윤허하지 않으며 이렇게 말했다.

> "그대들은 법으로서 말했지만, 나는 권도權道로서 실행한 것이다. …… 대체로 헤아려 보건대 일을 의논할 때는 각각 저마다의 뜻을 말하는 것이요, 나는 절충하여 따르는 것인데, 그대들의 이런 말은 무례하지 않을까?"[132]

또한 세자 섭정의 문제가 등장했을 때 조정 대신들이 그 불가함을 아뢰자 세종이 이렇게 말했다.

---

130) 박현모, 『세종의 守成 리더십』, pp. 92~93.
131) 『惺所覆瓿藁』(11) 「論政論」.
132) 『世宗實錄』 14년 12월 17일(임인).

내가 교지를 내린 것은 경들에게 그 가부를 의논하라는 것이 아니다. 대신은 원대한 계획을 세우는 것이 마땅하지, 소신小臣들처럼 고론高論만 일삼아서는 안 된다는 것이다. …… 큰일을 어찌 의논이 합치된 뒤에 할 것이겠는가? 내가 마땅히 마음속으로 결단해야 하는 것이다. …… 만약 내가 들어 줄 일이라면 비록 의정부에서 단독으로 요청하였더라도 마땅히 들어 주었을 것이지만 만약 들어 줄 수 없는 일이라면 비록 정부와 육조가 모두 와서 청하여도 들어 줄 수 있겠는가?[133]

뒷날 세종이 대궐 안에 불당의 설치를 결정했을 때 신석조辛碩祖·이사철李思哲 등이 그 불가함을 아뢰니 세종이 이렇게 대답했다.

비록 1천 명의 의정議政이 말하더라도 내 뜻은 이미 정하여졌으니, 어찌 좇을 리가 있는가? …… 나는 권신에게 제재를 받을 임금이 아니다. 무릇 일이 의심나는 것은 여러 사람에게 의논하지만, 의심이 없는 것은 나 혼자 결정하는 것이다. 그대들은 내가 권신에게 제재를 받아 스스로 가부를 하지 못하는 줄로 생각하는가?[134]

경들은 내가 『육전』에 구애되어 이런 일을 하지 못하리라고 생각하는가? …… 경이 나더러 여러 사람의 의논을 받아들이지 않는다고 하니, 장차 나를, 스스로 가부를 결정하지 못하고 일일이 신하에게 의논을 받아들이게 하려는 것인가?[135]

위의 사례들로 미뤄볼 때, 세종이 중신들의 충간을 권고했고 그들의 충간에 귀를 기울이며 의견을 존중한 것은 사실이지만, 충간 앞에 나약하지 않았으며 소신을 굽히지 않았다. 그는 제왕으로서의 권도를 양보할 뜻이 없었으며, 최종 결정은 자신의 몫이라는 점에서 물러서지 않은 군주주권론자였다. 재상론에 대한 세종의 덕목은 "사람을 알아보는 안목"이었다. 이는 "군주가 밝으면 신하가 곧다."[136]는 사마광司馬光의 가르침을 연상시킨다.

군주의 "듣는 인내" 가운데 두 번째 대상인 민심에 관한 세종의 입장은 또 다

133) 『世宗實錄』 25년 4월 17일(임인).
134) 『世宗實錄』 30년 7월 18일(임인).
135) 『世宗實錄』 30년 7월 19일(계묘) : "卿等雖據六典爲言 然六典之法 乃爲下而言 非爲上也 凡今之事 有上所得爲 而下不得爲者 若枚擧言之 不其多乎"
136) 『資治通鑑』(192) 唐紀 高宗 武德 9년 末尾 : 司馬光의 기록 : "臣光曰 君明臣直"

른 논의의 대상이 된다. 왜냐하면 군신 관계에서 철저한 군주권을 강조했던 그가 백성에 대한 자세에서는 전혀 다른 모습을 보여주기 때문이다. 이러한 문제가 등장한 것은 재위 9년(1427)부터 시작된 공법貢法(농지세)의 제정을 둘러싼 논쟁 때였다.

이 당시의 농지세는 손실답험법損失踏驗法[137]을 따르고 있었다. 그런데 농지의 작황을 실사實査하는 과정에서 수령이나 아전의 농간이 심각하여 건국 초에서부터 이에 대한 시정이 논의되어 오다가 세종 시대에 이르러 본격화된 사건이다.[138]

세종 9년(1427)부터 본격화된 이 논쟁의 핵심을 들어보면, 해마다 벼농사를 현지 실사할 때, 조정의 관리를 보내기도 하고 혹은 감사에게 위임하기도 했으나, 많은 전답을 기한 안에 모두 조사하여 끝마치고자 향촌에 상주하는 품관으로 위관委官을 삼았다. 그런데 그들이 보는 바가 밝지 못하고 또한 사사로운 정에 끌려 늘리기도 하고 줄이기도 하며, 덜기도 하고 채우기도 했다. 또 마감할 때가 되면 문서가 번잡하여 관리들이 이루 다 살필 수가 없는 틈을 타서 교활[奸猾]한 아전들이 뇌물를 부려서 뒤바꾸어 시행하는 경우도 많았다.

이에 호조에서는 세법을 바꿔 전답 1결마다 조租 10말을 거두게 하되, 다만 평안도와 함길도만은 1결에 7말을 거두게 하여, 예전부터 내려오는 폐단을 덜게 하고, 백성의 생계를 넉넉하게 할 것이며, 그 바람·서리·홍수·가뭄으로 말미암아 농사를 완전히 그르친 사람에게는 조세를 전부 면제하는 조처였다.[139] 그러니까 지난날의 풍흉豐凶에 따르던 조세 근거를 비옥도肥沃度에 따른 과세로 바꾸려는 것이었다.

이와 같은 문제가 제기되자 세종은 즉각 이를 결정하지 않고 정부·육조와 각 관사와 서울 안의 직위[前銜]의 품관과 각 도의 감사·수령 및 품관으로부터 여염

---

137) 손실답험법이라 함은 고려 성종 7년(988) 2월에 실시된 토지 제도로서, 몇 번의 개정을 거쳐 공양왕 3년 5월에 도평의사사에서 왕에게 요청하여 손실에 대한 처리 규정으로 제정했다. 그 법에 따르면, 수확을 10등급으로 계산하여 감수減收에 따라 세금을 감면해 주는데, 감수가 8분에 이르면 그 조세를 전부 감면해 주기로 하며 답험踏驗(현지를 돌아보고 작황의 등급을 매김)을 통하여 그 고을의 수령이 자세히 검사 분간하여 감사에게 보고하고 감사는 위관委官을 파견하여 조세를 결정하던 제도이다. 『高麗史』 志 食貨 田制 踏驗損失.

138) 『世宗實錄』 1년 7월 18일(신유).

139) 『世宗實錄』 12년 3월 5일(을사).

의 백성에 이르기까지 모두 가부를 물어 보고하도록 함으로써 긴 논쟁이 시작되었다. 논의는 매우 분분했다. 경상도의 수령과 백성에게 물으면 좋다는 무리가 많고, 좋지 않다는 무리가 적었으며, 함길·평안·황해·강원 등 각 도에서는 모두 불가하다고 대답했다. 이에 세종은 이렇게 하교했다.

> 백성이 좋지 않다면 이를 시행할 수 없다. 그러나 농작물의 잘되고 못된 것을 답사 고험考驗할 때 각기 제 주장을 고집하여 공정성을 잃은 것이 자못 많았고, 또 간사한 아전들이 잔꾀를 써 부유한 무리를 편리하게 하고 빈한한 무리를 괴롭히고 있어, 내가 심히 우려하고 있노라. 각 도의 보고가 모두 도착해 오거든 그 공법의 편의 여부와 답사하여 폐해를 구제하는 등의 일을 백관이 깊이 논의하여 아뢰도록 하라.[140)]

어명에 따라 호조에서 전국의 농민을 대상으로 하여 새 공법에 대한 여론을 조사하니 다음과 같은 결과가 나타났다.

> 경기의 수령 29명과 품관·촌민 등 1만 7천076명은 모두 가可하다 하고, 수령 5명과 품관·촌민 합계 236명은 모두 불가하다 하고,
>
> 평안도의 수령 6명과 품관·촌민 등 1천326명은 모두 가하다 하고, 관찰사 조종생趙終生과 수령 35명, 그리고 품관·촌민 등 2만 8천474명은 모두 불가하다 하며,
>
> 황해도의 수령 17명과 품관·촌민 등 4천454명은 모두 가하다 하고, 수령 17명과 품관·촌민 합계 1만 5천601명은 모두 불가하다 하며,
>
> 충청도의 수령 35명과 품관·촌민 6천982명은 모두 가하다 하고, 관찰사 송인산宋仁山과 도사都事 이의흡李宜洽과 수령 26명과 그 밖에 품관·촌민 등 1만 4천,013명은 모두 불가하다 하며,
>
> 강원도는 수령 5명과 품관·촌민 등 939명은 모두 가하다 하고, 수령 10명과 품관·촌민 등 6천888명은 모두 불가하다 하고,
>
> 함길도에서는 수령 3명과 품관·촌민 등 75명은 모두 가하다 하고, 관찰사 민심언閔審言과 수령 14명, 그리고 품관·촌민 등 7천387명은 모두 불가하다 하며,
>
> 경상도에서는 수령 55명과 품관·촌민 등 3만 6천262명은 모두 가하다 하고, 수령 16명과 품관·촌민 3백 77명은 모두 불가하다 하오며,
>
> 전라도에서는 수령 42명과 품관·촌민 등 2만 9천505명은 모두 가하다고 말하

140) 『世宗實錄』 12년 7월 5일(계묘).

고, 관찰사 신개申概와 도사都事 김치명金致明, 그리고 수령 12명과 품관·촌민 등 257명은 모두 불가하다고 하는데, (이를 전국적으로 합산하면) 무릇 가하다는 무리는 9만 8천657인이며, 불가하다는 무리는 7만 4천149명이었다.[141]

이 논쟁은 긴 시간에 걸쳐 진행되었다. 세종의 의중은 공법貢法을 실시하는 것이었다. 이는 토지의 비옥과 척박함에 따라 조세를 부과하려는 것이었다. 세종은 이를 위해 공법상정소貢法詳定所를 설치하여 해답을 얻도록 했다.[142] 세종은 다시 조정에 논의를 독려했다. 그는 의정부와 육조에 다음과 같이 하교했다.

답험손실의 법은 조종께서 이미 『육전』에 기재된 바를 시행하여 왔다. 그러나 답험할 즈음에 그 적당한 사람을 얻지 못하여, 혹은 우매하게도 제대로 살피지 못하고, 혹은 사사로운 정에 이끌려 손損을 실實로 하고 실을 손으로 하여, 호족豪族 또는 부유한 무리의 전지는 잘 결실되었다는 것이 많지 않고, 가난하고 비천한 무리 전지는 감손되었다는 것이 있지를 않으니, 법으로서 폐단이 많음이 이보다 심한 것이 어디 있겠는가.

…… 공법은 지금 행하지 않더라도 후세 자손들이 반드시 다시 의논하여 시행하려는 무리가 있을 것이기는 하나, 이제 법을 이미 제정하여 백성들도 익히 알고 있는 터인지라 경솔히 버릴 수도 없거니와, 만약 고식적으로 여러 해 미루어 두면, 그 일의 어렵고 쉬운 사정도 다시 거리가 멀게 될 것이다. 나는 경상·전라 양 도의 백성들 가운데 공법의 시행을 희망하는 무리가 3분의 2가 되면 우선 이를 양 도에 시행하려니와, 3분의 2에 미달한다면 기어이 강행할 필요는 없다고 본다. …… 경들은 이 법의 이해利害를 잘 알아서 조속히 의논하여 아뢰도록 하라.[143]

공법의 시행에 관한 결론이 내려진 것은 세종 20년(1438)으로서 논의가 시작된 뒤 11년의 시간이 흐른 뒤였다. 그 결정에 따르면, 토지의 적성에 따라 토질을 분변하는 제도로써 여러 도의 토지의 품등을 먼저 결정하여 3등으로 삼는데, 경상·전라·충청의 3도를 상등으로 삼고, 경기·강원·황해의 3도를 중등으로 삼고, 함길·평안의 2도를 하등으로 삼는다.

각 도와 토지 품등의 등급으로 수조하는 수량을 결정하여, 상등도의 상등전은

141) 『世宗實錄』 12년 8월 10일(戊寅).
142) 『世宗實錄』 18년 윤6월 15일(己卯).
143) 『世宗實錄』 20년 7월 10일(壬辰).

매 1결에 18두로, 중등전은 매 1결에 15두로, 하등전은 매 1결에 13두로 정하고, 중등도의 상등전은 매 1결에 15두로, 중등전은 매 1결에 14두로, 하등전은 매 1결에 13두로 정하고, 하등도의 상등전은 매 1결에 14두로, 중등전은 매 1결에 13두로, 하등전은 매 1결에 10두로 정하고, 제주의 토지는 등급을 나누지 말고 모두 10두로 정한다.

또 그 가운데 완전히 묵은 토지와 한 호戶의 경작이 모두 완전히 손실된 것은 경작자가 사실을 관청에 알리도록 하고, 수령이 친히 살펴 그 전조田租를 감면하게 하는 것이었다.[144] 결정이 내려진 뒤에 다시 적실에 관한 논의를 3년 동안 더 진행하여 이 법이 충청도에서 처음으로 실시된 것은 세종 23년(1441)이니[145] 논의가 시작된 때로부터 14년의 시간이 흐른 뒤였다.

공법 실시 과정에서 세종이 보여준 절차는 공론 정치의 한 전범典範으로 평가받을 수 있다. 위로는 고위 관료로부터, 아래로는 일반 농민에 이르기까지 17만 2천806여 명을 대상으로 공법에 대한 찬반 조사를 실시하는 과정, 이러한 관민들의 여론조사를 놓고 백관이 공법에 대한 의견과 개선책을 문서로 보고하게 하는 과정, 전·현직 고위 관료들이 참석한 어전회의에서 충분한 시간을 두고 찬반 토론을 거쳐 개혁안이 가져올 후유증을 검토했다.

한편, 그 보완책을 마련하게 하는 과정, 그리고 국왕의 최종 결단과 지역별 부분 실시, 그리고 경기도 들판을 현지 답사한 뒤 전국적으로 확대 실시 과정은 절대군주 시대의 의사 결정으로서는 매우 드문 현상이었고,[146] 민의나 공론의 결정 과정에 대한 세종의 의지를 가장 잘 반영한 사례였다.

6. 결론

이미 정형화되어 있는 세종에 대한 역사적 평가나 그의 사상에 대한 새로운

144) 『世宗實錄』 18년 10월 5일(丁卯).

145) 『世宗實錄』 23년 7월 7일(신축).

146) 박현모, 「유교적 공론정치의 출발 : 세종과 수성의 정치론」, 한국·동양정치사상사학회(편), 『한국정치사상사』(서울 : 백산서당, 2005), pp. 249~250.

해석은 쉽지 않다. 그러나 그가 성군이었다는 사실에 이의를 제기하기는 어렵다. 그는 근면했고, 국가와 백성에 대한 열정을 가지고 있었다.

태종太宗이 살아서 세종에게 양위한 것은 세종에 대한 신뢰일 수 있다. 왕이 살아서 자발적으로 그 아들에게 선위한 사례는 역사적으로 드문 일이다. 그것은 아버지가 자식을 보는 안목이 탁월했음을 보여준다. 그가 붕어했을 때 실록은 그의 죽음을 이렇게 애도하고 있다.

> 왕은 매일 4고四鼓[새벽 2시]에 일어나, 날이 밝으면 군신의 조참朝參을 받은 연후에 정사를 보며, 모든 정사를 처결한 연후에 윤대輪對를 시작하여 나라를 다스리는 도리를 묻고, 하직을 고하는 수령을 불러 보고 면담하여, 형벌 받는 것을 불쌍하게 생각하며, 백성을 사랑하라는 뜻으로 타이른 연후에, 경연에 나아가 성학聖學에 잠심潛心하여 고금을 강론한 뒤 내전으로 들어가 편안히 앉아 글을 읽으시되, 손에서 책을 떼지 않다가[手不釋卷][147] 밤중이 지나서야 잠자리에 드셨다.
>
> 글은 읽지 않은 것이 없으며, 무릇 한 번이라도 귀나 눈에 거친 것이면 종신토록 잊지 않았는데, 경서를 읽는 데는 반드시 백 번을 넘게 읽고, 자사子史는 반드시 30번을 넘게 읽고, 성리의 학문을 정밀하게 연구하여 고금에 모든 일을 널리 통달하셨다. …… 세상을 떠나신[薨逝] 날에 멀고 가까운 곳 사람들로 울지 않은 사람이 없었다.[148]

정치사상사적으로 평가하기에는 그가 너무 성인화되었다. 그리고 그에 관한 평가는 문화사적 업적에 치중되어 왔다. 그러나 그는 수성守成의 군주로서 국가의 기업基業을 이룩하여 율곡栗谷의 표현처럼, "참으로 본받을 만한 정치"를 했다.[149]

아마도 세종은 주문왕周文王의 시대를 흠모했던 것으로 보인다. 그가 붕어하자 그의 거룩한 덕이 높고 높아 사람들이 이름을 짓지 못하여 "해동 요순"海東堯

---

147) "손에서 책을 놓지 않았다."[手不釋卷]는 사자성어는 당 태종이 즐겨 쓰던 용어였다. 吳兢, 『貞觀政要』(臺北 : 中華書局, 1978) 第40章 愼終篇.

148) 『世宗實錄』 32년 2월 22일(정유) : "王每日四鼓而起 平明受群臣朝參 然後視事 處決庶政 然後聽輪對 咨訪治道 引見守令拜辭者 面諭恤刑愛民之意 然後臨經筵 潛心聖學 講論古今 然後入內 燕坐讀書 手不釋卷 夜分乃寢 於書無所不讀 凡一經耳目 終身不忘 而其讀經書 則必過百遍 子史則必過三十遍 精硏性理 博通古今 …… 薨逝之日 遠邇莫不涕泣焉"

149) 『經筵日記』(2) 宣祖 6년 10월.

舜이라 불렀다.[150] 이와 같은 세종의 사상사적 입지는 다음과 같이 요약될 수 있을 것이다.

[1] 세종의 한글 창제는 아무리 칭송해도 지나치지 않다. 그의 한글 창제 업적은 애민이라는 측면에서 강조하려는 것이 역사학이나 문화사의 일관된 입장이었다. 그러나 이에 대한 정치사적 입장은 다를 수 있다. 곧 그의 한글 창제에 애민의 요소를 부인할 수는 없지만, 그보다 그의 진정한 의도는 백성을 가르침으로써 통치를 편의롭게 하는 데 집중되어 있었다. 그는 문자 혁명을 통하여 왕실의 존엄성과 유교 질서를 가르침으로써 건국 초기의 국정을 장악하고자 했다.

[2] 세종의 대민對民 의식은 휼민恤民 정책으로 요약할 수 있다. 그는 백성을 먹여 살리는 것이 군주의 으뜸가는 덕목이라고 생각했다. 그는 특히 노비와 죄수의 사회적 처우에 대하여 깊은 연민을 품고 있었다. 그에게는 노비나 죄수도 자신이 보듬어야 할 대상이었다. 당시가 유교적 신분 질서의 시대였다는 점에서 그의 대민 의식은 소중하다.

[3] 세종은 건국 초기의 불안정한 대외 관계에서 국경 개척과 야인 정벌, 그리고 왜倭의 문제와 대명 관계를 정립했다. 그는 왜와 여진에 대한 위무慰撫 정책, 명에 대한 중화적 사대 의식을 견지했다. 그는 또한 조선왕조의 군주 가운데 영토지리학에 관심과 업적을 남긴 최초의 군주였으며, 『세종실록지리지』는 그러한 관심의 주요한 결실이었다.

[4] 세종은 언로의 중요함과 군주주권 시대에서 대신과 대간臺諫의 중요성을 깊이 이해하고 있었다. 그는 중신衆臣들의 의견을 공론화하는 것의 의미와 기술을 이해했고, 민의를 어떻게 수렴하여 정책 결정에 참고하는가를 인지하고 있었다. 그에게 소통은 중요한 정치적 가치였다.

[5] 그러나 그는 중신들의 의견을 경청하고 참고했을 뿐, 최종 결정의 단계에서는 단호한 군주주권주의자였다. 창업 26년 만에 왕위에 오른 그는 국초의 어려움을 극복해야 할 수성의 군주로서 국가의 기반을 구축하고 민심을 추슬러야 할 책무를 절감했고, 그러한 과업을 위해 백성을 가르치고 설득할 필요성을 절

150) 『世宗實錄』 32년 2월 17일(壬辰); 『燃黎室記述』(3) 世宗朝故事本末 : 世宗; 『芝峰類說』(3) 君道部 : 政治.

감했다. 그러한 과업을 위한 한 방법이 한글 창제와 그를 통하여 백성을 가르치는 것이었다.

[6] 세종이 과학사에 남긴 족적이 크지만, 그것은 또 다른 영역에서 다룰 문제이며, 여기에서 다루기에는 이 글의 전문성이 떨어진다.

제17장 『경국대전』과 율령국가의 형성

"훌륭한 지도자는 관료를 다스리는 것이지
백성을 다스리는 것이 아니다."[1)]
—한비자

"지난날의 계명이 연약하고 무익하여 폐지되었으니
이는 율법이 아무것도 온전하지 못하였음이라."
—『신약성경』「히브리인에게 보낸 편지」 7 : 18~19

"원래부터 혼란스러운 나라는 없으며,
원래부터 다스릴 수 없는 백성도 없다."[2)]
—위징魏徵

"법에 전권을 주는 것이 아니라,
오히려 왕도를 이해하고
왕으로서 능력을 갖춘 사람에게
전권을 주는 것이 정치적 이상에 부합한다."[3)]
—플라톤

1) 『韓非子』(14) 「外儲說」 右下 : "明君治吏不治民"
2) 吳兢, 『貞觀政要』(臺北 : 中華書局, , 1978), 제16장 論公平條 : "魏徵 上言 曰 …… 臣又聞之 無常亂之國 無不可理之民者"
3) Plato's *Statesman*(London : Routledge & Kegan Paul, 1952), p. 196, § 294a.

1. 서론

인간의 삶에서 규율이 없이 자율만으로도 다툼이 없는 공동체적인 삶을 살 수 있을까? 이에 대한 의문은 비단 철학이나 윤리학자들뿐만 아니라 통치하는 사람들의 꾸준한 질문이 되었다. 법의 존재를 부인하는 이상주의자들이 없었던 것은 아니었지만, 결과적으로 인간 사회는 그들 스스로가 만든 율법에서 자유롭지 않았다.

불문법*lex non scripta*의 고귀함을 주장하는 사람들의 끊임없는 논리에도 불구하고 약속을 문서화하려는 노력은 법의 성문화를 요구했다. 그러기에 그것이 비록 종교적이요 신화적이기는 하지만 고대 국가에서도 율법은 늘 신의 뜻을 핑계대어 인간을 옭죄었다. 그래서 최고의 신학자나 사제는 궁극적으로 율법학자였으며, 그들은 종교의 이름을 덧씌워 율법은 거룩한 것이고 거기에 구원이 있으며, 이를 지키지 않으면 저주가 있을 것이라고 민중을 압박했다.[4)]

전근대 사회에서 법의 필요성이 제기된 것은 군주제의 오류 때문이었다. 군주정이 공화정에 견주어 장점을 갖는 부분이 있는 것은 분명하다. 이를테면 정무政務를 단 한 사람이 지휘하므로 집행이 신속하다. 그러나 자칫 잘못하면 사회가 급속도로 변할지도 모르기 때문에, 법의 집행에는 어느 정도 완만함이 필요했다. 법은 각각 정체政體의 본성을 조장할 뿐만 아니라 이 본성의 결과로 생길지도 모르는 폐해를 교정해야 한다는 생각에 바탕을 두고 군주에게 법에 따른 규제를 요구했고,[5)] 그를 위한 오랜 투쟁의 결과로 입헌군주제라는 대처 방안을 쟁취할 수 있었다.

이른바 이성이 지배한다는 근대 사회에 들어서도 법의 필요성은 더욱 지능화하고 세분화했다. 법이 세밀하여 좋을 것이 없지만, 범법과 규제의 증가는 법전의 방대함을 가져왔다. 급진적 개혁을 갈망하는 지식 계급은 법률가를 통하여 그들의 기획에 혼을 불어넣는 독특한 정신을 설명할 수 있었다. 그 이래로 근대적인 변호사와 민주정치는 밀접한 관계를 맺어왔다.[6)]

---

4) 『구약성경』 「레위기」 18 : 5; 『신약성경』 「로마인들에게 보낸 편지」 7 : 12; 「갈라티아인들에게 보낸 편지」 3 : 10.

5) Baron de Montesquieu, *The Spirit of the Laws*(New York : Hafner Publishing Co., 1949), Vol. I, Book V § 10.

이와 같은 까닭으로 법이 불가피하게 필요하다는 논리는 "법률에 따른 통치"lexocracy, rule of law라는 용어로 윤색되어 시민들 앞에 등장했다. 입법자들은 "일반적으로 법이란 인간의 이성理性이다."[7]라는 말로 입법의 당위성을 설명했다. 이 점에서 정치철학자들은 근본적으로 입법가legislator였다.[8]

산업 사회를 거치며 인간의 행위에 대한 자유 방임과 사회적 통제라는 두 논리는 더욱 첨예하게 대립하기 시작했다. 현대 사회에서 이념의 갈등에 깔린 원초적인 질문은, 결국 인간의 삶에서 자유freedom가 중요한 가치인가 아니면 평등equality이 중요한 가치인가였다.

이 두 가치는 양립할 수 없는 모순 관계에 놓였다. 자본주의는 자유에 가치를 두었고, 사회주의는 평등에 가치를 두었다. 생산성이라는 점에서 자본주의의 논리가 성공하는 듯이 보였지만, 끝내 인간의 욕망을 개인의 도덕적 자율에 맡겨둔 채 방임할 수는 없다는 쪽으로 결론이 남에 따라 인간에 대한 규제는 새로운 관심사로 다시 등장했다.

결국 통치 영역의 확대와 이를 통한 관료의 비대화, 전문성의 필요성과 전문가의 선발을 위한 구조적인 약속의 필요성, 인간의 원죄 의식에 바탕을 두고 있는 성악설과 악행을 중지하려는 제도의 필요성 등은 일정한 성문成文으로서 법규의 설정을 요구했다. 그러한 경향은 서구적 개념으로서 민주주의 또는 동양적 개념으로서 민본주의의 등장과 더불어 가속화되었다. 사상가들은 민주주의 또는 민본주의를 성공하는 데 필요한 최소한의 조건을 명시할 것을 요구했다.

이를테면 그 조건이란 다음과 같은 것들이었다.

(1) 정치에서 인적 소재素材, 곧 정치 기구를 조직하는 사람들, 집회에서 일을 하도록 선출되는 사람들, 각료로 승진하는 사람들은 충분히 높은 수준의 자질을 갖추고 있어야 한다.

(2) 정치적 결의의 유효 범위를 지나치게 확장해서는 안 된다.

(3) 민주주의적 정부는 공적 활동의 영역에 포함되어야 할 모든 목적을 구현하

---

6) M. 웨버, 박봉식(역), 『직업으로서의 정치』(서울 : 박영사, 1977), p. 50.

7) Baron de Montesquieu, *The Spirit of the Laws*, Vol. I, Book I § 3.

8) 김영수, 「조선의 국가 건설 사상 : 진리의 정치화와 반폭정의 정치 체제」, 『동·서양 국가 건설 사상』(한국정치사상학회 연례학술대회, 2003), p. 1.

려면 강력한 의무감과 그에 못지않게 강력한 단결심과 명망과 전통을 구비한 동시에 훈련된 관료의 봉사를 확보할 수 있어야 한다.[9]

이와 같은 내용을 서로가 약속하고 성문화하여, 하나의 체계로 확립한 것이 곧 법전이었다. 그리고 이 법전을 지키는 것은 정치하는 무리의 최고 미덕이라고 위정자들은 집요하게 설득했다. 그러기에 공자孔子도 말하기를, "신하가 도리를 지키려면, 그 제도를 지키는 것이 상책이다."라고 했다.[10] 그리고 이러한 법에 관한 논쟁이 적을수록 그 사회의 안정도는 높아졌다.

2. 율령의 성립

조선왕조의 성격을 이해할 분석의 틀은 여러 가지가 있다. 정치사상사의 뿌리를 볼 수도 있고, 대외 정책을 살펴볼 수도 있다. 그러나 가장 정확하게 들여다볼 분석 틀은 조선왕조의 체제이며, 그 체제를 이해하는 것은 결국 그들이 준거했던 율령을 살펴보는 것이다. 이런 점에서 『경국대전』이 담고 있는 함의含意는 단순한 체제의 문제가 아니라 그 시대를 읽는 사상사의 창窓이 될 수 있다.

조선을 건국한 주도 세력들은 고려 말엽이 혼란하게 된 원인을 법 질서의 문란에서 찾았다. 특히 법을 집행하는 관리들이 공적인 국가 권력을 남용하여 사사로운 이익을 추구했던 것이 문제였다. 그들은 법조문을 임의로 적용하여 부정을 저질렀다. 이와 같은 상황을 바로잡으려면 무엇보다 국가 권력의 공공성이 요구되었으며 이 공공성을 확보하고자 합리적이고 완비된 법체계가 요구되었다.

그리하여 그들은 중국의 『대명률』大明律(1374)에 주목하고 이를 적극적으로 받아들였다. 『대명률』은 당시에 가장 선진적이며 최신의 법률로서, 이미 고려 말부터 정몽주鄭夢周의 작업을 거쳐 "신정률"新定律이라는 형태로 실시하고 있었다.[11] 더구나 『대명률』은 주자학적 통치 이념을 담고 있었기 때문에 조선 건국

---

9) Joseph A. Schumpeter, *Capitalism, Socialism and Democracy*(New York : Harper & Brothers Publishers, 1950), pp. 289~294.

10) 『春秋』 昭公(5) 20년 12월 : "仲尼曰 : 守道不如守官"

11) 『高麗史』 世家 恭讓王 4년 2월 : 『高麗史』 列傳 鄭夢周.

의 정치이념에도 부합하는 법률이었다.[12)]

조선왕조의 건국 공신들은 고려왕조가 저질렀던 권력의 누수漏水를 되풀이하지 않아야 한다고 스스로 다짐했다. "어떤 집단에서 권력의 중력重力은 그 집단의 조직 정도에 따라서 달라진다."[13)]는 사실을 그들은 감지하고 있었다. 그들은 "느슨한 정부"의 위험성을 체험했고, 이를 중지하려면 강제력을 가시화할 필요가 있다고 생각했다.

사실상 모든 국가는 강제력 위에 세워져 있다. 만일 국가가 통치 수단으로서의 강제력이 없이 사회 조직만으로 존재한다면 그때에는 이른바 국가란 개념은 사라질 수 있었다. 그러므로 정치에서 결정적인 수단은 강제력coercive power이다.[14)] 특히 수력水力 사회의 국가는 관리 국가managerial state이기 때문에[15)] 강제력이 더욱 절실했다.

강제력이 아닌 설득이나 유도誘導, inducement가 있을 수 있으나 거기에는 한계가 있다. 유도가 가치 부여의 약속에 따른 영향력의 행사라고 한다면, 강압constraint은 가치 박탈의 위협에 따른 영향력의 행사이다.[16)] 강압이 도덕적이냐 아니냐는 논쟁을 떠나 그것은 현실에서 불가피한 선택이었다. 한 나라에서 그 존재가 인정되고 있는 모든 집단이 성문법에 명시된 법령과 합법적 주무 관청이 발표하는 모든 행정 명령에 쾌히 승복하지 않는 한, 민주주의 방식의 원활한 작동을 기대할 수 없다.[17)]

이와 같은 논리를 여말선초의 정권 교체 시기에 적용해 보면 그 의미는 더욱 뚜렷해질 수 있다. 조선조 개국 군주들의 공통된 관심은 새로운 왕조의 기업基業을 강화하는 것이었다. 그러한 고민이 법전의 편찬으로 나타났다. 아마도 이 문제에 관하여 가장 깊이 생각한 인물은 정도전鄭道傳일 것이다. 그는 『조선경국전』朝鮮經國典을 지으며 법전의 필요성을 이렇게 설명하고 있다.

---

12) 이원택, 「대명률 : 經國大典體制의 한 羽翼」, 『한국동양정치사상사학회 소식』(2/1)(2003), p. 24.

13) H. D. Lasswell & Abraham Kaplan, *Power and Society : A Framework for Political Inquiry* (London : Routledge & Kegan Paul Ltd., 1952), p. 200.

14) M. 웨버(저), 박봉식(역), 『직업으로서의 정치』, pp. 15, 112.

15) Karl A. Wittfogel, *Oriental Despotism*(New Haven : Yale University Press, 1958), p. 49.

16) H. D. Lasswell & Abraham Kaplan, *Power and Society : A Framework for Political Inquiry*, p. 97.

17) Joseph A. Schumpeter, *Capitalism, Socialism and Democracy*, pp. 289~294.

묻노라. 예부터 정치를 잘하는 이는 반드시 성법成法이 있어, 이것으로 지수持守의 도구로 삼으며, 국맥國脈을 기르고 인심을 착하게 하여, 나라의 복조福祚를 여러 후손에 전승하는 것은 다 여기에 말미암은 것이니 삼가지 않을 수 없다. …… 바라건대 사례로써 문文을 질서 있게 하고 전典을 조리 있게 하여, 위로는 종묘와 조정에서부터 아래로는 여항閭巷과 향정鄕井에 이르기까지 찬연히 예문으로써 서로 접대하고 환연懽然히 은혜로써 서로 사랑하며, 형刑으로써 분별을 바르게 하고, 실행하는 것을 치밀하게 하여, 위로는 권세 있는 이를 회피하지 않고, 아래로는 유약한 무리를 업신여기지 아니하여, 형벌이 필요 없는 지경에까지 나아가, 지극히 잘 다스려지는 세상이 되도록 기약해야 할 것이니 ……[18]

위의 글을 보면 정도전은 기본적으로 제도론자institutionalist였다. 그는 제도로써 법속을 만들어 나갈 수 있다고 생각했다. 그러나 정도전의 구상은 새로운 왕조를 이끌어가는 데 미흡함이 있었다. 그것은 우선 신흥 왕조로서 군왕의 미성숙 때문이었다. "인신人臣의 직책은 바른 도리로 임금을 섬겨 대의大義에 따를 것이지 임금의 명령에 따르는 것이 아니다."[19]라는 사헌부 대사헌 이세좌李世佐의 상소에 당시의 고민은 잘 나타나 있다.

성문 법령이 없는 상황에서 법의 준거는 왕명이 우선이었다. 그러나 건국 초기에는 왕명이나 각 부서의 지침을 전달하는 데에 많은 혼란이 일어났다. 각 조曹가 모아 놓은 등록謄錄의 내용은 서로 맞지 않거나 중첩되는 것이 많았다. 그 가운데 어떤 것은 오래 실시될 것도 있었고 한 번 실시하고 말 것도 있었다.

이와 같은 법령 사이의 혼란을 해결하려면 법전 편찬은 집권자로서는 필요 불가결한 일이었다. 그러나 실제 법전 편찬은 법을 새로 만드는 것이 아니라 각사에 등록되어 있는 접수 문서[受教]를 수집·정리하는 것에 지나지 않았다.[20]

범죄자를 다스리는 문제는 우선 중국의 『대명률』을 준용하는 것으로 대신할 수 있었다. 이것은 이미 태조의 즉위 교서에서부터 확인된 사실이다. 그러나 그것을 적용하는 데에는 해석에 문제가 있어 죄의 경중에 실수가 잦고 불편했다. 그래서 세종은 좌대언左代言 김종서金宗瑞 등의 진언을 받아들여 우선 『당률소의』唐律疏義과 『의형이람』議刑易覽 등을 참고해서 번역하고 풀이하여 사람들이 알기

18) 『東文選』(108) 雜著 鄭道傳의 策題.
19) 『成宗實錄』 23년 12월 1일(정유).
20) 이성무, 「경국대전의 편찬과 대명률」, 『역사학보』(125)(역사학회, 1990), p. 88.

쉽도록 했다.[21]

그러나 번역을 한다 한들 그것을 이두吏讀로 전달하는 데 한계가 있고, 이러저러한 이유들이 복합적으로 작용하여 세종은 한글 창제를 구상하게 되었다. 『대명률』을 준용하며 처음부터 명시적으로 의도한 것은 아니었지만, 유교적인 색채가 매우 강한 법률을 적용한다는 것은 중국 문화의 고착화에 박차를 가하는 의미를 담고 있었다.

건국 초기의 법전으로는 1397년(태조 6)에 조준趙浚 등이 편찬한 『경제육전』經濟六典이 있었다. 조선왕조는 건국한 뒤 바로 의정부에 검상조례사檢詳條例司를 설치하여 법률 편찬 자료를 수집했다. 『경제육전』은 1388년(고려 우왕 14)에서 1397년(태조 6)까지 전후 약 10년 동안의 교지敎旨와 판지判旨를 모은 조례선집條例選集이다. 교지는 국왕의 자발적인 명령이요, 판지는 각사(육조)가 의정부를 거쳐 국왕의 결재를 받은 것을 말한다.

『경제육전』이 편찬된 이후에도 새로운 교지와 판지는 계속 작성되었다. 그러나 『경제육전』이라는 준거는 고려의 유제遺制에서 완전히 벗어난 것이 아니어서 계속 준용하기에는 한계가 있었다.[22] 이를 보완하고자 『경제육전』을 간행한 뒤 세 차례(1407, 1415, 1422)에 걸쳐 보완했다. 조준의 『경제육전』을 『원육전』이라고 부르기도 하고 이두를 사용했으므로 『이두육전』吏讀六典이라고 부르는 데 견주어 그 뒤 보완된 것을 『속육전』續六典이라 한다.

개국의 군주로서 통치에 법적 어려움을 가장 절감한 인물은 세조世祖였다. 세조 시대에 들어 『경국대전』을 편찬하는 것은 건국 초기의 질서를 바로잡고 본질적으로는 여전히 강한 영향을 끼치고 있는 고려의 체제와 단절하겠다는 의도가 반영된 것이었다. 그의 그러한 고민은 『경국대전』의 찬술을 지시하던 당시의 교서에 잘 나타나 있다.

> 우리 조종祖宗의 깊고 두터우신 인덕仁德과 크고 아름다운 규범이 훌륭한 전장典章에 담겨 있으니, 이는 『경제육전』의 원전元典·속전續典과 등록謄錄이며, 또 여러 번 내리신 교지가 있어, 법이 아름답지 않은 것이 아니지만, 관리들이 용렬하고

21) 『世宗實錄』 13년 6월 22일(甲寅).

22) 정호훈, 「조선전기 법전의 정비와 『경국대전』의 성립」, 『조선의 건국과 "경국대전 체제"의 형성』(연세대학교 국학연구원 제331회 국학연구발표회, 2005), p. 29.

어리석어 제대로 이들을 받들어 행하지 못한다. 이는 진실로 법의 과목이 너무 호번浩繁하고 앞뒤가 서로 모순되어 하나로 크게 정리되지 않은 때문이다. 이제 짐작하여 빼고 더하고 깎고 다듬어 서로 통하게 하여[删定會通]하여 만대萬代의 성법成法을 만들고자 한다.[23]

세조는 즉위한 직후에 육전상정소六典詳定所를 설치하고 통합된 법전으로서 『경국대전』을 편찬하는 데 박차를 가했다. 그리하여 1460년(세조 6)에 호전戶典이, 1461년(세조 7)에 형전刑典이, 1466년(세조 12)에 나머지 이吏·예禮·병兵·공전工典이 편찬되었다. 이것이 최초의 『경국대전』인 『병술대전』丙戌大典이다.

그러나 『병술대전』에 잘못되거나 들어가야 할 조문 가운데 빠져 있는 내용이 많아 오랫동안 여러 차례의 교정을 거쳤다. 1469년(예종 원년)의 『기축己丑대전』, 1471년(성종 2)의 『신묘辛卯대전』, 1485년(성종 16)의 『을사乙巳대전』 등이 그것이다. 그리하여 최후의 교정본인 『을사대전』은 1485년 정월 초하루부터 조선왕조의 기본 법전으로 시행되었다.[24]

이와 같이 하여 『경국대전』은 세조가 편찬을 시작한 지 30년이 지나서야 완성되었고, 이를 편찬하는 데는 1388년부터 1484년까지 거의 100년 동안에 제정된 법령이 기초가 되었다. 이렇게 오랜 시간이 걸린 까닭은 조선왕조의 법제가 세조·성종조에 이르러서야 어느 정도 정비되었고 또 각사各司에서 필요할 때마다 국왕의 재가를 얻어낸 수교의 내용이 서로 어긋나고 중첩되는 부분이 많았기 때문이었다.

『경국대전』이 국법으로 결정되자 조정에서는 이를 보급하고자 노력했다. 이를테면, 이조吏曹 및 관찰사는 서울과 지방의 관리에게 매년 말에 『경국대전』의 어느 대목을 추첨하여 외우고 설명하는 시험을 보게 하였고, 그것을 이해하고 이해하지 못함을 기록해 두었다가 고과考課를 결정할 때 참작했다.[25] 이는 법전의 제도화 과정institutionalization process이라고 할 수 있는 것으로서 국가의 틀이 잡혀가는 기간이었다고 볼 수 있다.

---

23) 서거정, 『經國大典』 序.

24) 이성무, 『경국대전』 序文(성남 : 한국정신문화연구원, 1995); 정호훈, 「조선전기 법전의 정비와 『경국대전』의 성립」, p. 30.

25) 『經國大典』 禮典 奬勸.

3. 국가의 틀

한 나라의 건국 공신들은 창립의 시초에 그 나라의 구조를 어찌할 것인가에 대한 명료한 의식을 가지고 출발하는 것은 아니었다. 설령 그것이 기성旣成에 대한 저항의 뜻을 지녔다 하더라도 처음부터 국가 건설의 밑그림이 그려 있는 것은 아니다. 그들은 구체적이고도 적극적 의미로서의 이상理想이 있다기보다는 "어떤 것이 아니기"를 바라는 소망을 지녔을 뿐이었다.

따라서 그들의 밑그림은 종래의 것과 달라야 한다는 막연한 이상을 가지고 있었지만, 그것이 그리 선명하지 않았다. 그래서 그들은 적어도 국가 창설이 이뤄진 지 1세기 정도의 고민과 시행착오를 거쳐 국가의 틀을 마련하게 되는데, 조선왕조 초기의 건국의 아버지들이 정리한 국가의 틀은 대체로 다음과 같은 것이었다.

[1] 건국 공신들은 우선 왕을 중심으로 하는 중앙정부의 모습을 구상하기 시작했다. 그들이 먼저 착안한 것은 고려 사회가 지니고 있던 호족들의 분권적 성격을 탈피하여 중앙집권을 강화해야 한다는 것이었다. 중앙집권의 강화는 일반 백성에 대한 권력의 자의적·사적 수탈을 제한적으로 배제한다는 의미도 지니고 있었다.[26]

그러한 의지는 기본적으로 토지 문제에 대한 고민으로부터 출발했다. 그러다 보니 그들은 먼저 수조권受租權의 분급分給 범위를 축소하여 귀족 지배층의 사사로운 권한을 약화함과 동시에 중앙의 재정 구조를 강화하는 문제를 고민했으며, 아울러 이러한 토지 장악을 통하여 지방 사회에 대한 중앙의 지배와 포섭력을 확대하는 방안을 모색했다.

『경국대전』의 편찬에 착수한 세조는 특히 중앙집권의 문제를 중요하게 생각했다. 단종端宗의 왕위를 찬탈하며 벌어진 이른바 계유정란癸酉靖亂(1453)의 아픔을 기억하는 그로서는 권력의 집중화에 몰두할 수밖에 없었을 것이다. 그는 군주권의 강화가 정치적 분란을 최소화할 방도라고 생각했을 수도 있다. 전통 사

26) 정호훈, 「조선전기 법전의 정비와 『경국대전』의 성립」, p. 19.

회에서 한국 정치는 마치 서울을 중심으로 하는 소용돌이vortex로 쏠리듯이 강한 흡인력을 가지고 중앙집권화하는 경향을 보여준다.[27]

중앙집권에 대한 왕실의 강박증은 심각했고, 그 번다繁多함은 법전에 그대로 나타났다. 이를테면, "궐 안에 술과 단술[酒醴]을 공급하는 일"[28]까지도 대전에 조문화할 정도로 세밀했다. 그러나 법은 간결해야 한다는 것이 동서고금의 법리法理였다. 그러므로 당唐의 태종太宗은 늘 법이 간결해야 함을 강조했다.[29] 그것은 노자老子에게서 영향을 받은 것이었다.[30] 이에 관하여 가장 단호한 입장을 보인 학자는 몽테스키외Baron de Montesquieu이다. 그는 이렇게 주장하고 있다.

> 법을 너무 정밀하고 미묘하게 만들어서는 안 된다. 법은 중용中庸의 오성悟性을 지닌 사람들을 위해 만들어진 것이다. 그것은 논리의 기술이 아니라, 가부장家父長의 쉬운 이치이다.[31]

중앙집권의 핵심은 왕권의 문제이다. 그런데 『경국대전』에 왕의 지위와 권한에 관하여 일언반구도 없다는 사실은 참으로 기이하다. 그뿐만 아니라 조선시대 전全 시기에 걸쳐 국왕의 지위와 권한을 규정한 문헌은 찾아볼 수 없다.[32] 이 부분은 왕의 실권에 대한 무제한 보장이라는 의미로 해석될 수도 있다는 점에서 대단히 위험한 일이었다.

초기 민주주의의 역사는 왕권과 시민권의 갈등에서 어떻게 하면 왕권의 전횡을 막을 수 있을까 하는 점에 대한 고민으로 얼룩져 있었다. 이 점을 고려한다면, 왕권에 대한 언급이 없는 『경국대전』은 그만큼 충실하지 못한 법전임을 뜻할 수도 있고, 달리 말하면 왕실의 전횡專橫이나 또는 반대로 왕권의 자의적 제약을 이미 잉태하고 있는 법전이었음을 뜻할 수도 있다.

---

27) Gregory Henderson, *Korea : The Politics of the Vortex*(Cambridge : Harvard University Press, 1978), pp. 29~32.

28) 『經國大典』 吏典 京官職 종5품 衙門 司醞署.

29) 吳兢, 『貞觀政要』,제31장 刑法條; 제32장 赦令條.

30) 『道德經』(58) : "其政悶悶 其民淳淳 其政察察 其民缺缺"

31) Baron de Montesquieu, *The Spirit of the Laws*, Vol. II, Book XXIX, § 16.

32) 박현모, 「경국대전의 정치학 : 禮治국가의 이념과 실제」, 『한국정치연구』(12/2)(서울대학교 한국정치연구소, 2003), p. 120.

『경국대전』에서 중앙집권의 방법은 경관직京官職을 강화하는 방법으로 시행되었다. 왕정에서 집권을 강화하는 방법은 동서고금을 막론하고 종친부를 강화하는 것에 의존했는데 이 점이 바로 왕정이 비판에 직면하는 가장 큰 이유가 되었다. 조선왕조도 종친부의 강화를 위해 꾸준히 노력했다는 점에서는 예외가 아니었다. 『경국대전』에 따르면,

> 왕의 친족과 외척의 관부官府로서 돈녕부敦寧府가 있다. 여기에 소속된 종친 9촌과 이성異姓 6촌 이내의 친척, 왕비의 동성同姓 8촌과 이성 5촌 이내의 친척, 세자빈世子嬪의 동성 6촌과 이성 3촌 이내의 친척 그리고 위에서 든 촌수 안의 고모·자매·질녀·손녀의 남편에게 벼슬을 준다. 선왕과 선왕비先王妃의 친척의 경우에도 같다.
>
> 대군의 사위와 공주의 아들에게는 첫 벼슬로 종7품을 주고, 공주·왕자군王子君의 사위와 옹주의 아들에게는 종8품을 주고, 대군·왕자군의 양첩良妾 소생의 딸과 그 남편에게는 각각 한 등급 낮추어 주고, 천첩賤妾 소생의 남편에게는 한 등급 더 낮추어 준다. 왕비의 아버지에게 처음 벼슬을 주는 경우에 정1품 영사직領事職을 준다. 종친에는 정해진 숫자가 없다. 양첩의 소생은 적출嫡出 종친보다 품계를 한 등급 낮추어 주고, 천첩의 소생은 한 등급 더 낮추어 준다.[33]

위의 기록에 나타난 정도라면 조선왕조의 조정은 가히 왕실의 전유물이었다. 비록 다수결의 원리가 지배하는 사회가 아니라고 할지라도 종친은 이미 숫적으로 조정에서 우위를 차지하고 있고, 그들은 또한 응집력과 "정치적 고려"라는 점에서 상당한 위치와 실권을 확보하고 있었다. 종친은 종친과宗親科[34]를 치러 선발했다.

왕실을 강화하는 한 방법으로서 내시부의 강화를 들 수도 있다. 내시는 단순히 왕실의 시종이 아니라 학식을 겸하여 갖춘 뒤에 왕을 보필할 것을 요구받았다. 그리하여, 내시가 읽도록 정해진 책을 강의하여 이를 충분히 이해[通]하면 특별 근무 일수[別仕]로 쳐주고, 대략 이해[略通]하면 하루로, 불충분하게 이해[粗通]하면 반나절로 쳐주고, 이해하지 못하면[不通] 근무 일수를 삭감했다. 내시들이 『사서』四書 가운데 스스로 선택한 한 권의 세 곳과 『소학』小學과 『삼강행실』 가

---

33) 『經國大典』 吏典 京官職 정1품 衙門 敦寧府; 宗親府.

34) 『成宗實錄』 18년 3월 6일(병오).

운데서 세 곳을 강의하여, 이를 이해하면 품계를 올려주고 강학講學을 면제하여 주는 방법을 썼다.[35]

[2] 『경국대전』에 따르면 중앙정부(경관직)의 조직은 비교적 촘촘하고 과학적이다. 그것이 명조明朝의 제도를 본받은 것이라 하더라도 전적으로 그에 의존한 것은 아니며 조선조의 특성을 고민한 흔적이 담겨 있다. 특히 의정부의 구성은 독특하고 훌륭하다. 본디 도평의사사都評議使司였던 의정부議政府는 최고 의결기관으로서의 성격을 띠고 있었다.

영의정領議政을 정점으로 하여 좌의정左議政·우의정右議政, 2명의 찬성贊成과 2명의 참찬參贊, 그리고 예하 속관을 거느리고 있던 의정부는 규정상으로는 "백관을 통솔統率하고 서정庶政을 고르게 하며, 음양을 다스리고, 나라를 경륜經綸한다." 당하관은 모두 문관을 기용하고 사인舍人에 결원이 있으면 근무 일수를 계산하지 않고 승진시켰다.[36] 의정부는 군주제 아래에서 신권臣權이 운신할 최선의 공간이었다.

의정부가 왕에 따라 얼마간 변신한 것은 사실이지만, 이를 가장 잘 이해하고 있던 왕은 아마도 중종中宗이었을 것이다. 그는 의정부의 성격을 다음과 같이 규정하고 있다.

> 의정부는 모든 관료[百僚]가 통속統屬되는 곳이요, 정령政令이 공평하게 구별[平章]되는 곳이니 군국 기무를 모두 총리해야 하므로 옛적부터 우리 선대의 조정에 이르기까지 보상輔相에게 전임하여 그 정치를 이룩하지 않은 적이 없다. 서사署事를 그만둔 일이 비록 한때 있었으나 영갑令甲(『경국대전』)에 적혀 있는 직분은 "백관을 총령總領하고 서정을 평장하고 음양을 섭리하고 나라를 경륜한다." 하였으니 정승으로서의 책임은 본디 이 밖에 다른 것이 아니다. 조종祖宗께서 만세에 책모를 끼치신 뜻을 또한 알 수 있는데 근래 옛 풍습을 지키고 버리지 않아 드디어 돌보는 일이 없게 되어 육조의 서무를 막연히 관여하지 않으니 이것이 어찌 당초에 정승을 임명한 뜻이랴?[37]

---

35) 『經國大典』 吏典 內侍府.

36) 『經國大典』 吏典 京官職 정1품 衙門 議政府.

37) 『中宗實錄』 11년 5월 1일(신사) 傳教.

의정부의 인선을 보면 수장이 정1품 당상관이라고는 하지만 그 품계는 다른 정1품과는 달리 연륜이 높은 중신重臣이 등용되는 것이 관례였고, 육조의 품계를 숙의하여 왕에게 상달하는 구실을 담당했다. 당시의 기능과 의미를 정확히 현대의 어느 것과 비교하기는 어려운 일이지만, 국민적 대표성을 갖추지 못했다는 점을 제외한다면, 의정부는 "작은 의회"의 성격을 띠고 있었다.

의정부가 의결과 심의의 역할을 담당하는 기구인 것과 대조적으로 정책의 집행 기구로서 경관직에 육조六曹가 설치되어 있었다. 육조의 업무 분장을 살펴보면,

> 이조吏曹는 문선文選·훈봉勳封·고과考課에 관한 정사政事를 맡고,
> 호조戶曹는 호구·공부貢賦·전량田粮·식화食貨에 관한 정사를 맡고,
> 예조禮曹는 예악禮樂·제사·연향宴享·조빙朝聘·학교·과거에 관한 정사를 맡고,
> 병조兵曹는 무선武選·군무·의위儀衛·우역郵驛·병갑兵甲·기장器仗·문호門戶(경비)·관약管鑰(열쇠)에 관한 정사를 맡고,
> 형조刑曹는 법률·상언詳讞(심문)·사송詞訟·노예에 관한 정사를 맡고,
> 공조工曹는 산택山澤·공장工匠·영선·도야陶冶에 관한 정사를 맡았다.[38]

이조의 속아문屬衙門은 충익부忠翊府·내시부內侍府·상서원尙瑞院·종부시宗簿寺·사옹원司饔院·내수사內需司·액정서掖庭署 등이 있다. 이전吏典은 총 29항목으로 내명부內命婦와 외명부外命婦를 포함하여 경관직·외관직, 아전·토관의 직제와 인사 고과 제도, 증시贈諡와 상벌[褒貶]을 규정하고 있다.[39]

이조의 중요 직무는 전국 관리의 임명·배치·통솔·고과·징계를 다루는 것이었다. 과거에 급제한 인물이 임직하는 것도 이조의 몫인데, 문과에서 갑과 제1인은 종6품을 주고 나머지는 정7품을 주며, 을과는 정8품계를, 병과는 정9품계를 준다.[40] 6품 이상은 근무 일수 900일이 차면, 7품 이하는 근무 일수 450일이 차면 관직을 옮겨준다.

의정부·육조의 당하관은 근무 일수가 차면 모두 높은 직위에 임명하고 그 나머지 관원들은 같은 직위에 전임하되, 지혜롭고 능력이 있으며, 부지런한 관리

---

38) 『經國大典』 吏典 경관직 정2품아문 六曹.
39) 『經國大典』 吏典 序.
40) 『經國大典』 吏典 諸科.

와 7품 이하의 관원은 이 제한을 받지 않는다.[41] 서울과 지방의 동반東班과 서반西班의 3품 이상은 3년마다 봄의 첫 달에 각기 3인을 추천하고, 동반 3품 이상 서반 2품 이상은 각기 수령이나 만호萬戶, 3품 이상의 직책을 감당할 무리를 추천하되 모두 3인을 넘지 못한다.[42]

이조가 관리를 통솔하며 배려해야 할 사항은 그들을 규찰하고 포상하는 일이다. 그러한 직무로서 중앙정부에서는 관청의 책임자인 당상관·제조提調 및 소속 조曹의 당상관이 왕에게 보고하고, 지방정부에서는 도道의 관찰사가 매년 6월 15일과 12월 15일에 속관의 등급을 매겨 왕에게 보고한다. 사헌부·사간원·세자시강원世子侍講院의 경우에는 등급을 매기지 않는다.

열 번 고과에 열 번 모두 상上을 받은 무리는 상賞으로 1계급을 올려주고, 두 번 중中을 받으면 무록관無祿官에 서용敍用하고, 세 번 중을 받으면 파직한다. 다섯 번 고과, 세 번 고과, 두 번 고과에 한 번이라도 중을 받은 무리는 현재의 직책보다 높은 직을 줄 수 없으며 두 번 중을 받은 무리는 파직한다. 당상관인 수령은 한 번 중을 받으면 파직한다.[43]

관리의 부패를 응징하는 것은 형조의 관할이었지만 그를 예방하는 수단을 강구하는 것은 이조의 몫이었다. 이를테면, 부패에 연루된 바 있는 관리[贓吏]의 아들 및 손자에게는 의정부·육조·한성부·사헌부·개성부開城府·승정원·장례원掌隷院·사간원·경연經筵·세자시강원世子侍講院·춘추관·지제교知製敎·종부시宗簿寺·관찰사·도사都事·수령의 직책을 주지 않고,[44] 만약 추천된 무리가 독직瀆職[贓汚]이나 강상綱常을 어지럽히는 죄[敗常]를 저지르면 천거한 장본인[擧主]도 함께 그 죄에 연좌되었다.[45]

범죄자의 사면이 없다는 점에서 가혹하다. 이는 이미 정도전이 『조선경국전』을 지을 때부터 결정된 사항이었다. 그는 사면을 엄격히 반대했다. 사면에 대한 그의 주장은 이러하다.

---

41) 『經國大典』 吏典 京官職.
42) 『經國大典』 吏典 薦擧.
43) 『經國大典』 吏典 褒貶.
44) 『經國大典』 吏典 京官職.
45) 『經國大典』 吏典 薦擧.

전하께서 즉위한 이래로 사람들이 혹 죄를 범하더라도 문책하지 않은 무리도 있으며 방면한 무리도 있어 원통하고 억울함을 풀지 못함이 없는 것 같이 생각되나 사면이란 간인奸人에게는 다행한 일이요 선량한 사람에게는 적이 되는 것이니 죄인을 자주 사면함이 (곧 다른 사람에게는) 원통하고 억울함이 됩니다.[46]

호조의 속아문은 내자시內資寺·내섬시內贍寺·사도시司徒寺·사섬시司贍寺·군자감軍資監·제용감濟用監·사재감司宰監·풍저창豊儲倉·광흥창廣興倉·전함사典艦司·평시서平市署·사온서司醞署·의영고義盈庫·장흥고長興庫·사포서司圃署·양현고養賢庫·오부五部 등이다. 호전戶典은 30항목으로 재정·토지·무농務農·조세·녹봉·공물·양전量田·부역·토지매매·상속·어염魚鹽·상평창常平倉에 관한 규정들을 수록하고 있다.[47]

호조의 업무는 국가의 재정을 총괄하는 것이다. 각 과科의 봉급[祿]은 실직實職에 따르며, 4계질의 첫 달에 나누어 준다.[48] 인구 통제와 징세 및 그를 둘러싼 비리를 막는 일도 호조의 몫이다. 전세田稅를 수납할 때 공리貢吏가 납세자를 침탈하거나 또는 말[斗]을 높게 하거나, 또는 납호納戶와 짜고 먼저 본가本家에서 몰래 받은 뒤 조전소漕轉所에 이르러 남는 것으로 그 사람 몫의 수를 채우는 경우에 사람들이 신고하는 것을 허용하여 중죄로서 논죄한다. 신고한 무리에게는 범인의 재산으로 상을 준다.[49]

예조의 속아문은 홍문관·예문관·성균관·춘추관·승문원·통례원通禮院·봉상시奉常寺·교서관校書館·내의원內醫院·예빈시禮賓寺·장악원掌樂院·관상감·전의감典醫監·사역원司譯院·세자시강원·종학宗學·소격서·종묘서宗廟署·사직서社稷署·빙고氷庫·전생서典牲署·사축서司畜署·혜민서惠民署·도화서·활인서活人署·귀후서歸厚署·사학四學·문소전文昭殿·연은전참봉延恩殿參奉·기내제릉전참봉畿內諸陵殿參奉 등이다. 예전禮典은 61항목으로 교육·과거·사대事大·외교·의장·제례·입후立後·상장喪葬·추증追贈·첩식帖式에 관한 규정을 수록하고 있다.[50]

예조는 예치 국가의 형성에 중요한 몫을 담당했다. 그런 점에서 예조는 국가

46) 『高麗史』 列傳 鄭道傳.
47) 『經國大典』 戶典 序.
48) 『經國大典』 戶典 祿科.
49) 『經國大典』 戶典 雜令.
50) 『經國大典』 禮典 序.

교육의 담당 부서였다. 홍문관·예문관·춘추관의 수장인 영사領事가 영의정 또는 육조판서와 마찬가지로 정1품 당상관이었다는 사실은 조선왕조가 예치에 얼마나 중요도를 부여했는가를 보여주는 지표로서 의미심장하다. 그러나 예를 제도로써 이룩할 수 있고 또 그래야만 한다는 그들의 구상은 한계를 안고 있었다.

아울러 예조는 과거제도의 수행 부서였다는 점에서 특이하다. 역사적으로 고시考試가 이조의 몫이 아니라 교육 부서의 몫이었던 사례가 없기 때문이다. 고시를 예조에 소속시켰다는 것은 인선의 기준을 예禮에 두고 있음을 뜻한다. 이는 뒷날 과거제도가 국가 발전에 역기능으로 작용한 원인이 되었다. 사대 교린의 외교 업무도 예조의 관할이었다는 것은 주목할 만하다. 이는 대중對中 외교가 실익의 문제가 아니라 모화慕華였음을 뜻한다.

병조의 속아문은 오위五衛·훈련원訓鍊院·사복시司僕寺·군기시軍器寺·전설사典設司·세자익위사世子翊衛司 등이었다. 병전兵典은 51개 항목으로서 군사 조직과 무반직, 급보急報·교열敎閱·성곽·입직入直·역마·병선兵船·봉수烽燧·군기軍器·면역免役을 규정하고 있다.[51]

병전은 『경국대전』에서 항목이 가장 많을 뿐 아니라 그 양도 가장 방대하다는 점이 특이하지만, 군역軍役의 문제는 토지와 함께 조선조의 통치 제도를 가장 괴롭힌 정치적 악행이었고, 늘 개혁의 대상이 되었다는 점, 그리고 그와 같은 제도적 장치에도 왜란倭亂이나 호란胡亂과 같은 외침에 무기력했다는 점에서 역설적이었다.

형조의 속아문은 장례원掌隸院과 전옥서典獄署이다. 형전刑典은 28개 항목으로 구성되어 있는데,[52] 위조僞造와 도적 이외에 노비에 관한 규정이 주류를 이루고 있다는 점에서 특이하다. 이는 신분 질서의 유지가 지배자의 중요 관심사였음을 뜻한다. 형전의 첫 문장 용률用律이 "『대명률』을 쓴다."라는 것으로 시작되고 있는 바와 같이, 조선조의 형률은 『경국대전』의 성립에 관계없이 『대명률』을 따르게 되어 있기 때문에 형전은 매우 소루했다. 그 대신에 『대명률』을 적용할 수 없는 노예 제도에 관하여 많은 지면을 쓰고 있다.

조선왕조가 봉건적 전근대 사회였다는 점을 고려한다면, 『경국대전』의 형전

---

51) 『經國大典』 兵典 序.

52) 『經國大典』 刑典 序.

은 관리의 부패를 막고 관리에 의한 인권 유린의 방지 장치를 마련하고자 고심했다는 점에서 상찬 받을 만하다. 이를테면 『경국대전』은 분경奔競을 크게 주목하고 있다.

분경이라 함은 청탁을 위해 관리의 집에 드나드는 사람들을 말하는데, 이조·병조의 제장諸將과 당상관, 이방·병방의 승지, 사헌부·사간원의 판결사判決事의 집에 동성同姓 8촌, 이성異姓·처친妻親의 6촌, 혼인은 가문, 이웃 사람 등이 아니며 출입하는 무리를 뜻한다. 이와 같이 분경하는 무리는 장杖 1백, 유流 3천 리에 처하도록 되어 있다.[53]

죄질이 나쁜 향리[元惡鄕吏]에 대한 추궁도 준엄하다. 원악향리라 함은 아전의 신분으로서 수령을 조롱하여 권력을 마음대로 써 폐단을 일으키는 무리, 몰래 뇌물을 받고서 부역이나 군역을 지우는 것을 불공평하게 하는 무리, 수세收稅할 때 마구 거두어 남용하는 무리, 양민을 함부로 사역하는 무리, 전장田莊을 넓게 설치하여 백성을 부려 자신의 농사일을 시킨 무리가 여기에 든다.

이어서 마을을 횡행하며 남의 것을 빼앗아 사리私利를 도모하는 무리, 귀족의 권세에 붙어 본역本役을 부당하게 회피한 무리, 부역을 피하여 도망하여 숨고 있는 무리를 촌락에 받아들인 무리, 관청의 위세에 가탁假托하여 백성을 침학侵虐하는 무리, 양가의 여자와 관비官婢를 첩으로 삼는 무리 등을 뜻했다. 법전에는 다른 사람이 이러한 부패 관리를 신고하고, 해당 고을의 경재소京在所가 사헌부에 고발하는 것을 허용하고 추궁 조사하여 처벌하도록 규정하고 있다.[54]

형전은 형의 집행 과정에서 벌어질 가혹 행위도 엄격히 규제하고 있다. 이를테면, 서울과 지방 모두에서 사형[死罪]은 형조가 의정부에 보고하여 세밀하게 복심覆審하도록 하고,[55] 관리가 형벌권을 남용할 경우[濫刑]에는 장杖 1백에 도徒 3년에 처하고, 치사致死시킨 무리는 장 1백에 처하고 영구히 임용하지 않는다.[56]

그뿐만 아니라 죄수를 문초할 때 3일 안에 재차 고문[拷訊]을 행할 수 없으며, 고문한 지 열흘 뒤에 벌을 집행하도록 되어 있다.[57] 고문은 왕지王旨를 받아 시

---

53) 『經國大典』 刑典 禁制.
54) 『經國大典』 刑典 元惡鄕吏.
55) 『經國大典』 刑典 推斷.
56) 『經國大典』 刑典 濫刑.
57) 『經國大典』 刑典 推斷.

행하지만 서인庶人이나 도둑질한 무리는 그렇지 않았다. 본조本曹·개성부·관찰사는 유형流刑 이하를 직접 처단하며, 그 외의 각 관아는 태형 이하를 직접 처단한다.[58]

공조의 속아문은 상의원尙衣院·선공감繕工監·수성금화사修城禁火司·전연사典涓司·장원서掌苑署·조지서造紙署·와서瓦署 등이다. 공전工典은 14항목인데, 도로·교량·거마車馬·관사·궁궐·원우院宇에 대한 관리·보수 규정과 과수果樹·산림 보호에 관한 규정, 각종 광물의 등록과 야장冶場과 공장工匠, 도량형의 규정을 싣고 있다.[59] 공전은 조선왕조가 산업을 어떻게 규제하였고, 그것이 어떻게 산업 사회로 가는 길을 막고 있었는가를 잘 보여주고 있다.

[3] 왕조의 중앙집권화는 상대적으로 지방정부의 위축을 가져왔다. 이 문제는 뒷날 개항기에 변방의 방백·수령에게는 대외교섭권이 없어 개항과 문물 도입에 어려움을 겪었다는 점에서 중요하다. 이 문제는 결국 한국사에서 정치적 의미로서의 봉건시대가 있었는가 하는 문제로 비약하게 된다.

한국의 중세사에서 노비나 장원莊園 또는 토호의 문제를 고려할 때, 경제사적 의미로서의 봉건시대가 있었다고 말할 수 있지만, 지방 분권이 존재하지 않았다는 점에서 정치사적 의미의 봉건시대가 존재하지 않았다는 논리가 가능하다.

이와 같이 지방 분권적 행정이 갖춰지지 않은 상황에서 관찰사의 임무는 적극적 의미의 시정施政이라기보다는 규찰糾察의 요소가 더 짙었다. 도백道伯을 서구식의 도지사道知事(Governor)로 표기하지 않고 감사監司(Auditor) 또는 관찰사觀察使(Inspector, Observer)로 표기한 것은 의미심장하다. 법전에 관찰사의 임무는 수령의 부지런하고 게으른 것을 고찰하여 평가[殿最]하는 것이었다는 점[60]이 그의 성격을 잘 설명해 주고 있다.

관찰사의 감시적 성격과 관련하여 지방에 배속된 유방留防, 곧 국방상 요충 지역에 정병正兵이 복무하는 제도를 살펴보는 것이 중요하다. 법령에 따른 각 도의 병력을 보면, 충청도에 9려旅(1천125명) 경상도에 21려(2천625명), 전라도에

58) 『經國大典』 刑典 推斷.
59) 『經國大典』 工典 序.
60) 『經國大典』 戶典 務農.

13려(1천625명), 황해도에 8려(1천200명), 강원도에 2려(250명)[61]이며, 양계(평안도와 함경도)의 정병은 국경이라는 특수성을 고려하여 유연하게 결정했다.

경기도는 한성부의 지휘를 받았다. 봉건제가 아니며 군사의 지휘권이 관찰사에게 부여된 것은 역모逆謀나 지방 봉기에 신속히 대응하려는 의지를 담고 있다. 그러나 이 병력은 감영監營에 배속된 것이기 때문에 민란의 진압에는 일정한 한계가 있었는데, 동학혁명東學革命 당시 향군의 패퇴와 경군의 투입이 그러한 사례를 보여준다.[62]

『경국대전』에 명시된 지방 행정 단위의 통계에 따르면 조선왕조는 8개의 광역 도道(province)와 390개의 군현郡縣(county)으로 이루어져 있는데,[63] 이는 지역의 범위나 인구비로 볼 때 비교적 세분되어 있음을 알 수 있다. 이는 달리 말하면 지방 조직의 비대화와 인적 공급의 과도화를 뜻하며, 이러한 현상은 지방 관리의 부패와 수탈을 유발했다. 이러한 모순은 조선왕조 후기에 들어오면서부터 현실 문제로 나타나 실학實學의 화두가 되고 왕조 몰락의 원인으로 악화되었다.

지방관의 부패와 사기를 고려하여 임기제가 창안되었다. 예컨대 관찰사와 도사都事는 근무 일수 360일(1년)이 차고, 수령은 근무 일수 1천800일(5년)이 차고, 당상관堂上官 및 가족을 데리고 가지 않는 수령[未家]과 훈도訓導는 근무 일수 900일(2년 반)이 차면 바로 전임시킨다. 농번기에는 전임시키지 않으며, 춘분春分 전에 근무 일수 미만이 50일 이하인 무리는 전임시킨다.[64] 그러나 업무의 파악과 수행 가능 기간을 고려할 때 1년은 너무 짧고 5년은 너무 길어 수탈의 원인이 되었다.

관리의 사기를 진작하고 업무 능력을 높이기 위한 또 다른 방법으로, 모든 관리는 의무적으로 지방 근무를 거치도록 했다. 즉, 여러 도道의 교관敎官 및 체아직遞兒職[65] 이외의 자로서 수령을 거치지 아니한 무리는 4품 이상의 품계로 올라갈 수 없도록 했다.[66] 이는 달리 말하면 중앙정부의 모든 고위 관료는 지방의

---

61) 『經國大典』 兵典 留防. 1려旅의 병력은 125명.

62) 이에 관한 자세한 논의는, 신복룡, 『동학사상과 갑오농민혁명』(서울 : 선인, 2006), pp. 151~152 참조.

63) 『經國大典』 吏典 外官職.

64) 『經國大典』 吏典 外官職.

65) 체아직은 녹봉을 주려고 필요하지도 않은 자리를 만들어주던 직책으로서 주로 오위五衛에 배속되었는데, 많을 경우에는 한 시대에 대략 1천430명 정도였다.

수령을 필수적으로 거쳐야 했음을 뜻하는데, 이는 민생에 대한 이해를 넓히고 업무 파악의 능력을 높인다는 점에서 의미 있는 규정이었다.

[4] 『경국대전』은 적극적 의미로서 왕이 무엇을 해야 한다는 규정이 없다는 점에서 특이하지만, 그와는 달리 왕을 제어하려는 장치는 지나치다 할 정도로 세밀했다. 우선 왕은 끝없이 교육을 받아야 했는데 그것이 곧 경연經筵이다. 경연은 왕실의 제삿날[國忌日]이나 특별한 날이 아니면 날마다 열었으며, 하루에 세 차례 열리는 경우도 있다. 경연은 왕에게 경사經史를 강독하고 논평·사려思慮하는 임무를 맡는다.[67]

경연의 구성을 보면, 의정부의 정1품 영사領事(3인), 정2품 지사知事(3인), 종2품 동지사同知事(3인), 정3품 승지와 부제학이 겸하는 참찬관(7인), 정4품 시강관侍講官(1인), 정5품 시독관試讀官(1인), 정6품 검토관檢討官(1인), 정7품 사경司經(1인), 정8품 설경說經(1인), 정9품 전경典經(1인)으로 이루어져 있었다.

경연의 정원이 정해져 있는 것은 아니었지만 대체로 20명 안팎으로 구성되었으며, 다른 관사官司의 관원으로 겸임케 했다.[68] 구성원 모두가 참여하는 것도 아니었지만 그 숫자가 왕을 압도하기에 충분한 것이었다. 실제로 사경 이하는 발언하지 않았다.

경연의 효용을 가장 절실하게 느꼈을 뿐만 아니라 실제로도 가장 효율적으로 이용한 인물은 이이李珥였다. 그는 경연의 의미와 경연에 대한 왕의 소홀함을 이렇게 지적하고 있다.

> 경연을 만든 것은 다만 글이나 읽고 장구의 뜻이나 잃지 않도록 하는 것만이 아니라 마땅히 그로써 의혹을 풀어 도를 밝게 하고, 교훈을 받아들여 덕을 더하게 하고 정사를 논의하여 정치를 마련하는 것이기 때문에 조종祖宗께서 경연관을 사례로써 대우하였고 은혜롭게 친하였으며, 가족이나 부자와 같이 정의情意가 통했던 것입니다.
>
> …… 전하께서 경연을 자주 열지 아니하며 접견도 드물거니와 예모가 엄숙하고

66) 『經國大典』 吏典 京官職.
67) 『經國大典』 吏典 京官職 정3품 衙門 經筵.
68) 『經國大典』 吏典 京官職 정3품 衙門 經筵.

사기를 펴지 못하여 주고받는 대화가 심히 드물며 강문하심이 소상하지 않아 일찍이 시폐를 물으신 바 없고 그 가운데도 한두 강관이 성학을 권하였으나 다만 묵묵히 듣고만 계실 뿐이요, 조금도 체험하거나 실천하는 실상이 없으시며 경연이 파한 뒤에는 궁중이 깊고 멀어 쳐다보고 그저 안타까워할 뿐이요.[69]

결국 경연의 존재 의의는 왕의 교육이었다. 조선왕조는 모든 사람에게 적절한 교육의 기회를 제공하려는 이상을 가지고 있었다. 왕에게는 경연을, 중앙에는 성균관과 사학四學, 지방에는 향교를 설치하여 사대부와 서민의 자제를 교육하였다. 이 가운데서도 조선 정치에서 가장 중요한 교육 대상은 왕이었다.[70] 경연의 목적은 왕이 타락할 위험성을 최소화하려는 것이다.

조선은 경연의 정치적 중요성을 이해하여 체계적인 방법에 따라 오랜 세월 경연을 지속했다. 또한 경연 과목에서 알 수 있는 것처럼, 고려의 경연이 주로 정치적 논의를 다루었다면, 조선은 윤리적이고 철학적인 문제와 정치를 통합적으로 이해하려고 했다. 왕을 교육해야 한다는 뜻은 세자에게까지 확대되어 세자시강원世子侍講院을 두었다. 여기서는 세자를 모시고 경서와 사서史書를 강의하고, 도의를 올바로 계도[規諷]하는 일을 맡았다.[71]

조선왕조에서 왕과 중신들의 비리를 막는 제도로는 삼사三司가 있었다. 삼사라 함은 사간원司諫院·사헌부司憲府·홍문관弘文館을 말한다. 사간원은 왕에게 간쟁諫諍·논박하는 일을 맡는다.[72] 사헌부는 그때그때의 정사[時政]를 논하여 바르게 이끌고, 모든 관원을 규찰하며, 풍속을 바로잡고, 원통하고 억울한 것을 풀어주고, 남위濫僞(분수에 넘치는 못된 짓)를 금지하는 등의 일을 맡는다.[73]

사헌부와 사간원에 결원이 있으면 오래 된 임원久任員을 가릴 것 없이 "언사言事가 강개慷慨한 인물"을 널리 뽑아 후보자로 왕에게 올린다.[74] 홍문관은 궐내의 경적經籍을 관장하고 문한文翰을 다스리며 왕의 고문顧問에 대비한다. 제학提學 이상은 다른 관사官司의 관원이 겸임하며 모두 경연을 겸직했다.[75]

---

69) 『栗谷集』 疏 萬言封事(갑술).
70) 김영수, 『건국의 정치 : 여말선초, 혁명과 문명 전환』(서울 : 이학사, 2006), pp. 776~780.
71) 『經國大典』 吏典 京官職 종3품 衙門 世子侍講院.
72) 『經國大典』 吏典 京官職 정3품 衙門 司諫院.
73) 『經國大典』 吏典 京官職 종2품 衙門 司憲府.
74) 『經國大典』 吏典 京官職.

조선왕조의 정치적 안정도는 이 삼사의 활약과 정비례했다. 특히 이들은 인선에도 깊이 관여했는데, 이를테면 중신을 임명할 때는 이들의 연서를 받던 서경제도署經制度[76]가 그 사례에 속한다. 조선조의 인사 제도가 문란해지기 시작한 것은 이 제도의 몰락과 함께 이루어진다. 왕의 비리를 직간하며 왕을 납득시킬 수 없을 때는 삼사가 함께 상소를 올리는데, 이를 합계合啓[77]라 했다.

합계는 일종의 연합 시위이므로 되도록 많은 인원이 참가를 권유받았다. 합계가 발의되면 우선 궁궐 안팎에 있고 없음에 관계없이 모든 사람에게 사안을 문건으로 알리고, 대궐 안에 있는 모든 사람이 토론에 참가하는 것을 원칙으로 한다. 이때 대궐 안에 있으면서도 합계에 참가하지 않는 것은 비난의 대상이 된다.[78] 합계는 일몰 이후에도 계속되며, 자정이 넘지 않은 한 참석하지 않은 대간에게는 모두 소집을 알려 위세를 과시했다.[79]

간쟁이 왕의 분노를 자아내어 군신의 갈등을 초래한 것은 자연스러운 현상이었다. "왕의 허물을 말해 줄 충직한 신하는 거울과 같다."[80]고 하지만 그 간언을 받아들인다는 것은 쉬운 일이 아니다. 연산군燕山君은 이러한 대간들의 간섭에 불만을 표출하며 "선왕先王께서 유생을 죄주지 않았으므로, 이렇게 위를 능멸하는 풍습[凌上之風]을 가져왔다. 일마다 의견을 들은[收議] 뒤에 처리한다면, 임금의 권한은 어디에 있는가?"라고 불평했다.[81]

성종 같은 성군도, "대간이 들어가라고 하여 들어가고 나오라고 하여 나온다면 이것이 어찌 임금의 체통이겠는가?"[82]라고 불평하였지만, 그로 말미암아 그는 성군이 되었을 수도 있다. 중국인들이 보기에 이것은 "조선에서 왕은 나약하

---

75) 『經國大典』 吏典 京官職 정3품 衙門 弘文館.

76) 『大典會通』(1) 吏典 署經條.

77) 합계의 사례는 『英祖實錄』 원년 11월 19일(癸丑), 『正祖實錄』 2년 4월 25일(甲寅), 同 4년 2월 13일(임술), 同 14년 정월 10일[辛卯) 등에 보인다.

78) 『正祖實錄』 4년 2월 14일(癸亥) : "校理李儒慶以未參合啓事陳自卞疏 行都承旨徐有慶上疏曰 伏見 校理李儒慶到院之疏 則滿紙辭語全沒事實 大抵合辭之規 若於大廳發啓 則三司中人無論入來與不 入來一並簡通 至於入侍啓辭 則只與入侍人先議者 不易之規也"

79) 『正祖實錄』 4년 4월 6일(甲寅) : "敎曰 合啓之不得日暮姑停 卽三百年成憲也 …… 此後嚴飭復勿如前"

80) 吳兢, 『貞觀政要』, 제4장 「간언을 구함」.

81) 『燕山君日記』 1년 1월 30(甲寅).

82) 『成宗實錄』 23년 12월 25(신유).

고 신하는 강성하기 때문"에 일어나는 현상이었다.[83)]

일반 백성의 뜻은 주로 소疏로써 이루어진다. 소는 개별 상소와 집단 상소가 있었으며, 국론이 들끓을 때는 여러 사람이 연서하여 올리는 만인소萬人疏[84)]가 있다. 소가 받아들여지지 않으면 소두疏頭(상소의 대표자)는 대궐 앞에 엎드려 왕의 대답이 있을 때까지 연좌 시위를 했는데 이를 복합상소伏閤上疏[85)]라 했다.

성균관成均館의 유생들이 조정에 항의할 일이 있으면 일제히 성균관에서 물러나는 방법으로 의사를 전달했는데 이를 권당捲堂[86)]이라 했다. 이때 왕은 개유사開諭使를 보내어 그들의 의견을 경청했고 그들의 소청이 받아들여졌을 때 그들은 성균관으로 돌아왔다.

이수광李睟光은 이와 같은 간쟁의 의미를 가장 깊이 이해하고 있었던 인물이었다. 그는 조선조의 간쟁 제도를 이렇게 평가하고 있다.

> 옛날에는 임금에게 간언하는 관원이 따로 없이, 사람마다 누구나 다 간언할 수 있게 했다. 그러고도 오히려 그들이 두려워하고 어려워하여 감히 다 말하지 못하는 일이 있을 것을 염려하여, 상賞을 주는 제도를 세워서 권장했다. 『서전』書傳에 말하기를, "흥하는 임금은 간신諫臣을 포상한다."고 한 것이니, 상을 주어 말하게 하고, 오히려 그 간언이 아첨하여 바로 간언하지 않을 것을 두려워했다.
>
> …… 후세의 간언을 싫어하는 군주는 다만 상을 주지 않을 뿐 아니라 그에게 형벌을 준다. 그러니 이것은 스스로 자신의 귀와 눈을 막아버리는 것이다. 그리하여 마침내 나라가 어지러워져서 멸망하는 데 이르는 것이다. 아! 옛날의 어진 임금과 지금의 충간을 싫어하는 군주는 서로 다르구나.[87)]

조선의 건국 공신들이 간쟁 제도를 두어 꾀하고자 했던 것은 권력의 균형이다. 정치 체제 안에 간관과 같은 독립적 신분이 존재한다는 것은 결국 권력 분

---

83) 『肅宗實錄』 12년 윤4월 29일(임오) : "皆由其國弱臣强 若非我朝護持 不知幾經簒竊"

84) 『高宗實錄』 18년 2월 26일(무오) : 嶺南儒生李晩孫等 萬人連疏 참조.

85) 예컨대 1893년 1월에 동학교도들이 교조 최제우의 신원(사면)을 위해 광화문 앞에서 복합상소를 한 바 있는데, 이에 관한 자세한 논의는 신복룡, 『동학사상과 갑오농민혁명』, pp. 131~132 참조.

86) 『顯宗實錄』 5년 5월 16일(丁丑) : "啓曰 儒生空館之餘 又有捲堂之擧 此是莫大之變 卽今形勢 不但可慮 而已在朝家處置之道 特用別遣之擧 勿論參疏不參疏 捲堂儒生 一體敦諭 以示優容之意"; 『正祖實錄』 14년 정월 10일[辛卯) : "至於再昨年 太學之捲堂也"

87) 『芝峰類說』(3) 君道部 : 聽諫.

할을 의미하는 것이었고, 균형을 통해 정치적 전제專制를 방지하려는 것이었다. 간관을 통하여 본 조선 정치 체제의 권력 균형은 과도할 정도였다. 이것은 달리 생각하면, 개혁 군주의 운신의 폭을 그만큼 좁히는 조치였다.

동서양에 걸쳐 정치적 감시자auditor의 중요성은 수없이 강조해 왔다. 그러나 감시자에 대한 이와 같은 과도한 권한 부여는 역기능이 되는 경우도 허다했다. "누가 감시자를 감시할 것인가?"의 문제는 로마법Roman Law 이래 간쟁 제도에서 끝없이 제기한 문제였지만, 이에 대한 지혜로운 대답을 제시하지 않았다. 그렇기 때문에 간쟁은 그만큼 위험이 뒤따랐고, 그것이 잘못 운영되었을 때는 많은 반동이 초래되었다.

4. 통치 이념

조선조 500년을 지속시킨 저력은 어디에 있을까? 이 물음은 조선정치사 연구의 중요한 화두였다. 여러 가지 접근이 가능하겠지만 지금까지는 유교 이념에서 그 답을 찾으려는 논의가 주류를 이루고 있다.[88] 이른바 "유교국가론"으로 일컫는 이 논리에 따르면, 유교를 국가 시책의 기본 이념으로 받아들인 조선 초기의 국가 정책에서 의례儀禮를 정비하고 보급하는 것이 창업자들의 시급한 정책 과제였다.

이는 유교의 의례적 기능을 강화하고 정비함으로써 국가의 행사에서부터 민간의 일상 생활에 이르기까지 유교적 실천을 가능하게 하려는 조치였다.[89] 그래서 조선왕조는 집권 체제의 안정을 이룰 통치 이념으로 주자학의 강상명분론綱常名分論을 수용했다.[90] 조선조의 이러한 이상은 법전 찬술의 주역이었던 서거정徐居正의 다음과 같은 『경국대전』 제정 취지에 잘 나타나고 있다.

---

88) 최상용·박홍규, 『정치가 정도전』(서울 : 까치, 2007), p. 248; 손문호, 「조선조 성리학 정치사상의 역사적 성격」, 한국정치외교학사학회(편), 『조선조 정치사상연구』(서울 : 평민사, 1987), pp. 102~106.

89) 장동우, 「『經國大典』 「禮典」과 『國朝五禮儀』 「凶禮」에 반영된 宗法 이해의 특징」, 『조선의 건국과 "經國大典 체제"의 형성』, p. 1.

90) 원재린, 「朝鮮 前期 良賤制의 확립과 綱常名分論」, 『조선의 건국과 "經國大典 體制"의 형성』, p. 82.

이른바 육전六典이란 곧 주周나라의 육경六卿이며, 그 좋은 법과 아름다운 뜻은 곧 주나라의 관저關雎와 인지麟趾[91]로서 문文과 질質을 알맞게 손익損益하여 찬란하게 빛나니, 누가 우리 『경국대전』의 제작이 주관周官·주례周禮와 함께 서로 표리가 되지 않는다고 말하겠는가?[92]

서거정의 위의 글에는 존주尊周의 이상이 짙게 배어 있다. 그는 공자孔子가 주나라를 그리워하듯이 주나라로 돌아가고 싶은 꿈을 토로하고 있다.

그렇다면 조선왕조의 입법가들은 유교의 무엇을 닮고 배우고 실현하고 싶었을까? 이에 대해서는 다음과 같이 정리할 수 있을 것이다.

[1] 『경국대전』에 담긴 우선적인 꿈은 예치禮治가 이루어진 사회였다. 그것은 충忠과 효孝가 으뜸인 사회였다. 엄격히 말하면, 예禮는 사회적 윤리이지 법칙은 아니니다. 그러나 입법가들은 이를 법조문을 만듦으로써 좀더 강제력을 가지고 이를 구현하고 싶어 했다. 그래서 나타난 것이 예전의 권장 항목이다. 여기에서 가장 중요하게 다루어진 것은 바로 충성과 효도였다. 법조문은 이렇게 되어 있다.

삼강행실三綱行實을 언문으로 번역하여 서울과 지방 사족士族의 가장·부로父老 또는 교수教授·훈도 등이 부녀자·어린이들을 가르쳐 이해하게 하고, 만약 대의에 능통하고 몸가짐과 행실이 뛰어난 무리가 있으면 서울은 한성부가, 지방은 관찰사가 왕에게 보고하여 상을 준다.[93]

재임 가운데 상喪을 겪은 무리가 다시 관직을 받았을 때는 상을 당하기 이전의 근무 일수를 통산하여 고과考課에 반영한다.[94]

조선조에서 예는 상당한 수준의 강제적 규범이었다. 그것은 법적으로도 그랬거니와 여염에서도 마찬가지였다. 『경국대전』은 예의 관념을 위배하는 반윤리적 행위를 범죄 행위로 규정함으로써 유교 윤리를 실정법으로 전환하고자 했

---

91) 관저關雎와 인지麟趾 : 『詩經』 「國風 周南」 편에 등장하는 구절로서, 관저는 사랑을 나누는 암수 새의 아름다운 울음소리로서 부부의 화목함을 뜻하며, 인지는 기린의 발로서 왕의 자손의 번족함을 칭송한 것이다.

92) 서거정, 『經國大典』 序.

93) 『經國大典』 禮典 獎勸.

94) 『經國大典』 吏典 京官職.

다.[95] 본디 예는 관습의 중요한 원천이며 중요한 법원法源이다. 이런 점에서 예치는 법치의 범주에 포함될 수밖에 없었다.

그럼에도 법으로써 예치를 구현하는 데에는 일정한 한계가 있었다. 왜냐하면 유교국가의 입법자들은 법·종교·습속·생활양식을 혼동하였기 때문이다. 유학자들이 생각하기에 이 네 가지 모두가 도덕이고 덕성이었으며, 이를 모두 아울러 예禮라고 불렀으나, 예의 엄밀한 준수라는 점에서 유교국가는 일단 성공을 거두었다고 볼 수 있다.[96]

그러나 달리 생각해 보면, 법조문이 사례로 기울 경우에 인간의 삶을 규격화하고 속박할 위험을 안고 있으며, 이런 점에서 예禮 지상주의가 가장 바람직한 제도라고 볼 수는 없다. 왜냐하면 율법이 때로는 백성의 분노를 자아내기 때문이다.[97]

『경국대전』이 유교의 예 이념의 실행과 관련해서 구체적인 상벌 조항을 세세하게 규정하고 있다는 점에서 그것은 유가보다는 그들이 그토록 기피했던 법가法家의 성격을 강하게 띠고 있었다.

따라서 결과적으로 『경국대전』에 나타난 유교의 예치 프로그램은 "위정자는 예의로써 뒷받침하라."[98]는 공자의 생각과는 동떨어진 방향으로 흘렀다. 시간이 흐를수록 다양한 경국책statecraft을 논의하고 제시하는 정치가 대신에 법조문만을 외우는 관료가 늘어갔으며, 선량하지 못한 행위를 부끄러워하고 앞장서서 지선至善에 이르고자 하는 백성 대신에 상벌賞罰을 의식하여 형벌을 모면하기에 급급한 백성이 늘어났다.[99]

[2] 유교국가의 지배자들이 통치 과정에서 견지한 또 하나의 원칙은 "차별의 논리"였다. 유교국가는 선진先秦 유학이든 개명 유학이든 가릴 것 없이 처음부터 끝까지 차별의 논리를 양보할 뜻이 없었다. 이와 같은 신분 질서의 차이는 이미

95) 최연식·송경호, 「『경국대전』과 유교국가 조선의 예치 : 禮의 형식과 과정을 중심으로」, 『사회과학논총』(38/1)(연세대학교 사회과학연구소, 2007), p. 56; 함재학, 「경국대전이 조선의 헌법인가?」, 『법철학연구』(7/2)(한국법철학회, 2004), p. 273.

96) Baron de Montesquieu, *The Spirit of the Laws*, Vol. I, Book XIX § 17.

97) 『신약성경』 「로마서」 4 : 13.

98) 『論語』 雍也 : "子日 君子博學於文, 約之以禮, 亦可以弗畔矣夫"

99) 박현모, 「경국대전의 정치학 : 禮治 국가의 이념과 실제」, pp. 122~127.

맹자孟子에게서 잉태되었다. 그는 이렇게 말하고 있다.

> 그러므로 "어떤 사람은 마음을 수고롭게 하고 어떤 사람은 몸을 수고롭게 한다."고 말한 것이다. 마음을 수고롭게 하는 사람은 남을 다스리고 몸을 수고롭게 하는 사람은 남의 다스림을 받는다. 남에게 다스림을 받는 사람은 남을 먹여 주고 남을 다스리는 사람은 남에게 얻어먹는 것이 천하에 통하는 원칙이다.[100)]

이와 같은 차별 원리에 익숙해 있던 조선조의 주자학파들은 "담장 치기"walling를 선호했으며, 백성에게 신분은 우리[籬, fence]와 같은 것이었다. 강상명분론에 따르면 양인良人과 천인賤人, 양반과 상민 사이에서는 침범할 수 없는 차등 관계가 존재하며, 이로부터 발생되는 지배와 복종의 불평등 관계는 마땅히 받아들여야만 하는 윤리요 운명이었다.

백성이 자신의 고유한 명분에 충실하게 하고 그로부터 전체적인 사회의 조화를 이루게 한다는 것이 유교국가론의 입장이었다. 이때 치자로서 지배층은 백성을 상대로 차등적 신분 질서를 불변의 관념으로 받아들이도록 설득했으며, 그 구체적인 노력이 교화敎化로 나타나게 되었다. 유교의 교화는 정권의 신분 계급 관계를 관철하려는 것이었다.[101)]

조선조의 입법가들은 이와 같은 신분 질서를 공고히 만들고자 이를 제도화하고 법제화할 필요가 있었고, 그들의 그와 같은 구상이 『경국대전』에 명시되었다. 그들은 "예치의 핵심은 질서에 불과할 뿐"[102)]이라고 생각했고, 이러한 질서를 확립하고자 일체의 정치·경제·사회·문화 제도를 법제화하고자 했다.

이를테면, 임금과 신하, 양반 지배 계급과 노서奴庶의 피지배 계급, 중앙 귀족과 지방 귀족, 집권 세력과 재야 세력 사이의 차별을 제도화했다. 차별 원리의 법제화는 불평등으로 말미암은 갈등을 낳았고, 세력 갈등은 착취의 심화와 양민의 유민화流民化를 초래함으로써, 결국 왕조 후기에 들어서면 사상과 현실의 괴리를 가져오게 되었다.[103)]

---

100) 『孟子』 滕文公章句(上) : "故曰 或勞心 或勞力 勞心者治人 勞力者 治於人 治於人者食人 治人者食於人 天下之通義也"

101) 원재린, 「朝鮮 前期 良賤制의 확립과 綱常名分論」, p. 83.

102) 『三峰集』(13) 朝鮮經國典(上) 禮典 總序 : "臣以爲禮之爲說 雖多其實 不過曰序而已"

103) 김만규, 「조선조 전기의 사화·반정과 정치사상의 수정」, 한국정치외교학사학회(편), 『朝鮮

신분이 형성되는 기제機制는 세습제에 바탕을 두고 있다. 그것이 토지이든 영작榮爵이든, 세습은 신분을 지속하는 데 불가피한 제도였다. 세습은 자손들의 능력 부족에 따른 지배 계급의 쇠퇴를 막아줄 최선의 제도였다. 영작의 대표적인 세습으로는 추증追贈이 있다. 종친 및 문·무관으로 실직實職 2품 이상은 3대를 추증한다. 부모는 자기의 품계에 준하고, 조부모와 증조부모는 각기 1등씩 낮추어서 준다.[104]

사대부의 신분 질서를 승계하는 데 가장 파격적인 제도는 정상적인 과거를 거치지 않고 그들의 자제들에게 벼슬의 길을 열어 주는 것이었는데 이를 "음사"蔭仕, 蔭敍라고 했다. 음사는 매년 정월에 선발했다.

음사의 내용을 보면, 공신 및 2품 이상의 아들·손자·사위·아우·조카, 원종原從공신의 경우에는 아들·손자, 실직實職 3품인 무리의 아들·손자, 그리고 일찍이 이조·병조·도총부·사헌부·사간원·홍문관·부장部將, 종5품·선전관을 거친 무리의 아들로서 나이가 20세 이상인 무리에게 시험을 보게 하여 서용敍用했다. 녹사錄事(경관직의 상급 이서吏胥)에 속하고자 하는 무리도 들어 주었다.[105]

사대부 사회에서 신분의 세습을 가장 확실하게 보장하는 방법은 전토田土를 상속하는 것이었는데, 이를 공신전功臣田이라 한다. 공신전은 자손에게 전수傳受한다.[106] 공신전은 왕위王位의 유지에 기여한 여러 신하에게 은급으로 주던 사전賜田을 말한다. 이는 이미 고려시대부터 있었던 것이지만 이성계李成桂의 왕위 찬탈의 부도덕성을 호도하고 충성을 독점하려는 방법으로 광범위하게 실시되었다가, 그 뒤 사직의 보위라는 이름으로 공신들에게 하사되었다.

공신에는 여러 종류가 있었다. 이를테면, 이성계의 창업에 참여한 개국開國공신,[107] 개국공신보다는 다소 낮은 등급의 공신들로서 왕의 아들·사위·동생 등의 수종자隨從者에게 주던 원종原從공신,[108] 위화도 회군 때 공을 세운 회군回軍공신,[109] 태조의 왕위를 도운 좌명佐命공신,[110] 왕자의 난에 공을 세운 정사定社공

朝 정치사상연구』(서울 : 평민사, 1987), pp. 36~37.

104) 『經國大典』 吏典 追贈.

105) 『經國大典』 吏典 取才 蔭子弟.

106) 『經國大典』 戶典 田宅.

107) 『太祖實錄』 總序.

108) 『太祖實錄』 1년 10월 9일(丁巳).

109) 『太祖實錄』 2년 8월 10일(계미).

신,[111] 계유정란에 공을 세운 정란靖亂공신[112]과 좌익佐翼공신,[113] 이시애李施愛의 난에 공을 세운 적개敵愾공신,[114] 예종의 등극에 공을 세운 익대翊戴공신,[115] 그리고 성종의 등극에 공을 세운 좌리佐理공신[116] 등이 있다.

신분을 표시하는 방법은 복식으로 결정되었는데, 신분을 가시화하는 최선의 방법은 의상衣裳을 법제화하는 것[117]이었기 때문이었다. 만약 평민의 몸으로 금은채단金銀彩緞으로 지은 옷을 입거나, 금은수식金銀首飾의 머리 장식을 하거나, 황색의 옷감으로 만든 옷을 입는 등 신분상 금제禁制되어 있는 것을 어겨 외람되거나 속이는 일을 남위濫僞라 하여 사헌부의 치죄를 받았다.[118] 복식의 색깔에 관한 규정은 엄격하여 사대부의 경우에도, 상참常參과 조참朝參, 경연과 어전御前에 입시入侍할 적에 각기 옷이 달라야 했다.[119]

신분에 따라서 쓰는 그릇도 달랐다. 대소원인大小員人으로 주기酒器 이외에 금은·청화백자기를 사용하는 무리, 종친의 처아 딸, 당상관의 어머니·처·딸 지부 및 유음자有蔭者의 며느리 이외에 덮개 있는 가마[轎子]를 사용하는 무리, 사찰 밖에서 원색[眞彩]을 사용하는 무리, 꽃자리[花紋席]를 사용하는 무리, 붉은 칠기를 사용하는 무리, 사화봉絲花鳳(색실을 넣어 봉황의 모양을 만든 것)이나 금은노포화金銀露布花(채포를 오려 꽃 모양을 만들고 금은의 물방울을 떨어뜨려 만든 장신구)를 사용하는 무리, 염소焰焇(화약의 원료)를 사용하는 무리는 모두 장杖 80도에 처했다.[120]

신분은 통제를 수반했다. 서울과 지방은 5호를 1통統으로 하여 통주統主를 두었는데, 이것이 이른바 오가작통법五家作統法이다. 지방은 매 5통마다 이정里正(이장)을 두고 1면面마다 권농관勸農官을 두며 땅이 넓고 호가 많으면 헤아려 더 두었다.[121] 이 법은 주민 통제뿐만 아니라 풍속의 교화를 위한 장치였는데, 그

110) 『太祖實錄』 總序.
111) 『太祖實錄』 7년 9월 12일(갑신).
112) 『端宗實錄』 1년 10월 17일(경자).
113) 『世祖實錄』 1년 9월 5일(丁丑).
114) 『世祖實錄』 13년 8월 26일(己未).
115) 『睿宗實錄』 즉위년 10월 28일(甲寅).
116) 『成宗實錄』 1년 9월 13일(무자).
117) 『禮記』(13) 玉藻.
118) 『經國大典』 吏典 京官職 종2품 衙門 司憲府.
119) 『中宗實錄』 14년 6월 8일(庚午).
120) 『經國大典』 刑典 禁制.

모습은 다음의 기록에 잘 나타나 있다.

특진관特進官 윤효손尹孝孫이 아뢰었다.

"『경국대전』 안에 '호적은 매 5가를 1통으로 하여 통주를 두고, 매 5통을 1리로 하여 이정里正을 두며, 매 1면마다 권농관勸農官을 둔다.'고 하였는데, 지금 외방 고을의 호적이 법과 같지 않아 산만하고 어지러워 계통이 없어 풍속과 관계되는 일을 검거할 경로가 없으므로, 이로 말미암아 불효하거나 불목不睦하는 무리가 많이 있으니 진실로 작은 일이 아닙니다.

청컨대 『경국대전』에 따라 통주統主·이정·권농관의 법을 거듭 밝히어 통 안에 만약 강상綱常의 죄를 저지른 무리가 있으면 통주는 이정에게 신고하고, 이정은 권농관에게 신고하고, 다시 옮겨 수령에게 신고하여 그 죄를 다스리게 하면 풍속이 바로잡힐 것입니다."

임금이 좌우를 돌아보며 물으니, 지사知事 이숭원李崇元이 대답했다.

"서울에는 인가가 즐비하여 그 법을 시행할 만하지만, 지방[外方]에는 산천이 서로 막히고 인가가 멀리 떨어져 있어 5가로 통을 만들기는 어려울 것 같습니다."

윤효손이 말했다.

"만약 인가가 드문 곳에서는 비록 3~4가로 1통을 만들어도 좋을 것입니다. 신이 앞서 경상관찰사가 되어 이 법을 시행試行하였던바 사람들이 처음에는 싫어하더니 뒤에는 매우 편리하게 여겼습니다. 지금 들으니, 이를 폐지하고 시행하지 않는다 하기에 감히 아룁니다."

임금이 말했다.

"법이 『대전』에 실려 있는데도 실행하지 않는 것은 잘못이다."[122]

호적 작성은 매우 촘촘하고 엄격했다. 각 가구[戶]는 ○○부部, ○○방坊, ○○리(지방은 ○○면, ○○리라 일컫는다)에 살며, ○○관직·성명·연갑年甲·본관·사조四祖[父·祖·曾祖·外祖] 처 ○○씨·연령·본관·사조, 데리고 사는 자녀 ○○와 ○○의 연갑을 기록하고, 사위는 모두 본관을 기록한다.

노비·고공雇工 ○○와 ○○의 연갑을 기록한다. 종친은 자기 직함과 처의 사대조[四祖]를 기록한다. 군君의 사위[儀賓]는 자기 직함·사대조와 ○○공주·옹주에게 장가간 것을 기록한다. 서인庶人은 자기와 처의 사대조를 기록하되 서인으로

121) 『經國大典』 戶典 戶籍.

122) 『成宗實錄』 21년 9월 5일(갑신) 特進官 尹孝孫의 진언.

서 사대조를 모르는 무리는 반드시 다 기록하지 않아도 된다.[123]

신분 질서에 대한 도전은 중벌로 다스렸다. 특히 공권에 대한 도전은 용서하지 않아, 이를테면 종묘·사직 및 비법살인非法殺人에 관계되는 것 외에, 이전吏典·복예僕隷로서 그 관원을 고소하거나, 품관品官이나 관리나 백성으로서 그 관찰사와 수령을 고소하는 무리는 모두 받아들이지 아니하고, 장杖 1백, 도徒 3년에 처했다.[124] 만일 윗사람을 범접한 것에 관여되어 정황이 아주 나쁜 무리는 참수하고, 가산을 관청에 몰수[籍沒]했다.[125]

신분의 혈통은 넘을 수 없는 벽이었다. 천민의 신분 계속係屬은 모역母役에 따르는 천자종모법賤子從母法을 고수했다. 천인으로서 양녀良女에게 장가들어 얻은 소생은 아버지의 신분에 따른다고 되어 있지만, 현실적으로 천인의 몸으로 양녀를 아내로 삼을 기회가 없다는 점에서 본다면 천부양녀賤夫良女의 규정은 무의미한 것이었다. 중[僧人]의 소생은 비록 양인良人이라도 천계賤系로 산는다.[126] 천자종모법은 노비를 양산하는 최선의 선택이었다. 천자종부법을 따랐더라면 노비는 그렇게 많이 생성될 수가 없었다.[127]

재가再嫁를 죄악시했다는 점에서도 특이하다. 행실이 바르지 못한 부녀[失行婦女]나 재가한 부녀의 소생은 동반직東班職과 서반직西班職에 서용敍用하지 못하되 증손에 이르러 의정부·육조·한성부·사헌부·개성부·승정원·장례원·사간원·경연·세자시강원·춘추관·지제교知製敎·종부시宗簿寺·관찰사·도사都事·수령 이외의 관직에 서용하는 것을 허락했다.[128]

문·무관 2품 이상의 양첩자손良妾子孫은 벼슬을 정3품으로 제한하고 천첩賤妾자손은 정5품으로 제한하며, 6품 이상의 양첩 자손은 정4품으로 제한하고 천첩 자손은 정6품으로 제한한다. 7품 이하로부터 관직이 없는 사람에 이르기까지의 양첩 자손은 정5품으로 제한하고, 천첩 자손 및 천인으로서 양인이 된 무리는

---

123) 『經國大典』 禮典 戶口式.

124) 『經國大典』 刑典 訴冤.

125) 『經國大典』 刑典 推斷.

126) 『經國大典』 刑典 公賤.

127) 이와 같은 천자종모법은 현대사에도 살아 있다. 이를테면, 노예 해방 이전에 미국의 농장주가 흑인 노예를 강간하여 자식을 낳으면, 그 자식은 노예가 되는 전통이 그러하다. 그들에게는 혈육에 대한 일체감보다는 노예의 증식에 더 관심이 많았다.

128) 『經國大典』 吏典 京官職.

정7품으로 제한하고, 양첩의 아들이 천첩을 맞아 얻은 자손은 정8품으로 제한한다.[129] 여성의 봉작封爵은 남편의 관직에 따른다. 서얼이거나 재가한 무리는 봉작하지 아니하며, 기왕에 봉작을 받은 무리로서 개가하면 그 봉작을 추탈追奪한다.[130]

노비의 탈주에 대한 처벌도 가혹했다. 강도를 저질러 노비로 영구히 귀속된 무리가 두 번 도망하면 참형에 처한다. 도형徒刑·유형流刑·부처付處·안치安置·충군充軍·정역定役된 무리나 절도로 영구히 귀속된 무리가 세 번 도망하면 참형에 처한다.[131] 죄를 저질러 영구히 임용할 수 없게 된 무리, 독직瀆職에 관련된 관리[贓吏]의 아들은 문과와 생원·진사시에 응시하지 못한다.[132]

[3] 효孝가 만행의 근본이요, 충신은 효자에게서 찾는다는 유교의 기본적인 입장에서 나온 하나의 교의敎義가 가족주의이다. 그러므로 "혼인은 만세의 시초이다. …… 한번 같이하게 되면 몸이 마치도록 고치지 않는다."[133] "가정이 정돈된 뒤에야 나라가 다스려진다."[134]는 것은 유교 문화의 황금률이다. 그러기에 맹자가 말하기를, "군자는 세 가지 즐거움이 있는데, 천하에 왕 노릇 함은 여기에 들어있지 않다. 부모가 모두 생존해 계시며, 형제가 무고無故한 것이 첫 번째 즐거움"[135]이라 했다.

정치인들은 정권의 해석에 가부장적 요소를 부여하는 것이 권력을 신성화하는 데 가장 편의롭고도 설득력이 있다는 사실을 잘 알고 있었다. 가부장을 향한 가족들의 순종은 통치에 가장 효과적인 요건이었다. 그래서 군주는 자신을 "축소된 아버지"little father라고 표현했다.[136] 주자 『가례』家禮의 핵심도 결국에는 엄

129) 『經國大典』 吏典 限品敍用. 뒷날 이 문제는 더 악화하여 양출良出 서얼은 손자에 이르러 벼슬을 허락하고 천출賤出 서얼은 증손에 이르러 벼슬을 허락했다. 『仁祖實錄』 3년 11월 13일(무오).

130) 『經國大典』 吏典 外命婦.

131) 『經國大典』 刑典 逃亡.

132) 『經國大典』 禮典 諸科.

133) 『禮記』(11) 郊特牲 : "夫婦禮 萬世之始也 …… 壹與之齊 終身不改"

134) 『大學』 經1章 大學之道 : "家齊而后國治"

135) 『孟子』 盡心章句(上) : "君子有三樂 而王天下不與存焉 父母俱存 兄弟無故一樂也"

136) Charles Merriam, *Political Power*(New York : Collier Books, 1964, p. 117; 신복룡(역), 『정치권력론』(서울 : 선인, 2006), p. 171.

격한 가부장제를 지향하고 있었다.[137] 피지배자들의 순종은 권력자들이 늘 소망하던 바였는데 가족이라는 명분으로 이를 설명하는 것보다 더 효과적인 방법이 없었다.

중국을 비롯한 유교권의 입법자들은 제국의 평온을 통치의 주된 목적으로 삼았는데, 순종이 그것을 유지하는 데 가장 좋은 수단이라고 생각했다. 이러한 사상에 따라 그들은 조상에 대한 존경심을 갖게 해야 한다고 믿고 그 때문에 효를 구현하는 데 권력을 집중했다. 그들은 부조父祖가 살아 있는 동안이나 사후에 그들을 존숭하고자 수많은 전례와 의식을 결정했다.

죽은 조상을 이렇듯 존숭하는 것은 살아 있는 자신들을 존숭하도록 이끌려는 것이었다. 죽은 부조를 위한 의식은 종교와 더 많은 관계를 맺고 있으며, 살아 있는 부조를 위한 의식은 법·습속·생활양식과 더 많은 관계를 맺고 있었다.[138] 정치인들은 조상에 대한 숭모와 군주에 대한 숭모를 일치시키고자 부단한 노력을 기울였다. 그들에게서 법은 기술이 아니라 가부장권에서 얻은 쉬운 이치였다.[139]

이러한 판단에 근거하고 있는 『경국대전』에서 효도는 "법적 권고 사항"이었다. 효도·우애·절의節義 등의 선행을 한 무리, 이를테면, 효자·순손順孫·절의를 지킨 며느리[節婦], 나라를 위하여 죽은 무리의 자손, 친족과 화목한 무리[睦族], 환란을 구휼한 무리는 해마다 연말에 예조가 정기적으로 기록하여 왕에게 아뢰어 권장[獎勸]한다. 그들에게 상직賞職을 주거나 혹은 상물賞物을 주며, 더욱 특이한 무리는 정문旌門을 세워 주고, 요역徭役을 면제해 준다. 수신守信한 처에게도 또한 요역을 면제해 준다.[140]

가족주의는 또한 종족의 유지에 큰 의미를 두었다. 따라서 유교 문화권에서 아들을 낳지 못하는 것은 아내로서 죄를 짓는 것이었다. 이는 이미 맹자가 다짐한 바 있고, 주자가 확인한 바 있다.[141] 이러한 종족 보존의 욕망은 동양에서만 있었던 일은 아니며, 서구에서도 불임은 아내를 쫓아낼 상당한 명분이었음은 이

---

137) 이승연, 「조선조 『주자가례』의 수용 및 전개 과정」, 『전통과현대』(12)(전통과 현대, 2000. 6.), p. 152.

138) Baron de Montesquieu, *The Spirit of the Laws*, Vol. I, Book XIX § 19.

139) *Ibid.*, Vol. II, Book XXIX § 16.

140) 『經國大典』 禮典 獎勸.

141) 『孟子』 離婁(上) : "不孝有三 無後爲大"; 『小學』 內篇 明倫(2) 明夫婦之別(67).

미 널리 알려져 있다.[142]

사대부로서 아내가 죽은 무리는 3년 뒤라야 다시 장가갈 수 있지만, 만약 부모의 명령에 따르거나 혹은 나이가 40이 넘어서도 아들이 없는 무리는 상처한 지 1년 뒤에 다시 장가드는 것을 허락했다.[143] 부모 봉양은 중요한 의무였으므로 독질篤疾이나 폐질廢疾에 걸렸거나, 혹은 70세가 넘은 부모를 가진 무리의 외아들과 90세 이상이 된 노인의 여러 아들은 부역을 면제해 주었고,[144] 부모의 나이가 70세 이상인 무리는 300리가 넘는 먼 읍의 수령으로 임명하지 못했다.[145]

문중의 번영은 벼슬과 직접적인 관련이 있다. 따라서 다섯 아들이 과거에 급제한 무리의 부모에게는 왕에게 보고하여 세사미歲賜米를 내리고, 죽었으면 추증하고 치제致祭한다.[146] 가문에 대한 존숭과 복종은 엄격하여 자손·처첩·노비로서 부모와 가장의 비행을 고발하는 무리는 그 죄가 모반·역반逆反에 해당하는 경우를 제외하고는 교형絞刑에 처한다.

노예의 아내와 노비의 남편으로서 가장의 비행을 신고하는 무리는 장杖 1백에 유배 3천 리에 처한다.[147] 이는 아비의 허물을 관청에 고발한 아들을 나무란 공자의 가르침[148]에 충실하고자 함이었고, 당 태종 이래 노비가 주인을 고발하면 수리하지 않는 옛 법[149]을 따른 것이다.

이와 같은 종족 유지의 한 방편으로 구상된 것이 문중에 대한 존숭尊崇과 장자[宗子]우선주의이다. 적장자嫡長子는 항렬行列에 관계없이 문중을 지휘할 수 있다. 주周나라 이래로 동양 사회에서 적장자의 법통을 강조한 것은 서자들의 권리 주장으로 말미암아 가통에 혼란이 일어날 것을 두려워했기 때문이었다.[150]

그뿐만 아니라 장자는 봉제사奉祭祀와 상속의 권리를 가진다. 장자상속제 primogeniture는 가세의 분산을 막고 응집시키는 최선의 도구였다. 부모와 자식

---

142) Robert H. Lowie, *Primitive Society*(New York : Boni and Liveright, 1921), p. 69.
143) 『經國大典』 禮典 婚嫁.
144) 『經國大典』 兵典 免役.
145) 『經國大典』 吏典 外官職.
146) 『經國大典』 禮典 獎勸.
147) 『經國大典』 刑典 告尊長.
148) 『論語』 子路 : "葉公語孔子曰 吾黨有直躬者 其父攘羊 而子證之 孔子曰 吾黨之直者異於是 父爲子隱 子爲父隱 直在其中矣"
149) 吳兢, 『貞觀政要』, 제31장 刑法條.
150) 吳兢, 『貞觀政要』, 제29장 禮樂條.

사이의 관계가 끈끈한 것은 재화의 부자 승계(상속)가 강력하기 때문이다. 이는 서양에서도 마찬가지여서, 아들에게 재산을 상속하는 것이 관습이요, 계율이었다.[151]

이러한 장자 상속제도는 가문을 지탱할 최선의 방법이었다. 장자 상속이 지니는 사회과학적 의미는 이로써 가문의 유지라는 이름 아래 대토지소유제가 지속될 수 있었다는 점이다. 장자상속제는 토지를 장자에게 몰아주는 방식인데, 이 방법에 따라 지주제의 지속이 가능했고, 이것이 가문의 유지에 적지 않은 영향을 끼쳤다. 왜냐하면 재산을 1/n식(n=자식의 수)으로 균등하게 분배하여 상속하는 제도 아래에서는 가문의 토지 해체를 가져오는 결과가 빚어지기 때문이었다. 그들은 재산의 균등 상속이 가문의 세력을 위축시킬 수 있다는 사실을 걱정했다.

봉제사의 문제는 가문의 법통을 이어받는다는 상징적 의미를 담고 있었다. 문·무관 6품 이상은 부모·조부모·증조부모의 3대를 제사하고, 7품 이하는 2대를 제사하며, 서인은 단지 죽은 부모만을 제사한다.[152] 봉제사에서 적장자의 특권은 다음과 같다.

(1) 종자宗子만이 제사를 지낼 수 있고 지자支子는 친제親祭하지 못한다. 장자의 벼슬이 낮고 지자의 벼슬이 높으면 지자가 봉사奉祀한다.[153] 지자가 제사드릴 일이 있으면 반드시 종자에게 알려야 한다.

(2) 지자는 벼슬이나 지위가 높더라도 제사드릴 때는 종자의 이름으로 한다.

(3) 종자는 나이 70세가 되더라도 반드시 주부主婦를 둘 수 있으며, 지자는 그렇지 않다.

(4) 중자와 서자들은 종자와 종부를 공경해야 하며, 부귀가 높다고 하여 종가宗家에 행세할 수 없다.

(5) 좋은 물건이 있으면 종자에게 먼저 바친다.

(6) 종자는 동종의 족인들을 거두고 통제한다.[154]

문중을 지키려면 친족 사이의 약속과 규율이 필요했는데 이것이 종법宗法이

151) 『구약성경』 「민수기」 27 : 8~11.

152) 『經國大典』 禮典 奉祀.

153) 『經國大典』 禮典 奉祀.

154) 장동우, 「『經國大典』 「禮典」과 『國朝五禮儀』 「凶禮」에 반영된 宗法 이해의 특징」, p. 21.

다. 종법은 혈연 관계를 기초로 공동의 조상을 숭배하고 족친 사이의 유대를 돈독히 하며, 종족宗族 내부의 존비尊卑와 장유長幼를 구별하고 승계 질서 및 종족 성원 각자의 지위에 따른 서로 다른 권리와 의무를 규정한 법칙이다. 그런데 이 종법을 시행하려면 몇 가지 조건이 필요하다.

이를테면 문중을 하나로 통합할 종자와 종자를 정점으로 종의 구성원을 통합할 상징적 의례儀禮의 체계가 잡혀야 하며, 의례를 집행할 성소聖所로서의 사당祠堂이나 재실齋室이 있어야 하며, 종자의 지위를 어떠한 방식으로 계승할 것인가 하는 종통 계승의 명시적 원칙이 필요한데,[155] 그것이 곧 문중의 향약鄕約이거나 종계宗契의 규칙이었다.

한국 사회에서 가족주의는 언어에서 가장 잘 나타나고 있다. 예컨대, 한국인은 "내 집"my home이라고 말하지 않고 반드시 "우리 집"our home이라고 말하고, "내 어머니"my mother라고 말하지 않고 "우리 어머니"our mother라고 말한다. 이는 세계 문명국의 언어사에서 그 유례가 드문 일로서, 가족주의를 설명해 주는 결정체와 같다. 이는 형제가 동거하던 대가족제의 유산이다.

[4] 『경국대전』을 관통하고 있는 또 다른 통치 이념으로서는 문민 우위文民優位의 원칙이 있다. 역사적으로 볼 때 수없이 침략을 겪은 한국사에서 이러한 원칙이 고집스럽게 지켜지고 있었다는 것은 참으로 기이하다. 문민 우위의 원칙이 불러온 역사적 반동과 그로 말미암은 고통을 이미 고려의 무신 정권 당시에 뼈아프게 체험했다는 사실을 고려한다면, 이러한 현상은 더욱 기이하게 느껴진다. 특히 변방 무사들이 조선이라는 나라를 개창했다는 점에서 더욱 그러하다.

『경국대전』에는 무관을 배제하고 문관만이 임직할 직책이 명시되어 있는데, 의정부,[156] 사간원,[157] 세자시강원,[158] 그리고 경연[159]이 그곳이다. 의정의 최고 결정 기관이었던 의정부, 왕의 일탈을 고언苦言해야 하는 사간원, 세자의 교육 부서인 세자시강원, 그리고 왕의 최고 자문 기관이요, 교육 기관이라 할 경연에

---

155) 장동우, 「『經國大典』「禮典」과 『國朝五禮儀』「凶禮」에 반영된 宗法 이해의 특징」, p. 2.
156) 『經國大典』 吏典 京官職 정1품 衙門 議政府.
157) 『經國大典』 吏典 京官職 정3품 衙門 司諫院.
158) 『經國大典』 吏典 京官職 정3품 衙門 世子侍講院.
159) 『經國大典』 吏典 京官職 정3품 衙門 經筵.

서 무관이 모두 배제되었다는 사실은, 무관이 국가의 최고 정책 결정에 참여하지 못했음을 뜻한다.

의결 사항이 문민 위주로 할 것이었다면 이런 식의 문민 독점이 크게 문제될 것이 없지만, 국방의 문제에 관한 왕실의 교육과 조정의 논의에서 무관이 배제되었다는 것은 사장詞章 중심의 주자학적 사고가 낳은 실수였다. 이러한 현상이 임진壬辰·병자丙子의 양란을 거치고도 고쳐지지 않은 것은 이해하기가 어렵다.

5. 결론

이 장의 결론은 다음과 같다.

[1] 조선왕조의 건국 공신들은 고려왕조의 피로와 그로 말미암은 민정民政의 어려움을 극복하고, 찬역의 성격을 갖는 새 왕조의 창업에 대한 명분을 쌓고자 새로운 법령의 제정이 필요했다. 『대명률』로 대체할 형정刑政을 제외한 육전을 정비하여 통치의 틀을 잡고자 하는 취지에서 마련된 것이 곧 『경국대전』이었다.

[2] 조선왕조의 건국 공신들은 『경국대전』을 통하여 예치가 이뤄진 국가를 창설하고 싶어 했다. 그러한 취지에서 성립된 『경국대전』의 편찬으로 조선왕조의 정치가들이 백성을 법도 안으로 끌어들이는 데 상대적으로 성공했으나, 세종 시대와 같은 조선 전기의 활력 있는 정치를 유지하는 데 실패했다.[160]

『경국대전』에 명시된 수많은 금지 조항은 정치 체제의 과감한 개혁에 필요한 강력한 정치적 리더십을 구조적으로 결여하고 있었다. 그것은 조선의 건국 공신들이 정치 체제의 현실적 특징을 안정과 균형에 두었기 때문이었다.[161]

[3] 정치에서 질서를 최고의 가치로 상정할 경우, 그 체제는 신분 질서의 이동을 최소화하는 데 주력할 수밖에 없었다. 따라서 조선왕조의 건국 공신들은 신분의 장벽을 허물 의지를 전혀 갖고 있지 않았다. 이런 점에서 유교국가는 "칸막이의 정치"였다. 『경국대전』이 헌법일 수는 없고, 좋게 말해서 행정법이라고 보려는

160) 박현모, 「경국대전의 정치학 : 禮治 국가의 이념과 실제」, p. 108.
161) 김영수, 「조선의 국가건설 사상 : 진리의 정치화와 반폭정의 정치체제」, p. 30.

견해[162]가 지배적이지만, 엄격히 말해서 『경국대전』은 신분법status law이었다.

[4] 『경국대전』에 따른 법치에는 분명히 한계가 있었다. 예치국가를 건설하겠다던 당초의 유교국가 모델이 엇나가 율령국가가 자리 잡았을 때, 위정자들은 예치란 법으로써만 이루어질 수 없다는 한계를 느끼기 시작했다. 수많은 해석과 변용이 가능한 정치 현상을 모두 법조문으로 만들어 정의할 수는 없었다. 사화士禍, 당쟁黨爭, 예송禮訟 등의 문제는 법조문으로 획일화할 일이 아니었다. 그들은 정치의 유연성을 예측하지 못했고 그 결과로 조선왕조의 정치는 법치라기보다는 인치人治였다.

[5] 위대한 법이 치세治世를 낳는 것은 아니다. 아무리 위대한 법이 제정되었다 하더라도 군왕의 경륜과 의지가 없으면 그 법은 의미가 없다. 꼭 같은 『경국대전』의 치세 아래에서 폭군과 성군이 있었다는 사실이 그 증거이다.

162) 김석근, 「조선시대 법 규범과 제도에 관한 시론 : 『경국대전』과 정치이념」, 『한국정치와 한국헌정사』(서울 : 한울, 2001), p. 58; 함재학, 「경국대전이 조선의 헌법인가?」, pp. 280~283.

제18장

지치주의至治主義

김종직金宗直(1431~1492)/ 조광조趙光祖(1482~1519)

"공자孔子의 말에,
'만일 나를 등용하는 주군이 있으면
한 달이라도 좋으나
3년이면 뜻을 이룰 수 있다.'[1)]
하였는데
어찌 성인이 쓸데없는 말을 했겠는가?"[2)]
—조광조

"너의 나라에 임금은 있고 신하는 없다."[3)]
—동월董越

1. 서론

인간의 삶에서 이념은 얼마나 소중한 것일까? 인간은 이념을 위해 목숨을 바칠 수 있을까? 이뤄질 수 없는 이념에 몰두하다가 그 실현에 실패하고 일신을 망치는 일과, 이룰 수 없는 꿈을 아예 접은 채 현실을 받아들이며 살아가는 것 가운데 어느 것이 더 소중할까? 앞의 것은 의기 있는 일이고, 뒤의 것은 비겁자

1) 『論語』 子路篇 : "子曰 苟有用我者 期月而已可也 三年有成"
2) 『靜庵集』(2) 對策 謁聖試策(을해) : "孔子曰 如有用我者 期月而已可也三年 有成聖人豈徒言哉 …… 夫子之道天地道也 夫子之心天地心也"
3) 『靜庵集』(3) 經筵陳啓 參贊官 때의 啓(3) : "董越曰 爾國有君而無臣"

일까? 역사는 반드시 이긴 무리만의 기록일까? 아니면 좌절한 꿈도 가치가 있을까? 정치에서 개혁은 늘 진보적이고 훈구勳舊는 늘 보수적이었을까?

역사에는 일신의 안위를 돌보지 않고 현실에 도전하며 불같은 인생을 살다 간 사람들이 더러 있다. 보는 이에 따라서 무모할 수도 있고, 경직되었다는 평가를 받을 수도 있는 이러한 인물들은 독선과 고집을 지키며 역사를 역류逆流하여 질주하며 살다 갔다.

그러한 삶이 역사 발전에 이바지했는지 아닌지의 판단은 그리 쉽지 않다. 그들은 분명히 잘못된 현실에 저항하며 삶으로써 당대에는 역사의 진보에 기여했을 수도 있지만, 결국 그들은 제 몸이 저자에서 찢기고 무서운 반동의 시대를 유발했다는 점에서 평가는 달라질 수도 있다.

한국사에서 정암靜庵 조광조趙光祖(1482~1519)가 바로 그러한 인물이었다. 어느 시대를 막론하고 그 시대의 비리에 분노하며 도전하고 직언하는 무리가 있고 이에 응전하는 무리가 있게 마련인데, 이러한 개혁가들의 삶은 늘 북풍 앞에 선 사람처럼 고독하고 위태로웠다. 역사적으로는 "동방 4현四賢"으로 추앙받았고, 도학적道學的 개혁가로서 가장 존경받는 조광조에 대한 평가가 조심스럽지만, 부정과 긍정의 그 어느 쪽이든, 그를 한국사상사의 계보에서 제외할 수는 없다.

조광조가 후대에 주는 교훈 또는 한국사상사에서 거론[膾炙]될 수밖에 없는 까닭은 그의 사상사적 가치 때문이기도 하지만, 그가 자신의 꿈을 이루고자 취했던 일련의 행위들이 주는 의미 또한 크기 때문이다. 조광조와 그 시대를 살았던 선비들이 보여준 이상과 시국을 자임하는 열정과 용기를 후대에 다시 볼 수 없게 된 현실에 대한 평가는 한결 같지 않다.

어떤 이는 조광조가 그만큼 이상을 실현하고자 자기 한 몸을 던진 것이라고 풀이하고,[4] 또 다른 이는 그로 말미암아 그 이후의 정치가 그만큼 위축되고 냉소적이며 은일隱逸해졌다고 보기도 한다. 이상이라는 가치에서 볼 때 "정암靜菴 이후에 그보다 나은 이가 없다."[5]는 서경덕徐敬德의 평가가 가능할 수는 있으나 그것이 곧 그의 사상이 지선至善이었음을 뜻하는 것은 아니다.

조광조를 중심으로 하는 기묘己卯 사림의 사상적 경향은 경세經世·치인治人보

---

4) 현상윤, 『조선유학사』(서울 : 현음사, 2003), pp. 141~142.

5) 『花潭集』(3) 言行雜錄 : "靜菴以後 無出其右"

다 존양存養·수기修己를 앞세웠다. 그들이 치인에 앞서 수기를 강조한 것은 수기는 치인의 수단이고 치인은 수기의 경험이기 때문이었다.[6] 이들은 중종中宗 시대에 활발히 관계에 진출했으면서도 관학적 분위기나 제술製述 위주의 과거科擧에 대해서 부정적이었다. 이들의 학문적 입장을 가장 잘 드러낸 것이 도학道學이며, 이를 바탕으로 한 정치 철학을 지치주의至治主義라고 한다.

지치주의는 고대 중국의 이상 정치를 구현하고자 하는 정치적 자세를 뜻한다. 그것은 군주와 치자의 도덕성과 규범을 전제로 하는 것이어서 매우 진보적이며 근본주의적인 성격을 지니고 있었다.[7] 여기에서 유교적 근본주의confucian fundamentalism라는 용어는 "타협compromise과 관용tolerance을 거부한 채 요순堯舜으로 돌아가려는 집착"이라는 뜻으로 사용되었다.

이런 점에서 조광조의 진심을 나쁘게 평가하기는 어렵다. 문제는 정치에서 많은 경우가 그렇듯이, 이상과 현실 사이의 균형을 얼마나 잘 맞추었느냐 하는 것이다. 역사에 명멸했던 수많은 혁명가는 자신이 이끌던 혁명의 소용돌이 속에서 사라졌다. 그리고 그 후대는 더 많은 아픔을 겪게 되었다. 이럴 경우 그의 죽음으로 책임이 면제되는 것은 아니다. 정치에서는 비굴하지 않는 한, 살아남는 지혜도 중요한 덕목 가운데 하나이기 때문이다.

2. 지치주의의 학맥

조광조의 사상을 이해하는 길은 그의 학문적 뿌리를 이해하는 데서부터 출발해야 한다. 동방 이학理學이 들어온 차례를 살펴보면 정몽주鄭夢周를 시조로 삼을 것이며, 길재吉再가 정몽주에게 배웠고, 김숙자金淑滋가 길재에게 배웠고, 김종직金宗直이 김숙자에게 배웠고, 김굉필金宏弼이 김종직에게서 배웠고, 조광조가 김굉필에게서 배웠으니,[8] 그 학맥은 멀리 정몽주의 주자학적 절의에 닿아 있다.

---

6) 정태현, 「栗谷의 정치사상」, 한국정치외교학사학회(편), 『조선조 정치사상연구』(서울 : 평민사, 1987), p. 68.

7) 김필동, 「조선 전기 향약의 보급과 그 사회적 의미」, 『조선 후기의 체제 위기와 사회 운동』(성남 : 한국정신문화연구원, 1989), p. 248.

8) 『圃隱集續錄』(2) 尙論.

조광조에게 학맥이 이어지는 인연을 살펴보면, 그의 직계 스승은 김굉필이었다. 김굉필이 평소에 말하기를, "『소학』小學을 읽고서 어제까지 잘못된 삶을 깨달았다."[9]고 한 것을 보면 그의 학문적 연원은 주자朱子에 이어지고 있다. 김굉필은 무오사화戊午士禍(1498)에 연루되어 평안도 희천熙川에 귀양가 있었는데, 평안도 어천魚川의 찰방察訪이던 아버지를 따라 평안도에 머물던 조광조는 그의 문하에서 수업을 받았다. 그 기간이 그리 길지는 않았지만 17~18세의 한창 공부할 나이였기에 그 만남은 조광조에게 깊은 영향을 주었다.[10]

선학先學을 평가하며 너그럽지 않았던 율곡栗谷이 이르기를,

> 우리 나라에 이학의 전통이 없었는데, 고려의 정몽주가 처음 발달시켰으나 정밀하지 못했고, 우리 왕조에 김굉필이 그 실마리를 이어받았으나 크게 드러나지 못하다가 조광조가 도를 주창함에 이르러 배우는 이들이 모두 함께 그를 추존했다. 지금 성리학이 있는 줄 알게 된 것은 조광조의 힘이다.[11]

라고 한 것을 보면, 조광조의 학문적 소양이 매우 높았음을 알 수 있다.

이 당시 조정의 정치적 분위기는 내치가 안정되고 성장함에 따라 주자학이 왕조의 정치 이데올로기로서 자리를 굳혀가고 있었다. 이것은 주자학이 관학官學으로서 구실을 하고 개국공신이 된 주자학자들이 정치적 중심 세력으로 등장하였기 때문이다. 이때 등장한 정치 세력을 역사에서는 훈구파勳舊派, 관학파官學派 또는 보수파라고 부른다.[12]

대부분의 국외자局外者들이 그렇듯이, 당시의 사림들은, 위와 같은 훈구파와는 달리, 현실에 대한 불만자들이었고 기성에 대한 개혁 의지를 가지고 있었다. 연산군燕山君이라고 하는 미증유의 폭군 시대가 가고 이른바 중종반정中宗反正(1506)이라는 이름의 정변이 있었으나, 개혁의 주체가 논공행상의 과정에서 혁명의 과실果實을 독점하고 기득권에 안주하려는 태도를 갖는 것을 사림들로서는 받아들일 수 없었다.

---

9) 『景賢錄』(天/上) 行狀.

10) 『退溪先生文集』(48) 行狀 靜庵趙先生行狀.

11) 『經筵日記』(1) 明宗 22년 10월.

12) 홍순창, 「역성혁명과 주자학적 정치사상의 정착」, 한국정치외교학사학회(편), 『조선조 정치사상연구』, p. 19.

사림들은 여말 성리학의 수입과 더불어 등장한 지식인들로서 이성계李成桂의 역성혁명易姓革命을 배격하며, 조선조 초기에 집권한 관학파에 밀려 정주학程朱學에 몰두하는 한편 향촌 지주층으로 성장했다. 그들은 세조世祖의 찬탈에 동조한 훈구파를 비판하고 유향소留鄕所를 중심으로 재기를 준비하다가 김종직이 성종成宗의 부름으로 등용되자 그 문도로 정계에 진출함으로써 새로운 정치 세력으로 떠올랐다.

사림이 정계에 진출한 뒤 추구한 정책을 들여다보면 이렇게 정리할 수 있다.

> (1) 정치적으로 전제 왕권과 재상 중심의 정치 체제를 배격하고 사림의 공론을 존중하는 삼사三司 중심의 정치를 구현하는 것이며,
>
> (2) 경제적으로 지주전호제佃戶制를 정착시켜 중소 지주의 생활을 안정시키고,
>
> (3) 사회적으로 중앙집권보다 향촌 자치를 지향하며 사창社倉과 향약鄕約 그리고 서원을 통해 신분적 향촌공동체를 형성하며 의례·예학·보학譜學을 중시하여 신분 질서의 안정을 도모하고,
>
> (4) 총체적으로 의리와 도덕이 충만한 사회를 건설하고자 패도覇道에 따른 부국강병이나 물질적 공리주의를 배격하는 것이었다.[13)]

사림이 중앙정부에 실세로 등장하기 시작한 것은 중종반정 이후였다. 본디 반정의 주체 세력은 사림파였다. 성희안成希顔·박원종朴元宗·유순정柳順汀 등은 모두 김종직의 문인이었기 때문에 이 혁명 주체 세력의 힘으로 옹립된 왕(진성대군)은 사림파에게 호의적일 수밖에 없었다. 그들의 주장대로 왕은 경연經筵을 부활하였으며, 서울의 사학四學[14)]과 성균관을 수리하고, 무오戊午(1498)·갑자甲子(1504) 사화에 희생된 중신과 사림의 원통함을 풀어주었다.[15)]

공신 귀족들이 조선 초기의 정치적 혼란 속에서 정권에 접근한 세력임에 견주어 사림은 정변에서 정치권력으로부터 소외된 세력의 집합이었다. 일찍이 고려조에 대한 충성을 고집함으로써 조선조 정치 판도에서 소외된 세력이 사림의 주

---

13) 박창진, 「조선 中宗代 士林派의 권력 구조 연구 : 중종 10년에서 중종 14년 기묘사화 이전까지」, 한국정치학회 1997년 연례학술대회 발표논문(외교안보연구원, 1997. 12. 4~6.), p. 2; 반윤홍, 『조선시대논강』(서울 : 교문사, 1995), p. 86.

14) 사학(四學) : 서울의 네 곳에 세운 교육 기관. 위치에 따라 중학中學·동학東學·남학南學·서학西學이 있었음.

15) 丁淳睦, 『退溪評傳』(서울 : 지식산업사, 1969), p. 25.

맥을 이루었고, 거기에 그 뒤의 정변에서 정권으로부터 축출된 세력들이 가세하여 당시의 사림 세력을 형성하게 된다. 그들은 공신 귀족과 이해가 상반되었기 때문에 공신 중심의 질서에 비판적이었다.[16)]

사림의 형성 과정에서 하나의 전환점이 된 것은 세조의 찬위簒位, 곧 계유정란癸酉靖亂(1453)이었다. 그리고 그 선두에는 김종직이 있었다. 김종직은 왕에게 강론하며 단종端宗 때 죽은 사육신死六臣을 처음으로 충신이라고 진언했다. 그 장면이 사서史書에는 다음과 같이 기록되어 있다.

> 김종직이 성종에게 아뢰기를,
> "성삼문成三問은 충신입니다."
> 하였더니, 성종이 놀라 낯빛이 변했다. 이에 종직이 천천히 아뢰기를,
> "불행히 그와 같은 변고가 다시 일어나면 그때는 신이 성삼문이 되겠다는 뜻입니다."
> 하니 성종의 안색이 펴졌다. 시신侍臣이 이런 말로 아뢴 이가 없던 것이 애석하다.[17)]

김종직은 주군에 대한 직언이 신하의 도리요, 그것에 귀를 기울이는 것이 제왕의 금도襟度라고 생각했다. 그는 어떤 계제이든, 단종의 문제를 거론하고 싶어 했다. 그리고 그 사표가 되는 인물이 곧 당唐의 태종太宗과 위징魏徵이라고 여겼다. 그는 이렇게 말하고 있다.

> 세상에서는 위문정魏文貞(위징)이 간언諫言에 빼어나다 하는데, 내가 생각하기에 위공이 간언에 빼어나서가 아니라 바로 당 태종이 간언을 잘 듣기 때문이다. 태종이 진실로 간언을 들어주지 아니했던들 위공도 역시 은인자중하며 서울에서 벼슬할 수밖에 없었을 것이다. 그렇지 않으면 영해嶺海의 바깥 땅은 가면 바로 죽는 곳인데, 어찌 능히 밤낮으로 주선하여 일만 만나면 선뜻 말하고 혹은 상소로 항의하며 혹은 조정에서 다투어 죽는 지경에 이르렀겠는가? 위공이 간언에 빼어나다는 이름을 후세에 누리게 한 것은 실상 태종이 들어서 만들어 준 것이다.
>
> ……
>
> 거룩하신 우리 임금 큰 도량으로 모두 포용하사

---

16) 손문호, 「조광조의 유교적 개혁주의」, 김영국(외), 『한국정치사상』(서울 : 박영사 2003), p. 37.
17) 『經筵日記』(2) 宣祖 9년 2월.

간언을 순히 받아들이시니 진실로 당종보다 넘났도다
이에 미더운 신하 있으니 위징과 같은 무리로세
亹亹吾王 大度包容
從諫如流 允邁唐宗
爰有藎臣 徵也其倫[18]

김종직의 주된 관심사는 백성의 생활 안정을 위한 사회경제적 대책이 아니었다. 그보다는 장자세습제의 왕통王統이 파괴되고 정치 세력이 교체됨으로써 벌어진 군신君臣 질서의 혼란을 바로잡는 일이었고, 왕권 변경에 따른 새로운 체제의 윤리 질서를 재확립하는 것이었다. 동시에 새로운 체제의 윤리적 정통성을 마련함으로써 재야 사림파의 정계 진출을 보장받으려는 의도도 작용했을 것이다.[19]

시기적으로 보면, 성종 시대는 지난날의 혼란이 수습되고, 국가의 기초가 잡혔던 시대이다. 자연히 백성의 생활도 비교적 안정되었고 이에 따라 차츰 국가의 편찬 사업도 활발해지기 시작했다. 국가의 통치 이념은 국초부터 유교에 입각한 것이었으므로 나라를 다스림에나 역사의 편찬 사업에서 유생의 활동은 무엇보다도 필요했다. 성종은 인재 등용에 적극적이었고 그들을 정성껏 우대하였으므로 이 시대에는 유생들이 마음 놓고 활동했다. 그들은 하고 싶은 말을 할 수 있었고, 왕은 그것을 잘 받아주었다.[20]

이와 같이 조금은 자유스러운 분위기 속에서 유생들의 가슴에 업장業障처럼 누르고 있었던 세조의 찬역에 대한 반추가 시작되었다. 성종조의 지적知的 분위기는 지난날처럼 경직되지 않았고, 사림들도 이제는 말할 때가 되었다고 생각했다. 그러나 성종은 세조의 손자인데 당시로서는 세조를 비난한다는 것이 쉽지 않았다.

그래서 김종직이 취한 방법이 역사의 은유隱喩였다. 김종직은 초楚나라의 황제로서 신하에게 시역된 의제義帝를 단종에게 비유하고, 왕을 시해한 항적項籍과 項羽을 세조에게 비유하며 의제를 조상弔喪하는 글을 지었는데 이것이 곧 「조의제문」弔義帝文이다. 그 내용은 이렇다.

---

18) 『續東文選』(11) 贊 金宗直 御札贊 并書.
19) 金萬圭, 『朝鮮朝의 政治思想硏究』(인천 : 인하대학교출판부, 1982), p. 128.
20) 박영규, 「도학정치의 이상 조광조」, 『한국인물사』(3)(서울 : 양우당, 1983), p. 207.

丁丑년(1457) 10월 어느 날(단종이 시해된 날을 의미함)에 김종직이 밀성密城으로부터 경산京山을 경유하여 답계역踏溪驛에 이르러 잠을 자는데, 꿈에 한 신인神人이 칠장복七章服을 입고 헌걸찬 모습으로 와서 스스로 말하기를,

"나는 초회왕楚懷王의 손자 심心인데, 서초패왕西楚霸王 항적項籍에게 시해되어 침강郴江에 빠졌다."

그러고는, 언뜻 보이다가 이내 보이지 않았다. 그는 그 꿈을 깨고 나서 깜짝 놀라 말하기를,

"회왕은 남초南楚 사람이고, 나는 동이東夷 사람이니, 지역의 거리는 만여 리뿐만이 아니요, 세대의 선후 또한 천여 년이나 되는데, 꿈자리에서 서로 만나게 되었으니 이것이 그 얼마나 상서로운 일인가. 또 사서史書를 상고해 보면 강에 던졌다는 말은 없는데, 혹시 항우項羽가 사람을 시켜 비밀히 격살擊殺하여 그 시체를 물에다 던져 버렸던가? 이것을 알 수가 없다."

마침내 글을 지어서 조문하기를, ……

나는 동이 사람이요 또 천 년 뒤의 오늘에
삼가 초나라의 회왕을 조문하노라
옛날 진시황秦始皇이 포학을 자행하여
사해의 물결이 검붉은 피바다를 이루니
상어나 미꾸라지도 어찌 스스로 보전하랴
그물을 벗어나려고 안간힘을 다하였네 ……
아, 형세가 대단히 어긋난 것이 있었으니
나는 회왕을 위하여 더욱 두렵도다
끝내 배신한 무리에게 시해弑害당하였어라 ……
자양紫陽(주자의 의리와 정통의 춘추필법)의 노련한 필법을 따라
마음 설레며 공경히 사모하여
술잔 들어 땅에 부어서 제사지내니
바라건대 영령은 내려와 흠향歆饗하소서[21]

---

21) 『佔畢齋文集』符籙 事蹟 戊午史禍事蹟 吊義帝文; 『燕山君日記』4년 7월 17일(신해) : "惟天賦物則以予人兮 孰不知其遵四大與五常 匪華豐而夷嗇兮 曷古有而今亡 故吾夷人又後千祀兮 恭吊楚之懷王 昔祖龍之弄牙角兮 四海之波殷爲衁 雖鱣鮪鰍鯢曷自保兮 思網漏以營營 時六國之遺祚兮 沈淪播越僅媲夫編氓 梁也南國之將種兮 踵魚狐而起事 求得王而從民望兮 存熊繹於不祀 握乾符而面陽兮 天下固無尊於芊氏 遣長者以入關兮 亦有足覩其仁義 羊狠狼貪擅夷冠軍兮 胡不收以膏齊斧 嗚呼勢有大不然者 吾於王而益懼 爲醢醋於反噬兮 果天運之蹠盭 郴之山磝以觸天兮 景晻曖而向晏 郴之水流以日夜兮 波淫泆而不返 天長地久恨其曷旣兮 魂至今猶飄蕩 余之心貫于金石兮 王忽臨乎夢想 循紫陽之老筆兮 思璽蜳以欽欽 擧雲罍以酹地兮 冀英靈之來歆"

이 글은 대단히 담대하고도 위험한 것이었다. 금상今上의 왕조를 진시황에 비긴 것이나 의제를 단종에게 비유한 것, 세조의 시역을 항우에게 비유한 것, 그리고 자신은 주자朱子의 필법에 따라 이를 기술한다는 내용이 위험스럽기 짝이 없었다. 허균許筠과 같은 당대 학자들의 눈에도 김종직의 그와 같은 처사는 용서받을 수 없는 일이었다.[22] 퇴계退溪도 그를 용서하지 않았다.[23] 그들이 보기에 김종직의 처사는 공부하는 사람의 도리가 아니었다.

그러한 비난을 감수하며 김종직이 「조의제문」을 쓴 것은 춘추대의에 어긋난 세조의 찬탈을 지적하고자 함이었다. 그는 유학 실천이 가장 강렬했던 수학기를 지나고 있었으며, 세조의 찬탈을 못마땅하게 여겨 사림에 묻힌 아버지 김숙자의 영향을 받기도 했다. 당시의 사풍士風을 보면, 불교의 윤회관을 극복하며 역사관에도 변화를 가져왔다.

이제 지식인들은 개인의 해탈이 아니라 사회적 책임을 강조하게 되었고, 후세의 업보보다는 후세의 평가에 더 중요한 가치를 두고 있었다.[24] 그는 이 글에서 천리를 따르는 사람이라면 충성심과 분노를 가질 만함을 일깨우려 했고, 교묘한 언사를 쓴 것은 그의 문학적 재능에 말미암기도 하지만 입신양명을 하려면 세조를 직접 비난하는 적극성을 숨겨야 하는 현실 인식 때문이었다.[25]

그렇다면 김종직은 「조의제문」을 통하여 무엇을 얻으려 했을까? 그는 아마도 세조를 비난함으로써 우회적으로 훈구파의 노선을 비판하고 계유정란 뒤 권력 배분에 소외된 사림의 입지를 변호하고 싶었을 것이다. 당시 유학자 출신으로 이른바 공신에 참여한 이는 두 사람이 있었는데, 하나는 정인지鄭麟趾이고 다른 하나는 신숙주申叔舟이다. 이 두 사람은 모두 학문과 문장으로 저명하였으나 불사이군不事二君의 충의를 지키지 못하고 도리어 세조를 도와 찬탈을 감행하도록 하였으니 천추에 필주筆誅를 면하기 어렵다고 사림들은 생각했다.[26]

신숙주는 세종世宗과 문종文宗에 대한 은의恩義로 보거나 성삼문成三問과 붕우

---

22) 『惺所覆瓿藁』(11) 論 金宗直論.

23) 『退溪集』 言行錄(V) 類編 論人物.

24) 오항녕, 『한국 史官제도 성립사연구』(서울 : 한국연구원, 2003), p. 393.

25) 이지경, 「김종직 정치사상 연구」, 한국·동양정치사상사학회 연례학술발표회(2004. 2. 21.), pp. 14~15.

26) 현상윤, 『조선유학사』, pp. 74~75.

사이의 신의로 보더라도 훈구에 남아 있어서는 안 된다고 그들은 생각했다. 단종 복위를 위한 일련의 사건은 조선의 역사에서 신하의 절의와 강상綱常에 관계되는 문제이므로 유자들 사이에는 여론이 떠들썩했다. 그리하여 단종을 사모하여 복위를 꾀하는 무리는 충신이라고 하고 세조를 칭송하는 무리는 소인으로 일컫게 되었다.

이것은 유학사에서 근간이 되는 춘추대의에 바탕을 둔 정의와 불의의 갈림길이었다.[27] 그러나 신숙주와 성삼문의 노선을 가리켜 누구는 절의를 지켰고, 누구는 절의를 버렸다는 이분법적 논리로 재단하는 것은 정치학에서 매우 조심해야 할 논리이다. 그들은 각기 자신의 이념에 따라 자신의 길을 간 것뿐이고 그 길은 각기 명분이 있었다.[28]

3. 성왕聖王의 논리

연산군이라고 하는 미증유의 폭군 시대가 지나고 중종 시대가 왔을 때, 당시 지식인의 궁극적 관심은 그러한 비극의 시대가 되풀이하는 것을 막을 기제機制를 마련하는 것이었다. 반정과 더불어 그들의 머릿속에는 성군의 시대에 대한 기다림으로 가득 차 있었다. 대외적으로도 정정政情은 매우 불안했다. 노서민奴庶民의 수탈에서 비롯된 내우內憂의 틈을 타 북방으로부터는 야인의 침범이 빈번했고, 남해안으로부터는 왜구의 침입과 약탈이 끊이지 않았으니 중종 조에는 평균 5년마다 한 번의 외침을 겪었다.[29]

이러한 시대에 역사의 아픔을 고쳐보겠다고 자임하고 나선 인물이 곧 조광조였다. 그는 다소 조급했다. 그에 대한 역사적 평가는 매우 혼란스럽다. 이와 관련해서는 그보다 54년 늦게 태어나 비교적 그를 가까운 역사에서 평가할 수 있었던 이이李珥의 다음과 같은 글에 귀를 기울여보는 것이 좋다.

---

27) 현상윤, 『조선유학사』, p. 68.

28) 이에 대한 자세한 논의는, 신복룡, 『잘못 배운 한국사』(서울 : 집문당, 2020), pp. 105~112 : 「성삼문과 신숙주」 참조.

29) 김만규, 「조선조 전기의 사화·반정과 정치사상의 수정」, 한국정치외교학사학회(편), 『조선조 정치사상연구』, p. 42.

조광조의 자字는 효직孝直이니 …… 천질天質이 우수하고 지조가 굳세어 세상이 쇠퇴하고 도덕이 희미해 감을 보고 억울하고 원통한 마음으로 도를 행함으로써 자기의 책임을 삼고 법도대로 행동하여 팔을 모으고 꿇어앉아 꼭 할 말만 했다. 속인들이 웃고 손가락질하였으나 조금도 흔들리지 않았다. 행실이 높다는 이유로 추천을 받아 사지司紙(종6품의 벼슬)를 내렸으나 …… 사양하고 과거에 급제하여 옥당에 들어갔다.

…… 옛 사람은 반드시 학문이 이루어지기를 기다려 도를 이루기를 바랐고 도를 이루며 필요한 것은 임금을 바로 세우는 것보다 앞서는 것이 없었다. 그러나 애석하도다. 문정공文正公(조광조)은 현철賢哲한 자질과 경세제민經世濟民의 재주를 가졌음에도 학문이 대성하기에 앞서 너무 빨리 요직에 올라 위로는 임금의 마음을 바로잡지 못했고 아래로는 권세가의 비방을 막지 못하여, 충성을 바치려 하였으나 참소하는 입들이 벌어져 몸이 죽고 나라가 어지러워졌으니 이것이 오히려 후세인의 징계를 받았다.[30)]

율곡이 보기에 조광조는 학문적으로도 매우 뛰어났고, 지사였음에는 틀림이 없었다. 그러나 율곡이 이 글에서 강조하고자 하는 점은 조광조의 실패한 역사이다. 율곡은 조광조가 조급했고, 살아남는 지혜를 갖추지 못했음을 우회적으로 비판하며 아쉬워했다.

그렇다면 조광조가 이루고자 했던 이상 사회는 어떤 것이고, 그는 왜 그리 조급했을까? 조광조가 꿈꾸었던 세상은 성인 정치hagiocracy였다. 그것은 덕德, virtue을 따르는 정치였다. 그는 고대 선진先秦시대 성현의 정치로 돌아가고 싶어 했고, 자신이 그 일을 감당할 수 있으리라고 생각했다. 덕치라 함은 지도자의 도덕적 감화력을 통해 백성을 교화함으로써 범죄나 분쟁이 없는 평화로운 사회를 이루려는 통치 원리이다.[31)] 이에 관해서는 이미 주자朱子가 다음과 같이 정의한 바 있다.

---

30) 『栗谷全書』 經筵日記(1) : 明宗 22년 10월조; 『燃黎室記述』(III) 中宗朝故事本末 己卯黨籍 趙光祖條 : "趙光祖字孝直 少從金宏弼學 天質甚美 志操堅確 見世衰道微 慨然以行道爲己任 動遵繩墨 高拱危坐言必 以時流俗指笑 終不少撓 以卓行薦爲司紙 光朝嘆曰 我不求爵祿 而內有是除 寧赴科出身 以事聖主 遂應擧登第 選入玉堂……古之人必待學成 乃求行道 行道之要 莫先於格君 惜乎 趙文正以賢哲之質 經濟之才 學未大成 遽昇當路 上不能格君心之非 下不能止巨室之謗 忠懇方輸 讒口已開 身死國亂 反使後人懲此"

31) 강정인, 「덕치와 법치 : 양가 兼全의 필요성을 중심으로」, 『정치사상연구』(6)(한국정치사상학회, 2002), p. 73.

성인은 공경으로써 몸을 닦고 백성을 안정시키며 공손함을 돈독히 하여 그 교화가 만민에게 미치게 되니 천하는 태평하게 된다. 임금으로부터 백성에 이르기까지 공경하는 것이 한결같으면 천지 음양의 기는 스스로 자리를 잘 지켜서 만물은 스스로 낳고 자라 조화되지 않는 기운이 없다.[32]

조광조는 주자가 생각한 그런 사회를 실현해 보고 싶었다. 그러려면 군주가 성왕이 되어야 하고 신하는 군주가 성왕이 될 수 있도록 도와야 했다. 곧 신하는 성학聖學(제왕학)을 완성하여 군주에게 제공해야 한다. 군주의 수양과 덕치로 세상은 요순堯舜의 시대에 이를 수 있다고 그는 생각했다.

유교로 교양된 국왕과 유신儒臣들이 유교적 민본사상에 근거한 덕치와 인정仁政을 베풀고, 나라의 모든 의례는 예치에 따라 시행하며, 유교 윤리가 양반 사대부뿐만 아니라 일반인들에게까지 생활화된 정치를 왕도정치라고 한다.[33] 이와 같은 초극적超克的 정치 인식에는 요순 시대에 대한 강렬한 향수가 담겨 있다. 그는 이렇게 진언하고 있다.

사람들이 모두 말하기를, “후세의 치도治道가 점점 낮아져서 옛날처럼 될 수 없다.”고 합니다. 과연 이 말과 같다면 지금은 짐승이 되었을 것이고 다시 사람의 이치가 없게 될 것입니다. 그러나 삼대三代의 정치를 지금 회복할 수 있고, 그 방법도 아주 쉽습니다. 먼저 임금 자신이 덕을 닦고 나서 그 방법을 사물에 옮겨 시행한다면 사람들이 모두 감화하여 자연 덕을 닦을 것입니다. …… 모름지기 자신의 덕을 돈독히 닦고 온갖 교화가 모두 자신의 밝은 덕으로부터 나오게 한다면 백성이 자연 우러러보고 기뻐해 마지않을 것입니다.

…… 그러나 옛날의 더러운 습속은 갑자기 개혁할 수 있는 것이 아닙니다. 이 기회에 선비들의 버릇을 바루지 못하고, 백성을 잘살게 하지 못하고, 만세토록 확고한 국가의 터전을 세우지 못하면 성스러운 자손이 장차 무엇으로 힘을 입겠습니까? 예로부터 좋은 일은 쉽게 이루어지지 않으니 그것은 어찌해서 그런지 모르겠습니다. …… 신의 생각에 성상의 학문이 고명하시니 마음을 기울여 대신을 대우하시고, 말씀드리는 것을 반드시 다 들어주시는 것이 옳을 줄로 여깁니다.[34]

---

32) 『近思錄』(4) 存養篇(30).

33) 鄭在薰, 「조선 전기 유교정치사상 연구」(서울대학교 박사학위논문, 2001), p. 8.

34) 『中宗實錄』 13년 1월 27일(丁卯) 참찬관 조광조의 上言.

조광조의 진언에는 "내가 창생蒼生을 구할 수 있다"는 강렬한 자신감이 배어 있다. 그것은 좋은 의미로서는 소신이며, 달리 생각하면 오만일 수도 있고 독선일 수도 있다. 그러나 그 시대는 그러한 그를 용납하지 않았다. 다만 19년 늦게 태어나긴 했지만, 같은 시대를 살며 그의 정치적 행보를 목격했던 이황李滉이 그의 진심을 호의적으로 이해하고자 했다. 퇴계의 눈에 비친 조광조의 삶을 들여다보면,

> 소신小臣이 전일 대간으로 입시하여 조광조의 어짊을 논할 때 불행하게 죄를 받았다는 뜻을 언어 사이에서 분명하게 계달啓達하지 못하여 매우 황공하게 생각하고 있습니다. 조광조는 훌륭하고 어진 선비입니다. 타고난 자질이 뛰어나게 아름다워 동배同輩들 가운데서 빼어났으며, 그의 독실한 학문과 힘써 실천함은 비교할 사람이 드뭅니다.
>
> 느지막에 뜻을 굽혀 과거를 보았는데 대신의 천거로 6품직에 승수陞授되었으며, 과거에 급제한 뒤로는 당시 어진 선비들이 모두 조광조를 영수로 삼았습니다. 4~5년 사이에 중종께서 발탁하여 재상의 지위에 놓으니 여론이 진실로 합당하다고 했습니다.
>
> 조광조도 스스로 성명聖明을 만나 도술道術을 실천하고 인심을 맑게 하여 세상을 당우唐虞의 시대로, 임금을 요순과 같이 만들고자 마음을 가졌었는데, 불행하게도 소인들의 참소와 이간질 때문에 마침내는 큰 벌을 받았습니다. 그때 벌을 받은 사람이 한둘이 아니었으나 조광조는 온 나라 사람들이 소중하게 의지하여 공경하고 추앙했기 때문에 더욱 참혹한 벌을 받았는데, 그 뒤 중종과 인종仁宗께서도 그가 무죄임을 알았습니다. …… 조광조는 학문과 행실이 김굉필이나 정여창鄭汝昌과 같은 인물이니 그들과 같이 추증追贈한다면 뒷사람들이 반드시 삼가 본받을 것입니다.[35]

퇴계의 평가에 따르면, 조광조는 시대를 매우 앞서가는 인물이었다. 조광조 스스로도 그동안 반정反正의 시대에 태어나 벼슬길에 들어서 시대의 역할을 감당할 자신도 있었고, 그만큼 소명 의식도 강렬했다. 그는 자신이 할 일, 그리고 해야 할 일은 주군을 성왕으로 만드는 일이라고 생각했다.

그렇다면 성왕이 되는 길은 무엇인가? 주군을 성왕으로 만들려면 신하가 해야

---

35) 『宣祖實錄』 즉위년 11월 4일(을묘).

할 일은 무엇인가? 그는 우선 왕에게 학문을 사랑하는 자세를 권고한다. 그는 왕에게 이렇게 권면한다.

> "성상께서 이미 방법을 알고 계시겠지만, 『대학』·『중용』은 위와 아래 누구나 힘써야 하는 것이나 대체는 임금을 위해 지은 것입니다. 특히 임금은 한 가지 것이라도 제자리를 얻지 못한 것이 없어야 하는 법이니, 가령 만물이 모두 제자리를 얻게 하려고 한다면, 학문이 아니고 무엇으로써 해가겠습니까? 임금의 학문은 마땅히 그 큰일에 힘써야 하되 한결같이 요순을 본받아야 하는 것이니, 학문이 고명해지면 다른 일은 자연히 노력하지 않아도 다스려지는 것입니다."
>
> 이에 왕이 이렇게 대답했다.
>
> "만일 학문을 하려면 마땅히 오로지 한마음으로 해야 하나 공사公事도 살피지 않을 수 없다."[36]

조광조가 올린 진언의 행간에는 『예기』로 돌아가야 한다는 의지가 담겨 있다. 왕이 책을 읽어야 하는 까닭은, "알고도 저지르는 것은 악행이요 모르고 저지르는 것은 허물이기 때문이다."[37] 그런데 그에 대한 왕의 대답이 "다른 일도 바빠서 ……"라는 식으로 미묘하고 냉소적이어서 마치 뒷날의 비극을 전조前兆하는 것처럼 들린다.

왕이 예치로 무장되어야 한다는 조광조의 주장에 깔린 생각은, "천하의 다스림과 어지러움은 임금이 어질고 어질지 못한 데 달려 있을 뿐"[38]이라는 것이었다. 그의 생각에 따르면 왕은 태어나는 것이 아니라 만들어지는 것이었다.

조광조는 자신이 "우리 임금을 가히 요순이 되게 할 수 있으며, 우리 백성을 가히 어질고 편하게 사는 지경에 오르게 할 수 있다."[39]고 자신하고 있었다. 왕은 혼자 다스릴 수 없고, 스스로 성군이 될 수 없다. 임금이 혼자서 다스리지 못하고 반드시 대신에게 맡긴 뒤에 다스리는 도리가 서는 것은 임금은 하늘과 같고 신하는 사시四時이기 때문이다. 하늘에서 하늘의 일만 행사하고 사시의 운행이 없으면 만물이 이루지 못하고, 임금만이 맡고 대신의 도움이 없으면 모든 교

36) 『中宗實錄』 11년 12월 12일(무오).

37) 『靜庵集』(3) 經筵陳啓, 試讀官 때의 啓(17) : "知而爲之者爲惡 不知而爲之者爲過"

38) 『近思錄』(8) 治體篇(22) : "天下之治亂 繫乎人君仁不仁耳"

39) 『退溪先生文集』(48) 行狀 靜庵趙先生行狀.

화教化가 일어나지 않는다.[40]

신하가 왕을 돕는 데는 왕이 열린 귀를 갖는 것이 급선무라고 조광조는 생각했다. 왕이 대관의 말을 듣지 않아 대관이 사직하자 조광조는 이렇게 진언한다.

> 밝은 임금은 남의 말을 듣기 좋아하고 자기 의견을 고집하지 않으며, 어두운 임금은 자기 의견을 실행하기 좋아하고 남의 말을 돌보지 않습니다. 남의 말을 좋아하는 효과는 창성하게 되고, 자기 의견을 고집하는 폐단은 반드시 멸망에 이르는 것입니다. 지금 대간의 성덕이 밝고 성치聖治가 순수하게 하도록 힘써 간절히 논계論啓하고 사직한 것은 충성에서 우러나온 것이므로 숭상하여 상을 주어 믿고 감복하게 해야 할 것인데, 아름답게 받아들이지 않습니다.
>
> 그뿐만 아니라, 위엄으로 결단을 마구 내려 조정 의논을 배격하시고, 간언을 다한 사람을 갑자기 물리쳐 사기를 꺾어 위망危亡의 조짐을 보이니, 이는 어두운 임금이 하는 일이거늘 전하의 평소 학문으로 이처럼 극도에 이르실 줄 어찌 생각하였겠습니까? …… 이 어찌 전하께서 자신을 뽐내어 스스로 전횡[專斷]하시다가 스스로 혼미한 지경에 빠지는 줄을 모르십니까?[41]

왕을 혼군昏君으로 몰아붙이는 논지가 위태롭게만 보인다. 왕의 성인화 과정에서 신하의 간언을 중요시하는 조광조의 논리는 자연스럽게 "누가 간언의 주체인가?"라는 논의로 발전하게 된다. 조광조의 논리는 정사의 중심이 대간臺諫에 있다고 주장하고 있는 점에서 특이하다. 당시 조광조의 위치가 시강관侍講官이었다는 점을 고려한다면, 그리고 그가 끝내 마지막 벼슬을 하여 개혁을 주도한 자리가 대사헌이라는 점을 생각하면, 그의 주장이 미묘한 의미를 풍긴다.

조광조는 이렇게 간언하고 있다.

> 공론이 공경公卿에게 있지 않으면 대각臺閣에 있고 대각에 있지 않으면 초야에 있게 되는데, 공경에게 있으면 다스려지고 대각에 있으면 어지러워지고 환시宦侍(내시)에게 있으면 멸망한다고 하나, 대각에 있으면 어지러워진다는 말은 그릅니다. 왜냐하면, 삼공三公에게 있지 않으므로 대각에 돌아가고 대각에 있지 않으면 저절로 초야에 돌아가는 것인데, 초야의 미천한 선비일지라도 요순 같은 임금과

---

40) 『靜庵集』(2) 對策 謁聖試策(을해) : "君未嘗獨治 而必任大臣 而後治道立焉 君者如天 而臣者如四時也 天而自行 而無四時之運 則萬物不遂 君而自任 無大臣之輔 則萬化不興焉"

41) 『中宗實錄』 13년 8월 30일(정유).

백성이 되게 하려는 뜻은 누구나 분수 안의 일이니 어찌 조정의 일을 의논하지 않겠습니까?[42]

결국 조광조의 성왕 만들기의 핵심은 대간의 구실에 대한 강조로 끝을 맺으며 사림의 공론에 귀를 기울일 것을 역설한다. 이와 같은 그의 소신은 행동으로 나타나 수없이 많은 주강晝講·독대·진언·상소를 거쳐 왕에게 개진했다. 그는 그와 같은 충언이 자신의 가장 의미 있는 책무라고 생각했다.

조ㅗ강조는 그러한 소신에서 조금도 물러날 뜻이 없었다. 그는 아마도 플라톤Pkaton이 꿈꾸던 철인왕Philosopher King과 같은 군주를 염두에 두었을 것이다. 그리고 그러한 고집스러움이 끝내 죽음을 불러왔다는 점에서 그의 처신에 대한 역사의 평가는 갈린다.

4. 군자·소인의 논리

군자·소인의 논리의 기원은 아마도 공자孔子였을 것이다. 그의 제자들이 『논어』論語를 편집하며 "군자"를 먼저 언급한 것[43]은 의미 있는 일이다. 그만큼 선진先秦 유학에서 군자의 도리는 중요한 덕목이었고, 공자의 궁극적 관심이었다. 공자는 『춘추』春秋를 지으며 이렇게 말했다.

> "무릇 군자는 간사한 사람의 음식을 먹지 않고, 환란을 받아들이지 않으며, 이익에 끌려 악행을 저지르지 않고, 남의 악행을 알고서 숨겨 두지 않고, 불의를 덮어 두지 않고, 예의에 어긋나는 행위[非禮]를 하지 않는다."[44]

여기에서 비례라 하는 것에는 "선비가 제후諸侯에게 몸을 의탁하는 것"[45]이

42) 『中宗實錄』 12년 11월 20일(壬辰) : 「조광조가 대간을 교체한 폐단을 논핵하다」.
43) 『論語』 學而 : "세상 사람들이 그대를 알아주지 않아도 화내지 않는다면 그대는 군자이다" (人不知而不慍而 不亦君子乎)
44) 『春秋』 昭公(5) 20년 8월 : "仲尼曰 君子不食姦 不受亂 不爲利疚於回 不以回待人 不蓋不義 不犯非禮"
45) 『孟子』 萬章章句(下) : "孟子曰 士之託於諸侯 非禮也"

포함된다고 맹자孟子는 풀이했다.

맹자의 경우에도 군자란 남에게 덕화德化를 베푸는 것으로 해석하고 있다. 그것은 교화를 뜻할 수도 있다. 그의 주장에 따르면, 군자는 남을 가르칠 만한 위치에 서 있는 사람을 뜻한다. 군자가 남을 가르치는 것이 다섯 가지가 있는데,

(1) 때맞춰 내리는 단비[時雨]가 세상을 바꾸듯이 가르치는 경우가 있으며,
(2) 덕德을 이루게 하는 경우가 있으며,
(3) 재질을 통달하게 하는 경우가 있으며,
(4) 물음에 답하는 경우가 있으며,
(5) 사사로이 선행(善)으로 다스리는 경우가 있다.[46]

맹자가 생각한 군자는 모범을 보임으로써 세상을 공의롭게 하는 사람이라는 뜻이었다.

조선조에서 공맹孔孟의 사상 가운데 군자의 논리가 부각되기 시작한 것은 조선조 중기였다. 건국과 더불어 지배 계급을 이루고 존주尊周와 중화中華를 중시하던 관학파들이 중종에 의한 연산군의 몰락이나 인조에 의한 광해군의 몰락과 함께 사림으로 대체되며 그러한 변혁의 명분으로 군자·소인의 논리가 등장하게 되었고 이때부터 그것이 정권 교체의 화두로 등장하게 되었다. 이런 점에서 조선 성리학의 군자·소인의 논리는 윤리학의 성격을 담고 있었다.[47]

사림들은 훈구적 관학파를 몰아내며 그들이 학문에 소홀했음을 비난하였고, 그들에게 학문의 연찬硏鑽을 권고한다. 조광조가 보기에 유자광柳子光은 소인이요, 박원종朴元宗은 학식이 부족하면서도 영달을 누렸다.[48] 군자가 되려면 무엇을 읽어야 하는가에 대하여 조광조는 단호하게 『소학』을 권한다.

군자학의 논거는 『소학』에 있다고 사림들은 주장한다. 이것은, 앞서 지적한 바와 같이, 김굉필 이후 사림의 학통이었다. 이는 주자朱子로의 회귀를 강력하게 요구하는 것이다. 『소학』에 대한 경도는 조선조 중기의 보편적 정서였던 것으로

46) 『孟子』 盡心章句(上) : "君子之所以教者五 有如時雨化之者 有成德者 有達財者 有答問者 有私淑艾者 此五者 君子之所以教也"
47) 현상윤, 『조선유학사』, p. 100.
48) 『靜庵集』(3) 經筵陳启 參贊官 때의 启(2).

보인다.[49] 주강晝講에서 조광조는 왕과 백성이 함께 『소학』을 읽어야 하는 까닭을 이렇게 설명하고 있다.

> 사람이 태어나 8세가 되어 『소학』을 배우기 시작하면 어린 아동[童蒙]의 교양이 지극히 바르고 지키는 것이 굳게 정해지나, 후세에는 『대학』·『소학』이 모두 폐퇴하였으므로 인재가 나지 않고, 혹 호걸다운 선비가 있어 그것을 일으키더라도 그 학술은 대개 부족하니, 이 글을 궁벽한 촌간에까지 보급하고서야 사람들이 모두 효도로 아비를 섬기고 충성으로 임금을 섬길 줄 알아 선후와 차서가 분명히 갖추어질 것입니다.
>
> 세종조世宗祖에는 오로지 『소학』의 도道에 마음을 썼으므로 그 책을 안팎에 반포하였는데, 근래는 사람들이 읽지 않을 뿐 아니라 책도 아주 없어졌으며, 뜻있는 선비들까지도 몸소 행하기를 꺼립니다. 대사성 유운柳雲이 바야흐로 『소학』을 가르치므로, 관중館中·사학四學과 여염에까지 온통 이를 따르고, 경상관찰사 김안국金安國도 도내의 선비에게 읽어 익히게 하니, 이제 상께서 단연코 그것을 읽으시면 사림이 듣고서 고무·진작되어 다스려지게 하는 바른 방도를 얻게 될 것입니다.[50]

그런데 현실은 그렇지 않아 소인들이 『소학』을 읽는 일을 방해하고 있다고 조광조는 주장한다. 왜 소인들은 『소학』의 탐독을 방해하는가에 관하여 그는 다음과 같이 진단하고 있다.

> 『소학』은 인륜에 날마다 쓰이는 일을 구비하여 도를 가르치고 권면하는 방법으로는 이 책보다 나은 것이 없는데, 근래 습속이 투박하여 전혀 이것을 읽지 않고, 이따금 이것을 배우는 무리가 있더라도 부형父兄이 모두 화근이 된다고 생각하며 말리니, 『소학』이 훌륭한 책이라는 것을 모르지는 않으나 반드시 말리려는 까닭은 세상에 용납되지 못할 것이라 여기기 때문입니다.[51]

『소학』에 대한 조광조의 집념은 결국 왕을 가르치려는 의지로 발전하였고, 그것이 왕의 마음을 움직였다. 그러기에 왕도 주강에서 이르기를,

---

49) 『宣祖實錄』 즉위년 11월 4일(을묘) : 「朝講에서의 이황의 진언」.
50) 『中宗實錄』 12년 9월 13일(丙戌).
51) 『中宗實錄』 12년 8월 8일(신해).

『소학』의 글은 일용日用하는 사물에 모두 이치가 맞아 남녀가 힘써 배워야 할 것인데, 제때를 넘기고 배우지 않은 무리라면 다른 학문과 아울러 배워도 무방하나, 성균관은 학교의 근원이므로 그 학문을 장려하는 방도에서 이것으로부터 시작해야 한다. 그러면 누구인들 격려되지 않겠는가?[52]

기묘 사림이 군자·소인의 논리를 펴며 전거로 삼았던 『소학』의 탐독은 그 뒤 뜻밖의 반동을 낳았다. 곧 기묘사화 이후 『소학』을 숭상하던 사림들이 역신이 되자 『소학』마저 금서가 되었다. 사경司經 이준경李浚慶이 개탄하고 있는 바와 같이, 인재를 배양하지 않으면 안 되는데 당대에 『소학』과 『근사록』近思錄을 세상에서 몹시 금기하여 그 책을 끼고 다니는 무리가 있으면 사람들이 모두 기묘의 무리로 지목하여 비웃었다.

그런데 기묘 사림이라 하여 모두 『소학』과 『근사록』만을 읽었던 것도 아니련만 그 뒤의 사람들이 그때 사람들을 미워했기 때문에 그런 종류라면 모두 칼질하여 버렸다. 그러나 설령 기묘년 때의 사람들이 좋지 못하다고 하더라도 그 책이 나쁠 것이 없었다. 그리하여 검토관檢討官 구수담具壽聃이 왕에게 아뢴 바와 같이, 『소학』과 『근사록』은 꼭 배워야 할 책인데도 사람들이 모두 보는 곳에서 공공연하게 찢어 벽이나 바르고 배우려 들지 않는 폐단이 일어났을 정도였다.[53]

이러한 역사의 반동에 가장 가슴 아프게 생각한 인물은 검토관 김인후金麟厚였다. 그는 주강에서 왕에게 이렇게 아뢰었다.

기묘년 사람은 한때 한 일이 모두 옳지는 못하나, 그 본심은 터럭만큼도 나라를 속인 것이 없는데도 마침내 무거운 죄를 입었습니다. 그 뒤에 죄지은 사람 가운데 대역부도大逆不道하여 죽어도 죄가 남을 무리라도 세월이 오래되어 혹 복직된 무리가 있는데, 기묘년 사람은 오히려 상은上恩을 입지 못하니, 신은 홀로 온편穩便하지 못하다고 생각합니다.

그뿐만 아니라, 그들이 한때 숭상하던 『소학』·『향약』의 글도 모두 폐기하고 쓰지 않습니다. 『소학』·『향약』은 자양紫陽의 주자朱子와 남전藍田 여씨呂氏의 글이며, 주자·여씨는 다 성현인데, 어찌 그 글이 좋지 않겠습니까. 그런데도 지금의 선비는 속상俗尙에 빠져 읽어서는 안 될 글이라 하여 버리니 더욱 온편하지 못합니

52) 『中宗實錄』 12년 11월 15일(丁亥).

53) 『中宗實錄』 28년 11월 16일(甲寅).

다. 모르는 사람들은 기묘년 사람을 아주 불궤不軌(반역)로만 논박하므로, 지금까지도 이런 말은 사람들이 다 꺼리고 비켜 가야 할 일[觸犯]이라 생각합니다. 그러나 신의 소견은 이러하므로 감히 아룁니다.[54]

이러한 진언에 따라서 중종은 정원政院에 이렇게 전교했다.

"기묘년에 『소학』·『향약』을 읽은 무리는 그 겉치레만을 숭상하고 실속을 힘쓰지 않았으므로, 그 폐단이 아랫사람이 윗사람을 깔보고 비천한 무리가 귀한 무리를 업신여겨 볼 만한 도리가 없어지기에 이르렀다. 그 뒤로 그 폐단을 바로잡으려고 쓰지 않은 것이지, 『소학』을 그르게 여겨서 폐기한 것이 아니다. 그러나 『소학』은 인륜을 밝힌 글이니, 평상시 강독할 때 아울러 강독할 것을 뒷날 합좌合坐 때에 대신에게 의논하여 아뢰라."[55]

군자·소인의 논리가 현실 정치의 화두로 등장한 것은 사화士禍와 반정을 거치는 과정에서 그 합리화와 저항 논리로 전개된 때로부터이다. 사화로 말하면 무오사화(1498) 이후 몇 차례 있었는데, 당옥黨獄이 일어날 때마다 선비들이 멸문의 참화를 당하니 유림이 이로 말미암아 원기를 상실하고 학당의 분위기가 또한 숙연하여 학부형이 자제에게 조정에 들어가는 것을 말리고 현인과 철인이 또한 제자들을 거느리고 멀리 떠나 산야에 도피하기를 일삼게 되었다.[56] 사림들이 판단하기에 사화의 발생은 소인이 득세하여 참소하는 탓이라고 생각했고,[57] 그 대항 논리로 군자학을 더욱 강조하기 시작했다.

패배자인 이상주의자들은 산림으로 돌아가 자신들의 이상으로 여기던 도덕왕국을 건설하고자 장기적이고 우회적인 방법으로 학문 탐구와 향촌 교화를 위한 서원 교육에 진력했다. 훈구든 사림이든 모두 현실 사회를 요순의 이상 사회로 만들려는 욕구와 실천 방안의 강구에 힘썼다는 점에서는 공통의 관심사를 지닌 성리학자라고 할 수 있지만[58] 그러한 이상 사회로 가는 길은 전혀 달랐다.

---

54) 『中宗實錄』 38년 7월 22일(乙丑).

55) 『中宗實錄』 38년 7월 22일(乙丑).

56) 현상윤, 『조선유학사』, p. 97.

57) 『靜庵集』(3) 經筵陳啓 參贊官 때의 啓(1) : "自古欲治 而不能善治者 必有小人 喜爲讒間生事故也"

58) 김명하, 「퇴계 정치사상에서의 정의 개념과 이상 사회」, 『한국정치외교사논총』(17)(한국정

훈척과 사림의 양대 세력에게서 발견되는 이와 같은 학문적 정향의 차이는 곧 현실 정치와 관련한 기본 입장의 차이로 표출되게 마련이었다. 학문을 출세의 수단으로 간주하여 사장詞章을 중요시하는 훈척勳戚에게는 수기치인修己治人이라는 유교 정치 본연의 가치 정향이 궁극적 관심이 아니었고, 그들이 수행하는 정치적 구실이란 군주에 대한 충성과 그것을 수단으로 사욕을 추구하는 속물로 사림들에게 비칠 수도 있었다.

이에 견주어 사림 세력의 경우에는 출사 이전에 위기지학爲己之學으로서 수기修己에 역점을 두는 행태를 보이게 마련이었고, 나아가 정치에 직접 참여하더라도 경연에서의 강론이나 간쟁諫諍 또는 삼사의 언관 활동을 하며 공도公道의 사회정치적 정의의 구현에 진력하는 방향으로 자신의 소임을 설정하는 모습을 보이게 마련이었다.[59] 따라서 사림의 행태가 비판적이었던 것은 생래적인 것이었다.[60]

사림이 왜 위험의 길로 들어서게 되었는가 하는 점은 당시 정가의 사림 분포율에서 잘 나타나고 있다. 예컨대 중종 10년 전후에는 사림이 차지하고 있는 관직의 점유율이 의정부 39.3%, 육조 31%, 홍문관 64.5%, 사헌부 43.8%, 사간원 48.3%인 것으로 나타나고 있다. 그러다가 중종 14년이 되면 의정부가 75%, 육조가 47.1%, 홍문관이 84%, 사헌부가 69.2%, 사간원이 60%를 나타내고 있다.[61] 이러한 수치는, 사림이 아무리 정의감에 충일되었다 하더라도, 대단히 위험한 지경에 이른 것이며, 권력의 질주를 유발하기에 적절한 환경이었다.

훈구와 사림의 반목을 논의하며 지나칠 수 없는 또 다른 부분은 그들의 사회·경제적 배경으로서 토지 분포에 관한 관심이다. 사장詞章을 중시한 집권 훈구파와 주자학을 체제 개혁의 이데올로기로 삼은 사림파 사이에는, 건국 초기부터 정치·경제적 처지가 달랐다.

건국 초에 실시된 토지 개혁에서 지배 계급은 토지의 지조권地租權만을 일정

치외교사학회, 1997), p. 144.

59) 강광식, 「체제 정비·난숙기의 개혁사상」, 『조선시대 개혁사상 연구』(성남 : 한국정신문화연구원, 1998), p. 88.

60) 손문호, 「조광조의 유교적 개혁주의」, p. 35.

61) 박창진, 「조선 中宗代 士林派의 권력 구조 연구 : 중종 10년에서 중종 14년 기묘사화 이전까지」, p. 8.

범위의 문무관에게 나누어 주는 과전제도科田制度[62]를 실시하여 대토지의 사유화를 막으려 했으나, 지조권이 세습됨에 따라서 집권 관료의 대토지 사유화 경향이 나타났다.

그러다가 16세기에 이르면 새롭게 진출하는 관료에게 과전 및 직전職田을 줄 수 없게 되어, 봉록만을 지급하게 되었다. 여기서 이미 대토지 소유자가 된 훈구파와 신진 관료 및 관직을 갖고 있지 않은 중소 토지 소유자인 사림파 사이에 정치·경제적인 알력이 생겨 투쟁이 전개되었다.[63] 토지를 갖고자 하는 인간의 욕망에는 군자 현인이나 여염 잡배에 차이가 없다.

군자·소인의 논리가 정치권에서 위험 수위를 넘긴 것은 그 논의에 왕도 포함되기 시작하면서부터였다. 사림들은 왕도 가르침의 대상이며 책을 읽어야 할 학도였다. 이 논의는 왕도 소인이 될 수 있다는 논리로 확대되었다. 그러한 주장은 조광조의 다음과 같은 강의에서 잘 나타나고 있다.

> 예로부터 임금의 몸으로 누구인들 편안하게 다스리고자 하지 않았겠습니까? 다만 의義와 이利에 관한 일은 군자·소인을 구별하며 대개 명백하게 변별하지 못했기 때문에 의를 이라 하고 이를 의라 하며, 군자를 소인이라 하고 소인을 군자라 하는 일이 많은 것입니다. 이것은 분변分辨을 밝게 하지 못하기 때문입니다. 학자는 언제나 고요한 곳에 머물며 공부에 힘쓰는 것입니다.
>
> 그런데 그 학문이 아직 확고한 데 이르지 못하고 다만 찌꺼기[糟粕]만 섭렵하다가 갑자기 벼슬길에 오르게 되면, 사물의 무궁한 이치를 모르기 때문에 하는 일이 잘못되고 틀리는 것입니다. 더구나 임금은 구중궁궐 깊은 곳에 처하여 만기萬機의 번거로운 일을 처리하는데, 어찌 학자가 고요한 곳에 처하여 붕우와 함께 토론하는 것과 같을 수 있겠습니까?
>
> 혹 경연에서 진강進講하는 때도 있기는 하나 군신 사이는 명분과 지위가 매우 엄하니, 신하가 비록 품은 뜻이 있더라도 어찌 다 아뢸 수 있겠습니까? 춘추가 한창일 때에 치효治效를 보아야 하는데, 이와 같이 계속 미루면 세월은 쉽게 지나가 버리니, 마침내 치효를 보지 못하게 되는 것입니다.
>
> 때는 두 번 얻기 어렵고 기회는 잃어버릴 수 없는 것이니, 이때야말로 성상께서 학문하실 때요, 지치至治를 이룰 때입니다. 그러나 위와 아래의 뜻이 서로 통하지

62) 『太祖實錄』 1년 9월 26일(甲辰); 『太祖實錄』 1년 12월 16일(임술).
63) 박충석·유근호, 『조선조의 정치사상』(서울 : 평화출판사, 1980), pp. 120~121.

아니하여 주상의 학문이 어떠하신지를 모르겠습니다. 혹 대강은 안다 해도 자세히는 알지 못합니다.[64)]

왕에 대하여 신하로서의 꾸지람이 준엄하다. 이와 같은 권력의 질주는 늘상 재앙이 되었는데 사림의 경우도 예외가 아니었다. 권력의 질주는 의욕의 과잉, 배타적 독선, 교만, 경륜의 부족, 그리고 젊은 나이의 신중하지 못함 등이 복합적으로 작용하여 나타나는 현상이다. 의욕과 이상이 현실보다 얼마나 앞서갈 수 있는가에 대한 판단에서 그들은 지혜롭지 않을 수 있다.

그러한 독선의 결정체로서 나타난 것이 곧 현량과賢良科의 신설이었다. 조광조는 자신의 개혁 의지가 급속히 진행되지 않고, 중종의 의지가 흔들리는 것은 결국 인사人事에서 장애를 받고 있기 때문이라고 생각했다. 그는 조정에서 훈구세력을 축출하고 사림으로 이를 채우는 방법만이 이러한 구조적 모순을 척결할 수 있다고 판단했다.

그러나 이러한 개혁은 정상적인 과거科擧제도의 충원으로써 이뤄질 수 없었기 때문에 혁신적으로 착안한 것이 현량과였다. 사장詞章을 중요시하는 종래의 과거제도로써는 덕망을 가릴 수 없다는 것이 그의 판단이었다. 현량과는 관리의 추천제도였다. 그가 현량과를 제시한 논리는 다음과 같다.

외방의 경우는 감사·수령을 뽑고, 경중京中의 경우는 홍문관·육조판서·대간을 뽑으면서, 모두 재행才行이 있어 임용할 만한 사람을 천거하여, 대궐의 뜰에 모아 놓고 친히 대책을 논의하게 한다면 인물을 많이 얻을 수 있을 것입니다. 이는 조종祖宗이 하지 않았던 일이요, 한漢나라의 현량과와 방정과方正科의 뜻을 이은 것입니다. 덕행은 여러 사람이 천거하는 바이므로 반드시 헛되거나 그릇되는 것이 없을 것이요, 또 대책에서 그가 하려고 하는 방법을 알게 될 것이요, 두 가지가 모두 손실이 없을 것입니다.[65)]

조광조의 논리는 "주상께서 다스리고자 하는 뜻이 있으나 오랫동안 성과를 보지 못한 것은 인재를 얻지 못하였기 때문이니, 만약에 이 법을 시행하면 인재를

64) 『中宗實錄』 13년 5월 4일(임인) : 석강.
65) 『中宗實錄』 13년 3월 11일(경술).

얻지 못한 것을 근심하지 않아도 된다.”[66]는 것이었다. 그는 하루도 거르지 않고 매일 왕에게 엎드려 상주하였고,[67] 그의 주장은 끝내 관철되어 28명의 현량과 급제자가 배출되었다.[68]

조광조가 기성 세력의 안주를 혐오한 데에는 그럴 만한 이유가 있었다 하더라도 현량과를 요구한 것은 또 다른 특권층의 등장을 뜻하는 것이었기 때문에, 그 자체로서 저항을 불러일으키기에 충분했다. 현량과에 관한 조광조의 생각은 『경국대전』을 넘어서는 초법적인 것이었다.

사림들이 덕치를 강조하는 것과 달리 법치를 비하한 것은 뒷날 민주주의의 정착을 위해 긍정적이지 않았다. 그들이 생각한 예치의 완전한 구현이란 사실상 불가능했기 때문이다. 정치적 현실주의를 지향하던 훈구파로서는 이와 같은 전횡을 받아들일 수 없었다. 그들은 조광조의 무리를 이렇게 비난한다.

> 요즈음 선비들의 버릇[士習]이 그릇된 것은 조광조와 김식金湜 등 때문이었습니다. 그들은 도학으로 명분을 삼고 있었으나 하는 일은 인물을 공박하고 조정의 득실을 따지고 비방하는 것이었는데 학자들이 다투어 이를 사모하여 본받고 있으니 이것을 어찌 도학이라 하겠습니까? 대체로 헤아려 보건대 조정의 득실을 의논하고 인물의 장단長短을 논하는 것은 곧 선비로서 조정에 벼슬하고 있는 무리가 할 일이요, 학자로서는 감히 할 바가 아닙니다.[69]

훈구파가 사림을 비난하는 논리의 밑바닥에 깔린 불만은 그들의 독선과 질주에 대한 거부감이었으며, 사림들이 학문과 현실을 구분하지 못한 데 대한 안타까움이었다. 훈구파로서는 사림들이 어리게 보였을 것이고, 그런 젊은이들의 정치적 행보에 대한 느낌은 옳고 그름이나 선악의 문제가 아니라 다분히 감정적인 우려였을 수도 있다.

---

66) 『靜庵集』 拾遺 啓(1) 賢良科陳啓(戊寅) : “以上之志宇治久 未見成效者 由不得人材故也 若行此法 人材不患不得也”; 『退溪先生文集』(48) 行狀 靜庵趙先生行狀.

67) 『中宗實錄」 13년 3월 12일(신해) : “御夕講 侍講官申光漢曰 頃者趙光祖所啓 薦擧取人事 館中僉議之事也 各別薦擧倣漢賢良孝廉科爲之可也”; 同 3월 13일(壬子) : “御朝講 上曰 薦擧取人事 已問于大臣 今之所當汲汲者 在於求賢而已 薦擧策取於予深以爲好”; 『黎室記述』 中宗朝故事本末 己卯禍源條.

68) 朴昌鎭, 『조선 중종대 권력 구조 연구』(경북대학교 박사학위논문, 1996), p. 182.

69) 『中宗實錄』 15년 1월 4일(계사).

이러한 사림의 문제에 관하여 비교적 정확한 인식은 아마도 50년의 세월이 흐른 뒤 특진관特進官 김개金鎧가 조강에서 왕에게 아뢴 다음과 같은 평가일 것이다. 그는 이렇게 말하고 있다.

> 기묘년의 일에 대해서 소신은 조광조의 학문과 마음 씀이 진정 범연泛然한 것이 아니었다고 생각합니다. 다만 그는 사람을 지나치게 믿어 말만 능란하게 하는 인물을 선인善人이라 하여 모두 끌어들여 진출시킴으로써 마침내 일이 벌어지게 하였습니다. …… 기묘년에도 사람이 역시 많았는데 어찌 모두 선인이었겠으며 선인 가운데서도 그릇 생각하여 실수한 무리가 어찌 없었겠습니까. 후세의 인물들이 기묘년의 사람을 잊지 못하는 것은 단지 그 대강大綱만은 옳았기 때문입니다.
>
> 다만 나이 젊은 사람들이 착하지 못한 무리를 지나치게 비난하니 어찌 한 사람이라도 자신이 착하지 못하다고 스스로 인정할 무리가 있겠습니까? 이로 말미암아 인심의 불화를 초래하였습니다. 대간이 대신의 실책을 논박하는 것은 옳으나, 가정에서 사의私議하게 되면 인심의 동요가 없지 않을 것이니 이는 해서는 안 될 일입니다. …… 또 기묘년의 조광조는 비록 순선純善한 사람이지만, 젊은 사람들이 일을 많이 그르치므로 조광조는 도리어 이를 우려했다고 합니다.[70)]

보는 이에 따라서는 김개의 평가가 조광조를 위해 변명한 것으로 들릴 수 있으나 그 행간을 탐독하면 조광조의 장단점을 이만큼 절실하게 읽은 인물도 흔치 않았다. 그는 조광조의 진심을 의심하지는 않았지만, 조광조가 인물을 모질게 분별하였고, 어렸고, 감정적이었음을 지적하고 있다. 이런 점에서 본다면 현량과에 대한 조광조의 조치는 좋은 의도에서 나온 나쁜 결과라고 평가할 수 있다.

조광조의 이상주의가 가장 격렬하게 나타난 것은 중종반정의 공신들에게 준 위훈僞勳을 삭탈하려는 처사였다. 평소 훈구파에 호의적이지 않았던 그가 진사 회시會試(1510)와 알성시에 장원급제(1515)하고 조정의 각광을 받으며 33세의 젊은 나이에 정원政院에 발탁되어 언로言路를 통한 개혁을 추진했을 때 이미 폭풍은 잠재되어 있었다. 반정 이후의 정가에서 그는 자신이 국가의 기강을 바로잡아야 한다는 소명감에 사로잡혀 있었다. 그의 말을 빌리면 다음과 같다.

> 폐조 연산군 때 종사가 거의 쇠망했는데 반정을 한 뒤에도 오히려 그렇게 해 오

70) 『宣祖實錄』 2년 6월 9일(신사).

고 있어 (중종이) 즉위한 지 이미 오래이나 선치의 공들인 보람을 보지 못하고 재변의 나타남이 어느 해에도 없는 때가 없고 선비의 뜻과 행실이 날로 무너져 조정에서 또한 일컬을 만한 일이 없으니, 이제 만약 선비의 풍기를 바르게 하지 않고 옛 습관을 고치지 않으면 인심이 어느 때 변할 수 있으며 지치至治를 어느 때 볼 수 있겠습니까?[71]

조광조가 보기에 연산군 시대가 어지러웠던 것은 환시宦侍가 난리를 어지럽힌 것이 아니요, 대신이 부정하여 폐주 연산군이 나라를 쇠망하게 했다는 것이다.[72] 그는 반정에 공을 세운 대신들이 개혁의 걸림돌이라 생각했고, 이들을 축출하는 것이 급선무라고 생각했다. "시국이 비록 선치를 베풀고자 할지라도 소인이 방해하면 능히 화합하지 못한다."[73]

조광조는 아마도 초급焦急했을 것이다. 그는 공자孔子의 말을 빌려 "3년이면 나도 묵은 폐단을 척결할 수 있다."고 공언했다. 격변기의 격앙된 정서를 감안하더라도 그들의 몰아침은 주군을 분노하게 했고 당시의 정서를 지나치게 앞지르고 있었다. 그는 아마도 사림이 조정을 장악한 현실에 고무받았을 수도 있다.

사건의 도화선은 반정 이후 공신들이 논공행상을 하는 과정에서 반정을 거절했던 신수근愼守勤을 탄핵하고 그의 딸을 역신의 딸이라 하여 중종의 왕비였던 단경왕후端敬王后 신 씨를 폐위시킨 사건으로부터 발단되었다. 조광조가 보기에 반정의 이름으로 금상今上의 왕비를 폐위한 것은 역신의 짓이었고 방자한 처사였다. 조광조는 이를 논죄함으로써 반정 공신들을 퇴출하고자 했다. 그는 사림들을 시켜 훈구파의 탄핵을 시작했는데, 그 글에 이르기를,

아, 이것(신 씨의 폐위)이 어찌 홀로 전하만의 허물이겠습니까? 당초에 권세를 끼고 세도를 부리던 신하의 죄는 죽어도 그 죄가 남습니다. 저 박원종朴元宗 등도 명분의 크기가 하늘과 땅처럼 분명하여 범접할 수 없다는 것을 어찌 몰랐겠습니까? 오직 그 자신만을 보전하려는 간교한 계교가 뛰어났기 때문에, 교만하고 거리낌이

---

71) 『靜庵集』 經筵陳啓 侍讀官時啓(2) : "廢朝之時 宗社已之危亡 而反正之後 尙且因 循卽位已久 不見治效 而災變之作無歲 無之士習日頹 朝廷之上 亦無可稱之事 今若不正士風 不革舊習 則人心何時而可變 至治何時而得見乎"

72) 『靜庵集』(3) 經筵陳啓 參贊官 때의 啓(2) : "廢朝時則非宦侍煽亂也 大臣險詖 使廢主幾於亡國"

73) 『靜庵集』(3) 經筵陳啓 試讀官 때의 啓(15) : "時雖向治 而小人非毁 則朝廷不能化洽焉"

없이, 아직 질서가 잡히지 않고 위태로운 때를 타, 전하께서 자기들의 소행을 감히 이기지 못할 것이라 하여, 군부를 억누르기를 마치 다리 사이와 손바닥 위에 놓고 희롱하듯 하고, 국모를 내쳐 쫓기를 병아리 팽개치듯 하였습니다.

저들이 이런 일을 하였거늘 무슨 일인들 차마 못 하겠습니까? 그 마음을 미루어 보면 비록 동탁董卓과 조조曹操의 소행을 왜 꺼리겠습니까? 사람의 신하는 난역亂逆하지 않아야 하며 난역하면 반드시 베는 것이 『춘추』의 의리이니, 이는 정히 이런 무리를 다스리고자 설정한 것입니다. …… 이는 자신만을 아끼고 임금은 무시한 것에 지나지 않습니다.[74]

아마도 조광조가 생각하기에 "소인은 마땅히 기미가 보일 때 통절히 응징하여 물리쳐야 했다"[75] 그는 대사헌의 직함으로도 모자라 합사合辭의 형태로 왕을 압박했다. 그가 위훈 삭탈을 주장하는 논리는 다음과 같다.

정국공신은 세월이 오래 지나기는 하였으나, 이 공신에 참여한 인물 가운데는 폐주의 총신寵臣이 많은데, 그 죄를 논하자면 워낙 용서되지 않는 것입니다. 폐주의 총신이라도 반정 때 공이 있었다면 기록되어야 하겠으나, 이들은 그다지 공도 없음에이리까! 대체로 헤아려 보건대 공신을 중히 여기면 공을 탐내고 이익을 탐내어 임금을 죽이고 나라를 빼앗는 일이 다 여기서 말미암으니, 임금이 나라를 잘 다스려지게 하려면 먼저 이利의 근원을 막아야 합니다. (반정은) 성희안成希顔 …… 유자광柳子光 등 …… 전혀 소인이 모의에 참여하여 만든 일입니다. 지금 상하가 잘 다스려지기를 바라는 때, 이익을 앞세워 이 일을 개정하지 않는다면 국가를 유지할 수 없을까 걱정스럽습니다.[76]

조광조의 논리에는 중종반정의 정통성에 대한 의구심마저 담고 있어 왕으로서도 불쾌한 일이었고, 그만큼 위험한 일이었다. 그러나 조광조는 집요하여 물러서지 않았다. 그는 이렇게 말했다.

성희안이 비록 대공이 있을지라도 학식이 없고 박원종은 또한 배우지 못한 사람인데, 성희안이 유자광과 더불어 서로 알므로 여러 큰 일을 여러 간사한 무리에

74) 『中宗實錄』 10년 8월 8일(임술).
75) 『中宗實錄』 13년 5월 18일(丙辰) : "小人當於幾微 痛懲斥逐宜矣"
76) 『中宗實錄』 14년 10월 25일(을유).

게 위임하였으니 식견이 적다."[77)]

이 일을 논의하고자 왕이 사헌부와 사간원의 장관을 불러 입대하게 하니, 조광조·이성동李成童이 들어와 공신에 관한 일을 극진히 논의하여 반복했으나 받아들여지지 않았다. 그들은 자정[三鼓]이 넘도록 간언하며 물러서지 않았다.[78)]

왕과 조광조의 갈등은 대소待訴, 논쟁, 사직소, 거절 등 수없는 다툼으로 이어졌으나 왕은 견디지 못하고 삭탈 논의가 시작된 지 4년이 지난 재위 14년(1519), 기묘 11월 11일에 드디어 정국공신의 공훈을 삭탈하도록 전지傳旨하니 그 내용은 다음과 같다.

> 예전부터 임금이 대위大位에 오를 때에는 크게 보좌하는 신하가 있어 천명을 도와 공훈을 세운다. 그래서 공로를 보상하되 오직 함부로 베풀지 않고 지나치게 받지 아니하여, 위에서는 법대로 이행하고 아래에서는 감히 분수에 넘치게 바라지 않아야 인양仁讓의 도리가 통달하고 공리功利의 풍습이 구원할 것이다. 전에 어려운 시국을 만나 종묘가 위태로웠으나, 덕이 없는 나로서는 감히 스스로 구제하지 못하는데, 우리 두세 충신이 힘을 합쳐 거사에 분주한 신하들과 능력을 발휘하여, 우리 사직을 붙들고 우리 백성을 건져 어려움을 널리 구제하고, 나를 후사後嗣로 추대하여 선왕의 유업을 잇게 하니, 내가 감히 그 공을 적다 할 수 없으므로 훈적勳籍에 기록하여 영구히 남기도록 명했다.
>
> 그러나 초창기에 일이 황급하여 원대한 계책에 어두웠으므로, 바르게 결단하지 못하고 녹공錄功을 분수에 넘치게 하여 우리 현저한 공신까지 흐리게 하였으니 이것이 어찌 거의 나라를 탐욕으로 향하는 길로 이끌어가는 것이 아니겠는가? 이 때문에 여론이 거세게 일어나 갈수록 울분이 더해 가니 또한 내가 어찌 감히 "함께 허물이 있다." 하지 않을 수 있겠는가?[79)]

이에 따라 이미 세상을 떠난 성희안이나 박원종 등의 공신을 제외하고 살아서 봉직하고 있는 81명의 위훈을 삭탈하였는데 2~3등에서 일부와 공신 전원이 치탈褫奪되었다.

조광조의 정치적 의도는 훈구파를 축출하고 그 자리에 사림 세력의 정계 진출

77) 『靜庵集』(3) 啓辭 兩司請改正靖國功臣啓(1)(己卯 11월).

78) 『中宗實錄』 14년 10월 29일(기축).

79) 『中宗實錄』 14년 11월 11일(신축).

을 꾀함으로써 권력을 재분배하는 데 있었다. 그가 나름대로 역사적 소명 의식을 지녔던 것도 사실이었다. 그러나 자신의 힘이 비축되지 않은 상태에서 조급하게 기득권 세력을 공격한 것은 그 동기가 아무리 훌륭했다 하더라도 그가 지혜롭지 못했음을 뜻한다.

왜냐하면 "세상은 다 썩었는데 나만은 깨끗하다."[擧世皆濁 我獨淸]는 굴원屈原식의 인식은 그 자신이 이미 특권 의식에 빠져 있음을 뜻하는 것이기 때문이다. 그는 기성旣成의 인물을 좋게 생각하지 않았다. 나이 많이 먹은 사람에게 죄가 더 많을 수는 있겠지만, 그들에게는 나름의 지혜와 미덕이 있음에도 조광조는 이를 인정하려 하지 않았다.

조광조는 자신이 재직했던 1515~1519년까지 4년 동안에 300차례의 상소를 올림으로써 주군을 분노하고 피곤케 했다. 그는 아마도 자신의 그와 같은 개혁을 춘추대의春秋大義라고 여겼을 것이다. 그러나 춘추필법에 따라 역사를 바로 쓰는 것은 역사가의 몫이지 정치인의 몫은 아니다. 훈척과 사림의 관계란 결국 현실realism과 이상idealism의 차이였다. 설령 조광조의 생각이 기본적으로 옳았다 하더라도 현실은 그의 급진적인 개혁에 대해 현기증을 느끼며 두려워했고, 그것이 끝내 반동으로 나타났다.

기득권자들을 공격하려면 담대함과 지략과 논리가 뒷받침되어야 한다. 그렇지 않고서 개혁가는 역사의 반동으로부터 살아남을 수 없다. 반동은 생명을 건 싸움으로 도전해 오기 때문이다. 위훈 삭탈의 문제는 바로 그러한 도전과 반동에 부딪혔다. 어떤 역사적 작위가 반동을 유발했고 그 반동이 역사의 퇴행을 가져왔다면 그 반동이 비난받는 것에 못지않게 반동을 유발한 무리도 비난을 받아야 한다.

뒷날 이수광李晬光이 이 대목을 두고 개탄한 것처럼, 산림山林만 고귀한 것이 아니라 조정과 시정市井도 고귀하다. 이른바 지인至人은 세속에 자취를 두며 숨는 데 마음을 둔다.[80] 결국 조광조를 비롯한 사림들은 훈구의 역풍을 견디지 못하고 곧 도륙을 당했다. 그 장면을 사초史草는 이렇게 기록했다.

> 사신은 논한다. 조광조의 학문은 김굉필에게서 나왔으며 외모가 단정하고 말이

---

80) 『芝峰集』(24) 采薪雜錄.

분명하며 풍채가 남들을 감동시키므로 사류가 사모하여 문하에 가득히 모여들었다. 김정金淨은 시詩에 능하다고 세상에 이름났으며 나이 34세 형조판서가 되어 향약을 시행하기에 힘썼다.

김식은 구재口才가 있으며 경전에 자세히 통하지는 못하나 성리설性理說에 능통하여 현량과에 으뜸으로 뽑혀 대사성이 되었으며 매양 경전을 통독하는 날이면 학자들이 명륜당明倫堂에 가득히 모여 종일 귀를 기울였는데 권태로운 기색이 없었다. 이 세 사람은 다 사림의 영수이고 닦고 갈아서 선한 일을 한 것도 많으니 그 과격한 것을 제재制裁하여 그 덕기德器를 성취하였더라면 인재가 풍성하게 되는 것을 날을 꼽아 기대할 수 있었을 것이다.

그런데 점점 신조新條를 세워 구신舊臣을 많이 배척하였으므로 기뻐하지 않는 무리가 많아 음모하고 함정을 파게 되었다. 처음에는 뽑아 써 신임하였으나 마침내 그 붕당이 성행하고 권세가 중한 것으로 의심하여 밀모密謀해서 제거하기에 이르매 그 화가 당고黨錮보다 참혹하였으니 안타깝다. ……

어떤 사람이 방유령方有寧에게 조광조에 관해 묻기를 "조광조는 어떤 사람인가?" 하니, 답하기를 "조광조는 선인善人이니 그 일생에 어찌 악한 일을 하였으랴마는 그 병폐는 "홀로 마음대로 처리함"[自專]에서 생겼다." 했다. 관작을 제수하면서도 다 그 무리가 따르고 존경함에서 나왔으니 임금일지라도 관작을 제수할 때는 유사有司와 같이해야 하고 반드시 자전하려 하면 오래 갈 수 없는 것인데 하물며 신하이겠는가![81]

조광조가 평소에 말하기를, "일을 수행하는 데 급박해서는 안 된다. 마땅히 점진적이어야 한다."[82]고 했다. 그럼에도 그가 그토록 초급했던 것은 기이하다. 뒷날 퇴계가 탄식한 것처럼, 조광조는 자신의 그와 같은 서두름이 성사되지 않으리라는 것을 알고 있었을 것이다. 그가 자신의 급진을 후회하고 되돌아보았을 때는 이미 돌아갈 길이 없었다.[83]

퇴계와 율곡이 함께 탄식하는 것은 조광조가 "너무 젊은 나이에 너무 높이 올라갔다."[84]는 점이었다. 이른바 소년등과少年登科가 그를 재앙으로 몰고 갔다. 그는 겸손하고 진퇴에 신중했어야 한다. 율곡의 경우에는 특히 조광조의 무리가

---

81) 『中宗實錄』 14년 11월 18일(무신).

82) 『經筵日記』(1) 明宗 22년 10월.

83) 『星湖僿說』(9) 人事門 靜庵聽松.

84) 『退溪先生文集』(48) 行狀 靜庵趙先生行狀; 『鶴峰續集』(5) 雜著 退溪先生言行錄; 『栗谷集』 雜著 東湖問答 論我朝古道不復; 『經筵日記』(1) 宣祖 즉위년 10월.

가지고 있었던 공명심을 탓하고 있다.[85] 그를 높이 평가하든 아니면 낮게 평가하든, 그의 사상과 행적은 후대에 많은 교훈과 회오悔悟를 주고 있는 것은 사실이다.

5. 벽사론辟邪論

지치주의를 논의하며 마지막으로 거론해야 할 문제는 벽사辟邪(미신 타파)의 문제이다. 유교에서 벽사가 차지하고 있는 위상을 고려한다면 이는 그리 중요한 주제가 아니다. 그럼에도 이 문제를 피해갈 수 없는 까닭은, 이 문제가 지치주의자들이 안고 있던 유교적 근본주의를 읽을 수 있는 창이기 때문이다.

정치적 근본주의는 이념의 경직화 과정을 뜻한다. 맹목과 배타성으로 무장된 이데올로기는 무섭다. 타협·화해·용서·공존은 그들에게 존재하지 않는다. 이러한 교조적 이데올로기가 얼마나 위험한 것인가를 보여주는 것이 곧 지치주의자인 조광조의 벽사론이다.

"삿邪된 것을 물리쳐야 한다."는 이른바 벽사의 논리는 이미 공자孔子께서 경계한 바 있다. 삿된 것이라 함은 죽음이나 신과 같은 초월적 문제에 관하여 비과학성을 보이는 미신의 문제를 일컫는다. 공자의 가르침은 이러하다.

> 번지樊遲가 앎[지식]에 대하여 묻자 공자께서 이렇게 말씀하셨다.
> "백성이 의로움으로 향하도록 힘쓰고, 귀신을 공경하되 그에 매달리지 않으면 가히 안다고 할 수 있다"[86]

공자께서는 괴이한 것과 힘으로 해결하려는 것과 어지러운 것과 귀신에 관하여 말하지 않았다.[87]

> 계로季路가 귀신 섬기는 문제에 관하여 묻자 공자께서 이렇게 말씀하셨다.

---

85) 『栗谷全書』(15) 雜著 東湖問答 論我朝古道不復.
86) 『論語』 雍也 : "樊遲問知 子曰 務民之義 敬鬼神而遠之 可謂知矣"
87) 『論語』 述而 : "不語怪力亂神"

"사람 섬기는 일도 능하지 못한데 어찌 귀신 섬기는 일에 능하랴?"
계로가 다시 여쭈었다.
"감히 죽음에 대하여 여쭙습니다."
공자가 다시 이렇게 말씀하셨다.
"살아 있는 것이 무엇인지도 모르는데 어찌 죽음을 알겠느냐?"[88]

지치주의자들은 죽음과 귀신의 문제에 관한 한 공자의 이 명제로부터 조금도 물러설 뜻이 없었다. 그들은 인습 타파iconoclasm라는 이름으로 교조적 해석에 몰두했다. 이러한 문제가 특히 조광조 시대에 더욱 심했던 것도 눈여겨볼 일이다. 이를테면 당시 홍문관 부제학 유세린柳世麟의 다음과 같은 상소를 들어볼 필요가 있다.

이제 바야흐로 나라의 형세가 당당하다고는 하나, 병폐의 근원이 되는 조짐이 이미 여러 가지 일 사이에 나타나고 있습니다. 그 실마리는 두려워할 만한 꼬투리를 나타내는 것이 거의 없으나, 구습에 따라 상례로 여기고 오래도록 고치지 않아 폐단의 근원이 더욱 깊어집니다. 신들이 스스로 이를 통탄하거니와 조목으로 들어서 아뢰겠습니다. ……

다섯째는 음사淫祀(미신을 섬기는 사당)를 없애는 것입니다. 수壽와 복福은 하늘에 달려 있으므로 부처에게 바라서 얻을 수 없으며, 재앙과 탓이 나에게 있으므로 무당을 섬겨서 벗어날 수 없는 것입니다. 바른 것을 지켜 어기지 않고 내 큰 도리를 이행하는 것은 필부匹夫도 그러한데, 더구나 임금이겠습니까?[89]

이 시대의 음사 논쟁의 중심에 서 있던 것은 이른바 소격서昭格署의 문제였다. 한국인은 전통적으로 도교道敎의 수련을 알게 모르게 많이 익혀왔다. 한국의 도교는 노장老莊 철학에 음양오행설과 신선사상을 가미하여 불로장수를 추구하고 부주符呪·기도祈禱 등을 시행하는 것으로서 숭배의 대상이 되는 별은 북두칠성이었다. 이 별을 숭모하는 것은 불멸과 장생에 대한 염원 때문이었다. 통속적으로 소격서는 왕실의 무병장수를 비는 일이 더 소중했다.

---

88) 『論語』 先進 : "季路問事鬼神 子曰 未能事人 焉能事鬼 曰敢問死 曰未知生 焉知死 季路問 曰敢問死 曰未知生 焉知死"

89) 『中宗實錄』 32년 1월 23일(계묘) : 국가 기강을 문란하게 하는 舊習.

소격서는 『경국대전』에 명시된 국가 기관이었다. 그곳은 삼청성신三淸星辰에 대한 초제醮祭를 맡으며, 제조提調 한 명, 별제別提 두 명으로 하며, 영令과 별제는 모두 문관文官을 쓰도록 되어 있다. 초제라 함은 야간에 성신星辰 밑에서 초포병이醮脯餠餌(건어물과 떡)의 폐물幣物을 차려놓고 천황태일天皇太一 또는 오성열수五星列宿에 제사하되, 청사靑詞라고 일컫는 제문을 꾸며 의식에 따라 옥황상제에 아뢰는 제례를 말한다.

초제는 가뭄이나 홍수 등 재난을 당하였을 때 재난을 막고, 별자리의 변화에 따른 진병鎭兵·위병爲兵 등의 군사적 행사, 그리고 왕실의 질병에 따른 치유를 기도하는 등의 일을 맡는 부서였다.[90]

소격서의 과도한 제례 행위는 이미 고려시대부터 논란의 대상이 되어 오던 터라 태조 대에 이를 간소화하는 문제가 제기되었다.[91] 이에 따라 세조 12년(1467)에 관서를 개칭할 때 소격전昭格殿을 소격서로 바꾸어 부르고 정5품의 서령署令 하나를 두어 그 규모를 축소했다.[92] 규모가 줄었다고는 하지만 소격서에는 도교에 밝은 도학道學 10인을 두고,[93] 도류道流는 15인을 두되 4품品이 되면 그 직책을 떠나게 되어 있었다.[94]

전통적으로 도교를 이단시하던 유생답게[95] 조광조도 소격서의 제례 행위에 심한 거부감을 가지고 있었다. 아마도 조광조의 글로 여겨지는 다음과 같은 대간臺諫의 상소는 소격서에 대한 유생의 입장이 어떤 것인가를 잘 보여주고 있다.

> "소격서는 좌도左道(이단) 가운데에도 아주 심한 것이라 마땅히 혁파해야 할 것입니다. 요즈음 듣건대, 초야에 있는 사람의 말을 가지고 대신들을 불러 물어보니, 대신이 모두 아뢰기를 "그것은 마땅히 혁파해야 한다."고 했다 합니다. 그런데도 상께서는 혼자서 안 된다고 고집하시니, 조정의 여론은 모두가 편치 않게 여기고 있습니다.
>
> 그뿐만 아니라 이것은 황로黃老(도가)의 술법에서 나온 것인데, 당초에는 하늘에

90) 『經國大典』 吏典 京官職 종5품 衙門 昭格署.
91) 『太祖實錄』 1년 11월 1일(戊寅).
92) 『世祖實錄』 12년 1월 15일(무오).
93) 『經國大典』 禮典 生徒.
94) 『經國大典』 吏典 雜織 昭格署.
95) 『中宗實錄』 13년 7월 27일 司憲府와 司諫院의 合司 上疏 : "夫道敎 異端之一耳"

빌어 수명을 늘리고자 하는 것이었습니다. 그러나 양한兩漢[전한·후한] 이전에는 단지 심신을 닦아서 재앙을 물리치는 법만 있었지, 이런 종류의 일은 사실 있지 않았습니다. 그러다가 당唐나라 때에 와서 초제가 시작되었는데, 현종玄宗은 그것을 지나치게 좋아하다가 결국은 화란禍亂을 입고 말았습니다.

송 휘종宋徽宗도 그것을 너무 돈독하게 숭상하고 받들다가 화가 또한 이를 데 없이 컸었습니다. 이로 본다면, 그것은 수명을 연장할 수도 없을 뿐더러 목숨만 더욱 재촉할 것입니다. 삼대 이전에는 이러한 좌도가 있지 않았어도 오래 살았는데, 쇠망해 가는 세상의 임금은 안으로 먼저 심신을 닦지 않고 밖으로 좌도를 받들어서 장수하기를 빌고 있으니, 이런 일은 없어야 할 것입니다. 속히 혁파하소서."

왕이 모두 윤허하지 않았다.[96]

소격서의 혁파에 대한 조광조와 사림의 의지는 집요했다. 소격서 혁파에 대하여 하루에 여섯 차례 진언하는 경우도 있었다.[97] 이런 날에는 소격서를 혁파하기를 요청하는 상언을 아침 해 뜰 무렵부터 해 질 무렵까지 하고 또 밤이 지나도록 논계論啓하여 새벽 닭이 우는데 이르러도 그치지 않았다.[98] 이는 조광조의 처신이 지나쳤음을 뜻한다. 신하가 임금에게 간언하는 예의에 관하여 『예기』에는 이렇게 씌어 있다.

신하된 무리의 사례로 말하자면 앞에 나서 간언하지 않는다. 굳이 간언해야 할 경우에 세 번을 간언해도 듣지 않으면 물러나라. 자식이 부모를 섬기며 세 번 간언해도 듣지 않으면 울며 따라가야 한다.[99]

조광조 같은 식자가 이 가르침을 몰랐을 리 없다. 그럼에도 그는 간쟁을 멈추지 않았다. "소격서의 일 같은 것이 개혁되지 않으면 어디에서 성상의 학문이 고명하며 성상의 마음이 정대한 것을 보겠나이까?"[100]라고 조광조는 왕을 압박했다. 그럼에도 왕은 움직이지 않았다. 이에 조광조 등이 거듭 아뢰었다.

---

96) 『中宗實錄』 13년 6월 21일(기축) 昭格署의 혁파를 대간이 아룀.

97) 『中宗實錄』 13년 8월 30일(정유).

98) 현상윤, 『조선유학사』, p. 85.

99) 『禮記』 曲禮(下) : "爲人臣之禮 不顯諫 三諫而不聽 則逃之 子之事親也 三諫而不聽 則號泣而隨之"

100) 『靜庵集』(4) 經筵陳啓 다시 副提學을 除授했을 때의 啓(1).

> 가령 세종·성종께서 대성大聖이라 하더라도 이 소격서를 혁파하지 않으신 것은 큰 잘못입니다. 지금 만약 세종·성종께서 혁파하지 않으신 것이라 하여 끝내 혁파하지 못하시면, 뒤를 잇는 자손도 반드시 성상을 핑계하여 말할 것이니, 유행하는 폐단이 오늘날보다 더 심할 것입니다.[101]

"세종도 잘못한 점이 있다."는 조광조의 말은 매우 이례적이었다. 지친 왕은 결국 소격서의 혁파를 허락했다.[102] 그러나 뒷날 사림의 숙청과 함께 소격서는 다시 부활하였으니 이를 가리켜 역사의 반동이라 할 수 있다. 결과적으로 조광조의 무리는 그들이 기도하였던 소격서의 혁파에도 실패하고 그 여진餘震 속에서 죽음을 맞았다는 점에서 그러했다.

조광조를 평가하며 그의 진심을 의심하는 역사적 시각은 없다. 그럼에도 그의 도학적 개혁은 실패한 것으로 평가되고 있다. 그는 현실을 직시하지 않은 이상주의자였다는 데 문제가 있다. 개혁은 개혁가의 의지와 시혜의 상승 작용에 따라 이루어지는 것이지 이상만으로 실현되는 것은 아니다. 그는 주자학의 명리에 지나칠 정도로 집착했다.

중종 원년(1506)부터 기묘사화(1519)까지의 14년 동안에 소격서에 대한 제안(상소·차자·복합)이 265회였다는 사실은 당시 사림들이 이 문제를 둘러싸고 얼마나 집착했는지 잘 보여준다.[103] 그 선악을 떠나 전통과 구습을 개혁하는 데는 시간을 필요함에도 조광조는 이를 고려하지 않았다. 그리고 그는 왕을 다그쳤다. 이는 이념이나 소신의 문제이기 이전에 삶의 지혜의 문제이다. 이 대목은 유교적 근본주의가 얼마나 무서우며, 일을 그르치기 쉬운가를 잘 보여주는 대목이기도 하다.

6. 결론

이 장의 결론은 다음과 같다.

---

101) 『中宗實錄』 13년 8월 28일(을미).
102) 『中宗實錄』 13년 9월 5일(임인).
103) 朴昌鎭, 『조선 중종대 권력 구조 연구』, pp. 90, 147.

[1] 조광조의 개혁사상이나 개혁운동이 역사에 주는 교훈은 그 본질에 있는 것이 아니라 그 방법에 있었다. 그들의 개혁은 죽음과 반동을 각오할 만큼 그토록 절박한 것은 아니었다. 개혁 작업의 진행 과정에서 조광조는 살아남는 지혜를 갖추지 못했다. 대신은 대신이 고집할 만한 가치를 위해 죽어야지 사졸처럼 죽는 것은 지혜로운 최후가 아니다.

목숨을 걸만한 가치가 없는 곳에 목숨을 거는 것은 어리석은 일이다. 개혁은 어차피 적을 만들 수밖에 없다. 그리고 그것은 이상만으로 이루어지는 것은 아니다. 그는 그에 걸맞은 경륜을 갖추지 못하여 37세의 젊은 나이에 꿈도 이루어 보지 못하고 사약을 마셔야 하는 비극을 맞을 수밖에 없었다.

조광조가 미관말직을 시작한 1515년부터의 입사入仕를 제외한다면, 조정에서 수찬을 거쳐 호조·예조의 정랑을 시작한 1517년부터 대사헌이 되어 당년에 죽은 1519년까지 그가 집권한 기간은 3년을 넘기지 못했다. 그가 위훈 삭제를 실현한 날(1519년 11월 11일)로부터 4일이 지나(1519년 11월 15일) 기묘사화가 일어났고 이를 통해 95명이 화를 입었다. 이 사실은 결국 그가 나흘 앞을 내다보지 못했음을 뜻한다. 개혁가에게는 절의節義와 죽음만이 최고의 가치요 미덕일 수는 없다.

[2] "도가 이뤄지지 않으면 숨는다."[無道則隱]는 명분에 사림들이 충실했을는지는 모르지만, 훈구라고 해서 "도가 이뤄져서 세상에 나온 것"[有道則見][104]은 아니었다. 그러므로 사림과 훈구의 갈등에서 오로지 사림이 옳고 훈구는 퇴행이었다는 논리가 성립되는 것은 아니다. 성삼문成三問과 신숙주申叔舟가 그러했듯이, 그들은 각기 자신의 길을 갔을 뿐이다.

"조광조가 추진한 개혁이 그의 죽음과 함께 실종된 까닭은 단순히 개혁의 이상주의적 급진성 또는 비현실성 때문이었다기보다는 권력에 대한 도덕적 교정을 용납하지 못하는 왕권이라는 구조적 장벽 때문이었다."[105]는 논리가 부분적으로 옳을 수는 있지만, 그것만으로 조광조의 개혁이 정당성을 얻는 것은 아니다.

[3] 개혁은 의지만으로 이루어질 수는 없는 것이며 거기에는 강고한 간접 시설 infra-structure이 필요하다. 어떤 지배의 안정은 정예를 뒷받침하는 전망의 강도에 따라 변한다.[106] 역사에 명멸했던 수많은 혁명가는 그러한 간접 시설을 갖추지

---

104) 『論語』 泰伯.

105) 최연식, 「사림의 지치주의 정치사상」, 『한국정치사상사』(서울 : 백산서당, 2005), p. 301.

못했기 때문에 그가 이끌던 혁명의 소용돌이 속에서 사라졌다. 그리고 그 후대는 엄청난 반동의 시대를 거치며 더 많은 아픔을 겪게 된다. 이럴 경우에 그의 죽음이 책임을 면제시켜 주는 것은 아니다.

그런 점에서 우리는 조광조의 죽음에서 자코뱅Jacobin의 열정에 사로잡혔던 로베스피에르Maximilien F. de Robespierre의 흔적을 엿보게 된다. 충직했고, 청렴결백했고, 자신을 포함하여 누구의 잘못도 용서하지 않았고, 질주했고, 젊은 나이에 비운의 죽음을 맞이했다는 점에서 두 사람에게는 공통점이 많다. 혁명가에게 죽음이 욕되는 것은 아니지만, 꿈을 이루지도 못한 채 죽지 않아도 좋을 자리에서 죽는 것이 칭송받을 일은 아니다.

[4] 정치에서 유아론唯我論(solipsism)은 늘 위험하다. 조광조의 유교적 근본주의는 타협과 관용을 거부한 채 질주함으로써 개혁보다는 역사의 반동과 유혈을 낳았다. 그런 점에서 그의 처사는 지혜롭지 않았다. 역풍을 고려하지 않는 개혁은 무모하여 일신을 망치고 그들이 그토록 추구하고자 했던 개혁마저 좌절시킨다.

106) H. D. Lasswell & Abraham Kaplan, *Power and Society : A Framework for Political Inquiry* (London : Routledge & Kegan Paul Ltd., 1952), p. 261.

제19장

향약鄕約과 향속鄕俗

향약/ 두레/ 품앗이/ 부락제

"나이가 말을 하고,
연륜이 지혜를 가르친다."
—『구약성경』「욥기」 32 : 7

"신이 듣건대
향약을 시행하는 곳에는 사송詞訟도 줄고
풍속도 점차 아름다워진다고 합니다."[1]
—신용개申用漑

"정분이 두터우면 주위가 다 형제이고
우애가 일그러지면
동기간도 남과 다를 바 없으니
정情과 의誼 두 글자는
그 뜻이 참으로 소중한 것이다."[2]
—「건봉사乾鳳寺 금강갑계金剛甲契 취지서」

1. 서론

인간에게는 각기 다른 삶의 모습life-style이 있다. 그것이 오랜 세월에 걸쳐 구성원들 사이에 무리 없이 받아들여졌을 때 우리는 그것을 관습custom이라 부른

1) 『中宗實錄』 14년 4월 5일(戊辰).
2) 이영선, 『금강산건봉사사적』(서울 : 동산법문, 2003), pp. 312~314.

다. 관습이란 처음부터 어떤 지향된 목적을 가지고 추구된 가치 규범이 아니라 세월의 흐름 속에 자연스럽게 숙성된 삶의 규범이다.

관습은, 노신魯迅이 『귀향』에서 말했듯이, 길이 먼저 있어서 사람이 다닌 것이 아니라 사람이 지나다녀 길이 생긴 이치와 같다. 관습이란 결국 공통된 이해 관계를 지닌 무리가 오랜 시간에 걸쳐 자율적으로 동의하고 응집하면서 공간적으로 형성된 아름다운 삶의 규범이라고 말할 수 있다.(Customs can ultimately be described as beautiful norms of life formed over a long period of time through the voluntary consensus and cohesion of a group sharing common interests, within a particular sphere.)

고전적 의미로 본다면 인간이 세상에 눈뜨는 계기는 세 가지가 있는데, 부모의 교육, 스승의 교육, 사회 교육이 그것이다.[3] 이 세 가지 경로를 통하여 받은 교육이 늘 일치하는 것은 아니지만, 시간이 흐름에 따라 서로 융화되고 모난 것이 깎임으로써 하나의 공통분모다운 모습을 갖추게 된다.

이렇게 형성된 규범은 불문법이 되는 경우가 많지만 가끔은 성문법의 형태를 띠는 경우도 있다. 이를 관습법 또는 향속鄕俗이라고 부른다. 이들은 실정법과 긴장 관계를 유지하면서도 되도록이면 충돌을 피하며 그 사회의 초법적 영향력을 행사하게 된다.

관습법의 유래는 매우 오랜 역사를 가지고 있다. 이미 플라톤Platon의 시대에 관습법의 문제는 지배자의 중요한 관심사가 되었다. 그 내용은 대체로 다음과 같은 것들이다.

> 플라톤 : 결국 어린이들이 법에 정한 바에 따라 옳은 유희를 하게 되고 음악을 통해 법을 지키는 정신을 받아들이면 마침내는 올바른 어른으로 성장하게 되겠지. …… 그렇게 되면 그때까지는 아주 사소한 문제로 생각되었던 풍습의 작은 잘못 같은 것도 발견할 수 있게 되겠지.
>
> 아데이만토스Adeimantus : 구체적으로 어떤 것을 말씀하시는지요?
>
> 플라톤 : 나이 많은 사람 앞에서 나이 적은 사람이 말을 함부로 하지 않는다든가, 나이 많은 사람한테 자리를 양보한다든가, 혹은 일어날 때 도와주는 일 등이

---

3) Baron de Montesquieu, *The Spirit of the Laws*(New York : Hafner Publishing Co., 1949), Vol. I, Book IV, § 4.

지. 그 밖에도 부모를 받들고 모시는 일, 또는 머리를 손질하며 옷을 단정하게 입는 일, 혹은 구두를 신는 일 등, 일반적인 몸가짐의 종류를 말하네.

…… 그런데 이런 등등의 일을 법률로써 규정한다는 건 어리석은 일이지. 그런 것은 법으로 규정할 성질의 것들이 아니기 때문이네. 쉽게 설명해서, 이런 일들은 글자나 문장으로 입법화함으로써 생겨나는 것도 아니며 유지될 수도 없는 일이란 이야기이지.[4)]

플라톤이 생각했던 관습이란 삶의 미덕을 갖춘 생활 방식이었다. 애당초부터 거기에 강제가 있었던 것은 아니었고, 세월과 함께 형성된 아름다운 삶의 준칙을 발견한 인간은 통치권의 제약과는 별도로 자신들의 삶을 통제하며 살았다. 이렇게 형성된 관습법이 동양이라는 무대에서 모습을 드러낸 것이 곧 향약鄕約이다. 향약은 향촌 질서를 유지하고자 촌락 구성원들 사이에 맺은 계약이다.

향약의 발생 과정에서 관권의 개입 요소가 없었던 것은 아니지만 향약은 대체로 구성원들의 자발적 동의와 참여에 따라 이루어진 준準성문법적 규약이었다. 실정법이 미분화된 근대 사회에서 이러한 향촌 규약은 민법, 상법, 친족법, 그리고 부분적으로는 형법으로서의 구실을 하는 규범으로서 당시의 삶의 가치와 모습을 들여다보는 좋은 거울이 될 수 있을 것이다.

2. 향약의 역사와 전래

향약이 중국에서 최초로 형성된 것은 중국의 송宋나라 시대였다. 당시의 대신이었던 여대방呂大防(1027~1097)의 4형제가 향약을 지었는데, 주자朱子가 그 내용을 가감[增損]하여 후세에 전승했다. 여 씨 형제들이 이를 처음으로 만들 때의 의도는 향토의 풍속[鄕風]을 바로 세우는 것이었다.

덕스러운 것을 서로 권하고[德業相勸],
과실을 서로 나무라며[過失相規],
예속으로 서로 어울리고[禮俗相交],

---

4) Plato, *Republic*, Book 4, § 425.

환난을 서로 구제함[患難相恤][5]

무릇 향약을 같이 하는 무리는, 이 내용을 골격으로 하여 서로를 규제했다. 향약에는 이 밖에도 착한 일이 있으면 기록에 올리고, 과실이 있거나 규약을 위반한 무리 또한 이를 기록하여 세 번 어기면 벌을 주고, 뉘우치지 않는 무리는 추방한다는 내용을 담고 있었다. 사람은 남의 도덕적 비행을 적시하는 데 머뭇거린다는 점에서, 이와 같은 규제의 제도화는 악행을 징계하는 효과가 있었다.

주자가 더하고 뺀 『여씨향약』은 고려 말에 『주자대전』이 들어올 때 함께 들어온 것으로 보이지만 그 이전에 이미 고려 사회에는 향촌 사회를 다스리는 나름의 질서가 있었다. 그 대표적인 것이 사심관事審官 제도였다. 사심관은 정부의 공식 기구에 대하여 민간 차원에서 향속의 감사監事를 담당하던 향촌 조직이었다. 왕건王建은 즉위 18년인 935년에 신라가 멸망하고 경순왕敬順王이 항복하자 그를 경주의 사심관으로 임명했는데 이것이 그 제도의 시초였다.[6]

조선조에 들어오면 민간 자치는 좀더 구체적인 모습을 띠게 된다. 이를테면, 숭명사상崇明思想에 젖어 있던 조선의 태조太祖가 1398년(태조 7)에 주자의 정신에 따라 향헌鄕憲 41조를 제정한 바 있고,[7] 태종太宗 시대에 이르면 유향소留鄕所가 향촌 자치 기구로 자리 잡게 된다.

그런데 이 시기의 형편을 보면 주州·부府·군郡·현縣에 각각 수령이 있는데, 향원鄕愿 가운데 일을 좋아하는 무리가 유향소를 설치하고, 때 없이 무리 짓고 모여 수령을 헐뜯고, 사람을 올리고 내치고, 백성의 권리를 침해하고 핍박하는 것이 교활한 아전[猾吏]보다 심하여 이를 모두 혁파하자는 의견이 들끓었던 것으로 보아 그 영향력이 적지 않았다.[8]

조선조에서 유향소의 문제가 논쟁의 주제로 등장한 것은 성종成宗 시대였다. 이때는 왕조의 기틀이 잡히기 시작하고 지배층으로서 사대부의 형성이 완료된

---

5) 『宋史』 列傳 呂大防條 : "禮學子推呂氏嘗爲鄕約曰 凡同約者 德業相勸 過失相規 患難相恤 有善則書于籍 有過若違約者 亦書之 三犯而行罰 不改悛者絶之"; 『朱子增損 呂氏鄕約諺解』(서울 : 태학사, 1978 영인), *passim*; 『栗谷全書』(16) 雜著(3) 朱子增損呂氏鄕約文; 『牧民心書』(4) 禮典六條 敎民.

6) 이에 관한 자세한 논의는 이 책의 제11장 고려의 향정을 참고함.

7) 金龍德, 『鄕廳硏究』(서울 : 한국연구원, 1978), pp. 35~36 참조.

8) 『太宗實錄』 6년 6월 9일(丁卯).

싯점이었다. 따라서 이 시기에 향촌 세력의 발흥은 중앙정부가 보기에 바람직한 것이 아니었다. 그들이 보기에 향촌의 발달은 중앙의 권위에 대한 도전으로 여겨졌고, 지방 수령으로서도 유향소의 발호가 행정의 걸림돌이 되었다. 이 점이 유향소에 대한 견제가 시작된 계기였다.[9)]

유향소의 우두머리는 좌수座首였는데 그의 실질적인 임명권자는 방백·수령이었지만, 그가 그 자리를 유지할 수 있는지 아닌지는 전적으로 향리鄕里의 중론에 달려 있었다. 좌수가 임명된 지 한 달이 지나면 그동안의 행실을 보아 그대로 둘 만하면 두고, 그렇지 않으면 향중의 여망에 따라 바꾸도록 되어 있었다.[10)] 그는 수령의 행정에 대하여 호의적이지 않을 경우가 흔히 있었고, 그것이 관권에 대한 저항처럼 보일 때 그의 위치는 안정될 수가 없었다. 중앙정부와 수령 사이에 형성된 이와 같은 이해利害의 합치는 유향소가 몰락하는 일차적 계기가 되었다

유향소에 관하여 중앙 관료와 수령이 가지고 있는 합치된 견해와는 달리, 산림山林에 근거를 두고 있는 사림으로서는 향촌 세력에 관하여 견해를 달리했다. 그 논리의 앞에는 김종직金宗直이 서 있었다. 그는 왕에게 이렇게 진언하고 있다.

> 고려 태조는 여러 고을에 명령을 내려 공변되고 청렴한 선비를 뽑아 향리鄕吏의 불법을 규찰하게 하였으므로 간사한 아전이 저절로 없어져 그로써 5백 년 동안의 풍화風化를 유지했습니다. 우리 조정에서는 이시애李施愛의 난 이후부터 유향소가 혁파되자 간악한 아전들이 불의를 자행하여 건국한 지 1백 년도 못 되어 풍속이 쇠퇴해졌습니다. 열 집이 사는 마을에도 반드시 충신이 있다고 하는데, 한 고을이 아무리 작다 한들 어찌 한 고을에 착한 선비가 없겠습니까? 청컨대 다시 유향소를 설립하여 향풍鄕風을 규찰하게 하소서.[11)]

지방관을 여러 차례 지냈던 김종직이 유향소 부활의 필요성을 역설한 까닭은, 훈구파가 전횡하고 있는 권력 구조 속에서 재야 사림파의 정치적 기반을 마련하려는 의도에서였다. 김종직이 생각한 것은 유향소가 백성의 생활 안정을 위한

---

9) 『成宗實錄』 13년 1월 22일[辛卯].
10) 『牧民心書』(2) 吏典六條 用人.
11) 『成宗實錄』 15년 5월 7일(계사).

여론의 창구 기능을 하리라는 애민愛民의 바람 때문만은 아니었다. 사림의 진언에 따라 성종은 유향소를 되살리도록 지시했지만 훈구 세력의 저항도 만만치 않았다.[12] 이러한 과정을 거치며 김종직의 간절한 소망에도 성종 시대에는 유향소의 부활이 좌절되었다.[13]

조선조에서 향약이 공식적으로 보급되기 시작한 것은 중종中宗 시대였다. 이 무렵에 함양咸陽의 유생인 김인범金仁範이 두 번에 걸쳐 상소를 올려 『여씨향약』으로 백성을 교화시켜 풍속을 이루게 하기를 소청했다. 첫 번째 상소를 받은 중종은 다음과 같은 전교를 내렸다.

> 내가 함양 유생 김인범의 상소를 보건대 초야의 보잘것없는 사람으로 인심과 풍속이 날로 경박하게 되는 것을 탄식한 나머지 천박한 풍속을 바꾸어 당우의 치세[唐虞之治, 요순의 시대]를 회복하려는 것이니 그 뜻이 또한 가상하다. 근래 인심과 풍속이 달라진 것은 나 또한 걱정스러워 필경 어찌해야 할 것을 모르겠거니와, 그 까닭을 따져보건대 어찌 연유가 없겠는가?
>
> 내가 박덕한 몸으로 조종祖宗의 맥을 이어받은 지 12년이나 되건만 선정이 아래에 미친 바 없고 허물만 내 몸에 가득 쌓여서 백성의 원통함[民冤]이 사무쳐 재변災變이 거듭되니 박한 풍속을 고쳐 후한 풍속으로 돌리기가 참으로 어렵도다. 이는 비록 나의 교화가 밝지 못한 탓이기도 하지만, 대신은 보필하는 지위에 있으니 그 책임이 어찌 중차대하지 않겠는가? 본원本源이 확립되지 못하면 말류末流를 얻기 어려운 것이니 근본을 바로잡고 밝게 하는 일은 나와 경들이 다 함께 맡아야 할 책무이다. 어찌 크게 한번 혁신해서 만민의 모범이 될 것을 생각하지 않을 수 있겠는가?
>
> 경들은 (김인범의 상소를) 한낱 포의布衣의 오활迂闊(물정을 모름)한 말이라고만 여기지 말고 풍속을 바꿀 방도를 강론하여 상하가 서로 힘쓰도록 하라. 그리하여 인심과 풍속이 모두 후하고 질박한 데로 돌아가서 위로는 충후忠厚한 풍속이 있고 아래로는 탄식하는 소리가 없게 된다면 이 또한 아름답지 않겠는가?[14]

비답批答의 내용으로 볼 때, 중종은 향약의 실시에 대하여 매우 긍정적이었던 것으로 보인다. 그러나 그가 예조禮曹에 향약의 실시를 지시했을 때 예조가 이

12) 『成宗實錄』 13년 2월 2일(신축) : 左副承旨 成俊이 아룀.
13) 『成宗實錄』 15년 11월 12일(을미).
14) 『中宗實錄』 12년 6월 30일(갑술).

렇게 보고했다.

> "『소학』은 풍속을 바루는 책으로 이미 많이 인쇄하여 조정과 민간에 널리 반포하였습니다. 『여씨향약』은 곧 『소학』 가운데 한 가지 일이니 특별히 거행할 필요가 없습니다. 거행하지 마십시오." 했다. 그러나 정부의 계목啓目에 이르기를 "『여씨향약』이 비록 『소학』에 실려 있으나 만약 밝게 효유하여 특별히 거행하지 않으면 예사롭게 보아 겉치레가 되는 것이니 각 도의 감사監司로 하여금 향약을 널리 반포하게 하는 것이 어떠하겠습니까?" 하니 왕이 윤허했다.[15)]

정책 결정 과정에서 자치 의사를 존중하는 사림이 향약을 옹호하고 훈구가 이를 배척하는 사이에서 중종은 많이 머뭇거리며 우왕좌왕했음을 볼 수 있다. 그러나 이때를 전후하여 충청도에서는 이미 『여씨향약』이 많이 인쇄되어 보급되어 있었다. 이때의 사람들은 『소학』을 읽는 심정으로 향약을 읽었다. 이러한 현상은 향약이 당초부터 보수적 훈구 세력과 진보적 사림 사이에 첨예한 이해의 충돌을 보이고 있었음을 뜻한다.

이 무렵(1518) 김안국金安國이 경상관찰사로 재임하며 풍속의 교화에 뜻을 두어 모든 도내에 『여씨향약』을 시행할 것을 주창하며 수령들을 감독하며 책망했다. 그는 향약의 언해본諺解本을 만들어 보급했다.[16)] 이런 까닭으로 경상도 안에서는 비교적 일찍이 향약이 보급되어 향촌 세력의 성장에 기여하고 있었다. 이에 교만에 빠진 향인鄕人들이 아전을 매질하는 일이 흔히 벌어지자 이를 병폐로 여기는 사람이 많았으며, 서울과 다른 도에서도 또한 모방하여 시행하는 데가 많았다.[17)]

이러한 정황에서 조광조趙光祖가 향약 논쟁의 전면에 등장함으로써 문제가 더욱 복잡해졌다. 당초 조광조의 입장은 향약에 매우 호의적이었다. 그는 김종직의 주장에 귀를 기울였을 것이고, 향약을 통하여 사림의 기반이 확대되리라는 계산을 했을 수도 있다. 그는 왕에게 이렇게 아뢰었다.

---

15) 『中宗實錄』 12년 7월 27일(경자).

16) 『中宗實錄』 12년 7월 27일(경자).

17) 『中宗實錄』 14년 5월 19일(신해).

조강에 나아갔다. 참찬관 조광조가 아뢰었다.

“신이 듣건대 온양溫陽 사람이 향약을 잘 지킨다 합니다. 만약 향약을 잘 이행한다면 진실로 아름다운 일입니다.”

영사領事 정광필鄭光弼이 아뢰었다.

“향약이 좋기는 좋지만 모인 무리가 착한 일을 하지 않으면 수령의 권세가 도리어 약해질 것이니 살펴 경계해야 할 것입니다.”

이에 왕이 일렀다.

“아무리 아름다운 일이라도 실행이 없으면 옳지 않다. 모든 일은 이름에 따른 실지가 있어야 한다.”

조광조가 다시 아뢰었다.

“향약을 시행하는 고을에서는 양민을 강압하여 천인으로 만들고 관채官債의 납부를 막는 일을 전혀 보지 못하였습니다. 지난번에 김안국이 경상감사로 있을 적에 비로소 향약을 시행하게 하였는데 그때 지난날처럼 싸우는 일이 있었으나, 그것은 시초였기 때문입니다.”

집의執義 김희수金希壽가 아뢰었다.

“이렇게 하여 풍속이 이루어지게 되면 조정에서 형법을 쓰지 않더라도 다 교화될 것입니다.”

참찬관 유인숙柳仁淑이 아뢰었다.

“당장 효과를 보려 하면 이루지 못하게 되니 오래 기다리는 것이 좋습니다.”[18]

전후 문맥으로 볼 때 논의는 매우 분분했다. 그러나 중종은 이미 향약을 널리 실시하는 쪽으로 마음을 굳혀 가고 있었고, 그러기까지에는 김식金湜 또한 조광조의 입장을 거들었다. 드디어 중종은 관찰사가 앞장서서 향약을 권면할 것을 지시했다.[19]

“향약이 백성을 교화하기에는 제일이니 사람들이 모두 향당鄕黨 안에서 익히며 착하지 않은 일은 하지 않은 줄을 알게 된다면 교화에 도움됨이 어찌 크지 않겠는가? 힘써 하도록 함이 옳다.”[20]

이 과정에서 미묘한 일이 발생했다. 향약을 지지하던 조광조가 1년의 시차를

---

18) 『中宗實錄』 13년 9월 5일(임인).
19) 『中宗實錄』 14년 5월 19일(신해).
20) 『中宗實錄』 14년 7월 26일(丁巳).

두고 입장을 바꾸어 향약의 실시를 유보하도록 요청한 것이다. 그가 입장을 바꾼 변명은 이렇다.

> “향약의 본뜻은 그렇지 않은데, 지금의 향약은 대단히 촉박한 듯하니 왕도王道에 매우 어그러지는 일입니다. 그 까닭은 감사監司가 구박해서 향약을 행하게 하기 때문입니다. …… 치도治道는 급박해서는 안 되고 덕德으로 여유를 두고 백성을 교화시켜야 올바른 정치라고 말할 수 있습니다.”[21]

조광조는 관찰사의 강압을 걱정했던 것으로 보인다. 중종은 다시 흔들리기 시작했고, 조정의 논의는 유보하는 쪽으로 가닥이 잡혔다.[22]

이러한 우여곡절을 겪으며 향약이 제모습을 갖추기 시작한 것은 명종明宗시대에 들어오면서부터였다. 그리고 그 배후에는 이황李滉과 이이李珥가 깊이 개입되어 있있다. 퇴계는 명종 11년(1556)에 예안禮安향약을 제성하고, 율곡은 명종 15년(1560)에 파주坡州향약을 제정하였으며, 현존하는 최고의 향약인 영암靈巖의 구림대동계鳩林大同契가 명종 20년(1565)에 설립되었다.[23]

그 뒤 선조 4년(1571)에 율곡은 임지인 청주淸州에서 서원西原향약을 제정했다. 그렇다고 해서 이 기간에 향약이 전국적 수준에서 획일적으로 들어선 것은 아니었다. 그것은 향약 실시의 방침이 법령에 따른 획일적인 것이 아니라 교화의 책임을 맡고 있는 감사의 주도 아래 자율적으로 보급과 실시를 권장하는 형식을 취했기 때문이었다.[24]

향약이 사회 규범이자 제도로 정착한 것은 선조宣祖 시대였다. 그리고 그 앞에는 퇴계가 있었다. 향촌 사회보다는 사대부의 삶에 더 관심이 많았고, 백성보다는 지배 계급의 윤리에 더 많은 관심을 두었던 퇴계가 향약에 마음을 쓴 것은 기이한 일이기는 하지만, 그가 오랫동안 향리에 은거하며 향촌의 삶을 체험했다는 점에서 본다면 그리 이상할 것이 없다. 그렇다면 퇴계는 왜 향약에 관심을 두었을까? 그는 자신의 향약 운동의 동기를 이렇게 설명하고 있다.

---

21) 『中宗實錄』 14년 10월 10일(庚午).
22) 『中宗實錄』 15년 1월 4일(계사).
23) 『鳩林大同契誌』(영암 : 구림대동계, 2004), p. 22.
24) 김필동, 「조선 전기 향약의 보급과 그 사회적 의미」, 『조선 후기의 체제 위기와 사회 운동』(성남 : 한국정신문화연구원, 1989), p. 232.

시골은 왕의 교화가 멀어 좋아하고 미워하여 서로 치고, 강하고 약하여 서로 알력하며, 혹은 효제충신孝悌忠信의 도덕이 저지되어 시행하지를 못함에 예의를 버리며 염치를 버리기가 날로 심하여 점점 이적夷狄 금수禽獸에 돌아가게 되니, 아! 이것이 다 왕정의 큰 걱정이다. 그 규탄하고 바루는 책임이 이제는 향소에 돌아오니, 그 또한 중요하다. ……

고故 숭정지사崇政知事 농암聾巖[이현보李賢輔] 선생이 이러함을 근심하여 일찍이 약조를 세워서 풍속을 격려하고자 하되, 정중하여 여기에 미치지 못하더니 지금 지사知事의 여러 아들들이 방금 경내에서 거상居喪하고 내[滉] 역시 병으로 전원에 돌아와 있는데, 고을 어른들이 모두 우리 몇 사람이 속히 선생의 뜻을 이룩하라고 맡기고 책임 지움이 매우 지극하여 사양했으나 마지못하여 이에 서로 함께 의논하여, 그 대강만 들어서 이같이 하고, 다시 고을 사람에게 두루 보여 가부를 살핀 연후에 정돈되었으니 거의 영원하도록 시행하여도 폐가 없을 것이다.[25)]

퇴계는 향약이 왕화王化를 펼치고 타락한 향촌 질서를 바로잡을 도구라고 생각했다. 그는 향약을 통하여 향리의 예치를 바로 세움으로써 위로는 왕의 걱정을 덜고 아래로는 향리의 예의를 세우는 데 자신이 기여할 수 있으리라고 생각했다. 그 과정에서 겸손을 보인 것은 사실이지만 그가 이에 의욕과 소명감을 가졌던 것도 사실이다. 선조 시대에 이르면 이제 향약의 실시는 기정사실화되었다. 그는 재위 6년(1573)에 이렇게 전교傳敎함으로써 향약을 제도화했다.

『여씨향약』의 글은 백성을 교화하고 풍속을 이룩하는 데 가장 절실하니 먼저 이 책을 많이 찍어 내어 서울과 지방에 널리 나누어 주되 서울에서는 동몽학童夢學에, 지방에서는 향교부터 촌마을의 학장學長까지 많은 사람에게 나누어 주어 사람마다 볼 수 있게 하라. 스스로 닦는 도리를 알고 혹 그 절차를 모두 따르거나 그 절차를 대략 본떠서 준행하여 폐기하지 말고 오래도록 행하여 인륜을 도탑게 하고 풍속을 이룩하는 보람을 가져오도록 예조에 이르라.[26)]

조정은 1573년 9월부터 향약을 전국적으로 보급하여 실시했다.[27)] 향약의 보급에 가장 진지하게 찬성한 사람은 율곡이었다. 그는 스스로 자신의 향리인 파

---

25) 『退溪集』(42) 序 鄉約立條序 附約條.
26) 『宣祖實錄』 6년 8월 22일(己巳).
27) 『宣祖修正實錄』 6년 9월 1일(戊寅).

주坡州와 서원西原[청주]에서의 경험을 살려 향약에 대한 선조의 의지에 힘을 실어주었다. 그는 왕에게 이렇게 아뢰었다.

> 향약은 삼대의 법으로서, 전하께서 시행하라 명하셨으니 참으로 근래에 없던 경사입니다. 다만 모든 일에는 근본이 있고 말엽이 있습니다. 임금은 마땅히 자기의 마음부터 바르게 함으로써 조정을 바르게 하고, 조정을 바르게 함으로써 백관을 바르게 하고, 백관을 바르게 함으로써 만민을 바르게 하는 것이라, 향약이란 만민을 바르게 하는 법입니다.
>
> 조정 백관이 바름에 이르지 못하고 만민을 바르게 하려면 이는 근본을 버리고 말엽을 취하는 것이니 일이 반드시 성공하지 못할 것입니다. 이제 좋은 일을 시작하셨으니 중지하지 마소서. 전하께서 모름지기 먼저 실천하고 마음속으로 체득하여 그것이 조정에까지 파급되게 하시면 정령政令이 모두 바름에서 나올 것이요, 그런 뒤에야 백성이 감동하여 흥기할 것입니다."[28]

율곡의 논리를 들여다보면, 향약은 그 자체로서 백성에게 이익을 주는 것이 아니라 왕화를 구현하는 기제機制로서 가치가 있었다. 그리고 이것이 조정에까지 "파급"되기를 바랐다는 것은 사림의 기반을 확장하려는 정치적 고려를 유념했을 수 있다. 이렇게 하여 자리 잡은 향약은 조선 후기의 향촌 질서를 이끌어 가는 도구로서 대한제국 시대까지 활동했다.[29]

그러나 그 취지의 고상함에도 향약의 보급은 뜻과 같이 활발하지는 않았다. 그것은 향약이 지니는 역기능 때문이기도 하겠지만, 기본적으로 그 주도자가 관찰사였다는 점에서 태생적으로 한계를 안고 있었다. 백남운白南雲의 지적처럼, 향약은 백성을 먼저 생각한 휼민恤民 정책의 소산이라기보다는 지배 계급이 몰락하는 향반鄕班들에게 집회의 기회를 주어 그 부민府民에서 관찰사의 방조군幇助軍이 될 만한 인물을 물색하려는 의지가 당초부터 있었던 것은 사실이지만 처음부터 "가렴주구의 도구로 생각했던 것"[30]은 아니었다.

향반들은 향약을 통하여 백성을 교화함으로써 지배를 쉽게 하는 것이 일차적

28) 『經筵日記』(2) 선조 6년 10월.

29) 『石洲遺稿』 附錄 先府君遺事(서울 : 뿌리출판사, 1998), p. 415 : 무술(광무 2년, 1898).

30) 백남운, 「향약의 부활에 대하여」(1932), 『백남운전집(4) : 휘보』(서울 : 이론과 실천, 1991), p. 313.

목적이었다. 그것은, 사족들이 의도했든 의도하지 않았든, 향촌 사회의 미풍을 북돋아주고 삶의 질을 향상시키는 부수적 결실을 낳게 되었다.

3. 향약의 정신

통치권이 발달하지 못한 향촌 사회에서는 혈연이나 영농과 같은 일차적 친밀 관계가 그 구성원을 이끌어가는 힘이 될 수 있다. 이럴 경우에 그 질서를 이끌 조직이 필요한데 이는 향촌에서 필요한 공동 작업의 조직·기획·지휘 등의 주체가 필요한 까닭이었다.

그러한 작업은 주로 수리水利를 매개로 하는 영농의 문제로서 경험과 계량된 전망이 중요했다. 수력 경제의 주요 사업에 관한 의견을 제기하고 완성하여 영속시키는 데 결정적인 구실을 하는 것은 향촌 지도자와 그 조력자의 주도면밀성과 임기응변의 지략, 그리고 숙달된 통합력이었다.[31]

그와 같은 의미에서 향약에도 몇 가지의 기능과 직책이 있었다. 그 책임자는 도약정都約正이며, 부약정副約正 2명이 그를 보좌하고, 직월直月이 간사의 구실을 맡고, 금전을 출납하는 사화司貨가 있었는데, 이들은 모두가 선출직이었다.[32]

이들이 선출직이라고는 하지만 경선으로 뽑는 것은 아니었고 일정한 지역에 거주하는 인사 가운데 덕망과 학식이 상당한 인물을 추대하는 형식에 따랐다. 임기는 1년으로 하되 경우에 따라 중임했다.[33] 직월은 노복을 두고 심부름시킬 만한 사람으로 삼고, 약중의 집회에서 물품을 수집하거나 공역을 돕는 일은 모두 직월이 관장한다. 사화는 반드시 서원의 유생으로 삼았다.[34]

향약의 주관자는 현직·전직의 관료가 많았으며, 단위는 일정하지 않아 군현郡縣의 수령 수준의 인물일 경우가 많지만, 마을 또는 소집단의 어른일 경우도 있었다.[35] 이런 성격의 집단에서는 연륜이 최고의 미덕이었다. 이런 점에서 향약

---

31) Karl A. Wittfogel, *Oriental Despotism*(New Haven : Yale University Press, 1958), pp. 26~27.
32) 『栗谷全書』(16) 雜著(3) 海州鄕約.
33) 백남운, 「향약의 부활에 대하여」(1932), p. 313.
34) 『栗谷全書』(16) 잡저(3) 海州鄕約.
35) 김필동, 「조선 전기 향약의 보급과 그 사회적 의미」, p. 229.

은 일종의 원로정치gerontocracy[36]였다. 동양 사회에서 연륜의 의미를 강조한 사람은 맹자孟子였다. 그는 이렇게 강조하고 있다.

> 초楚나라 사람은 나이 많은 이를 어른으로 여기며, 또한 내 어른을 어른으로 여기니, 이것은 어른을 위주로 하여 기쁨을 삼는 것이다.[37]

> 천하에 달존達尊이 세 가지가 있으니, 관작官爵이 하나요, 연치年齒가 하나요, 덕德이 하나이다. 조정에는 관작만 한 것이 없고, 향당鄕黨에는 연치만 한 것이 없고, 세상을 돕고 백성을 자라게 하는 데는 덕德만 한 것이 없으니, 어찌 그 한 가지만 가졌다고 나머지 둘을 가진 사람을 소홀히 할 수 있겠는가?[38]

일반적으로 나이 든 여자들은 남자와 동등한 자격을 지닌 것으로 인정되어 부족의 의식·정치적 행위 등에 참여하거나 여성 집단에서 특별한 지위, 특히 의식儀式의 주재자로서 지위를 획득하만,[39] 조선 사회의 향약에서 여성의 지위는 대체로 배제되었다. 도약정과 부약정은 사고가 없는 한 바꾸지 않았다. 직월은 매 회합마다 바꾸며, 사화는 1년에 한 번씩 바꾼다.[40] 향원鄕員은 향약에 들고자 하는 무리를 명단[籍簿]에 적어 넣는다.[41]

처음 향약에 참여한 사람은 면포와 마포 각 한 필과 쌀 한 말씩을 내어 사화에게 위탁하여 경조와 구휼의 자원으로 삼는다. 각 회원은 11월에 쌀 한 말을 내는데 용도에 남는 것은 꾸어 주되 이윤은 2할로 한다.[42] 향약에 처음 가입할 때는 먼저, 가입하려는 사람의 이름을 한 줄로 적는다.

회의에서 향장鄕長(도약정)이 향원들에게 이름을 적은 종이를 각자 나누어 준다. 향원은 서로 논의하지 않고 더러는 동그라미표(권점)를 찍는데, 그렇게 하지

---

36) H. D. Lasswell & Abraham Kaplan, *Power and Society : A Framework for Political Inquiry* (London : Routledge & Kegan Paul Ltd., 1952), p. 210.

37) 『孟子』 告者(上) : "長楚人之長 亦長吾之長 是以長爲悅者也"

38) 『孟子』 公孫丑(下) : "天下有達尊三 爵一齒一德一 朝廷莫如爵 鄕黨莫如齒 輔世長民莫如德 惡得有其一 以慢其二哉"

39) Arnold van Gennep, *The Rites of Passage*(Chicago : The University of Chicago Press, 1966), p. 145.

40) 『栗谷全書』(16) 雜著(3) 海州鄕約.

41) 『朱子增損 呂氏鄕約諺解』, p. 1.

42) 『栗谷全書』(16) 雜著(3) 海州鄕約.

않는 경우도 있다. 그것을 모아 섞은 다음 권점한 수효를 헤아려 향약의 규칙대로 가입시킨다. 이렇게 하는 것은 헐뜯고 다투는 폐단을 없애고자 함이다.[43]

모임을 시작할 때는 서원書院에 모여 선성先聖과 선사先師의 지방紙榜을 설치하고 분향 재배한 뒤 직월이 맹세를 아뢰는 글을 가지고 도약정의 왼쪽에 꿇어앉으면 도약정과 자리에 있는 무리가 모두 꿇어앉는다. 직월이 고문告文을 다 읽으면 약정과 자리에 있는 무리가 모두 재배한다.[44]

모이는 날짜는 춘하추동의 초하루에 제사 없는 날을 가려 장내掌內의 회원들이 모여 진실하게 토론한다.[45] 이날 이장[里尹]이 한 이里의 백성을 모아 도의로써 교양하며 법령을 읽어 주고 향약을 설명해 준다. 듣는 이들은 모두 절하고, 허물 있는 무리를 처벌하며, 착한 일을 한 무리를 표창하고, 세모에는 그 가운데 가장 선량한 사람과 허물 많은 사람 하나를 각각 선택하여 현령의 지시대로 상벌을 실시한다.[46]

정기 총회가 아니라면 향원은 격월로 한 번씩 모이는데 1월, 3월, 5월, 7월, 9월, 11월 초하룻날이 회의 일자이다.[47] 집회를 열려면 직월은 약정이나 마을 어른의 집에 친히 나아가 모임의 연고를 물은 연후에 부약정에게 통고하여 한 곳에 모여 그 기일을 정하고 회문回文을 내어 통고한다.[48]

회의가 있는 날이면 도약정·부약정·직월은 아침 일찍 서원에서 기다린다. 먼저 노소의 차례로 동재東齋에서 평소와 같이 절하고 읍한다. 강당에 공자孔子의 위패를 모신다. 안자顏子·증자曾子·자사子思·맹자孟子는 동쪽 벽에 모시고, 주자周子·정자程子·주자朱子의 위패는 서쪽 벽에 모신다.[49]

회의의 진행 방법을 보면, 도약정 이하 향원이 향교에 모여 순서대로 좌석을 정한 뒤 직월이 향약 조문을 낭독한 다음 약원들의 업적을 조사하여 선행을 한 무리는 선적善籍에 기록하고 과오를 저지른 무리는 과적過籍에 기록하여 상벌을 행한 뒤에 회식하고, 강론하고, 관청의 비정秕政과 타인의 죄과를 논평하여 기록

---

43) 『星湖先生文集』(30) 雜著 論貢士.
44) 『栗谷全書』(16) 雜著(3) 海州鄉約.
45) 『栗谷全書』(16) 雜著(3) 西原鄉約.
46) 『經世遺表』(8) 地官修制 田制(12) 井田議(4) : "旣富而敎古之道也"
47) 『栗谷全書』(16) 雜著(3) 海州鄉約.
48) 『栗谷全書』(16) 雜著(3) 海州鄉約.
49) 『栗谷全書』(16) 雜著(3) 朱子增損呂氏鄉約文.

했다.[50]

장부에는 세 가지가 있는데, 첫 번째 장부에는 입회를 원하는 무리를 적고, 두 번째 장부에는 덕업을 쌓은 무리를 적고, 세 번째 장부에는 과실이 있는 무리를 적어 직월이 관장했다가 매번 모임에 도약정에게 알린다.[51]

회의에서 선덕善德으로 말미암아 추천된 사람에게는 벼슬의 기회도 주었다. 향촌의 수령이나 도약정은 그 고을에서 선적에 따라 선행이 많은 사람 1명을 뽑아 관찰사에게 보고한다. 그러면 관찰사는 그 추천서를 다시 모아 참고하고 권점을 헤아려 조정에 추천한다.

경기도·경상도는 해마다 한 사람씩, 전라도·충청도·강원도는 2년 만에 한 사람씩, 황해도·평안도·함경도는 3년 만에 한 사람씩을 추천하는데 6년을 합하면 27명이 된다. 그러나 추천된 무리가 미처 벼슬하지 못했을 경우에는 다음 해에 다시 그를 추천할 수 있다.[52]

이상과 같은 구조를 갖는 향약의 기본 정신에 대해서는 다음과 같은 풀이가 가능하다.

1) 덕스러운 것을 서로 권한다[德業相勸]

이는 도덕적 행위를 서로 권면勸勉한다는 정신이다. 일찍이 유형원柳馨遠이 정의한 바에 따르면,

> 유교 사회에서 도덕적 행동[德業]이란 부모에게 효도하며, 어른을 공경하며, 형제 사이에 우애하며, 자손을 교육하며, 친척 사이에 화목하며, 이웃과 화합하는 일이다. 곧 집안을 예의에 맞게 바로잡는 것이요, 벗을 사귀는 데는 신의가 있어야 하는 것이요, 마음은 반드시 성실하고 정직해야 한다.[53]

율곡도 덕업상권이라 함은 효도, 충성, 우애, 존장尊長, 남녀의 예, 아들을 가

---

50) 백남운, 「향약의 부활에 대하여」(1932), pp. 313~314.
51) 『栗谷全書』(16) 雜著(3) 海州鄕約.
52) 『星湖先生文集』(30) 雜著 論貢士.
53) 『磻溪隨錄』(9) 敎選之制(上) 鄕約.

르치는 일, 아랫사람을 다스리는 일, 부지런함, 약속의 실천[54]이라고 풀이했다.

주자는 이 부분을 좀더 소상하게 나누어, 덕德이라 함은 부모에게 효도하고, 나라에 충성하고, 형제 사이에 우애 있고, 어른을 공경하고, 도道로써 몸을 다스리고, 사례로써 가정을 다스리고, 말을 충신忠信하게 하며, 행동은 돈독하고 공경스러우며, 분노와 욕심을 누르고, 성색聲色을 멀리 하며, 착한 일을 보면 반드시 행하고, 허물을 들으면 반드시 고치며, 제사에는 정성을 다하고, 초상에는 슬픔을 다하며, 종족과 화목하며, 이웃과 사귀고, 친구를 가려 어진 이를 가까이하며 바른 도로 자식을 가르치고, 근엄한 법으로 아랫사람을 다스리며, 가난할 때도 청렴한 지조를 지키고, 부유해도 사례로써 사양함을 의미한다.[55]

업業이라 함은 글을 읽고, 이치를 연구하여 예를 익히고, 숫자를 밝히며, 집안을 엄숙하게 다스리고, 과정課程을 신중히 하며, 살림살이를 구차스럽게 하지 않고, 남을 구제하여 어짊을 행하고, 약속을 지키고, 남의 부탁을 들어 주며, 환난을 구제하고, 널리 은혜를 베풀며, 남에게 착한 일을 하도록 인도하고, 남의 잘못을 바로잡아 주며, 남을 위하여 일을 도모하고, 대중을 위하여 일을 성사시키며, 싸움을 화해시키고, 옳고 그른 것을 판결하고, 이로움을 일으켜 해로움을 제거하고, 관직에서 책임을 완수하고, 법령을 두려워하고, 세금을 떼먹지 않음을 뜻한다.[56]

기본적으로는 다르지 않지만 『소학』小學에는 덕업을 조금 다르게 다음과 같이 설명하고 있다.

> 덕德이라 함은 선善을 보면 반드시 실행하고, 과실을 들으면 반드시 고치며, 그 몸을 다스리고, 그 집을 다스리며, 부형을 섬기고, 자제를 가르치고, 종을 다스리고, 어른을 섬기며, 친척이나 오랜 친구와 화목하고, 교유를 기리며, 청렴과 절개를 지키고, 은혜를 널리 베풀며, 남의 부탁을 받아주고, 환난을 구제하고, 과실을 바로잡아 주며, 남을 위하여 도모하고, 남을 위하여 일을 이루어 주며, 싸움과 다툼을 해결해 주고, 시비를 결단해 주며, 이익을 일으키고 피해를 제거하며, 벼슬자리에 있으며 직무를 수행함을 이른다.

54) 『栗谷全書』(16) 雜著(3) 社倉契의 약속.
55) 『栗谷全書』(16) 雜著(3) 朱子增損呂氏鄉約文.
56) 『栗谷全書』(16) 雜著(3) 朱子增損呂氏鄉約文.

업業이라 함은 집에서는 부형을 섬기고, 자제를 가르치고, 처첩을 대우하며, 밖에서는 어른을 섬기고, 친구를 대접하고, 후생을 가르치고, 종들을 부림을 말한다. 그리고 책을 읽고, 밭을 갈고, 집안을 경영하고, 일을 이룸과 예禮·악樂·사射·어御·서書·수數와 같은 것에 이르러도 또한 모두 갖추어야 한다. 이러한 것이 아니면 무익한 것이 된다.[57]

위의 글에서 반계磻溪이든, 율곡이든, 주자가 뜻하고자 하는 바는 백성을 예치로 순화하려는 것이었다. 그들은 통치의 차원에서 법으로 강권할 수 없는 선행의 문제를 민간 차원에서 구현하고 싶어 했다. 그들의 꿈은 유교국가의 실현이었다.

2) 과실을 서로 나무란다[過失相規]

유형원의 해석에 따르면, 과오[過失]란 부모에게 불순不順한 것, 형제 사이에 우애하지 못하는 것, 가정을 단속하는 도리가 문란한 것, 친척 사이에 화목하지 않고, 이웃과 불화하며, 나이 많은 이와 덕행이 있는 이를 멸시하며, 동배들을 비방하고, 고독한 이를 압박하며, 초상·장사에 근신하지 못하고, 제사에 불경不敬한 것과 술에 만취하여 떠드는 것, 장기나 바둑을 좋아하며 건달 짓을 하는 것, 우악愚惡을 부려 남과 잘 싸우고, 송사訟事를 좋아하는 것, 말을 허투루 하여 남을 모함하는 것이다.

여기에서 더 나아가, 예법을 무시하고 염치없이 행동하는 것, 저의 이익만 따지기를 심하게 하는 것, 공사를 빙자하여 폐단을 일으키는 것, 의복을 사치하게 차리고 용도를 절약하지 않는 것, 법령에 복종하지 않으며, 납세를 명심하지 않고, 나쁜 사람과 교제하는 것, 창기娼妓에게 미혹하여 다니는 것, 이단을 신앙하며 쓸데없이 굿을 잘하는 것, 과오가 있는 줄을 알고도 고치지 않거나 누군가 타일러 주어도 더 심하게 구는 것들이 이에 속한다.[58]

『소학』에 따르면, 저촉되는 과실이 여섯 가지이니,

---

57) 『小學』 外篇 善行(6) 實立敎(7).

58) 『磻溪隨錄』(9) 敎選之制(上) 鄕約.

(1) 술주정하고, 도박하며, 싸우고, 송사함이요,
(2) 행동거지가 예의에 어긋남이요,
(3) 행실이 공손하지 못함이요,
(4) 말이 충신하지 못함이요,
(5) 말을 만들어 내어 남을 모함함이요.
(6) 사사로움을 경영하기를 너무 심하게 함이다.[59]

주자는 이에 더 나아가서 몸을 닦지 않는 과실 다섯 가지를 적시했는데,

(1) 사귀지 않을 사람을 사귀는 것[交非其人]
(2) 허랑하게 놀며 덕업을 쌓기에 게으른 것[遊戲怠惰]
(3) 행동에 위의威儀가 없는 것[動作無儀]
(4) 일하면서 삼가지 않는 것[臨事不恪]
(5) 용도를 절약하지 않는 것[用度不節][60]

등을 지적하고 있다. 율곡은 입장을 조금 달리하여, 과실을 서로 바로잡아 주어야 할 일에는 다음과 같은 여섯 가지가 있다.

(1) 희락嬉樂과 유희에 절제가 없는 일,
(2) 분쟁과 투송鬪訟을 일삼는 일,
(3) 법도를 위배하는 일,
(4) 말이 충신忠信하지 않은 것,
(5) 지나치게 자신의 이익만을 꾀하는 것,
(6) 이단을 물리치지 않는 것[61]

과실의 문제에 대해 가장 구체적이고 엄혹한 입장을 보인 사람은 퇴계였다. 그는 과실의 문제를 상규相規하며 징벌의 요소를 강조했다. 그의 설명에 따르면,

부모에게 불순한 무리, 형제가 서로 싸우는 무리, 집안의 법도를 어지럽힌 무리,

---

59) 『牧民心書』(4) 禮典六條 教民; 『朱子增損 呂氏鄕約諺解』, pp. 9~12; 『小學』 外篇 善行(6) 實立教(7).
60) 『朱子增損 呂氏鄕約諺解』, pp. 14~16 不修之過 5條.
61) 『栗谷全書』(16) 雜著(3) 朱子增損呂氏鄕約文.

일이 관부官府에 간섭되고 향풍에 관계되는 무리, 망령되어 위세를 지어 관청을 흔들며 사사私事를 행하는 무리, 향장鄕長을 능욕하는 무리, 수절하는 청상과부를 유인하여 더럽힌 무리는 상중하로 나누어 극벌極罰에 처한다.

친척에게 화목하지 않은 무리, 본처를 박대하는 무리, 이웃과 화합하지 않는 무리, 벗들과 서로 치고 싸우는 무리, 염치를 돌보지 않고 사풍士風을 허물고 더럽힌 무리, 강함을 믿고 약한 이를 능멸하고 침탈하여 다투는 무리, 무뢰배와 당을 만들어 횡포한 일을 많이 행하는 무리, 공사의 모임에서 관정官政을 시비하는 무리, 말을 만들고 거짓으로 사람을 죄에 빠뜨리는 무리, 환란을 보고 공을 빙자하여 폐해를 끼치는 무리, 혼인과 상제喪制에 연고 없이 때를 어기는 무리, 집강執綱을 업신여기며 향령鄕令을 좇지 않는 무리, 향론을 따르지 않고 오히려 원한을 품은 무리, 집강이 사사롭게 향참鄕參에 들인 무리, 구관을 전송하는 데 연고 없이 참예하지 않는 무리는 상중하로 나누어 중벌中罰에 처한다.

공동 모임에 늦게 이른 무리, 문란하게 앉아 예의를 잃은 무리, 좌중에서 떠들썩하게 다투는 무리, 앉을 자리를 비워놓고 편리한 대로 하는 무리, 연고 없이 먼저 나가는 무리는 상중하로 나누어 하벌에 처한다.

악행의 우두머리가 된 향리鄕吏로서 인리人吏와 민간에 폐를 끼치는 무리, 공물값을 범람하게 징수하는 무리, 서민으로서 문벌 있는 자손을 능멸하는 무리도 또한 처벌한다.[62]

퇴계의 징벌이 다소 추상적이고 자의적인 데 견주어 율곡의 경우에는 징벌이 더 구체적이다. 율곡의 징벌은 다음과 같다.

상벌上罰 : 규율을 어긴 무리가 양반일 경우에는 뜰에 세워놓고 일을 의논하며 일을 마친 뒤에 그치고, 음식을 먹을 때 따로 끝에 앉혀 먹게 한다. 나이 먹은 사람일 경우에는 모든 사람 앞에서 면책面責하며, 하인인 경우에는 곤장 40대를 친다. 과실이라 함은 부모에게 얼굴을 붉히며 힐책하는 일 등이다.

차상벌次上罰 : 규율을 어긴 무리가 양반일 경우에는 모든 사람 앞에 불러 야단치고 나이 먹은 사람일 경우에는 반감한다. 하인의 경우에는 곤장 30대를 친다. 부모 앞에서 걸터앉는 일 등이다.

중벌中罰 : 규율을 어긴 무리가 양반으로서 서벽西壁(모여 앉을 때 좌석의 순서로 서쪽에 앉는 사람으로서 그 모임의 상좌임) 이상의 경우에는 불러서 야단치고, 나이 먹은 사람일 경우에는 반감半減하고, 하인의 경우에는 곤장 20대를 친다. 숙부나

62) 『退溪集』(42) 序 鄕立約條序附約條.

외삼촌 앞에서 낯을 붉히며 힐책하는 일이나 양반에게 언행이 불손한 일 등이다.

차중벌次中罰 : 규율을 어긴 무리가 양반으로서 존위尊位와 유사 이상의 경우에는 불러서 야단치고, 나이 먹은 사람일 경우에는 벌주 한 잔을 마신다. 하인인 경우에는 하인들이 모인 자리에 불러 야단친다. 외삼촌이나 종형 앞에 걸터앉는 일 등이다.

하벌下罰 : 어른 앞에서 걸터앉거나 소나 말을 타고 가는 일 등이다.[63]

처벌을 받은 사람은 반드시 기록에 남긴다.[64] 그러나 향원이 허물을 고친 것을 분명히 안 뒤에는 집회에서 모두 의론하여 악적惡籍에서 지워버린다. 선적善籍은 비록 허물이 있더라도 지우지 않지만, 그 사람이 불효·불목·음간淫奸·범금犯禁·장오贓汚(재물에 깨끗하지 못함)를 저지를 경우에는 선적에서 지운다.[65]

퇴계와 율곡이 정한 위의 징벌은 하나의 공통된 특징을 안고 있다. 부모에 불효한다든가 형제 사이에 화목하지 못한 것을 향규로 다스리는 것은 있을 법한 일이라 하지만, 양반을 능멸한 무리에 대한 징벌이 준엄하다는 것은, 퇴계든 율곡이든, 신분 질서의 붕괴를 용납할 수 없다는 굳은 의지를 보이고 있음을 뜻한다. 그들은 신분이라는 칸막이를 허물 생각이 추호도 없었고, 서민이 "위를 넘보는 일"을 용서하지 않았다.

이러한 의지를 담고 있는 향약이, 보는 이에 따라서는 미풍양속일 수 있지만 겪는 이들로서는 속박이 될 수도 있다. 사람들은 규율을 가혹한 것이라 부르고, 준칙을 구속이라 부르는 경향이 있다.[66] 그러나 지배 계급의 의지는 하층민의 그것과 다를 수밖에 없다.

지배 계급은 이러한 규율이 "사회 안에서 표출할 수 없는 충동을 근절하는 것이 아니라 억제하는 것"[67]이라고 늘 합리화시켜 왔다. 징벌이 응징의 차원인지 아니면 예방적 차원인지는 늘 논쟁이 되었지만, 향약의 신분적 징벌 조항은 응징의 요소가 짙다.

---

63) 『栗谷全書』(16) 雜著(3) 社倉契의 약속.

64) 『栗谷全書』(16) 雜著(3) 西原鄕約.

65) 『栗谷全書』(16) 雜著(3) 海州鄕約.

66) Baron de Montesquieu, *The Spirit of the Laws*, Vol. I, Book III, § 3.

67) Philip K. Bock, *Modern Cultural Anthropology : An Introduction*(New York : Alfred A. Knopf, 1979), p. 275.

3) 예속으로 서로 어울린다[禮俗相交]

주자의 풀이에 따르면, 예속을 서로 나눈다 함은 네 가지를 뜻하는데,

(1) 나이 든 사람과 어린 사람 사이의 예의를 지키는 일로, 나이 차이가 20세면 부모로 여기 10년 이상이면 형으로 여긴다.

(2) 찾아가 뵙고 절하는 예를 뜻한다. 세배드리고, 하직할 때 아뢰고 다녀와서 찾아 뵙고[出必告 入必問], 축하드리고, 고맙다고 인사해야 한다. 어린 사람이 나이 든 어른을 뵙는 예와 주인이 손님을 맞이하는 예를 나이에 따라 지킨다.

(3) 초청하는 일과 손님을 맞이하는 예인데, 초청자는 단자單子(쪽지)를 갖추어 초대하고, 나이 순서로 앉는다.

(4) 경조사에 예물을 보낸다.[68] 율곡의 설명에 따르면, 경사스러운 일에는 크고 작음에 따라서 면포 1~5필, 또는 쌀 3~10말을 준다.[69] 이는 개인적인 부조를 뜻하는 것이 아니라 공동 부담을 뜻한다.

예속의 핵심은 즐거움을 함께 축하하고 슬픔을 함께 아파한다는 데 있다. 이것은 본질적으로 나눔sharing의 문제이다. 생산 관계가 사적 소유로 바뀜에 따라 이기주의가 차츰 만연하게 되었는데, 분배 정의가 구체화되지 않은 상태에서 그러한 이기주의는 조절되기 쉽지 않았다.

따라서 나눔은 고통을 줄이고 기쁨을 배가할 중요한 수단이 되었다. 또한 이러한 나눔은 유교의 본질인 인仁을 구현할 중요한 도구라는 점과 맞물리며 산업화가 미분화된 조선의 중요한 분배 도구로 자리 잡게 되었다.

4) 환난을 서로 구제한다[患難相恤]

어려움을 돕는 것은 인仁의 중요한 덕목이었다. 그러기에 맹자께서도 "같은 마을에 사는 사람이 일하러 나갈 때나 돌아올 때 같이 가고 같이 오며, 도적을

68) 『朱子增損 呂氏鄕約諺解』, pp. 19~32 : 「禮俗相交 4條 : 尊幼輩行 造請拜揖 請召迎送 慶弔贈遺」; 『小學』 外篇 善行(6) 實立敎(7); 『磻溪隨錄』(9) 敎選之制(上) 鄕約; 『牧民心書』 禮典(6) 敎民.

69) 『栗谷全書』(16) 雜著(3) 海州鄕約.

막을 때 서로 돕고, 병들었을 때 서로 부축해 준다면 백성이 친목할 것"[70]이라고 가르쳤다. 주자의 설명에 따르면, 환난이라 함은,

(1) 수해와 화재,
(2) 도적을 맞았을 때,
(3) 병이 들었을 때,
(4) 초상이 났을 때,
(5) 부모가 죽은 어린아이,
(6) 억울한 일을 겪었을 때,
(7) 빈한한 사람에게 대한 것이다.[71]

유형원의 설명이나 정약용의 풀이도 다르지 않았다.[72] 율곡의 향약에 따르면 환난에 도울 것은, "실화로 집을 태운 경우에 이엉 각 세 마람, 재목 두 개, 사흘치 식량과 함께 장정 1명을 보낸다. 상사喪事에는 마포 3필, 쌀 5되, 가마니 세 잎을 보내며, 장삿날에는 건장한 노비에게 사흘 동안 먹을 것을 싸서 보낸다."[73]

환난상휼의 대목에서 향약이 의도하는 바는 나눔과 부조扶助와 사랑과 불쌍히 여김[愛恤]이다. 생산 기술이 보편화되지 못하고 소득이 낮고 불균형하며, 현대적 개념으로서 후생이나 복지의 문제에 여력이 없었고, 계절적 빈곤에 무기력했던 전근대 사회에서 상생의 지혜는 나눔에 있었다. 이러한 상생의 지혜는 천수답을 생활 터전으로 삼고 있는 농경 사회에서는 매우 중요한 삶의 방편이었다. 그들이 자연 재해로부터 벗어날 길은 상부상조의 미덕뿐이었다.

위에서 살펴본 바와 같이, 향약은 예치를 주요 덕목으로 삼고 있으나 생산 수단이 발달하지 못한 사회에서 일어날 어려움이나 부작용을 막으려는 향촌 사회의 미덕이었다. 그것은 정신적인 것과 물질적인 측면을 동시에 가지고 있었다. 그것이 어떻게 긍정적으로 사회에 기여했는가의 문제를 잘 표현한 사례로서는 다음과 같은 상소문과 전교를 들 수 있다.

---

70) 『孟子』 藤文公章句(上) : "鄕田同井 出入相友 守望相助 疾病相扶持 則百姓親睦"

71) 『栗谷全書』(16) 雜著(3) 朱子增損呂氏鄕約文; 『朱子增損 呂氏鄕約諺解』, p. 56; 『小學』 外篇 善行(6) 實立敎(7).

72) 『磻溪隨錄』(9) 敎選之制(上) 鄕約; 『牧民心書』(4) 禮典六條 敎民.

73) 『栗谷全書』(16) 雜著(3) 海州鄕約.

조강에 나아갔다. 정언 이인李諲이 아뢰었다.

"전에 김안국金安國이 감사로 있을 적에 군읍郡邑에 향약을 시행하자 풍속이 아름답게 되었습니다. 단 민정民情은 일찍이 하지 않던 것이라서 반드시 따르려 하지 않을 것이니 상께서 마땅히 권장하시어 시행하지 않는 무리는 죄를 주고 잘 행하는 무리는 여문閭門에 정표旌表하도록 하소서."

상이 일렀다.

"시행하면 교화를 베풀기 쉬울 것이나 단 성급하게 해서는 안 된다."

영사 신용개申用漑가 아뢰었다.

"신이 듣건대 향약을 시행하는 곳에는 사송詞訟도 줄고 풍속도 차츰 아름다워진다고 합니다."[74]

왕이 전교했다.

"근래 팔도에 흉년이 들어 백성이 곤경에 허덕이니 걱정스러운 마음 끝이 없다. 이는 나의 자수自修가 미진한 탓이나 감사 또한 그 책임을 면할 수 없다. 지난날에 이미 하유下諭하여 농상農桑에 힘쓰도록 하였는데도 오히려 힘쓰지 않았으며, 학교의 교화에 대하여도 아직 그 도리를 다하는 무리를 못 보겠으니, 『여씨향약』을 권면시키도록 하라.

또 모든 조세 경감[蠲減]에 대하여도 법문法文만 갖추었을 뿐 백성에게 알리지 않고 있으니, 모름지기 궁벽한 시골에까지도 알려 모두 백성 구휼하는 뜻을 알게 하라. 그리고 혹 수령이 삼가지 않고 공헌貢獻을 빙자하여 함부로 징수하는 폐단이 어찌 없으랴? 진실로 혹 이런 일이 있으면 즉시 파직할 것으로 아뢰라. 만약 이를 어긴 무리를 검거하지 않으면 감사 또한 용서하지 않으리니, 이 뜻을 팔도의 감사 및 개성부 유수開城府留守에게 하유(下諭)하라."[75]

위와 같은 긍정적 요인에도 향약은 의도한 만큼 보편화되지 않았고, 곳곳에서 걸림돌을 만났다. 그 까닭은 수령들이 고을에서 설혹 향약을 시행하였더라도 그 수령이 떠나면 그 일도 폐지되었기 때문이었다.[76]

그뿐만 아니라 향약을 통하여 백성이 조직화하여 단체로 지방 수령에 도전하는 일이 빈번하였는데 이것이 지배 계급으로부터 기피 요인이 되었다. 향원들은 형정刑政에 개입하고, 공장이나 장사하는 사람이 자주 무리를 짓는 것도 수령이

---

74) 『中宗實錄』 14년 4월 5일(戊辰).

75) 『中宗實錄』 14년 4월 5일(戊辰) : 傳敎.

76) 『星湖僿說』(13) 人事門 江陵俗.

꺼리는 요인이었다.77)

남곤南袞의 푸념처럼, "요즘 향약을 결정하는 데 오로지 나이만을 따지게 하여 종이 주인의 윗자리에 앉기도 하니 전도顚倒됨이 이미 심한데, 이렇게 하고도 각자의 분수에 편안할지 모르겠습니다. 어찌 학교를 일으켜 정치를 구제하는 길을 생각지 않을 수 있겠습니까?"78)라는 불평은 지배 계급으로서는 받아들이기 어려운 사항이었다.

향약의 문제점을 비교적 정확하게 인식하고 고민한 인물은 아마도 시강관侍講官 주세붕周世鵬이었을 것이다. 이미 백운동서원白雲洞書院을 설립하여 향촌의 유풍儒風을 진작하는 데 기여했고, 또 향촌의 인심과 동향을 정확하게 인식하고 있던 그는 향약의 문제점에 관하여 왕에게 다음과 같이 진언하고 있다.

> 선왕조先王朝에서 『여씨향약』을 궁벽한 시골에 시행하자 백성이 감화되어 악행을 버리고 선행으로 돌아서는 사례가 있었으므로, 조정에서도 이를 시행하려 하였습니다. 그러나 당시 사람들이 거의 『소학』의 실행에 힘쓰지 않고 도리어 괴상한 의복을 착용하거나 공명功名에 편승하여 그 본本을 놓고 말末을 힘쓰는 경향이 차츰 폐습으로 형성된 때문에 선왕께서 이를 폐지시켰습니다.
>
> 그러므로 『여씨향약』이 시골에는 시행될 수 있으나 조정에서는 조정대로 예법이 있으니 꼭 시행할 필요는 없습니다. 다만 시골 백성은 똑같이 천리天理를 부여받았으나 왕화王化가 직접 미치지 못하는 까닭에 향약을 시행한다면 도움이 없지 않을 것입니다.79)

주세붕의 글에는 향약을 일으켜야 할 이유와 꺼려야 할 이유에 대한 고민이 잘 나타나 있다. 이 무렵이 되면 이미 향약은 타락해 있었다. 그것은 토호가 발호할 빌미가 되었고, 지방 관료에 대한 도전의 성격을 띠고 있었다. 그런 점에서 보면, 당초에는 향약의 옹호론자로서 파주坡州향약과 서원西原향약을 직접 지어 보급했던 율곡이 말년에 스스로 향약을 부정하고 그 폐해를 들어 향약의 중지를 진언한 것은 주목할 만한 일이다. 그의 기록을 들어보면 이렇다.

---

77) 『中宗實錄』 14년 11월 20일(경술).
78) 『中宗實錄』 16년 9월 4일(壬子).
79) 『明宗實錄』 1년 8월 10일(甲午).

향약의 일로 대신들과 의논하니, 혹은 중지하자 하고, 혹은 중지해서는 안 된다고 했다. 이에 왕이 중지하라고 명했다. 허엽許曄이 이이에게,

"어찌하여 향약을 중지하라고 권하였소?"

하고 물으니 이이가 이렇게 말했다.

"의식이 넉넉한 뒤에라야 예의를 아는 것이오. 춥고 배고픔에 빠진 백성에게 억지로 예를 행하게 할 수는 없는 것이요."

삼가 살피건대, 주자도 동지와 함께 이를 시행하려다 마침내 실행하지 못했는데, 더구나 이 말세에 백성은 도탄에 빠져 그 항심恒心을 잃어 부자가 함께 있지 못하며 형제 처자가 헤어지는 마당에 느닷없이 유자儒者의 행실로 구속하려 하니, …… 토호들이 향약을 핑계로 백성에게 괴로움을 끼칠 것이 분명하다. 이것을 누가 단속할 것인가? 만약 향약을 행하게 되면 백성은 반드시 더욱 곤란하게 될 것이다.[80)]

조선 후기에 들어오면 이제 향약은 사회악이 되었고, 삶의 어려움[民瘼]의 요인이 되었다. 그 실상을 정약용丁若鏞은 다음과 같이 지적하고 있다.

살피건대, 덕업상권德業相勸의 주註는 『소학집해』小學集解에 상세하게 나타나 있으니 당사자는 마땅히 참고할 것이다. 수령으로 뜻은 높으나 재주가 엉성한 무리는 반드시 향약을 실행하는데, 이 경우에 향약의 해악이 도둑보다 더 심하다. 토호와 향족鄕族이 집강에 임명되어 스스로 약장約長이나 혹은 헌장憲長이라 일컫고, 그 아래 공원公員·직월 등 명목을 두어서 향권鄕權을 제 마음대로 휘둘러 백성을 위협·공갈하여 술을 토색하고 곡식을 징수하는데, 그들의 요구는 끝이 없다.[81)]

"향약의 해악이 도둑보다 심하다."는 정약용의 지적이 뜻하는 바가 크다. 향약이 백성에게 군림하고 토색討索하는 부분이 분명히 있었을 것이다. 그러나 향약이 지배 계급의 눈 밖에 나기 시작한 본래의 원인은 그러한 민중에 대한 피해 때문이 아니라 지배 계급에게는 향원의 과도한 행동이 향촌의 지배 질서를 교란하는 것으로 보였기 때문이었다.

유교의 기본 원리는 백성의 "밑으로부터의 저항"과 이로 말미암은 질서의 흔들림을 용납하지 않는다는 점이다. 그가 퇴계였든, 율곡이었든, 주세붕이었든,

---

80) 『經筵日記』(2) 宣祖 7년 2월.

81) 『牧民心書』(4) 禮典六條 敎民.

아니면 다산이었든, 그들의 공통된 관심은 향약에 힘입은 민중적 삶의 향상에 있었던 것이라기보다는 그것이 만에 하나라도 유교적 신분 질서의 붕괴를 유발하는 도구가 될는지도 모른다는 우려였다. 이런 점에서 향약의 제도적 몰락은 한국의 민주주의적 유산을 형성하는 데 도움이 되지 않았다.

4. 상조相助 제도의 존재 형태

향약이 향촌의 미풍양속을 규정한 불문율이라면, 그의 실천적 모습praxis으로서 향속鄕俗이 존재했다. 그것은 열악한 생산 구조 속에서 농민들이 살아남는 방법인 동시에 유교적 미풍을 지속하는 방법이었다. 토목학이나 기하학(측량학)을 포함하는 수리학水利學이 발달되지 않고 천수답에 의존하여 영농을 하는 사회에서 삶의 지혜는 노동의 집합과 협동이었다. 그들이 생산성을 높이는 방법은 협동 농업뿐이었다.

수력水力 사회에 살고 있는 그들에게 홍수나 가뭄과 같은 천재지변은 한 개인이나 가족의 능력을 벗어나는 일이었고, 그들에게는 하천의 범람과 같은 사태에 대한 준비와 방어라는 공동관심사를 유념하지 않을 수 없었다.[82] 더구나 농업이 계절적 작업일 수밖에 없는 기후권에서는 영농의 기간이 짧아 농사의 시기를 놓쳐서는 안 되는 제약이 있었기 때문에 노동은 비교적 단순하고 집약적이었다. 이와 같은 어려움을 안고 있는 농촌 사회에서는 다음과 같은 자구책을 마련해 두고 있었다.

1) 두레

두레란 영농 기술이 미발달된 전근대 사회에서 이루어진 부락 단위의 집단적 영농 방법으로 일종의 동계洞契 형태를 취하고 있었다. 따라서 품앗이가 개별적이고 소단위였던 것과는 달리 두레는 부락 단위로 운영되는 것이 상례였다. 두

---

82) Karl A. Wittfogel, *Oriental Despotism*, pp. 24~28.

레란 그 어원이 "둘레"[圍, 圓]에서 나왔듯이, 당초에 굳은 응집력을 바탕으로 하는 집단 생존 의지의 표현이었다. 두레라는 말은 윤번輪番이라는 의미를 갖고 있다.[83] 공동우물에서 물을 뜨는 도구를 "두레박"이라 한 것도 예사롭지 않다. 이는 당시의 삶의 방법에 관한 그들의 궁극적 관심이 공생에 있음을 뜻한다.

두레는 농경 생활이 시작되던 부족 사회의 공동체적 유산이었다. 두레는 그 규모가 커서 수도작水稻作과 밀접하게 관련을 맺으며 발전하였기 때문에 논 농사에는 대부분 두레가 있었다.[84] 품앗이와 계契는 사유 재산 제도가 나타난 후대의 민속적인 생활 양식이었던 데 견주어[85]

두레는 사적私的 소유가 명확하게 분화되지 않은 시대의 원시공동체적 성격을 띠고 있다. 이런 점에서 두레는 품앗이에 견주어 더 친화적이었고, 더 강력한 연대 의식을 가지고 있었다. 이는 두레가 대체로 씨족 집단의 관습이었음을 암시하는 것이다.

두레는 어느 정도의 큰 규모를 갖추고 있었기 때문에 지휘와 통솔을 하는 조직이 필요했다. 두레에는 일정한 조직이 있다는 점에서 준자치적이었다. 두레의 조직에는 역원役員과 그의 소임이 있었다. 역원으로서는 좌상座上과 영좌領座가 있는데 이들이 두레의 총지휘자였다.

마을에 따라서는 행수行首(통솔자), 도감都監(보좌역), 수총각首總角(기수), 조사총각調査總角(취체역), 유사有司(서기), 방목감放牧監(소의 감독) 등으로 불리기도 했다.[86] 마을의 연로한 분 가운데서 농사 경험이 많은 사람이 역원으로 뽑혔으며, 그는 절대적인 위엄을 지니고 있었다.[87]

두레는 자연 취락 단위인 관계로 마을에서 동원할 일꾼 개개인에 대하여 상세한 정보를 알고 있으며, 이에 따라 마을의 모든 주민을 최대한 동원시키는데, 대체로 다음과 같은 준칙이 있었다.

83) 印貞植, 「두레(輪番)와 호미씻이(洗鋤宴)」, 朱剛玄, 『한국의 두레』(2)(서울 : 집문당 1997), pp. 659~660.

84) 朱剛玄, 『한국의 두레』(1), p. 13.

85) 김한초, 「한국 농촌부락의 공동체적 성격」, 『제3회 국제학술회의 논문집』(성남 : 한국정신문화연구원, 1984), p. 870.

86) 崔在錫, 『韓國 農村 社會 構造』(서울 : 일지사, 1975), p. 315.

87) 朱剛玄, 『한국의 두레』(1), p. 223.

(1) 최대한 노력을 동원한다는 점에서 두레는 운명공동체적 성격을 띠고 있었다. 마을의 농사에 개인적으로 불참한다는 일은 있을 수 없다.

(2) 두레에서 동원 가능한 노동력은 성인 남자만을 의미했다.

(3) 과부나, 노인만 있는 집, 환자의 집처럼 노동력이 없거나 있더라도 지나치게 부족한 경우에는 두레에서 대동으로 농사를 지어 주는 방식으로 상부상조하는 전통이 이어졌다.[88)]

두레에 조직이 있었음은 그것이 일종의 준강제적 임의 조직임을 뜻한다. 강제를 행사하는 경우는 주로 노동의 해태懈怠, 곧 불참에 대한 제재였다. 성인 남자의 노동력을 갖추지 못한 가정의 경우 또는 소년 노동자만이 있는 가구도 두레에 가입할 수가 있는데, 앞의 경우에는 일정액의 금전으로 대상代償(골전)해야 한다.

두레의 운영 방법을 보면, 다분히 토지 공영公營의 뜻을 밑바닥에 깔고 있다. 두레의 가입자는 소유하고 있는 경작지의 면적이 비슷한 중농中農의 가구끼리 이를 결성하는데, 이는 임금의 손익에 대한 분규를 막으려는 뜻이 담겨 있었다.

가입자들은 농번기를 앞두고 동회洞會를 열어 작업의 순번을 결정하는 데에서부터 시작한다. 두레의 대동회의는 노동 회의로서 농업 경영, 공동 노동, 역원의 선출, 회계, 결산, 상호 부조, 풍물, 두레 굿, 놀이 등 농업과 결부된 일들을 다루었다.

그러나 두레의 회의가 기본적으로 농업 노동에서 출발한 것임에도 그 안건이 영농 문제만으로 그치지는 않았다. 그들은 혼례나 상사喪事 또는 수연壽宴과 출산 및 돌·생일의 문제에도 기쁨과 아픔을 함께 나누었다. 갑오농민혁명 당시에 집강소執綱所를 운영하던 농민군이 그 운영의 정강政綱으로서 “농군의 두레법을 장려할 것”[89)]을 강조한 것은 눈여겨볼 만한 일이다.

두레는 노동과 부락 축제의 의미를 담고 있는 종합 행사였다. 두레는 화폐 경제의 발달, 개인주의에 바탕을 두고 있는 토지 사유 제도의 정착, 그리고 그로 말미암은 부락 강제력의 쇠퇴와 함께 기능이 급격히 떨어지기 시작했다. 그러나 그것이 전통 사회에서 가지는 정신사적 유산은 오랫동안 지속되어 왔다.

---

88) 朱剛玄, 『한국의 두레』(1), pp. 213~214.

89) 吳知泳, 「東學史」[초고본], 『東學農民戰爭史料大系』(1)(서울 : 여강출판사, 1994), pp. 477~478.

2) 품앗이

품앗이라 함은 농촌 사회에서 일손이 부족한 농번기에 상호 노동력을 제공·보답하던 경작의 방법이었다. 이것이 발생하게 된 동기는 농경 문화의 특수성과 밀접한 관계가 있다. 우선 지적할 것은, 하천문화권의 농업이 개인의 노동력으로 감당할 수 없는 집약성을 가지고 있다는 점과 시기를 놓칠 수 없다는 점이다.

품앗이는 농업에 종사하는 이웃이 약간의 시차를 두고 대체로 같은 종류의 노역을 되갚는 형식이었고, 시간과 인력, 그리고 경지 면적의 엇비슷함[等價性]을 중요시했다. 이는 중농 이하이거나 소작농의 유풍이었다.

품앗이의 방법은, 두레가 집단적 의미를 담고 있는 것과는 달리, 가족 농업의 경우에 인력 부족 현상을 극복하는 자구 수단이었다. 두레가 대규모의 공동 노동 조직인 것과는 달리, 품앗이는 소규모의 가족적 노동 교환 조직이었다.[90] 가구당 영농 인력이 2~4명으로서 쌍방 품앗이(노동의 맞교환)의 경우가 많았고, 6~10호의 가구가 품앗이를 하는 경우도 있었다.

농지의 규모는 영세농이 아니며 머슴을 둘 정도의 규모가 되지 못하는 경우가 많았다.[91] 품앗이는 연중 이루어지지만, 특히 노동 집약이 요구되는 모내기, 김매기, 추수기, 그리고 탈곡 시기에 주로 이루어졌으며 때로는 소[牛]를 빌려주는 경우도 있었다.

이 품앗이는 한국인의 궁극적 관심의 하나인 상생相生의 논리에 바탕을 두고 있다. 상생의 철학적 기초는 결국 이웃의 정리情理를 바탕으로 하는 휴머니즘이었다. 품앗이는 강제성이나 영속성을 갖는 것이 아니라 수시로 노동을 교환함으로써 농업 기술이 발달하지 못한 전근대 사회에서 생존을 꾀하기 위한 원초적 공동체 의식의 발로였다.

물론 품앗이가 화폐 경제의 미발달을 전제로 하는 것은 사실이지만 이것이 전적으로 금전만으로 설명될 수 없는 인정과 불교의 보은報恩의 의미가 있었다. 왜냐하면 품앗이의 동기는 이웃 사이의 친분과 공생共生의 의미를 담고 있기 때문이다.

---

90) 朱剛玄, 『한국의 두레』(1), p. 166.
91) 崔在錫, 『韓國 農村 社會 構造』, pp. 320~321.

3) 부락제部落祭

부락제의 역사는 취락의 형성과 때를 같이할 만큼 오랜 역사를 지니고 있다. 우리 역사를 돌아보면, 근대화 이전까지도 정월 대보름의 산제山祭와 횃불놀이와 줄다리기와 윷놀이, 단오의 그네뛰기, 7월의 백중놀이와 논농사를 마친 뒤 휴식과 여흥 그리고 풍요의 기약과 그간의 노고를 서로 위로하는 호무시(호미 씻기)가 있었다.

그뿐만 아니라 8월 추석, 특정한 시기가 없이 거행되는 골맥이,[92] "제전祭典의 반란"[93]으로서의 가면극 놀이,[94] 농악 놀이, 친족 사이의 결속을 다지는 중요 행사였던 시향時享 등도 있었다. 아울러 두레의 가입자들은 각 가구의 노동력의 균형을 가늠하고자 일종의 "들독"과 "술맥이"의 통과의례를 거쳤다.[95]

이러한 부락제는 신성神聖 기간을 정하고 혈연의 확인 과정, 풍요, 재이災異로부터 부락의 안녕을 기구祈求하는 기능, 나눔을 통한 통합의 기능, 부락 회의의 기능, 축제를 통한 감사와 기약의 기능, 그리고 오락의 기능을 가지고 있는 종합예술이었다.[96]

이러한 기능 가운데 공동체 의식이나 공공선과 관련하여 정치학적으로 중요한 것은 부락민이 집단적 신열神悅(collective ecstasy)[97]을 통하여 그들의 정체성integrity이 형성되었다는 사실이다. 다만 서양의 부락제가 전승戰勝 놀이의 성격이 강렬했던 것에 견주어 동양의 하천문화권, 특히 한국의 부락제는 농사의 풍요, 천재지변으로부터의 안녕, 산신제山神祭의 경우와 같이 맹수로부터의 보호를 주

---

92) 이 책 제5장 「제천의식과 부락제」, p. 193 참조.

93) 金烈圭, 「巫俗部落祭와 그 민간 思考」, 『人文科學』(22)(연세대학교 인문과학연구소, 1969), p. 135.

94) 전국적으로 산재해 있는 가면극 놀이가 지니는 공동체적 의미는 (1) 잡귀를 쫓는 의식무儀式舞와 굿 (2) 파계승에 대한 풍자 (3) 남녀의 갈등 (4) 양반에 대한 저항 (5) 곤궁한 서민 생활의 곤궁함에 대한 위로 등을 통해 고통을 함께 나누는 데 있었다. 李杜鉉(외), 『우리 나라의 문화재』(서울 : 문화재관리국, 1970), p. 388 참조.

95) "들독"이라 함은 노동력(체력)을 측정하고자 돌을 들어 올리는 일종의 성인식이며, "술맥이"는 성인이 된 상징으로서 술을 먹이는 풍습이었다. 이날에는 젊은이들이 술에 취하는 것을 양해했다. 이상훈, 「임실 지방의 들독(들돌)」, 『문화저널』(전주 : 전북문화저널사, 1992), pp. 80~81.

96) 장주근, 『한국의 향토 신앙』, pp. 51~54.

97) 金烈圭, 「部落巫俗祭와 그 민간 思考」, p. 136.

요 주제로 삼고 있으며, 따라서 더 평화적이고 정적靜的인 특성을 지니고 있었다.

부락제의 대표적인 사례로서는 기우제祈雨祭가 있다. 이는 이미 고대 사회에서부터 존재하던 예식이었다.[98] 첨성대瞻星臺는 대표적인 기우제단이었다.[99] 전국적으로 가뭄이 들 때는 왕이 제주가 되어 기우제를 거행하는 경우도 있었다.

그럴 때면, 왕은 정전正殿에서의 생활을 피하거나 음식의 숫자를 줄이고, 죄수들을 풀어주었다. 가뭄이 심할 경우에는 한 해에 두 번 기우제를 지냈다.[100] 기우제는 수리와 관개가 발달하지 못했던 시대에 천수답의 한계를 극복하고자 거행했던 보편적인 부락제였다.

부락제에서는 농악(풍물)의 요소를 지나칠 수가 없다. 흔히 노동요勞動謠라는 것은 노동의 고통을 감소하며 흥을 살려 생산성을 제고하는 것에서 한발 더 나아가 부락공동체의 결속을 다지는 응집력을 제공했다. 농악은 풍요의 기원과 감사의 뜻을 담고 있을 뿐만 아니라, 노동하는 가운데 함께 먹는 식사나 노동이 끝난 뒤에 이어지는 주연酒宴 또한 연대감의 형성에 중요한 계기를 마련해 주었다.

그런데 부락제를 바라보는 유생의 눈길은 곱지 않았다. 그 이유는 두 가지를 들 수 있는데, 첫째는 부락제가 담고 있는 반유교적 풍자와 기존 질서에 대한 도전 때문이었고, 둘째는 고사告祀 등에서 나타나는 무속의 요소가 유생들의 눈에는 음사淫邪로 보였기 때문이다. 부락제의 유교 풍자와 이로 말미암은 유생의 거부 반응은 이해할 수 있지만, 무속에 대한 유교의 견해에는 문제가 있었다.

무속은 민족 정서의 바탕으로서, 권선징악勸善懲惡, 기원祈願, 벽사辟邪(미신 타파), 저주 등 복잡한 요소를 안고 있다. 그것의 과학적 적실성은 그리 중요한 것이 아니었고, 그것이 지니는 집단적 염원의 표현 방식, 공동체의 연대성 고양, 연회宴會의 성격, 그리고 위약僞藥효과placebo가 사회 과학의 영역에 차지하는 비중은 높았다.

98) 『三國史記』 雜誌 祭祀 新羅 宗廟의 制度 小祀.

99) 첨성대에 관한 자세한 논의는, 신복룡, 『잘못 배운 한국사』(서울 : 집문당, 2022), pp. 60~69; 이 책 제5장 「제천 의식과 부락제」, pp. 183~186 참조.

100) 『高麗史』 志(8) 五行 金 旱災.

4) 계契

인간의 삶이 공동체적 취락의 형태를 취하면서부터 친교와 상조相助는 중요한 덕목이었고, 생존의 방편이었다. 그러한 삶의 모습으로 나타난 것이 곧 계契였다. 계의 연원은 사교적·종교적 술자리[會飮]로 시작된 것인데 로마 시대의 사교 모임*collegia mimorum*과 상사喪事조합*collegia funeratica*이 이러한 사례에 속한다.[101] 계와 같은 친목 집단의 형성은 화폐 경제의 미발달과 구빈救貧이나 대금업貸金業의 미발달과 상관관계를 이루고 있다.

조선에서 계의 발생은 좀더 복잡하여 종교적·사교적·도덕적·경제적 성격을 띠고 있다.[102] 조선조 중엽 이후는 조선 봉건 국가의 붕괴 과정인 동시에 민간의 이식利殖 자본의 싹이 트는 역사적 단계였다. 이 시기에 외관상으로는 정권이 강고한 듯했지만, 내면으로는 통제력이 해이해지고, 명목상으로는 여러 가지 구빈 정책을 시행하였으나 재정 파탄과 관리의 가렴주구는 서민의 삶에 대한 압력을 가중함으로써 백성에게서는 자조自助의 방안을 강구하기 시작했는데 그 가운데 하나가 계였다.[103]

계의 설립 의도가 어디에 있었던가 하는 문제는 강원도 건봉사乾鳳寺의 사찰계寺刹契였던 금강갑계金剛甲契의 다음과 같은 취지서에 잘 나타나 있다.

> 정분이 두터우면 주위가 다 형제이고 우애가 일그러지면 동기간도 남과 다를 바 없으니 정情과 의誼 두 글자는 그 뜻이 참으로 소중하다. …… 바라건대 우리 동갑네들은 명심하여 시작과 끝맺음을 잘 이어간다면 우리의 후손들이 크고 아름다운 자취를 새겨보고 조상을 생각하는 마음이 구름같이 피어올라 서로 친목하기를 오늘 우리와 같이 할 것이니 이와 같은 인연으로 계를 맺은 것이 어찌 아름답지 않겠는가. ……
>
> 알고 지내는 벗들 가운데 유고가 있을 때는 인륜의 도리와 의리의 마음으로 찾아가 안부를 묻게 되던 차에 금번 정겨운 우리는 각자 흩어져 있지만 같은 동갑이어서 서로 모여 뜻을 함께하는 계를 모았다. 계원의 자격으로는 모두가 다 응낙하고 모인 까닭에 친하든 친하지 않든, 소홀하든 소홀하지 않든, 귀하든 귀하지 않

101) 백남운, 「조선 契의 사회사적 고찰」, 『백남운전집(4) : 휘보』, p. 44.
102) 백남운, 「조선 契의 사회사적 고찰」, p. 14.
103) 백남운, 「조선 특유의 사회 제도」, 『백남운전집(4) : 휘보』, pp. 109~110.

든, 인격자이든 그렇지 않든 가리지 않고 네 색깔이 한데 어울려 평등의 원칙에서 계원이 되었으니 이제 한뜻이 된 것이다.[104]

계는 기본적으로 경제 집단이었다. 따라서 계의 목적을 수행하는 수단으로 규약에 따라서 계의 재산을 갹출하는데 그 출자 방법은 곡물과 노무를 제공하는 경우가 많았고, 후기에 들어오면 금전을 출연出捐하는 경우도 나타나기 시작했다. 출연된 자산은 구휼救恤, 대부貸付와 이식利殖, 경조사에 부의賻儀나 축의금, 공회나 부락제의 찬조 비용 또는 경비로 쓰였다.

계는 그 기능에 따라서 다음과 같이 분류할 수 있다.

(1) 사교 목적의 계 : 상호 친목, 들놀이[遊娛山水], 풍기風紀 유지를 목적으로 하는 계로서, 활터계[射亭契]·시계詩契·동갑계同甲契·유산계遊山契가 있다.

(2) 교화와 공공사업을 목적으로 하는 계 : 권신징악, 풍속 개선, 교육 사업, 토목 사업, 납세, 위생 및 산업 조장의 기능을 수행하는 계 : 서당계書堂契·정호계井戶契·당산제계堂山祭契·보계洑契가 있다.

(3) 상호 부조와 재해 보험을 목적으로 하는 계 : 혼인계·호신계互信契·차일계遮日契·상여계喪輿契·친목계·회갑계·종친계 등이 있다.

(4) 산업 목적의 계 : 생산 근로와 생산 보조, 생산 수단의 획득과 소비 보장을 위한 계로서, 어망계漁網契 등이 있다.

(5) 자금 융통을 목적으로 하는 계로서, 월수계月收契, 저축계貯蓄契, 상무계商務契 등이 있다.[105]

(6) 특수한 목적의 계 : 원한에 사무친 노비들이 그들의 주인을 죽이기로 작정하는 살주계殺主契[106]와, 불교도들이 친목을 도모하는 사찰계寺刹契

위와 같은 구분이 가능하다고 해서 각 계가 어느 한 가지의 목적만을 수행하는 것이 아니며, 취락에서 발생하는 전반적인 대소사에 관련되어 있었다. 1565년에 설립되어 현존하는 최고最古의 계인 전남 영암靈巖의 구림계九林契의 계헌契憲에는 그 업무로 다음과 같은 일들을 적시하고 있다.

---

104) 이영선, 『금강산건봉사사적』, pp. 312~314.

105) 백남운, 「조선 계의 사회사적 고찰」(1927), pp. 17~20.

106) 『燃藜室記述』(36) 肅宗朝故事本末 亂民을 잡아 다스리다; 『八谷先生集』(3) 墓誌 先妣貞敬夫人全州李氏壙中記.

초상·장례에 서로 돕는다.[喪葬相賻]
혼인에 서로 돕는다.[婚姻相扶]
환난에 서로 돕는다.[患難相救]
신의를 가르치고 화목함을 닦는다.[講信修睦]
동네의 일을 돌아가며 맡는다.[洞任輪定]
유사의 직분을 서로 맡는다.[有司相遞]
나중에 들어온 사람은 예의를 갖춘다.[後人行禮]
과실을 서로 경계한다.[過失相規]
게으름을 징벌한다.[怠慢致罰]
죄가 있으면 동네에서 쫓아낸다.[有罪黜洞]
사산의 벌목을 금한다.[四山禁伐]
기타 잡규雜規[107]

훈계와 징벌을 주로 하는 문중계도 있다. 예컨대, 임영대군臨瀛大君 영양군파英陽君派 문중계의 규칙에 따르면 다음과 같은 과실을 저지르는 족친에게는 볼기[笞] 3대를 치도록 되어 있다.

(1) 불효 부모와 형제 반목
(2) 족친 사이의 불목
(3) 음주 행패
(4) 유부녀 간통
(5) 선영 훼손
(6) 선영 남벌
(7) 기타 부모와 선영에 욕되게 하는 일[108]

계의 소집일은 따로 정해진 것이 아니고, 초파일, 단오와 추석, 설 명절 등의 민속절에 많이 모였고, 산신제의 경우에는 정월 보름에 모이는 것이 상례였으며, 수시로 발생하는 경조사의 날이 모임 일자였다. 이러한 형태로 존재한 계가 1920년대에는 전국에 2만에 이르렀다는 기록이 있다.[109]

---

107) 『鳩林大同契誌』, p. 34.
108) 『臨瀛大君 英陽君派 宗契 規則』(1910, *mimeo*)
109) 백남운, 「조선 契의 사회사적 고찰」, p. 15.

5. 결론

이 장의 결론은 다음과 같다.

[1] 봉건 시대를 거치지 않았고 따라서 지방분권적 자치의 경험이 없는 한국에서는 공민 의식을 훈련할 기회가 드물었다. 이러한 유산 속에서 향약이 지니는 공동체적 의미는, 그것이 향촌 사회의 질서를 지탱하는 중추가 됨으로써 공동체의 구심점으로서 구실을 하는 동시에 공공선의 구현을 위한 지침을 마련하는 구실을 할 수 있었다는 점이다.

[2] 향약은 한국 정치사에서 관청이 주도하지 않은 순수한 민간 차원의 향촌 조직으로서 지역 공동체의 형성과 발전을 주도하였고, 그것이 이 땅에 정착된 뒤로는 관청이 해결할 수 없는 인정人情·세사世事를 처리하던 중요한 미풍양속이었다. 향약은 한국의 지방자치사의 중요한 유산이다.

[3] 당초에 조선의 지배 계급은 주자朱子의 정신이 잘 표현된 향약을 통하여 유교적 풍토를 진작함으로써 백성을 교화시킬 수 있기를 바랐다. 퇴계와 율곡이 향약 운동에 앞장선 것이 그러한 사례에 속한다. 그러나 향약을 실시함으로써 향촌의 토호가 집단화하고 지방정부에 조직적으로 저항하는 세력으로 성장하자 지배 계급은 향약의 설립 운동을 철회하고 이를 억압하기 시작했다. 그 이면에는 향촌 세력의 발호에도 일말의 책임이 있다.

[4] 향약이 과실果實로 나타난 것이 향속鄕俗인데, 두레·품앗이·부락제·계와 같은 것이 그 사례에 속한다. 이러한 향속은 화폐 경제가 발달하지 않았고, 구휼제도가 보편적으로 보급되지 않은 전근대 사회에서 정체성과 유대감을 높여줌으로써 향촌을 지탱하는 활력이 되었다. 그들은 유교적 향풍鄕風을 바탕에 깔고 상부상조하던 민간 단체로서, 그 근본 정신은 상생과 공존이었다.

제20장 선비의 부침浮沈

"조선의 선비들은
갈라파고스 거북증후군으로 몰락했다.
–본문에서

1. 서론 : 왜 선비인가?

시대가 아파하면 지식인의 고뇌도 깊어가기 마련이다. 물론 어느 시대를 가리지 않고 정당성이 없는 정권에 영혼을 판 지식인들spiritual homeless이 없는 것은 아니지만, 지식인들은 늘 남들보다 더 아파했다. 그 가운데서도 국난기 문인의 삶은 더욱 고통스러웠다. 그들은 투사들이 아니다. 문인들은 "서로를 가볍게 여기는 경향"(詞人相輕)이 있기 때문에[1] 조직을 갖추지 못한 인문주의자일 뿐이었다.

서양의 경우에 문인들은 정치 고문이 되거나 군주의 사관史官이 될 목적으로 라틴어와 그리스어를 배우던 시대가 있었다. 중국의 사대부는 서양에서 문예부흥기의 고전주의자들과 마찬가지로 고전에 관한 인문주의적인 교양을 지녔으며 아울러 일정한 시험을 거친 문학자와 비슷했는데[2] 한국사에서 문인도 중국의 그것과 크게 다르지 않았다.

---

1) 『補閑集』(중), 『한국의 사상대전집』(3)(서울 : 동화출판공사, 1977), pp. 279, 416.
2) M. 웨버(저), 박봉식(역), 『직업으로서의 정치』(서울 : 박영사, 1977), p. 46.

가치 혼돈의 시대가 오면 우리는 어디로 가야 하나? 어떻게 살아야 하나? 하는 문제로 고민하기 시작하고 그 시대의 추앙받는 지식인들의 입을 바라보며 그 대답을 기다린다. 지식인이라고 해서 그런 대답을 늘 준비하고 있는 것은 아니다. 고단한 시대를 살아야 했던 황현黃玹의 다음과 같은 절명시絶命詩가 당대 지식인의 어려움을 잘 보여준다.

> 새와 짐승이 울고 바다와 산악이 찡그리니
> 무궁화 피던 이 땅은 이미 더럽혀졌구나.
> 가을 등불 아래 책을 덮고 천고를 회상하니
> 인간으로서 식자識者 노릇하기가 참으로 어렵도다.
> 鳥獸哀鳴海岳嚬 槿花世界已沉淪
> 秋燈掩卷懷千古 難作人間識字人[3)]

이 글의 문제 의식은 그러한 시대적 격동기를 살다 간 지식인들, 한국의 표현으로 이 글의 주제어가 되고 있는 "선비"의 문제와 관련하여

(1) 한국 사회에서 누구를 선비로 보아야 하는가?
(2) 선비의 자질은 무엇일까?
(3) 왜 한국사에서 선비의 유산은 몰락했는가?

를 다루고자 한다. 이 글은 서양의 젠트리gentry와 중국의 향신鄕紳의 문제를 유념하면서 위의 문제를 밝혀보고자 한다. 그런 점에서 이 글의 시각은 사학사史學史나 사상사思想史의 논의에서 조금 빗겨 서서 개념의 문제는 비교문명사의 시각에서 바라보고 몰락의 문제는 사회경제사의 시각에서 바라보고자 한다.

2. 선비 문화의 등장 : 비교문화사적 고찰

이 글에서 선행되어야 할 예비적 논의는 누구를 선비라고 하느냐의 개념적 고

3) 『梅泉野錄』(서울 : 국사편찬위원회, 1971), 해설, p. 3.

찰이다. 적어도 한국사라고 하는 배경에서 이 글이 말하고자 하는 선비라 함은 다음과 같은 인물을 의미하는 용어로 썼다.

(1) 선비라 함은 그 시대의 최고 지식인이었다.

(2) 그가 벼슬[入仕]했는지의 여부는 선비의 범주에 넣고 빼는 데 중요한 인자가 되지 않는다. 그가 설령 벼슬의 길로 나섰다고 하더라도 훈구/보수의 세력에 안주하지 않고 시대적 소명에 관하여 논박한 인물은 선비의 개념에 포함했다.

(3) 서양이나 중국의 경우와는 다소 다르게, 한국의 상황에서 선비의 개념에는 대체로 재야 지식인counter-elite out of government으로서, 현대적 개념의 진보주의자progressive liberals라는 개념에 더 무게를 두었다. 따라서 여기에서는 그의 개혁 의지나 진보성을 크게 주목했다.

(4) 그들이 주장하는 논지의 시대적 가치와 적실성, 그리고 실천praxis에 주목했다.

문화적 특성이 동일하다고 볼 수는 없지만 유교 문화를 공통된 유산으로 삼고 있는 한국사에서 선비 문화를 논의할 때 우리는 중국 문화의 천착穿鑿으로부터 자유로울 수 없다. 특히 유생의 유사 개념으로서의 선비 문화를 논의할 때는 더욱 그렇다. 이런 식의 논리적 접근은 한국 문화의 독창성에 손상을 줄 수도 있고, 중국 문화에 대한 종속성을 지적하는 비판에 노출될 수도 있다.

그러나 우리는 사상사의 논의하면서 중국의 유산을 불편한 심정으로 인정할 수밖에 없다. 2천 년의 유교의 그늘에서 벗어나는 것이 그리 쉬운 일도 아니고 그것이 반드시 문화적 자주성만을 의미하는 것만도 아니기 때문이다.

동양에서의 선비에 해당하는 중국에서의 향신의 유산은 매우 뿌리가 깊다. 먼저 『예기』의 다음과 같은 기록이 눈길을 끈다.

무릇 인재를 기용함에는 반드시 먼저 그 인물을 논변한 다음 일을 시킨다. 일을 맡긴 뒤에 벼슬을 주고 벼슬의 지위가 결정된 뒤에 봉록을 준다. 사람에게 조정의 벼슬을 줄 때는 선비(士)와 더불어 의논하며 …… 선비는 길에서 죄인을 만나면 말도 걸지 않는다.[4]

---

4) 『禮記』(5) 「王制」

위의 글에서 강조하고자 하는 것은 선비의 사회적 비중이었다. 선비가 그와 같은 사회적 존경을 받는 데 필요한 첫 번째 조건은 예절을 갖추는 것이었다. 중국인들은 예의를 배우느라고 젊은 시절을 바쳤고, 예의를 지키면서 생애를 소비했다. 학자는 그것을 가르치고, 관리는 그것을 권고했다. 예의가 인생의 작은 행위까지 포함하고 있었기 때문에 예의를 엄밀히 준수하도록 하는 방법을 찾았을 때 중국은 잘 통치되었다.[5)]

그렇다면 그들이 말하는 "선비의 갖춤"이란 무엇일까? 이에 대하여 맹자孟子는 다음과 같은 구체적인 자질을 요구한다.

> 왕자 점墊이 맹자에게 물었다.
> "선비는 무엇을 일삼아야 합니까?"
> "뜻을 높이 가져야 합니다."
> "뜻을 높이 가져야 한다 함은 무엇을 말함입니까?"
> "인仁과 의義일 따름입니다.[6)]

중국의 정치사는 그와 같은 유교의 가르침을 반영하고자 노력했다.

> 그리하여 향리鄕里에 지시하여 뛰어난 선비를 논평하여 사도司徒에게 추천하는데 이를 선사選士라 하고, 사도는 우수한 선사를 논정하여 국학에 추천하는데 이를 준사俊士라 하고, 사도에 의해 추천된 향리에서 국학에 추천된 자를 조사造士라 하며, 대악정大樂正은 조사 가운데 우수한 자를 논정하여 왕에게 보고하고 이를 사마司馬에게 추천하는데 이를 진사進士라 했다.[7)]

위의 글에서 의미하는 바에 따르면, 중국 사회에서 지식인이라 함은 적어도 진사 정도의 지식 수준을 요구했다. 그들은 왜 향신으로서의 진사를 중요하게 여겼을까? 그것은 중국의 중앙집권적 군주정에 하나의 약점이 있기 때문이었다. 정권을 잡은 군주는 혼자서 전국을 장악할 수 없었다. 그는 마음 내키지 않았지만, 통치 과정에서 지식인들의 도움이 필요하여 그들을 관료로 임용할 수밖에

---

5) Baron de Montesquieu, *The Spirit of the Laws*, Book XIX, § 17.
6) 『孟子』「盡心章」(上)
7) 『禮記』(5)「王制」

없었다.[8)]

따라서 중국의 전통 사회에서는 중앙정부와 지방정부에서 나누어 업무를 처리하는데, 지방정부의 지도자들을 가리켜 향신이라 불렀다. 향신들은 하의상달의 기제機制였다. 그들은 통치권의 안팎에 있는 동료와 친지를 통하여 비공식적인 영향력을 행사했다.[9)]

베버Max Weber는 이와 같은 중국문화권을 가리켜 봉록俸祿 국가라고 말한 바 있다. 그의 말을 빌리면, 관리가 현실적이거나 의제적擬制的 관직 의무를 수행하는 댓가로 물질적으로 고정된 지대수입地代收入이나 토지의 이용권을 종신토록 받음으로써 지배자에 의해 경제적 재화가 영구적으로 보장된 공직 제도를 봉록제라고 한다.[10)]

사실 중국의 전통 사회에서 향신으로 태어난다는 것이 반드시 관료가 되는 것을 의미하지는 않았다.[11)] 오히려 중국 사상가의 우선적인 관심은 백성이 먹고사는 문제[養民]였다. 이를 구체적으로 논증한 사람은 관자管子였다. "예절의 기본은 의식衣食에서 출발한다."[12)]는 관자의 생각은 중국사를 관통하는 지배 논리 가운데 하나였다. 그래서 공자는 말하기를 "관중管仲이 아니었다면 우리는 아마 머리를 너풀거리고 옷섶을 왼쪽으로 여미게 되었을 것"[13)]이라고 그를 칭송했다.

이와 같은 양민의 논리를 구체화한 사람은 맹자였다. "백성들이 살아가는 방법을 보면, 떳떳한 재산이 있는 무리는 떳떳한 마음을 갖고, 떳떳한 재산이 없는 무리는 떳떳한 마음이 없는 것이니, 떳떳한 마음이 없으면 아무 거리낌 없이 제멋대로 행동[放辟]함과 사치邪侈하지 않음이 없을 것"[14)]이라고 맹자는 생각했다.[15)] 그러면서 그는 "제후諸侯의 보배로서 토지와 인민과 정사政事"[16)]를 강조했다.

맹자는 왜 이렇게 먹고사는 문제에 몰두했을까? 그는 먹고사는 문제가 해결될

---

8) Hsiao-tung Fei, *Chinese Gentry*(Chicago : The University of Chicago Press, 1953), p. 24.

9) Hsiao-tung Fei, *Chinese Gentry*, pp. 83~84.

10) Max Weber(著), 梁會水(譯), 「지배의 사회학」, 『사회과학논총』(서울 : 을유문화사, 1975), pp. 294~295.

11) Hsiao-tung Fei, *Chinese Gentry*, p. 17.

12) 『管子』(23) 「牧民」 : "倉廩實則知禮節 衣食足則知榮辱"

13) 『論語』 「憲問」

14) 『孟子』 「滕文公章」(상)

15) 『孟子』 「梁惠王章」(상)

16) 『孟子』 「盡心章」(하) : "孟子曰 諸侯之寶三 土地人民政事"

때 비로소 지방의 통치가 가능하다고 믿었기 때문이었을 것이다. 향신에게는 자치의 요소가 있는데,[17] 자치란 기본적으로 "경제적 자기지탱력"을 의미하는 것이다. 향신이 그런 "체통"을 유지하고 있을 때 향촌 사회의 안정을 도모할 수가 있었다.

부락공동체가 해야 할 일은 관개灌漑, 부락 방어, 분쟁 조정, 상부상조, 부락 축제, 제례 등이다. 지방정부는 중앙정부와 관계없이 지방정부가 학식이 높고 재산이 많은 부락 유지有志의 지도를 받아 그런 문제들을 수행한다. 유지들은 그러한 행사를 직접 처리하지는 않지만 그런 행사를 결정하는 위치에 있었다.[18]

중국에서 향신이 통치에 몸을 담은 것은 그러한 질서 속에서 면책과 재산을 지키려는 것이었다. 중국에서는 금의환향하는 것이 인생에서 가장 멋진 일이다. 그는 고향에 돌아와 여유로운 여생을 즐기게 된다. 그들은 정책 결정에 직접 참여하지 않지만, 조정에 영향력을 미칠 수 있고, 착취로부터 자신을 보호할 수 있었다.[19]

한국사에서 말하는 선비의 유사 개념으로서 서양의 젠트리gentry를 살펴보는 것도 유익하다. 젠트리란 출생에 따른 사회적 계층에서 귀족 바로 아래에 위치하고 있으며, 지속적으로 두터운 층을 이루는 유력한 존재였다. 봉건제 사회의 하층 귀족[騎士]으로 그 연원을 거슬러 올라가는 이 계층은 중세 말부터 근세에 걸쳐 지주 농업 경영에 대한 적극적인 관여와 상공업에 대한 투자 등을 통해 경제적으로 부유해진 한편, 언제나 명망가로서 전통적인 지방자치 담당자의 위치에 있었다.

유동성과 개방성도 함께 갖추고 있었던 이 계층은 19세기에 이르기까지 영국의 정치적·사회적 구조의 큰 틀을 유지하는 완충 역할을 수행했다. 그러나 그들의 성공은 다만 농업 활동에만 원인이 있었던 것은 아니었다. 미래를 바라보는 안목을 가진 그들은 토지를 가진 상층 계급이나 좁은 의미의 유산계급과 친분과 연관을 맺고 있었다.[20]

---

17) Hsiao-tung Fei, *Chinese Gentry*, p. 84.

18) Hsiao-tung Fei, *Chinese Gentry*, p. 81.

19) Hsiao-tung Fei, *Chinese Gentry*, pp. 31~32.

20) Barrington Moore, *Social Origins of Dictatorship and Democracy*(Boston : Beacon Press, 1966), p. 15.

그런 점에서 영국의 경우 농업자본주의를 발달시킨 주역들은 젠트리였다. 잉글랜드의 지주층이 봉건 세력으로 머무르지 않고 자본가로 변신하는 과정에서 중세 기사들은 이제 더 이상 전사들의 집단으로 기능하지 못하고 영지의 관리인으로 정착하면서 젠트리라는 독특한 신분 질서를 낳았다. 이들은 영지에서 법과 질서를 유지하는 임무를 맡았다.

젠트리는 세습 귀족과 함께 귀족 사회를 구성하면서 지방의 의원직과 치안판사를 독점함으로써 일찍부터 지방 유지로 자리 잡았다. 이들이 그 위치를 확보·유지할 수 있도록 만들어 준 것은 토지의 집중이었다.[21] 그런 점에서 본다면, 젠트리라 함은 귀족peerage과 소지주yeomanry의 중간 계층이었다.[22] 이들은 구질서를 유지하려는 왕당파에 대한 주요 대항 세력이었으며, 내란의 중요한 원인이었다.[23]

1640년대에 일어난 내전과 1688년의 명예혁명으로 영국의 젠트리의 위치는 절대적인 것이 되었다. 찰스 1세Charles I는 젠트리를 약화시키고 이들이 석권하고 있는 의회의 정책 결정 역할을 인정하지 않은 채 의회의 동의를 받지 않고 세금을 부과하고 치안판사 세력을 공격함으로써 내전이 일어나는 원인을 제공했다. 내전과 명예혁명은 궁극적으로 왕권을 분쇄하여 지주위원회에 통치권을 넘기는 결과를 낳았다. 내전을 치른 뒤 젠트리는 지방에서 "작은 왕"처럼 행세하였다.[24]

이러한 사회경제적 배경을 바탕에 깔고 젠트리가 향신으로 자리 잡게 된 데에는 봉건 체제가 안고 있는 분권적 자치성이 크게 작용했다. 전제국가는 여러 가지 종류의 분리 정책으로 자기의 체제를 유지했다. 전제국가는 멀리 떨어져 있는 지방을 강력한 봉신의 손에 맡김으로써 그것이 가능했다.[25] 이 과정에서 귀족들은 신분의 세습이 갖는 편의로움을 발견했다.[26]

이러한 체제의 유지 과정에서 가장 중요한 것이 재산이라는 사실을 이론적으

---

21) 박지향, 『영국사 : 보수와 개혁의 드라마』(서울 : 까치, 1997), pp. 138~139.

22) 문영상, 「영국 gentry 계층의 역할과 그들의 역사적 성격」, 『부산사학』(1)(1972), p. 111.

23) Barrington Moore, *Social Origins of Dictatorship and Democracy*(Boston : Beacon Press, 1966), pp. 14~15.

24) 박지향, 『영국사 : 보수와 개혁의 드라마』, p. 140.

25) Baron de Montesquieu, *The Spirit of the Laws*, Book V, § 4.

26) *Ibid.*, Book XI, § 6.

로 정리한 인물은 로크John Locke였다. 그의 주장에 따르면, "정치권력은 재산을 규제하여 보유해 가고자 법률을 만들 수 있는 권리"[27]였다. 이러한 논리는 몽테스키외Baron de Montesquieu에 이르면 더욱 강화되었다. 철저한 귀족주의자였던 그는 단호하게 "귀족의 존엄은 토지로부터 온다."[28]고 주장한다. 『법의 정신』에 나타난 길고도 깊은 논리가 토지의 이야기로 끝나는 것은 우연이 아니다.

본인이 의도했든 의도하지 않았든 간에, 근대 경제학의 아버지가 된 아담 스미스Adam Smith에 이르면 신분과 재산의 관계는 더욱 구체적 논리로 확립되었다. 그는 이렇게 말하고 있다.

> 시민적 제도가 자연스럽게 생기기 이전부터 어떤 사람들에게는 다른 주민보다 더 우위의 지위를 부여하는 원인이 있었는데 그 특징을 살펴보면;
>
> (1) 자질 : 체력, 아름다움이나 민첩함, 슬기로움과 도덕, 정신의 신중, 정의, 견인堅忍 및 중용에서 뛰어났다.
>
> (2) 연령 : 노인은 어디에서나 같은 계급이나 재산 및 능력을 타고난 젊은이보다 더 존경받는다.
>
> (3) 재산 : 재산의 위력은 어느 사회에서나 컸지만, 재산의 불평등을 인정하는 미개한 사회에서는 더욱 그러했다.
>
> (4) 가문 : 가문이 좋다는 것은 그것을 주장하는 사람들의 가족이 옛날부터 재산가임을 먼저 필요로 했다.[29]

위의 논리에서 주목되는 것은 신분과 재산의 상관관계이다. 데이비스G. Davis는 유럽에서의 귀족의 3대 요소로서,

> (1) 덕행과 덕망virtue and meritorious service,
>
> (2) 문벌ancient family,
>
> (3) 광대한 토지broad acres[30]

---

27) J. Locke, *The Second Treatise of Government*(Oxford : Basil Blackwell, 1976), Ch. 1. § 3.

28) Baron de Montesquieu, *The Spirit of the Laws*, Book V, § 9

29) Adam Smith, *The Wealth of Nations*, Part 1, Chapter 1, (2), par. 2-6.

30) G. Davis, *The Early Stuarts, 1603-1660*(London : Oxford University Press, 1959), p. 266; 문영상, 「영국 gentry 계층의 역할과 그들의 역사적 성격」, p. 110 참조.

를 지적하고 있다. 그리고 청교도 혁명을 거치면서 앵글로-색슨계에는 신사의 의미를 대표하는, "냉철한 자기 억제에 대한 존경심"이 첨가되었다.[31)]

3. 선비의 자질

동서양을 가릴 것 없이 그 시대의 식자들에게는 요구되는 자질이 있기 마련이다. 서양사를 관통하고 있는 것은 플라톤Platon에서 마키아벨리Machiavelli에 이르기까지 덕성virtue과 재산이었지만 동양의 경우에 지식인이 갖추어야 할 자질은 좀 더 구체적이고 다양하다. 이를 정리하면 다음과 같다.

1) 사직社稷에 대한 충성(loyalty to the nation)

서양에서의 조국 또는 동양에서의 사직을 위한 죽음은 늘 찬미를 받았다. 그들은 의인이라는 이름으로 역사에 기록되었으며, 영웅전은 그들의 이름으로 가득 찼다. 국가에 대한 충성이 그토록 강조된 것은 빈번한 전쟁과 살육을 거친 다음 공동체에 감사함과 소중함을 느끼기 시작한 뒤에 나타난 일이었는데, 그리스와 로마를 둘러싼 수많은 전쟁이 그 시발이었다.

스파르타Sparta의 어머니들은 전쟁터에 나가는 아들에게 갑옷과 외투를 입혀주면서 "조국을 위해 싸우다가 어미와 아내의 품에 안겨 죽는 것은 참으로 영광스러운 일이다."[32)]라고 말했다. 이러한 전통은 중근대에 이르도록 유럽의 전쟁사에서 귀족이나 지식인들이 평민에 견주어 더 많은 희생자를 낳게 했다.

동양 사회에서도 지식인이 갖추어야 할 첫 번째 덕목은 사직에 대한 충성이었다. 난신적자亂臣賊子가 횡행하고 시역弑逆이 비일비재한 전국시대를 살면서 왕실은 지식인들이 왕실의 보존을 위한 이론을 공급해주기를 바랐다. 그들은 "선비가 충신忠信으로 갑주를 삼으며, 예의로써 간로干櫓(방패)를 삼으며, 인仁을 머

31) Max Weber, *The Protestant Ethic and the Spirit of Capitalism*(New York : Charles Scribner's Sons, 1958), p. 119

32) *Plutarch's Lives* : Pyrrhus § 27.

리에 이고, 의義를 품고 있어 폭정이 있다 하여도 그 소신을 굽히지 않기"[33]를 요구했다.

왜 송대에 이르러 사직에 대한 충성의 요구가 부쩍 늘었을까? 이는 그 당시의 사상계를 지배하던 주희朱熹(1130~1200)의 정치적 체험과 유학에 대한 그의 해석에서 그 뿌리를 찾을 수 있다. 그가 태어난 때로부터 성장기를 거쳐 학문의 원숙기에 이르기까지의 50년은 엄청난 정치적 변혁기였다.

송왕조는 문화적으로 우수했지만, 군사적으로는 한·당漢唐 왕조만큼 강력하지 못하여 언제나 이민족들의 위협을 받았다. 송왕조의 북송北宋(960~1126)이 남송南宋(1127~1279)으로 교체되던 시기에 태어나 어린 시절을 보내며 수학한 주희의 중요 관심은 사직의 지탱이었다.[34]

1127년 금金의 침략을 받아 수도 연경燕京이 함락되고, 휘종徽宗과 흠종欽宗이 금나라에 잡혀간 뒤 휘종의 아들 고종高宗이 응천부應天府로 피난하여 회수淮水 이남에 남송을 세울 무렵 위정자들에게는 피난 과정에서 약화된 왕권을 강화하여 상실한 북방 영토를 수복하고, 군신君臣과 신분 질서를 다시 세우는 일이 시급했다.[35]

그런 상황에서 주자에게 부여된 시대적 요청은 그가 정치 참여에 높은 가치를 부여하도록 만들었다. 이제 정치 문제는 기피할 대상이 아니라, 개인의 인격 완성을 위해서도 피할 수 없는 문제가 되었다.

그와 같은 주자의 생각이 고려에 전파되었을 때 많은 가치 변화가 일어났다. 안향安珦과 이제현李齊賢에 이르기까지 주자의 성리학은 아직 고려 사회에 낯선 것이었다. 그러다가 성리학의 수용과 함께 초월과 세속의 세계가 하나로 통일될 수 있으며, 인간의 운명은 오직 그 자신의 실천에 의해서만 좌우된다는 낙관이 나타났다. 이는 당대의 지식인들에게 혁신적인 희망을 고취했다.[36]

그들은 "태산이 작아져 숫돌같이 되고 황하가 말라 띠같이 되도록 나라를 길이 보존하여 후손에게 미치기를"[37] 바랐다. 그들이 내세운 충군의 논리는 "부모

---

33) 『禮記』(40) 「儒行」

34) Fung Yu-lan, *A Short History of Chinese Philosophy*(New York : The Free Press, 1966), p. 294.

35) 金萬圭, 『朝鮮朝의 政治思想硏究』(인천 : 인하대학교 출판부, 1982), p. 57.

36) 김영수, 『건국의 정치 : 여말선초 혁명과 문명 전환』(서울 : 이학사, 2006), p. 372.

를 잘 섬기는 것을 효라 하고, 그것을 임금에게 옮기는 것을 충이라 하니 이름은 비록 다르지만, 이치는 하나"[38]라는 점이었다.

공교롭게도 그 시기는 한국에서도 왕조 교체의 격동을 겪고 있었다. 고려왕조의 개창자들은 스스로의 정치적 기반을 지켜내지 못했다. 신라에 귀부歸附한 구신舊臣의 도움을 받으며 권좌를 지키던 건국 초기를 지나 신분과 토지의 재편이 일어나는 말엽이 되면 권력자들은 대쪽처럼 갈라섰다. 정도전鄭道傳과 권근權近을 중심으로 하는 신흥사대부들은 성리학을 정교적政教的인 모습으로 바꾸어 국가 이념과 교육 이념을 한데 묶으려는 통치 이데올로기를 제시했다.

이러한 과정에서 여말의 성리학은 윤리 면을 강조하는 예교 중심의 수양학파와 정치면을 강조하는 경세학파로 양분되었다.[39] 전자는 불사이군不事二君의 절의를 숭상하는 정몽주鄭夢周-길재吉再로 대표되고, 후자에는 새 왕조 건설에 크게 활약한 정도전-권근으로 대표된다. 그리고 역사적 평가는 청렴과 절의節義를 칭송하는 필치로 흘러갔다.[40]

조선조에 들어오면서 이색李穡-정몽주-길재로 이어지는 절의파는 수난을 겪으면서도 그 빛을 잃지 않고 존속하다가 이른바 세조 찬역의 계유정란癸酉靖亂(1453)을 계기로 더욱 강조되는 듯했으나 창업의 시기가 지나고 수성守成의 시기에 들어서면서 성종成宗 이후에는 절의파의 문제가 누그러지는 것처럼 보였다.

그러다가 다시 사화士禍를 거치면서 조광조趙光祖에 대한 연민과 숭모가 머리를 들어 지식인의 현실 참여가 회자膾炙되기 시작했다. 이이李珥가 이황李滉에게 말하기를 "만약 선생께서 경연經筵에 계신다면 나라에 이익이 클 것입니다. 벼슬이란 남을 위한 것이지 어찌 자기를 위한 것이겠습니까?"[41]라고 말한 것이 그 대표적인 사례였다.

조선조 중후기의 당의黨議의 시대를 거치면서 정치적 인간형*homo politicus*의 성향은 더욱 강화되었다. 그렇게 300년이 흐른 다음에 찾아온 서세동점의 물결과 일본 식민지통치의 시작은 조선의 지식인들이 더욱 강고하게 종묘와 사직을

---

37) 『東文選』(23) 「教書」 李穡 "賜贊成事潘卜海教書"
38) 『牧隱文藁』(10) "伯中說贈李狀元別"
39) 丁淳睦, 『退溪評傳』(서울 : 지식산업사, 1969), pp. 32~33.
40) 현상윤, 『조선유학사』(서울 : 현음사, 2003), pp. 22~29.
41) 『經筵日記』(1) 明宗 22년 7월 병진일.

걱정하게 만들었다.

그들은 위정척사衛正斥邪를 표방하면서 글로써 싸운 사람도 있고 실제로 총칼을 들고 의병으로 변신한 인물도 있었다. 그 앞자리에는 이항로李恒老와 최익현崔益鉉이 있었다. 최익현이 거병하자 그의 승리를 점치는 사람은 없었고 모두가 그의 안위를 걱정했다. 그때 그는 제자들에게 이렇게 말했다.

> 나도 성공하지 못할 것을 안다. 그러나 국가에서 선비를 키운 지 5백 년에 기력을 내어 적을 토벌하고 국권을 회복함을 의리로 삼는 사람이 한 사람도 없다면 얼마나 부끄럽겠는가? 내 나이가 80에 가까우니 신자臣子의 직분을 다할 따름이요. 죽고 사는 것은 깊이 생각할 것이 아니다"[42)]
>
> 국모를 시살弑殺한 반역과 주상을 모역한 앙화殃禍는 천하의 큰 변고이며 적을 토벌하고 복수하는 것은 천하의 대사이기에 적을 토벌하고 원수를 갚을 수 있으면 일이 바르게 되고, 도리가 순리롭게 되어 나라를 위하여 복수하고 중화中華를 보존하는 대의가 부모의 상을 치르는 것보다 무겁다."[43)]

그 당시에 유생들이 바라보고 있는 등불은 『춘추』春秋의 의리였다. 여기에서 주목할 것은 현대사에 들어오면서 역사소설과 텔레비전 사극이 국민이 절의를 숭상하도록 만드는 데 큰 몫을 했다고 하는 사실이다. 동서고금을 막론하고 역사적 사실들은 소설과 극본의 중요한 자료가 되어 왔다.

독자들이 딱딱하고 사변적인 논문이나 학술 서적보다는 쉽고 흥미로운 역사소설을 통하여 역사의 지식을 넓혀 간다는 것은 조금도 이상할 것이 없다. 이럴 경우에 문제가 되는 것은 소설이나 사극이 담고 있는 역사적 사실이 과연 얼마만큼 진실에 가까운가 하는 문제인데, 그 대답은 결코 긍정적일 수 없다는 데 문제의 심각성이 있다.

이를테면 한국의 역사소설가들은 설화story와 역사학history의 거리를 너무 멀리 떼어 놓았다. 이광수李光洙-박종화朴鍾和-이은상李殷相-최인욱崔仁旭으로 이어지는 역사소설가와 신봉승辛奉承을 정점으로 하는 사극 작가들이 역사 보급에

---

42) 『勉菴集』「年譜」丙午年(先生 七十四世)

43) 『毅菴先生文集』(4) 「疏」: 「소명에 따라서 入疆하다가 楚山에 이르러 심정을 말씀드려 죄를 기다리며 올린 글」(정유(1897) 8월); 朴殷植(저)·남만성(역), 『韓國獨立運動之血史』(上)(서울 : 박영사, 1975), p. 27.

기여한 공로는 작은 것이 아니었다. 그러나 그들은 실체적 진실을 좀 더 고민했어야 한다. 스코트Charles P. Scott의 말처럼 역사학에서는 "실체적 진실이 먼저이고 해석은 그다음의 일이다."[44)]

춘추필법과 주자학적 절의에 익숙해진 한국의 소설 문학은 세상사를 선악으로 재단함으로써 어떤 역사적 사실에서 누구는 나쁜 사람이고 누구는 의인이라는 이분법적 설정을 선호했다. 예컨대 이광수의 『단종애사』端宗哀史나 박종화의 『금삼錦衫의 피』를 시발로 하여 전개된 역사 소설은 비분강개悲憤慷慨함을 바탕에 깔고 선악의 논리로 인물을 재단했다. 여기에서부터 충의에 대한 인식이 엇나가기 시작했다.

2) 유교 경전에 관한 깊은 이해(highly educated in Confucian classics)

시문학에 대한 지식인들의 경도는 고대로부터 현대에 이르기까지 동서양에서 다 같이 나타나고 있는 현상이었다. 그러한 한 예로서 시라쿠사에서 포로가 된 아테네의 병사들은 에우리피데스Euripides의 시를 암송한다는 이유로 풀려났다.[45)] 중세 서유럽에서 전개된 문예부흥의 저력은 계몽사상이었고, 그 계몽사상의 중심을 이룬 학자들은 백과전서파들Encyclopaedist이었다.

백과전서파들은 박람강기博覽强記했다. 그들은 문학·역사·철학은 물론이고 법학에 일가를 이루었으며 생물학과 천문학 등의 자연과학, 그리고 미술과 예술에도 박식했다. 학자로서 박식함은 그 당시의 미덕이었다. 그들이 그와 같은 생각을 갖게 된 것은 무지가 죄를 낳을 수 있다는 그리스의 사상적 전통을 승계했음을 의미한다. 그들이 보기에 극단적인 복종은 민중의 무지를 전제로 하고 있었다.[46)]

박학을 숭상하는 사조는 동양 사회에서도 마찬가지였다. 당대의 사대부들은 문사철文史哲은 말할 것도 없고 경세학·법학·철학, 관상·기후·역학曆學 등의 천문학, 시서화詩書畫를 포함하여 음악 등의 예술, 의술, 수리水利를 포함한 농학·기계학 등에 통달해야 했다. 그러므로 "남자는 모름지기 다섯 수레의 책을 읽어

44) E. H. Carr, *What is History?*(London: Macmillan and Co. Ltd, 1961), p. 4.
45) 신복룡(역), 『플루타르코스영웅전』(II)(서울 : 을유문화사, 2021), 「니키아스」 § 29.
46) Baron de Montesquieu, *The Spirit of the Laws*, Book Ⅳ § 3.

야 한다."[男兒須讀五車書][47] 비록 지극한 도리가 있다 하더라도 배우지 않으면 그 착한 것을 알지 못한다.

이런 까닭으로 배운 연후에야 부족함을 알고 가르친 연후에야 피곤함을 안다고 선비들은 생각했다. 『논어』의 첫 구절이 "배움"學而으로부터 시작한다는 것은 예사롭지 않은 일이다. 그들이 보기에 가르침은 배움의 절반이었다.[48] 그들에게 사서四書의 통달은 기본이었다. 그리고 그 맨 앞에 『논어』論語가 있었다. 그러한 논리는 실학자들의 경우에도 예외가 아니어서 "성인의 길은 『논어』 한 책에 다 갖춰져 있다."[49]고 생각했다.

유교에서 주지주의intellectualism가 더욱 경도되기 시작한 데에는 왕양명王陽明의 영향이 컸다. 지행합일知行合一을 굳게 믿었던 그에게 지식은 행동에 우선하는 것이었다.[50] 그를 뒤이어 나타난 고염무顧炎武 또한 고증학考證學을 앞세워 지식인의 면학을 강조한다. 그의 말에 따르면, "군자는 박학해야 한다. 자신에서부터 시작하여 가정과 국가를 거쳐 천하에 이르기까지 도수度數를 마련하고 언행으로 나타남에 학문 아닌 것이 없다."[51]

중국과 유학의 유산을 공유하고 있는 한국사에서도 지식에 대한 열의와 강도에는 그들과 다름이 없었다. 그들은 중국의 고전을 인용하여 말하고 글 쓰는 것을 자랑스럽게 여겼다. 숙종肅宗 시대의 명신 김득신金得臣은 『사기』史記 열전列傳 가운데 「백이숙제전」伯夷叔齊傳을 10만3천 번을 읽었고, 『사서』四書·『삼경』三經과 『사기』史記·『한서』漢書·『장자』莊子 등의 여러 책 가운데에서도 어떤 것은 6~7만 번씩이나 읽었으며, 적게는 몇천 번씩 읽었다.[52]

한국의 중근세 유학자들이 중국의 고전을 읽으면서 이룩하려던 꿈은 무엇이었을까? 그 꿈은 정몽주를 통하여 구체적으로 나타났다. 정몽주가 꿈꾸던 나라는 주周의 시대였다.

박학함에 대한 집념은 절의파만의 독점물이 아니었다. 면학에 대한 집념은 신

---

47) 『莊子』「雜篇」天下(33) : "惠施多方其書五車"
48) 『禮記』(18)「學記」: "學學半"
49) 『星湖僿說』(23)「經史門 求仁」
50) 이에 관한 자세한 논의는 이 책의 제25장 양명학 참조.
51) 『日知錄集釋』(7)「博學於文」: "君子博學於文"
52) 『茶山詩文集』(12)「辨」金柏谷(金得臣)의 讀書에 대한 변증

홍사대부인 정도전의 경우에도 마찬가지여서, "당唐의 사람 쓰는 법에 다섯 가지 조목條目이 있으니 첫째는 교양敎養이었다."[53]고 강조한다. 그들은 책을 읽지 않았다는 이유로 성희안成希顔과 박원종朴元宗과 유자광柳子光을 소인으로 몰아붙임으로써 적의를 샀다.[54]

조선왕조 후기에서 이와 같은 호학好學의 사조를 이어받은 무리가 곧 실학자였다. 끝없이 학업에 근면할 것을 권고하면서 "배움은 부지런함에 있으니 부지런하면 얻을 것이오," 인생에서 배우지 못한 것이 가장 애석했다. 실학자들이 이와 같이 엄청난 양의 독서를 할 수 있었던 것은 그들이 명문가의 태생이거나 넉넉한 환경과 호학하는 분위기 속에서 자란 수재들이었음을 뜻한다.

요컨대 선비들은 지식사회학intellectual sociology의 주창자들이었다. 그들은 인간의 삶에서 지식이 차지하는 비중을 강조하면서 "어진이가 견문이 많으면 다른 사람에게 증험하는 것이 더욱 정실正實해짐"[55]을 강조한다. 그들은 군왕을 보필할 때 수많은 예화例話를 고전에서 찾았다. 그들이 보기에 무지는 죄악이었다.

3) 청빈probity

인간의 삶에서 나타나는 죄악의 첫 번째 동기는 재산에 대한 탐욕이었다. 따라서 스스로 물욕으로부터 얼마나 초연했는지의 여부와 관계없이 성현들은 재산에 대한 탐욕을 끝없이 경계했다. 전설이 되어버린 강태공姜太公, 呂尙의 일화는 청빈의 사표처럼 우러름을 받았다. 그는 가난했고 나이도 [72세] 늙었음에도 위수渭水에서 곧은 낚시질만 했다.[56] 그가 너무 가난하여 아내는 집을 나가 푸줏간의 일을 돕고, 여관에서 손님을 맞이하는 심부름꾼의 일을 했다.[57] 동양 사회에서는 이를 "미담"으로 여기면서부터 삶의 모습이 왜곡되기 시작했다.

청빈을 미덕으로 여기는 것은 공자의 고집스러운 교의였다. "선비는 금옥을 보배로 여기지 않으며, 충신忠信으로 보배를 삼으며, 토지를 바라지 않으며, 의

53) 『高麗史』「列傳」鄭道傳
54) 『靜庵集』(3)「啓辭」兩司請改正靖國功臣啓(1)(己卯 11월).
55) 『人政』(25)「用人門」(6) 견문이 많은 것에도 손익이 있다.
56) 『史記』「齊太公世家」太公望
57) 『說苑』(8)「尊賢」鄒子說梁王曰條

義를 세우는 것으로 토지를 삼는다."[58] "선비는 끼니를 잊으며 학문의 즐거움 속에 걱정을 잊음으로써 장차 늙음이 다가오는 것도 모르며 살아야 한다."[59]

"오직 도를 깨우치지 못함을 걱정하되 가난을 걱정하지 말아야 하며,[60] "선비가 살아가는 것을 걱정하면 이미 선비가 아니다"[61] "거친 밥에 물마시고 팔을 굽혀 베게 삼아도 즐거움은 그 속에 있다."[62] 공자의 이와 같은 논리는 매우 혼란스럽다. 왜냐하면 그도 역시 양민養民의 중요성을 결코 소홀히 여기지 않았기 때문이다.[63]

한국사의 경우에도 가난을 미덕으로 칭송한 사례는 허다하다. 이를테면, 맹사성孟思誠, 古佛이 고향 온양에 근친覲親을 가는데, 그가 내려온다는 소식을 들은 진위振威와 양성陽城 현감은 그를 마중 나갔으나 그의 행색이 너무 초라하여 알아보지 못하고 길을 비키도록 꾸짖었다는 이야기[64]는 교과서에도 등장했다. 그들은 이러한 삶을 청빈이라고 스스로 위로하면서 후회나 자책을 보이지 않았다.

그들은 자신의 삶을 안빈낙도安貧樂道라고 설명하면서, 남에게서 선물을 받아 사는 것조차도 부끄럽게 여겼다.[65] 그들은 "선비란 주림과 추위와 수고로움과 몸이 곤궁함과 노여움과 부러움을 참아야 한다."[66]고 요구한다. 그들이 자신들의 말처럼 그 가난한 삶이 행복했는지의 여부는 알 길이 없지만, 아마도 그들에게는 지식인들에게 공통적으로 나타나는 우울함hypochondria이 있었을 것이다.

그들은 박복薄福했다는 이익李瀷의 고백[67]이 더 사실에 가까웠을 것이다. 지식인들에게는 그 시대의 아픔에 대한 우울한 기억들이 있다는 것은 서양사에서 아리스토텔레스Aristoteles의 분석(Problems, § 30)[68]이나 알프레드 마셜Alfred Marshall

58) 『禮記』(40) 「儒行」: "儒有不寶金玉 而忠信以爲寶 不祈土地 立義 而爲土地"
59) 『論語』 「述而」: "子曰 發憤忘食 樂而忘憂 不知老之將至"
60) 『論語』 「衛靈公」: "子曰 君子憂道 不憂貧"
61) 『論語』 「憲問」: "子曰 士而懷居 不足以爲士矣"
62) 「論語』 「述而」: "子曰 飯疏食飮水 曲肱而枕之 樂亦在其中矣"
63) 『論語』 「子路」: "旣富矣 又何可焉曰敎之"
64) 『燃藜室記述』(3) : 「世宗朝 故事本末」 世宗朝의 相臣 孟思誠 條
65) 『晦齋集』(13) 「李全仁의 關西問答錄」: "古人以苞苴及門爲恥"
66) 『星湖僿說』(17) 人事門 善人福薄
67) 『星湖僿說』(17) 「人事門」 善人福薄.
68) *Plutarch's Lives* : Lysandros § 2; 신복룡(역주), 『플루타르코스영웅전』(II)(서울 : 을유문화사, 2021), pp. 486~487.

의 글[69]에도 잘 나타나 있다. 그들의 우울함은 단순히 인생에 대한 원초적 고민에서 온 것이 아니라 삶의 방법에서 온 것일 수 있었다.

4) 직언stern voice

인간의 지혜에는 한계가 있다 영명한 군주에 대한 기다림이 없는 것은 아니지만, 명군明君이라 함은 그 자신의 영명함뿐만 아니라 남의 말을 들을 수 있는 아량을 표현하는 의미일 뿐이다. 따라서 양심을 가진 군주라면 자신의 능력에 한계를 느꼈을 때 거침없이 주변에 의견을 물어야 한다.

그때 그 본분을 맡은 간쟁諫爭은 형식논리상으로는 늘 사회적 우대를 받았다. 그들은 명예를 죽음보다 중요하게 생각하면서 직언했고, 박해받는다 하여도 그 뜻을 굴복하지 않고 성취하였으며, 오히려 백성을 염려했다.[70] 직간에 대한 선비들의 입장은 권근權近의 다음과 같은 글에 잘 나타나 있다.

> "간諫함을 좇기를 물이 흐름처럼 함은 임금의 미덕이요, 어려운 일을 임금에게 기대함은 신하의 충의입니다. 『서경』에 말하기를 '오직 나무는 먹줄을 좇으면 바르고 임금은 간함을 좇으면 성군이라' 하였고, '고굉股肱이 있어야 사람이 되고 어진 신하가 있어야 성군이 된다.' 하였으니 임금이 된 자는 간함을 좇지 않을 수 없으며 신하된 무리는 난難을 따지지 않을 수 없으니, 이는 신하들이 감히 하늘의 꾸짖음[天威]을 무릅쓰고 우러러 전하의 귀[聰聽]를 더럽히는 까닭입니다.[71]

간쟁이 가지는 의미는 두려움으로 인한 침묵이 저지르는 정치적 퇴행을 거둘 수 있다는 점 때문이었다. 전제 정체의 원리는 두려움이었으며, 그 목적은 정적靜寂이었다. 그 정적이 평화는 아니었으며. 그것은 바로 적에게 점령되려는 도시의 침묵과 같았다.[72] 간쟁을 주장하는 신하들은 그러한 정적을 깨고 소통하는 것의 의미를 알고 있었다. "언로言路를 여는 것은 뭉치고 닫힌 것을 터서 민정民

---

69) Bernad Corry, "Alfred Marshall," *International Encyclopedia of the Social Sciences*, Vol. 10(New York : The Macmillan Co., 1968), p. 25.

70) 『禮記』(40) 「儒行」: "儒可殺而不可辱也"

71) 『高麗史』 「列傳」 權近.

72) Baron de Montesquieu, *The Spirit of the Laws*, Book V § 14.

情을 통하고자 함이니 사직辭職하는 상소 외에는 되돌려 주지 말아 품은 생각이 있는 무리가 다 스스로 말할 수 있게 해야 한다."[73]는 것이 그들의 생각이었다.

조선조의 정치 문화로서, 문민국가가 500년을 지탱할 수 있었던 저력 가운데 하나는 바로 이 간쟁이 갖는 효과였을 것이다. 대사헌大司憲 이세좌李世佐의 상소에 따르면, "신하된 사람의 직분은 도리에 따라 군주를 섬기는 것이므로 의리를 따를지언정 군주를 추종해서는 안 된다."는 말이 나올 정도였다.[74]

"간쟁은 받아들이지 않을 수 없는 것이며, 간언하는 것은 신하의 이익이 아니라 국가의 복"[75]이라고 그들은 믿었다. 천하의 일을 모든 사람이 다 알고 있는데 홀로 임금만 모르게 한다는 것은 다시없이 큰 우환이었다. 그러나 모든 사람이 다 아는 일이라 해도 말하는 무리가 없으면 임금은 실로 알 길이 없으니, 그 형세 또한 어쩔 수가 없는 것이다.[76]

세종世宗과 같은 현군이 없었던 것은 아니지만, 세상사가 다 그렇듯이, 대부분의 군왕이 간언에 귀를 기울인 것은 아니었다. 세종이 왜 위대한 명군이었던가 하는 점은 다음과 같은 그의 발언에 잘 나타나고 있다.

> "지난 옛날을 두루 살펴보니, 비록 태평한 시대에도 대신은 오히려 임금의 옷을 붙잡고 강력하게 간언한 무리가 있었으며, 그 말한 바가 사람의 마음을 두렵게 하여 움직이게 함이 있었다. 지금으로 말하면 비록 무사하고 평안하다 하나, 옛날에 미치지 못함이 분명하다. 그런데 아직 과감한 말로 면전에서 쟁간하는 무리를 보지 못하였으며, 또 말하는 것이 매우 절실하거나 강직하지 않다. 어째서 지금 사람은 옛사람 같지 못한가? 각자가 힘써 생각하여 나의 다스림을 도우라. …… 의논하라고 내린 일로 보아도, 그것을 논의할 적에 한 사람이 옳다 하면 다 옳다 하고, 한 사람이 그르다고 말하면 다 그르다고 말한다."[77]

그러나 인생을 살면서 해서는 안 될 일을 하지 않는 것이 해야 할 일을 하는 것보다 먼저라고는 하지만, 인생을 온통 부정적 자세negativism만으로 살 수는 없

---

73) 『肅宗實錄』 1년 1월 23일(임오) 尹鑴의 상소.
74) 『成宗實錄』 23년 壬子 12월 1일(丁酉) : "人臣之職 直道事君"
75) 『晦齋集』(12) 「疏」 弘文館 上疏(辛丑 4월).
76) 『高峯集』(2) 「雜著」 郎署上疏(1).
77) 『世宗實錄』 7년 12월 8일(계유).

다. 체질적으로 권력은 그런 속성을 혐오했다. 간관들은 아마도 "그대가 아니면 누가 창생을 구하랴?"[78]는 옛 말을 생각했을 것이다.

조선조의 낙조가 당의黨議의 활발한 논쟁이 사라졌을 때부터 시작되었고,[79] 국가의 불행은 이미 당쟁이 없어졌을 때 시작되었다는 점[80]에서 본다면 간관의 역사적 의미를 알 수 있다. "흥하는 임금은 간신諫臣을 포상한다."[81]고 이수광은 권고한다.

모든 군주가 간언을 호의적으로 받아들인 것은 아니었다. 대부분의 경우에 신하들의 간언은 때로 왕을 당황하거나 분노하게 했다. 결국 간언을 받아들이는 데에는 받아들이는 주군의 의지가 중요했다. 들을 귀를 가진 군주만이 그것이 가능했다.

한국사에서 간쟁의 문제를 놓고 피해 갈 수 없는 인물이 곧 조광조趙光祖이다. "지혜는 타고난 재능이며 용기는 마음먹기에 달린 것"[82]이라고 한다면, 정암은 분명히 용기 있는 인물이었고, 고민하고 진리를 탐구하던 학자였음에 틀림없다. 사림들이 사화기를 거치면서 희생자들에 대한 추모의 연민이 그들의 의지를 강고하게 만들었을 수도 있다.

간쟁에는 용기가 필요하다는 점을 아무리 강조한다 하더라도 유교에서는 왕에 대한 극언을 피하도록 권고한다. 유교는 "더불어 살 만한 사람"과 "그렇지 못한 사람"을 가리는 경향이 있다. 이는 말을 들어줄 사람과 그렇지 못한 사람을 분별했어야 함을 뜻하는 것이다. "자리를 함께 할 수 없는 사람"이라 함은 심한 모욕이다. 이는 신뢰하지 못함을 의미할 수도 있다.

간쟁이 극언이 되지 말아야 한다는 점을 가장 명료하게 정리한 사람은 공자孔子였다. 그는 "새가 나무를 선택하여 둥우리를 짓는 법이지 어찌 나무가 새를 선택하겠는가?"[83]라고 묻는다. 그러나 이 문제를 더 고민한 사람은 노자老子였을

---

78) 『晉書』(79) 列傳(49) 謝安傳; 『世說新語』 排調篇 : "中丞高崧戲之曰 卿累違朝旨 高臥東山 諸人每相與言 安石不肯出 將如蒼生何 蒼生今亦將如卿何"

79) 신복룡, 「당쟁의 새로운 이해」, 『한국정치사』(서울 : 박영사, 2003), pp. 168~176.

80) Baron de Montesquieu, *The Spirit of the Laws*, Book Ⅱ § 2.

81) 『芝峰類說』(3) 「君道部」 聽諫.

82) *Plutarch's Lives* : Cato the Younger § 44; 신복룡(역주), 『플루타르코스영웅전』(IV), pp. 436~437.

83) 『春秋』 「哀公」(上) 11년 겨울.

것이다. 그는 아마도 공자가 벼슬을 기웃거리다 좌절하는 모습을 보며 "군자라도 시운을 만나면 나가서 관리가 되지만 시운이 맞지 않으면 마치 쑥풀처럼 바람을 따라 눕는다."[84]라고 권고했다.

5) 인격적 추앙(respectfulness for character)

위와 같은 덕목 이외에도 선비가 추앙을 받는 것은 인격적 덕망 때문이었다. 유교문화권의 가치로서 그러려니 할 수 있는 것이기도 하지만, 한국사에서 선비의 덕목으로서 불사이군不事二君의 덕망이 추앙 받는 것은 눈여겨볼 일이다.

우리에 견주어 시역弑逆과 왕권에 대한 도전이 빈번했고, 그 바닥에 깔린 논리, 곧, 능력 있는 무리가 천하를 다스린다는 이른바 패왕霸王사상에 익숙한 중국과는 달리 한국에서 두드러진 불사이군의 논리는 아마도 정통성을 가장한 신흥사대부들이 명분도 없이 왕권을 교체한 데 대한 혐오감 때문이었을 것이다.

의리는 흔히 오늘날 사회적 정의justice라는 개념 아래서 제시되는 객관적 규범체계라기보다는 인격적 기반을 더욱 강렬하게 받아들이고 있는 것으로서, 이것은 천지자연의 운행 원리나 인간의 행동 원리가 같다는 성리학적 사유를 그 바탕에 깔고 있었다.[85] 신흥사대부들도 정몽주의 이러한 의리관을 설득할 수 없으리라는 것을 잘 알고 있었다.

이색은 스승의 몸으로서 제자인 정몽주를 칭찬하여 "달가達可의 논리는 이치에 마땅하지 않음이 없도다."라고 하며 그를 동방 이학의 조祖로 명명한 것[86]도 예사롭지 않다. 여기에 세종과 이이가 또한 정몽주를 극찬했다.[87] 그 이후로 정몽주의 생각은 길재-김숙자金淑滋-김종직金宗直-김굉필金宏弼-조광조로 이어지는 이른바 사림이요, 절의파의 학맥이 되었다.[88] 불사이군의 절의사상으로 무장된 성리학의 도덕 체계에서 본다면 역성혁명을 주장하는 신흥사대부들이 변절자로

---

84) 『史記』「老子韓非列傳」: "且君子得其時則駕 不得其時則蓬累而行"

85) 김명하, 「圃隱과 冶隱 사상에 나타난 義理觀」, 『정치사상연구』(1)(한국정치사상학회, 1999), p. 177.

86) 『燃藜室記述』(1) 太祖朝故事本末 鄭夢周.

87) 『圃隱集續錄』(2) 「遺事」; 『經筵日記』(1) 明宗 22년 10월.

88) 『圃隱集續錄』(2), 「尙論」.

보였을 것이다.

신흥사대부들은 신분적 조건이나 사상이라는 점에서 충절을 강조하는 성리학자와는 다른 성향을 지닌 인물들이었다. 혁명파에 가담한 인사들은 정도전의 경우처럼 혈통의 약점을 지닌 이들이 있었다. 이들이 불사이군과 같은 명분보다는 역성혁명과 같은 실질의 문제에 몰두한 것은, 춘추의 논리에서 보면 비난받을 수 있지만, 행태주의적 입장에서 보면 충분이 그럴 만한 이유를 가지고 있었다.

선비에 대한 존숭尊崇의 마지막 덕목은 학문적 성취였다. 정치적 공과를 잠시 논외로 한다면, 학문이라는 점에서는 조광조가 뛰어났었다는 점에서는 많은 후학이 동의하고 있다. 이이는 "흡족하게 여기지는 않았지만" 조선의 선비의 맥이 조광조에서부터 일어나고,[89] 그의 뒤를 이어 퇴계가 나타나 다시 "태산북두"의 칭호를 들었다고 말했다.[90] 그들에게는 한결같이 후생의 숭모가 뒤따랐다.

4. 선비의 몰락

역사적으로 보면 바람직한 유산이라고 해서 모두 전승된 것이 아니고 바람직하지 않은 유산이라고 해서 모두 사라진 것도 아니다. 역사적 낙관주의자들에게는 아픔을 주는 일이지만 역사가 늘 사필귀정事必歸正은 아니었다. 여기에서 주제가 되고 있는 선비의 문화만 하더라도 지켜야 할 가치의 여부에 관계없이 이제는 우리 사회에서 전설처럼 사그라지고 있다. 왜 그들은 몰락했을까? 이 문제를 정리하자면 다음과 같은 점을 지적할 수 있을 것이다.

1) 빈곤poverty

이데올로그ideologue나 사상가의 가치는 그 우수성의 여부에 못지않게 설득력과 자기지탱력을 가져야 한다. 이 점을 소홀히 할 경우에 그 본질의 중요도에 관계없이 그 사상은 도태되었는데, 한국사에서의 선비 문화는 바로 빈곤의 문제

89) 『栗谷集』 「語錄」(上).
90) 『經筵日記』(1) 明宗 20년 12월.

가 그 중요 원인이었다. 이 점이 한국 문화와 서구 문화의 근본적인 갈림길이다. 서구에는 작위의 세습을 통해서 재산의 지속적 소유가 가능했다.

서양사에서 재산의 중요성을 주목한 사람은 고대 로마의 누마Numa왕이었다. 그는 땅을 가난한 사람들에게 모두 나누어 주었다. 가난은 인간이 잘못을 저지르도록 만드는 것이기 때문에 그는 가난을 몰아내고 농민들을 농업에 전념하도록 만들고 싶었다.[91]

정치의 문제에 들어가면 재산의 중요성은 더욱 증대된다고 서구인들은 생각했다. 정치인은 인류가 공통으로 필요로 하는 것과 밀접한 관계가 있는 것들에 자신의 탁월한 능력을 쏟아부어야 하기 때문에 재산이 있어야 한다.[92] 너무 가난한 사람은 권위나 위신이 부족했다.[93] "세계의 역사를 구성하고 있는 두 개의 거대한 요소가 있는데, 하나는 종교이고 다른 하나는 경제"[94]라는 관점은 켐브릿지학파Cambridge School의 중요 명제였다.

소크라테스Socrates의 다음과 같은 대화는 물질을 보는 서구사상이 동양의 그것과 어떻게 같고 다른가를 잘 보여주고 있다.

> [돈이 많은 부자인] 케팔로스Cephalus에게 소크라테스가 이런 말을 했다.
> "선생님께서 노년을 평안하게 지내시는 것은 성품 때문이 아니라 돈이 많기 때문이라고 생각하고 있습니다. …… 그것은 가난한 사람이 노년에 행복할 수 없는 것과 마찬가지 일입니다. 이를테면 아무리 훌륭한 사람일지라도 가난한 사람은 노년에 평안할 수가 없고, 아무리 부자라도 사람이 훌륭하지 못하면 결코 만족한 삶을 살 수 없는 것과 같습니다."[95]

신이나 인간에 대한 감정을 통하여 즐거움을 느끼거나 또는 감정의 자연적인 순화 기능을 가진 사람들이 물질적으로 풍요로운 사람들보다 더 심리적으로 평안할 수는 있겠지만, 그들의 가난은 그들에게 나타나고 있는 거의 모든 악의 근

---

91) *Plutarch's Lives* : Numa § 16; 신복룡(역주), 『플루타르코스영웅전』(I) 「누마」, pp. 252~253.

92) *Plutarch's Lives* : Pericles § 16; 신복룡(역주), 『플루타르코스영웅전』(II) 「페리클레스」, pp. 158~160; 『플루타르코스영웅전』(V), 「휠로포에멘」, pp. 310~312.

93) *Plutarch's Lives* : Alchibiades, § 21; 신복룡(역주), 『플루타르코스영웅전』(II) 「알키비아데스」, pp. 388~390.

94) Alfred Marshall, *Principles of Economics*(New York : St Martin's Press, 1959), p. 1.

95) Plato, *Republic*, Book 1, § 330.

원이 되고 있다는 것이 서구적 인식의 기본 틀이었다.[96]

그래서 가난은 가난에 머무르지 않는 경우가 더 많다. 가난은 부패의 유혹을 떠쳐 버리기 어렵기 때문이다. 가난은 부패와 양면이었다. 부패는 수양에 구속되지 않는다. 깊이 수양한 무리도 부패의 유혹에서 자유롭지 않기 때문이다. 중국의 향신 문제에 대하여 독특한 의견을 피력한 몽테스키외의 말에 따르면, "그 생활이 완전히 예에 의해서 인도되고 있는 중국인이 그럼에도 세계에서 가장 부정不正한 국민이라는 점은 참으로 기이하다"[97] 말한다.

동양인들이 재산의 문제를 처음부터 등한히 여겼다는 뜻이 아니다. 이를테면 기자箕子의 다음과 같은 헌책獻策을 들어볼 필요가 있다.

> 기자가 무왕武王에게 아뢰었다.
>
> "나라를 다스리는 데에는 여덟 가지의 책무(八政)가 있으니, 첫째는 먹고 사는 일(食)이요, 둘째는 재산(貨)이요, 셋째는 제사(祀)요, 넷째는 관료(司空)요, 다섯째는 교육(司徒)이요, 여섯째는 치안(司寇)이요, 일곱째는 외교(賓)요, 여덟째는 국방(師)입니다."[98]

백성에 대한 유가의 사상이 백성의 먹을거리[養民]에 많은 관심을 기울이고 있었던 것은 사실이다. 그들은 생산성이 낮은 고대 사회에서 삶의 질은 결국 먹을거리의 문제임을 잘 알고 있었다. 이러한 항산恒産의 문제는 뒷날 이 사회에서 자본주의가 성숙하는 데 이념적 토양이 되었음직하다.

유교자본주의론자들의 주장에 따르면, 유교 문화권의 높은 교육열과 엄격한 노동 윤리가 경제 발전의 견인차 구실을 하였을 뿐만 아니라 유교적 지배 이념에 바탕을 둔 강력한 정부의 역할은 높은 경제 발전을 달성하는 힘이 되었다고 주장한다.[99] 그러나 현실은 그렇지 못했다.

한국사의 경우를 보면 한국인은 치부와 빈곤의 문제에 관하여 지나치게 엄격하였으며 앨러지를 느끼고 있었다. 우리의 조상들은 "가난은 죄가 아니다. 그러

---

96) Alfred Marshall, *Principles of Economics*, p. 2.

97) Baron de Montesquieu, *The Spirit of the Laws*, Book XIX § 20.

98) 『書經』「周書」洪範(3)

99) 박호성, 「동아시아가치 논쟁과 한국민주주의의 과제」, 『정치사상연구』(4)(한국정치사상학회, 2001), pp. 78~79.

니 부끄러워할 것이 없다."고 가르쳤다. 그러나 가난이 죄가 아닐 수는 있지만 "매우 불편한 것"임에는 틀림이 없고 뜻을 펴는 데 장애 요소가 되고 있다.

이를 부인한다는 것은 위선이다. 부자라고 반드시 훔치는 것은 아니며, 가난한 사람이라고 반드시 청렴한 것도 아니다.[100] 이지함李之菡의 말을 빌리면, "누구는 말하기를 '군자는 의義를 말하지 이利는 말하지 않는다.'라고 할지 모르지만, 그 말이 얼마나 잔인한가?"[101]

조선조에서 양민養民의 문제에 가장 구체적으로 접근한 인물은 아마도 율곡이었을 것이다. "백성은 생활할 수 있는 일정한 재산이 있어 편안히 살며 생업을 즐기는 삶"[102]을 그는 꿈꾸었다. "백성을 기르는 것을 먼저 할 것이요 백성을 가르치는 것은 뒤에 하는 것"[103]이라고 그는 확신했다.

그럼에도 조선조 선비의 주조主調가 가난을 미화한 것은 사림들이 공자가 말한 청빈과 빈곤을 혼동했기 때문이었다. "착한 가난"good poor[104]이라는 것은 이상일 뿐이다. 사람이 풍성해지면 지체가 낮은 사람도 생각을 높이 갖도록 만든다.[105]

아마도 선비의 이와 같은 빈곤의 문제를 가장 먼저 걱정하고 경계했던 인물은 사마천司馬遷일 것이다. 그는 "바위틈에 사는 기행奇行도 없이 오래 가난하면서 인의仁義를 즐겨 말하는 것은 부끄러운 행실"[106]이라고 모질게 나무랐다. 맹자는 "벼슬함이 반드시 가난을 벗어나고자 하는 일은 아니지만, 때로는 가난을 벗어나기 위한 경우가 있다."[107]고 권고했지만 조선의 선비들은 그 말을 따르려 하지 않았다.

그렇다면 조선의 선비들은 왜 빈곤했을까? 그것은 그들에게는 토지를 나누어 주는 사회 구조가 이뤄져 있지 않았기 때문이었다. 사람이 귀천을 가리지 않고 의지하며 사는 것은 재물이며 전근대 농업경제의 사회에서 재물은 일차적으로

---

100) 『淮南子』(17) 說林訓
101) 『土亭集』「疏」抱川 縣監으로 있을 때 올린 疏.
102) 『栗谷集』「策」盜賊策 : "宜平民有恒産, 而安居樂業"
103) 『栗谷集』「雜著 東湖問答」論敎人之術 : "養民然後可施敎化"; 『經筵日記』(2)/ 선조 6년 2월 : "養民爲先 敎民爲後"
104) Lytton Strachey, *Eminent Victorians*(New York : The Modern Library, 1918), p. 217.
105) 신복룡(역), 『플루타르코스영웅전』(IV) 「에우메네스」 § 9.
106) 『史記』(129) 「貨殖列傳」(69) : "無巖處奇士之行 而長貧賤 好語仁義 亦足羞也"
107) 『孟子』 「萬章章」(하) : "孟子曰 仕非爲貧也 而有時乎爲貧"

토지였다.[108] 동양에서 토지는 영혼과 같은 것(Soil is soul)이다. 1960년대까지 어린이들이 제일 먼저 배운 놀이는 "땅따먹기"였다. 그래서 토지 자체가 숭배의 대상이 될 수 있다.[109] 서양에서도 『구약성경』에 따르면, 모세의 뒤를 이어 이스라엘의 통치권자가 된 여호수아가 처음 착수한 작업은 토지 분배였다.[「여호수아기」]

그러나 조선조에서는 공신전功臣田만이 자손에게 전수傳受되었다.[110] 이와 같이 토지 점유의 불균등이 성립된 것은 조선조 건국 이후에 급속히 발전한 것이 아니고 고려조 이래의 상태를 계승한 것이었다.[111] 조선의 선비들은 "땅"을 딛고 살지 않고 허공에 뜬 삶을 살았다.

그와 같이 토지 없는 신사로서의 선비의 삶이 조선조 초기까지만 해도 유향소留鄕所를 통하여 조금은 해결될 수 있었으나 그곳이 반정부의 온상이 되어 철폐된 뒤에 그들로서는 그마저 의지할 곳이 없게 되었다. 그러한 상황에서 대안으로 등장한 것이 곧 서원書院이었다. 국가가 승인하는 형식의 사액賜額 서원의 경우 면세전免稅田 3결結과 노비 1구口를 받았지만 이 경우도 그 규모는 관학官學의 최하급 단위인 군郡·현縣 향교鄕校의 것(田 5결, 노비 10口)에 미치지 못했다.[112]

그러나 서원마저 없어지면서 이제 선비가 경제적으로 의지할 마지막 거처마저도 사라졌다. 전적이라고 말할 수는 없지만 서원의 철폐가 조선조 선비의 삶에 치명상을 입혔다. 이러한 논지는 서원의 공과와는 또 다른 문제이다.

백만장자의 유산으로 장학재단을 남기고 세상을 떠난 로즈Cecile Rhodes를 역사상 가장 성공한 인물로 추앙하고, 근면하고 성실히 살다가 벤저민 프랭클린Benjamin Franklin을 가장 모범적인 시민으로 생각한 베버Max Weber의 자본주의의 정신[113]이 시대 정신으로 바꾸었을 때 궁핍한 선비의 가치는 급격하게 몰락했다.

주인으로부터 5탈렌트를 받아 5탈렌트를 벌어온 종을 축복하고 1탈렌트를 받아 더 늘리지 못한 종을 저주하는 기독교의 정신[114]이 이 사회에 밀려 들어왔을

---

108) 『星湖僿說』(10) 人事門 田制

109) Charles E. Merriam, *Political Power*(New York : Collier Books, 1964), p. 87; 신복룡(역), 『정치권력론』(서울 : 선인, 2006), p. 124.

110) 『經國大典』「戶典」田宅

111) 全錫淡, 「朝鮮農民經濟史 : 朝鮮 前期를 중심으로」, 全錫淡·朴克采(외), 『조선경제사탐구』(서울 : 범우사, 1990), p. 33.

112) 이태진, 「사림과 서원」, 『한국사 : 양반사회의 모순과 대외항쟁』(서울 : 탐구당, 1981), p. 160.

113) Max Weber, *The Protestant Ethic and the Spirit of Capitalism*, pp. 42, 53.

때 생산성이 귀중한 가치로 등장하면서 선비는 더 이상 미덕이 아니었다.

2) 권력의 유혹과 훼절(taste of power and apostasy)

영국의 사회학자 긴즈버그Morris Ginsberg의 이른바 "권력의 목마름"thirst of power[115] 이라는 것은 학자(선비)에게 늘 따라붙는 이브의 뱀과 같은 것이었다. 그런 유혹이 다가왔을 때 선비들 가운데에는 기꺼이 정권에 들어간 사람들, 정권에 들어가 괴로워하며 자책한 사람들, 그리고 정권을 멀리 한 사람들이 있었다.

정치적 학습을 받지도 못한 채 안온한 삶을 살던 선비들에게 문득 권력이 찾아왔을 때 그들은 심각한 유혹을 느낄 수 있다. "배움이 뛰어났으면 벼슬할 수도 있다."는 공자의 말씀[116]도 달콤하게 들려온다. 그렇게 문인들은 권력에 기웃거리게 된다.

맹자도 양혜왕梁惠王을 찾아갔고, 아리스토텔레스Aristoteles는 알렉산더대왕 Alexander the Great에게 제왕학을 가르쳐 훌륭한 통치자로 만들었고, 홉스Thomas Hobbes는 찰스 2세Charles II의 국사國師로서 절대주의를 수립했고, 밀턴John Milton은 크롬웰Oliver Cromwell의 편에 서서 청교도혁명의 이론을 정립했다. 나폴레옹Napoleon과 국적이 같았더라면, 아마 괴테J. Goethe도 국사가 되어 그를 도왔을 것이다. 그들은 자신들의 현실 참여가 제왕의 업적에 도움이 되리라는 희망을 가지고 있었다. 그래서 그들은 지행합일知行合一을 다짐하면서 현실에 참여했다.

생각해 보면, 문인 또는 지금 시대의 학자나 지식인이 현실에 참여해서는 안 될 이유도 없다. 그러나 직업적 정치와는 달리, 학자가 현실에 참여하여 권력 또는 군주에 협조할 때는 다음과 같은 조건이 선행되어야 한다.

(1) 군주가 열린 귀를 가졌을 때
(2) 군주가 최소한의 역사적 소명을 인식하고 있을 때
(3) 군주가 권력을 획득하는 과정에 잘못이 없을 때[117]

---

114) 『마테오복음』 25 : 14-25

115) Morris Ginsberg, *The Psychology of Society*(London : Methuen, 1964), p. 139.

116) 『論語』 「子張」 : "學而優則仕"

이 점은 맹자의 고민에 잘 나타나 있다.

> 진자陳子가 말하였다.
> "옛날 군자들은 어떠하면 벼슬하였습니까?"
> 맹자께서 말씀하였다.
> "벼슬에 나아간 것이 세 가지요, 벼슬을 떠난 것이 세 가지였다.
> 첫째로, (왕이) 선비를 맞이하면서 공경을 지극히 하고 예가 있게 하면 벼슬길에 나아가지만, 예모가 갖춰져 있지 않았더라도 말이 시행되지 않으면 떠난다.
> 둘째로, (왕이) 비록 그 말씀을 시행하지 않으나 선비를 맞이하기에 공경을 지극히 하고 예의를 갖추면 벼슬에 나아가지만, 그렇지 않으면 떠난다.
> 셋째로, 내가 아침 저녁의 끼니를 잇지 못하고 굶주려 문밖에 나가지 못한다는 말을 듣고 왕이 나를 구제해 준다면 벼슬을 받아들일 수 있지만, 이는 겨우 죽음을 면하는 짓일 뿐이다.[118]

그런 말을 하면서도 "선비가 諸侯에게 의탁함은 禮가 아니다."[119]라고 말한 것을 보면 맹자는 선비의 입사入仕를 달갑게 여긴 것 같지는 않다. 선비는 위로는 천자에게 신하 노릇을 하지 않고 아래로는 제후를 섬기지 않는다는 것[120]이 중국의 오랜 전통이었기 때문이었다.

한국사에서 선비의 출사를 놓고 가장 논란이 많았고, 고민했던 시기는 역시 여말선초의 왕조교체기였다. 이성계李成桂의 역성易姓의 논리의 어설픔, 정의보다는 토지 귀족으로서의 부상에 더 관심이 컸던 신흥사대부들의 권력욕, 송명교체기의 중국의 정세와 주자학의 등장 등 여러 가지 요인이 그 배후에 작용하고 있었기 때문에 출사와 퇴사의 문제는 그리 간단하지도 않고 선악의 잣대만으로 다룰 수 있는 문제도 아니었다.

신흥사대부인 권근으로서는 정몽주나 최영崔瑩의 절의에 동의할 수 없었다. 권근이 안정지향적 정치 담론을 제기할 수 있었던 것은 그를 배출한 가계와 학통의 영향 때문이었다. 권근은 태생적으로 난세보다는 치세에 적합한 인물이었다.

---

117) 신복룡, 『한국정치사상사』(상), p. 461.
118) 『孟子』「告子章」(下)
119) 『孟子』「萬章章」(하) : "孟子曰 士之託於諸侯 非禮也"
120) 『禮記』(40)「儒行」: "儒有上不臣天子 下不事諸侯"

권근은 절의만이 능사가 아니라 시대적 요구에 부응한 현실 참여와 이상 실현이 오히려 진정한 사대부의 책임이라는 의식을 갖고 조선조에 출사를 결심했다.[121]

권근이 고려왕조에서 관료로 지내다가 조선왕조에 별다른 거부감 없이 벼슬하였다는 사실은 후대에 절의를 중요시하던 사림의 시각에서 비판을 받았던 사실과 무관하지 않았다.[122] 그러나 가는 길이 "다른 것"이지, 곧 "틀린 것"은 아니다. 이 문제는 학자의 어용 시비로 오랫동안 우리의 입에 오르내린 주제이다. 그러나 역사상 위대한 학자가 현실에 참여하여 훌륭한 족적을 남긴 예는 얼마든지 있다.

현실에 참여한 정치인의 가장 큰 고민은 그가 섬기는 정권(또는 왕조)의 정통성의 하자 때문이었다. 고려 무인 정권 시기의 선비들이 그 대표적인 경우였다. 그들은 무사들의 지배를 마음 내키지 않아 여기면서도 그를 감내해야 한다는 데 아픔이 있었다. 그렇다고 해서 문인들은 벼슬을 거부하고 살 수도 없었다.

그런 점에서 본다면, 개인적인 야심이었든 아니면 국가에 대한 헌신 의지 때문이었든, 선비들은 벼슬의 길에 올랐지만 그들의 앞에 영예만 있는 것은 아니었고, 정권이 문인을 우대하였다고 해서 그들이 마냥 행복하고 마음 편한 것은 아니었다. 그들은 경제적·신분적 지위의 불일치status-inconsistency에서 나타나는 갈등으로 괴로워했다.[123]

그러나 선비는 가서는 안 될 자리에 가지 말았어야 한다. 그들은 박해(채찍)와 우대(당근)를 앞에 놓고 실존적 고민을 하면서도 끝내 벼슬의 길에 올랐다. 정부도 선비들의 도움이 필요했다. 그들은 권력의 폭력성을 호도할 필요가 있었을 뿐만 아니라 그들에게는 생소한 국가 경영statecraft의 문제에 대해서 지식인들의 자문이 필요했기 때문이었다.

권력을 떠나는 제자와 권력으로 들어가는 제자들의 모습을 바라보면서 가장 괴로웠던 사람은 아마도 이색이었을 것이다. 그는 자신의 곁을 떠나는 권근을 바라보면서 원망하지 않았다. 그는 "나 같은 사람은 늙었으니 무엇을 바랄까만 가원可遠(權近)은 그 생각한 대로 호號를 지어 더욱 힘쓰라."[124]는 덕담을 잊지

---

121) 최연식, 『창업과 守成의 정치사상』(서울 : 집문당, 2003), pp. 101, 105~106.

122) 鄭在薰, 『朝鮮前期 儒敎政治思想 硏究』(서울대학교 박사학위논문, 2001), pp. 29~30.

123) 노길명, 「신흥종교 창시자와 추종자의 사회적 배경과 그들 간의 관계」, 『증산사상연구』(3)(서울 : 증산사상연구회, 1977), p. 142.

않았다. 이색은 아마도 권근이 "멀리 보고" 갔다고 생각했을 것이다.

절의파들은 마음 내키지 않았지만, 역성을 천명으로 알고 체념했다. 그들의 괴롭고 착잡한 심경은 길재의 처신에 잘 나타나 있다. 새 왕조로부터 출사의 권면을 받았을 때, 그들에게 전혀 동요가 없었으리라고는 말할 수 없겠지만 그들은 지조를 버리지 않았다.

3) 좌절과 은일隱逸(frustrated seclusion)

그렇다면 정치인은 왜 정치를 떠나 초야에 몸을 숨겨야 했는가? 이 문제를 놓고 가장 고민한 사람은 노자老子였다. 노자의 미덕은 만족함을 알고 멈출 곳에서 멈추는 것이었다.[125] 그렇다고 해서 노자의 기본 생각이 정치로부터 멀어져 있다고 풀이하는 것은 매우 잘못된 판단이다. 노자는 매우 정치적인 인간이었다. 노자의 철학에 형이상학적인 색채가 짙지만, 그가 가장 관심을 기울였던 것은 인생과 정치의 문제였다.[126]

여기에 공자의 가르침이 은일을 촉구했다. 공자도 정치에 무관심한 사람은 아니었지만 "물러남의 미학"을 많이 강조했다. 본디 사양과 겸손을 미덕으로 생각하던 선진先秦 유학에서 "물러남"은 미학이었다. 그래서 공자는 이렇게 가르쳤다.

> "사람들이 나를 알아 써주면 내 뜻을 실천하고 버리면 숨는다."[127].... "새도 자기가 머물러 있을 곳을 아는데, 사람이 새만도 못해서야 되겠느냐?"[128] [그래서] "오랫동안 서로 만나지 못하여도 (그에 대한) 뜬소문을 믿지 않으며, 그 행동에 근본이 방정하고 선 곳이 의로우면 함께 나아가고, 그와 같지 않으면 물러난다."[129]

공자의 뜻을 이어 맹자도 "군주가 과실이 있으면 간언하고, 반복하여도 듣지 않으면 떠나라."[130]고 권고한다. 유학이 벼슬에서 물러날 것을 권고하는 까닭은,

---

124) 『牧隱文藁』(3) 「陽村記」
125) 『道德經』(44) : "知足不辱 知止不殆"
126) 陳鼓應(지음), 최진석(역), 『老莊新論』(서울 : 소나무, 1997), p. 51.
127) 『論語』 「述而」 : "子曰 用之則行 舍之則藏"; 『論語』 「泰伯」 : "有道則見 無道則隱"
128) 『大學』 傳3章 釋止于至善 : "子曰 於止 知其所止 可以人而不如鳥乎"
129) 『禮記』(40) 儒行 : "久不相見 聞流言不信 其行本方立義 同而進 不同而退"

"벼슬살이는 사람의 올바른 뜻을 빼앗는다."[131]고 믿었기 때문이었다. 유학자들이 보기에 정치는 최고의 선을 구현하는 지상至上의 방편은 아니었다.

물러남의 정치에는 일종의 체념이 담겨 있지만 그렇다고 해서 세상이 잘못되어감에 대한 무책임한 도피는 아니었다. 그러한 주군의 보위를 지탱하도록 내버려 둘지 말지는 신하가 감당해야 할 몫이 아니었다. 폭군의 방벌放伐을 부인하는 것은 아니지만 그것은 천명이지 인력으로 결정될 문제가 아니라고 그들은 생각했다.

물러나는 사람은 자신의 몸을 더럽히지 않는다는 절의의 논리로써 자신의 진퇴를 설명한다. 현실 정치의 개혁이 불가항력이라고 절망했을 때, 그들은 그것을 돌파하기보다는 숨을 곳을 찾았다. 역사에는 이렇게 현실을 도피한 무리가 많았는데, 이 은자隱者들의 논리는 자신의 몸을 더럽히지 않으려는 결벽성이었다. 이색이 말하기를, "『주역』에 '천지가 폐색하니 현자가 숨는구나.'[132]라고 했다."면서 몸을 숨긴 것이 대표적인 예였다.

절의와 혁명의 소용돌이에서 마침내 절의파가 패배하였는데, 이러한 현상은 역사에서 보편적인 일이다. 이른바 뒷날 산림山林이니 사림士林이니 임하林下니 하는 용어로 표현되는 이들은 은일을 표방하면서 산림으로 들어갔다. 그들은 "천수天數·인사人事 그 어느 것이나 핵심은 탐욕을 버리는 것"[133]이라고 자신의 처지를 위로했다. 이제 그들은 "몸을 숨기기로"[遁] 결심했다.

이들의 정신적 고향은 정몽주의 충의였다. 그들의 절의는 조선조 사림의 맥을 형성했음에도 훈구세력들은 정몽주에 대한 기피심리를 떨쳐 버리지 못했고, 그 결과 절의파들은 세종 시대에 이르기까지도 문묘에 배향되지 못했다.[134]

조선 시대에 들어오면, 그 정도가 여말선초에 견줄 일은 아니지만 은일의 풍조는 여전했다. 그 가운데 대표적 인물이 이지함李之菡이었다. 그는 가까운 친구이자 사관이었던 안명세安命世가 무고誣告로 죽는 모습을 본 뒤 해도海島를 돌아다니며 미친 체 세상을 도피했다. 그는 조정의 큰 그릇이고 세상을 다스릴 만한

---

130) 『孟子』「萬章章」(하) : "請問異姓之卿 曰君有過則諫 反覆之而不聽 則去"
131) 『近思錄』(12) 「警戒篇」 : "做官奪人志"
132) 『牧隱文藁』(4) 「記」 陶隱齋記 : "天地閉 賢者隱."
133) 『稼亭集』(1) 「雜著」 原水旱
134) 『世宗實錄』 18년 5월 12일(정축)

인재였지만, 기러기가 높이 날아 주살誅殺을 피하듯이 세상을 버리고 산골짜기에서 늙어 죽었다.[135]

조선조에서 은일의 대표적 인물로서는 퇴계를 빼놓을 수가 없다. 그는 벼슬에 들어온 뒤 10년이 되던 43세 때부터 물러나기를 도모했다. 그는 49세 때인 명종明宗 4년에 풍기군수사임장豊基郡守辭任狀을 낸 때로부터 세상을 떠난 선조宣祖 3년 9월에 乞致仕狀을 내기까지 총 53회의 사직원을 냈다.[136] 퇴계는 이렇게 말한다.

> 언론의 책임을 맡은 자는 임금에게 간언하다가 듣지 않으면 떠나는 것이 옳다. 옛날의 군자는 나라의 대사를 당하였을 경우 자신을 돌아보지 않고 상소를 올려 항론抗論하였으며 임금이 들어주지 않으면 결연히 떠나 죽을 때까지 다시 세상에 나오지 않은 무리도 있었으니 이것은 귀한 일이다."[137]

퇴계도 그렇게 여기며 물러나고자 했다. 그의 물러남을 보면서 가장 안타깝게 여긴 인물은 율곡이었을 것이다. 그는 퇴계의 사직소를 말리면서도 물러남을 고집하는 성혼成渾을 잡지 않았다.[138] 그 이유가 퇴계와 우계의 사람됨을 달리 보았기 때문인지는 알 수 없다.

물러남이 반드시 비난 받을 일도 아니듯이 그리 자랑스러운 일은 아니었을 것이다. 이에 대해서는 스스로 은자의 생활을 했던 서경덕의 다음과 같은 자기 고백이 주는 울림이 크다.

> 선비가 숨고 나타나면서 반드시 먼저 그것이 의리에 맞는가, 맞지 않는가, 그리고 도리로 보아 행할 수 있는가 행할 수 없는가를 잘 헤아리는 데 있으며, 버리고 갔다 하여 반드시 현철하며 벼슬에 나갔다 하여 아첨이 되며, 숨었다 하여 고상하며 나타났다 하여 구차한 것은 아니다.[139]

선비의 퇴사나 은일의 선악을 평가하기란 조심스럽다. 그러나 그들의 은일이

---

135) 『宣祖修正實錄』 19년 10월 1일(임술) : 趙憲의 상소(1).
136) 손문호, 「퇴계 이황의 정치사상」, 『退溪의 사상과 그 현대적 의미』(서울 : 한국정신문화연구원, 1997), p. 325.
137) 『鶴峰續集』(5) 「雜著」 退溪先生 言行錄
138) 『栗谷集』 「行狀」
139) 『梅月堂文集』(18) 「論」 古今君子隱顯現論

한 사회의 생산성을 높이는 데에는 전혀 도움이 되지 않았다는 점만은 분명하다. 한 시대의 지식인이 반드시 농공상의 어느 분야에서 생산성을 높여야 할 이유는 없지만, 그들이 산업 사회로 가는 길목에서 긍정적이지 않았음은 부인할 수 없다.

그 시대의 은일한 선비들이 사고가 어떠했던가 하는 점은 숙종肅宗 시대의 대사헌 이단하李端夏의 다음과 같은 상소上疏가 잘 보여주고 있다.

> 그런데 지금의 경우는 귀천을 논함이 없이 모두 호포戶布를 내니, 조신朝紳은 국가의 위태로운 상황을 위하여 비록 힘써 내어 거리끼는 바가 없다 하더라도, 만약 선비(士子)로 말한다면, 평생 동안 고생하며 부지런히 책만 읽은 사람들인데 한 글자도 읽지 않는 무리와 같이 그 포布를 내는 것은 또한 억울하지 않겠습니까?[140]

이 글을 읽노라면 한국사에서의 선비에 대하여 벽을 마주하는 느낌이 든다. 선비가 세금을 내는 것은 억울한 일이라니 이것이 곧 조선 선비의 모습인가 싶다.

요컨대 선비의 은일의 문제에 대한 논의와 대답은 그리 긍정적이지 않다. 그들은 더불어 사는 삶을 즐기지 않았고, 그런 점에서 다소는 이기적이었다. 은둔에는 본인의 의사와 관계없이 무책임함의 모습이 어른거린다. 그들에게는 실천 praxis이 없었다. 내 몸 하나 깨끗이 하고 다치지 않는 것이 현대적 의미의 공공선에 우선할 수는 없기 때문이다. 이 점이 한국의 선비가 서구의 젠트리에 견주어 공익에 대한 헌신 의지를 낮춘 흠이 되었다.

4) 비판에 상응하는 대안의 부재(absence of alternative plan)

문학평론가들이 흔히 듣는 비난 가운데 하나가 곧 "그렇다면 당신이 써 보시지."라는 힐책이라고 한다. 그러나 생각해 보면 비평가가 곧 작가의 몫을 해야 할 이유는 없다. 이는 정치적 비평에서도 마찬가지이다. 비평자가 곧 실무를 맡을 수는 없는 일이다. 이 이야기를 한국의 선비에 대입해 보면, 그들은 비판에 견주어 대안의 제시가 부족했다. 비평자들이 칭찬보다는 비난이 많을 수밖에 없는 점을 인정하더라도 대안에 대한 최소한의 의견 제시는 그들의 책무이자 우의

---

140) 『肅宗實錄』 7년 4월 3일(병술).

友誼일 수 있기 때문이다.

대안 부족의 대표적인 예로서 조광조의 경우를 들 수 있다. 율곡은 이렇게 탄식한 바 있다.

> 사관仕官이 너무 일러 실용할 학문이 아직 대성하지 못하였고 같이 일하는 사람들 가운데에는 충현忠賢도 많았으나 이름 내기를 좋아하는 자도 섞여 의논하는 데 너무 날카롭고 일하는 데는 순서가 없었으며, 임금의 마음을 바르게 하는 것[格君]으로 기본을 삼지 않고 헛되게 겉치레만을 앞세웠으니 간사한 무리가 이를 갈며 기회를 만들어 틈을 엿보고 있는 줄을 알지 못하였다.[141]

그러한 개탄은 퇴계의 글[142]에서도 꼭 같이 묻어나오고 있다.

대안의 제시가 안고 있는 또 다른 어려움은 왕뿐만 아니라 조정의 대신들도 재야 지식인의 제언을 달갑게 여기지 않았다고 하는 사실이었다. 이를테면 장령掌令 서후徐厚가 사림의 득세를 바라보며 이렇게 왕에게 아뢴 것이 그러한 사례에 해당한다.

> 대저 조정의 득실을 의논하고 인물의 長短을 논의하는 것은 곧 선비로서 조정에 벼슬하고 있는 무리가 할 일이요, 학자로서는 감히 할 수 있는 바가 아닙니다.[143]

결국 집권 세력으로서는 체제 안의 언로만을 허락하고 싶었고 체제 밖의 목소리에는 비중을 두지 않았다. 문명교체기라 할 수 있는 개화기에 이르면 선비들의 의식은 현실과 더욱 멀어지게 된다. 그들은 시대 사조를 읽을 안목이나 마음의 준비도 없었고, 중화中華로부터 서구에로 눈길을 돌릴 의지도 없이 여전히 갈라파고스 거북증후군Galapagos' turtle syndrome에 머물러 있었다.

그들의 눈에는 이른바 서구 학풍이 나라 안에 가득 차 있는 것이 걱정스럽기만 했다. 새것을 좋아하고 기이한 것을 숭상하는 명사와 석유碩儒들이 서학에 빠져 헤어날 줄 모르며 찬미하는 모습을 보면서 그들은 역사의 오염을 개탄했다.[144] 그들은 중화로부터 심한 분리分離불안을 느끼고 있었을 뿐 다가오는 새

---

141) 『栗谷集』「雜著 東湖問答」"論我朝古道不復"

142) 『鶴峰續集』(5)「雜著」퇴계선생 언행록

143) 『中宗實錄』15년 1월 4일(계사)

문명에 어찌 적응해야 할지에 대한 대안이 없었다.

5. 결론

이 글의 결론은 다음과 같다.

[1] 한국사에서의 선비라 함은 우국심과 고전에 대한 해박한 지식을 갖추고 청빈을 미덕으로 여기며 그 시대의 비리에 직언하던 재야 지식인과 일부 사림파 집권 세력의 관료들을 의미한다.

[2] 한국의 선비와 유사 개념으로서는 서구의 젠트리와 중국의 향신을 들 수 있다. 서양 젠트리의 기반은 토지였으며, 중국 향신의 기반은 진사進士 시험의 합격을 통한 토호로서의 영향력이었으며, 조선 선비의 기반은 기개氣槪였다. 그들의 덕목에 재산[토지]은 들어 있지 않았으며, 이 점이 그들의 비극이었다.

[3] 선비의 문화에는 지켜야 할 유산이 있고, 버려야 할 유산이 있다. 청빈은 반부패정신의 사상적 온상이 되었고, 사직에 대한 충성은 국가에 대한 헌신 의지를 다지는 에너지가 되었으며, 직언은 진실을 증언하려는 용기를 북돋아 주었으며, 박학함을 주장하는 논리는 호학하는 풍조를 남겼다.

[4] 역사에는 남들이 모두 가는 시대를 역류하며 자기의 주장과 소신을 굽히지 않은 무리가 있었다. 조선의 선비가 그들이었다. 그들은 분명히 그 시대의 사명에 기여한 바가 있지만 파괴력은 그리 크지 않았다. 자신과 조국을 지키는 데는 기개가 중요한 것이 사실이었지만 기개만으로써는 지킬 수 없는 영역이 있었다. 그것은 경륜이었다. 그들의 경륜은 기개를 따라가지 못했다.

[5] 선비는 시대 정신의 변화에 자신을 적응하지 못한 채 타의적으로 현실에서 배제되었다. 그들은 수신 말고서는 자기 계발에 유념하지 않았다. 서세동점기에 초기산업자본주의의 도입에 따른 사회 구조의 재편으로 이제 선비는 실존의 문제에 부딪치게 되었다. 이런 점에서 볼 때 조선의 선비의 몰락은 철학이나 이상

144) 『高宗實錄』 18년 7월 6일(병신) : 홍재학의 상소

보다는 사회경제사의 요소를 더 많이 안고 있다.

[5] 대안의 부재라는 약점을 안고 있던 선비 문화는 실증주의positivism와 실용주의pragmatism를 기본 개념으로 제시하는 서구 문명이 상륙했을 때 더 이상 자신을 지탱할 기력을 잃었다. 지식과 토지[재산]를 함께 갖추지 못한 선비의 주장은 공허했다. 그들은 격동하는 시대 사조 앞에서 살아남을 수 있는 길을 잃었다.

제21장

중화주의의 빛과 그늘

김춘추金春秋(604~661)/ 김부식金富軾(1075~1151)/
이성계李成桂(1335~1408)/ 송시열宋時烈(1607~1689)

"역사가는
역사를 그릇되게 바라보는 민중의 눈으로부터
백내장을 제거해주는
안과의사 노릇을 해야 한다."[1)]
—젤딘Theodore Zeldin

1. 서론 : 왜 중화주의를 논의해야 하는가?

한국사상사에서 보수주의의 실마리를 어디로 볼 것인가의 논의[2)]는 매우 흥미로운 작업이다. 그런데 이 보수의 논의가 서구적 개념과는 다소 다르다. 곧 한국사상사에서 보수주의라 함은 유교 지향 또는 중화사상으로의 복귀를 의미하는 측면이 있기 때문이다. 이는 다분히 사이四夷나 서구적 충격으로부터 전통질서를 지키려던 근대의 움직임을 뜻하는 것으로 되어 있다. 전근대사회에서 한국사상사가 자칭하는 보수의 기초가 중화 질서의 유지라는 점이 한국인에게 욕스러울 수 있지만, 이것은 부인할 수 없는 실체였다.

어느 시대를 가릴 것 없이 역사는 늘 격동기였다고 하지만 지금의 시대도 변

1) John Tosh, *The Pursuit of History*(London: Longman House, 1991), p. 21.

2) 양승태·안외순, 「한국보수주의 연구(1) : 송시열과 한국 보수주의의 기원」(한국정치학회 연례학술회의, 1998), *passim*.

함이 없다. 일제 40년을 거쳐 대미외교에 의존하던 50년의 우파 보수주의의 시기를 지나 10년 동안 진보 진영의 집권을 거쳐 이제는 미국 일극 지배의 국제사회에서 G-2의 시대로 접어들었다. 대국굴기大国崛起(The Rise of the Great Nations)니 도광양회韜光養晦(달빛 아래 칼을 숨기고 시대를 기다린다)[3)]라는 말이 시대의 흐름을 대변하고 있다.

이제 바야흐로 중국 중심의 시대Sino-centric Age가 다가오고 있다. 이것이 한국으로서는 기회인지 위기인지는 기능주의자들이 설명할 일이지만, 역사학자들은 그 연원을 밝혀줌으로써 이런 일들이 어디에서 왔으며 어디로 가야 하는지에 대한 대답을 마련해야 한다는 문제 의식 위에 이 글은 쓰였다.

한국사상사를 논의하는 과정에서 자주사관이나 자아준거적 정치학의 가치를 아무리 높이 평가하더라도 빗겨 갈 수 없는, 그리고 결코 유쾌하지 않은 하나의 논점이 있는데, 그것은 "우리에게 이웃 중국은 무엇인가?" 하는 물음이다. 그것은 오랜 역사를 가지고 있고, 또 그 뿌리도 깊어 쉽게 넘을 수도 없으며, 그렇다고 덮어 둘 수도 없다. 이 문제를 정치학의 분야로 끌어오면 그것은 외교 정책으로서의 사대事大와 중화사상의 문제가 되어 무거운 멍에처럼 우리를 짓누른다.

그런 점에서 보면 중국정치사상으로부터 한국정치사상사의 해방은 이 분야가 안고 있는 오랜 숙제 가운데 하나였다. 아무리 인정하고 싶지 않아도 적어도 조선의 전기·중기 정치사상은 중국 정치사상의 재해석이거나 재생산이었다. 중화사상의 그늘은 너무도 거대하여 한국사상이 빛을 보지 못했다.

이러한 종속성을 극복해야 하는 이유는 윤리적 상대주의ethical relativism 때문이다. 적어도 한국의 정치사상사는 독자적 발단보다는 중국사상을 모방한 측면이 크고 그러는 과정에서 "미워하면서 닮은 유산" 가운데 하나가 중화주의였다.

중국은 왜 그리 큰 절벽으로 우리에게 다가왔을까? 중화주의에 따르면, 중국이야말로 만국의 종주가 되며, 정치적으로나 문화적으로 자신보다 우월한 존재를 인정하려 하지 않았다. 20세기 중엽의 불행한 서세동점기를 제외한다면, 중국은 오로지 복속시킬 뿐이지 다른 민족에게 굴종하지 않았다.

행여 이웃의 소국小國에서 중원을 거역할 때는 전통적인 이이제이以夷制夷의

3) 『舊唐書』, 「宣宗記」: "歷太和会昌朝 愈事韜晦 群居游處 未尝有言"

방법으로써 이를 제어하였다. 동남아의 약소국가들은 적어도 몇천 년 동안을 이러한 대국주의의 그늘 밑에 시달리면서 자존自存과 굴욕을 이어왔다. 그리고 그것이 중국으로서는 중화중심주의가 되었고, 주변국에서는 사대事大가 되었다. 이런 점에서 한국도 예외는 아니었다.

그와 같은 중국 중심의 의식 구조의 뿌리는 매우 깊다. 본디 사대의 문제는 이미 『춘추』春秋에 담겨 있는 중심 개념이었다. 그 한 예로 정鄭나라 유길游吉과 사경백士景伯과의 다음과 같은 대화를 들 수 있다.

> 제후들이 진晉나라에 귀의歸依하는 것은 예禮가 있기 때문입니다. 소국이 대국을 섬기고 대국은 소국을 돌보는 것이 예입니다. 대국을 섬긴다 함은 때때로 내려오는 명령을 공경하여 따르면 되는 것이고, 소국을 돌본다 함은 없는 것을 도와주는 것입니다.[4]

이 글은 『맹자』孟子에서도 그대로 되풀이되고 있다. 그는 이렇게 적었다.

> 제선왕齊宣王이 물었다.
> "교린국交隣國에 도道가 있습니까?"
> 맹자께서 이렇게 대답하였다.
> "있습니다. 오로지 어진 사람이라야 능히 큰 나라로서 작은 나라를 섬길 수 있습니다. 그러므로 탕湯이 갈葛을 섬기시고 문왕文王이 곤이昆夷를 섬기셨습니다. 오로지 지혜로운 사람이라야 능히 작은 나라로서 큰 나라를 섬길 수 있습니다. 그러므로 문왕이 훈육獯鬻을 섬기고 구천句踐이 오吳를 섬겼습니다. 큰 나라로서 작은 나라를 섬기는 것은 하늘의 도리를 즐기는 무리[樂天者]요, 작은 나라로서 큰 나라를 섬기는 것은 하늘을 두려워하는 무리[畏天者]이니, 하늘의 도를 즐기는 무리는 천하를 지키고 하늘을 두려워하는 무리는 자기의 나라를 지킵니다."[5]

위의 글에 담긴 중요 논지는, 사대가 쌍무적雙務的 관계였다는 사실이다. 거기에는 강자와 약자의 공존의 의미가 담겨 있었다. 그러나 당초의 이 선의는 오래 지켜지지 않았고, 수모와 예종이 뒤따랐다. 이것은 사대가 교린交隣의 의미가 컸

---

4) 『春秋』 昭公(7) 30년 6월.
5) 『孟子』 梁惠王章句(下).

으나 차츰 군사적·정치적 의미를 내포하는 것으로 변질하였기 때문이다. 여기에 문화적 개념으로서 중화주의가 가미되었다. 이러한 이중적 압박이 봉신국에게는 명예로운 것은 아니었다.

이와 같은 사대의 성격과 이에 관한 김부식의 연관에 관하여 변명의 여지가 없는 것은 아니다. 그것은 약자가 생존을 꾀하고자 했던 외교 정책이었고, 이념이나 사상이 되는 것처럼 이를 확대 해석하는 것은 식민사관에서 한국사를 비하하려 했던 의도로 보일 수도 있다. 그러나 그러한 변명에도 사대가 안고 있는 불명예를 벗어나기는 어렵다. 그것은 원초적으로 굴욕 외교의 성격을 담고 있었기 때문이다.

중국인들이 품고 있는 사대와 중화의 논리는 "묶어두어 인연을 끊지 않는다." 羈縻勿絶는 전통에 입각한 것이었고 그 실체는 한漢나라 이래의 유산[6]으로 굳어졌다. 그들의 그러한 인식은 1880년 수신사 김홍집金弘集이 동경을 방문하여 청국공사관 참찬관 황준헌黃遵憲을 만났을 때 기증 받은 『조선책략』朝鮮策略[7]에서도 잘 나타나고 있다.

이런 점에서 본다면 사대나 그 표현으로서의 조공朝貢은 피정복국가를 말살하려는 것이 아니라 그 존재를 인정하는 것을 전제로 하여 지배와 복종의 관계를 규정한 국가 제도였으며, 중국과 주변부가 지배와 복종이라는 불평등하고도 계서적인 관계[8]로 묶어두려는 제도로 볼 수 있을 것이다.

보는 이에 따라 사대는 약자가 생존을 꾀하고자 했던 외교 정책이었고, 이념이나 사상이 되는 것처럼 이를 확대 해석하는 것은 식민사관에서 한국사를 비하하려 했던 의도라고 볼 수도 있다. 그러나 그러한 변명에도 불구하고 사대가 안고 있는 불명예를 벗어나기는 어렵다. 그것은 원초적으로 굴욕 외교의 성격을 담고 있었기 때문이다.

---

6) 『漢書』「匈奴傳」(下) : "其慕義而貢獻 則接之以禮讓 羈靡不絶" ; 司馬相如『難蜀父老』: "蓋聞天子之牧夷狄也 其義羈縻勿絶而已" ; 『舊唐書』「徐堅傳」: "堅以蠻夷生梗 可以羈縻屬之"

7) 황준헌(지음), 조일문(역주), 『조선책략』(서울 : 건국대학교출판부, 1988), p. 33.

8) 구대열, 『삼국통일의 정치학』(서울 : 까치, 2010), pp. 41, 61.

2. 원죄原罪 : 나당羅唐 연합과 삼국전쟁

한국사에서 사대나 중화에 대한 경도의 모습은 오래전부터 그 모습을 보여주고 있다. 곧 신라는 고구려의 침략을 받은 7세기 초엽에 이미 원광법사圓光法師를 중국에 파견하여 수양제隋煬帝에게 「걸사표」乞師表를 올렸으며 양제는 이에 따라 고구려 정벌에 오름으로써 대전화大戰禍를 불러일으킨 적이 있었다.[9)]

그러다가 고구려의 남진이 본격적으로 시작된 진덕왕眞德王(재위 647~653) 때에서부터 신라는 당나라에 구원을 청했고 이를 위해서 신라 왕은 당의 황제[唐帝]에게 글을 올리어 스스로 변방국邊邦國임을 자처했다.

> 오랑캐의 몸으로 천명을 거역하면
> 칼에 엎어져 천벌을 받으리라
> 순후淳厚한 풍속이 곳곳에 퍼지니
> 멀고 가까운 곳에 상서로움이 비치네.
> 삼황오제三皇五帝의 덕이 하나로 이룩되어
> 우리 당나라 황제를 밝히리라
> 外夷違命者 剪覆被天殃
> 淳風凝幽現 遐邇競呈祥
> 五三成一德 昭我唐家皇[10)]

위의 글에 나타난 주제어를 살펴보면, 신라는 스스로를 오랑캐로 지칭했고, 당의 천자는 "우리의 황제"였다. 신라가 이런 글을 중국의 황실에 보내지 않을 수 없었던 근본적인 이유는 스스로의 힘으로 고구려의 남진을 저지할 수 없었기 때문이었다.

그러나 당나라의 도움은 신라에게 많은 댓가를 요구했다. 그 대표적인 것이 곧 조공朝貢이었다. 신라 역사에서 중국에 조공을 보낸 최초의 기록은 진흥왕眞興王 25년(564)으로[11)] 적어도 삼국전쟁이 일어나기 1세기 전에서부터 이러한 제

9) 『三國史記』 眞平王 30年(608)條; 同 高句麗本紀 嬰陽王 23年(612)條; 同 列傳 乙支文德條.
10) 『三國遺事』(1) 紀異(1) 眞德王條. 『新唐書』 「東夷列傳 新羅條」에도 이와 유사한 시가 실려 있다.
11) 『三國史記』 新羅本紀 眞興王 25年(564)條 : "遣使北齊朝貢"

도가 시작되었다. 그러다가 6년이 지난 진흥왕 31년(570)에 최초로 방물方物을 바친 기록이 보이며,[12] 그 진평왕 53년(631)에는 여자까지 바친 기록을 볼 수가 있다.[13] 그러나 이 당시의 방물 제도는 대등한 관계에서 이루어졌다고 볼 수는 없지만 적어도 초기의 원시적 교역의 의미가 있었고 조공도 드물게 이루어지고 있었다.

그러던 것이 고구려와 백제를 멸망시키면서 당에게 빚을 진 무열왕武烈王 이후에는 조공이 정기적이고도 본격적인 행사로 변모하게 되었고,[14] 조공의 내용도 지난날보다도 더 심화되어 단순히 미인을 바치던 것을 사대부의 딸이나 국색國色을 바치도록 했을 뿐만 아니라,[15] 노비를 바치기 시작했고,[16] 구진천仇珍川과 같은 궁장弓匠의 조공이 시작되었다.[17] 성덕왕聖德王 시대에 이르러서는 1년에도 몇 번씩 조공을 바침으로써[18] 국고에 부담을 주었을 뿐만 아니라 중국과 한국의 종속宗屬 관계를 확고히 이룩했다.

그렇다면 조공국은 사대의 대가로 어떤 반대 급부를 얻을 수 있었는가? 이 점은 다음과 같이 정리할 수 있을 것이다.

> (1) 조공국은 정치적 측면에서 책봉을 통해 왕조의 정통성을 인정받아 왕권의 안정을 도모한다. 중기 이후의 신라는 물론이고, 고려와 조선의 창업 과정에서 중국 천자의 윤허를 받고자 했던 왕건이나 이성계李成桂의 의지가 여기에 해당한다.
>
> (2) 경제적 측면에서는 조공과 회사回賜는 문물 교류의 효과가 있었고, 그 내용물은 조공국의 수치심을 상쇄할 정도로 많았다.[19] 고려시대의 봉명奉命 사신으로 가는 무리가 금과 명주와 화물貨物을 많이 가지고 가니, 중국 사람들이 말하기를,

12) 『三國史記』 新羅本紀 眞興王 31年(570)條 : "夏六月 遣使於陳 獻方物"
13) 『三國史記』 眞平王 53年(631)條 : "秋七月 遣使大唐 獻美女二人"
14) 『三國史記』 列傳(6) 崔致遠條 : "此際我武烈大王 請以犬馬之誠 助定一方之難 入唐朝謁 自此而始"
15) 『三國史記』 新羅本紀 聖德王 22年(723)條 : "春三月 王遣使入唐 獻美女二人 一名抱貞 父天承奈麻 一名貞菀 父忠訓大舍"; 同 新羅本紀 元聖王 8年(792)條 : "秋八月 遣使入唐 獻美女金井蘭 其女國色身香"
16) 『三國史記』 新羅本紀 聖德王 22年(723)條 : "給以衣看器具奴婢車馬 備禮資遣之"; 同 神武王 元年(839)條 : "秋七月 遣使如唐 遣淄靑節度使奴婢 帝聞之矜遠人 詔令歸國"
17) 『三國史記』 新羅本紀 文武王 2年(662)條 : "冬 唐使到傳詔 與弩師仇珍川沙飡廻 命造木弩"
18) 『三國史記』 新羅本紀 聖德王代, *passim*.
19) G. 레드야드, 「韓國史의 事大主義」, 『신동아』 1968년 10월호, p. 199.

"고려가 사대한다는 이름을 빌려 실은 무역을 탐내어 올 뿐이다."라고 한 기록[20]이 여기에 속한다.

(3) 문화적 측면에서 조공국이 유교문명권에 진입함을 의미한다. 신라시대 유교의 전래와 고려 말 주자학의 전래가 여기에 해당한다. 이것은 중국의 역사가 가지는 유장悠長함과 문화의 우수성, 그리고 통일국가의 저력에 관한 숭앙의 표현이었다.

(4) 군사적 측면에서는 적대관계에서 긴장을 완화해 준다.[21] 전근대 사회에서 강대국의 위협에 대처하는 길은 첫째는 한민족이 그 위협을 비켜 이동하는 것이고, 둘째는 항전하는 것이며, 셋째는 위협하는 세력에 적응하는 길밖에 없었는데,[22] 사대는 그 세 번째의 길이었다. 거듭된 항전의 기록 속에서 한국의 통치자들이 얻은 역사적 교훈에 따르면, 약소국이 때로는 강대국에 대해 군사적 승리를 거둘 수 있을지 모르나 강대국의 침략을 언제까지나 막을 수 있을 만큼 인구나 자원이 충분하지 않다는 교훈이었다.

위에서 살펴본 바와 같이 불평등하고 위압적이기는 했지만 사대는 쌍무적雙務的이었다. 거기에는 강자와 약자의 공존의 의미가 담겨 있었다. 그러나 당초의 이 선의는 오래 지켜지지 않았고, 수모와 예종이 뒤따랐다. 이것은 당초의 사대는 교린交隣의 의미가 강했으나 차츰 군사적·정치적 의미를 내포하는 것으로 변질되었기 때문이다. 여기에 문화적 개념으로서 중화주의가 가미되었다.

조공과 사대가 본디 쌍무적 호의에서 비롯되었다 하더라도 국력의 차이로 말미암은 불균형의 봉신국에게 명예롭거나 시혜만을 주는 것은 아니었다. 봉신국으로서는 치러야 할 책무가 있었는데, 봉신국에 부과되는 의무는 다음과 같은 것들이다.

(1) 수공국과 조공국과의 사이에 군신 관계가 성립하여 조공국의 왕은 수공국의 황제로부터 관작을 받음과 동시에 번속국藩屬國의 국왕에 책봉되는 사왕嗣王과 칭신稱臣의 예를 갖추며 부마국駙馬國이 되는 경우도 있다.

(2) 조공국은 수공국의 책력冊曆과 연호年號를 사용한다.[23]

---

20) 『芝峰類說』(4) 官職部 使臣.

21) 이재석, 「근대 외교사적 입장에서 본 서희」, pp. 234~235.

22) G. 레드야드, 「韓國史의 事大主義」, pp. 196~197.

23) 신라의 대당 종속 관계는 연호年號의 문제에까지 확대되었다. 원래 신라는 그들 나름대로

(3) 조공국은 수공국에 토산물을 진상한다.
(4) 조공국은 외교 문제에 대하여 수공국의 자문을 구한다.
(5) 어느 한쪽이 필요할 때 지원군을 파견한다.[24]
(6) 정례적으로 연하사年賀使를 파견한다.[25]

당나라와 신라의 사대 봉신이 더욱 강화된 것은 삼국전쟁 이후였다. 그러한 예로서, 백제가 멸망한 다음 문무왕이 그 유민을 순무巡撫하고자 웅진熊津에 나아가 의자왕義慈王의 아들 융隆을 만났을 적에 그들은 단壇을 쌓고 백마白馬를 잡아 다음과 같이 맹세했다.

> 삼가 [天子의] 조명詔命을 받들어 영원히 번국藩國이 될 것이니 이에 사자使者 우위위장군 노성현공右威衛將軍魯城縣公 유인원劉仁願을 보내어 친히 권유勸諭하여 내 뜻을 자세히 선포하는 것이라. …… 삼가 [天子의] 윤음綸音을 받들어 감히 버리지 말 것이며, 이미 맹세를 정한 뒤에는 함께 변하지 말도록 힘쓸 것이다.[26]

이어서 당은 고구려의 정벌이 끝나자 고구려의 국토인 5부, 176성, 69만여 호를 9도독부, 42주, 100현으로 나누고, 안동도호부安東都護府를 평양에 두어 설인귀薛仁貴를 도호都護로 삼아 당병 2만을 거느리고 통치하도록 했다.[27] 고구려에 대한 당의 완전한 지배는 그 후 70년간 계속되다가 서기 735년(聖德王 34년)에 패강浿江 이남만을 신라에 돌려주었다.[28] 이에 성덕왕은 사신을 보내어 다음과 같

의 독자적인 연호를 제정하여 사용하고 있었다.(『三國史記』 新羅本紀 法興王 23年(536)條) 그러던 것이 진덕왕 시대에 들어와서 당태종이 신라가 당의 연호를 쓰지 않음을 꾸짖으매 신라 사신이 사죄하고(『三國史記』 新羅本紀 眞德王 2年(648)條) 귀국한 즉시 왕께 보고하니 진덕왕은 서기 650년부터 중국의 연호를 쓰기 시작했다.(『三國史記』 眞德王 4年(650)條) 이 때로부터 시작된 중국 연호의 사용은 갑오경장(甲午更張, 1895)을 거쳐 건양(建陽, 1896)으로 국호를 바꿀 때가지 1,245년 동안 계속되었다.

24) 朴忠錫, 『한국정치사상사』(서울 : 삼영사, 1982), pp. 48-49, 56; 이재석, 「근대 외교사적 입장에서 본 서희」, 『서희와 고려의 고구려 계승의식』, pp. 233-234.

25) Paul H. Clyde, *The Far East : A History of the Impact of West on East Asia*(New York : Prentice-Hall, 1950), p. 240; 류근호, 『조선조 대외사상의 흐름』(서울 : 성신여자대학교 출판부, 2004), pp. 26-27.

26) 『三國遺事』(1) 紀異(1) 太宗春秋公條.

27) 『三國史記』 高句麗本記 寶藏王 27年(668)條 참조.

28) 『三國史記』 新羅本紀 聖德王 34年(735)條.

은 하는 사은서를 올렸다.

> 패강 이남의 땅을 주신다는 은칙恩勅을 엎드려 받나이다. 신臣은 바다 모퉁이에 살면서 성조聖朝의 덕화德化를 받게 되었고 비록 단성丹誠을 마음의 바탕으로 했으나 가히 공을 이루지 못했고 충정忠貞으로 섬겼으나 그 노고를 상 받을 만하지는 못합니다. 폐하께서는 우로雨露의 은혜를 내리시고 일월과 같은 조서詔書를 내려 신에게 땅을 주어 신의 살 곳을 넓혀주고 드디어 간벽墾闢으로 때를 찾게 했으며 농상農桑으로 소망을 얻게 했으니 신은 사륜絲綸(조칙)의 뜻을 받들고 영총榮寵을 깊게 입으니 살과 뼈가 가루가 될지라도(粉身糜骨) 이를 갚지 못하겠나이다.[29]

신라의 사대는 국호國號의 변화를 가져왔다. 본디 신라에서는 지배층의 의사에 따라 왕을 선임하고 있었다. 물론 진흥왕 26년(565)에 이미 북제北齊의 무성제武成帝가 신라 왕에게 왕호王號를 준 기록이 있으나[30] 이는 신라가 원한 바도 아니오, 중국의 제국적·중화적 오만에서 비롯된 것이었다.

그러다가 삼국전쟁이 끝난 뒤인 문무왕文武王(法敏) 14년(674)에 그가 백제의 구강舊疆을 차츰 점거하자 당 고종唐高宗은 크게 노하여 문무왕의 왕호를 취소하고 당경唐京에 머물러 있던 왕의 아우 김인문金仁問을 신라왕으로 봉했다. 이에 문무왕이 사신을 보내어 사죄하매 당 고종은 그제야 문무왕의 왕호를 복구시켜 주었고 김인문은 다시 당경으로 돌아갔다.[31]

그리고 여기에서 중요한 것은 김인문이 왕위를 계승하라고 말하고서도 그에게 왕호를 내린 것이 아니요, 계림부대도독개부의동삼사鷄林府大都督開府儀同三司라는 직함을 주었다는 사실이다.[32] 이런 점으로 볼 때 당은 신라를 속국 정도로도 생각하지 않은 것이요, 일개 변주邊州의 도독으로 여겼으며 신라는 이 치욕스러운 칭호마저도 감수했다. 그리고 무열왕 이후부터는 신라 왕의 즉위식에 당의 칙사勅使가 직접 참여하여 주재主宰했다.[33]

살아 있는 동안 그토록 수모를 겪은 신라 왕은 죽어서 당으로부터 굴욕을 겪

29) 『三國史記』 新羅本紀 聖德王 35年(736)條
30) 『三國史記』 新羅本紀 眞興王 26年(565)條.
31) 『三國史記』 列傳 金仁問條 참조.
32) 『三國史記』 列傳 金仁問條.
33) 『三國史記』 新羅本紀 太宗武烈王 元年(654)條.

었다. 무열왕이 죽자 문무왕은 그의 묘호廟號를 태종太宗이라 정했는데 당 중종唐中宗은 사신을 신라에 파견하여 그의 시호가 당의 태종과 동일한 것을 힐책했다. 이에 신라에서는 사죄서[34]를 보내어 애원함으로써 사태를 무마했다.

그뿐만 아니라 신라 성덕왕은 본명이 융기隆基였으나 당 현종唐玄宗의 이름과 같다 하여 천중天中으로 고쳤다가 그것마저 그 의미가 불손하다 여겨 다시 흥광興光으로 고쳤다.[35] 그 뒤에 서기 672년에는 백제의 고토에서 반란이 일어나자 신라는 급한 김에 당군에 미리 알리지도 못하고 군사를 내어 토벌한 적이 있었다. 당은 이러한 사실이 상국에 대한 대죄임을 꾸짖자 문무왕은 걸죄서乞罪書[36]를 당제唐帝에 보내어 죄를 빈 적이 있다.

위의 사례에서 보는 바와 같이 신라는 고구려의 남진 정책과 백제의 침략으로 김춘추의 사위 품석品釋 일가족이 죽은 이른바 대야성大耶城 사건[37]에 대한 복수심으로 말미암아 당나라의 병력을 끌어들여 고구려와 백제를 멸망시키는 데 성공했으나 그 댓가로 치른 조공, 봉신, 연호 책력의 문제는 한국사가 중화에 편입되고 끝내는 사대를 국책으로 삼는 시초를 이루었다.

이와 같은 중화사상은 300년에 걸친 2천 명의 도당渡唐 유학생[38]의 왕래를 통하여 더욱 굳어졌는데 그 대표적인 사례가 최치원崔致遠의 경우이다. 그는 헌강왕憲康王 11년(885)에 12세에 당나라로 건너간 지 16년 만인 28세에 귀국했다. 어린 나이에 조국을 떠났다가 인격과 학식을 갖춘 성인이 되어 귀국했을 때 그로서는 많은 심리적 혼란이 일어났을 것이다. 모국어의 구사도 불편했을 것이다.

최치원의 초기 심리 상태는 화하華夏 문명의 황홀함에서 벗어나지 못했다. 귀국했을 때 그는 이미 확신에 찬 중화주의자가 되어 있었다. 그가 신라 왕실을 위해 당나라 황제에게 올린 표表에서 스스로를 번국[臣藩][39]으로 자처한 글에서 그러한 모습이 잘 나타나고 있다.

---

34) 『三國史記』 新羅本紀 神文王 12年(691)條.
35) 『三國史記』 聖德王 元年(702)條.
36) 『三國史記』 新羅本紀 文武王 12年(672)條.
37) 『三國史記』 新羅本紀 眞德王 2年(648)條.
38) 양기선, 『孤雲 최치원 연구』(서울 : 한불문화출판, 1995), p. 72.
39) 『孤雲崔致遠先生文集』 表; 『東文選』(33) 表箋 崔致遠 謝嗣位表.

3. 당송唐宋문화의 황홀감 : 김부식金富軾의 생각

한국사에서 고려의 전기·중기 시대를 이루고 있을 무렵 중국은 당송 문화의 절정기를 이루고 있었다. 장안長安과 연경燕京은 고려 유학생들의 선망이었으며, 귀국한 그들의 정서에는 중화제국의 문화에 대한 망연자실함과 숭경崇敬이 담겨 있었다. 이들을 통하여 전래된 주자학의 전래는 중화주의의 거대한 물결을 통해 고려에 전래된 사상 구조의 한 부분이었다.

주자학의 연원이 중화가 아니었더라도 그것이 그만한 영향력을 가질 수 있었을까에 관해서는 논란의 여지가 있다. 결과적으로 주자학은 부분으로 그치지 않고 엄청난 영향력을 갖는 것으로 확대·재생산되었다. 그 이면에는 사상사적 피로기의 주류 사상이었던 불교로부터 민심의 이탈과 그 여백을 메우려는 심리가 작용했다.

한국 사학사에서 가장 오래되고 아직 합의에 이르지 못한 논쟁 가운데 하나는 사대事大와 모화慕華 그리고 김부식의 책임으로 이어지는 일련의 논쟁일 것이다. 이 문제는 이념에서 사상, 외교 정책, 민족성으로 그 외연이 확대되며 마치 자주파 대 사대주의자의 대결 구도처럼 사학사의 중심에 서 있고, 김부식은 역사의 죄인이거나 아니면 한국 역사학의 아버지처럼 극단적인 평가를 받아왔다. 그 어느 쪽이든 한국사는 김부식을 둘러싸고 강단 사학과 재야 사학으로 갈리며 법통 논쟁으로 번져나갔다.

그렇다면 김부식은 과연 우리에게 누구인가? 사대는 한국의 이념사에서 어떤 위치를 차지하고 있는 것일까? 김부식이 어떤 인물인지에 관한 기록으로는 그를 직접 만나보고 인물평을 남긴 서긍徐兢의 『고려도경』高麗圖經의 묘사가 인상적이다. 그는 이렇게 적고 있다.

> 김부식은 풍만한 얼굴과 장대한 체구에 얼굴이 검고 눈이 튀어나왔다. 그러나 널리 배우고 많이 기억하여 글을 잘 짓고 고금의 일을 잘 알아 학사學士들의 신임과 복종을 받는 것이 능히 그보다 앞설 사람이 없다. 그의 아우 부철富轍은 또한 시詩를 잘 짓는다는 명성이 있다. 일찍이 그의 형제들의 이름 지은 뜻을 넌지시 물어보았는데, 대개 (누구인가를) 사모하는 바가 있었다.[40]

위의 글에서 "왜 이름에 식軾과 철轍을 넣었는가?" 하는 질문에 대하여 "사모하는 바가 있었다." 함은 그 형제가 당송唐宋 8대가인 소식蘇軾과 소철蘇轍 형제에게서 이름을 따왔음을 의미한다. 곧 김부식은 소식의 "식"軾을 본뜬 것이고, 그의 아우 김부철金富轍은 소철의 "철"轍을 본받은 것이다. 앞에 "부"富를 쓴 것은 소식이나 소철보다 뛰어나고 싶은 소망의 표현이었다.

김부식의 아버지인 국자좨주좌간의대부國子祭酒左諫議大夫 김근金覲은 소순蘇洵을 포함한 소씨 삼부자와 같은 시대를 살며 송나라 사신으로 왕래했으니 그들을 만났는지의 여부는 알 수 없으나, 그 문명文名은 익히 들어 알고 있었을 것이다. 더욱 특이한 것은 김부철의 호가 자유子由인데 이는 소철의 그것과 같다는 점이다. 이름이야 아버지의 뜻이라 할 수 있지만 호는 자신의 뜻이었을 것이다.

『고려사』 열전에 따르면, 숙종 때 과거에 급제한 김부식은 잠시 안서대도호부安西大都護府에서 일한 뒤 개경으로 돌아와 직한림원直翰林院이 되었고, 우사간右司諫과 중서사인中書舍人을 지냈다. 당대의 명문장이었던 그는 기거주起居注[왕실 기록관]로 왕에게 『서경』書經의 「열명편」說命篇을 강독하였으며,[41] 어전의 『주역』周易 강의는 특히 왕의 신임을 받았다.[42] 인종 시대에 들어오면 그는 정당문학수국사政堂文學修國史가 되었으며,[43] 뒷날 『인종실록』을 편찬하게 된다.[44]

김부식의 사상을 논의하며 중심 주제가 되는 것은, 역시 그의 『삼국사기』를 어떻게 평가할 것인가의 문제이다. 이 문제를 논의하려면 그가 『삼국사기』를 집필하게 된 동기를 알아볼 필요가 있다. 그는 이렇게 말하고 있다.

> 삼가 생각하옵건대, 성상(인종) 폐하께서는 당요唐堯의 문사文思를 바탕으로 하고 하우夏禹의 근검을 본받아 정사에 부지런하신 여가에 지난날의 역사책을 많이 읽으시어 "지금의 학문하는 사대부들은 『오경』五經과 『제자』諸子의 글과 진한秦漢 역대의 역사에는 혹 널리 능통하고 상세히 설명하는 사람이 있지만, 우리 나라의 사실에 대해서는 문득 까마득히 그 시말을 알지 못하니 심히 탄식할 만한 일"이라고 하셨습니다. 하물며 신라·고구려·백제는 나라를 세워 세 나라가 솥발鼎足처럼

40) 徐兢, 『국역 高麗圖經』(서울 : 경인문화사, 1978), pp. 76~77.
41) 『高麗史』 世家 睿宗 16년 3월 갑인.
42) 『高麗史』 世家 睿宗 17년 1월 병술; 仁宗 11년 5월 및 7월.
43) 『高麗史』 仁宗 8년 12월 병신.
44) 『高麗史』 列傳 金富軾·敦中·君綏.

벌려 서서 능히 예의로써 중국과 교통했던 까닭으로 범엽范曄의 『후한서』後漢書와 송기宋祁의 『당서』唐書에 모두 삼국에 관한 열전列傳이 있습니다.

그러나 (당나라) 국내의 사실은 상세히 하고 외국의 사실은 간략히 하여 상세히 기재되지 않았습니다. 또 옛 기록은 문장이 거칠어 뜻이 통하지 않고 사적事跡이 빠져 없어졌으므로, 이로써 임금의 착함과 악함이든지, 신하의 충직함과 간사함이든지, 국가의 편안함과 위태함이든지, 백성의 다스려짐과 어지러워짐을 모두 드러내어 뒷사람들에게 권장하고 경계를 할 수는 없게 되었습니다.

(성상께서) "마땅히 삼장三長[才·學·識]의 재주를 얻어 능히 일가一家의 역사를 이루어 이를 만세萬世에 전승하여 해와 별처럼 환하게 밝히고 싶다." 하셨습니다. …… 신의 …… 정신을 다 쓰고 힘을 다하여 겨우 편찬을 완성하였아오나 마침내 볼 만한 것이 없으므로 다만 스스로 부끄러워할 뿐입니다.[45)]

이 글에서 김부식이 말하고자 하는 바는,

(1) 중국의 역사를 이해하면서도 자신의 역사를 알지 못하는 데 대한 개탄,

(2) 『후한서』나 『당서』의 열전에서 소홀하게 다룬 신라·고구려·백제의 역사를 복원하고 싶은 의지,

(3) 소루한 우리의 옛 기록[古記]의 복원

(4) 역사학을 통한 치란治亂을 백성에게 보여주고 싶은 의지

등이다.

그러나 김부식의 이러한 진심에도 그가 남긴 역사학의 유산은 멀리 모화를 바라보고 있다는 데 문제가 있다. 사실상 한국사에서 모화는 이미 신라시대에 정착된 것이므로 김부식만이 이에 책임질 일은 아니다. 또 고려의 건국 설화나 시조 설화에는 이미 강렬한 모화가 담겨 있다는 점에서도 더욱 그렇다. 다만 이 문제에 김부식이 연루되는 것은 고려의 그와 같은 사대·모화의 고착화 과정에 그의 고려사 해석이 중요하게 작용했기 때문이다.

45) 『三國史記』 進表 : "伏惟聖上陛下 性唐高之文思 體夏禹之勤儉 宵餘閒 博覽前古 以謂今之學士大夫 其於五經諸子之書 秦漢歷代之史 或有淹通而詳說之者 至於吾邦之事 却茫然不知其始末 甚可歎也 況惟新羅氏·高句麗氏·百濟氏 開基鼎峙 能以禮通於中國 故范曄漢書·宋祁唐書皆有列傳 而詳內略外 不以具載 又其古記 文字蕪拙 事迹闕亡 是以君后之善惡 臣子之忠邪 邦業之安危 人民之理亂 皆不得發露以垂勸戒 宜得三長之才 克成一家之史 貽之萬世 炳若日星 …… 如臣者 是故疲精竭力 僅得成編 訖無可觀 祇自耳"

우선 왕건의 탄생 설화를 보면 다음과 같이 기록되어 있다.

> 성골장군聖骨將軍 호경虎景이 아간阿干 강충康忠을 낳고 강충이 거사居士 보육寶育을 낳으니 이가 국조 원덕 대왕國祖元德大王이다. 보육이 딸을 낳아 당唐의 귀성貴姓과 배필이 되어 의조懿祖를 낳고 의조가 세조世祖를 낳고 세조가 태조 왕건을 낳았다. …… 작제건作帝建(왕건의 할아버지)이 어려서 총명하여 지혜롭고 용맹했다. 나이 5~6세에 어머니에게 물었다.
>
> "나의 아버지는 누구십니까?"
>
> 어머니가 대답했다.
>
> "당나라 사람이시다."
>
> 작제건이 활을 들고 화살을 먹여서 겨누어 쏘니 활시위 소리와 같이 떨어지는 것은 과연 늙은 여우였다. 늙은이가 크게 기뻐하여 궁궐로 맞아들이고 감사하며 말했다.
>
> "낭군의 힘에 따라 나의 재난은 이미 덜었으니 그 큰 은덕에 보답하고자 합니다. 장차 서쪽 당나라에 들어가 천자이신 아버지를 뵈려고 하십니까? 부富에는 7보寶가 있으니 동쪽으로 돌아가 어머니를 봉양하려 하십니까?"
>
> 작제건이 말했다.
>
> "나의 바라는 바는 동쪽 땅에서 왕이 되는 것입니다."[46]

또 다른 기록에는 이렇게 쓰여 있다.

> 당나라 숙종肅宗이 잠저潛邸에 있을 때 산천을 고루 유람하고자 바다를 건너 송악에 이르니 그곳에 보육寶育이라는 사람이 그의 딸을 주어 동침하게 하고, 한 달 동안 머물러 있다가 떠났다. 그 여인이 아들을 낳으니 그가 왕건의 조부이다.[47]

이상의 기록이 의미하는 바에 따르면, 고려는 당나라의 혈통이라는 사실에 대하여 대단한 긍지를 가지고 있었다. 아마도 왕건이 당나라에서 온 귀화인의 후손이라는 말은 사실일 것이다. 그러나 거기에서 더 나아가 그가 당나라 왕통을 이어받았다는 대목에 이르면, 이는 사실 여부의 문제가 아니라 중국에 관한 고려의 인식을 이해하는 전거典據가 된다. 한국 사학사에서 김부식의 위치는 고려

---

46) 『高麗史』 世系.

47) 『芝峰類說』(3) 君道部 : 世代.

의 이와 같은 모화에 이론적 바탕을 제공했다.

김부식이 생각하기에,

"해동의 지역이 옛날 기자箕子의 봉지封地로서 위로 신라 시대부터 대한大漢에 소속하였고, 고려조에 이르러 황조를 섬겼던바, 예의와 문장이 중국에 가깝고, 의관과 제도가 또 화풍을 흠모하여 …… 우러러 작은 나라를 사랑함[字小]의 지극한 인仁을 생각하며, 맹세코 사대의 한결같은 절개를 굳혀왔다."[48]

이러한 역사적 상황에서 "큰 나라는 그 위엄에 떨고, 작은 나라는 그 덕을 앙모仰慕하는 것"[49]이 순리라고 그는 생각했다. 그런데 시대의 흐름에 따라 그와 같은 중화의 덕화德化가 쇠진해가고 있는데, 이를 극복하는 것이 자신의 책무라고 여겼다. 그는 송나라에 사신으로 파견되어, 여진족이 금나라를 세운 뒤 휘종徽宗과 흠종欽宗을 생포하고 폐하기 된 수도를 바라보면서, 왕조 멸망의 비극을 연상했을 수도 있다.[50]

그의 말을 빌리면,

성인과의 거리가 더욱 멀어지고 덕성이 차츰 아래로 쇠잔하여, 진대秦代에 글이 모두 불타고 한조漢朝에 도道가 뒤섞였으며, 허무한 논설이 진송晉宋에 왕성해지고 성률聲律의 글이 수나라와 당나라에서 어지러이 일어났으나, …… '우리' 송나라에 이르러 다시 사문斯文을 진작하게 되었다.[51]

중국에 관한 이와 같은 모화는 생각에만 있는 것이 아니라 구체적인 제도로 나타났는데, 그것이 곧 칙사勅使를 맞이하는 빈례賓禮이다. 사신을 맞이하는 이 예식을 보면, 우선 북조北朝의 조사詔使를 맞이하는 의식은 이렇다.

사신이 대궐 문의 서쪽으로 가면 왕이 대궐 문의 동쪽으로 나와 서로 허리를 숙이고 대궐의 뜰로 들어간다. 사신이 전령위傳令位로 가 남쪽을 향하여 자리 잡고

---

48) 『東文選』(34) 表箋 金富軾 謝許謁大明殿御容表.
49) 『東文選』(39) 表箋 金富軾 誓表 : "大邦震其威, 小邦懷其德"
50) 정구복, 「김부식의 『삼국사기』」, 『한국의 고전을 읽는다』(4)(서울 : 휴머니스트, 2006), p. 22.
51) 『東文選』(35) 表箋 金富軾 謝二學聽講兼觀大晟樂表.

서면 왕이 서쪽을 향하여 두 번 절한 뒤 황제의 체후體候를 묻고 사신이 이에 대답한다. 왕이 배무拜舞하고 절하면 사인舍人의 외침에 따라 재신宰臣 이하 시신侍臣이 배무하고 절한다. 사신이 천자의 칙명勅命이 있다고 일컬으면 왕이 두 번 절하고 사신이 조칙詔勅을 왕에게 전하면 왕은 재신에게 주고 재신은 꿇어앉아 함函을 가진 관원에게 준다.[52]

이어서 명나라의 조사詔使를 맞이하는 의식을 보면,

원접관遠接官이 조서詔書를 접견하고 영접하여 관중館中에 이르러 용정龍亭 가운데 모시고 사자使者를 보내어 왕에게 알린다. 이날 왕은 나라의 여러 관료와 기로耆老를 거느리고 대궐 문밖에 출영한다. 사신이 앞으로 나아가 남향하고 서서 制(천자가 내리는 조령)가 있다고 일컫고 사체司替의 창唱으로 네 번 절하면 음악을 시작하고 왕과 여러 관료 이하 모두 네 번 절하면 음악을 중지한다.[53]

위의 예식을 보면 중국과 봉신국封臣國, vassal state의 관계는 대등하지 않았고, 자주적이지도 않았다. 이는 단순히 국력만의 문제가 아니라 문화적 경도와 숭앙을 담고 있었다. 이와 같은 모화는 신라가 당나라에 복속한 이후의 보편적 정서였다. 고려조에도 그러한 모화는 여전하여 지식인들 사이에 저항 없이 받아들여지고 있었다.

김부식이 『삼국사기』를 비롯한 여러 저작을 집필한 동기를 보면 그가 우리의 역사에 대한 깊은 애정과 지식을 가지고 있었음을 부인할 수는 없다. 그러나 김부식의 이러한 진심에도 불구하고 그가 남긴 역사학의 유산은 멀리 모화를 바라보고 있다는 데 문제가 있다. 사실상 한국사에서 모화는 김부식만이 책임질 일은 아니다. 다만 이 문제에 김부식이 연루되는 것은 고려의 그와 같은 사대·모화의 고착화 과정에 그의 신라사중심사의 해석과 사마천司馬遷이나 반고班固의 필치에 깊이 경도했다는 사실 때문이었다.

당송의 문화에 대한 고려 지식인의 숭경은 김부식에게만 나타나는 현상은 아니었다. 그 또 다른 대표적인 예가 곧 이규보李奎報(1168~1241)이다. 엄혹한 무신

---

52) 『東文選』(35) 表箋 金富軾 謝二學聽講兼觀大晟樂表.
53) 『高麗史』 志 禮 賓禮.

정권 아래에서 그가 중화에 대하여 집착했다는 사실은 놀랍다. 이규보가 중원中原을 어떻게 생각했는가는 다음 시에 잘 나타나 있다.

> 만국의 삼라만상이 두어 폭 종이에 펼쳐져
> 삼한은 모퉁이의 한 작은 덩어리 같네.
> 보는 이는 작다고 말하지 말라
> 내 눈에는 조금 큰 편이로다.
> 고금에 어진 인재 끊임없이 태어나
> 중국에 견주어도 크게 부끄러울 것 없네.
> 인재 있으면 나라요, 없으면 나라가 아니니
> 오랑캐는 땅만 컸지 초개같을 뿐.
> 그대는 보지 못했는가?
> 중화인이 우리를 소중화小中華라 말했으니
> 이 말은 신실로 채택할 만하네.[54]

이 시가 담고 있는 의미는 매우 복합적이고 혼란스럽다. 작은 국가에 대한 열패감, 그러나 잃지 않고 있는 자부심, 우리에게는 인물이 있다는 긍지, 금(거란)에 대한 멸시의 눈길, 그리고 생뚱맞게 등장하는 소중화로서의 자족감, 그 모든 것이 이규보의 혼란스러운 정체성을 잘 드러내고 있다. 그는 이미 그때에 송의 몰락과 북방민족[狄]의 등장에 대한 안타까움을 표현하고 있다.

소중화에 대한 개념과 용어가 그 시대에 나타나고 있다는 사실도 놀랍다. 적어도 이 시대까지만 해도 아직 주자학의 모습이 이 땅에 나타나지 않았던 점을 고려한다면 그의 소중화 논리는 당송문화에 대한 선망과 고려 문화에 대한 자긍심이 미묘한 복합을 이루고 있음을 볼 수 있다.

이규보의 글 가운데에서 이 글의 주제인 중화 질서와 관하여 눈길을 끄는 대목은 고려의 지리지地理志이다. 그는 이렇게 시를 읊고 있다.

> 요동에 하나의 별천지가 있으니

---

54) 『東國李相國全集』(17) 古律詩 題華夷圖長短句："萬國森羅數幅牋 三韓隈若一微塊 觀者莫小之 我眼謂差大 今古才賢袞袞生 較之中夏毋多愧 有人曰國無則非 胡戎雖大猶如芥 君不見華人謂我小中華 此語眞堪採"

지역은 중국과 구별되어 나뉘었네.
큰 파도 넓은 바다는 삼면을 둘러쌌고
북쪽에는 육지가 있어 선線처럼 이어졌는데
가운데 사방 천리 여기가 조선이라
강산의 형승은 천하에 으뜸이라
농사짓고 우물 파 예의 바른 나라인데
중국인들은 우리를 소중화小中華라 부르더라.[55]

이 글은 앞서 인용된 이규보의 중화인식의 복제와 확인 과정에 지나지 않는다. 이어서 그는 기자조선箕子朝鮮 928년의 위대함을 기록함으로써 고려(조선)가 중국의 성현 기자箕子의 후손임을 확인하고,[56] 이어서 왕건이 중국 황실의 후손임을 강조[57]함으로써 중화 질서를 더욱 굳게 다짐했다.

당송문화에 대한 이규보의 숭모를 이어 받아 군왕을 보필한 인물이 곧 이승휴李承休(1224~1301)였다. 그는 충렬왕에게 바치는 진표進表의 형식으로 상하권을 썼는데 상권은 중국의 삼황오제三皇五帝로부터 원의 건국까지 중국 열왕의 치적을 찬양하고 하권에서는 단군으로부터 고려 충선왕까지 이 나라의 열왕의 치적을 기록하면서 중국 황실에 대한 경모와 그에 견주는 형식을 빌려 조선 역사의 치세를 다루고 있다.

당송에 대한 숭경은 대륙에서 송과 원의 교체기를 거쳐 주자학이 생활 규범으로 자리 잡기 시작한 고려 말에 이르러 더욱 강화되었는데, 이른바 "동방 이학의 아버지"[58]라는 칭송을 받았던 정몽주鄭夢周가 그 앞에 서 있었다. 정몽주의 대륙인식은 다음의 글에 잘 나타나 있다.

우리 나라가 해외 궁벽한 곳에 있어서 우리 태조가 당나라 말기에 일어나 중국을 예로 섬겼는데 그 섬기는 것은 천하의 의주義主를 본받을 뿐이었습니다. 지난번에 원 씨元氏가 스스로 파천하고 대명이 일어나 문득 사해를 차지하매 우리의 승하하신 왕께서 분명히 천명을 알고 표문表文을 받들어 신하라 일컬었습니다. 엎

55) 김경수(옮김), 『帝王韻紀』 하권 地理紀, p. 134.
56) 김경수(옮김), 『帝王韻紀』 하권 前朝鮮紀, p. 134.
57) 김경수(옮김), 『帝王韻紀』 하권 本朝郡王世系年代 先代紀, pp. 176-179.
58) 『高麗史』 「列傳 鄭夢周」 : "李穡極稱之日 ……. 推爲東方理學之祖"

드려 생각건대 전하께서 영단英斷을 내려 ……. 군사를 양성하여 시기를 보아 북쪽으로 향한다고 소리치면 원 씨의 남은 무리가 자취를 거둬 멀리 도망하여 국가의 복이 무궁하게 될 것입니다.[59]

정몽주의 글에는 원에 대한 복수復讎와 수치를 씻고자[雪恥] 친중화로 복귀하려는 의지가 담겨 있다. "명나라 황제가 발흥하자 고려가 명에 귀부歸附할 것"을 가장 먼저 상소한 인물도 정몽주였다.[60] 이때 정몽주의 생각은 왕조 말기의 난맥에 대한 절망과 개혁 의지, 공민왕의 치세로부터 눈에 띄게 나타나기 시작한 원元나라의 영향력 감소, 그리고 명나라의 발흥으로 말미암은 중화 문화의 부흥에 대한 가능성으로 고무 받았음이 틀림없다.

이러한 의식을 지니고 있던 정몽주로서는 서장관으로 명나라에 가 태조 주원장朱元璋을 직접 만나고, 능통한 중국어로써 천자에게 칭송을 받은 감격이 있었을 것이며, 이러한 까닭으로 귀국해서는 호복胡服을 버리고 명나라의 복식을 따를 것을 상주上奏하였다.[61] 옷[服飾]은 신분이다.

요컨대 고려시대의 중화 인식은 당송 문화와 그 뒤를 이어 나타난 연경 문화에 대한 자복自服이었다. 주로 도당·연경 유학생들로 이루어진 고려의 지식 계급은 중국의 천하사상 앞에서 스스로 작아짐을 느꼈고 그 과정에서 중국의 문화는 말할 것도 없고 그들의 언어를 습득하여 연경에 출사出仕하는 것을 영광으로 생각했다.

물론 그들이 원의 문화에 대하여 갖는 이적기피심리夷狄忌避心理(barbarian-phobia)와 중화 질서 사이에 모순을 느끼며 고통스러워했던 것은 사실이지만, 그들의 중원이라는 지리적 거대함에 대한 외경의 범위를 벗어나지 않았다. 이런 점에서 본다면 고려 지식인들 사이에 흐르고 있던 중화 의식은 간헐적으로 나타난 몇 사람의 의식이 아니라 고려 지식인의 사회에 보편적으로 흐르고 있던 공감이었음을 알 수 있다.

59) 『高麗史』 列傳 鄭夢周.
60) 『高麗史』 列傳 鄭夢周; 『圃隱集』(3) 請勿迎元使疏.
61) 『高麗史』 列傳 鄭夢周.

4. 이성계李成桂의 업장業障 : 변방 무사의 유기遺棄 불안

조선의 창업 과정에서 나타난 개국의 이념은, 그것이 이성계 자신의 꿈이었든 아니면 정도전의 생각이었든, 중화 인식에서부터 출발했다. 조선의 건국은 정통성이 약한 무사들에 의한 집권이었기 때문에 중국 황제에 의한 책봉을 통해 새로운 왕조로서 승인을 받고 양국 사이의 우호 관계를 유지해야 할 현실적 필요성이 클 수밖에 없었다.[62)]

그러한 의식은 개국을 한 직후에 조림趙琳을 명에 보내어 건국을 알리는 동시에 주문사奏聞使 한상질韓尙質을 보내어 조선朝鮮과 화령和寧 중에서 조선이라고 하는 국호를 받아왔다는 사실[63)]에서 잘 나타나고 있다.

조선왕조를 세우면서 이성계가 국호를 조선으로 정한 것은 전적으로 중국의 성인이라고 믿고 있었던 기자조선에 대한 선망 때문이었다. 조선조 개국 공신들이 그토록 기자에 집착하도록 만든 것은 무엇이었을까? 조선은 기자箕子라고 하는 중국의 성현이 동쪽으로 건너와 건국한 나라이므로 조선이 곧 중국 성현의 나라라고 믿는 이른바 "기자동래설"箕子東來說이 한국사를 업장처럼 눌러왔다.

사서史書에 따르면, 기자는 상商의 군주인 문정文丁의 아들이자 주왕紂王의 숙부로서 중국이 타락하는 것을 보고 탄식하며 동이東夷로 들어와 가자조선을 건국했다는 고사[64)]가 있는데, 걸주桀紂가 멸망한 것이 기원전 1046년임을 고려한다면 기자의 시기는 아마도 그 무렵의 언저리일 것이다. 기자의 후손으로서 한韓이라는 나라를 처음 세운 사람은 기자조선의 마지막 왕인 기준箕準이었다.

---

62) 권선홍, 「조선왕조의 대중국관계 : 사대 문제의 재조명」(한국국제정치학회 연례학술회의, 2004), p. 19.

63) 『太祖實錄』 元年(1392) 12月 丙午條 및 2年(1393) 2月 庚寅條. 화령은 이성계의 고향으로서 그의 선조들이 세거(世居)하던 곳이었다. 이성계의 고향과 세계(世系)에 대해서는 박치정, 『화령국왕 이성계』(서울 : 삼화, 2015), *passim* 참조.

64) 『史記』(38) 宋微子世家(8); 『漢書』(28) 地理志(8下/2) 濊條; 『莊子』 雜篇 外物. 기자가 중국의 성인으로서 동쪽(조선)으로 와 나라를 세웠다는 주장을 '箕子東來說'이라 하는데, 한국사학계는 이를 부인하면서, 기자는 단군조선 안에 살던 인물로서, 중국의 기자와는 전혀 다른 인물이라고 주장한다.[이병도·김재원, 『한국사 : 고대편』(서울 : 을유문화사, 1980), 94-114.] 이러한 주장은 신채호 이후 풍미한 탈중화사관에 바탕을 둔, 민족주의 사관의 산물이다. 그러나 기자가 본디 조선 사람이었다는 데에는 논거가 약하고, 또 그가 중국에서 건너왔다고 하더라도 한국사에 불명예가 되는 것은 아니다.

진말한초秦末漢初에 기준이 위만衛滿에게 멸망한 후 바다 가운데 있는 어느 나라[馬韓]로 피하여 그곳[淸州]에서 성姓을 한이라 고치고 이 지방을 통치했다고 하는데 그가 그곳에 오기 전에 이미 그 땅에는 진한辰韓·변한弁韓·마한馬韓이라고 하는 세 부족 국가 있었다. 그리고 기준은 이곳을 통치하다가 멸망했다는 것이다.[65] 이 기록을 받아들이는 중화론자들의 논리의 바닥에 깔인 의식은 "조선은 중국의 성인인 기자의 후손"이라는 자긍심(?)이었다.

기자의 현창 작업의 맨 앞줄에는 정도전이 있다. 그의 설명에 따르면, "신라·백제·고구려·고려가 모두 한 지역을 차지하여 중국의 명령을 받지 않고 스스로 명호名號를 세우고 서로를 침탈하였으니 비록 호칭한 것이 있다 손치더라도 무슨 취할 게 있겠는가? 다만 기자만은 주나라 무왕武王의 명령을 받아 조선후朝鮮侯에 봉해졌으니," 조선이라는 국호가 의미 있다고 생각했다.[66]

원명 교체기를 살아온 정도전은 숭명[중화]에 몰두한 나머지 북방민족 원元을 수교의 대상으로 여기지 않았으며, 따라서 북원北元의 국서조차 접수하지 않아야 한다고 생각했다.[67] 사대의 상징이었던 조빙朝聘과 공물에 대해서 정도전은 "제후의 법도를 닦고 맡은 바 직무를 보고하기 위한 것"[68]이며, "천조天朝에 표문을 올려 사대의 성경誠敬을 다할 것"[69]을 강조했다.

이성계의 숭명은 그 뒤에 그가 취한 대륙 정책에서도 잘 나타나고 있다. 고려왕조의 훈구 관료들이 명나라를 정벌할 것을 요청했을 때도 이성계는 "네 가지 불가한 이유"를 제시했는데,

> (1) 작은 것으로써 큰 것을 거역하는 것이요,
> (2) 여름에 병사를 내는 것이요,
> (3) 나라를 들어 멀리 치면 왜倭가 그 빈틈을 탈 것이요,
> (4) 때가 바야흐로 덥고 비가 와서 궁노弓弩의 아교阿膠가 녹고 대군이 질병에 걸림이다.[70]

---

65) 『三國志』(30) 魏書(40) 烏丸鮮卑東夷傳(30) 韓篇.
66) 『三峰集』 朝鮮經國典 國號條.
67) 『高麗史』 列傳 金方慶·金九容; 『高麗史』 列傳 鄭道傳.
68) 『三峰集』(13) 朝鮮徑國典(上) 禮典 遣使.
69) 『三峰集』(13) 朝鮮徑國典(上) 禮典 總序.
70) 『高麗史』 列傳 辛禑 14년 4월 : 太祖(李成桂)曰 今者出師 以小逆大 一不可; 『龍飛御天歌』(1)

라고 아뢰면서, 명의 정벌을 "천자에게 죄를 지을 수는 없는 일"[71]이라고 표현한 점이 그의 심중을 잘 나타내고 있다. 그러나 당시의 정황을 살펴보면, 이성계의 4대 불가론은 논리적으로 취약하며 진실하지 않았다.

그와 같은 사대 숭명의 문제는 기본적으로 이성계의 자아 인식self-identity과 관련이 있다. 알동斡東(함경북도 경흥의 두만강 對岸에 있었던 러시아 영토)에 세거世居했던 여진족의 후손[72]인 이성계로서는 스스로가 화하華夏 문명으로부터 비껴 있는 주변부 의식marginal man complex에 빠져 있었을 뿐만 아니라 고려의 사대부로부터 홀대받는 자신의 처지에서 벗어나 밖으로는 중화에, 안으로는 호족 중심의 지배층의 주류에 합류함으로써 명실상부한 지배자가 되고 싶어 했다. 그는 동이족으로서의 자기정체성을 잊고 싶었다.

이성계는 변방 무사에서 입신하여 주류 사회에 편입되고 싶은 욕망과 문민우위의 원칙 아래에서의 열패감에 빠져 있었다. 이런 점에서 본다면, 사대는 숭명의 외연外延이자 신흥 왕조로서의 전략적 선택을 함께 내포하고 있다.

사대를 치욕으로 보려는 사람들은 그것이 생존의 전략이었지 이데올로기는 아니었다고 설명함으로써 그 부끄러움을 덜려고 했다. 그러나 이 문제는 국가적 자존自尊의 문제를 떠나 좀 더 정직한 설명이 필요하다. 조선의 건국은 결국 변방 무사 이성계의 야망과 신분상을 도모하려던 정도전의 합작품이었다.

숭명의 문제와 관련해서 보면, 현실 정치에 많은 관심을 보였던 정도전보다는 오히려 더 학자적인 모습을 보였던 권근權近에게서도 중화적 색채가 짙게 나타나고 있다는 점에서 사대나 숭명이 단순히 전략적 고려에 따른 것만은 아니었음을 알 수 있다. 권근은 사대의 도리를 이렇게 설명하고 있다.

> 고려가 해동에서 대대로 중국을 섬겨 신하의 직분을 다하였거니와 우리 선왕에 이르러서는 천명을 공경하여 성조에로 돌아와, 사왕嗣王은 그 뜻을 계승하여 조공을 바치는 것이 더욱 정성스러웠다. …… 내가 생각해 보니, 옛날 성인이 중국을 통치할 적에 여러 나라를 세우고 제후를 친히 어루만져 큰 나라는 작은 나라를 감싸고, 작은 나라는 큰 나라를 섬겨 각기 그 정성을 다하였기에 멀고 가까운 곳이

제9장.

71) 『高麗史』 列傳 辛禑.

72) 『太祖實錄』 總序 先代의 家系. 박치정, 『화령국왕 이성계』, *passim* 참조.

평화를 이룩하였다.

황제의 밝음[皇明]이 만방을 차지하여 어짊이 깊고 덕이 두터우니 천지에 있는 모든 동물이나 식물도 모두 그 은택에 젖었다. 그러므로 해외에 있는 우리 나라도 동인同仁의 덕화를 입어 시작과 끝을 올바르게 하는 은혜로운 조서가 이미 구비되었다. …… 위로 천자의 덕을 선포하고 아래로 먼 곳 사람의 충정을 이르게 하여 성스런 교화에 같이 젖게 하리니, 진실로 성스러운 천자가 위임한 뜻을 저버리지 않을 것이다.[73)]

이성계의 이와 같은 창업 정신을 이어 받아 수성守成의 군주로서 그 토대를 완성한 인물은 세종世宗이었다. 세종의 가장 절박한 책무는 창업의 어수선함 속에서 왕실의 기업基業을 다지는 것이었다. 그는 선대의 왕업을 굳건히 해야 한다는 소명에 몰두했고, 그래서 그 정당성을 굳건히 하는 작업으로 『용비어천가』龍飛御天歌를 지었다.

중국과 조선을 동일시하려는 세종의 작업은 그가 정인지鄭麟趾에게 고명誥命하여 『치평요람』治平要覽을 짓게 한 다음의 글에서 잘 나타나고 있다.

대체로 나라를 다스리려면 반드시 전대前代의 치란의 자취를 살펴야 할 것이나 서적이 너무 많아 상고詳考하기에 쉽지 않을 뿐 아니라 왕이 정치를 보살피는 여가에 어찌 널리 볼 수 있겠는가? 경卿이 마땅히 사적을 상고詳考하여 그 선과 악이 족히 후세에 권선징악의 자료가 될 수 있는 것이거나 또는 우리 동방의 흥폐興廢와 존망에 관한 것들을 엮어서 책을 만들되 문학하는 선비 몇 십 명을 집현전에 모아 각기 분과를 맡아 이룩하게 하라.[74)]

그렇다면 무엇이 한국인들을 중화 질서에 그토록 집착하도록 만들었을까? 그 맨 앞에는 기자箕子의 그림자가 어른거린다. 조선은 기자라고 하는 중국의 성현이 동쪽으로 건너와 건국한 나라이므로 조선이 곧 중국 성현의 나라라고 믿는 이른바 "기자동래설"箕子東來說은 한국사를 업장業障처럼 눌러왔다. 이러한 논리는 이미 김종직金宗直의 시대에서부터 보편화되어 있었다. 그는 소중화의 논리의 근원을 이렇게 설명하고 있다.

---

73) 『東文選』(90) 序 權近 「送行人段公(祐)使還詩序」.

74) 『燃黎室記述』(3) 世宗朝故事本末 : 撰述과 製作.

우리 동방은 멀리 바다 밖에 있으나, 기자 이후로 시서詩書의 풍속이 융성하여졌다. 그리하여 신라 때에는 당 태종이 김유신金庾信과 김인문金仁問의 풍도를 듣고 군자의 나라라 하였고, 고려 때에는 김부식金富軾·박인량朴寅亮·김근金覲·이자량李資諒 등이 송나라에 들어가서 문아文雅(문장과 풍류)로써 번갈아 울리어, 송나라 사람들이 우리를 소중화라 일컬었다. 그리고 민지閔漬와 정가신鄭可臣도 또한 원 세조에게 칭찬을 받았고, 익재益齋(이제현) 선정先正은 중국의 사대부들에게 크게 추중推重을 받았으니, 누가 해외의 후미진 구석이라서 그런 사람이 없다고 말하였던가?[75]

조선 유학사에서 차지하는 김종직의 위상으로 볼 때 위와 같은 그의 중화 인식은 긴 그림자를 남겼다고 보아야 한다. 그리고 그 그늘은 퇴계退溪 이황李滉에까지 이어지고 있다. 퇴계가 생각하기에 "대명은 천하의 종주국이니 바다 모퉁이 해가 뜨는 곳에 이르기까지 어디를 막론하고 신하로 복속[臣服]하지 아니하는 자가 없었다."[76]

다른 중화주의자들이 그렇듯이 퇴계의 중화 의식은 거대한 중국 문화 앞에서의 망연자실함, 공자孔子라는 거대한 인물에 대한 존숭, 그리고 주자학의 정치精緻함에 대한 경도 등이 복합적으로 작용하고 있었다. 임진왜란 이전의 인물인 그는 그 후대의 주자학에서 보이는 "재조지은"再造之恩의 부채 심리만 보이지 않을 뿐, 거대한 문명 앞에 자복하는 심리가 일관되게 깔려 있다.

퇴계의 중화 숭모의 논리는 매우 복잡하고 복합적이다. 그것은 단순한 이념적 경도만은 아니었다. 그가 주자를 숭모한 것은 사실이지만 그것만으로써 그의 존주의 논리가 설명되지는 않는다. 그가 뒷날 동방 이학理學의 태두로 추앙받는 것을 유념하지는 않았겠지만, 동방 유학을 지탱하고자 하는 사명감을 지녔던 것은 사실이었다. 아마도 그는 내심 주자가 마음에 차지 않았을 것이다. 그는 오히려 주자를 뛰어넘고 싶었을지도 모른다. 다만 시대가 그러한 꿈을 허락하지 않았고 퇴계도 속마음을 자제했을 뿐이다.

---

75) 『佔畢齋集』(1) 序 送李國耳赴京師序.

76) 『退溪集』(8) 書契修答 禮曹答日本國左武衛將軍源義清.

5. 조선 주자학의 그늘 : 재조지은再造之恩

조선조 중후기의 역사 인식은 임진왜란과 병자호란의 경험으로부터 자유로울 수 없었다. 전쟁으로 말미암은 폐허, 곤궁, 복수심, 살아남은 것에 대한 감사와 보은, 국난에 대한 추궁과 반성 등 전쟁은 그 시대 지식인들에게 종합적 고뇌를 안겨준다. 그리고 그 시대의 심리는 대체로 비분강개悲憤慷慨에 흐른다. 이러한 문제들은 당시의 중화의식의 결성에 중요한 상승 요인을 제공했다. 그러한 의식 구조 속에서 중화 의식을 더욱 가속화한 요인이 곧 "재조지은"再造之恩의 논리였다.

재조지은의 논리는 인조반정仁祖反正에서 어슴푸레 그 실마리를 찾을 수 있다. 광해군光海君을 충순한 군주로 평가하고 있었던 명나라는 인조반정과 함께 광해군이 폐위되자 이를 불법적인 찬탈로 여겨 반정 초기에 인조의 왕위를 인정하지 않았다.

인조와 반정 세력은 그 정당성을 확보하는 데 상당한 어려움을 겪었고, 광해군이 후금과 밀통하여 명나라에 패륜을 저질렀음을 반정 명분으로 부각하는 데 주력하였다.[77] 그러한 고민을 드러낸 것이 곧 광해군의 "폐위 교서"廢位教書이다. 이 글에는 광해군의 죄상이 다음과 같이 적혀 있다.

> 우리 나라가 중국 조정을 섬겨온 것이 2백여 년이라, 의리로는 곧 군신이며 은혜로는 부자와 같다. 그리고 임진년에 재조再造해 준 그 은혜는 만세토록 잊을 수 없는 것이다. 선왕께서 40년 동안 재위하시면서 지성으로 섬겨 평생에 서쪽[중원]을 등지고 앉지도 않았다. 광해는 배은망덕하여 천명을 두려워하지 않고 속으로 다른 뜻을 품고 오랑캐에게 성의를 베풀었으며, .……. 중국 사신이 본국에 왔을 때 그를 구속하여 옥에 가두듯이 했을 뿐 아니라 황제가 자주 칙서를 내려도 구원병을 파견할 생각을 하지 않아 예의의 나라인 삼한이 오랑캐와 금수가 됨을 면치 못하게 하였으니, 그 통분함을 어찌 이루 다 말할 수 있겠는가? .……. 그러므로 이에 폐위하고 적당한 데 살게 한다.[78]

이 교서에는 조선의 조정이 명나라에 충순함을 보이지 않을 수 없는 고민이

---

77) 이선아, 「尹鑴의 정치사상 연구」(전북대학교 박사학위논문, 2001), p. 60.
78) 『仁祖實錄』 1년 3월 14일(갑진).

잘 담겨 있다. 광해군은 내정의 패륜 때문에 폐위된 것이 아니라 숭명을 소홀히 한 죄로 물러난 것이 된다.

인조반정 이후의 숭명의 분위기 속에서 인조의 뒤를 이어 등극한 효종孝宗의 반청 노선은 그의 체험 곧 청국에서의 유폐 생활에서 온 진심일 수 있다. 그는 자의든 타의든 숭명배청의 노선을 견지해야 함은 말할 것 없이 조야에서 일고 있는 복수·설치의 여론을 어떤 형태로든 수렴하지 않을 수 없는 숙명 때문이었다.[79] 여기에 송시열宋時烈의 인식이 가미되었다.

그러나 정밀하게 보자면 송시열의 반청은 효종의 생각과는 다소 성격이 달리 숭명에 뿌리를 둔 것이었다. 반청이 바로 숭명과 직결되는 것은 아니었지만, 반청은 숭명의 여러 방법 가운데 하나라는 점에서 이 둘이 합치될 수 있는 여지가 있었다.[80]

이러한 의식 구조 속에서 중화 의식을 더욱 가속화한 요인은 "중국이 우리를 다시 살려 주었다."는 이른바 재조지은再造之恩의 논리였다. 이 점에서는 윤휴의 생각도 송시열의 생각에 못지않았다. 윤휴는 이렇게 말하고 있다.

> 소경대왕昭敬大王(선조) 때는 임진·계사년 왜란으로 팔도 백성이 모두 어육魚肉이 되고 종묘의 영령들도 다시 혈식血食을 못하게 됐었는데, 그때 만력萬曆황제(신종)가 천하 군대를 동원하고 대부大府에서 몇백만 금을 덜어내어 도왔으며, 문무장사들이 적의 칼날 아래서 죽음을 무릅쓰고 7년 가까운 전쟁 끝에 우리를 수화水火 속에서 구출하여 편안한 자리에 올려놓았던 것입니다. 그렇게 이미 멸망한 나라를 일으켜 세워준 덕이야말로 끝없는 하늘과 맞먹는 덕으로서, 일개 속국이 중국으로부터 그러한 대우를 받기란 고금을 통하여 일찍이 없었던 일이었습니다.
>
> 그렇기 때문에 우리 소경대왕께서는 우리의 힘이 그 은덕을 갚기에는 부족하고 당시 사세도 더 어쩔 수 없음을 알고서도 한평생 서쪽을 등지고 앉은 일이 없이 하였으니 … 그 얼마나 애처로운 뜻이며 또 얼마나 원대한 계획입니까.[81]

임진왜란의 참화가 그토록 뼛속 깊었고, 그 은혜가 고마운 것은 인지상정이었

---

79) 이경찬, 「조선 효종조의 북벌운동」, 『淸溪史學』(5)(한국정신문화연구원, 1988), p. 185.
80) 우인수, 「우암의 생애와 산림 활동」, 『충청학연구』(2)(대전 : 한남대학교 충청학연구소, 2001), p. 18.
81) 『白湖全書』(5) 疏箚 甲寅封事疏(甲寅년 7월 1일).

다. 일찍이 이익李瀷이 이런 말을 했다.

> 임진왜란 당시의 재조再造의 공은 마땅히 명나라의 병부상서兵部尙書 석성石星을 첫째로 하고, 이순신李舜臣을 다음으로 하고, 이여송李如松을 다음으로 하고, 강화 담판사 심유경沈惟敬을 또 다음으로 해야 한다.[82]

이것이 당시 백성의 진심이었을 수도 있다. 당대의 유생들이 보기에 청에 복속하는 것은 금수에게 머리를 조아리는 것이고, 이를 극복하는 것이 『춘추』의 필법을 이어가는 길이었다.[83] 그러므로 청국의 사신이 입국할 때 왕이 친히 영접을 나가는 일을 거절해야 한다고 그들은 생각했다.[84]

이제 중화가 사라진 현실에서 동방에 남은 조선이 그 중화의 맥을 이어야 한다는 것이 그 시대 중화사상의 핵심이었다. 그들이 보기에 "오늘날 한줄기 정통이 중국의 남녘 외진 곳 조선에 붙어 있었다."[85]

중화주의의 극치를 이룬 것은 송시열이었다. 그는 "중화의 햇살이 비치는 마을"[華陽洞]에서 살며 아침에 일어나 만동묘萬東廟에 들려 명나라 황제를 향하여 숙배肅拜하고 서실에 돌아와 『맹자』의 「주자집주 서」朱子集註 序를 몇 십 번 읽고 일과를 시작한 것이 후학들로서는 너무도 감읍感泣했다.

송시열은 중국의 생활 방식에 따라 명나라 옷과 평정건平頂巾을 썼다. 부인에게도 명나라 여자처럼 쪽을 찌게 하고, 아이들에게는 머리를 쌍각으로 땋아 드리우게 하였으며 명 의종毅宗의 어필인 "비례부동"非禮不動을 화양동 절벽에 있는 큰 바위에 새겨 숭앙의 뜻을 표시했다.

그들로서는 "나라의 수치를 씻고 인심을 바로 잡으며 만세의 강상綱常을 세우고 천하에 중화의 일맥을 보존하는 것"[86]이 소망이었다. 그리고 "천자를 뵙고자 올라가는" 만동묘의 계단은 "개처럼 기어 올라가도록" 경사가 75° 되도록 쌓았다. 그들의 시야를 막은 것은 주자학에 대한 경도와 중화 질서에로의 매몰이었다.

---

82) 『星湖僿說』(17) 人事門 壬辰再造.

83) 『白湖全書』(11) 疏箚 陳所懷疏(3월 3일)

84) 『白湖全書』(12) 疏箚 擬請勿親送北使箚; 『白湖全書』(6) 疏箚 請寢郊迎疏(3월 1일)

85) 『孝宗實錄』 8년 8월 16일(병술) 송시열의 상소(丁酉封事)

86) 『毅菴先生文集』(4) 「疏」 : 情辭 : 畿甸에 돌아와 올린 진정서(庚子 (1900) 10월)

송시열이 죽자 권상하權尙夏를 비롯한 그의 제자들은 스승의 뜻을 받들어 화양동에 만동묘를 세워 명나라 신종神宗과 의종毅宗이 임진왜란 때 우리 나라를 도와준 데 대한 보답을 표시했다. 이는 "우리 나라의 풀 한 포기, 나무 한 그루, 백성의 머리털 하나까지도 황은皇恩을 입었기 때문"[87]이었다.

만동묘라 함은 송시열의 후학들은 그의 뜻을 기려 『순자』荀子의 "황하가 만 번 굽이쳐도 끝내 동쪽에 이른다."[萬折也必東][88]는 구절을 확대해석하여, 마치 명나라가 멸망한 뒤 중화가 이제 동방에만 남아 있다는 뜻으로 풀이한 것이었다. 공자孔子는 황하를 바라보면서 서고동저西高東底의 중국 지형에서 물은 서출동류西出東流의 이치를 말했을 뿐이다. 그러나 "만절필동"을 인용하여 그의 후생들은 의종과 신종의 위폐를 모신 만동묘에 숙배肅拜했다.

송시열의 중화사상을 설명하는 과정에서 나타나는 미묘한 문제는 그의 정적이었던 윤휴의 생각과 입장이다. 북벌론에서는 윤휴가 더 적극적이고 논증적이라는 사실이 눈에 띈다. 송시열이 설치라고 하는 관념에 주목했다면, 윤휴의 그것은 역사성과 지리적 의지를 담고 있다는 점에서 송시열과 다르다. 윤휴의 중화 인식은 다음과 같은 상소에 잘 나타나고 있다.

> 저으기 생각하건대, 화이華夷의 구분과 군신의 의리가 있으면 나라가 보전되고 이것이 없으면 망하는 것인데, 오늘날 중화의 관면冠冕을 찢어 버리고 오랑캐처럼 머리를 풀어 헤치고 옷깃을 왼쪽으로 하는 것을 스스로 편안하게 여기는 것이 반드시 나라를 보전하고 스스로 편안한 꾀가 되는지 알지 못하겠습니다.[89]

윤휴의 정치사상에 대한 평가는 좀더 복잡하지만 긍정적일 수 있다. 더욱이 그의 부국강병과 양명학적 요소는 뒷날 실학의 주류를 이루고 있는 남인 계열에 닿아 있다는 사실이 중요하다.[90] 그러나 윤휴의 경우에서도 북벌을 현대적 의미의 통일이나 국토 회복 또는 자주성을 뜻하는 것으로 보는 데에는 한계가 있다. 왜냐하면 인조·효종의 역사적 체험이나 의식은 명나라를 버리고 청나라와 가까

---

87) 『宋子大全』(5) 封事 己丑封事(8월).

88) 『荀子』 宥坐 편

89) 『肅宗實錄』 2년 6월 21일(임신) 대사헌 윤휴의 상소문.

90) 정호훈, 「윤휴의 정치이념과 부국강병책」, 『민족문화』(26)(민족문화추진회, 2003), pp. 97-98.

웠던 광해군의 대외 정책을 부인하는 데 근거를 두고 있으며, 그 뿌리는 또 다른 타율성이라고 볼 수 있는 숭명에 바탕을 두고 있기 때문이다.

조선조 후기의 민족항쟁기에 들어서면 재조지은의 논리는 항일/배일이라는 표어로 자연스럽게 바뀌는 모습을 보여주고 있다. 그러한 사례로서는 이항로의 경우처럼 "중국을 높이고 오랑캐를 배척하는 것은 천지를 덮는 큰 가늠"[91]이라는 인식을 가지고 있었고 이 논리가 그의 후학들에게 여과 여과 없이 이어지고 있다. 그들이 보기에 중국을 지키는 것이 정의[衛正]이고 일본을 매개로 하는 사악함을 물리치는 것[斥邪]이 선현의 가르침이었다.

6. 탈중화주의 운동의 맥락

한국사에서 중화주의의 성격을 강화하면 할수록 한국사는 왜소함과 처량함에 빠지게 된다. 이를 극복하는 길은 중화주의에 못지 않게 탈중화사상의 맥락을 찾아 이해하고 이어가는 것이다. 따라서 한국의 민족주의와 관련하여 중화사상을 거론한다는 것은 매우 조심스럽고도 까다로운 문제이다. 왜냐하면 한국인의 가슴속에 담겨 있는 중화 의식은 야누스적이기 때문이다.

한국인들은 중화사상에 관하여 적의敵意와 선망羨望을 함께 가지고 있었다. 그런데 이러한 이원적 성격은 계층에 따라서 시각의 차이를 보였다. 이를테면 유교적 지식층에서는 철저한 화이관華夷觀에 사로잡혀 있었고, 민중으로 내려오거나 개화에 근접할수록 중화에 관한 혐오감을 엿볼 수 있었다.

몇 가지 사례에서 볼 수 있듯이, 한국인의 민족의식이 발생하게 된 이면에는 서세동점이 중요한 요인이 된 것은 사실이지만, 그에 못지않게 중화주의에 관한 저항감이 작용했다. 한국뿐만 아니라 동남아시아의 여러 민족은 중국으로부터 문화적 혜택을 받은 것은 사실이지만 그들에게 둘러싸여 시달림을 받는 동안 때로는 민족의식을 자각하고 그들의 민족적 순수성을 유지하려고 노력했다.[92]

---

91) 『華西雅言』(10) 尊攘 : "尊中和攘夷賊 窮天地之大經"

92) Hting Aung, "Commentary on Emerson's Article," P. W. Thayer(ed.), *Nationalism and Progress in Free Asia*, pp. 82~83, 89.

세계사를 돌아볼 때 통일된 국가로서의 제국적 전통이라는 면에서 중국에 비교할 만한 나라가 일찍이 없었다. 중국의 영토적 방대함, 오랜 문화적 유산, 그리고 그들 특유의 대륙적 민족성을 바탕으로 동아시아를 복속시켜 왔다. 문화적으로는 사해에 영향을 끼쳤으며, 정치적으로는 남만南蠻(월남·라오스·캄보디아)·북적北狄(몽골)·동이東夷(조선·일본)·서융西戎(신장·티베트)을 질타하며 이웃 나라의 예속을 강요했다.[93] 이러한 가운데 그들에게는 중화사상이 형성되었다.

중화주의에 따르면, 중국이야말로 만국의 종주가 되며, 정치적으로나 문화적으로 자신보다 우월한 존재를 부인한다. 오로지 복속시킬 뿐이지 다른 민족에게 굴종하지 않는다. 자신만이 문화 민족이며 다른 민족을 오랑캐로 여겼다. 동남아의 약소국가들은 적어도 몇천 년 동안을 이러한 대국주의의 그늘 밑에 시달리며 자존自尊과 굴욕을 이어왔다. 이런 점에서 한국도 예외는 아니었다.

척화사상이 한국인의 가슴속에 심화心火로 부글거리면서도 내색하지 않은 시간은 의외로 길었다. 그러다가 그것이 문장으로 드러나기 시작한 것은 아마도 임제林悌(1549~1587)가 아닐까 여겨진다. 평소에 기행이 많아 그 시대의 이단아로 여겨졌던 그의 행적에 관하여 이익李瀷은 다음과 같은 일화를 남겼다.

> 임백호林白湖 제悌는 기개가 호방하여 예법의 구속을 받지 않았다. 그가 병이 들어 장차 죽게 되자 여러 아들이 슬피 부르짖으니 그가 말하기를 "사해四海 안의 모든 나라가 제帝를 일컫지 않는 자 없는데, 유독 우리나라만이 예부터 그렇지 못했으니 이와 같은 더러운 땅[陋邦]에 사는 신세로서 그 죽음을 애석히 여길 것이 있겠느냐?" 하며, 곡哭하지 말라고 하였다. 그는 또 항상 희롱조로 하는 말이 "내가 만약 오대五代나 육조六朝 같은 시대를 만났다면 돌려가면서 하는 천자天子 쯤은 의당 되고도 남았을 것이다." 하였다. 그래서 한세상의 웃음거리로 전했다.
>
> … 이백사李白沙[이항복]는 웃기는 이야기[詼諧]를 잘하는데 어느 날 야대夜對(밤에 경연을 베푸는 일)가 있어 시골 구석의 누추한 습속까지도 기탄없이 다 아뢰는 것을 즐겁게 여겼으며 마침내 임林(임백호)의 일에까지 미치자 주상은 듣고서 웃음을 터트렸다.[94]

---

93) 『禮記』(5) 王制.

94) 『星湖僿說』(9) 「人事門 善戲謔」: "林白湖悌氣豪不拘檢 病將死諸子悲號 林曰四海諸國未有不稱帝者 獨我邦終古不能生 於若此陋邦 其死何足惜 命勿哭又常戲言 若使吾值五代六朝亦當為輪遞天子一世 傳笑及 李白沙善詼諧 一日夜對閭巷俚俗 無不奏陳以爲樂 仍及林事 及林事 上為之發笑"

위의 글을 기록하면서 이익이 그 제목을 달기를 "세상에서 몹시 웃기는 사람들의 이야기"라 한 것도 서글프거니와, 이항복李恒福이 이런 "누추한 시골 이야기"를 선조宣祖에게 들려주자 "크게 웃었다"는 대목이 더 우리를 서글프게 한다. 그 시대에 중화로 벗어나는 일을 이야기한다는 것은 그만큼 "웃기는 일"이었다는 것이 놀랍다.

그 뒤로 세월이 흘러 청국에 관한 불행한 기억, 구체적으로 말하면 병자호란丙子胡亂에 관한 뼈아픈 기억은 척화라는 구체적 실체를 등잘하게 하는 계기가 되었다. 사실상 조선왕조의 역사에서 병자호란은 대한제국의 멸망에 버금가는 치욕의 역사였다.

왕은 용골대龍骨大 앞에서 세 번 무릎을 꿇어 절하고 아홉 번 머리를 조아린 뒤[三跪九叩之禮]에야 대화를 시작하면서, 두 나라가 일가를 이룬 것을 "천은이 망극하게" 받아들여야 했고, 시신侍臣과 비빈妃嬪들은 울며 만주 복장으로 갈아입는 수모를 겪어야 했다.[95]

이 삼전도三田渡에서 성하지맹城下之盟의 비극은 여기에서 그치지 않았다. 그것은 애당초 단순한 항복의 사례에 지나지 않았지만, 청국에서는 이것을 현대적 의미로서 합병조약의 조인이라고 해석함으로써, 청한종속론의 이론적 기초를 마련해 주었기 때문이다. 이홍장李鴻章과 원세개袁世凱에게 이와 같은 국제법적인 이론을 제공해 준 사람은 친청파이며 고종의 정치 고문이었던 묄렌도르프Georg von Möllendorff였고[96] 그에 대항하여 데니Owen Denny가 외롭게 싸웠다.[97]

---

95) 『仁祖實錄』 丁丑(1637) 정월 경오조; 『承政院日記』 인조 丁丑(1637) 정월 31일조 : "龍骨大曰 今已後兩國爲一家 生靈可保無事矣 …… 上三拜叩頭龍骨大等 入報出傳曰 前日之事 欲言則長 勇決出來 深用喜幸 上答曰 天恩罔極 …… 龍骨大等 以皇帝言 請嬪宮以下大君夫人出拜觀者洒泣 上移左西南隅 龍骨大等以皇帝言 牽白馬具珍瓏鞍出贈 上親執轡 從臣受之而己 龍骨大等持貂皮裘出來 以皇帝言傳曰 此物當初 欲爲相贈而持來 今見本國衣制 與此不同 非强使着之也 只欲表情而己 上受而着之"

96) G. von Möllendorff, "A Reply to Mr. O. N. Denny's Pamphlet entitled *China and Korea*," Rosalie von Möllendorff(ed), *P. G. von Möllendorff : Ein Lebensbild*(Leipzig : Otto Harrassowitz, 1930), p. 126; 신복룡(역주), 「데니씨의 「청한론」에 관한 답변」, 『묄렌도르프 자전』(서울 : 집문당, 2019), *passim*; "H. N Allen to the Secretary of State"(Nov. 4, 1893), No. 479, in Spencer J. Palmer(ed.), *Korean American Relations*, Vol. II(Berkeley and Los Angeles : University of California Press, 1963), p. 108.

97) O. N. Denny, *China and Korea*(Shanghai : Kelley and Welsh, 1888), p. 20; 신복룡(역주), 「淸韓論」, 『데니문서』(서울 : 집문당, 2019), passim.

1) 실학의 경우

중화 질서의 붕괴는 실학과 함께 시작되었다. 그들이 자아와 위상 그리고 자연과학에 눈뜨게 되었을 때 중국이 세상의 중심임을 인정할 수 없게 만들었다. 조선의 실학자들은 세계 지도와 함께 중국의 선교사들이 제작한 지구의地球儀를 보았을 때, 그들의 세계관에는 엄청난 변화가 일어나기 시작했다. 이러한 사고의 전환은 결국 중국이 중국中國, Central Country이 아님을 깨닫게 해주었다. 마침내 실학자들이 깨달은 중국은 여느 국가나 마찬가지로 지구 위 한 조각의 땅일 뿐이라는 사실이었다.[98)]

"중국이 동방이라 하지만 지구의의 어느 쪽에서 보느냐에 따라서 동이 서가 되고 서가 동이 되는 것이며,"[99)] 가운데[正界]에 있을 수도 있고 변두리[倒界]에 있을 수도 있다.[100)] 하늘에서 바라보면 안과 밖이 따로 있는 것이 아니며 지구의나 지도의 중심에 놓으면 모두가 중심이라는 사실도 그들은 깨달았다. 해도 정중심이 될 수 없거늘 하물며 지구에 있어서랴![101)]

후기 실학자들이 중화 질서를 부인했다는 논리를 펼치며 유념해야 할 사실은, 그들이 북학北學의 의미를 부인하지는 않았다는 점이다.

> 장차 학문을 하려고 한다면, 중국을 배우지 않고서 어떻게 할 것인가? 그러나 우리 나라 선비들은 '지금 중국을 지배하는 자들은 오랑캐이니 그 학문을 배우기가 부끄럽다.'고 말한다. 그러면서 중국의 옛 제도까지도 더럽게 여긴다. …… 법이 좋고 제도가 아름다우면 아무리 오랑캐라 할지라도 치밀한 마음, 크고 원대한 제작물과 빛나는 문장이 아직도 삼대 이후 한·당·송·명의 고유한 옛 법으로 그대로 남아 있으니 말해 무엇 하겠는가? 우리가 그들에 견주어 나은 점은 정말 하나

98) 『星湖僿說類選』(6/1상) : "今中國者 過大地中一片土"

99) 『與猶堂全書』(1/13) 送韓敎理致應使燕序 : "以餘觀之 其所謂中國者 吾不知其爲中 以所謂東國者 吾不知其爲東國也 夫以日在頂上爲午 以午之距日 出入其時各同焉 則知吾所立 得東西之中矣 …… 夫旣得東西南北之中 則無所往而非中國 吾覩所謂東國哉 夫旣無所往而非中國 吾觀所謂中國哉"

100) 『湛軒書』 內集 補遺(4) 毉山問答, p. 21b : "中國之人 以中國爲正界 西洋爲倒界 西洋之人 以西洋爲正界 以中國爲倒界 其實戴天履地 隨界皆然 無橫無倒 均是正界 …… 西洋一域 慧術精詳 測量該番 地球之說 更無餘疑"

101) 『湛軒書』 內集 補遺(4) 毉山問答, p. 23a.

도 없다. 그런데 홀로 한 줌의 상투머리로 스스로 세상에서 가장 현자賢者인 체하며, '지금의 중국은 옛날의 중국이 아니다.'라고 한다.[102]

우주론적 지평의 확대를 통한 중화주의로부터 해방이 가지는 의미는, 중국이 천하의 중심은 아니며 그들도 오랑캐나 마찬가지라고 하는 사실의 발견이다.[103] 전통적인 한국인의 의식에 자리 잡은 중국은 크고, 중심에 자리하고 있으며, 문명의 본산이었다.

그러나 원대한 허공에 견주면 지구는 미세한 티끌에 지나지 않으며, 중국은 지구에 견주면 10수분의 1에 지나지 않는다는 사실[104]을 알았을 때, 이제 중국은 더 이상 우상이 아니었다. 여기에서 조선은 그 개체성과 독자성을 확인하게 된다.

실학자들이 탈중화사상을 통하여 이룩한 것은 역설적이게도 청조에 관한 재인식이었다. 곧 그들은 지금까지 오랑캐[胡虜]로 멸시하였던 청조의 강희康熙·옹정擁正의 시대를 다시 인식하게 되었다. 당시 청나라는 정치적으로 장기 안정의 기반을 마련하는 한편 문화적으로도 여러 공리적 문물제도를 발전시키고 있었다. 따라서 조선왕조가 유일하게 외부 세계와 소통하는 통로로 이용하였던 조공의 연행燕行 사절의 눈에 비친 청조 지배 아래 중국은 지금까지 관념적으로 생각한 중화 중심의 세계 질서와는 엄청난 차이가 있었다.

이러한 시대 상황의 변천에 따라 후기 실학자들은 정통 주자학자의 소중화사상에 의문을 차츰 제기하며 청조를 다시 보기에 이르렀다.[105] 그러나 북벌이라는 당시의 국가적 분위기와 정통 유학을 고수하려던 사조에서 조선의 소중화주의자들로서는 이를 인정하기가 매우 어려웠을 것이다.

그뿐만 아니라 탈중화사상은 또 다른 차원에서 "자아의 해방"을 가져다주었다.[106] 중국의 역사·문화·철학에 관한 한국인의 매몰의 시간은 의외로 길었고,

---

102) 『北學議』 朴趾源의 序.

103) 『湛軒書』 內集 補遺(4) 毉山問答, p. 36b : "虛字曰 華夷一也"

104) 『湛軒書』 內集 補遺(4) 毉山問答, p. 26a.

105) 류근호, 「조선조 중화사상의 성격과 의미」, 『제3회 국제학술회의 논문집』(성남 : 한국정신문화연구원, 1984), pp. 1056~1057.

106) 이상익, 「朱子學의 主客合一論과 그 解體」, 『정치사상연구』(4)(한국정치사상학회, 2001 봄), p. 129.

그 정도도 심각했다. 어떤 형태로든 그러한 매몰로부터 스스로를 발견하지 않는 한 한국인의 정체성은 순수할 수가 없었다. 그러는 과정에서 그들은 실학이라는 거울로 자신이 중국과 다름을 감지했고, 그 싯점이 바로 유교 사회에서 근대성의 탄생에 해당하는 싯점이었다.

새로운 우주론을 발견한 실학자들은 과학적 사고를 하게 되었다. 근대는 이성의 산물이며, 과학적 사고는 민중을 몽매蒙昧로부터 해방하는 필수적 과정이었다. 이성은 과학의 발달과 궤를 같이하며 자연의 신비를 벗기는 작업에 몰두했다.

이제 자연은 더 이상 신비한 힘을 지닌 불가사의한 존재가 아니며, 그냥 물질로서 그 안에 그것을 지배하는 다른 어떤 힘이 전제되지 않은 채 인간이 지배해야 하는 존재로 바뀌었다.[107] 이러한 사고는 인간을 자연에 관한 두려움으로부터 해방시킨다.

2) 개항과 개화파의 탈중화

한국사에서의 개항은 서양 문물을 바라볼 수 있는 여명기였다. 1882년에 한미수호통상조약이 체결될 당시 이홍장은 청한종속론을 빌미 삼아 슈펠트R. W. Schufeldt에게 한미수호통상조약 제1조에 청한 종속 관계를 명문화할 것을 요구했고,[108] 박정양朴定陽이 초대 주미 공사로 부임할 때 원세개袁世凱는 그에게 "영약삼단"另約三端을 요구했으며,[109] 심지어는 고종이 무능하다 하여 퇴위를 요구하였다.[110]

---

107) 이동수, 「아도르노에 있어서 신화, 계몽 그리고 미메스적 화해」, 한국정치사상학회 연례학술대회 발표논문(서울 : 서강대학교 다산관, 2001. 6. 16.), pp. 9~10.

108) O. N. Denny, *China and Korea*, p. 10; 신복룡(역주), 「청한론」, p. 10.

109) 원세개의 제국주의적 오만이 가장 잘 나타난 것이 이른바 영약삼단另約三端이다. 이는 조선의 사신이 외국에 파견될 때 지켜야 한다고 원세개가 조선 정부에 요구한 3개조로서, (1) 해외에 파견되는 조선의 사절은 먼저 현지의 중국공사관을 방문하여 그를 통해 주재국 외무성에 신임장을 제정하며, (2) 조선의 사절은 모든 공식적·사교적 외교 모임에서 중국 공사에게 윗자리를 양보해야 하며, (3) 조선의 외교 사절은 외교 문제를 처리하며 현지의 중국 공사와 협의해야 한다는 점이다. "H. N Allen to the Secretary of State"(Nov. 4, 1893), No. 479, in Spencer J. Palmer(ed.), *Korean American Relations*, p. 108; O. N. Denny, *China and Korea*, p. 26; 신복룡 (역주), 「清韓論」, 『데니문서』, p. 25.

민족주의라 함은 개인의 충성이 민족국가에도 귀속되어야 한다고 느끼는 심리 상태이다. 자기가 태어난 땅, 토속적인 전통, 그리고 기존의 지역적 권능에 관한 깊은 애착이 전 역사를 통하여 다양한 힘을 발휘하며 민족은 지속하여 왔다. 그러므로 민중의 대다수를 민족국가라는 구심점을 향하여 응집하라고 고무하는 심리 상태에서 민족주의는 그 모습을 완전히 이루게 된다.[111] 그런데 중화사상은 동아시아 민족들이 그와 같은 민족 통합 의식과 자존에 저해 요소를 이룸으로써 그들의 저항 의식을 자극하였다.

개화파의 탈중화사상을 이해하려면, 먼저 그들의 대외 인식을 살펴볼 필요가 있다. 그들은 외세로부터 자존과 독립을 추구했다. 여기서 외세라 함은 주로 청국을 뜻하는 것이다. 개화파가 최초로 설정한 자주의 적敵은 청의 세력을 등에 업은 수구 사대주의자였다. 이러한 반反보수주의는 필연적으로 탈중화사상으로 전개되었다.

개화파의 형성이 일면으로는 청의 세력을 배경으로 하는 보수파에 대한 적의에서 출발하였다는 점에서 개화파의 탈중화사상은 운명적으로 싹트고 있었다. 당시의 한·청관계는 이승만李承晩이 외부대신 박제순朴齊純에게 보낸 의견서에서 표현하였듯이 "무성한 숲속에서는 잔풀이 자랄 수 없는 것처럼, 토종은 씨가 마르는 것"[112]과 같은 형세를 면치 못하고 있었다.

이러한 상황에서 반청의식이 구체적 현실로 드러나기 시작한 것은 문호 개방 이후의 일이었다. 1876년의 개항과 더불어 한일수호통상조약 제1조에서 "조선은 자주지방自主之邦"이라는 표현에 접하게 되었고, 또 서구 여러 나라와 교섭이 빈번해지자 전통적인 중화사상은 차츰 퇴색하여 갔다. 더욱이 청국·일본·러시아 등이 조선에서 각축을 벌이는 것을 본 지각 있는 인사들은, 조선이 자주 노선을 지키기 위하여 믿을 수 있는 유일한 힘은 자신뿐이라는 것을 절감하기에 이르렀다.

이와 같은 시대 상황에서 등장한 김옥균金玉均은 자주 독립의 일차적인 장애물인 청국의 세력과 그에 동조하는 수구 세력을 타도하는 것이 급선무라고 생각하였다. "천하의 대세를 알고 오늘날에 알맞은 것을 본 다음, 저쪽의 단점을 버

110) O. N. Denny, *China and Korea*, p. 39; 신복룡(역주), 「청한론」, pp. 36-37.

111) Hans Kohn, *Nationalism : its Meaning and History*, pp. 9~10.

112) 『大韓季年史』(上), p. 264 : "如茂林中之細草不長 土種殘滅矣."

리고 장점을 취해서 백성을 이용후생의 방도로 지도하면 나라는 거의 다스려질 것이니, 지혜도 여기에 벗어나지 않는다."는 것이 그들의 생각이었다.[113] 그런데 한국의 나아갈 길에 걸림이 되는 것이 바로 청국이었다.

청국 영사 진수당陳樹棠은 공공연히 "조선은 청국의 속국"이라는 깃발을 남대문에 내걸음으로써[114] 한국 자신은 물론 열강의 분노를 자극했다. "이러한 험한 세상에 우리나라 같은 약국弱國을 보전하기는 어려운 일이며, 청국의 속국이 될 바에야 차라리 러시아나 영국의 속국이 되어 개화를 배우는 것이 나을 것이며, 그와 같이 더럽고 금수와 같은 정부는 진작 망하는 것이 도리이며 백만 창생의 복"이라고 개화파들은 생각했다.[115]

개화파들의 눈에 청국 또는 청국에 의탁하는 사대주의자들이 어떻게 비쳤는가는 개화파들의 용어와 적의敵意에 잘 드러나고 있다. 그들이 보기에 수구파는 호로胡奴(청인의 노예)이며,[116] 이좌녕李左佞(미치광이 : 친군좌영감독 이조연), 윤우호尹右狐(여우 : 친군우영감독 윤태준), 좌찬간左贊姦(간신 : 의정부 좌찬성 민태호), 김보국金輔國(우의정 김홍집) 등[117]이 돈미豚尾(돼지 꼬리의 변발 : 청나라 장군 오장경)[118]와 더불어 국가를 작란作亂하니 "조선의 삶이 남의 노예보다 더 심한 처지에 있으면서도 어찌 진작振作하려 하지 않는가?"[119]라고 개탄하고 있다.

청한淸韓 종속에 대하여 가장 분개한 인물은 윤치호尹致昊였다. 그는 이렇게 토로하고 있다.

> 안남安南은 한갓 허울만 지켜 구차히 지나支那에 의지하여 그 종복從僕됨에 감심感心하였고 능히 스스로 떨치지 못하였다. 오히려 상국上國에 승순承順하는 것으로 의義를 삼아 자유의 영광되고 즐거움을 알지 못하였다가 하루 아침에 프랑스에게 병탄되었으나 그가 믿는 상국이라는 것이 능히 무슨 힘을 내었다는 것인가? 그 기상이 저와 같이 용렬하여 호돈胡豚(돼지 같은 오랑캐 청국)으로부터 위협[威嚇]을

113) 朴齊炯, 『近世朝鮮政鑑』(上)(서울 : 탐구당, 1975), p. 92.
114) 『尹致昊日記』(上), pp. 42, 45(1883년 11월 3일; 5일).
115) 『尹致昊日記』(下), p. 329(1889년 10월 17일).
116) 『尹致昊日記』(上), p. 147(1884년 4월 16일).
117) 『尹致昊日記』(上), p. 42(1883년 11월 3일).
118) 『尹致昊日記』(上), pp. 81~85(1884년 1월 4일); p. 324(1885년 2월 27일).
119) 『尹致昊日記』(上), p. 12(1883년 1월 23일).

받는 바 되어도 스스로 영광된 것으로 생각하고 있으니, 그리하고서도 능히 저와 같은 지경에 이르지 않는 자는 거의 없을 것이다.[120]

김옥균을 비롯한 개화파들이 생각하기에, 청나라에서 대원군大院君을 납치하였다는 것은 조선으로서 참을 수 없는 치욕이라 하여, 분개함을 참을 수 없으니 그 세력을 몰아내고 수구 귀족을 타파하자는 깃발을 들었다.[121] 이러한 상황을 감안할 때 개화파들이 정변에 성공한 뒤 〈폐정개혁 14개조〉를 발표하는 가운데 "가까운 장래에 대원군大院君을 다시 모셔오고, 조공과 같은 헛된 예의를 폐지할 것"[122]을 내세운 것이라든가, 만민공동회가 채택한 헌의안獻議案의 첫 조항에서 "외국인에게 의부依附치 말고 관민이 동심 합력하여 전제 황권을 공고케 할 것"[123]을 내세운 까닭을 이해할 만하다.

여기에서 조공의 폐지를 주장한 것은 청한 종속 관계의 청산을 의미하는 것이었으며, 대원군의 환국을 주장한 것은 그의 정치 노선에 동조해서가 아니라 한 민족의 실제 통치자였던 대원군과 국가적 존엄의 동일시 현상에서 나온 것이었다. 이와 관련하여 서재필徐載弼은 이렇게 말하고 있다.

조선 인민은 청국에 속한 사람들로 알면서도 몇백 년을 원수 갚을 생각은 아니 하고 속국인 체하고 있었으니, 그 약한 마음을 생각하면 어찌 불쌍한 인생들이 아니리요. 백성이 높아지려면 나라가 높아져야 하는 법이요, 나라와 백성이 높으려면 그 나라 임군이 남의 나라 임군과 동등히 되셔야 하는데 …… 나라가 독립이 되어 남의 제왕과 동등히 되시려는 것은 곧 폐하의 직위만 높으시라는 것이 아니라 폐하의 직위를 높이셔야 신민들이 높아지는 것을 생각하심이라.[124]

요컨대 개화파의 자주 사상은 청국에 대한 종속 관계의 청산에서 비롯된 것이며, 그 결과가 일본의 대륙 진출의 포석으로 악용된 것은 사실이나, 개화파의 탈중화사상의 참뜻은 특정 국가에 대한 단순한 적의나 보복에 있었던 것은 아니

---

120) 『尹致昊日記』(上), pp. 410~411(1885년 11월 11일)
121) 金道泰, 『徐載弼博士自敍傳』, pp. 108~109.
122) 金玉均, 『甲申日錄』 12월 5일조; 조일문·신복룡(역주), 『갑신정변회고록』, p. 131: "大院君不日陪還事 朝貢虛禮儀行廢止."
123) 鄭喬, 『大韓季年史』(上), p. 285.
124) 『독립신문』 1896년 6월 20일자.

다. 옛날의 사대는 다만 사세가 그래서 그렇게 하였을 뿐만 아니라 나라를 지키는 한 가지 방책이었다. 그런데 지금에 와서 종주국을 섬기고 옛 법을 지키는 것은 일이 무익할 뿐 아니라 도리어 반드시 나라를 망치고야 말게 된다고 그들은 판단했다.[125]

서재필이 후일의 회고담에서 "내가 개혁하려던 것은 청국을 의뢰하는 사대당을 몰아내고 청국의 간섭을 받지 않고 자주 독립의 완전한 국가를 만들어 보려는 것이었다."[126]고 말한 것을 보더라도, 그 의도하는 바는 자주 독립이 참뜻이었음을 알 수 있다. 그들의 배격 대상은 오랜 기간에 걸쳐 조선의 종주국으로서 부당한 지배와 간섭을 일삼아 온 나라였을 뿐이다.

따라서 그것이 청이 아닌 일본이었거나 러시아였더라도 당연히 그들의 배격 대상이 되었을 것이다. 그러므로 그들은 조선에 대한 지배와 간섭을 멈춘 이후, 이를테면 일제 치하의 민족투쟁기에는 중국에 대하여 아무런 적의를 품지 않았으며, 오히려 친화력을 느끼면서 그 배격 대상은 새로운 지배자에게로 옮겨갔다.

3) 동학東學

갑오농민혁명의 전야인 1893년에 동학교도들이 보은報恩에서 모임을 열었을 때 "오늘의 도성都城을 그윽이 살펴볼 때 이는 오랑캐의 소굴이다. 생각건대 임진왜란의 원수와 병자수호조약의 치욕을 어찌 다 말로 할 수 있으며 어찌 다 잊을 수 있겠는가?"[127]라고 주장한 것은, 그 당시 민중의 심층 심리에 자리 잡고 있는 배화사상排華思想이 어떠했던가를 잘 보여주고 있다.

시대적으로 볼 때, 민중이 척화斥華에 눈뜨기 시작한 것은 갑오농민혁명 및 청일전쟁과 관련이 있다. 이와 같은 사실은 황현黃玹의 다음과 같은 증언에서 잘 드러나고 있다.

> 이 싸움(청일전쟁)에서 일본군은 자기 나라에서 모든 군수품과 군량을 운반했으

125) 『尹致昊日記』(上), p. 114(1884년 2월 10일).

126) 金道泰, 『徐載弼博士自敍傳』, p. 230.

127) 「聚語」, 『東學亂記錄』(上)(서울 : 국사편찬위원회, 1971), pp. 108~109 : "誠觀今日之國都 竟是夷賊之巢穴 竊惟壬辰之讐 丙子之恥 寧忍說乎 寧忍忘之乎"

> 며 땔감[柴炭] 또한 그러했고 물까지도 사서 마셨으며, 군령이 몹시 엄하여 한국인들은 일본군이 와 있는지도 몰랐다. 그러므로 한국인들은 모두 그들의 길잡이가 되는 것을 싫어하지 않았다.
>
> 그와는 달리 청국군은 음란한 행위와 약탈을 자행하며 날마다 주구誅求를 일삼아 공사 간에 모두 곤핍하게 되어 그들을 원수처럼 생각했다. 평양성이 포위되자 대문에서 일본군을 맞이하는 자도 있었으며, 청군이 패전하여 도망쳐 숨으면 감영의 백성들은 반드시 그곳을 일러주어 탈출하는 무리가 드물었다.[128]

이러한 의식이 폭발적인 것은 아니었지만 꾸준히 한국인의 혈맥 속에 자리 잡고 있었다. 다만 20세기에 들어와 한국의 민족주의 전개 과정에서 중국을 상대로 하는 반제국주의적 요소를 자주 볼 수 없었던 것은, 한국 민족주의의 본질 가운데 반중화적 요소가 없었기 때문이 아니라, 중국 민족이 당시에 대서구 관계에서 놓여 있던 자신의 불운으로 말미암아 반제국주의적 요소를 부각함으로써 상대적으로 한국 민족주의에서는 반중화사상이 퇴색한 때문이라고 해석할 수 있다.[129]

7. 결론

이 글의 결론은 다음과 같다.

[1] 중화사상은 중국의 유구한 역사와 정치精緻한 문명, 그리고 주변 국가를 압도하는 국력에 대한 한국인의 경도에서 비롯되었다. 신라시대의 중화인식은 국제관계의 측면이 강하고, 고려시대의 그것은 화하문명에 대한 숭모의 뜻이 있고, 조선 개국에 담긴 중화는 이성계의 주변부 인식과 관련이 있으며, 조선 중기의 그것에는 임진왜란 이후의 재조지은再造之恩의 의미가 강하다.

[2] 한국사상사에서 중요한 부분을 이루고 있는 중화사상은 부끄럽지만 덮어

128) 『梅泉野錄』(2) 甲午(高宗 31년) : “倭人軍用百需 皆運自其國 至於柴炭亦然 所至買水而飮 軍令甚肅 民不知有兵 故皆樂爲之嚮道 淸人則恣行淫掠 日肆誅求 公私俱困 視之如讐賊 平讓之圍也 有獻門導倭者 乃其敗而逃匿也 營民必指亦其處 故得脫者罕焉”

129) 李洪九, 「한국 민족주의의 본질과 방향」, p. 180.

둘 수만은 없는 백내장白內障이었다. 그것은 베이컨F. Bacon이 이른바 동굴의 우상(*idola specus*)[130]의 성격이 짙었다. 젤딘Theodore Zeldin의 말처럼 "역사가는 역사를 그릇되게 바라보는 민중의 눈으로부터 백내장을 제거해주는 안과의사 노릇을 해야 한다."[131]

[3] 중화사상은 계층이나 시대를 초월하는 한국의 적층積層문화였다. 한국사상사에서의 중화주의나 사대의 문제는 김부식金富軾이나 화서華西학파에 한정된 일이 아니었다. 중화는 사대의 중핵core이었고 사대는 중화의 과육果肉이었다. 한국사에서 개명 문화의 시기 이전에 중화주의로부터 자유로울 수 있는 정치인이나 지식인은 많지 않았다.

[4] 그러나 중화사상이 한국사상사를 관통하고 있는 한 줄기였음에는 틀림이 없지만 마치 그것이 한국 사상이 주류였다든가 기본 가치였다는 뜻으로 이 글이 이해되었다면 그것은 필자의 본지本旨와 다르다. 역사에는 늘 도전과 응전이 있었듯이[132] 중화주의가 있었고 그에 도전하는 반중화나 탈중화가 있었기 때문이었다.

따라서 한국사에서의 중화의 뿌리를 찾는 노력에 못지않고 탈중화의 맥락에 대한 천착이 필요하다. 한국사상사에서의 탈중화주의는 실학에서 시작하여 개화파를 거쳐 재중국 임시정부 시절에 잠시 중화주의로 쏠리는 반동이 있었다가 한국전쟁과 중국의 대국굴기 이후 다시 살아나고 있다.

---

130) F. Bacon, *Novum Organum : Great Books*, No. 30(Chicago : Encyclopaedia Britannica, Inc., 1980), pp. 109-110.

131) John Tosh, *The Pursuit of History*, p. 21.

132) A. J. Toynbee, *A Study of History*, Vol. 1(London : Oxford University Press, 1973), pp. 271f.

찾아보기

ㄴ

ㄷ

ㄹ

ㅁ

ㅂ

ㅅ

ㅇ

ㅈ

ㅊ

ㅋ

ㅌ

ㅍ

ㅎ